Curso de
DIREITO TRIBUTÁRIO BRASILEIRO

O GEN | Grupo Editorial Nacional – maior plataforma editorial brasileira no segmento científico, técnico e profissional – publica conteúdos nas áreas de concursos, ciências jurídicas, humanas, exatas, da saúde e sociais aplicadas, além de prover serviços direcionados à educação continuada.

As editoras que integram o GEN, das mais respeitadas no mercado editorial, construíram catálogos inigualáveis, com obras decisivas para a formação acadêmica e o aperfeiçoamento de várias gerações de profissionais e estudantes, tendo se tornado sinônimo de qualidade e seriedade.

A missão do GEN e dos núcleos de conteúdo que o compõem é prover a melhor informação científica e distribuí-la de maneira flexível e conveniente, a preços justos, gerando benefícios e servindo a autores, docentes, livreiros, funcionários, colaboradores e acionistas.

Nosso comportamento ético incondicional e nossa responsabilidade social e ambiental são reforçados pela natureza educacional de nossa atividade e dão sustentabilidade ao crescimento contínuo e à rentabilidade do grupo.

MARCUS ABRAHAM

Curso de
DIREITO
TRIBUTÁRIO
BRASILEIRO

Prefácio | **Ministro do STF Luís Roberto Barroso**

6ª edição, revista, atualizada e ampliada

- O autor deste livro e a editora empenharam seus melhores esforços para assegurar que as informações e os procedimentos apresentados no texto estejam em acordo com os padrões aceitos à época da publicação, e todos os dados foram atualizados pelo autor até a data de fechamento do livro. Entretanto, tendo em conta a evolução das ciências, as atualizações legislativas, as mudanças regulamentares governamentais e o constante fluxo de novas informações sobre os temas que constam do livro, recomendamos enfaticamente que os leitores consultem sempre outras fontes fidedignas, de modo a se certificarem de que as informações contidas no texto estão corretas e de que não houve alterações nas recomendações ou na legislação regulamentadora.

- Fechamento desta edição: *14.02.2025*

- O Autor e a editora se empenharam para citar adequadamente e dar o devido crédito a todos os detentores de direitos autorais de qualquer material utilizado neste livro, dispondo-se a possíveis acertos posteriores caso, inadvertida e involuntariamente, a identificação de algum deles tenha sido omitida.

- **Atendimento ao cliente: (11) 5080-0751 | faleconosco@grupogen.com.br**

- Direitos exclusivos para a língua portuguesa
  Copyright © 2025 by
  Editora Forense Ltda.
  Uma editora integrante do GEN | Grupo Editorial Nacional
  Travessa do Ouvidor, 11 – Térreo e 6º andar
  Rio de Janeiro – RJ – 20040-040
  www.grupogen.com.br

- Reservados todos os direitos. É proibida a duplicação ou reprodução deste volume, no todo ou em parte, em quaisquer formas ou por quaisquer meios (eletrônico, mecânico, gravação, fotocópia, distribuição pela Internet ou outros), sem permissão, por escrito, da Editora Forense Ltda.

- Capa: Aurélio Corrêa

- **CIP-BRASIL. CATALOGAÇÃO NA PUBLICAÇÃO
  SINDICATO NACIONAL DOS EDITORES DE LIVROS, RJ**

  A139c
  6. ed.

  Abraham, Marcus
     Curso de direito tributário brasileiro / Marcus Abraham ; prefácio do ministro Luís Roberto Barroso - 6. ed., rev., atual. e reform. - Rio de Janeiro : Forense, 2025.
     528 p. ; 24 cm.

     Inclui bibliografia
     ISBN 978-85-3099-691-8

     1. Direito tributário - Brasil. I. Fux, Luiz, 1953-. II. Título.

  25-96449   CDU: 34:351.713(81)

  Meri Gleice Rodrigues de Souza - Bibliotecária - CRB-7/6439

I like to pay taxes, with them I buy civilization.
Oliver Wendell Holmes

AGRADECIMENTOS

Agradeço aos meus pais, Herman e Clara, e à minha irmã, Patrícia, pelos valores familiares, amizade, amor, carinho e preocupação constantes.

Agradeço à Mariana, amor da minha vida, por ser a melhor parte de mim.

Agradeço à minha filha muito amada, Sophia, minha razão de viver e de sorrir.

Agradeço a toda a minha equipe de gabinete no TRF2, liderada pela Dra. Ana Cristina Rocha, pela dedicação, pelo comprometimento e pelo profissionalismo.

Agradeço aos meus assessores Inez Galhardo e Dalmo Rufino pelo auxílio e, sobretudo, ao meu amigo e assessor jurídico, Vítor Pimentel, pela valiosa e imprescindível colaboração nas pesquisas e na revisão geral do texto.

Agradeço aos meus professores de Direito Tributário – de quem tive a honrosa oportunidade de ser aluno – pelos ensinamentos ministrados, estando suas aulas ainda vivas na memória e seus livros ao alcance de minhas mãos: Aurélio Seixas Pitanga, Flávio Bauer Novelli, José Marcos Domingues e Ricardo Lobo Torres.

O Autor

SOBRE O AUTOR

É desembargador federal do Tribunal Regional Federal da 2ª Região (desde 2012). Foi procurador da Fazenda Nacional (2000-2012). Foi advogado de escritório de advocacia e de empresa multinacional (1992-2000).

Pós-doutorado na Universidade Federal do Rio de Janeiro – FND/UFRJ (2019). Pós-doutorado na Universidade de Lisboa (2018). Doutor em Direito Público pela Universidade do Estado do Rio de Janeiro – UERJ (2005). Mestre em Direito Tributário pela Universidade Candido Mendes (2000). MBA em Direito Empresarial pela EMERJ/CEE (1998). Graduação em Administração pela Universidade Candido Mendes (1996). Graduação em Direito pela Universidade Candido Mendes (1992). Ex-Diretor da Associação Brasileira de Direito Financeiro (2006-2013).

É atualmente professor titular de Direito Financeiro e Tributário da UERJ (ingresso como professor adjunto em 2006). Coordenador da FGV Conhecimento. Vice-presidente eleito do Tribunal Regional Federal da 2ª Região para o biênio 2025-2027. Foi diretor-geral da EMARF para o biênio 2021-2023, tendo sido membro da Diretoria da Escola da Magistratura Regional Federal da 2ª Região – EMARF desde 2013. É coordenador do Núcleo de Estudos em Finanças Públicas, Tributação e Desenvolvimento da Faculdade de Direito da UERJ – NEFIT/UERJ desde 2010. Foi diretor da Escola Superior da PGFN (2003-2004). Foi diretor da Associação Brasileira de Direito Financeiro (2006-2013). Foi professor da Universidade Candido Mendes Ipanema (1996-2007). Foi professor da pós-graduação da Fundação Getulio Vargas – FGV (2000-2006) e do Instituto Brasileiro de Mercado de Capitais – IBMEC (2003-2010). Foi professor da Faculdade Carioca (1996-1997).

É autor de diversos livros jurídicos, entre eles este Curso de Direito Tributário Brasileiro (6ª edição, Editora Forense, 2025); Curso de Direito Financeiro Brasileiro (8ª edição, Editora Forense, 2025); Lei de Responsabilidade Fiscal Comentada (3ª edição, Editora Forense, 2021); Raízes Judaicas do Direito (1ª edição, Editora Forense, 2021); Teoria dos Gastos Fundamentais – Orçamento Público Impositivo (1ª edição, Editora Almedina, 2021). É autor de mais de 100 artigos e capítulos de livros, publicados nos mais diversos meios, inclusive em jornais de grande circulação e no exterior.

PREFÁCIO[1]

O Sistema Tributário Nacional nunca mereceu tanta atenção quanto nos últimos tempos. Em um cenário de grave crise econômica e instabilidade política, a criação e a majoração de tributos aparecem, ao mesmo tempo, como elementos essenciais para o equilíbrio das contas públicas e como medidas altamente impopulares e indesejadas para uma sociedade que suporta uma carga tributária bastante elevada em comparação a países no mesmo estágio de desenvolvimento. Assim, o Direito Tributário surge no centro dos principais debates jurídico-econômicos da atualidade, estando amplamente presente, ainda, nas demandas judiciais e administrativas.

Isso porque, o tema, além de se relacionar diretamente com quantias a serem desembolsadas pelos contribuintes, que suportam altos índices de inflação e desemprego, é regido por extensa legislação, que não se restringe aos artigos em que a Constituição Federal de 1988 apresenta as balizas do sistema tributário tampouco se limita à disciplina do Código Tributário Nacional. Em um Federalismo Fiscal composto por quase cinco mil e seiscentos entes, em que todos dispõem de competência para legislar sobre tributos, a complexidade, a imprevisibilidade e a insegurança jurídica tornam-se características comuns a esse ramo do Direito. Daí decorre a relevância imediata da presente obra, cujo objetivo é apresentar o Direito Tributário brasileiro aos seus leitores, de forma clara e acessível.

O autor, de quem tive a satisfação de ser Professor no Doutorado em Direito Público da Universidade do Estado do Rio de Janeiro (UERJ), possui uma visão ampla da matéria sobre a qual se propõe a escrever. Sua longa experiência na docência, como professor adjunto de Direito Financeiro e Tributário da UERJ, aliada à atuação como Procurador da Fazenda Nacional e, mais recentemente, ao desenvolvimento da função de Desembargador Federal, no Tribunal Regional Federal da 2ª Região, agregam solidez e singularidade ao seu *Curso de Direito Tributário Brasileiro*.

É necessário afirmar que o autor é exitoso em sistematizar a sua análise, de modo a facilitar a compreensão por aqueles que pretendem iniciar seus estudos sobre o tema, sem perder, no entanto, a profundidade necessária à abordagem de questões tão caras ao Federalismo brasileiro. Não menos importante é o exame da interface do Direito Financeiro com o Direito Tributário, ramos do Direito dotados de autonomia, mas que não podem ser dissociados, sob pena de graves equívocos na gestão das receitas derivadas, bem como de se afrontar a validação constitucional das espécies tributárias.

Não obstante o autor ter publicado obra específica sobre Direito Financeiro,[2] o *Curso de Direito Tributário Brasileiro* traz, em sua primeira parte, relevantes noções de finanças públicas imprescindíveis para a compreensão do sistema tributário nacional, inclusive no que se refere ao pagamento de tributos como dever fundamental. Essa ideia, amplamente defendida pelo Professor Catedrático da Faculdade de Direito da Universidade de Coimbra, Casalta Nabais, que

---

[1]   Prefácio elaborado para a 1ª edição (2017).

[2]   ABRAHAM, Marcus. *Curso de Direito Financeiro Brasileiro*. Rio de Janeiro: Forense, 2017.

relaciona a arrecadação de receitas tributárias como forma de custeio dos direitos fundamentais, facilita o alcance do motivo pelo qual o Constituinte de 1988 dispôs de forma tão extensa sobre o Sistema Tributário Nacional. Isso porque a atuação do Estado na redistribuição de riquezas possui como base um Direito Tributário equilibrado, a fim de financiar plenamente os direitos e garantias fundamentais da Constituição de 1988.

Na segunda parte do livro, o autor trata amplamente das normas gerais tributárias. Merece destaque o capítulo exclusivo sobre tributação internacional, um estudo que, além de apresentar as peculiaridades do nosso Direito Tributário, é extremamente útil para entender o olhar do investidor externo e para a manutenção de divisas no País. São abordados pontos como o conceito de paraíso fiscal, a tributação das controladas e coligadas e o BEPS (*Base Erosion and Profit Shifting*), plano de atuação da OCDE para os países-membros e para o G-20, a fim de evitar perdas fiscais decorrentes de planejamentos abusivos. Em seguida, o autor trata das espécies tributárias de forma individualizada, revelando as suas características próprias. Ao fim, apresenta um capítulo em que expõe as diretrizes do processo tributário, nas esferas administrativa e judicial, assunto árido para diversos juristas, porém de extrema necessidade se considerarmos o aumento no número de demandas sobre o tema. Não se furta, o autor, ao exame das peculiaridades de uma parcela do Direito Processual determinante para o alcance da justiça fiscal.

Parece ser esse o seu entendimento ao afirmar que cumpre ao Estado *buscar não somente recursos para o cumprimento de suas atribuições primárias, mas, principalmente, promover o desenvolvimento social e a redistribuição de riquezas, com a consecução da almejada, porém quase utópica,* justiça fiscal.[3] A presente obra é indicada, portanto, para estudantes de Direito e para todos aqueles que desejam desenvolver uma opinião abrangente, a fim de entender o Direito Tributário de forma sistematizada e como um dos componentes mais importantes do atual contexto social, econômico e político vivido pelo País.

Brasília, setembro de 2017.

Luís Roberto Barroso
Ministro do Supremo Tribunal Federal.
Professor Titular de Direito Constitucional da UERJ.

---

[3]   Página 42.

APRESENTAÇÃO

O Direito Tributário e o Direito Financeiro são instrumentos jurídicos de transformação social, por oferecer à nação brasileira recursos financeiros necessários e mecanismos adequados para a criação de uma sociedade mais justa e digna.

O tributo e outras espécies de receitas públicas, desde que arrecadados de maneira equitativa, justa e equilibrada, permitem ao Estado afiançar ao cidadão o acesso aos Direitos Humanos Fundamentais e Sociais previstos e garantidos na nossa Constituição Federal.

No mundo moderno, o Direito Tributário acumula funções de estatuto protetivo do cidadão-contribuinte, de recurso indispensável ao Estado Democrático de Direito para fazer frente a suas necessidades financeiras, de ferramenta para o exercício do seu poder de intervenção na economia e na sociedade, colaborando na redistribuição de riquezas e na realização da justiça social, com respeito às liberdades individuais, à dignidade da pessoa humana e à manutenção do desenvolvimento econômico e da prosperidade.

Esta obra nasce a partir de estudos, preparação e atualização de aulas de Direito Tributário, disciplina que o autor leciona há mais de duas décadas, consolidando e aprofundando o conhecimento nesse ramo da ciência jurídica, em estudos que se iniciaram no Mestrado de Direito Tributário na década de 1990 e se seguiram com o Doutorado em Direito Público direcionado ao Direito Tributário no início dos anos 2000. Além disso, este livro é fruto da atuação na advocacia tributária no setor privado por oito anos e na advocacia pública tributária como Procurador da Fazenda Nacional por 12 anos.

O exercício da Magistratura Federal no Tribunal Regional Federal da 2ª Região há mais de 10 anos, sendo a maior parte do tempo em uma de suas Turmas Especializadas em Direito Tributário, possibilita-me aproximar e aplicar o conhecimento teórico e a experiência prática no julgamento de processos que contemplam complexas situações de natureza tributária, ao mesmo tempo que permite enriquecer esta obra com a vivência do quotidiano de casos concretos em Direito Tributário.

Este livro foi elaborado a fim de ser um completo manual de Direito Tributário. Está organizado de maneira sistemática e didática em quatro partes: a *Parte I* tem natureza introdutória e visa apresentar os institutos do Direito Tributário, do Tributo e do Sistema Tributário Nacional, bem como suas relações dentro das Finanças Públicas; a *Parte II* analisa todas as normas gerais da tributação, desde os princípios constitucionais tributários e demais normas tributárias de foro constitucional até as normas presentes no Código Tributário Nacional, além de ter um capítulo dedicado à tributação internacional; a *Parte III* examina individualmente todos os tributos existentes em nosso sistema tributário; a *Parte IV* é destinada ao estudo do Direito Tributário Processual nas suas duas vertentes, administrativa e judicial, abordando todas as medidas que podem ser propostas pelo contribuinte e pela Fazenda Pública; e a nova *Parte V* é destinada a analisar a Reforma Tributária sobre o Consumo, introduzida pela Emenda Constitucional nº 132/2023, que trouxe significativas mudanças em nosso sistema tributário nacional.

O verdadeiro objetivo desta obra é dividir com o leitor – aluno de graduação ou pós-graduação em Direito, ou mesmo operador do Direito na seara tributária – a aproximação e a simbiose entre a teoria e a prática, a partir de um texto rico com a melhor doutrina nacional e estrangeira e complementado com a jurisprudência dos nossos Tribunais Superiores.

O Autor

SUMÁRIO

Parte I – Finanças Públicas no Sistema Tributário 1

Capítulo 1 – Finanças Públicas e Tributação 3

   1.1.   Estado, atividade financeira, Direito Financeiro e Tributário 3

   1.2.   Evolução das finanças públicas e da tributação 7

   1.3.   Receitas e despesas públicas e o tributo 10

   1.4.   Constituição financeira e tributária 14

   1.5.   Orçamento e tributação 16

   1.6.   Teorias do Estado fiscal – Financeiro e Tributário 21

   1.7.   Direito Tributário como disciplina jurídica 26

   1.8.   Autonomia e relacionamento do Direito Tributário com outros ramos do Direito 30

Capítulo 2 – Tributo 33

   2.1.   Evolução do tributo 33

   2.2.   O tributo como receita pública 34

   2.3.   Conceito de tributo 36

   2.4.   Classificação dos tributos e suas espécies 38

   2.5.   Tributos fiscais e extrafiscais 40

   2.6.   O dever fundamental de pagar tributos 42

Capítulo 3 – Sistema Tributário Nacional 47

   3.1.   Evolução histórica do sistema tributário brasileiro 47

   3.2.   O sistema tributário nacional na Constituição Federal 51

   3.3.   Federalismo fiscal e tributário 52

   3.4.   Competências tributárias 58

   3.5.   A reserva de lei complementar em matéria tributária 61

   3.6.   Repartição de Receitas Tributárias 65

   3.7.   Guerra fiscal e tributação 72

Parte II – Normas Gerais Tributárias 77

Capítulo 4 – Princípios Constitucionais Tributários 79

4.1. Direitos fundamentais e tributação 79

4.2. Justiça tributária 81

4.3. Valores e princípios no Direito 82

4.4. Valores e princípios na tributação 87

4.5. Princípios tributários de segurança jurídica 89

    4.5.1. Princípio da legalidade tributária 90

    4.5.2. Princípio da anterioridade tributária 96

    4.5.3. Princípio da irretroatividade tributária 99

    4.5.4. Princípio da territorialidade 100

    4.5.5. Princípio da indelegabilidade da competência tributária 100

    4.5.6. Princípio da praticabilidade 101

4.6. Princípios tributários de igualdade 102

    4.6.1. Princípio da isonomia tributária 103

    4.6.2. Princípio da capacidade contributiva 106

    4.6.3. Princípio da progressividade tributária 107

    4.6.4. Princípio da seletividade tributária 110

    4.6.5. Princípio da não cumulatividade tributária 111

    4.6.6. Princípio da solidariedade tributária 112

    4.6.7. Princípio da uniformidade geográfica 112

    4.6.8. Princípio da não discriminação tributária 114

    4.6.9. Princípio do pacto federativo e republicano 115

    4.6.10. Princípio da supremacia do interesse público 115

    4.6.11. Princípio da indisponibilidade do interesse público 116

4.7. Princípios tributários de liberdade 117

    4.7.1. Princípio da vedação ao confisco 117

    4.7.2. Princípio da liberdade de tráfego 120

    4.7.3. Princípio do mínimo existencial 121

    4.7.4. Princípios do devido processo legal tributário 122

4.8. Imunidades tributárias 123

    4.8.1. Imunidade recíproca 130

    4.8.2. Imunidade das entidades religiosas e templos 133

    4.8.3. Imunidade dos partidos políticos, sindicatos e instituições educacionais e assistenciais 135

    4.8.4. Imunidade dos livros, jornais, periódicos e papel 139

    4.8.5. Imunidade dos fonogramas e videogramas musicais 141

SUMÁRIO | **XVII**

Capítulo 5 – Fontes do Direito Tributário 143

    5.1.   Fontes formais e materiais 143

    5.2.   Legislação tributária e normas complementares 144

    5.3.   Jurisprudência tributária 147

Capítulo 6 – Vigência, Eficácia, Aplicação e Interpretação do Direito Tributário 151

    6.1.   Vigência, eficácia e aplicação da legislação tributária 151

    6.2.   Evolução da interpretação do Direito Tributário 156

    6.3.   Escolas hermenêuticas no jusnaturalismo, positivismo e pós-positivismo ... 157

    6.4.   Integração e interpretação da legislação tributária 161

    6.5.   Planejamento tributário 167

        6.5.1.   Conceito e características do planejamento tributário 167

        6.5.2.   Evasão e elisão fiscal 170

        6.5.3.   Abuso de direito, fraude à lei e simulação 175

        6.5.4.   Normas antielisivas 180

        6.5.5.   Falta de propósito negocial e abuso de formas 185

Capítulo 7 – Obrigação Tributária 189

    7.1.   Conceito e natureza da obrigação tributária 189

    7.2.   Causa da obrigação tributária 191

    7.3.   Objetos da obrigação tributária 193

    7.4.   Fato gerador da obrigação tributária 195

Capítulo 8 – Sujeitos na Tributação 205

    8.1.   Sujeito ativo da obrigação tributária 205

    8.2.   Sujeito passivo da obrigação tributária 208

        8.2.1.   Contribuinte 210

        8.2.2.   Responsável solidário 212

        8.2.3.   Responsável por sucessão 213

        8.2.4.   Responsabilidade de terceiros 215

        8.2.5.   Substituto tributário 216

        8.2.6.   Responsabilidade dos sócios de empresa 218

Capítulo 9 – Crédito Tributário 221

    9.1.   Conceito e natureza do crédito tributário 221

    9.2.   Lançamento tributário 222

    9.3.   Legislação aplicável ao lançamento tributário 226

9.4.	Princípios do lançamento tributário	227
9.5.	Modalidades do lançamento tributário	228

Capítulo 10 – Suspensão, Extinção e Exclusão do Crédito Tributário 235

10.1.	Alterações no crédito tributário	235
10.2.	Suspensão da exigibilidade do crédito tributário	236
	10.2.1. Moratória	237
	10.2.2. Depósito em dinheiro	238
	10.2.3. Reclamações e recursos administrativos	239
	10.2.4. Liminar em mandado de segurança	240
	10.2.5. Medida liminar ou tutela antecipada	240
	10.2.6. Parcelamento	241
10.3.	Extinção do crédito tributário	242
	10.3.1. Pagamento	243
	10.3.1.1. Pagamento indevido e restituição	244
	10.3.2. Compensação	247
	10.3.3. Transação	248
	10.3.4. Remissão	251
	10.3.5. Prescrição e decadência	251
	10.3.5.1. Prescrição tributária	253
	10.3.5.2. Decadência	257
	10.3.6. Conversão do depósito em renda	260
	10.3.7. Pagamento antecipado e a homologação do lançamento	262
	10.3.8. Consignação em pagamento	262
	10.3.9. Decisão administrativa irreformável	263
	10.3.10. Decisão judicial transitada em julgado	263
	10.3.11. Dação em pagamento	264
10.4.	Exclusão do crédito tributário	265
	10.4.1. Isenção	266
	10.4.2. Anistia	269

Capítulo 11 – Proteção e Recuperação do Crédito Tributário 271

11.1.	Garantias e privilégios do crédito tributário	271
11.2.	Penhora *on-line* (SISBAJUD)	273
11.3.	Preferências do crédito tributário	274
11.4.	Administração tributária	275
11.5.	Informações fiscais e sigilo	277

11.6.	Dívida ativa tributária	278
11.7.	Certidões negativas, positivas e Cepen	281
11.8.	Protesto de dívida ativa tributária	283

Capítulo 12 – Infrações, Crimes e Sanções em Matéria Tributária 285

12.1.	Direito Tributário Penal e Direito Penal Tributário	285
12.2.	Multas tributárias	286
12.3.	Denúncia espontânea	290
12.4.	Infração e crimes contra a ordem tributária	291
12.5.	Lançamento tributário e condição objetiva de punibilidade	294
12.6.	Apropriação indébita e crimes funcionais	297

Capítulo 13 – Tributação Internacional 299

13.1.	Direito Tributário Internacional	299
13.2.	Tratados Internacionais	301
13.3.	Princípios da tributação internacional	304
13.4.	Paraíso fiscal	308
13.5.	Tributação das controladas e coligadas	311
13.6.	Erosão de base e transferência de lucros (BEPS)	313

Parte III – Tributos em Espécie 315

Capítulo 14 – Impostos 317

14.1.	Impostos: características gerais	317
14.2.	Impostos federais	319
	14.2.1. Imposto de Importação	320
	14.2.2. Imposto de Exportação	324
	14.2.3. Imposto de Renda	326
	14.2.4. Imposto sobre Produtos Industrializados	333
	14.2.5. Imposto sobre Operações Financeiras	339
	14.2.6. Imposto Territorial Rural	341
	14.2.7. Imposto sobre Grandes Fortunas	345
	14.2.8. Imposto Seletivo	345
14.3.	Impostos estaduais	345
	14.3.1. Imposto sobre a Transmissão *Causa Mortis* e Doação	346
	14.3.2. Imposto sobre a Circulação de Mercadorias e Serviços	350
	14.3.3. Imposto sobre a Propriedade de Veículos Automotores	360

CURSO DE DIREITO TRIBUTÁRIO BRASILEIRO – *Marcus Abraham*

14.4. Impostos municipais 364

    14.4.1. Imposto sobre a Propriedade Predial e Territorial Urbana 364

    14.4.2. Imposto sobre a Transmissão *Inter Vivos* de Bens Imóveis e Direitos 368

    14.4.3. Imposto sobre Serviços.. 371

14.5. Imposto sobre Bens e Serviços – IBS 378

Capítulo 15 – Taxas... 383

15.1. Conceito e características da taxa... 383

15.2. Espécies de taxas... 386

15.3. Princípios incidentes nas taxas 390

15.4. Teoria dos preços públicos e taxas.. 392

Capítulo 16 – Empréstimos Compulsórios... 397

16.1. Empréstimo compulsório: conceito e generalidades 397

16.2. Natureza jurídica do empréstimo compulsório.. 399

16.3. Restituição do empréstimo compulsório.. 402

16.4. O empréstimo compulsório nos Tribunais Superiores.................................... 403

Capítulo 17 – Contribuições.. 405

17.1. Contribuições: conceito, características e generalidades 405

17.2. Contribuição de melhoria 408

17.3. Contribuição de intervenção no domínio econômico 410

    17.3.1. AFRMM – Adicional ao Frete para Renovação da Marinha Mercante 411

    17.3.2. IAA – Contribuição para o Instituto do Açúcar e do Álcool 412

    17.3.3. IBC – Contribuição para o Instituto Brasileiro do Café 412

    17.3.4. ATP – Adicional de Tarifas Portuárias 412

    17.3.5. FUST – Contribuição para o Fundo de Universalização dos Serviços de Telecomunicações 413

    17.3.6. CIDE – Combustíveis/Petróleo 413

    17.3.7. CIDE – Tecnologia/*Royalties*... 414

    17.3.8. CONDECINE – Contribuição para o Desenvolvimento da Indústria Cinematográfica Nacional 415

    17.3.9. CIDE-Incra – Contribuição ao Instituto Nacional de Colonização e Reforma Agrária 416

17.4. Contribuições de interesse de categorias profissionais e econômicas 417

17.5. Contribuição de Iluminação Pública 422

SUMÁRIO | XXI

17.6. Contribuições sociais 423

17.7. Contribuição sobre bens e serviços..................................... 433

Parte IV – Processo Tributário.. 435

Capítulo 18 – Processo Tributário... 437

18.1. Direito processual tributário: administrativo e judicial 437

18.2. Processo administrativo fiscal 439

    18.2.1. Impugnação fiscal e recurso administrativo.................. 441

    18.2.2. Consulta fiscal.. 443

    18.2.3. Requerimento de regime especial 444

    18.2.4. Requerimento da denúncia espontânea 444

    18.2.5. Restituição e compensação tributária.......................... 447

18.3. Processo judicial tributário 449

    18.3.1. Mandado de segurança.. 450

    18.3.2. Ação declaratória tributária 452

    18.3.3. Ação anulatória tributária 453

    18.3.4. Ação consignatória tributária 455

    18.3.5. Ação de repetição de indébito tributário 456

    18.3.6. Ação de execução fiscal 458

    18.3.7. Medida cautelar fiscal 470

Parte V – Reforma Tributária.. 473

Capítulo 19 – Reforma Tributária sobre o Consumo (EC nº 132/2023) 475

19.1. Aspectos gerais da reforma tributária 475

19.2. Histórico da reforma tributária 476

19.3. Princípios básicos da reforma tributária 477

19.4. IBS e CBS – tributos sobre bens e serviços 479

19.5. Imposto Seletivo 483

19.6. Alterações no ITCMD, IPVA, IPTU e COSIP 484

19.7. Regulamentação da reforma tributária por lei complementar 485

19.8. Transição da reforma tributária 485

19.9. Pacto federativo na reforma tributária 486

Bibliografia... 491

PARTE I
Finanças Públicas no Sistema Tributário

Capítulo 1
FINANÇAS PÚBLICAS E TRIBUTAÇÃO

1.1. ESTADO, ATIVIDADE FINANCEIRA, DIREITO FINANCEIRO E TRIBUTÁRIO

O **Estado** é a forma de associação coletiva capaz de proporcionar os meios necessários para a existência digna e satisfatória do homem. Sua concepção contempla diversas teorias, as quais foram objeto de estudos de inúmeros pensadores e filósofos, desde Aristóteles e Platão até Hugo Grotius, Immanuel Kant, Thomas Hobbes, John Locke, Jean-Jacques Rousseau e tantos outros.

Na síntese de Platão, "o Estado nasce das necessidades humanas".[1] Portanto, o Estado simboliza o agrupamento de indivíduos que o integram, representando o produto do desenvolvimento natural de determinada comunidade que se estabelece em um território, com características e pretensões comuns. Quando essa determinada comunidade social alcança certo grau de desenvolvimento, a organização estatal surge por um imperativo indeclinável da natureza humana "e se desenvolve demandando seu aperfeiçoamento em consonância com os fatores telúricos e sociais que determinam fatalmente a evolução das leis".[2]

Nesse sentido, evidenciou o jurista português Vítor Faveiro[3] que a pessoa humana é um ser com vocação natural à sociabilidade (*zoon politikon*, isto é, "animal social", no dizer aristotélico), e que qualquer forma de organização humana coletiva necessariamente exigirá contribuições (pecuniárias ou não) das pessoas que nela tomam parte. Na sua lição:

> É da pessoa humana que tudo parte, na vida coletiva e na sua organização. Não sendo possível realizar-se como tal senão em sociedade devidamente organizada, o contributo para a realização integral da sociedade e dos seus fins – e designadamente do fim e objeto da própria sociedade, de promover e assegurar a realização integral das pessoas que a constituem – é um dever inato da pessoa como tal, em termos de direito natural subjetivado na qualidade de cidadão, que o acompanha em todos os atos da vida que tenham projeção ou dependência da ordem social.

> [...] é da pessoa humana como ser social que partem todas as instituições que conduzem à habilitação e justificação de todas as ações e poderes do Estado: o dever de contribuir, inato e imanente na qualidade das pessoas humanas como seres sociais; a criação do Estado pelos cidadãos nessa mesma qualidade de pessoas humanas, para a realização integral da coletividade e de todas as pessoas que a constituem ou dela participam; a íntima relação entre o dever de contribuir e a

---

[1]   PLATÃO. *A República*. Trad. de Leonel Vallandro. Porto Alegre: Globo, 1964. p. 45.

[2]   MALUF, Sahid. *Teoria geral do Estado*. 23. ed. São Paulo: Saraiva, 1995. p. 77.

[3]   FAVEIRO, Vítor António Duarte. *O Estatuto do Contribuinte*: a pessoa do contribuinte no Estado Social de Direito. Coimbra: Coimbra Editora, 2002. p. 101-102.

CURSO DE DIREITO TRIBUTÁRIO BRASILEIRO – *Marcus Abraham*

capacidade contributiva em termos de direito natural; a conversão desse dever jusnaturalista em dever jurídico através da criação e aplicação da lei tributária; a ação administrativa de satisfação das necessidades coletivas e outros fins do Estado, e a cobertura financeira dos encargos de tal ação através da cobrança dos tributos pecuniários.[4]

No mundo contemporâneo, firmou-se a *função instrumental* do Estado, como adverte Giorgio Del Vecchio:[5] "O Estado, não sendo um fim em si mesmo, tem por finalidade precípua atender à razão natural da vida em sociedade e promover a realização das expectativas do homem em busca da felicidade comum, ou seja, na realização do bem comum".

Ao longo dos tempos, o Estado teve inúmeras formas e características. Hoje, podemos dizer que sua estrutura ideal é a de Estado de Direito, instituído pela vontade de todos os seus integrantes, por meio de um pacto social, submetido a um ordenamento jurídico, com a finalidade de promover o bem de todos.

O **Estado de Direito** é uma criação do homem moderno, instituído e organizado para oferecer à coletividade as condições necessárias à realização do bem comum, da paz e da ordem social. Sua função, portanto, é servir de instrumento para satisfazer às necessidades individuais e coletivas, que se identificam e se definem por meio dos contornos políticos, jurídicos, sociais e constitucionais de cada nação. Nas palavras de Misabel Derzi,[6]

> Estado Democrático de Direito é Estado que mantém clássicas instituições governamentais e princípios como o da separação de poderes e da segurança jurídica. Erige-se sob o império da lei, a qual deve resultar da reflexão e codecisão de todos. Mas não é forma oca de governo, na qual possam conviver privilégios, desigualdades e oligocracias. Nele há compromisso incindível com a liberdade e a igualdade, concretamente concebidas, com a evolução qualitativa da democracia e com a erradicação daquilo que o grande Pontes de Miranda chamou de o "ser oligárquico" subsistente em quase todas as democracias. Não há incompatibilidade entre Estado de Direito e Estado Social, mas síntese dialética que supera o individualismo abstrato e a neutralidade do Estado Liberal. Nas novas fórmulas encontradas pelas constituições mais modernas, não há de modo algum renúncia às clássicas garantias jurídicas. Entretanto, ao mesmo tempo, se buscam metas de maior justiça social, condições efetivas de uma vida digna para todos por meio do desenvolvimento e da conciliação entre liberdade e solidariedade.

Portanto, o Estado moderno existe para atender às **necessidades públicas**[7] de uma sociedade, assim compreendidas as *necessidades individuais* dos seus integrantes, tais como alimentação, habitação, vestuário; as *necessidades coletivas*, como o policiamento, o transporte coletivo, a rede de hospitais ou de escolas, o sistema judiciário; e as *necessidades transindividuais*, que vão desde a manutenção da ordem interna à defesa nacional, o fomento e o desenvolvimento econômico, social e regional, a tutela dos direitos fundamentais e a proteção do meio ambiente. Para realizar essa tarefa, o Estado depende de recursos financeiros, nas diversas modalidades de *receitas públicas*. Entretanto, tais recursos são limitados e escassos, e por isso devem ser cuidadosamente

---

[4] Ibidem. p. 101; 121, com grafia adaptada para o português brasileiro.

[5] DEL VECCHIO, Giorgio. *Lições de filosofia do direito*. 5. ed. Coimbra: Arménio Amado, 1979. p. 81.

[6] DERZI, Misabel. O conceito de Estado Democrático de Direito. In: BALEEIRO, Aliomar. *Limitações constitucionais ao poder de tributar*. 7. ed. Atualizada por Misabel Derzi. Rio de Janeiro: Forense. 1997. p. 10-11.

[7] Nas palavras de Héctor Villegas, as necessidades públicas "son aquellas que nacen de la vida colectiva y se satisfacen mediante la actuación del Estado". (*Curso de finanzas, derecho financiero y tributario*. 9. ed. Buenos Aires: Astrea, 2007. p. 4).

geridos, temática objeto de estudos realizados pela Análise Econômica do Direito e tratada na Teoria dos Custos dos Direitos (*Cost of Rights Theory*).[8]

O grande desafio do Estado nos dias de hoje está no entrechoque da infinitude das necessidades e desejos humanos com a limitação das possibilidades materiais em atendê-los. E, em um país como o Brasil, caracterizado por uma manifesta heterogeneidade, decorrente da multiplicidade de interesses e diferenças regionais – culturais, sociais e econômicas –, a necessidade de um instrumento jurídico capaz e bastante para disciplinar esta tarefa, ao lado da utilização de mecanismos e fontes arrecadatórias justas, se mostra imperiosa.

A **atividade financeira** é uma das diversas funções exercidas pelo Estado, destinada a provê-lo com recursos financeiros suficientes para atender às necessidades públicas. Assim, a atividade financeira envolve a *arrecadação*, a *gestão* e a *aplicação* desses recursos.

Alberto Deodato[9] conceitua a *atividade financeira* como "a procura de meios para satisfazer às necessidades públicas". E justifica que

> [...] essas necessidades são infinitas. De terras, de casas, de estradas, de ruas, de pontes, de navios, de defesa interna e externa, de justiça, de funcionários e trabalhadores. Um mundo, enfim, de bens e serviços... as suas funções não são mais apenas as de assegurar a ordem e a justiça, mas as de previdência e assistência. O zelo pela velhice e pela doença. Pela existência digna. Pela família. Tudo isso custa dinheiro.

Para o jurista argentino Giuliani Fonrouge,[10] a atividade financeira tem por finalidade tornar possível o cumprimento dos objetivos do Estado e se manifesta, fundamentalmente, nas receitas, nas despesas e na gestão dos bens e recursos públicos.

Entretanto, não devemos confundir as funções do Estado com as funções da atividade financeira. Enquanto aquele realiza uma atividade voltada a um fim próprio, razão da sua existência, qual seja, atender à coletividade, esta realiza uma atividade meramente instrumental, de fornecer os meios para tanto. Registre-se, porém, que a atividade financeira não é a única atividade instrumental do Estado. Juntamente com ela podemos identificar várias outras, como, por exemplo, a atividade regulatória.

Segundo José Souto Maior Borges,[11] entre a atividade financeira e a prestação de serviços públicos constata-se uma relação de meio para fins:

> [...] a atividade financeira consiste, em síntese, na criação, obtenção, gestão e dispêndio do dinheiro público para a execução de serviços afetos ao Estado. É considerada por alguns como o exercício de uma função meramente instrumental, ou de natureza adjetiva (atividade-meio), distinta das atividades substantivas do Estado, que visam diretamente a satisfação de certas necessidades sociais, tais como educação, saúde, construção de obras públicas, estradas etc. (atividades-fim).

---

[8] GALDINO, Flávio. *Introdução à teoria dos custos dos direitos*: direitos não nascem em árvores. Rio de Janeiro: Lumen Juris, 2005; VELJANOVSKI, Cento. *The economics of law*. 2. ed. London: The Institute of Economic Affairs, 2006; HOLMES, Stephen; SUNSTEIN, Cass R. *The cost of rights*: why liberty depends on taxes. New York: W. W. Norton & Company, 1999.

[9] DEODATO, Alberto. *Manual de ciência das finanças*. 10. ed. São Paulo: Saraiva, 1967. p. 1.

[10] FONROUGE, Carlos María Giuliani. *Derecho financiero*. 10. ed. Buenos Aires: La Ley, 2011. Tomo I. p. 2 e 10. Nas suas palavras, "la actividad financiera tiene por finalidad hacer posible el cumplimiento de los objetivos del Estado [...] constituyen manifestaciones fundamentales de la actividad financiera los ingresos, los gastos y la conservación de los bienes o gestión de los dineros públicos".

[11] BORGES, José Souto Maior. *Introdução ao direito financeiro*. São Paulo: Max Limonad, 1998. p. 38.

Percebe-se que a atividade financeira, apesar de ser meramente instrumental e acessória para a realização das atividades-fim do Estado, além de oferecer os meios para obtenção dos recursos financeiros, a respectiva gestão patrimonial e a aplicação de tais recursos na sociedade, atua de forma política, no sentido de oferecer ao Estado moderno os instrumentos necessários a possibilitar sua intervenção na sociedade.

Portanto, a atividade financeira é dotada, além da sua *função fiscal*, voltada para a arrecadação, a gestão e a aplicação de recursos, de uma *função extrafiscal* ou *regulatória*, que visa obter resultados econômicos, sociais e políticos, como controlar a inflação, fomentar a economia e a indústria nacional, redistribuir riquezas e reduzir a marginalidade e os desequilíbrios regionais.

Diversas teorias tentaram explicar o fenômeno da atividade financeira, o que foi muito bem sintetizado por Alberto Deodato.[12] No relato desse autor, Senior e Bastiat sustentaram a teoria da troca, que se dá entre os indivíduos que pagam tributos e as comunidades políticas que efetuam os serviços. Batista Say criou a teoria do consumo, segundo a qual o Estado, quando organiza e faz funcionar os serviços públicos, não cria riquezas, apenas consome. Gaston Jèze ofereceu a teoria da utilidade, em que produzir é criar utilidade, com a repartição dos encargos entre os indivíduos. Para Stein, a atividade financeira explica-se pela teoria da produtividade, em que as finanças consistem num complexo de meios pecuniários destinados ao exercício de uma indústria especial, numa transformação útil de riquezas materiais. Vitti di Marco compara o Estado moderno a uma grande indústria, exercida na forma cooperativista para a produção dos bens públicos. Seligman já oferece o seu estudo sob o enfoque das necessidades individuais e coletivas.

Para atingir seus objetivos, tanto os fiscais como os extrafiscais, a atividade financeira dependerá da identificação, análise e compreensão de inúmeras variáveis, causas e efeitos.

O estudo dessa atividade investigativa e de pesquisa é o objeto da **Ciência das Finanças**, que observa e descreve os fatos relevantes e inerentes à sociedade, à economia e à política, analisa abstratamente as causas e as consequências da sua realização, para, finalmente, indicar os meios ideais a fim de alcançar seus desígnios. Essa ciência vai além de uma análise puramente causal, pois busca identificar os efeitos da atividade financeira para, ao final, dizer como deve ser realizada.

Assim, a Ciência das Finanças estuda os elementos que influenciam a obtenção de recursos financeiros, sua gestão e o emprego dos meios materiais (bens, serviços e dinheiro) na realização da atividade financeira do Estado. E, assim como as outras ciências, relaciona-se com as demais áreas do conhecimento humano que lhe afetam, a saber: a) *Economia Política*, que tem por objeto a explicação causal da realidade social e econômica; b) *História*, que estuda os fatos passados relacionados com as finanças públicas; c) *Estatística*, que ensina a registrar sistematicamente dados quantitativos referentes às finanças públicas; d) *Contabilidade*, que auxilia na elaboração do orçamento público, obedecendo a uma padronização necessária à sua utilização; e) *Direito*, que cria as normas jurídicas para a aplicação na atividade financeira do Estado.[13]

A partir das conclusões obtidas pelos estudos da Ciência das Finanças é que o legislador irá criar as normas do Direito Financeiro e Tributário. Percebe-se, pois, que aquela é uma ciência eminentemente teórica, enquanto esta é uma ciência essencialmente aplicada.

Por sua vez, o **Direito Financeiro** é o ramo do Direito Público destinado a disciplinar juridicamente a atividade financeira do Estado, ou seja, é o conjunto de normas que regula o

---

[12]   DEODATO, Alberto. op. cit. p. 3-7.

[13]   CAMPOS, Dejalma de. *Direito financeiro e orçamentário*. 3. ed. São Paulo: Atlas, 2005. p. 33.

relacionamento do Estado com o cidadão para arrecadar, gerir e aplicar os recursos financeiros, de acordo com o interesse público. A seu lado, temos o **Direito Tributário**, que se restringe a disciplinar apenas uma das principais fontes de recursos estatais, qual seja, o tributo.

Segundo João Ricardo Catarino,[14] o Direito Financeiro "é a área do conhecimento que trata da definição jurídica dos poderes do Estado em sentido amplo, na obtenção e emprego dos meios patrimoniais destinados à realização dos seus fins próprios".

Por outro lado, o Direito Tributário é considerado um ramo autônomo do Direito Financeiro, responsável por disciplinar todos os aspectos relativos à receita pública originária dos tributos, que são, como já dito, apenas uma das inúmeras fontes de financiamento do Estado reguladas pelo Direito Financeiro, já que existem outras fontes de receitas públicas, tais como aquelas originárias do próprio patrimônio estatal, da exploração de minério, de petróleo e de energia elétrica, do recebimento de heranças e legados e do pagamento de multas, além daquelas receitas temporárias decorrentes do crédito público.

A partir da análise da **Constituição Federal de 1988**, encontraremos todo um conjunto de princípios e regras capazes de dar ao sistema tributário brasileiro unicidade, sistematização e estrutura. Por sua vez, o **Código Tributário Nacional** e as demais leis fiscais que veiculam as normas gerais tributárias dão à tributação o caráter de efetividade.

Do exposto, identificamos quatro conceitos que se influenciam mutuamente e merecem destaque: a **atividade financeira** envolve a função de arrecadação, de gestão e de aplicação dos recursos estatais; a **ciência das finanças** é o ramo do conhecimento que estuda os princípios e as leis reguladoras do exercício da atividade financeira estatal, sistematizando os fatos financeiros; o **Direito Financeiro** é o ordenamento jurídico que disciplina a atividade financeira do Estado;[15] e o **Direito Tributário** é o ordenamento jurídico responsável por disciplinar a atividade da tributação estatal.

1.2. EVOLUÇÃO DAS FINANÇAS PÚBLICAS E DA TRIBUTAÇÃO

Até fins do século XVIII e início do século XIX, não se podia falar em finanças públicas e, muito menos, em uma atividade financeira estatal destinada às necessidades coletivas. Portanto, sendo inexpressiva a atividade financeira da Antiguidade Clássica até fins da Idade Média,[16] ela tem o seu embrião no constitucionalismo moderno, ainda que com um perfil meramente arrecadatório e tributário.[17]

Até então, os governantes, para fazer face às despesas necessárias à sua existência e ao cumprimento de suas propostas e ideias, valiam-se de vários meios universalmente conhecidos, tais como as guerras de conquistas, as extorsões de outros povos e colônias, as doações voluntárias, a fabricação de moedas metálicas ou de papel-moeda, a exigência de empréstimos ou mesmo de confiscos, as rendas produzidas por seus bens e suas empresas, a imposição de penalidades e,

---

[14] CATARINO, João Ricardo. *Finanças públicas e direito financeiro*. 2. ed. Coimbra: Almedina, 2014. p. 20.

[15] BORGES, José Souto Maior. op. cit. p. 28-29.

[16] Os modelos estatais do século XX e do início do século XXI guardam diferenças significativas com a estrutura e finalidade estatal da Antiguidade ou mesmo da Idade Média, isto é, modelos pré-modernos.

[17] Sobre o tema, recomendam-se as seguintes obras: ARDANT, Gabriel. *Histoire de l'impôt*. Paris: Fayard, 1972; ADAMS, Charles. *For good and evil*: the impact of taxes in the course of civilization. New York: Madison Books, 1993; AMED, Fernando José; NEGREIROS, Plínio José Labriola de Campos. *História dos tributos no Brasil*. São Paulo: Sinafresp, 2000.

8 | CURSO DE DIREITO TRIBUTÁRIO BRASILEIRO – *Marcus Abraham*

especialmente, o tributo arbitrariamente cobrado (desprovido, inicialmente, das características da justiça fiscal que temos hoje).

Sinteticamente, pode-se dizer que a atividade financeira e tributária se inicia e evolui a partir do Estado Moderno[18] da seguinte forma: inicialmente, no *Estado Liberal*, com poucos investimentos e gastos públicos e mínima intervenção; em um segundo momento, no *Estado Intervencionista*, em que aumentam as despesas públicas e a função interventiva estatal se exacerba; passa-se, então, ao *Estado Social* ou do *Bem-estar Social*, em que o atendimento dos direitos sociais para toda a sociedade torna-se prioritário e universal; finalmente, chega-se ao *Estado Fiscal* ou *Orçamentário*, em que as limitações orçamentárias são consideradas na realização dos deveres estatais e no atendimento dos direitos fundamentais e sociais, com uma preocupação constante com o equilíbrio fiscal entre receitas e despesas.

A tônica das primeiras constituições modernas era a *liberdade*. Na virada do século XVIII para o século XIX, surgem as primeiras Constituições com o objetivo de estabelecer uma esfera de liberdade privada para os indivíduos, livres da interferência do Estado Absolutista. Por meio das Constituições modernas e suas ideologias de liberdade, fundamentaram-se as ideias do *liberalismo econômico*, em que o mercado possuiria leis naturais e o equilíbrio seria alcançado de forma espontânea, sem nenhum tipo de interferência estatal. Era a fase conhecida como a "era do liberalismo econômico", que tinha como lema o *deixar fazer*: "*laissez-faire, laissez-passer, le monde va de lui-même*".

O perfil individualista e minimalista do Estado Liberal conduziu a consideráveis injustiças que foram o nascedouro dos movimentos sociais dos séculos XIX e XX, ao indicar a inadequação e insuficiência do liberalismo na resolução dos conflitos sociais e permitir que se tivesse consciência da efetiva necessidade de criação e utilização de instrumentos para a realização de justiça social, levando ao reexame das obrigações estatais e a uma maior intervenção do Estado.[19]

A reação ao absenteísmo estatal veio na política do *Bem-estar Social* (teoria do *Welfare State*), com um Estado intervencionista e provedor de inúmeros bens e serviços à sociedade. Ao mesmo tempo, ele apresentava uma natureza autoritária e centralizadora. Esse modelo também pecou pelos excessos, mormente por tornar-se politicamente absolutista em determinados Estados, como se viu em nações que adotaram o socialismo e o comunismo e que acabaram sucumbindo pelos abusos e exageros inerentes a suas respectivas propostas.

Nessa esteira evolutiva, as funções do Estado tiveram de passar por mutações substanciais tanto na forma como no conteúdo. As necessidades de uma sociedade globalizada, altamente complexa e sistematizada, passaram a requerer uma atuação efetiva, constante e dinâmica, capaz de harmonizar as relações emergentes de conflitos latentes nas sociedades massificadas. Contudo, ao mesmo tempo, tal atividade assume um papel menos agressivo e interventor, atuando no seio da sociedade por meio de instituições políticas e sociais (no Brasil, por exemplo, temos o Ministério Público, o Poder Judiciário e o Congresso Nacional), pautando-se em fundamentos

---

[18] Paulo Bonavides, da perspectiva constitucional, indica estas fases, relatando que, nos últimos dois séculos, o mundo atravessou algumas mudanças paradigmáticas que marcaram sobremaneira a sociedade contemporânea. Primeiro, o *Estado liberal*; a seguir o *Estado socialista*; depois, o *Estado social* das constituições programáticas, assim batizadas ou caracterizadas pelo teor abstrato e bem-intencionado de suas declarações de direitos; e, por último, o *Estado dos direitos fundamentais*, capacitado da juridicidade e da concreção de regras que garantem esses direitos (BONAVIDES, Paulo. *Do Estado Liberal ao Estado Social*. São Paulo: Malheiros, 1996. p. 29).

[19] SILVA, José Afonso da. *Curso de direito constitucional positivo*. 38. ed. São Paulo: Malheiros, 2015. p. 117.

como os de segurança social, solidariedade e justiça, que acabam por redesenhar o relacionamento entre Estado e cidadão.

Surge, assim, o que se denominou Estado Democrático Social. Esse Estado, concebido nas bases do Estado Democrático de Direito, busca conciliar os interesses da sociedade contemporânea, garantindo a livre-iniciativa privada e, ao mesmo tempo, cuidando da manutenção de uma política social que visa assegurar a igualdade de oportunidades, redistribuição de riquezas e desenvolvimento econômico equilibrado.

A partir de então, nasce o tema dos direitos humanos na tributação, rediscutindo-se os valores da justiça social como pano de fundo para a investigação da justiça fiscal. Ao mesmo tempo que o tributo passa a ser considerado a contraprestação garantidora de toda uma gama de direitos fundamentais, este ganha também o *status* de *dever fundamental* inafastável.

Nesse contexto, o Direito Financeiro brasileiro igualmente evolui, podendo-se dizer não ser mais aquela ciência jurídica inóspita e sem vida, que estudava apenas as finanças do Estado em um mero plano de contas sob os olhares da economia e da contabilidade pública,[20] à sombra do Direito Tributário e à margem da Constituição, preocupado tão somente com as operações financeiras relacionadas com as receitas e despesas públicas. Temas como cidadania e transparência fiscal, elaboração e financiamento de políticas públicas, orçamento participativo, responsabilidade fiscal, equilíbrio e metas fiscais, sustentabilidade financeira, limitações orçamentárias na judicialização dos direitos sociais, federalismo fiscal cooperativo e repartições federativas de receitas, entre outros, recebem a influência e os valores da Constituição de 1988, dentro do processo de constitucionalização das finanças públicas que se verifica nesta quadra do século XXI.

Ademais, na atual conjuntura de globalização, de avanço tecnológico e de amplo acesso às informações, as sociedades contemporâneas e os seus cidadãos, inclusive o brasileiro, conscientes dos seus direitos e deveres, passam a demandar cada vez mais eficiência na administração dos recursos financeiros estatais e transparência na gestão pública.

Assim, devemos reconhecer que o estudo da disciplina fiscal como um todo (Direito Financeiro e Direito Tributário) é regido, hoje, por normas que prezam a equidade na arrecadação, a eficiência na aplicação, a transparência nas informações, o rigor no controle das contas públicas e, sobretudo, a busca do atendimento das necessidades públicas mais prementes da sociedade, de conteúdo constitucionalmente fixado.

O moderno Direito Financeiro e Tributário preocupa-se com a maneira mais equitativa de arrecadação, especialmente na sua fonte tributária. Desenvolve os mecanismos de gestão do Erário, que passam a se pautar em normas de governança pública, direcionando sua atuação por medidas que tomam como parâmetro a moralidade, transparência, eficiência e responsabilidade. Impõe aos gastos públicos novas formas de controle e destinação, a fim de observar o melhor interesse da coletividade, atribuindo ao gestor da coisa pública a responsabilização pelos seus atos e decisões na sua administração.

---

[20] De fato, a economia e a contabilidade pública permeiam as finanças públicas como importantes ciências integrantes da atividade financeira do Estado, fornecendo teorias, dados e elementos técnicos para a sua condução. Contudo, devemos compreender que as receitas e despesas públicas, bem como a sua gestão, são todas disciplinadas por normas jurídicas, inclusive os orçamentos, que são leis e precisam ser rigorosamente cumpridos.

Sendo o tributo o *"preço da liberdade"*,[21] deverá o cidadão possuir direitos e amplos mecanismos para participar ativamente, desde a formulação das políticas públicas, passando pelo dispêndio dos recursos, até o controle da execução orçamentária. Esse contexto faz-nos lembrar da célebre frase de Oliver Wendell Holmes, *Justice* da Suprema Corte norte-americana: *"I like to pay taxes. With them, I buy civilization"* (*Gosto de pagar tributos. Com eles, eu compro civilização*). Por outro lado, se o tributo é o preço da liberdade, o orçamento seria o *"espelho da vida do Estado"*, porque é através dele que o administrador se compromete a executar o que colocou no papel.

1.3. RECEITAS E DESPESAS PÚBLICAS E O TRIBUTO

Como vimos, a atividade financeira se estabelece em três bases: a arrecadação, a gestão e o dispêndio. Além de uma correta e justa arrecadação, é necessário, também, dotar o Estado de mecanismos para exercer uma eficiente gestão de tais recursos, bem como estabelecer parâmetros para sua aplicação, atendendo fielmente aos interesses da coletividade e às necessidades públicas.

Atender às necessidades públicas significa prover a sociedade de uma série de bens e serviços públicos, que vão desde os anseios humanos mais básicos, como habitação, nutrição, lazer, educação, segurança, saúde, transporte, previdência, assistência social e justiça, até aquelas outras necessidades de ordem coletiva, como a proteção ao meio ambiente e ao patrimônio cultural.

Para realizar suas atividades e atender às demandas da sociedade, o Estado necessita de recursos. Já houve uma época em que se usava a força para obter os meios necessários para satisfazer à demanda estatal de dinheiro e bens. Conquistas, confiscos, cobranças extorsivas e até mesmo escravidão foram impostos por Estados autoritários aos seus súditos e aos povos que a eles eram subjugados pelo poder da força e do domínio.[22]

Contudo, atualmente, a obtenção de recursos deve se enquadrar nos princípios do Estado de Direito. Assim, o Estado obtém os meios necessários para cumprir suas funções por meio da exploração dos seus bens e rendas ou o faz por meio da arrecadação de recursos financeiros derivados do patrimônio da população, seja pela tributação, pela aplicação de multas, pela obtenção de empréstimos, ou mesmo pela fabricação de dinheiro. Existem, ainda, os casos de requisição compulsória de prestação de serviços, que hoje são hipóteses limitadas e extraordinárias, como nos casos da participação em júri, da prestação de serviço militar ou da participação em mesas eleitorais.

Os recursos financeiros de que o Estado se utiliza – sejam eles definitivos ou transitórios nos cofres públicos – denominam-se, em sentido amplo, de **receitas públicas**[23] e podem se ori-

---

[21] Expressão utilizada por Ricardo Lobo Torres (A legitimação da capacidade contributiva e dos direitos fundamentais do contribuinte. In: SCHOUERI, Luís Eduardo (Coord.). *Direito tributário* – homenagem a Alcides Jorge Costa. São Paulo: Quartier Latin, 2003. p. 432), citando BUCHANAN, James M. *The limits of liberty* (Chicago: The University of Chicago Press, 1975. p. 112), que fala em *Liberty Tax* para significar que o tributo implica sempre perda de uma parcela de liberdade (*"one degree of freedom is lost"*) e KIRCH-HOF, Paul, *Besteuerung und Eigentum* (WDStRL 39: 233,1981): "O direito fundamental do proprietário não protege a propriedade contra a tributação, mas assegura a liberdade do proprietário no Estado Fiscal".

[22] A esse respeito, cf. ARDANT, Gabriel. *Histoire de l'impôt*. Livre I. Chapitre premier – naissance de l'impôt: du pillage, au tribut, de la corvée à la taxe. Paris: Fayard, 1972. p. 29-33.

[23] *Receita* é um termo utilizado mundialmente pela contabilidade para evidenciar a variação ativa resultante do aumento de ativos e/ou da redução de passivos de uma entidade, aumentando a situação líquida patrimonial qualquer que seja o proprietário (BRASIL. Ministério da Fazenda. Secretaria do Tesouro Nacional.

ginar: a) *do patrimônio estatal*: da exploração de atividades econômicas por entidades estatais ou do seu próprio patrimônio, tais como as rendas do patrimônio mobiliário e imobiliário do Estado, receitas de aluguel e arrendamento dos seus bens, de preços públicos, compensações financeiras da exploração de recursos naturais e minerais (*royalties*), de prestação de serviços comerciais e de venda de produtos industriais ou agropecuários; b) *do patrimônio do particular*: pela tributação, aplicação de multas e penas de perdimento, recebimento de doações, legados, heranças vacantes etc.; c) *das transferências intergovernamentais*: relativas à repartição das receitas tributárias transferidas de um ente diretamente para outro ou através de fundos de investimento ou de participação; d) *dos ingressos temporários*: através dos empréstimos públicos, ou da utilização de recursos transitórios em seus cofres, como os depósitos em caução, fianças, operações de crédito por antecipação de receitas etc.

Por decorrência deste rol de receitas públicas, percebe-se que o **tributo** é, entre tantas, apenas uma de suas espécies. Porém, hoje, é considerada uma das mais importantes, não apenas pelo volume financeiro arrecadado, como pelo modelo tributário adotado em nosso país, em que se busca uma arrecadação equitativa e justa.[24]

No Brasil, assim como nas demais nações do mundo, os desejos humanos são ilimitados, mas a possibilidade material de atendê-los é restrita. Portanto, da mesma maneira em que não podemos descuidar do tratamento das fontes e mecanismos de arrecadação, não se pode negligenciar as formas e escolhas para sua justa e devida gestão e aplicação.

Assim sendo, devemos reconhecer que de nada adianta a preocupação com os instrumentos de obtenção de receitas públicas se não houver, na mesma esteira, normas regulando a aplicação desses recursos pelo Estado. Afinal, receitas e despesas integram o mesmo processo da atividade financeira estatal. Como ressaltou Ricardo Lobo Torres,[25] "a despesa e a receita são duas faces da mesma moeda, as duas vertentes do mesmo orçamento. Implicam-se mutuamente e devem se equilibrar".

É inegável que a definição das políticas públicas e a escolha feita pelo Estado sobre o que fazer com os recursos financeiros arrecadados devem seguir sempre o interesse coletivo, pautar-se nas necessidades mais urgentes da sociedade e serem conduzidas a partir dos valores constitucionais voltados para a consecução e o atendimento dos direitos fundamentais e sociais.

Assim, como vivemos em um Estado de Direito, no qual o administrador da coisa pública não está livre para empregá-la da maneira que melhor lhe convier, este encontrará os parâmetros

---

Receitas públicas: manual de procedimentos: aplicado à União, Estados, Distrito Federal e Municípios. Brasília: Secretaria do Tesouro Nacional, Coordenação-Geral de Contabilidade, 2004).

[24] "A partir da queda do muro de Berlin (1989), que, com o seu simbolismo, marca o início do processo de globalização, a crise do socialismo e dos intervencionismos estatais e a mudança dos paradigmas políticos e jurídicos, fortalece-se o Estado Democrático e Social Fiscal, que coincide com o Estado Democrático e Social de Direito [...]. Mantém características do Estado Social, mas passa por modificações importantes, como a diminuição do seu tamanho e a restrição ao seu intervencionismo no domínio social e econômico. Vive precipuamente dos ingressos tributários, reduzindo, pela privatização de suas empresas e pela desregulamentação do social, o aporte das receitas patrimoniais e parafiscais. Procura, na via da despesa pública, diminuir as desigualdades sociais e garantir as condições necessárias à entrega de prestações públicas nas áreas da saúde e da educação, abandonando a utopia da inesgotabilidade dos recursos públicos. Nele se equilibram a justiça e a segurança jurídica, a legalidade e a capacidade contributiva, a liberdade e a responsabilidade" (TORRES, Ricardo Lobo. *Curso de direito financeiro e tributário*. 19. ed. Rio de Janeiro: Renovar, 2013. p. 9).

[25] Ibidem. p. 194.

para sua atuação na lei e na Constituição, razão pela qual as despesas públicas deverão estar previstas no orçamento. Como bem coloca Regis Fernandes de Oliveira,[26] "todas as despesas devem encontrar respaldo constitucional ou legal, necessário que gerem benefício ao Poder Público, seja como aumento patrimonial, seja como retribuição a serviços prestados ou compra de bens ou serviços etc.".

A **despesa pública**[27] nada mais é do que a alocação das receitas públicas arrecadadas pelo Estado na sua atividade financeira. Noutras palavras, trata-se do conjunto de gastos realizados pelo Estado no seu funcionamento, ou seja, da aplicação de recursos financeiros em bens e serviços destinados a satisfazer as necessidades coletivas. Porém, deverá ser compreendida numa acepção mais ampla no plano financeiro, pois além do emprego nas necessidades básicas coletivas, o Estado destina parte das receitas públicas a ações devidamente programadas para propiciar o desenvolvimento social e econômico. Daí porque dizemos que a despesa pública se relaciona diretamente com a política fiscal, mecanismo pelo qual é exercida a administração financeira dos gastos e do emprego dos recursos públicos, de maneira planejada e direcionada para realização de um fim específico.

Segundo Dejalma de Campos,[28] "a despesa pública é a aplicação de certa importância em dinheiro, por autoridade pública, de acordo com autorização do Poder Legislativo, para a execução de serviços a cargo do Governo". Para Alberto Deodato,[29] "a despesa é o gasto da riqueza pública autorizado pelo poder competente, com o fim de socorrer a uma necessidade pública". E, nas palavras de Aliomar Baleeiro,[30] a despesa pública "designa o conjunto de dispêndios do Estado, ou de outra pessoa de Direito Público, para o funcionamento dos serviços públicos".

A despesa pública se realiza a partir da sua previsão nas leis orçamentárias – expressas no plano plurianual, na lei de diretrizes orçamentárias e na lei orçamentária anual – devidamente aprovadas pelo Poder Legislativo conforme os parâmetros constitucionais.

Como em qualquer atividade humana, a gestão da atividade financeira precisa ser devidamente acompanhada, fiscalizada e controlada, já que sujeita a equívocos, inobservância de suas normas, desvios de conduta dos agentes humanos e toda sorte de irregularidades. Infelizmente, a malversação do Erário tem sido, ao longo dos anos, no Brasil, um fato comum que precisa ser

---

[26] OLIVEIRA, Regis Fernandes de. *Curso de direito financeiro*. 7. ed. São Paulo: Revista dos Tribunais, 2015. p. 453.

[27] As despesas públicas podem receber diversas espécies classificatórias, conforme o enfoque pretendido. Podem ser organizadas pela *competência*, quando então serão federais, estaduais ou municipais, conforme o ente federativo que a realizar. Podem ser identificadas pela *localização* da sua realização, sendo então internas ou externas, ou nacionais ou internacionais, se dentro ou fora do território do ente realizador. Quanto à *periodicidade*, as despesas públicas podem ser classificadas em: a) *despesas ordinárias*, desde que estáveis e rotineiras, constantes do orçamento público (por exemplo: remuneração dos servidores públicos, pagamento de aposentadorias etc.); b) *despesas extraordinárias*, que se realizam em situações imprevisíveis e, por isso, não possuem uma receita pública própria, nem são contempladas no orçamento (por exemplo: guerra externa, calamidade pública ou comoção interna); c) *despesas especiais*, referem-se àqueles gastos que não possuem dotação orçamentária específica (por exemplo: a criação de um novo órgão inexistente na estrutura estatal). Relevante classificação é aquela dada pela Lei nº 4.320/1964, diploma legal que estatui as normas gerais do Direito Financeiro. Segundo esta norma, as despesas públicas podem ser: a) *despesas correntes*: despesas de custeio ou transferências correntes; b) *despesas de capital*: investimentos, inversões financeiras ou transferências de capital.

[28] CAMPOS, Dejalma. op. cit. p. 49.

[29] DEODATO, Alberto. op. cit. p. 135.

[30] BALEEIRO, Aliomar. *Uma introdução à ciência das finanças*. 17. ed. Rio de Janeiro: Forense, 2010. p. 83.

combatido de modo constante. A propósito, Montesquieu, no seu clássico *O espírito das leis*, já alertava que é "uma experiência eterna que todo homem que possui poder é levado a dele abusar; ele vai até onde encontra limites".[31]

Precisamente, uma das características dos regimes absolutistas ou autoritários é a ausência de mecanismos de fiscalização e controle (um regime de segredo ou de falta de transparência), para que não haja limitação de poderes. Como certeiramente pontuou Hannah Arendt, "a única regra de que todos podem estar certos num Estado totalitário é a de que, quanto mais visíveis os órgãos governamentais, menos poder eles detêm; e quanto menos se sabe sobre a existência de uma instituição, mais poderosa ela de fato se revelará".[32] No Estado Democrático de Direito, porém, o controle representa um fundamental instrumento para garantir a realização do interesse público.

Segundo Maria Sylvia Zanella Di Pietro,[33] "a finalidade do controle é a de assegurar que a administração atue em consonância com os princípios que lhe são impostos pelo ordenamento jurídico". Nas suas palavras,

> [...] o controle abrange aspectos ora de legalidade, ora de mérito, apresentando-se, por isso mesmo, como de natureza política, já que vai apreciar as decisões administrativas sob o aspecto inclusive da discricionariedade, ou seja, da oportunidade e conveniência diante do interesse público.[34]

Por sua vez, Marçal Justen Filho esclarece que o agente estatal é um servo do povo, e seus atos apenas se legitimam quando compatíveis com o direito. Toda a disciplina da atividade administrativa tem de ser permeada pela concepção democrática, que sujeita o administrador à fiscalização popular e à comprovação da realização democrática dos direitos fundamentais.[35]

Assim, esse interesse público envolvido nas atividades financeiras do Estado enseja a preocupação de todos na garantia da melhor aplicação dos seus recursos. Para tanto, o Direito Financeiro brasileiro possui um sistema normativo regulamentando a fiscalização e o controle do seu cumprimento. A Constituição Federal de 1988 dispõe de uma seção específica para estruturar e disciplinar a matéria (arts. 70 a 75). E, na mesma linha, a Lei de Responsabilidade Fiscal (LC nº 101/2000) veicula um conjunto de dispositivos sobre a fiscalização e controle nas finanças públicas (arts. 43 a 59). Igualmente o faz a Lei nº 4.320/1964, em seu art. 75.

Merecem destaque, quanto às estruturas de controle, os dois modelos existentes no sistema fiscal brasileiro: o controle externo e o controle interno. O *controle externo* é exercido pelo Poder Legislativo de cada ente, auxiliado pelo respectivo Tribunal de Contas; e o *controle interno* é desempenhado pelo sistema de controle específico que cada Poder deverá ter dentro da sua própria estrutura. Nesse sentido, a Constituição Federal prevê que "o controle externo, a cargo do Congresso Nacional, será exercido com o auxílio do Tribunal de Contas da União" (art. 71) e "os Poderes Legislativo, Executivo e Judiciário manterão, de forma integrada, sistema de controle interno" (art. 74).

---

[31] MONTESQUIEU, Charles de Secondat. *O espírito das leis*. Livro XI, Cap. IV. Trad. Cristina Murachco. São Paulo: Martins Fontes, 2000. p. 166.

[32] ARENDT, Hannah. *The origins of totalitarianism*. New York: Harcourt Brace & Company, 1973. p. 403: "The only rule of which everybody in a totalitarian state may be sure is that the more visible government agencies are, the less power they carry, and the less is known of the existence of an institution, the more powerful it will ultimately turn out to be".

[33] DI PIETRO, Maria Sylvia Zanella. *Direito administrativo*. 25. ed. São Paulo: Atlas, 2012. p. 791.

[34] Ibidem. p. 806.

[35] JUSTEN FILHO, Marçal. *Curso de direito administrativo*. São Paulo: Saraiva, 2005. p. 734.

1.4. CONSTITUIÇÃO FINANCEIRA E TRIBUTÁRIA

O ordenamento jurídico brasileiro, instituído com a promulgação da Constituição Federal de 1988, concebeu expressiva evolução em praticamente todos os campos jurídicos, inclusive no Direito Financeiro e no Direito Tributário.

Assim, o Direito Financeiro e o Direito Tributário também sofreram os efeitos positivos da irradiação constitucional,[36] sendo hoje possível falar de uma verdadeira *constitucionalização das finanças públicas*.[37]

Miguel Carbonell[38] sintetiza com maestria esse fenômeno de constitucionalização, apresentando algumas de suas características essenciais. Em primeiro lugar, a *rigidez* e a *garantia jurisdicional da Constituição* afiançam que a Lei Fundamental não possa ser alterada por meio ordinário. Além disso, faz-se necessário o aparato institucional e procedimental pelo qual se estrutura o Poder Judiciário (e de que não estão dotados os órgãos eminentemente políticos) para que a interpretação e aplicação do texto constitucional tenham certa objetividade de significado assegurada.

Em segundo lugar, a constitucionalização do ordenamento jurídico se notabiliza pelo dado da *força vinculante da Constituição*, em que seus dispositivos estão dotados de conteúdo normativo, ou seja, trata-se de verdadeiras normas jurídicas aplicáveis e vinculantes.

Um terceiro ponto diz respeito à chamada *sobreinterpretação constitucional*, isto é, à possibilidade de se extrair do texto uma interpretação que ultrapassa um sentido meramente literal e restrito, para que abarque extensivamente qualquer aspecto da vida social e política. A Constituição estaria vocacionada a uma espécie de interpretação omnicompreensiva, que não deixasse lacunas ou áreas indiferentes a seu influxo. Tal forma de interpretação, para Carbonell, derivaria da teoria axiológica da Constituição, uma vez que esta elege valores e fins a serem cumpridos que condicionarão necessariamente a interpretação do ordenamento jurídico, sobretudo nas matérias envolvendo direitos fundamentais.

Em quarto lugar, aponta-se a nota de *aplicação direta das normas constitucionais*, que se subdivide na vertente de que a Constituição também regula relações entre privados (e não apenas entre privados e o Estado) e na vertente de que todos os operadores jurídicos (sobretudo os magistrados) podem e devem aplicar as normas constitucionais, inclusive os princípios e mesmo aquelas normas reputadas meramente programáticas.

Em quinto, pode-se indicar a técnica de *interpretação conforme das leis*, em que se busca, entre mais de uma interpretação possível da norma infraconstitucional, aquela que se harmo-

---

[36] Sobre o fenômeno da constitucionalização do Direito, cf. BARROSO, Luís Roberto. *Curso de direito constitucional contemporâneo*: os conceitos fundamentais e a construção do novo modelo. São Paulo: Saraiva, 2009. p. 351 e ss.; FAVOREU, Louis Joseph. La constitucionalización del derecho. *Revista de Derecho (Valdivia)*, año 2001, vol. XII. p. 31-43; GUASTINI, Riccardo. La "constitucionalización" del ordenamiento jurídico: el caso italiano. In: CARBONELL, Miguel (Ed.). *Estudios de teoría constitucional*. México, D.F.: UNAM, 2001. p. 153-183.

[37] Sobre o tema específico da constitucionalização do Direito Financeiro, cf. TORRES, Heleno Taveira. *Direito constitucional financeiro*: teoria da constituição financeira. São Paulo: Revista dos Tribunais, 2014; CORTI, Horacio. La constitucionalización del gasto público. *Lecciones y Ensayos*, n. 64, 1995. p. 33-91; MENDONÇA, Eduardo Bastos Furtado de. *A constitucionalização das finanças públicas no Brasil*. Rio de Janeiro: Renovar, 2010.

[38] CARBONELL, Miguel; GIL, Rubén Sánchez. ¿Qué es la constitucionalización del derecho? *Quid Iuris*, ano 6, vol. 15, 2011. p. 34-38.

nize mais devidamente com a Constituição e que tenha o condão de conferir maior eficácia aos mandamentos constitucionais. Por fim, elenca-se o aspecto da *influência da Constituição sobre as relações políticas*, representada pelo fato de a Constituição apresentar um sistema de soluções de conflitos políticos entre órgãos e Poderes estatais; de os órgãos jurisdicionais responsáveis pelo controle de constitucionalidade não poderem se demitir da responsabilidade de julgar, à luz da Lei Maior, questões tradicionalmente vistas como políticas, uma vez que toda a temática pública possui inequívocos reflexos constitucionais; e de que as normas constitucionais sejam tomadas como base pelos agentes políticos para fundamentar suas ideias e programas de governo.

Em tal ordenamento jurídico constitucionalizado, o Direito Financeiro e o Direito Tributário não podem mais ser encarados como especialidades envoltas apenas em números e dirigidas por um tecnicismo contábil e formalista, em que reinava uma primazia do aspecto técnico em detrimento do axiológico, por vezes vistos como um domínio reputado exótico, abstruso e distante pelos juristas em geral. Vários de seus institutos não somente estão previstos textualmente na Constituição, mas todos eles, onde quer que estejam expressos, tomam forma a partir dos princípios e valores constitucionais (*conformação constitucional*), deixando claro que o aspecto jurídico-constitucional agora é protagonista, e não mero coadjuvante, das grandes discussões financeiras do cenário nacional.

É dentro deste panorama que o *direito constitucional financeiro*[39] (no qual se inclui o Direito Tributário), segundo Heleno Taveira Torres, compreende o conjunto de normas do sistema constitucional que regula, direta ou indiretamente, a atividade financeira do Estado. Desse modo, a *teoria da Constituição Financeira* tem por objeto a atividade financeira do Estado na Constituição, segundo os valores do Estado Democrático de Direito e a intertextualidade com as constituições econômica, político-federativa, tributária e social.[40]

A atividade financeira e tributária encontra, na Constituição, não apenas seu fundamento de validade, mas também os objetivos a serem atingidos e as formas para a sua realização, sempre visando atender às necessidades gerais do país, sem descuidar das particularidades regionais ou individuais. A esse respeito, Humberto Ávila[41] assevera que

> Essas regras exigem o planejamento da atuação estatal, favorecendo, pois, os ideais de cognoscibilidade, confiabilidade e calculabilidade do Direito: de cognoscibilidade, porque permitem que o cidadão possa conhecer, de maneira acessível e abrangente, a fonte das receitas e das despesas estatais; de confiabilidade, porque tornam a atuação mais estável, pela permanência da atuação estatal por mais de um exercício financeiro; de calculabilidade, porque permitem que o contribuinte possa controlar antecipadamente a atuação administrativa futura.

Neste contexto, a atuação do administrador público em temas que envolvem o Direito Financeiro e Tributário é pautada pelos valores consignados na Constituição, oferecendo-lhe os instrumentos e os parâmetros para realizar sua função e atingir suas metas. Da mesma maneira, o cidadão tem na Carta Constitucional o rol de direitos e deveres que lhe cabem como integrante de uma sociedade organizada de maneira a oferecer uma vida digna e próspera.

---

[39] Para o estudo aprofundado do tema: TORRES, Heleno Taveira. *Direito constitucional financeiro*: teoria da constituição financeira. São Paulo: Revista dos Tribunais, 2014.

[40] Ibidem. p. 25.

[41] ÁVILA, Humberto Bergmann. *Segurança jurídica*: entre permanência, mudança e realização no Direito Tributário. São Paulo: Malheiros, 2011. p. 238-239.

Sabemos que a atividade estatal e a aplicação do Direito em cada nação dependem do modelo constitucional adotado e do ambiente jusfilosófico em que se inserem. E, no contexto brasileiro atual, identificamos no texto da Constituição Federal de 1988 um hibridismo em seu perfil, que gera uma constante tensão entre os valores sociais e os liberais, e que influenciam sobremaneira a forma de atuação do Estado, o que é perceptível pelas disposições que tratam das finanças públicas.[42]

A Constituição Federal de 1988, após estabelecer os objetivos do Estado brasileiro no seu art. 3º,[43] institui em seu texto um sistema essencial de normas financeiras e tributárias necessárias para sua realização.

Podemos agrupar essas normas em torno dos seguintes assuntos: a) competência normativa sobre a matéria financeira (art. 24, inc. I e II; art. 48, inc. I, II, XIII e XIV; art. 52, inc. V a IX; art. 62, § 1º, I, "d" e § 2º; art. 68, § 1º, III); b) hipóteses de intervenção por descumprimento das obrigações financeiras (art. 34, inc. V, VII, "d" e "e"; art. 35, inc. I, II e III); c) formas de fiscalização da atividade financeira (art. 21, inc. VII e VIII; arts. 70, 71, 72 e 74); d) sistema tributário nacional (arts. 145 a 156-B e 195); e) repartições de receitas tributárias (arts. 157 a 162); f) normas gerais sobre as finanças públicas e sistema monetário (arts. 163, 163-A, 164, 164-A); g) disposições relativas ao orçamento (arts. 165 a 169).

1.5. ORÇAMENTO E TRIBUTAÇÃO

O **orçamento público** é o instrumento de planejamento financeiro do Estado moderno que possibilita realizar a previsão das receitas e a fixação das despesas em determinado período de tempo. Além do aspecto técnico-financeiro, seus vieses político, econômico e jurídico expõem as pretensões de realização e as prioridades e programas de ação da Administração Pública perante a coletividade, conjugando as necessidades e os interesses dos três Poderes, seus órgãos, agentes e entidades, de maneira harmônica e interdependente.[44]

Ocorre que de nada adianta possuirmos um conjunto de normas que disciplinam a atividade tributária se não houver, em contrapartida, um instrumento jurídico para garantir a correta alocação dos recursos, inclusive aqueles de natureza tributária, arrecadados do bolso do cidadão, das empresas e de toda a sociedade.

Poderíamos dizer que o tributo e o orçamento são faces opostas de uma mesma moeda. De um lado, a face da arrecadação, com uma de suas espécies mais relevantes nos dias de hoje: o tributo; do outro, a face da destinação, com o seu instrumento jurídico, político e econômico materializador: o orçamento público.

Clássica conceituação dada ao instituto é a de Aliomar Baleeiro,[45] para quem o orçamento público é

> [...] o ato pelo qual o Poder Executivo prevê e o Poder Legislativo autoriza, por certo período de tempo, a execução das despesas destinadas ao funcionamento dos serviços públicos e outros

---

[42] TORRES, Ricardo Lobo. *Curso de direito financeiro e tributário*. 19. ed. Rio de Janeiro: Renovar, 2013. p. 27.

[43] Constituição Federal de 1988 – Art. 3º Constituem objetivos fundamentais da República Federativa do Brasil: I – construir uma sociedade livre, justa e solidária; II – garantir o desenvolvimento nacional; III – erradicar a pobreza e a marginalização e reduzir as desigualdades sociais e regionais; IV – promover o bem de todos, sem preconceitos de origem, raça, sexo, cor, idade e quaisquer outras formas de discriminação.

[44] ABRAHAM, Marcus. *Curso de Direito Financeiro Brasileiro*. 6. ed. Rio de Janeiro: Forense, 2021.

[45] BALEEIRO, Aliomar. op. cit. p. 387.

Parte I · Cap. 1 · FINANÇAS PÚBLICAS E TRIBUTAÇÃO | **17**

fins adotados pela política econômica ou geral do país, assim como a arrecadação das receitas já criadas em lei.

Para Héctor Villegas,[46] o orçamento público é "um ato de governo, mediante o qual se preveem os ingressos e os gastos estatais e se autorizam estes últimos para um determinado período futuro, que geralmente é de um ano".

Alberto Deodato conceitua orçamento pelo aspecto político e não estritamente técnico, ao dizer que "o orçamento é, na sua mais exata expressão, o quadro orgânico da Economia Política. É o espelho da vida do Estado e, pelas cifras, se conhecem os detalhes de seu progresso, da sua cultura e da sua civilização".[47] Igual alerta faz Gustavo Ingrosso, afirmando que "o Orçamento Público não pode ser reduzido às modestas proporções de um plano contábil ou de simples ato administrativo. Em vez disso, ele é o maior trabalho da função legislativa para os fins do ordenamento jurídico e da atividade funcional do Estado".[48]

O orçamento público no Brasil é composto de três leis que se interligam e se influenciam mutuamente: a Lei do Plano Plurianual (PPA), a Lei de Diretrizes Orçamentárias (LDO) e a Lei Orçamentária Anual (LOA).

É no orçamento que o cidadão identifica a destinação dos recursos que o Estado arrecada, sendo que nenhuma despesa pública poderá ser realizada sem estar fixada no orçamento. Trata-se, portanto, de um documento de conteúdo econômico, jurídico e político – elaborado segundo as normas do Direito Financeiro e conforme as técnicas contábeis e financeiras – que se materializa em uma lei originária do Poder Executivo, analisada, votada e aprovada regularmente pelo poder legiferante.

Contudo, para o orçamento público ganhar a estrutura normativa que possui hoje em dia, foi necessário um longo e complexo processo evolutivo. Primeiro, tivemos as regras para limitar a arrecadação de recursos financeiros pelos governantes em face dos seus súditos. Depois, surgiram as normas que disciplinavam a aplicação desses recursos, procurando prestigiar as necessidades e o interesse público. Como consequência dessa evolução na área das finanças públicas, tornou-se necessária a criação de uma ferramenta que permitisse ao governante identificar o volume financeiro de recursos a ser arrecadado em certo período, a fim de poder determinar onde, como e quanto se poderia gastar.

Assim, o surgimento do orçamento público como instrumento de planejamento, autorização e controle dos gastos públicos, ocorre a partir do desenvolvimento da ideia de que o patrimônio do Estado deveria ser distinto e autônomo em relação ao patrimônio do imperador, do rei ou do governante. Alia-se a isso a necessidade de limitar e controlar a arrecadação e os gastos dos governos que ao longo dos tempos abusavam desse poder, pois sempre que precisavam de recursos, submetiam seus súditos a contribuições forçadas.

Podemos dizer que não havia orçamento público na Antiguidade Clássica, em que "os recursos do Estado romano confundiam-se com a fortuna particular do Imperador".[49] À época, além da nefasta confusão patrimonial, a arrecadação de receitas e a aplicação dos recursos eram

---

[46]   VILLEGAS, Héctor Belisario. *Curso de finanzas, derecho financiero y tributario*. 9. ed. Buenos Aires: Astrea, 2007. p. 125.

[47]   DEODATO, Alberto. op. cit. p. 316.

[48]   INGROSSO, Gustavo. *Istituzioni di diritto finanziario*, 3 v. 1935 apud DEODATO, Alberto. op. cit. p. 316.

[49]   BUJANDA, Fernando Sainz de. *Hacienda y derecho*. Madrid: Institutos de Estudios Políticos, 1962. v. 1. p. 168.

realizadas de maneira arbitrária pelos governantes, que priorizavam os gastos públicos com as suas próprias vontades, luxos e supérfluos, além de destinar grande parcela ao seu exército. Somente em último lugar de prioridades estavam as despesas para atender às necessidades públicas e, mesmo assim, realizadas de maneira incipiente. Demonstrar ao povo o que foi arrecadado e como foram aplicados os recursos estava fora de questão.

Na Idade Média, a situação era similar. As cobranças excessivas e os gastos desarrazoados dos governantes geravam constantes revoltas e descontentamento do povo. Entretanto, encontramos aqui o início do processo de controle da atividade financeira, ainda que voltado apenas para a arrecadação e não para a despesa. Assim foi que, em 1215, os barões ingleses impuseram ao rei João I da Inglaterra, mais conhecido como rei João Sem-Terra, um documento que limitava o exercício da sua soberania. Esse documento ficou conhecido como Magna Carta de 1215. Nela, havia um dispositivo que condicionava a arrecadação de tributos à autorização por conselho comum do reino, a ser obtida mediante votação em assembleia reunindo altos prelados eclesiásticos e membros da nobreza (um embrião do Parlamento inglês).[50]

Na Era Moderna, a ideia de limitação dos atos dos governantes se desenvolveu, especialmente, com o surgimento do constitucionalismo. A Declaração de Direitos da Inglaterra (*Bill of Rights*), aprovada em 1689, continha similar norma de submissão ao Parlamento para a criação de tributos. A Revolução Americana de 1776 e a Revolução Francesa de 1789 foram motivadas, entre outras razões, pela cobrança de impostos abusivos e por gastos excessivos dos monarcas, influenciando sobremaneira os ordenamentos jurídicos subsequentes pela introdução de regras de controle para os governantes arrecadarem e gastarem os recursos públicos. Nesse sentido, leciona Aliomar Baleeiro que

> [...] a lenta e secular evolução da democracia, desde a Idade Média até hoje, é marcada pela gradual conquista do direito de os contribuintes autorizarem a cobrança de impostos e do correlato direito de conhecimento de causa e escolha dos fins em que serão aplicados. Da Carta Magna e das revoluções britânicas do século XVII às revoluções americana e francesa do século XVIII, há uma longa e penosa luta para conquista desses direitos que assinalam a íntima coordenação de fenômenos financeiros e políticos.[51]

Por sua vez, explica Ricardo Lobo Torres que o Estado Orçamentário é

> [...] a particular dimensão do Estado de Direito apoiada nas receitas, especialmente a tributária, como instrumento de realização das despesas. O Estado Orçamentário surge com o próprio Estado Moderno. Já na época da derrocada do feudalismo e na fase do Estado Patrimonial e Absolutista aparece a necessidade da periódica autorização para lançar tributos e efetuar gastos, primeiro na Inglaterra e logo na França, Espanha e Portugal. Com o advento do liberalismo e das grandes revoluções é que se constitui plenamente o Estado Orçamentário [...], que procura através do orçamento fixar a receita tributária e patrimonial, redistribuir rendas, entregar prestações de educação, saúde, seguridade e transportes, promover o desenvolvimento econômico e equilibrar a economia [...].[52]

---

[50] Magna Carta de 1215. Art. XII – "No scutage nor aid shall be imposed on our kingdom, unless by common counsel of our kingdom, except for ransoming our person, for making our eldest son a knight, and for once marrying our eldest daughter; and for these there shall not be levied more than a reasonable aid. In like manner it shall be done concerning aids from the city of London".

[51] BALEEIRO, Aliomar. op. cit. p. 91.

[52] TORRES, Ricardo Lobo. op. cit. p. 171-172.

Parte I · Cap. 1 · FINANÇAS PÚBLICAS E TRIBUTAÇÃO | **19**

No Brasil do período colonial, não havia nenhum dispositivo formal sobre a necessidade da elaboração de um orçamento público pelos governos, cujas contas se submetiam aos desmandos da metrópole. Em 1808, com a vinda da família real portuguesa ao Brasil, foram implantados aqui o Erário régio e o Conselho da Fazenda. A partir da Independência, as nossas Constituições passaram a contemplar normas orçamentárias, com uma alternância sobre a sua responsabilidade entre o Poder Executivo e o Legislativo, chegando-se, em certos momentos, a concentrar sua elaboração e aprovação nas mãos de um ou de outro.

A Constituição Federal de 1988, dotada de capítulo próprio para as finanças públicas, contempla uma seção exclusiva para o orçamento público (arts. 165 a 169), possuindo um papel extremamente relevante na configuração do sistema normativo do Direito Financeiro e Orçamentário brasileiro, uma vez que desenha toda sua estrutura e distribui as respectivas competências e atribuições, indicando os meios necessários para a realização de tais fins. A Constituição atribui competência normativa à União para editar normas gerais sobre finanças públicas por meio de lei complementar (art. 163), conferindo aos Estados e Municípios a respectiva competência suplementar.

Podemos classificar a temática da emissão de moeda e funções do Banco Central do Brasil previstas no artigo 164 dentro do Direito Monetário, não integrando o Direito Financeiro propriamente dito. Por sua vez, o art. 164-A[53] traz diretrizes sobre a sustentabilidade da dívida pública e para a política fiscal.

O artigo 165 da Constituição prevê a tríade orçamentária – Plano Plurianual, Lei de Diretrizes Orçamentárias e Lei Orçamentária Anual –, delineando suas características, conteúdo e funções essenciais. Por sua vez, o artigo 166 da Carta estabelece a apreciação pelo Poder Legislativo dos projetos de leis orçamentárias de iniciativa do Poder Executivo, delimitando e condicionando o seu processo de emenda. O artigo 166-A trata das emendas individuais impositivas apresentadas ao projeto de lei orçamentária anual para alocar recursos a Estados, ao Distrito Federal e a Municípios por meio de transferência especial ou transferência com finalidade definida. Já o artigo 167 traz importantes vedações em matéria orçamentária e regras para a realização de despesas públicas, operações de crédito, vinculação de receitas, abertura de créditos e transferências de recursos entre entes. O artigo 167-A versa sobre mecanismos de ajuste fiscal quando se apurar que, no período de 12 meses, a relação entre despesas correntes e receitas correntes supera 95%. Os artigos 167-B a 167-G tratam de regras especiais de finanças públicas a vigorarem durante estado de calamidade pública de âmbito nacional. O artigo 168 cuida da entrega de recursos das respectivas dotações orçamentárias pelo Poder Executivo aos órgãos dos demais Poderes. E, finalmente, o artigo 169 cria regras para a realização das despesas de pessoal.

Sobre as disposições orçamentárias na Constituição, mais uma vez recorremos às palavras de Ricardo Lobo Torres,[54] ao lecionar que

> [...] a Constituição Orçamentária é um dos subsistemas da Constituição Financeira, ao lado da Constituição Tributária e da Monetária, sendo uma das Subconstituições que compõem o quadro maior da Constituição do Estado de Direito, em equilíbrio e harmonia com outros subsistemas, especialmente a Constituição Econômica e a Política.

---

[53]   Introduzido pela Emenda Constitucional nº 109/2021.

[54]   TORRES, Ricardo Lobo. *Tratado de direito constitucional financeiro e tributário*: o orçamento na Constituição. 2. ed. Rio de Janeiro: Renovar, 2000. Vol. V. p. 1.

20 | CURSO DE DIREITO TRIBUTÁRIO BRASILEIRO – *Marcus Abraham*

Tanto a União como os Estados, o Distrito Federal e os Municípios deverão propor a suas casas legislativas as leis específicas orçamentárias – o plano plurianual, as diretrizes orçamentárias, os orçamentos anuais –, pois é a partir destas normas que se realizam as receitas e despesas públicas e a gestão financeira do Erário. E, em face da *simetria das normas constitucionais*, as disposições orçamentárias federais estabelecidas no texto constitucional aplicam-se, também, aos orçamentos estaduais, municipais e do Distrito Federal.

Essas leis orçamentárias, de iniciativa do Poder Executivo local, terão a forma de lei ordinária, instrumento competente para a concretização das normas financeiras, atendendo ao Princípio da Legalidade. A utilização de leis é uma condição decorrente do Estado de Direito, em que se exige a prévia aprovação pelo Poder Legislativo, quando da instituição ou modificação das normas de Direito Financeiro.

A propósito, ressalta José Marcos Domingues de Oliveira que

> [...] a peça fundamental da democracia financeira é a lei orçamentária anual, a verdadeira costura que, demonstrando a necessária conexão entre receita e despesa, determina à Administração a realização das políticas públicas aprovadas pelo Legislativo a partir de proposta partilhada com o Executivo.[55]

A *lei do plano plurianual* estabelece o planejamento estratégico de longo prazo, voltada para o desenvolvimento nacional e regional, influenciando a elaboração da lei de diretrizes orçamentárias e da lei orçamentária anual, fixando, de forma regionalizada, as diretrizes, os objetivos e as metas da Administração Pública para as despesas de capital e as relativas aos programas de duração continuada. Por sua vez, a *lei de diretrizes orçamentárias* define o planejamento operacional de curto prazo, orientando diretamente a elaboração da lei orçamentária anual, compreendendo as metas e prioridades da Administração Pública. E a *lei orçamentária anual*, documento básico e fundamental para a realização de toda a atividade financeira do Estado, é a concretização dos planejamentos em uma típica lei de execução, que engloba o orçamento fiscal, de investimento e da seguridade social, pela previsão de todas as receitas públicas e a fixação de todas as despesas públicas, para os três Poderes, seus órgãos, fundos e entidades da Administração direta e indireta, inclusive as fundações públicas, e também todas as despesas relativas à dívida pública, mobiliária ou contratual, e as receitas que as atenderão.

Assim, a estrutura da **tríade orçamentária** pode ser assim sintetizada: 1) para a *Lei Orçamentária Anual*: a) o *orçamento fiscal*, que contém todas as receitas e despesas referentes aos três Poderes, seus fundos, órgãos e entidades da Administração direta e indireta, inclusive fundações instituídas e mantidas pelo Poder Público; b) o *orçamento de investimento*, que se refere às empresas em que o Estado, direta ou indiretamente, detenha a maioria do capital social com direito a voto; c) o *orçamento da seguridade social*, que abrange todas as entidades e órgãos a ela vinculados, da Administração direta ou indireta, bem como os fundos e fundações instituídos e mantidos pelo Poder Público; 2) para a *Lei de Diretrizes Orçamentárias*: a) as metas e prioridades da Administração Pública federal; b) as diretrizes de política fiscal e respectivas metas, em consonância com trajetória sustentável da dívida; c) a orientação para a elaboração da lei orçamentária anual; d) as alterações na legislação tributária; e) a política de aplicação das agências financeiras oficiais de fomento; 3) para o *Plano Plurianual*: as diretrizes, objetivos e

---

[55] OLIVEIRA, José Marcos Domingues de. O desvio de finalidade das contribuições e o seu controle tributário e orçamentário no direito brasileiro. In: OLIVEIRA, José Marcos Domingues de (Coord.). *Direito tributário e políticas públicas*. São Paulo: MP, 2008. p. 300.

metas da Administração pública federal para as despesas de capital e outras delas decorrentes e para as relativas aos programas de duração continuada.

O orçamento público brasileiro não pode ser considerado apenas pelo seu aspecto contábil, ao se materializar em um documento de conteúdo financeiro. Podemos dizer que é dotado de um aspecto *político*, por expor as políticas públicas estatais, contemplando as pretensões e necessidades de cada um dos três Poderes, seus órgãos e entidades, que participam ativamente na sua elaboração, aprovação e controle; um aspecto *econômico*, por demonstrar a dimensão financeira das atividades do Estado, ao englobar todas as receitas e despesas públicas; um aspecto *técnico*, por ser elaborado e se concretizar por meio das normas da Contabilidade Pública e do Direito Financeiro; e, finalmente, um aspecto *jurídico*, por se materializar através de três leis: a lei orçamentária anual, a lei de diretrizes orçamentárias e a lei do plano plurianual.

Hoje, a linha doutrinária que considera que o orçamento público tem natureza meramente autorizativa (em que se pode contingenciar recursos e não gastar imotivadamente) vem sendo superada pela compreensão de que o orçamento tem efetivo caráter impositivo e obrigatório.[56]

Uma vez aprovada, sancionada e publicada a lei orçamentária anual, o orçamento passa a ser executado, concretizando-se os programas e as ações nele previstos, realizando-se as despesas fixadas conforme as dotações ali destinadas. Nessa fase, cada um dos órgãos públicos recebe a sua dotação orçamentária, no processo denominado descentralização dos créditos orçamentários, para que cada Unidade Gestora Administrativa realize suas despesas, na forma do cronograma estabelecido para cada rubrica.

1.6. TEORIAS DO ESTADO FISCAL – FINANCEIRO E TRIBUTÁRIO

A evolução das finanças públicas até se alcançar o **Estado de Direito Financeiro e Tributário** é fruto de um desenvolvimento histórico, como já salientado anteriormente, e intimamente dependente das instituições políticas, culturais e econômicas vigentes em cada época.

Para Dejalma de Campos,[57] o desenvolvimento histórico das finanças estatais poderia ser divido em quatro fases: a) *Estado parasitário* – em que as finanças eram exercidas de forma empírica. Quando o Estado precisava de dinheiro, em lugar de examinar suas possibilidades de riqueza, procurava atacar o vizinho rico, escravizando-o; b) *Estado dominial* – que se constituiu com a queda do Império Romano do Ocidente em 476 d.C., levando a um novo tipo de atividade financeira, a dominial, que durou por toda a Idade Média, até 1453, caracterizando-se pela cobrança sobre direitos reais e possessórios; c) *Estado regalista* – surgido no final da Idade Média, com a absorção das propriedades feudais, formando as monarquias. Neste, a renda dos Estados não se baseava somente nos tributos, mas também na exploração de certas atividades comerciais, como fumo, sal e especiarias do Oriente, cujos lucros abasteciam o tesouro. Por serem atividades dominadas pelo rei, passaram a chamar-se regalias, daí a nomenclatura de Estado regalista; d) *Estado tributário* – desenvolvido a partir de 1789, com a Revolução Francesa, quando começavam a ser estudados cientificamente os elementos que influíam na tributação. Os Estados passaram a dar importância para as riquezas provenientes do tributo, daí a denominação de Estado tributário.

Historicamente, com um viés meramente arrecadatório, a atividade tributária já podia ser encontrada na **Antiguidade Clássica**, essencialmente, para fazer face aos gastos militares

---

[56] O debate aprofundado sobre a natureza autorizativa ou impositiva do orçamento público é feito em nosso *Curso de direito financeiro brasileiro*. 7. ed. Rio de Janeiro: Forense, 2023.

[57] CAMPOS, Dejalma de. op. cit. p. 35.

CURSO DE DIREITO TRIBUTÁRIO BRASILEIRO – *Marcus Abraham*

com guerras de conquistas. Assim, na Grécia, identificava-se uma contribuição para sustentar o exército que defendia a Cidade-estado, denominada *eisphora*, incidente sobre o patrimônio do cidadão. Em Atenas havia também uma contribuição para custear a marinha nacional, devida por todo cidadão "cuja fortuna atingia 10 talentos" (os que possuíam menos de 10 talentos se associavam para o fornecimento de uma galera).[58] Roma, além da extorsão sobre os povos conquistados, possuía também um tributo que recaía sobre a fortuna dos cidadãos. Registros históricos apresentam a *centesima rerum venalium*, criada pelo imperador romano Augusto, que incidia com uma alíquota de 1% sobre o valor das mercadorias vendidas,[59] e a *collatio lustralis*, tributo instituído por Constantino Magno, também incidindo sobre os comerciantes no Império Romano. Posteriormente, criaram-se os impostos aduaneiros (*portorium*), de mercado (*macelum*), taxas judiciais e assim por diante. É proveniente daquela época a origem da palavra "fisco", relativa ao *fiscum*, nome do cesto que o coletor usava para colocar o dinheiro arrecadado dos impostos, e a procedência da palavra "tributo", do latim *tributum*, que significava conceder, fazer elogios ou presentear, designando, naquele tempo, as exigências em bens e serviços que os conquistadores faziam aos povos conquistados, como um tributo em favor do seu dominante.[60]

Na lição de Ricardo Lobo Torres, na Idade Média, a atividade financeira do Estado passou por um processo evolutivo que se iniciou a partir do fim do feudalismo com o aparecimento do *Estado Patrimonial*, período em que se confundia o público e o privado, especialmente quanto aos bens e rendas do Rei e aqueles do Estado. Tinha, primariamente, nas rendas patrimoniais ou dominiais a fonte de financiamento das guerras e da manutenção da Corte e, apenas secundariamente, apoiava-se nas receitas fiscais, o que demonstrava a total ausência de regras para a cobrança e menos ainda para a realização das despesas. Não havia qualquer indício de regras orçamentárias no Estado Patrimonial.[61]

Contando com uma estrutura político-administrativa descentralizada, baseada no feudalismo e localizada inicialmente nos campos, muitos tributos cobrados pelos senhores feudais incidiam sobre os camponeses, recaindo em até 50% sobre sua produção (*censo*, quando valor fixo, ou *meeiro*, quando por produção obtida), além das taxas de comercialização, cobrança sobre produção específica (*talhas*) e taxas para utilização de moinhos ou fornos (*banalidades*). Porém, as cobranças mais extorsivas incidiam sobre os servos, impondo-se desde o trabalho forçado dos mesmos nas terras senhoriais, para a construção e manutenção de seus imóveis e estradas (*corveia*), até a cobrança de uma taxa de casamento quando um servo se casava com uma pessoa livre (*formariage*), além da cobrança em decorrência de herança (*main-morte*). Ademais destes, era comum encontrarmos a cobrança genérica da taxa sobre o sal (*gabela*), o dízimo pago à Igreja (originalmente introduzido pelos Carolíngios, no século VIII, como indenização à Igreja pela perda de terras entregues a vassalos militares, mas que acabou se estendendo por toda a Europa ocidental como um tributo comum de 10% sobre toda a renda) e o pedágio cobrado pela passagem nas terras particulares (*péage*).[62]

---

[58]   OLIVEIRA, José Marcos Domingues de. *Capacidade contributiva*: conteúdo e eficácia do princípio. 2. ed. Rio de Janeiro: Renovar, 1998. p. 21-22.

[59]   JUANO, Manoel de. *Tributación sobre el valor agregado*. Buenos Aires: Victor P. Zavalia, 1975 apud MEIRELLES, José Ricardo. *Impostos indiretos no Mercosul e integração*. São Paulo: Ltr, 2000. p. 47-48.

[60]   AMED, Fernando José; NEGREIROS, Plínio José Labriola de Campos. op. cit. p. 22.

[61]   TORRES, Ricardo Lobo. *Tratado de direito constitucional financeiro e tributário*: o orçamento na Constituição. 2. ed. Rio de Janeiro: Renovar, 2000. Vol. V. p. 4.

[62]   Outras cobranças: *Capitation*: taxa individual criada em 1695 que pesava sobre os nobres, calculada com base nos registros da *taille*; *Centième denier*: taxa de 1% sobre as transações relativas à propriedade e aos

Esse sistema de tributação se estendeu até a formação dos Estados Nacionais, na denominada **Idade Moderna** (1453 a 1789), com a decadência da ordem feudal, dando início ao período caracterizado pelo absolutismo monárquico. A partir da transformação dos feudos em reinos e estes em cidades, em nome de uma necessária centralização político-administrativa, a tributação passa a se dar em favor do Rei, representante do Estado, e a ser cobrada desregrada e pesadamente dos trabalhadores, camponeses, artesãos e comerciantes (burguesia), mas não da nobreza e clero, classes sociais que nada pagavam, consideradas "parasitárias". O exemplo histórico mais notório da realidade econômica e social dessa era foi o Estado Nacional na França, sob o reinado de Luís XIV, conhecido pela máxima *"L'Etat c'est moi"* ("O Estado sou eu"), e cujo lema era: "Quero que o clero reze, que o nobre morra pela pátria e que o povo pague". Nesse período, com a expansão marítima, o mercantilismo e o início da industrialização, consolida-se a cobrança regular de tributos em moeda e não mais em mercadorias ou serviços, como ocorrera ao longo de toda a Idade Média, e surgem as espécies tributárias que deram origem aos impostos que temos hoje, tais como o imposto de renda, os impostos sobre a produção e sobre o comércio e os impostos aduaneiros. Era o denominado *Estado de Polícia*, caracterizado por ser paternalista, intervencionista e centralizador, no sentido de garantir a ordem e segurança dos súditos e do Estado.[63]

Até aquele momento, os direitos afetos à liberdade eram praticamente inexistentes, não havendo direitos subjetivos em relação ao Estado. Não havia delimitação da atuação e interferência do Estado na sociedade e o monarca, enquanto encarnação simbólica do próprio Estado, não cometia ilicitudes nem era juridicamente responsável por seus atos como governante. Postulados conhecidos como *"the King can do no wrong"* e *"le roi ne peut mal faire"* refletiam a total irresponsabilidade dos monarcas e governantes da época. As palavras do Rei da França Luís XIV (intitulado *Rei Sol*, maior corporificação do absolutismo), expondo sua concepção de Monarquia Absoluta, são provas disso:

> Todo poder, toda autoridade reside na mão do Rei e não pode haver outra autoridade no Reino a não ser a que o Rei aí estabelece. Tudo que se encontra na extensão de nossos Estados, de qualquer natureza que seja nos pertence [...] os Reis são senhores absolutos e têm naturalmente a disposição plena e inteira de todos os bens que são possuídos tanto pelas pessoas da Igreja como pelos seculares.[64]

Foi com o surgimento e o desenvolvimento do **Constitucionalismo**, no final do século XVIII, que nasceram as normas que trazem critérios de justiça na arrecadação e na aplicação dos recursos financeiros, tendo como marco temporal a Revolução Francesa, em 1789 (não obstante ideias limitadoras ao poder fiscal do governante, já previstas na Magna Carta inglesa, de 1215). A Constituição americana de 1787 declara, na Seção 8 do seu art. 1º, que

---

serviços venais; *Champart:* taxa senhorial baseada em uma fração (que variava de um a dois terços em função da região) da colheita de cereais dos camponeses; *Contribution patriotique:* taxa direta extraordinária destinada a fazer face de modo urgente aos compromissos de Estado; *Ustencile:* taxa substituindo o alimento, a bebida, o aquecimento que a população deveria fornecer às tropas reais. (ARNAUT, Luiz. *Glossário da Revolução Francesa.* Faculdade de Filosofia e Ciências Humanas da Universidade de Minas Gerais, Depto. de História. Disponível em: http://www.fafich.ufmg.br/~luarnaut/rfglss.pdf. Acesso em: 01/12/2023).

[63] TORRES, Ricardo Lobo. *Curso de direito financeiro e tributário.* 19. ed. Rio de Janeiro: Renovar, 2013. p. 7-8.

[64] DUPÂQUIER, Jacques; LACHIVER, Marcel. *Les temps modernes.* 4. ed. Paris: Bordas, 1970. p. 118.

> Será da competência do Congresso: Lançar e arrecadar taxas, direitos, impostos e tributos, pagar dívidas e prover a defesa comum e o bem-estar geral dos Estados Unidos; mas todos os direitos, impostos e tributos serão uniformes em todos os Estados Unidos; levantar empréstimos sobre o crédito dos Estados Unidos [...].

Até mesmo a Declaração dos Direitos do Homem e do Cidadão, de 1789, contém norma expressa sobre a arrecadação para as despesas públicas, pautada na capacidade contributiva do cidadão: "Art. 13º Para a manutenção da força pública e para as despesas de administração, é indispensável uma contribuição comum que deve ser dividida entre os cidadãos de acordo com suas possibilidades". Na mesma linha, a Constituição Francesa de 1791 traz no seu art. 2º do Título I, sobre as garantias fundamentais, a determinação de que "Todas as contribuições serão igualmente repartidas entre todos os cidadãos proporcionalmente aos seus recursos". E, na mesma linha, estabelece no art. 1º do seu Capítulo III, competir ao legislativo "[...] 2º fixar as despesas públicas; 3º estabelecer as contribuições públicas, determinando sua natureza, sua quota, a duração e o modo de sua arrecadação".

A partir de então, pode-se dizer ter surgido o orçamento e as limitações à tributação. Com efeito, passa-se do Estado de Polícia ou Absolutista para o Estado de Direito,[65] o qual se estrutura com base no *princípio da legalidade* (pelo qual os próprios governantes devem se submeter à lei) e no *princípio da separação de poderes*, em que se evita a concentração indevida de poder, de modo a assegurar a proteção dos direitos individuais não apenas nas relações entre particulares, mas entre esses e o Estado.[66]

Nessa esteira, seguindo ainda Ricardo Lobo Torres,[67] os modelos anteriores acabaram substituídos pelo **Estado Fiscal**, como reflexo do Estado de Direito, caracterizado por um perfil liberalista e capitalista, menos intervencionista e que se baseia nos tributos como fonte de receitas e permite aperfeiçoar a estrutura do orçamento público (receitas e despesas autorizadas e garantidas pelo Legislativo), substituindo a tributação dos camponeses e servos pela dos indivíduos com direitos próprios assegurados.

Esse **Estado Fiscal** apresentou três fases distintas: a) *Estado Fiscal Minimalista*, que vai do século XVIII ao início do século XX, sendo conhecido, também, como Estado Guarda-Noturno ou Estado Liberal Clássico, que se restringia ao exercício do poder de polícia, da administração da justiça e da prestação de uns poucos serviços públicos, razão pela qual não necessitava de maior arcabouço constitucional para a arrecadação ou um sistema orçamentário amplo, por não assumir demasiados encargos na via das despesas públicas. Esse modelo feneceu na medida em que não atendia às demandas sociais da época, especialmente as dos trabalhadores, e não era capaz de superar as crises do mercado, que dependiam de instrumentos reguladores para permitir o seu pleno desenvolvimento; b) *Estado Social Fiscal*, que vai do final da segunda década do século XX até o final da sua penúltima década, conhecido também por Estado do Bem-Estar Social, Estado Distribuidor ou Estado Providencial, influenciado pelas ideias econômicas de Keynes (de controle da economia pelo Estado; de redistribuição de rendimentos; de redução das taxas de juros; de elevação dos gastos públicos para ampliar o emprego, os investimentos e o consumo). O Estado deixa de ser um mero garantidor das liberdades individuais e passa a intervir na ordem econômica, ganhando a tributação feição regulatória e extrafiscal, tendo a atividade financeira se

---

[65] GASPARINI, Diógenes. *Direito administrativo*. 4. ed. São Paulo: Saraiva, 1995. p. 24.

[66] DI PIETRO, Maria Sylvia Zanella. op. cit. p. 2.

[67] TORRES, Ricardo Lobo. *Curso de direito financeiro e tributário*. 19. ed. Rio de Janeiro: Renovar, 2013. p. 8-10.

deslocado para a redistribuição de rendas e promoção do desenvolvimento econômico e social. Mas essa forma de atuação do Estado, além de passar por diversos eventos históricos desestruturantes (depressão econômica na década de 1930, duas grandes guerras mundiais, divisão política no mundo e crises de petróleo), excedeu-se na tributação e nos gastos públicos, para atender à sua política intervencionista e provedora de incentivos fiscais, de subsídios, de ampliação do assistencialismo, da previdência e da seguridade social, entrando em uma grave crise financeira e orçamentária pelo crescimento descontrolado da dívida pública; c) *Estado Democrático e Social de Direito*, a partir da última década do século XX, substituindo o Estado Social Fiscal que se expandiu exageradamente e entrou em crise financeira. Tem como apanágio a diminuição do seu tamanho e do intervencionismo, característica distintiva do modelo anterior, utilizando principalmente a tributação como fonte de receitas, já que as privatizações impuseram uma redução das receitas patrimoniais. Trabalha com a ideia da esgotabilidade de recursos na via orçamentária, buscando, de maneira equilibrada entre receitas e despesas, oferecer prestações públicas na área da saúde, da educação, do fomento à economia e da redução das desigualdades sociais.[68]

Como assevera Heleno Taveira Torres[69] sobre o atual estágio de Estado Democrático e Social de Direito,

> [...] cabe ao Estado o dever de realizar políticas de intervencionismo para reduzir essas diferenças, o que deve fazer em nome da dignidade da pessoa humana ou da solidariedade, para assegurar o aprimoramento das melhorias de vida do povo, o que se verifica como um dever de concretização da democracia, nos atos de escolhas públicas. O princípio da dignidade da pessoa humana concorre para a justiça financeira, como fonte de legitimidade das redistribuições de rendas.

Portanto, percebemos que o **Estado Financeiro e Tributário** de hoje, através de uma postura equilibrada no uso das finanças públicas, amparado por limites e com parâmetros pautados na justiça fiscal, aspira a harmonizar os interesses individuais com os de toda a coletividade, implementando, simultânea e equilibradamente, políticas sociais a fim de franquear igualdade de oportunidades, redistribuição de riquezas e desenvolvimento econômico sustentável. Para tanto, o Direito demanda maior confluência com os planos sociais, econômicos e éticos, sem descuidar de valores fundamentais como os da democracia, da liberdade, da igualdade e da dignidade humana. Nas palavras de Albert Hensel,[70]

> [...] a eleição e a formação de normas que contêm os fatos geradores devem estar dominadas pela vontade de equilibrar os interesses do contribuinte com os do Estado. No Estado democrático, esse princípio tem não somente um significado de teoria financeira, mas também de política estatal.

Desse breve relato histórico da tributação, compreende-se que, somente após uma longa evolução, em que inicialmente o Estado não conhecia qualquer limitação – atingindo seu ápice no Absolutismo Monárquico, no qual aquele era apenas um instrumento de realização dos próprios governantes –, passou o **Estado Contemporâneo**, após várias lutas, revoltas e revoluções, a ser estruturado com base no Estado Constitucional de Direito, que busca equilibrar as liberdades individuais e o poder estatal, por meio da submissão à lei, à divisão de poderes e à garantia dos direitos individuais.

---

[68]   Loc. cit.

[69]   TORRES, Heleno Taveira. op. cit. p. 130.

[70]   HENSEL, Albert. *Derecho tributario*. Traducción de Leandro Stok y Francisco M.B. Cejas. Rosario: Nova Tesis, 2004. p. 93.

1.7. DIREITO TRIBUTÁRIO COMO DISCIPLINA JURÍDICA

Como vimos anteriormente, o Direito Financeiro e o Direito Tributário são especialidades jurídicas que se comunicam, porém, não se confundem. Na realidade, o Direito Financeiro deu origem ao Direito Tributário, tal como, no relato bíblico, se diz que Eva foi criada a partir de uma costela de Adão. Apesar de ambos serem especialidades jurídicas interdependentes, cada um deles possui sua identidade como disciplina jurídica autônoma.

O **Direito Tributário** é o ramo jurídico do Direito Público destinado a disciplinar a atividade tributária do Estado, ou seja, é o conjunto de normas jurídicas que regula o relacionamento do Estado com o contribuinte, que cuida de apenas uma entre as várias espécies de receitas estatais sobre as quais versam as finanças públicas: a receita tributária. Nas palavras de Sacha Calmon Navarro Coêlho, "o Direito Tributário cuida especificamente das receitas derivadas do patrimônio particular transferidas para o tesouro público mediante 'obrigações tributárias' previstas em lei".[71]

Mas se o Direito Financeiro é o ramo do Direito que orienta e regula toda a atividade financeira do Estado, que envolve as funções de arrecadar, gerir e gastar os recursos públicos, e inserida na primeira delas está a receita tributária, esta que é disciplinada pelo Direito Tributário, é razoável indagar, como pertinentemente faz Estevão Horvath,[72] por que esta disciplina jurídica se tornou independente e não mais integra o campo do Direito Financeiro. O mesmo autor responde:

> A sua resposta é simples: por mera convenção. Da mesma forma que se convencionou destacar o Direito Financeiro do Direito Administrativo, entendeu-se por bem "criar" o Direito Tributário, para melhor se estudar a atividade tributária do Estado. Esta, por sua vez, é constituída da instituição, fiscalização e arrecadação de tributos.

Luciano Amaro[73] assevera que

> [...] dado o extraordinário desenvolvimento do direito atinente aos tributos, ganhou foros de "autonomia" o conjunto de princípios e regras que disciplinam essa parcela da atividade financeira do Estado, de modo que é possível falar no direito tributário, como ramo "autônomo" da ciência jurídica, segregado do direito financeiro.

Por sua vez, Sacha Calmon Navarro Coêlho[74] afirma que

> [...] o Direito Tributário, pela sua enorme importância, se desligou do Direito Financeiro, deixando de ser "atividade estatal" regrada juridicamente, para tornar-se "relação jurídica" entre sujeitos de direito em plano de igualdade. A sua inserção no Direito Financeiro vem do pretérito, até porque os primeiros tributaristas eram economistas ou administrativistas estreitamente ligados ao Estado.

---

[71] COÊLHO, Sacha Calmon Navarro. *Curso de direito tributário brasileiro*. 15. ed. Rio de Janeiro: Forense, 2016. p. 31.

[72] HORVATH, Estevão. Direito financeiro *versus* direito tributário. Uma dicotomia desnecessária e contraproducente. In: HORVATH, Estevão; CONTI, José Maurício; SCAFF, Fernando Facury (Org.). *Direito financeiro, econômico e tributário*: estudos em homenagem a Regis Fernandes de Oliveira. São Paulo: Quartier Latin, 2014. p. 157.

[73] AMARO, Luciano. *Direito tributário brasileiro*. 18. ed. São Paulo: Saraiva, 2012. p. 23.

[74] COÊLHO, Sacha Calmon Navarro. op. cit. p. 31.

Porém, além da sua importância, desenvolvimento, complexidade ou da mera convenção de ordem pragmática ou didática, podemos agregar outras justificativas para esse desdobramento disciplinar, de modo a fundamentar a ascensão do Direito Tributário à categoria de especialidade jurídica autônoma.

Primeiramente, é importante lembrar que, enquanto o Direito Financeiro tem em suas normas um destinatário próprio, isto é, o administrador público – no exercício do seu múnus na atividade financeira –, o Direito Tributário disciplina a relação jurídica entre o cidadão e o Estado (Fazenda Pública), limitando o seu poder de tributar, para garantir o respeito aos direitos fundamentais do contribuinte.

Noutras palavras, o Direito Financeiro irá normatizar todos os atos e procedimentos para a realização da arrecadação pública em sentido amplo, a gestão desses recursos, o respectivo gasto público e a elaboração e execução do orçamento público, constituição e gestão da dívida pública, tudo isso parametrizado por princípios específicos e por normas como a Lei Geral dos Orçamentos (Lei nº 4.320/1964), a Lei de Responsabilidade Fiscal (LC nº 101/2000), entre outras, direcionando a conduta daqueles servidores públicos que agem em nome do Estado durante a realização da atividade financeira. Por sua vez, o Direito Tributário estabelecerá as normas de uma relação jurídica específica – a relação tributária – entre o cidadão e o Estado, pautada por princípios jurídicos específicos da tributação, como a legalidade tributária, a capacidade contributiva, a anterioridade, a progressividade, o não confisco etc. Assim, como bem destaca Sacha Calmon,[75] "a ênfase do Direito Tributário centra-se na *relação jurídica* e não na *atividade estatal* de obtenção de receitas. Não é *Direito do Estado*, é *relação jurídica* entre sujeitos de direito sob os auspícios da *legalidade* e da *igualdade*".

Além de destinatários distintos, devemos considerar que a relação tributária contém em si um latente estado de conflito entre a Fazenda Pública e o cidadão, circunstância potencializada pelo fato de que a tributação é, inequivocamente, uma exceção ao princípio da propriedade privada, sendo o tributo, hoje, a principal fonte de receitas públicas.[76] Basta lembrarmos que a tributação abusiva de certos governantes ensejou inúmeras revoluções ao longo da história da humanidade para chegarmos à inexorável conclusão de que um ramo do Direito específico, científica e metodologicamente autônomo para disciplinar esta relação, fez-se necessário.

Nesta linha, nos ensina Ricardo Lobo Torres[77] que "o Direito Tributário se afirma a partir das equações representadas pelo equilíbrio entre liberdade e justiça e entre direitos fundamentais e capacidade contributiva".

Ora, se o Estado é chamado a dar efetividade às normas constitucionais e a assumir cada vez mais políticas públicas que atendam às necessidades coletivas, a outra face da moeda só pode ser a premência de recursos financeiros para fazer frente a estes gastos.[78] Assim, como o Estado

---

[75] Loc. cit.

[76] Com a gradativa evolução das despesas públicas, para atender às mais diversas necessidades coletivas, tornou-se imprescindível ao Estado lançar mão de uma fonte regular e permanente de recursos financeiros. Hodiernamente, o Estado conta com várias formas de obter receitas financeiras a fazer frente às suas despesas, quais sejam: as receitas originárias, provenientes de doações, legados e preços públicos (proveniente da exploração do patrimônio próprio do Estado) e as receitas derivadas, relativas aos tributos e multas.

[77] TORRES, Ricardo Lobo. A legitimação da capacidade contributiva e dos direitos fundamentais do contribuinte. In: SCHOUERI, Luís Eduardo (Coord.). *Direito tributário*: homenagem a Alcides Jorge Costa. São Paulo: Quartier Latin, 2003. p. 430-434.

[78] ABRAHAM, Marcus. *Common Law* e os precedentes vinculantes na jurisprudência tributária. *Revista Nomos*, v. 34, n. 1, jan./jun. 2014. p. 157.

CURSO DE DIREITO TRIBUTÁRIO BRASILEIRO – *Marcus Abraham*

contemporâneo tem nos tributos a sua principal fonte de receitas, a Administração buscará cada vez mais sofisticar o seu sistema tributário visando ampliar a arrecadação, seja a partir da criação de novas espécies tributárias ou pela majoração das já existentes, além de afinar os meios de recuperação do crédito fiscal. Portanto, a necessidade crescente de recursos originários da tributação faz emergir, infelizmente, uma mentalidade arrecadatória a todo custo por parte de certos agentes do Fisco, com eventuais desconsiderações das garantias do contribuinte pela própria Administração Tributária, passando a ser fatos comuns.

Ilustrando a complexidade desta relação, o jurista Ives Gandra da Silva Martins[79] já chegou a afirmar ser a norma tributária uma norma de rejeição social, e que, sem a sanção, dificilmente seriam adimplidas as obrigações inseridas nos comandos existentes. Segundo ele, "o tributo é, por excelência, veiculado por normas de rejeição social. Dada a complexidade inerente ao crescimento da vida em sociedade, dificilmente a obrigação de recolher o tributo seria cumprida sem sanção".

Portanto, este cenário conduziu à necessidade de o Estado brasileiro (e seu ordenamento jurídico) possuir um ramo do direito autônomo, suficientemente complexo e capaz de normatizar as relações jurídicas de natureza tributária e atender aos anseios do cidadão-contribuinte, com a garantia dos seus direitos fundamentais na realização da atividade tributária.

A propósito, na lição de Marco Aurélio Greco,[80]

> [...] o Direito Tributário é, talvez, o único ramo do Direito com data de nascimento definida. Embora, antes disso, existam estudos sobre tributação, especialmente no âmbito da Ciência das Finanças, pode-se dizer que foi com a edição da Lei Tributária Alemã de 1919 que o Direito Tributário começou a ganhar uma conformação jurídica mais sistematizada. Embora o tributo, em si, seja figura conhecida pela experiência ocidental há muitos séculos, só no século XX seu estudo ganhou uma disciplina abrangente, coordenada e com a formulação de princípios e conceitos básicos que o separam da Ciência das Finanças, do Direito Financeiro e do Administrativo.

No Brasil, identificamos o desenvolvimento do Direito Tributário como disciplina autônoma e metodologicamente estruturada dentro do Direito Público (uma vez que o Estado está sempre presente em um dos polos), descolando-se de vez do Direito Financeiro a partir da década de 1960, tendo como marcos normativos a Emenda Constitucional nº 18/1965, que reorganizou o sistema tributário brasileiro, e a Lei nº 5.172/1966, que instituiu o Código Tributário Nacional, diploma hoje com mais de cinco décadas de vigência em nosso ordenamento jurídico.[81]

A discussão sobre a autonomia e distinção entre Ciência das Finanças, Direito Financeiro e Direito Tributário não assumiu aspectos somente teóricos. No próprio percurso histórico de

---

[79] MARTINS, Ives Gandra da Silva. *Teoria da imposição tributária*. 2. ed. São Paulo: LTr, 1998. p. 129.

[80] GRECO, Marco Aurélio. *Contribuições*: uma figura *sui generis*. São Paulo: Dialética, 2000. p. 147.

[81] Nestes mais de cinquenta e cinco anos, foi possível assistir aos efeitos do tempo e do legislador sobre o CTN. Merece lembrança a mudança de fundamento constitucional do sistema tributário nacional, da Emenda Constitucional nº 18/1965 para a Constituição Federal de 1988, que recepcionou o Código materialmente como Lei Complementar. Não podemos nos esquecer também das alterações que ocorreram nesse período em diversos dos seus artigos, tais como aquelas mais remotas, decorrentes do Decreto-lei nº 406/1968, que suprimiram as regras relativas ao ICMS e ao ISS (hoje regulados pela LC nº 87/1996 e LC nº 116/2003), entre outras. Destacamos as relevantes mudanças introduzidas pela Lei Complementar nº 104/2001 (com normas antielisivas, regras sobre parcelamento e dação em pagamento etc.), e pela Lei Complementar nº 118/2005 (com novas regras sobre a recuperação do crédito tributário, sobre a interpretação do prazo prescricional para repetição do indébito etc.).

implantação dos cursos de Direito no Brasil, tal debate apresentou reflexos concretos na elaboração do currículo das faculdades.

No alvorecer da República, a matéria "Ciência das Finanças" foi inserida no currículo dos cursos de direito nacionais (juntamente com a "contabilidade do Estado"), por meio do art. 5º do Decreto do Governo Provisório nº 1232-H, que aprovava o regulamento das Instituições de Ensino Jurídico no Brasil.[82] Em 1895, adveio a Lei nº 314,[83] que reorganizou o ensino das Faculdades de Direito e confirmou, no 3º ano, a disciplina "Ciência das finanças e contabilidade do Estado" como continuação de "Economia Política", que era lecionada no 2º ano.

Em 1962, por meio do Parecer nº 215 do então Conselho Federal de Educação, a disciplina assume o nome "Direito Financeiro e Finanças", como integrante do currículo mínimo dos cursos de Direito. Com a Resolução nº 3, de 25 de fevereiro de 1972, o Conselho Federal de Educação introduz nova alteração, sendo agora a matéria "Ciência das Finanças e Direito Financeiro (Tributário e Fiscal)" uma disciplina meramente optativa, ou seja, cuja oferta não era obrigatória.[84]

Somente em 1994 o Direito Tributário, já separado do Direito Financeiro, passa a ser uma matéria obrigatória (matéria profissionalizante), isto é, componente do currículo mínimo do curso de Direito.[85] Em 29 de setembro de 2004, a Resolução nº 9 do Conselho Nacional de Educação (Câmara de Educação Superior) – que veiculava as diretrizes curriculares da graduação em Direito em todo o país – manteve o Direito Tributário, em seu art. 5º, inciso II, como matéria integrante do Eixo de Formação Profissional obrigatório, deixando de incluir o Direito Financeiro propriamente dito como disciplina obrigatória.[86] No ano de 2018, a Resolução nº 5 do Conselho Nacional de Educação, ao revogar a supracitada norma, adotou a estrutura anterior e manteve no art. 5º, inciso II, o Direito Tributário como disciplina obrigatória, sem, todavia, incluir o Direito Financeiro.

No entanto, no ano de 2021, o referido artigo 5º da Resolução nº 5/2018 CNE/CES foi alterado pela Resolução nº 02/2021 da Câmara de Educação Superior do Conselho Nacional de Educação do Ministério da Educação, para – felizmente – incluir o Direito Financeiro como conteúdo e disciplina obrigatória nos cursos de Direito no Brasil.[87] Trilhando o mesmo caminho, em 5 de abril do ano de 2022, o Conselho Pleno da OAB Nacional aprovou, entre outras alterações, a inclusão da disciplina Direito Financeiro na prova objetiva do Exame de Ordem Unificado, a ser cobrado a partir da sua 38ª edição.

Embora o Direito Tributário seja um **ramo autônomo** dentro do Direito Público, dotado de princípios, conceitos, institutos e objetivos próprios, relaciona-se com outros ramos do Direito, como o Constitucional, o Civil, o Administrativo, o Penal, o Processual, o Internacional e outros, tendo no austríaco Von Myrbach-Rheinfeld o precursor dessa emancipação. Mas não podemos deixar de citar a contribuição dada pelos alemães Enno Becker, Klaus Tipke e Klaus

---

[82]   BRASIL. *Decretos do Governo Provisório da República dos Estados Unidos do Brazil*. Primeiro fascículo (de 1 a 31 de janeiro de 1891). Decreto nº. 1232-H, de 2 de janeiro de 1891. Rio de Janeiro: Imprensa Nacional, 1891. p. 6.

[83]   Disponível em: http://www2.camara.leg.br/legin/fed/lei/1824-1899/lei-314-30-outubro-1895-540752-publicacaooriginal-41651-pl.html Acesso em: 01/12/202.

[84]   RODRIGUES, Horácio Wanderley. *Novo currículo mínimo dos cursos jurídicos*. São Paulo: Revista dos Tribunais, 1995. p. 42-43.

[85]   BRASIL. Ministério da Educação. Portaria nº 1.886/94. Disponível em: http://www.oab.org.br/visualizador/20/legislacao-sobre-ensino-juridico. Acesso em: 01/12/2023.

[86]   Disponível em: http://portal.mec.gov.br/cne/arquivos/pdf/rces09_04.pdf. Acesso em: 01/12/2023.

[87]   Resolução CNE/CES 2/2021. *Diário Oficial da União*, Brasília, 23 de abril de 2021, Seção 1, p. 116.

Vogel; pelos italianos Giannini, Griziotti, Vanoni e Berliri; pelos americanos Musgrave, Pechman e Buchanan; pelos argentinos Giuliani Fonrouge e Dino Jarach; e, no Brasil, Ruy Barbosa, Aliomar Baleeiro, Amilcar Falcão, Rui Barbosa Nogueira, Flavio Novelli, Rubens Gomes de Sousa, Gilberto de Ulhoa Canto, Ricardo Lobo Torres, José Marcos Domingues, Ives Gandra da Silva Martins, entre outros.

O Direito Tributário como **ordenamento** é um sistema normativo objetivo (pautado em regras positivadas), deôntico (indicando como *deve ser* a atividade arrecadatória tributária) e axiológico (pautado nos valores do Estado Democrático de Direito). É no seu conjunto de normas que encontramos as regras e os princípios para a realização da receita pública tributária. Por sua vez, como **ciência jurídica** é o ramo do Direito que vai buscar na justiça, na ética e na moral os fundamentos valorativos para a criação e interpretação de suas normas.

Hoje, o Direito Tributário assume a sua fundamental função no ordenamento jurídico brasileiro, atuando autonomamente, porém ao lado do Direito Financeiro, na realização do que podemos denominar de *justiça fiscal em sentido amplo*, oferecendo ao cidadão e aos governos mecanismos essenciais para a criação de uma sociedade mais digna e justa.

1.8. AUTONOMIA E RELACIONAMENTO DO DIREITO TRIBUTÁRIO COM OUTROS RAMOS DO DIREITO

Na seção anterior, vimos que o Direito Tributário se tornou uma ciência jurídica dotada de autonomia, por possuir unicidade e homogeneidade, formando um sistema normativo ordenado, dotado de um conjunto de normas, princípios e regras que constituem um regime jurídico específico dentro do Direito Público, com características, elementos e institutos típicos, conferindo-lhe uma identidade própria e um objetivo certo e determinado: disciplinar as relações jurídicas tributárias entre o Estado e o cidadão-contribuinte.

Entretanto, apesar de o Direito Tributário ser uma disciplina jurídica autônoma, ele se relaciona com outros ramos do Direito.

Um dos principais ramos do Direito que influencia e se relaciona com o Direito Tributário é o **Direito Constitucional**, porque é da Constituição que se extraem os valores e princípios tributários, assim como as normas de competência tributária atribuídas aos entes federativos e as limitações ao poder de tributar, ao desenhar detalhadamente todo o Sistema Tributário Nacional (art. 145 ao 156-B e art. 195). É, aliás, na Constituição Federal de 1988, no seu art. 24, inciso I, que temos o fundamento da autonomia do Direito Tributário, ao prescrever que: "Compete à União, aos Estados e ao Distrito Federal legislar concorrentemente sobre: I – direito tributário, financeiro, penitenciário, econômico e urbanístico".

A relação do Direito Tributário com o **Direito Administrativo** é estreita, uma vez que este ramo do Direito, além de regular a estrutura, as atribuições e a organização da Administração Pública, disciplina as relações jurídicas que se instauram entre os órgãos e agentes públicos e a coletividade. Portanto, no exercício das funções estatais, toda a atividade tributária – que é realizada por agentes públicos – será desempenhada segundo os princípios e regras do Direito Administrativo. Merece especial destaque a atividade tributária de constituição do crédito tributário através do lançamento, típico ato administrativo que se realiza a partir de um procedimento próprio, inclusive dispondo de um rito administrativo para impugnação e defesa dos interesses do contribuinte.

Mas o **Direito Civil** também tem relações próximas com o Direito Tributário, especialmente no que se refere à interpretação das normas tributárias, existindo três posições doutrinárias a respeito: a) *autonomia do Direito Tributário*, que clamava pela consideração da teoria da interpretação econômica do tributo, em que o Direito Tributário formaria seus próprios conceitos, independente do Direito Civil, por ser uma relação de poder, tendo em Enno Becker, Trotabas e Vannoni seus defensores; b) *primado do Direito Civil*, de índole positivista e conceptualista, em que as definições do Direito Civil teriam primazia sobre as instituições tributárias, devendo o Direito Tributário, de preferência, receber os institutos tais como definidos no multissecular direito privado; c) *equilíbrio*, em que os conceitos de Direito Tributário são os mesmos do Direito Civil, em homenagem à unidade do Direito, salvo quando os conceitos de direito privado forem usados com excesso de formalismo, deformação ou abuso de modo a evitar ilegitimamente o pagamento de tributos. Esta corrente enfatiza a apreciação sistêmica do ordenamento, valorizando a interpretação pluralística e teleológica, tendo em Tipke um de seus grandes defensores.[88]

No mesmo sentido, o Direito Tributário mantém relações próximas do **Direito Penal**, ao dispor um campo específico para o tema no Direito Penal Tributário, que apresenta as normas sobre os *crimes tributários*, inclusive os crimes contra a ordem tributária, matéria disciplinada na Lei nº 8.137/1990. Ademais, alguns dos princípios reitores do Direito Penal também podem ser aplicados às infrações administrativo-tributárias, igualmente ilícitas, embora não punidas criminalmente, mas sim por meio de sanções tributárias propriamente ditas, como as multas tributárias.

Na resolução de conflitos de interesses surgidos entre o Estado e o contribuinte na esfera tributária, teremos o **Direito Processual**, estabelecendo regras, princípios e instrumentos processuais para a sua solução. Assim, este ramo do direito traz a disciplina do contencioso para a cobrança de dívidas fiscais, para a correção da conduta dos agentes públicos no exercício das atividades tributárias e também para a identificação e determinação de condutas ilícitas, após o devido processo legal. Além de oferecer os princípios básicos aos regulamentos que criam as normas sobre o *processo administrativo fiscal*, influencia sobremaneira os institutos que disciplinam os direitos fundamentais do cidadão, proporcionando ao particular os meios e instrumentos para garantir, defender e fazer valer seus direitos. Assim, temos as normas do Código de Processo Civil (Lei nº 13.105/2015), que traz as medidas judiciais que propiciam o questionamento perante o Poder Judiciário de atos irregulares, ilegais ou inconstitucionais, ou ainda as cobranças indevidas; a Lei do Mandado de Segurança (Lei nº 12.016/2009), para proteger direito líquido e certo em face de ato ilegal ou exercido com abuso de poder por parte de uma autoridade pública; e a Lei de Execução Fiscal (Lei nº 6.830/1980), para a cobrança pelo Estado das dívidas fiscais. Portanto, decorre do direito processual a disciplina dos instrumentos de cobrança judicial dos tributos (ação de execução fiscal e medida cautelar fiscal) ou os meios judiciais de defesa dos direitos do cidadão perante o Estado (ação declaratória, anulatória e consignatória; mandado de segurança etc.), além de espraiar os seus valiosos princípios do contraditório, ampla defesa e devido processo legal sobre toda a atividade tributária.

Não podemos deixar de lembrar a relação do Direito Tributário com o **Direito Internacional**, uma vez que este estabelece e disciplina as relações entre as nações, especialmente aquelas que se submetem às regras de Tratados e Convenções Internacionais sobre a tributação dos quais o Brasil é signatário.

Por fim, como já amplamente tratado anteriormente, o **Direito Financeiro** e o **Direito Tributário** são especialidades jurídicas irmãs e que se relacionam desde a origem deste. São hoje especialidades autônomas, mas que se influenciam continuamente por realizarem uma das funções estatais fundamentais: a atividade financeira arrecadatória.

---

[88] TORRES, Ricardo Lobo. *Curso de direito financeiro e tributário*. 19. ed. Rio de Janeiro: Renovar, 2013. p. 17-19.

Capítulo 2
TRIBUTO

2.1. EVOLUÇÃO DO TRIBUTO

O tributo e o próprio direito tributário que conhecemos hoje são fruto de uma longa evolução, processo em que, inicialmente, o Estado não conhecia qualquer razoabilidade, justiça e limitação, atingindo seu ápice no absolutismo monárquico, já que, no período, o campo das imposições fiscais era exercido desregradamente, na busca de recursos para confortos, luxos, ostentações, ou seja, para a realização de interesses de um Estado que era apenas um instrumento de realização de desejos dos próprios governantes. Após renhidas batalhas e revoluções que tiveram por pano de fundo motivações também tributárias, paulatinamente foi se alterando a relação entre Estado e povo contribuinte, com a consequente mudança dos sistemas de tributação, hoje estruturado com base no Estado Constitucional de Direito.

Aliás, na lição de Ricardo Lobo Torres,[1] com o advento do Estado Fiscal de Direito (que cultiva a igualdade e a legalidade, em que o poder tributário já nasce limitado pela liberdade), estreitam-se as relações entre a liberdade e o tributo. Nas suas palavras:

> O tributo nasce no espaço aberto pela autolimitação da liberdade e constitui o preço da liberdade, mas por ela se limita e pode chegar a oprimi-la, se o não contiver a legalidade. O imposto adquire dimensão de coisa pública e nele o Estado passa a encontrar a sua fonte de financiamento, permitindo que os agentes econômicos ampliem a riqueza suscetível de tributação.

Entretanto, ao longo da história, o Estado, para fazer frente às despesas necessárias ao cumprimento de suas finalidades (as quais se confundiam com as dos próprios governantes), empregava métodos como conflitos bélicos, extorsões, doações voluntárias, fabricação de moedas metálicas ou de papel, exigência de empréstimos, rendas produzidas por seus bens e suas empresas, imposição de penalidades etc. Com a gradativa evolução das despesas públicas, para atender às mais diversas necessidades coletivas, tornou-se imprescindível ao Estado lançar mão de uma fonte regular e permanente de recursos financeiros. Dessa forma, o tributo passou a ser a principal fonte dos ingressos públicos necessários ao financiamento das atividades estatais.[2]

Neste sentido, o tributo torna-se o instrumento básico viabilizador de qualquer sociedade constituída, remontando sua origem à criação das primeiras formas sociais politicamente organizadas. Assim sendo, quanto mais evoluída for a organização da sociedade, mais evoluída

---

[1] TORRES, Ricardo Lobo. *Os direitos humanos e a tributação*: imunidades e isonomia. Rio de Janeiro: Renovar, 1995. p. 3.

[2] HARADA, Kiyoshi. *Direito financeiro e tributário*. 25. ed. São Paulo: Atlas, 2016. p. 321-322.

34 | CURSO DE DIREITO TRIBUTÁRIO BRASILEIRO – *Marcus Abraham*

deverá ser a tributação, que se iniciou por meio de imposições isoladas, sem planejamento, até chegar aos complexos sistemas tributários atuais.[3]

Nas palavras de Aliomar Baleeiro,[4] "o tributo é vetusta e fiel sombra do poder político há mais de 20 séculos. Onde se ergue um governante, ela se projeta sobre o solo de sua dominação. Inúmeros testemunhos, desde a Antiguidade até hoje, excluem qualquer dúvida".

De maneira sintética, pode-se dizer que já na Grécia antiga, com suas cidades-estado, encontrávamos tributos sob a forma de imposições indiretas de consumo, aduana e similares, além de um imposto de guerra conhecido por *Eisphora*. Os romanos, por sua vez, devido à sua característica belicosa, tributavam os povos vencidos nas guerras, ficando em segundo plano a tributação direta sobre o cidadão. Na Idade Média, com o declínio do Império Romano e o surgimento do feudalismo, cujo traço principal era a formação de pequenos reinos, a forte influência da Igreja, e a relação quase escravocrata entre senhor feudal e vassalo, a tributação resumia-se a cobranças eventuais para necessidades específicas, já que não existia uma regularidade de atividades públicas, sobretudo porque não havia distinção entre interesse público e interesse pessoal do monarca ou senhor feudal.

Fernando Sainz de Bujanda[5] classifica as imposições no feudalismo em dois grupos: as de caráter privado e as de caráter público. As primeiras advinham do direito de propriedade (sobretudo a propriedade da terra) tanto da monarquia como da nobreza, e as segundas eram impostas fundadas na autoridade política exercida pelo rei e pelos nobres enquanto senhores feudais.

Entretanto, o declínio do regime feudal, a unificação de reinos e a ascensão da burguesia trouxeram uma nova realidade, caracterizada pelo surgimento das pequenas cidades e centros urbanos, com concentrações populacionais que demandavam serviços públicos e a atuação de um poder central. Nessa linha é que surge a estrutura do Estado Moderno, com a necessidade de uma organização estatal para administração e execução de suas atividades.

Neste contexto, o tributo se torna unicamente uma categoria estatal, desaparecendo a fiscalidade periférica da Igreja e do senhorio, deixando de ser transitório e vinculado à necessidade conjuntural, para ser cobrado permanentemente com base na riqueza e na capacidade contributiva de cada um. Por consequência, começa a desenvolver-se um sistema arrecadatório suficientemente estruturado para suprir suas necessidades – calcado em princípios e normas de direito positivo.

A evolução da tributação no Brasil seguiu essa mesma trajetória até chegarmos ao nosso atual sistema tributário nacional, como veremos mais adiante.

2.2. O TRIBUTO COMO RECEITA PÚBLICA

O Estado contemporâneo, inclusive o nosso país, tem nos **tributos** a sua principal fonte de receitas públicas. A imposição tributária, destaca Ives Gandra da Silva Martins,[6] oferta a

---

[3]   BOTELHO, Werther. *Da tributação e sua destinação*. Belo Horizonte: Del Rey, 1994. p. 20.

[4]   BALEEIRO, Aliomar. *Limitações constitucionais ao poder de tributar*. 7. ed. Atualizada por Misabel Derzi. Rio de Janeiro: Forense, 1997. p. 1.

[5]   BUJANDA, Fernando Sainz de. *Hacienda y derecho*. Madrid: Instituto de Estudos Políticos, 1962. v. 1. p. 211-212.

[6]   MARTINS, Ives Gandra da Silva. Teoria da imposição tributária. In: MARTINS, Ives Gandra da Silva (Coord.). *Curso de direito tributário*. 13. ed. São Paulo: Saraiva, 2011. p. 19.

melhor forma de atendimento às necessidades públicas, visto que, das diversas receitas públicas conhecidas na doutrina e na prática, é aquela que mais recursos propicia ao Estado.

Trata-se de uma cobrança de natureza *compulsória*, fundada na soberania estatal, que nasce a partir de uma *relação jurídica* que se estabelece entre o particular e o Estado, em virtude de uma previsão legal de natureza tributária.[7] No dizer de Albert Hensel, o poder de tributar indica o poder geral do Estado aplicado a um setor determinado da atividade estatal, "a imposição". Por direito à imposição, por outro lado, se deve entender a faculdade que tem um ente de direito público de fazer uso dos poderes que lhe são inerentes com o objetivo de arrecadar das pessoas que a ele estão sujeitas, ainda que coativamente, os tributos.[8]

O cumprimento das obrigações tributárias tem sido considerado, modernamente, um *dever fundamental*[9] do cidadão, em que o tributo é visto como o "preço da liberdade",[10] custo originário do pacto social firmado entre o cidadão e o Estado, sendo a tributação concebida e cobrada na justa medida da proporcionalidade, respeitando-se as diferenças e semelhanças entre os contribuintes, a sua capacidade contributiva, o mínimo necessário existencial[11] e o máximo confiscatório, além de outras tantas parametrizações impostas,[12] especialmente as de foro constitucional. Ezio Vanoni[13] já afirmava que o tributo "[...] é cobrado de todos que, pertencendo por um laço pessoal ou econômico à esfera de ação do Estado, encontrem-se em condições de retirar um benefício da atividade deste".

Importante pontuar que Aliomar Baleeiro identificava cinco espécies de processos de financiamento do Estado: a) extorquir outros povos ou receber doações voluntárias destes; b) obter rendas produzidas pelos bens e empresas do Estado; c) cobrar tributos ou penalidades; d) tomar empréstimos; e) fabricar dinheiro. O mesmo autor discorreu sobre a evolução histórica das receitas públicas, destacando as seguintes fases: a) *parasitária*: em que prevalecia a exploração ou a extorsão dos bens e rendas dos povos vencidos ou conquistados; b) *dominical*: remontava à Idade Média, quando preponderava a exploração dos bens do próprio Estado; c) *regaliana*: correspondia à cobrança de direitos regalianos (Régio ou Real) ou por concessão de privilégios reconhecidos aos reis, príncipes e senhores feudais para explorar bens, terras ou serviços, como a cobrança de pedágios, direitos sobre minas e portos; d) *tributária*: predominava a imposição de tributos, inicialmente através do poder soberano estatal e, posteriormente, evoluindo para

---

[7]   Advertia Amilcar de Araújo Falcão que "não é o fato gerador quem cria a obrigação tributária. A fonte de tal obrigação, a energia ou força que a cria ou gera é a própria lei" (FALCÃO, Amílcar de Araújo. *Fato gerador da obrigação tributária*. 6. ed. Rio de Janeiro: Forense, 1994. p. 4).

[8]   HENSEL, Albert. *Derecho tributario*. Tradução de Leandro Stok e Francisco M.B. Cejas. Rosario: Nova Tesis, 2004. p. 91-92.

[9]   O mestre português José Casalta Nabais afirma: "Como dever fundamental, o imposto não pode ser encarado nem como um mero poder para o estado, nem como um mero sacrifício para os cidadãos, constituindo antes o contributo indispensável a uma vida em comunidade organizada em estado fiscal". (NABAIS, José Casalta. *O dever fundamental de pagar impostos*. Coimbra: Almedina, 2004. p. 35).

[10]   Expressão utilizada por Ricardo Lobo Torres (A legitimação da capacidade contributiva e dos direitos fundamentais do contribuinte. In: SCHOUERI, Luís Eduardo (Coord.). *Direito tributário*: homenagem a Alcides Jorge Costa. São Paulo: Quartier Latin, 2003. p. 432).

[11]   TORRES, Ricardo Lobo. *Os direitos humanos e a tributação*: imunidades e isonomia. Rio de Janeiro: Renovar, 1995. p. 121-175; 270 e 376.

[12]   MACHADO, Hugo de Brito. *Os princípios jurídicos da tributação na Constituição de 1988*. 3. ed. São Paulo: Revista dos Tribunais, 1994. p. 91-98.

[13]   VANONI, Ezio. *Natureza e interpretação das leis tributárias*. Trad. Rubens Gomes de Sousa. Rio de Janeiro: Financeiras, 1932. p. 125.

36 | CURSO DE DIREITO TRIBUTÁRIO BRASILEIRO – *Marcus Abraham*

estabelecer a arrecadação pelas vias democráticas; e) *social*: fase em que a tributação ganha novas funções que não a meramente arrecadatória, como a função extrafiscal e a sociopolítica.[14]

Hoje em dia, como se já afirmou, a receita pública de natureza tributária é a principal fonte de financiamento no denominado Estado Fiscal.

2.3. CONCEITO DE TRIBUTO

O **tributo,** como uma modalidade fundamental de receita financeira pública, está contido na Constituição Federal (sem conceituação), que estabelece, em seu art. 145, que a União, os Estados, o Distrito Federal e os Municípios poderão instituir os seguintes tributos: I – *impostos*; II – *taxas*, em razão do exercício do poder de polícia ou pela utilização, efetiva ou potencial, de serviços públicos específicos e divisíveis, prestados ao contribuinte ou postos a sua disposição; III – *contribuição de melhoria*, decorrente de obras públicas. No artigo 148 também é estabelecido que a União, mediante lei complementar, poderá instituir *empréstimos compulsórios*. Já no artigo 149 está previsto à União instituir *contribuições sociais, de intervenção no domínio econômico e de interesse das categorias profissionais ou econômicas*, como instrumento de sua atuação nas respectivas áreas. O art. 149-A estabelece aos Municípios e ao Distrito Federal a possibilidade de instituir *contribuição para o custeio, a expansão e a melhoria do serviço de iluminação pública e de sistemas de monitoramento para segurança e preservação de logradouros públicos.*

O nosso sistema tributário brasileiro contempla quatro tipos de tributos (cada qual com suas espécies), a saber: i) *impostos*; ii) *taxas*; iii) *empréstimos compulsórios*; e iv) *contribuições*.[15]

O Código Tributário Nacional define no seu artigo 3º que "Tributo é toda prestação pecuniária compulsória, em moeda ou cujo valor nela se possa exprimir, que não constitua sanção de ato ilícito, instituída em lei e cobrada mediante atividade administrativa plenamente vinculada". E, em seguida, ressalva que "A natureza jurídica específica do tributo é determinada pelo fato gerador da respectiva obrigação, sendo irrelevantes para qualificá-la: I – a denominação e demais características formais adotadas pela lei; II – a destinação legal do produto da sua arrecadação" (art. 4º, CTN).

Aduzindo tratar-se de conceito basilar no estudo do Direito Tributário, Ferreiro Lapatza define tributo como "[...] uma obrigação de dar uma soma em dinheiro, estabelecida por lei, conforme o princípio da capacidade [contributiva] em favor de um ente público para sustentar seus gastos".[16]

---

[14] BALEEIRO, Aliomar. *Uma introdução à ciência das finanças*. 17. ed. Rio de Janeiro: Forense, 2010. p. 147-148.

[15] Veremos detalhadamente na Parte III deste livro (capítulos 14, 15, 16 e 17). Apenas para citar exemplos de algumas espécies de tributos previstos na Constituição (não exaustivamente), temos os impostos residuais e os impostos extraordinários cuja criação é autorizada pelo art. 154, incisos I e II. Os arts. 153, 155 e 156 e 156-A (conforme EC nº 132/2023) trazem as espécies dos impostos federais, estaduais e municipais, respectivamente. Já o art. 195 traz as espécies de contribuições da seguridade social, inclusive a contribuição da seguridade social residual prevista no seu § 4º, e, ainda, a contribuição do salário-educação no § 5º do art. 212 da Constituição (estas últimas como modalidades de contribuição social decorrentes do artigo 149, CF).

[16] No original, em espanhol: "[...] podemos delimitar o definir jurídicamente el tributo como una obligación de dar una suma de dinero establecida por ley, conforme al principio de capacidad, en favor de un ente público para sostener sus gastos" (LAPATZA, José Juan Ferreiro. *Curso de derecho financiero español*: instituciones. 25. ed. Madrid: Marcial Pons, 2006. p. 323).

Parte I · Cap. 2 · TRIBUTO | 37

Sob a ótica do Código Tributário Nacional, podemos extrair as seguintes ideias do conceito de tributo: a) *prestação pecuniária*: em dinheiro ou em bens (conforme LC nº 104/2001, que incluiu o inciso XI no artigo 156 do CTN para autorizar a dação em pagamento de bens imóveis para extinguir o crédito tributário); b) *prestação compulsória*: obrigatória, originária da lei (*ex lege* – e não da vontade das partes) e do poder soberano do Estado, mas limitada pelos direitos humanos e pelos princípios constitucionais tributários; c) *sem natureza de penalidade*: trata-se de um dever fundamental originário do preço da civilização para a qual o cidadão deve contribuir, não obstante seja uma exceção ao direito de propriedade, não podendo ser utilizado como meio de coibir (sanção) a ilícitos ou a antijuridicidades[17]; d) *instituído em lei*: refere-se ao princípio da legalidade (art. 150, I, CF/88), pois a norma instituidora do tributo se origina do Poder Legislativo, devendo a referida norma prever a hipótese de incidência (fato gerador), a alíquota e suas modificações, a base de cálculo e suas modificações, as infrações, as hipóteses de exclusão, suspensão ou extinção (art. 97, CTN); e) *cobrança vinculada*: tendo em vista a natureza da atuação dos agentes públicos, que possuem o poder-dever de agir (de lançar, conforme art. 142 do CTN), de forma imparcial e de acordo com a lei, tudo conforme estabelecem as regras do Direito Administrativo quanto ao ato administrativo; f) *natureza do tributo*: relaciona-se e identifica-se através do seu fato gerador, independentemente da denominação ou destinação (exemplos: 1 – não se pode criar uma taxa com o mesmo fato gerador de um imposto; 2 – mesmo que o objetivo de um tributo não seja primordialmente a arrecadação, mas sim a função regulatória, este não perderá a sua natureza).

O tributo deve possuir os seguintes elementos: a) *generalidade*, que expressa a obrigação de todos os indivíduos que fazem parte de determinada coletividade a contribuir para o seu custeio, sem exceções ou privilégios odiosos; b) *uniformidade*, que indica a justa medida que os indivíduos devem pagar, considerando parâmetros como a contraprestação dos bens e serviços que o Estado coloca a sua disposição, a igualdade de sacrifício e a capacidade contributiva, que concretizam o princípio da isonomia como valor ideal da justiça fiscal.

Para regular de maneira ideal a percepção dos tributos pelo Estado, Adam Smith (no clássico *A Riqueza das Nações*, 1776) propôs quatro princípios: a) da justiça do imposto, que se relaciona com a capacidade contributiva dos indivíduos da coletividade em que se inserem; b) da certeza, que se refere à clareza da legislação para identificação da obrigação tributária; c) da comodidade, que indica a facilidade e simplicidade do sistema fiscal para o recolhimento dos tributos, sem maiores complexidades e exigências e; d) da economia, em que o custo-benefício da tributação para o Estado seja o melhor possível.

Numa visão constitucionalizada do conceito de tributo, Heleno Taveira Torres ajunta, aos requisitos clássicos previstos no art. 3º do CTN, aquele de que o tributo deve obedecer às limitações constitucionais ao poder de tributar, bem como o de que deve se conformar aos con-

---

[17] STF. RE 565.048 (repercussão geral – Tema 31), Rel. Min. Marco Aurélio, Pleno, julg. 29/05/2014: "Discrepa, a mais não poder, da Carta Federal a sanção política objetivando a cobrança de tributos [...]. Consubstancia sanção política visando o recolhimento de tributo condicionar a expedição de notas fiscais a fiança, garantia real ou fidejussória por parte do contribuinte". No mesmo sentido: STF. ARE 914.045 (repercussão geral – Tema 856), Rel. Min. Edson Fachin, julg. 15/10/2015: "O Supremo Tribunal Federal tem reiteradamente entendido que é inconstitucional restrição imposta pelo Estado ao livre exercício de atividade econômica ou profissional, quanto aquelas forem utilizadas como meio de cobrança indireta de tributos"; STF. RE 647.885 (repercussão geral – Tema 732), Rel. Min. Edson Fachin, Pleno, julg. 27/04/2020: "*Tese*: É inconstitucional a suspensão realizada por conselho de fiscalização profissional do exercício laboral de seus inscritos por inadimplência de anuidades, pois a medida consiste em sanção política em matéria tributária".

CURSO DE DIREITO TRIBUTÁRIO BRASILEIRO – *Marcus Abraham*

ceitos constitucionais de cada espécie tributária (conceitos constitucionais de taxas, impostos, contribuições e empréstimos compulsórios).[18]

2.4. CLASSIFICAÇÃO DOS TRIBUTOS E SUAS ESPÉCIES

A classificação quanto às espécies dos tributos não é uma atividade objetiva e rígida, e depende de critérios adotados sobre a natureza e características dos tributos, assim como a época da sua concepção.[19] Nesse sentido, há quem entenda ser bipartida (impostos e taxas), tripartida (impostos, taxas e contribuições de melhoria), quadripartida (impostos, taxas, contribuições e empréstimo compulsório), quinquipartida (impostos, taxas, contribuições de melhoria, empréstimo compulsório e contribuições).[20]

Acompanhamos o entendimento de Luciano Amaro[21] e de Ricardo Lobo Torres[22] de que a divisão mais adequada seria a quadripartida, assim disposta: impostos, taxas, contribuições e empréstimo compulsório, conforme dispõem os artigos 145 e 148 da Constituição Federal, interpretando a expressão "contribuições de melhoria" como apenas uma espécie de contribuição, gênero que comportaria todas as demais, vale dizer, as contribuições sociais, as de intervenção no domínio econômico, as de categorias profissionais ou econômicas e as próprias contribuições de melhoria. Da mesma forma, o STF, no RE 138.284, de relatoria do Min. Carlos Velloso, adotou a teoria quadripartida, ao afirmar:

> As diversas espécies tributárias, determinadas pela hipótese de incidência ou pelo fato gerador da respectiva obrigação (CTN, art. 4º), são as seguintes: a) os **impostos** (CF, arts. 145, I, 153, 154, 155 e 156); b) as **taxas** (CF, art. 145, II); c) as **contribuições**, que podem ser assim classificadas: c.1. de melhoria (CF, art. 145, III); c.2. parafiscais (CF, art. 149), que são: c.2.1. sociais; c.2.1.1. de seguridade social (CF, art. 195, I, II, III); c.2.1.2. outras de seguridade social (CF, art. 195, § 4º);

---

[18] TORRES, Heleno Taveira. *Direito constitucional financeiro*: teoria da Constituição financeira. São Paulo: Revista dos Tribunais, 2014. p. 210-211.

[19] Neste sentido, é de se registrar que a classificação bipartida é originária do início de 1900, datando da formação do sistema tributário, em que estavam presentes duas espécies: impostos e taxas. A tripartida surgiu quando se passou a ter impostos, taxas e contribuições de melhoria.

[20] STF. RE 146.733, Rel. Min. Moreira Alves, Pleno, julg. 29/06/1992: "De fato, a par das três modalidades de tributos (os impostos, as taxas e as contribuições de melhoria), a que se refere o art. 145, para declarar que são competentes para instituí-los a União, os Estados, o Distrito Federal e os Municípios, os arts. 148 e 149 aludem a duas outras modalidades tributárias, para cuja instituição só a União é competente: o empréstimo compulsório e as contribuições sociais, inclusive as de intervenção no domínio econômico e de interesse das categorias profissionais ou econômicas". (trecho do voto do Relator, Min. Moreira Alves, adotando a teoria quinquipartida).

[21] Nas palavras de Luciano Amaro: "Cremos, à vista de todo o exposto, que a classificação dos tributos não pode partir nem apenas dos rótulos que as várias espécies têm recebido (dado que a mesma designação é, às vezes, empregada para apelidar diferentes exações, e diferentes denominações são usadas para batizar exações análogas), nem deve limitar-se a notas ou características tão abrangentes que façam a classificação perder a utilidade, que consiste em traduzir um instrumento de catalogação analítico de diferentes realidades jurídicas, permitindo que sejam apreendidas nos seus variegados matizes. Com esse objetivo, identificamos quatro grupos de espécies tributárias, que permitem, por sua vez, variadas subdivisões, conforme o nível de análise ou o critério de discriminação que seja eleito: 1º) impostos; 2º) taxas (de serviço, de polícia, de utilização de via pública e de melhoria); 3º) contribuições; 4º) empréstimos compulsórios". (AMARO, Luciano. *Direito tributário brasileiro*. 18. ed. São Paulo: Saraiva, 2012. p. 102-103).

[22] TORRES, Ricardo Lobo. *Curso de direito financeiro e tributário*. 19. ed. Rio de Janeiro: Renovar, 2006. p. 375.

c.2.1.3. sociais gerais (o FGTS [sic], o salário-educação, CF, art. 212, § 5º, contribuições para o Sesi, Senai, Senac, CF, art. 240); c.3. especiais: c.3.1. de intervenção no domínio econômico (CF, art. 149) e c.3.2. corporativas (CF, art. 149); Constituem, ainda, espécie tributária: d) os **empréstimos compulsórios** (CF, art. 148).[23]

Sob outra ótica, os tributos podem ser classificados em **vinculados** e **não vinculados**, sendo os primeiros as contribuições e as taxas (os empréstimos compulsórios teriam vinculação apenas na origem) e os segundos os impostos, pois nestes não haveria contraprestação específica do Estado, enquanto naqueles sim. Assim, os tributos vinculados são aqueles que têm o fato gerador ligado a alguma atividade estatal específica que beneficia diretamente o contribuinte ou a alguma finalidade específica considerada socialmente relevante a ser alcançada. Já os não vinculados têm por fato gerador uma situação independente de qualquer atividade específica do Estado relativa ao contribuinte. O contribuinte do imposto, ao pagá-lo, não espera qualquer contraprestação efetiva ou potencial de natureza pessoal, pois o imposto é utilizado para financiar as despesas públicas de caráter geral, tais como a saúde, segurança e a educação.

Outras modalidades de classificação são: **1 – quanto à natureza**: a) *fiscal*: carrear recursos para os cofres do Estado; b) *extrafiscal*: como instrumento de intervenção; **2 – quanto à constância**: a) *ordinário*: quando integra de forma permanente o sistema tributário, repetindo-se a cada exercício fiscal; b) *extraordinário*: quando constitui fonte eventual, esporádica e transitória de recursos; **3 – quanto à incidência**: a) *direto*: recai diretamente sobre o contribuinte que suporta sozinho a carga tributária, isto porque incide em função de elementos de natureza durável e contínua, como a propriedade e a renda; b) *indireto*: é passível de ser transferido para terceiros (contribuinte de fato) pelo contribuinte designado pela lei (contribuinte de direito), e incide em função de atos, como o consumo; **4 – quanto ao objeto**: a) *pessoal*: é o que incide sobre condições particulares e pessoais do contribuinte (IR, por exemplo); b) *real*: independe das condições pessoais do contribuinte, recaindo sobre "coisas", tais como bens, mercadorias, produtos, serviços (por exemplo: IPTU, ITR, IPI, ISS, ICMS, IOF, IBS); **5 – quanto ao ente tributante**: a) *federal*: II, IE, IR, ITR, IPI, IOF; b) *estadual*: IPVA, ICMS, ITD; c) *municipal* IPTU, ITBI, ISS; **6 – quanto à base econômica**: a) *comércio exterior*: II, IE; b) *patrimônio*: IPTU, ITR, IPVA; c) *renda*: IRPF, IRPJ; d) *produção*: IPI; e) *circulação*: ICMS, ISS e futuramente o IBS (EC nº 132/2023).

As diversas **espécies de tributos** contemplam características próprias que os distinguem uns dos outros, assim como, em alguns casos, os aproximam em razão de suas peculiaridades. **Imposto** é o tributo cuja obrigação tem por fato gerador uma situação independente de qualquer atividade estatal específica prestada ao contribuinte (art. 16, CTN). **Taxa** é um tributo que tem como fato gerador uma contraprestação do Estado para o contribuinte, realizada mediante prestação de uma atividade estatal específica (art. 77, CTN). **Empréstimo compulsório** é o tributo extraordinário, transitório e restituível, para atender a despesas de calamidade pública, de guerra externa, ou no caso de investimento público de caráter urgente e de relevante interesse nacional. **Contribuições** correspondem ao emprego das finanças públicas com objetivos não apenas arrecadatórios, mas também regulatórios (extrafiscais) ou intervencionistas, seja na área econômica, profissional ou social (art. 149, CF/88), subdivididas em contribuição de melhoria, contribuição de intervenção no domínio econômico, contribuição de interesse de categoria profissional e econômica, contribuição de iluminação pública e contribuições sociais.

---

[23] STF. RE 138.284, Rel. Min. Carlos Velloso, Pleno, julg. 01/07/1992.

2.5. TRIBUTOS FISCAIS E EXTRAFISCAIS

Como vimos, os tributos podem se classificar conforme a *finalidade* dos recursos obtidos. Se estes se destinarem exclusivamente à arrecadação, para suprir as necessidades financeiras do Estado a fim de fazer frente às despesas públicas, dizemos tratar-se de **tributos fiscais**; ao passo que, se os valores arrecadados tiverem como função primária a regulatória, ou seja, se forem destinados a fomentar ou desestimular determinadas condutas da sociedade, estaremos diante de **tributos extrafiscais**. Nesse sentido, salienta Humberto Ávila:[24]

> É que a Constituição prevê várias finalidades a serem atingidas, podendo elas ser subdividas em duas grandes espécies: normas com finalidade fiscal (*Fiskalzwecknormen*), entendidas como aquelas que visam primariamente a arrecadar receitas para o Estado e, em virtude disso, repartem os encargos com base em medidas de comparação aferidas por elementos presentes nos próprios contribuintes, como sua capacidade econômica; e normas com finalidade extrafiscal (*Nichtfiskalzwecknormen*), consideradas como aquelas que visam a atingir algum fim público autônomo, tal como a proteção do meio ambiente ou o desenvolvimento regional, e, em razão disso, distribuem as obrigações mediante o emprego de medidas de comparação estimadas por elementos existentes fora do universo pessoal dos contribuintes, como o potencial poluidor ou o subdesenvolvimento regional.

A finalidade precípua da maior parte dos tributos é a arrecadatória. Sua função essencial é obter recursos destinados aos cofres públicos, para financiar as atividades do Estado perante a coletividade, tendo como destino dos ingressos financeiros duas espécies de cofres públicos (embora ambos do Estado): a) os cofres da Fazenda Pública, também chamados de Fisco, quando se denomina de **arrecadação fiscal**; b) os cofres dos órgãos paraestatais, ou seja, aqueles que não fazem parte da Administração Pública direta, mas estão ao seu lado no exercício das funções de interesse da coletividade (em paralelo), quando então chamamos de **arrecadação parafiscal**.

Existe, entretanto, outra espécie de arrecadação, cuja finalidade primária não é a de arrecadar, mas intervir indiretamente no seio da sociedade ao induzir comportamentos, realizando-se por meio da **arrecadação regulatória ou extrafiscal**.

Busca-se, com a extrafiscalidade, reequilibrar desigualdades econômicas, estimular determinadas atividades ou mesmo coibir certas condutas. Podemos identificar vários motivos que levam o Estado a lançar mão de mecanismos extrafiscais: a) redistribuir riquezas; b) proteger a indústria ou o mercado interno; c) desencorajar o consumo de supérfluos e produtos nocivos à saúde (álcool ou cigarros); d) facilitar o desenvolvimento regional; e) estimular a utilização da propriedade no âmbito de sua função social; f) combater a inflação.

Nesse sentido, afirma com clareza Antônio Roberto Sampaio Dória[25] que

> [...] o comando da conjuntura econômica, as barreiras alfandegárias, a correção de males sociais, a redistribuição da renda nacional são alguns dos objetivos extrafiscais que orientam a decretação de tributos, como alavanca coadjuvante das regulamentações estabelecidas pelo poder público. O imposto é instrumento de ação indireta e, por conseguinte, política e psicologicamente recomendável onde a atuação direta suscitaria protestos ou tropeçaria em óbices práticos para sua execução.

---

[24] ÁVILA, Humberto Bergmann. *Teoria da igualdade tributária*. 2. ed. São Paulo: Malheiros, 2009.

[25] DÓRIA, Antônio Roberto Sampaio. *Direito constitucional tributário e o due process of law*. 2. ed. Rio de Janeiro: Forense, 1986. p. 175.

No mesmo sentido entende a doutrina italiana. Segundo Ezio Vanoni,[26]

> [...] o Estado não oferece apenas segurança interna e externa, proteção à indústria, ao comércio, à agricultura, mas tende ainda, pela sua atividade, a promover obras culturais, a socorrer indigentes e os doentes, a favorecer a elevação moral e intelectual das classes inferiores etc.; em todas estas atividades é fácil enxergar uma função distributiva do Estado.

Para José Marcos Domingues de Oliveira,

> [...] a imposição tradicional (tributação fiscal) visa exclusivamente à arrecadação de recursos financeiros (fiscais) para prover o custeio dos serviços públicos. Já a denominada tributação extrafiscal é aquela dirigida para fins outros que não a captação de dinheiro para o Erário, tais como a redistribuição da renda e da terra, a defesa da indústria nacional, a orientação dos investimentos para setores produtivos ou mais adequados ao interesse público, a promoção do desenvolvimento regional ou setorial etc. [...] A extrafiscalidade, esclareça-se, não visa a impedir uma certa atividade (para isso existem as multas e as proibições), mas tem por fim condicionar a liberdade de escolha do agente econômico, através da graduação da carga tributária, em função, por exemplo, de critérios ambientais.[27]

Assim, frequentemente nos deparamos com a utilização do Imposto de Importação (II) como instrumento de defesa do mercado interno ou com o intuito de reequilibrar a balança comercial. Noutros casos, verifica-se a aplicação do Imposto Territorial Rural (ITR) e do Imposto Predial Territorial Urbano (IPTU) com o objetivo de desestimular a manutenção de propriedades improdutivas e estimular o atendimento da função social da propriedade. Na mesma linha, é recorrente termos o Imposto sobre Produtos Industrializados (IPI) sendo ajustado para estimular o consumo de bens, aquecendo determinados ramos industriais e econômicos.[28]

---

[26] VANONI, Ezio. *Natureza e interpretação das leis tributárias*. Trad. Rubens Gomes de Sousa. Rio de Janeiro: Financeiras, 1932. p. 71-79.

[27] OLIVEIRA, José Marcos Domingues de. *Direito tributário e meio ambiente*. 3. ed. Rio de Janeiro: Forense, 2007. p. 47-49.

[28] Aliomar Baleeiro relaciona mais de uma dezena de finalidades de intervenção do Estado por meio dos impostos extrafiscais: "a) proteção à produção nacional, agrícola ou fabril, pelas tarifas aduaneiras, que Veneza adotou desde o fim da Idade Média, e a França, desde o século XVII, pelo menos, ou ainda por gravames sobre a navegação mercante que concorre com a nacional (atos de navegação de Cromwell etc.); b) combate ao luxo e à dissipação pelos chamados 'impostos suntuários' ou para poupança e formação de capitais; c) medidas de amparo à saúde pública e à higiene alimentar por impostos sobre produtos inferiores, que concorrem com outros de maior valor nutritivo e ricos em vitaminas etc. (impostos que agravam o custo da margarina, nos Estados Unidos, em favor do maior consumo da manteiga de leite); d) fragmentação dos latifúndios ou remembramento de minifúndios e punição do ausentismo por impostos progressivos sobre a área desocupada ou sobre as heranças recebidas por pessoas residentes fora da jurisdição do governo, que exerce o poder de tributar; e) política demográfica contra o neomaltusianismo através de isenções às famílias prolíficas e majorações sobre solteiros e casais sem filhos; f) incentivos por isenções às indústrias novas; g) estímulos à construção e ao aproveitamento de áreas urbanas por meio de tributação drástica sobre os terrenos baldios ou ocupados por prédios velhos, mesquinhos ou em ruínas; h) restabelecimento da propensão ao consumo, como política fiscal, através de impostos progressivos sobre a herança e a renda, especialmente sobre lucros não distribuídos pelas sociedades, no pressuposto de que a concentração das fortunas nem sempre ajuda o investimento, nem a prosperidade (aplicação da teoria keynesiana); i) preservação da moralidade e da boa-fé do povo através de fortes impostos de consumo sobre baralhos, dados e artefatos para jogo ou sobre bilhetes de loterias, sorteios etc.; j) política monetária

Contudo, deve-se fazer uma advertência: não existe tributo neutro, sendo certo que todos eles contemplam uma função primária e outra secundária, cumulativamente. Assim, existem os tributos concebidos essencialmente para arrecadar (mas que, indiretamente, causarão um efeito extrafiscal) e existem os tributos destinados a regular (mas que, da mesma forma, causarão um efeito arrecadatório). Nesse sentido, adverte Misabel Derzi:[29]

> [...] os estudos mais aprofundados sobre esse tema demonstram que não é fácil distinguir os fins fiscais daqueles extrafiscais. Seus limites são imprecisos, fluidos, e não raramente o ente estatal tributante, ávido de recursos, será tentado a usar a extrafiscalidade como desculpa ou pretexto para estabelecer maior pressão fiscal.

Por fim, faça-se o registro, com Humberto Ávila, de que o uso extrafiscal de um tributo não deve causar desigualdades entre contribuintes que estão em situação similar. Para que seja constitucionalmente adequada, a extrafiscalidade de um tributo deve ser justificada pela presença de alguma finalidade constitucional que sirva de fundamento para o tratamento diferenciado.[30]

2.6. O DEVER FUNDAMENTAL DE PAGAR TRIBUTOS

Ora, se há um direito, deve haver também um dever que lhe seja correspondente. Se existe liberdade, haverá um custo para usufruí-la. Se o Estado tem como função oferecer à coletividade uma gama de bens e serviços, estes devem possuir uma fonte de financiamento.

E, particularmente no Brasil, com uma economia historicamente instável e uma sociedade repleta de desigualdades, submetida a um sistema tributário voraz e complexo, muitas vezes considerado injusto e desestimulador ao empreendedorismo, o Estado, cada vez mais, deve, com o devido equilíbrio e respeito à segurança jurídica nas relações fiscais, buscar não somente recursos para o cumprimento de suas atribuições primárias, mas, principalmente, promover o desenvolvimento social e a redistribuição de riquezas, com a consecução da almejada, porém quase utópica, *justiça fiscal*.

O **dever fundamental de pagar tributos**[31] consubstancia-se pela realização dos princípios da capacidade contributiva, da dignidade da pessoa humana e da solidariedade, como expressões constitucionais de uma *ética fiscal pública*.

Se o tributo, na atualidade, passa a ser visto como o "preço da liberdade" – custo este originário do pacto social firmado entre o cidadão e o Estado (e cidadãos entre si), em que o primeiro cede parcela do seu patrimônio (originário do capital ou trabalho), em favor do segundo, que lhe fornecerá bens e serviços para uma existência digna e satisfatória em sociedade –, é certo que

---

nacional, tributando-se proibitivamente os bilhetes de bancos estaduais (imposto americano de 1866 na base de 10% sobre o valor das emissões desses bancos); k) política de nivelamento das fortunas e rendas por inspiração socialista ou para eliminação de famílias rivais na conquista ou manutenção do poder (impostos médicos em Florença, nos séculos XV e XVI); l) política fiscal para manutenção do equilíbrio econômico pelo controle das tendências à flutuação ou de estímulo ao desenvolvimento econômico, sobretudo nos países novos". (*Uma introdução à ciência das finanças*. 17. ed. Rio de Janeiro: Forense, 2010. p. 229-230).

[29] DERZI, Misabel. As finalidades extrafiscais do tributo. In: BALEEIRO, Aliomar. *Limitações constitucionais ao poder de tributar*. 7. ed. Atualizada por Misabel Derzi. Rio de Janeiro: Forense, 1997. p. 577.

[30] ÁVILA, Humberto Bergmann. op. cit. p. 154.

[31] ABRAHAM, Marcus. *O planejamento tributário e o direito privado*. São Paulo: Quartier Latin, 2007. p. 57-86; NABAIS, José Casalta. *O dever fundamental de pagar impostos*. Coimbra: Almedina, 2004.

haverá normas regulando essa relação, em que direitos e obrigações são devidamente estipulados para cada uma das partes. De um lado, direitos fundamentais e individuais do cidadão na proteção da sua liberdade de trabalho, da propriedade privada e dignidade da pessoa humana; de outro, regras e princípios que configuram todo um sistema fiscal, permitindo estabelecer mecanismos funcionais e eficientes para realizar a função arrecadatória estatal.

Esse conceito, que foi inicialmente desenvolvido pelo jurista português Vítor Faveiro[32], é posteriormente popularizado por seu patrício José Casalta Nabais[33] com a célebre expressão "dever fundamental de pagar impostos", título da sua clássica obra. Segundo este professor, "[...] o tema dos deveres fundamentais é reconhecidamente considerado dos mais esquecidos da doutrina constitucional contemporânea", isso porque

> [...] como forma histórica de solução da relação de tensão entre o poder, não se podia deixar de conferir dominância à luta pelo direito, expressa na afirmação específica das posições jurídicas activas dos particulares face ao(s) poder(es), e o que levou a dar primazia quase absoluta à reivindicação da noção de direitos subjectivos públicos [...] se tratou tão só de dar prioridade à liberdade (individual) sobre a responsabilidade (comunitária), o que se impõe, uma vez que esta pressupõe, não só em termos temporais mas também em termos materiais, a liberdade, que assim constitui um *prius* que dispõe de primazia lógica, ontológica, ética e política face à responsabilidade.

Assim, o dever fundamental de todo cidadão de pagar tributos é um dever em favor de si mesmo, como cidadão contribuinte e elemento integrante de uma coletividade que lhe oferece toda uma estrutura para conduzir sua vida e sobrevivência com harmonia, liberdade e satisfação. O dever de pagar tributos é o preço desse sistema.

Percebe-se que as constituições contemporâneas concretizaram, a partir do final do século XVIII, o espírito de luta contra a opressão dos governantes que se encontravam no poder e o exerciam de forma absoluta, tendo na supremacia do Direito, espelhada no primado da Constituição, a busca da instituição de um governo não arbitrário e limitado pelo respeito devido aos direitos do homem.[34]

Todas elas, desde as primeiras (americana e francesa), enunciavam Declarações de Direitos. O mesmo ocorreu com as brasileiras, em que as duas primeiras traziam apenas as liberdades públicas, sendo, a partir de 1934, introduzidos também os direitos sociais e econômicos e, finalmente, na Constituição atual de 1988, inserem-se os direitos de solidariedade. Mas o ponto importante é que não há um rol explícito ou uma sistematização dos *deveres* fundamentais do cidadão, simetricamente como ocorre com os *direitos* fundamentais. Assim, temos no Capítulo I do Título II da Constituição Federal de 1988 a proclamação "*Dos Direitos e Deveres Individuais e Coletivos*". Entretanto, em raros momentos encontramos expressamente normas que atribuem deveres objetivos aos cidadãos, senão apenas aqueles deveres de votar e servir à justiça eleitoral (art. 14), de prestar o serviço militar (art. 143), de defender e proteger o meio ambiente (art. 225), de proteger e amparar a criança e a pessoa idosa (arts. 227 e 229) e de compor o tribunal do júri, quando assim convocado (art. 5º, XXXVIII).

---

[32] FAVEIRO, Vítor António Duarte. *O Estatuto do Contribuinte*: a pessoa do contribuinte no Estado Social de Direito. Coimbra: Coimbra Editora, 2002.

[33] NABAIS, José Casalta. op. cit. p. 15-16.

[34] FERREIRA FILHO, Manoel Gonçalves. *Direitos humanos fundamentais*. 5. ed. São Paulo: Saraiva, 2002. p. 1-3.

José Afonso da Silva[35] relata que

> [...] os conservadores da Constituinte clamaram mais pelos deveres que pelos direitos. Sempre reclamaram que a Constituição só estava outorgando direitos e perguntavam onde estariam os deveres? Postulavam até que se introduzissem aí deveres individuais e coletivos. Não era isso que queriam, mas uma declaração constitucional de deveres, que se impusessem ao povo. Os deveres decorrem destes na medida em que cada titular de direitos individuais tem o dever de reconhecer e respeitar igual do outro, bem como o dever de comportar-se, nas relações inter-humanas, com postura democrática, compreendendo que a dignidade da pessoa humana do próximo deve ser exaltada como a sua própria.

Entendemos que a concreção desses deveres fundamentais dar-se-ia não pela consideração de uma categoria autônoma de normas, mas sim por meio de deveres correlatos a direitos, vale dizer, pelo respeito aos direitos fundamentais dos homens pelos próprios homens e pelo Estado, assim como pela implementação de todos os comandos de solidariedade, expressamente arrolados na Constituição Federal, tais como aqueles encontrados no art. 1º, que, ao fundamentar o Estado Democrático de Direito brasileiro, o faz com base, dentre outros princípios, na dignidade da pessoa humana.

Ora, a realização dos ideais sintetizados pela leitura do preâmbulo da nossa atual Carta Constitucional pode-se dar tanto pela atuação individual dos cidadãos, motivada por um espírito humano de solidariedade e coletividade, como também, e principalmente, pela atuação do Estado na realização do seu múnus. Entretanto, depender da bondade e solidariedade inatas ao ser humano na construção de uma sociedade justa pode ser algo utópico e remoto.

Portanto, dependemos da atividade fiscal como fonte de recursos para tal mister, concluindo-se que a obrigação de todos os indivíduos de pagar tributos – dentro dos limites de sua capacidade contributiva – passa a ser considerada um dever fundamental.

Ademais, no campo tributário, esse dever fundamental origina-se na Constituição Federal, como uma correspondência aos direitos fundamentais, mas, sobretudo, pela realização da capacidade contributiva,[36] juntamente com a imperiosa necessidade de realização dos princípios da dignidade da pessoa humana, da função social e da solidariedade como mandamentos norteadores de uma ética tributária.

O dever de pagar impostos, afirma Klaus Tipke,[37] é um *dever fundamental*, pois

> [...] o imposto não é meramente um sacrifício, mas, sim, uma contribuição necessária para que o Estado possa cumprir suas tarefas no interesse do proveitoso convívio de todos os cidadãos. O Direito Tributário de um Estado de Direito não é Direito técnico de conteúdo qualquer, mas ramo jurídico orientado por valores. O Direito Tributário afeta não só a relação cidadão/Estado, mas também a relação dos cidadãos uns com os outros. É Direito da coletividade.

---

[35] SILVA, José Afonso da. *Curso de direito constitucional positivo.* 38. ed. São Paulo: Malheiros, 2015. p. 198.

[36] Sobre o tema da capacidade contributiva, a bibliografia recomendada é a obra premiada pela Academia Brasileira de Direito Tributário como "livro do ano", de José Marcos Domingues de Oliveira, intitulada: *Capacidade contributiva*: conteúdo e eficácia do princípio. 2. ed. Rio de Janeiro: Renovar, 1998.

[37] TIPKE, Klaus; YAMASHITA, Douglas. *Justiça fiscal e princípio da capacidade contributiva.* São Paulo: Malheiros, 2002. p. 15.

O tributo, para Ricardo Lobo Torres,

> [...] é o dever fundamental estabelecido pela Constituição no espaço aberto pela reserva da liberdade e pela declaração dos direitos fundamentais. Transcende o conceito de mera obrigação prevista em lei, posto que assume dimensão constitucional. O dever não é pré-constitucional, como a liberdade, mas se apresenta como obra eminentemente constitucional. O dever fundamental, portanto, como o de pagar tributos, é correspectivo à liberdade e aos direitos fundamentais: é por eles limitado e ao mesmo tempo lhes serve de garantia, sendo por isso o preço da liberdade. Mas direitos e deveres fundamentais não se confundem, em absoluto, pois a liberdade que se transforma em dever perde o seu *status negativus*. O dever fundamental integra a estrutura bilateral e correlativa do fenômeno jurídico: gera o direito de o Estado cobrar tributos e, também, o dever de prestar serviços públicos; para o contribuinte cria o direito de exigir os ditos serviços públicos.[38]

Os deveres fundamentais, de natureza não tributária, segundo o referido autor, constituem um mínimo no Estado de Direito e

> [...] são substituídos pelo tributo, que é justamente a prestação pecuniária que garante a subsistência dos direitos fundamentais. As prestações *in labore* (serviço militar, júri e serviço eleitoral) se aproximam dos tributos porque, sendo ambos deveres fundamentais, nascem limitados pela liberdade individual e se destinam a garantir a liberdade. Essa identidade de natureza leva à possibilidade de substituição das prestações *in labore* pelo tributo: o Estado Fiscal oferece justamente a vantagem de garantir a liberdade do cidadão em seu grau máximo, através da substituição dos serviços obrigatórios pelo tributo, que permite a contratação dos profissionais encarregados da defesa militar e da aplicação da justiça.[39]

Diante do exposto, não há como refutar a conclusão de que, para sustentar pragmaticamente o pacto social e o direito fundamental à liberdade e dignidade da pessoa humana, existirá também um ônus. E tal preço estaria baseado no *dever jurídico fundamental de pagar tributos*.

---

[38] TORRES, Ricardo Lobo. Sistemas constitucionais tributários. In: BALEEIRO, Aliomar (Org.). *Tratado de direito tributário brasileiro*. t. II. v. II. Rio de Janeiro: Forense, 1986. p. 186.

[39] Ibidem. p. 688-690.

Capítulo 3
SISTEMA TRIBUTÁRIO NACIONAL

3.1. EVOLUÇÃO HISTÓRICA DO SISTEMA TRIBUTÁRIO BRASILEIRO

No **Brasil**, após sua colonização, em 1500, permanecendo na condição de colônia de Portugal, onde inicialmente reinou Dom Manuel I, consolidaram-se as Ordenações do Reino (Ordenações Afonsinas e Ordenações Manuelinas), passando o Direito português a viger imediatamente no Período Colonial brasileiro.[1] Os custos do financiamento das expedições colonizadoras e, posteriormente, de proteção da costa brasileira contra os saqueadores, tornaram-se, ao longo do tempo, um elevado encargo para o erário português. Em decorrência, introduziu-se no Brasil um conjunto de tributos e normas impositivas que tinham como finalidade principal cobrir os gastos da Coroa portuguesa e, se possível, ainda proporcionar-lhe lucros. Entretanto, não havia um sistema financeiro e tributário organizado e, muito menos, pautado em razoabilidade, igualdade, capacidade contributiva, programação orçamentária ou justiça fiscal.

É do período **Pré-Colonial**[2] (1500-1530) a primeira forma de tributação a partir da exploração econômica em nossas terras, recaindo – na modalidade de pagamento por arrendamento – sobre a extração do pau-brasil realizada por aqueles que recebiam essa concessão da Coroa, tendo, ademais, como espécie de tributação indireta, a obrigação de defesa das terras com a construção de edificações no litoral. Destaca-se, na época, a figura do mercador lisboeta Fernão de Noronha, a quem podemos atribuir ser um dos "primeiros contribuintes" de tributos do Brasil.[3]

Mas é no período **Colonial** (1530-1808), a partir da instituição das Capitanias Hereditárias, com o desenvolvimento do cultivo da cana-de-açúcar, da criação de gado, da produção e exportação de tabaco e do tráfico negreiro, que temos os primeiros tributos propriamente ditos. Nesse sentido, os tributos impostos pela metrópole abrangiam, dentre outros: os *direitos de entrada*, imposto sobre a circulação de mercadorias incidente quando estas ingressavam nas regiões da Coroa por suas fronteiras; a *quinta real* ou vintena[4] sobre o pau-brasil, especiarias, fumo, açúcar e pescado; os direitos de portagem nos rios (impostos de navegação); as quintas (20%) de ouro e diamantes (a *derrama* originou-se do imposto derramado sobre todos, quando

---

[1]   MORAES, Bernardo Ribeiro de. *Curso de direito tributário*: sistema tributário da Constituição de 1969. Vol. 1. São Paulo: Revista dos Tribunais, 1973. p. 33.

[2]   Período em que Portugal não povoou com europeus as terras conquistadas, tendo como preocupação da Coroa portuguesa apenas a manutenção das terras "achadas" com a instalação de diversas feitorias.

[3]   AMED, Fernando José; NEGREIROS, Plínio José Labriola de Campos. *História dos tributos no Brasil*. São Paulo: Sinafresp, 2000. p. 36-37.

[4]   A vintena (20%) era conhecida também por "quinto real", tributo básico da Coroa que incidia sobre os produtos vitais do sistema comercial luso-brasileiro (Ibidem. p. 102).

a quantidade de 100 arrobas anuais de ouro não fosse remetida para a Metrópole);[5] os dízimos eclesiásticos (10%) sobre todas as rendas, ganhos ou lucros dos serviços e negócios[6]; a *finta* para custear as obras; a *barcagem*,[7] que incidia sobre a passagem nos rios e a *redízima*, que era a dízima sobre a dízima já cobrada.[8]

Com a transferência da **família real para o Brasil em 1808** e o aumento dos custos para sustentar a Corte no Brasil, ampliaram-se os mecanismos de arrecadação e cobrança de impostos:[9] a abertura dos portos gerou a instituição do *Imposto sobre Importações,* na base de 24% sobre o valor das mercadorias (Carta Régia de 28 de janeiro de 1808); tivemos a instituição do *Imposto do Selo* (Alvará de 17 de junho de 1809); e a regulamentação do *Imposto Predial,* o qual tributava os imóveis urbanos, fazendo incidir a alíquota de 10% sobre o valor locativo,[10] que era inicialmente denominado *décima urbana* e, posteriormente, *imposto sobre prédios urbanos.* Além desses, havia ainda a *Contribuição de Polícia* (Decreto de 13 de maio de 1809), *a Pensão para a Capela Imperial* (Alvará de 20 de agosto de 1808), o *Imposto de Sisa,* onerando em 10% toda compra, venda e arrematação de bens de raiz – imóvel urbano (Alvará de 3 de junho de 1809), a *meia sisa dos escravos,* tributando em 5% toda venda de escravos (Alvará de 3 de junho de 1809), a *décima sobre legados e heranças* (Alvará de 17 de junho de 1809), além de vários outros.[11] Com a Independência (1822), tivemos a criação do imposto de indústria e profissões (que incidia sobre a atividade industrial ou profissional), o imposto sobre os vencimentos e o imposto sobre a exportação.[12]

Do ponto de vista dos tributos, o Brasil independente herdou do período colonial uma precária estrutura. De alguma forma, pode-se dizer que o momento da independência do país, em 1822, acenava para um desejado rompimento, inclusive com os excessos fiscais que vinham

---

[5]   Todo ouro extraído em pó ou em pepitas deveria ser levado a uma Casa de Fundição (a mais famosa foi a Casa de Fundição de Vila Rica), onde o metal seria fundido em barras, depois de deduzida a quinta parte de seu valor correspondente, sendo as barras marcadas com o selo real. Mas com a tributação em carga excessivamente elevada sobre o ouro, metais e pedras preciosas, surge também a prática da sonegação fiscal, que se operava de duas maneiras: pelo trânsito do ouro e metais em caminhos e rotas não oficiais, para fugir dos pontos de controle e cobrança (daí o tipo penal-tributário "descaminho") e pelo artifício de escondê-los dentro de imagens sacras (origem da expressão "santo do pau oco") que circulavam com os clérigos, os quais não eram obrigados a aceitar revistas nas barreiras alfandegárias. A sonegação fiscal induziu a Coroa a adotar temporariamente o "Sistema de Fintas" (quotas de arrecadação), com base em uma quantia anual fixa (Ibidem. p. 111-112 e 134).

[6]   Os dízimos – equivalentes ao imposto de renda de hoje – dividiam-se em reais, cobrados sobre as rendas das terras ou imóveis, e pessoais, que eram cobrados das rendas dos ofícios e profissões (Ibidem. p. 114-115).

[7]   O tributo que se cobrava para dar direito de passagem sobre os rios, que incidia sobre passageiros e cargas, chegou ao Brasil no começo do século XVIII e continuou a ser cobrado até a Independência. As passagens dos rios comportavam três modalidades de arrecadação: a) direta, por agentes do fisco; b) arrematada, através de licitação, a contratadores; c) concedida, como recompensa a serviços prestados à Coroa (Ibidem. p. 105).

[8]   SECRETARIA DA RECEITA FEDERAL. *Um perfil da administração tributária.* Resp. Andréa Teixeira Lemgruber. Brasília: Escola da Administração Fazendária, 1995. p. 9.

[9]   Sobre o tema, veja-se: GODOY, Arnaldo Sampaio de Moraes. *História da tributação no período joanino* (Brasil – 1808-1821). Brasília: Esaf, 2008.

[10] SECRETARIA DA RECEITA FEDERAL. op. cit. p. 9.

[11] MORAES, Bernardo Ribeiro de. op. cit. p. 43.

[12] OLIVEIRA, Regis Fernandes. *Curso de direito financeiro.* 7. ed. São Paulo: Revista dos Tribunais, 2015. p. 192.

Parte I · Cap. 3 · SISTEMA TRIBUTÁRIO NACIONAL | **49**

da Coroa. É assim que, em *Manifesto do príncipe regente do Reino do Brasil aos governos e nações amigas*, em 6 de agosto de 1822, D. Pedro afirma que Portugal desejava que "os brasileiros pagassem até o ar que respiravam e a terra que pisavam".[13]

A **Independência em 1822** faria com que a receita arrecadada pela cobrança dos tributos não mais deixasse o Brasil; todavia, a injustiça do sistema de cobrança pouco se alteraria. Mas não se pode desconsiderar o início do respeito ao Princípio da Capacidade Contributiva, identificado no art. 179, XV, da Carta outorgada em 25 de março de 1824, ao prescrever que: "Ninguém será isento de contribuir para as despesas do Estado em proporção de seus haveres". Nessa fase, desde o período regencial até a formação da República, esboçava-se a sistematização tributária, com a descentralização e a discriminação de rendas tributárias entre o Governo central, as Províncias e os Municípios.[14]

Com a **Proclamação da República** no Brasil, em 1889, o sistema tributário passa a estar definido na **Constituição de 1891**, podendo-se, a partir dessa Carta, dizer que o Brasil ganha um sistema tributário, contendo inclusive limitações ao poder de tributar e repartição de competências tributárias entre a União (art. 7º),[15] os Estados (art. 9º),[16] e ficando a dos Municípios a critério dos Estados a que pertenciam. Somente em 1922 criou-se, pela primeira vez no Brasil, o Imposto de Renda. Ressalte-se que, até a década de 1930, o imposto de importação era a principal forma de arrecadação da União (cerca de 50% das receitas), enquanto os tributos sobre o consumo nem sequer chegavam a 10% da arrecadação total, o que só se modificou com o desenvolvimento industrial, no Brasil, em décadas posteriores. O mesmo se dava quanto aos tributos estaduais, que tinham na tributação sobre a exportação (tanto para o exterior quanto para as operações interestaduais) sua maior fonte, seguida da tributação sobre a transmissão de propriedade e sobre indústrias e profissões.

---

[13] AMED, Fernando José; NEGREIROS, Plínio José Labriola de Campos. op. cit. p. 192.

[14] Receitas Gerais do Governo Central: Direitos sobre importação (15%), sobre o chá (30%), sobre a pólvora (50%), sobre a reexportação (2%), sobre armazenagem (1,4%), sobre exportação (7%), direitos sobre as embarcações estrangeiras que passam a ser nacionais (15% do seu valor), emolumentos de certidões, de polícia etc., dízima da chancelaria (10%), sisa dos bens de raiz (10%), imposto sobre barcos do interior, imposto sobre despachantes e corretores, imposto sobre exportação, imposto sobre mineração, imposto do Selo Imperial, imposto sobre lojas, imposto sobre seges, carruagens e carrinhos, imposto sobre loterias, taxa dos escravos. Receitas Provinciais: Décima dos legados e herança, dízima dos gêneros (açúcar, café etc.), imposto sobre a transmissão da propriedade móvel, meia-sisa dos escravos, subsídio literário, décima dos prédios urbanos. Já as Receitas Municipais eram definidas pelas Províncias a que pertenciam, variando, portanto, de uma para outra (AMED, Fernando José; NEGREIROS, Plínio José Labriola de Campos. op. cit. p. 207-208).

[15] Constituição de 1891, Art. 7º – É da competência exclusiva da União decretar: 1º) impostos sobre a importação de procedência estrangeira; 2º) direitos de entrada, saída e estadia de navios, sendo livre o comércio de cabotagem às mercadorias nacionais, bem como às estrangeiras que já tenham pago impostos de importação; 3º) taxas de selo, salvo a restrição do art. 9º, § 1º, nº I; 4º) taxas dos correios e telégrafos federais.

[16] Constituição de 1891, Art. 9º – É da competência exclusiva dos Estados decretar impostos: 1º) sobre a exportação de mercadorias de sua própria produção; 2º) sobre Imóveis rurais e urbanos; 3º) sobre transmissão de propriedade; 4º) sobre indústrias e profissões. § 1º – Também compete exclusivamente aos Estados decretar: 1º) taxas de selos quanto aos atos emanados de seus respectivos Governos e negócios de sua economia; 2º) contribuições concernentes aos seus telégrafos e correios. § 2º – É isenta de impostos, no Estado por onde se exportar, a produção dos outros Estados. § 3º – Só é lícito a um Estado tributar a importação de mercadorias estrangeiras, quando destinadas ao consumo no seu território, revertendo, porém, o produto do imposto para o Tesouro federal.

A **Constituição de 1934** estabeleceu grandes modificações no sistema tributário da época, especialmente quanto à repartição de receitas entre os vários entes federativos. Os Estados ganharam a competência privativa para o imposto sobre vendas e consignações (o ICMS de hoje e, futuramente, o IBS, de acordo com a EC nº 132/2023), perdendo, todavia, a competência do imposto sobre exportações nas transações interestaduais.

Já a **Constituição de 1937** não realizou grandes modificações na tributação brasileira. Manteve no seu texto a estrutura anterior.

Também não apresentou relevantes mudanças a **Constituição de 1946**, senão para atribuir maior competência aos Municípios, concedendo-lhes o imposto do selo municipal e o imposto de indústrias e profissões, este que pertencia até então aos Estados. Além disso, passam também a receber 10% da arrecadação do imposto de renda pela União. Na realidade, essa Constituição alterou a estrutura de distribuição de rendas entre os entes federativos, dando origem ao sistema de transferências de recursos tributários.

O fato é que cada uma das Constituições brasileiras dispôs sobre o sistema tributário atendendo aos interesses do poder de cada momento. Afinal, aqueles que detêm o poder circunstancial estabelecem as regras do Direito que lhes melhor convier. Assim foi na transição entre o Império e a República, nas alternâncias de regimes democráticos e autoritários do século XX e, igualmente, na passagem do regime militar para a Nova República, com a Constituição Federal de 1988.

Momento histórico brasileiro relevante para a tributação se deu no **Regime Militar**, instaurado em 1964, quando se realiza uma Reforma Tributária em 1965, por meio da Emenda Constitucional nº 18/1965, com o objetivo de obter maiores recursos financeiros para o Estado. Naquele período, foi instituído, em 1966, o Código Tributário Nacional, que subsiste até hoje por recepção constitucional.[17]

A **Constituição Federal de 1988** representou a consolidação da redemocratização do Estado brasileiro. Após 20 anos de ditadura militar, a nossa sociedade encontrava-se sufocada pelo regime autoritário, acirrando-se os ânimos para urgentes mudanças, não apenas quanto ao regime político. De uma maneira superficial, podemos dizer que a Constituição Federal de 1988 ofereceu uma vasta gama de direitos fundamentais individuais e coletivos; aboliu a censura e outros cerceamentos das liberdades; reduziu sobremaneira o poder individual do Executivo e, inversamente, fortaleceu os Poderes Legislativo e Judiciário, dentro do jogo de equilíbrio democrático de poderes; manteve o regime presidencialista (submetido a plebiscito em 1993) e a república federativa; fortaleceu também os Estados e Municípios; e, finalmente, reconstituiu o **sistema tributário nacional**, com a redistribuição de tributos entre os entes federativos e a respectiva repartição de receitas financeiras, solidificando a autonomia dos Estados e Municípios, atenuando os desequilíbrios regionais e ampliando os direitos e as garantias dos contribuintes. Igualmente, impôs maiores limitações ao poder de tributar estatal, estendendo à seara fiscal os valores de segurança jurídica, de liberdade e de igualdade, necessários para a efetiva realização da almejada justiça social, dentro de um Estado Democrático de Direito que naquele momento ressurgia.

Sob a ótica arrecadatória, a estrutura tributária instituída a partir da Constituição Federal de 1988 gerou um incremento significativo na arrecadação. No ano de 1989, a carga tributária brasileira representava cerca de 22% do PIB nacional, passando a atingir o montante de 29,5%

---

[17]   OLIVEIRA, Regis Fernandes. op. cit. p. 194.

em 1990.[18] E, após inúmeras emendas constitucionais em matéria tributária que se sucederam, por mais de três décadas de vigência da Carta, esse percentual beira os 34%[19] do Produto Interno Bruto.

3.2. O SISTEMA TRIBUTÁRIO NACIONAL NA CONSTITUIÇÃO FEDERAL

O **sistema tributário nacional** é aquele subsistema ou parcela do ordenamento jurídico nacional delineado essencialmente pela Constituição de 1988 e detalhado pela legislação infraconstitucional para o exercício do poder estatal de tributar aplicado a bases econômicas de incidência. O caso do ordenamento tributário brasileiro apresenta a peculiaridade de encontrar, no próprio texto constitucional, as traves mestras de toda a estruturação do sistema.

Como adverte Humberto Ávila, o sistema tributário nacional (bem como os demais ramos do Direito) guarda relação com a Constituição como um todo, sobretudo com os princípios formais e materiais fundamentais e com os direitos fundamentais, mormente com as garantias de propriedade e liberdade.[20] Assim, não apenas pela localização topográfica de uma série de normas tributárias no bojo da Constituição, mas por obra do próprio fenômeno da *constitucionalização do Direito*, a Lei Maior refletirá diretamente sobre o sistema tributário nacional.

O sistema tributário nacional, a partir de sua configuração constitucional, pode ser dividido em quatro partes principais: a) *Princípios Gerais do Sistema Tributário Nacional* (arts. 145 a 149-A), instituindo a estrutura de tributação, as espécies tributárias, o modo de incidência, as competências etc.; b) *Limitações Constitucionais ao Poder de Tributar* (arts. 150 a 152), que estabelece os princípios tributários garantidores dos direitos do contribuinte e cria as principais imunidades tributárias; c) *Distribuição de Competências Tributárias* (arts. 153 a 156-B e 195, CF/88), que atribui à União, aos Estados, aos Municípios e ao Distrito Federal a instituição de impostos e contribuições e; d) *Repartição das Receitas Tributárias* (arts. 157 a 162),[21] que dispõe sobre a participação que cada ente federativo terá no produto da arrecadação.

---

[18] Interessante relatar neste quadro evolutivo que, no ano de 1947, a carga tributária brasileira era de quase 14% do PIB e, em 1965, 19%. Já em 1970, com a explosão do crescimento da economia brasileira, a carga chegou a 26% do PIB. Em 1986, a carga tributária brasileira estava situada em 26,2% do PIB. Em função da votação do texto da Constituição de 1988, houve um arrefecimento da força arrecadatória, resultando na diminuição da carga tributária para 22,4% do PIB. Porém, após dois anos, a carga tributária já chegava a atingir o patamar de 28,8% do PIB. Ressaltamos que estes valores não podem ser comparados nominalmente, já que diversos elementos que influenciam a medição se alteraram ao longo do tempo, tais como as metodologias de cálculo do PIB, o crescimento da economia brasileira, as variações do tamanho do Estado, a quantidade de bens e serviços que se oferece à sociedade, entre outros.

[19] Em 2022, a carga tributária bruta (CTB) do Governo Geral (Governo Central, Estados e Municípios) foi de 33,71% do PIB, o que representa um aumento de 0,65 pontos percentuais do PIB em relação a 2021 (fonte: Tesouro Nacional).

[20] ÁVILA, Humberto Bergmann. *Sistema constitucional tributário*. 4. ed. São Paulo: Saraiva, 2010. p. 21.

[21] Ressalvamos que o capítulo constitucional da "Repartição de Receitas Tributárias", por alguns autores (corrente à qual nos filiamos), pode ser considerado como não integrante do sistema tributário nacional, uma vez que nele constam apenas recursos originários dos tributos arrecadados (portanto, em momento seguinte à tributação), já se encontrando nos cofres públicos (pela retenção ou para redistribuição), tendo assim natureza de recursos financeiros em sentido amplo, cuja relação jurídica seria regida pelo Direito Financeiro e não pelo Direito Tributário.

52 · CURSO DE DIREITO TRIBUTÁRIO BRASILEIRO – *Marcus Abraham*

Apesar de encontrarmos na doutrina diversas classificações a respeito das espécies de tributos em nosso ordenamento jurídico[22] (inclusive aquela classificação definida pelo STF[23]), a Constituição Federal de 1988 apresenta, atualmente, quatro espécies de tributos, a saber: os impostos, as taxas, os empréstimos compulsórios e as contribuições (incluindo-se no conceito as contribuições sociais, as de intervenção no domínio econômico, as de categorias profissionais e econômicas, as de melhoria e as de iluminação pública), os quais serão analisados de forma mais detalhada em capítulos próprios.

Dessa forma, as espécies tributárias podem ser organizadas da seguinte maneira: **I – Impostos**: a) impostos federais (arts. 153 e 154, CF/88): Imposto de Importação, Imposto de Exportação, Imposto de Renda, Imposto sobre Produtos Industrializados, Imposto Territorial Rural, Imposto sobre Operações Financeiras, Imposto sobre Grandes Fortunas, Imposto Seletivo, Imposto Extraordinário de Guerra e Impostos Residuais; b) impostos estaduais (arts. 155 e 156-A, CF/88): Imposto sobre a Propriedade de Veículo Automotor, Imposto sobre a Circulação de Mercadorias e Serviços (a ser substituído pelo Imposto sobre Bens e Serviços oriundo da Reforma Tributária da EC nº 132/2023) e Imposto sobre Doações e Heranças; c) impostos municipais (art. 156 e 156-A, CF/88): Imposto sobre a Propriedade Predial e Territorial Urbana, Imposto sobre Serviços (a ser substituído pelo Imposto sobre Bens e Serviços oriundo da Reforma Tributária da EC nº 132/2023) Imposto sobre a Transmissão de Bens Imóveis *Inter Vivos*; **II – Taxas** (art. 145, II, CF/88): de serviço e de polícia; **III – Empréstimos Compulsórios** (art. 148, CF/88), para despesas extraordinárias ou para investimentos relevantes; **IV – Contribuições**: a) contribuição de melhoria (art. 145, III, CF/88); b) contribuições de intervenção no domínio econômico (art. 149, CF/88); c) contribuições de interesse de categorias profissionais e econômicas (art. 149, CF/88); d) contribuição de iluminação pública (art. 149-A, CF/88); e) contribuições sociais, gerais e da seguridade social (art. 149 e 195, CF/88).

3.3. FEDERALISMO FISCAL E TRIBUTÁRIO

O **federalismo fiscal** é expressão financeira da forma com que os entes federativos[24] – União, Estados, Distrito Federal e Municípios – se organizam e se relacionam na realização do seu múnus, enfrentando e harmonizando as tensões decorrentes de uma estrutura heterogênea,

---

[22] Há quem entenda ser a classificação *bipartida* (impostos e taxas), *tripartida* (impostos, taxas e contribuições de melhoria), *quadripartida* (impostos, taxas, contribuições de melhoria e empréstimo compulsório), *quinquipartida* (impostos, taxas, contribuições de melhoria, empréstimo compulsório e contribuições parafiscais).

[23] No Recurso Extraordinário 138.284-CE, de 01/07/1992, o Ministro Carlos Velloso organizou os tributos do nosso sistema tributário da seguinte maneira: a) os impostos (CF, arts. 145, I, 153, 154, 155 e 156); b) as taxas (CF, art. 145, II); c) as contribuições, que podem ser assim classificadas: c.1. de melhoria (C F, art. 145, III); c.2. parafiscais (CF, art. 149), que são: c.2.1. sociais; c.2.1.1. de seguridade social (CF, art. 195, I, II, III); c.2.1.2. outras de seguridade social (CF, art. 195, § 4º); c.2.1.3. sociais gerais (o FGTS [sic], o salário--educação, CF, art. 212, § 5º, contribuições para o Sesi, Senai, Senac, CF, art. 240); c.3. especiais: c.3.1. de intervenção no domínio econômico (CF, art. 149) e c.3.2. corporativas (CF, art. 149); d) os empréstimos compulsórios (CF, art. 148).

[24] Segundo o constitucionalista Paulo Bonavides, o federalismo é um conceito relativamente novo, tendo em torno de três séculos de existência e desenvolvimento: "A Antiguidade a rigor não conheceu o fenômeno federativo com os característicos usualmente ostentados no Estado moderno. O que os gregos por exemplo denominavam Federação é aquilo que os Modernos chamam de Confederação. A Federação propriamente dita não a conheceram nem a praticaram os antigos, visto que a mesma, tanto quanto o sistema representativo ou a separação de poderes, é das poucas ideias novas que a moderna ciência política inseriu em suas

Parte I · Cap. 3 · SISTEMA TRIBUTÁRIO NACIONAL | **53**

decorrente de uma multiplicidade de interesses e das diferenças regionais – culturais, sociais e econômicas –, na busca da implementação de um *modelo federal cooperativo*,[25] a fim de realizar um objetivo comum para toda a nação.

Na lição de Reinhold Zippelius,[26] o federalismo cooperativo em sentido estrito traz consigo a ideia de uma "obrigação ao entendimento" (*Verständigungszwang*), ou seja, a necessidade de que os entes federativos se harmonizem mutuamente e até mesmo aceitem compromissos entre si.

Descrevendo o modelo federal cooperativo brasileiro, Tércio Sampaio Ferraz Júnior[27] utiliza a expressão *federalismo solidário*. Segundo ele,

> [...] o federalismo solidário exige, pois, como condição de efetividade, a cooperação entre os entes federados, tanto no sentido vertical quanto horizontal. Na verdade, no contexto do federalismo solidário, ela não tem uma natureza contratual. Isto porque as relações interindividuais entre as entidades que compõem a federação, cujo objetivo deve ser o fomento das finalidades comuns, têm um sentido jurídico-político que as transcende.

O Brasil é estruturado como **Estado Federal**[28] desde a formação da República, quando a Constituição de 1891, inspirada no modelo norte-americano, adotou o arquétipo federativo dual (União e Estados), ao afirmar: "a República Federativa, proclamada a 15 de novembro de 1889, constitui-se, por união perpétua e indissolúvel das suas antigas Províncias, em Estados

---

páginas nos três últimos séculos de desenvolvimento" (BONAVIDES, Paulo. *Ciência política*. 10. ed. São Paulo: Malheiros, 1995. p. 180).

[25] O termo "federal" é derivado do latim *foedus, foederis*, que significa "pacto", "aliança", "tratado".

[26] ZIPPELIUS, Reinhold. *Teoría general del Estado*. Traducción directa del alemán por Héctor Fix-Fierro. México, D.F.: Universidad Nacional Autónoma de México, 1985. p. 397.

[27] FERRAZ JR., Tércio Sampaio. Guerra fiscal, fomento e incentivo na Constituição Federal. In: SCHOUERI, Luís Eduardo (Coord.). *Direito tributário*: estudos em homenagem a Brandão Machado. São Paulo: Dialética, 1998. p. 278.

[28] Os Estados podem se organizar de duas formas: a) *Estados Simples*, conhecidos também por Estados Unitários, dotados de um único centro de poder, com uniformidade orgânica e normativa; b) *Estados Compostos*, estruturados a partir de duas ou mais entidades políticas, podendo ter as seguintes espécies: União Pessoal, União Real, Confederação e Federação. As duas primeiras são variações de Estados Monárquicos. A terceira representa a união contratual de Estados soberanos para a realização de um fim comum. Já nos *Estados Federados*, não há soberania das suas unidades, mas apenas autonomia política e administrativa de cada ente integrante, organizados e estruturados, essencialmente, a partir de uma repartição de competências constitucionalmente distribuídas, de maneira equilibrada e harmônica. (ZIMMERMANN, Augusto. *Teoria geral do federalismo democrático*. Rio de Janeiro: Lumen Juris, 2005. p. 14-15). Sobre o tema, recomenda-se, também, a leitura da obra de Sahid Maluf intitulada *Teoria geral do Estado* (23. ed. São Paulo: Saraiva, 1995. p. 157-172). Paulo Gustavo Gonet Branco identifica as características que se destacam na federação: primeira, a soberania do Estado Federal, com autonomia dos Estados-membros (descentralização do poder), a partir da incidência de ordens jurídicas distintas (União, Estados e Municípios) no mesmo território; segunda, a existência de uma Constituição Federal que confere fundamento de validade para as ordens jurídicas estaduais e municipais; terceira, a distribuição constitucional de competências de maneira sistematizada e harmônica, com atribuição de funções e recursos para a sua realização por parte dos integrantes; quarta, a participação dos entes descentralizados na vontade Federal; quinta, a inexistência de direito de secessão, face à ausência de soberania dos Estados-membros e pela indissolubilidade do laço federativo; sexta, a centralização da solução de conflitos, inclusive com a possibilidade de intervenção federal. (MENDES, Gilmar Ferreira; BRANCO, Paulo Gustavo Gonet. *Curso de direito constitucional*. 7. ed. São Paulo: Saraiva, 2012. p. 856-860).

Unidos do Brasil" (art. 1º).[29] Por sua vez, a Constituição Federal de 1988 estabeleceu nossa atual estrutura federativa contemplando a União, os Estados, o Distrito Federal e os Municípios, ao prescrever que: "A República Federativa do Brasil, formada pela união indissolúvel dos Estados e Municípios e do Distrito Federal, constitui-se em Estado Democrático de Direito [...]" (art. 1º). Todos os entes federativos são dotados de autonomia na sua organização político-administrativa (art. 18), manifestada pela capacidade de auto-organização, de autogoverno e de autoadminis-tração, inserida, nesta última, a necessária autonomia financeira.

Sobre o perfil do federalismo que se formou no Brasil, explica José Afonso da Silva[30] que:

> Os limites da repartição regional e local de poderes dependem da natureza e do tipo histórico de federação. Numas a descentralização é mais acentuada, dando-se aos Estados federados compe-tências mais amplas, como nos Estados Unidos. Noutras a área de competência da União é mais dilatada, restando limitado campo de atuação aos Estados-membros, como tem sido no Brasil, onde a existência de competências exclusivas dos Municípios comprime ainda mais a área estadual.

E a respeito da organização da nossa federação, esclarece Fernanda Dias Menezes de Almeida[31] que:

> A existência, no Estado Federal, de um poder central e de poderes periféricos, que devem funcionar autônoma, mas concomitantemente, conduz necessariamente a que haja no arranjo federativo um esquema de repartição de competências entre o todo e as partes. Por um lado, a partilha de competências é que dá substância à descentralização em unidades autônomas. Isto porque, se o fulcro da autonomia dos entes federados está primordialmente na capacidade de auto-organização e de autolegislação, ficaria destituído de sentido reconhecer esta capacidade, sem se definir o objeto passível de normatização pelo poder central e pelos poderes estaduais. Por outro lado, se quiser a preservação de um relacionamento harmônico entre o conjunto e as partes, é imprescindível delimitar as respectivas atribuições, sem o que seria inevitavelmente conflituosa a sua convivência.

Numa federação como a brasileira, não há hierarquia entre os seus membros,[32] e as atribuições distribuídas pela Constituição aos entes precisam ser claras e rígidas para evitar a ocorrência de conflitos de competência, seja pela invasão indevida na atribuição de um ente por outro, seja pela omissão e recusa dos entes em realizar determinada atividade cuja competência não foi claramente distribuída. No art. 21, a Constituição conferiu as atribuições exclusivas (privativas) da União, e no art. 30 as dos Municípios, deixando para os Estados a competência

---

[29] Esclareça-se que a nossa federação não nasceu de uma coalizão, mas do desdobramento de um Estado unitário. Especificamente em relação às receitas tributárias, a formação da federação interessava sobre-maneira às províncias mais desenvolvidas do Sul e do Sudeste exportadoras, que buscavam desonerar a incidência fiscal sobre suas atividades; em contrapartida, às regiões menos desenvolvidas do Norte, Nordeste e Centro-Oeste foi oferecida representação mais do que proporcional ao que efetivamente lhes caberia de vagas no Poder Legislativo.

[30] SILVA, José Afonso da. *Curso de direito constitucional positivo*. 38. ed. São Paulo: Malheiros, 2015. p. 481.

[31] ALMEIDA, Fernanda Dias Menezes de. Comentário ao art. 1º. Federação. In: CANOTILHO, J. J. Gomes [et al.] (Org.). *Comentários à Constituição do Brasil*. São Paulo: Saraiva/Almedina, 2013.

[32] A possibilidade de intervenção da União nos Estados e Municípios, e dos Estados nos Municípios, prevista nos arts. 34 e 35 da Constituição, é medida cautelar, excepcional e extraordinária, não constituindo qualquer significação de superioridade.

remanescente ao estabelecer no § 1º do art. 25 que "são reservadas aos Estados as competências que não lhes sejam vedadas por esta Constituição". Já no art. 23, temos as competências comuns (paralelas) da União, dos Estados, do Distrito Federal e dos Municípios. Por sua vez, no art. 24 encontramos a competência concorrente entre União, Estados e Distrito Federal para legislar sobre as matérias lá relacionadas, sendo que a competência da União limitar-se-á a estabelecer normas gerais (§ 1º), não excluindo a competência suplementar dos Estados (§ 2º). Inexistindo lei federal sobre normas gerais, os Estados exercerão a competência legislativa plena, para atender a suas peculiaridades (§ 3º), porém, a superveniência de lei federal sobre normas gerais suspende a eficácia da lei estadual, no que lhe for contrário (§ 4º).

A partir destas atribuições, podemos dizer que se consideram *políticas públicas*[33] o conjunto de programas, ações e atividades desenvolvidas, individual ou conjuntamente, pelos entes federativos do Estado brasileiro, no sentido de assegurar a realização de direitos constitucionalmente previstos, tais como saúde, educação, segurança, meio ambiente, entre outros, principalmente destinados aos setores considerados marginalizados da sociedade. São identificadas a partir da sua inserção nos orçamentos públicos por iniciativa do Poder Executivo ou por emendas parlamentares durante o processo de elaboração orçamentária, em espontânea efetivação dos preceitos constitucionais ou em atendimento das demandas propostas pela própria sociedade.

Para garantir a plena e efetiva realização destas funções distribuídas a cada um dos entes federativos, a Carta Constitucional lhes assegura fontes próprias de recursos financeiros, que advêm, essencialmente, da partilha patrimonial (de bens públicos e de recursos naturais), da competência tributária para a instituição e cobrança de tributos e das transferências financeiras intergovernamentais obrigatórias e voluntárias, a partir de um sistema de partilha e repasse de receitas.[34] Nesse sentido, afirma Antônio Roberto Sampaio Dória que:

> O poder político, distribuído pelas camadas da federação, encontra seu necessário embasamento na simultânea atribuição de poder financeiro, sem o qual de pouco vale: autonomia na percepção, gestão e dispêndio das rendas próprias.[35]

A necessidade de recursos para as entidades da federação é exposta na bem elaborada síntese que formula José Maurício Conti:[36]

> As entidades descentralizadas que, unidas, compõem a Federação têm, necessariamente, que dispor de recursos suficientes para se manter, o que implica fontes de arrecadação que independem da interferência do poder central, constituindo esta uma característica fundamental do Estado Federal. Em geral, há, como já mencionado, duas formas de assegurar a autonomia financeira: a primeira é a atribuição de competência para a instituição de tributos; outras são as transferências intergovernamentais asseguradas pelo Texto Constitucional, com cláusulas que assegurem o fiel cumprimento deste dispositivo.

---

[33] As políticas públicas são planejadas e implementadas a partir da integração entre planos, programas, ações e atividades. Os *planos* estabelecem diretrizes, prioridades e objetivos gerais a serem alcançados em determinados períodos. Os *programas* estatuem, por sua vez, objetivos gerais e específicos focados em determinado tema. As *ações* visam ao alcance de determinado objetivo estabelecido pelo programa, e a *atividade*, por sua vez, visa dar concretude à ação.

[34] BASTOS, Celso Ribeiro. *Curso de direito financeiro e tributário.* 5. ed. São Paulo: Saraiva, 1997. p. 108-109.

[35] DÓRIA, Antônio Roberto Sampaio. *Discriminação de rendas tributárias.* São Paulo: José Bushatsky, 1972. p. 11.

[36] CONTI, José Maurício. *Federalismo fiscal e fundos de participação.* São Paulo: Juarez de Oliveira, 2001. p. 16.

A respeito da mencionada *competência tributária*, esclarece Hugo de Brito Machado[37] que o princípio da competência é aquele pelo qual a entidade tributante há de restringir sua atividade de tributação àquela matéria que lhe foi constitucionalmente destinada. A competência tributária é o poder impositivo juridicamente delimitado e, sendo o caso, dividido. O princípio da competência obriga a que cada entidade tributante se comporte nos limites da parcela de poder impositivo que lhe foi atribuída. Temos um sistema tributário rígido, no qual as entidades dotadas de competência tributária têm, definido pela Constituição, o âmbito de cada tributo, vale dizer, a matéria de fato que pode ser tributada.

E, por sua vez, quanto às *transferências financeiras intergovernamentais*, elucida Emerson Gomes[38] que elas constituem repasses de recursos financeiros entre entes descentralizados de um Estado, ou entre estes e o poder central, com base em determinações constitucionais, legais ou, ainda, em decisões discricionárias do órgão ou da entidade concedente, com vistas ao atendimento de determinado objetivo genérico (tais como a manutenção do equilíbrio entre encargos e rendas ou do equilíbrio inter-regional) ou específico (tais como a realização de um determinado investimento ou a manutenção de padrões mínimos de qualidade em um determinado serviço público prestado).

Estes mecanismos de repasses intergovernamentais são considerados por Heleno Torres[39] como essenciais ao modelo de *federalismo cooperativo* presente no Brasil, havendo necessidade de financiamento dos poderes periféricos pelo ente central, naquilo que o autor convencionou denominar de *financiamento centrífugo*:

> No Brasil, essa *dimensão integradora* da Constituição financeira somente é possível em virtude do modelo de *federalismo cooperativo* adotado pela Constituição de 1988, caracterizado pelo *financiamento centrífugo* (efeito virtuoso do *federalismo centrípeto* que tem início com a Constituição de 1934) em favor das autonomias de menor capacidade financeira. Deveras, se os poderes convergem para a unidade central do federalismo, este ente assume a responsabilidade pelo financiamento dos entes periféricos, pelo princípio de cooperação mútua (o que chamamos de "financiamento centrífugo"). Esse modelo de federalismo baseado em uma maior cooperação define o poder financeiro como "cooperativo", em preferência sobre aquele "federalismo dual", de reduzida colaboração ao mínimo indispensável, dos mecanismos de financiamento segundo as competências ou fontes de financiamento individual das unidades do federalismo.

Não se pode esquecer dos recursos decorrentes das receitas patrimoniais, no que Fernando Facury Scaff[40] denominou de *federalismo fiscal patrimonial*, que trata do rateio das receitas originárias que envolvem a exploração do patrimônio público, seja as que advêm da exploração de recursos naturais (energia elétrica, produção mineral etc.), seja as oriundas dos programas de desestatização ou de fontes semelhantes.

---

[37] MACHADO, Hugo de Brito. *Curso de direito tributário*. 34. ed. São Paulo: Malheiros, 2013. p. 39.

[38] GOMES, Emerson Cesar da Silva. Fundamentos das transferências intergovernamentais. *Direito Público*, Vol. 1, n° 27, mai./jun. 2009. p. 79.

[39] TORRES, Heleno Taveira. Constituição financeira e o federalismo financeiro cooperativo equilibrado brasileiro. *Revista Fórum de Direito Financeiro e Econômico*, Belo Horizonte, ano 3, n. 5, mar./ago. 2014. p. 26.

[40] SCAFF, Fernando Facury. Federalismo fiscal patrimonial e fundos de equalização. O rateio dos royalties do petróleo no Brasil. In: HORVATH, Estevão; CONTI, José Maurício; SCAFF, Fernando Facury (Org.). *Direito financeiro, econômico e tributário*: estudos em homenagem a Regis Fernandes de Oliveira. São Paulo: Quartier Latin, 2014. p. 181.

Assim, o *federalismo fiscal*, originário do pacto federativo brasileiro, consiste na distribuição constitucional da partilha de recursos patrimoniais e das competências financeiras e tributárias para legislar, fiscalizar e cobrar recursos, assim como a redistribuição de receitas entre os entes federados, no sentido de conferir a cada ente condições para realizar suas respectivas atribuições públicas, igualmente estabelecidas na Carta Constitucional.[41]

Na lição de José Marcos Domingues de Oliveira:

> Define-se federalismo fiscal como o conjunto de providências constitucionais, legais e administrativas orientadas ao financiamento dos diversos entes federados, seus órgãos, serviços e políticas públicas tendentes à satisfação das necessidades públicas nas respectivas esferas de competência.[42]

Historicamente, podemos identificar uma alternância cíclica entre períodos de concentração e desconcentração do poder no federalismo brasileiro, com desdobramento direto na sua face financeira – o *federalismo fiscal*. Em finais do século XIX, a federação brasileira foi criada, com a proclamação da República, para solucionar o problema administrativo originário da dimensão do país e das diferenças regionais. Portanto, nasceu num processo de "desdobramento" de um Estado Unitário. Até 1930, período que conhecemos por República Velha, por conta de uma economia essencialmente exportadora de produtos primários, especialmente de café, o poder do governo central não era representativo. No período seguinte, que foi até 1946 – denominado de Estado Novo –, percebe-se uma forte centralização nas mãos da União, sob o comando de Getúlio Vargas. Após, identifica-se novo ciclo de desconcentração com a promulgação da nova Constituição democrática. Todavia, com a ascensão do poder militar em 1964, instaura-se um novo período de concentração do poder político-financeiro, que se seguiu até meados da década de 1980, quando então se deu o início da abertura política e o novo processo de redemocratização, que culminou com a Constituição Federal de 1988, fortalecendo a participação dos Estados e dos Municípios e conferindo a eles relevante participação no financiamento e nos gastos públicos. Naquele momento, consolidava-se a nova descentralização fiscal. Entretanto, após inúmeras emendas constitucionais que modificaram o projeto original (aumento da arrecadação por meio das contribuições de competência da União, criação e perpetuação do mecanismo da DRU etc.), podemos dizer que se vivencia atualmente um novo processo de concentração de poder fiscal para a União.[43]

A crítica de Regis Fernandes de Oliveira[44] ao nosso atual modelo federativo é clara:

> No Brasil, hoje, o pacto fiscal está torto. Há manifesto desequilíbrio em favor da União. A esta devem ser atribuídos recursos suficientes e necessários para atender as suas finalidades precípuas, quais sejam, segurança externa do país, representação diplomática, Justiça federal, manutenção da estrutura burocrática dos Ministérios e da Administração Direta, recursos instrumentais para pagamento de seus servidores e da manutenção de seus equipamentos, prédios etc. O mais é de ser repassado a Estados e Municípios, uma vez que destes é a dívida maior.

---

[41] ABRAHAM, Marcus. *As emendas constitucionais tributárias e os vinte anos da Constituição Federal de 1988.* São Paulo: Quartier Latin, 2009. p. 230-231.

[42] OLIVEIRA, José Marcos Domingues de. Federalismo fiscal brasileiro. *Revista Nomos*, Fortaleza, Universidade Federal do Ceará, v. 26, jan./jun. 2007. p. 137-143.

[43] ABRAHAM, Marcus. op. cit. p. 230-235.

[44] OLIVEIRA, Regis Fernandes. op. cit. p. 115.

Igual preocupação manifestou Manoel Gonçalves Ferreira Filho:[45]

> A divisão de rendas é, no dizer de Durand (*v. Confédération d'États et État fédéral*), a pedra de toque da Federação, pois é a medida da autonomia real dos Estados-Membros. Na verdade, essa partilha pode reduzir a nada a autonomia, pondo os Estados a mendigar auxílios da União, sujeitando-os a verdadeiro suborno. Como a experiência americana revela, pelo concurso financeiro, a União pode invadir as competências estaduais, impondo sua intromissão em troca desse auxílio.

Portanto, percebe-se que numa federação como a brasileira, a questão da capacidade financeira e o exercício pleno da competência tributária dos entes como principal meio de obtenção de recursos financeiros é deveras relevante para que a finalidade da tributação se realize adequadamente e atinja o seu desiderato, qual seja, o atendimento das necessidades públicas, a realização dos direitos do cidadão e a redução das desigualdades sociais.

3.4. COMPETÊNCIAS TRIBUTÁRIAS

Entende-se por competência, genericamente, a capacidade, o poder de atuar, fazer leis, promover políticas, administrar recursos dentro do campo de ação que envolve todo o território de cada uma das esferas de poder: Município, Estado, Distrito Federal e União.

A **competência tributária** envolve o poder de instituir tributos e legislar sobre todos os aspectos destes, além de fiscalizar e cobrar os respectivos créditos tributários. A competência para instituir tributos e legislar é indelegável, mas é permitida a delegação das funções fiscalizatória e arrecadatória de tributos (art. 7º, *caput*, CTN).

Para distingui-las, muitos autores chamam de *competência tributária* apenas a competência, de natureza política e indelegável, para instituir o tributo por meio de lei (e para estabelecer legislação sobre ele), enquanto denominam *capacidade tributária ativa* as funções de arrecadar ou fiscalizar tributos, que podem ser delegadas a outra pessoa jurídica de direito público. É o caso das contribuições de interesse das categorias profissionais, instituídas pela União (detentora da competência tributária), mas que têm sua fiscalização e cobrança delegada às autarquias conhecidas como Conselhos Profissionais (Crea, CRM, Coren etc.).

Excepcionalmente, admitia-se que a delegação da capacidade tributária ativa ocorresse em relação a pessoas jurídicas de direito privado, não integrantes da Administração Pública, tal como acontecia, no passado, com os "serviços sociais autônomos" (atualmente, sistema "S") que auxiliam na promoção de finalidades coletivas e sociais relevantes, os quais podiam eles mesmos fiscalizar e arrecadar as contribuições em seu favor.[46] O STJ também sumulou o entendimento

---

[45] FERREIRA FILHO, Manoel Gonçalves. *Curso de direito constitucional*. 28. ed. São Paulo: Saraiva, 2002. p. 60.

[46] STJ. REsp 1.555.158, Rel. Min. Mauro Campbell Marques, 2ª Turma, julg. 18/02/2016: "3. O representante do SESI encontra-se investido das atribuições de fiscalização e arrecadação direta da contribuição adicional de que trata o art. 3º, § 1º do Decreto-Lei n. 9.403/46, conforme dispõe o art. art. 11, § 2º, do Decreto n. 57.375/65. 4. A fiscalização do SESI, no exercício de atribuição típica de autoridade administrativa tem legitimidade para constituir crédito tributário relativo à contribuição adicional de que trata o art. 3º, § 1º do Decreto-Lei n. 9.403/46. [...] 5. É farta a jurisprudência desta Casa que reconhece a legitimidade ativa das entidades do sistema 'S' para a cobrança das respectivas contribuições adicionais, quando por si fiscalizadas/lançadas [...]". Contudo, tal entendimento foi superado pela 1ª Seção do STJ no EREsp 1.571.933, Rel. p/ Acórdão Min. Gurgel de Faria, julg. 27/09/2023. Segundo a nova orientação do STJ, a delegação de capacidade tributária ativa às entidades do sistema "S" violaria a Constituição Federal, que exige a regulação do lançamento tributário por lei complementar. Esta lei complementar é o Código Tributário Nacional

Parte I • Cap. 3 • SISTEMA TRIBUTÁRIO NACIONAL | **59**

de que certas entidades sindicais – portanto, pessoas jurídicas de direito privado não integrantes da Administração Pública - no passado possuíam legitimidade ativa para cobrar a contribuição sindical quando esta ostentava natureza tributária[47] (Súmula nº 396: A Confederação Nacional da Agricultura tem legitimidade ativa para a cobrança da contribuição sindical rural).

Estas três esferas (União, Estados e Municípios) possuem poderes diferentes, sendo que alguns são específicos de cada uma, ou seja, exclusivos, enquanto outros são comuns às três esferas. Para tanto, estas competências devem estar claramente definidas, evitando assim que uma esfera invada a competência da outra.

A origem das normas que estabelecem as competências financeiras e tributárias é a Constituição Federal. Diante desta organização, percebe-se que, no pacto federativo, não existe hierarquia entre as três esferas, não sendo uma superior a outra; ao contrário, todas são autônomas, embora os seus espaços de atuação sejam diferentes e tenham abrangência diversa.

O Poder Financeiro e Tributário, tendo em vista nosso sistema federativo, encontra-se separado de duas formas: a) *vertical*: federal, estadual e municipal; b) *horizontal*: legislativo, executivo e judiciário. A Constituição Federal estabelece o poder de legislar sobre finanças e tributos nos artigos 24 e 145 a 156; o poder de administrar os tributos e finanças no artigo 21; e o poder de julgar no artigo 102 (Poder Judiciário).

As modalidades de competência tributária em sentido estrito – para instituir tributos e legislar sobre eles – podem ser assim organizadas:

i) **Competência exclusiva ou privativa**: somente determinada esfera federativa (União, Estado, Distrito Federal ou Município) pode exercê-la. Logo, a competência exclusiva da União só pode ser exercida pela União; se é exclusiva do Município, nem o Estado nem a União podem exercê-la, servindo esta norma para todas as demais competências privativas. Compete à União legislar privativamente sobre II, IE, IR, IPI, IOF, ITR, Imposto Seletivo, Empréstimo Compulsório e sobre as Contribuições Sociais, Profissionais e de Intervenção no Domínio Econômico (e também acerca do Imposto sobre Grandes Fortunas ainda não criado). Aos Estados compete legislar sobre ITCMD, ICMS e IPVA. Aos Municípios compete legislar sobre IPTU, ITBI e ISS.[48] Caso contrário, há invasão de competência.[49]

(recebido pela CF/88 com tal *status*), que em seu art. 142 reserva o lançamento tributário às autoridades administrativas (de modo que não poderiam ser lançados tributos por empregados de pessoas jurídicas de direito privado não integrantes da Administração Pública, como seria o caso dos empregados do sistema "S"). Ademais, a Lei nº 11.457/2007 teria passado a definir que todas as contribuições tributárias em favor do sistema "S" devem ser fiscalizadas e arrecadadas pela Secretaria da Receita Federal, de modo que sua cobrança judicial deve ser feita diretamente pela União (Procuradoria-Geral da Fazenda Nacional), mediante inscrição em dívida ativa e posterior ajuizamento de execução fiscal regida pela Lei nº 6.830/1980.

[47] A contribuição sindical deixou de ser obrigatória e de ter natureza tributária a partir da Reforma Trabalhista da Lei nº 13.467/2017. Desde essa lei, a questão não se coloca mais em termos de delegação de capacidade tributária ativa, por não configurar mais tributo.

[48] Ressalvada a competência legislativa da União para instituir, por meio de leis complementares expressamente exigidas pela Constituição, normas gerais de caráter nacional de tais impostos estaduais e municipais, tais como o próprio Código Tributário Nacional (recepcionado pela CF/88 como lei complementar), a LC 24/1975, a LC 87/1996 (ICMS) e a LC 116/2003 (ISS). Quanto ao IPVA, ainda não conta com previsão em lei complementar de caráter nacional, razão pela qual aos Estados e ao DF cabe também a competência plena (art. 24, § 3º, CF) para legislarem sobre as normas gerais de IPVA até que sobrevenha a lei complementar nacional.

[49] STF. RE 573.540 (repercussão geral – Tema 55), Rel. Min. Gilmar Mendes, Pleno, julg. 14/04/2010: "III – A competência, privativa ou concorrente, para legislar sobre determinada matéria não implica automaticamen-

ii) **Competência comum:** é o poder que tanto uma esfera como a outra podem exercer. São áreas em que cada ente federado pode exercer plenamente a competência tributária para instituir certos tributos, e legislar sobre os mesmos, no âmbito de atribuição de cada ente, guardando-se vínculo entre o tributo e o serviço prestado ou atividade exercida pelo ente instituidor daquele tributo. A União tem competência comum com os Estados e Municípios para legislar sobre taxas, contribuições de melhoria e contribuições dos servidores públicos de cada ente (art. 145, II e III; 149 e 149, § 1º, da Constituição). Assim, por exemplo, a taxa que remunere um serviço público federal será instituída por lei federal, enquanto a mesma espécie tributária de taxa necessária para remunerar um serviço público de atribuição do Estado será instituída por lei estadual.

iii) **Competência residual:** é exclusiva da União, mediante lei complementar, para criar impostos além daqueles previstos no art. 153 (art. 154, I), bem como outras contribuições sociais para a seguridade social (art. 195, § 4º).

iv) **Competência extraordinária:** também reservada para a União, na situação extrema de guerra (art. 154, II).

Registramos que a antiga modalidade intitulada "competência tributária concorrente" para que dois entes federados instituíssem os mesmos impostos não mais subsiste no sistema tributário atual.[50]

Hoje, apenas dispomos da competência concorrente legislativa, prevista genericamente no § 1º do art. 24 da CF/88, e especificamente para o Direito Tributário no art. 146, III, da CF/88. Tal competência concorrente ocorre pela necessidade de lei complementar nacional (alguns a denominam de "lei complementar federal") estabelecer normas gerais em matéria tributária, cabendo, concorrentemente, aos entes federativos (União, Estados, DF e Municípios) criar suas leis específicas, mediante leis ordinárias, para instituir e dispor sobre os tributos de suas competências privativas (desde que respeitadas as normas gerais previstas em lei complementar).

Como exemplo de tais leis complementares de caráter nacional, temos o próprio Código Tributário Nacional para os tributos em geral (recepcionado pela CF/88 com *status* de lei complementar), a LC nº 87/1996 para o ICMS estadual e a LC nº 116/2003 para o ISS municipal. Por outro lado, especificamente em relação ao IPVA, como esse imposto estadual não possui ainda uma lei complementar nacional disciplinando suas normas gerais, aos Estados e ao DF cabe não apenas instituir individualmente esse imposto, mas nasce também, excepcionalmente, a competência plena (art. 24, § 3º, CF/88) para legislarem sobre suas normas gerais até que sobrevenha a lei complementar nacional.

A competência para legislar sobre normas gerais do novo Imposto sobre Bens e Serviços (IBS) a ser implantado – substituto do ICMS estadual e do ISS municipal e previsto no art. 156-A, CF/88 – é da União, por meio de lei complementar nacional, embora o Comitê Gestor do IBS, composto por representantes de Estados, Distrito Federal e Municípios, será competente para editar regulamento único e uniformizar a interpretação e a aplicação da legislação do imposto.

---

te a competência para a instituição de tributos. Os entes federativos somente podem instituir os impostos e as contribuições que lhes foram expressamente outorgados pela Constituição. IV – Os Estados-membros podem instituir apenas contribuição que tenha por finalidade o custeio do regime de previdência de seus servidores".

[50] Segundo Ricardo Lobo Torres, "a competência concorrente, que autorizava a União e os Estados a decretar simultaneamente os mesmos impostos, desapareceu a partir da reforma de 1965" (TORRES, Ricardo Lobo. Curso de direito financeiro e tributário. 18. ed. Rio de Janeiro: Renovar, 2011. p. 366).

Parte I · Cap. 3 · SISTEMA TRIBUTÁRIO NACIONAL | **61**

Não é incomum que ocorram conflitos de competência entre os entes. Tais conflitos podem ocorrer da seguinte forma: a) **invasão de competência:** um ente federado cria um tributo de competência de outro ente tributante (ex.: Município que institui "taxa de fiscalização do comércio", com base de cálculo no valor da mercadoria vendida, que na verdade trata-se de um ICMS disfarçado); b) **bitributação:** é a cobrança do mesmo tributo, mais de uma vez, por dois ou mais entes tributantes, com fundamento no mesmo fato gerador; c) *bis in idem*: é a cobrança de dois ou mais tributos pelo mesmo ente tributante competente, em função de um único fato gerador, por meio de normas jurídicas distintas.[51]

3.5. A RESERVA DE LEI COMPLEMENTAR EM MATÉRIA TRIBUTÁRIA

Outro importante aspecto decorrente do federalismo fiscal brasileiro dentro do sistema tributário nacional é o imperioso respeito ao instrumento de *lei complementar* como veículo instituidor de normas gerais em matéria tributária. Isso porque essa espécie de norma jurídica – instituto originário das "leis orgânicas" descritas no art. 34 da Constituição de 1891 e instituída como a temos hoje a partir da Carta de 1967 – tem como finalidade a complementação das normas constitucionais, a partir da exigência de quórum *qualificado* para deliberação a respeito de *matérias específicas expressamente a ela reservadas*, entre as quais as normas gerais em matéria financeira e tributária, conferindo a devida importância aos temas de interesse nacional e considerando a necessidade de um especial consenso dos parlamentares brasileiros.

Justifica o instituto Luciano Amaro, ao afirmar que "essas leis não têm a rigidez das normas constitucionais, nem a flexibilidade das leis ordinárias. Isso lhes dá estabilidade maior que a das leis comuns, evitando que se sujeitem a modificações ao sabor de maiorias ocasionais do Congresso Nacional".

Com igual clareza, leciona Alexandre de Moraes que

> [...] a razão da existência da lei complementar consubstancia-se no fato do legislador constituinte ter entendido que determinadas matérias, apesar da evidente importância, não deveriam ser regulamentadas na própria Constituição Federal, sob pena de engessamento de futuras alterações; mas, ao mesmo tempo, não poderiam comportar constantes alterações através do processo legislativo ordinário.[52]

Vemos, portanto, a configuração de uma pirâmide normativa que deve ser respeitada, sob pena de se incorrer em vício de inconstitucionalidade ou de ilegalidade. Não há dúvidas de que as normas infraconstitucionais (leis complementares e leis ordinárias) são hierarquicamente inferiores às normas constitucionais e, da mesma maneira, os decretos em relação às leis, buscando cada qual seu suporte de validade e limites materiais de disposição na norma que lhes é imediatamente superior.

---

[51] STJ. REsp 1.429.656, Rel. Min. Mauro Campbell Marques, 2ª Turma, julg. 11/02/2014: "[...] os produtos importados estão sujeitos a uma nova incidência do IPI quando de sua saída do estabelecimento importador na operação de revenda. [...] 3. Interpretação que não ocasiona a ocorrência de bis in idem, dupla tributação ou bitributação, porque a lei elenca dois fatos geradores distintos, o desembaraço aduaneiro proveniente da operação de compra de produto industrializado do exterior e a saída do produto industrializado do estabelecimento importador equiparado a estabelecimento produtor, isto é, a primeira tributação recai sobre o preço de compra onde embutida a margem de lucro da empresa estrangeira e a segunda tributação recai sobre o preço da venda, onde já embutida a margem de lucro da empresa brasileira importadora [...]".

[52] MORAES, Alexandre de. *Direito constitucional*. 23. ed. São Paulo: Atlas, 2008. p. 666.

Uma questão, entretanto, é relevante no Direito Tributário: compreender se há ou não hierarquia entre a lei complementar e a lei ordinária, na medida em que ambas possuem papel de destaque no ordenamento jurídico financeiro.

Seria possível argumentar que, por haver um *quorum* qualificado (maioria absoluta) para a aprovação de lei complementar maior do que o *quorum* de aprovação de uma lei ordinária (maioria simples), poderia existir, por decorrência, uma superioridade hierárquica da primeira em relação à segunda. Entretanto, sabemos que, para haver hierarquia normativa, é necessário haver uma fonte normativa que ofereça fundamento de validade para as demais normas inferiores, assim como ocorre com a Constituição e o resto do ordenamento jurídico. Todavia, essa subordinação não existe entre a *lei complementar* e a *lei ordinária*, já que ambas derivam da Constituição e não a segunda da primeira.

Portanto, prevalece o entendimento de que aquilo que existe entre elas é apenas uma reserva de matéria e não uma hierarquia. Ou seja, existiria uma distribuição constitucional de matérias exclusivas ou reservadas para a lei complementar, sobre as quais as leis ordinárias não poderiam dispor.[53]

No Direito Tributário brasileiro, encontramos as matérias reservadas à lei complementar sobretudo no artigo **146 da Constituição**, ao estabelecer que cabe à lei complementar: I – dispor sobre conflitos de competência, em matéria tributária, entre a União, os Estados, o Distrito Federal e os Municípios; II – regular as limitações constitucionais ao poder de tributar; III – estabelecer normas gerais em matéria de legislação tributária, especialmente sobre: a) definição de tributos e de suas espécies,[54] bem como, em relação aos impostos discriminados nesta Constituição, a dos respectivos fatos geradores, bases de cálculo[55] e contribuintes;[56] b)

---

[53] STF. RE 377.457 (repercussão geral – Tema 71), Rel. Min. Gilmar Mendes, Pleno, julg. 17/09/2008: "COFINS (CF, art. 195, I). 2. Revogação pelo art. 56 da Lei 9.430/96 da isenção concedida às sociedades civis de profissão regulamentada pelo art. 6º, II, da Lei Complementar 70/91. [...]. 3. Inexistência de relação hierárquica entre lei ordinária e lei complementar. Questão exclusivamente constitucional, relacionada à distribuição material entre as espécies legais. [...] 4. A LC 70/91 é apenas formalmente complementar, mas materialmente ordinária, com relação aos dispositivos concernentes à contribuição social por ela instituída".

[54] STF. RE 1.053.574 (repercussão geral – Tema 415), Rel. Min. Gilmar Mendes, Pleno, julg. 25/10/2019: "não se exige lei complementar para a instituição das contribuições (ressalvada a criação de nova fonte de custeio prevista no art. 195, § 4º), nem se exige que essa espécie normativa defina os seus fatos geradores, bases de cálculo ou sujeitos passivos. Assim sendo, consoante o entendimento da Corte, o comando constante da parte final do art. 146, III, a, do texto constitucional está restrito aos impostos".

[55] STF. RE 567.935 (repercussão geral – Tema 84), Rel. Min. Marco Aurélio, Pleno, julg. 04/09/2014: "Viola o artigo 146, inciso III, alínea 'a', da Carta Federal norma ordinária segundo a qual hão de ser incluídos, na base de cálculo do Imposto sobre Produtos Industrializados – IPI, os valores relativos a descontos incondicionais concedidos quando das operações de saída de produtos, prevalecendo o disposto na alínea 'a' do inciso II do artigo 47 do Código Tributário Nacional".

[56] STF. ADI 5.702, Rel. Min. André Mendonça, Pleno, julg. 24/10/2022: "1. A questão constitucional [...] consiste em saber se a instituição de hipótese de substituição tributária do ICMS, imputando-se a estabelecimento atacadista o dever de recolhimento do tributo em relação às operações subsequentes, exige a forma de lei complementar, secundada por Convênio do Conselho Nacional de Política Fazendária (CONFAZ), ou se simples lei ordinária estadual, regulamentada por decreto, revela-se suficiente para tanto. [...] À luz da vigência da Lei Complementar nº 87, de 1996 (Lei Kandir), a imputação de responsabilidade tributária, na modalidade de substituição tributária progressiva, pelo Estado competente para a instituição do ICMS não demanda lei complementar, *ex vi* art. 150, § 7º, da Constituição da República".

obrigação, lançamento, crédito,[57] prescrição e decadência tributários; c) adequado tratamento tributário ao ato cooperativo praticado pelas sociedades cooperativas, inclusive em relação aos novos tributos IBS e CBS previstos nos arts. 156-A e 195, V, da CF/88;[58] d) definição de tratamento diferenciado e favorecido para as microempresas e para as empresas de pequeno porte, inclusive regimes especiais ou simplificados no caso do imposto previsto no art. 155, II, (ICMS) e art. 156-A (IBS) das contribuições previstas no art. 195, I e V e § 12, da CF/88 (contribuições do empregador para a seguridade social), e da contribuição a que se refere o art. 239 da CF/88 (contribuição PIS/Pasep).

No caso da definição, por lei complementar, de tratamento diferenciado e favorecido para as microempresas e para as empresas de pequeno porte (art. 146, III, "d", CF/88), tal lei complementar[59] poderá instituir um regime único de arrecadação dos impostos e contribuições da União, dos Estados, do Distrito Federal e dos Municípios[60], observado que: I – será opcional para o contribuinte; II – poderão ser estabelecidas condições de enquadramento diferenciadas por Estado; III – o recolhimento será unificado e centralizado e a distribuição da parcela de recursos pertencentes aos respectivos entes federados será imediata, vedada qualquer retenção

---

[57] STF. RE 1.311.106, Rel. Min. André Mendonça, Pleno, julg. 24/10/2022: "Controle de constitucionalidade da Lei [do Distrito Federal] nº 6.329, de 2019, que alterou o momento a partir do qual deve ser excluído o beneficiário inserto em regime de apuração especial do ICMS. 2. Com a alteração, a exclusão do beneficiário somente ocorre com o encerramento do processo administrativo, mediante decisão definitiva. 3. Disciplina que não cria um benefício tributário e não trata de fato gerador, lançamento ou crédito tributários. 4. Não incidência sobre o campo reservado à lei federal para tratar de normas gerais de Direito Tributário".

[58] STF. ADI 2.811, Rel. Min. Rosa Weber, Pleno, julg. 25/10/2019: "Na ausência da lei a que se refere o art. 146, III, c, da Constituição, que estabelece que lei complementar disporá sobre o adequado tratamento do ato cooperativo, os Estados-Membros podem exercer sua competência residual de forma plena, inclusive instituindo isenção de tributos estaduais para operações entre cooperativas, como fez o art. 16 da Lei Estadual 11.829/2002. Todavia, a norma deve receber interpretação conforme para excluir do seu alcance o ICMS, uma vez que, nos termos do art. 155, § 2º, XII, g, da Constituição da República, as isenções, os incentivos e os benefícios fiscais relativos a esse imposto dependem de prévia deliberação conjunta dos Estados e do Distrito Federal".

[59] Trata-se da LC nº 123/2006, que institui o Simples Nacional, regime especial unificado de arrecadação de tributos e contribuições devidos à União, aos Estados e aos Municípios pelas microempresas e empresas de pequeno porte, bem como por microempreendedores individuais (MEI). A esse respeito, já decidiu o STF ser constitucional a vedação imposta a optante pelo Simples Nacional de se beneficiar com a alíquota zero do PIS/Cofins prevista pelo parágrafo único do artigo 2º da Lei 10.147/2000. É que estas se submetem ao regime unificado de recolhimento de tributos mediante a incidência de determinada alíquota sobre a receita bruta, em respeito ao artigo 146, inciso III, alínea "d", da Constituição Federal, que prevê tratamento diferenciado a essas pessoas jurídicas (STF. RE 1.199.021, repercussão geral – Tema 1050, Rel. Min. Marco Aurélio, Pleno, julg. 08/09/2020).

[60] STF. ADI 4.033, Rel. Min. Joaquim Barbosa, Pleno, julg. 15/09/2010: "Contribuição sindical patronal. Isenção concedida às microempresas e empresas de pequeno porte. Simples nacional ('supersimples'). Lei complementar 123/2006, art. 13, § 3º. [...]. 3.1. O fomento da micro e da pequena empresa foi elevado à condição de princípio constitucional, de modo a orientar todos os entes federados a conferir tratamento favorecido aos empreendedores que contam com menos recursos para fazer frente à concorrência. [...] 4. Risco à autonomia sindical afastado, na medida em que o benefício em exame poderá tanto elevar o número de empresas a patamar superior ao da faixa de isenção quanto fomentar a atividade econômica e o consumo para as empresas de médio ou de grande porte, ao incentivar a regularização de empreendimentos. 5. Não há violação da isonomia ou da igualdade, uma vez que não ficou demonstrada a inexistência de diferenciação relevante entre os sindicatos patronais e os sindicatos de representação de trabalhadores, no que se refere ao potencial das fontes de custeio".

ou condicionamento; IV – a arrecadação, a fiscalização e a cobrança poderão ser compartilhadas pelos entes federados, adotado cadastro nacional único de contribuintes (§ 1º, art. 146, CF/88).

É facultado ao optante pelo regime único apurar e recolher o IBS e a CBS de forma separada, hipótese em que as parcelas a eles relativas não serão cobradas pelo regime único (§ 2º, art. 146, CF/88). Mas, caso o contribuinte opte por recolher o IBS e a CBS pelo regime único, enquanto perdurar a opção: I – não será permitida a apropriação de créditos de IBS e CBS; II – será permitida a apropriação de créditos de IBS e CBS pelo adquirente não optante pelo regime único de que trata o art. 146, § 1º de bens materiais ou imateriais, inclusive direitos, e de serviços do optante, em montante equivalente ao cobrado por meio do regime único (§ 3º, art. 146, CF/88).

Ainda, a lei complementar poderá estabelecer critérios especiais de tributação, com o objetivo de prevenir desequilíbrios da concorrência, sem prejuízo da competência da União, por lei, de estabelecer normas de igual objetivo (art. 146-A, CF/88).

Além disso, a Constituição exige lei complementar em matéria tributária para: a) a União instituir empréstimos compulsórios (art. 148, CF/88); b) a redução de alíquotas de modo uniforme nas operações tributadas pelo IBS e pela CBS incidentes sobre operações contratadas pela administração pública direta, por autarquias e por fundações públicas, inclusive suas importações (art. 149-C, § 1º, CF/88); c) a previsão de hipóteses em que não se aplicará o previsto no art. 149-C, *caput* e § 1º, CF/88 (art. 149-C, § 2º, CF/88); d) regulamentação de certas condições para que entidades beneficentes de assistência social possam gozar da imunidade tributária quanto a impostos (art. 150, VI, "c", CF/88, na interpretação do STF); e) a União instituir o imposto sobre grandes fortunas (art. 153, VII, CF/88); f) a União instituir o imposto seletivo sobre a produção, extração, comercialização ou importação de bens e serviços prejudiciais à saúde ou ao meio ambiente (art. 153, VIII, CF/88); g) a União instituir impostos residuais (art. 154, I, CF/88); h) determinação da competência para instituição do ITCMD se o doador tiver domicílio ou residência no exterior ou se o de cujus possuía bens, era residente ou domiciliado ou teve o seu inventário processado no exterior (art. 155, § 1º, III, CF/88); i) determinar as condições para que o ITCMD não incida sobre as transmissões e as doações para as instituições sem fins lucrativos com finalidade de relevância pública e social, inclusive as organizações assistenciais e beneficentes de entidades religiosas e institutos científicos e tecnológicos, e por elas realizadas na consecução dos seus objetivos sociais (art. 155, § 1º, VII, CF/88); j) determinação de uma série de características do ICMS (art. 155, § 2º, XII, alíneas "a" a "i", CF/88); k) determinação da lista nacional de serviços tributáveis pelo ISS e normas gerais sobre o ISS, tais como fixação de suas alíquotas máximas e mínimas, exclusão da sua incidência das exportações de serviços para o exterior e regulação da forma e as condições como isenções, incentivos e benefícios fiscais serão concedidos e revogados (art. 156, III, § 3º, CF/88); l) a instituição do imposto sobre bens e serviços (IBS) de competência compartilhada entre Estados, Distrito Federal e Municípios e suas características principais (art. 156-A, CF/88); m) a instituição e regras de funcionamento do Comitê Gestor do Imposto sobre Bens e Serviços – IBS (art. 156-B, CF/88); n) a União instituir a contribuição sobre bens e serviços – CBS (art. 195, V, CF/88); o) a União instituir contribuições de seguridade social residuais (art. 195, § 4º, CF/88); p) regulamentação das condições para que entidades beneficentes de assistência social possam gozar da imunidade tributária quanto a contribuições para a seguridade social (art. 195, § 7º, CF/88, na interpretação do STF); q) regulamentação das vedações à concessão de remissão e anistia tributárias quanto à contribuição previdenciária patronal sobre a folha de salários e à contribuição previdenciária do trabalhador e dos demais segurados da previdência social (art. 195, § 11, CF/88); r) instituição de regime fiscal favorecido para os biocombustíveis e para o hidrogênio de baixa emissão de carbono, a fim de assegurar-lhes tributação inferior à incidente sobre os combustíveis fósseis, capaz de garantir diferencial competitivo em relação a estes (art. 225, § 1º, VIII, CF/88).

3.6. REPARTIÇÃO DE RECEITAS TRIBUTÁRIAS

A **Repartição de Receitas Tributárias** – modalidade de transferência financeira intergovernamental – trata-se de espécie de receita pública que não decorre nem do patrimônio do particular e nem da exploração do patrimônio estatal. Corresponde a um conjunto de *transferências financeiras* entre as unidades da federação, originárias do que estas arrecadam a título de tributos, por força das normas constitucionais que determinam a repartição das receitas tributárias, nos artigos 157 a 162 da Constituição Federal de 1988.

Importante destacar que essas receitas se originam dos próprios cofres públicos (após o processo de tributação), seja da União ou dos Estados e do Distrito Federal, que são vertidos entre estes, os Municípios e determinados Fundos de Participação e Financiamento, pelo mecanismo de **redistribuição de receitas tributárias**, a fim de se estabelecer um maior equilíbrio financeiro entre as unidades da federação e garantir as suas respectivas autonomias política, administrativa e financeira.

Assim sendo, as receitas tributárias, apesar de serem arrecadadas pela União, pelos Estados, pelo Distrito Federal e pelos Municípios, algumas de forma privativa e outras de forma comum, são, em um momento posterior ao ingresso nos cofres públicos, transferidas entre essas pessoas jurídicas de direito público, na forma como a Constituição determina, ou, em outros casos, acabam retidas na fonte pelo próprio ente federativo beneficiário da redistribuição de receitas, que nem sequer precisará repassá-las ao titular original do tributo.

Não há, assim, qualquer alteração na distribuição das competências tributárias de cada ente federativo, nem modificação no sujeito credor do tributo, uma vez que a transferência financeira dos recursos ocorre em um momento seguinte ao da sua cobrança e arrecadação. Daí podermos separar as duas espécies de atos: a cobrança e o recolhimento dos tributos, de natureza tributária; e a transferência de parcela daqueles recursos efetivamente arrecadados de um ente para outro, de natureza financeira.[61]

Nesse sentido, esclarece Leandro Paulsen:[62]

> A repartição das receitas tributárias opera no plano da destinação do montante arrecadado. É matéria de Direito Financeiro. [...] A repartição das receitas tributárias não interfere, de modo algum, na competência tributária. [...] Só o ente político competente para instituir cada imposto é que pode institui-lo e legislar sobre o mesmo, estabelecendo, por exemplo, os aspectos da sua norma tributária impositiva, casos de substituição e de responsabilidade tributárias e obrigações

---

[61]   Assim, somente poderá haver transferência de um ente a outro de recursos tributários que foram efetivamente arrecadados pelo ente federado competente para fiscalizá-los e cobrá-los. A parcela do tributo que deixou de ser cobrada em razão de benefício tributário regularmente concedido pelo ente instituidor da exação não é repassada aos demais entes, como decidido pelo STF no RE 705.423 (repercussão geral – Tema 653), Rel. Min. Edson Fachin, Pleno, julg. 23/11/2016: "1. Não se haure da autonomia financeira dos Municípios direito subjetivo de índole constitucional com aptidão para infirmar o livre exercício da competência tributária da União, inclusive em relação aos incentivos e renúncias fiscais, desde que observados os parâmetros de controle constitucionais, legislativos e jurisprudenciais atinentes à desoneração. 2. A expressão 'produto da arrecadação' prevista no art. 158, I, da Constituição da República, não permite interpretação constitucional de modo a incluir na base de cálculo do FPM os benefícios e incentivos fiscais devidamente realizados pela União em relação a tributos federais, à luz do conceito técnico de arrecadação e dos estágios da receita pública".

[62]   PAULSEN, Leandro. *Direito tributário*: Constituição e Código Tributário à luz da doutrina e da jurisprudência. 16. ed. Porto Alegre: Livraria do Advogado, 2014. p. 513.

66 | CURSO DE DIREITO TRIBUTÁRIO BRASILEIRO – *Marcus Abraham*

tributárias acessórias. [...] A condição de destinatários de parcela do produto da arrecadação de impostos da competência de outros entes políticos não eleva os Estados e Municípios a seus sujeitos ativos.

Cabe registrar que essas transferências financeiras são de natureza obrigatória, vez que constitucionalmente definidas, e não se confundem com as transferências voluntárias ou discricionárias entre os entes federativos firmadas por meio de acordos ou convênios. Por isso, são automáticas, incondicionadas, desvinculadas e sem contrapartida, vedada a restrição ou retenção dos recursos[63] (exceto nos casos estabelecidos no § 1º do art. 160, CF/88), e a retenção injustificada pode dar ensejo à intervenção federal nos Estados e Distrito Federal (art. 34, inciso V, *b*, CF/88).

A Repartição de Receita Tributária pode ocorrer de forma direta, indireta ou por retenção. Assim, a transferência financeira do produto da arrecadação de tributos, por vezes, é implementada de forma *direta* entre os entes federativos, sem qualquer intermediação. Noutras, é realizada de forma *indireta*, por meio de um fundo de participação ou de financiamento, cujas receitas acabam sendo, posteriormente, repartidas entre os respectivos beneficiários. Há, ainda, casos em que nem sequer ocorre uma efetiva transferência, por força da *retenção na fonte* de certos tributos, em que o ente arrecada diretamente o tributo do outro ente detentor da competência tributária originária, sem a necessidade do repasse e posterior transferência.

Mas nem todos os tributos são objeto de transferências. Como as transferências são realizadas no sentido do "ente maior" para o "ente menor", ou para os fundos[64] (União para Estados e Municípios; Estados para Municípios; União e Estados para os fundos), apenas são objeto de transferência: a) da União: o Imposto de Renda (IR), o Imposto sobre Produtos Industrializados (IPI), o Imposto sobre Operações Financeiras (IOF), o Imposto sobre a Propriedade Territorial Rural (ITR) o Imposto Seletivo sobre a produção, extração, comercialização ou importação de bens e serviços prejudiciais à saúde ou ao meio ambiente e os Impostos Residuais; a Contribuição de Intervenção no Domínio Econômico (CIDE-Combustíveis); b) dos Estados: o Imposto sobre a Circulação de Mercadorias e Serviços (ICMS), o Imposto sobre Bens e Serviços (IBS) e o Imposto sobre a Propriedade de Veículos Automotores (IPVA). Assim, além dos impostos aqui não mencionados, não entram na repartição financeira as taxas, as contribuições de melhoria, os empréstimos compulsórios e as contribuições em geral (exceto a Cide-Combustíveis).

Na repartição financeira dos tributos, temos a distribuição *direta* dos recursos tributários arrecadados pela União para os Estados, Distrito Federal e Municípios (IRRF, IPI, IOF, ITR, Imposto Seletivo, Impostos residuais e Cide-Combustíveis), bem como os arrecadados pelos Estados para os Municípios (ICMS, IBS e IPVA); e a *indireta*, pela qual os recursos financeiros são transferidos entre os entes federativos por intermediação dos denominados fundos de participação ou de financiamento (FPE, FPM, FNO, FNE, FCO).

Ao **Distrito Federal** e aos **Estados** pertence a totalidade (100%) do produto da retenção na fonte do Imposto de Renda Retido na Fonte (IRRF) sobre rendas e proventos por eles pagos

---

[63] O STF já decidiu ser inconstitucional o regramento instituído pelo Programa de Desenvolvimento da Empresa Catarinense (PRODEC) – com vistas à concessão de benefício tributário por parte do Estado--membro – que previa a retenção pelo Estado de Santa Catarina de parcela do produto de ICMS já efetivamente arrecadado, a qual, à luz do art. 158, IV, da CF/88, seria devida aos Municípios catarinenses, cf. STF. RE 572.762 (repercussão geral – Tema 42), Rel. Min. Ricardo Lewandowski, Pleno, julg. 18/06/2008.

[64] Expressões utilizadas por Lafayete Josué Petter (*Direito financeiro*. 6. ed. Porto Alegre: Verbo Jurídico, 2011. p. 230).

Parte I · Cap. 3 · SISTEMA TRIBUTÁRIO NACIONAL | **67**

(Administração direta e indireta estadual e distrital),[65] e também 20% dos impostos residuais, ou seja, aqueles que a União pode instituir na forma do art. 154, inciso I (art. 157, incisos I e II, CF/88), além de 29% do produto da arrecadação da Contribuição de Intervenção no Domínio Econômico (Cide), relativa às atividades de importação ou comercialização de petróleo e seus derivados, gás natural e seus derivados e álcool combustível (art. 159, III, CF/88). A eles pertence, ainda, 10% do produto da arrecadação pela União do Imposto sobre Produtos Industrializados (IPI) e do Imposto Seletivo, proporcionalmente ao valor das respectivas exportações de produtos industrializados (art. 159, II, CF/88).

Já aos **Municípios** caberá a totalidade (100%) do produto da retenção na fonte do Imposto de Renda Retido na Fonte (IRRF) sobre rendas e proventos por eles pagos (Administração direta e indireta municipal), bem como 50% do Imposto sobre a Propriedade Territorial Rural (ITR), relativos aos imóveis neles situados, sendo que esse percentual será de 100% se o imposto for fiscalizado e cobrado pelo próprio Município (art. 158, incisos I e II, CF/88).[66] Além disso, também serão destinados aos Municípios 50% sobre o que for arrecadado pelos Estados, referentes ao Imposto sobre a Propriedade de Veículos Automotores (IPVA), cf. art. 158, inciso III, CF/88.

Também aos Municípios transferem-se 25% do produto da arrecadação do Imposto sobre a Circulação de Mercadorias e Serviços (ICMS),[67] cf. art. 158, IV, "a", CF/88, sendo 65% desta parcela, no mínimo, na proporção do valor adicionado nas operações realizadas em seus territórios, e até 35% desta parcela conforme dispuser lei estadual, observada, obrigatoriamente, a distribuição de, no mínimo, 10 (dez) pontos percentuais com base em indicadores de melhoria

---

[65] STF. RE 607.886 (repercussão geral – Tema 364), Rel. Min. Marco Aurélio, Pleno, julg. 14/05/2021: "*Tese*: É dos Estados e Distrito Federal a titularidade do que arrecadado, considerado Imposto de Renda, incidente na fonte, sobre rendimentos pagos, a qualquer título, por si, autarquias e fundações que instituírem e mantiverem".

[66] O produto da arrecadação do Imposto Territorial Rural (ITR) também se destinará ao Distrito Federal se o imóvel nele estiver situado.

[67] Quanto à repartição do ICMS efetivamente arrecadado pelo Estado com os Municípios dele integrantes, registre-se que se deve fazer um *distinguishing*. O caso narrado anteriormente do RE 572.762 (repercussão geral – Tema 42) não se confunde com aquele presente no RE 705.423 (repercussão geral – Tema 653), pois, no primeiro, já havia arrecadação aos cofres estaduais que não foi repassada aos Municípios indevidamente; no segundo caso, a arrecadação ainda não havia ocorrido, razão pela qual nada havia a repartir. No mesmo sentido, cf. RE 1.288.634 (repercussão geral – Tema 1172), Rel. Gilmar Mendes, Pleno, julg. 17/12/2022: "Repartição de receitas tributárias. 3. Programas FOMENTAR e PRODUZIR, do Estado de Goiás. Concessão de benefício fiscal de postergação/diferimento do pagamento do Imposto sobre Circulação de Mercadorias e Serviços (ICMS). 4. Inaplicabilidade do tema 42 (RE 572.762). Ausência de ingresso efetivo da parcela incentivada nos cofres públicos estaduais. Impossibilidade de exigência de repasse aos Municípios. Observância do conceito técnico de arrecadação firmado no julgamento do tema 653 (RE 705.423). Ausência de violação ao art. 158, IV, da Constituição Federal. 5. Fixação da tese: "Os programas de diferimento ou postergação de pagamento de ICMS – a exemplo do FOMENTAR e do PRODUZIR, do Estado de Goiás – não violam o sistema constitucional de repartição de receitas tributárias previsto no art. 158, IV, da Constituição Federal, desde que seja preservado o repasse da parcela pertencente aos Municípios quando do efetivo ingresso do tributo nos cofres públicos estaduais."

Por outro lado, na ADI 3.837, julg. 23/09/2024, o STF decidiu que a extinção do crédito tributário por compensação ou transação implica aumento da disponibilidade de receita e impõe ao Estado o dever de entregar a respectiva quota aos Municípios, porque receita pública é fenômeno anterior ao recolhimento do imposto. A quitação ocorre, contabilmente, mediante supressão de passivo, sem ingresso de valores ao erário, havendo comutatividade entre o benefício obtido e o implemento do contribuinte.

nos resultados de aprendizagem e de aumento da equidade, considerado o nível socioeconômico dos educandos (art. 158, § 1º, I e II, CF/88).[68]

Com o advento da EC nº 132/2023, também serão destinados aos Municípios 25% do produto da arrecadação do Imposto sobre Bens e Serviços – IBS (art. 158, inciso IV, "b", CF/88), creditados conforme os seguintes critérios: I – 80% na proporção da população;[69] II – 10% com base em indicadores de melhoria nos resultados de aprendizagem e de aumento da equidade, considerado o nível socioeconômico dos educandos, de acordo com o que dispuser lei estadual; III – 5% com base em indicadores de preservação ambiental, de acordo com o que dispuser lei estadual; IV – 5% em montantes iguais para todos os Municípios do Estado (art. 158, § 2º, CF/88).

Ainda, os Estados transferirão aos Municípios 25% dos 10% que receberem a título de transferência do Imposto sobre Produtos Industrializados (IPI) e do Imposto Seletivo, bem como 25% dos 29% que receberem a título de transferência da Contribuição de Intervenção no Domínio Econômico sobre petróleo e demais combustíveis (art. 159, §§ 3º e 4º, CF/88).

Importante reiterar que a retenção na fonte do Imposto de Renda feita pelos Estados, Distrito Federal e Municípios, referida no inciso I do art. 157 e inciso I do art. 158 da Constituição, não altera em nada a competência tributária e a titularidade do imposto, que continua a cargo da União (administrado pela Secretaria da Receita Federal), figurando os respectivos destinatários dos recursos (Estados, Distrito Federal e Municípios) como *substitutos tributários*. Por esse motivo, o STF também decidiu que devem ser os entes beneficiários (Estado-membro, Distrito Federal ou Município), e não a União, os legitimados passivos para ações acerca do imposto de renda por eles retidos tendo a si próprios como beneficiários.[70] Já as retenções realizadas por empresas públicas ou por sociedades de economia mista não pertencem aos Estados e Municípios, já que a norma constitucional se referiu expressamente apenas aos próprios entes federativos, suas autarquias e fundações.

Outrossim, em relação ao repasse de 10% do IPI da União aos Estados estabelecido no art. 159, inciso II, da CF/88 (e, futuramente, também 10% do Imposto Seletivo, por força da EC nº 132/2023), a classificação desta transferência na modalidade direta não é pacífica, especialmente diante da sua usual designação por **Fundo Compensatório do IPI-Exportação**.[71] Ocorre que, na prática, os recursos do IPI são arrecadados pela Secretaria da Receita Federal do Brasil (RFB), contabilizados pela Secretaria do Tesouro Nacional (STN) e, posteriormente, distribuídos aos entes beneficiários pelo Banco do Brasil sob comando da STN, sem a utilização de qualquer fundo formal.

---

[68] Os critérios e prazos de crédito das parcelas do produto da arrecadação do ICMS e do IPVA a serem transferidos para os Municípios são regulados pela Lei Complementar nº 63/1990 (alterada pela LC nº 123/2006).

[69] Com a implantação do IBS, o principal critério para rateio de 25% do produto da arrecadação do IBS aos Municípios passa a ser o populacional (80% na proporção da população), e não mais o quantitativo de operações no território municipal. Assim, o critério populacional passa a sobrepujar o critério econômico nessa repartição de receitas.

[70] STF. RE 684.169 (repercussão geral – Tema 572), Rel. Min. Luiz Fux, Pleno, julg. 30/08/2012. Da mesma forma, é de competência da Justiça Estadual julgar controvérsia quanto ao imposto de renda retido na fonte incidente sobre os rendimentos pagos, a qualquer título, pelos Estados e Municípios, suas autarquias e pelas fundações que instituírem e mantiverem, a teor do disposto no art. 157, I, e 158, I, da CF/88.

[71] Embora nem a Constituição Federal de 1988 nem a legislação de regência façam menção à criação de um fundo específico, a expressão é amplamente utilizada.

Nesse sentido, José Maurício Conti[72] e Diogo de Figueiredo Moreira Neto[73] também entendem tratar-se de transferência direta, ao passo que Ricardo Lobo Torres[74] classifica-a como transferência indireta. Este repasse, regulado pelas Leis Complementares nº 61/1989 e nº 65/1991, e pela Lei nº 8.016/1990, justifica-se porque a Constituição Federal, no seu art. 155, § 2º, X, *a* (EC nº 42/2003), desonerou a incidência do ICMS sobre as exportações e, para compensar os Estados, estabeleceu-se esta transferência de natureza compensatória, proporcionalmente ao valor das respectivas exportações de produtos industrializados.[75]

Em relação ao repasse da União aos Municípios no montante de 50% do Imposto Territorial Rural (ITR), registre-se que a EC nº 42/2003 facultou aos Municípios optarem por fiscalizar e cobrar o ITR, caso em que terão direito a 100% da arrecadação do imposto. A lei a que se refere o art. 153, § 4º, III é a Lei nº 11.250/2005 e regulada pelo Decreto nº 6.433/2008, que autorizou a União a celebrar convênios com os Municípios para delegar as atribuições de fiscalização e de cobrança do ITR. Decendialmente, a Secretaria do Tesouro Nacional (STN) consulta no Siafi as informações do período anterior e transfere ao Banco do Brasil o valor global a ser repassado. O Banco do Brasil, por sua vez, credita nas contas correntes dos Municípios os respectivos valores que lhes cabem, segundo informações fornecidas pela Receita Federal ao Banco.

Ao **Fundo de Participação dos Estados (FPE)**[76] **e do Distrito Federal** serão transferidos 21,5% do produto da arrecadação da União do Imposto de Renda (IR), do Imposto sobre Produtos Industrializados (IPI) e do Imposto Seletivo (art. 159, I, alínea *a*, CF/88). Ao **Fundo de Participação dos Municípios (FPM)**[77] serão transferidos 22,5% do produto da arrecadação da União do Imposto de Renda (IR), do Imposto sobre Produtos Industrializados (IPI) e do Imposto Seletivo (art. 159, inciso I, alínea *b*, CF/88). Além disso, mais 3,0% do produto arrecadado do IR, do IPI e do Imposto Seletivo será destinado ao Fundo de Participação dos

---

[72] CONTI, José Mauricio. op. cit. p. 69.

[73] MOREIRA NETO, Diogo de Figueiredo. Repartição das receitas tributárias. In: MARTINS, Ives Gandra da Silva (Coord.). *A Constituição brasileira de 1988*: interpretações. Rio de Janeiro: Forense Universitária, 1988. p. 351-352.

[74] TORRES, Ricardo Lobo. *Curso de direito financeiro e tributário*. 19. ed. Rio de Janeiro: Renovar, 2013. p. 371.

[75] Na Ação Direta de Inconstitucionalidade por Omissão (ADO) nº 25, o STF declarou a omissão do Legislativo em regulamentar por lei complementar (exigida pela EC nº 42/2003 no art. 91, ADCT) as compensações financeiras pelas desonerações de ICMS em relação às exportações previstas no art. 155, § 2º, X, "a", CF/88. Em razão disso, a União, os Estados e o Distrito Federal celebraram acordo, homologado pelo STF em 20/05/2020, de que a União deverá repassar aos entes federados pelo menos R$ 65 bilhões entre 2020 e 2037 como forma de compensação pelas perdas na arrecadação de ICMS. A este respeito, a Lei nº 14.085, de 17/11/2020, alterou a Lei de Diretrizes Orçamentárias de 2020, inserindo o § 17 no art. 114 da LDO 2020 para prever que não serão necessárias medidas de compensação financeira para o aumento de gastos públicos decorrentes do cumprimento de tal acordo homologado pelo STF. Em 29/12/2020, foi publicada a Lei Complementar nº 176/2020, que institui transferências obrigatórias da União para os Estados, o Distrito Federal e os Municípios, no período de 2020 a 2037, no montante de 58 bilhões de reais, exatamente como forma de corporificar o pagamento de tais compensações.

[76] A Lei Complementar nº 62/1989 estabelece normas sobre o cálculo, a entrega e o controle das liberações dos recursos dos Fundos de Participação.

[77] A Lei Complementar nº 91/1997 dispõe sobre a fixação dos coeficientes do Fundo de Participação dos Municípios. A Lei Complementar nº 165/2019 acrescentou o § 3º ao art. 2º da LC nº 91/97, prevendo que, a partir de 1º de janeiro de 2019, até que sejam atualizados com base em novo censo demográfico, ficam mantidos, em relação aos Municípios que apresentem redução de seus coeficientes decorrente de estimativa anual do IBGE, os coeficientes de distribuição do FPM utilizados no exercício de 2018.

Municípios, entregues ao FPM segundo o seguinte cronograma: 1,0% no primeiro decêndio do mês de dezembro de cada ano (art. 159, inciso I, alínea *d*, CF/88, cf. EC nº 55/2007)[78]; outro 1,0% no primeiro decêndio do mês de julho de cada ano (art. 159, inciso I, alínea *e*, CF/88, cf. EC nº 84/2014)[79] e, por fim, mais 1,0% entregue no primeiro decêndio do mês de setembro de cada ano (art. 159, inciso I, alínea *f*, CF/88, cf. EC nº 112/2021).[80]

Os percentuais individuais de participação são calculados anualmente pelo TCU a partir de fatores representativos da renda *per capita* e da população. A periodicidade das transferências dos recursos do FPE e FPM é decendial, ou seja, os repasses aos Estados e aos Municípios se dão até os dias 10, 20 e 30 de cada mês, mediante crédito em conta aberta com essa finalidade no Banco do Brasil, sendo que o valor transferido toma por base a arrecadação líquida do IR, do IPI e do Imposto Seletivo do decêndio anterior. Não há vinculação específica para a aplicação desses recursos. Como transferências constitucionais obrigatórias, os recursos para o FPE e FPM não podem ser contingenciados e, em regra, também não podem ser retidos imotivadamente, conforme determina o art. 160, *caput*, da Constituição Federal. Entretanto, o parágrafo único desse mesmo artigo permite que a União condicione a entrega dos recursos à regularização de débitos do ente federativo junto ao Governo Federal e suas autarquias (por exemplo, dívidas com o INSS, inscrição na dívida ativa pela Procuradoria-Geral da Fazenda Nacional – PGFN), assim como ao atendimento do gasto mínimo em ações e serviços públicos de saúde (CF/88, art. 198, § 2º, incisos II e III).

O artigo 161 da CF/88 conferiu à lei complementar, entre outras matérias, estabelecer as normas sobre os critérios de rateio do FPE e do FPM, objetivando promover o equilíbrio socio-econômico entre Estados e Municípios. Para tanto, foi editada em 1989 a **Lei Complementar nº 62/1989**, cujos critérios deveriam ter vigorado apenas nos exercícios fiscais de 1990 e 1991, sendo que, a partir de 1992, o censo do IBGE reorientaria a sua distribuição. Entretanto, tais regras continuaram a vigorar nos anos subsequentes e com os mesmos coeficientes de rateio. Em fevereiro de 2010, ao julgar quatro ações diretas de inconstitucionalidade (ADIs 875, 1.987, 3.243 e 2.727), o Supremo Tribunal Federal declarou inconstitucional o artigo 2º da LC nº 62/1989, limitando a sua validade apenas até 31 de dezembro de 2012.[81] Tais ADIs argumentaram que o contexto socioeconômico do Brasil duas décadas depois era diverso daquele do momento da

---

[78] A Emenda Constitucional nº 55/2007 alterou esse dispositivo, que acresce ao Fundo de Participação dos Municípios mais 1% do produto da arrecadação da União do Imposto de Renda e do Imposto sobre Produtos Industrializados, com o objetivo de atender às despesas com o pagamento dos salários dos servidores públicos municipais no mês de dezembro, que é acrescido do 13º salário.

[79] A Emenda Constitucional nº 84/2014 inseriu esse dispositivo, que acresce ao Fundo de Participação dos Municípios mais 1% do produto da arrecadação da União do Imposto de Renda e do Imposto sobre Produtos Industrializados (além do 1,0% entregue no primeiro decêndio de dezembro), sobretudo em razão da prática bastante comum de os Municípios pagarem a 1ª parcela do 13º salário aos servidores públicos municipais no mês de julho.

[80] A Emenda Constitucional nº 112/2021, que entrou em vigor em 01/01/2022, estabeleceu, em seu art. 2º, que este 1,0% não será imediatamente repassado pela União ao Fundo de Participação dos Municípios (FPM). Em 2022 e 2023, o percentual repassado ao FPM em cada um desses anos será de apenas 0,25%. Em 2024, será de 0,5%, alcançando 1% apenas a partir de 2025 em diante.

[81] Encerrado o ano de 2012, o Congresso Nacional não conseguiu aprovar a tempo uma nova norma sobre os repasses. Assim, diante da não aprovação de nova lei complementar, o TCU aprovou o acórdão nº 3.135/2012, estabelecendo que o governo poderia continuar a realizar os repasses conforme as regras previstas na Lei Complementar nº 62/1989, em 2013, até que nova lei fosse aprovada.

Parte I · Cap. 3 · SISTEMA TRIBUTÁRIO NACIONAL | **71**

edição da LC nº 62/1989, e que os coeficientes teriam sido estabelecidos de maneira arbitrária por acordos políticos costurados à época.[82]

Assim, para dispor sobre o referido art. 2º da LC nº 62/1989 julgado inconstitucional, foi editada, no ano de 2013, a **Lei Complementar nº 143**, dispondo sobre os critérios de rateio do Fundo de Participação dos Estados e do Distrito Federal (FPE), levando em consideração os valores censitários nacionais (realizados pelo IBGE a cada 10 anos) ou as estimativas mais recentes da população e da renda domiciliar *per capita* publicados pela entidade federal competente.[83] A LC nº 143/2013 também revogou os arts. 86 a 89 e 93 a 95 do CTN, que tratavam dos critérios de distribuição dos fundos, mantendo o art. 91 e alterando o art. 92 do CTN, modificando o prazo para até o último dia útil de março de cada exercício financeiro para que o Tribunal de Contas da União (que é o encarregado dos cálculos dos percentuais de participação) informe os números do FPE, a vigorarem no exercício seguinte, ao Banco do Brasil.

Além dos repasses ao FPE e FPM, atendendo ao objetivo constitucional previsto no inciso III do art. 3º, que é o de reduzir as desigualdades regionais e sociais, a Constituição determina, na alínea *c* do inciso I do art. 159, que, do produto da arrecadação do Imposto de Renda, do Imposto sobre Produtos Industrializados e do Imposto Seletivo, 3% serão para aplicação em programas de financiamento ao setor produtivo das Regiões Norte, Nordeste e Centro-Oeste, através de suas instituições financeiras de caráter regional, de acordo com os planos regionais de desenvolvimento, ficando assegurada ao semiárido do Nordeste a metade dos recursos destinados à região, na forma que a lei estabelecer. Para aplicação desses recursos, a Lei nº 7.827/1989 instituiu o **Fundo Constitucional de Financiamento do Norte – FNO**, o **Fundo Constitucional de Financiamento do Nordeste – FNE** e o **Fundo Constitucional de Financiamento do Centro-Oeste – FCO**, distribuindo os 3% anteriormente referidos da seguinte maneira: a) 0,6% para o Fundo Constitucional de Financiamento do Norte; b) 1,8% para o Fundo Constitucional de Financiamento do Nordeste; e c) 0,6% para o Fundo Constitucional de Financiamento do Centro-Oeste.

Cabe ainda registrar que os Fundos de Participação dos Estados, do Distrito Federal e dos Municípios (FPE e FPM) e os Fundos Regionais (FNO, FNE e FCO) são entes jurídicos de natureza financeira, desprovidos de personalidade jurídica e fiscalizados pelo TCU. A finalidade desses fundos é gerir os recursos recebidos para o posterior repasse aos destinatários, por meio de critérios sociais, econômicos e demográficos (população e renda *per capita*), tendo relevante papel de distribuição de renda para a busca do equilíbrio socioeconômico entre os entes federativos. Cabe ao Tesouro Nacional, em cumprimento aos dispositivos constitucionais, efetuar as transferências desses recursos aos entes federados (creditados no Banco do Brasil), nos prazos

---

[82] Nas palavras do relator Min. Gilmar Mendes: "[...] o legislador, ao disciplinar o funcionamento dos fundos de participação, deve ser obsequioso à finalidade constitucionalmente prevista de redução das desigualdades regionais, sem criar qualquer obstáculo à promoção desse desiderato. Até mesmo porque [...] a própria razão de ser dos fundos é conferir efetividade à exigência constitucional. [...] Por uma questão de lógica, é possível concluir que os únicos critérios de rateio aptos ao atendimento da exigência constitucional são aqueles que assimilem e retratem a realidade socioeconômica dos destinatários das transferências, pois, se esses critérios têm por escopo a atenuação das desigualdades regionais, com a consequente promoção do equilíbrio socioeconômico entre os entes federados, revela-se primordial que eles permitam que dados fáticos, apurados periodicamente por órgãos ou entidades públicas (o IBGE, por exemplo), possam influir na definição dos coeficientes de participação. Não se pode pretender a modificação de um determinado *status quo*, sem que se conheçam e se considerem as suas peculiaridades" (STF. ADI 2.727, voto do Rel. Min. Gilmar Mendes, Pleno, julg. 24/02/2010).

[83] Segundo a redação dada pela LC nº 143/2013 ao art. 2º da LC nº 62/1989.

legalmente estabelecidos. Já os fundos regionais são geridos por instituições financeiras federais de caráter regional, tais como o Banco da Amazônia e o Banco do Nordeste do Brasil.

Devemos destacar, por fim, que ainda há outro caso de distribuição de receitas financeiras previsto fora deste capítulo constitucional (art. 153, § 5º, CF/88). Referimo-nos à distribuição do produto da arrecadação do Imposto sobre Operações Financeiras (IOF) sobre o ouro, quando este for definido em lei como ativo financeiro ou instrumento cambial, que a União deve realizar para os Estados, o Distrito Federal e os Municípios, sendo de 30% da arrecadação para os dois primeiros e 70% para os últimos. Atualmente, a alíquota do **IOF-Ouro** é de 1% (parágrafo único do art. 4º da Lei nº 7.766/1989), e como o seu repasse corresponde ao total arrecadado do mesmo, o montante transferido a cada período é diretamente proporcional ao desempenho da arrecadação líquida desse imposto no período anterior. Assim, mensalmente, a Secretaria do Tesouro Nacional (STN) consulta no Siafi as informações do período anterior e transfere ao Banco do Brasil o valor global a ser repassado que, no caso do IOF-Ouro, corresponde a 100% da arrecadação líquida. O Banco do Brasil, por sua vez, credita nas contas correntes dos entes federativos os respectivos valores que lhes cabem, segundo informações da Secretaria da Receita Federal fornecidas com base nos documentos de arrecadação do imposto. Destaque-se que o IOF-Ouro é distribuído para o Município e Estado ou Distrito Federal onde o ouro foi produzido ou, em caso de origem no exterior, nos entes federativos de ingresso no País, cuja identificação é feita na documentação fiscal da operação.

Finalmente, de maneira simplificada e para sintetizar este complexo modelo de transferências constitucionais tributárias, podemos dizer que: a) a União transfere para os Estados e DF 100% do IR retido na fonte sobre rendimentos pagos por estes últimos, suas autarquias e fundações, 20% dos Impostos Residuais se criados, 29% da Cide-Petróleo, 10% do IPI e do Imposto sobre bens e serviços prejudiciais à saúde ou ao meio ambiente proporcionalmente ao valor das respectivas exportações de produtos industrializados e 30% do IOF; b) a União transfere para os Municípios 100% do IR retido na fonte sobre rendimentos pagos por estes últimos, suas autarquias e fundações, 50% do ITR, e 70% do IOF; c) os Estados transferem aos Municípios 50% do IPVA, 25% do ICMS, 25% do IBS, 25% dos 10% de IPI e Imposto sobre bens e serviços prejudiciais à saúde ou ao meio ambiente recebido da União e 25% dos 29% da Cide-Combustível recebidos da União; d) a União transfere 21,5% do IR, e Imposto sobre bens e serviços prejudiciais à saúde ou ao meio ambiente para o FPE, 25,5% do IR, IPI e Imposto sobre bens e serviços prejudiciais à saúde ou ao meio ambiente para o FPM e 3% do IR, IPI e Imposto sobre bens e serviços prejudiciais à saúde ou ao meio ambiente para o FNO, FNE e FCO.

3.7. GUERRA FISCAL E TRIBUTAÇÃO

A **guerra fiscal** é um desdobramento negativo de um modelo de federalismo fiscal que ainda não encontrou um ponto ideal de equilíbrio, revelando um conflito na federação e um abalo no ideal cooperativo. Caracteriza-se pela disputa entre entes federativos na busca da atração de investimentos, empreendimentos e recursos privados para o seu território, a partir da concessão de incentivos fiscais, com o objetivo de gerar mais renda, empregos, crescimento econômico e desenvolvimento local.

Pode se dar, por exemplo, pela renúncia fiscal na isenção ou na postergação do pagamento de impostos, doação de terrenos ou de equipamentos para instalação do empreendimento, financiamento e crédito com juros subsidiados etc. Assim, exemplificadamente, oferece-se uma alíquota mais reduzida de determinado tributo para que se instale, no território de um ente

Parte I • Cap. 3 • SISTEMA TRIBUTÁRIO NACIONAL | **73**

federado, uma empresa, indústria ou empreendimento, e não em outro, onde a alíquota seria maior. Nas palavras de Misabel Derzi,[84]

> [...] nossas Administrações Tributárias são competidoras desconfiadas e estão imbuídas das mesmas pretensões: atração de investimentos e/ou manutenção da arrecadação necessária. Instalou-se, entre nós, uma guerra fiscal sem precedentes que, em lugar de reduzir a carga e a regressividade do sistema, acentua-os. Entre os estados federados, ela tem contribuído para disseminar a prática da substituição tributária "para a frente", das antecipações e das retenções de imposto que imantam o ICMS – descaracterizando-o como tributo de mercado. Vocacionado a incidir sobre o valor adicionado em cada operação mercantil, o ICMS transformou-se em um tributo que onera antecipadamente as operações, exige dos contribuintes maior capital disponível e persegue preços fictícios, distantes do mercado.

A competição na guerra fiscal pode ser *horizontal* (típica), quando envolver entes federativos de mesmo nível ou estatura, e *vertical* (atípica), quando níveis distintos – mais altos e baixos – de governo são concorrentes e, neste caso, se revela na busca pela concentração de tributos em seu poder. Assim, na modalidade horizontal, temos os Estados competindo entre si, ao lançarem mão da desoneração da incidência do ICMS[85] (pelo diferimento do pagamento em longo prazo ou por meio de compensações fiscais), assim como os Municípios, por meio da redução de alíquotas ou isenções do ISS e IPTU. Já na espécie vertical, temos a União competindo com Estados e Municípios a partir da concentração da arrecadação tributária em seu tesouro, especialmente pelo aumento da carga fiscal de tributos de sua competência (por exemplo, contribuições sociais e de intervenção no domínio econômico), cuja consequência inexorável é a redução da autonomia financeira dos entes subnacionais e o seu respectivo enfraquecimento.

Nos termos do artigo 155, § 2º, inciso XII, alínea *g* da Constituição Federal de 1988, é a Lei Complementar nº 24/1975 que dispõe sobre os convênios para a concessão e revogação de isenções do ICMS celebrados e ratificados pelos Estados e pelo Distrito Federal, no âmbito do CONFAZ.[86] Além da isenção, também podem ser considerados como modalidades de benefícios fiscais objetos dos respectivos convênios: I – a redução da base de cálculo; II – a devolução total ou parcial, direta ou indireta, condicionada ou não, do tributo, ao contribuinte, a responsável

---

[84] DERZI, Misabel Abreu Machado. Guerra fiscal, bolsa família e silêncio. *Revista Jurídica da Presidência*, Brasília, v. 16, n. 108, fev./maio 2014. p. 53-54.

[85] Como explica Sérgio Guimarães Ferreira: "esta competição ocorre mediante manipulação dos respectivos ICMS e mediante concessão de benefícios disfarçados na forma de empréstimos subsidiados e até participações acionárias. A lei complementar nº 24, de 1975, recepcionada pela atual Constituição, veda a concessão de incentivos relacionados ao ICMS, salvo nos casos previstos em convênios celebrados no âmbito do CONFAZ, cuja aprovação depende de decisão unânime dos Estados. Não obstante, os governos estaduais vêm concedendo incentivos à revelia do CONFAZ, competindo entre si para abrigar novos empreendimentos" (FERREIRA, Sérgio Guimarães. Guerra fiscal ou corrida ao fundo do tacho? *INFORME – Boletim da Secretaria de Assuntos Fiscais do BNDES*, Rio de Janeiro, nº 4, jan. 2000. p. 1).

[86] O Conselho Nacional de Política Fazendária – CONFAZ é o colegiado formado pelos Secretários de Fazenda, Finanças ou Tributação dos Estados e do Distrito Federal, cujas reuniões são presididas pelo Ministro de Estado da Fazenda, competindo-lhe, precipuamente, celebrar convênios para efeito de concessão ou revogação de isenções, incentivos e benefícios fiscais e financeiros do Imposto sobre Operações relativas à Circulação de Mercadorias e sobre Prestações de Serviços de Transporte Interestadual, Intermunicipal e de Comunicação – ICMS (Constituição, art. 155, inciso II e § 2º, inciso XII, alínea "g" e Lei Complementar nº 24, de 7.1.1975). O atual Regimento Interno do CONFAZ foi aprovado pelo Convênio ICMS 133/97, e alterações posteriores.

ou a terceiros; III – a concessão de créditos presumidos; IV – quaisquer outros incentivos ou favores fiscais ou financeiro-fiscais, concedidos com base no ICMS, dos quais resulte redução ou eliminação, direta ou indireta, do respectivo ônus; V – as prorrogações e as extensões das isenções vigentes.

Não obstante a obrigatoriedade da realização de convênios para a concessão desses benefícios fiscais,[87] diversos Estados já os concederam unilateralmente sem autorização de convênio do CONFAZ (muitos julgados inconstitucionais)[88], revelando a face negativa da guerra fiscal na esfera estadual, não apenas sob a ótica da indevida renúncia de receitas tributárias, mas também pela insegurança jurídica gerada aos contribuintes que aproveitaram o benefício fiscal concedido (por exemplo, a dúvida sobre a validade do crédito de ICMS tomado pelo destinatário das mercadorias).[89]

Foi editada a Lei Complementar nº 160, de 07 de agosto de 2017, com a finalidade de minimizar tais efeitos negativos da concorrência fiscal estadual, ao permitir, por novos convênios do CONFAZ,[90] a convalidação de incentivos fiscais concedidos no passado sem a aprovação do CONFAZ e a remissão dos créditos tributários decorrentes, bem como apresentando novas regras para inibir a prática, inclusive com sanções financeiras decorrentes da Lei de Responsabilidade Fiscal aplicadas ao Estado que conceder ou mantiver os incentivos fiscais em desacordo com a LC nº 24/1975, a saber: a) não poderá receber transferências voluntárias; b) não poderá obter garantia de outro ente; c) não poderá realizar operações de crédito.

---

[87] Registre-se que, em casos excepcionais, nos quais não ocorre qualquer "guerra fiscal" entre os Estados, o STF permite que lei estadual conceda benefício fiscal de ICMS unilateralmente, ou seja, sem aprovação do CONFAZ. É o exemplo de leis estaduais que concedem isenções de ICMS em favor de templos religiosos, entidades imunes que não atuam em regime de livre concorrência, cf. STF. ADI 3.421, Rel. Min. Marco Aurélio, Pleno, julg. 05/05/2010 e ADI 5.816, Rel. Min. Alexandre de Moraes, Pleno, julg. 05/11/2019. Como não há concorrência, não há que se falar em "guerra fiscal" a exigir a necessidade de aprovação do benefício fiscal pelo CONFAZ.

[88] Veja-se: STF. ADI 2.663, Rel. Min. Luiz Fux, Pleno, julg. 08/03/2017: "4. O pacto federativo reclama, para a preservação do equilíbrio horizontal na tributação, a prévia deliberação dos Estados-membros para a concessão de benefícios fiscais relativamente ao ICMS, na forma prevista no art. 155, § 2º, XII, 'g', da Constituição e como disciplinado pela Lei Complementar nº 24/75, recepcionada pela atual ordem constitucional". No mesmo sentido: STF. ADI 2.688, julg. 01/06/2011; ADI 2.439, julg. 13/11/2002; ADI 6.152, julg. 03/10/2022.

[89] A dúvida, contudo, foi debelada pelo STF, ao definir ser constitucional o estorno proporcional (*glosa* ou cancelamento) de crédito de ICMS efetuado pelo Estado de destino, em razão de crédito fiscal presumido concedido pelo Estado de origem sem autorização do CONFAZ, e que tal ato não viola o princípio constitucional da não cumulatividade, cf. STF. RE 628.075 (repercussão geral – Tema 490), Rel. Min. Edson Fachin, Rel. p/ Acórdão: Min. Gilmar Mendes, Pleno, julg. 18/08/2020. Contudo, para tutelar a segurança jurídica, a boa-fé e a confiança legítima, o STF modulou a eficácia de sua decisão, conferindo-lhe efeitos *ex nunc* a partir da decisão do Plenário, para que fiquem resguardados todos os efeitos jurídicos das relações tributárias já constituídas (isto é, caso não tenha havido ainda lançamentos tributários por parte do Estado de destino, este só poderá proceder ao lançamento em relação aos fatos geradores ocorridos a partir da presente decisão).

Registre-se, todavia, que o STF (ADPF 1.004, Rel. Min. Luiz Fux, Pleno, julg. 12/12/2023) julgou inconstitucionais atos administrativos do Fisco paulista que haviam invalidado créditos de ICMS relativos à aquisição de mercadorias do Estado do Amazonas com incentivos fiscais concedidos às indústrias instaladas na Zona Franca de Manaus (ZFM) sem autorização do CONFAZ, em razão do regime tributário diferenciado desta Zona, que foi expressamente mantido pelo artigo 40 do ADCT.

[90] STF. RE 851.421 (repercussão geral – Tema 817), Rel. Min. Roberto Barroso, Pleno, julg. 18/12/2021: "*Tese:* É constitucional a lei estadual ou distrital que, com amparo em convênio do CONFAZ, conceda remissão de créditos de ICMS oriundos de benefícios fiscais anteriormente julgados inconstitucionais".

Já quanto à guerra fiscal entre os Municípios, esta se dá, sobretudo, em razão do Imposto sobre Serviços (ISS), em que certos Municípios buscavam reduzir ao máximo as alíquotas de ISS como forma de atrair prestadores de serviço para seus territórios. Para coibir tal competição, a Lei Complementar nº 157/2016 inseriu o art. 8º-A na Lei Complementar nº 116/2003 (Norma Geral Nacional do ISS), estabelecendo a alíquota mínima do ISS em 2% (art. 8º-A, *caput*) e trazendo em seus parágrafos regras voltadas a coibir a guerra fiscal.[91]

Cabe registrar que o fenômeno da guerra fiscal se materializou a partir da efetiva descentralização da federação e da autonomia concedida aos entes pela Constituição de 1988, uma vez que, no período anterior, do regime militar de 1964, prevalecia o modelo centralizador nas mãos do Governo central, pouco remanescendo em termos de arrecadação e de investimentos aos Estados e Municípios.

Apesar do ganho político gerado na propaganda positiva em favor do administrador público que "ganha" o duelo fiscal, com argumentos que vão desde aumento de empregos, desenvolvimento local, incremento da arrecadação futura e desconcentração industrial, as críticas à guerra fiscal são inúmeras e de diversas ordens e naturezas.[92]

Em primeiro lugar, deve-se reconhecer que, apesar de um ente se beneficiar no curto prazo com o redirecionamento do empreendimento ao seu território em detrimento do outro, o que por si só já não é algo efetivamente eficiente,[93] a partir de uma visão global, a federação como um todo é que perde, não apenas pela desarmonia federativa, mas também pela privação dos recursos financeiros renunciados. Ademais, há o perigo da banalização da prática, com a multiplicação indevida do fenômeno e a perda da eficácia do estímulo, com a inexorável redução global de arrecadação.

Além disso, não há comprovação quantitativa de que os resultados dos investimentos alocados após o redirecionamento do empreendimento sejam superiores ao valor das renúncias concedidas, deixando dúvidas se a aplicação direta dos recursos abdicados geraria maior benefício para aquela sociedade em vez da concessão dos estímulos. E a eficácia econômica desta conta restará ainda mais duvidosa se levarmos em consideração que o maior desenvolvimento daquela localidade gerará, naturalmente, um aumento populacional e maior demanda por ser-

---

[91] LC nº 116/2003 – O art. 8º-A, § 1º prevê que o ISS não será objeto de concessão de isenções, incentivos ou benefícios tributários ou financeiros, inclusive de redução de base de cálculo ou de crédito presumido ou outorgado, ou sob qualquer outra forma que resulte, direta ou indiretamente, em carga tributária menor que a decorrente da aplicação da alíquota mínima estabelecida no *caput, exceto para os serviços a que se referem os subitens 7.02, 7.05 e 16.01 da lista anexa à LC 116/2003* (nesses subitens excepcionados, a concessão de benefícios fiscais é legítima). O art. 8º-A, § 2º prevê ser nula a lei ou o ato do Município ou do Distrito Federal que não respeite as disposições relativas à alíquota mínima de 2% no caso de serviço prestado a tomador ou intermediário localizado em Município diverso daquele onde está localizado o prestador do serviço (ressalvados os subitens excepcionados). E o art. 8º-A, § 3º dispõe que a nulidade a que se refere o § 2º gera, para o prestador do serviço, perante o Município ou o Distrito Federal que não respeitar as disposições deste artigo, o direito à restituição do valor efetivamente pago do ISS calculado sob a égide da lei nula.

[92] Sobre o tema, ver: FERREIRA, Sérgio Guimarães. op. cit.

[93] Em economia, encontramos a "Teoria da Eficiência de Pareto", pela qual se busca encontrar os mecanismos em que se permite a melhora da situação de uma pessoa sem prejudicar nenhuma outra. Nessa linha, explica Hal R. Varian: "Uma situação econômica é dita eficiente no sentido de Pareto se não existir nenhuma forma de melhorar a situação de uma pessoa sem piorar a de outra. A eficiência de Pareto é algo desejável – se houver algum modo de melhorar um grupo de pessoas, por que não fazê-lo?" (VARIAN, Hal. R. *Microeconomia*: princípios básicos. 7. ed. Rio de Janeiro: Elsevier, 2006. p. 329).

viços públicos, especialmente os de saúde, segurança, transporte e saneamento, acarretando, por decorrência, maior gasto da máquina estatal.

Outrossim, em um país com uma desigualdade regional evidente, o mecanismo potencializa ainda mais o desequilíbrio fiscal na federação, uma vez que os entes federativos desenvolvidos são os mais capazes de oferecer melhores benefícios e suportar por mais tempo as renúncias fiscais, atraindo para si maior número de investimentos e prejudicando ainda mais os entes menos desenvolvidos.

Há, ainda, a questão da insegurança jurídica para o contribuinte decorrente da concessão de benefícios fiscais concedidos de forma unilateral por Estados e que acabam sendo desconsiderados por outras unidades da federação, gerando dúvidas sobre a validade dos benefícios aproveitados, com os reflexos tributários (estorno de crédito e cobrança da diferença não recolhida).

Sob a ótica empresarial, além da questão concorrencial decorrente da desvantagem competitiva imposta às empresas não agraciadas pelos benefícios fiscais, há que se questionar a eficiência alocativa dos fatores de produção, uma vez que o empreendimento se estabelecerá em localidade escolhida por força dos benefícios fiscais e não pelas suas características próprias, desconsiderando-se, muitas vezes, fatores como o distanciamento do seu mercado consumidor e de fornecedores, custos de transporte e logística, a deficiência de qualificação da mão de obra e de infraestrutura etc.

Finalmente, importante registrar que a EC nº 132/2023, que tratou da reforma tributária sobre o consumo, teve como um de seus objetivos reduzir a guerra fiscal entre Estados e Municípios, ao extinguir os incentivos fiscais e instituir o Imposto sobre Bens e Serviços (IBS) em substituição ao ICMS e ISS.

PARTE II
Normas Gerais Tributárias

Capítulo 4
PRINCÍPIOS CONSTITUCIONAIS TRIBUTÁRIOS

4.1. DIREITOS FUNDAMENTAIS E TRIBUTAÇÃO

Existem normas reconhecedoras de direitos que toda sociedade deverá possuir e cujo respeito se impõe irrestritamente. Tais direitos são chamados de *essenciais* porque decorrem da própria essência do ser humano, e são considerados *fundamentais* porque estão na base da ordem social e da vida individual do cidadão. São os *direitos humanos fundamentais*, que não podem ser negados, devendo, ao contrário, ser reconhecidos, respeitados, garantidos e efetivados pelo Estado.

Afirma Manoel Gonçalves Ferreira Filho[1] que "esses direitos humanos fundamentais, graças ao reconhecimento, ganham proteção. São garantidos pela ordem jurídica, pelo Estado. Isto significa passarem a gozar de coercibilidade".

Sobre a função dos direitos humanos, leciona José Joaquim Gomes Canotilho[2] que os direitos fundamentais cumprem a função de direitos de defesa dos cidadãos sob uma dupla perspectiva:

> (1) constituem, num plano jurídico-objectivo, normas de competência negativa para os poderes públicos, proibindo fundamentalmente a ingerência destes na esfera jurídica individual; (2) implicam, num plano jurídico-subjectivo, o poder de exercer positivamente direitos fundamentais (liberdade positiva) e de exigir omissões dos poderes públicos, de forma a evitar agressões lesivas por parte dos mesmos (liberdade negativa).

O Direito Constitucional traça as feições comportamentais do Estado e de suas relações com a sociedade. Por meio de suas características, poderemos identificar se estamos diante de um Estado de Direito ou de Fato, Democrático ou Totalitário, Liberal ou Autocrático. É por suas linhas que poderemos analisar a relação entre o Estado e os Direitos Humanos, tendo em vista que todo sistema jurídico deverá se conformar com as disposições constitucionais como condição de validade de suas normas.

No caso brasileiro, desde a nossa primeira Constituição republicana (1891), já estavam expressamente enumerados (exemplificativamente) os direitos fundamentais que iriam reger a sociedade brasileira. Em nossa atual Carta Constitucional (1988), encontramos no seu Título II – "Dos Direitos e Garantias Fundamentais", os Capítulos I a IV (arts. 5º a 16), que tratam dos direitos e deveres individuais e coletivos, dos direitos sociais, da nacionalidade e dos direitos

---

[1] FERREIRA FILHO, Manoel Gonçalves. *Direitos humanos fundamentais.* 5. ed. rev. São Paulo: Saraiva, 2002. p. 31.

[2] CANOTILHO, José Joaquim Gomes. *Direito constitucional.* 7. ed. Coimbra: Almedina, 2003. p. 408.

CURSO DE DIREITO TRIBUTÁRIO BRASILEIRO – *Marcus Abraham*

políticos. Por sua vez, no Título VIII – "Da Ordem Social", encontramos matérias relativas à seguridade social, saúde, previdência e assistência social, educação, desporto, ciência e tecnologia, comunicação social, meio ambiente, família, criança e adolescente, idoso e índio. Além dessas, podemos também encontrar outras normas de igual função, com aplicabilidade direta na esfera fiscal (financeira e tributária), expressamente previstas entre os arts. 145 a 169 da Constituição.

Nesse cenário, o Estado brasileiro possui como dever inafastável atender às demandas coletivas relativas aos direitos humanos fundamentais, fazendo-se cumprir o princípio constitucional da dignidade da pessoa humana. Isso se deve especialmente ao Direito Constitucional que, por meio da Constituição Federal de 1988, confere maior efetividade normativa àqueles princípios fundamentais. Influencia sobremaneira todo o ordenamento e seus subsistemas, inclusive as normas sobre os direitos humanos fundamentais e as normas de Direito Financeiro e Tributário, pois, como sabemos, não é possível oferecer os primeiros sem os recursos regidos pelo segundo.

A superação do *positivismo* exacerbado, como paradigma de segurança jurídica e da tradicional interpretação normativa (pela mera subsunção de regras), permitiu, nas últimas décadas, a reafirmação dos direitos fundamentais, no que hoje se denomina *pós-positivismo* ou *neoconstitucionalismo*, com a ascensão dos princípios (e a distinção entre estes e as regras) e a ponderação de interesses, com o auxílio da teoria da argumentação,[3] conduzindo à reaproximação entre o direito e a ética, ingressando na prática jurisprudencial e produzindo efeitos positivos sobre a realidade.[4]

Nessa transformação, o direito constitucional brasileiro realiza papel determinante na mudança paradigmática: a Constituição Federal de 1988 e seus princípios fundamentais passam a ter maior efetividade normativa[5] e influenciam sobremaneira todos os demais sistemas do ordenamento jurídico.

Para financiar essa gama de deveres estatais, passa-se a requerer uma forma de financiamento constante, porém juridicamente justa. E desponta a tributação como sendo esse mecanismo. Portanto, para garantir o mínimo existencial, a dignidade da pessoa humana e para atender aos preceitos dos direitos humanos fundamentais, cumpre inegável e fundamental papel o tributo.[6]

Nesse contexto, o tema dos direitos humanos na tributação envolve o debate sobre os valores da justiça social como pano de fundo para a investigação da justiça fiscal. Ao mesmo tempo que o tributo é considerado a contraprestação garantidora das atividades que asseguram direitos fundamentais e sociais, coletivos e individuais, possui também o *status* de *dever fundamental* inafastável.

---

[3] Vejam-se: PERELMAN, Chaïm. *Tratado da argumentação:* a nova retórica. São Paulo: Martins Fontes, 1996; VIEHWEG, Theodor. *Tópica e jurisprudência.* Trad. Tércio Sampaio Ferraz Junior. Brasília: UnB/Ministério da Justiça, 1970.

[4] BARROSO, Luís Roberto; BARCELLOS, Ana Paula de. O começo da história. A nova interpretação constitucional e o papel dos princípios no direito brasileiro. *Revista Interesse Público,* Porto Alegre, ano 5, nº 19, 2003.

[5] Sobre o tema: BARROSO, Luís Roberto. *O direito constitucional e a efetividade de suas normas.* Rio de Janeiro: Renovar, 1990; SILVA, José Afonso da. *Aplicabilidade das normas constitucionais.* 3. ed. São Paulo: Malheiros, 1998; ÁVILA, Humberto Bergmann. *Teoria dos princípios.* São Paulo: Malheiros, 2003.

[6] BARCELLOS, Ana Paula de. *A eficácia jurídica dos princípios constitucionais:* o princípio da dignidade da pessoa humana. Rio de Janeiro: Renovar, 2002; BARCELLOS, Ana Paula de. O mínimo existencial e algumas fundamentações: John Rawls, Michael Walzer e Robert Alexy. In: TORRES, Ricardo Lobo (Org.). *Legitimação dos direitos humanos.* Rio de Janeiro: Renovar, 2002; BARROSO, Luís Roberto. *Interpretação e aplicação da Constituição.* São Paulo: Saraiva, 2003; TORRES, Ricardo Lobo. O mínimo existencial e os direitos fundamentais, *Revista de Direito Administrativo,* Rio de Janeiro, n. 177, jul./set. 1989.

4.2. JUSTIÇA TRIBUTÁRIA

Atribui-se a Aristóteles[7] o início de inúmeras ciências, especialmente aquelas de ordem social, tendo em vista que esse filósofo se dedicou a todos os ramos do conhecimento, e foi o que primeiro desenvolveu, de modo mais sistemático, os temas ligados à Filosofia do Direito.

Ainda hoje, suas lições[8] se encontram em plena harmonia com quase todos os ordenamentos jurídicos do mundo contemporâneo, contendo fortemente a ideia de igualdade, de modo que cada um deva receber o que efetivamente lhe corresponda, trazendo em si uma função social na busca da dignidade do homem e influenciando a elaboração de normas constitucionais e infraconstitucionais que servem de base para a organização do Estado e a normatização das condutas sociais.

Em sua classificação, pode-se falar em *justiça legal*, que regula a conduta de todos e a dos governantes em relação aos indivíduos; em *justiça distributiva*, que leva a comunidade a repartir os bens e encargos conforme a capacidade e os méritos de cada um; e em *justiça comutativa*, que preside às trocas. No seu conjunto, as três modalidades de justiça constituem o sustentáculo da vida social. É do conceito de justiça que se deduz uma primeira acepção da palavra direito, que significa o reto, o adequado, o bom e o justo.

Conforme registra Ricardo Lobo Torres[9] oportunamente ressalva, "a reflexão sobre a justiça tributária só aparece no final da Idade Média". O riquíssimo pensamento greco-romano sobre a justiça, de Platão e Aristóteles até Cícero, não contemplava, senão incidentalmente, a questão do justo fiscal. A filosofia medieval[10] é que vai recorrer ao argumento de que o tributo exigido além das necessidades do príncipe representa um furto, constituindo, em contrapartida, pecado (*peccatum*) o não pagamento do imposto justo. No Renascimento, o humanismo coloca o homem no centro de suas preocupações éticas e políticas. Permite-se, então, a discussão do tema da justiça na tributação, com a preocupação da isonomia (análise da condição dos pobres e ricos) e da redistribuição de riquezas, levando, então, a profundas mudanças sociais.

Segundo narra Paulo Roberto Cabral Nogueira,[11] o estudo histórico não deixa dúvida de que a tributação foi causa direta ou indireta de grandes revoluções ou grandes transformações sociais, como a Revolução Francesa, a Independência das Colônias Americanas e, entre nós, a Inconfidência Mineira, o mais genuíno e idealista dos movimentos de afirmação da nacionali-

---

[7]   ARISTÓTELES. *Ética a Nicômaco*. São Paulo: Martin Claret, 2002. p. 14.

[8]   "Os filósofos que antecederam Aristóteles não chegaram a abordar o tema de justiça dentro de uma perspectiva jurídica, mas como valor relacionado à generalidade das relações interindividuais ou coletivas. Em sua Ética a Nicômaco, o Estagirita formulou a teorização da justiça e equidade, considerando-as sob o prisma da lei e do Direito. Tão bem elaborado o seu estudo que se pode afirmar, sem receio de erro, que muito pouco se acrescentou, até nossos dias, àquele pensamento original" (NADER, Paulo. *Filosofia do direito*. 5. ed. Rio de Janeiro: Forense, 1996. p. 36).

[9]   TORRES, Ricardo Lobo. Ética e justiça tributária. In: SCHOUERI, Luís Eduardo (Coord.) *Direito tributário*: estudos em homenagem a Brandão Machado. São Paulo: Dialética, 1998. p. 173.

[10] Situada no período que vai do Helenismo (sécs. IV-V) até o Renascimento e o início do pensamento moderno (final do séc. XV e séc. XVI), concentrado entre os séculos XII e XIV, tempo do surgimento e desenvolvimento da Escolástica (sécs. XI-XII). Teve grande produção filosófica com a criação das universidades (séc. XIII) em consequência do grande desenvolvimento das escolas ligadas às abadias e catedrais e o surgimento do humanismo (MARCONDES, Danilo. *Iniciação à história da filosofia*. Rio de Janeiro: Jorge Zahar, 2000. p. 103).

[11] NOGUEIRA, Paulo Roberto Cabral. *Do imposto sobre produtos industrializados*. São Paulo: Saraiva, 1981. p. 7-8.

dade, que teve como fundamental motivação a sangria econômica provocada pela colônia por meio do aumento da derrama. O direito tributário de hoje é produto de uma paulatina e longa transformação, que impôs o desenvolvimento de práticas político-institucionais e documentos jurídicos limitativos dos poderes dos governantes, garantidores da liberdade e da forma justa de tributação, materializados em cartas de direitos ou em Constituições que hoje inspiram e influenciam o nosso contemporâneo Estado Democrático de Direito.

Assim, identificamos uma outra função do Direito Tributário: a realização da justiça fiscal. Esse ramo do Direito deixa de ser um mero estatuto protetivo do contribuinte para ganhar vida no debate dos direitos humanos. Continua a ser um eficaz instrumento do Estado a fazer frente a suas necessidades financeiras, como também colabora na redistribuição de riquezas e na realização da justiça social, com respeito à dignidade da pessoa humana e à manutenção do equilíbrio econômico e da prosperidade.

Portanto, sinteticamente, ao tratarmos de justiça na seara tributária, estaremos discutindo temas como a dimensão da carga fiscal, as relações entre fisco e contribuinte e a harmonia do sistema tributário. Tais assuntos ganham sua expressão no campo jurídico pelo debate da capacidade contributiva, no primeiro caso; sobre a igualdade e a equidade, no segundo caso; e, finalmente, sobre a segurança jurídica nas relações fiscais. Harmonizar estes três fatores é o grande desafio de qualquer nação moderna constituída em Estado de Direito, já que a tributação possui um elevado custo social, econômico e político.

4.3. VALORES E PRINCÍPIOS NO DIREITO

A conceituação jurídica a respeito dos valores, princípios e regras e do papel exercido por estes institutos dentro do Direito não é uniforme em nossa doutrina, sobretudo no que se refere à atividade hermenêutica.

Cabe, preliminarmente, o registro de que esta questão somente passa a adquirir pertinência a partir das relevantes mutações do final do século XX e início do XXI, que trouxeram novos paradigmas para o Direito moderno.

Ao superar-se o modelo dogmático-conceitual do positivismo legalista da mera subsunção das regras estritas e fechadas aos fatos concretos de maneira formal e legalista, como um suposto mecanismo garantidor de segurança jurídica, para dar lugar ao desenvolvimento de um *pluralismo metodológico*, com a ênfase nos valores e princípios fundamentais como suporte jurídico para a aplicação das regras, abre-se um novo ambiente jusfilosófico que permite o soerguimento de outros elementos jurídicos, até então renegados a casta jurídica secundária – dentre eles os princípios – à categoria de fonte do Direito.

Essa evolução do pensamento jurídico[12] se evidencia muito claramente ao longo do século XX pelo desenvolvimento sofrido pela teoria da interpretação: da *jurisprudência dos conceitos*, caracterizada por ser demasiadamente formalista, legalista e conceptualista, transpassa-se para a *jurisprudência dos interesses,* pautada na prevalência teleológica do Direito a partir dos interesses da sociedade. Entretanto, devido aos excessos e abusos de cada uma destas linhas interpretativas, ambas restaram suplantadas pela *jurisprudência dos valores*, em destaque no denominado

---

[12] Antonio Luiz Machado Neto, em seu *Compêndio de introdução à ciência do direito* (6. ed. São Paulo: Saraiva, 1988. p. 16-59), chega a relacionar seis escolas do pensamento jurídico: o jusnaturalismo, o exegetismo, o historicismo jurídico, o sociologismo jurídico, o normativismo e o egologismo. Para o nosso propósito, entretanto, consideramos apenas o jusnaturalismo iluminista e o positivismo jurídico, sem contar, é claro o pós-positivismo.

pós-positivismo ou *neoconstitucionalismo*, que traz ao debate jurídico questões voltadas aos direitos humanos fundamentais, pela efetividade dos princípios constitucionais e pelo pluralismo metodológico, com a revitalização da teoria da argumentação, da retórica e da tópica.

Assinalando a evolução e o aperfeiçoamento dos ideais do *jusnaturalismo iluminista* e do *positivismo*, o *pós-positivismo* restitui à esfera normativa, a partir da segunda metade do século XX, os valores e a ética, como assinalam Francesco Viola e Giuseppe Zaccaria: "Se se reconhece que o constitucionalismo introjetou no direito positivo princípios que anteriormente pertenciam de modo latente à tradição do pensamento jurídico ocidental, é necessário admitir que esses princípios são parte integrante da norma".[13]

Assim, o *pós-positivismo* reintroduz no ordenamento jurídico positivo as ideias de justiça e legitimidade, através do constitucionalismo moderno, com o retorno aos valores e com a reaproximação entre a ética e o direito, materializados em princípios jurídicos abrigados na Constituição, que passam a ter maior efetividade normativa, influenciando sobremaneira a teoria da interpretação, inclusive a do Direito Tributário.

Neste contexto, para uns, os *valores jurídicos* não ostentam função normativa, mas integram o próprio conteúdo das normas jurídicas, entendidos como suporte ou substância axiológica de determinada norma positivada (regra ou princípio); para outros, ao lado dos princípios e das regras, são concebidos como categoria normativa autônoma.[14]

Ricardo Lobo Torres entende que a liberdade, a segurança, a justiça e a solidariedade são os valores ou ideias básicas do Direito que, a partir da virada kantiana e da reaproximação entre a ética e o direito, propiciou o retorno aos valores como caminho para a superação do positivismo. Para este autor, os valores jurídicos apresentam as seguintes características: a) compõem um *sistema aberto*; b) são *objetivos,* pois independem de apreciação subjetiva; c) são *parciais,* compartilhados com a ética; d) estão em permanente *interação* e em incessante busca de equilíbrio, sem qualquer *hierarquia;* e) exibem a tendência à *polaridade,* no sentido de que caminham sempre para a sua própria contrariedade; f) são *analógicos*, pois deles se deduzem os princípios e as regras; g) existem no grau máximo de *generalidade* e *abstração*.[15]

Segundo o espanhol Antonio-Enrique Pérez Luño,[16] os valores possuem três dimensões: a) *fundamentadora*, constituindo o núcleo básico e informador de todo o sistema jurídico-político; b) *orientadora* da ordem jurídico-política em direção a fins determinados, a qual torna ilegítima qualquer disposição normativa que persiga fins distintos ou obstaculize a consecução dos enunciados axiológicos; c) *crítica*, porquanto servem como critérios ou parâmetros de apreciação de fatos ou condutas.

Para Robert Alexy,[17] os princípios e as regras são conceitos deontológicos positivados no ordenamento (que prescrevem o que é devido), ao passo que os valores têm natureza axiológica, indicando o que é bom, aceito e seguido por determinada sociedade.

---

[13] VIOLA, Francesco; ZACCARIA, Giuseppe. *Diritto e interpretazione*: lineamenti di teoria ermeneutica del diritto. 7. ed. Roma: Laterza, 2011. p. 329.

[14] PEREIRA, Jane Reis Gonçalves. Princípios e valores. In: TORRES, Ricardo Lobo (Org.). *Dicionário de princípios jurídicos*. Rio de Janeiro: Elsevier, 2011. p. 1.037.

[15] TORRES, Ricardo Lobo. *Tratado de direito constitucional financeiro e tributário*: valores e princípios constitucionais tributários. Rio de Janeiro: Renovar, 2005. Vol. II. p. 42.

[16] LUÑO, Antonio-Enrique Perez. *Derechos humanos, Estado de derecho y Constitución*. Madrid: Tecnos, 1999. p. 288.

[17] ALEXY, Robert. *Teoría de los derechos fundamentales*. Madrid: Centro de Estudios Políticos y Constitucionales, 2001. p. 147.

Entendemos que os **valores jurídicos** são juízos abstratos que representam um "estado ideal de justiça a ser atingido" dentro de um ordenamento jurídico de determinada sociedade. Com base na Constituição Federal de 1988, podemos identificar que nela se encontram três valores que estruturam o Estado de Direito brasileiro: liberdade, igualdade e segurança jurídica.[18] Existentes e efetivos todos esses valores conjuntamente, a justiça estará presente.

Tais valores são materializados e se traduzem em linguagem jurídica a partir dos **princípios jurídicos,** normas dotadas de abstração e generalidade, que nos indicam o fundamento para a interpretação e os parâmetros para a realização de um mandamento ou comando normativo específico, indicando comportamentos e condutas ideais; por sua vez, as **regras** são normas descritivas, absolutas e que enunciam o comando para a concreção de uma conduta.

Das lições de Humberto Ávila em sua obra *Teoria dos Princípios,*[19] podemos concluir que as *regras* são normas imediatamente descritivas, na medida em que estabelecem obrigações, permissões e proibições mediante a descrição da conduta a ser cumprida, enquanto os *princípios* são normas imediatamente finalísticas, já que estabelecem um estado de coisas cuja promoção gradual depende dos efeitos decorrentes da adoção de comportamentos a ela necessários.

O conceito de princípio jurídico, a partir de meados do século XX até os dias atuais, ensejou grandes estudos e reflexões no âmbito da Teoria do Direito. Autores como Joseph Esser, Jean Boulanger, Ronald Dworkin, Karl Engisch, Wilhelm-Cannaris, Genaro Carrió, entre outros, proclamaram a normatividade dos princípios em bases teóricas, dogmáticas e metodológicas muito superiores às das teses até então consagradas, que defendiam uma mera posição subsidiária, numa auxiliar função integrativa na aplicação do Direito. Foi, porém, no Direito Constitucional que essa tendência ganhou prestígio e estabeleceu aprofundadas e consequentes reflexões, com autores como Vezio Crisafulli, Robert Alexy, Eduardo García de Enterría, José Joaquim Gomes Canotilho, entre outros.[20]

Na evolução jurídico-filosófica da aplicação dos princípios jurídicos, podemos sintetizar as seguintes eras: inicialmente, identificamos o **jusnaturalismo,** que encarava os princípios como meras sugestões morais e éticas, de origem universal, habitando uma esfera abstrata e ostentando normatividade nula ou duvidosa. Depois, veio o **positivismo jurídico,** que se caracterizou pela entrada dos princípios nos códigos e ordenamentos jurídicos, mas como fonte meramente secundária, de cunho meramente interpretativo e integrativo, desempenhando apenas um papel de fonte normativa subsidiária. E, finalmente, chega-se à terceira fase da teorização dos princípios, que se convencionou chamar de **pós-positivismo,** correspondente aos grandes momentos constituintes das últimas décadas do século XX, em que as novas constituições promulgadas acentuam a hegemonia axiológica dos princípios.

É unânime, hodiernamente, o reconhecimento de que os princípios ganharam força normativa no ordenamento jurídico, sendo dotados de cogência e eficácia, com aplicabilidade plena e vinculante.

No relato de Paulo Bonavides,[21] Crisafulli, ao afastar o mero caráter programático dos princípios, já afirmava que:

---

[18]   A dignidade da pessoa humana é entendida como um sobreprincípio que perpassa todos os valores jurídicos.

[19]   ÁVILA, Humberto Bergmann. *Teoria dos princípios.* São Paulo: Malheiros, 2003. p. 30-31.

[20]   ESPÍNDOLA, Ruy Samuel. *Conceito de princípios constitucionais:* elementos teóricos para uma formulação dogmática constitucionalmente adequada. 1. ed. 2. tir. São Paulo: Revista dos Tribunais, 1999. p. 27-28.

[21]   BONAVIDES, Paulo. *Curso de direito constitucional.* 13. ed. São Paulo: Malheiros, 2003. p. 286.

[...] se os princípios fossem simples diretivas teóricas, necessário seria, então, admitir coerentemente que em tais hipóteses a norma é posta pelo juiz e não, ao contrário, por este somente aplicada a um caso concreto. [...] Princípio é, com efeito, toda norma jurídica, enquanto considerada como determinante de uma ou de muitas outras subordinadas, que a pressupõem, desenvolvendo e especificando ulteriormente o preceito em direções mais particulares (menos gerais), das quais determina e, portanto, resumem, potencialmente, o conteúdo.

O Direito moderno considera os princípios jurídicos como uma espécie de norma, ao lado das regras. Portanto, falar hoje em dia de *princípios* e *regras* como espécies distintas de *normas* é relatar as concepções desenvolvidas por Ronald Dworkin[22] e Robert Alexy,[23] que fundamentam formal e materialmente suas diferenças, sem deixar de mencionar também Chaïm Perelman[24] e Gustavo Zagrebelsky,[25] que exerceram fundamental papel na construção de bases sólidas de lógica argumentativa para permitir a aplicabilidade da teoria.

Ronald Dworkin, ao desenhar sua teoria sobre a distinção entre princípios e regras, o fez com a preocupação de atacar o positivismo clássico e, especialmente, para solucionar casos complexos (*"hard cases"*) que dependem de uma mobilidade de que as regras (*"standards"*) careceriam, porque aplicáveis de maneira absoluta no modo *tudo ou nada* (*"all-or-nothing"*), o que somente seria possível através dos princípios detentores de uma dimensão de peso (*"dimension of weight"*), atuando como parâmetros ou diretrizes (*"policies"*), que visam a atingir determinado objetivo econômico, político ou social, aproximando, por consequência, o Direito e a Moral. Neste sentido, asseverava Dworkin: "Denomino 'princípio' um padrão que deve ser observado, não porque vá promover ou assegurar uma situação econômica, política ou social considerada desejável, mas porque é uma exigência de justiça ou equidade ou alguma outra dimensão da moralidade".[26]

Robert Alexy também estabelece um critério que diferencia regras e princípios sob o aspecto lógico ou qualitativo. Segundo ele, os princípios caracterizam-se por serem "mandados de otimização", determinando que algo seja realizado dentro da melhor e maior medida possível, ou seja, conforme as condições circunstanciais, poderão ser cumpridos em diferentes graus, sem que isso comprometa a sua validade.[27] Já as regras, consideradas como "mandados de definição", seriam cumpridas ou não, de forma absoluta, não havendo a mesma flexibilidade e gradação que existe quanto aos princípios. Tais regras, frente ao caso concreto, serão aplicáveis ou não, sem possibilidade de qualquer ponderação. Nas suas palavras:

> Os princípios são mandados de otimização, que estão caracterizados pelo fato de que podem ser cumpridos em diferentes graus e cuja medida devida de cumprimento não só depende das

---

[22] DWORKIN, Ronald. *Taking rights seriously.* Cambridge: Massachusetts: Harvard University Press, 1978; *The model of rules. University of Chicago Law Review*, vol. 35, issue 1, 1967.

[23] ALEXY, Robert. *Teoría de los derechos fundamentales.* Madrid: Centro de Estudios Políticos y Constitucionales, 2001; Sistema Jurídico, Principios Jurídicos y Razón Práctica. *Doxa* – Cuadernos de Filosofía del Derecho, nº 5, 1988.

[24] PERELMAN, Chaïm. *La lógica jurídica y la nueva retórica.* Madrid: Civitas, 1979.

[25] ZAGREBELSKY, Gustavo. *El derecho dúctil:* ley, derechos, justicia. Madrid: Trotta, 1995.

[26] DWORKIN, Ronald. *Levando os direitos a sério.* Trad. Nelson Boeira. São Paulo: Martins Fontes, 2002. p. 36.

[27] ALEXY, Robert. *Teoría de los derechos fundamentales.* Madrid: Centro de Estudios Políticos y Constitucionales, 2001. p. 86-87.

possibilidades reais, mas também das jurídicas. [...] Por outro lado, as regras são normas que só podem ser cumpridas ou não. [...] Toda norma ou é uma regra ou um princípio.[28]

Paulo Bonavides[29] nos apresenta uma classificação tripartite dos princípios segundo suas funções: a) *função fundamentadora da ordem jurídica*, em que as normas que se contraponham aos princípios constitucionais perderão sua vigência ou validade, dotando-os de eficácia diretiva ou derrogatória; b) *função interpretativa*, em que os princípios cumpririam papel diretivo, no sentido de orientar o operador do direito na aplicabilidade das demais normas jurídicas; e c) *função supletiva*, servindo de instrumento para integrar o Direito, suplementando os vazios regulatórios da ordem jurídica.

Já Diogo de Figueiredo Moreira Neto[30] identifica e relaciona as funções dos princípios em nosso ordenamento jurídico: 1) *função axiológica*, pela qual os princípios definem os valores que informam a ordem jurídica vigente; 2) *função teleológica* ou *finalística*, em que os princípios orientam a ordem jurídica em direção a determinadas finalidades ou objetivos; 3) *função sistêmica*, na qual os princípios conferem ordem e coerência ao sistema normativo; 4) *função integrativa*, em que os princípios preenchem as lacunas normativas do ordenamento jurídico; 5) *função nomogenética*, em que os princípios fornecem às normas maior densidade de conteúdo; 6) *função irradiante*, em que os princípios informam seu valor para todo o sistema jurídico; 7) *função provocativa*, em que os princípios estimulam e condicionam a produção de normas conforme seus valores, bem como a realização de atos concretos para a efetivação dos seus comandos; 8) *função inibidora* ou *limitativa*, em que os princípios impedem a produção de normas ou a realização de atos que contrariem seu conteúdo.

Portanto, vemos que, muito além da tradicional função interpretativa ou integrativa, hoje em dia os princípios jurídicos são capazes não apenas de guiar a correta aplicação do Direito à luz dos valores que concretizam, mas também são aptos a inquinar de vício os atos que forem de encontro ao seu mandamento.

Na interpretação e aplicação do Direito, havendo colisão entre regras, uma delas deverá ser afastada em favor da aplicação da outra a partir de critérios objetivos como o cronológico, o hierárquico ou da especialidade. Por sua vez, quando ocorrer uma colisão entre princípios, um deles deverá ceder em relação ao outro, num processo de ponderação entre pesos e valores, sem que haja qualquer declaração de invalidade de um ou de outro. Portanto, em caso de conflito de regras, estas se excluirão mutuamente, ao passo que no conflito de princípios, estes coexistirão e será utilizada a denominada *ponderação de valores* ou *ponderação de interesses* para solucionar o respectivo conflito.

Neste processo de solução de colisão entre normas, os **princípios da razoabilidade e da ponderação** irão atuar à luz dos fatos concretos, impondo "compressões" recíprocas sobre os bens jurídicos em disputa, objetivando encontrar um ponto ideal, no qual a restrição a cada bem seja a mínima indispensável à sua convivência com o outro.

O princípio da razoabilidade permite a verificação de maneira concreta da adequação dos meios empregados e dos fins pretendidos (teste do balanceamento). A falta de razoabilidade da medida será aferida da seguinte forma: a) não deve haver relação de adequação entre o fim visado

---

[28] Ibidem. p. 82-86.
[29] BONAVIDES, Paulo. *Curso de direito constitucional*. 13. ed. São Paulo: Malheiros, 2003. p. 283.
[30] MOREIRA NETO, Diogo de Figueiredo. Princípios da Licitação. *Boletim de Licitações e Contratos*, nº 9, 1995. p. 429.

Parte II · Cap. 4 · PRINCÍPIOS CONSTITUCIONAIS TRIBUTÁRIOS | 87

e o meio empregado; b) a medida não deve ser exigível ou necessária, havendo meio alternativo para chegar ao mesmo resultado com menor ônus a um direito individual; c) não deve haver proporcionalidade em sentido estrito, ou seja, o que se perde com a medida é de maior relevo do que aquilo que se ganha. Por sua vez, o princípio da ponderação permite o sopesamento de elementos como bens, valores, princípios, fins e interesses na aplicação da norma.

Humberto Ávila[31] considera os princípios da *razoabilidade* e da *ponderação* como *postulados normativos*, cuja finalidade é estabelecer o modo e a forma de aplicação de outras normas, ou seja, como normas estruturantes da aplicação de princípios e regras, situando-se num plano distinto daquele das normas cuja aplicação estruturam. São *metanormas*, ou normas *de segundo grau*. Diferem dos princípios, pois enquanto estes estabelecem a promoção de um fim, aqueles apenas estruturam a aplicação do dever de promover o fim. Pela mesma razão, diferem das regras, já que estas descrevem comportamentos devidos, enquanto os postulados estruturam a aplicação de normas que o fazem.

4.4. VALORES E PRINCÍPIOS NA TRIBUTAÇÃO

O Estado Democrático de Direito é fundado a partir de três pilares: liberdade, igualdade e segurança jurídica – valores que se encontram espraiados por todo o texto da nossa Constituição Federal de 1988, condicionando a atuação dos Poderes que constituem a República Federativa do Brasil, seus órgãos e integrantes, e influenciando a vida dos cidadãos brasileiros.

Ao mesmo tempo que a Constituição concede competência à União, Estados, Distrito Federal e Municípios para instituir tributos, encarrega-se de estabelecer limites para a tributação, buscando a realização da justiça fiscal por meio do balanceamento entre os direitos do cidadão e os interesses do Estado.

Por influência, entre outros, de Aliomar Baleeiro, em sua clássica obra *Limitações Constitucionais ao Poder de Tributar*,[32] consolidou-se a ideia de que tais limitações se manifestavam essencialmente na forma de princípios. Segundo o autor, "Nenhuma Constituição excede a brasileira, a partir da redação de 1946, pelo zelo com que reduziu a disposições jurídicas aqueles princípios tributários. Nenhuma outra contém tantas limitações expressas em matéria financeira".

Assim, as limitações se concretizam na Constituição Federal de diversas outras maneiras, por meio de princípios implícitos ou explícitos, por proibições a discriminações ou favorecimentos ou mesmo por imunidades. Em qualquer caso, o artigo 146, inciso II da Constituição determina que cabe à lei complementar regular as limitações constitucionais ao poder de tributar.

Grande parte da doutrina costuma, simplesmente, classificar e relacionar os princípios tributários de forma única e denominá-los genericamente de "Princípios Constitucionais Tributários". Outros, seguindo a linha de Ricardo Lobo Torres, distinguem as imunidades e as proibições dos demais princípios de segurança jurídica, de equidade, de isonomia e de justiça.

A nosso ver, a melhor classificação e estudo dos princípios tributários são realizados a partir dos valores jurídicos que estes representam e materializam: a) princípios de segurança jurídica; b) princípios de igualdade; c) princípios de liberdade.

Os **princípios de segurança jurídica**, que indicam a previsibilidade e estabilidade das normas jurídicas e seus efeitos, estabelecendo a certeza no direito, podem assim ser classificados: **a)**

---

[31] ÁVILA, Humberto Bergmann. op. cit. p. 85-94.

[32] BALEEIRO, Aliomar. *Limitações constitucionais ao poder de tributar*. 7. ed. Atualizada por Misabel Derzi. Rio de Janeiro: Forense, 1997.

princípio da legalidade e da tipicidade – em que a criação de tributos e seus elementos devem ser feitos por lei propriamente dita, sendo, inclusive vedada a analogia (art. 150, I, CF/88); **b) princípio da irretroatividade das leis** – as normas jurídicas não podem voltar no tempo e atingir atos e fatos já realizados (inclusive o fato gerador), sob pena de violar o ato jurídico perfeito, o direito adquirido e a coisa julgada (art. 5º, XXXVI e 150, III, *a*, CF/88); **c) princípio da anterioridade** (art. 150, III, *b* e *c*) – indica que o tributo não pode ser cobrado no mesmo exercício em que haja sido publicada a lei que o instituiu ou aumentou, bem como deverá ser respeitado um lapso temporal de 90 dias (não devendo a anterioridade ser confundida com o princípio da anualidade tributária, que não consta mais da Constituição de 1988 como princípio, e que se referia à autorização a ser inserida no orçamento para cobrar o tributo no exercício financeiro seguinte); **d) princípio da territorialidade** – os efeitos da lei tributária se limitarão ao alcance geográfico do ente tributante; **e) princípio da indelegabilidade da competência tributária** – a autorização para instituir tributos e a sua gestão é originária da Constituição Federal e não pode ser modificada originariamente por seus entes; **f) princípio da praticabilidade** – direciona-se a viabilizar a execução simplificada, econômica e viável do ordenamento jurídico tributário.

Os **princípios de igualdade** se dividem em: **a) princípio da isonomia** (art. 150, II, CF/88) – veda a tributação desigual entre os que se encontrem em situação semelhante; **b) princípio da capacidade contributiva** (art. 145, § 1º, CF/88) – a tributação deve ser feita de acordo com as condições econômicas do contribuinte; **c) princípio da progressividade** (arts. 149, § 1º; 153, § 2º, I; 153, § 4º, I; 155, § 1º, VI; 156, § 1º; art. 182, § 4º, II; art. 195, II, todos da CF/88) – indica que a incidência do tributo deve ser crescente ou decrescente em função da sua base de cálculo, que será parametrizada conforme a capacidade contributiva; **d) princípio da seletividade** – a carga fiscal do tributo deve variar conforme a essencialidade do bem sobre o qual recai (art. 153, § 3º, I e 155, § 2º, III, CF/88); **e) princípio da não cumulatividade** (arts. 153, § 3º, II e 155, § 2º, I, CF/88) – permite que cada contribuinte na mesma cadeia econômica seja tributado apenas pela sua parcela financeira e não pelo valor total, por meio do mecanismo de compensação; **f) princípio da solidariedade** (arts. 1º, 3º, 170 e 195, CF/88) – indica que todos os cidadãos brasileiros devem contribuir para as despesas coletivas do Estado, para que se possa construir uma sociedade livre, justa e solidária, desenvolver o país, acabar com a pobreza e a marginalização e minimizar as desigualdades sociais e regionais, promovendo o bem de todos; **g) princípio da uniformidade geográfica** – os tributos da União serão uniformes em todo o território nacional (art. 151, I, CF/88); **h) princípio da não discriminação tributária** – impedimento de graduar diferentemente os tributos em razão da origem ou do destino dos bens por não haver hierarquia entre os entes federativos (art. 152); **i) princípios do pacto federativo e republicano** – que estabelecem a forma de Estado e de Governo, dividindo os direitos e deveres de forma igualitária entre os entes integrantes da federação e delimitando a sua gestão, bem como garantindo a igualdade republicana entre os cidadãos; **j) princípio da supremacia do interesse público** – indica a superioridade das questões coletivas sobre as dos particulares, de modo que o Estado impeça que a igualdade seja violada por alguns privados em detrimento do bem comum; **k) princípio da indisponibilidade do interesse público** – o agente público e seu respectivo órgão têm o poder-dever de agir em favor do interesse comum, não lhes sendo facultado realizar ou não o ato administrativo de natureza tributária nem fazer distinção entre os contribuintes que devem ser igualmente tributados caso estejam na mesma situação.

Os **princípios da liberdade** podem ser assim dispostos: **a) princípio da universalidade de jurisdição** (art. 5º, XXXV, CF/88) – a lei não excluirá de apreciação do Poder Judiciário lesão ou ameaça de lesão a direito, inclusive em matéria fiscal; **b) princípio da ampla defesa** (art. 5º, LV, CF/88) – consagra o devido processo legal, assegurando as garantias do cidadão; **c) princípio do direito de petição** (art. 5º, XXXIV, CF/88) – permite a qualquer um acessar os órgãos públicos para fazer valer seus direitos; **d) princípio da proteção à propriedade privada** (art. 5º, XXII,

Parte II • Cap. 4 • PRINCÍPIOS CONSTITUCIONAIS TRIBUTÁRIOS | **89**

CF/88) – assegura o direito de propriedade, parametrizando a tributação; **e) proibição do confisco** (**art. 150, IV, CF/88**) – veda a tributação excessiva que possa violar o direito de propriedade; **f) princípio da liberdade de tráfego (art. 150, V, CF/88)** – veda a incidência tributária sobre situações que tenham como fato gerador o deslocamento de pessoas ou coisas entre Estados e Municípios da federação (exceto o Pedágio); **g) princípio das imunidades (art. 150, VI, CF/88)** – visa proteger pessoas, instituições e coisas, devido à sua importância para a vida em coletividade; **h) princípio do mínimo existencial** (implícito, mas existente em diversas normas constitucionais, como, por exemplo, na cláusula de proteção à dignidade da pessoa humana) – indica que a tributação não pode recair sobre parcela mínima necessária à subsistência do cidadão.

Apesar da tríplice classificação dos princípios tributários, é possível também indicar uma quarta classificação, a dos chamados "princípios estruturais". Por razões didáticas, os princípios estruturais já foram redistribuídos entre os três outros grupos de princípios anteriormente elencados, dada a sua dúplice representatividade. Mas cabe indicar brevemente a razão de tal nomenclatura.

Os **princípios estruturais** são aqueles que estabelecem a estrutura normativo-tributária do Estado Brasileiro, conferindo as balizas para o funcionamento do sistema tributário próprio de um Estado federal. Estes princípios garantem que, na estrutura federativa, as atribuições de cada ente sejam respeitadas, conferindo a eles a autonomia e o poder necessários para a obtenção de receitas que permitam a consecução do interesse público, ao mesmo tempo que se busca evitar o agigantamento do poder central e diminuir as tensões entre os entes federados. São eles: a) pacto federativo e republicano; b) princípio da indelegabilidade da competência tributária; c) princípio da territorialidade; d) princípio da uniformidade geográfica; e) princípio da não discriminação tributária; f) princípio da supremacia do interesse público; g) princípio da indisponibilidade do interesse público.

Por último, cabe registrar que o princípio da **dignidade da pessoa humana** é considerado um "sobreprincípio" ou "sobrevalor", conectado a todos os demais valores jurídicos, perpassando a igualdade, a liberdade e a segurança jurídica, de maneira que influencia e confere maior densidade a cada um deles, espraiando os ideais que representa também no âmbito do Direito Tributário. Não é à toa que a dignidade da pessoa humana será mencionada como fundamento complementar para diversos princípios tributários que veremos a seguir.

4.5. PRINCÍPIOS TRIBUTÁRIOS DE SEGURANÇA JURÍDICA

A existência do Estado Fiscal de Direito atual depende da segurança jurídica, uma das emanações deste Estado de Direito, que atribui à norma função fundamental na realização da justiça, garantindo-se a certeza do Direito, funcionando como instrumento de proteção da esfera de liberdade e da igualdade no tratamento. Estas normas originam-se não apenas da legislação ordinária, formal e materialmente instituída pelo poder legislativo, mas, principalmente, da Constituição Federal, por intermédio de seus valores e princípios implícitos e explícitos, que ganham maior efetividade na atualidade, como salienta Heleno Torres:[33]

> Numa análise baseada na consagração da segurança jurídica de princípios fundamentais, o direito constitucional brasileiro traduz-se no mais expressivo compromisso com a efetividade de um Estado Democrático de Direito em matéria tributária que se tem notícia. Uma típica Constituição material tributária, ainda que sua concretização seja reveladora de uma *constitucio-*

---

[33] TORRES, Heleno Taveira. *Direito constitucional tributário e segurança jurídica*: metódica da segurança jurídica do sistema constitucional tributário. São Paulo: Revista dos Tribunais, 2011. p. 337.

nalização simbólica. Sua construção postula garantia de certeza do direito, de confiança legítima e de estabilidade sistêmica, ao longo de toda a aplicabilidade das competências tributárias, nos limites dos direitos e liberdades fundamentais.

A **segurança jurídica** é responsável por garantir a certeza dos direitos e obrigações de todos que fazem parte desta coletividade, sendo elemento fundamental da tributação contemporânea. Sem ela, o cidadão-contribuinte não poderá cumprir regularmente os seus deveres fiscais e nem exercer satisfatoriamente os seus direitos. Pela mesma razão, a sua ausência impossibilitará que a Fazenda Pública possa desempenhar a sua função de maneira adequada. Como nefasta consequência, não se terá um sistema tributário justo e razoável.

4.5.1. Princípio da legalidade tributária

O **princípio da legalidade** é baseado na ideia do *nullum tributum sine lege* (não há tributo sem lei), encontrando-se expresso no inciso I do artigo 150 da Constituição Federal de 1988, vedando a criação ou o aumento de tributo sem lei que o estabeleça.[34] Sua razão de ser está na autotributação – ou seja, os próprios contribuintes determinam o *quantum* de tributos que pretendem pagar, por intermédio de seus representantes nas casas legislativas.

Queralt, Serrano y Blanco[35] afirmam que

[...] com o advento do Estado Constitucional, o princípio da reserva de lei cumpre basicamente uma dupla finalidade: a. garantir o respeito ao denominado princípio da autoimposição, de forma que os cidadãos não paguem mais tributos que aqueles com os quais tenham aquiescido seus legítimos representantes; b. cumpre uma finalidade claramente garantista do direito à propriedade.

Proíbe-se, assim, a criação ou modificação de tributo por atos normativos infralegais como portarias, resoluções, decretos etc.,[36] exceto as próprias exceções ao princípio, previstas na Constituição Federal, de natureza extrafiscal ou regulatória.

Tal regra já se encontrava consagrada pelo art. XII da Magna Carta inglesa de 1215, ao estabelecer que:

Nenhum tributo de "*scutage*" ou "*aid*" será instituído em nosso reino senão pelo conselho comum de nosso reino, exceto para o resgate de nossa pessoa, para investir nosso filho mais velho como cavaleiro

---

[34] Por isso, foi declarado inconstitucional o aumento dos valores da Taxa de Anotação de Responsabilidade Técnica por atos normativos infralegais do CREA, sem qualquer previsão em lei, cf. STF. ARE 748.445 (repercussão geral – Tema 692), Rel. Min. Ricardo Lewandowski, Pleno, julg. 31/10/2013. Por sua vez, o pedágio, não tendo natureza tributária de taxa, mas sim de preço público, não se submete a este princípio da legalidade tributária, cf. STF. ADI 800, Rel. Min. Teori Zavascki, Pleno, julg. 11/06/2014.

[35] QUERALT, Juan Martín; SERRANO, Carmelo Lozano; BLANCO, Francisco Poveda. *Derecho tributario*. 18. ed. Valencia: Thomson Reuters Aranzadi, 2013. p. 68. Tradução livre.

[36] Por exemplo, ao serem instituídas por atos infralegais, foram declaradas inconstitucionais, por violação ao princípio da legalidade, as seguintes taxas: 1. Taxa de Cadastro do IBAMA instituída pela Portaria nº 113/1997 (ADI 1.823 MC); 2. Taxa de Fiscalização Pesqueira do IBAMA instituída pela Portaria nº 62/2000 (ADI 2.247 MC); 3. Taxa de serviços notariais e de registros instituída pelo Provimento nº 9/97, da Corregedoria Geral da Justiça do Estado de Mato Grosso (ADI 1.709).

e para casar uma única vez nossa filha mais velha, e mesmo assim por meio de auxílio [tributo] que seja razoável. Da mesma forma se procederá quanto aos auxílios [tributos] da cidade de Londres.[37]

Albert Hensel[38] aduz que, em toda coletividade ordenada como Estado de Direito, o princípio financeiro segundo o qual a imposição tributária deve se relacionar com condições de fato ou acontecimentos da vida eleitos pelo legislador vem integrado com o seguinte princípio de direto fundamental: "toda imposição tributária pode ser efetuada somente com base em uma lei". Segue afirmando que a essência de tal princípio jurídico pode ser resumida da seguinte forma: "o legislador deve julgar quais fatos da vida são passíveis de imposição tributária e expressar sua vontade impositiva através da criação de normas".

Já as *exceções ao princípio da legalidade* são as previstas no artigo 153, § 1º, que faculta ao Poder Executivo, atendidas as condições e limites estabelecidos em lei, alterar alíquotas (mas não a base de cálculo[39]) de impostos com fim extrafiscal sobre: a) importação de produtos estrangeiros – II; b) exportação para o exterior, de produtos nacionais ou nacionalizados – IE; c) produtos industrializados – IPI; e d) operações de créditos, câmbio e seguro, ou relativas a títulos ou valores mobiliários – IOF.

Há também exceção da legalidade estrita para "redução e restabelecimento de alíquotas" prevista no art. 177, § 4º, I, *b*, que se refere à Contribuição de Intervenção no Domínio Econômico (CIDE) relativa a Combustíveis, bem como aquela referente ao ICMS-Combustíveis, em que a alíquota pode ser alterada por convênio do Confaz (art. 155, § 4º, IV, *c* e § 5º).

Assim, quanto aos tributos anteriormente descritos, a exceção ao princípio da legalidade se limita à alteração de suas alíquotas – e mesmo essa só é admitida dentro de certos limites fixados pela própria lei[40] –, e não quanto à criação de impostos ou sua base de cálculo.

Por sua vez, a EC nº 132/2023 inseriu o inciso III no § 1º do art. 156, CF/88, prevendo que o IPTU poderá ter a sua própria *base de cálculo* atualizada pelo Poder Executivo (ou seja, por ato normativo infralegal, tal como um Decreto do Prefeito), mas conforme critérios estabelecidos em *lei municipal*.

A forma legal típica para a criação de tributos é a **lei ordinária**.[41] Porém, as normas gerais em matéria tributária são sempre veiculadas por **lei complementar**, de acordo com o art. 146, III, CF/88. Quando a Constituição estabelece a *reserva de lei complementar* para a instituição

---

[37]   "No scutage nor aid shall be imposed on our kingdom, unless by common counsel of our kingdom, except for ransoming our person, for making our eldest son a knight, and for once marrying our eldest daughter; and for these there shall not be levied more than a reasonable aid. In like manner it shall be done concerning aids from the city of London."

[38]   HENSEL, Albert. *Derecho tributario*. Traducción de Leandro Stok y Francisco M.B. Cejas. Rosario: Nova Tesis, 2004. p. 117.

[39]   A parte do art. 21 e art. 26 do CTN que permitia ao Executivo alterar bases de cálculo do imposto de importação e imposto de exportação por atos infralegais não foi recepcionada pelo art. 153, § 1º, CF/88.

[40]   STF. RE 1.043.313 (repercussão geral), Rel. Min. Dias Toffoli, Pleno, julg. 10/12/2020: "*Tese*: É constitucional a flexibilização da legalidade tributária constante do § 2º do art. 27 da Lei nº 10.865/04, no que permitiu ao Poder Executivo, prevendo as condições e fixando os tetos, reduzir e restabelecer as alíquotas da contribuição ao PIS e da COFINS incidentes sobre as receitas financeiras auferidas por pessoas jurídicas sujeitas ao regime não cumulativo, estando presente o desenvolvimento de função extrafiscal". Neste caso, o STF admitiu que as alíquotas dos tributos fossem alteradas por atos infralegais, desde que os tetos fossem fixados em lei em sentido estrito. No mesmo sentido: STF. ADI 5.277, Pleno, julg. 10/12/2020.

[41]   A iniciativa de projeto de lei em matéria tributária é concorrente entre o chefe do Executivo e os parlamentares, inexistindo, no atual texto constitucional, iniciativa exclusiva do chefe do Executivo em matéria

de um tributo, esta norma deverá ser respeitada, sob pena de incorrer a criação do tributo em vício de forma, considerando que esta forma legal contempla um quórum qualificado para sua aprovação (maioria absoluta).

A Constituição impõe a lei complementar para a criação dos seguintes tributos: a) empréstimos compulsórios (art. 148, CF/88); b) imposto sobre grandes fortunas (art. 153, VII, CF/88); c) imposto seletivo sobre a produção, extração, comercialização ou importação de bens e serviços prejudiciais à saúde ou ao meio ambiente (art. 153, VIII, CF/88); d) novos impostos não previstos para a União, ditos impostos residuais (art. 154, I, CF/88); e) imposto sobre bens e serviços (IBS) de competência compartilhada entre Estados, Distrito Federal e Municípios (art. 156-A, CF/88); f) contribuição sobre bens e serviços – CBS (art. 195, V, CF/88); g) novas contribuições sociais de seguridade social não previstas na Constituição (art. 195, § 4º, CF/88).

Ressalte-se que o tributo criado por lei ordinária poderá ser alterado por lei complementar, mas o inverso não será possível, já que deverá ser levada em consideração a matéria a que está submetida a regra legislativa (reserva de matéria). Entretanto, se porventura uma lei complementar dispuser sobre matéria que não é reservada exclusivamente para esta forma legal, aí sim poderá tal assunto ser modificado ou mesmo revogado por lei ordinária. Portanto, o conteúdo da lei é que dita a sua forma de veiculação.

Com relação à *mera atualização monetária,* nada mais sendo do que a correção do valor originário de uma base de cálculo (de um tributo criado por lei), é permitida a sua aplicação sem lei desde que limitada a índices oficiais (STJ: Súmula 160;[42] STF: RE 648.245[43]), sendo autorizada no § 2º do art. 97, CTN.

Por sua vez, quanto à *fixação do prazo de pagamento,* o entendimento pacífico do STF[44] é pela desnecessidade de lei para regular a estipulação da data de vencimento dos tributos, já que em momento algum a Constituição ou o CTN mencionaram a vinculação do vencimento à lei; ao contrário, o art. 160 do CTN menciona a expressão ampla "legislação" para tratar desta matéria, não usando o termo específico "lei". E "legislação tributária", de acordo com o art. 96 do CTN, abarca "as leis, os tratados e as convenções internacionais, os decretos e as normas complementares".[45]

[ ] tributária, salvo para temas tributários quanto aos territórios federais, cf. art. 61, § 1º, II, "b", CF/88 e STF. ARE 743.480 (repercussão geral), Rel. Min. Gilmar Mendes, julg. 10/10/2013.

[42] STJ. Súmula nº 160: "É defeso, ao Município, atualizar o IPTU, mediante Decreto, em percentual superior ao índice oficial de correção monetária".

[43] STF. RE 648.245 (repercussão geral), Rel. Min. Gilmar Mendes, Pleno, julg. 01/08/2013: "*Tese*: A majoração do valor venal dos imóveis para efeito da cobrança de IPTU não prescinde da edição de lei em sentido formal, exigência que somente se pode afastar quando a atualização não excede os índices inflacionários anuais de correção monetária" Em tese, esta orientação do STF poderá ser mantida mesmo à luz do novo inciso III do § 1º do art. 156, CF/88, que prevê que o IPTU poderá ter a sua própria base de cálculo atualizada pelo Poder Executivo, conforme critérios estabelecidos em lei municipal. A nova norma constitucional continua a exigir que os critérios de atualização estejam previstos em lei municipal, de modo que o ato do Poder Executivo só poderá atualizar a base de cálculo dentro de balizas previamente fixadas em lei.

[44] STF. RE 598.677 (repercussão geral), Rel. Min. Dias Toffoli, Pleno, julg. 29/03/2021: "1. A exigência da reserva legal não se aplica à fixação, pela legislação tributária, de prazo para o recolhimento de tributo após a verificação da ocorrência de fato gerador, caminho tradicional para o adimplemento da obrigação surgida. Isso porque o tempo para o pagamento da exação não integra a regra matriz de incidência tributária". No mesmo sentido: STF. ADI 3.502, julg. 14/02/2020.

[45] Contudo, tratando-se de alteração que não afeta somente o prazo de recolhimento do tributo, mas o seu próprio regime de recolhimento, será necessária lei em sentido formal, como decidiu o STF ao estabelecer que "Somente lei em sentido formal pode instituir o regime de recolhimento do ICMS por estimativa", cf. STF. RE 632.265 (repercussão geral), Rel. Min. Marco Aurélio, Pleno, julg. 18/06/2015.

Portanto, o prazo para pagamento (vencimento) do tributo pode ser estabelecido em ato infralegal.[46] O mesmo ocorre com a criação de *obrigações acessórias*, que não necessita de lei, podendo ser instituídas por atos normativos infralegais, nos termos do art. 113, § 2º, do CTN.[47]

Quanto à possibilidade de Medida Provisória criar ou majorar tributos, a EC nº 32/2001 debelou as dúvidas, ao inserir no § 2º do art. 62 da CF/88 a previsão expressa de cabimento de MP para instituir ou majorar impostos, exceto os previstos nos arts. 153, I, II, IV, V, e 154, II. No âmbito do STF, a discussão encontra-se superada, pois a Suprema Corte brasileira, em diversos precedentes (ADI 1.417-MC; ADI 1.667-MC; RE 700.160 AgR; RE 636.319 AgR; AI 623.157 AgR) já se manifestou pela possibilidade de que uma MP, por possuir força de lei, crie ou majore tributo, desde que tal tributo não se submeta à reserva de lei complementar, já que as MPs não podem versar sobre matéria reservada à lei complementar (art. 62, § 1º, III).

Embora no sistema constitucional tributário brasileiro não haja menção expressa sobre o **princípio da tipicidade**, este tem sido considerado um princípio implícito, mero desdobramento ou expressão do princípio da legalidade (arts. 5º, II e 150, I, CF/88; arts. 97 a 100, CTN), vinculando o legislador na sua atividade legiferante a criar mandamentos legais suficientemente claros e completos para que não haja liberdade ao operador do direito em aplicar critérios subjetivos, discricionários ou arbitrários.[48]

Em matéria tributária, o legislador deve especificar na norma, expressamente, a hipótese de incidência,[49] o sujeito passivo,[50] a alíquota, a base de cálculo, as penalidades, as hipóteses de

---

[46] Da mesma forma, caso se deseje criar um regime de *fato gerador presumido* para recolhimento antecipado do tributo, se fará necessária a lei em sentido estrito, por não se tratar de mera antecipação de prazo de pagamento de tributo, mas sim de antecipação, por ficção, da ocorrência do fato gerador do tributo. O momento da ocorrência do fato gerador é um dos aspectos da regra matriz de incidência submetido à reserva legal, cf. STF. RE 598.677 (repercussão geral), Rel. Min. Dias Toffoli, Pleno, julg. 29/03/2021. Tal lei exigida para a criação de regime de fato gerador presumido, com instituição de um responsável tributário por substituição, não necessita ser lei complementar, bastando ser lei ordinária do ente instituidor do tributo, cf. STF. ADI 5.702, Rel. Min. André Mendonça, Pleno, julg. 24/10/2022: "À luz da vigência da Lei Complementar nº 87, de 1996 (Lei Kandir), a imputação de responsabilidade tributária, na modalidade de substituição tributária progressiva, pelo Estado competente para a instituição do ICMS não demanda lei complementar, *ex vi* art. 150, § 7º, da Constituição da República".

[47] STJ. REsp 1.405.244 (recurso repetitivo), Rel. Min. Napoleão Nunes Maia Filho, 1ª Seção, julg. 08/08/2018: "5. Embora ao Fisco seja dado impor ao sujeito passivo certas obrigações acessórias por meio da legislação tributária – expressão que compreende não só as leis, mas, também, os tratados e as convenções internacionais, os decretos e as normas complementares que versem, no todo ou em parte, sobre tributos e relações jurídicas a eles pertinentes –, o mesmo não ocorre no âmbito das taxas, que devem obediência à regra da estrita legalidade tributária, nos termos do art. 97, IV do CTN".

[48] O STF vem admitindo que, tanto em taxas como em contribuições de natureza tributária (anuidades) a Conselhos Profissionais, a lei apenas fixe o valor máximo (teto) do tributo a ser cobrado, podendo o valor efetivo da cobrança, desde que não ultrapasse o teto legal, ser fixado por ato normativo infralegal, cf. STF. 838.284 (repercussão geral), Rel. Min. Dias Toffoli, Pleno, julg. 19/10/2016: "*Tese*: Não viola a legalidade tributária a lei que, prescrevendo o teto, possibilita o ato normativo infralegal fixar o valor de taxa em proporção razoável com os custos da atuação estatal, valor esse que não pode ser atualizado por ato do próprio conselho de fiscalização em percentual superior aos índices de correção monetária legalmente previstos". No mesmo sentido: STF. RE 704.292 (repercussão geral), julg. 19/10/2016; ADI 4.697, julg. 06/10/2016.

[49] STF. ARE 957.650 (repercussão geral), Rel. Min. Teori Zavascki, Pleno, julg. 05/05/2016: "É inconstitucional o art. 1º da Lei 9.960/00, que instituiu a Taxa de Serviços Administrativos (TSA), por não definir de forma específica o fato gerador da exação".

[50] STF. ADI 4.281, Rel. Min. Rosa Weber, Rel. p/ Acórdão: Min. Cármen Lúcia, Pleno, julg. 13/10/2020: "Operações com energia elétrica. Substituição tributária. Ausência de previsão legal. Ofensa ao princípio da legalidade".

exclusão, suspensão e extinção do crédito tributário, de dispensa ou redução de penalidades (art. 97, CTN).

Pelo art. 97 do CTN, a extinção e redução do tributo também devem ser previstas em lei, e o art. 150, § 6º, da CF/88 exige lei para a concessão de benefícios fiscais tais como isenção, anistia e remissão.[51] Contudo, o STF admite que ato infralegal possa aclarar conceitos jurídicos indeterminados adotados pela lei.[52]

Na tipicidade, os tipos serão abertos ou fechados quando seu conteúdo puder sofrer ou não um acréscimo descritivo, de acordo com os valores a que serve aquele determinado modelo jurídico. O tipo aberto tem a vantagem da flexibilidade, possibilitando ao operador do direito avançar além da interpretação, chegando até a integração do direito. Mas qualquer tipo aberto pode ser transformado em um tipo fechado, com a demarcação de novos elementos peculiares, dotando-o de maior precisão, o que ocorre pela exclusão das demais características, que passam a não mais se compatibilizar com o novo tipo. O que se revela com o tipo fechado é a sua limitação precisa, o que se consegue por meio da determinação exaustiva de suas características consideradas sempre necessárias.

No tradicional entendimento de Alberto Xavier, Yonne Dolácio de Oliveira, Ives Gandra da Silva Martins, Sacha Calmon Navarro Coêlho e outros, a tipicidade do Direito Tributário seria necessariamente uma tipicidade fechada, pois deveria conter em si todos os elementos para a valoração dos fatos e produção dos efeitos, sem tolerar qualquer subjetivismo que se substitua ou acresça ao contido no tipo legal – em nome da segurança jurídica.

Não obstante, acompanhamos o entendimento de que os tipos jurídicos, inclusive no direito tributário (por exemplo: empresa, empresário, indústria, trabalhador, poluidor) são necessariamente elásticos e abertos, ao contrário do que defende a doutrina positivista, mas o que caracteriza o tipo é que nele se contêm todas as possibilidades de descrição de suas características, ao representar a média ou a normalidade de determinada situação concreta, obtida por indução a partir da realidade social. Para Misabel Derzi,

> Essa abertura do tipo às flutuações da realidade propicia um evoluir mais contínuo do tipo do que do conceito classificatório. O chamado círculo hermenêutico, segundo o qual os fatos, aos quais se aplica o Direito, reagem sobre a própria norma, é mais intenso no tipo. São, pois, notas próprias da concepção por tipo: certa temporariedade ou fluidez em seus contornos, a indefinibilidade, a totalidade da imagem decisiva para seu reconhecimento, a abertura real o que a faz mais concreta e próxima da realidade do que o conceito classificatório e a aptidão para ordenar os

---

[51]   STF. ADI 3.462, Rel. Min. Cármen Lúcia, Pleno, julg. 15/09/2010: "A adoção do processo legislativo decorrente do art. 150, § 6º, da CF tende a coibir o uso desses institutos de desoneração tributária como moeda de barganha para a obtenção de vantagem pessoal pela autoridade pública, pois a fixação, pelo mesmo Poder instituidor do tributo, de requisitos objetivos para a concessão do benefício tende a mitigar arbítrio do chefe do Poder Executivo, garantindo que qualquer pessoa física ou jurídica enquadrada nas hipóteses legalmente previstas usufrua da benesse tributária, homenageando-se aos princípios constitucionais da impessoalidade, da legalidade e da moralidade administrativas (art. 37, *caput*, da Constituição da República). A autorização para a concessão de remissão e anistia, a ser feita 'na forma prevista em regulamento' (art. 25 da Lei 6.489/2002), configura delegação ao chefe do Poder Executivo em tema inafastável do Poder Legislativo".

[52]   STF. RE 343.446, Rel. Min. Carlos Velloso, Pleno, julg. 20/03/2003: "O fato de a lei deixar para o regulamento a complementação dos conceitos de 'atividade preponderante' e 'grau de risco leve, médio e grave', não implica ofensa ao princípio da legalidade genérica, C.F., art. 5º, II, e da legalidade tributária, C.F., art. 150, I". No mesmo sentido: STF. RE 677.725, julg. 11/11/2021.

Parte II · Cap. 4 · PRINCÍPIOS CONSTITUCIONAIS TRIBUTÁRIOS | 95

fenômenos através da comparação, sem rígidos cortes de secção. Há quem fale em tipos abertos e tipos fechados. O tipo fechado não se distingue do conceito classificatório, pois seus limites são definidos e suas notas rigidamente assentadas. No entanto, como nova metodologia jurídica, em sentido próprio, os tipos são abertos, necessariamente abertos [...].[53]

A possibilidade de utilização de cláusulas gerais e de conceitos indeterminados é inevitável diante da ambiguidade de linguagem. E, no direito tributário brasileiro, apenas para citar alguns exemplos, emprega-se uma série de conceitos indeterminados. É assim na legislação do Imposto de Renda ao mencionar expressões como "despesas razoáveis ou incompatíveis" ou "lucro arbitrado". Na legislação do Imposto sobre Produtos Industrializados (IPI), temos a menção de "bens imprestáveis". Da mesma forma, na legislação de incentivos fiscais, ao mencionar "projetos de relevante interesse", e assim por diante.

Dentro do tema de segurança jurídica e como decorrência do princípio da legalidade, não podemos deixar de apreciar a determinação expressa no § 1º do artigo 108, do Código Tributário Nacional, a estabelecer que "o emprego da analogia não poderá resultar na exigência de tributo não previsto em lei".

A ideia da **proibição da analogia** também está vinculada ao juízo de segurança jurídica, dada a correlação que foi criada entre o direito penal e o direito tributário. O tratamento paritário entre estes dois ramos advém dos ideais liberalistas que influenciaram a construção do ordenamento jurídico brasileiro, em que se elevava à máxima proteção os dois grandes valores daquela sociedade: a liberdade e o patrimônio. As limitações a ambos deveriam ser tratadas pelo aplicador da norma como recursos extremos e excepcionais. Aliás, o velho adágio latino do direito tributário *nullum tributum sine lege* advém do seu coirmão *nullum crimen, nulla poena sine lege certa*.

A utilização da analogia se justificaria porque o aplicador do direito muitas vezes se depararia com a existência de lacunas no ordenamento jurídico, cabendo-lhe a função de executar o processo de preenchimento desses "vazios" por meio da integração analógica. No caso de falta de previsão legal, ou seja, da falta de normas que deveriam existir para regulamentar determinados fatos, mas que por motivos diversos não existem, a sua complementação é chamada de "integração".

Diferente da integração é a interpretação, que é uma atividade lógica, em decorrência da qual se declara o que está determinado numa lei. A grande diferença entre interpretação e integração está em que, na primeira, o intérprete visa estabelecer as premissas para o processo de aplicação por meio do recurso à argumentação retórica, aos dados históricos e às valorações éticas, políticas, econômicas e sociais, tudo dentro do sentido possível do texto; já na integração, o aplicador se vale dos argumentos de ordem lógica, como a analogia ou como o argumento *a contrario sensu*, operando fora da possibilidade expressiva do texto da norma. Inicia-se onde já não há palavra a ser interpretada, isto é, opera-se além do sentido possível da letra da lei. Realiza-se com base em um dispositivo legal (*analogia legis*), ou em um conjunto de normas ou dispositivos legais combinados (*analogia iuris*).

Para entendermos melhor o processo de integração analógica, devemos, inicialmente, diferenciar a analogia da interpretação analógica: a) a **analogia** é forma de integração de uma omissão legal, partindo-se da solução prevista em outra lei em caso análogo para aplicá-la à

---

[53] DERZI, Misabel Abreu Machado. Tipo ou conceito no direito tributário? *Revista da Faculdade de Direito da UFMG*, Belo Horizonte, v. 31, n. 30-31, 1987/1988. p. 229-230.

96 | CURSO DE DIREITO TRIBUTÁRIO BRASILEIRO – *Marcus Abraham*

situação não diretamente prevista (é vedada para instituição ou majoração de tributo, tendo seu campo de aplicação no direito tributário apenas nas normas tributárias meramente administrativas ou nas procedimentais); b) a **interpretação analógica**, que é permitida pela própria lei, é aquela em que o próprio dispositivo determina que se aplique analogicamente o preceito, ou seja, após definir a fórmula casuística, menciona os casos que devem ser compreendidos por semelhança, como é o exemplo da norma tributária acerca do Imposto sobre Produtos Industrializados, expressa no art. 51, I, do Código Tributário Nacional, que estabelece: "Contribuinte do imposto é: I – o importador *ou quem a lei a ele equiparar*".

4.5.2. Princípio da anterioridade tributária

O **princípio da anterioridade** se refere ao aspecto temporal da aplicação da legislação tributária. Por este princípio, em regra, um tributo não pode ser cobrado dentro de um determinado lapso de tempo, vale dizer, no mesmo exercício em que foi instituído ou majorado, considerando-se também um interregno de 90 dias da sua publicação.

Trata-se, assim, do princípio da "não surpresa" tributária, pretendendo conferir aos contribuintes um prazo mínimo de não incidência suficiente para a organização e planejamento de suas finanças.[54] Sua previsão legal encontra-se no art. 150, III, *b* e *c* da Constituição Federal, sendo esta última alínea incluída pela Emenda Constitucional nº 42/2003 para dar maior efetividade ao princípio em casos de leis publicadas poucos dias antes do término do ano.

Ressalvamos, desde já, que não deve ser confundido com o princípio da anualidade, que se refere à periodicidade anual de uma autorização orçamentária para a criação ou majoração de determinado tributo, que não se encontra mais previsto na atual Constituição (mas o era na Constituição anterior). Nem com o antigo princípio da anualidade orçamentária, próprio do Direito Financeiro, que se refere à vigência anual do orçamento.

Da mesma forma que ocorre com o princípio da legalidade, existem ressalvas expressas na Constituição Federal ao princípio da anterioridade, pelas quais se permite que a instituição ou aumento de tributos possam ser realizados dentro do mesmo exercício financeiro de sua criação ou majoração, dependendo, em algumas situações, da observância do prazo de 90 dias. Verificamos que, em qualquer dos casos de ressalvas aos princípios da legalidade e da anterioridade, estas são justificadas pela extrafiscalidade, na medida em que os tributos excepcionados por aqueles limites são instrumentos interventivos ou regulatórios.

Podemos classificar o princípio da anterioridade da seguinte maneira: a) **anterioridade ordinária**: em que a tributação só pode produzir efeitos no primeiro dia do exercício seguinte (1º de janeiro);[55] b) **anterioridade nonagesimal**: em que a tributação só pode produzir efeitos

---

[54] STF. ADI 5.733, Rel. Min. Alexandre de Moraes, julg. 20/09/2019: "O Princípio da Anterioridade (art. 150, III, "b", da CF), por configurar uma das maiores garantias tributárias do cidadão em face do Estado/Fisco, é consagrado pelo SUPREMO TRIBUNAL FEDERAL como cláusula pétrea, nos termos do art. 60, § 4º, IV, da CF. Além de constituir garantia individual, assegura a possibilidade de o contribuinte programar-se contra a ingerência estatal em sua propriedade, preservando-se, pois, a segurança jurídica".

[55] STF. ADI 2.556 e ADI 2.568, Rel. Min. Joaquim Barbosa, julg. 13/06/2012, Pleno: "Esta Suprema Corte considera constitucional a contribuição prevista no art. 1º da LC 110/2001, desde que respeitado o prazo de anterioridade para início das respectivas exigibilidades (art. 150, III, *b*, da Constituição)".
STF. ADI 939, Rel. Min. Sydney Sanches, Pleno, julg. 15/12/1993: "A EC 3, de 17-3-1993, que, no art. 2º, autorizou a União a instituir o IPMF, incidiu em vício de inconstitucionalidade ao dispor, no § 2º desse dispositivo, que, quanto a tal tributo, não se aplica 'o art. 150, III, *b*, e VI', da Constituição, porque, desse

após decorridos 90 dias da sua publicação; **c) anterioridade plena**: em que a tributação só pode produzir efeitos no primeiro dia do exercício seguinte, contando-se cumulativamente 90 dias da sua publicação (anterioridade ordinária + nonagesimal).[56]

Para impostos sobre o comércio exterior (imposto de importação – II e imposto de exportação – IE), que atuam no equilíbrio da balança comercial e na proteção à indústria nacional; para o imposto sobre as operações financeiras (IOF), que atua regulando diretamente o mercado financeiro; para o empréstimo compulsório de guerra e de calamidade (Emp. Comp. Calam. ou Guerra); e para o imposto extraordinário de guerra (IEG), vige a exceção da anterioridade plena, tendo incidência imediata (produz efeitos prontamente e no mesmo ano de sua publicação e sem respeitar os 90 dias da anterioridade nonagesimal – não há submissão ao art. 150, III, *b* e *c*, CF/88).

Já para o imposto sobre a produção (Imposto sobre produtos industrializados – IPI) que, pela sua seletividade, desestimula o consumo de bens considerados supérfluos ou nocivos, e estimula o desenvolvimento de determinada indústria, bem como para a CIDE-Combustíveis (art. 177, § 4º, I, *b*) e o ICMS-Combustíveis (art. 155, § 4º, IV, *c*), que atuam nesse setor como contribuição regulatória, o constituinte impôs, ao menos, o prazo de 90 dias para que tenha eficácia a majoração de sua alíquota, dispensando-se assim a anterioridade ordinária, mas não a nonagesimal[57] (há submissão apenas ao art. 150, III, *c*, CF/88).

Quanto ao imposto de renda (IR), que não é um imposto extrafiscal, o constituinte manteve o princípio da anterioridade ordinária (produção de efeitos somente no ano seguinte), mas dispensou-o da anterioridade nonagesimal (submete-se somente ao art. 150, III, *b*, CF/88). Igualmente ocorre em relação ao IPTU e ao IPVA, mas tão somente quanto à base de cálculo, que pode ser modificada sem respeitar os 90 dias, devendo-se atender, entretanto, o princípio da anterioridade ordinária (mas, quanto às alíquotas, estas devem respeitar a anterioridade plena).

Devemos lembrar que as contribuições sociais para a seguridade social previstas no art. 195 da CF/88 obedecem apenas ao princípio da anterioridade nonagesimal (art. 195, § 6º), dependendo, apenas, de 90 dias para viger após a sua publicação, em qualquer época do ano.[58]

---

modo, violou os seguintes princípios e normas imutáveis (somente eles, não outros): o princípio da anterioridade, que é garantia individual do contribuinte (art. 5º, § 2º; art. 60, § 4º, IV; e art. 150, III, *b*, da Constituição)".

STF. ADI 7.375, Rel. Min. André Mendonça, Pleno, julg. 02/10/2023: "No caso dos autos, destinada a majorar a alíquota modal do ICMS incidente nas operações internas no Estado do Tocantins, a Medida Provisória nº 33, de 2022, embora tenha sido editada em 29/12/2022, somente foi convertida na Lei estadual nº 4.141, de 2023, em 22/03/2023. Desse modo, em respeito à anterioridade de exercício, esse agravamento da situação fiscal dos contribuintes somente pode ser aplicado em 2024, revelando-se inconstitucional dispositivo que prevê a incidência da alíquota majorada a partir de 1º/04/2023".

[56] STF. ADI 5.282, Rel. Min. André Mendonça, Pleno, julg. 18/10/2022: "*Tese*: I – No caso de um tributo sujeito duplamente à anterioridade de exercício e à noventena, a lei que institui ou majora a imposição somente será eficaz, de um lado, no exercício financeiro seguinte ao de sua publicação e, de outro, após decorridos noventa dias da data de sua divulgação em meio oficial. Logo, a contar da publicação da lei, os prazos transcorrem simultaneamente, e não sucessivamente". No mesmo sentido: STF. ADI 3.694, julg. 20/09/2006.

[57] STF. ADI 4.661-MC, Rel. Min. Marco Aurélio, Pleno, julg. 20/10/2011: "A majoração da alíquota do IPI, passível de ocorrer mediante ato do Poder Executivo – artigo 153, § 1º –, submete-se ao princípio da anterioridade nonagesimal previsto no artigo 150, inciso III, alínea 'c', da Constituição Federal".

[58] STF. RE 568.503 (repercussão geral), Rel. Min. Cármen Lúcia, Pleno, julg. 12/02/2014: "*Tese*: I – A contribuição para o PIS está sujeita ao princípio da anterioridade nonagesimal previsto no art. 195, § 6º, da

Registre-se que, em caso de *redução de alíquota tributária, de postergação de direito a benefício tributário ou a creditamento,*[59] bem como de *extinção de tributo*, todas elas situações mais benéficas ao contribuinte, não é necessário aguardar 90 dias nem o exercício financeiro seguinte, podendo a lei ter eficácia imediata desde a data de sua publicação (obviamente, desde que obedecidas as normas para concessão de benefícios fiscais que impliquem renúncia de receita).[60]

A anterioridade tem por objetivo evitar que o contribuinte seja surpreendido em curto espaço de tempo com uma maior carga fiscal (a qual é ampliada pela criação de um novo tributo, majoração de sua alíquota ou revogação de um benefício fiscal). Se, no caso concreto, o ônus tributário diminuirá sobre o contribuinte, não é necessária a proteção do princípio da anterioridade em favor dele. Da mesma forma, a hipótese de mera prorrogação de alíquota já aplicada anteriormente não é entendida pelo STF como majoração de tributo, mas como sua simples manutenção no patamar anterior, não se aplicando a anterioridade.[61]

O STF assentou, por meio da Súmula Vinculante nº 50, que a "norma legal que altera o prazo de recolhimento da obrigação tributária não se sujeita ao princípio da anterioridade". Já quanto às normas tributárias que, embora não aumentando tributo, retiram do contribuinte um benefício, como aquelas que veiculam redução ou extinção de desconto para pagamento antecipado do tributo, entendia tradicionalmente o STF que a anterioridade não deve ser aplicada por não se tratar de hipótese de criação ou majoração de tributo.[62]

Constituição Federal; II – Nos casos em que a majoração de alíquota tenha sido estabelecida somente na conversão de medida provisória em lei, a contribuição apenas poderá ser exigida após noventa dias da publicação da lei de conversão".

STF. RE 587.008 (repercussão geral), Rel. Min. Dias Toffoli, Pleno, julg. 02/02/2011: "*Tese*: A Emenda Constitucional 10/1996, especialmente quanto ao inciso III do art. 72 do ADCT, é um novo texto e veicula nova norma, não sendo mera prorrogação da Emenda Constitucional de Revisão 1/1994, devendo, portanto, observância ao princípio da anterioridade nonagesimal, porquanto majorou a alíquota da CSLL para as pessoas jurídicas referidas no § 1º do art. 22 da Lei nº 8.212/1991".

O STF também decidiu que, quando por exceção à reserva de lei em sentido estrito, o Poder Executivo pode majorar alíquotas de contribuições de seguridade social por ato infralegal (desde que respeitando o teto máximo estabelecido em lei), o princípio da anterioridade nonagesimal também deve ser obedecido pelo ato infralegal, sendo aplicáveis as alíquotas majoradas apenas 90 dias após a publicação do ato infralegal que as aumentou. (STF. RE 1.043.313 [repercussão geral], Rel. Min. Dias Toffoli, Pleno, julg. 10/12/2020).

59   STF. RE 603.917, Rel. Min. Rosa Weber, Pleno, julg. 25/10/2019: "A postergação do direito do contribuinte do ICMS de usufruir de novas hipóteses de creditamento, por não representar aumento do tributo, não se sujeita à anterioridade nonagesimal prevista no art. 150, III, *c*, da Constituição".

60   STF. ADI 6.303, Rel. Min. Roberto Barroso, Pleno, julg. 14/03/2022 "Tese: É inconstitucional lei estadual que concede benefício fiscal sem a prévia estimativa de impacto orçamentário e financeiro exigida pelo art. 113 do ADCT". No mesmo sentido: ADI 6.152, julg. 03/10/2022.

61   STF. RE 584.100 (repercussão geral), Rel. Min. Ellen Gracie, Pleno, julg. 25/11/2009.

STF. RE 1.501.643 (repercussão geral – Tema 1337), Rel. Min. Roberto Barroso, Pleno, julg. 18/10/2024: "O STF, no julgamento da ADC 84 MC-Ref, afirmou que o Decreto nº 11.374/2023 não instituiu, restabeleceu ou majorou tributo, porque (i) as alíquotas por ele repristinadas já eram aplicadas desde 2015 e (ii) o ato normativo que as reduziu foi revogado no mesmo dia em que entrou em vigor. 5. As conclusões pela inaplicabilidade da anterioridade nonagesimal e pela ausência de violação à segurança jurídica e à não surpresa têm sido reiteradas pelo Plenário e por ambas as Turmas do STF. [...] Tese de julgamento: 'A aplicação das alíquotas integrais do PIS e da COFINS, a partir da repristinação promovida pelo Decreto nº 11.374/2023, não está submetida à anterioridade nonagesimal' ".

62   Nesse sentido: STF. ADI 4.016 MC, Rel. Min. Gilmar Mendes, Pleno, julg. 01/08/2008: "A redução ou a extinção de desconto para pagamento de tributo sob determinadas condições previstas em lei, como o

Parte II · Cap. 4 · PRINCÍPIOS CONSTITUCIONAIS TRIBUTÁRIOS | **99**

Entretanto, mais recentemente, consolidou-se no STF, em ambas as Turmas, tese em sentido contrário, defendendo que a redução ou a extinção de um benefício tributário, sobretudo quando se trata de revogação de isenções, deva também respeitar o princípio da anterioridade, pois este visa evitar que o contribuinte seja surpreendido por uma situação tributária nova que o fará pagar mais tributo.

Em 20/11/2019, o Pleno do STF, em agravo regimental em embargos de divergência,[63] afirmou que a jurisprudência recente de ambas as Turmas já estava firmada no sentido de que se aplica o princípio da anterioridade tributária, geral e nonagesimal, nas hipóteses de redução ou de supressão de benefícios ou de incentivos fiscais, haja vista que tais situações configuram majoração indireta de tributos. Portanto, a Corte superou sua posição clássica sobre a matéria.[64]

4.5.3. Princípio da irretroatividade tributária

Outra norma voltada a conferir segurança jurídica aos contribuintes para que estes não sofram modificações em suas condições tributárias de maneira injusta e sem a devida previsão é o **princípio da irretroatividade tributária**, expresso no art. 150, III, "a", CF/88, por meio do qual se veda a cobrança de tributos "em relação a fatos geradores ocorridos antes do início da vigência da lei que os houver instituído ou aumentado".[65]

Neste sentido, significa que a norma que criar um tributo ou torná-lo mais gravoso somente produzirá seus efeitos para os fatos geradores ocorridos após a sua publicação, respeitando-se igualmente o princípio da anterioridade.[66] Em outras palavras, é dizer que o fato gerador será regido pela lei tributária do momento da sua ocorrência, conforme o tradicional prolóquio latino *lex tempus regit actum*.[67]

Por sua vez, o Código Tributário Nacional, em seu art. 105, consagra a regra de que as leis em geral dispõem para o futuro, de modo que a legislação tributária se aplica imediatamente aos fatos geradores futuros e aos pendentes. Contudo, no art. 106, CTN, trata-se das hipóteses excepcionais de retroatividade de normas tributárias que não envolvam criação ou majoração de

---

pagamento antecipado em parcela única, não pode ser equiparada à majoração do tributo em questão, no caso, o IPVA. Não incidência do princípio da anterioridade tributária".

[63] STF. RE 564.225 AgR-EDv-AgR, Rel. Min. Alexandre de Moraes, Pleno, julg. 20/11/2019.

[64] No mesmo sentido: STF. RE 1.390.517 (repercussão geral – Tema 1247), Rel. Min. Rosa Weber, Pleno, julg. 12/04/2023: "*Tese*: As modificações promovidas pelos Decretos 9.101/2017 e 9.112/2017, ao minorarem os coeficientes de redução das alíquotas da contribuição para o PIS/PASEP e da COFINS incidentes sobre a importação e comercialização de combustíveis, ainda que nos limites autorizados por lei, implicaram verdadeira majoração indireta da carga tributária e devem observar a regra da anterioridade nonagesimal, prevista no art. 195, § 6º, da Constituição Federal".

[65] STF. ADI 3.105, Rel. Min. Cezar Peluso, Pleno, julg. 18/08/2004: "Servidor público. Vencimentos. Proventos de aposentadoria e pensões. Sujeição à incidência de contribuição previdenciária, por força de emenda constitucional. [...] Exigência patrimonial de natureza tributária. [...] Regra não retroativa".

[66] Por exemplo, lei publicada em junho de certo ano que majora a alíquota de um tributo ao qual se aplica a anterioridade plena não poderá fazer a alíquota majorada incidir nem sobre fatos geradores ocorridos antes de junho daquele ano (irretroatividade), nem sobre fatos geradores ocorridos entre junho e 31 de dezembro daquele ano (anterioridade). Somente a partir de 1º de janeiro do ano seguinte incidirá a alíquota majorada.

[67] STF. AI 420.993 AgR, Min. Carlos Velloso, 2ª Turma, julg. 31/05/2005: "Fato gerador do imposto de importação de mercadoria despachada para consumo considera-se ocorrido na data do registro na repartição aduaneira competente, da declaração apresentada pelo importador (art. 23 do Decreto-lei 37/66). O que a Constituição exige, no art. 150, III, a, é que a lei que institua ou majore tributos seja anterior ao fato gerador. No caso, o decreto que alterou as alíquotas é anterior ao fato gerador do imposto de importação".

tributo (ou seja, fora do âmbito de vedação do art. 150, III, "a", CF/88), naquilo que classicamente é denominado de exceções à proibição da retroatividade da norma tributária.[68] A interpretação mais detalhada dos arts. 105 e 106 do CTN será feita na seção dessa obra dedicada à "**Vigência, eficácia e aplicação da legislação tributária**".

4.5.4. Princípio da territorialidade

O **princípio da territorialidade**, corolário do pacto federativo, expressa que os efeitos da lei tributária, em regra, limitar-se-ão ao alcance geográfico do ente tributante. Assim, o exercício da competência tributária de cada ente federado vincula-se, em geral, à extensão de seu próprio território. Desta forma, as leis tributárias federais vigem em todo o território nacional; as estaduais, no território estadual e as municipais no território do município. O princípio vincula-se à noção de aspecto espacial do tributo.

O Código Tributário Nacional dispõe no seu artigo 102 que "A legislação tributária dos Estados, do Distrito Federal e dos Municípios vigora, no País, fora dos respectivos territórios, nos limites em que lhe reconheçam extraterritorialidade os convênios de que participem, ou do que disponham esta ou outras leis de normas gerais expedidas pela União".

Existem hipóteses excepcionais em que as leis locais atingem fatos geradores ocorridos faticamente fora de seu território, ou em que estão envolvidos territórios de mais de um ente federado, as quais serão mais bem explicitadas no capítulo sobre a obrigação tributária.

Portanto, este princípio vincula-se ao aspecto espacial do tributo, conferindo segurança ao contribuinte de que não será tributado em locais onde o ente não possa exercer sua competência. Por sua vez, estabelece à Fazenda Pública em que poderá exercer o seu poder tributário.

4.5.5. Princípio da indelegabilidade da competência tributária

O **princípio da indelegabilidade da competência tributária** indica que a autorização para instituir tributos é originária da Constituição Federal e não pode ser modificada por seus entes. A estes, cabe apenas decidir se exercerão ou não o poder-dever de instituir os tributos cuja competência lhes foi outorgada pela Constituição.

Assim é que o Código Tributário Nacional estabelece no seu art. 7º que: "A competência tributária é indelegável, salvo atribuição das funções de arrecadar ou fiscalizar tributos, ou de executar leis, serviços, atos ou decisões administrativas em matéria tributária, conferida por uma pessoa jurídica de direito público a outra, nos termos do § 3º do art. 18 da Constituição" (este art. 18 é o da Constituição anterior à atual).

Portanto, somente é possível aos entes, como se demonstra melhor nos capítulos de sistema tributário nacional e de sujeitos na tributação, delegar a fiscalização e a cobrança dos tributos a outras pessoas jurídicas de direito público e, em casos excepcionais, até mesmo a pessoas jurídicas de direito privado. Por esse motivo, diz-se que é possível delegar a denominada *capacidade tributária ativa* (capacidade para fiscalizar e cobrar o tributo), mas jamais a competência tributária para instituir o tributo, pois sua sede é a própria Constituição.

---

[68] A rigor, as previsões do art. 106 do CTN não constituem exceções ao princípio constitucional de irretroatividade tributária, pois as retroatividades do art. 106, CTN não guardam relação com criação ou aumento de tributo (tema versado pelo art. 150, III, *a*, CF/88), mas com leis tributárias interpretativas e leis punitivas. As hipóteses do art. 106, CTN, constituem, ao revés, exceções ao princípio geral do sistema jurídico de que as leis (sejam elas tributárias ou não) se aplicam somente para o futuro.

A propósito do poder-dever dos entes federados de instituir os tributos cujas competências tributárias lhes são conferidas pela Constituição, há quem entenda tratar-se de uma faculdade (com o que não concordamos). Exemplos concretos existem quanto ao não exercício de tal competência tributária, como ocorre com inúmeros municípios[69] brasileiros (sobretudo os menores) que optam por não instituir todos os seus impostos. Da mesma forma, lembramos que a União até hoje não exerceu sua competência para instituir o Imposto sobre Grandes Fortunas previsto no art. 153, inc. VII, CF/88.

Nesta linha, importante não olvidar a regra do Direito Financeiro que estabelece que estes deverão sofrer as consequências do não exercício da competência tributária, pois a não instituição de todos os impostos de um ente federado impede, por exemplo, que este receba transferências voluntárias de outros entes, constituindo mecanismo de responsabilidade fiscal (art. 11, parágrafo único, LC nº 101/2000 – Lei de Responsabilidade Fiscal).[70]

4.5.6. Princípio da praticabilidade

O **princípio da praticabilidade tributária** pode ser conceituado como aquele que se direciona a viabilizar a execução simplificada, econômica e viável do ordenamento jurídico tributário.

Adam Smith, em *A Riqueza das Nações* (1776), para regular de maneira ideal o recolhimento dos tributos pelo Estado, propôs quatro diretrizes:

a) da *justiça do imposto*, que se relaciona com a capacidade contributiva dos indivíduos da coletividade em que se inserem;

b) da *certeza*, que se refere à clareza da legislação para identificação da obrigação tributária;

c) da *comodidade*, que indica a facilidade e a simplicidade do sistema fiscal para o recolhimento dos tributos, sem maiores complexidades e exigências; e

d) da *economia*, em que o custo-benefício da tributação para o Estado seja o melhor possível.

Conecta-se com segurança e igualdade, por veicular, por meio de normas tributárias, métodos e técnicas de simplificação, para todos os contribuintes, do pagamento dos tributos. Clareza, simplicidade e facilidade na forma do recolhimento tributário contribuem para um ambiente de estabilidade em que as "regras do jogo" são conhecidas e seguidas, sem criação de ônus laterais excessivos para o contribuinte na tarefa de pagamento tributário.

A praticabilidade relaciona-se também com o *dever fundamental de pagar tributos* (solidariedade tributária), por facilitar a tarefa arrecadatória necessária a fim de obter recursos a serem utilizados nas despesas públicas para atendimento das necessidades coletivas.

Um exemplo de praticabilidade se encontra no mecanismo da substituição tributária em que se concentra o pagamento dos tributos na figura do substituto tributário, a ser mais bem estudado no capítulo voltado aos sujeitos da tributação. A substituição tributária representa uma técnica de arrecadação que tem como objetivo simplificar e assegurar a arrecadação e evitar a

---

[69] Tais municípios não instituem seus impostos, seja por não disporem de estrutura administrativa para fiscalizá-los e cobrá-los, como também por motivos político-eleitoreiros, e pela "comodidade" de serem financiados pelas transferências constitucionais obrigatórias.

[70] "Art. 11. Constituem requisitos essenciais da responsabilidade na gestão fiscal a instituição, previsão e efetiva arrecadação de todos os tributos da competência constitucional do ente da Federação. Parágrafo único. É vedada a realização de transferências voluntárias para o ente que não observe o disposto no *caput*, no que se refere aos impostos".

102 | CURSO DE DIREITO TRIBUTÁRIO BRASILEIRO – *Marcus Abraham*

sonegação, substituindo a fiscalização em uma multiplicidade de contribuintes (substituídos) e concentrando-a em um número reduzido de empresas (substitutas), sobretudo nos casos de impostos indiretos (ex.: ICMS, IPI) como na venda de cigarros, medicamentos, bebidas alcoólicas, automóveis etc. Assim, a Administração Tributária não necessita fiscalizar cada um dos milhares de pontos de venda de tais produtos, mas poderá concentrar sua fiscalização sobre as poucas grandes indústrias que os produzem.

Outro exemplo é constituído pelo "Simples Nacional" (regulado pela LC nº 123/2006), em que, por um regime especial unificado de arrecadação de tributos e contribuições, facilita-se sobremaneira o recolhimento tributário por parte dos microempreendedores individuais, microempresas e empresas de pequeno porte, bem como a distribuição dos recursos arrecadados entre os entes federados competentes.[71]

4.6. PRINCÍPIOS TRIBUTÁRIOS DE IGUALDADE

A **igualdade** na tributação é mais uma das faces da justiça fiscal e dos direitos humanos na tributação, na medida em que busca condicionar a atividade do legislador, do administrador público e do aplicador do direito de maneira a que conceda tratamento isonômico entre os cidadãos e, da mesma forma, proíba a desigualdade na tributação, em linha com o mandamento constitucional previsto no *caput* do art. 5º que afirma que "todos são iguais perante a lei, sem distinção de qualquer natureza". Como salienta Hugo de Brito Machado:

> É induvidoso que o Direito não pode fazer iguais todos os seres humanos. Estes são naturalmente desiguais e, como tal, devem ser tratados pelo Direito. A grande dificuldade reside em saber quando o direito deve considerar as desigualdades para atribuir, em função destas, tratamento desigual, prestigiando-as e quando deve o Direito ignorar essas desigualdades, atribuindo tratamento igual.[72]

A igualdade, assim, é elemento fundante da Democracia e do Estado de Direito. Ao obstar a concessão de privilégios indevidos e discriminações infundadas, a igualdade transforma-se em elemento de limitação dos poderes públicos no exercício de suas funções e atividade. De forma impositiva, atua na elaboração de suas ações políticas, para a persecução de mecanismos que permitam a redução das desigualdades sociais, bem como atribui aos cidadãos a legitimidade ativa para invocá-la sempre que se encontrarem ou forem colocados em situações que violem a essência do princípio. De forma negativa, permite o afastamento da validade das normas e atos do poder público que desvirtuem o seu mandamento. Assim, o princípio da isonomia tributária determina que sejam atendidas, não só na aplicação das leis, mas também em sua elaboração, as normas constitucionais que o traduzem.

Gustavo Casanova[73] ressalta que, em matéria tributária,

---

[71] STF. RE 598.468 (repercussão geral), Rel. p/ Acórdão: Min. Edson Fachin, Pleno, julg. 22/05/2020: "Indubitavelmente, a adoção de regimes especiais ou simplificados, regime único de arrecadação de impostos e contribuições, recolhimento unificado e centralizado com distribuição imediata dos recursos decorrentes, arrecadação fiscalização e cobrança compartilhadas entre os entes federados, bem como cadastro nacional único de contribuintes, constitui expediente afinado às ideias de racionalidade, economicidade e eficiência, as quais, como visto, constituem sintomas de praticabilidade".

[72] MACHADO, Hugo de Brito. *Os princípios jurídicos da tributação na Constituição de 1988.* 3. ed. São Paulo: Revista dos Tribunais, 1994. p. 53.

[73] CASANOVA, Gustavo J. Naveira de. *Guía de estudio derecho tributario*: programa desarollado de la materia. 2. ed. Buenos Aires: Estudio, 2015. p. 205. Tradução livre.

Parte II • Cap. 4 • PRINCÍPIOS CONSTITUCIONAIS TRIBUTÁRIOS | **103**

> [...] o princípio da igualdade tem se empregado em duplo sentido. Como igualdade perante a lei, ou seja, paridade de tratamento, excluindo-se benefícios indevidos ou discriminações arbitrárias, adquirindo um sentido quase superposto ao princípio da generalidade. Mas também como base do imposto, medida da obrigação tributária, superpondo-se em certo sentido com a capacidade contributiva.

Fala-se em *igualdade perante a lei*, que indica a obrigação de aplicação das normas em todos os casos concretos de maneira isonômica para todos, ainda que possa ocorrer uma desigualdade, dadas as circunstâncias específicas de cada caso, enquanto temos a *igualdade na lei*, que obriga que as normas jurídicas sejam criadas de maneira que não estabeleçam distinções sem a devida fundamentação. No primeiro caso, teríamos uma isonomia meramente formal, enquanto no segundo teríamos a isonomia material.

4.6.1. Princípio da isonomia tributária

A Constituição Federal de 1988 traz em seu texto, de forma expressa, o **princípio da isonomia**, estabelecendo, de forma genérica, no art. 5º, que todos são iguais perante a lei, sem distinção de qualquer natureza,[74] e de forma específica para os tributos, no art. 150, II,[75] vedando-se

> [...] instituir tratamento desigual entre contribuintes que se encontrem em situação equivalente, proibida qualquer distinção em razão de ocupação profissional ou função por eles exercida, independentemente da denominação jurídica dos rendimentos, títulos ou direitos.[76]

Esta igualdade não é de caráter absoluto.[77] Muito pelo contrário, trata-se de uma igualdade relativa. Rui Barbosa (*Oração aos Moços*) conseguiu reproduzir essa ideia de maneira eficaz, ao

---

[74] STF. ADO 30, Rel. Min. Dias Toffoli, Pleno, julg. 24/08/2020: IPI. Aquisição de veículos automotores. Isenção prevista no art. 1º, IV, da Lei nº 8.989/95. Políticas públicas de natureza constitucional. Omissão quanto a pessoas com deficiência auditiva. Ofensa à dignidade da pessoa humana e aos direitos à mobilidade pessoal, à acessibilidade, à inclusão social e à não discriminação. Direitos constitucionalmente reconhecidos como essenciais".

[75] STF. ADI 3.984, Rel. Min. Luiz Fux, Pleno, julg. 30/08/2019: "3. A isonomia tributária e a vedação constitucional à discriminação segundo a procedência ou o destino de bens e serviços (artigos 150, II, e 152 da CRFB/88) tornam inválidas as distinções em razão do local em que se situa o estabelecimento do contribuinte ou em que produzida a mercadoria, máxime nas hipóteses nas quais, sem qualquer base axiológica no postulado da razoabilidade, se engendra tratamento diferenciado".
STF. RE 614.406 (repercussão geral), Rel. Min. Rosa Weber, Rel. p/ Acórdão: Min. Marco Aurélio, Pleno, julg. 23/10/2014: "[...] o contribuinte não recebe as parcelas na época devida. É compelido a ingressar em juízo para ver declarado o direito a essas parcelas e, recebendo-as posteriormente, há a junção para efeito de incidência do imposto de renda, surgindo, de início, a problemática da alíquota, norteada pelo valor recebido. [...] Haverá, como ressaltado pela doutrina, principalmente a partir de 2003, transgressão ao princípio da isonomia. Aqueles que receberam os valores nas épocas próprias ficaram sujeitos a certa alíquota. O contribuinte que viu resistida a satisfação do direito e teve que ingressar em juízo será apenado, alfim, mediante a incidência de alíquota maior".

[76] STF. ADI 3.105, Rel. Min. Ellen Gracie, Rel. p/ Acórdão: Min. Cezar Peluso, Pleno, julg. 18/08/2004: "Servidor público. Vencimentos. Proventos de aposentadoria e pensões. Sujeição à incidência de contribuição previdenciária. Bases de cálculo diferenciadas. Arbitrariedade. Tratamento discriminatório entre servidores e pensionistas da União, de um lado, e servidores e pensionistas dos Estados, do Distrito Federal e dos Municípios, de outro. Ofensa ao princípio constitucional da isonomia tributária, que é particularização do princípio fundamental da igualdade". No mesmo sentido: STF. ADI 3.128, julg. 18/08/2004.

[77] STF. ADI 5.586, Rel. Min. Rosa Weber, Rel. p/ Acórdão: Min. Edson Fachin, Pleno, julg. 08/11/2023: "1. Inexiste ofensa ao princípio da igualdade em matéria tributária ao vedar-se adesão de agentes públicos com funções de direção e eletivas adesão ao RERCT, com previsão de anistia tributária e penal, como é o caso do art. 11 da Lei 13.254, de 13 de janeiro de 2016. 2. Agentes públicos submetem-se, em certos aspectos, a

afirmar que "A regra da igualdade não consiste senão em aquinhoar desigualmente os desiguais, na medida em que se desigualam".

Neste sentido, lecionava Aurélio Pitanga Seixas Filho:[78]

> [...] a regra constitucional da *isonomia* deve ser entendida como a autorização concedida ao legislador para igualar as pessoas, após serem identificadas as suas desigualdades, através do tratamento jurídico particular que produza o efeito de nivelar as diferenças que mereçam ser corrigidas, e sendo certo, também, que, em direito tributário, as isenções se justificam por serem o instrumento jurídico adequado para nivelar os contribuintes através do que Ives Gandra denominou de desisonomia seletiva. É pertinente que se examinem as consequências sociais provocadas pelas normas isencionais no sentido de se confirmar o bom uso que tem feito o legislador da autorização constitucional para discriminar os contribuintes.

Não há qualquer violação ao princípio quando for estabelecida uma atribuição mais benéfica ou distinta[79] das demais em favor de determinado grupo,[80] desde que haja uma motivação e fundamentação que comprove a distinção do universo atingido pela norma tributária mais benéfica[81] (imunidades, isenções, anistias, moratórias etc.) e se demonstre a motivação para tal ato.[82]

---

regime jurídico mais rigoroso do que o aplicável aos cidadãos em geral, o que justifica tratamento distinto em matéria tributária e penal. 3. Está em consonância com os princípios da moralidade administrativa e da impessoalidade e com o art. 14, § 9º, da Constituição da República, norma que vede agentes públicos com funções de direção e eletivas adesão a regime especial de regularização cambial e tributária, com previsão de anistia tributária e penal".

[78] SEIXAS FILHO, Aurélio Pitanga. *Teoria e prática das isenções tributárias*. Rio de Janeiro: Forense, 1989. p. 119.

[79] No RE 633.345 (repercussão geral), Rel. Min. Marco Aurélio, Pleno, julg. 04/11/2020, o STF decidiu que não violava o princípio da isonomia o estabelecimento de alíquotas maiores quanto à Contribuição ao PIS e à Cofins para empresas importadoras de autopeças não fabricantes de máquinas e veículos. A tributação que recai sobre importação é instrumento de equilíbrio da balança comercial, nivelando a carga fiscal de bens nacionais com importados e induzindo comportamentos quanto ao consumo de certos produtos. Dessa forma, é razoável a medida que, além da equalização dos tributos incidentes sobre bens produzidos no mercado interno em relação àqueles adquiridos no exterior, estimula a instalação de montadoras de veículos no território nacional, visando, sobretudo, à geração de empregos.

[80] Por exemplo, o STF já decidiu que não viola a isonomia tributária nem o art. 173, § 1º, II (sujeição das estatais ao regime jurídico próprio das empresas privadas, inclusive quanto aos direitos e obrigações civis, comerciais, trabalhistas e tributários) impor maiores encargos tributários às empresas estatais em relação ao custeio da Seguridade Social que aqueles previstos para empresas privadas. Por isso, as empresas estatais sujeitam-se ao recolhimento da contribuição social ao PASEP, que prevê valor mais alto que o recolhimento da contribuição social ao PIS, a que se sujeitam as empresas privadas. Fica implícito nessa decisão que o Estado, por meio de suas empresas, cumpre uma função social de ser o primeiro a contribuir de forma mais assertiva para o custeio da Seguridade Social (STF. RE 577.494, repercussão geral, Rel. Min. Edson Fachin, Pleno, julg. 13/12/2018).

[81] STF. ADI 1.276, Rel. Min. Ellen Gracie, Pleno, julg. 28/08/2002: "Ao instituir incentivos fiscais a empresas que contratam empregados com mais de 40 anos, a Assembleia Legislativa paulista usou o caráter extrafiscal que pode ser conferido aos tributos, para estimular conduta por parte do contribuinte, sem violar os princípios da igualdade e da isonomia".

[82] STF. ADI 2.672, Rel. Min. Ellen Gracie, Rel. p/ Acórdão: Min. Carlos Britto, Pleno, julg. 22/06/2006: "não haver ofensa ao princípio da isonomia, porquanto a lei trata de forma desigual os desiguais, não ocorrendo, ainda, transferência de ônus para os demais inscritos, já que, se o concursado beneficiado vier a ser aprovado e contratado na Administração Pública, a referida taxa deverá ser por ele restituída nos termos do parágrafo único do art. 1º dessa lei".

Como exemplo, teríamos as isenções tributárias,[83] que podem ter como fundamento razões sociais ou econômicas. Entretanto, devem sempre vislumbrar o interesse coletivo, e não de determinada circunstância ou categoria.[84] Não se trata de privilégios concedidos a certas pessoas, categorias ou coletividades,[85] mas sim da busca da justiça fiscal e da realização do bem comum, afinal, devem sempre ter um fim público de acordo com os ditames constitucionais.[86]

STF. RE 598.572 (repercussão geral), Rel. Min. Edson Fachin, Pleno, julg. 30/03/2016: "2. Quanto à constitucionalidade material, a redação do art. 22, § 1º, da Lei 8.212 antecipa a densificação constitucional do princípio da igualdade que, no Direito Tributário, é consubstanciado nos subprincípios da capacidade contributiva, aplicável a todos os tributos, e da equidade no custeio da seguridade social. Esses princípios destinam-se preponderantemente ao legislador, pois nos termos do art. 5º, *caput*, da CRFB, apenas a lei pode criar distinções entre os cidadãos. Assim, a escolha legislativa em onerar as instituições financeiras e entidades equiparáveis com a alíquota diferenciada, para fins de custeio da seguridade social, revela-se compatível com a Constituição.

STF. ADI 2.298. Rel. Min. Nunes Marques, Pleno, julg. 26/09/2022: "Imposto sobre a Propriedade de Veículo Automotor utilizado no transporte individual de passageiros, na categoria aluguel, prestado por permissionários. Isenção. Critério diferenciador válido. Ausência de deturpação do modelo constitucional do fato gerador e da sujeição passiva. Concretização do princípio da igualdade".

[83] STF. ADI 5.268, Rel. Min. Dias Toffoli, Pleno, julg. 08/08/2022: "Veículos utilizados em transporte escolar. Impossibilidade de se condicionar o benefício à filiação do motorista profissional proprietário do veículo a sindicato ou cooperativa. [...] inexiste justificativa razoável para se conferir tratamentos diferentes a proprietários de veículos filiados a tais entidades associativas e a proprietários de veículos que não possuam vínculo com essas entidades mas prestem serviço de transporte escolar tal como aqueles".

[84] STF. ADI 4.276, Rel. Min. Luiz Fux, Pleno, julg. 20/08/2014: "Concessão de isenção à operação de aquisição de automóveis por oficiais de justiça estaduais. [...] A isonomia tributária (CF, art. 150, II) torna inválidas as distinções entre contribuintes 'em razão de ocupação profissional ou função por eles exercida'".

STF. ADI 3.260, Rel. Min. Eros Grau, Pleno, julg. 29/03/2007: "A lei complementar estadual que isenta os membros do Ministério Público do pagamento de custas judiciais, notariais, cartorárias e quaisquer taxas ou emolumentos fere o disposto no art. 150, II, da Constituição do Brasil. No mesmo sentido, com reconhecimento de violação da isonomia tributária por lei estadual que visava beneficiar os membros e servidores do Poder Judiciário com isenção no pagamento de custas e emolumentos pelos serviços judiciais e extrajudiciais, cf. STF. ADI 3.334, Rel. Min. Ricardo Lewandowski, Pleno, julg. 17/03/2011.

[85] STF. ADI 1.655, Rel. Min. Maurício Corrêa, Pleno, julg. 03/03/2004: "Benefício fiscal concedido exclusivamente àqueles filiados à Cooperativa de Transportes Escolares do Município de Macapá. Inconstitucionalidade. A CF outorga aos Estados e ao Distrito Federal a competência para instituir o IPVA e para conceder isenção, mas, ao mesmo tempo, proíbe o tratamento desigual entre contribuintes que se encontrem na mesma situação econômica. Observância aos princípios da isonomia e da liberdade de associação".

[86] STF. RE 573.675 (repercussão geral), Rel. Min. Ricardo Lewandowski, Pleno, julg. 25/03/2009: "I – Lei que restringe os contribuintes da COSIP aos consumidores de energia elétrica do município não ofende o princípio da isonomia, ante a impossibilidade de se identificar e tributar todos os beneficiários do serviço de iluminação pública. II – A progressividade da alíquota, que resulta do rateio do custo da iluminação pública entre os consumidores de energia elétrica, não afronta o princípio da capacidade contributiva".

STF. RE 640.905 (repercussão geral), Rel. Min. Luiz Fux, Pleno, julg. 15/12/2016: "A concessão de parcelamento apenas aos contribuintes que não ingressaram em juízo ou aos que ajuizaram ações, mas não implementaram o depósito do crédito tributário controvertido, e a exceção aos contribuintes que ingressaram em juízo e realizaram o depósito judicial, não revela discriminação inconstitucional, porquanto obedece a todos os aspectos essenciais à observância da isonomia na utilização de critérios de desigualação. 11. O *discrímen* adotado pela Portaria nº 655/93 aplica-se indistintamente a todos os contribuintes que optaram pela realização do depósito judicial. Ademais, diz respeito apenas aos valores objeto dos respectivos depósitos, e não aos contribuintes depositantes, além de guardar estrita pertinência lógica com o objetivo pretendido pela norma. 12. O critério de desigualação está em consonância com os interesses protegidos pela Constituição Federal, porquanto prestigia a racionalização na cobrança do crédito público, consubstanciando

Sobre a isonomia na extrafiscalidade, José Marcos Domingues de Oliveira afirma que:

[...] as isenções extrafiscais somente estarão legitimadas se estas se destinarem a tutelar valores constitucionalmente apreciáveis, como a igualdade relativa, o emprego, a ocupação e a exploração produtiva do solo, de molde a ensejar ulterior bem-estar e incremento da riqueza, assim também da capacidade contributiva, dos terceiros indireta e finalisticamente visados por elas. Note-se, ao propósito, que não é por outra razão que sempre se admitiu, e o inciso I do artigo 151 da Constituição brasileira consagrou, a concessão de incentivos fiscais destinados a promover o equilíbrio do desenvolvimento socioeconômico entre as diferentes regiões do País.[87]

4.6.2. Princípio da capacidade contributiva

O **princípio da capacidade contributiva** encontra-se expresso no art. 145, § 1º, da CF/88, ao estabelecer: "Sempre que possível, os impostos terão caráter pessoal e serão graduados segundo a capacidade econômica do contribuinte".

Entende-se que a expressão "sempre que possível" constante no aludido dispositivo constitucional tem como escopo enfatizar o próprio princípio e não o mitigar, transformando-o em norma meramente programática. Neste sentido, afirma Sacha Calmon Navarro Coêlho[88] que o princípio da capacidade contributiva "não é um dispositivo programático: trata-se de um princípio constitucional de eficácia plena conferente de um direito público subjetivo ao cidadão-contribuinte".

A capacidade contributiva é um dos alicerces do dever fundamental de pagar tributos. Origina-se na Constituição Federal, como uma correspondência aos direitos fundamentais, mas, sobretudo, pela realização da capacidade contributiva, juntamente com a imperiosa necessidade de implementação dos princípios da dignidade da pessoa humana, da função social e da solidariedade como mandamentos norteadores de uma ética tributária. Assim, tem o seu aspecto impositivo (de impor a cobrança de tributo sobre quem detém condições financeiras) e negativo (de restringir a incidência tributária sobre aqueles desprovidos de condições financeiras).

Ferreiro Lapatza[89] trata a capacidade contributiva (na doutrina espanhola, denominada capacidade econômica), juntamente com os temas da generalidade, igualdade e progressividade, sob o significativo título "Da justa repartição da carga tributária", aduzindo ser a capacidade econômica, mais que um princípio, um prisma, uma forma de entender, interpretar e aplicar a generalidade e a igualdade tributária que se tem hoje como universalmente consagrada. Assim, todos aqueles que podem, que tenham capacidade, têm que pagar tributos. Lapatza diferencia a capacidade contributiva absoluta, consistente na capacidade para contribuir, ou seja, na determinação daqueles que podem ser tributados, e a capacidade contributiva relativa, consistente na determinação da medida ou da monta em que a tributação deve onerar cada um.

---

solução administrativa que evita o ajuizamento de demandas desnecessárias e estimula o contribuinte em situação irregular ao cumprimento de suas obrigações".

[87] OLIVEIRA, José Marcos Domingues de. *Capacidade contributiva*: conteúdo e eficácia do princípio. 2. ed. Rio de Janeiro: Renovar, 1998. p. 120.

[88] COÊLHO, Sacha Calmon Navarro. *Comentários à Constituição de 1988*: sistema tributário. 6. ed. Rio de Janeiro: Forense, 1996. p. 98-101.

[89] LAPATZA, José Juan Ferreiro. *Curso de derecho financiero español*: instituciones. 25. ed. Madrid: Marcial Pons, 2006. p. 282.

Por sua vez, para Dino Jarach,[90] a capacidade contributiva é

> [...] a potencialidade de contribuir com os gastos públicos que o legislador atribui ao sujeito particular, e que significa, ao mesmo tempo, existência de uma riqueza em posse de uma pessoa ou em movimento entre duas pessoas e a gradação da obrigação tributária segundo a magnitude da capacidade contributiva que o legislador lhe atribui.

Alguns doutrinadores sustentam que a causa da obrigação tributária seria a própria capacidade contributiva, evidenciada pela ocorrência da situação escolhida pela lei como fato gerador do tributo, desde que essa capacidade contributiva estivesse associada a uma vantagem auferida pelo contribuinte e decorrente, direta ou indiretamente, da existência e da atuação do Estado.

4.6.3. Princípio da progressividade tributária

O **princípio da progressividade** tributária representa a técnica para realizar o princípio da capacidade contributiva, entendendo-se este como a exigência de que a tributação seja feita com base na exteriorização de riqueza e respectiva capacidade econômica de cada contribuinte, por meio da determinação da majoração da alíquota na medida em que se aumenta a base de cálculo.

Assim sendo, quando se fala em tributação progressiva, está-se dizendo que, ao graduarem-se as alíquotas dos tributos em face da dimensão da base imponível encontrada, aqueles que detêm maior riqueza poderão contribuir mais pelos serviços públicos em geral, em favor daqueles que menor carga fiscal podem suportar e, consequentemente, sofrerão uma tributação mais gravosa.

Na prática, conduz à elevação de alíquotas à medida que cresce o montante de riqueza demonstrada ou a capacidade econômica do contribuinte.

Este princípio, portanto, procura dar tratamento desigual aos economicamente desiguais, tendo em vista a aplicação de cargas fiscais diferentes, conforme a capacidade econômica de cada um, em respeito ao princípio da igualdade tributária, tendo como parâmetros quantitativos, respectivamente, o mínimo existencial até o limite do confisco.

Desta forma, não poderá o tributo incidir sobre aquela parcela mínima necessária para a existência e sobrevivência digna e razoável do cidadão, e nem progredir ilimitada e excessivamente, a ponto de torná-lo destrutivo, pois, como bem recordado por John Marshall, juiz da Suprema Corte dos EUA (no *leading case McCulloch v. Maryland*, em 1819), "*the power to tax involves the power to destroy*" ("O poder de tributar envolve o poder de destruir").[91]

Na Constituição de 1988, a determinação para a utilização da progressividade está insculpida, de forma genérica e implícita, no § 1º do art. 145, ao estabelecer que "os impostos terão caráter pessoal e serão graduados segundo a capacidade econômica do contribuinte" e, de forma específica e literal: a) no § 1º do art. 149, que prevê a progressividade para as alíquotas das contribuições para custeio de regime próprio de previdência social de servidores públicos ativos, aposentados ou pensionistas da União, Estados, DF e Municípios, de acordo com o valor da base de contribuição ou dos proventos de aposentadoria e de pensões; b) no inciso I do § 2º

---

[90] JARACH, Dino. *El hecho imponible*: teoría general del derecho tributario sustantivo. 3. ed. Buenos Aires: Abeledo Perrot, 2011. p. 87.

[91] McCulloch v. Maryland. 17 U.S. 316 (1819). Disponível em: https://supreme.justia.com/cases/federal/us/17/316/case.html. Acesso em: 01/12/2023.

do art. 153, que dispõe sobre os critérios informativos do Imposto de Renda (generalidade, universalidade e progressividade); c) no inciso I do § 4º do art. 153, ao mencionar que as alíquotas do Imposto Territorial Rural serão progressivas, visando desestimular a manutenção de propriedades improdutivas; d) no inciso VI do § 1º do art. 155, prevendo que o Imposto sobre a Transmissão *Causa Mortis* e Doação, de quaisquer bens ou direitos, será progressivo em razão do valor do quinhão, do legado ou da doação; e) no § 1º do art. 156, que dispõe sobre a progressividade do Imposto Predial e Territorial Urbano no tempo, para assegurar o cumprimento da função social da propriedade, conforme determina o inciso II do § 4º do art. 182; f) no inciso I deste mesmo § 1º do art. 156, que estabelece a progressividade do IPTU em razão do valor do imóvel; g) no inciso II do art. 195, prevendo que as contribuições de seguridade social do trabalhador e dos demais segurados da previdência social podem ter alíquotas progressivas de acordo com o valor do salário de contribuição.

Além de possuir efeito arrecadatório e de realizar o princípio da capacidade contributiva, a progressividade pode possuir também outra função, de natureza extrafiscal ou regulatória, fundada no poder de polícia do Estado, instrumentalizando a intervenção indireta na sociedade, destinada a influir na conduta dos indivíduos e agentes econômicos. Neste caso, a função do agravamento progressivo de alíquotas poderia ser utilizada para reequilibrar a balança comercial, através dos impostos sobre o comércio exterior, desestimular a propriedade não produtiva, no caso do ITR, ou mesmo para assegurar o cumprimento de política habitacional, no caso do IPTU, respaldados pela função social da propriedade.

Não se deve confundir proporcionalidade com progressividade tributária, pois a proporcionalidade enseja uma tributação uniforme e invariável, enquanto na progressividade a carga fiscal (determinada em alíquotas variáveis) será dimensionada conforme seja aumentada a capacidade econômica gravada. Portanto, na tributação proporcional, a alíquota será sempre a mesma, independente da base de cálculo, enquanto na progressiva a alíquota crescerá conforme se elevar a base imponível.

Na proporcionalidade, a alíquota é sempre invariável, independentemente do aumento da base de cálculo. O valor a pagar se altera apenas em razão do aumento da base de cálculo, não em função de variação de alíquota. Na progressividade, à medida em que aumenta a base de cálculo, aumenta também a alíquota aplicável.

Imposto tipicamente progressivo em razão da capacidade contributiva é o Imposto de Renda, que deve observar os critérios da generalidade, da universalidade e da progressividade, que atuam como verdadeiros princípios pertinentes à base de cálculo e à alíquota. A progressividade do IRPF, por exemplo, toma a base de cálculo como critério para a variação de alíquotas, possuindo atualmente cinco faixas de incidência (isenção; 7,5%; 15%; 22,5% e 27,5%).

O ITR utiliza a progressividade para fazer valer a determinação constitucional do desestímulo à manutenção de terras improdutivas. A Lei nº 9.393/1996 determina que a alíquota utilizada para cálculo daquele imposto será estabelecida para cada imóvel rural, com base em sua área total e no respectivo grau de utilização. Quanto menor a porcentagem de utilização da terra por hectare, maior será a alíquota.

Houve várias controvérsias quanto à utilização da progressividade no IPTU. Isto se deu porque, originalmente, a CF/88 somente admitia a progressividade extrafiscal do IPTU para assegurar o cumprimento da função social da propriedade (arts. 156, § 1º e 182, § 4º). Mas inúmeros municípios criaram leis que levavam em consideração o valor do imóvel e a sua localização para definir a alíquota aplicável. Assim, o STF veio a entender que não seria possível utilizar a progressividade em razão do valor do imóvel (AI 712.743 QO-RG, RE 153.771, RE 204.827, RE 167.654 e RE 233.332), por considerá-lo um imposto de natureza real (fato gera-

Parte II • Cap. 4 • PRINCÍPIOS CONSTITUCIONAIS TRIBUTÁRIOS | **109**

dor a propriedade) e, portanto, a ele não se aplicaria o princípio da capacidade contributiva. Neste sentido, o STF emitiu a Súmula nº 668, que afirma: "É inconstitucional a lei municipal que tenha estabelecido, antes da Emenda Constitucional 29/2000, alíquotas progressivas para o IPTU, salvo se destinada a assegurar o cumprimento da função social da propriedade urbana".

Entretanto, com a edição da Emenda Constitucional nº 29/2000, passou a haver expressa autorização para a progressividade do IPTU em razão do valor do imóvel e da diferenciação de alíquotas de acordo com sua localização e uso, restando tal discussão superada atualmente.[92] Contudo, o STF decidiu que, declarada inconstitucional a progressividade de alíquota tributária veiculada em lei municipal anterior à EC nº 29/2000, é ao menos devido o tributo calculado pela alíquota mínima correspondente, de acordo com a destinação do imóvel, para evitar a total ausência de tributação.[93]

Inaplicável é a progressividade para o ITBI com base no valor venal do imóvel. Após vários questionamentos, o STF estabeleceu a Súmula nº 656, ainda em vigor e não expressamente revogada: "É inconstitucional a lei que estabelece alíquotas progressivas para o imposto de transmissão *inter vivos* de bens imóveis – ITBI com base no valor venal do imóvel". A *ratio decidendi* dos precedentes que geraram tal Súmula é a de que, em regra, os tributos reais (que recaem sobre coisas) não consideram as características e qualidades particulares do contribuinte para efeito de tributação, não se aplicando a eles o princípio da capacidade contributiva. Os tributos reais somente admitiriam caráter progressivo quando houvesse expressa previsão na Constituição, como ocorre com o IPTU progressivo com o fim de cumprir a função social da propriedade (art. 182, § 4º, II, CF/88), o que não acontece com o ITBI.

Já quanto ao ITCMD – tradicionalmente classificado como um tributo real, tal como o ITBI –, o mesmo STF, ao julgar a aplicação da progressividade a este tributo, entendeu, em repercussão geral, que a progressividade era aplicável ao ITCMD, pois o princípio da capacidade contributiva (art. 145, § 1º, CF/88) deve ser aplicado, sempre que possível, a todos os impostos, sejam eles pessoais, sejam reais, como forma de garantir a igualdade material tributária (STF. RE 562.045, Rel. Min. Ricardo Lewandowski, Rel. p/ Acórdão: Min. Cármen Lúcia, Pleno, julg. 06/02/2013).

Veja-se que também não havia previsão constitucional para a progressividade do ITCMD, assim como no ITBI (embora atualmente, por força da EC nº 132/2023, a progressividade do ITCMD esteja expressamente prevista no inciso VI do § 1º do art. 155: "será progressivo em razão do valor do quinhão, do legado ou da doação").

Tal aparente contradição de soluções de admissão de progressividade entre dois tributos reais (ITCMD e ITBI) foi explicada pelo STF da seguinte forma: o ITCMD tem como fato gerador um acréscimo patrimonial a título gratuito, revelador de evidente capacidade contributiva, aproximando-o dos impostos pessoais como o IR. Isso autorizaria que seguisse sistemática similar quanto à progressividade, o que não ocorre no ITBI, em que não haveria um aumento de patrimônio, mas uma mera sub-rogação ou substituição do dinheiro usado para adquirir o imóvel pela propriedade do imóvel.

Portanto, esta seria a razão de o STF dar solução distinta a cada um desses tributos, admitindo a progressividade no ITCMD e negando-a no ITBI. A manutenção da Súmula nº 656

---

[92] STF. RE 586.693 (repercussão geral), Rel. Min. Marco Aurélio, Pleno, julg. 25/05/2011: "É constitucional a Emenda Constitucional nº 29, de 2000, no que estabeleceu a possibilidade de previsão legal de alíquotas progressivas para o IPTU de acordo com o valor do imóvel".

[93] STF. RE 602.347 (repercussão geral), Rel. Min. Edson Fachin, Pleno, julg. 04/11/2015.

do STF quanto ao ITBI é alvo de severas críticas à luz da própria jurisprudência atual do STF sobre o art. 145, § 1º, CF/88; contudo, ainda não ocorreu sua revogação pelo STF. Já em relação ao ITCMD, sua progressividade, originalmente admitida apenas pela jurisprudência do STF, passou a compor o texto expresso da Constituição no inciso VI do § 1º do art. 155, incluído pela EC nº 132/2023.

4.6.4. Princípio da seletividade tributária

O **princípio da seletividade** tem como escopo adequar a alíquota (não se aplicando à base de cálculo) à essencialidade do bem (mercadoria, produto, serviço etc.) objeto da incidência do tributo. Portanto, seletividade e essencialidade são conceitos conexos neste campo. Segundo a essencialidade, o tributo variará conforme a importância da coisa para o contribuinte, no sentido de permitir satisfazer suas necessidades básicas (alimentos básicos, remédios, peças essenciais de vestuário etc.), ou gravar mais intensamente produtos desnecessários à subsistência ou de consumo restrito (bebidas, cigarros, armas etc.).[94]

Considerando ser um princípio que incide sobre coisas, como mercadorias, produtos e serviços, temos a sua aplicação no ICMS (art. 155, § 2º, III, CF/88) e no IPI (art. 153, § 3º, I, CF/88). Segundo os dois dispositivos constitucionais, podemos ver que no caso do IPI a norma estabelece que "será seletivo", não dando margem para dúvidas quanto à natureza obrigatória de obediência ao princípio da seletividade, enquanto no caso do ICMS a Constituição dispõe que "poderá ser seletivo", conferindo ao legislador ordinário e ao Poder Executivo a faculdade de estabelecer alíquotas seletivas.

Contudo, registre-se aqui uma ponderação: ainda que a interpretação literal do verbo "poderá" indique mera faculdade, seria a consagração de grave injustiça no campo fiscal que produtos essenciais fossem tributados com alíquotas de ICMS similares àquelas de produtos não essenciais. No mesmo sentido, o STF (RE 714.139 – repercussão geral) decidiu que, adotada pelo legislador estadual a técnica da seletividade em relação ao ICMS, destoam do figurino constitucional as alíquotas sobre as operações de energia elétrica e serviços de telecomunicação em patamar superior ao das operações em geral, considerada a essencialidade dos bens e serviços.[95]

Na esteira desse entendimento do STF, a LC nº 194/2022 inseriu o art. 18-A no Código Tributário Nacional, determinando que, para fins de incidência do ICMS, os combustíveis, o gás natural, a energia elétrica, as comunicações e o transporte coletivo são considerados bens e serviços essenciais e indispensáveis, que não podem ser tratados como supérfluos (art. 18-A, *caput*, CTN). Por essa razão, fica vedada a fixação de alíquotas sobre essas operações em patamar superior ao das operações em geral, considerada a essencialidade dos bens e serviços (art. 18-A, parágrafo único, I, CTN).

---

[94]   STF. RE 592.145 (repercussão geral – Tema 80), Rel. Min. Marco Aurélio, Pleno, julg. 05/04/2017: "*Tese*: Surge constitucional, sob o ângulo do caráter seletivo, em função da essencialidade do produto e do tratamento isonômico, o artigo 2º da Lei nº 8.393/1991, a revelar alíquota máxima de Imposto sobre Produtos Industrializados – IPI de 18%, assegurada isenção, quanto aos contribuintes situados na área de atuação da Superintendência de Desenvolvimento do Nordeste – SUDENE e da Superintendência de Desenvolvimento da Amazônia – SUDAM, e autorização para redução de até 50% da alíquota, presentes contribuintes situados nos Estados do Espírito Santo e do Rio de Janeiro".

[95]   STF. RE 714.139 (repercussão geral – Tema 745), Rel. Min. Marco Aurélio, Rel. p/ Acórdão: Min. Dias Toffoli, Pleno, julg. 18/12/2021. Tese firmada no Tema 745. No mesmo sentido: STF. ADIs 7.110, 7.114, 7.117, 7.120, 7.123, 7.124 e 7.132.

4.6.5. Princípio da não cumulatividade tributária

O **princípio da não cumulatividade** aplica-se sobre tributos plurifásicos, ou seja, tributos que se repetem na mesma cadeia econômica e incidem em cada etapa da operação econômica, sobre o valor total dos produtos, mercadorias ou serviços, mas permitindo, por sua metodologia, a dedução com o montante do tributo destacado (cobrado/pago) nas etapas anteriores (IPI: art. 153, § 3º, II, CF/88; ICMS:[96] art. 155, § 2º, I, CF/88; IBS: art. 156-A, § 1º, VIII, CF/88; CBS: art. 149-B, IV, CF/88).

Permite a tributação de acordo com o negócio econômico realizado em cada uma das etapas da cadeia negocial, estabelecendo, assim, uma carga fiscal diferenciada conforme o valor econômico que é agregado a cada fase (dada a possibilidade do crédito do tributo anteriormente pago). Assim, garante-se ao sujeito passivo o direito de compensar o montante do imposto devido em operação realizada por ele com o imposto cobrado nas operações posteriores, adotando-se um sistema de "créditos e débitos".

Caso contrário, teríamos etapas com valores adicionados aos anteriormente realizados ("efeito cascata") sem que houvesse a participação efetiva de cada contribuinte na série e, por consequência, contribuintes sendo onerados por tributos que recaem em operações econômicas distintas da sua própria.

Como exemplo simplificado, citamos o industrial que adquire insumos de um de seus fornecedores no valor de R$ 1.000,00, com alíquota local de 18%. Credita-se R$ 180,00; ao vender para o varejista a R$ 2.000,00, aplica a alíquota interna de 18%, debitando-se R$ 360,00; contudo, contava com o crédito R$ 180,00 da operação anterior; apura o ICMS a recolher R$ 180,00; o varejista adquire a mercadoria e credita-se R$ 360,00 das operações anteriores (valor destacado na nota fiscal de ICMS anteriormente pago); ao vender para o consumidor final local (com alíquota de 18%) por R$ 3.000,00, debitará R$ 540,00. Na apuração entre débitos e créditos, ao final, terá a recolher apenas R$ 180,00 de ICMS.

Segundo o Ministro do STF Marco Aurélio Mello[97], "utiliza-se o crédito com o objetivo único de não haver a sobreposição, a cobrança do tributo em cascata, transgredindo-se o princípio vedador da duplicidade". Contudo, o que ocorre quando, na fase anterior, a operação for isenta, beneficiada com alíquota zero ou não tributada, ou seja, sem o recolhimento do tributo?

Nesse caso, a regra geral atual assentada pelo STF, na Súmula Vinculante nº 58 e em regime de repercussão geral, é a de que não há direito a creditamento de IPI[98] ou ICMS[99] em relação a insumos ou bens e mercadorias adquiridos e submetidos a isenção, alíquota zero ou não tributados, em razão da ausência de recolhimento do imposto, em que há incapacidade de gerar o crédito.

---

[96] Ressalte-se que, nos termos da alínea "h" do inciso XII do § 2º do art. 155 da Constituição Federal, é possível a incidência de ICMS uma única vez (monofásica) sobre combustíveis e lubrificantes a serem definidos em lei complementar. A Lei Complementar nº 192/2022 definiu tais combustíveis como sendo gasolina e etanol anidro combustível; diesel e biodiesel e gás liquefeito de petróleo, inclusive o derivado do gás natural (art. 2º).

[97] STF. RE 562.980 ED (repercussão geral – Tema 49), Rel. Min. Marco Aurélio, Pleno, julg. 12/06/2013.

[98] Súmula Vinculante nº 58: "Inexiste direito a crédito presumido de IPI relativamente à entrada de insumos isentos, sujeitos à alíquota zero ou não tributáveis, o que não contraria o princípio da não cumulatividade". STF. RE 398.365 (repercussão geral – Tema 844), Rel. Min. Gilmar Mendes, Pleno, julg. 27/08/2015.

[99] STF. RE 628.075 (repercussão geral – Tema 490), Rel. p/ Acórdão: Min. Gilmar Mendes, Pleno, julg. 18/08/2020.

112 CURSO DE DIREITO TRIBUTÁRIO BRASILEIRO – *Marcus Abraham*

Assim, para o STF, se nada foi pago, nada haverá a ser compensado, salvo se lei autorizar expressamente o creditamento[100], em razão da previsão do art. 150, § 6º, CF/88 que exige lei específica para a concessão de benefícios fiscais.[101]

4.6.6. Princípio da solidariedade tributária

A Constituição Federal prevê o **princípio da solidariedade** ao estabelecer, no seu art. 3º, os objetivos da República Federativa do Brasil, que são: construir uma sociedade livre, justa e solidária, desenvolver o País, acabar com a pobreza e a marginalização e minimizar as desigualdades sociais e regionais, promovendo o bem de todos. Do mesmo modo, traz, no seu art. 195, o *dever de solidariedade* no financiamento da seguridade social. Entretanto, tal incumbência somente pode ser realizada com recursos financeiros da arrecadação tributária, determinada pela repartição das despesas públicas e tendo a solidariedade (no seu aspecto objetivo) como um dos elementos-chave.

Devemos nos afastar da concepção subjetiva de solidariedade, que envolve elementos morais, éticos e, por vezes, religiosos, no sentido de caridade, filantropia, beneficência, altruísmo ou compaixão, para encontrar o seu viés objetivo, como dever jurídico que compõe a obrigação de pagar tributos.

A relação entre solidariedade e tributação é vista sob três aspectos distintos, como bem analisou Marco Aurélio Greco:[102] a) como *justificação da exigência tributária*, seja como fundamento da tributação (na linha de Vítor Faveiro, José Casalta Nabais e de Ricardo Lobo Torres), ao tratar do dever fundamental de contribuir para o custeio do Estado, seja como objetivo constitucional a ser alcançado através da instituição de contribuições; b) como *critério de congruência da legislação tributária*, no sentido de estabelecer parâmetros ao controle substancial das leis, bem como sobre o exercício da competência legislativa e também para identificar eventuais distorções, como no caso da destinação dos recursos, prioridades etc.; e c) como *critério de interpretação*, para conferir mais um valor (social) à efetivação da máxima eficácia possível da Constituição, orientado à produção legislativa, dando também maior efetividade ao princípio da capacidade contributiva e direcionando a interpretação à luz da solidariedade social.

4.6.7. Princípio da uniformidade geográfica

O **princípio da uniformidade geográfica** determina que o tributo federal deve incidir pela mesma alíquota e base de cálculo e sobre idênticos fatos geradores em qualquer ponto do

---

[100] Registre-se que a EC nº 123/2022 trouxe a previsão de que Estados e o Distrito Federal podem outorgar créditos tributários do ICMS aos produtores ou distribuidores de etanol hidratado em seu território, de modo a tornar seu preço final menor. Para compensar tal renúncia de receita, a mesma emenda constitucional estabeleceu que a União deverá entregar auxílio financeiro, de agosto a dezembro de 2022, aos Estados e ao DF para fazer frente à diminuição da arrecadação nesse caso.

[101] Nos REs 592.891 e 596.614 (repercussão geral – Tema 322), Rel. p/ Acórdão: Min. Edson Fachin, Pleno, julg. 25/04/2019, o STF admitiu ser devido o aproveitamento de créditos de IPI na entrada de insumos isentos, não tributados ou sujeitos à alíquota zero provenientes da Zona Franca de Manaus, por força de exceção constitucional justificável à técnica da não-cumulatividade. Tal creditamento estaria previsto no art. 40 do ADCT, ao constitucionalizar a Zona Franca de Manaus, promovendo o princípio da igualdade por meio da redução das desigualdades regionais.

[102] GRECO, Marco Aurélio. Solidariedade social e tributação. In: GRECO, Marco Aurélio; GODOI, Marciano Seabra de (Coord.). *Solidariedade social e tributação*. São Paulo: Dialética, 2005. p. 168-170.

território nacional, ou seja, deve ser geograficamente uniforme.[103] Assim, os tributos da União serão uniformes em todo o território nacional, evitando-se a distinção ou preferência em relação a Estado, Distrito Federal ou Município, em detrimento de outro, conforme determina o art. 151, I, CF/88. O objetivo deste princípio é evitar discriminações injustificadas entre os entes federados por parte do ente central.

O princípio em tela possui fundamento nos princípios federativo e da isonomia entre os entes federados, face à unidade política do Estado Federal brasileiro. Contudo, deve-se estar atento para o fato de que a diminuição das desigualdades regionais também é um dos objetivos fundamentais da República Federativa do Brasil (art. 3º, III, CF/88), a ser sopesado com os demais desideratos constitucionais. Assim, é possível que a União aplique a determinadas regiões ou áreas um regime diferenciado de tributação, tal como ocorre com a chamada Zona Franca de Manaus.[104]

Somente se admitem diferenciações que, na forma de incentivos, visem promover o equilíbrio do desenvolvimento socioeconômico entre as diferentes regiões, caracterizando política de fomento,[105] como expresso na parte final do art. 151, I, CF/88 ("[...] admitida a concessão de incentivos fiscais destinados a promover o equilíbrio do desenvolvimento socioeconômico entre as diferentes regiões do País").[106]

---

[103] TORRES, Ricardo Lobo. *Curso de direito financeiro e tributário*. 19. ed. Rio de Janeiro: Renovar, 2013. p. 80.

[104] Segundo o art. 40 do ADCT, "é mantida a Zona Franca de Manaus, com suas características de área livre de comércio, de exportação e importação, e de incentivos fiscais, pelo prazo de vinte e cinco anos, a partir da promulgação da Constituição". A EC nº 42/2003 inseriu o art. 92 do ADCT, acrescentando mais 10 anos ao prazo original do art. 40 do ADCT. Por sua vez, a EC nº 83/2014 inseriu o art. 92-A do ADCT, acrescendo 50 anos ao prazo fixado pelo art. 92 do ADCT. Contudo, no julgamento da ADI 2.399, Rel. Min. Marco Aurélio, Rel. p/ Acórdão: Min. Dias Toffoli, Pleno, julg. 14/02/2022, decidiu-se que, quando a CF/88 foi promulgada, os bens de informática não eram regulados pelo Decreto-lei 288/1967 (que regula a Zona Franca de Manaus), mas sim por lei específica do setor de informática. Prevalecem, assim, as leis específicas, por serem mais novas e especiais em relação ao decreto-lei. Assim, o Plenário do STF estabeleceu ser constitucional a exclusão dos bens de informática dos incentivos fiscais previstos para a Zona Franca de Manaus, nos termos da lei específica do setor de informática. Do mesmo modo, o art. 15 da Lei Complementar 24/1975 excepciona da deliberação do Conselho Nacional de Política Fazendária (CONFAZ) somente os incentivos fiscais relativos ao ICMS concedidos às "indústrias" instaladas ou que venham a se instalar na Zona Franca de Manaus, não alcançando os benefícios concedidos a contribuintes que, ainda que instalados na referida região, não realizem atividade industrial, isto é, empresas de natureza estritamente comercial (STF. ADI 4.832, Rel. Min. Luiz Fux, Pleno, julg. 12/12/2023).

[105] PAULSEN, Leandro. op. cit. p. 133.

[106] STF. RE 592.145 (repercussão geral – Tema 80), Rel. Min. Marco Aurélio, Pleno, julg. 05/04/2017: "*Tese*: Surge constitucional, sob o ângulo do caráter seletivo, em função da essencialidade do produto e do tratamento isonômico, o artigo 2º da Lei nº 8.393/1991, a revelar alíquota máxima de Imposto sobre Produtos Industrializados – IPI de 18%, assegurada isenção, quanto aos contribuintes situados na área de atuação da Superintendência de Desenvolvimento do Nordeste – SUDENE e da Superintendência de Desenvolvimento da Amazônia – SUDAM, e autorização para redução de até 50% da alíquota para contribuintes situados nos Estados do Espírito Santo e do Rio de Janeiro".
STF. ADI 7.036. Rel. Min. Nunes Marques, Rel. p/ Acórdão: Min. Dias Toffoli, Pleno, julg. 01/03/2023: "2. O Decreto-lei nº 288/67, expressamente estabeleceu (art. 4º) que equivale à exportação para o exterior, para todos os efeitos fiscais, 'a exportação de mercadorias de origem nacional para consumo ou industrialização na Zona Franca de Manaus, ou reexportação para o estrangeiro'. 3. A expressão 'para todos os efeitos fiscais' alcança o ICMS, e a equivalência em destaque (equivalência à exportação para o exterior) é, propriamente, um favor fiscal instituído pelo decreto-lei em referência, que deve, à luz da orientação prevalecente na Corte, ser mantido ante o art. 40 do ADCT".

114 | CURSO DE DIREITO TRIBUTÁRIO BRASILEIRO – *Marcus Abraham*

O tratamento diferenciado, desde que justificado pela busca do cumprimento de uma finalidade constitucional, não viola o princípio da uniformidade geográfica, pois o interesse público, na linha de determinada política econômica ou social, estará sendo atendido.[107] Ademais, dever-se-ia verificar *a posteriori* se os incentivos tributários concedidos de fato auxiliam no fomento e desenvolvimento de determinadas atividades, regiões ou de setores econômicos ou sociais. Nesse sentido, deve-se ponderar se o custo dos incentivos fiscais concedidos gera, em contrapartida, os resultados esperados (custo/benefício).

4.6.8. Princípio da não discriminação tributária

O **princípio da não discriminação tributária**, decorrente do princípio federativo, proíbe qualquer tipo de barreira tributária entre os Estados e Municípios. É conhecido também por princípio da uniformidade tributária e princípio da não discriminação baseada em procedência ou destino, sendo consagrado no art. 152 da Constituição ("É vedado aos Estados, ao Distrito Federal e aos Municípios estabelecer diferença tributária entre bens e serviços, de qualquer natureza, em razão de sua procedência ou destino").

Seu objetivo é obstar políticas fiscais por parte de Estados e Municípios capazes de ofender o espírito federativo[108] e o mercado comum brasileiro quando assentadas em discriminações quanto à origem ou ao destino de serviços e mercadorias.[109] Segundo Leandro Paulsen, "não é possível, por exemplo, utilizar como critério para a seletividade ou para a progressividade a origem, o destino, o local da sede do vendedor, do prestador ou do consumidor".[110]

Atente-se para o fato de que este princípio não entra em conflito com dispositivos constitucionais que imunizam certas operações ou permitem alíquotas diferenciadas em razão precisamente da origem ou do destino das mercadorias, uma vez que tais exceções foram veiculadas pela própria Constituição. Como exemplo, indicamos a imunidade do ICMS nas remessas de energia elétrica do Estado produtor para o Estado consumidor e as remessas de produtos para o exterior. As discriminações são harmônicas, pois previstas constitucionalmente, com a vedação à discriminação tributária.[111]

---

[107] STF. RE 592.891 (repercussão geral), Rel. Min. Rosa Weber, Pleno, julg. 25/04/2019: "*Tese*: Há direito ao creditamento de IPI na entrada de insumos, matéria-prima e material de embalagem adquiridos junto à Zona Franca de Manaus sob o regime de isenção, considerada a previsão de incentivos regionais constante do art. 43, § 2º, III, da Constituição Federal, combinada com o comando do art. 40 do ADCT".

[108] "[...] padece de inconstitucionalidade a Lei 13.790/06 do Estado de Santa Catarina, porquanto concessiva de benefícios fiscais de ICMS ao serviço de transporte rodoviário interestadual ou intermunicipal de cargas, caracterizando hipótese típica de guerra fiscal em desarmonia com a Constituição Federal de 1988. 3. A isonomia tributária e a vedação constitucional à discriminação segundo a procedência ou o destino de bens e serviços (artigos 150, II, e 152 da CRFB/88) tornam inválidas as distinções em razão do local em que se situa o estabelecimento do contribuinte ou em que produzida a mercadoria, máxime nas hipóteses nas quais, sem qualquer base axiológica no postulado da razoabilidade, se engendra tratamento diferenciado" (STF. ADI 3.984, Rel. Min. Luiz Fux, Pleno, julg. 30/08/2019). No mesmo sentido: STF. ADI 5.472, julg. 01/08/2018.

[109] STF. ADI 6.222, Rel. Min. Gilmar Mendes, Pleno, julg. 20/04/2020: "ICMS. Produtos derivados do trigo. 4. Instituição de regime de substituição tributária com diferenciação da base de cálculo entre indústrias com produção no Estado do Ceará (indústria com produção integrada) e as demais indústrias. 5. Benefício fiscal. [...]. Tratamento diferenciado em razão da procedência. Afronta ao art. 152 da Constituição Federal". No mesmo sentido: ADI 4.635; ADI 4.623; ADI 3.984; ADI 5.472; ADI 2.345; ADI 3.803; ADI 3.664.

[110] PAULSEN, Leandro. op. cit. p. 136.

[111] COÊLHO, Sacha Calmon Navarro. op. cit. p. 289.

Parte II • Cap. 4 • PRINCÍPIOS CONSTITUCIONAIS TRIBUTÁRIOS | **115**

A União possui também papel de controlar o comércio exterior, impedindo que os Estados estabeleçam diferença tributária para os produtos oriundos de outros países. Assim, não é possível, por exemplo, a um Estado cobrar IPVA com alíquota diferenciada para veículos importados.[112]

4.6.9. Princípio do pacto federativo e republicano

O **princípio do pacto federativo e republicano** forma as bases estruturais do nosso Estado. A noção de República funda-se na igualdade de todos os cidadãos perante a lei, em que os poderes que regem a nação são constituídos pelo próprio povo.[113] Nela, todo poder emana do povo e em seu nome será exercido. Ademais, "o cidadão está enraizado em uma cultura pública que o estimula à participação ativa na vida da comunidade. O cidadão, neste quadro, não tem apenas direito, mas também deveres em relação à sua comunidade política".[114]

É característico da forma republicana de governo que haja representatividade de todos os segmentos populares, bem como da finalidade de se buscar o bem-estar da população,[115] garantindo-se a igualdade em contraposição a sistemas políticos que se estruturam a partir da noção de privilégios de estamentos ou classes.

Na vertente tributária do republicanismo, não se pode admitir tributação senão em função do interesse público, com destinação que o prestigie.[116] Constitucionalmente, pois, um tributo não pode ter outro escopo que o de instrumentar o Estado a alcançar o bem comum. Qualquer exação que não persiga esta finalidade é inconstitucional.[117]

Por sua vez, o princípio federativo estabelece a divisão de direitos e deveres dos entes integrantes da federação, sem diferenciações indevidas entre eles e garantindo que possam exercer de forma adequada sua autonomia. Sua faceta tributária se refere ao importante tema da repartição constitucional das competências para instituir tributos, como forma de garantir autonomia financeira aos entes, assim como à matéria das repartições constitucionais de receitas tributárias. Todos esses relevantes temas, bem como a matéria do federalismo fiscal e tributário, já foram devidamente tratados no capítulo referente ao sistema tributário nacional, ao qual agora remetemos.

4.6.10. Princípio da supremacia do interesse público

O **princípio da supremacia do interesse público** também é chamado de princípio do interesse público ou, ainda, de princípio da supremacia da finalidade pública. Para a doutrina clássica, o interesse público seria o resultante do conjunto dos interesses que os indivíduos pessoalmente têm quando considerados em sua qualidade de membros da sociedade, aproximando-se da própria noção de bem comum. Indica a superioridade das questões coletivas sobre as dos particulares, de modo que o Estado impeça que a igualdade seja violada por alguns privados em detrimento do bem comum.

---

[112] PAULSEN, Leandro. op. cit. p. 136.

[113] COÊLHO, Sacha Calmon Navarro. *Curso de direito tributário brasileiro.* 15. ed. Rio de Janeiro: Forense, 2016. p. 44.

[114] SOUZA NETO, Cláudio Pereira de; SARMENTO, Daniel. *Direito constitucional:* teoria, história e métodos de trabalho. Belo Horizonte: Fórum, 2013. p. 218.

[115] COÊLHO, Sacha Calmon Navarro. op. cit. p. 45.

[116] PAULSEN, Leandro. *Curso de direito tributário completo.* 7. ed. Porto Alegre: Livraria do Advogado, 2015. p. 163.

[117] COÊLHO, Sacha Calmon Navarro. op. cit. p. 46.

Nas palavras de Celso Antônio Bandeira de Mello,[118]

> Trata-se de verdadeiro axioma reconhecível no moderno Direito Público. Proclama a superioridade do interesse da coletividade, firmando a prevalência dele sobre o do particular, como condição, até mesmo, da sobrevivência e asseguramento deste último. É pressuposto de uma ordem social estável, em que todos e cada um possam sentir-se garantidos e resguardados.

Assim, na formulação tradicional, o interesse público teria supremacia sobre os interesses meramente particulares. Daí decorrem prerrogativas como a de que os atos administrativos possuem presunção de veracidade e legitimidade e a de que a Administração possua prazos maiores para intervenção ao longo do processo judicial.

A doutrina moderna, em contraponto, tem questionado a aplicação *a priori* da supremacia do interesse público. Gustavo Binenbojm[119] sustenta que:

> [...] o reconhecimento da centralidade do sistema de direitos fundamentais pela Constituição e a estrutura pluralista e *maleável* dos princípios constitucionais inviabiliza a determinação *a priori* de uma regra de supremacia absoluta dos interesses coletivos sobre os interesses individuais ou dos interesses públicos sobre interesses privados.

Dessa forma, a Administração Pública teria o dever jurídico de ponderar os interesses em jogo, buscando a sua concretização até um grau máximo de otimização, tendo em vista a fluidez conceitual inerente à noção de interesse público juntamente com a dificuldade em sopesar quando o atendimento do interesse público se encontra na própria preservação dos direitos fundamentais.

Proteger, mesmo que parcialmente, um interesse privado consagrado na Constituição pode representar a promoção de um interesse público. Em outras palavras, satisfazer um pode representar a promoção do outro.[120]

4.6.11. Princípio da indisponibilidade do interesse público

O **princípio da indisponibilidade do interesse público** (decorrente do princípio da supremacia do interesse público) estabelece que a Administração Pública não pode dispor livremente do interesse geral, nem renunciar a poderes que a lei lhe conferiu para a tutela de tal interesse, aplicando-os de modo igualitário entre os cidadãos e não fazendo distinção entre eles, os quais serão igualmente tratados caso estejam na mesma situação.

As atribuições conferidas ao administrador público têm em vista os interesses da sociedade tal como previstos na Constituição. Muitas vezes, essas atribuições envolvem o exercício de prerrogativas unilaterais sobre os particulares, entretanto, não são poderes, e sim funções destinadas ao bem comum. Essas prerrogativas não são exercidas no interesse do Estado ou do agente público, mas no interesse da própria sociedade. Mais do que poderes, são deveres.[121]

---

[118] MELLO, Celso Antônio Bandeira de. *Curso de direito administrativo*. 26. ed. São Paulo: Malheiros, 2009. p. 69.

[119] BINENBOJM, Gustavo. *Uma teoria do direito administrativo*. Rio de Janeiro: Renovar, 2008. p. 31.

[120] Ibidem. p. 97.

[121] ARAGÃO, Alexandre Santos de. *Curso de direito administrativo*. 2. ed. Rio de Janeiro: Forense, 2013. p. 85.

Alexandre Santos de Aragão afirma que o princípio vem passando por revisões doutrinárias que sugerem uma atenuação do seu conteúdo original. Aragão atenta para o surgimento do debate acerca da consensualidade e arbitrabilidade no direito administrativo:

> A abertura do Direito Administrativo a uma certa consensualidade não constitui propriamente uma disponibilidade do interesse público, pois a celebração de um acordo com o particular pode, em certos casos, melhor atender ao interesse público do que a mera e simples imposição unilateral.[122]

Na seara tributária, também o agente público e seu respectivo órgão têm o poder-dever de agir, não lhes sendo facultado realizar ou não o ato administrativo de natureza tributária e nem fazendo distinção entre os contribuintes que devem ser igualmente tributados caso estejam na mesma situação.

Embora esta seja a regra geral, deve-se estar atento ao fato de que tal princípio não significa que a efetiva cobrança de todos os tributos devidos sempre seja a melhor solução da perspectiva da racionalidade econômica. É que, em certas situações, como débitos tributários de valor reduzido, o custo com o aparato estatal para cobrança pode suplantar o próprio valor do crédito a ser cobrado (nessas situações, o interesse público está precisamente em não realizar tal cobrança).

Em outras hipóteses, tais como a anistia (como forma de ampliar a arrecadação), tampouco significa que se esteja dispondo do interesse público ao dispensar o pagamento de multas para se obter recolhimento espontâneo do valor do tributo propriamente dito.

4.7. PRINCÍPIOS TRIBUTÁRIOS DE LIBERDADE

As normas do Direito Tributário visam conferir proteção ao beneficiário da atividade estatal – o contribuinte – contra possíveis abusos do Estado na atividade financeira. Assim, a ideia de liberdade na tributação indica a separação entre a coisa pública e a privada, tendo no tributo o mecanismo que mantém o equilíbrio entre as necessidades que o Estado possui para realizar sua atividade e o preço pago pelo cidadão para garantir a sua liberdade. É através deste princípio que se estabelece uma imposição fiscal dentro de uma medida que respeite a dignidade da pessoa e, por ela, se possa atingir a justiça tributária.

Não é à toa que Ricardo Lobo Torres nos apresentou a expressão "o tributo é o preço da liberdade", para caracterizá-lo como instrumento garantidor da autonomia patrimonial do cidadão em relação ao Estado, ao prover-lhe recursos financeiros suficientes para que este realize a sua função maior que é atender as necessidades públicas.

4.7.1. Princípio da vedação ao confisco

Relevante princípio que expressa o valor da liberdade é o **princípio da vedação ao confisco**, expresso no inciso IV do art. 150 da Constituição Federal. Isto porque da mesma forma que a nossa Carta Constitucional não admite a expropriação de bens sem a devida indenização, conforme o art. 5º, XXIV, ela também não admite a apropriação indireta de bens, por meio da utilização de tributos confiscatórios, conforme norma expressa no art. 150, IV.

Na lição de Hugo de Brito Machado,[123] tributo com efeito de confisco é tributo que, por ser excessivamente oneroso, seja sentido como penalidade. Assim, não pode ser antieconômico

---

[122] Loc. cit.
[123] MACHADO, Hugo de Brito. *Os princípios jurídicos da tributação na Constituição de 1988*. 3. ed. São Paulo: Revista dos Tribunais, 1994. p. 92.

ou antissocial – e nunca deve ser criado, calculado ou cobrado de modo a prejudicar, tornando ineficiente, ainda menos paralisando ou obstruindo, a atividade produtiva do contribuinte (desde que esta atividade se possa reputar como benéfica à sociedade). Vigora um princípio básico em relação ao tributo de que este nunca deve se expandir ou crescer até inviabilizar a atividade ou produção.[124]

Comentando sobre o princípio do não confisco e a interpretação que a Suprema Corte Argentina lhe confere, Héctor Villegas[125] reputa confiscatório um tributo que excede aquilo que "razoavelmente se pode admitir em um regime democrático de governo que garanta a propriedade, de modo que se deve rechaçar o confisco do patrimônio privado, seja pela via direta, seja indiretamente, por meio dos tributos". Aduz o autor, ainda, que

> [...] a faculdade de estabelecer impostos é essencial para a existência do governo, mas tal poder, quando ilimitado, seja quanto à eleição da matéria imponível, seja quanto a sua quantia, traz em si a possibilidade de aniquilar a própria fonte da tributação, uma vez que há um limite além do qual nenhuma coisa, pessoa ou instituição é capaz de tolerar o fardo de um determinado tributo.

Entretanto, ressalta Sacha Calmon Navarro Coêlho que, quando houver um interesse público envolvido – que deve ser equilibrado com o interesse particular – será possível a utilização do tributo confiscatório. Segundo as suas palavras:

> [...] admite-se a tributação exacerbada, por razões extrafiscais e em decorrência do poder de polícia (gravosidade que atinge o próprio direito de propriedade); o direito de propriedade outrora intocável não o é mais. A Constituição o garante, mas subordina a garantia à função social da propriedade (ao direito de propriedade causador de disfunção social, retira-lhe a garantia).[126]

A questão, entretanto, é que não existe um limite objetivo para determinar-se quando um tributo passa a ter conotação confiscatória.[127] Uma alíquota pode ser considerada confiscatória

---

[124] STF. ADI 2.551 MC-QO, Rel. Min. Celso de Mello, Pleno, julg. 02/04/2003: "Dentre as garantias constitucionais que protegem o contribuinte, destaca-se, em face de seu caráter eminente, aquela que proíbe a utilização do tributo – de qualquer tributo – com efeito confiscatório (CF, art. 150, IV). – A Constituição da República, ao consagrar o postulado da não confiscatoriedade, vedou qualquer medida, que, adotada pelo Estado, possa conduzir, no campo da fiscalidade, à injusta apropriação estatal do patrimônio ou dos rendimentos dos contribuintes, comprometendo-lhes, em função da insuportabilidade da carga tributária, o exercício a uma existência digna, ou a prática de atividade profissional lícita, ou, ainda, a regular satisfação de suas necessidades vitais (educação, saúde e habitação, p. ex.)".

[125] VILLEGAS, Héctor Belisario. *Curso de finanzas, derecho financiero y tributario*. 9. ed. Buenos Aires: Astrea, 2007. p. 277 (tradução livre).

[126] COÊLHO, Sacha Calmon Navarro. *Comentários à Constituição de 1988*: sistema tributário. 6. ed. Rio de Janeiro: Forense, 1996. p. 330.

[127] STF. ADI 4.785, Rel. Min. Edson Fachin, Pleno, julg. 01/08/2022: "Nos termos da vedação contida no art. 150, IV, da Constituição da República, o efeito confiscatório é conceito relativamente indeterminado no altiplano constitucional, assim se torna imprescindível perquirir heuristicamente os elementos fático-normativos essenciais à constatação ou não do caráter de confisco tributário. [...] 8. A taxa em questão não implica confisco às sociedades empresárias dedicadas à exploração do setor minerário na territorialidade do Estado-membro. [...] 9. De acordo com as balizas jurisprudenciais, não é desproporcional a base de cálculo referente à Taxa de Fiscalização de Recursos Minerários imposta pela lei impugnada, uma vez que traduz liame razoável entre a quantidade de minério extraído e o dispêndio de recursos públicos com a fiscalização dos contribuintes".

Da mesma forma, o Supremo Tribunal Federal aplica a vedação ao confisco às multas tributárias que alcançam valor elevado, como, por exemplo, no julgamento da ADI 1.075 MC,[130] em que foi reputada inconstitucional lei estadual que aplicava multa punitiva fiscal de 300%, ou da ADI 551,[131] em que declarado inconstitucional o art. 57, § 3º, do ADCT da Constituição do Estado do Rio de Janeiro, estabelecendo multa tributária punitiva de, no mínimo, cinco vezes o valor do imposto ou da taxa estaduais sonegados. Por outro lado, multa tributária punitiva e até 100% do valor do tributo foi reputada constitucional, admitindo-se que seja de 150% em caso de reincidência.[132]

---

[128] STF. ARE 875.958 (repercussão geral – Tema 933), Rel. Min. Roberto Barroso, Pleno, julg. 19/10/2021: "2. A majoração da alíquota da contribuição previdenciária do servidor público para 13,25% não afronta os princípios da razoabilidade e da vedação ao confisco". No mesmo sentido: ADI 6.122, julg. 28/11/2022; ADI 6.483, julg. 03/07/2023; ADI 7.026, julg. 03/07/2023; ADI 2.521, julg. 25/09/2023; ADI 5.944, julg. 25/09/2023.

[129] O art. 6º da Convenção-Quadro da OMS para o Controle do Tabaco dispõe que as "medidas relacionadas a preços e impostos são meios eficazes e importantes para que diversos segmentos da população, em particular os jovens, reduzam o consumo de tabaco". E, nesse sentido, os Estados Partes se comprometem a "aplicar aos produtos do tabaco políticas tributárias e, quando aplicável, políticas de preços para contribuir com a consecução dos objetivos de saúde tendentes a reduzir o consumo do tabaco" (WHO Framework Convention on Tobacco Control, 2017).

[130] STF. ADI 1.075 MC, Rel. Min. Celso de Mello, Pleno, julg. 17/06/1998: "A proibição constitucional do confisco em matéria tributária – ainda que se trate de multa fiscal resultante do inadimplemento, pelo contribuinte, de suas obrigações tributárias – nada mais representa senão a interdição, pela Carta Política, de qualquer pretensão governamental que possa conduzir, no campo da fiscalidade, à injusta apropriação estatal, no todo ou em parte, do patrimônio ou dos rendimentos dos contribuintes, comprometendo-lhes, pela insuportabilidade da carga tributária, o exercício do direito a uma existência digna, ou a prática de atividade profissional lícita ou, ainda, a regular satisfação de suas necessidades vitais básicas".

[131] STF. ADI 551, Rel. Min. Ilmar Galvão, Pleno, julg. 24/10/2002.

[132] STF. ADI 7.063, Rel. Min. Edson Fachin, Pleno, julg. 06/06/2022. Por outro lado, o STF, ao reconhecer a repercussão geral do tema em debate no RE 1.335.293 (ainda pendente de julgamento), discutirá a possibilidade de fixação de multa tributária punitiva *não qualificada* (ou seja, não decorrente de sonegação, fraude ou conluio) em *montante superior a 100%* (cem por cento) do tributo devido. Já quanto aos limites da multa tributária punitiva *qualificada* em razão de sonegação, fraude ou conluio, tendo em vista a vedação constitucional ao efeito confiscatório, o STF, no RE 736.090 (repercussão geral – Tema 863), Rel. Min. Dias Toffoli, Pleno julg. 03/10/2024, decidiu: "*Tese*: Até que seja editada lei complementar federal sobre a matéria, a multa tributária qualificada em razão de sonegação, fraude ou conluio limita-se a 100% (cem por cento) do débito tributário, podendo ser de até 150% (cento e cinquenta por cento) do débito tributário, caso se verifique a reincidência definida no art. 44, § 1º-A, da Lei nº 9.430/96, incluído pela Lei nº 14.689/23, observando-se, ainda, o disposto no § 1º-C do citado artigo".

Em relação às multas tributárias meramente moratórias, o STF, em repercussão geral (RE 582.461), fixou como razoável uma multa moratória de até 20% do valor da obrigação principal.[133]

Como desdobramento do princípio da vedação ao confisco, temos o *princípio da proteção à propriedade privada*, que vem garantido no art. 5º, XXII, prevendo que este é um direito de todo o cidadão e o Estado não pode usurpá-lo. Existem, todavia, hipóteses constitucionais que autorizam o Estado a se apropriar da propriedade do particular de forma compulsória: a) função social da propriedade (art. 5º, XXIII e 170, III); b) desapropriação por necessidade pública (art. 5º, XXIV); c) multa pecuniária ou perda de bens (art. 5º, XLVI); d) poder de tributar (arts. 145-156).

Assim sendo, considera-se que a tributação é uma exceção ao direito de propriedade, porém, não se trata de uma exceção absoluta. Ao contrário, para ser exercido o poder de tributar, existem regras que deverão ser respeitadas. Tais normas possuem preceitos rígidos de ordem pública, a fim de proteger os interesses do Estado e do contribuinte. De um lado, direitos fundamentais e individuais do cidadão na proteção da sua liberdade do trabalho, da propriedade privada e dignidade da pessoa humana; de outro, regras e princípios que configuram todo um sistema fiscal, permitindo estabelecer mecanismos funcionais e eficientes para realizar a função arrecadatória estatal.

4.7.2. Princípio da liberdade de tráfego

O **princípio da liberdade de tráfego** visa garantir a liberdade de locomoção para pessoas e coisas sem que sofram restrições de natureza tributária.[134] Assim o determina o inciso V do art. 150 da Constituição Federal, ao vedar aos entes federativos "estabelecer limitações ao tráfego de pessoas ou bens, por meio de tributos interestaduais ou intermunicipais, ressalvada a cobrança de pedágio pela utilização de vias conservadas pelo Poder Público".

Portanto, não poderá haver a criação de um tributo que tenha como fato gerador o deslocamento entre um Município e outro ou entre um Estado e outro. Tem fundamento no

---

[133] STF. RE 582.461 (repercussão geral), Rel. Min. Gilmar Mendes, Pleno, julg. 18/05/2011: "A aplicação da multa moratória tem o objetivo de sancionar o contribuinte que não cumpre suas obrigações tributárias, prestigiando a conduta daqueles que pagam em dia seus tributos aos cofres públicos. Assim, para que a multa moratória cumpra sua função de desencorajar a elisão fiscal, de um lado não pode ser pífia, mas, de outro, não pode ter um importe que lhe confira característica confiscatória, inviabilizando inclusive o recolhimento de futuros tributos. O acórdão recorrido encontra amparo na jurisprudência desta Suprema Corte, segundo a qual não é confiscatória a multa moratória no importe de 20%".

O STF também reputou constitucional a multa prevista no artigo 7º, inciso II, da Lei nº 10.426/2002, por ausência ou atraso na entrega de Declaração de Débitos e Créditos Tributários Federais – DCTF, apurada mediante percentual de 2% a incidir, mês a mês, sobre os valores dos tributos a serem informados (até o máximo de 20% sobre o valor do débito), ante a ausência de ofensa aos princípios da proporcionalidade e da vedação de tributo com efeito confiscatório, cf. STF. RE 606.010 (repercussão geral), Rel. Min. Marco Aurélio, Pleno, julg. 25/08/2020.

[134] STF. ADI 4.628, Rel. Min. Luiz Fux, Pleno, julg. 17/09/2014: "O tráfego de pessoas e bens, consagrado como princípio constitucional tributário (CRFB/1988, art. 150, V), subjaz infringido pelo ônus tributário inaugurado pelo Protocolo ICMS 21/2011 nas denominadas operações não presenciais e interestaduais". STF. ADI 4.565, Rel. Min. Roberto Barroso, julg. 24/02/2021: "[...] A instituição de um imposto estadual despida de autorização constitucional, de maneira a dificultar a circulação de mercadorias provenientes de outros Estados da Federação, viola o princípio da liberdade de tráfego (art. 155, V, da Constituição), além de introduzir uma discriminação entre as mercadorias em razão de sua origem, em ofensa ao art. 152 da Constituição [...]".

federalismo fiscal brasileiro e na garantia de liberdade de coexistência entre os entes federativos de maneira harmônica e colaborativa.

Não se confunde, por exemplo, com o fato gerador do IPI, que é a saída de bens industrializados do estabelecimento industrial ou a ele equiparado, e nem com o fato gerador do ICMS, que é a circulação de mercadorias e serviços. Isto porque, em ambos os casos, ainda que possa haver uma transposição de fronteiras municipais ou estaduais na saída ou circulação de coisas, o fato gerador é outro diverso do deslocamento entre divisas.

A Constituição Federal excepciona a possibilidade de cobrança de pedágio, tendo em vista a sua natureza jurídica. O STF definiu na ADI nº 800/RS (11/06/2014), que o pedágio tem natureza de tarifa ou preço público.[135] Durante os debates, a controvérsia sobre a natureza jurídica do pedágio girava entre ser este uma taxa (tributo) ou tarifa (preço público). Prevaleceu na Suprema Corte a tese de quem entendia tratar-se de tarifa (preço público), calcada nos seguintes fundamentos: a) não houve criação ou tratamento a respeito do pedágio na Constituição tributária, mas apenas menção a este; b) a ressalva no inciso V do art. 150 da Carta seria exatamente porque o pedágio não se enquadraria como tributo, mas sim como preço público; c) no pedágio não há compulsoriedade, mas sim voluntariedade originária de um contrato; d) não seria taxa porque a obrigação de pagar somente nasce da utilização efetiva e divisível da rodovia, não bastando a sua colocação à disposição do contribuinte; e) por ser possível delegar a arrecadação ao particular exclui-se a natureza tributária da cobrança.

Por sua vez, para a tese que saiu vencida (daqueles que entendiam ser uma taxa, espécie de tributo), os argumentos principais utilizados eram os seguintes: a) a Constituição Federal dispôs sobre o tema no capítulo dos tributos; b) a Constituição Federal faz ressalva expressa ao pedágio quando trata da proibição da criação de tributos tendo como fato gerador o tráfego entre entes federativos e, se o exclui da regra, é por que faria parte dela; c) seria uma taxa de serviço público, na espécie de conservação de rodovias.

4.7.3. Princípio do mínimo existencial

O **princípio do mínimo existencial** se liga à liberdade tributária a fim de respeitar o direito conferido ao cidadão de possuir condições mínimas de sobrevivência em sociedade. É sinônimo de "mínimos sociais", conforme estabelece o art. 1º da Lei nº 8.742/1993, que dispõe sobre a organização da Assistência Social, ou, ainda, de "direitos constitucionais mínimos", na forma utilizada pela doutrina e jurisprudência.

Sua fundamentação deriva do princípio da dignidade da pessoa humana, garantindo que a tributação não incida em um campo patrimonial ou remuneratório mínimo necessário para a sobrevivência digna do cidadão, protegendo também bens, mercadorias e serviços considerados essenciais, evitando que a tributação reduza ou prejudique o acesso a tais produtos.

Nas palavras de Ricardo Lobo Torres, "há um direito às condições mínimas de existência humana digna que não pode ser objeto de incidência fiscal e que ainda exige prestações positivas do Estado".[136] Caso contrário, haveria uma restrição ou cerceamento da liberdade do indivíduo,

---

[135] STF. ADI 800, Rel. Min. Teori Zavascki, Pleno, julg. 11/06/2014: "O pedágio cobrado pela efetiva utilização de rodovias conservadas pelo Poder Público, cuja cobrança está autorizada pelo inciso V, parte final, do art. 150 da Constituição de 1988, não tem natureza jurídica de taxa, mas sim de preço público, não estando a sua instituição, consequentemente, sujeita ao princípio da legalidade estrita".

[136] TORRES, Ricardo Lobo. O mínimo existencial e os direitos fundamentais. *Revista de Direito Administrativo*, n. 177, jul./set. 1989. p. 29-49.

na medida em que lhe faltarão condições básicas e mínimas para o seu exercício, já que sequer disporá de uma ínfima estrutura de sobrevivência.

Este princípio não se encontra expresso de maneira específica e individual na Constituição Federal, mas pode ser identificado por diversas normas que consubstanciam a sua ideia, tais como aquelas previstas nos arts. 1º, III; 3º; 5º, XXXIV, LXXII, LXXIII, LXXIV; 150, VI; 153, § 4º; 196; 198; 203; 208; dentre outros.

Representam obrigações positivas ao Estado, impondo-lhe fazer coisas (fornecer bens e serviços) em prol do cidadão, bem como obrigações negativas, em que se bloqueia o poder impositivo do Estado na esfera patrimonial do cidadão-contribuinte, como ocorre em certas imunidades e isenções tributárias, evitando-se a tributação naquelas parcelas mínimas sem as quais o cidadão ficaria impossibilitado de ter uma existência digna em sociedade.

4.7.4. Princípios do devido processo legal tributário

Para dirimir todas as controvérsias entre o contribuinte e a Administração Tributária (Fisco), o direito tributário brasileiro contempla uma série de princípios jurídicos que influenciam os procedimentos fiscais tanto na esfera administrativa como na judicial, garantindo em todas as esferas a possibilidade de defesa dos direitos do cidadão dentro dos ideais do princípio do devido processo legal tributário. Tal princípio encontra-se na Constituição Federal de 1988, art. 5º, LIV: *"ninguém será privado da liberdade ou de seus bens sem o devido processo legal"*.

O primeiro princípio do qual se desdobra o devido processo tributário é o *princípio do direito de petição*, que indica a possibilidade de defesa dos direitos do contribuinte perante a Administração Tributária, possibilitando a este questionar e impedir a prática de ilegalidade ou de abuso de poder, assim como assegurar o fornecimento de certidões e esclarecimento de situações de interesse pessoal. Sua previsão constitucional está no art. 5º, XXXIV:

> [...] são a todos assegurados, independentemente do pagamento de taxas: a) o direito de petição aos Poderes Públicos em defesa de direitos ou contra ilegalidade ou abuso de poder; b) a obtenção de certidões em repartições públicas, para defesa de direitos e esclarecimento de situações de interesse pessoal.

Outro desdobramento do devido processo legal tributário é *o princípio da universalidade de jurisdição*, que pode ser também intitulado como Princípio do Pleno Acesso ao Poder Judiciário. Representa uma garantia ao contribuinte para que este, caso venha a sofrer violação ou ameaça de violação de algum direito, inclusive de natureza tributária, tenha possibilidade de restabelecer o seu direito. Encontra-se previsto no inciso XXXV do art. 5º da Constituição Federal, que dispõe que: "a lei não excluirá da apreciação do Poder Judiciário lesão ou ameaça a direito".

Inúmeras medidas judiciais que se amoldam às questões tributárias podem ser ajuizadas, tais como: mandado de segurança; ação declaratória; ação anulatória; ação consignatória; medida cautelar etc. Mas podemos estender também este conceito à esfera administrativa, já que o contribuinte do mesmo modo poderá questionar matérias tributárias por meio do denominado contencioso administrativo.

E para permitir o pleno exercício jurisdicional, temos o *princípio da ampla defesa e contraditório*, o qual significa que, na solução de conflitos de interesses em geral, inclusive em matéria fiscal, o cidadão-contribuinte sempre terá garantido o devido processo legal, seja na esfera

Parte II • Cap. 4 • PRINCÍPIOS CONSTITUCIONAIS TRIBUTÁRIOS | **123**

administrativa, seja na judicial.[137] Encontra-se previsto no inciso LV do art. 5º da Constituição Federal e provoca efeitos em todo o sistema processual, dando a ambas as partes a possibilidade de se manifestar, produzir provas e recorrer, se for o caso.

Este princípio sintetiza três outros princípios fundamentais: a) *juiz natural* (julgador constitucionalmente investido na função, competente para o litígio e imparcial na condução e decisão da causa); b) *contraditório* (igualdade substancial das partes); c) *procedimento regular* (observância das normas e sistemática previamente estabelecida como garantia das partes no processo).

4.8. IMUNIDADES TRIBUTÁRIAS

As **imunidades tributárias**, muitas vezes consideradas modalidades de princípios tributários, constituem limitações constitucionais ao poder de tributar do Estado que desoneram certas pessoas e situações do pagamento de tributos, buscando evitar restrições de natureza fiscal a valores relevantes reconhecidos pelo ordenamento constitucional. Configuram uma restrição da competência tributária, retirando o poder tributário do legislador de fazer nascer a obrigação tributária principal (impossibilidade de criar o tributo), embora mantendo-se a obrigação tributária instrumental ou acessória. Mesmo diante de uma imunidade, o poder fiscal estatal subsiste naquela situação, mas de modo limitado ou restrito, sob a forma de meros deveres tributários instrumentais ou acessórios.[138]

Parcela da doutrina, contudo, prefere dizer que as regras de imunidade não configuram, propriamente, uma subtração ao poder tributário, mas sim uma verdadeira ausência de atribuição de competência para tributar a situação imune, ou ainda uma delimitação dos reais contornos da competência tributária,[139] uma vez que, se é a Constituição que, por um lado, confere a competência para instituir tributos, a mesma Lei Maior já pode declarar quais são as situações em que não conferiu essa competência, como leciona Misabel Derzi:[140]

> Como já estabelecemos, a imunidade é regra constitucional expressa (ou implicitamente necessária) que estabelece a não competência das pessoas políticas da Federação para tributar certos fatos e situações, de forma amplamente determinada, delimitando negativamente, por meio de redução

---

[137] O STF decidiu que a exclusão do programa de parcelamento tributário REFIS sem a notificação prévia do contribuinte violava o direito de defesa, que envolve não só o direito de manifestação e de informação no processo judicial ou administrativo, mas também o direito de ver seus argumentos contemplados pelo órgão julgador, pressupondo a oferta de oportunidade para a apresentação de eventuais alegações em contrário previamente à exclusão. A exclusão do REFIS configura intervenção estatal na esfera de interesses do contribuinte e que restringe seus direitos patrimoniais, devendo-lhe ser dada a oportunidade de, no bojo de devido processo administrativo, exercer sua defesa contra o ato que os restringe ou mesmo os extirpa (STF. RE 669.196 [repercussão geral], Rel. Min. Dias Toffoli, Pleno, julg. 23/10/2020).

[138] STF. RE 627.051 (repercussão geral), Rel. Min. Dias Toffoli, Pleno, julg. 12/11/2014: "[...] 6. A imunidade tributária não autoriza a exoneração de cumprimento das obrigações acessórias. A condição de sujeito passivo de obrigação acessória dependerá única e exclusivamente de previsão na legislação tributária".

Em sentido contrário, pugnando pela exoneração inclusive das obrigações acessórias na imunidade, TORRES, Ricardo Lobo. *Curso de direito financeiro e tributário*. 19. ed. Rio de Janeiro: Renovar, 2013. p. 84.

[139] ÁVILA, Humberto Bergmann. *Sistema constitucional tributário*. 4. ed. São Paulo: Saraiva, 2010. p. 81; AMARO, Luciano. *Direito tributário brasileiro*. 18. ed. São Paulo: Saraiva, 2012. p. 176.

[140] DERZI, Misabel Abreu Machado. Imunidade, isenção e não incidência. In: MARTINS, Ives Gandra da Silva; MARTINS, Rogério Gandra da Silva; NASCIMENTO, Carlos Valder (Coord.). *Tratado de direito tributário*. v. 2. São Paulo: Saraiva, 2011. p. 346.

parcial, a norma de atribuição de poder tributário. A imunidade é, portanto, regra de exceção e de delimitação de competência [...].

Não se segue aqui a concepção que qualifica as imunidades por mero critério topográfico formal, ou seja, pelo simples fato de ser uma desoneração topograficamente localizada na Constituição. Além da localização no texto constitucional – que é sim requisito necessário para definir a imunidade, mas não *suficiente* –, para que a desoneração constitua uma *imunidade propriamente dita*, deve também estar diretamente voltada à preservação de determinados valores reputados constitucionalmente relevantes.[141] É com base nesta compreensão que se afirma que as imunidades propriamente ditas são protegidas por cláusulas pétreas (art. 60, § 4º, IV, CF/88),[142] em razão da importância dos valores por elas tutelados e sua ligação com os direitos e garantias fundamentais, não podendo ser suprimidas pelo poder constituinte derivado.[143] Este também o entendimento de Heleno Taveira Torres:[144]

> [...] as imunidades diferenciam-se entre si, quanto ao *aspecto material*, em *imunidades propriamente ditas*, que são aquelas garantias materiais ao federalismo ou a direitos individuais, protegidos por cláusula pétrea (art. 60, IV, "b" e "d", da CF); e as *imunidades impróprias*, que são aquelas destinadas a simples campos de desoneração fiscal, expressamente designados na Constituição.

Podem, contudo, ser ampliadas, como ocorreu com a Emenda Constitucional nº 75/2013, que inseriu no rol do art. 150, VI, da Constituição a imunidade de fonogramas e videofonogramas musicais produzidos no Brasil contendo obras musicais ou literomusicais de autores brasileiros e/ou obras em geral interpretadas por artistas brasileiros, bem como os suportes materiais ou arquivos digitais que os contenham (alínea *e*).

Desta forma, não classificamos como imunidades propriamente ditas, mas tão somente como *imunidades impróprias*, as desonerações constitucionais que tratam de questões de fundo econômico, como a imunidade das receitas de exportação quanto às contribuições sociais e à contribuição de intervenção no domínio econômico (art. 149, § 2º, I, CF/88)[145], a imunidade do

---

[141] "O fundamento das imunidades é a preservação de *valores* que a Constituição reputa relevantes (a atuação de certas entidades, a liberdade religiosa, o acesso à informação, a liberdade de expressão etc.), que faz com que se ignore a eventual (ou efetiva) capacidade econômica revelada pela pessoa (ou revelada na situação), proclamando-se, independentemente da existência dessa capacidade, a não tributabilidade das pessoas ou situações imunes. Yonne Dolácio de Oliveira registra o 'domínio de um verdadeiro esquema axiológico sobre o princípio da capacidade contributiva." (AMARO, Luciano. op. cit. p. 176).

[142] STF. RE 636.941 (repercussão geral), Rel. Min. Luiz Fux, Pleno, julg. 13/02/2014: "As imunidades têm o teor de cláusulas pétreas, expressões de direitos fundamentais, na forma do art. 60, § 4º, da CF/88".

[143] TORRES, Ricardo Lobo. op. cit. p. 41: "A emenda constitucional não poderá levar à abolição da forma federativa do Estado, da separação de Poderes e dos direitos e garantias individuais (art. 60, § 4º, CF). Assim sendo, não poderá ser objeto de deliberação a proposta de emenda que vise a abolir [...] as imunidades fiscais, que constituem formas de garantia dos direitos fundamentais".

[144] TORRES, Heleno Taveira. Teoria da norma de imunidade tributária e sua aplicação às instituições de educação. *Revista de Direito do Estado*, ano 1, n. 3, jul./set. 2006. p. 210.

[145] STF. RE 627.815 (repercussão geral), Rel. Min. Rosa Weber, Pleno, julg. 23/05/2013: "A intenção plasmada na Carta Política é a de desonerar as exportações por completo, a fim de que as empresas brasileiras não sejam coagidas a exportarem os tributos que, de outra forma, onerariam as operações de exportação, quer de modo direto, quer indireto. IV – Consideram-se receitas decorrentes de exportação as receitas das variações cambiais ativas, a atrair a aplicação da regra de imunidade e afastar a incidência da contribuição ao PIS e da COFINS".

IPI dos produtos destinados ao exterior (art. 153, § 3º, III, CF/88)[146] e do ICMS também sobre produtos para exportação (art. 155, § 2º, X, *a*, CF/88)[147], a imunidade para operações que destine a outro Estado petróleo e derivados e energia elétrica (art. 155, § 2º, X, *b*, CF/88),[148] a imunidade para a prestação de serviços de comunicação nas modalidades de radiodifusão sonora e de sons e imagens de recepção livre e gratuita (art. 155, § 2º, X, *d*, CF/88).

A distinção da imunidade para a isenção se dá, em primeiro lugar, por um critério topográfico: as imunidades (sejam próprias ou impróprias) encontram-se na Constituição, enquanto as isenções são sempre veiculadas pela legislação infraconstitucional.[149] Embora em alguns de seus dispositivos a Constituição denomine "isenção" situações que contemplam imunidades – *e.g.*, o art. 195, § 7º, CF/88, que estabelece serem "isentas [leia-se: imunes] de contribuição para a seguridade

---

No mesmo sentido: RE 759.244 (repercussão geral), Rel. Min. Edson Fachin, julg. 12/02/2020: "*Tese*: A norma imunizante contida no inciso I do § 2º do art. 149 da Constituição da República alcança as receitas decorrentes de operações indiretas de exportação caracterizadas por haver participação de sociedade exportadora intermediária".

Por sua vez, negando o reconhecimento dessa imunidade imprópria quanto a alguns tributos, cf. STF. RE 566.259, Rel. Min. Ricardo Lewandowski, Pleno, julg. 12/08/2010: "I – O art. 149, § 2º, I, da Constituição Federal é claro ao limitar a imunidade apenas às contribuições sociais e de intervenção no domínio econômico incidentes sobre as receitas decorrentes de exportação. II – Em se tratando de imunidade tributária a interpretação há de ser restritiva, atentando sempre para o escopo pretendido pelo legislador. III – A CPMF não foi contemplada pela referida imunidade, porquanto a sua hipótese de incidência – movimentações financeiras – não se confunde com as receitas". No mesmo sentido: STF. RE 564.413 (repercussão geral), Rel. Min. Marco Aurélio, Pleno, julg. 12/08/2010: "*Tese*: A Contribuição Social sobre o Lucro Líquido – CSLL incide sobre o lucro decorrente das exportações. A imunidade prevista no artigo 149, § 2º, inciso I, da Constituição Federal, com a redação dada pela Emenda Constitucional nº 33/2001, não o alcança".

[146] STF. RE 598.468 (repercussão geral), Rel. Min. Marco Aurélio, Rel. p/ Acórdão: Min. Edson Fachin, Pleno, julg. 22/05/2020: "*Tese*: As imunidades previstas nos artigos 149, § 2º, I, e 153, § 3º, III, da Constituição Federal são aplicáveis às empresas optantes pelo Simples Nacional".

[147] STF. RE 606.107 (repercussão geral), Rel. Min. Rosa Weber, Pleno, julg. 22/05/2013: "IV – O art. 155, § 2º, X, "a", da CF – cuja finalidade é o incentivo às exportações, desonerando as mercadorias nacionais do seu ônus econômico, de modo a permitir que as empresas brasileiras exportem produtos, e não tributos –, imuniza as operações de exportação e assegura 'a manutenção e o aproveitamento do montante do imposto cobrado nas operações e prestações anteriores'. Não incidem, pois, a COFINS e a contribuição ao PIS sobre os créditos de ICMS cedidos a terceiros, sob pena de frontal violação do preceito constitucional".

STF. RE 704.815 (repercussão geral – Tema 633), Rel. Min. Dias Toffoli, Rel. p/ Acórdão Min. Gilmar Mendes, Pleno, julg. 08/11/2023: "*Tese*: A imunidade a que se refere o art. 155, § 2º, X, a, CF/88, não alcança, nas operações de exportação, o aproveitamento de créditos de ICMS decorrentes de aquisições de bens destinados ao uso e consumo da empresa, que depende de lei complementar para sua efetivação".

[148] STF. RE 748.543 (repercussão geral), Rel. Min. Marco Aurélio, Rel. p/ Acórdão: Min. Alexandre de Moraes, Pleno, julg. 05/08/2020: "*Tese*: Segundo o artigo 155, § 2º, X, b, da CF/1988, cabe ao Estado de destino, em sua totalidade, o ICMS sobre a operação interestadual de fornecimento de energia elétrica a consumidor final, para emprego em processo de industrialização, não podendo o Estado de origem cobrar o referido imposto".

STF. RE 754.917 (repercussão geral), Rel. Min. Dias Toffoli, Pleno, julg. 05/08/2020: "*Tese*: A imunidade a que se refere o art. 155, § 2º, X, 'a', da CF não alcança operações ou prestações anteriores à operação de exportação".

[149] STF. ADI 2.006 MC, Rel. Min. Maurício Corrêa, Pleno, julg. 01/07/1999: "A criação de imunidade tributária é matéria típica do texto constitucional, enquanto a de isenção é versada na lei ordinária; não há, pois, invasão da área reservada à emenda constitucional quando a lei ordinária cria isenção. O poder público tem legitimidade para isentar contribuições por ele instituídas, nos limites das suas atribuições".

social as entidades beneficentes de assistência social"[150] –, este uso é considerado pouco técnico, por não se exigir do constituinte originário que domine com precisão a terminologia jurídica.

Em segundo lugar, como visto, no fenômeno da imunidade, a obrigação tributária principal sequer chega a nascer, havendo impossibilidade absoluta de instituição do tributo em razão da limitação ao exercício da competência tributária. Assim, ainda que o legislador infraconstitucional desejasse tributar a situação abrangida pela imunidade, não poderia fazê-lo (e, no caso das imunidades propriamente ditas, nem mesmo o constituinte derivado). Já na isenção, haveria uma obrigação tributária originária de uma norma impositiva genérica, mas há outra norma tributária específica que dispensa o pagamento do tributo em certos casos, excepcionando a norma genérica de incidência. Outros autores afirmam que a norma de isenção "neutraliza" a definição do tributo, excluindo sua incidência e não permitindo sequer que a obrigação tributária nasça.[151] Seja como for, é inegável que, no fenômeno isencional, a possibilidade de tributação encontra-se dentro da competência tributária: o legislador, se assim o desejasse, poderia tributar, mas prefere não o fazer.

Já a não incidência propriamente dita pode ser compreendida como uma situação que escapa à tributação pelo simples fato de não ser contemplada na norma impositiva como apta a fazer surgir o fato gerador. Se a norma impositiva prevê uma série de hipóteses fáticas que geram a obrigação tributária principal, a não incidência é meramente aquela zona de fatos da vida ou do direito que não chegou a ser contemplada na norma e, por isso, não sofrerá tributação. Formule-se um exemplo: se a hipótese de incidência prevista na norma como apta a gerar o Imposto sobre Veículos Automotores (IPVA) é a propriedade de veículo automotor, a propriedade de um cavalo ou de uma bicicleta convencional, que não são veículos automotores, coloca-se, obviamente, fora da zona de incidência deste tributo, constituindo uma não incidência.

Contudo, não se confunda a não incidência propriamente dita que acabou de ser descrita com o uso que alguns doutrinadores fazem da expressão "não incidência constitucionalmente qualificada" para se referir às imunidades. Para estes autores, toda e qualquer ausência de tributação pode ser definida, em sentido amplo, como *não incidência*, dividindo-se em algumas espécies, a saber, a "não incidência pura" descrita no parágrafo anterior, a "não incidência legalmente qualificada" (isenção) e a "não incidência constitucionalmente qualificada" (imunidade). Este é o caso de José Souto Maior Borges:[152]

> [...] regra imunizante configura, desta sorte, hipótese de não incidência constitucionalmente qualificada. Quando se destaca no ordenamento jurídico um setor normativo autônomo – as regras tributárias – a análise constata a existência de duas modalidades distintas pelas quais se manifesta o fenômeno denominado não incidência: I) a não incidência genérica ou pura e simples, e II) a não incidência juridicamente qualificada ou especial; não incidência por determinação constitucional, de lei ordinária ou complementar. A imunidade tributária inclui-se, pois, nesta segunda alternativa. A não incidência pura e simples ocorre quando inexistentes os pressupostos de fato idôneos para desencadear a incidência, automática e infalível, de norma sobre a sua hipótese de incidência realizada concretamente (fato gerador). A não incidência por imunidade constitucional decorre da exclusão de competência impositiva do poder tributário.

---

[150] STF. RE 636.941 (repercussão geral), Rel. Min. Luiz Fux, Pleno, julg. 13/02/2014: "9. A isenção prevista na Constituição Federal (art. 195, § 7°) tem o conteúdo de regra de supressão de competência tributária, encerrando verdadeira imunidade".

[151] SOUSA, Rubens Gomes de. Isenções fiscais – Substituição de tributos – Emenda constitucional n° 18 – Ato complementar n° 27 – Imposto de vendas e consignações – Imposto sobre circulação de mercadorias. *Revista de Direito Administrativo*, v. 88, 1967. p. 255-256.

[152] BORGES, José Souto Maior. *Isenções tributárias*. 2. ed. São Paulo: Sugestões Literárias, 1980. p. 181.

Parte II • Cap. 4 • PRINCÍPIOS CONSTITUCIONAIS TRIBUTÁRIOS | 127

A respeito dessa mencionada tríplice classificação feita por parte da doutrina, sobretudo quanto à intitulada "não incidência legalmente qualificada" para representar a norma de isenção, devemos registrar a nossa ressalva, uma vez que, em se tratando de uma isenção, há verdadeiramente uma incidência tributária sobre um conjunto de pessoas, coisas ou circunstâncias, seguida de uma dispensa do pagamento do tributo. Ocorre o fato gerador na situação prevista pela norma isentiva, mas o cumprimento da obrigação principal é dispensado pela lei. Assim, não nos parece tecnicamente adequada a referida expressão.

Em relação à situação sobre a qual incidem, classificam-se as imunidades em *objetivas*, quando recaem sobre coisas que sofrerão desoneração, como o livro, por exemplo, e *subjetivas*, quando se relacionam a pessoas que, por suas condições, requerem, igualmente, a desoneração, como as instituições de assistência social ou as entidades religiosas. Serão imunidades *mistas* quando se referem simultaneamente a pessoas e coisas.[153]

A principal sede constitucional das imunidades tributárias encontra-se no inciso VI do art. 150 da Constituição Federal, o qual determina ser vedado à União, aos Estados, ao Distrito Federal e aos Municípios:

> VI – instituir impostos sobre: a) patrimônio, renda ou serviços, uns dos outros; b) entidades religiosas e templos de qualquer culto, inclusive suas organizações assistenciais e beneficentes; c) patrimônio, renda ou serviços dos partidos políticos, inclusive suas fundações, das entidades sindicais dos trabalhadores, das instituições de educação e de assistência social, sem fins lucrativos, atendidos os requisitos da lei; d) livros, jornais, periódicos e o papel destinado a sua impressão; e) fonogramas e videofonogramas musicais produzidos no Brasil contendo obras musicais ou literomusicais de autores brasileiros e/ou obras em geral interpretadas por artistas brasileiros bem como os suportes materiais ou arquivos digitais que os contenham, salvo na etapa de replicação industrial de mídias ópticas de leitura a laser.[154]

O STF possui jurisprudência consolidada interpretando literalmente o previsto no art. 150, VI da Constituição ("é vedado [...] instituir *impostos*"), de modo que, nos termos desse dispositivo, somente impostos estão abrangidos pela imunidade aí concedida, mas não as demais espécies tributárias (taxas, contribuições e empréstimos compulsórios).[155] Há, na doutrina, críticas a este entendimento literal do STF quanto ao art. 150, VI.[156]

Além das imunidades de impostos aí previstas, vale recordar aquela estabelecida no art. 184, § 5º, da Constituição, que imuniza contra impostos federais, estaduais e municipais as operações de transferência de imóveis desapropriados para fins de reforma agrária[157] e a imunidade

---

[153] SCHOUERI, Luís Eduardo. *Direito tributário*. 3. ed. São Paulo: Saraiva, 2013. p. 414.

[154] De acordo com a EC 75/2013, que inseriu a alínea "e" no inciso VI.

[155] STF. ADI 2.024, Rel. Min. Sepúlveda Pertence, Pleno, julg. 03/05/2007; RE 831.381 AgR-AgR, Rel. Min. Roberto Barroso, 1ª Turma, julg. 09/03/2018; RE 177.308 ED, Rel. Min. Ricardo Lewandowski, 2ª Turma, julg. 10/04/2012.

[156] É o caso da crítica de CARVALHO, Paulo de Barros. *Curso de direito tributário*. 27. ed. São Paulo: Saraiva, 2016. p. 190-191.

[157] STF. RE 168.110, Rel. Min. Moreira Alves, 1ª Turma, julg. 04/04/2000: "[...] o § 5º do artigo 184 da Constituição, embora aluda a isenção de tributos com relação às operações de transferência de imóveis desapropriados para fins de reforma agrária, não concede isenção, mas, sim, imunidade, que, por sua vez, tem por fim não onerar o procedimento expropriatório ou dificultar a realização da reforma agrária, sendo que os títulos da dívida agrária constituem moeda de pagamento da justa indenização devida pela desapropriação de imóveis por interesse social e, dado o seu caráter indenizatório, não podem ser tributados. Essa

128 | CURSO DE DIREITO TRIBUTÁRIO BRASILEIRO – *Marcus Abraham*

de pagamento do Imposto Territorial Rural sobre pequenas glebas rurais, quando as explore o proprietário que não possua outro imóvel (art. 153, § 4º, II, CF/88). A Emenda Constitucional nº 116/2022 também inseriu o art. 156, § 1º-A, prevendo que o IPTU não incide sobre templos de qualquer culto, ainda que as entidades abrangidas pela imunidade de que trata a alínea "b" do inciso VI do *caput* do art. 150 da CF/88 sejam apenas locatárias do bem imóvel.

Contudo, independentemente da posição que se assuma sobre a interpretação do art. 150, VI, não é correto dizer que as imunidades tributárias recaem apenas sobre impostos. Na verdade, são as imunidades previstas no art. 150, VI, da Constituição (na interpretação restritiva do STF) que versam apenas sobre impostos. Mas a Constituição não consagra imunidades tributárias apenas no art. 150, VI. De forma difusa, no texto constitucional, encontram-se imunidades que recaem sobre outras espécies tributárias distintas dos impostos e que são reconhecidas como verdadeiras imunidades pelo STF, isto é, como garantidoras de valores reputados constitucionalmente relevantes.

Neste grupo de imunidades que recaem sobre espécies tributárias distintas dos impostos, podem ser listadas: 1) imunidade do pagamento de taxas para o exercício do direito de petição e obtenção de certidões em repartições públicas para defesa de direitos e esclarecimento de situações de interesse pessoal (art. 5º, XXXIV, CF/88);[158] 2) imunidade do pagamento da taxa judiciária na propositura, de boa-fé, de ação popular que vise anular ato lesivo ao patrimônio público ou de entidade de que o Estado participe, à moralidade administrativa, ao meio ambiente e ao patrimônio histórico e cultural, como forma processual de tutelar todos esses valores (art. 5º, LXXIII, CF/88); 3) a prestação de assistência jurídica integral e gratuita aos que comprovarem insuficiência de recursos, o que engloba a imunidade de pagamento de taxa judiciária como forma de garantir o acesso à justiça (art. 5º, LXXIV, CF/88);[159] 4) a gratuidade (imunidade do pagamento de taxa) para os reconhecidamente pobres do registro civil de nascimento e da certidão de óbito, como forma de tutelar o direito de o cidadão ter uma identificação civil mínima[160] e

---

imunidade, no entanto, não alcança terceiro adquirente desses títulos, o qual, na verdade, realiza com o expropriado negócio jurídico estranho à reforma agrária, não sendo assim também destinatário da norma constitucional em causa".

[158] STF. ADI 3.278, Rel. Min. Edson Fachin, Pleno, julg. 03/03/2016: "1. Viola o direito de petição previsto no art. 5º, XXXIV, 'b', da Constituição Federal, a exigência de recolhimento de taxa para emissão de certidão em repartições públicas, para defesa de direitos e esclarecimento de situações de interesse pessoal, porquanto essa atividade estatal está abarcada por regra imunizante de natureza objetiva e política. [...]. 2. A imunidade refere-se tão somente a certidões solicitadas objetivando a defesa de direitos ou o esclarecimento de situação de interesse pessoal, uma vez que a expedição de certidões voltadas à prestação de informações de interesse coletivo ou geral (art. 5º, XXXIII) não recebe o mesmo tratamento tributário na Carta Constitucional". No mesmo sentido: STF. ADI 7.035, Rel. Min. Cármen Lúcia, Pleno, julg. 21/06/2022 (mas com a observação de que a vedação prevista na alínea "b" do inc. XXXIV do art. 5º da CF/88 não impede a instituição de taxa pelo fornecimento de cópias e reproduções de documentos pelo órgão ou entidade pública consultada para o ressarcimento dos gastos com o material utilizado, bem como a cobrança de taxa para a emissão de atestado coletivo ou individual de interesse de empresa privada).

[159] STF. RE 249.003 ED, Rel. Min. Edson Fachin, Pleno, julg. 09/12/2015: "3. Em relação à taxa judiciária, firma-se convicção no sentido da recepção material e formal do artigo 12 da Lei 1.060/50, porquanto o Poder Legislativo em sua relativa liberdade de conformação normativa apenas explicitou uma correlação fundamental entre as imunidades e o princípio da capacidade contributiva no Sistema Tributário brasileiro, visto que a finalidade da tributação é justamente a realização da igualdade".

[160] STF. RE 1.018.911 (repercussão geral), Rel. Min. Luiz Fux, Pleno, julg. 11/11/2021: "*Tese:* É imune ao pagamento de taxas para registro da regularização migratória o estrangeiro que demonstre sua condição de hipossuficiente, nos termos da legislação de regência".

exercer sua cidadania (art. 5º, LXXVI, CF/88);[161] 5) a gratuidade (imunidade do pagamento de taxa judiciária) das ações de *habeas corpus* e *habeas data*, como forma de tutelar a liberdade de ir e vir da pessoa e o acesso a informações pessoais constantes de registros ou bancos de dados de entidades governamentais ou de caráter público (art. 5º, LXXVI, CF/88); 6) imunidade do pagamento de contribuições para a seguridade social em favor de entidades beneficentes de assistência social (art. 195, § 7º, CF/88);[162] 7) a gratuidade do ensino público em estabelecimentos oficiais, que engloba a imunidade do pagamento de taxas relacionadas à vida estudantil, como taxa de matrícula,[163] de expedição de diploma[164] e de inscrição em processo seletivo seriado,[165] como forma de facilitar o acesso à educação (art. 206, IV e art. 208, § 1º, CF/88); 8) a gratuidade (imunidade do pagamento de taxa) da celebração do casamento civil (art. 226, § 1º, CF/88).[166]

---

[161] STF. ADC 5 MC, Rel. Min. Nelson Jobim, Pleno, julg. 17/11/1999: "Registros públicos. Nascimento. Óbito. Assento. Certidões. Competência da União para legislar sobre a matéria. Arts. 22, XXV e 236, § 2º. Direito intrínseco ao exercício da cidadania. Gratuidade constitucionalmente garantida. [...]". Não confundir essa imunidade constitucional aos reconhecidamente pobres (cláusula pétrea, Art. 5º, LXXVI – "são gratuitos para os reconhecidamente pobres...") com a isenção concedida por lei ordinária a todos (mesmo aos não hipossuficientes) referente à gratuidade dos assentos do registro civil de nascimento e o de óbito, bem como à gratuidade da primeira certidão respectiva (art. 45, Lei nº 8.935/1994).

[162] STF. RE 636.941 (repercussão geral), Rel. Min. Luiz Fux, Pleno, julg. 13/02/2014: "9. A isenção prevista na Constituição Federal (art. 195, § 7º) tem o conteúdo de regra de supressão de competência tributária, encerrando verdadeira imunidade. As imunidades têm o teor de cláusulas pétreas, expressões de direitos fundamentais, na forma do art. 60, § 4º, da CF/88, tornando controversa a possibilidade de sua regulamentação através do poder constituinte derivado e/ou ainda mais, pelo legislador ordinário. [...] 18. Instituições de educação e de assistência social sem fins lucrativos são entidades privadas criadas com o propósito de servir à coletividade, colaborando com o Estado nessas áreas cuja atuação do Poder Público é deficiente. Consectariamente, *et pour cause*, a Constituição determina que elas sejam desoneradas de alguns tributos, em especial, os impostos e as contribuições. 19. A *ratio* da supressão da competência tributária funda-se na ausência de capacidade contributiva ou na aplicação do princípio da solidariedade de forma inversa, vale dizer: a ausência de tributação das contribuições sociais decorre da colaboração que estas entidades prestam ao Estado".

[163] STF. Súmula Vinculante nº 12: "A cobrança de taxa de matrícula nas universidades públicas viola o disposto no art. 206, IV, da Constituição Federal"; STF. RE 500.171 (repercussão geral), Rel. Min. Ricardo Lewandowski, Pleno, julg. 13/08/2008: "I – A cobrança de matrícula como requisito para que o estudante possa cursar universidade federal viola o art. 206, IV, da Constituição. II – Embora configure ato burocrático, a matrícula constitui formalidade essencial para que o aluno tenha acesso à educação superior".

[164] STF. RE 597.872 AgR, Rel. Min. Marco Aurélio, 1ª Turma, julg. 03/06/2014: "O mesmo raciocínio utilizado na elaboração do Verbete Vinculante nº 12 deve ser observado nas hipóteses de cobrança de taxa para a expedição de diploma em Universidade Pública, considerada a gratuidade do ensino público em estabelecimentos oficiais".

[165] STF. AI 748.944 AgR, Rel. Min. Marco Aurélio, 1ª Turma, julg. 05/08/2014: "O mesmo raciocínio utilizado na elaboração do Verbete Vinculante nº 12 deve ser observado nas hipóteses de cobrança de taxa para inscrição de processo seletivo seriado em Universidade Pública, considerada a gratuidade do ensino público em estabelecimentos oficiais".

[166] Advirta-se que, na prática do Registro Civil de Pessoas Naturais, a interpretação que se dá ao art. 226, § 1º da Constituição ("O casamento é civil e gratuita a celebração") é estrita, ou seja, apenas a celebração pelo juiz de paz que atua perante o cartório é gratuita, mas os emolumentos (espécie de taxa) pelo procedimento de habilitação ao casamento e posterior registro do mesmo são cobrados, não estando abarcados pela imunidade tributária. A gratuidade da taxa de habilitação e registro é reconhecida apenas aos hipossuficientes por meio de isenção, não de imunidade constitucional, cf. art. 1.512, parágrafo único, Código Civil: "A habilitação para o casamento, o registro e a primeira certidão serão isentos de selos, emolumentos e custas, para as pessoas cuja pobreza for declarada, sob as penas da lei".

CURSO DE DIREITO TRIBUTÁRIO BRASILEIRO – *Marcus Abraham*

Ricardo Lobo Torres, em posição peculiar, entende que a vedação ao uso de qualquer espécie de tributo com efeito confiscatório (art. 150, IV, CF/88) veicula também uma *"imunidade tributária de uma parcela mínima necessária à sobrevivência da propriedade privada"*,[167] bem como a vedação de estabelecimento de tributos sobre o tráfego de pessoas e bens "tem seu fundamento precípuo na proteção da *liberdade de comércio"*, mas também se relaciona com o princípio do federalismo.[168]

Este autor também afirma que as não incidências constitucionais sobre exportações relacionam-se diretamente com a liberdade de comércio, razão pela qual também constituiriam imunidades.[169] A consequência prática desta posição de Lobo Torres está em que as não incidências sobre exportações não poderiam ser suprimidas (as imunidades propriamente ditas constituem cláusulas pétreas, somente podendo ser suprimidas por nova Assembleia Nacional Constituinte), o que nos parece excessivo, pois é possível, em tese, que o país deseje adotar uma nova política internacional sobre comércio exterior em relação a esses tributos (caráter extrafiscal). Portanto, para nós, como já dito, as não incidências de caráter marcadamente econômico não são imunidades propriamente ditas (e sim meras desonerações tributárias de foro constitucional), não estando albergadas pela proteção constitucional conferida às cláusulas pétreas.

Ricardo Lobo Torres também apresenta outra categoria de imunidades: as *imunidades implícitas*, isto é, aquelas que, embora não expressas claramente, decorrem de uma proteção constitucional especial dada a pessoas, instituições ou coisas; fato este que, na seara tributária, se materializa sob a forma de uma imunidade implícita. Elenca entre as imunidades implícitas a tributos aquela que protege a liberdade de profissão contra seu aniquilamento; a imunidade da instituição da família, de modo que a tributação não pode desestruturar a família ou desestimular o casamento; a imunidade que impede a tributação excessiva que obstaculiza o acesso à justiça; a imunidade que toma por base a dignidade do cidadão, não podendo impedir o livre desenvolvimento de sua personalidade ou atingir indevidamente sua intimidade.[170]

4.8.1. Imunidade recíproca

A denominada **imunidade recíproca** (art. 150, VI, *a*, CF/88) configura uma modalidade de *imunidade subjetiva* e refere-se à vedação aos entes federativos de instituir impostos sobre patrimônio[171], renda ou serviços uns dos outros, garantindo-se, assim, o pacto federativo. Não são imunes apenas por carência de capacidade contributiva ou pela inutilidade das incidências tributárias mútuas, mas sim em homenagem aos cidadãos neles inseridos, que teriam os seus direitos fundamentais feridos pelo enfraquecimento do federalismo e do equilíbrio entre os poderes.[172]

Ademais, segundo o § 2º do art. 150 da Constituição, a imunidade recíproca é também extensiva às autarquias e às fundações instituídas e mantidas pelo Poder Público e à empresa

---

[167] TORRES, Ricardo Lobo. Op. cit. p. 66.

[168] Ibidem. p. 67.

[169] Ibidem. p. 68-69.

[170] TORRES, Ricardo Lobo. *Tratado de direito constitucional financeiro e tributário – os direitos humanos e a tributação: imunidades e isonomia*. 3. ed. Rio de Janeiro: Renovar, 2005. Vol. III. p. 215-224.

[171] STF. RE 727.851 (repercussão geral), Rel. Min. Marco Aurélio, Pleno, julg. 22/06/2020: "Incide a imunidade prevista no artigo 150, inciso VI, alínea a, da Constituição Federal, em se tratando de contrato de alienação fiduciária em que pessoa jurídica de direito público surge como devedora. [...] *Tese*: Não incide IPVA sobre veículo automotor adquirido, mediante alienação fiduciária, por pessoa jurídica de direito público".

[172] TORRES, Ricardo Lobo. op. cit. p. 234-237.

pública prestadora de serviço postal, no que se refere ao patrimônio, à renda e aos serviços *vinculados às suas finalidades essenciais*, ou às delas decorrentes. Veja-se, porém, que, aqui, apenas o patrimônio, a renda e os serviços vinculados às suas finalidades essenciais estarão imunes, enquanto esta exigência não é feita para os entes políticos aos quais estão ligados.[173]

Por interpretação jurisprudencial oriunda do Supremo Tribunal Federal, assentou-se que as empresas públicas ou sociedades de economia mista que prestarem serviços públicos essenciais de competência típica do Estado, cuja atividade esteja submetida ao regime de monopólio (portanto, fora do regime de concorrência), ou que não realizem distribuição de lucros a acionistas privados nem ofereçam risco ao equilíbrio concorrencial, apesar da sua personalidade jurídica de direito privado, também terão o regime da imunidade recíproca a elas estendido, desde que mantidos tais requisitos para gozo da imunidade.[174] Caso venham a ser privatizadas, ou passem a distribuir lucros a privados, obviamente, não deverão manter a condição de imunes.[175]

São exemplos destas empresas a EBCT – Empresa Brasileira de Correios e Telégrafos (monopólio do serviço postal, que passou a ser contemplada na nova redação dada pela EC nº 132/2023 ao art. 150, § 2º, CF/88),[176] a Casa da Moeda do Brasil (enquanto exerce o monopólio

---

[173] STF. RE 635.012. Rel. Min. Dias Toffoli, decisão monocrática, julg. 07/02/2013: "O julgado recorrido contempla a conclusão de que a União não está condicionada ao ônus de comprovar vinculação do bem tributado a uma finalidade pública, o que somente ocorre nos casos das autarquias e fundações instituídas e mantidas pelo poder público no que se refere à tributação do patrimônio, renda e serviços vinculados a suas finalidades essenciais. Esse entendimento está em consonância com a jurisprudência desta Corte que tem se posicionado no sentido de reconhecer a imunidade recíproca constante do art. 150, VI, 'a', da Carta Magna aos entes da administração direta e, somente no que refere ao alcance da imunidade recíproca às autarquias e fundações instituídas e mantidas pelo poder público é que aparece a restrição concernente à vinculação do imóvel às suas finalidades essenciais ou às delas decorrentes, na exata dicção da norma constitucional". Ver também: STF. RE 475.268 AgR, Rel. Min. Ellen Gracie, 2ª Turma, julg. 22/02/2011.

[174] STF. RE 1.320.054 (repercussão geral), Rel. Min. Luiz Fux, Pleno, julg. 06/05/2021: "*Tese:* As empresas públicas e as sociedades de economia mista delegatárias de serviços públicos essenciais, que não distribuam lucros a acionistas privados nem ofereçam risco ao equilíbrio concorrencial, são beneficiárias da imunidade tributária recíproca prevista no artigo 150, VI, a, da Constituição Federal, independentemente de cobrança de tarifa como contraprestação do serviço".

[175] STF. ACO 3.410, Rel. Min. Roberto Barroso, Pleno, julg. 22/04/2022: "A imunidade tributária prevista na alínea a do art. 150, I, da Constituição Federal, alcança empresas públicas e sociedades de economia mista prestadoras de serviços públicos essenciais e exclusivos, desde que não tenham intuito lucrativo, *enquanto mantidos os requisitos*".

[176] Art. 150. § 2º A vedação do inciso VI, "a", é extensiva às autarquias e às fundações instituídas e mantidas pelo poder público e à *empresa pública prestadora de serviço postal*, no que se refere ao patrimônio, à renda e aos serviços vinculados a suas finalidades essenciais ou às delas decorrentes. (Redação dada pela Emenda Constitucional nº 132, de 2023). STF. RE 601.392 (repercussão geral). Rel. p/ Acórdão: Min. Gilmar Mendes, Pleno, julg. 28/02/2013: "Imunidade recíproca. Empresa Brasileira de Correios e Telégrafos. [...] Exercício simultâneo de atividades em regime de exclusividade e em concorrência com a iniciativa privada. Irrelevância. Existência de peculiaridades no serviço postal. Incidência da imunidade prevista no art. 150, VI, a, da CF". Em razão do relevante interesse público envolvido na entrega de correspondências em todo o território nacional, obrigação e monopólio da EBCT, decidiu-se que os Correios deveriam ser imunes mesmo em relação às atividades em que atuam em regime de livre concorrência. Haveria aí uma política de "subsídios cruzados", em que certas atividades mais rentáveis da EBCT estariam imunes para auxiliar no custeio das operações deficitárias de entrega de correspondência pela EBCT nos rincões e localidades pouco habitados do país. No mesmo sentido: STF. RE 627.051 (repercussão geral), julg. 12/11/2014; RE 773.992 (repercussão geral), julg. 15/10/2014.

da cunhagem de moeda),[177] a Cetesb (controle, fiscalização, monitoramento e licenciamento de atividades geradoras de poluição no Estado de São Paulo),[178] a Infraero (exploração de serviços de infraestrutura aeroportuária),[179] a sociedade de economia mista que presta serviços de saúde exclusivamente pelo SUS e sem intuito de lucro (Hospital Nossa Senhora da Conceição S/A)[180] e a Companhia do Metropolitano de São Paulo (Metrô/SP).[181]

Registre-se que, quando o ente político figurar como mero contribuinte de fato, mas não de direito, não será beneficiário da imunidade recíproca, pois a transferência do ônus financeiro, típica dos tributos indiretos, não tem o condão de tornar o ente federativo sujeito passivo da obrigação tributária, sendo mero consumidor final.[182] Tampouco será beneficiário de imunidade *retroativa* quando for sucessor de um contribuinte que não era imune,[183] sendo reconhecida a imunidade do ente apenas da sucessão em diante (mas não para fatos geradores pretéritos anteriores à sucessão).

Por fim, o § 3º do art. 150 da Constituição estatui que a imunidade recíproca não se aplica ao patrimônio, à renda e aos serviços relacionados com exploração de atividades econômicas regidas pelas normas aplicáveis a empreendimentos privados, ou em que haja contraprestação ou pagamento de preços ou tarifas pelo usuário, nem exonera o promitente comprador da obrigação de pagar imposto relativamente ao bem imóvel.[184]

A primeira parte do § 3º deixa claro que o Estado, quando atua como particular em regime de livre concorrência e com intuito de lucro (por exemplo, por meio de estatais como o Banco do Brasil e a CEF,[185] instituições financeiras que atuam em livre concorrência), não estará imune da tributação, justamente para evitar danos à liberdade de concorrência.

---

[177] STF. RE 610.517 AgR, Rel. Min. Celso de Mello, 2ª Turma, julg. 03/06/2014: "Outorga de delegação à CMB, mediante lei, que não descaracteriza a estatalidade do serviço público, notadamente quando constitucionalmente monopolizado pela pessoa política (a União Federal, no caso) que é dele titular".

[178] STF. ACO 2304 AgR, Rel. Min. Roberto Barroso, 1ª Turma, julg. 07/08/2018.

[179] STF. ARE 638.315 (repercussão geral), Rel. Min. Cezar Peluso, Pleno, julg. 09/06/2011.

[180] STF. RE 580.264, Rel. Min. Joaquim Barbosa, Rel. p/ Acórdão: Min. Ayres Britto, Pleno, julg. 16/12/2010.

[181] STF. RE 1.320.054 (repercussão geral), Rel. Min. Luiz Fux, Pleno, julg. 07/05/2021.

[182] STF. RE 608.872 (repercussão geral), Rel. Min. Dias Toffoli, Pleno, julg. 23/02/2017: "*Tese*: A imunidade tributária subjetiva aplica-se a seus beneficiários na posição de contribuinte de direito, mas não na de simples contribuinte de fato, sendo irrelevante para a verificação da existência do beneplácito constitucional a repercussão econômica do tributo envolvido".

[183] STF. RE 599.176 (repercussão geral), Rel. Min. Joaquim Barbosa, Pleno, julg. 05/06/2014: "*Tese*: A imunidade tributária recíproca não exonera o sucessor das obrigações tributárias relativas aos fatos jurídicos tributários ocorridos antes da sucessão".

[184] STF. RE 594.015 (repercussão geral), Rel. Min. Marco Aurélio, Pleno, julg. 06/04/2017: "IMUNIDADE – SOCIEDADE DE ECONOMIA MISTA ARRENDATÁRIA DE BEM DA UNIÃO – IPTU. Não se beneficia da imunidade tributária recíproca prevista no artigo 150, inciso VI, alínea "a", da Constituição Federal a sociedade de economia mista ocupante de bem público". No mesmo sentido: STF. RE 601.720 (repercussão geral), julg. 19/04/2017.

[185] A CEF, quando atua não como mera instituição financeira, mas como verdadeira *longa manus* da União na implantação de políticas públicas, é beneficiária, por extensão, da imunidade recíproca, como se vê em STF. RE 928.902 (repercussão geral), Rel. Min. Alexandre de Moraes, Pleno, julg. 17/10/2018. Nesta decisão, segundo o Informativo 920 do STF, entendeu-se que, quanto ao Programa de Arrendamento Residencial (PAR), "a União criou uma estrutura organizacional para cumprir uma competência que a Carta Magna determina, ligada diretamente à efetividade do direito de moradia – uma das mais importantes previsões de direitos sociais – e em consonância com o objetivo fundamental de redução de desigualdades sociais, consagrados respectivamente nos arts. 6º, *caput*, e 3º, III, da Carta Magna. [...] E como a União não pode gerir esse programa por meio de sua Administração Direta, a tarefa coube à CEF, braço instrumental do

Da mesma forma, empresas estatais ou privadas concessionárias de serviços públicos e que atuam com intuito de distribuir lucros a pessoas privadas, por meio da cobrança de tarifas, tampouco serão imunes pelo simples fato de prestarem serviço público. É o caso, por exemplo, da Companhia de Saneamento Básico do Estado de São Paulo (Sabesp), sociedade de economia mista cuja participação acionária é negociada em Bolsas de Valores, efetuando remuneração do capital de seus controladores ou acionistas e não estando abrangida pela regra de imunidade tributária recíproca meramente pelo fato de a atividade desempenhada constituir serviço público.[186]

A segunda parte do § 3º evidencia que o promitente comprador de imóvel de titularidade de ente beneficiado com imunidade recíproca não se beneficia, por extensão, de tal imunidade. Ademais, não é necessário o efetivo registro da propriedade em nome do comprador para que o imposto relativo ao imóvel seja devido, uma vez que o promitente comprador imitido na posse já é contribuinte do IPTU, nos termos do art. 32 do CTN, situação explicitada na Lei Maior neste § 3º.[187]

4.8.2. Imunidade das entidades religiosas e templos

A **imunidade das entidades religiosas e templos** (art. 150, VI, *b*, CF/88) tem como fundamento a *liberdade religiosa* para qualquer crença (art. 5º, VI, CF/88). O conceito constitucional de templo engloba não apenas o prédio onde acontece o culto (igrejas, sinagogas, mesquitas, terreiros, centros espíritas etc.) e seus anexos, mas alcança, na verdade, o patrimônio, a renda e os serviços relacionados com as finalidades essenciais das entidades religiosas.[188] Configura-se como uma *imunidade subjetiva* que beneficia a organização religiosa, e não objetiva, como pareceria ser do texto constitucional original da norma, que se referia apenas a "templos".

Justamente por isso, a reforma tributária advinda com a EC nº 132/2023 reescreveu o texto normativo, passando a prever que tal imunidade abarca "entidades religiosas e templos de qualquer culto, inclusive suas organizações assistenciais e beneficentes". Também a LC nº 214/2025, em seu art. 496, adequou o texto do art. 9º, IV, "b" do CTN ao novo texto constitucional. Por óbvio, se a entidade não for qualificada como religiosa, não gozará dessa imunidade, como já decidido pelo STF em relação à maçonaria.[189]

---

programa. Não há exploração de atividade econômica, mas prestação de serviço público, uma vez que se trata de atividade constitucionalmente atribuída à União e cuja operacionalização foi delegada, por lei, a empresa pública federal, visando à consecução de direito fundamental. A CEF é apenas a administradora do Fundo de Arrendamento Residencial (FAR), constituído de patrimônio único e exclusivo da União Federal e somente administrado e operacionalizado pela empresa para fins de consecução do programa. A CEF não teve aumento patrimonial nem se beneficiou do programa. Não houve confusão patrimonial, e o serviço não concorreu com o mercado privado".

[186] STF. RE 600.867 (repercussão geral), Rel. Min. Joaquim Barbosa, Rel. p/ Acórdão: Min. Luiz Fux, Pleno, julg. 29/06/2020.

[187] STF. Súmula nº 583: "Promitente comprador de imóvel residencial transcrito em nome de autarquia é contribuinte do imposto predial territorial urbano".

[188] Advirta-se que a imunidade alcança apenas a pessoa jurídica da entidade religiosa, e não as rendas recebidas por seus ministros religiosos pagas a eles pela própria instituição religiosa. O ministro religioso, sobre o auxílio para sua subsistência recebido da entidade religiosa, deve naturalmente recolher o imposto de renda de pessoa física. Da mesma forma, deve o ministro religioso recolher sua contribuição previdenciária tributária na qualidade de contribuinte individual obrigatório, cf. Art. 12, V, "c", Lei 8.212/1991.

[189] STF. RE 562.351, Rel. Min. Ricardo Lewandowski, 1ª Turma, julg. 04/09/2012: "A imunidade tributária conferida pelo art. 150, VI, *b*, é restrita aos templos de qualquer culto religioso, não se aplicando à maçonaria, em cujas lojas não se professa qualquer religião".

A jurisprudência do STF tem dado amplitude ao comando normativo para estender a imunidade a todos os demais bens e rendas da instituição, desde que destinados às atividades-fim da entidade religiosa.[190] Nesta linha, o STF tem reconhecido o benefício da imunidade das entidades religiosas em relação ao IPTU mesmo sobre imóveis locados a terceiros (ainda que para realização de atividades empresariais destes terceiros),[191] imóveis utilizados como escritórios ou residência de membros da entidade[192] e cemitérios pertencentes à organização religiosa.[193]

Por sua vez, a Emenda Constitucional nº 116/2022 inseriu o § 1º-A no art. 156 da Constituição Federal, prevendo que o IPTU não incide sobre templos de qualquer culto, ainda que as entidades religiosas sejam apenas locatárias do bem imóvel.[194]

Não obstante ser louvável a ampliação da desoneração tributária aos templos de qualquer culto, garantindo-se ainda mais o exercício da liberdade religiosa pela facilitação de existência e funcionamento destas entidades, merece a nossa reflexão, sob a ótica eminentemente jurídica (da teoria da obrigação tributária), esta hipótese de imunidade do IPTU quando estas entidades forem meramente locatárias de imóveis de terceiros.

Isso porque a emenda constitucional estendeu a imunidade subjetiva para os casos em que a entidade religiosa não é a contribuinte do IPTU quando figurar na qualidade de mera locatária. Nesse caso, é o locador o verdadeiro contribuinte de direito, já que o fato gerador deste imposto é a propriedade de imóvel urbano, e, nessa situação, a entidade religiosa figura apenas como mera contribuinte de fato,[195] não integrando a relação jurídico-tributária. Aliás, a nova regra constitucional excepciona o que o STF decidiu no RE 608.872 (repercussão geral), no sentido de que a imunidade tributária subjetiva aplica-se a seus beneficiários na posição de contribuinte de direito, mas não na de simples contribuinte de fato.[196]

---

[190] STF. RE 325.822, Rel. Min. Ilmar Galvão, Rel. p/ Acórdão: Min. Gilmar Mendes, Pleno, julg. 18/12/2002: "4. A imunidade prevista no art. 150, VI, 'b', CF, deve abranger não somente os prédios destinados ao culto, mas, também, o patrimônio, a renda e os serviços 'relacionados com as finalidades essenciais das entidades nelas mencionadas'".

[191] STF. ARE 694.453 AgR, Rel. Min. Ricardo Lewandowski, 2ª Turma, julg. 25/06/2013: "[...] a imunidade prevista no art. 150, VI, *b*, da Constituição impede a incidência de IPTU sobre imóveis de propriedade de entidade religiosa mas locados a terceiros, na hipótese em que a renda decorrente dos aluguéis é vertida em prol das atividades essenciais da entidade. Se a circunstância de a entidade religiosa alugar o imóvel de sua propriedade a terceiro, sem qualquer vínculo com ela, não afasta a imunidade mencionada, nada justifica o óbice ao gozo do benefício na hipótese de o bem em questão ser destinado à residência dos seus ministros religiosos".

[192] STF. ARE 895.972 AgR, Rel. Min. Roberto Barroso, 1ª Turma, julg. 02/02/2016: "Instituições religiosas. Imóveis. Templo e residência de membros. [...]. 1. O fato de os imóveis estarem sendo utilizados como escritório e residência de membros da entidade não afasta a imunidade prevista no art. 150, VI, c, § 4º da Constituição Federal".

[193] STF. RE 578.562, Rel. Min. Eros Grau, Pleno, julg. 21/05/2008: "Os cemitérios que consubstanciam extensões de entidades de cunho religioso estão abrangidos pela garantia contemplada no art. 150 da Constituição do Brasil. Impossibilidade da incidência de IPTU em relação a eles".

[194] Art. 156. § 1º-A. O imposto previsto no inciso I do *caput* deste artigo [IPTU] não incide sobre templos de qualquer culto, ainda que as entidades abrangidas pela imunidade de que trata a alínea "b" do inciso VI do *caput* do art. 150 desta Constituição sejam apenas locatárias do bem imóvel. (Incluído pela Emenda Constitucional nº 116, de 2022).

[195] Tecnicamente, no caso do IPTU, o locatário sequer figura como contribuinte de fato propriamente dito, já que não se trata de um imposto indireto, assumindo este locatário a obrigação de pagar o imposto ou reembolsar o locador por força de uma obrigação meramente contratual.

[196] Outra forma de compreender a questão é que, no caso, o beneficiário da imunidade se torna o proprietário (locador) do imóvel locado, enquanto o imóvel estiver alugado para a entidade religiosa e afetados às

Ressalve-se que, nos termos do § 4º do art. 150, em todos estes casos, a imunidade aplica-se somente às atividades-fim do sujeito objeto da desoneração, ou ao menos é necessário que a entidade reverta as rendas obtidas com a exploração do seu patrimônio para o cumprimento de suas finalidades religiosas e/ou assistenciais. O ônus de comprovar a efetiva utilização do bem ou destinação de receitas de acordo com as finalidades institucionais é da Administração Tributária, e não da organização religiosa.[197]

Ademais, é comum que o STF aplique seus entendimentos referentes à imunidade religiosa do art. 150, VI, "b", CF/88 também às imunidades das entidades previstas no art. 150, VI, "c", CF/88 (e vice-versa), em virtude de ambas as espécies de imunidades serem conjuntamente contempladas no art. 150, § 4º, CF/88,[198] o que autoriza, por exemplo, a aplicação analógica da Súmula Vinculante nº 52[199] igualmente às organizações religiosas.

Por fim, às entidades religiosas que assim o desejarem, é possível também se caracterizarem como entidades beneficentes de assistência social portadoras do Certificado de Entidade Beneficente de Assistência Social (CEBAS), tal como ficou claro na nova redação do art. 150, VI, "b", CF/88 conferida pela EC nº 132/2023, desde que cumpram os requisitos legais específicos para tal qualificação (e que são mais exigentes e restritivos). Se assim o fizerem, poderão se beneficiar das imunidades tributárias específicas das entidades beneficentes,[200] entre as quais a imunidade de contribuições de seguridade social prevista no art. 195, § 7º, CF/88 (não assegurada às entidades meramente religiosas). A mera prestação de assistência social pela entidade religiosa ou suas organizações assistenciais e beneficentes, sem a obtenção do CEBAS, apenas garante as imunidades que já possuía pelo simples fato de exercer atividades religiosas previstas no art. 150, VI, "b", CF/88.

4.8.3. Imunidade dos partidos políticos, sindicatos e instituições educacionais e assistenciais

A **imunidade dos partidos políticos e de suas fundações partidárias** (art. 150, VI, *c*, CF/88) fundamenta-se na *liberdade política*, visando desonerar estas instituições e permitir o pluralismo partidário necessário à realização da democracia. Sua imunidade, diga-se mais uma

---

finalidades essenciais desta última. De fato, na prática tributária, quem usualmente é legitimado perante o Fisco municipal para requerer o reconhecimento dessa imunidade é o proprietário do imóvel (locador), ainda que munido dos documentos comprobatórios da condição de organização religiosa do locatário.

[197] STF. RE 773.992 (repercussão geral – Tema 644), Rel. Min. Dias Toffoli, Pleno, julg. 15/10/2014: "5. As presunções sobre o enquadramento originariamente conferido devem militar a favor do contribuinte. Caso já lhe tenha sido deferido o status de imune, o afastamento dessa imunidade só pode ocorrer mediante a constituição de prova em contrário produzida pela Administração Tributária". No mesmo sentido: ARE 1.037.290 AgR, Rel. Min. Dias Toffoli, 2ª Turma, julg. 21/08/2017: "A condição de um imóvel estar temporariamente vago ou sem edificação não é suficiente, por si só, para destituir a garantia constitucional da imunidade. [...] 2. A presunção de que o imóvel ou as rendas da entidade religiosa estão afetados a suas finalidades institucionais milita em favor da entidade. Cabe ao fisco o ônus de elidir a presunção, mediante prova em contrário"; STF ARE 800.395, Rel. Min. Roberto Barroso, 1ª Turma, julg. 28/10/2014.

[198] STF. RE 325.822, Rel. Min. Ilmar Galvão, Rel. p/ Acórdão: Min. Gilmar Mendes, Pleno, julg. 18/12/2002: "5. O § 4º do dispositivo constitucional serve de vetor interpretativo das alíneas 'b' e 'c' do inciso VI do art. 150 da Constituição Federal. Equiparação entre as hipóteses das alíneas referidas".

[199] STF. Súmula Vinculante nº 52: "Ainda quando alugado a terceiros, permanece imune ao IPTU o imóvel pertencente a qualquer das entidades referidas pelo art. 150, VI, 'c', da Constituição, desde que o valor dos aluguéis seja aplicado nas atividades para as quais tais entidades foram constituídas".

[200] STF. RE 630.790 (repercussão geral), Rel. Min. Roberto Barroso, Pleno, julg. 21/03/2022.

vez, não está calcada na ausência de capacidade contributiva, mas sim no direito à liberdade do exercício do pluripartidarismo.

Tem-se também, no art. 150, VI, *c*, CF/88, a **imunidade das entidades sindicais dos trabalhadores** (mas não dos sindicatos de *empregadores*), a fim de permitir a liberdade do processo sindical no Brasil, em linha com o projeto de concretização dos direitos sociais da Constituição de 1988, ao permitir um regime de efetiva democracia sindical, proclamando a liberdade de associação, proibindo a intervenção do Estado na concessão de autorizações prévias para a fundação de sindicatos, garantindo a autonomia das entidades de classe etc.

A **imunidade das instituições de educação e assistência social** (também prevista no art. 150, VI, *c*, CF/88) tem fundamento na liberdade necessária para a existência e sobrevivência de instituições – sem fins lucrativos – que substituem o Estado, atendendo aos menos afortunados, na realização de atividades fundamentais, tais como a educação e a cultura, o socorro à maternidade, à infância, à velhice, à pobreza, às pessoas portadoras de deficiências e a promoção da integração ao mercado de trabalho, tudo como prescreve o art. 203, CF/88.

Como já visto, nos termos do § 4º do art. 150, CF/88, tanto as entidades previstas na alínea *b* (entidades religiosas) como nesta alínea *c* ora comentada (partidos políticos e suas fundações, entidades sindicais dos trabalhadores, instituições de educação e de assistência social) apresentam a característica comum de que somente o patrimônio, renda e serviços afetados às suas finalidades essenciais são imunes, bem como as rendas revertidas para suas atividades essenciais. Contudo, o STF tem conferido interpretação ampla a esse dispositivo, como o fez em relação à imunidade das religiões.

Assim, por exemplo, a utilização do imóvel para atividade de lazer e recreação não configura desvio de finalidade com relação aos objetivos da fundação caracterizada como entidade de assistência social;[201] a imunidade se estende a rendimentos em aplicações financeiras[202] e alcança o IOF, inclusive o incidente sobre aplicações financeiras;[203] é imune de IPTU o imóvel de entidade de assistência social utilizado para estacionamento,[204] bem como imune de IR a renda obtida com a locação de espaço para estacionamento[205] e, ainda, imune de ISS quanto ao preço cobrado pela exploração de estacionamento;[206] são imunes de IPTU os imóveis locados a terceiros, sempre que a renda dos aluguéis seja aplicada em suas finalidades institucionais (Súmula Vinculante nº 52),[207] bem como aqueles utilizados como escritório e residência de membros da entidade[208] e aqueles temporariamente ociosos, como terrenos vagos.[209]

O STF também cristalizou seu entendimento de que "a imunidade tributária conferida a instituições de assistência social sem fins lucrativos pelo art. 150, VI, *c*, da Constituição, so-

---

[201] STF. RE 236.174, Rel. Min. Menezes Direito, 1ª Turma, julg. 02/09/2008.

[202] STF. AI 673.463 AgR, Rel. Min. Roberto Barroso, 1ª Turma, julg 24/09/2013.

[203] STF. RE 611.510 (repercussão geral), Rel. Min. Rosa Weber, Pleno, julg. 13/04/2021: "[...] afastamento da incidência do IOF, pois a tributação das operações de crédito, câmbio e seguro, ou relativas a títulos ou valores mobiliários das entidades ali referidas, terminaria por atingir seu patrimônio ou sua renda".

[204] STF. RE 257.700, Rel. Min. Ilmar Galvão, 1ª Turma, julg. 13/06/2000.

[205] STF. RE 144.900, Rel. Min. Ilmar Galvão, 1ª Turma, julg. 22/04/1997.

[206] STF. RE 218.503, Rel. Min. Moreira Alves, 1ª Turma, julg. 21/09/1999.

[207] STF. Súmula Vinculante nº 52: "Ainda quando alugado a terceiros, permanece imune ao IPTU o imóvel pertencente a qualquer das entidades referidas pelo art. 150, VI, 'c', da Constituição, desde que o valor dos aluguéis seja aplicado nas atividades para as quais tais entidades foram constituídas".

[208] STF. RE 221.395, Rel. Min. Marco Aurélio, 2ª Turma, julg. 08/02/2000.

[209] STF. RE 767.332 (repercussão geral), Rel. Min. Gilmar Mendes, julg. 31/10/2013.

mente alcança as entidades fechadas de previdência social privada se não houver contribuição dos beneficiários" (Súmula nº 730, STF). A lógica é a de que, uma vez ausente a contribuição dos beneficiários, tais entidades assemelham-se a uma entidade beneficente imune que atua em favor dos beneficiários sem que estes tenham qualquer custo.[210]

O Pleno do STF, ao julgar a imunidade de entidades de assistência social, afirmou que são imunes quanto ao ICMS incidente sobre a comercialização de bens por elas produzidos.[211] Tal decisão, que não está dotada de efeitos vinculantes, deve ser tomada com certa reserva: por óbvio, o ICMS, sendo um dos principais impostos que entra na composição do preço de um produto, tem o potencial de afetar diretamente a livre concorrência. Assim, se a entidade de assistência social realizar a comercialização em larga escala, competindo com outros produtos fornecidos no mercado, haveria uma concorrência desleal que desnaturaria a função da imunidade. A situação deve ser apreciada casuisticamente para evitar o conflito entre a imunidade aqui prevista e a livre concorrência.

Por sua vez, o STF também decidiu que "a imunidade tributária subjetiva aplica-se a seus beneficiários na posição de contribuinte de direito, mas não na de simples contribuinte de fato, sendo irrelevante para a verificação da existência do beneplácito constitucional a repercussão econômica do tributo envolvido".[212] Assim, por exemplo, o valor do ICMS embutido no preço de produto adquirido no mercado interno por entidade beneficente de assistência social não está acobertado pela imunidade, pois a entidade aí é mera contribuinte de fato, e não de direito, como se verá melhor no capítulo desta obra sobre os sujeitos na tributação.

Contudo, não se deve confundir a situação anterior, em que a imunidade tributária subjetiva apenas se aplica ao ente imune quando ele está na posição de contribuinte de direito (e não de contribuinte de fato) com a possibilidade de concessão de isenção ao contribuinte de direito para que este não repasse ao ente imune o valor do tributo.

Dois exemplos podem ser formulados, para que fique clara essa segunda hipótese. O primeiro seria o de uma lei municipal que, com a devida estimativa de impacto orçamentário e financeiro (como exigido pelo art. 113 do ADCT), isentasse de IPTU os proprietários de imóveis que comprovadamente os alugassem para funcionamento de entidades beneficentes de assistência social. O segundo exemplo, inclusive julgado como constitucional pelo STF,[213]

---

[210] Ao revés, no caso de entidades fechadas de previdência social privada com contribuição dos beneficiários, incide IR e CSLL, cf. RE 612.686 (repercussão geral – Tema 699), Rel. Dias Toffoli, Pleno, julg. 03/11/2022: "*Tese:* É constitucional a cobrança, em face das entidades fechadas de previdência complementar não imunes, do imposto de renda retido na fonte (IRRF) e da contribuição social sobre o lucro líquido (CSLL)".

[211] STF. EDivED RE 186.175, Rel. Min. Ellen Gracie, Pleno, julg. 23/08/2006. Em decisão monocrática transitada em julgado do ano de 2023, esta orientação de a imunidade também abarcar o ICMS quanto a produtos produzidos e vendidos por entidade beneficente de assistência social foi mantida, desde que a renda obtida seja revertida para suas atividades essenciais, cf. STF. RE 1.443.504, Rel. Min. Edson Fachin, Decisão Monocrática, julg. 02/08/2023.

[212] STF. RE 608.872 (repercussão geral), Rel. Min. Dias Toffoli, Pleno, julg. 23/02/2017.

[213] STF. ADI 3.421, Rel. Min. Marco Aurélio, Pleno, julg. 05/05/2010. Com o mesmo raciocínio, cf. STF. ADI 5.816, Rel. Min. Alexandre de Moraes, Pleno, julg. 05/11/2019: "[...] a norma pretendeu afastar a incidência do ICMS em operações nas quais a entidade imune, no caso, as igrejas e templos de qualquer culto, figura como contribuinte de fato da tributação indireta. Assim sendo, incide o entendimento jurisprudencial da CORTE de que imunidades subjetivas impedem a caracterização da relação tributária apenas na hipótese em que a entidade imune é contribuinte de direito do tributo. Nesse sentido, o julgamento do RE 608.872, [...], no qual a CORTE, em sede de Repercussão Geral, afirmou tese de que 'a imunidade tributária subjetiva aplica-se a seus beneficiários na posição de contribuinte de direito, mas não na de simples contribuinte de

138 | CURSO DE DIREITO TRIBUTÁRIO BRASILEIRO – *Marcus Abraham*

seria o da concessão de isenção de ICMS, também acompanhada de estimativa de impacto orçamentário e financeiro, em favor das concessionárias de serviços públicos na prestação dos serviços a entes imunes (ex: luz, gás, telefone etc.), para não haver cobrança de ICMS aos entes imunes na fatura de pagamento do serviço.

Quanto ao ônus da prova acerca da destinação dos bens da entidade, há presunção relativa (*iuris tantum*) em favor da imunidade, isto é, presume-se que o patrimônio, renda ou serviço da entidade imune estejam afetados a destinação compatível com seus objetivos e finalidades institucionais, sendo ônus do Fisco desconstituir tal presunção por prova em sentido contrário.[214]

Por fim, em relação às entidades beneficentes de assistência social, existe outra imunidade, prevista no art. 195, § 7º, referente ao pagamento de contribuições de seguridade social, como aquelas do PIS (e que não se estende às demais entidades previstas no art. 150, VI, *c*). Contudo, a parte final do art. 195, § 7º condiciona o gozo dessa imunidade ao atendimento de exigência estabelecida em lei. Segundo definido pelo Supremo Tribunal Federal, embora o art. 195, § 7º fale apenas em "lei", a interpretação sistemática da Constituição conduz a que sejam veiculados por **lei complementar** os requisitos exigidos para se considerar uma entidade como beneficente de assistência social apta a gozar dessa imunidade do art. 195, § 7º (atualmente, trata-se da Lei Complementar nº 187/2021).

A razão está em que o art. 146, II da Constituição estabelece caber à lei complementar regular as limitações constitucionais ao poder de tributar, e as imunidades constituem precisamente limitações constitucionais ao poder de tributar. Contudo, aspectos meramente procedimentais referentes à certificação (Certificado de Entidade Beneficente de Assistência Social – CEBAS), fiscalização e controle administrativo de tais entidades continuam passíveis de definição em lei ordinária.[215]

Estas exigências estavam presentes no art. 14 do CTN até que sobreviesse lei complementar específica, o qual preconiza as seguintes condições para a qualificação de tais entidades como imunes:[216] I – não distribuírem qualquer parcela de seu patrimônio ou de suas rendas, a qualquer

---

fato, sendo irrelevante para a verificação da existência do beneplácito constitucional a repercussão econômica do tributo envolvido". Portanto, o efeito pretendido pelo legislador de Rondônia não está ao amparo da regra de imunidade prevista no art. 150, VI, 'b', da CF. Ao conferir tratamento favorável às entidades religiosas na cobrança do ICMS sobre os serviços relacionados no art. 1º da Lei 4.012/2017, findou por conceder favor fiscal aos reais contribuintes dessa exação, quais sejam, as empresas prestadoras desses serviços".

[214] STF. AI 746.263 AgR-ED, Rel. Min. Dias Toffoli, 1ª Turma, julg. 12/11/2013.

[215] STF. ADI 2.028, Rel. Min. Joaquim Barbosa, Rel. p/ Acórdão: Min. Rosa Weber, Pleno, julg. 02/03/2017 (cf. os embargos de declaração em STF. ADI 2.028 ED, Rel. Min. Rosa Weber, Pleno, julg. 18/12/2019). No mesmo sentido: STF. RE 566.622 (repercussão geral), Rel. Min. Marco Aurélio, Pleno, julg. 23/02/2017 (cf. embargos de declaração julg. 18/12/2019); STF. ADI 1.802, Rel. Min. Dias Toffoli, julg. 12/04/2018.

[216] Advirta-se que o art. 14, *caput*, do CTN deixa claro que tais requisitos dos três incisos do art. 14 do CTN apenas se aplicam às entidades previstas no art. 9º, IV, "c", CTN, a saber, partidos políticos, inclusive suas fundações; entidades sindicais dos trabalhadores; instituições de educação e de assistência social sem fins lucrativos. Tais requisitos não se aplicam às entidades religiosas previstas no art. 9º, IV, "b", CTN como condição para que gozem da imunidade tributária, nem sua ausência justifica a suspensão da imunidade de organizações religiosas. Contudo, caso as entidades religiosas optem por não se qualificarem apenas como organizações religiosas, mas também como entidades beneficentes de assistência social portadoras de CEBAS, então terão que cumprir os requisitos previstos no art. 14 do CTN (e, atualmente, na LC nº 187/2021). Veja-se que a Lei Complementar nº 214/2025, em seu art. 496, alterou o art. 9º, IV, "b", CTN para que passasse a refletir o atual texto constitucional posterior à EC nº 132/2023: "Art. 9º. É vedado à União, aos Estados, ao Distrito Federal e aos Municípios: IV – cobrar impostos e a contribuição de que trata o inciso V do art. 195 da Constituição Federal sobre: b) *entidades religiosas e templos de qualquer culto, inclusive suas organizações assistenciais e beneficentes*".

título; II – aplicarem integralmente, no País, os seus recursos na manutenção dos seus objetivos institucionais; III – manterem escrituração de suas receitas e despesas em livros revestidos de formalidades capazes de assegurar sua exatidão.[217]

Com o advento da Lei Complementar nº 187/2021 (dispondo sobre a certificação das entidades beneficentes e regulando os procedimentos referentes à imunidade de contribuições à seguridade social de que trata o § 7º do art. 195 da Constituição Federal), os requisitos cumulativos passaram a ser: I – não perceber seus dirigentes estatutários, conselheiros, associados, instituidores ou benfeitores remuneração, vantagens ou benefícios, direta ou indiretamente, por qualquer forma ou título, em razão das competências, das funções ou das atividades que lhes sejam atribuídas pelos respectivos atos constitutivos; II – aplicar suas rendas, seus recursos e eventual superávit integralmente no território nacional, na manutenção e no desenvolvimento de seus objetivos institucionais; III – apresentar certidão negativa ou certidão positiva com efeito de negativa de débitos relativos aos tributos administrados pela Secretaria Especial da Receita Federal do Brasil e pela Procuradoria-Geral da Fazenda Nacional, bem como comprovação de regularidade do Fundo de Garantia do Tempo de Serviço (FGTS); IV – manter escrituração contábil regular que registre as receitas e as despesas, bem como o registro em gratuidade, de forma segregada, em consonância com as normas do Conselho Federal de Contabilidade e com a legislação fiscal em vigor; V – não distribuir a seus conselheiros, associados, instituidores ou benfeitores seus resultados, dividendos, bonificações, participações ou parcelas do seu patrimônio, sob qualquer forma ou pretexto, e, na hipótese de prestação de serviços a terceiros, públicos ou privados, com ou sem cessão de mão de obra, não transferir a esses terceiros os benefícios relativos à imunidade prevista no § 7º do art. 195 da Constituição Federal; VI – conservar, pelo prazo de 10 (dez) anos, contado da data de emissão, os documentos que comprovem a origem e o registro de seus recursos e os relativos a atos ou a operações realizadas que impliquem modificação da situação patrimonial; VII – apresentar as demonstrações contábeis e financeiras devidamente auditadas por auditor independente legalmente habilitado nos Conselhos Regionais de Contabilidade, quando a receita bruta anual auferida for superior ao limite fixado pelo inciso II do caput do art. 3º da Lei Complementar nº 123/2006 (R$ 4.800.000,00); e VIII – prever, em seus atos constitutivos, em caso de dissolução ou extinção, a destinação do eventual patrimônio remanescente a entidades beneficentes certificadas ou a entidades públicas.

4.8.4. Imunidade dos livros, jornais, periódicos e papel

A Constituição Federal de 1988 estabelece a **imunidade objetiva dos livros, jornais, periódicos e papel destinado a sua impressão** (art. 150, VI, *d*, CF/88), tendo como fundamento a liberdade de expressão e informação, além de permitir a divulgação de cultura, da educação, na medida em que, ao retirar os impostos incidentes sobre os seus veículos, barateia o seu custo e favorece a sua abrangência. Perceba-se que se trata de imunidade tipicamente objetiva, que recai apenas sobre os objetos enumerados na norma constitucional imunizante.

---

[217] Faça-se aqui uma relevante distinção: o STF decidiu na ADI 1.802 que os requisitos para que tais entidades beneficentes de assistência social possam, na prática, gozar de imunidades de impostos (art. 150, VI, "c", CF/88) estão presentes conjuntamente nas seguintes normas: art. 14 do Código Tributário Nacional (lei complementar) e art. 12, § 2º (alíneas "a" até "h", excluída a "f", julgada inconstitucional), § 3º, § 4º, § 5º, § 6º e art. 13, parágrafo único da Lei 9.532/1997 (lei ordinária). A LC nº 187/2021 trata apenas dos requisitos que a entidade beneficente de assistência social precisa cumprir para gozar da imunidade de contribuições de seguridade social. Trata-se de duas imunidades distintas das mesmas entidades, reguladas por normas também diferentes.

O Supremo Tribunal Federal foi provocado diversas vezes a analisar o âmbito de incidência de tal imunidade e a interpretar o conceito constitucional de livros, jornais, periódicos e papel destinado a sua impressão. Assim, aquela Corte já teve a oportunidade de definir que são imunes listas telefônicas (consideradas de utilidade pública),[218] apostilas[219] e álbuns de figurinhas.[220] No RE 330.817 (repercussão geral), o Pleno do STF decidiu que esta imunidade também se aplica aos livros eletrônicos, livros em áudio (*audio books*) e aparelhos leitores de livros eletrônicos (*e-readers*) com funções rudimentares de auxílio à leitura, não sendo necessária a materialidade física do impresso para a caracterização da imunidade, mas sim o fato de que o mecanismo, ainda que virtual, seja meio de transferência da cultura. Deste julgamento adveio a Súmula Vinculante nº 57: "A imunidade tributária constante do art. 150, VI, d, da CF/88 aplica-se à importação e comercialização, no mercado interno, do livro eletrônico (e-book) e dos suportes exclusivamente utilizados para fixá--los, como leitores de livros eletrônicos (*e-readers*), ainda que possuam funcionalidades acessórias".

Também assentou, no RE 595.676 (repercussão geral), julgado na mesma ocasião, que os componentes eletrônicos que acompanham livro didático de montagem de computadores também são imunes.[221] Contudo, não são imunes os serviços de composição gráfica necessários à confecção de livro, jornal ou periódico.[222]

Quanto ao papel destinado à impressão, a interpretação do STF abarca quaisquer espécies de papel, bem como filmes e papéis fotográficos (Súmula do STF nº 657).[223] Em relação a outros insumos aplicados na impressão, a jurisprudência das turmas do STF divergia: encontram-se tanto decisões da 2ª Turma que excluem a imunidade de tintas[224] e outros insumos para impressão (como chapas de impressão),[225] como decisões da 1ª Turma que abarcam insumos que não sejam apenas o papel, por entenderem que a menção a "papel" é apenas exemplificativa e não excludente, estendendo a imunidade também a chapas de impressão, insumos e maquinário.[226] Contudo, essa divergência entre as Turmas foi debelada no Agravo Regimental em Embargos

---

[218] STF. RE 794.285 AgR, Rel. Min. Luiz Fux, 1ª Turma, julg. 24/05/2016.

[219] STF. RE 183.403, Rel. Min. Marco Aurélio, 2ª Turma, julg. 07/11/2000.

[220] STF. RE 179.893, Rel. Min. Menezes Direito, 1ª Turma, julg. 15/04/2008.

[221] Informativo nº 856 do STF: "[...] o Tribunal assentou que o art. 150, VI, 'd', da CF não se refere apenas ao método gutenberguiano de produção de livros e que o vocábulo 'papel' não é essencial ao conceito desse bem final. Consignou que o suporte das publicações é apenas o continente ('corpus mechanicum') que abrange o conteúdo ('corpus misticum') das obras e, portanto, não é o essencial ou o condicionante para o gozo da imunidade. Asseverou que os diversos tipos de suporte (tangível ou intangível) que um livro pode ter apontam para a direção de que eles somente podem ser considerados como elemento acidental no conceito de livro. Ressaltou que o livro não precisa ter o formato de códice para ser considerado como tal. Reputou, de igual modo, dispensável, para o enquadramento do livro na imunidade em questão, que seu destinatário (consumidor) tenha necessariamente que passar sua visão pelo texto e decifrar os signos da escrita. Dessa forma, a imunidade alcança o denominado 'audio book', ou audiolivro (livros gravados em áudio, seja no suporte CD-Rom, seja em qualquer outro). Essa conclusão é harmônica com a teleologia da norma e está intimamente ligada à liberdade de ser informado, à democratização e à difusão da cultura, bem como à livre formação da opinião pública".

[222] STF. RE 434.826 AgR, Rel. p/ Acórdão: Min. Celso de Mello, 2ª Turma, julg. 19/11/2013.

[223] STF. Súmula nº 657: "A imunidade prevista no art. 150, VI, *d*, da Constituição Federal abrange os filmes e papéis fotográficos necessários à publicação de jornais e periódicos"; STF. RE 174.476. Rel. Min. Maurício Corrêa, Rel. p/ Acórdão: Min. Marco Aurélio, Pleno, julg. 26/09/1996.

[224] STF. RE 346.771 AgR, Rel. Min. Nelson Jobim, 2ª Turma, julg. 19/11/2002.

[225] STF. AI 735.848 AgR, Rel. Min. Cármen Lúcia, 2ª Turma, julg. 03/11/2015.

[226] STF. ARE 930.133 AgR, Rel. Min. Edson Fachin, 1ª Turma, julg. 16/02/2016; STF. RE 202.149, Rel. Min. Menezes Direito, Rel. p/ Acórdão: Min. Marco Aurélio, 1ª Turma, julg. 26/04/2011.

Parte II · Cap. 4 · PRINCÍPIOS CONSTITUCIONAIS TRIBUTÁRIOS | **141**

de Divergência no RE 202.149 (04/06/2018), prevalecendo a tese da 2ª. Turma de exclusão da imunidade de insumos, chapas de impressão e maquinário.

Por fim, o tributo FINSOCIAL (já extinto) não era abrangido por essa imunidade, pois, embora o STF tenha definido sua natureza jurídica de imposto, ele incidia sobre o faturamento da empresa que comercializa livros, jornais e periódicos. A imunidade prevista no art. 150, VI, "d" da Constituição é objetiva, recaindo sobre objetos ("livros, jornais e periódicos e papel destinado a sua impressão"), e não subjetiva, não recaindo sobre as rendas de tais empresas.[227]

Todavia, merece registro que a desoneração apenas para impostos não era o bastante para baratear suficientemente os livros, razão pela qual, a Lei nº 10.865/2004, art. 28, inciso VI, estabelece a redução para 0 (zero) da alíquota das contribuições sociais PIS/Pasep e da Cofins incidentes sobre a receita bruta decorrente da venda dos livros no mercado interno. Portanto, na realidade fiscal de hoje, os livros gozam de imunidade quanto à incidência de impostos e de isenção quanto à incidência das contribuições PIS/Cofins.

4.8.5. Imunidade dos fonogramas e videogramas musicais

A Emenda Constitucional nº 75/2013 (originária da chamada "PEC da Música") estabeleceu, na nova alínea *e* do art. 150, VI, a **imunidade objetiva de fonogramas e videofonogramas musicais** produzidos no Brasil contendo obras musicais ou literomusicais de autores brasileiros e/ou obras em geral interpretadas por artistas brasileiros, bem como os suportes materiais ou arquivos digitais que os contenham, salvo na etapa de replicação industrial de mídias ópticas de leitura a laser.

Seu fundamento é permitir a divulgação da cultura brasileira e de artistas nacionais, bem como estimular a indústria nacional da música, barateando o preço dos produtos do mercado fonográfico nacional como forma de combate à prática da pirataria e de facilitação da divulgação da produção artística nacional.

Para a aplicação desta imunidade, é necessário, em primeiro lugar, que a obra tenha sido produzida no Brasil. Após vencido este requisito, serão imunes tanto as obras de autores brasileiros como aquelas interpretadas por artistas brasileiros. Assim, por exemplo, será imune o videofonograma produzido no Brasil, por um cantor estrangeiro, que execute obra de autor nacional. Da mesma forma, será imune o fonograma produzido no Brasil por um cantor nacional, ainda que executando obra de artista estrangeiro.

Desta forma, é necessário, para o gozo da imunidade, a existência de ao menos dois elementos de conexão brasileiros: 1) a obrigatoriedade de produção no território nacional; 2) a obra ser composta por autor brasileiro ou ser interpretada por artista brasileiro.[228]

---

[227] STF. RE 628.122 (repercussão geral), Rel. Min. Gilmar Mendes, Pleno, julg. 19/06/2013.

[228] STF. ARE 1.244.302 (repercussão geral – Tema 1083), Rel. Min. Gilmar Mendes, Pleno, julg. 09/09/2024: "*Tese*: A imunidade tributária prevista no art. 150, inciso VI, alínea 'e', da Constituição Federal não se aplica às importações de suportes materiais produzidos fora do Brasil, ainda que contenham obra musical de artista brasileiro".

Capítulo 5
FONTES DO DIREITO TRIBUTÁRIO

5.1. FONTES FORMAIS E MATERIAIS

O vocábulo *fontes* provém etimologicamente do latim *fons, fontis,*[1] significando propriamente *manancial ou nascente de água*, e, metaforicamente, aquilo que origina ou faz nascer alguma outra coisa – no caso, aquilo que faz nascer o direito. Esta noção inicial, contudo, demonstra que a expressão *fontes do direito* apresenta um caráter polissêmico: de muitos modos se pode dizer que algo origina o direito.

Ao analisar as fontes da ciência jurídica, identificamos duas espécies de conhecimento: as *fontes materiais*, que nos levam à origem da formação das normas jurídicas (a causa e a finalidade de uma determinada norma); e as *fontes formais*, que nos fornecem o próprio sistema normativo aplicável àquela determinada área do Direito (Constituição, leis complementares e ordinárias, tratados, decretos, instruções normativas e portarias).

As **fontes materiais** são os elementos fáticos e concretos da vida humana em determinada coletividade que dão ensejo à criação das normas jurídicas. Podem ser de várias ordens: morais, históricas, religiosas, políticas, econômicas etc. As normas serão criadas a partir de certas necessidades da sociedade que o Estado identifica como sendo os objetivos a serem atendidos em sua atividade. Assim, em um dos sentidos possíveis, os fatores sociais, políticos, econômicos, ideológicos e históricos que levaram à produção de uma determinada norma não deixam de ser, em perspectiva sociológica, fonte do direito – por isso, recebem o nome específico de fontes *materiais*, pois fornecem a matéria à norma.[2]

Por outro lado, também se pode referir às *fontes de produção do direito*, isto é, os órgãos que possuem legitimidade e atribuição institucional para criar o direito, tais como o Poder Legislativo, em relação às leis, e o Poder Executivo em relação a decretos.

Pode-se falar ainda em *fontes históricas do direito* para designar aqueles documentos ou textos históricos nos quais se vai buscar a inspiração para a produção do direito atual, como, por exemplo, o recurso ao *Digesto de Justiniano* (direito romano) ou às *Ordenações do Reino* para a produção de dispositivos do Código Civil.[3]

---

[1] OXFORD LATIN DICTIONARY. Vocábulo *fons, fontis.* Oxford: Clarendon Press, 1968. p. 720.

[2] SOUSA, José Pedro Galvão de. *Direito natural, direito positivo e Estado de Direito.* São Paulo: Revista dos Tribunais, 1977. p. 93.

[3] "Quando se trata de investigar, cientificamente, a origem histórica de um instituto jurídico, ou de um sistema, dá-se o nome de *fonte* aos monumentos ou documentos onde o pesquisador encontra os elementos de seu estudo, e nesta acepção se qualifica de *fonte histórica.* É com este sentido que nos referimos ao *Digesto* ou às *Institutas,* como fonte das instituições civis, ou às Ordenações do Reino, como fonte do nosso direito." (PEREIRA, Caio Mário da Silva. *Instituições de direito civil.* 24. ed. Rio de Janeiro: Forense, 2011. Vol. I. p. 45).

As **fontes formais**, por sua vez, representam as próprias espécies de normas jurídicas que compõem determinado ordenamento. Numa federação como o Brasil, temos a necessidade de atender, simultaneamente, a interesses nacionais e regionais específicos. Assim, surge o imperativo de se buscar um processo legislativo que acolha as diversas demandas de maneira harmônica e equilibrada. Por essa razão, a Constituição passa a definir expressamente a estrutura normativa do Direito Tributário e como esta se realizará em face da necessidade de distribuição de competências entre o Governo Central (União) e os demais entes federativos (Estados, Distrito Federal e Municípios).

As fontes formais podem também ser chamadas *fontes de manifestação do direito*, por serem as fontes por meio das quais se exterioriza o direito, como lecionam Carlos Mouchet e Ricardo Becú:[4]

> [...] as fontes formais são já a manifestação exterior de uma vontade disposta a criar o direito, a dar nascimento a uma nova norma jurídica. Esta provém de um ato humano, individual ou coletivo, que lhe dá origem, e a faz surgir na realidade; mas como a vontade do homem utiliza necessariamente uma forma para manifestar-se (lei, costume, decisão judicial, etc.), é a esta forma que se denomina fonte do direito, a qual não é outra coisa que o meio de exteriorização da vontade criadora do ordenamento jurídico.

Tradicionalmente, apresentam-se como fontes formais do direito a lei (que teria primazia na gênese do direito) e também, hoje, a jurisprudência vinculante de tribunais superiores, a qual foi alçada a este posto jurígeno. Por sua vez, o costume (desde que não contrário à lei) e a doutrina são vistos como fontes meramente secundárias, informais ou acessórias.

5.2. LEGISLAÇÃO TRIBUTÁRIA E NORMAS COMPLEMENTARES

Conforme prescreve o CTN (art. 96), a expressão **"legislação tributária"** compreende as leis, os tratados e as convenções internacionais, os decretos e as normas complementares que versem, no todo ou em parte, sobre tributos e relações jurídicas a eles pertinentes. São **"normas complementares"** das leis, dos tratados e das convenções internacionais e dos decretos: I – os atos normativos expedidos pelas autoridades administrativas; II – as decisões dos órgãos singulares ou coletivos de jurisdição administrativa, a que a lei atribua eficácia normativa; III – as práticas reiteradamente observadas pelas autoridades administrativas; IV – os convênios que entre si celebrem a União, os Estados, o Distrito Federal e os Municípios (art. 100, CTN).

Assim, temos que atentar para a utilização adequada das espécies normativas do Direito Tributário. Quando se fizer referência à "lei" em sentido estrito, estaremos diante da *lei ordinária* criada pelo devido processo legiferante do Poder Legislativo e estaremos vinculados ao Princípio da Legalidade; ao passo que na menção à "legislação tributária" teremos incluídas neste conceito outras espécies de normas tributárias que podem ser instituídas pelo Poder Executivo e sem observância da Legalidade Tributária, tais como os decretos e os tratados internacionais. Por sua vez, quando houver referência à "lei complementar" – tal como faz o art. 146 da Constituição Federal – teremos não apenas a exigência do Princípio da Legalidade, como também a observância ao processo legislativo com quórum qualificado. Finalmente, as "normas complementares", que

---

4   MOUCHET, Carlos; BECÚ, Ricardo Zorraquín. *Introducción al derecho*. 12. ed. Buenos Aires: Abeledo Perrot, 2000. p. 177. Tradução livre.

Parte II · Cap. 5 · FONTES DO DIREITO TRIBUTÁRIO | **145**

não se confundem com as "leis complementares", são aquelas referidas no art. 100 do CTN, e também dispensam à observância do Princípio da Legalidade Tributária.

A **lei**, em sua formulação clássica, é uma regra ou comando normativo abstrato, genérico e impessoal, imposto a todos de maneira cogente, emanado pela autoridade dotada de função legiferante. Nos dizeres de Del Vecchio,[5] a lei "é o pensamento jurídico deliberado e consciente, formulado por órgãos especiais, que representam a vontade predominante numa sociedade". Na lição de Hugo de Brito Machado,[6]

> [...] em sentido formal, lei é o ato jurídico produzido pelo Poder competente para o exercício da função legislativa, nos termos estabelecidos pela Constituição. [...] Em sentido material, lei é o ato jurídico normativo, vale dizer, que contém uma regra de direito objetivo, dotada de hipoteticidade. Em outras palavras, a lei, em sentido material, é uma prescrição jurídica hipotética, que não se reporta a um fato individualizado no tempo e no espaço, mas a um modelo, a um tipo. É uma norma.

A forma legal típica para a criação de tributos é a **lei ordinária**. Porém, as *normas gerais* em matéria tributária são sempre veiculadas por **lei complementar**, de acordo com o art. 146, III, da CF/88. A principal lei complementar em matéria tributária é o Código Tributário Nacional (materialmente recebida pela Constituição de 1988 como lei complementar, mas nascida formalmente como lei ordinária). Temos também a Lei Complementar nº 87/1996, que trata do ICMS, a Lei Complementar nº 116/2003 do ISS, entre outras.

Outrossim, quando a Constituição estabelece a *reserva de lei complementar* para a instituição de um tributo, esta norma deverá ser respeitada, sob pena de incorrer a criação do tributo em vício de forma, considerando que esta forma legal contempla um quórum qualificado para sua aprovação (maioria absoluta). A Constituição *impõe a lei complementar* para a criação dos seguintes tributos: a) empréstimos compulsórios (art. 148, CF/88); b) imposto sobre grandes fortunas (art. 153, VII, CF/88); c) imposto seletivo sobre a produção, extração, comercialização ou importação de bens e serviços prejudiciais à saúde ou ao meio ambiente (art. 153, VIII, CF/88); d) novos impostos não previstos para a União, ditos *impostos residuais* (art. 154, I, CF/88); e) imposto sobre bens e serviços (IBS) de competência compartilhada entre Estados, Distrito Federal e Municípios (art. 156-A, CF/88); f) contribuição sobre bens e serviços – CBS (art. 195, V, CF/88); g) novas contribuições sociais de seguridade social não previstas na Constituição (art. 195, § 4º, CF/88).

Portanto, a Constituição estabelece no art. 146 as matérias tributárias reservadas à lei complementar. Não há, como já dito, em nosso entendimento, hierarquia entre lei complementar e lei ordinária, mas tão somente *reserva de competência* ou *reserva de matéria*.

Ressalte-se que o tributo criado por lei ordinária poderá ser alterado por lei complementar, mas o inverso nem sempre será possível, caso se esteja diante de uma matéria reservada constitucionalmente a essa espécie normativa. Entretanto, se uma lei complementar regular, no todo ou em parte, matéria que não lhe seja reservada, aí sim poderá uma lei ordinária alterar tais dispositivos.[7]

---

5   DEL VECCHIO, Giorgio. *Lições de filosofia do direito*. Tradução de António José Brandão. 4.ed. Coimbra: Arménio Amado, 1972, v. 2. p. 148.

6   MACHADO, Hugo de Brito. *Curso de direito tributário*. 34. ed. São Paulo: Malheiros, 2013. p. 79.

7   STF. RE 377.457 (repercussão geral), Rel. Min. Gilmar Mendes, Pleno, julg. 17/09/2008: "Inexistência de relação hierárquica entre lei ordinária e lei complementar. Questão exclusivamente constitucional, relacionada à distribuição material entre as espécies legais. [...]. 4. A LC 70/91 é apenas formalmente

Quanto à possibilidade de **Medida Provisória** (MP) criar ou majorar tributos, a Emenda Constitucional nº 32/2001 debelou as dúvidas, ao inserir no § 2º do art. 62 da Constituição a previsão expressa de cabimento de MP para instituir ou majorar impostos, exceto os previstos nos arts. 153, I, II, IV, V, e 154, II. No âmbito do STF, a discussão encontra-se superada, pois a Suprema Corte brasileira, em diversos precedentes (ADI 1.417-MC; ADI 1.667-MC; RE 700.160 AgR; RE 636.319 AgR; AI 623.157 AgR) já se manifestou pela possibilidade de que uma MP, por *possuir força de lei*, crie ou majore tributo, desde que tal tributo não se submeta à reserva de lei complementar, uma vez que as MPs não podem versar sobre matéria reservada à lei complementar (art. 62, § 1º, III).

Entretanto, não se pode esquecer de que a lei das leis é a Constituição, e a primeira e principal fonte do Direito Tributário é a própria **Constituição Federal**, que está no topo da hierarquia das fontes, podendo assim ser organizada em temas de finanças públicas: a) Constituição Tributária: arts. 145 a 156-B e 195; b) Constituição Financeira: arts. 70 a 75 e 157 a 164-A; c) Constituição Orçamentária: arts. 165 a 169.

Outras duas importantes fontes normativas em matéria tributária são os tratados e os decretos. Os **tratados internacionais** significam qualquer acordo internacional, e sua aplicação em matéria tributária, que é regida pelo art. 98 do CTN, será melhor explanada no capítulo referente à tributação internacional. O **decreto**, por sua vez, é o ato baixado pelo chefe do Poder Executivo para a regulamentação da lei, tratando dos detalhes nela omitidos, muito utilizado para estabelecer as obrigações acessórias tributárias.

Temos, ainda, outras fontes normativas tributárias, de uso mais restrito. A **lei delegada** é o ato normativo, do Poder Executivo, em forma de lei, por delegação do Legislativo em casos de emergência. O **decreto legislativo** é o ato emanado do Congresso Nacional, aprovando Tratados, Atos ou Convenções internacionais firmados pelo Presidente da República. E a **resolução** é a deliberação que o Poder Legislativo toma fora do processo de elaboração das leis, embora com força de lei. Entre estas, cabe dar ênfase às **Resoluções do Senado Federal** que tratam de alíquotas máximas e mínimas de alguns impostos.

Os **atos normativos** expedidos pelas autoridades administrativas sobre matéria tributária apresentam caráter infralegal, tais como circulares, ordens de serviço, portarias, instruções etc., e objetivam, além de dar orientação geral aos contribuintes, instruir os funcionários públicos do Fisco. As **decisões administrativas** são aquelas emanadas de órgãos singulares ou coletivos de julgamento administrativo, como decisões dos Conselhos de Contribuintes, CARF etc. Contudo, apenas são reputadas normas complementares quando a lei lhes atribua eficácia normativa, vinculando o Fisco. Os **usos e costumes** são as práticas reiteradamente observadas pelas autoridades, sobretudo na interpretação das normas tributárias, mas não podendo se opor ao expressamente disposto na legislação tributária. E, finalmente, os **convênios** são os acordos que entre si celebram a União, Estados e Municípios com finalidades tributárias.

A palavra **doutrina**, por sua vez, deriva do verbo latino *docere* (ensinar), e resulta das pesquisas e estudos dos pensadores, juristas e filósofos do Direito. Surgida de forma sistemática em Roma, com a *interpretatio prudentium*, em que os jurisconsultos romanos encarregavam-se de preencher as lacunas das leis, e a *responsa prudentium*, em que os jurisconsultos tinham a

---

complementar, mas materialmente ordinária, com relação aos dispositivos concernentes à contribuição social por ela instituída. ADC 1, Rel. Moreira Alves, RTJ 156/721". No mesmo sentido: STJ. REsp 826.428 (recurso repetitivo), Rel. Min. Luiz Fux, 1ª Seção, julg. 09/06/2010.

Parte II · Cap. 5 · FONTES DO DIREITO TRIBUTÁRIO | **147**

tarefa de responder as consultas que lhes eram formuladas, quer fossem escritas ou orais. Tem por objeto o Direito como um todo – seus institutos, princípios e normas – e é desenvolvida pela análise, interpretação, classificação, crítica e aplicação dos seus elementos de maneira sistematizada e científica. Embora desprovida de função vinculante, possui importância fundamental para o Direito na elaboração das normas, sua interpretação e aplicação, inclusive no julgamento pelos magistrados. Assim, para Paulo Nader,[8] "a doutrina ou Direito Científico, compõe-se de estudos e teorias, desenvolvidas por juristas, com o objetivo de sistematizar e interpretar as normas vigentes e de conhecer novos institutos jurídicos". Pode-se afirmar, portanto, que a doutrina jurídica é instrumento fundamental para a construção do Direito.

O **costume** é habitualmente definido como a prática reiterada, constante e uniforme de determinada conduta, não vedada em lei, pelos integrantes de uma sociedade. Lembra José Cretella Jr.[9] que o "costume (*consuetudo, mores maiorum*) é o uso repetido e prolongado de norma jurídica tradicional, jamais proclamada solenemente pelo Poder Legislativo". Diz-se que o costume é formado por dois elementos: o *corpus* e o *animus*. O *corpus* é a prática constante; o *animus* é a convicção da obrigatoriedade dessa prática. Sua vinculação é restrita e depende do seu reconhecimento a partir do modelo jurídico e do ambiente jusfilosófico em que se está inserido. Neste sentido, registra Mario G. Losano,[10] "*os direitos codificados tendem a transcurar o costume jurídico, porque este tem atualmente um peso muito limitado nos sistemas dirigidos por leis escritas, gerais e abstratas*".

Por fim, cabe registrar que em um Estado de Direito, por força da segurança jurídica, as práticas reiteradas e os costumes consolidados adotados pela Administração Tributária em um determinado período de tempo indicam para o contribuinte que há uma situação de estabilidade, confiabilidade e previsibilidade, tornando aquele determinado comportamento uma modalidade atípica de fonte de direito, ainda que de forma temporária e limitada. Neste contexto, as teorias da *proteção da confiança legítima* e da *boa-fé* justificam a preservação de direitos do contribuinte contra inopinadas mudanças comportamentais ou atitudes contraditórias (representadas pelo brocardo latino *venire contra factum proprium*).

Nesse sentido, lembramos da célebre frase de Geraldo Ataliba[11] ao afirmar que: "O Estado não surpreende seus cidadãos; não adota decisões inopinadas que os aflijam".

5.3. JURISPRUDÊNCIA TRIBUTÁRIA

Hoje podemos considerar uma nova fonte do direito: a **jurisprudência**. Originariamente, o vocábulo deriva do latim *jurisprudentia*, resultado da composição de *juris* (genitivo latino de *jus*, significando "do Direito, relativo ao Direito") e de *prudentia* (sabedoria, conhecimento prático, proficiência). Segundo De Plácido e Silva,[12] trata-se da *ciência do Direito vista com sabedoria*, ou o *Direito aplicado com sabedoria*. No Direito Romano, os juristas ou jurisprudentes romanos tinham a função de interpretar as normas jurídicas e preencher-lhes as lacunas (*interpretatio*

---

8   NADER, Paulo. *Introdução ao estudo do direito*. 31. ed. Rio de Janeiro: Forense, 2009. p. 181.

9   CRETELLA JR., José. *Curso de direito romano*. 20. ed. Rio de Janeiro: Forense, 1997. p. 36.

10 LOSANO, Mario G. *Os grandes sistemas jurídicos*: introdução aos sistemas jurídicos europeus e extra-europeus. São Paulo: Martins Fontes, 2007. p. 317.

11 ATALIBA, Geraldo. Anterioridade da lei tributária, segurança do direito e iniciativa privada. *in Revista de Direito Mercantil, Industrial, Econômico e Financeiro*, n. 50. São Paulo: RT, 1983. p. 16.

12 SILVA, De Plácido e. *Vocabulário jurídico*. Atualizadores Nagib Slaibi Filho e Glaucia Carvalho. 28. ed. Rio de Janeiro: Forense, 2010. p. 806.

prudentium ou *interpretatio iuris*). Na lição de Alexandre Correia e Gaetano Sciascia, a interpretação dada pelos juristas romanos tinha natureza de fonte do direito, pois

> [...] desenvolve e adapta o direito existente às necessidades sociais, que continuamente se apresentam e transformam criando novo direito. Os juristas são chamados *iuris auctores* [autores do direito] e *iuris conditores* [fundadores do direito]; de alguns se diz que *fundaverunt ius civile* [fundaram o direito dos cidadãos romanos].[13]

Na esteira da acepção colhida do Direito Romano, a expressão *jurisprudência*, conforme indica o jurista Miguel Reale,[14] poderia ser tomada, em um de seus significados, como sinônima de *Ciência do Direito*. Mas o mesmo Miguel Reale,[15] em obra diversa, esclarece uma outra possibilidade semântica do termo: "Pela palavra 'jurisprudência' *(stricto sensu)* devemos entender a forma de revelação do direito que se processa através do exercício da jurisdição, em virtude de uma sucessão harmônica de decisões dos tribunais". E complementa:

> [...] o Direito jurisprudencial não se forma através de uma ou três sentenças, mas exige uma série de julgados que guardem, entre si, uma linha essencial de continuidade e coerência. Para que se possa falar em jurisprudência de um Tribunal, é necessário certo número de decisões que coincidam quanto à substância das questões objeto de seu pronunciamento.

Em inglês, o vocábulo jurisprudência também pode ser sinônimo da matéria conhecida no Brasil como "Filosofia do Direito", isto é, a reflexão filosófica sobre o Direito distinta do estudo das normas de direito positivo e de seus diversos ramos. É o caso do uso do inglês *Jurisprudence* para designar a cadeira de Filosofia do Direito, bastante comum em faculdades norte-americanas (sinônimos possíveis para *Jurisprudence,* tomada como Filosofia do Direito, são *Legal Philosophy* ou *Legal Theory*).[16]

As explanações anteriores indicam que o uso da palavra jurisprudência tem sofrido variações semânticas ao longo da História. Hoje, entretanto, o seu sentido mais corriqueiro em língua portuguesa é o de *conjunto de decisões judiciais de tribunais sobre determinado assunto, em um mesmo sentido, tomadas de maneira reiterada, sucessiva e uniforme.*

Por jurisprudência, entende Orlando Gomes[17] "o conjunto de decisões dos tribunais sobre as matérias de sua competência ou uma série de julgados similares sobre a mesma matéria. Para Maria Helena Diniz,[18]

> [...] a Jurisprudência é o conjunto de decisões uniformes e constantes dos tribunais, resultante da aplicação de normas a casos semelhantes constituindo uma norma geral aplicável a toda as hipóteses similares e idênticas. É o conjunto de normas emanadas dos juízes em sua atividade jurisdicional.

---

[13] CORREIA, Alexandre; SCIASCIA, Gaetano. *Manual de direito romano*. 5. ed. Estado da Guanabara: Freitas Bastos, 1969. p. 27.

[14] REALE, Miguel. *Introdução à filosofia*. 4. ed. São Paulo: Saraiva, 2007. p. 68.

[15] REALE, Miguel. *Lições preliminares de direito*. 27. ed. São Paulo: Saraiva, 2004. p. 167.

[16] Contudo, em língua inglesa, também é possível utilizar a palavra *Jurisprudence* como *Ciência do Direito*. É o que faz a Universidade de Oxford, que denomina seu curso de Direito como *Law* ou *Jurisprudence*.

[17] GOMES, Orlando. *Contratos*. 6. ed. Rio de Janeiro: Forense, 1977. p. 53.

[18] DINIZ, Maria Helena. *Compêndio de introdução à ciência do direito*. 5. ed. São Paulo: Saraiva, 1993. p. 290.

Parte II · Cap. 5 · FONTES DO DIREITO TRIBUTÁRIO | **149**

Por sua vez, para Lenio Streck,[19] jurisprudência possui o seguinte significado: "conjunto de sentenças dos tribunais, abrangendo jurisprudência uniforme e contraditória".

Segundo Cristiano Chaves e Nelson Rosenvald, a jurisprudência consubstancia o conjunto de decisões judiciais proferidas em determinado sentido, afirmando a existência de uma linha de orientação sobre certos temas. Pressupõe dois elementos: o conhecimento do Direito (pelos aplicadores) e sua aplicabilidade no caso concreto. Para tais autores, após o advento da Emenda Constitucional nº 45, a jurisprudência ganhou especial importância, podendo vincular a decisão do juiz de primeiro grau de jurisdição,[20] no que se convencionou chamar *jurisprudência com efeito vinculante*.[21]

Conforme o Catedrático da Universidade Complutense de Madrid, Manuel Albaladejo,[22] constitui jurisprudência o modo reiterado e habitual de decidir uma questão. Nas lições de Paulo Nader,[23] "a jurisprudência constitui a definição do Direito elaborada pelos tribunais".

Por sua vez, Dimitri Dimoulis,[24] ao conceituar jurisprudência como "uma importante fonte do direito, já que permite resolver dúvidas jurídicas e pacificar conflitos sociais", estabelece a distinção de três figuras tradicionais de decisões do Poder Judiciário: a) *decisão isolada*: decisão final para um caso concreto; b) *jurisprudência assentada*: decisões uniformes, provenientes de vários tribunais, influenciando casos semelhantes para que sejam decididos da mesma forma no futuro; c) *súmulas*: proposições firmadas sobre a interpretação do direito que resultam de uma jurisprudência assentada no tribunal sobre temas controvertidos, formalizando as teses adotadas pelo tribunal.

Também o argentino Jorge Llambías[25] admite que a jurisprudência seja fonte formal do direito quando o ordenamento lhe confere qualidade de norma jurídica, ou seja, quando assume contornos vinculantes.

Hoje, o juiz deixa a sua função passiva de mero aplicador de códigos, leis e regras, para se tornar um intérprete ativo do Direito, atividade desempenhada com base nos nobres valores do Estado de Direito moderno, permitindo que a jurisprudência adquira significativa relevância e função, não apenas na seara processual para dirimir uma controvérsia específica, mas também para estabelecer um precedente vinculante, com reflexos na própria vida em sociedade.

E o Código de Processo Civil de 2015 (Lei nº 13.105/2015), através do seu art. 927, traz em seu texto um claro e inequívoco comando aos juízes e Tribunais para observarem: I – as decisões do Supremo Tribunal Federal em controle concentrado de constitucionalidade; II – os enunciados de súmula vinculante; III – os acórdãos em incidente de assunção de competência ou de resolução de demandas repetitivas e em julgamento de recursos extraordinário e especial

---

[19] STRECK, Lenio Luiz. *Súmulas no direito brasileiro*: eficácia, poder e função. Porto Alegre: Livraria do Advogado, 1998. p. 83.

[20] Referência feita à Súmula Vinculante, apenas.

[21] FARIAS, Cristiano Chaves de; ROSENVALD, Nelson. *Curso de direito civil*. 10. ed. Salvador: JusPodivm, 2012. Vol. 1. p. 108.

[22] ALBALADEJO, Manuel. *Derecho civil I*: introducción y parte general. 15. ed. Barcelona: Bosch, 2002. p. 128.

[23] NADER, Paulo. *Introdução ao estudo do direito*. 31. ed. Rio de Janeiro: Forense, 2009. p. 172.

[24] DIMOULIS, Dimitri. *Manual de introdução ao estudo do direito*. 4. ed. São Paulo: Revista dos Tribunais, 2011. p. 177-179.

[25] LLAMBÍAS, Jorge Joaquín. *Tratado de derecho civil*: parte general. Tomo I. 16. ed. Buenos Aires: Perrot, 1995. p. 80.

repetitivos; IV – os enunciados das súmulas do Supremo Tribunal Federal em matéria constitucional e do Superior Tribunal de Justiça em matéria infraconstitucional; V – a orientação do plenário ou do órgão especial aos quais estiverem vinculados.

Ademais, para conferir estabilidade e solidez à jurisprudência firmada, inclusive com a adoção do mecanismo de modulação, o novo Código estabelece que a alteração de tese jurídica adotada em enunciado de súmula ou em julgamento de casos repetitivos poderá ser precedida de audiências públicas e da participação de pessoas, órgãos ou entidades que possam contribuir para a rediscussão da tese (§ 2º, art. 927), e, na hipótese de alteração de jurisprudência dominante do Supremo Tribunal Federal e dos tribunais superiores, ou daquela oriunda de julgamento de casos repetitivos, pode haver modulação dos efeitos da alteração no interesse social e no da segurança jurídica (§ 3º, art. 927), sendo certo que a modificação de enunciado de súmula, de jurisprudência pacificada ou da tese adotada em julgamento de casos repetitivos observará a necessidade de fundamentação adequada e específica, considerando os princípios da segurança jurídica, da proteção da confiança e da isonomia (§ 4º, art. 927).

O instituto da Repercussão Geral é previsto no art. 1.035 do CPC de 2015, de maneira similar ao texto anterior do art. 543-A, *caput*, ao estabelecer que o Supremo Tribunal Federal, em decisão irrecorrível, não conhecerá do recurso extraordinário, quando a questão constitucional nele versada não oferecer repercussão geral. Segundo o atual Código, amplia-se o rol de hipóteses, ao prever que necessariamente haverá repercussão geral sempre que o recurso: I – impugnar decisão contrária a súmula ou precedente do Supremo Tribunal Federal; II – questionar decisão que tenha reconhecido a inconstitucionalidade de tratado ou lei federal, nos termos do art. 97 da Constituição Federal.

Por sua vez, o mecanismo de julgamento do Recurso Extraordinário e Especial Repetitivos, previstos separadamente nos antigos arts. 543-B e 543-C do CPC/1973, vem agora consagrado de maneira unificada no art. 1.036 e seguintes do CPC de 2015.

Vê-se, portanto, que o texto e o espírito do atual Código de Processo Civil (Lei nº 13.105/2015) não apenas dão continuidade ao processo de potencialização da força vinculante da jurisprudência, que já vinha ocorrendo nos últimos anos na esteira da sua ascensão à categoria de fonte primária do Direito, mas o aperfeiçoam.

E a jurisprudência no Direito Tributário tem hoje em dia um papel de destaque, uma vez que parte expressiva das Súmulas Vinculantes, Repercussões Gerais e Recursos Repetitivos firmados pelos nossos Tribunais Superiores são em matéria tributária.

Capítulo 6

VIGÊNCIA, EFICÁCIA, APLICAÇÃO E INTERPRETAÇÃO DO DIREITO TRIBUTÁRIO

6.1. VIGÊNCIA, EFICÁCIA E APLICAÇÃO DA LEGISLAÇÃO TRIBUTÁRIA

O termo "**vigência**" se refere à inclusão de uma norma no ordenamento jurídico e à sua propriedade de ser válida e poder produzir efeitos, o que pode se iniciar na sua publicação ou no final do prazo de *vacatio legis* e terminar com a sua revogação.

Portanto, "vigência é aquele atributo da lei que lhe confere plena disponibilidade para sua aplicação", afirmava didaticamente Celso Ribeiro Bastos.[1] Com igual clareza, Hugo de Brito Machado[2] assevera que "se a lei é vigente e ocorre a situação nela prevista como hipótese de incidência, inevitavelmente incide. A incidência é automática".

Segundo a Lei de Introdução às Normas do Direito Brasileiro,[3] salvo disposição contrária, a lei começa a vigorar em todo o país 45 dias depois de oficialmente publicada, sendo certo que, não se destinando à vigência temporária, a lei terá vigor até que outra a modifique ou revogue. A lei em vigor terá efeito imediato e geral. A propósito, esclarece Luciano Amaro:[4]

> Lei em vigor é aquela que é suscetível de aplicação, desde que se façam presentes os fatos que correspondam à sua hipótese de incidência. Essa possibilidade de aplicação supõe que a norma tenha sido validamente editada, isto é, que tenha atendido ao ritual previsto para sua elaboração e obedecido aos demais limites formais e materiais que balizam o processo legislativo.

Dada a especialidade do Direito Tributário, o CTN apresenta regras próprias para o tema. Neste sentido é que prescreve o art. 101 que "a vigência, no espaço e no tempo, da legislação tributária rege-se pelas disposições legais aplicáveis às normas jurídicas em geral, ressalvado o previsto neste Capítulo".

Quanto à *vigência no espaço*, o art. 102 do CTN estabelece que a norma tributária, seja ela federal, estadual, distrital ou municipal, terá vigência no território de sua competência para os fatos de natureza tributária que neles ocorrerem (domicílio, local da situação dos bens ou de sua produção), sendo dotada de extraterritorialidade quando houver um dispositivo normativo para tanto, tais como os convênios ou mesmo tratados internacionais. Assim, como esclarece Leandro

---

[1]   BASTOS, Celso Ribeiro. *Curso de direito financeiro e de direito tributário*. 5. ed. São Paulo: Saraiva, 1997. p. 127.

[2]   MACHADO, Hugo de Brito. *Curso de direito tributário*. 34. ed. São Paulo: Malheiros, 2013. p. 92.

[3]   Decreto-Lei nº 4.657/1942, com redação dada pela Lei nº 12.376/2010.

[4]   AMARO, Luciano. *Direito tributário brasileiro*. 18. ed. São Paulo: Saraiva, 2012. p. 193.

Paulsen[5] sobre a *extraterritorialidade* da legislação tributária, "o aspecto espacial das normas tributárias corresponde ao território da pessoa política instituidora. Apenas excepcionalmente se poderá ter situação diferente, conforme prevê o artigo em questão".

Ainda, conforme o art. 103, salvo disposição em contrário, entram em vigor: I – os atos administrativos expedidos pelas autoridades administrativas, na data da sua publicação; II – as decisões com eficácia normativa dos órgãos de jurisdição administrativa, 30 dias após a data da sua publicação; III – os convênios celebrados entre a União, os Estados, o Distrito Federal e os Municípios, na data neles prevista.

Em Direito Tributário, é relevante distinguir, todavia, a *vigência* da *eficácia*, pois sendo esta o poder de produzir efeitos, tal atributo pode ser obstado por determinadas razões. Assim, sendo aplicável ao tributo o *princípio da anterioridade*, seja este na modalidade *ordinária* (em primeiro de janeiro do ano subsequente da publicação), *nonagesimal* (a contar de 90 dias da publicação em qualquer época do ano) ou *plena* (90 dias calculados acumuladamente com o início do ano subsequente da publicação), a vigência da norma será plena (pois já estará validamente inserida no ordenamento jurídico), mas a sua eficácia dependerá do atendimento ao referido princípio, impedindo a realização do fato gerador previsto na norma. Neste caso, não ocorrerá a "**eficácia imediata**" (que somente ocorre quando não lhe é aplicável o princípio da anterioridade), mas sim o que muitos chamam de "**eficácia diferida**" (após o cumprimento do princípio da anterioridade).

Já o termo "**eficácia suspensa**" indica o efeito deflagrado sobre uma norma jurídica pela entrada em vigor de um tratado internacional com ela conflitante, após o ingresso do tratado no ordenamento jurídico brasileiro por sua aprovação no Congresso Nacional. Haveria, assim, apenas uma suspensão da eficácia da norma anterior enquanto perdurar o tratado e, quando este fosse denunciado, a norma voltaria a produzir seus efeitos.

Há também a expressão "**eficácia prorrogada**", que se dá quando a norma, mesmo revogada, continua a produzir efeitos normativos, como ocorre com o lançamento de um tributo, que será regido pelas normas vigentes à época do fato gerador, conforme estabelece o art. 144, *caput*, do CTN. Portanto, mesmo que a norma já esteja revogada, o lançamento de um tributo utilizará a lei vigente ao momento do seu fato gerador, já que o citado dispositivo expressamente estabelece que "o lançamento reporta-se à data da ocorrência do fato gerador da obrigação e rege-se pela lei então vigente, ainda que posteriormente modificada ou revogada".

Ainda, temos o caso da "**retroeficácia**", que se opera por meio da **lei interpretativa** (art. 106, I do CTN), dado o seu caráter meramente declaratório; da norma penal tributária de natureza benigna, na forma do inciso II do citado art. 106; e do § 1º do art. 144 do CTN, que determina aplicar-se ao lançamento a legislação que, posteriormente à ocorrência do fato gerador da obrigação, tenha instituído novos critérios de apuração ou processos de fiscalização, ampliado os poderes de investigação das autoridades administrativas,[6] ou outorgado ao crédito maiores

---

[5]   PAULSEN, Leandro. *Direito tributário*: Constituição e Código Tributário à luz da doutrina e da jurisprudência. 16. ed. Porto Alegre: Livraria do Advogado, 2014. p. 956.

[6]   STF. RE 601.314 (repercussão geral), Rel. Min. Edson Fachin, Pleno, julg. 24/02/2016: "Requisição de informação da Receita Federal às instituições financeiras. Art. 6º da Lei Complementar 105/01. Mecanismos fiscalizatórios. Apuração de créditos relativos a tributos distintos da CPMF. Princípio da irretroatividade da norma tributária. Lei 10.174/01. [...] *Tese*: A Lei 10.174/01 não atrai a aplicação do princípio da irretroatividade das leis tributárias, tendo em vista o caráter instrumental da norma, nos termos do artigo 144, § 1º, do CTN".

Parte II • Cap. 6 • VIGÊNCIA, EFICÁCIA, APLICAÇÃO E INTERPRETAÇÃO DO DIREITO TRIBUTÁRIO | 153

garantias ou privilégios, exceto, neste último caso, para o efeito de atribuir responsabilidade tributária a terceiros.

Tais hipóteses são bem representadas pelas palavras de Regina Helena Costa,[7] que afirma:

> Vigência é a aptidão de uma norma para qualificar fatos, desencadeando seus efeitos de direito. Uma lei está em vigor quando idônea a incidir sobre situações fáticas, gerando consequências jurídicas. Releva destacar que a vigência, assim compreendida, não pode ser confundida com a eficácia, que é a aptidão de uma norma para produzir efeitos na ordem jurídica. Tais atributos normativos, que usualmente andam juntos, podem existir separadamente. Desse modo, uma norma pode ser vigente e não eficaz, como acontece com aquela que aumenta tributo sujeito à observância dos princípios da anterioridade da lei tributária, pois sua eficácia está diferida para 1º de janeiro do exercício seguinte ao qual foi publicada, observado o decurso de noventa dias (art. 150, III, *b* e *c*, CR). Outrossim, uma norma pode ser eficaz mas não mais vigente, como acontece na hipótese de aplicação, para efeito de lançamento, da lei que se encontrava em vigor à época da ocorrência do fato gerador da obrigação, ainda que posteriormente revogada (art. 144, *caput*, CTN).

Quanto à **aplicação** das normas tributárias já vigentes, esta envolve o processo de *subsunção* dos fatos (reais e concretos) à hipótese legal (abstrata e impessoal) contida na norma jurídica. Assim, ocorrendo o fato previsto na norma, realiza-se o processo de subsunção para obter os efeitos legais pretendidos pelo legislador. Neste sentido, explica Maria Helena Diniz:[8]

> O momento da aplicação da norma é característico do direito positivo. Isto porque as normas positivas existem, fundamentalmente, para serem aplicadas.
>
> A norma contém, em si, uma generalidade, procede por abstração, fixando tipos, referindo-se a uma série de casos indefinidos e não a pessoas determinadas ou relações individualmente consideradas, ou seja, a casos concretos. De modo que essa abstração de normas, em virtude de seu processo generalizante, implica seu afastamento da realidade, surgindo uma oposição entre normas jurídicas e fatos. [...] A aplicação do direito, dessa forma concebida, denomina-se *subsunção*.

Na forma do art. 105 do Código Tributário Nacional, "a legislação tributária aplica-se imediatamente aos fatos geradores futuros e aos pendentes, assim entendidos aqueles cuja ocorrência tenha tido início, mas não esteja completa, nos termos do art. 116". Este dispositivo consagra a regra geral da irretroatividade da norma tributária quanto aos fatos geradores, apenas alcançando aqueles ocorridos no futuro ou aqueles que ainda não se tornaram completos (ressalvando-se as exceções de retroeficácia da legislação tributária).

Tal artigo, interpretado *contrario sensu*, explicita que os fatos geradores ocorridos no passado continuarão a ser regidos pela legislação em vigor na época, exegese que é corroborada pela literalidade do art. 144, *caput*, CTN: "O lançamento reporta-se à data da ocorrência do fato gerador da obrigação e rege-se pela lei então vigente, ainda que posteriormente modificada ou revogada".

Por outro lado, o art. 105 também define o fato gerador pendente, entendido como aquele cuja ocorrência tenha tido início mas não esteja finalizada, remetendo ao art. 116 para a determinação

---

[7] COSTA, Regina Helena. *Curso de direito tributário*: Constituição e Código Tributário Nacional. 4. ed. São Paulo: Saraiva, 2014. p. 155.

[8] DINIZ, Maria Helena. *Curso de direito civil brasileiro*. 29. ed. São Paulo: Saraiva, 2012. p. 75.

de quando se completa o fato gerador pendente. Nos termos do art. 116 do CTN,[9] considera-se ocorrido o fato gerador e existentes os seus efeitos quando: I – tratando-se de situação de fato, desde o momento em que se verifiquem as circunstâncias materiais necessárias a que produza os efeitos que normalmente lhe são próprios (tal como a saída da mercadoria do estabelecimento comercial para ensejar a incidência do ICMS); II – tratando-se de situação jurídica, desde o momento em que esteja definitivamente constituída, nos termos de direito aplicável (tal como a aquisição da propriedade imobiliária pelo registro para que ocorra o fato gerador do ITBI).

O exemplo clássico na jurisprudência (embora hoje já superado) de fato gerador pendente era aquele do Imposto de Renda (IR), por se tratar, no entendimento tradicional do STF, de um fato gerador complexo ou complexivo, isto é, cuja ocorrência somente se reputaria completa ao final de um período de apuração (no caso do Imposto de Renda, o período é anual). Assim, o fato gerador do IR iniciava-se em 1º de janeiro e se consumava apenas à meia-noite do dia 31 de dezembro. Na visão clássica do STF, até que se encerrasse o ano em 31 de dezembro, o fato gerador do IR para aquele período de apuração não estaria completo, mas sim pendente. A Corte Suprema aplicava sua Súmula nº 584 ("Ao imposto de renda calculado sobre os rendimentos do ano-base, aplica-se a lei vigente no exercício financeiro em que deve ser apresentada a declaração"), de modo que a publicação de uma nova lei sobre o fato gerador do IR (por exemplo, aumento de alíquota), ainda que no final de dezembro, poderia alcançar todo o ano que ainda estava em curso e que se encerrava, pois o fato gerador estaria incompleto.

Havia diversas críticas doutrinárias a este entendimento,[10] as quais acabaram sendo vitoriosas, pois o Pleno do STF, no RE 159.180 (22/06/2020), mudou seu posicionamento, cancelando a Súmula nº 584 por entender que ela consagrava uma violação ao princípio constitucional da irretroatividade tributária, ao alcançar fatos geradores do ano anterior.[11] Assim, a partir de então, leis que alterem as alíquotas do IR durante o ano-base só terão eficácia no exercício financeiro seguinte (por exemplo, uma alteração de alíquota de IRPF no ano de 2021 só poderá ser aplicada a fatos geradores ocorridos a partir de 2022, cuja declaração de ajuste anual somente será apresentada em 2023).

Quanto à *aplicação retroativa da lei tributária*, que excepciona a regra geral do art. 105 do CTN de que as leis tributárias dispõem apenas para o futuro, o Código Tributário Nacional admite-a em duas hipóteses: a) nas *leis tributárias interpretativas propriamente ditas* (art. 106, I, CTN) e b) nas *leis tributárias punitivas benévolas* (art. 106, II, CTN).

Em primeiro lugar, quando uma lei for expressamente interpretativa (art. 106, I, CTN), apenas busca sanar dúvidas em sua aplicação por meio de esclarecimento oriundo do próprio Poder Legislativo, naquilo que se convencionou chamar classicamente de "interpretação autêntica" (isto é, aquela dada pelo próprio órgão responsável pela aprovação da lei).

Nesse caso, a norma interpretativa propriamente dita não traz inovações, razão pela qual não seria necessário vedar a retroatividade. Por outro lado, deve-se ter bastante atenção para que, sob o rótulo de leis meramente interpretativas, não se introduzam normas que veiculam

---

[9] A análise mais detalhada do art. 116, CTN é feita no capítulo VII, dedicado à "Obrigação Tributária", na seção 7.4 (parte referente ao aspecto temporal do fato gerador).

[10] "Na verdade, aplicar a lei que entrou em vigor no último dia do ano aos rendimentos auferidos durante todo o ano é indiscutivelmente aplicar a lei retroativamente. Não é razoável admitir a idéia de que o fato gerador, enquanto não se completa, pode ser redefinido por lei nova, ainda que apenas em seu aspecto dimensível, vale dizer, nos elementos base de cálculo e alíquota". (MACHADO, Hugo de Brito. *Comentários ao Código Tributário Nacional*. São Paulo: Atlas, 2004. Vol. II. p. 159).

[11] STF. RE 159.180, Rel. Min. Marco Aurélio, Pleno, julg. 22/06/2020.

Parte II · Cap. 6 · VIGÊNCIA, EFICÁCIA, APLICAÇÃO E INTERPRETAÇÃO DO DIREITO TRIBUTÁRIO | **155**

verdadeiras inovações, às quais devem naturalmente se submeter ao princípio da irretroatividade.[12] Além disso, a parte final do art. 106, I, do CTN estabelece que não se admite "a aplicação de penalidade à infração dos dispositivos interpretados", acautelando contra o uso da lei interpretativa para punir o contribuinte.

Quanto ao art. 106, II, do CTN, este determina três hipóteses em que a nova lei tributária poderá retroagir em matéria punitiva, desde que envolva um ato não definitivamente julgado e que consagre uma situação mais benéfica ao contribuinte – retroatividade *in bonam partem*. Trata-se da consagração do conhecido *princípio penal da retroatividade da lei penal mais benéfica (lex mitior)*.

Por "ato não definitivamente julgado" entenda-se aquele em que ainda está em curso o julgamento administrativo-tributário ou judicial de uma impugnação que conteste a ocorrência de um ilícito tributário.

A primeira hipótese é aquela prevista no art. 106, II, "a", do CTN, que permite a retroação da nova lei tributária quando esta deixa de definir o ato ainda não definitivamente julgado como infração. Ora, nessa situação, seja em sede administrativa ou judicial, deve imediatamente o julgador reconhecer (até mesmo de ofício) que a pena para uma infração ocorrida no passado, mas que agora se tornou inexistente, já não pode ser aplicada.

A segunda hipótese é a prevista no art. 106, II, "b", do CTN, autorizando a retroação da nova lei tributária quando esta deixar de tratar o ato ainda não definitivamente julgado como contrário a qualquer exigência de ação ou omissão, desde que não tenha sido fraudulento e não tenha implicado falta de pagamento de tributo.

Seria o exemplo de uma obrigação acessória que estabelecia a necessidade de entrega de certa informação e que fora descumprida, tendo a lei nova suprimido a obrigatoriedade dessa entrega. Assim, insubsistente agora a exigência, não será o contribuinte punido pelo descumprimento de uma obrigação hoje inexistente.[13]

Contudo, se a ação ou omissão foram comprovadamente fraudulentas ou redundaram no não pagamento de um tributo, a parte final da norma não autoriza a aplicação retroativa para liberar o contribuinte da penalidade.

---

[12] STF. RE 566.621 (repercussão geral), Rel Min. Ellen Gracie, Pleno, julg. 04/08/2011: "Quando do advento da LC 118/05, estava consolidada a orientação da Primeira Seção do STJ no sentido de que, para os tributos sujeitos a lançamento por homologação, o prazo para repetição ou compensação de indébito era de 10 anos contados do seu fato gerador, tendo em conta a aplicação combinada dos arts. 150, § 4º, 156, VII, e 168, I, do CTN. A LC 118/05, embora tenha se autoproclamado interpretativa, implicou inovação normativa, tendo reduzido o prazo de 10 anos contados do fato gerador para 5 anos contados do pagamento indevido. Lei supostamente interpretativa que, em verdade, inova no mundo jurídico deve ser considerada como lei nova. [...] Reconhecida a inconstitucionalidade do art. 4º, segunda parte, da LC 118/05, considerando-se válida a aplicação do novo prazo de 5 anos tão somente às ações ajuizadas após o decurso da *vacatio legis* de 120 dias, ou seja, a partir de 9 de junho de 2005".

[13] O exemplo formulado se trata de uma tentativa de dar uma interpretação razoável ao art. art. 106, II, *b*, do CTN. Este, em sua literalidade, em nada difere da hipótese prevista no art. 106, II, *a*, do CTN: deixar de definir um ato como infração ou deixar de tratá-lo como contrário a qualquer exigência de ação ou omissão se equivalem. A diferença, embora não expressa claramente, parece residir no fato de que, na alínea *b*, se desejava tratar da situação em que a própria exigência de ação ou omissão é suprimida (*e.g.*, supressão da entrega de declaração), e não a pena a ela anexa (a multa por ausência de entrega da declaração). Seja como for, o efeito final será o mesmo. A previsão da parte final da norma de que a ausência da ação ou a presença da omissão "não tenha implicado falta de pagamento de tributo" parece reforçar a tese de que o art. 106, II, *b*, do CTN foi pensado para o descumprimento de obrigações acessórias, enquanto o art. 106, II, *a*, do CTN para o descumprimento de obrigação principal.

156 CURSO DE DIREITO TRIBUTÁRIO BRASILEIRO – *Marcus Abraham*

Por fim, a terceira hipótese, prevista no art. 106, II, c, do CTN, permite a retroação da nova lei tributária quando, tratando-se de ato ainda não definitivamente julgado, comine a ele penalidade menos severa que a prevista na lei vigente ao tempo da sua prática. Não se trata aqui de uma abolição da infração, como na alínea a, mas tão somente de mitigação da pena pelo advento de lei punitiva tributária superveniente mais branda.

6.2. EVOLUÇÃO DA INTERPRETAÇÃO DO DIREITO TRIBUTÁRIO

Por meio da interpretação das normas do Direito Tributário que podemos determinar a forma de cumprimento, pelo contribuinte, de suas obrigações tributárias e os limites de liberdade que lhe restam nas suas atividades pessoais e empresariais que tenham reflexos tributários.

A hermenêutica jurídica sofreu relevantes mutações no final do século XX e início do XXI, trazendo também novos paradigmas para a interpretação do Direito Tributário. Ao superar-se o modelo dogmático-conceitual do positivismo legalista de mera subsunção dos fatos concretos às regras estritas e fechadas de maneira formal e legalista, como um suposto mecanismo garantidor de segurança jurídica, abriu-se caminho para o desenvolvimento de um *pluralismo metodológico*. Este trouxe consigo a revitalização da teoria da argumentação, da retórica e da tópica, com a ênfase na efetividade normativa dos princípios (e sua distinção para com as regras) e sua aplicação ao caso concreto com auxílio da ponderação e da razoabilidade, e com a aproximação entre o direito público e o direito privado, entre a economia e o direito, salientando-se os valores e princípios fundamentais como suporte jurídico para a aplicação das regras. Descortinou-se, assim, um novo ambiente jusfilosófico que permite o soerguimento à categoria de fonte do Direito de outros elementos jurídicos, até então renegados à casta jurídica secundária – entre eles, os princípios e a jurisprudência.

Essa caminhada do pensamento jurídico perpassa a teoria da interpretação: da *jurisprudência dos conceitos*, caracterizada por ser demasiadamente formalista, legalista e conceptualista, passa-se à *jurisprudência dos interesses*, pautada na prevalência teleológica do Direito a partir dos interesses da sociedade. Entretanto, devido aos excessos e abusos de cada uma destas linhas interpretativas, ambas restaram suplantadas pela *jurisprudência dos valores*, em destaque no denominado *pós-positivismo* ou *neoconstitucionalismo*.

Nas últimas décadas, relata Ricardo Lobo Torres,[14] percebem-se intensas transformações na interpretação do direito. Segundo este autor, inúmeros motivos facilitam este processo:

> A abertura de horizontes provocada pela hermenêutica filosófica, a afirmação democrática trazida pela retórica e pelas teorias de argumentação, a recuperação da importância das ideias de liberdade, justiça e segurança, a mudança do paradigma das regras para o dos princípios e valores, tudo isso elevou a teoria de interpretação a um novo patamar. A interação entre direito e economia substitui o reducionismo economicista e o formalismo jurídico, bem como desfaz o corte entre interpretação jurídica e econômica. A interpretação é simultaneamente jurídico-econômica, pois a finalidade econômica vive sempre *sub specie juris*. O pluralismo abre caminho, ainda, para a interação e a harmonia entre os poderes do Estado, com a participação do juiz e do administrador, ao lado do legislador, no processo de concretização do Direito Tributário.

O formalismo jurídico dá lugar ao **pluralismo metodológico** que concede efetividade aos valores sociais constitucionalmente previstos, permitindo ao Estado exercer sua função de

---

[14] TORRES, Ricardo Lobo. *Normas de interpretação do direito tributário*. 2. ed. Rio de Janeiro: Forense, 1994. p. 87 e 91.

Parte II · Cap. 6 · VIGÊNCIA, EFICÁCIA, APLICAÇÃO E INTERPRETAÇÃO DO DIREITO TRIBUTÁRIO | 157

maneira mais equilibrada, balanceando e ponderando seus conceitos sociais e liberais que estão em eterna tensão, através de princípios como os da liberdade e da solidariedade, da autonomia individual e da capacidade contributiva, justiça social e fiscal e segurança jurídica.

E, naturalmente, a atuação do Estado Contemporâneo acompanha em paralelo estas mudanças paradigmáticas, na medida em que a consolidação do Estado Democrático de Direito traz uma reconstrução do relacionamento deste (e suas instituições) com a própria coletividade, revendo também os clássicos conceitos de segurança jurídica e liberdade prevalecentes no Estado Liberal, considerando os efeitos de princípios imanentes ao Estado Social, especialmente o da solidariedade social.

Assinalando a evolução e o aperfeiçoamento dos ideais do *jusnaturalismo* e do *positivismo*, o *pós-positivismo* restitui à esfera normativa, a partir da segunda metade do século XX, os valores, a ética e a especial consideração para com os direitos humanos. Suplanta o positivismo normativo (da jurisprudência dos interesses), devolvendo à ciência jurídica a discussão sobre os valores inerentes à condição humana.

O que se pretende, ao final, é equilibrar os ideais de justiça com os de segurança jurídica e liberdade e, na seara tributária, dotando de força normativa parâmetros fiscais como a capacidade contributiva, a isonomia e a legalidade. Desenvolvem-se também concepções sobre princípios formais de legitimação aos princípios materiais, como a razoabilidade, que atua na hermenêutica para a ponderação de outros princípios, e a proporcionalidade, de natureza objetiva, que se destina ao balanceamento dos valores em questão.

Isto se percebe nas lições de Ricardo Aziz Cretton:[15]

> Em substituição ao modelo dogmático-conceitual, a presença dos referidos princípios da razoabilidade e da proporcionalidade no pensamento hermenêutico reintroduz a retórica e a tópica, como nova racionalidade jurídica. O esgotamento do esquema lógico-formal subsuntivo, baseado em conceitos abstratos, e a redescoberta de recursos interpretativos resgatados das origens históricas do direito, atualizados pela contemporaneidade, oferecem hodiernamente, ao intérprete-aplicador, arsenal de instrumentos mais afeiçoados e aptos à busca do caso concreto. A viragem linguística pós-positivista (e a concomitante crise de paradigmas) renova e inova a hermenêutica jurídica, enriquecida com as correntes filosóficas continentais (Wittgenstein, Austin, Habermas, Rorty, Heidegger, Gadamer, Ricoeur, dentre outros) e anglo-saxônicas (Hart e Dworkin), privilegiando a linguagem, vista não mais como uma terceira coisa que se interpõe entre sujeito e objeto, porém como dimensão imanente e cognoscível da realidade.

E graças a esta nova realidade hermenêutica, o pluralismo metodológico interpretativo permite, de forma equilibrada e fundamentada, a aplicabilidade dos valores e princípios ao ordenamento do Direito Tributário como instrumento de realização de justiça fiscal e social.

6.3. ESCOLAS HERMENÊUTICAS NO JUSNATURALISMO, POSITIVISMO E PÓS-POSITIVISMO

O **jusnaturalismo** racionalista, oriundo do Iluminismo,[16] identificava uma das principais correntes filosóficas do Direito, formada a partir do século XVI. Fundava-se na ideia da exis-

---

[15] CRETTON, Ricardo Aziz. *Os princípios da proporcionalidade e da razoabilidade e sua aplicação no direito tributário.* Rio de Janeiro: Lumen Juris, 2001. p. 77-78.

[16] JUSNATURALISMO [ILUMINISTA]: doutrina filosófico-jurídica que sustenta a existência de normas de direito natural, e por isso mesmo racionais, anteriores a qualquer norma jurídica positiva; elas deveriam constituir o modelo sobre cuja base se deveriam formular as leis positivas e julgar a sua validade. Se bem

tência de um direito natural radicado na natureza humana e cognoscível pela razão do homem com abstração de uma eventual origem divina. Parte da premissa de que o homem possuiria uma série de direitos que decorrem do modo como está constituída sua natureza (daí serem chamados *direitos naturais*), sendo combustível das revoluções liberais e das diversas declarações de direitos do homem (francesa e americana).[17]

Esta corrente concebia os princípios gerais de Direito em forma de "axiomas jurídicos" ou "normas estabelecidas pela razão" enquanto normas universais de bem obrar. Eram reputados como princípios de justiça constitutivos de um Direito ideal ao qual as normas positivas deveriam se adequar.

O jusnaturalismo iluminista estabelece uma transição entre o medievo e o positivismo, o qual já assume um ceticismo radical em relação à existência de uma dimensão transcendental e metafísica. Assim, os direitos naturais do *jusnaturalismo*, que haviam se consolidado e incorporado de forma generalizada aos ordenamentos jurídicos, exatamente por serem considerados metafísicos e anticientíficos, passam a ser superados pelos ideais positivistas do século XIX, que utilizam as características das ciências exatas e naturais na sua fundamentação (pela aplicação do método científico e do conhecimento objetivo), com ênfase na realidade observável e não na especulação filosófica. Entretanto, esta forma de pensar acabou por apartar o direito da moral, da ética e dos valores da sociedade, apoiando-se em juízos de fato e não em juízos de valor.[18]

O **positivismo** teve seu ponto culminante no normativismo de Hans Kelsen, o qual considerava o ordenamento jurídico um sistema perfeito e que, como todo dogma, prescindia de justificação além da própria existência. O ideal positivista almejava a objetividade e a neutralidade, com as seguintes características essenciais: a) plena aproximação entre direito e norma; b) a ordem jurídica seria emanada exclusivamente do Estado; c) o ordenamento jurídico seria completo e suficiente para a solução de qualquer problema; e d) a validade da norma decorreria do procedimento formal de criação, independentemente do seu conteúdo.[19]

Estes deveres de neutralidade e imparcialidade, defendidos por Kelsen, trazem a necessidade de se interpretar a norma de forma objetiva, através de um ato de mera intelecção racional (daí a origem da nomenclatura *Teoria Pura do Direito*). Para ele, "a interpretação científica é pura determinação cognoscitiva do sentido das normas jurídicas". E, nesta atividade, "a interpretação é, portanto, uma operação mental que acompanha o processo da aplicação do direito no seu progredir de um escalão superior para um escalão inferior". Assim, sempre que os indivíduos forem aplicar a norma, deverão, antes de tudo, compreendê-la, determinando o sentido do seu conteúdo.[20]

---

que se fale do direito natural já no mundo antigo, o jusnaturalismo propriamente dito nasce com Ugo Grozio (*De jure belli ac pacis*, 1625) no século XVII e continua no XVIII, até Rousseau (Contrato social, 1762); pode-se todavia considerar o desenvolvimento do jusnaturalismo também no pensamento de Kant (Metafísica dos costumes, 1794) e de Fichte (Fundamentos do direito natural, 1796), In: *Enciclopedia Garzanti di Filosofia*. Itália: Garzanti, 1981, reedição 1993, p. 447, tradução de Vittorio Cassone. *Interpretação no direito tributário*: teoria e prática. São Paulo: Atlas, 2004. p. 37.

[17] BARROSO, Luís Roberto. Fundamentos teóricos e filosóficos do novo direito constitucional brasileiro: pós-modernidade, teoria crítica e pós-positivismo. In: *Temas de direito constitucional*. Tomo II. Renovar: Rio de Janeiro, 2003. p. 19-23.

[18] Ibidem. p. 25-26.

[19] BARROSO, Luís Roberto. op. cit. p. 26-27.

[20] KELSEN, Hans. *Teoria pura do direito*. 6. ed. São Paulo: Martins Fontes, 1998. p. 387-397.

Para solucionar a questão da indeterminação das leis, Kelsen sugeriu a "moldura interpretativa", assim considerado o campo de ação estabelecido pela norma superior para aplicação da norma inferior, em que haveria diversas possibilidades de estabelecimento das possíveis significações da norma, sem dar-lhe um caráter pessoal ou parcial. Kelsen nega aos valores que informam a aplicação do direito o estatuto propriamente jurídico – para ele, são antes escolhas políticas, e não fazem parte da *ciência pura do direito*. A valoração de justiça ou injustiça das condutas simplesmente não é uma pergunta jurídica – é antes uma pergunta política e ética, por exemplo, para o legislador, quando este está a elaborar a norma.

Na escola positivista, os princípios gerais de direito são entendidos como somente aqueles expressamente consagrados no ordenamento jurídico, de forma que o aplicador deverá sempre se ater ao direito vigente. Segundo tal escola: a) os princípios gerais de direito expressam elementos contidos no ordenamento jurídico; b) se os princípios se identificassem com os do direito natural, abrir-se-ia um campo ilimitado ao arbítrio judicial; c) a vinculação de tais princípios ao direito positivo favorece a coerência lógica do sistema e; d) os ordenamentos jurídicos possuem um grande poder de expansão, que lhes permite resolver todas as questões sociais.[21]

É por este motivo (a exclusão dos valores como algo que compõe o mundo jurídico) que este sistema formalista pôde servir de "disfarce" para abusos e autoritarismos (fascismo e nazismo) na primeira metade do século XX, em que a positivação da norma tinha um caráter legitimador da ordem jurídica, independentemente do seu conteúdo, justo ou não (para Kelsen, a discussão do binômio *justo-injusto* não é jurídica). Tal fato permitiu, à época, estabelecer novas considerações sobre a verdadeira finalidade do direito como ciência social, os mecanismos de criação e de aplicação das normas, abrindo espaço para o surgimento do *pós-positivismo*, que tem, no seu âmago, a ênfase nos direitos fundamentais e nos princípios, especialmente aqueles constitucionalmente previstos.

O **pós-positivismo** reintroduz no ordenamento jurídico positivo as ideias de justiça e legitimidade, através do constitucionalismo moderno, com o retorno aos valores e com a reaproximação entre a moral, a ética e o direito, materializados em princípios jurídicos abrigados na Constituição, que passam a ter maior efetividade normativa, influenciando sobremaneira a teoria da interpretação do Direito e, inclusive, do Direito Tributário.

É na idade do pós-positivismo, narra Paulo Bonavides,[22] que

> [...] tanto a doutrina do Direito Natural como a do velho Positivismo ortodoxo vêm abaixo, sofrendo golpes profundos e críticas lacerantes, provenientes de uma reação intelectual implacável, capitaneada por Ronald Dworkin, jurista de Harvard, que passa a tratar os princípios como Direito, reconhecendo-lhes o atributo de normatividade, contribuindo também, e no mesmo sentido, os juristas alemães Robert Alexy e Friedrich Müller.

Para superar o embate entre o Direito Natural e o Direito Positivo, o pós-positivismo buscou encetar os melhores esforços para chegar a ser um "campo neutro" entre ambas as posições. Suas teses mais fecundas e representativas são encabeçadas por Friedrich Müller,[23] com o método normativo-estruturante do Direito; por Ronald Dworkin, com a conexão entre o Direito e a Moral, buscando questionar o positivismo de Hart; e por Robert Alexy, que conjuga a distinção

---

[21]   NADER, Paulo. *Introdução ao estudo do direito*. 17. ed. Rio de Janeiro: Forense, 1999. p. 236.

[22]   BONAVIDES, Paulo. *Curso de direito constitucional*. 13. ed. São Paulo: Malheiros, 2003. p. 265.

[23]   BONAVIDES, Paulo. op. cit. p. 277.

entre regras e princípios, ambos sob o conceito de normas, cuja aplicabilidade é plena e operante como juízo concreto de dever.

Norberto Bobbio também já inovava, em sua *Teoria dell'Ordinamento Giuridico*, ao dar aos princípios contornos normativos, considerando-os como "normas mais gerais" ou "normas de base do sistema".[24]

A consideração dos princípios do direito no *pós-positivismo* nitidamente se contrapõe àquela tida pelo *juspositivismo*, que os encarava apenas como meras pautas programáticas supralegais, desprovidos de normatividade e de relevância jurídica, entendidos como derivados do próprio Direito Positivo. Os princípios, pelos ideais do *pós-positivismo*, ganham maior efetividade normativa, com aptidão para produzir efeitos na realidade prática e serem considerados pela jurisprudência.

Para Josef Esser, princípios seriam aquelas normas que estabelecem fundamentos para que determinado mandamento seja encontrado. Seguindo o mesmo caminho, Karl Larenz define princípios como normas de grande relevância para o ordenamento jurídico, na medida em que estabelecem fundamentos normativos para interpretação e aplicação do Direito, deles decorrendo, direta ou indiretamente, normas de comportamento. Para esse autor, os princípios seriam pensamentos diretivos de uma regulação jurídica existente ou possível, mas que ainda não são regras suscetíveis de aplicação, na medida em que lhes falta o caráter formal de proposições jurídicas, isto é, a conexão entre uma hipótese de incidência e uma consequência jurídica. Para Canaris, duas características afastariam os princípios das regras. Em primeiro lugar, o conteúdo axiológico: os princípios, ao contrário das regras, possuiriam um conteúdo axiológico explícito e careceriam, por isso, de regras para sua concretização. Em segundo lugar, há o modo de interação com outras normas: os princípios, diversamente das regras, receberiam seu conteúdo de sentido somente por meio de um processo dialético de complementação e limitação.[25]

Ronald Dworkin, por sua vez, estabeleceu dois critérios distintivos entre princípios e regras, baseando suas ideias nas seguintes considerações: a) aplicação segundo *"ou tudo ou nada"* (*"all or nothing"*) e; b) aplicação segundo a dimensão de peso ou importância. Pela primeira, as regras jurídicas são aplicáveis por completo ou não o são de modo absoluto. Caso os pressupostos fáticos aos quais uma regra se refere ocorram em uma situação concreta, deverá ela ser aplicada. Por outro lado, os princípios jurídicos atuam de modo diverso: mesmo aqueles que mais se assemelham às regras não se aplicam automaticamente e necessariamente quando as condições previstas como suficientes para sua aplicação se manifestam. É que as regras jurídicas não comportam exceções. Pela segunda distinção, quando se entrecruzam vários princípios, quem há de resolver o conflito deve levar em conta o peso relativo de cada um deles. As regras não possuem tal dimensão. Se duas regras entram em conflito, uma delas não é válida. Determinado ordenamento jurídico poderá regular tais conflitos através de outras normas, que prefiram a regra promulgada pela autoridade de maior nível hierárquico, ou a regra promulgada em data mais recente, ou a mais específica etc. Ou ainda, poderá dar prevalência à regra apoiada nos princípios mais relevantes.[26]

Comungando do mesmo entendimento, José Joaquim Gomes Canotilho[27] sugere o abandono da teoria de metodologia jurídica tradicional (que fazia a distinção entre normas e

---

[24] BONAVIDES, Paulo. op. cit. p. 263.

[25] ÁVILA, Humberto Bergmann. *Teoria dos princípios*. São Paulo: Malheiros, 2003. p. 27.

[26] GRAU, Eros Roberto. *A ordem econômica na Constituição de 1988*. 4. ed. São Paulo: Malheiros, 1998. p. 94-99.

[27] CANOTILHO, José Joaquim Gomes. *Direito constitucional*. 7. ed. Coimbra: Almedina, 2003. p. 1.160-1.161.

Parte II • Cap. 6 • VIGÊNCIA, EFICÁCIA, APLICAÇÃO E INTERPRETAÇÃO DO DIREITO TRIBUTÁRIO | 161

princípios), para adotar a ideia de que as regras e os princípios são duas espécies de normas, em linha com o pensamento de Dworkin. Assim, segundo Canotilho:

> Saber como distinguir, no âmbito do superconceito norma, entre regras e princípios, é uma tarefa particularmente complexa. Vários são os critérios sugeridos: a) Grau de abstracção: os princípios são normas com um grau de abstracção relativamente elevado; de modo diverso, as regras possuem uma abstracção relativamente reduzida; b) Grau de determinabilidade na aplicação do caso concreto; os princípios, por serem vagos e indeterminados, carecem de mediações concretizadoras (do legislador e do juiz), enquanto as regras são susceptíveis de aplicação directa; c) Carácter de fundamentalidade no sistema das fontes de direito: os princípios são normas de natureza ou com um papel fundamental no ordenamento jurídico devido à sua posição hierárquica no sistema das fontes (ex.: princípios constitucionais) ou à sua importância estruturante dentro do sistema jurídico (ex.: princípio do Estado de Direito); d) Proximidade da ideia de direito: os princípios são *standards* juridicamente vinculantes radicados nas exigências de justiça (Dworkin) ou na ideia de direito (Larenz); as regras podem ser normas vinculativas com um conteúdo meramente funcional; e) Natureza normogenética: os princípios são fundamento de regras, isto é, são normas que estão na base ou constituem a *ratio* das regras jurídicas, desempenhando, por isso, função normogenética fundamentante.[28]

Com a evolução da hermenêutica jurídica – partindo desde o jusnaturalismo iluminista, passando pelo positivismo, até chegar ao pós-positivismo ou neoconstitucionalismo –, permite-se o amadurecimento jusfilosófico e a construção de um ambiente propício ao desenvolvimento de um novo modelo interpretativo, caracterizado pelo *pluralismo metodológico*, em que se confere efetividade normativa aos princípios jurídicos.

6.4. INTEGRAÇÃO E INTERPRETAÇÃO DA LEGISLAÇÃO TRIBUTÁRIA

Toda e qualquer manifestação humana se faz por meio de um processo de comunicação, seja verbal, por sinais, seja por escrito, e, independentemente de sua forma, estará sempre baseada em uma estrutura de linguagem. E assim também funciona com o direito, que utiliza a linguagem como fonte constitutiva.

É através da **interpretação** que o operador do direito realiza os comandos previstos no sistema normativo, buscando, nos diversos métodos interpretativos existentes, as condições suficientes para atingir o objetivo final do Direito, qual seja: a aplicação justa da norma jurídica.

A atividade do intérprete não consiste em meramente descrever o significado previamente existente dos dispositivos. Sua atividade consiste em constituir esses significados. O significado não é algo incorporado ao conteúdo das palavras, mas algo que depende precisamente de seu uso e interpretação, como comprovam as modificações de sentidos dos termos no tempo e no espaço e as controvérsias doutrinárias.

Sendo assim, a interpretação não se caracteriza como um ato de descrição de um significado previamente dado, mas como um ato de decisão que constitui a significação e os sentidos de um texto. Há traços de significados mínimos incorporados ao uso ordinário ou técnico da linguagem. Há estruturas de compreensão existentes de antemão ou *a priori*, que permitem a compreensão mínima de cada sentença, sob certo ponto de vista já incorporadas ao uso comum da linguagem. Daí se dizer que interpretar é construir a partir de algo, por isso significa

---

[28] Loc. cit.

reconstruir. O ordenamento jurídico estabelece a realização de fins, a preservação de valores e a manutenção ou a busca de determinados bens jurídicos essenciais à realização daqueles fins e à preservação desses valores. O intérprete não pode desprezar esses pontos de partida. Exatamente por isso, a atividade de interpretação traduz melhor uma atividade de reconstrução: o intérprete deve compreender os dispositivos constitucionais de acordo com os fins e os valores entremostrados na linguagem constitucional.[29]

Paulo de Barros Carvalhos afirma que "o conhecimento de determinados objetos se dá na medida em que pode-se exprimir enunciados sobre ele, que nesse caso, se manifesta pela linguagem, mediante proposições descritivas ou indicativas".[30]

Aliás, Eros Roberto Grau[31] sabiamente colocava que a interpretação jurídica é uma prudência, uma virtude cientificamente estruturada cujo conteúdo é a razão intuitiva que não discerne o exato do ponto de vista jurídico, mas sim o correto, o aceitável, o justificável na comunidade do discurso, daí a interpretação ser uma *juris prudentia* e não uma *juris scientia*.

A **hermenêutica jurídica**, segundo Carlos Maximiliano,[32] tem por objeto o estudo e a sistematização dos processos aplicáveis para determinar o sentido e o alcance das expressões do Direito. As leis positivas são formuladas em termos gerais; fixam regras, consolidam princípios, estabelecem normas, em linguagem precisa, porém ampla, sem descer a minúcias. É tarefa primordial do executor a pesquisa da relação entre o texto abstrato e o caso concreto, entre a norma jurídica e o fato social, isto é, a aplicação do Direito.

Assim, é através da interpretação das normas do direito tributário que podemos determinar os parâmetros de atuação do contribuinte no cumprimento dos seus deveres tributários e no exercício e demanda dos seus direitos, e, da mesma forma, a tomada de decisão do administrador público no momento da aplicação das normas tributárias.

Não olvidamos que houve épocas em que se adotava, ostensiva ou veladamente, a máxima *in dubio pro fiscum*; noutras, *in dubio contra fiscum*. Também se viu o tempo da vedação à interpretação em caso de dúvidas a respeito da norma, quando o chefe-supremo (imperador, monarca etc.) deveria então ser consultado.[33] De tempos em tempos, manifestações sociais romperam a linha temporal da história da humanidade, tendo muitas vezes, como pano de fundo, choques entre os cidadãos e o Fisco, frutos da opressão pelas pesadas obrigações fiscais instituídas para sustentar a estrutura governante.

Pode-se intentar uma classificação breve dos métodos de interpretação. São eles: a) **gramatical**, que é o início do processo, parte do texto para identificar seu significado, conforme as concepções linguísticas; b) **histórico**, busca a compreensão da origem e desenvolvimento das normas e dos institutos jurídicos; c) **lógico**, apresenta-se pela análise do texto da lei a partir

---

[29]   ÁVILA, Humberto. op. cit. p. 23-26.

[30]   CARVALHO, Paulo de Barros. IPI – Comentários sobre as regras Gerais de Interpretação da Tabela NBH/SH(TIPI/TAB). *Revista Dialética de Direito Tributário*, São Paulo, n. 12, 1996. p. 42.

[31]   GRAU, Eros Roberto. *Ensaio e discurso sobre a interpretação/aplicação do direito*. 2. ed. São Paulo: Malheiros, 2003. p. 93-98.

[32]   MAXIMILIANO, Carlos. *Hermenêutica e aplicação do direito*. Rio de Janeiro: Forense, 1996. p. 48.

[33]   Narra Ricardo Lobo Torres (*Normas de interpretação e integração do direito tributário*. 3. ed. Rio de Janeiro: Renovar, 2000. p. 3) que "desde o direito romano se conhecem normas de interpretação, em geral sob a forma de proibição de interpretar. Constantino reservou para si próprio a incumbência de examinar a interpretação interposta entre a equidade e o direito. Valentiniano e Marciano estabeleceram que ao Imperador competia explicar as obscuridades e mitigar o rigor das leis. Justiniano, que julgava perfeito o *Corpus Juris*, proibiu as interpretações [...]".

dos princípios da lógica; d) **sistemático**, em que os conceitos e institutos são compreendidos de acordo com o lugar que ocupam no ordenamento jurídico, levando em consideração todo o conjunto de normas, inclusive princípios, como um sistema aberto; e) **teleológico**, em que leva a finalidade e o objetivo da norma como linha de interpretação, considerando os valores do ordenamento e não a norma isoladamente.

Temos também, como espécies de interpretações, a **autêntica**, feita pelo próprio legislador quando promulga uma norma de caráter interpretativo (e que por sua natureza terá eficácia retroativa), a **judicial**, que se origina da jurisprudência que se pacifica pelas decisões dos tribunais, e a **administrativa**, derivada dos atos, manifestações e decisões dos órgãos tributários da Administração Pública acerca de determinadas matérias, como nas consultas fiscais e processos administrativos.

Mas, como bem esclarece Ricardo Lobo Torres,[34] a interpretação do Direito Tributário hoje se subordina ao **pluralismo metodológico**. Inexiste a prevalência de um único método. O que se observa é a pluralidade e a equivalência, sendo os métodos aplicados de acordo com o caso e com os valores ínsitos na norma; ora se recorre ao método sistemático, ora ao teleológico, ora ao histórico, até porque não são contraditórios, mas se completam e intercomunicam. No direito tributário, os métodos variam de acordo até com o tributo a que se aplicam. Da mesma forma, para Amilcar Falcão,[35] a interpretação moderna da lei tributária admite todos os meios e processos consentidos pelos demais ramos do direito.

O modelo interpretativo de hoje decorre de um longo processo evolutivo que se materializou nas escolas do pensamento jurídico e que se iniciou com a subcorrente do positivismo denominada *jurisprudência dos conceitos*, desenvolvida por Savigny, Ihering e Puchta e tendo como pano de fundo o liberalismo, segundo a qual a norma deveria refletir *conceitos* quando de sua interpretação. Entretanto, tal linha adotou postura excessivamente formalista e conceptualista e que instava a preeminência do direito civil sobre o direito tributário, bem como sobrevalorizando a legalidade estrita, acolhendo com poucas limitações a autonomia da vontade privada.

Em seguida, tivemos a segunda subcorrente do positivismo, denominada *jurisprudência dos interesses*, representada principalmente por Philipp Heck, em que se pregava que a norma deveria refletir *interesses* na sua interpretação, dotada de ideais absolutamente contrapostos aos do liberalismo, aceitando na esfera tributária a *interpretação econômica do fato gerador* e a aplicação da analogia.

Ocorre que ambas as tendências restaram sobrepujadas devido ao radicalismo e exacerbação de suas ideias. Desenvolve-se, a partir daí, a denominada *jurisprudência dos valores*, da era pós-positivista ou neoconstitucionalista, com Dworkin, Alexy, Rawls e outros, que rediscute o tema da justiça tributária baseada nos valores das normas dos direitos humanos fundamentais, pela aplicação e efetividade dos princípios combinados com as regras, adotando-se o pluralismo metodológico na interpretação fiscal.

Esta evolução das escolas jurídicas teve relevante impacto na forma de interpretação e aplicação dos princípios jurídicos. É, hoje, unânime o reconhecimento de que os princípios ganharam força normativa no ordenamento jurídico, sendo dotados de cogência e eficácia, com aplicabilidade plena e vinculante, não apenas na seara do direito público, mas também no direito privado.

---

[34] Ibidem. p. 82-83.
[35] FALCÃO, Amilcar. *Introdução ao direito tributário*. 3. ed. Rio de Janeiro: Forense, 1987. p. 61.

Um dos efeitos desta evolução hermenêutica se evidencia na forma de interpretação das **imunidades tributárias**, que para muitos ostentam condição de princípio jurídico. As imunidades, sabemos, constituem regra excepcional à tributação, no sentido de desonerar certas coisas e pessoas da incidência tributária por meio da supressão da competência tributária dos entes, o que em regra implicaria a adoção do modelo de interpretação restritiva prevista no art. 111 do CTN. Entretanto, as imunidades estão fundadas no valor da liberdade e, por esta razão, devem ter a sua interpretação conduzida no sentido teleológico da norma constitucional, ganhando no STF um modelo interpretativo com certo grau ampliativo, para permitir o atendimento da finalidade das próprias imunidades, como se viu na seção do capítulo 4 a elas dedicada.

Há, ainda, outras importantes técnicas gerais de interpretação jurídica aplicáveis ao Direito Tributário. Assim, a **interpretação restritiva** impõe uma conduta interpretativa que considera a norma como "tendo dito mais do que deveria" (*"plus dixit quam voluit"*), buscando ater-se aos limites estritos da letra da lei, daí também ser denominada, no CTN, *interpretação literal*. Já a **interpretação extensiva** se dá quando se considera que a lei disse menos do que deveria (*"minus dixit quam voluit"*), operando no limite máximo da sua compreensão e expressão (mas tem sua utilização limitada no Direito Tributário, sobretudo pelos princípios da legalidade e tipicidade tributárias).

Por sua vez, a denominada "**interpretação econômica do fato gerador**", de origem alemã, representava a prevalência dos interesses do Fisco em face do Contribuinte, em que se aplicava a interpretação do conteúdo dos atos na busca da realidade material, desconsiderando-se os meios e as formas empregadas, através da flexibilização da legalidade e dos direitos fundamentais do cidadão. Os excessos empregados através desta metodologia – pelo uso de subjetivismos discricionários, presunções arbitrárias ou alargamento desarrazoado do conteúdo da norma por parte do Fisco – fizeram com que restasse rechaçada esta modalidade interpretativa no Estado Democrático de Direito.

A **interpretação analógica**, permitida pela própria lei, é aquela em que o próprio dispositivo determina que se aplique analogicamente o preceito, ou seja, após definir a fórmula casuística, menciona os casos que devem ser compreendidos por semelhança (por uso de expressões como "e congêneres", "e a ele equiparados" etc.).[36] É o caso, por exemplo, da norma tributária acerca do Imposto sobre Produtos Industrializados, expressa no art. 51, I, do CTN: *"Contribuinte do imposto é: I – o importador ou quem a lei a ele equiparar"*. Mas a analogia pura e simples **não pode ser invocada para gerar tributo**, pois o intérprete criaria uma norma inexistente ao caso concreto, aproveitando-se de uma outra norma aplicável a caso semelhante, com o argumento de similitude, sem qualquer autorização legal, o que violaria o princípio da legalidade e os ditames da segurança jurídica.

No caso de falta de previsão legal específica, ou seja, a falta de normas que deveriam existir para regulamentar determinados fatos (lacunas no ordenamento[37]), mas que por motivos diversos não existem, a sua complementação é chamada de **integração**.

---

[36] É precisamente isso que foi decidido pelo STF ao admitir uma interpretação ampliativa ou extensiva da lista de serviços do ISS prevista na LC nº 116/2003, que frequentemente se vale da técnica de uso de expressões como "de qualquer natureza", "de qualquer espécie" e "entre outros" ao definir os serviços tributáveis pelo ISS. Com essa técnica se busca abarcar serviços congêneres e assemelhados àqueles expressamente citados no texto da lei, cf. STF. RE 784.439 (repercussão geral), Rel. Min. Rosa Weber, Pleno, julg. 29/06/2020.

[37] Por *"completude"* temos a propriedade que possui um ordenamento jurídico para regular qualquer caso. A essa falta de uma norma chamamos de lacuna. E como bem afirma Norberto Bobbio, "incompleto" é o sistema no qual não existem nem a norma que proíbe um certo comportamento, nem aquela que o permite.

Parte II • **Cap. 6** • VIGÊNCIA, EFICÁCIA, APLICAÇÃO E INTERPRETAÇÃO DO DIREITO TRIBUTÁRIO | **165**

A analogia é apenas uma forma de **integração**, que consiste no preenchimento das lacunas do texto normativo, considerando que a palavra da lei não foi suficiente para indicar a sua normatividade. O CTN estabelece uma hierarquia de métodos integrativos no art. 108, ao dispor que: "Na ausência de disposição expressa, a autoridade competente para aplicar a legislação tributária utilizará sucessivamente, na ordem indicada: I – a analogia; II – os princípios gerais de direito tributário; III – os princípios gerais de direito público; IV – a equidade". Vê-se, pois, que não se pode realizar, de maneira livre e indiscriminada, a integração da norma tributária. Pelo contrário, o CTN impõe uma ordem de preferência que deverá ser utilizada sucessivamente: cada uma depois de esgotada a anterior.[38]

Como bem esclarece Amilcar Falcão, a **analogia** é meio de integração da ordem jurídica, por meio do qual, formulando raciocínios indutivos com base num dispositivo legal (*analogia legis*), ou em um conjunto de normas ou dispositivos legais combinados (*analogia iuris*), se preenche a lacuna existente em determinada lei. Nesse caso, há criação de direito, ainda que o processo criador esteja vinculado à norma ou às normas preexistentes levadas em consideração.[39]

Conforme os ensinamentos de Tércio Sampaio Ferraz Jr.,[40] a analogia é um processo quase lógico, que envolve duas fases: a constatação (empírica), por comparação, de que há uma semelhança entre fatos-tipos diferentes, e um juízo de valor que mostra a relevância das semelhanças sobre as diferenças, tendo em vista uma decisão jurídica procurada. Ela seria um procedimento argumentativo, sob o prisma da lógica retórica, que teria por escopo "transferir valores de uma estrutura para outra". Teria um caráter inventivo, já que possibilita ampliar a estrutura de uma situação qualquer, incorporando-lhe uma situação nova, tendo por base um juízo de semelhança.

No entendimento de Miguel Reale,[41] o fundamento da analogia encontra-se na igualdade jurídica, já que o processo analógico constitui um raciocínio baseado em razões relevantes de similitude, fundando-se na identidade de razão, que é o elemento justificador da norma a casos não previstos, mas substancialmente semelhantes.

Na terminologia de Alfredo Augusto Becker, na chamada *analogia por extensão* não há interpretação, mas verdadeira criação de regra jurídica nova. Aqui, o intérprete se dá conta de que o fato por ele analisado não realiza a hipótese de incidência da regra jurídica; contudo, em virtude de certa analogia, o intérprete estende ou alarga a hipótese de incidência da regra jurídica de modo a abranger o fato por ele focalizado. Para este autor, isto consistiria em criar regra jurídica nova, cuja hipótese de incidência passa a ser estendida pelo intérprete, embora não fosse a hipótese de incidência da regra jurídica velha. Já na *analogia por compreensão* (chamada por

---

E, mais adiante, o mestre italiano ainda esclarece a distinção entre as lacunas *praeter legem* e lacunas *intra legem*. As primeiras existem quando as regras, expressas para serem muito particulares, não compreendem todos os casos que podem apresentar-se a nível dessa particularidade; as segundas têm lugar, ao contrário, quando as normas são muito gerais e revelam, no interior das disposições dadas, vazios ou buracos que caberá ao intérprete preencher. Aquelas lacunas voluntárias são normalmente *intra legem*. No primeiro caso, a integração consistirá em formular novas regras ao lado das expressas; no segundo caso, as novas regras deverão ser formuladas dentro das regras expressas (BOBBIO, Norberto. *Teoria do ordenamento jurídico*. 9. ed. Brasília: Unb, 1997. p. 115-116).

38   SOUSA, Rubens Gomes de. *Interpretação no direito tributário*. São Paulo: Saraiva, 1975. p. 432.

39   FALCÃO, Amilcar. *Introdução ao direito tributário*. 3. ed. Rio de Janeiro: Forense, 1987. p. 58.

40   FERRAZ JR., Tércio Sampaio. Analogia; aspecto lógico-jurídico: analogia como argumento ou procedimento lógico. *Enciclopédia Saraiva de Direito*. v. 6. São Paulo: Saraiva, 1980. p. 363.

41   REALE, Miguel. *Lições preliminares de direito*. 27. ed. São Paulo: Saraiva, 2004. p. 85 e 296.

outros de *interpretação analógica*), haveria verdadeira interpretação, pois o intérprete somente constata a regra jurídica existente e resultante do cânone hermenêutico da totalidade do sistema.[42]

Dessa forma, a analogia por extensão não é admissível no Direito Tributário como forma de geração de tributo, pois implicaria criar tributos sem lei, o que é vedado pela Constituição, por meio dos princípios da legalidade e tipicidade. Por sua vez, a analogia por compreensão é admissível, por não criar direito novo, mas apenas completar o alcance do direito já existente. Ademais, caso se rejeitasse a analogia por compreensão, voltaríamos a exigir que a lei tributária enumerasse expressamente todos os casos.[43]

O Código Tributário Nacional contempla, em matéria de interpretação do Direito Tributário, em seus arts. 107 e seguintes, alguns parâmetros próprios para sua aplicação. O art. 108, como vimos, trata da integração da legislação tributária indicando como possibilidades o uso da analogia, o uso de princípios jurídicos e da equidade, ressalvando que nem a analogia, nem a equidade podem resultar em cobrança e dispensa, respectivamente, de tributos. Por sua vez, os arts. 109 e 110 do CTN estabelecem o relacionamento entre o Direito Tributário e o Direito Privado ao indicar uma possível autonomia do Direito Tributário em relação ao Direito Privado, quando expressamente declara que os princípios gerais de Direito Privado podem ser utilizados para a interpretação dos institutos tributários, mas não para definição dos respectivos efeitos tributários. Na mesma linha, vem a impossibilitar ao Direito Tributário alterar a definição, o conteúdo e o alcance de institutos, conceitos e formas de direito privado, utilizados, expressa ou implicitamente, pela Constituição.

Importante preceito é o que vem contemplado no art. 111 do CTN, que traz a regra da **interpretação literal** (restritiva) das normas que estabeleçam uma desoneração fiscal, seja através de: I – suspensão ou exclusão do crédito tributário; II – outorga de isenção; III – dispensa do cumprimento de obrigações tributárias acessórias.

O art. 112 consagra a regra da **interpretação mais benéfica** ao acusado em caso de infrações e respectivas penalidades de natureza tributária, especialmente quanto: I – à capitulação legal do fato; II – à natureza ou às circunstâncias materiais do fato, ou à natureza ou extensão dos seus efeitos; III – à autoria, imputabilidade ou punibilidade; IV – à natureza da penalidade aplicável, ou à sua graduação.

Por fim, não podemos fugir a uma constatação: o Direito Tributário é um "direito de sobreposição", já que toma por base os fatos ou atos e seus efeitos do Direito Privado para – e somente após assumir essas bases – determinar as respectivas consequências fiscais, ou seja, declarando a realização ou não do fato gerador e suas características.

Aqui, destaca-se a questão da interpretação das normas de matriz constitucional, sobretudo diante de certa indeterminação conceitual da linguagem, razão pela qual se deve buscar o sentido adequado de cada conceito em relação ao que foi estabelecido no próprio texto da Constituição, ou pelo conceito desenvolvido pela doutrina ou jurisprudência em cada área do Direito, em que se estabelece um núcleo conceitual mínimo que não pode ser desconsiderado pelo exegeta. Assim é que o Direito do Trabalho estabelece o conceito de "salário", ou o Direito de Empresa estabelece o conceito de sociedade empresarial. Portanto, o intérprete deverá buscar o conceito técnico na esfera infraconstitucional no processo de compatibilização com o conceito constitucional, sendo certo que o legislador não terá liberdade para conceituar quando houver regras de competência que o remetem a determinados conceitos.

---

[42]   BECKER, Alfredo Augusto. *Teoria geral do direito tributário*. 3. ed. São Paulo: Lejus, 1998. p. 132-133.
[43]   Ibidem. p. 134-135.

Parte II · Cap. 6 · VIGÊNCIA, EFICÁCIA, APLICAÇÃO E INTERPRETAÇÃO DO DIREITO TRIBUTÁRIO | **167**

Exemplo concreto disso decorre do julgado na ADI 1.102,[44] que analisou a incidência de contribuição social sobre a folha de salário dos valores pagos a autônomos e administradores, entendendo-se que o conceito referido na Constituição era o mesmo da CLT, excluindo a incidência da contribuição sobre remunerações em que não estivesse presente a subordinação típica da relação trabalhista. Por sua vez, nos debates sobre o conceito de faturamento em relação à PIS (RE 390.840),[45] o Plenário do STF entendeu que houve ampliação do conceito de receita bruta para toda e qualquer receita, violando a noção de faturamento "pressuposta" no art. 195, I, *b* da Constituição de 1988.

Já no RE 574.706,[46] o STF entendeu que o ICMS não integra o conceito de receita ou faturamento para fins da sua inclusão na base de cálculo da PIS e da Cofins, pois o valor do ICMS é meramente transitório nos cofres da empresa, tendo como real destinatário fiscal a Fazenda Pública, para a qual será transferido.[47]

6.5. PLANEJAMENTO TRIBUTÁRIO

6.5.1. Conceito e características do planejamento tributário

O **planejamento tributário** é o conjunto de atos realizados pelo contribuinte, pessoa física ou jurídica, que podem ser de natureza econômica, contábil, jurídica ou meramente operacional, para reduzir de maneira lícita e legítima, total ou parcialmente, o pagamento de tributos.

Ocorre que, muitas vezes, tais procedimentos ganham contornos de irregularidade, seja por afrontarem direta e expressamente alguma norma legal, seja por atentarem contra os fins por ela pretendidos, ou, ainda, por violarem indiretamente o seu fundamento, expresso por um princípio. Tais atos recebem a tradicional denominação pela doutrina de **elisão fiscal** quando lícitos e legítimos, e **evasão fiscal** quando não. Temos, ainda, uma "zona cinzenta" em que reside a distinção entre a elisão lícita e a ilícita. Para delimitar a diferença entre o legítimo ato de economia fiscal e outro maculado por qualquer vício de forma ou conteúdo, há que se buscar a identificação de alguns elementos que integram os atos realizados.

A questão-chave neste tema está em equacionar duas situações aparentemente conflitantes: a **liberdade individual** do contribuinte para organizar as suas atividades econômicas *versus* o seu dever de cumprir as normas e **obrigações tributárias**.[48]

Isso ocorre porque, de um lado, temos que reconhecer a autonomia conferida ao contribuinte para estruturar seus negócios e patrimônio, certos de que ninguém está obrigado a realizar tais operações da maneira mais onerosa em favor do Fisco; de outro lado, ressalvando-se os casos de procedimentos lícitos e legítimos, não podemos ignorar que algumas formas abu-

---

[44] STF. ADI 1.102, Rel. Min. Maurício Corrêa, Pleno, julg. 05/10/1995.

[45] STF. RE 390.840, Rel. Min. Marco Aurélio, Pleno, julg. 09/11/2005.

[46] STF. RE 574.706 (repercussão geral), Rel. Min. Cármen Lúcia, Pleno, julg. 15/03/2017.

[47] No mesmo sentido havia entendimento, em relação à Contribuição Previdenciária sobre a Receita Bruta (CPRB), para a exclusão do ICMS da base de cálculo desta contribuição: STJ. REsp 1.624.297, 1.629.001, 1.638.772 (recursos repetitivos), Rel. Min. Regina Helena Costa, 1ª Seção, julg. 10/04/2019. Contudo, tal orientação do STJ quanto à CPRB foi superada pelo STF, no julgamento do RE 1.187.264 (repercussão geral), Rel. Min. Marco Aurélio, Rel. p/ Acórdão: Min. Alexandre de Moraes, Pleno, julg. 24/02/2021: "*Tese*: É constitucional a inclusão do Imposto Sobre Circulação de Mercadorias e Serviços – ICMS na base de cálculo da Contribuição Previdenciária sobre a Receita Bruta – CPRB". Assim, a decisão de exclusão do ICMS da base de cálculo da PIS/COFINS não se estende à exclusão do ICMS da base de cálculo da CPRB.

[48] ABRAHAM, Marcus. *O planejamento tributário e o direito privado*. São Paulo: Quartier Latin, 2007.

CURSO DE DIREITO TRIBUTÁRIO BRASILEIRO – *Marcus Abraham*

sivas ou irregulares de planejamento fiscal ensejam a subtração total ou parcial do pagamento de tributos pela violação – direta ou indireta – das normas tributárias, cujas consequências, *prima facie*, podem ocasionar: evasão de receitas tributárias; enriquecimento indevido do contribuinte; vantagem econômica e violação da isonomia; desrespeito à capacidade contributiva; não cumprimento do dever fundamental de pagar tributos.

Sobre o tema da liberdade do contribuinte, há muito se manifestou a Suprema Corte Americana, no célebre caso *Gregory vs. Helvering* (1935), conforme transcreve Carlos M. Giuliani Fonrouge:[49] "qualquer pessoa pode conduzir seus negócios de tal modo que seu imposto seja o mais reduzido possível; não está obrigada a escolher a fórmula mais produtiva para o fisco; nem existe o dever patriótico de elevar seus próprios impostos".

Não obstante, hoje, em tempos de neoconstitucionalismo, em que os valores passam a ter preponderância no ordenamento jurídico, é inegável reconhecer a preocupação com a ética e com o debate dos direitos humanos, sem descuidar da mantença do equilíbrio econômico e da prosperidade, e tudo isso com o respeito das liberdades e garantias individuais.

O planejamento tributário não é algo novo. Marco Aurélio Greco apresenta o tema da elisão fiscal nos escritos do glosador medieval italiano Bártolo de Sassoferrato,[50] por meio do relato de uma malograda tentativa de planejamento tributário na comuna medieval de *Castrum Plebis* (atualmente, *Città della Pieve*, Itália):

> Havia uma determinada comuna que tinha criado uma taxa pelo uso do solo onde se instalava a feira para a venda dos produtos e das peles de animais que tinham sido caçados. Relata que determinados caçadores chegavam àquela praça local e, ao invés de colocarem aquelas peças no chão, carregavam-nas nos braços, dizendo: se não estou ocupando o terreno da praça do mercado, em termos atuais, não estou praticando fato gerador, estou evitando a sua ocorrência, portanto não devo pagar a taxa pelo uso da praça da comuna onde se realizava a feira.[51]

Heleno Taveira Torres[52] entende por planejamento tributário "a técnica de organização preventiva de negócios jurídicos, visando a uma lícita economia de tributos", sendo este, enquanto *procedimento*, a atividade de interpretação das normas tributárias e de direito privado e, enquanto *ato*, a orientação que é dada a partir do plano elaborado para otimizar custos de natureza fiscal.

Já para James Marins,[53] denomina-se planejamento fiscal ou tributário *lato sensu*

> [...] a análise do conjunto de atividades atuais ou dos projetos de atividades econômico-financeiras do contribuinte (pessoa física ou jurídica), em relação ao seu conjunto de obrigações fiscais com o escopo de organizar suas finanças, seus bens, negócios, rendas e demais atividades com repercussões tributárias, de modo que venha a sofrer o menor ônus fiscal possível.

---

[49] FONROUGE, Carlos María Giuliani. *Derecho financiero*. 10. ed. Buenos Aires: La Ley, 2010. Tomo II. p. 701: "cualquiera puede arreglar sus asuntos de tal modo que su impuesto sea lo más reducido posible; no está obligado a elegir la fórmula más productiva para la tesorería; ni aun existe el deber patriótico de elevar sus propios impuestos".

[50] SAXOFERRATO, Bartolus de. *Consilia, quæstiones, et tractatus Bartoli a Saxoferrato*. Consilium CXXXV. Taurinus: Augustæ Taurinorum, 1589. p. 39.

[51] GRECO, Marco Aurélio. Elisão tributária e seu contexto. In: Seminário Internacional sobre Elisão Fiscal, 2001, Brasília. *Anais do Seminário Internacional sobre Elisão Fiscal*. Brasília: ESAF, 2002. p. 19-20.

[52] TORRES, Heleno Taveira. *Direito tributário e direito privado*: autonomia privada, simulação e elusão tributária. São Paulo: Revista dos Tribunais, 2003. p. 175.

[53] MARINS, James. *Elisão tributária e sua regulação*. São Paulo: Dialética, 2002. p. 32.

Parte II · Cap. 6 · VIGÊNCIA, EFICÁCIA, APLICAÇÃO E INTERPRETAÇÃO DO DIREITO TRIBUTÁRIO | **169**

No plano jurídico nacional, podemos identificar algumas **espécies de planejamento fiscal**, originárias basicamente das seguintes estruturas: a) operações e atividades do contribuinte; b) uso de procedimentos administrativos ou judiciais; c) interpretação normativa.

O contribuinte pessoa jurídica detém maiores condições, alternativas e interesse para realizar um planejamento fiscal do que um contribuinte pessoa física, por meio de mecanismos empresariais próprios, como o redirecionamento de atividades ou operações, a reorganização contábil e a reestruturação societária, ou por intermédio de instrumentos fazendários de elisão induzida ou permitida, como a utilização de opção para regimes fiscais mais benéficos, o aproveitamento de prerrogativas e incentivos fiscais gerais ou setoriais como imunidades, isenções, zonas francas, incentivos estaduais ou municipais. Além disso, há também a recuperação de possíveis créditos fiscais, escriturais ou em moeda, ou mediante pedidos de repetição ou mesmo de compensação de tributos pagos a maior ou indevidamente, e até mesmo a administração e a redução do passivo tributário por meio do aproveitamento de remissões, anistias ou parcelamentos. Também o uso de instrumentos processuais, como a discussão judicial ou administrativa de tributos que estejam onerando indevidamente o contribuinte incluem-se entre as medidas de planejamento *lato sensu,* sem falar do aproveitamento no campo das não incidências tributárias, raras, mas existentes, e a identificação das possíveis lacunas no sistema que possibilitem economia fiscal.[54]

Numa sucinta **classificação**, podemos identificar algumas das formas em que o planejamento fiscal pode ocorrer: a) *oblíqua*: pela interposição de uma outra pessoa ou outra relação jurídica entre o efetivo contribuinte ou entre o negócio objetivado (por exemplo: contrato e negócio jurídico indireto); b) *omissiva*: abstenção da realização da operação normalmente realizada por força de algum fator tributário (por exemplo: deixar de importar mercadorias excessivamente gravadas pelos tributos regulatórios); c) *induzida*: quando a própria lei favorece a escolha de um determinado regime de tributação (por exemplo: compra de mercadorias através da Zona Franca de Manaus); d) *optativa*: eleição da fórmula mais econômica dentre as disponíveis no ordenamento (por exemplo: adoção da tributação pelo lucro real ou presumido; declaração de rendimentos pelo modelo simplificado); e) *interpretativa*: identificação de *loopholes* (lacunas) no sistema tributário (por exemplo: identificação de algum tipo de serviço, não previsto na lista de serviços de ISS, que possa ser enquadrado e qualificado na atividade realizada do contribuinte); f) *contenciosa*: utilização de meios administrativos ou judiciais para afastar a tributação indesejada, seja porque efetivamente indevida, seja porque exista alternativa na legislação (por exemplo: uso de mandados de segurança; pedidos de parcelamentos ou regimes especiais etc.).

Na esfera **internacional**, existe um farto campo para realização do planejamento fiscal, tendo em vista a grande variedade estrutural e normativa dos diversos sistemas tributários existentes hoje no mundo, suas políticas e seus interesses em atrair novos negócios e capitais. Neste sentido, o contribuinte irá buscar a aplicação de uma norma tributária em algum território estrangeiro específico, cuja legislação lhe seja mais favorável e menos onerosa fiscalmente. Isto ocorre através do processo denominado *"shopping"*, pela identificação do sistema tributário que lhe seja mais interessante, através de alguns procedimentos, tais como: a) manipulação voluntária dos elementos de conexão (nacionalidade, domicílio, sede, foro contratual, local de pagamento etc.); b) aplicação de tratados ou convenções internacionais ou; c) transferência total ou parcial das operações para alguns locais conhecidos como "paraísos fiscais" ou também por *"tax havens"*.

---

[54] Ibidem. p. 33-34.

Exemplo típico de planejamento fiscal internacional abusivo, que se denomina de *"treaty shopping"*, é a artificial utilização de uma interposta terceira pessoa ou estabelecimento que faz jus a algum benefício fiscal advindo de acordos internacionais, visando estendê-lo às partes originárias do negócio ou operação que, sem ele, não aproveitariam aquele benefício. Tal prática advém do *"forum shopping"* que, com a mesma forma artificial, busca utilizar um foro contratual mais favorável, diverso das partes contratantes.

Outro procedimento comum na seara internacional, para redução da carga fiscal empresarial, denominado de *"transfer price"*, é a manipulação de preços de produtos, serviços, marcas e patentes, matérias primas (super ou subfaturando), que se faz quando a empresa multinacional estiver controlando ambas as partes da operação (suas coligadas ou subsidiárias), já que poderá transferir para a parte que estiver sob menor pressão fiscal (em algum paraíso fiscal, território estrangeiro de baixa tributação ou dotado de tratado internacional de bitributação) as vantagens da operação comercial.

Finalmente, além daqueles procedimentos de mera transferência do domicílio da pessoa física ou da pessoa jurídica para um país de tributação reduzida (expatriação), encontramos os que consistem em *dividir* o rendimento (*split payrolls*), distribuindo-o entre territórios fiscais distintos; ou *acumular* o rendimento em território fiscalmente mais favorável (*base company*); ou, ainda, em *transferir* o rendimento de um para outro ordenamento menos oneroso.

O fato é que existem inúmeros caminhos a serem seguidos pelo contribuinte para organizar suas atividades patrimoniais e financeiras, seja no âmbito nacional ou no internacional. Alguns são inteiramente lícitos. Outros podem ser questionados pelo fisco. E, finalmente, há aqueles que são ilícitos por sua própria natureza, forma e momento de realização.

6.5.2. Evasão e elisão fiscal

Não se pode confundir o verdadeiro planejamento fiscal, denominado de *elisão fiscal lícita*, realizado de acordo com as normas jurídicas expressas e em linha com os valores constitucionais, da combatida *elisão fiscal ilícita*, que, na sua implementação, abusa das formas e dos meios, na maioria das vezes manipulados e artificiais, visando apenas atingir seus fins (redução do tributo a pagar), e violando os princípios da igualdade, da capacidade contributiva e do dever fundamental de pagar tributos, além de trazer aspectos concorrenciais negativos por um desequilíbrio competitivo.

Evasão fiscal é terminologia oriunda da ciência das finanças que, sob uma perspectiva econômico-financeira, ocorre quando o contribuinte não transfere ou deixa de pagar integralmente ao Fisco um tributo, considerado devido por força de determinação legal. Contudo, em um conceito mais amplo de evasão fiscal, Hermes Marcelo Huck afirma ser toda e qualquer ação ou omissão tendente a elidir, reduzir ou retardar o cumprimento de uma obrigação tributária, não importando serem lícitos ou ilícitos os meios utilizados neste processo.[55]

A palavra "evasão" advém do termo latino *evasio*, significando: "ato de evadir-se; fuga". Já "elisão", originária do latim *elisio*, significa o "ato ou efeito de elidir; eliminação ou supressão".[56] Extraída a origem etimológica, podemos concluir que, no primeiro caso, estamos diante de um ato ou negócio

---

[55]   HUCK, Hermes Marcelo. *Evasão e elisão*: rotas nacionais e internacionais. São Paulo: Saraiva, 1997. p. 15-30.

[56]   PEIXOTO, Marcelo Magalhães. *Considerações sobre planejamento tributário*. In: PEIXOTO, Marcelo Magalhães (Coord.). *Planejamento tributário*. São Paulo: Quartier Latin, 2004. p. 73.

jurídico irregular, maculado por algum vício de forma ou conteúdo, enquanto no segundo, haveria, a princípio, a legitimidade necessária para que o respectivo procedimento seja aceito pelo ordenamento jurídico. Entretanto, não existe uma uniformidade conceitual destes institutos.

James Marins[57] relata que Albert Hensel, em 1924, foi possivelmente o primeiro doutrinador a traçar uma linha divisória entre elisão e a fraude fiscal (no caso, a evasão fiscal), afirmando que a primeira não incidiria em transgressão a qualquer norma fiscal imperativa e se configuraria pela adoção de formas lícitas para obter economia fiscal.

Nas palavras de Albert Hensel,

> [...] é aspiração naturalíssima e intimamente ligada à vida econômica, a de se procurar determinado resultado econômico com a maior economia, isto é, com a menor despesa (e os tributos que incidirão sobre os atos e fatos necessários à obtenção daquele resultado econômico, são parcelas que integrarão a despesa).[58]

Ricardo Mariz de Oliveira,[59] em seu estudo sobre a elisão e sua regulação, esclarece que

> [...] os dois termos não são casuais e nem destituídos de sentido semântico, dado que a evasão fiscal significa a fuga da obrigação tributária existente segundo a lei (daí a ilicitude), ao passo que a elisão significa elidir legalmente a ocorrência da obrigação tributária (daí a licitude).

Já para Fabio Fanucchi:[60]

> [...] a prática da elisão consiste essencialmente na escolha do caminho mais econômico, sob o aspecto tributário, pelo qual o particular conduz os seus procedimentos potencialmente tributáveis. Em contrário, não será elisão tributária aquela prática que consista na exclusão ou diminuição do tributo, através da escolha de forma jurídica não apropriada para traduzir a situação realmente ocorrente e aquela outra que consista em reformular a conduta depois de praticado o fato gerador.

Afirma, entretanto, Hermes Marcelo Huck[61] que

> [...] ambas as figuras, evasão e elisão, comungam da característica de serem técnicas de insubmissão ao comando da norma tributária. Porém, a expressão "evasão" é muitas vezes utilizada como sinônima de fraude fiscal e tem em comum uma série de fatores em sua composição: (i) em ambos os casos, o objetivo final do agente é o de pagar menos imposto do que sabe devido; (ii) em ambos os casos, há uma atitude subjetiva que pode ser caracterizada como sendo má-fé, deliberada e não acidental e; (iii) há uma ação, ou uma série de atos marcados pelos elementos de engano, má interpretação, simulação, artificialidade, ocultamento e desonestidade. Já a elisão fiscal, como obra da criatividade e engenho dos planejadores tributários, aspira a uma condição de legalidade que a distinga da evasão.

---

57 MARINS, James. *Elisão tributária e sua regulação*. São Paulo: Dialética, 2002. p. 32.

58 HENSEL, Albert. *Diritto tributario*. Trad. italiana da 3. ed. alemã de 1933. Milano: Giuffrè, 1956 p. 143, apud BECKER, Alfredo Augusto. *Teoria geral do direito tributário*. 3. ed. São Paulo: Lejus, 1998. p. 136.

59 OLIVEIRA, Ricardo Mariz de. Reinterpretando a norma antievasão do parágrafo único do art. 116 do Código Tributário Nacional. *Revista Dialética de Direito Tributário*, São Paulo, n. 76, jan. 2002. p. 84.

60 FANUCCHI, Fabio. *Curso de direito tributário*. 4. ed. São Paulo: Resenha Tributária, 1986. p. 300.

61 HUCK, Hermes Marcelo. op. cit. p. 31.

Para este autor, uma primeira distinção que se faz entre a evasão fiscal e a elisão fiscal reside nos métodos utilizados no procedimento de cada uma delas. Nas suas palavras:

> A elisão, de um lado, tem sua preocupação concentrada no uso de meios legais, ao menos formalmente lícitos, ao passo que na evasão atua-se pelos meios ilícitos e fraudulentos. Na fraude fiscal, opera-se a distorção no momento da incidência tributária, ou após esta, enquanto na elisão, o indivíduo atua sobre a mesma realidade mas, de alguma forma, impede que ela se realize, transformando (a seu benefício) o fato imponível ou gerador do tributo. Na elisão, o mesmo ato ou negócio jurídico é engenhosamente – às vezes canhestramente – revestido pelo indivíduo com outra forma jurídica, alternativa à originalmente pretendida, com resultados econômicos análogos, mas não descrita e tipificada na lei como pressuposto de incidência do tributo. Se os meios utilizados servem como fato de distinção entre os conceitos, já o elemento subjetivo tem muito pouca importância para estabelecer uma linha divisória entre evasão e elisão lícita, pois em ambos os casos a intenção do contribuinte é a de não pagar ou pagar o menor imposto possível.[62]

Paralelamente à distinção pelos meios, outra característica lembrada e diferenciadora entre os conceitos reside na cronologia do ato. Segundo Huck:

> Constata-se uma diferença temporal entre a evasão e a elisão lícita. Alguns tributaristas chegam a considerar ser esta a única distinção entre elas, seu único critério distintivo. Na avaliação cronológica, em que o fator tempo marca a fronteira do lícito e do ilícito, há que se verificar quando foram praticados os atos destinados a evitar, reduzir ou retardar o pagamento do imposto, ou seja, investiga-se se foram cometidos antes ou depois da ocorrência do respectivo fato imponível. Se foram praticados antes, pode-se estar diante de uma elisão lícita. Porém, se praticados depois, estará constatada uma evasão fiscal até o limite da fraude.[63]

O mesmo raciocínio foi traçado por Rubens Gomes de Sousa,[64] ao afirmar que

> [...] um roteiro simples e seguro para aplicar a solução a cada caso concreto: (a) se os atos praticados, desde que, como foi dito, sejam objetivamente lícitos, são anteriores à ocorrência do fato gerador, a hipótese é de elisão; ou seja, o imposto terá sido legitimamente evitado, reduzido ou diferido; ao contrário: (b) se os atos praticados, ainda que objetivamente lícitos, são posteriores à ocorrência do fato gerador, a hipótese é de evasão; ou seja, o resultado (obtido ou não) de evitar, reduzir ou diferir o imposto, ainda que por atos objetivamente lícitos, será ilegítimo.

Entretanto, o critério temporal não é a justificativa única e absoluta para a licitude e legitimidade de qualquer procedimento realizado em momento cronologicamente anterior ao fato gerador, já que há casos típicos em que, embora respeitado o momento, o desvio se verifica na sua forma ou através dos meios atípicos empregados.

Ainda na questão semântica, Brandão Machado,[65] há tempos, já nos oferecia uma outra expressão terminológica: "elusão fiscal", a qual visava identificar o ato ou procedimento que não

---

[62] Ibidem. p. 27-28.

[63] Ibidem. p. 28.

[64] SOUSA, Rubens Gomes de. *Compêndio de legislação tributária*. Edição Póstuma. São Paulo: Resenha Tributária, 1975. p. 211-212.

[65] MACHADO, Brandão. *Princípios tributários no direito brasileiro e comparado*: estudos em homenagem a Gilberto de Ulhoa Canto. Rio de Janeiro: Forense, 1988. p. 586.

Parte II · Cap. 6 · VIGÊNCIA, EFICÁCIA, APLICAÇÃO E INTERPRETAÇÃO DO DIREITO TRIBUTÁRIO | **173**

infringiria preceito legal, amplamente utilizado em espanhol ("*elusión*"), em francês ("*élusion*") e em italiano ("*elusione*").

Tal expressão foi adotada por Heleno Taveira Torres,[66] para considerar a elusão fiscal como o efeito do uso de negócios jurídicos atípicos ou indiretos, organizados através de simulação ou fraude à lei, desprovidos de uma causa, no sentido de obter uma vantagem tributária. Para ele, tais atos estariam considerados dentro do campo do ilícito atípico, mesmo que aparentemente lícitos, porque não estão abrangidos por uma regra específica sancionatória, porém sendo-lhes aplicáveis os critérios gerais de sanção, comum a todos os atos danosos. Nas suas palavras:

> [...] o fenômeno pelo qual o contribuinte, mediante a organização planejada de atos lícitos, mas desprovidos de uma "causa" (simulados ou com fraude a lei), tenta evitar a subsunção de ato ou negócio jurídico ao conceito normativo do fato típico e a respectiva imputação da obrigação tributária. "Eludir", do latim *eludere*, significa evitar ou esquivar-se com destreza; furtar-se com habilidade ou astúcia, ao poder ou influência de outrem.

Neste sentido, esclarece Túlio Rosenbuj[67] que

> [...] a elusão é um conceito que compreende a fraude à lei e o abuso de formas jurídicas, é o gênero de todos os comportamentos ou ações dirigidas a criar situações de vantagem patrimonial para os particulares, assentadas na imperfeição dos atos, fatos ou negócios que se preconstituem com o único propósito e móvel da finalidade fiscal, tendo-se em conta que da fraude não se deduz intencionalidade fraudulenta, que sim aparece no abuso de forma.

Já César Guimarães Pereira[68] propõe uma distinção dos procedimentos de elisão fiscal em elisão tributária eficaz e elisão tributária ineficaz. Na elisão eficaz, o ato ou negócio seria emoldurado na hipótese legal ou em áreas de omissão legislativa (conhecidas como *loopholes*), sem possibilidade de questionamento por parte da Administração Tributária ou pelo Poder Judiciário. Já na elisão ineficaz, o Fisco comprova a existência de negócio simulado e o desconsidera através de lançamento de ofício.

Para Marco Aurélio Greco,[69] a verdadeira elisão fiscal comportaria tão somente duas hipóteses: a) o aproveitamento de uma situação na qual ocorre uma lacuna na lei ou; b) o exercício de um direito individual apoiado na liberdade de contratar e de iniciativa que permite ao contribuinte realizar toda e qualquer operação que seja lícita.

Mas tentando fechar as brechas legais e limitar a liberdade de atuação do contribuinte, o legislador brasileiro tomou inicialmente o caminho da regulamentação fiscal exaustiva, chamada por Greco[70] de "inflação normativa", em que o legislador tenta, tópica e casuisticamente, prever e normatizar cada uma das situações eventualmente possíveis para neutralizar as práticas dos contribuintes, acabando por transformar o direito tributário numa ciência tão complexa e instável que esvazia o valor da própria lei.

---

[66] TORRES, Heleno Taveira. op. cit. p. 188-189 e 195-198.

[67] ROSENBUJ, Túlio. *El fraude de la ley y el abuso de las formas en derecho tributario*. Madrid: Marcial Pons, 1994. p. 82.

[68] PEREIRA, César A. Guimarães. *Elisão tributária e função administrativa*. São Paulo: Dialética, 2001. p. 212.

[69] GRECO, Marco Aurélio. op. cit. p. 19.

[70] Ibidem. p. 21.

Sugere Heleno Taveira Torres[71] que a liberdade negocial está vinculada a três possibilidades de escolhas: escolha da melhor "causa" (fim negocial), da melhor "forma" e do melhor "tipo" contratual ou societário, quando estes não sejam definidos em lei, sendo certo que se o contribuinte desviar-se de algumas destas três hipóteses, realizará o que denominou de "elusão", ou seja, o exercício de sua liberdade privada, maculada pela ausência de legitimidade. Segundo ele,

> [...] quando alguém promove um negócio jurídico apenas com a finalidade de obter redução de carga tributária incidente, salvo o descumprimento frontal da lei (evasão), das duas uma: ou age com liberdade garantida pelos princípios constitucionais que protegem a autonomia privada, no campo do planejamento tributário legítimo, visando à economia de tributos, constituindo negócios válidos e dotados de causa (elisão), sejam estes típicos ou atípicos, indiretos ou fiduciários, formais ou não formais; ou organiza negócios querendo aparentar um negócio jurídico legítimo e válido, mas desprovidos de causa, organizados com pacto de simular, para retirar os efeitos da causa do negócio aparente, ou ordenados para evitar a incidência da lei imperativa, qualificados como fraudulentos, também estes carentes de "causa" (elusão). Eis como se diferenciam elisão e elusão. Ambos os conceitos decorrem do exercício de autonomia privada, sendo aquele vinculado às opções legítimas do ordenamento e este, decorrente do uso das liberdades negociais disponíveis.

Por sua vez, Marco Aurélio Greco[72] sustenta que, em um Estado Democrático de Direito, a interpretação e aplicação do ordenamento jurídico supõem a conjugação e compatibilidade entre os valores típicos do Estado de Direito (liberdade negativa, legalidade formal, proteção à propriedade) com os inerentes ao Estado Social (igualdade, liberdade positiva, solidariedade), fazendo com que o tema do planejamento tributário deva ser analisado não apenas sob a ótica das formas jurídicas admissíveis, mas também sob o ângulo da sua utilização concreta, do seu funcionamento e dos resultados que geram à luz dos valores básicos igualdade, solidariedade social e justiça.

Assim, embora se deva reconhecer que o contribuinte tem o direito de organizar sua vida – desde que o faça atendendo aos requisitos de licitude dos meios, anterioridade em relação ao fato gerador, inexistência de simulação sem distorções ou agressões ao ordenamento –, este não é um direito absoluto e incontrastável, uma vez que possui limites na sua realização.

O ordenamento jurídico contemporâneo não contempla mais a velha argumentação do positivismo jurídico, pautada apenas em princípios de segurança jurídica, legalidade e tipicidade, liberdade e proteção da propriedade privada, sem observar valores e princípios igualmente superiores, como os princípios da capacidade contributiva, da boa-fé, da ética e da moralidade.

Não são mais debatidas as situações que já estão pacificamente definidas como violadoras das regras tributárias penalmente tuteladas (ilícitos penais tributários), que se classificam como evasão fiscal. Hoje, a discussão recai sobre o que é duvidoso, acerca daquilo sobre que não há ainda um consenso absoluto: sobre a distinção e identificação da elisão fiscal lícita e a ilícita. Esta última caracteriza-se por ser uma conduta que respeita apenas a letra da lei, pela aparência formal que lhe foi conferida, sendo, todavia, questionável quanto ao aspecto moral, ético e social, cujos valores, como vimos, já são dotados de efetividade normativa constitucional e infraconstitucional, capazes e suficientes para infirmá-la por vício de legalidade.

---

[71] TORRES, Heleno Taveira. op. cit. p. 16.

[72] GRECO, Marco Aurélio. *Planejamento tributário*. São Paulo: Dialética, 2004. p. 179-180.

Parte II · Cap. 6 · VIGÊNCIA, EFICÁCIA, APLICAÇÃO E INTERPRETAÇÃO DO DIREITO TRIBUTÁRIO | **175**

Devemos chamar atenção para os procedimentos que ultrapassam aquela "cinzenta" linha divisória entre os procedimentos lícitos e legítimos e os procedimentos ilícitos, que ocorrem através de fraudes ao erário público, não cabendo mais o debate sobre a legitimidade do planejamento fiscal (se seria uma elisão fiscal lícita ou ilícita), adentrando-se agora na seara do ilícito, entre a mera irregularidade fiscal (sem intenção) e a fraude ou sonegação, como sendo a ação consciente e voluntária (ao menos assumindo-se o risco) do contribuinte tendente a, por meios ilícitos, eliminar, reduzir ou retardar o pagamento de tributo efetivamente devido.

Neste sentido, a Lei nº 8.137/1990, que define os crimes contra a ordem econômica e tributária (conhecidos pelo nome genérico de "crimes de sonegação fiscal"), estabelece que constitui crime suprimir ou reduzir tributo ou qualquer acessório, mediante as seguintes condutas ou procedimentos: a) omitir informação, ou prestar declaração falsa às autoridades fazendárias; b) fraudar a fiscalização tributária inserindo elementos inexatos, ou omitindo operação de qualquer natureza, em documento ou livro exigido pela lei fiscal; c) falsificar ou alterar nota fiscal, fatura, duplicata, nota de venda, ou qualquer outro documento relativo à operação tributável; d) elaborar, distribuir, fornecer, emitir ou atualizar documento que saiba ou deva saber falso ou inexato; e) negar ou deixar de fornecer, quando obrigatória, nota fiscal ou documento equivalente, relativa à venda de mercadoria ou prestação de serviço efetivamente realizada, ou fornecê-la em desacordo com a legislação; f) fazer declaração falsa ou omitir declaração sobre rendas, bens ou fatos, ou empregar outra fraude, para eximir-se, total ou parcialmente, de pagamento de tributos; g) deixar de recolher, no prazo legal, valor de tributo descontado ou cobrado, na qualidade de sujeito passivo de obrigação e que deveria recolher aos cofres públicos; etc. Por sua vez, o art. 95 da Lei nº 8.212, de 24 de julho de 1991, estabelecia que constituíam crimes inúmeros procedimentos ilícitos cometidos contra a seguridade social, entre outros, deixar de incluir na folha de pagamentos da empresa os segurados, empregado, empresário, trabalhador avulso ou autônomo que lhe prestem serviços. A Lei nº 9.983/2000 revogou este art. 95 e realizou a migração dos atuais crimes contra a seguridade social para o Código Penal.

Ressalte-se, ainda, que devemos distinguir o procedimento intencional e doloso de praticar o crime fiscal, de uma mera interpretação equivocada da lei tributária, que venha a ensejar o descumprimento de uma obrigação fiscal principal ou acessória (e gerará, apenas, um lançamento e respectiva cobrança). Assim explica Hugo de Brito Machado[73] que "a conduta de quem, sem fraude, adota interpretação da lei, capaz de reduzir sua carga tributária, não se confunde com a conduta criminosa de que se cuida".

6.5.3. Abuso de direito, fraude à lei e simulação

Aspecto que requer atenção na questão da identificação da elisão lícita ou ilícita está no debate das "patologias dos negócios jurídicos", na expressão utilizada por Marco Aurélio Greco,[74] que se manifestam em temas como a fraude à lei, o abuso de direito e de formas, a falta de propósito negocial, simulação, o motivo ilícito etc. Como registra este autor, a discussão gira em torno da qualificação do fato, não sendo suficiente analisar apenas os elementos da lei e do fato no plano concreto. Nas suas palavras,

---

[73]   MACHADO, Hugo de Brito. Planejamento tributário e crime fiscal na atividade do contabilista. In: PEIXOTO, Marcelo Magalhães (Coord.). *Planejamento tributário*. São Paulo: Quartier Latin, 2004. p. 423.

[74]   GRECO, Marco Aurélio. O planejamento tributário e o novo Código Civil. In: BORGES, Eduardo de Carvalho (Coord.). *Impacto tributário do Novo Código Civil*. São Paulo: Quartier Latin, 2004. p. 164.

176 CURSO DE DIREITO TRIBUTÁRIO BRASILEIRO – *Marcus Abraham*

[...] em se tratando de planejamento, temos que jogar com três elementos e não com dois. Não é lei e fato. É lei, qualificação jurídica e fato. Lei é lei, e basta interpretá-la. O fato será fato e, tendo ocorrido no mundo concreto, não poderemos alterá-lo, apenas visualizá-lo. Por isso, o que gerará debates é como qualificaremos o fato.[75]

O **abuso de direito** é o ato ilícito que ocorre pela utilização despropositada de um direito, ultrapassando-se os limites da razoabilidade do instituto empregado, conforme os parâmetros da boa-fé, dos bons costumes e do seu fim social e econômico.[76]

O ato realizado com abuso de direito se caracteriza na transposição do limite imposto ao direito do agente pelo direito de outrem, juntamente com a ausência de interesse legítimo e a existência de dano. Na lição de Jorge Americano:[77]

A existência de direitos ilimitados é uma ficção. O direito sem limite só seria exercitável fora da existência social, o que vale dizer, fora do único terreno que lhe dá vida. Em sociedade, porém, a liberdade do agente no exercício de seu direito cessa quando encontra outro direito com o qual se choca. Para que haja abuso de um direito é necessário que se verifique, portanto essa colisão, sem a qual seria inconcebível a coação jurídica ao abuso.

Na mesma linha já ensinava San Tiago Dantas[78] que "o abuso de direito é o exercício de uma atividade que, formalmente, entra nos direitos do agente, mas que está sendo exercida com um fim que não é aquele que a norma jurídica tinha em vista, quando protegeu aquela atividade".

Há quem relacione a teoria do abuso de direito com a falta de motivos legítimos, analisando o exercício do direito, conforme as condições objetivas em que é realizado, a partir da adequação de seu exercício aos fins econômicos e sociais para os quais foi atribuído ao seu titular.[79] Aliás, como já dizia Marcel Planiol,[80] o direito termina onde o abuso começa (*le droit cesse où l'abus commence*).

Afirma Ricardo Lobo Torres[81] que "a jurisprudência dos valores e o pós-positivismo aceitam o planejamento fiscal como forma de economizar imposto, desde que não haja abuso de direito".

Assim, qualquer tentativa de planejamento fiscal que envolva um ato que possa ser considerado realizado por abuso de direito estará fora do campo da licitude, podendo ser desconsiderado pelo direito tributário, permitindo o questionamento pelo Fisco, impondo a sua requalificação para identificar o outro ato efetivamente pretendido (conforme o art. 170[82] do Código Civil), dando-se a devida efetividade ao parágrafo único do art. 116 do Código Tributário Nacional.

---

[75] Ibidem. p. 134.

[76] Código Civil. Art. 187. Também comete ato ilícito o titular de um direito que, ao exercê-lo, excede manifestamente os limites impostos pelo seu fim econômico ou social, pela boa-fé ou pelos bons costumes.

[77] AMERICANO, Jorge. *Do abuso de direito no exercício da demanda.* 2. ed. São Paulo: Saraiva, 1932. p. 41.

[78] SAN TIAGO DANTAS, Francisco Clementino de. *Programa de direito civil*: parte geral. Rio de Janeiro: Editora Rio, 1977. p. 371.

[79] CARPENA, Heloisa. *Abuso de direito nos contratos de consumo.* Rio de Janeiro: Renovar, 2001. p. 46-55.

[80] PLANIOL, Marcel. *Traité élémentaire de droit civil.* V.II. Paris, 1926. p. 287 apud CARPENA, Heloisa. op. cit. p. 44.

[81] TORRES, Ricardo Lobo. O abuso do direito no Código Tributário Nacional e no Novo Código Civil. In: GRUPENMACHER, Betina Treiger (coord.). *Direito tributário e o Novo Código Civil.* São Paulo: Quartier Latin, 2004. p. 57-58.

[82] Código Civil. Art. 170. Se, porém, o negócio jurídico nulo contiver os requisitos de outro, subsistirá este quando o fim a que visavam as partes permitir supor que o teriam querido, se houvessem previsto a nulidade.

Parte II · Cap. 6 · VIGÊNCIA, EFICÁCIA, APLICAÇÃO E INTERPRETAÇÃO DO DIREITO TRIBUTÁRIO | **177**

Outro elemento determinante da legalidade e legitimidade em planejamentos fiscais e que é capaz de torná-los nulos ou anuláveis é a **ausência de motivos** dos atos e negócios jurídicos.[83]

O *motivo* é a situação ou circunstância que dá ensejo à realização do ato, portanto antecedente a este, devendo haver uma relação de congruência entre o motivo e o ato. Já a motivação, que surge depois, é uma mera justificativa deste ato, com a finalidade de explicar a sua realização. Dessa forma, o motivo é a matéria de direito ou de fato, em que se fundamenta o ato, e a ausência de sintonia entre motivo e ato pode ser o elemento fundamental na determinação da legitimidade da operação.

Portanto, o ato ou negócio jurídico realizado pelo contribuinte cujo motivo não esteja em sintonia com a realidade econômica que realmente se apresenta poderá ser considerado nulo. Em outras palavras, se o que se fez não foi feito efetivamente para o que se apresenta, mas foi feito por algum outro motivo que tenha relação exclusiva com a redução da carga fiscal, sem que haja efetivamente um motivo intrínseco ao próprio negócio, a validade desta operação estará condenada à nulidade.[84]

A **fraude à lei**[85] é outro elemento que deve ser considerado no planejamento tributário, podendo determinar a nulidade de ato ou negócio jurídico que tenha por objetivo *fraudar a lei imperativa*. Neste caso, adota-se o uso de meios indiretos para violar uma norma jurídica, visando obter um resultado por ela não pretendido ou impedindo sua plena realização.[86]

Como explica Régis Fichtner,[87] a fraude à lei constitui espécie do gênero violação da norma jurídica, em que o agente não pratica atos contrários à forma literal com que determinada regra legal está expressa, mas consegue, por meio indireto, atingir o resultado indesejado que a norma fraudada visa evitar.

Relevante distinguir a *fraude à lei* do *abuso do direito*, institutos que, *prima facie*, podem demonstrar-se semelhantes. No abuso de direito há um excesso do uso regular da norma, ao passo que, na fraude à lei, o agente respeita a letra da norma primária, mas a viola, por meios indiretos, através do uso de mecanismos jurídicos apoiados em outras normas, ditas secundárias, com finalidades distintas. Verifica-se o uso, na mesma operação, de duas normas jurídicas: a primeira, que resta contornada, e uma segunda, que é a norma secundária de "camuflagem", aplicada para atingir o fim buscado inicialmente, mas com efeitos diversos. Dada esta estrutura, resta aí, também, a distinção para com a simulação, na qual a manobra ou ardil está no ato ou no negócio realizado (simulado) e não no uso da norma, já que na fraude à lei os atos ou negócios realizados são efetivamente pretendidos e não simulados. E isto é o que ocorre, igualmente, nos casos de negócio jurídico indireto e no abuso de formas.

A **simulação**,[88] outra prática combatida nos planejamentos fiscais, manifesta-se por meio de um ato volitivo perpetrado pelo agente com objetivo de produzir efeitos diferentes do que exter-

---

[83] Código Civil. Art. 138. São anuláveis os negócios jurídicos, quando as declarações de vontade emanarem de erro substancial que poderia ser percebido por pessoa de diligência normal, em face das circunstâncias do negócio. Art. 139. O erro é substancial quando: [...] III – sendo de direito e não implicando recusa à aplicação da lei, for o motivo único ou principal do negócio jurídico. Art. 140. O falso motivo só vicia a declaração de vontade quando expresso como razão determinante. Art. 166. É nulo o negócio jurídico quando: [...] III – o motivo determinante, comum a ambas as partes, for ilícito.

[84] ABRAHAM, Marcus. op. cit. p. 216.

[85] Código Civil. Art. 166. É nulo o negócio jurídico quando: [...] VI – tiver por objetivo fraudar lei imperativa.

[86] LOTUFO, Renan. *Código Civil comentado*: parte geral. Vol. 1. São Paulo: Saraiva, 2003. p. 461.

[87] PEREIRA, Régis Velasco Fichtner. *A fraude à lei*. Rio de Janeiro: Renovar, 1994. p. 135.

[88] Código Civil. Art. 167. É nulo o negócio jurídico simulado, mas subsistirá o que se dissimulou, se válido for na substância e na forma. § 1º Haverá simulação nos negócios jurídicos quando: I – aparentarem conferir

namente se apresenta, para encobrir o que realmente se pretende fazer. Há algo *oculto* que se quer realizar e há algo *ostensivo* que não se quer, que funciona de "disfarce" para o intento realmente desejado. Encontra-se na sua essência o seu objetivo final: enganar terceiros (no caso, o Fisco). O ato simulado é o que se apresenta perante terceiros, enquanto o dissimulado é o verdadeiro ato que se pretendia realizar, mas acaba oculto sob o manto da simulação. Nas palavras de Jean Baudrillard,[89] "Dissimular é fingir não ter o que se tem. Simular é fingir ter o que não se tem".

Sobre a simulação, afirma Gustavo Tepedino[90] que, "tal figura, mais que restrita a atingir interesses privados, ofende o interesse público de correção e veracidade nas relações negociais".

Costuma-se dizer que a simulação apresenta uma incompatibilidade entre a manifestação externada e a verdadeira intenção, com o objetivo de enganar terceiros. Encontramos, também, a distinção entre a simulação absoluta e a relativa: na primeira, as partes fingem um ato que é mera aparência, sem conteúdo negocial por detrás; na segunda, conhecida também por dissimulação, deparamo-nos com um negócio simulado, que esconde outro negócio, qual seja, o dissimulado. Na simulação absoluta, teremos a nulidade do ato ou negócio realizado, enquanto na relativa o ato que se exteriorizou será nulo enquanto o escondido se manterá válido. A manutenção do ato dissimulado visa à proteção de terceiros de boa-fé que seriam prejudicados pela simulação maliciosa.

A esse respeito, manifesta-se Humberto Ávila[91] de forma simples e didática:

> As formas de Direito Privado podem, sim, ser utilizadas, se não houver simulação e se não houver dissimulação, sem abuso de formas, simplesmente porque o direito de liberdade está posto na Constituição e não pode ser restringido excessivamente. É necessário não haver simulação, isto é, o particular não inventa uma coisa que na verdade não aconteceu, não liga para o seu primo, dizendo, por exemplo, "me dá um recibo para uma operação que eu não fiz, porque quero abater como despesa dedutível se fizer a declaração completa". Ele não inventa um fantasma. Também não pode haver dissimulação, isto é, o sujeito faz uso de uma máscara para encobrir aquilo que realmente aconteceu – por exemplo, o contribuinte quer fazer uma doação, mas para não pagar o imposto sobre doação ele faz a venda de um automóvel de cem mil reais por um centavo. Nesse caso, ele está abusando da forma do contrato de compra e venda, porque o preço é um dos seus elementos essenciais, e ao abusar, está utilizando a "máscara" da alienação, da compra e venda, para encobrir o que realmente aconteceu, que é uma doação. O que estou dizendo é o seguinte: não sendo caso de dissimulação, se o particular utiliza-se de determinadas formas de Direito Privado, sem abusar da forma jurídica, isto é, sem destruir os seus elementos essenciais, essa utilização não pode ser desconsiderada, mesmo que a sua finalidade seja justamente a de pagar menos tributo.

Uma figura similar (próxima, porém distinta) à simulação é o negócio indireto, em que se utiliza uma figura negocial típica para atingir objetivos que não lhe são próprios, sem que

---

ou transmitir direitos a pessoas diversas daquelas às quais realmente se conferem, ou transmitem; II – contiverem declaração, confissão, condição ou cláusula não verdadeira; III – os instrumentos particulares forem antedatados, ou pós-datados. § 2º Ressalvam-se os direitos de terceiros de boa-fé em face dos contraentes do negócio jurídico simulado.

[89] BAUDRILLARD, Jean. *Simulacros e simulação*. Lisboa: Relógio D'água, 1991. p. 9.

[90] TEPEDINO, Gustavo. *A parte geral do Novo Código Civil*: estudos na perspectiva civil-constitucional. 2. ed. Rio de Janeiro: Renovar, 2003. p. 342.

[91] ÁVILA, Humberto Bergmann. Eficácia do novo Código Civil na legislação tributária. In: GRUPENMACHER, Betina (Coord.). *Direito tributário e o novo Código Civil*. São Paulo: Quartier Latin, 2004. p. 76-77.

Parte II • Cap. 6 • VIGÊNCIA, EFICÁCIA, APLICAÇÃO E INTERPRETAÇÃO DO DIREITO TRIBUTÁRIO | **179**

haja efetiva intenção de prejudicar terceiros. Apenas utiliza-se um meio que não é o comum na prática corrente e usual, e o resultado não é contrário ao direito. Assim, no negócio indireto, usa-se uma via oblíqua, em lugar da via normal; usa-se um negócio típico fora de seu fim específico, porém este é de fato perseguido, embora não dentro da normalidade. Tudo o que se aparenta no negócio indireto realizado é realmente querido.[92]

A nulidade dos atos em simulação restringe a liberdade negocial da esfera da autonomia privada do contribuinte em caso de planejamentos fiscais onde se pretende esconder um negócio fiscalmente mais oneroso sob a figura de outro de menor carga fiscal, porém, sem qualquer propósito negocial que não apenas a farsa elisiva.

O **abuso de formas** é outro mecanismo utilizado em operações de planejamento fiscal, que se revela quando há uma divergência entre a forma externa do ato ou negócio realizado e o seu efetivo conteúdo. Há, na realidade, um objetivo negocial conduzido através de uma forma indevida.

Historicamente, temos a teoria do abuso de formas originária da Ordenação Tributária Alemã de 1919, como fundamento da *interpretação econômica do fato gerador*, ao prever que "a obrigação do imposto não pode ser evitada ou diminuída mediante o abuso das formas e das possibilidades de adaptação do direito civil". Apesar de questionada à época por abusos por parte do fisco alemão, a mesma foi mantida pelo Código Tributário Alemão de 1977, ao dispor em seu art. 42 que "A lei tributária não pode ser fraudada através do abuso de formas jurídicas. [...]". Para Amílcar de Araújo Falcão,[93] o Direito Tributário autoriza o intérprete a desenvolver considerações econômicas para a interpretação da lei tributária e o enquadramento do caso concreto, inclusive levando-se em consideração o espírito da *mens* ou *ratio legis*, "*quando o contribuinte comete um abuso de forma jurídica*". Segundo referido autor, para que isto aconteça, é necessário que haja uma verdadeira atipicidade da forma jurídica adotada em relação ao fim, intento prático visado. Nas suas palavras:

> No mundo das relações econômicas, a cada intenção empírica, ou *intentio facti*, corresponde uma intenção jurídica, ou *intentio juris* adequada, que se exterioriza através de uma forma jurídica típica. Imagine-se que, para levar a cabo essa mesma *intentio facti*, o contribuinte adote uma forma jurídica completamente anormal ou atípica, embora não proibida pelo Direito Privado, com o único objetivo de, através da manipulação da *intentio juris*, obter o não pagamento, o menor pagamento ou o pagamento diferido no tempo de um tributo, isto é, adotou-se uma forma economicamente inadequada com o único objetivo de provocar a evasão do tributo.

Fato é que, hoje em dia, encontra-se respaldo na legislação privada para o combate à prática abusiva da elisão fiscal através do abuso de formas, uma vez que a distorção entre a forma e o conteúdo acaba por desembocar em uma das figuras anteriormente analisadas: abuso de direito; fraude à lei ou simulação. Isto se dá pois o abuso de formas será perpetrado através de algum dos meios viciados. Nas palavras de Marco Aurélio Greco,[94] "o que contaminaria o negócio jurídico e, por decorrência, o planejamento tributário não seria o abuso de forma em si, mas a fraude à lei, a simulação e o abuso de direito".

---

[92] THEODORO JÚNIOR, Humberto. *Comentários ao Novo Código Civil*. Volume 3, t. 1: Livro III – dos Fatos Jurídicos: do Negócio Jurídico. Rio de Janeiro: Forense, 2003. p. 479-480.

[93] FALCÃO, Amílcar de Araújo. *Fato gerador da obrigação tributária*. 6. ed. Rio de Janeiro: Forense, 1994. p. 32-34.

[94] GRECO, Marco Aurélio. *Planejamento tributário*. São Paulo: Dialética, 2004. p. 251.

6.5.4. Normas antielisivas

As **normas antielisivas** são instrumentos legais criados para questionar e combater a prática de atos, negócios ou procedimentos realizados no bojo de um planejamento tributário irregular ou ilegítimo feito pelo contribuinte. Podem-se utilizar regras ou princípios jurídicos para este fim. Podem ser genéricas, empregando-se normas gerais que contenham expressões amplas, flexíveis e indeterminadas (porém determináveis), como *"abuso de formas"*, *"fraude à lei"* ou *"falta de propósito mercantil"*, ou utilizar técnicas sub-rogatórias,[95] adicionando-se ao tipo específico uma regra genérica (por exemplo: *"e congêneres"* ou *"da mesma natureza"* etc.). Outro método comumente adotado é o uso de presunções legais, sejam *juris et de jure*, sejam *juris tantum*, em que o legislador presume que, encoberto por um fato ostensivo há um outro, oculto, de natureza elisiva (por exemplo: distribuição disfarçada de lucros; regras de preços de transferência etc.). Podem, ainda, ser aplicadas regras específicas ou pontuais, que visam atacar práticas concretas que já se consolidaram, denominadas por Heleno Taveira Torres[96] de "normas de prevenção ou correção à elusão".

Nesta linha, podemos identificar dois métodos básicos no combate aos planejamentos fiscais indesejados: a) *criação normativa*, em que se busca utilizar tipos tributários fechados para proibir a prática do planejamento ou através da instituição de presunções legais; b) *interpretação normativa*, em que se utilizam tipos abertos ou normas gerais.

No caso da criação normativa, por meio da utilização de tipos específicos, ocorre o fenômeno do "excesso legal", que acaba por criar um sistema tributário excessivamente complexo e detalhado, deixando-se, sempre, ao final, brechas legais (*loopholes*) que permitem ao contribuinte encontrar alternativas indesejadas pelo Fisco. Já no caso das presunções legais, em que o Fisco se socorre de fatos previamente conhecidos (por experiência, por estatísticas ou pela prática negocial), para determinar antecipadamente a ocorrência de outros fatos, superam-se as dificuldades quanto às questões probatórias que normalmente impedem a ampla atuação e efetividade do Fisco, porém, ainda que de forma reduzida, deixa-se margem para manipulações por parte do contribuinte, pelo uso de manobras financeiras, societárias ou jurídicas, que podem ser camufladas por meio de simulações, abuso de direito ou de formas.

Exemplo deste excesso normativo é manifestado por Marco Aurélio Greco:[97]

> Muito sinceramente, para mim, a lei do Imposto de Renda, deveria haver duas palavras: ganhou, pagou. Esse seria o ideal de uma lei de Imposto de Renda. A pergunta é: quando vou saber se ganhou? Quando poderei dimensionar o ganho? Aí começam os 1.600 ou 1.800 artigos de um

---

[95] Explica Hermes Marcelo Huck (*Evasão e elisão*: rotas nacionais e internacionais. São Paulo: Saraiva, 1997. p. 50) que, para evitar e combater o fenômeno elisivo, tem-se desenvolvido em determinadas legislações uma técnica conhecida como *fattispecie surrogatorie*, ou norma geral, em que o legislador, após definir a tipificação do tributo, considera que ele deve prevalecer e a norma ser aplicada desde que sejam verificados seus pressupostos econômicos ou fáticos, ainda que não se tenha aperfeiçoado o tipo jurídico especificamente previsto na norma. A técnica sub-rogatória constitui uma configuração da hipótese de incidência mediante a constituição de um tipo, seguida de uma regra adicional que prescinde de tipologia jurídica, quando declara que o tributo igualmente é devido ainda que faltem algumas de suas características formais, desde que os resultados econômicos ou de fato em geral previstos na norma estejam presentes.

[96] TORRES, Heleno Taveira. op. cit. p. 276.

[97] GRECO, Marco Aurélio. Elisão tributária e seu contexto. In: SEMINÁRIO INTERNACIONAL SOBRE ELISÃO FISCAL, 2001, Brasília. *Anais do Seminário Internacional sobre Elisão Fiscal*. Brasília: ESAF, 2002. p. 25-26.

Parte II • Cap. 6 • VIGÊNCIA, EFICÁCIA, APLICAÇÃO E INTERPRETAÇÃO DO DIREITO TRIBUTÁRIO | **181**

regulamento de Imposto de Renda. Gostaria que fosse uma lei de duas palavras, mas para haver uma lei simples é preciso haver critérios de descoberta do ganho, então vem a postura perante a legislação: que tipo de legislação eu quero? Quero uma detalhista, que me diga até as vírgulas com que tem que ser feita aquela operação para se considerar que houve ganho. Desculpem fazer uma blague, mas há certas posturas no debate sobre elisão que seriam o mesmo que dizer o seguinte: "se o meu número de CPF não estiver escrito no regulamento de Imposto de Renda, não devo aquele imposto", porque são tantas as vírgulas que se exigem na descrição normativa que é como dizer que teria que estar em anexo o número de todos os CPF dos contribuintes.

Por estas razões, considera-se que o uso da interpretação normativa para restringir a atuação do contribuinte, com a instituição de tipos abertos e normas gerais, pode ser mais eficaz, desde que sua aplicação seja cuidadosa e haja limites na sua administração, com as devidas garantias ao contribuinte.

Embora o questionamento da segurança jurídica venha sempre à tona, a ponderação de valores, o uso da razoabilidade e o estabelecimento de um devido procedimento podem permitir a sua utilização de maneira satisfatória e segura, sobretudo se considerarmos que não há segurança jurídica apenas com tipos fechados e que nenhum direito fundamental é absoluto. Por isso, se têm considerado que a adoção de tipos abertos (abuso de direito, fraude à lei, simulação, ausência de motivos etc.) ou de normas gerais antielisivas (como a prevista no parágrafo único do art. 116 do CTN), se bem aplicados, não geram subjetivismos, já que o intérprete deverá, dentro do sistema normativo, fundamentar a sua linha de aplicação com os parâmetros científicos utilizados. E, após, serão concedidos ao contribuinte todos os mecanismos de garantia para a proteção dos seus direitos fundamentais, conferindo-lhe o devido procedimento legal (ampla defesa e contraditório), quer na esfera administrativa (ainda em fase de lançamento fiscal), quer na esfera judicial, como determina o art. 5º, LV, da Constituição Federal.

Entre alguns exemplos de **normas antielisivas específicas**, podemos citar o Decreto-lei nº 1.598/1977, que restringiu a distribuição disfarçada de lucros; o art. 51 da Lei nº 7.450, de 23/12/1985, que incluiu dentro do seu campo de incidência todos os ganhos e rendimentos independentemente da denominação adotada; o art. 3º, § 4º, da Lei nº 7.713/1988, ao estabelecer que a tributação independe da denominação dada aos ganhos e rendimentos auferidos; a Lei nº 9.249/1995, que adotou o princípio da universalidade da tributação sobre a renda das pessoas jurídicas que tenham ligações com outras empresas do mesmo grupo no exterior, para reduzir a utilização de paraísos fiscais; a vedação ao aproveitamento dos prejuízos fiscais das empresas, introduzida pelo Decreto-Lei nº 2.341/1987 e reproduzida no art. 585 do Regulamento do Imposto de Renda (Dec. nº 9.580/2018), ao estabelecer que a pessoa jurídica sucessora por incorporação, fusão ou cisão não poderá compensar prejuízos fiscais da sucedida; a Lei Complementar nº 104/2001,[98] que inseriu os §§ 1º e 2º ao art. 43 do CTN e inclui no conceito do Imposto de Renda um mecanismo que dificulta as manipulações elisivas através de denominações de receita ou do rendimento, localização, condição jurídica, nacionalidade da fonte ou forma de percepção, bem como em relação ao momento da disponibilidade do rendimento oriundo do exterior; a Medida Provisória nº 2.158-35/2001, que alterou o tratamento tributário dispen-

---

[98] LC nº 104/2001, que introduziu os seguintes parágrafos ao artigo 43 do CTN: § 1º A incidência do imposto independe da denominação da receita ou do rendimento, da localização, condição jurídica ou nacionalidade da fonte, da origem e da forma de percepção. § 2º Na hipótese de receita ou de rendimento oriundos do exterior, a lei estabelecerá as condições e o momento em que se dará sua disponibilidade, para fins de incidência do imposto referido neste artigo.

182 | CURSO DE DIREITO TRIBUTÁRIO BRASILEIRO – *Marcus Abraham*

sado aos lucros, rendimentos e ganhos de capital auferidos no exterior pelas pessoas jurídicas domiciliadas no País; a Lei nº 9.311/1996, que restringiu a negociação e circulação de cheques através de endossos inibindo a elisão fiscal da Contribuição Provisória sobre Movimentação Financeira; as Leis nº 8.981/1995 e nº 9.311/1996, ao estabelecer que a incidência do Imposto de Renda e da Contribuição Provisória sobre Movimentação Financeira também independeriam da sua denominação ou do instrumento empregado.

Sobre a elisão internacional, o Brasil assinou tratados para evitar a dupla tributação, bem como acordos de cooperação administrativa e intercâmbio de informações. Merece destaque a Lei nº 14.596/2023, que dispôs sobre as novas regras de *preços de transferência*, conhecidos internacionalmente como *transfer pricing* – preços praticados em operações internacionais entre partes vinculadas –, tendo adotado o princípio geral do *arm's length* (ou seja, os preços praticados entre as partes vinculadas deve ser similar aos valores de mercado) com objetivo de inibir a manipulação de preços e resultados das transações, na forma de superfaturamento ou subfaturamento do comércio exterior.[99]

Finalmente, através da Lei Complementar nº 104/2001, foi inserido o parágrafo único no art. 116[100] do Código Tributário Nacional. Trata-se da denominada **norma geral antielisiva**, que possibilita à autoridade administrativa fazendária, através do devido procedimento administrativo,[101] desconsiderar atos ou negócios jurídicos realizados pelo contribuinte que busca, através da manipulação da sua forma (meios lícitos), dissimular a ocorrência do fato gerador, caracterizando-se tal prática através de conceitos como o do abuso de formas ou o da falta de propósito negocial.

Na sua esteira, era publicada, em 30 de agosto de 2002, a Medida Provisória nº 66, que apresentava em seu art. 14 os requisitos – falta de propósito negocial ou o abuso de formas – para a desconsideração dos atos e negócios jurídicos e, nos arts. 15 a 19, o procedimento de desconsideração.

Desde o início, muitos foram os questionamentos à norma geral antielisiva. Criticava-se a constitucionalidade do dispositivo por suposta violação aos princípios da legalidade, tipicidade e reserva absoluta da lei formal, sugerindo que a norma autorizaria a tributação através de presunções ou ficções tributárias, com a utilização da "interpretação econômica do fato gerador", ou por utilização de dispositivos legais fundados em "conceitos jurídicos indetermi-

---

[99]   Art. 1º Esta Lei dispõe sobre regras de preços de transferência relativas ao Imposto sobre a Renda das Pessoas Jurídicas (IRPJ) e à Contribuição Social sobre o Lucro Líquido (CSLL).

  Parágrafo único. O disposto nesta Lei aplica-se na determinação da base de cálculo do IRPJ e da CSLL das pessoas jurídicas domiciliadas no Brasil que realizem transações controladas com partes relacionadas no exterior.

  Do Princípio *Arm's Length*

  Art. 2º Para fins de determinação da base de cálculo dos tributos de que trata o parágrafo único do art. 1º desta Lei, os termos e as condições de uma transação controlada serão estabelecidos de acordo com aqueles que seriam estabelecidos entre partes não relacionadas em transações comparáveis.

[100]   Artigo 116, parágrafo único do CTN: "A autoridade administrativa poderá desconsiderar atos ou negócios jurídicos praticados com a finalidade de dissimular a ocorrência do fato gerador do tributo ou a natureza dos elementos constitutivos da obrigação tributária, observados os procedimentos a serem estabelecidos por lei ordinária".

[101]   A Medida Provisória nº 66/2002 que, dentre outros temas, regulamentava a aplicação do aludido parágrafo único do art. 116 do CTN, não foi convertida em lei quanto à matéria específica do procedimento de desconsideração e requalificação do ato ou negócio jurídico.

Parte II • Cap. 6 • VIGÊNCIA, EFICÁCIA, APLICAÇÃO E INTERPRETAÇÃO DO DIREITO TRIBUTÁRIO | **183**

nados", "cláusulas gerais" e até mesmo pelo uso da analogia.[102] Houve, ainda, quem sugerisse ser inadequada a escolha pelo legislador da expressão "dissimulação" prevista na lei, por ser dotada de imprecisão técnica e de abertura excessiva.[103]

Apesar do cenário conturbado à época, aguardava-se uma pacificação dos ânimos a fim de permitir a aplicação da norma geral antielisiva e a consolidação no Direito brasileiro da teoria do propósito negocial e do abuso de formas no combate aos planejamentos fiscais abusivos, quando então, infelizmente, assistiu-se à conversão da MP nº 66 na Lei nº 10.637/2002, sem, entretanto, a nova legislação dispor sobre a matéria, tal como tratava o texto originário da medida provisória.[104]

Esse último fato gerou o aumento da insegurança jurídica e permitiu a propagação e a consolidação do discurso de que a norma geral antielisiva do art. 116 do CTN não disporia mais de regulamentação, tanto ao argumento de que não haveria previsão legal estabelecendo o procedimento administrativo para a desconsideração dos atos e negócios jurídicos, como ao argumento de que não teríamos em nosso ordenamento jurídico previsão expressa dos requisitos de *falta de propósito negocial* e *abuso de formas*, necessários para invalidar os planejamentos fiscais. Essas, talvez, sejam hoje em dia as principais razões e argumentos de resistência e óbices mais comuns para a utilização da norma geral antielisiva.

Todavia, as opiniões não são uníssonas e há entendimentos em ambos os sentidos, sendo certo que aqueles que pugnam pela validade e efetividade da Norma Geral Antielisiva o fazem apoiados nas disposições do Decreto nº 70.235/1972 (sobre o processo administrativo tributário), no art. 142 do CTN (sobre procedimento de lançamento), no art. 148 (sobre lançamento por arbitramento) e no art. 149, VII (lançamento por simulação) para fundamentar a aplicabilidade da norma geral antielisiva.

Neste sentido, afirmam que a Administração Tributária há muito dispõe de um sólido diploma normativo – o Decreto nº 70.235/1972 – que disciplina todo o procedimento para a lavratura de autos de infração e ainda prevê o rito para a impugnação pelo contribuinte, devidamente dotado das garantias do devido processo legal, da ampla defesa e do contraditório, perfeitamente aplicável ao procedimento de desconsideração dos planejamentos fiscais abusivos.

Ademais, argumenta-se que o art. 142 do CTN, que estabelece o procedimento de lançamento, não cria qualquer condição ou metodologia própria que pudesse indicar a necessidade de previsão legal de um procedimento específico para o uso da norma geral antielisiva. Da sua dicção, extrai-se que o lançamento, procedimento tributário para identificação do fato gerador e apuração da obrigação tributária, constitui uma atividade administrativa obrigatória e vinculada.

---

[102] Nas palavras de Ives Gandra Martins da Silva: "O artigo 116, portanto, vem ferir frontalmente o artigo 150, inciso I, da Constituição Federal, que é cláusula pétrea" (MARTINS, Ives Gandra da Silva. Norma antielisão é incompatível com o sistema constitucional brasileiro. In: ROCHA, Valdir de Oliveira (Coord.). *O planejamento tributário e a Lei Complementar 104*. São Paulo: Dialética, 2002. p. 123). Com igual repulsa, afirmou César A. Guimarães Pereira que "a outorga de competência mediante conceitos indeterminados equivale a um 'cheque em branco' para a Administração, o que é incompatível com o Direito Tributário" (PEREIRA, César A. Guimarães. A elisão tributária e a Lei Complementar 104/2001. In: ROCHA, Valdir de Oliveira (Coord.). *O planejamento tributário e a Lei Complementar 104*. São Paulo: Dialética, 2002. p. 35).

[103] BRITO, Edvaldo. Interpretação econômica da norma tributária e o planejamento fiscal. In: ROCHA, Valdir de Oliveira (Coord.). *O planejamento tributário e a Lei Complementar 104*. São Paulo: Dialética, 2002. p. 15.

[104] Ressalte-se que a Mensagem n. 1.234 de 30/12/2002 foi omissa quanto às razões do veto dos dispositivos da Medida Provisória 66/02 sobre o procedimento da norma antielisiva.

Outrossim, o art. 148 do CTN, ao contemplar a modalidade de lançamento por arbitramento, permite a sua subsunção ao procedimento de desconsideração dos planejamentos fiscais abusivos, pois apesar de ser este dispositivo tipicamente vinculado ao mero cálculo do tributo devido, este procedimento decorre não apenas da avaliação da escrituração contábil ou do valor dos bens e serviços indicados pelo contribuinte, já que pode derivar, também, da desqualificação dos atos ou negócios por ele realizados, desde que haja fortes indícios de ausência de confiabilidade no que é apresentado e a insuficiência nos elementos constitutivos da verdadeira obrigação tributária (a que se pretendeu camuflar pelo planejamento tributário). Trata-se de lançamento baseado em uma presunção relativa, permitindo-se ao contribuinte, como em qualquer lançamento, o seu questionamento.

E, ainda, defende-se que o próprio CTN já dispõe amplamente sobre o lançamento em casos de simulação (art. 149, VII), sem impor, igualmente, qualquer forma ou modalidade especial de procedimento. Nesta linha, Ricardo Lobo Torres entende que "a regra antielisiva é meramente declaratória e por isso só necessita de complementação na via ordinária nos casos em que o Estado-membro ou município não possua legislação segura sobre o processo administrativo tributário; para a União, que já o disciplinou, a regra é autoexecutável".[105]

Já tivemos oportunidade[106] de nos manifestar a respeito da norma geral antielisiva, no sentido da sua constitucionalidade e imediata efetividade, acreditando ser despicienda a sua regulamentação por uma nova lei ordinária, já que vislumbramos a aplicação de dispositivos do próprio Código Tributário Nacional, que se referem ao lançamento de ofício ou por arbitramento, assim como o lançamento em caso de simulação, que dispensam qualquer procedimento novo ou especial, ou, ainda, pela possibilidade de utilização das regras do procedimento administrativo fiscal.

Colocando um fim a essa intensa discussão, o STF, na ADI nº 2.446,[107] reputou constitucional a norma do parágrafo único no art. 116. A autora da ADI (Confederação Nacional do Comércio de Bens, Serviços e Turismo – CNC) afirmava que a norma permitia à autoridade fiscal tributar "fato gerador não ocorrido e previsto em lei", além de introduzir a "interpretação econômica" no direito tributário brasileiro "ensejando tributação por analogia" e, ainda, autorizaria o agente fiscal "a desarvorar-se em legislador preenchendo as lacunas legais com a interpretação analógica", violando o princípio da separação dos poderes.

Contudo, o voto vencedor da Relatora Ministra Cármen Lúcia afastou tais alegações, afirmando que: i) o fato gerador ao qual se refere o parágrafo único do art. 116 é o previsto em lei para cada tributo, sendo necessária a configuração de fato gerador apto a fazer surgir a obrigação tributária, de modo que a desconsideração autorizada está limitada aos atos ou negócios jurídicos praticados com intenção de dissimulação ou ocultação desse fato gerador; ii) o emprego da analogia no direito tributário está autorizado pelo art. 108 do CTN, desde que não resulte em exigência de tributo não previsto em lei, não estando autorizado o agente fiscal a valer-se de analogia para definir fato gerador e, tornando-se legislador, aplicar tributo sem previsão legal; iii) não há previsão na norma de interpretação econômica, pois o art. 116 se encontra no capítulo sobre o "Fato Gerador" do CTN, e não no capítulo sobre "Interpretação e Integração da Legislação Tributária" do CTN.

---

[105] TORRES, Ricardo Lobo. Normas gerais antielisivas. *Revista Fórum de Direito Tributário*, Belo Horizonte, ano 1, n. 1, jan./fev. 2003. p. 123.

[106] ABRAHAM, Marcus. op. cit. p. 409.

[107] STF. ADI 2.446, Rel. Min. Cármen Lúcia, Pleno, julg. 11/04/2022.

Parte II • Cap. 6 • VIGÊNCIA, EFICÁCIA, APLICAÇÃO E INTERPRETAÇÃO DO DIREITO TRIBUTÁRIO | 185

6.5.5. Falta de propósito negocial e abuso de formas

Considerando que o objetivo de todo verdadeiro planejamento tributário é identificar ou criar um caminho – sempre lícito e legítimo – que seja menos oneroso para o contribuinte realizar suas atividades econômicas, administrar seu patrimônio, rendas ou empresas, ele esbarrará nos limites e parâmetros que o Direito Público e o Direito Privado lhe impõem, certo de que estes vão muito além do simples respeito à estrita legalidade.

Devemos considerar que nenhum direito é absoluto. Por essa razão, a primeira limitação ao exercício do planejamento tributário estaria na própria liberdade de conduzir o seu direito de auto-organização. Nas marcantes palavras de Miguel Reale,[108] "ter um direito não significa poder fazer o que se quiser, mas exercer o direito em função desses três valores que integram numa unidade cogente: o fim econômico, o fim social, a boa-fé e os bons costumes".

Se, por um lado, o contribuinte dispõe a seu favor das garantias da autonomia privada e livre iniciativa que a Constituição Federal brasileira lhe confere, por outro não poderá abusar destes direitos no seu exercício, pois somente poderá exercer a organização econômica da sua vida privada de acordo com os parâmetros impostos pela *função social da propriedade e dos contratos*, pela *ética*, pela *moral* e pela *boa-fé*, bem como pela vedação expressa do *abuso de direito ou de formas*, da *fraude à lei*, da *ausência de motivos* ou da *simulação*.

Tais parâmetros, é bem verdade, assemelham-se muito – ou, por que não dizer, são uma versão brasileira – aos procedimentos de aplicação das técnicas da prevalência da substância sobre as formas (*substance over form*) e do propósito negocial (*business purpose*), amplamente consolidadas e utilizadas no direito estrangeiro.

Essas teorias surgiram nos Estados Unidos, no *leading case "Gregory v. Helvering"* (293, U. S. 465),[109] apreciado pela Suprema Corte dos Estados Unidos em 07/01/1935. Naquele julgado, seguindo a tradição norte-americana do *common law*, afastou-se a formatação do negócio em função da prevalência da substância negocial, com destaque à máxima de que *"The courts looks to facts, not to labels"*, ou seja, de que os tribunais levam em consideração os fatos, e não meros rótulos. Acabou sendo considerada, também, mesmo que indiretamente, a ocorrência de fraude à lei (*fraus legis*) na operação.

Percebe-se que, por tal teoria, a forma adotada pelo contribuinte em determinada operação é considerada mero artifício ou disfarce para ocultar o real objetivo, que é a economia do tributo, aplicando-se ao caso a lei elidida ao fato que efetivamente ocorreu (ocultado) e não uma suposta analogia aos fatos originários da manobra do contribuinte (sem propósito negocial). A doutrina passou, então, a ser aplicada pelos tribunais americanos, sendo aos poucos aprimorada

---

[108] REALE, Miguel. Palestra no Conselho de Economia, Sociologia e Política da Federação do Comércio do Estado de São Paulo em 13/06/2002 apud GRECO, Marco Aurélio. O planejamento tributário e o Novo Código Civil. In: BORGES, Eduardo de Carvalho (Coord.). *Impacto tributário do Novo Código Civil*. São Paulo: Quartier Latin, 2004. p. 151.

[109] Tratava-se de uma reorganização societária artificial apenas para transferir parte das ações de uma empresa ao contribuinte sem a incidência do imposto, através da criação de uma sociedade empresária que deixou de existir logo após a consumação do plano. A Suprema Corte americana, embora tenha reconhecido o direito do contribuinte de planejar seus negócios de forma que os tributos pudessem ser os menores possíveis e que não houvesse qualquer obrigação (dever patriótico) de escolher o modelo que melhor pagasse ao tesouro, entretanto, introduziu a regra da "intenção negocial" ao afirmar que tal escolha (das hipóteses menos onerosas) se limita às transações que tivessem um propósito negocial e, no caso concreto, entendeu que tinha havido "uma elaborada e tortuosa forma de transmissão disfarçada de reorganização societária" (ROLIM, João Dácio. *Normas antielisivas tributárias*. São Paulo: Dialética, 2001. p. 142-143).

e sistematizada, inclusive, analisando-se a sequência dos demais atos, até chegar ao modelo da "*step transaction*" (transação por etapas).[110]

As cláusulas do propósito negocial e do abuso de formas, ainda que com bases distintas, acabaram sendo progressivamente adotadas por diversos países mundo afora, não obstante as peculiaridades do sistema jurídico de cada ordenamento – uns de tradição jurídica anglo-saxã (*common law*) e outros com o sistema romano-germânico (*civil law*).[111]

O combate aos planejamentos fiscais abusivos nos Estados Unidos se baseia em quatro técnicas: a) a *business purpose doctrine,* que trata do propósito ou finalidade das ações do contribuinte, que poderão ser desconsideradas se levadas a efeito unicamente visando à elisão tributária; b) a teoria da *substance over form,* que autoriza o Poder Judiciário a analisar a substância do negócio (conteúdo econômico) para determinar o tratamento tributário que entender adequado, independente da forma empregada pelo contribuinte; c) a *step transaction theory,* que permite a reunião das etapas de determinado negócio para tratamento fiscal conjunto se as etapas tiverem relação entre si e direcionadas a um resultado final específico; e d) a *assignment of income doctrine,* que informa a natureza da renda para efeitos tributários.[112]

No Brasil, o Conselho Administrativo de Recursos Fiscais (CARF) tem adotado a teoria do abuso de forma e falta de propósito negocial na análise dos planejamentos tributários.

Como exemplo, citamos o *Acórdão 2301005.933* (Sessão de 14/03/2019), em que foi constituído um fundo de investimento pouco tempo antes da alienação de uma empresa a outra, fundo para o qual foram transferidos todos os ativos da empresa que seria alienada. Assim, formalmente, não houve diretamente uma operação entre a empresa que seria alienada e a empresa adquirente, mas sim a transferência dos ativos do fundo de investimentos diretamente para a empresa adquirente. A razão disto estava em que os fundos de investimento possuíam previsão legal de isenção de IR incidente sobre o ganho de capital na venda. Caso a venda fosse efetuada da empresa a ser alienada diretamente para a empresa adquirente, haveria incidência de tal IR sobre o ganho de capital na alienação. A decisão do CARF entendeu que estava ausente o propósito negocial na operação, estando o fundo de investimentos como mero ente interposto entre as empresas e os seus acionistas/cotistas, não tendo sido constituído com real objetivo de ser um fundo com fim de diversificar e ampliar investimentos, mas meramente com a finalidade de escapar da tributação do IR.

No *Acórdão 2302-003.215* (Sessão de 16/07/2014), uma empresa de calçados foi autuada pela fiscalização tributária por contratar simuladamente (terceirizar) serviços de industrialização por encomenda de outra empresa de calçados, ao invés de fazer uso de seus próprios empregados para executar a produção. Desta forma, a empresa obteria o benefício do ingresso de sua mão de obra no sistema de tributação SIMPLES, reduzindo sua carga tributária previdenciária e ainda usufruindo do benefício do creditamento das contribuições para o PIS/Pasep e Cofins relativamente aos serviços de industrialização por encomenda. Não obstante, a fiscalização apurou que: as duas empresas estavam localizadas dentro do mesmo parque fabril; ambas as empresas tinham objeto social comum, a saber, industrialização e o beneficiamento de calçados;

---

[110]   Ibidem. p. 157-165.

[111]   O jurista de tradição inglesa em geral prefere o precedente como base de suas decisões judiciais e muda empiricamente de caso a caso, de uma realidade a outra. Já o jurista do *civil law* tende a apresentar raciocínios dedutivos, decorrentes de princípios abstratos, sendo mais conceitual e escolástico, funcionando preferentemente com distinções e definições.

[112]   PEREIRA, César A. Guimarães. op. cit. p. 127.

as empresas eram compostas e comandadas exclusivamente pelas mesmas pessoas ligadas por laços familiares; uma empresa operava exclusivamente para outra; os processos trabalhistas indicavam em seu polo passivo ambas as empresas; e uma série de atividades administrativas em comum, com administração conjunta de RH de ambas as empresas. A decisão do CARF entendeu que houve simulação por abuso de forma jurídica, com fins de evasão fiscal, nos termos do art. 116, parágrafo único e art. 149, VII do CTN. Asseverou-se que, em atenção aos princípios da primazia da realidade e da verdade material, pode ocorrer que as relações que se mostrem existentes no campo meramente formal sejam desconsideradas por não refletirem, em substância, a realidade dos fatos.

Por sua vez, no *Acórdão 1201-001.136* (Sessão de 26/11/2014), restou assentado que o único propósito da estrutura empresarial adotada pelo grupo econômico foi o de evitar a tributação do ganho de capital que seria auferido pela empresa contribuinte acaso viesse, ela própria, a alienar o percentual da participação na mineradora negociada. O planejamento tributário adotado pelo grupo econômico foi o de *"transferir"* a referida participação para outra empresa do grupo, estrategicamente sediada em Nevada, EUA, onde não se tributa a renda das empresas relativamente às operações realizadas com o exterior. Concluiu, assim, revelar-se abusiva, e devendo ser desconsiderada para fins tributários a transferência de participação societária feita: (i) a outra pessoa jurídica do mesmo grupo econômico, residente em jurisdição que não tributa a renda nas operações com o exterior; (ii) por um valor muitíssimo inferior ao que essa mesma participação foi posteriormente alienada a terceiros; e (iii) sem propósito negocial crível, exceto o de evitar a ocorrência dos fatos geradores do IRPJ e da CSLL incidentes sobre o ganho de capital auferido na alienação daquela participação societária a terceiros.

Hoje, os sistemas jurídicos baseados no *common law* aproximam-se das ideias e estruturas normativas daqueles pautados no *civil law* e vice-versa[113], em que os primeiros passam a adotar tipos e categorias, enquanto os segundos "abrem" os seus conceitos, dotando-os de maior flexibilidade e amplitude, porém, com a densidade e os valores inerentes ao atual momento jusfilosófico. Não há mais espaço para o velho discurso da estrita legalidade baseada na tipicidade fechada para justificar qualquer planejamento tributário.

---

[113] Exemplo disto é a adoção do modelo de precedentes vinculantes em nosso país como mecanismos indutores de regras (pela *ratio decidendi* do julgado), sobretudo após a edição do atual Código de Processo Civil.

Capítulo 7
OBRIGAÇÃO TRIBUTÁRIA

7.1. CONCEITO E NATUREZA DA OBRIGAÇÃO TRIBUTÁRIA

A **obrigação tributária** é uma relação jurídica constituída a partir da ocorrência do *fato gerador* (causa), que se estabelece entre duas pessoas, em virtude da qual o *sujeito ativo* (Estado – credor) pode exigir do *sujeito passivo* (contribuinte, responsável ou substituto – devedor) o adimplemento de determinada *prestação tributária* (dar, fazer ou não fazer – obrigação principal e/ou acessória). Portanto, a obrigação tributária é composta dos seguintes elementos: a) causa; b) prestação (obrigação principal e acessória); c) partes (sujeito ativo e sujeito passivo).

Segundo Dino Jarach,[1] os elementos da relação jurídico tributária substancial são os seguintes: a) o sujeito ativo, titular da pretensão ou crédito tributário ou, em outras palavras, o credor do tributo; b) o sujeito passivo principal ou devedor principal do tributo, a quem se pode dar o nome de "contribuinte" e os outros sujeitos passivos, codevedores ou responsáveis do tributo pela causa originária (solidariedade, substituição) ou derivada (sucessão na dívida tributária); c) o objeto, ou seja, a prestação pecuniária ou o tributo; d) o fato jurídico tributário ou pressuposto de fato ao qual a lei vincula o nascimento da relação tributária.

O fenômeno da *imposição tributária*, segundo Ives Gandra da Silva Martins, surge no campo da Economia (fato), sendo reavaliado na área de Finanças Públicas (valor) e normatizado pela Ciência do Direito (norma), oferecendo a melhor forma de atendimento financeiro às necessidades públicas, visto que, das diversas receitas públicas conhecidas na doutrina e na prática, é aquela que mais recursos disponibiliza ao Estado.[2]

Na concepção de Berliri,[3] a relação jurídica tributária é aquela especial relação que se instaura entre o sujeito ativo e passivo do tributo, inclusive terceiros, diante de uma obrigação tributária. Conceitua-a como sendo "uma relação complexa, resultante de um conjunto de obrigações tributárias, atuais ou eventuais, derivada de uma situação-base, bem como dos direitos, potestades e deveres dela decorrentes". Para este autor italiano, as obrigações tributárias "representam um enriquecimento do sujeito ativo com o correspondente empobrecimento

---

[1] JARACH, Dino. *El hecho imponible*: teoría general del derecho tributario sustantivo. 3. ed. Buenos Aires: Abeledo Perrot, 2011. p. 65.

[2] MARTINS, Ives Gandra da Silva. Teoria da imposição tributária. In: MARTINS, Ives Gandra da Silva (Coord.). *Curso de direito tributário*. 13. ed. São Paulo: Saraiva, 2011. p. 17-19.

[3] BERLIRI. *Corso istituzionale di diritto tributario* apud FONROUGE, Carlos María Giuliani. *Conceitos de direito tributário*. Tradução da 2. ed. argentina. São Paulo: Lael, 1973. p. 79.

do sujeito passivo, com o objetivo de proporcionar ao primeiro aqueles ingressos que lhe são necessários para seu funcionamento".[4]

No mesmo sentido, Geraldo Ataliba[5] esclarece que o vínculo obrigacional nasce em virtude da lei da ocorrência do denominado "fato imponível". Para ele

> [...] a configuração do fato (aspecto material), sua conexão com alguém (aspecto pessoal), sua localização (aspecto espacial) e sua consumação num momento fático determinado (aspecto temporal), reunidos unitariamente determinam inexoravelmente o efeito jurídico desejado pela lei: criação de uma obrigação jurídica concreta, a cargo de pessoa determinada, num momento preciso.

Segundo Amilcar Falcão,[6] a relação jurídica tributária configura-se numa relação de débito e crédito, cujo nascimento se dá na ocorrência de um pressuposto de fato previsto na lei (*Tatbestandsverwirklichung*), pela qual fica uma pessoa (sujeito passivo) obrigada para com outra (sujeito ativo) à prestação de uma quantia determinada. Para Misabel Derzi,[7] a obrigação tributária constitui um ente relacional, um liame, um vínculo entre pessoas, pelo qual a um direito subjetivo de crédito corresponde um dever tributário, sem que se possa separar o direito do correspectivo dever.

Para Fonrouge,[8] a relação jurídico-tributária é uma relação de direito público, correspondente ao vínculo criado entre o Estado e os particulares, sejam eles contribuintes ou terceiros, como consequência do exercício do poder jurídico tributário. A obrigação tributária, por sua vez, é parte daquela, e consiste em um vínculo pessoal entre o Estado e o contribuinte tendente a uma prestação de dar – somas de dinheiro ou quantidades de coisas – cuja fonte única é a lei, e que surge ao ser realizado o pressuposto de fato, legalmente previsto.

Não obstante, não se pode deixar de registrar que nem sempre a relação tributária teve natureza de uma *relação jurídica*, sendo originariamente uma *relação de poder*. Ao longo da história, a relação tributária vai gradativamente evoluindo para assumir características de relação jurídica, com base na lei elaborada pelo Parlamento, cuja materialização se dará a partir do constitucionalismo e com a codificação do Direito Tributário.

Sendo, pois, a relação tributária uma relação jurídica e não mais uma relação de poder, a tributação passa a estar subordinada a regras e princípios limitadores da atuação estatal, dentro do modelo de Estado Democrático de Direito, o qual é movido pelo ideal de que os cidadãos são governados e administrados pela vontade da lei e não por outros homens, suas ideias e desejos. A lei tributária será, portanto, proveniente da supremacia da vontade popular e não mais da vontade do governante.

---

[4] BERLIRI, Antonio. *Principios de derecho tributario*. Madrid: Editorial de Derecho Financiero, 1971. v. II. p. 104.

[5] ATALIBA, Geraldo. *Hipótese de incidência tributária*. 6. ed. 10. tiragem. São Paulo: Malheiros, 2009. p. 68-69.

[6] FALCÃO, Amilcar de Araújo. *Introdução ao direito tributário*. 3. ed. Rio de Janeiro: Forense, 1987. p. 77.

[7] DERZI, Misabel Abreu Machado. Crédito tributário e lançamento. In: LEITE, Geilson Salomão (Coord.). *Extinção do crédito tributário*: homenagem ao Professor José Souto Maior Borges. Belo Horizonte: Fórum, 2013. p. 91.

[8] FONROUGE, Carlos María Giuliani. *Derecho financiero*. 10. ed. Buenos Aires: La Ley, 2011. Tomo I. p. 420.

Como esclarece o mestre argentino Giuliani Fonrouge,[9] esta obrigação pertence, portanto, à categoria das relações jurídicas de natureza pessoal, sempre entre pessoas, em virtude da qual uma delas fica adstrita a satisfazer uma prestação patrimonial de interesse da outra. O vínculo jurídico criado pela obrigação tributária é de ordem pessoal; estabelece-se entre um sujeito ativo, que é o Estado, ou suas delegações autorizadas por lei, e um sujeito passivo, que pode ser pessoa individual, ou pessoas coletivas.

Dentro do aspecto subjetivo, temos de um lado o **sujeito ativo** (credor), que é, em regra, o Estado (União, Estados, Municípios e Distrito Federal e as pessoas jurídicas de direito público a eles vinculados) e se materializa na Fazenda Pública (Fisco), podendo, em situações excepcionais, ser também constituído por pessoas jurídicas de direito privado que exercem atividades de interesse coletivo (por exemplo, no passado, algumas entidades do sistema S e entidades sindicais); do outro lado, temos o **sujeito passivo** (devedor), pessoa física ou jurídica, que se materializa nas modalidades tributárias de contribuinte, responsável ou substituto tributário, circunscritos em relações fiscais de solidariedade, subsidiariedade, sucessão ou transferência a terceiros. O tema da sujeição ativa e passiva será tratado com mais detalhes no capítulo destinado aos sujeitos na tributação.

7.2. CAUSA DA OBRIGAÇÃO TRIBUTÁRIA

Causa é aquilo ou aquele que faz com que uma coisa exista. Conforme lecionava Rubens Gomes de Sousa, a *causa* da obrigação significa a razão jurídica por força da qual o sujeito ativo tem o direito de exigir do sujeito passivo a prestação que constitui o objeto da obrigação.[10]

Comentando acerca do tema da causa da obrigação tributária, aduz Berliri tratar-se de questão tormentosa, acerca da qual não se conseguiu a desejada clareza, embora rios de tinta tenham sido gastos em torno da questão.[11] Talvez por esta dificuldade, alguns autores chegam a negar a importância do debate sobre a causa da obrigação tributária, como o faz Fonrouge:[12]

> [...] compartilho da opinião daqueles que creem que a existência da obrigação tributária prescinde da causa, e que a causa carece, portanto, de relevância jurídica, já que a necessidade de reunir os meios econômicos para fazer frente aos gastos produzidos para o cumprimento dos serviços públicos indivisíveis constitui o motivo (pré-jurídico) da imposição, não a causa (jurídica) do imposto.

Podemos distinguir a *causa eficiente*, que é a fonte da obrigação tributária: subsunção do fato à hipótese de incidência (lei) ocorrendo o fato gerador, em que se explica o "por força de que" a obrigação ganha efetividade; e *causa final*, que explica o "porquê" (a razão ou finalida-

---

[9] Ibidem. p. 84.

[10] SOUSA, Rubens Gomes de. *Compêndio de legislação tributária*. Edição Póstuma. São Paulo: Resenha Tributária, 1975. p. 98-99.

[11] Berliri atribui o problema não à dificuldade intrínseca que o tema traz, mas aos diversos sentidos possíveis para a palavra "causa". Em suas palavras: "Sin duda de ninguna clase, unos de los más atormentados problemas del Derecho Tributario es el de la causa jurídica de la obligación tributaria. Los ríos de tinta gastados en torno de esta cuestión, no han sido, sin embargo, suficientes para introducir en el tema la deseada clarificación, circunstancia atribuible más que a su intrínseca dificultad, a cierta confusión derivada de los diversos sentidos con que viene utilizada por los autores la palabra 'causa'" (BERLIRI, Antonio. op. cit. p. 177).

[12] FONROUGE, Carlos María Giuliani. op. cit. p. 502.

de), não integrando a relação obrigacional, como a capacidade contributiva, a necessidade de financiamento do Estado, razões extrafiscais etc.

Várias concepções teóricas foram construídas para fundamentar o tema da causa da obrigação tributária. Para Ezio Vanoni,[13] a causa da obrigação tributária estaria nos gastos públicos, ou seja, nas necessidades de o poder público contar com meios econômicos para atender suas finalidades e, portanto, suportar suas obrigações sociais. Teorias extrafiscalistas foram criadas afirmando também ser a causa da obrigação tributária a promoção da justiça, reforma social ou, ainda, o exercício do poder de polícia. Outros, ainda, confrontando os teóricos que sustentavam ser o poder de tributar a emanação da soberania do Estado, afirmavam haver uma espécie de contrato entre o homem e o Estado, sendo o tributo o pagamento pela troca de serviços que o Estado lhe prestaria.

Griziotti,[14] autor italiano, sustentou ser a causa da obrigação tributária a capacidade contributiva evidenciada pela ocorrência da situação escolhida pela lei como fato gerador do tributo, desde que essa capacidade esteja associada a uma vantagem auferida pelo contribuinte e decorrente, direta ou indiretamente, da existência e da atuação do Estado. Tesoro,[15] outro autor italiano, defendeu que tanto a capacidade contributiva como a vantagem auferida pelo contribuinte não precisavam ser efetivas, podendo ser simplesmente presumidas pela lei ao adotar determinada situação como fato gerador de um tributo. Sendo assim, a capacidade contributiva se afirma apenas como um pressuposto que a lei adota para definir os fatos geradores de tributos. E, nessas condições, *a causa da obrigação tributária é a própria lei.*

Quanto à importância e influência da causa para a obrigação tributária, José Marcos Domingues de Oliveira[16] nos diz ser o princípio da capacidade contributiva o fundamento jurídico-constitucional do fato gerador do tributo. Desta forma, mesmo prescindindo do conceito de causa, tem-se que, "não se verificando aquele pressuposto, inexistirá substrato de legitimidade para o nascimento de quaisquer obrigações tributárias concretas, exatamente por faltar-lhes a seiva em que buscariam força para frutificarem".

Sintetizamos as principais **teorias sobre a causa** da obrigação tributária: a) *gastos públicos*: necessidade de o Estado contar com meios financeiros para realizar seus fins; b) *concepções extrafiscais*: promover a justiça social e exercer o poder regulatório estatal; c) *submissão à soberania estatal*: de origem autoritária e incompatível com o Estado de Direito; d) *contraprestação de bens e serviços públicos*: baseada na teoria do Contrato Social; e) *vantagens para o indivíduo*: as vantagens e benefícios em função dos serviços públicos e por pertencer a uma comunidade; f) *capacidade contributiva*; g) *lei como causa única.*

Independentemente das razões que fundamentam a obrigação tributária (sua *causa final)*, a fonte, origem ou causa *eficiente* da relação jurídica tributária é a lei. Assim, nem o negócio jurídico nem o ato administrativo são fontes de obrigação tributária. Para o seu nascimento, portanto, não há nenhuma colaboração da vontade (nem do sujeito passivo, nem da autoridade lançadora) e a ideia de contrato é inteiramente estranha à relação jurídica tributária: os sujeitos ativo e passivo acham-se igualmente submetidos à lei, que define os deveres e direitos de cada um.[17]

---

[13] CANTO, Gilberto de Ulhôa. *Causa das obrigações fiscais.* In: SANTOS, J. M. de Carvalho; DIAS, José de Aguiar (Coord.). *Repertório enciclopédico do direito brasileiro.* Rio de Janeiro: Borsoi, s.d. Vol. 8. p. 2-25.

[14] SOUSA, Rubens Gomes de. op. cit. p. 98.

[15] Loc. cit.

[16] OLIVEIRA, José Marcos Domingues de. *Capacidade contributiva*: conteúdo e eficácia do princípio. 2. ed. Rio de Janeiro: Renovar. 1998. p. 151-152.

[17] PEDREIRA, José Luiz Bulhões. *Imposto sobre a renda.* Rio de Janeiro: JUTEC/ADCOAS, 1979. p. 166.

Aliás, o próprio CTN, no seu art. 123, nos diz que as convenções particulares são ineficazes e inoponíveis perante a Fazenda Pública. E, embora o referido dispositivo se refira à "definição legal do sujeito passivo das obrigações tributárias", sua *ratio* (fundada no princípio da legalidade) se aplica aos demais elementos da obrigação tributária.

Por conseguinte, a norma legal tributária é, por natureza, geral, ou seja, constitui um modelo genérico de conduta, aplicável a uma classe de pessoas, e não a uma pessoa determinada. Neste sentido, as obrigações tributárias particulares (ou concretas) não nascem diretamente da lei, mas dependem da ocorrência de situação de fato ou de direito descrita na lei, denominada "fato gerador". Somente a lei pode, então, definir todos os elementos da obrigação tributária, inclusive o fato gerador. E a lei o faz genericamente, mediante conceitos ou ideias abstratas que não representam situações ou objetos concretos, mas número indefinido (ou infinito) de objetos ou situações com as mesmas características.[18]

7.3. OBJETOS DA OBRIGAÇÃO TRIBUTÁRIA

Toda obrigação jurídica, inclusive as de direito tributário, possui um objeto, qual seja: uma prestação. E três são os modos da conduta humana em que esta prestação pode ocorrer: *dar, fazer* ou *não fazer*. O Código Tributário Nacional estabeleceu dois modos de ser da obrigação tributária, conforme o *caput* de seu artigo 113: "A obrigação tributária é principal ou acessória".

As obrigações principais e acessórias constituem relações jurídicas independentes. A **obrigação tributária principal** tem por objeto a prestação de dar dinheiro ao Estado (pagamento do tributo e de penalidade pecuniária). Como salientam Klaus Tipke e Joachim Lang,[19] trata-se de "uma *prestação pecuniária*: não estão compreendidos portanto prestações naturais, trabalhos manuais e escravo, serviço militar, serviço de combate ao fogo, obrigações de notificar, denunciar e outros deveres de cooperação". No Estado contemporâneo, apenas excepcionalmente se pode adimplir o tributo em formas distintas do dinheiro, como, por exemplo, a previsão de dação em pagamento em bens imóveis do art. 156, XI, do CTN, regulamentada no âmbito federal pela Lei nº 13.259/2016. Em outros momentos históricos, como na Idade Média, não era incomum que o tributo também fosse pago *in natura* (com parte da produção, por exemplo) ou por meio de obrigações de fazer, isto é, com atuações pessoais do contribuinte, como prestar serviços ao suserano na esfera das relações de vassalagem.

Já a **obrigação tributária acessória** tem por objeto o cumprimento, por parte do sujeito passivo, de obrigações de fazer, não fazer ou tolerar, visando atender o interesse arrecadatório e da fiscalização tributária (por exemplo: emitir nota fiscal; fazer e entregar declaração de imposto de renda; tolerar o exame de livros e documentos pelo fisco etc.).

Nas palavras de Mauro Luís Rocha Lopes,[20] "as obrigações tributárias acessórias são verdadeiras imposições de fazer (*v.g.*, emitir nota fiscal), de não fazer (*v.g.*, não rasurar livros fiscais) ou de tolerar (*v.g.*, permitir a inspeção e a fiscalização de estabelecimentos)". Dessa forma, a Administração Tributária detém mecanismos para realizar o seu poder-dever tributário, no sentido de conhecer a ocorrência dos fatos geradores, fiscalizar e cobrar o crédito tributário devido.

Assim, a obrigação tributária é: a) a relação jurídica pela qual o Estado pode exigir de uma pessoa **prestações de dar** (pagamento de tributo ou de penalidade pecuniária) ou **prestações**

---

[18] Loc. cit.

[19] TIPKE, Klaus; LANG, Joachim. *Direito tributário*. Trad. 18. ed. alemã por Luiz Dória Furquim. Porto Alegre: Sérgio Antonio Fabris, 2008. v. I. p. 137.

[20] LOPES, Mauro Luís Rocha. *Direito tributário brasileiro*. Niterói: Impetus, 2009. p. 143.

194 | CURSO DE DIREITO TRIBUTÁRIO BRASILEIRO – *Marcus Abraham*

de fazer, não fazer ou tolerar e; b) a relação jurídica que contempla uma obrigação *principal* ou *acessória,* distinguindo-se quer pelo objeto, quer pelo sujeito passivo e pela fonte normativa de que decorre. Observe-se que uma tem por objeto o pagamento de tributo ou de penalidade pecuniária (prestações de dar); a outra tem por objeto as prestações de fazer, não fazer ou tolerar. Aquela se denomina de "principal"; esta, de "acessória".

A obrigação acessória tem como sujeito passivo as pessoas obrigadas ao cumprimento das prestações que constituem seu objeto e decorre da legislação tributária tal qual definida no art. 96 do CTN,[21] isto é, englobando-se também atos normativos inferiores à lei. Dessa forma, o princípio da legalidade somente se aplica à obrigação principal (art. 97, CTN), pois, quanto à obrigação acessória, esta decorre da "legislação tributária" em sentido amplo (§ 2º, art. 113, CTN), sendo possível sua previsão em instrumentos normativos infralegais (decretos, regulamentos, portarias etc.).

No caso de descumprimento de uma obrigação acessória, a literalidade do § 3º do art. 113 do CTN ("A obrigação acessória, pelo simples fato da sua inobservância, *converte-se em obrigação principal*") deixaria margem para se interpretar que ocorre uma transformação das obrigações de acessórias em principais.

Entendemos que, na verdade, se instaura uma relação jurídica que tem por objeto uma prestação de penalidade pecuniária. Não há, entretanto, a transformação de uma obrigação acessória em uma obrigação principal, pois o ilícito não pode alterar a natureza da obrigação. Ela continua sendo obrigação acessória. O que houve foi a instauração de uma nova relação jurídica tributária decorrente do ato ilícito pelo descumprimento da obrigação acessória, que tem por objeto o pagamento de penalidade pecuniária. Isto porque a obrigação principal de pagar penalidade pecuniária pode decorrer tanto do descumprimento da obrigação de pagar o próprio tributo como do descumprimento da obrigação acessória.[22]

É de se registrar a inadequada utilização pelo nosso CTN da expressão *"obrigação acessória".* No direito privado, como leciona Guilherme Calmon, "a ineficácia da obrigação principal também induzirá a ineficácia da obrigação acessória *(accessorium sequitur principale)".*[23] Diferentemente das obrigações de direito privado, a obrigação tributária acessória não segue a sorte da obrigação principal, como se pode ver claramente nos casos de isenção ou imunidade tributária, em que não há obrigações de pagar, porém a obrigação acessória permanecerá devida (até mesmo para comprovar a isenção ou a imunidade).[24] Preferimos, portanto, para representá-la, a utilização da expressão *obrigações instrumentais.*

Por óbvio, as obrigações tributárias ditas *acessórias* (instrumentais), por não serem dispensadas nem mesmo em casos de reconhecimento de imunidades ou isenções,[25] trazem consigo, da perspectiva econômica, um custo próprio que onera as atividades sobre as quais recaem. A

---

[21] BORGES, Arnaldo. *O sujeito passivo da obrigação tributária.* São Paulo: Revista dos Tribunais, 1981. p. 43.

[22] Ibidem. p. 55.

[23] GAMA, Guilherme Calmon Nogueira da. *Direito civil*: obrigações. São Paulo: Atlas, 2008. p. 193.

[24] STF. RE 627.051 (repercussão geral), Rel. Min. Dias Toffoli, Pleno, julg. 12/11/2014: "6. A imunidade tributária não autoriza a exoneração de cumprimento das obrigações acessórias. A condição de sujeito passivo de obrigação acessória dependerá única e exclusivamente de previsão na legislação tributária".

[25] STJ. REsp 1.116.792 (recurso repetitivo), Rel. Min. Luiz Fux, 1ª Seção, julg. 24/11/2010: "5. Os deveres instrumentais, previstos na legislação tributária, ostentam caráter autônomo em relação à regra matriz de incidência do tributo, uma vez que vinculam, inclusive, as pessoas físicas ou jurídicas que gozem de imunidade ou outro benefício fiscal, *ex vi* dos artigos 175, parágrafo único, e 194, parágrafo único, do CTN [...]".

Parte II · Cap. 7 · OBRIGAÇÃO TRIBUTÁRIA | **195**

complexidade e detalhamento cada vez maior dessas obrigações, bem como a possibilidade de que sejam criadas por atos normativos infralegais (multiplicando-se sobremaneira o seu número), contribui para as dificuldades de cumprimento adequado da legislação tributária nacional.

Para tentar combater essas dificuldades, a Lei Complementar nº 199/2023[26] instituiu o Estatuto Nacional de Simplificação de Obrigações Tributárias Acessórias, com a finalidade de diminuir os custos de cumprimento das obrigações tributárias e de incentivar a conformidade por parte dos contribuintes, no âmbito dos Poderes da União, dos Estados, do Distrito Federal e dos Municípios, especialmente no que se refere à: a) emissão unificada de documentos fiscais eletrônicos; b) utilização dos dados de documentos fiscais para a apuração de tributos e para o fornecimento de declarações pré-preenchidas e respectivas guias de recolhimento de tributos pelas administrações tributárias; c) facilitação dos meios de pagamento de tributos e contribuições, por meio da unificação dos documentos de arrecadação; d) unificação de cadastros fiscais e seu compartilhamento em conformidade com a competência legal.

Nos termos do art. 2º, *caput*, da referida lei, as administrações tributárias da União, Estados, DF e Municípios poderão compartilhar dados fiscais e cadastrais, sempre que necessário para reduzir obrigações acessórias e aumentar a efetividade da fiscalização. Por sua vez, as ações de simplificação de obrigações tributárias acessórias serão geridas pelo Comitê Nacional de Simplificação de Obrigações Tributárias Acessórias (CNSOA), vinculado ao Ministério da Fazenda e composto por seis representantes da União, seis representantes dos Estados e do DF e seis representantes dos Municípios. Ao CNSOA compete instituir e aperfeiçoar os processos de simplificação do cumprimento das obrigações acessórias por meio da definição de padrões nacionais (art. 3º).

7.4. FATO GERADOR DA OBRIGAÇÃO TRIBUTÁRIA

Segundo dispõe o CTN, o fato gerador da obrigação principal é a situação definida em lei como necessária e suficiente à sua ocorrência (art. 114, CTN). Assim, existe uma previsão abstrata em lei que representa, genericamente, uma situação fática cuja ocorrência faz nascer a obrigação tributária. Por sua vez, o fato gerador da obrigação acessória é qualquer situação que, na forma da legislação aplicável, impõe a prática ou a abstenção de ato que não configure obrigação principal (art. 115, CTN), como já explicado anteriormente.

Socorrendo-nos da didática lição de Hugo de Brito Machado,[27] o eminente tributarista destrincha a previsão do art. 114 do CTN da seguinte forma:

> a) *Situação*, significando fato, conjunto de fatos, situação de fato, situação jurídica. Fato em sentido amplo. Toda e qualquer ocorrência, decorrente ou não da vontade. Mas sempre considerada como fato, vale dizer, sem qualquer relevância dos aspectos subjetivos. b) *Definida em lei*, vale dizer que a definição do fato gerador da obrigação tributária principal, a descrição da situação cuja ocorrência faz nascer essa obrigação, é matéria compreendida na reserva legal. [...]; c) *Necessária*, importa dizer que, sem a situação prevista em lei, não nasce a obrigação tributária. Para surgir a obrigação tributária é indispensável a ocorrência da situação prevista em lei. d) *Suficiente*, significa dizer que

---

[26] Contudo, a Lei Complementar nº 199/2023, em seu art. 1º, § 5º, determina que ela não se aplica às obrigações tributárias acessórias decorrentes do imposto de renda e proventos de qualquer natureza (IR) e do imposto sobre as operações de crédito, câmbio e seguro, ou relativas a títulos ou valores mobiliários (IOF).

[27] MACHADO, Hugo de Brito. *Curso de direito tributário*. 34. ed. São Paulo: Malheiros, 2013. p. 129-130.

a situação prevista em lei é bastante. Para o surgimento da obrigação tributária basta, é suficiente, a ocorrência da situação descrita na lei para esse fim.

Advirta-se que o nascimento de cada obrigação tributária específica não decorre exclusivamente da previsão abstrata legal, mas também da **efetiva ocorrência**, no mundo dos fatos, do evento concreto previsto na norma, sendo este acontecimento real condição necessária ou *sine qua non* para que a obrigação tributária surja. É a esse fato ocorrido no mundo real que se costuma denominar *fato gerador* – e não à descrição abstrata do fato presente na norma.

Para alguns, a norma legal que descreve o fato gerador seria o pressuposto formal da obrigação tributária, enquanto o próprio fato gerador seria o pressuposto material daquela obrigação. Nas palavras de Amílcar de Araújo Falcão,[28] "não é o fato gerador quem cria, quem, digamos assim, gera a obrigação tributária. A fonte de tal obrigação, a energia ou força que a cria ou gera é a própria lei". O fato gerador de tal obrigação é, apenas, o pressuposto material que o legislador estabelece para que a relação obrigacional se instaure.

A previsão legal – genérica e abstrata – descrita na lei é comumente denominada **hipótese de incidência tributária** (expressão cunhada por Geraldo Ataliba em seu clássico livro sobre o tema[29]). Quando o contribuinte realiza concretamente aquele determinado fato, temos o surgimento do **fato gerador da obrigação tributária** (expressão adotada por Amílcar Falcão em obra de mesmo nome).

Mas, nesse ponto, a questão terminológica é sobremaneira controvertida, tal como veremos nas manifestações de outros tributaristas. Segundo Paulo de Barros Carvalho,[30] que distingue "Hipótese Tributária" do "Fato Jurídico Tributário", não se pode confundir a descrição legislativa do fato que faz nascer a relação jurídica tributária (Hipótese Tributária) com o próprio acontecimento relatado no antecedente da norma individual e concreta do ato de aplicação.

Já para Geraldo Ataliba,[31] que cunhou a expressão "Hipótese de Incidência" e a diferenciou de "Fato Imponível",

> [...] distinguimos estas duas coisas, denominando "hipótese de incidência" ao conceito legal (descrição legal, hipotética, de um fato, estado de fato ou conjunto de circunstâncias de fato) e "fato imponível" ao fato efetivamente acontecido, num determinado tempo e lugar, configurando rigorosamente a hipótese de incidência.

Hugo de Brito Machado[32] adota o binômio "Hipótese de Incidência" e "Fato Gerador", ao afirmar que

> [...] a expressão *hipótese de incidência* designa com maior propriedade a descrição, contida na lei, da situação necessária e suficiente ao nascimento da obrigação tributária, enquanto a expressão *fato gerador* diz da ocorrência, no mundo dos fatos, daquilo que está descrito na lei. A *hipótese* é simples descrição, é simples previsão, enquanto o fato é a concretização da hipótese, é o acontecimento do que fora previsto.

---

[28] FALCÃO, Amílcar de Araújo. *Fato gerador da obrigação tributária*. 6. ed. Rio de Janeiro: Forense, 1994. p. 4.

[29] ATALIBA, Geraldo. *Hipótese de incidência tributária*. 6. ed. São Paulo: Malheiros, 2009.

[30] CARVALHO, Paulo de Barros. *Curso de direito tributário*. 27. ed. São Paulo: Saraiva, 2016. p. 258-260.

[31] ATALIBA, Geraldo. op. cit. p. 54.

[32] MACHADO, Hugo de Brito. op. cit. p. 131.

Por sua vez, Ricardo Lobo Torres prefere utilizar os termos "fato gerador abstrato" para a hipótese de incidência e "fato gerador concreto" para a situação ocorrida no mundo fático, apresentando este fenômeno através do esquema de silogismo. Assim, o "fato gerador abstrato é a premissa maior, o fato concreto, a premissa menor e a conclusão resulta da subsunção do fato individual na situação abstrata".[33]

A obrigação tributária nasce, cria-se, instaura-se por força da lei; na lei estão todos os seus fatores germinais. Portanto, é somente através do **fato gerador** que podemos verificar: a) a identificação do momento e do local em que nasce a obrigação tributária principal; b) a determinação do sujeito passivo principal da obrigação tributária (contribuinte, responsável ou substituto tributário); c) a fixação dos conceitos de incidência, não incidência e isenção; d) a determinação do regime jurídico da obrigação tributária: alíquota, base de cálculo, isenções etc.; e) a distinção dos tributos *in genere* e *in specie*; f) a classificação dos impostos em diretos e indiretos; g) a eleição do critério para a interpretação da lei tributária; h) determinação dos casos de evasão ou de elisão; i) determinação dos princípios de atuação da discriminação constitucional: definição da competência impositiva e determinação dos casos de invasão de competência e de bitributação.[34]

Assim, podemos identificar os elementos ou **aspectos do fato gerador**: a) *aspecto subjetivo*: são os sujeitos envolvidos na relação tributária (arts. 119-138 CTN); b) *aspecto material*: é a substância do ato, fato ou situação jurídica sobre a qual incide o tributo; c) *aspecto espacial ou territorial*: é o local onde ocorre o fato gerador, verificando-se a legislação a ser aplicada; d) *aspecto temporal*: verifica-se o momento em que a obrigação tributária se concretizou; e) *aspecto quantitativo*: é a valoração financeira do tributo devido, verificando-se a base de cálculo, a alíquota e demais acréscimos (multa, juros etc.).

Podem ser múltiplas as formas de classificar o fato gerador, de acordo com o ponto de vista que se assuma. Temos como as principais classificações referidas pela doutrina as seguintes: 1) *fato gerador simples*: se dá por um único ato ou fato jurídico (*v.g.*, circulação de mercadoria no ICMS); *fato gerador complexo*: abrange inúmeros atos (*v.g.*, cada aquisição de renda ao longo do ano no IR); 2) *fato gerador genérico*: é aquele definido em cláusulas gerais (*v.g.*, "renda" no IR); *fato gerador específico*: é aquele previsto de modo certo e determinado (*v.g.*, qualquer item da lista taxativa de serviços no ISS); 3) *fato gerador condicional*: sua ocorrência depende de uma condição suspensiva ou resolutiva; *fato gerador incondicional*: sobre ele não pesa qualquer condição; 4) *fato gerador baseado em atos válidos e inválidos*; 5) *fato gerador baseado em atos lícitos e ilícitos*.

Quanto ao *aspecto quantitativo* do fato gerador, importante identificar os elementos da *base de cálculo* e da *alíquota*. A base de cálculo pode ser entendida como expressão econômica do fato gerador sobre a qual incidirão os percentuais (alíquotas) do tributo a ser pago, determinando-se o valor devido. É de fundamental importância para a identificação e individualização da espécie tributária e sua distinção de outros tipos de tributos. Assim, por exemplo, a base de cálculo típica do ITBI é o valor do imóvel[35]; do IPVA, o valor do automóvel constante de nota fiscal ou planilha geral de valores para carros usados; do ISS, o preço do serviço etc.

---

[33] TORRES, Ricardo Lobo. *Curso de direito financeiro e tributário*. 19. ed. Rio de Janeiro: Renovar, 2013. p. 244-245.

[34] FALCÃO, Amílcar de Araújo. op. cit. p. 6.

[35] STJ. No tema nº 1.113 de recursos repetitivos do STJ, foram definidas as seguintes premissas sobre o ITBI: 1) A base de cálculo do ITBI é o valor do imóvel transmitido em condições normais de mercado, não estando vinculada à base de cálculo do IPTU, que nem sequer pode ser utilizada como piso de tributação; 2) O valor da transação declarado pelo contribuinte goza da presunção de que é condizente com o valor de mercado, que somente pode ser afastada pelo fisco mediante a regular instauração de processo administrativo próprio

Em obediência ao princípio da legalidade, a base de cálculo deve ser determinada por lei, a qual elegerá uma medida de grandeza como fundamento. Em geral, esta medida é o valor em dinheiro, mas poderá ser escolhida outra unidade de medida, tal como metragem, peso, unidades etc.

Por isso, Luciano Amaro salienta, com percuciência, que a base de cálculo se trata de uma medida *legal* da grandeza do fato gerador, por ser precisamente aquela eleita por lei entre as diversas grandezas possíveis. Contudo, também adverte que existem tributos, como as taxas, em que o valor a ser pago já é definido por lei, não sendo necessário aplicar um percentual (alíquota) sobre a base de cálculo.[36]

Já a *alíquota* pode ser definida como o percentual aplicável sobre a base de cálculo para a obtenção do valor do tributo a ser pago. Pode ser classificada em alíquota *ad valorem*,[37] isto é, um percentual sobre o valor, ou alíquota *específica*, isto é, aquela que leva em consideração a quantidade da situação a ser tributada, tal como a alíquota específica referente a unidades do produto (por exemplo, a tributação que leva em consideração as garrafas de refrigerante unitariamente consideradas).

As alíquotas também podem ser classificadas em *fixas*, isto é, aquelas que não se alteram seja qual for a base de cálculo, e *variáveis*, ou seja, que se alteram em função da base de cálculo. As alíquotas variáveis subdividem-se em alíquotas progressivas, as quais aumentam com a majoração da base de cálculo, ou *regressivas*, as quais diminuem na medida em que aumenta a base de cálculo. Estas alíquotas variáveis constituem valioso instrumento de política extrafiscal, como ocorre com as alíquotas progressivas do Imposto de Renda, de modo a tributar mais aqueles que demonstram maior capacidade contributiva.

Pode-se ainda falar em alíquota *zero*: naqueles tributos em que a própria Constituição excepciona o princípio da legalidade para admitir a alteração da alíquota por ato infralegal, o Poder Executivo poderá reduzir a alíquota a zero, assemelhando-se aos efeitos de uma isenção, mas sem a necessidade de veiculação por lei em sentido estrito. Estas alterações de alíquota atendem a um uso extrafiscal da tributação, como, por exemplo, o estímulo ao consumo pela redução da alíquota do IPI a zero em certos produtos.[38]

Em relação ao *aspecto temporal* do fato gerador, o art. 116 do CTN estatui que será considerado ocorrido o fato gerador e existentes os seus efeitos: I – tratando-se de situação de fato, desde o momento em que se verifiquem as circunstâncias materiais necessárias a que produza os efeitos que normalmente lhe são próprios; II – tratando-se de situação jurídica, desde o momento em que esteja definitivamente constituída, nos termos de direito aplicável.

Pode-se fazer uma crítica à distinção entre *situação de fato* e *situação jurídica* consagrada pelo CTN, justamente pelo fato de que não é simples precisar a linha divisória entre uma e outra. Na verdade, todo fato, ainda que natural, cobra relevância jurídica, se a partir dele produzem-se

---

(artigo 148 do Código Tributário Nacional – CTN); 3) O município não pode arbitrar previamente a base de cálculo do ITBI com respaldo em valor de referência por ele estabelecido de forma unilateral.

[36] AMARO, Luciano. *Direito tributário brasileiro*. 18. ed. São Paulo: Saraiva, 2012. p. 290.

[37] Por exemplo, a previsão do art. 149, § 2º, III, "a", CF/88 (inserida pela EC 33/2001), de que as contribuições sociais e de intervenção no domínio econômico de que trata o *caput* do art. 149 "poderão ter alíquotas: a) *ad valorem*, tendo por base o faturamento, a receita bruta ou o valor da operação e, no caso de importação, o valor aduaneiro". Registre-se que o STF, em 23/09/2020, decidiu que esta lista de quatro bases de cálculos (1. faturamento; 2. receita bruta; 3. valor da operação; 4. no caso de importação, o valor aduaneiro) é meramente exemplificativa, e não taxativa (*numerus clausus*), sendo possível que a lei estabeleça outras bases de cálculo para instituição de contribuições sociais e CIDEs do *caput* do art. 149, tais como a folha de salários, cf. STF. RE 603.624 (repercussão geral), Rel. Min. Rosa Weber, Rel. p/ Acórdão: Min. Alexandre de Moraes, julg. 23/09/2020.

[38] A Emenda Constitucional nº 123/2022, em seu art. 6º, autorizou que, até 31/12/2022, a alíquota de tributos incidentes sobre a gasolina poderá ser fixada em zero, desde que a alíquota do mesmo tributo incidente sobre o etanol hidratado também seja fixada em zero.

efeitos jurídicos. É o exemplo do nascimento e da morte: embora fatos naturais, deles decorre uma série de consequências jurídicas, razão pela qual são chamados, sob a ótica do direito, de *fatos jurídicos*, ainda que independam da vontade humana. Portanto, o dado relevante para a interpretação do art. 116 do CTN está em caracterizar o momento em que, *juridicamente*, se considera constituída determinada situação que produz efeitos jurídicos.

Aqui se deve recordar a natureza de *sobredireito* ou *sobreposição* das regras tributárias, isto é, o direito tributário frequentemente se vale dos institutos consagrados por outros ramos do direito para deles extrair consequências jurídico-tributárias. Assim, por exemplo, noções como contrato, propriedade e posse serão hauridas do direito civil, sendo relevante tais definições, quanto ao aspecto temporal, para que se possa determinar *quando* essas situações se constituíram, a fim de se determinar a ocorrência do fato gerador (isto é, *quando* se considera o contrato celebrado; *quando* se reputa transmitida a propriedade; *quando* se inicia a posse).

Contudo, deve ficar claro que, em relação ao aspecto temporal, a lei tributária pode expressamente determinar outro momento para a ocorrência do fato gerador distinto daqueles genericamente previstos nos dois incisos do art. 116 do CTN, em razão de expressa ressalva contida no *caput* do referido artigo: "*Salvo disposição de lei em contrário*, considera-se ocorrido o fato gerador e existentes os seus efeitos [...]".

A salvaguarda da disposição de lei em sentido contrário para determinar o momento de ocorrência do fato gerador decorre da própria lógica do sistema: embora o direito tributário possa sim se valer de institutos e conceitos de outros ramos do direito, a perspectiva do fato jurídico como *fato gerador de uma obrigação tributária* (e não de uma obrigação civil, por exemplo) é típica do direito tributário, sendo natural que este possa determinar um momento que seja específico para *fins tributários*, ainda que não totalmente coincidente com o momento de constituição da situação jurídica segundo outro ramo do direito.

Assim, Dino Jarach[39] expressa que, ao delimitar temporalmente as hipóteses de incidência, o legislador tem diante de si um leque de possibilidades de adotar várias posturas: "pode atribuí--las ou imputá-las – para os efeitos da obrigação tributária que nasce – a um período, ou ainda pode considerá-las no resultado último, ao finalizar o processo; ou bem adotar um momento qualquer do próprio processo inicial ou final". Mas, repise-se, na ausência de determinação legal expressa em outro sentido, valem as definições presentes no art. 116 do CTN.

A consideração doutrinária anteriormente apresentada está em constante tensão com o art. 110 do CTN, o qual determina que "a lei tributária não pode alterar a definição, o conteúdo e o alcance de institutos, conceitos e formas de direito privado". Desse modo, por exemplo, tanto o STF[40] como o STJ[41] já afirmaram em sua jurisprudência que a lei tributária local, na transmissão

---

[39] JARACH, Dino. Aspectos da hipótese de incidência tributária. *Revista de Direito Público*, ano IV, n. 17, jul./set. 1971. p. 301.

[40] STF. ARE 1.294.969 (repercussão geral), Rel. Min. Luiz Fux, Pleno, jul. 11/02/2021: "ITBI. Fato gerador. [...] Exigência da transferência efetiva da propriedade imobiliária mediante registro em cartório". Registre-se que o STF, em agosto de 2022, resolveu reanalisar a solução dada nessa repercussão geral, mas não para alterar sua decisão quanto à compra e venda (ou promessa de compra e venda) de imóveis, já consolidada há anos em sua jurisprudência. O art. 156, II, CF/88 veicula três hipóteses de incidência do ITBI por ato *inter vivos* e oneroso: 1) transmissão de bens imóveis, por natureza ou acessão física; 2) transmissão de direitos reais sobre imóveis, exceto os de garantia; 3) cessão de direitos à aquisição de imóvel ou direito real sobre imóvel. A revisão terá por objeto apenas a discussão sobre a cessão de direitos à aquisição de imóvel (art. 156, II, in fine, CF/88), em razão de seu possível caráter obrigacional e não de transferência de direito real.

[41] STJ. REsp 1.841.771 e REsp 1.841.798 (recursos repetitivos), Rel. Min. Benedito Gonçalves, 1ª Seção, julg. 07/05/2021: "Em se tratando do imposto sobre a transmissão de bens ou direitos, mediante doação, o fato

inter vivos de bens imóveis, não pode fixar a lavratura da escritura pública de compra e venda ou de doação como momento de ocorrência do fato gerador de transmissão de imóveis, uma vez que a lei civil brasileira exige o registro para que tal transferência se efetue. Dessa forma, somente com o registro perante o Registro de Imóveis ocorre o fato gerador tributário.

Ressalte-se que o aspecto temporal do fato gerador somente pode ser definido por lei em sentido estrito, em obediência ao princípio da legalidade, de modo que o uso da palavra "lei" no *caput* do art. 116 do CTN explicita tal necessidade, impedindo que o aspecto temporal seja determinado por atos normativos infralegais. De fato, quando o Código Tributário Nacional autoriza a regulamentação por atos inferiores à lei, faz uso da expressão "legislação tributária", entendida nos termos do art. 96 do próprio CTN.

Por esse motivo, parcela da doutrina considera que o **prazo de pagamento** ou **vencimento** do tributo deveria ser estabelecido em lei como parte da configuração temporal do tributo.[42] Contudo, tal posicionamento não prevalece no STF,[43] o qual, por maioria, entende que o prazo de pagamento não faz parte dos elementos do tributo cuja definição deva ser feita por lei, razão pela qual podem meros atos normativos infralegais alterá-lo.

Veja-se que o art. 97 do CTN,[44] ao estabelecer (de forma mais minuciosa que a Constituição) as matérias referentes a tributos que somente podem ser normatizadas por lei em sentido estrito, não insere nesses assuntos a data de vencimento das obrigações tributárias. Tal constatação corroboraria o entendimento de nossa Suprema Corte acerca da desnecessidade de lei para fixar o prazo de pagamento.

Ademais, o art. 160 do CTN estatui que "quando a legislação tributária não fixar o tempo do pagamento, o vencimento do crédito ocorre trinta dias depois da data em que se considera o sujeito passivo notificado do lançamento". A literalidade deste artigo, portanto, autoriza que a *legislação tributária*, entendida nos termos do art. 96 do CTN, delimite o prazo para pagamento.

Por sua vez, o art. 117 do CTN estabelece outra regra temporal acerca do fato gerador: os atos ou negócios jurídicos condicionais reputam-se perfeitos e acabados: I – sendo suspensiva a condição, desde o momento de seu implemento; II – sendo resolutória a condição, desde o momento da prática do ato ou da celebração do negócio.

---

     gerador ocorrerá: (i) no tocante aos bens imóveis, pela efetiva transcrição realizada no registro de imóveis (art. 1.245 do CC/2020)".

[42]   COÊLHO, Sacha Calmon Navarro. *Curso de direito tributário brasileiro.* 17. ed. Rio de Janeiro: Forense, 2020; COSTA, Regina Helena. Curso de Direito Tributário. 8. ed. São Paulo: Saraiva, 2018.

[43]   STF. RE 172.394, Rel. Min. Marco Aurélio, Rel. p/ Acórdão: Min. Ilmar Galvão, Pleno, julg. 21/06/1995: "[...] não se compreendendo no campo reservado a lei, pelo Texto Fundamental, a definição do vencimento e do modo pelo qual se procederá a atualização monetária das obrigações tributárias, também não se pode ter por configurada delegação de poderes no cometimento de tais encargos, pelo legislador ordinário, ao Poder regulamentar".

[44]   Art. 97. Somente a lei pode estabelecer:

I – a instituição de tributos, ou a sua extinção;

II – a majoração de tributos, ou sua redução, ressalvado o disposto nos artigos 21, 26, 39, 57 e 65;

III – a definição do fato gerador da obrigação tributária principal, ressalvado o disposto no inciso I do § 3º do artigo 52, e do seu sujeito passivo;

IV – a fixação de alíquota do tributo e da sua base de cálculo, ressalvado o disposto nos artigos 21, 26, 39, 57 e 65;

V – a cominação de penalidades para as ações ou omissões contrárias a seus dispositivos, ou para outras infrações nela definidas;

VI – as hipóteses de exclusão, suspensão e extinção de créditos tributários, ou de dispensa ou redução de penalidades.

Parte II · Cap. 7 · OBRIGAÇÃO TRIBUTÁRIA | **201**

Condição pode ser definida como a cláusula, decorrente da vontade das partes, que subordina a produção de efeitos de um determinado ato ou negócio jurídico a um evento *futuro* e *incerto* (art. 121 do Código Civil). A condição será *suspensiva* quando subordina o início da produção de efeitos do ato ou negócio jurídico a um evento futuro e incerto (art. 125, Código Civil), como, por exemplo, uma doação feita sob a condição suspensiva de que o beneficiário termine seu curso de graduação. Por outro lado, será *resolutiva* a condição quando o negócio jurídico produzir todos os seus efeitos desde a sua conclusão, mas terá tais efeitos cessados quando a condição ocorrer, extinguindo-se o direito (art. 127 e 128 do Código Civil), como, por exemplo, num comodato de imóvel para moradia de um estudante em que o bem deve retornar ao doador quando o estudante se formar (sendo o evento da formatura a condição resolutiva).

Aqui também o *caput* do art. 117 do CTN ressalva que a lei pode dispor em sentido contrário, pelas mesmas razões que explicitamos quando comentamos esta ressalva em relação ao *caput* do art. 116 do CTN. Portanto, deve-se verificar se as leis específicas que versam sobre o tributo estabelecem, para atos ou negócios realizados sob condição, alguma disposição referente ao aspecto temporal distinta daquela presente no Código Tributário Nacional.

Em regra, a lei tributária, embora goze da possibilidade de fixar o momento da ocorrência do fato gerador com certa liberdade, está impedida de fazê-lo antes que a situação ocorra efetivamente no mundo fático, por um motivo lógico: se o fato com valoração econômica ainda não ocorreu, não há o que tributar.

Contudo, diante da exceção constitucional criada pelo art. 150, § 7º da Constituição (incluído pela Emenda Constitucional nº 3/1993), admite-se o fenômeno do chamado *fato gerador presumido*, isto é, mecanismo em que, por determinação legal,[45] se recolhe o tributo devido antes da ocorrência do fato gerador, que presumivelmente ocorrerá no futuro, com vistas a facilitar a fiscalização e arrecadação tributárias, conforme se explicará melhor quando da análise da substituição tributária no capítulo referente aos sujeitos na tributação. Apesar de vozes dissonantes na doutrina,[46] tal instrumento é considerado válido pelo Supremo Tribunal Federal, desde que se assegure a imediata e preferencial restituição da quantia paga, caso não se realize o fato gerador presumido ou este se realize com base de cálculo efetiva em valor menor do que aquela que fora presumida.[47] Esta também a lição de Humberto Ávila,[48] que vislumbra tal hipótese como exceção:

---

[45] STF. ADI 5.702, Rel. Min. André Mendonça, Pleno, julg. 24/10/2022: "À luz da vigência da Lei Complementar nº 87, de 1996 (Lei Kandir), a imputação de responsabilidade tributária, na modalidade de substituição tributária progressiva, pelo Estado competente para a instituição do ICMS não demanda lei complementar, *ex vi* art. 150, § 7º, da Constituição da República".

[46] Alguns tributaristas reputam inconstitucional tal sistemática consagrada pelo constituinte derivado (Emenda Constitucional nº 3/1993) por não existir ainda o fato a ser tributado, sendo indevida a antecipação do tributo que recai sobre fato que ainda ocorrerá no futuro. Nesse sentido, Geraldo Ataliba (ATALIBA, Geraldo. op. cit. p. 95) e Edvaldo Brito (BRITO, Edvaldo. *Curso de direito tributário*. Belém: Cejup, 1993. v. 2. p. 438-440).

[47] STF. RE 593.849 (repercussão geral), Rel. Min. Edson Fachin, Pleno, julg. 19/10/2016: "'É devida a restituição da diferença do ICMS pago a mais no regime de substituição tributária para frente se a base de cálculo efetiva da operação for inferior à presumida'. [...] 5. De acordo com o art. 150, § 7º, *in fine*, da Constituição da República, a cláusula de restituição do excesso e respectivo direito à restituição se aplicam a todos os casos em que o fato gerador presumido não se concretize empiricamente da forma como antecipadamente tributado". No mesmo sentido: STF. RE 596.832 (repercussão geral), Rel. Min. Marco Aurélio, Pleno, julg. 29/06/2020. "*Tese*: É devida a restituição da diferença das contribuições para o PIS e para o Cofins recolhidas a mais, no regime de substituição tributária, se a base de cálculo efetiva das operações for inferior à presumida".

[48] ÁVILA, Humberto Bergmann. *Teoria da igualdade tributária*. 2. ed. São Paulo: Malheiros, 2009. p. 86-87.

O poder atribuído à cobrança antecipada do tributo é exercido em caráter notadamente excepcional e com a finalidade de garantir ao contribuinte a restituição no caso da inocorrência do fato presumido. [...] mesmo no caso em que a tributação é feita antecipadamente, não há um abandono do fato gerador efetivamente praticado, já que ele continua servindo de parâmetro para verificação da realização ou não do fato presumido. Isso significa, em outras palavras, que, mesmo na exceção (cobrança do tributo com base em elementos presumidos), a regra (cobrança do tributo com base em elementos reais) permanece como contraponto para sua validade.

Essa última observação, adiante retomada, é de suma importância: mesmo na cobrança do tributo com base em elementos presumidos, os reais permanecem como contraponto para sua validade. Em outras palavras, a Constituição não autoriza o legislador a adotar qualquer base de cálculo para a obrigação tributária com substituição, mas apenas aquela cuja grandeza *corresponda* a fato que deve ocorrer posteriormente. Essa manutenção da vinculação do presumido com o real preserva a capacidade contributiva objetiva como princípio geral da atividade tributária. Não por outro motivo, a Constituição faz referência à não realização do fato gerador presumido, o que pressupõe o cotejo entre ele e o real.

Quanto ao *aspecto espacial* do fato gerador, relaciona-se ao local onde se reputa que tenha ele ocorrido. Recorde-se que o exercício da competência tributária de cada ente federado vincula-se, em regra, à extensão de seu próprio território. Assim, as leis tributárias federais vigem em todo o território nacional; as estaduais, no território estadual e as municipais no território do município, segundo o *princípio da territorialidade*, assim explicitado por Heleno Torres:[49]

> A *territorialidade*, como conceito dogmático, corresponde aos efeitos da norma tributária, quanto à respectiva vigência no espaço. No plano interno do federalismo, portanto, a territorialidade dos ordenamentos de estados e municípios é mantida como reflexo da própria autonomia que a Constituição lhes garante (art. 18).

Contudo, existem hipóteses excepcionais em que as leis locais atingem fatos geradores ocorridos faticamente fora de seu território, ou em que estão envolvidos territórios de mais de um ente federado, como ocorre com o imposto municipal sobre serviços (ISS), em que, em regra, a prestação de serviços, ainda que executada fora do Município do estabelecimento prestador de serviço, será tributada pela legislação de ISS do Município do estabelecimento do prestador[50], e não daquele onde efetivamente ocorreu o fato gerador que é a prestação do serviço.

Nestas situações, elege-se um critério de incidência espacial que não se identifica com o local de acontecimento do fato gerador. No exemplo anteriormente formulado do ISS, o critério do local do estabelecimento prestador prevalece, e mesmo o uso de expressões como "considera-se prestado, e o imposto, devido, no local do estabelecimento prestador" não altera a realidade fática de que o serviço não foi prestado no Município do estabelecimento. É que, como já dissemos em relação ao aspecto temporal do fato gerador, o direito tributário pode escolher determinar lugares específicos de ocorrência do fato gerador apenas para *fins tributários*, ainda que não totalmente coincidentes com o local de realização fática da atividade tributada.

---

[49]   TORRES, Heleno Taveira. Vigência e aplicação das normas tributárias. In: ANTONELLI, Leonardo Pietro; GOMES, Marcus Lívio (Coord.). *Curso de direito tributário brasileiro*. Vol. I. São Paulo: Almedina, 2016. p. 231.

[50]   LC nº 116/2003, Art. 3º "O serviço considera-se prestado, e o imposto, devido, no local do estabelecimento prestador ou, na falta do estabelecimento, no local do domicílio do prestador, exceto nas hipóteses previstas nos incisos I a XXV, quando o imposto será devido no local: [...]".

Parte II · Cap. 7 · OBRIGAÇÃO TRIBUTÁRIA **203**

Quando ocorrem tais conflitos de competência, o art. 102 do CTN determina que a legislação tributária de Estados, Distrito Federal e Municípios vigore fora dos respectivos territórios apenas nos limites em que lhe reconheçam extraterritorialidade os convênios de que participem, ou outras leis de normas gerais expedidas pela União (por exemplo, a Lei Complementar 116/2003, que em seu art. 3º veicula o aspecto espacial do fato gerador do ISS buscando evitar a *guerra fiscal* entre municípios).

Ademais, a determinação do aspecto espacial é relevante quando da identificação de zonas de tributação especial, como a Zona Franca de Manaus, em que a incidência da tributação não se dará como no restante do território, como resultado de uma política tributária desonerativa.

Capítulo 8
SUJEITOS NA TRIBUTAÇÃO

8.1. SUJEITO ATIVO DA OBRIGAÇÃO TRIBUTÁRIA

A obrigação jurídica tributária configura-se numa relação de débito e crédito em que uma pessoa – o *sujeito passivo* – se obriga perante outra – o *sujeito ativo* – à prestação de uma quantia determinada, devidamente estabelecida em lei.

O **sujeito ativo** da obrigação tributária, isto é, o credor, é aquele que possui o direito de exigir de outrem o cumprimento da obrigação. É o Estado no sentido genérico de Poder Público. Nos termos do art. 119 do CTN, sujeito ativo da obrigação tributária é a pessoa jurídica de direito público, titular da competência para exigir o seu cumprimento.

Na visão doutrinária clássica, segundo Rubens Gomes de Sousa,[1] a obrigação tributária tem como fontes a lei, o fato gerador e o lançamento, e serão sujeitos ativos somente aquelas entidades públicas dotadas de poder legiferante, isto é, capazes de fazer leis, quais sejam, as provenientes do Poder Legislativo. Para Antonio Berliri,[2] o sujeito ativo da obrigação tributária é "o ente público que, em virtude de sua própria potestade tributária, tenha estabelecido o tributo a que se refira dita obrigação". Essas entidades são, de acordo com nosso direito constitucional, a União, os Estados, o Distrito Federal e os Municípios.

Porém, um reparo deve ser feito quanto à posição acima: não é incomum a entidade tributante atribuir, por delegação, a titularidade da obrigação tributária a outra entidade pública, de acordo com o art. 7º, *caput*, CTN. É o que ocorre, por exemplo, na cobrança das contribuições de interesse de categorias profissionais e econômicas, previstas no art. 149 da Constituição Federal. Estas são instituídas pela União, mas as funções de fiscalização e arrecadação (ou seja, o efetivo direito de exigir o cumprimento da obrigação) são delegadas a entes descentralizados (a capacidade tributária ativa), como é o caso dos Conselhos Profissionais (autarquias federais) que realizam a regulação e fiscalização no âmbito das profissões regulamentadas (CRM, CREA etc.).

Tais contribuições também recebiam, tradicionalmente, o nome de *contribuições parafiscais* (em grego, *para* = ao lado de) por serem cobradas por entes descentralizados da Administração Pública que utilizam os recursos arrecadados para seu próprio sustento e funcionamento. Nesses casos, o sujeito ativo da relação jurídico-tributária não será o ente político instituidor do tributo, mas sim a entidade pública que recebeu por delegação a função de cobrar.

---

[1] SOUSA, Rubens Gomes de. *Compêndio de Legislação Tributária*. Edição Póstuma. São Paulo: Resenha Tributária, 1975. p. 87-89.

[2] BERLIRI, Antonio. *Principios de derecho tributario*. Madrid: Editorial de Derecho Financiero, 1971. v. II. p. 205.

O fenômeno da delegação da capacidade tributária ativa também ocorria, excepcionalmente,[3] em relação a pessoas jurídicas de direito privado não integrantes da Administração Pública,[4] tal como acontecia no passado com entidades integrantes dos "serviços sociais autônomos"[5] que auxiliam na promoção de finalidades coletivas e sociais relevantes, as quais podiam fiscalizar e arrecadar contribuições tributárias em seu favor.[6] O STJ também sumulou o entendimento de que certas entidades sindicais – portanto, pessoas jurídicas de direito privado – no passado possuíam legitimidade ativa para cobrar a contribuição sindical quando esta ostentava natureza

---

[3] E com acentuada polêmica doutrinária, em face do texto expresso do Art. 7º, *caput* e § 3º, do CTN: "A competência tributária é indelegável, salvo atribuição das funções de arrecadar ou fiscalizar tributos, ou de executar leis, serviços, atos ou decisões administrativas em matéria tributária, conferida por uma pessoa jurídica de direito público a outra [...] Não constitui delegação de competência o cometimento, a pessoas de direito privado, do encargo ou da função de arrecadar tributos". Para parte da doutrina, em que pese a admissão pelo STJ de tal delegação de capacidade tributária ativa em favor de entidades privadas, tal orientação jurisprudencial se chocaria frontalmente com o previsto no CTN, que a admitiria apenas em favor de pessoas jurídicas de direito público.

[4] Nesses casos, a dívida tributária inadimplida não era inscrita em dívida ativa do ente federado, nem sua cobrança judicial era feita pelo rito da Lei de Execuções Fiscais (Lei nº 6.830/1980), por se tratar de entidade privada não integrante da Administração Pública no polo ativo da demanda. Nas contribuições federais com cobrança delegada a tais entidades privadas, a competência era da Justiça Estadual, já que a competência da Justiça Federal do art. 109, I, CF/88, é fixada, em regra, em razão da pessoa (competência ratione personae), levando-se em conta não a natureza da lide, mas, sim, a identidade das partes na relação processual, cf. STJ. AgInt no CC 152.104, Rel. Min. Assusete Magalhães, 1ª Seção, julg. 27/09/2017. Nesse sentido, a Súmula 516 do STF: "O Serviço Social da Indústria (SESI) está sujeito à jurisdição da Justiça estadual".

[5] STJ. AgInt no AgInt no AREsp 1.988.454, Rel. Min. Herman Benjamin, 2ª Turma, julg. 20/06/2022: "2. O STJ entende pela possibilidade do reconhecimento da legitimidade ativa das entidades integrantes do Sistema 'S' – como, no caso, o Senai – para a cobrança judicial de suas contribuições específicas, nos casos em que haja termos de cooperação e convênios celebrados". Tal entendimento está hoje superado no STJ, por meio do EREsp 1.571.933, Rel. p/ Acórdão Min. Gurgel de Faria, 1ª Seção, julg. 27/09/2023. Contudo, o tema da capacidade tributária ativa da contribuição adicional do Senai está pendente de novo julgamento sob a sistemática dos recursos repetitivos (Tema 1275) perante o STJ.

[6] Existia divergência entre a 1ª e a 2ª Turma do STJ acerca da subsistência, após a Lei nº 11.457/2007, da delegação de capacidade tributária ativa em favor do Sesi e Senai para cobrança das chamadas contribuições adicionais. Para pacificar a divergência, o tema foi julgado pela 1ª Seção do STJ no EREsp 1.571.933, Rel. p/ Acórdão Min. Gurgel de Faria, julg. 27/09/2023. Segundo essa orientação da 1ª Seção do STJ, a delegação de capacidade tributária ativa às entidades do sistema "S" violaria a Constituição Federal, que exige a regulação do lançamento tributário por lei complementar. Esta lei complementar é o Código Tributário Nacional (recebido pela CF/88 com tal *status*), que em seu art. 142 reserva o lançamento tributário às autoridades administrativas (de modo que não poderiam ser lançados tributos por empregados de pessoas jurídicas de direito privado não integrantes da Administração Pública, como seria o caso dos empregados do sistema "S"). Ademais, a Lei nº 11.457/2007 teria passado a definir que todas as contribuições tributárias em favor do sistema "S" devem ser fiscalizadas e arrecadadas pela Secretaria da Receita Federal, de modo que sua cobrança judicial deve ser feita diretamente pela União (Procuradoria-Geral da Fazenda Nacional), mediante inscrição em dívida ativa e posterior ajuizamento de execução fiscal regida pela Lei nº 6.830/1980. Assim, o STJ parece acenar no sentido de que não mais admitirá que se faça este tipo de delegação a privados, seja por violação da CF/88, do CTN, seja, no caso das entidades do sistema "S", da Lei nº 11.457/2007. Apesar desta nova postura do STJ, ressalte-se que a 2ª Turma do STF (RE 412.368AgR), em 2011 (portanto, após o advento da Lei nº 11.457/2007), qualificou o SESI/SENAI e SEST/SENAT como sujeitos ativos tributários (credores tributários) de tais contribuições, o que parece contrariar a nova jurisprudência do STJ. O tema polêmico ainda deverá ser objeto de novos debates nos Tribunais Superiores, estando atualmente a questão da capacidade tributária ativa da contribuição adicional do Senai pendente de novo julgamento sob a sistemática dos recursos repetitivos (Tema 1275) perante o STJ.

tributária[7] (Súmula n° 396: A Confederação Nacional da Agricultura tem legitimidade ativa para a cobrança da contribuição sindical rural).

Assim, podemos distinguir dois conceitos fundamentais nessa matéria: a competência e a capacidade tributária ativa. A primeira – *competência tributária* – envolve não só o poder de fiscalizar e cobrar tributos, mas principalmente o de legislar a respeito destes, não tendo, portanto, tal competência a entidade pública desprovida de poder legislativo. Já a segunda – *capacidade tributária ativa* – envolve apenas a fiscalização e a cobrança, por delegação, sem o poder de legislar.

Sendo a sujeição ativa o poder de exigir o cumprimento da obrigação tributária, na seara processual, ela se revelará por meio da legitimidade ativa para promover judicialmente a arrecadação do tributo.[8] Retornando ao exemplo dos Conselhos Profissionais, considerados os sujeitos ativos das contribuições de interesse de categoria profissional instituídas em seu favor, serão eles, e não a União (ente político instituidor), os legitimados ativos para sua cobrança.

A distribuição de **competência tributária** entre os entes federativos, exercida nos respectivos limites territoriais – o poder de legislar, fiscalizar e cobrar tributos –, deriva do texto constitucional. Assim, sucintamente, podemos encontrar a seguinte distribuição de competência tributária: no art. 145, II e III, as taxas e a contribuição de melhoria, de competência comum à União, Estados e Municípios; nos arts. 153 e 154, temos os impostos da União; no art. 155, os impostos dos Estados; no art. 156, os impostos dos Municípios; no art. 156-A, o IBS de competência comum de Estados, Distrito Federal e Municípios; no art. 148, temos o empréstimo compulsório da União; no art. 149, as contribuições sociais, de intervenção no domínio econômico, de interesse de categorias profissionais e econômicas, da União; no § 1° do art. 149, as contribuições sociais previdenciárias dos servidores dos Estados e Municípios; no art. 149-A, a contribuição de iluminação pública dos Municípios; no art. 195, as contribuições da seguridade social da União (contribuições sociais e gerais); no § 5° do art. 212, a contribuição social do salário-educação da União; no art. 239, a contribuição ao seguro-desemprego da União; e no art. 240 as contribuições do sistema sindical da União.

Importante lembrar que, salvo disposição de lei em contrário, a pessoa jurídica de direito público que se constituir pelo desmembramento territorial de outra sub-roga-se nos direitos desta, cuja legislação tributária aplicará até que entre em vigor a sua própria (art. 120, CTN). Ademais, competem à União, em Território Federal, os impostos estaduais e, se o Território não for dividido em Municípios, cumulativamente, os impostos municipais; ao Distrito Federal cabem, além dos impostos estaduais, também os impostos municipais (art. 147, CF/88).

---

[7]   A contribuição sindical deixou de ser obrigatória e de ter natureza tributária a partir da Reforma Trabalhista da Lei n° 13.467/2017. Desde essa lei, a questão não se coloca mais em termos de delegação de capacidade tributária ativa, por não configurar mais tributo.

[8]   Do mesmo modo, se a entidade beneficiária dos recursos arrecadados com o tributo não é o sujeito ativo, não terá nem a legitimidade processual ativa para promover-lhe judicialmente a cobrança, nem a legitimidade processual passiva para figurar no polo passivo em demanda proposta pelo contribuinte para questionar aquele tributo. É o que atualmente ocorre com as entidades do sistema S, qualificadas pelo STJ como meras destinatárias das contribuições em seu favor, de modo que, nas demandas judiciais em que o contribuinte questiona as contribuições do sistema S, será a União (responsável pela fiscalização e arrecadação dessas contribuições) a figurar no polo passivo da ação, e não a entidade do sistema S meramente beneficiária dos recursos arrecadados: "STJ. Súmula 666: A legitimidade passiva, em demandas que visam à restituição de contribuições de terceiros, está vinculada à capacidade tributária ativa; assim, nas hipóteses em que as entidades terceiras são meras destinatárias das contribuições, não possuem elas legitimidade *ad causam* para figurar no polo passivo, juntamente com a União".

8.2. SUJEITO PASSIVO DA OBRIGAÇÃO TRIBUTÁRIA

O **sujeito passivo** de uma obrigação é a pessoa que deve suportar as consequências jurídicas do exercício regular de um direito, com o sacrifício do interesse próprio, em favor de um interesse alheio. Na obrigação tributária, o **sujeito passivo** é aquele a quem incumbe adimpli-la.[9] Na obrigação principal, cabe-lhe o pagamento de tributo ou penalidade pecuniária; na obrigação acessória, é aquele a quem couber a realização dos deveres acessórios, tais como a emissão de notas fiscais, prestação de declarações e informações tributárias etc.

O art. 121 do CTN divide em duas categorias o *sujeito passivo* da obrigação principal tributária: o *contribuinte* e o *responsável*, conceituando-os nos incisos I e II, respectivamente. Por sua vez, o art. 128 do CTN distingue a responsabilidade tributária entre o responsável propriamente dito e o *substituto tributário.*

O **contribuinte** é a pessoa que se encontra diretamente ligada por uma relação pessoal ao fato gerador da obrigação tributária. É ele que realiza o verbo do fato gerador e sobre ele recairá a análise da capacidade contributiva e da incidência de isenções ou imunidades. E o **responsável** é aquele que, por questões de conveniência e oportunidade, o Estado elege expressamente em lei[10] para figurar no polo passivo da relação, juntamente com o contribuinte, ou substituindo-o. Em outras palavras, é outra pessoa que não realiza diretamente o fato gerador, mas é incluída na relação tributária. Temos, ainda, uma terceira pessoa, denominado **substituto tributário**, que por determinação legal ingressa na posição do contribuinte, excluindo-o do polo passivo e assumindo, exclusiva e integralmente, a sua obrigação. Como leciona Giannini,[11]

> A lei tributária, ao estender as obrigações tributárias a pessoas distintas do contribuinte, pode ainda dar um passo adiante, *substituindo* completamente o contribuinte nas relações com a Administração financeira, por uma outra pessoa, a qual assume a posição do contribuinte, sendo reputada, assim, não ao lado, mas no lugar do contribuinte, para fins de adimplemento, indistintamente, de todas as obrigações que derivam da relação jurídica tributária, tanto as materiais quanto as formais [acessórias]. A esta pessoa a moderna doutrina do direito tributário dá o nome de "substituto tributário".

Neste último caso, haveria uma espécie de "deslocamento" da responsabilidade do contribuinte para o responsável tributário, na modalidade de substituto, ao passo que, nos demais casos de sujeição passiva, há, na realidade, uma "extensão" das responsabilidades de obrigações do contribuinte originário ao responsável, que figurará no polo passivo, juntamente com aquele contribuinte originário. A relação entre contribuinte e responsável ocorre por consequência dos efeitos da solidariedade, da responsabilidade subsidiária, pela sucessão ou, ainda, pela substituição.

---

[9] BASTOS, Celso Ribeiro. *Curso de direito financeiro e tributário.* 5. ed. São Paulo: Saraiva, 1997. p. 193.

[10] STF. ADI 3.141, Rel. Min. Roberto Barroso, Pleno, julg. 13/12/2018: "De qualquer forma, em se tratando de retenção do imposto de renda, o art. 45, parágrafo único, do Código Tributário Nacional, que possui *status* de lei complementar, autoriza expressamente ao legislador ordinário a fixação da condição de responsável tributário (CTN, art. 121, parágrafo único, inciso II) à fonte pagadora dos rendimentos tributáveis". Esclareça-se que, aqui, se falava apenas de mera retenção tributária, e não de ampliação do rol de responsáveis tributários previsto no art. 134, CTN, este sim a exigir lei complementar para sua criação, nos termos do art. 146, III, "b", CF/88 e da ADI 6.284, a ser comentada posteriormente.

[11] GIANNINI, A. D. *Istituzioni di diritto tributario.* Milano: Giuffrè, 1972. p. 135.

Parte II · Cap. 8 · SUJEITOS NA TRIBUTAÇÃO | **209**

O responsável tributário em *sentido amplo* pode ser assim considerado: a) o *responsável tributário* que integra a obrigação tributária juntamente com o contribuinte originário, figurando ambos no polo passivo, ligados por relações de solidariedade, subsidiariedade ou sucessão (arts. 124 a 138 do CTN); b) o substituto tributário que exclui o contribuinte originário da obrigação tributária, substituindo-o (art. 128, CTN; § 7º, art. 150 da CF/88). A esse respeito, ensina Misabel Derzi:[12]

> É que o sujeito passivo natural, que tirou proveito econômico do fato jurídico, como ensinou Rubens Gomes de Sousa, é o contribuinte, a pessoa que tem relação pessoal e direta com a situação jurídica em que se constitui o fato gerador da obrigação tributária, conforme o art. 121 do CTN. Por razões de praticidade, comodidade na arrecadação, garantia do crédito e proteção contra a evasão, o legislador pode eleger pessoa diversa, o chamado *responsável*. Por isso mesmo, o art. 128, garantindo a observância do princípio da capacidade econômica, determina que o responsável tributário seja vinculado indiretamente com o fato descrito na hipótese de incidência da norma *básica*. Isso significa que o fato gerador hipotético da norma *secundária* tem, ou deve ter *conexão ou relação de dependência*, com o fato gerador hipotético da norma *principal, básica* ou *matriz*.

A classificação da **responsabilidade tributária** *lato sensu* comporta quatro modalidades de sujeição passiva: **a) por solidariedade** (contribuinte e responsável: art. 124, II, CTN); **b) por sucessão** (responsável no lugar do contribuinte originário: arts. 130, 131, 132 e 133, CTN); **c) por transferência para terceiros** (responsável subsidiariamente ao contribuinte: art. 134, CTN ou de forma exclusiva: art. 135, CTN); e **d) por substituição** (responsável assumindo a posição de contribuinte, que é excluído da relação jurídico-fiscal: art. 128, CTN).

Ricardo Lobo Torres[13] estabelece as distinções fundamentais entre o contribuinte e o responsável da seguinte maneira: a) o contribuinte tem o débito (*debitum, Schuld*), que é o dever de prestação, e a responsabilidade (*Haftung*), isto é, a sujeição do seu patrimônio ao credor (*obligatio*), enquanto o responsável tem a responsabilidade (*Haftung*) sem ter o débito (*Schuld*), pois ele paga o tributo por conta do contribuinte; b) a posição do contribuinte surge com a realização do fato gerador da obrigação tributária; a do responsável, com a realização do pressuposto previsto na lei que regula a responsabilidade (*Haftungstatbestand*).

Na fixação do sujeito passivo, o Estado veda aos contribuintes a alteração volitiva do polo passivo por meio de **convenções particulares** (art. 123, CTN). Qualquer cláusula cujo conteúdo indique a modificação da sujeição passiva, diferentemente do determinado pelo legislador, não terá efeito entre o particular e o Estado. Sua eficácia terá âmbito apenas entre os contratantes, não podendo ser arguida em face do Estado. Assim, por exemplo, caso o proprietário-locador de um imóvel determine expressamente no contrato de locação que o locatário ficará obrigado ao pagamento do Imposto Predial Territorial Urbano (IPTU), tal cláusula terá efeito apenas entre os contratantes, já que, para efeito de tributação, o sujeito passivo desta obrigação continuará sendo o proprietário-locador.[14]

---

[12] DERZI, Misabel Abreu Machado. Praticidade. ICMS. Substituição tributária progressiva, "para frente". In: DERZI, Misabel Abreu Machado (Org.). *Construindo o direito tributário na Constituição*: uma análise da obra do Ministro Carlos Mário Velloso. Belo Horizonte: Del Rey, 2004. p. 170-171.

[13] TORRES, Ricardo Lobo. *Curso de direito financeiro e tributário*. 19. ed. Rio de Janeiro: Renovar, 2013. p. 258-259.

[14] STJ. AgRg no AgRg no REsp 1.131.379, Rel. Min. Benedito Gonçalves, 1ª Turma. julg. 18/03/2010: "A jurisprudência do STJ entende que o locatário não tem legitimidade ativa para a ação de repetição de

Quanto à **capacidade** para fazer parte do polo passivo da relação obrigacional tributária, o art. 126 do CTN estabelece que esta independe: a) quanto à pessoa natural, de sua capacidade civil, inclusive se sujeita a medidas que importem privação ou limitação do exercício; b) quanto a pessoa jurídica, de estar ou não devidamente registrada na respectiva junta comercial ou registro civil de pessoas jurídicas. Configura-se, portanto, uma clara distinção entre a capacidade de direito privado e a capacidade de direito tributário. Isto porque, em direito civil, o que se pretende proteger pelas normas sobre a capacidade civil é a vontade do emitente nas suas relações obrigacionais. Já em direito tributário, como suas obrigações são de natureza *ex lege*, e não *ex voluntate*, prescindindo-se do elemento volitivo, a razão da proteção do direito civil não se faz presente.

Sobre a determinação do **domicílio tributário**, que se faz pertinente nas demandas sobre os conflitos de competência tributária, além de se referir a questões afetas à fiscalização e a comunicação formal entre o Fisco e o Contribuinte, a regra geral é a do domicílio de eleição ou, na ausência de escolha, a residência habitual da pessoa física, a sede da pessoa jurídica de direito privado ou a repartição de pessoa jurídica de direito público. Entretanto, encontramos algumas exceções fundadas no interesse da autoridade fiscal. Assim é que tal faculdade de escolha de domicílio tributário poderá ser superada quando possa vir a causar algum prejuízo à autoridade fiscal, ou à arrecadação ou à fiscalização.[15] Alberto Xavier[16] ensina que "o domicílio fiscal é um domicílio especial pelo qual a lei refere a um lugar bem determinado o exercício de direitos e o cumprimento dos deveres estabelecidos pelas normas tributárias".

8.2.1. Contribuinte

O **contribuinte** é o sujeito passivo por excelência. É a pessoa descrita no texto da norma tributária para definir o elemento subjetivo da hipótese de incidência, ou seja, quem realiza o fato gerador e se torna o devedor do tributo.

Luís Eduardo Schoueri[17] afirma que o contribuinte, aspecto subjetivo da hipótese tributária, será encontrado, via de regra, no sujeito da oração cujo verbo e seu complemento serão o aspecto material do tributo. Para Leandro Paulsen,[18] contribuinte é aquele obrigado por lei a contribuir para as despesas públicas, vertendo recursos do seu patrimônio para o erário.

No entanto, partindo da realidade jurídica para o mundo concreto, devemos distinguir aquele contribuinte previsto na norma tributária e aquele que, em certos casos, arca efetivamente com o ônus tributário sem estar descrito na previsão legal. Assim, nas situações em que ocorre a denominada "repercussão financeira do ônus tributário", encontraremos a figura do contribuinte de direito, que realiza o fato gerador e tem a obrigação legal de recolher o tributo,

---

indébito tributário do IPTU, uma vez que, à luz do art. 34 do CTN, o 'contribuinte do imposto é o proprietário do imóvel, o titular do seu domínio útil, ou o seu possuidor a qualquer título', não se admitindo, por outro lado, nos termos do art. 123 do CTN, que convenções particulares, relativas à responsabilidade pelo pagamento de tributos, possam modificar a definição legal do sujeito passivo das obrigações tributárias correspondentes".

15   STJ. REsp 1.137.236, Rel. Min. Mauro Campbell Marques, 2ª Turma, julg. 04/08/2011: "2. A escolha do local da sede da empresa é livremente feita por seus controladores, até mesmo em face da liberdade empresarial, mas, para os fins tributários, pode o Fisco recusar o domicílio eleito, nos casos em que o novo domicílio fiscal impossibilite ou dificulte a arrecadação ou a fiscalização dos tributos (art. 127, § 2º, do CTN)".

16   XAVIER, Alberto. *Manual de direito fiscal*. Lisboa: Faculdade de Direito de Lisboa, 1974. p. 393.

17   SCHOUERI, Luís Eduardo. *Direito tributário*. 3. ed. São Paulo: Saraiva, 2013. p. 493.

18   PAULSEN, Leandro. *Curso de direito tributário*: completo. 7. ed. Porto Alegre: Livraria do Advogado, 2015. p. 191.

e a do contribuinte de fato,[19] que arca com o custo financeiro que lhe é repassado na relação econômica, por ser incluído no preço da mercadoria ou do serviço.

Na lição de Ricardo Lobo Torres,[20] contribuinte de direito é o *solvens*, a pessoa que, realizando a situação que constitui o fato gerador, fica obrigada ao pagamento do tributo. O contribuinte de direito tem simultaneamente o débito (*Schuld*) e a responsabilidade (*Haftung*). Contribuinte de fato é a pessoa que sofre o encargo financeiro do tributo, mas que não realiza o fato gerador nem participa da relação tributária.

A relevância prática desta definição ocorre quando se está diante dos chamados *tributos indiretos*, isto é, aqueles em que existe uma previsão legal de transferência do respectivo encargo financeiro do tributo a um *terceiro* (*repercussão financeira do tributo*), não bastando a mera transferência *econômica* de seu valor ao preço final da mercadoria ou serviço.[21] Trata-se de conceito jurídico e não econômico de transferência ou repercussão do encargo financeiro.[22] São exemplos clássicos destes tributos o ICMS e o IPI.

Uma vez classificado o tributo como indireto, para identificar-se o legitimado a demandar a repetição do tributo indireto pago indevidamente, deve-se aplicar o art. 166, CTN, o qual prescreve que a restituição de tributos que comportem, por sua natureza, transferência do respectivo encargo financeiro somente será feita a quem prove haver assumido o referido

---

[19]   STF. RE 1.053.574 (repercussão geral), Rel. Min. Gilmar Mendes, Pleno, julg. 25/10/2019: "De fato, o usuário não é responsável perante o Fisco pelo adimplemento da obrigação principal de pagamento do tributo (contribuições PIS e COFINS), ou ainda, por deveres acessórios no interesse da fiscalização ou administração tributária. Evidência disso é que, em caso de inadimplemento do dever de pagar as contribuições, o lançamento do tributo será efetuado pela Fazenda Pública contra a empresa prestadora de serviços de telecomunicações e não contra o usuário do serviço público. [...] Trata-se do fenômeno da repercussão fiscal, necessário, nas concessões de serviço público, à preservação do equilíbrio econômico financeiro do contrato. [...] Aqui tem lugar a distinção entre o contribuinte de direito (contribuinte *de jure*) e o contribuinte de fato, que costumava estar relacionada à distinção entre tributos diretos e indiretos. O contribuinte de direito é aquele que participa do polo passivo da obrigação tributária, enquanto que o contribuinte de fato é aquele que efetivamente suporta o ônus tributário. [...] No caso das contribuições PIS/COFINS, os contribuintes de direito são as pessoas jurídicas de direito privado, nos termos do art. 2º da Lei 9.718/1998. Portanto, destacar o tributo na fatura de prestação de serviço público não implica tornar sujeito passivo da obrigação tributária o usuário do serviço, este é meramente um contribuinte de fato, assumindo o ônus econômico do tributo".

[20]   TORRES, Ricardo Lobo. op. cit. p. 262.

[21]   STJ. REsp 1.672.431, Rel. Min. Herman Benjamin, 2ª Turma, julg. 08/08/2017: "O STJ já decidiu: 'especificamente acerca do Imposto de Importação, considerando sua natureza, observa-se que, ainda que se admita a transferência do encargo ao consumidor final, tal repercussão é meramente econômica, decorrente das circunstâncias de mercado, e não jurídica, razão pela qual sua restituição não se condiciona às regras previstas no art. 166 do CTN'".

[22]   STJ. REsp 755.490, Rel. Min. Denise Arruda, 1ª Turma, julg. 04/11/2008: "1. A restituição de tributos na forma do art. 166 do CTN implica, inicialmente, verificar se o tributo comporta ou não transferência do encargo financeiro para terceiro. Em regra, todos os tributos trazem em si uma repercussão econômica nos preços finais dos produtos, mas esta se mostra irrelevante se não há previsão legal específica de que o ônus será suportado por terceiro. Desse modo, a repercussão meramente econômica não leva o tributo a ser classificado como indireto, sendo imprescindível, para que o tributo comporte essa natureza, a expressa previsão legal. Apenas em tais casos aplica-se a norma contida no referido dispositivo".

STJ. REsp 2.034.975 (recurso repetitivo – Tema 1191), Rel. Min. Herman Benjamin, 1ª Seção, julg. 14/8/2024: "Na sistemática da substituição tributária para frente, em que o contribuinte substituído revende a mercadoria por preço menor do que a base de cálculo presumida para o recolhimento do tributo, é inaplicável a condição prevista no art. 166 do CTN".

212 CURSO DE DIREITO TRIBUTÁRIO BRASILEIRO – *Marcus Abraham*

encargo ou, no caso de tê-lo transferido a terceiro, estar por este expressamente autorizado a recebê-la.[23]

8.2.2. Responsável solidário

A solidariedade passiva tributária caracteriza-se pela faculdade que tem o credor de escolher o devedor contra o qual promoverá todos os atos de cobrança, nos casos em que concorram para a mesma prestação vários devedores. Assim, ambos, ou qualquer um dos devedores solidários, podem vir a ser cobrados pela integralidade do crédito tributário.

O instituto da **solidariedade tributária** é encontrado nos arts. 124 e 125 do CTN. O primeiro dispositivo define duas modalidades de sujeição tributária passiva solidária: a solidariedade passiva direta e a indireta, expressas por seus incisos I e II, respectivamente: *solidariedade entre os próprios contribuintes* (direta); e a *solidariedade entre o contribuinte e o responsável* (indireta).

Na solidariedade passiva direta, expressa pela norma do inciso I, do art. 124 do CTN, verificamos a participação na obrigação tributária de vários sujeitos passivos diretos, todos *contribuintes,* unidos de forma solidária, pelo vínculo de um interesse comum na situação que constitua o fato gerador da obrigação principal. Neste caso, não há a presença do responsável no polo passivo obrigacional, mas somente daqueles considerados contribuintes originários ou contribuintes propriamente ditos.[24] Exemplo típico é a responsabilidade solidária de dois irmãos, coproprietários de um imóvel, sobre o IPTU, ou os diversos adquirentes de imóvel sobre ITBI.

Já pela interpretação do inciso II, encontramos a modalidade de sujeição passiva indireta, pela responsabilidade de terceiro, que se vincula de maneira solidária com o contribuinte, sem que haja uma ligação realmente direta com o fato gerador, mas sim por previsão legal fundada no interesse ou conveniência da Administração, por possuírem um vínculo indireto com o fato gerador. É o caso da responsabilidade do transportador pelo ICMS da mercadoria transportada.

Ressalte-se que a solidariedade tributária não comporta benefício de ordem (parágrafo único, art. 124, CTN), e são os seguintes os seus efeitos: I – o pagamento efetuado por um dos obrigados aproveita aos demais; II – a isenção ou remissão de crédito exonera todos os obrigados, salvo se outorgada pessoalmente a um deles, subsistindo, nesse caso, a solidariedade quanto aos demais pelo saldo; III – a interrupção da prescrição, em favor ou contra um dos obrigados, favorece ou prejudica aos demais (art. 125, CTN).

---

[23]   STJ. REsp 1.131.476 (recurso repetitivo), Rel. Min. Luiz Fux, 1ª Seção, julg. 09/12/2009: "2. A pretensão repetitória de valores indevidamente recolhidos a título de ISS incidente sobre a locação de bens móveis [...], hipótese em que o tributo assume natureza indireta, reclama da parte autora a prova da não repercussão, ou, na hipótese de ter a mesma transferido o encargo a terceiro, de estar autorizada por este a recebê-los, o que não ocorreu *in casu* [...]".

[24]   STJ. AgRg no REsp 1.535.048, Rel. Min. Napoleão Nunes Maia Filho, 1ª Turma, julg. 08/09/2015: "1. A teor do art. 124, I do CTN e de acordo com a doutrina justributarista nacional mais autorizada, não se apura responsabilidade tributária de quem não participou da elaboração do fato gerador do tributo, não sendo bastante para a definição de tal liame jurídico obrigacional a eventual integração interempresarial abrangendo duas ou mais empresas da mesma atividade econômica ou de atividades econômicas distintas, aliás não demonstradas, neste caso. [...] 2. Da mesma forma, ainda que se admita que as empresas integram grupo econômico, não se tem isso como bastante para fundar a solidariedade no pagamento de tributo devido por uma delas, ao ponto de se exigir seu adimplemento por qualquer delas".

8.2.3. Responsável por sucessão

Estamos diante de mais um conceito de direito civil de que o direito tributário se utiliza: *a sucessão*. Trata-se da hipótese em que a obrigação se transfere para outro devedor, em virtude do desaparecimento do devedor original. Equivale à substituição de um sujeito por outro em determinada relação jurídica que não se extinguiu. Washington de Barros Monteiro[25] afirma que, num sentido amplo, a *sucessão* significa o ato pelo qual uma pessoa toma o lugar de outra, investindo-se a qualquer título, no todo ou em parte, nos direitos que lhe competem.

Assim, ocorrendo o desaparecimento do devedor original (contribuinte), será estendida para outro devedor (previsto em lei) – o *responsável por sucessão* – a obrigação tributária. Não ocorre a exclusão do contribuinte por determinação legal, visto que tal exclusão se dá em virtude de seu desaparecimento por uma situação fática ou por um negócio jurídico, e não por vontade do legislador.

Na seara tributária, Ricardo Lobo Torres[26] afirma que ocorre a responsabilidade do sucessor sempre que uma "terceira pessoa, vinculada ao fato gerador, assume a obrigação tributária em virtude da impossibilidade de seu cumprimento pelo anterior proprietário do bem ou pela pessoa jurídica que precedentemente explorava a atividade econômica". Segundo ele, "a responsabilidade aí é subsidiária, já que apenas surge depois de comprovada a impossibilidade de seu cumprimento pelo contribuinte".

Ponto crucial na análise da sucessão tributária está na verificação do momento da ocorrência do fato gerador, não importando a data do lançamento, ou seja, a data da constituição definitiva do crédito tributário, tendo em vista a natureza declaratória deste ato quanto à ocorrência do fato gerador (parte final do art. 129 do CTN). Assim, haverá sucessão dos créditos tributários definitivamente constituídos, dos que estão se constituindo na data da sucessão e dos que venham a se constituir após a sucessão, desde que todos referentes a fato gerador anterior ocorrido até a data da sucessão. Noutras palavras, a sucessão tributária refere-se aos créditos anteriores, pendentes e futuros – *antes, durante e depois*, desde que vinculados a fatos geradores ocorridos antes da data da sucessão.

A **sucessão tributária** ocorrerá nos seguintes casos: a) aquisição (gratuita ou onerosa) de bens imóveis; b) aquisição ou remição de quaisquer bens (móveis e imóveis) cuja propriedade, posse ou utilização possam ser objeto de tributação; c) morte do contribuinte; d) fusão, transformação, incorporação, cisão ou mesmo a extinção de pessoa jurídica de direito privado; e) aquisição de estabelecimento empresarial – *fundo de comércio*.

Os arts. 130 e 131, I do CTN se ocupam da *sucessão patrimonial*: da sub-rogação legal nas obrigações tributárias resultantes da aquisição de bens imóveis[27] (por exemplo, no caso do IPTU

---

[25] MONTEIRO, Washington de Barros. *Curso de direito civil*: direito das sucessões. 28. ed. São Paulo: Saraiva, 1993. p. 1.

[26] TORRES, Ricardo Lobo. op. cit. p. 267.

[27] STF. RE 599.176 (repercussão geral), Rel. Min. Joaquim Barbosa, Pleno, julg. 05/06/2014: "*Tese*: A imunidade tributária recíproca não exonera o sucessor das obrigações tributárias relativas aos fatos jurídicos tributários ocorridos antes da sucessão".

STJ. REsp 1.914.902 (recurso repetitivo – Tema 1134), Rel. Min. Teodoro Silva Santos, 1ª Seção, julg. 09/10/2024: "Diante do disposto no art. 130, parágrafo único, do Código Tributário Nacional, é inválida a previsão em edital de leilão atribuindo responsabilidade ao arrematante pelos débitos tributários que já incidiam sobre o imóvel na data de sua alienação".

e ITR)[28] ou de bens móveis (IPVA). Como os entes tributantes costumam exigir certidão negativa destes impostos para a formalização do ato de transferência, esta sucessão raramente ocorre na prática, pois o alienante ou o adquirente costumam realizar o pagamento dos tributos em atraso previamente à transferência. Sobretudo na transferência imobiliária, se os tributos incidentes sobre o imóvel não estiverem quitados, o próprio oficial de registro se recusaria a realizar o ato de registro da transferência, sob pena de o registrador ser responsabilizado pelo recolhimento do tributo, na modalidade de *responsabilidade de terceiros*, que será analisada adiante.

Por sua vez, os incisos II e III do art. 131 do CTN cuidam da sucessão *causa mortis*, decorrente do falecimento do contribuinte, que se caracteriza por dois momentos: a) num primeiro, a responsabilidade sucessória é do espólio que, em seguida à abertura da sucessão e até a data da partilha, sub-roga-se nas obrigações tributárias do falecido; b) num segundo, a responsabilidade sucessória passa a ser dos herdeiros pelos respectivos quinhões, legados ou meação. Ressalte-se que a responsabilidade não passará do valor do quinhão recebido.

Já a sucessão tributária nos casos de *pessoa jurídica de direito privado* é tratada nos arts. 132 e 133, os quais preveem sua ocorrência nas hipóteses de alteração de sua forma jurídico-societária e estrutural, sua extinção ou alienação parcial ou integral do fundo de comércio.

Assim, temos a previsão da sucessão tributária das pessoas jurídicas de direito privado resultantes nos casos de fusão, transformação e incorporação de sociedades comerciais (e também a cisão, por interpretação integrativa da legislação societária, que é posterior ao Código Tributário Nacional), que responderão pelos tributos devidos por aquelas originárias, até a data do respectivo ato jurídico-societário (art. 132, CTN).[29] Da mesma forma, a sucessão ocorrerá no caso de haver a continuidade da exploração das atividades de pessoa jurídica de direito privado extinta, por qualquer dos sócios ou espólio, seja através da mesma ou de outra denominação, razão social ou firma individual (parágrafo único do art. 132, CTN). Responderão, então, aqueles que continuarem as atividades da sociedade empresarial extinta, na qualidade de responsáveis, pelas obrigações tributárias surgidas até o momento de sua extinção. A partir daí, passarão a responder não mais como responsáveis, mas sim como contribuintes.

O art. 133 do CTN nos traz as hipóteses de alienação (gratuita ou onerosa) do *fundo de comércio* (estabelecimento empresarial), para pessoas físicas ou jurídicas, que passarão a responder pelos tributos devidos até a data da aquisição, com a responsabilidade integral (se houver o

---

[28]   STJ. REsp 1.073.846 (recurso repetitivo), Rel. Min. Luiz Fux, 1ª Seção, julg. 25/11/2009: "4. Os impostos incidentes sobre o patrimônio (ITR e IPTU) decorrem de relação jurídica tributária instaurada com a ocorrência de fato imponível encartado, exclusivamente, na titularidade de direito real, razão pela qual consubstanciam obrigações *propter rem*, impondo-se sua assunção a todos aqueles que sucederem ao titular do imóvel. 5. Consequentemente, a obrigação tributária, quanto ao IPTU e ao ITR, acompanha o imóvel em todas as suas mutações subjetivas, ainda que se refira a fatos imponíveis anteriores à alteração da titularidade do imóvel, exegese que encontra reforço na hipótese de responsabilidade tributária por sucessão prevista nos artigos 130 e 131, I, do CTN [...] 6. O promitente comprador (possuidor a qualquer título) do imóvel, bem como seu proprietário/promitente vendedor (aquele que tem a propriedade registrada no Registro de Imóveis) [...], são contribuintes responsáveis pelo pagamento do IPTU [...]. 7. É que, nas hipóteses em que verificada a 'contemporaneidade' do exercício da posse direta e da propriedade (e não a efetiva sucessão do direito real de propriedade, tendo em vista a inexistência de registro do compromisso de compra e venda no cartório competente), o imposto sobre o patrimônio poderá ser exigido de qualquer um dos sujeitos passivos 'coexistentes'".

[29]   STJ. Súmula nº 554: "Na hipótese de sucessão empresarial, a responsabilidade da sucessora abrange não apenas os tributos devidos pela sucedida, mas também as multas moratórias ou punitivas referentes a fatos geradores ocorridos até a data da sucessão".

Parte II · Cap. 8 · SUJEITOS NA TRIBUTAÇÃO | **215**

alienante cessado a respectiva atividade empresarial), e com responsabilidade subsidiária (se o alienante prosseguir na atividade ou iniciar dentro de seis meses, a contar da data da alienação, nova atividade, no mesmo ou em outro ramo empresarial). Esclareça-se que a alienação do fundo de comércio deve ser entendida como a transferência, gratuita ou onerosa, da universalidade de bens que o compõem, assim entendidos todos os bens e obrigações de que o empresário se utiliza no exercício de sua atividade, ou parte expressiva desta, e não pela transmissão de bens individualmente considerados.

8.2.4. Responsabilidade de terceiros

Não sendo possível a exigência de cumprimento da obrigação em face do contribuinte, nas hipóteses dos incisos I a VII do art. 134 do CTN, surge a denominada **responsabilidade de terceiros**, recaindo a obrigação tributária sobre as pessoas previstas nos referidos dispositivos.[30] Esta responsabilidade é, na realidade, subsidiária, e não solidária como consta literalmente expresso na primeira parte do *caput* do art. 134, já que há uma espécie de benefício de ordem, por não haver possibilidade de escolha do Fisco entre os devedores. Esta responsabilidade só surgirá para o terceiro em caso de impossibilidade de exigência do tributo diretamente do contribuinte. Estes responsáveis são: I – os pais, pelos tributos devidos por seus filhos menores; II – os tutores e curadores, pelos tributos devidos por seus tutelados ou curatelados; III – os administradores de bens de terceiros, pelos tributos devidos por estes; IV – o inventariante, pelos tributos devidos pelo espólio; V – o síndico e o comissário, pelos tributos devidos pela massa falida ou pelo concordatário[31]; VI – os tabeliães, escrivães e demais serventuários de ofício, pelos tributos devidos sobre os atos praticados por eles, ou perante eles, em razão do seu ofício; e VII – os sócios, no caso de liquidação de sociedade de pessoas.

Cabe ressaltar que as figuras elencadas nos incisos I a VII não se tornarão responsáveis pela obrigação tributária em quaisquer casos, mas tão somente nos casos em que os contribuintes intervierem ou se omitirem nos fatos ou atos que derem origem aos tributos. Assim, por exemplo, nos casos de responsabilidade dos administradores de bens de terceiros (gerentes ou diretores), tornar-se-ão coobrigados subsidiários pelos tributos devidos, referentes aos atos em que estes intervierem ou se omitirem, e não em relação a qualquer tributo devido por seus administrados (sociedades empresárias).

Já o art. 135 do CTN trata da possibilidade de redirecionamento da cobrança fiscal para os terceiros responsáveis que atuam de modo irregular ou ilícito, em que se torna claro um desvalor da ação que gera a responsabilização tributária pessoal do infrator.

---

[30] O STF decidiu que somente lei complementar pode estabelecer o rol de responsáveis tributários, tal como ocorre com o rol de responsáveis tributários previsto no art. 134, CTN (o CTN foi recepcionado como lei complementar), cf. STF. ADI 6.284, Rel. Min. Roberto Barroso, Pleno, julg. 15/09/2021. No caso, lei estadual de Goiás inseria o contador como responsável tributário solidário com o contribuinte ou com o substituto tributário quanto ao pagamento de impostos e de penalidades pecuniárias, no caso de suas ações ou omissões concorrerem para a prática de infração à legislação tributária. Entendeu-se que legislação estadual que amplia as hipóteses de responsabilidade de terceiros por infrações para além das hipóteses previstas no CTN invade a competência do legislador complementar federal para estabelecer as normas gerais sobre a matéria (art. 146, III, *b*, da CF/88).

[31] A figura do síndico na falência e do comissário na concordata (que passou a ser denominada recuperação judicial) foi substituída pela figura do administrador judicial, nos termos da Lei nº 11.101/2005 (Lei de Falências).

Neste sentido, o referido dispositivo legal dispõe que são pessoalmente responsáveis pelos créditos correspondentes a obrigações tributárias resultantes de atos praticados com excesso de poderes ou infração de lei, contrato social ou estatutos: I – as pessoas referidas no artigo anterior (ou seja, no caso de responsabilidade de terceiros prevista no artigo 134); II – os mandatários, prepostos e empregados; e III – os diretores, gerentes ou representantes de pessoas jurídicas de direito privado (aqueles que possuem poderes de administração).

Importante registrar que o mero sócio cotista ou acionista de uma empresa que não dispuser de poderes decisórios ou administrativos não se enquadra nessa hipótese de responsabilidade tributária.

O exemplo mais emblemático é aquele dos responsáveis pela administração irregular da empresa – especialmente os sócio-administradores. Pacificou-se o entendimento de que a mera inadimplência fiscal não enseja, por si só, a responsabilidade do sócio-administrador,[32] e que esta depende do fato de o executado, na condição de sócio-administrador da empresa, ter agido com excesso de poderes, violação à lei ou ao estatuto ou contrato social. É o que ocorre, por exemplo, com a responsabilização do sócio-administrador da época da dissolução irregular da sociedade (mas não com o sócio-administrador da época do fato gerador do tributo que havia se retirado adequadamente da sociedade antes da dissolução irregular).[33]

8.2.5. Substituto tributário

Encontramos a previsão desta modalidade de sujeição passiva – o substituto tributário – pela interpretação do art. 128 do CTN, o qual estatui que a lei[34] pode atribuir a responsabilidade pelo crédito tributário a terceira pessoa, vinculada ao fato gerador da respectiva obrigação, excluindo a responsabilidade do contribuinte. Assim, a substituição tributária surge desde o início da obrigação tributária, em face de uma pessoa diferente do contribuinte propriamente

---

[32] STJ. Súmula nº 430: "O inadimplemento da obrigação tributária pela sociedade não gera, por si só, a responsabilidade solidária do sócio-gerente". No mesmo sentido, STJ. REsp 1.101.728 (recurso repetitivo), Rel. Min. Teori Albino Zavascki, 1ª. Seção, julg. 11/03/2009.

[33] STJ. REsp 1.377.019, 1.776.138, 1.787.156 (recursos repetitivos), Rel. Min. Assusete Magalhães, 1ª. Seção, julg. 24/11/2021: "Tese: O redirecionamento da execução fiscal, quando fundado na dissolução irregular da pessoa jurídica executada ou na presunção de sua ocorrência, não pode ser autorizado contra o sócio ou o terceiro não sócio que, embora exercesse poderes de gerência ao tempo do fato gerador, sem incorrer em prática de atos com excesso de poderes ou infração à lei, ao contrato social ou aos estatutos, dela regularmente se retirou e não deu causa à sua posterior dissolução irregular, conforme art. 135, III, do CTN".
STJ. REsp 1.645.333 (recurso repetitivo), Rel. Min. Assusete Magalhães, 1ª Seção, julg. 25/05/2022: "Tese: O redirecionamento da execução fiscal, quando fundado na dissolução irregular da pessoa jurídica executada ou na presunção de sua ocorrência, pode ser autorizado contra os sócios ou terceiro não sócio com poderes de administração na data em que configurada ou presumida a dissolução irregular, ainda que não tenha exercido poderes de gerência quando ocorrido o fato gerador do tributo não adimplido, conforme art. 135, III, do Código Tributário Nacional (CTN)".

[34] STF. ADI 4.281, Rel. Min. Rosa Weber, Rel. p/ Acórdão: Min. Cármen Lúcia, Pleno, julg. 13/10/2020: "Operações com energia elétrica. Substituição tributária. Ausência de previsão legal. Ofensa ao princípio da legalidade".
STF. ADI 5.702, Rel. Min. André Mendonça, Pleno, julg. 24/10/2022: "À luz da vigência da Lei Complementar nº 87, de 1996 (Lei Kandir), a imputação de responsabilidade tributária, na modalidade de substituição tributária progressiva, pelo Estado competente para a instituição do ICMS não demanda lei complementar, *ex vi* art. 150, § 7º, da Constituição da República".

Parte II · Cap. 8 · SUJEITOS NA TRIBUTAÇÃO | **217**

dito (que realiza o fato gerador), sendo o substituto obrigado ao pagamento do tributo em seu lugar, passando a ter total responsabilidade pelo *quantum* devido.

A distinção entre o responsável *stricto sensu* e o substituto tributário é a de que, apesar de ambos serem sujeitos passivos indiretos (e responsáveis em sentido amplo), no caso da responsabilidade em sentido estrito, o responsável figurará sempre no polo passivo da obrigação conjuntamente com o contribuinte (por solidariedade, subsidiariedade ou sucessão); e, na substituição tributária, o contribuinte é excluído da relação jurídica, sendo substituído no polo passivo da obrigação tributária pelo responsável, que toma o seu lugar na qualidade de substituto tributário.

Concentrando a obrigação tributária principal e acessória em um único sujeito passivo (substituto tributário), não obstante haver uma sequência de fatos geradores na mesma cadeia econômica (substituídos) em tributação multifásica (por exemplo, do industrial passando ao varejista até o consumidor, incidindo em cada etapa), apenas um dos sujeitos (substituto tributário) fica obrigado a pagar o tributo dos demais (substituídos).

A figura do substituto tributário representa uma técnica de arrecadação que tem como objetivo simplificar e assegurar a arrecadação e evitar a sonegação[35], reduzindo a fiscalização em uma multiplicidade de contribuintes (substituídos), concentrando-a em um número reduzido de empresas (substitutas), sobretudo nos casos de impostos indiretos (ex.: ICMS, IPI) como na venda de cigarros, medicamentos, bebidas alcoólicas, automóveis[36] etc.

Com a clareza que lhe é peculiar, Ricardo Lobo Torres[37] destaca os principais aspectos sobre o assunto:

> O substituto se estrema dos demais responsáveis porque fica no lugar do contribuinte, enquanto o responsável fica junto, mantendo-se a responsabilidade supletiva do contribuinte. O substituto legal tributário tem não só a responsabilidade pela obrigação principal, como também pelas acessórias, incumbindo-lhe praticar todos os deveres instrumentais no interesse do Fisco. Assume com exclusividade a responsabilidade do contribuinte, que deixa de participar da relação tributária. Se o substituto não recolher o tributo, nenhuma responsabilidade terá o contribuinte substituído, embora certa parte da doutrina estrangeira veja com reserva tal assertiva. As reclamações e os recursos passam para a iniciativa do substituto que poderá impugnar os vícios de legalidade ou constitucionalidade da imposição. Mas o substituído não é totalmente estranho à relação tributária. Para que haja a substituição é necessário que o contribuinte e o substituto participem do mesmo processo econômico, de modo que entre as suas atividades haja algum nexo. As imunidades e as isenções pertencem ao substituído, e não ao substituto. Entre o substituto e o substituído não existe nenhum vínculo de natureza tributária. Adapta-se a qualquer imposto, direto (IR) ou indireto (ICMS ou ISS).

---

[35] STF. RE 603.191 (repercussão geral), Rel. Min. Ellen Gracie, Pleno, julg. 01/08/2011: "Na substituição tributária, sempre teremos duas normas: a) a norma tributária impositiva, que estabelece a relação contributiva entre o contribuinte e o fisco; b) a norma de substituição tributária, que estabelece a relação de colaboração entre outra pessoa e o fisco, atribuindo-lhe o dever de recolher o tributo em lugar do contribuinte".

[36] STF. RE 605.506 (repercussão geral), Rel. Min. Rosa Weber, Pleno, julg. 11/11/2011: "*Tese:* É constitucional a inclusão do valor do IPI incidente nas operações de venda feitas por fabricantes ou importadores de veículos na base de cálculo presumida fixada para propiciar, em regime de substituição tributária, a cobrança e o recolhimento antecipados, na forma do art. 43 da Medida Provisória nº 2.158-35/2001, de contribuições para o PIS e da Cofins devidas pelos comerciantes varejistas".

[37] TORRES, Ricardo Lobo. op. cit. p. 264-265.

CURSO DE DIREITO TRIBUTÁRIO BRASILEIRO – *Marcus Abraham*

Podemos identificar duas modalidades de substituição tributária: a substituição *"para frente"* ou *progressiva* e a substituição *"para trás"* ou *regressiva*. A modalidade de *substituição para trás* ocorrerá quando o substituto, que é um contribuinte de direito (comerciante ou industrial), adquire mercadoria de outro contribuinte, responsabilizando-se pelo pagamento do tributo devido pelo substituído e pelo cumprimento das obrigações tributárias, implicando o adiamento do recolhimento do tributo para um momento posterior. Como exemplo desta modalidade de substituição, teremos os casos em que as indústrias adquirem *commodities* do produtor rural (substituído), que não tem possibilidade de emitir notas fiscais nem de manter escrituração contábil, ficando o substituto, portanto, responsável pelo recolhimento do imposto.

Já a *substituição para frente* ocorre quando uma terceira pessoa, geralmente o industrial (substituto), responsabiliza-se pelo pagamento do tributo devido pelo comerciante atacadista ou varejista (substituído), que revende a mercadoria por ele produzida.[38] É o caso da indústria de cigarro, que substitui o comerciante varejista na obrigação principal, recolhendo desde a saída da mercadoria do estabelecimento industrial o imposto incidente na ulterior operação com o consumidor final, antecipando, assim, o recolhimento do tributo (fato gerador presumido).

O Plenário do STF, no julgamento do RE 593.849 (repercussão geral, Rel. Min. Edson Fachin, julg. 19/10/2016), decidiu que, na hipótese de substituição para frente (fato gerador presumido), é devida a restituição da diferença do imposto indireto pago a maior se a base de cálculo efetiva da operação for inferior à presumida. De acordo com o art. 150, § 7º, *in fine*, da Constituição, a cláusula de restituição do excesso e respectivo direito à restituição se aplicam a todos os casos em que o fato gerador presumido não se concretize empiricamente da forma como antecipadamente tributado, isto é, tanto nos casos em que o tributo for recolhido a maior (em prejuízo ao sujeito passivo) como a menor (em prejuízo do Fisco). Assim, não se deve ser alheio à realidade do processo econômico, de maneira a transformar uma ficção jurídica (fato gerador que não chega a se realizar como havia sido presumido) em uma presunção absoluta, devendo-se adequar a tributação à base de cálculo real, seja para beneficiar ou não o Fisco.

8.2.6. Responsabilidade dos sócios de empresa

A regra geral é a de que os bens da sociedade empresarial, que é o contribuinte de direito na relação tributária entre fisco e contribuinte, respondem pelas obrigações assumidas (arts. 789 do CPC; arts. 47 e 1.024 do C.C.; art. 158, I e II da LSA). Entretanto, quando não for possível executar o patrimônio da empresa ou este não seja suficiente para quitar as dívidas fiscais, se for demonstrado que os sócios agiram irregularmente – com excesso de mandato, infração à lei ou dissolução irregular –, estes responderão pessoalmente (com seus bens pessoais), sendo considerados responsáveis tributários (art. 135, CTN), desde que

---

[38] STF. ADI 2.044, Rel. Min. Cármen Lúcia, Pleno, julg. 20/11/2019: "1. Nos termos do § 7º do art. 150 da Constituição da República 'a lei poderá atribuir a sujeito passivo de obrigação tributária a condição de responsável pelo pagamento de imposto ou contribuição, cujo fato gerador deva ocorrer posteriormente, assegurada a imediata e preferencial restituição da quantia paga, caso não se realize o fato gerador presumido'. Desnecessidade de lei complementar. 2. Este Supremo Tribunal já decidiu sobre a legalidade da cobrança antecipada do ICMS no regime de substituição tributária, mensurada segundo o estoque de mercadorias desde que observados os princípios da irretroatividade e da anterioridade geral e nonagesimal".

comprovado pelo fisco o liame entre o executado e a atuação ilícita (ação ou omissão). Mas a responsabilidade somente poderá recair sobre os sócios que tenham poderes gerenciais/administrativos, por ação ou omissão.[39]

Ademais, a jurisprudência pacificou que simples inadimplemento tributário não caracteriza infração, não gerando, por si só, a responsabilidade pessoal do sócio-administrador,[40] sendo necessário que este tenha agido com excesso de poderes, violação à lei ou ao estatuto ou contrato social, nos termos do art. 135 do CTN. Como visto anteriormente, pode-se exemplificar com o caso da responsabilização do sócio-administrador da época da dissolução irregular da sociedade, por ser esta irregularidade em si mesma um ato ilícito (ao revés, não podendo ser responsabilizado o sócio-administrador da época do fato gerador do tributo que já havia se retirado adequadamente da sociedade antes da dissolução irregular).[41]

Em regra, caberá ao exequente (Fisco) provar as irregularidades, podendo, então, redirecionar a execução fiscal para o sócio-administrador.[42] Contudo, a Primeira Seção do STJ firmou orientação de que, caso o nome do sócio-administrador já conste da CDA, em razão da presunção relativa de certeza e liquidez desta, será do sócio o ônus de provar que não ficou caracterizada nenhuma das circunstâncias previstas no art. 135 do CTN, ou seja, que não houve a prática de atos "com excesso de poderes ou infração de lei, contrato social ou estatutos".[43]

Entretanto, tratando-se de contribuições previdenciárias (INSS), o art. 13 da Lei nº 8.620/1993 estabelecia a responsabilidade solidária entre os sócios, independentemente da prova de gestão fraudulenta ou irregular. Contudo, esta última previsão em matéria previden-

---

[39] A Lei Complementar nº 182/2021, que institui o marco legal das *startups* e do empreendedorismo inovador, expressamente exclui qualquer tipo de responsabilidade tributária, seja solidária ou subsidiária, em relação aos meros investidores pessoas físicas ou jurídicas que façam aportes de capital nestas sociedades empresárias sem revestirem a condição de sócios-administradores.

[40] STJ. Súmula 430: "O inadimplemento da obrigação tributária pela sociedade não gera, por si só, a responsabilidade solidária do sócio-gerente".

STJ. REsp 1.101.728 (recurso repetitivo), Rel. Min. Teori Albino Zavascki, 1ª Seção, julg. 11/03/2009: "É igualmente pacífica a jurisprudência do STJ no sentido de que a simples falta de pagamento do tributo não configura, por si só, nem em tese, circunstância que acarreta a responsabilidade subsidiária do sócio, prevista no art. 135 do CTN. É indispensável, para tanto, que tenha agido com excesso de poderes ou infração à lei, ao contrato social ou ao estatuto da empresa".

[41] STJ. REsp 1.377.019, 1.776.138, 1.787.156 (recursos repetitivos), Rel. Min. Assusete Magalhães, 1ª. Seção, julg. 24/11/2021: "*Tese*: O redirecionamento da execução fiscal, quando fundado na dissolução irregular da pessoa jurídica executada ou na presunção de sua ocorrência, não pode ser autorizado contra o sócio ou o terceiro não sócio que, embora exercesse poderes de gerência ao tempo do fato gerador, sem incorrer em prática de atos com excesso de poderes ou infração à lei, ao contrato social ou aos estatutos, dela regularmente se retirou e não deu causa à sua posterior dissolução irregular, conforme art. 135, III, do CTN".

[42] STJ. EREsp 702.232, Rel. Min. Castro Meira, 1ª Seção, julg. 14/09/2005: "1. Iniciada a execução contra a pessoa jurídica e, posteriormente, redirecionada contra o sócio-gerente, que não constava da CDA, cabe ao Fisco demonstrar a presença de um dos requisitos do art. 135 do CTN. Se a Fazenda Pública, ao propor a ação, não visualizava qualquer fato capaz de estender a responsabilidade ao sócio-gerente e, posteriormente, pretende voltar-se também contra o seu patrimônio, deverá demonstrar infração à lei, ao contrato social ou aos estatutos ou, ainda, dissolução irregular da sociedade".

[43] STJ. REsp 1.104.900 (recurso repetitivo), Rel. Min. Denise Arruda, 1ª Seção, julg. 25/03/2009: "1. A orientação da Primeira Seção desta Corte firmou-se no sentido de que, se a execução foi ajuizada apenas contra a pessoa jurídica, mas o nome do sócio consta da CDA, a ele incumbe o ônus da prova de que não ficou caracterizada nenhuma das circunstâncias previstas no art. 135 do CTN, ou seja, não houve a prática de atos 'com excesso de poderes ou infração de lei, contrato social ou estatutos'".

ciária foi declarada inconstitucional pelo STF[44], pois a solidariedade tributária instituída por mera lei ordinária viola a reserva de lei complementar para tratar de normas gerais em matéria de legislação tributária (art. 146, III, CF/88), além de o referido art. 13 ter sido expressamente revogado posteriormente pelo art. 79 da Lei nº 11.941/2009 (conversão da MP nº 449/2008).

No caso de dissolução irregular da empresa, fundamento comum e usual da Fazenda Pública para o pedido de redirecionamento da execução fiscal contra o sócio administrador, tal dissolução pode ser comprovada com a certidão negativa de citação emitida pelo oficial de justiça, que atesta não estar mais em funcionamento aquela determinada empresa no endereço indicado.

O uso indiscriminado do **redirecionamento da execução fiscal** aos sócios-administradores pelo Fisco já foi objeto de crítica por parte da doutrina tributária, tal como entende Heleno Taveira Torres,[45] ao exigir que a desconsideração da personalidade jurídica da sociedade empresária ocorra apenas nas hipóteses previstas no art. 50 do Código Civil.

A partir da edição do Código de Processo Civil de 2015, que traz em seus arts. 133 e ss. o "incidente de desconsideração da personalidade jurídica – IDPJ", o argumento de que o redirecionamento da execução fiscal deveria ser precedido por este procedimento também passou a ser apresentado. Entretanto, o entendimento que prevalece, inclusive nos Tribunais Superiores, é o de que, além de a Lei de Execuções Fiscais (Lei nº 6.830/1980) ser lei específica e, por isso, inaplicável à ela o incidente previsto no CPC, o próprio regramento do CTN já autorizaria o redirecionamento, sendo, portanto, desnecessária a instauração do IDPJ.[46]

---

[44] STF. RE 562.276 (repercussão geral), Rel. Min. Ellen Gracie, Pleno, julg. 03/11/2010: "*Tese*: É inconstitucional o art. 13 da Lei 8.620/1993, na parte em que estabelece que os sócios de empresas por cotas de responsabilidade limitada respondem solidariamente, com seus bens pessoais, por débitos junto à Seguridade Social".

[45] TORRES, Heleno Taveira. Os limites da desconsideração de personalidade jurídica. *Consultor Jurídico*, 26 de abril de 2012. Disponível em: http://www.conjur.com.br/2012-abr-26/consultor-tributario-limites--desconsideracao-personalidade-juridica?pagina=2. Acesso em: 01/12/2023.

[46] STJ. AREsp 1.173.201, Rel. Min Gurgel de Faria, 1ª Turma, julg. 21/02/2019: "2. A atribuição, por lei, de responsabilidade tributária pessoal a terceiros, como no caso dos sócios-gerentes, autoriza o pedido de redirecionamento de execução fiscal ajuizada contra a sociedade empresária inadimplente, sendo desnecessário o incidente de desconsideração da personalidade jurídica estabelecido pelo art. 134 do CPC/2015".

Capítulo 9
CRÉDITO TRIBUTÁRIO

9.1. CONCEITO E NATUREZA DO CRÉDITO TRIBUTÁRIO

Ocorrendo o fato gerador previsto na norma tributária, ou seja, a subsunção do fato (concreto) à hipótese de incidência (abstrata), nasce a obrigação tributária, mas sem que ainda seja exigível pelo Fisco. Fato é que o respectivo fato gerador do tributo terá ocorrido na órbita do contribuinte, portanto, longe do alcance cognitivo da Administração Tributária, que somente o conhecerá formalmente a partir do *lançamento* da obrigação tributária, procedimento destinado à constituição do crédito tributário e que torna a obrigação certa, líquida e exigível.

Nesta linha, afirma Misabel Abreu Machado Derzi[1] que

> A obrigação tributária, em seu nascedouro, sempre conterá, sob o ângulo do sujeito ativo, um direito de crédito, ainda que inexigível ou inexercitável. Nesse último caso, os atributos da certeza, liquidez e exigibilidade são meramente virtuais, sendo atualizados e concretizados posteriormente, por meio do lançamento.

Se pudéssemos descrever através de uma linha do tempo, dir-se-ia que, enquanto a previsão normativa apenas existe na letra da lei, ela será uma previsão meramente hipotética (*obrigação tributária em abstrato*); porém, ocorrendo o fato nela previsto, teremos o fato gerador (*obrigação tributária em concreto*); constituída a obrigação tributária pelo fato gerador, a dívida tributária já será existente, porém o crédito será *ilíquido e inexigível*; com o procedimento de lançamento, o crédito tributário se tornará *líquido, certo e exigível*.

Aliomar Baleeiro[2] afirmava de maneira direta e sintética que "o crédito tributário nasce da obrigação e é consequência dela". Isso porque, segundo prescreve o CTN (art. 139), o crédito tributário decorre da obrigação principal e tem a mesma natureza desta. Este direito da Fazenda Pública, originário da obrigação tributária, configura, portanto, o **crédito tributário**. A sua instituição e exigência, porém, dependerão de um procedimento denominado de **lançamento tributário**, a ser explicitado na seção a seguir.

---

[1] DERZI, Misabel Abreu Machado. Crédito tributário e lançamento. In: LEITE, Geilson Salomão (Coord.). *Extinção do crédito tributário*: homenagem ao Professor José Souto Maior Borges. Belo Horizonte: Fórum, 2013. p. 98.

[2] BALEEIRO, Aliomar. *Direito tributário brasileiro*. 12. ed. Atualizada por Misabel Derzi. Rio de Janeiro: Forense, 2013. p. 1.169.

9.2. LANÇAMENTO TRIBUTÁRIO

Segundo o art. 142 do CTN, o lançamento é o procedimento administrativo tendente a verificar a ocorrência do fato gerador da obrigação correspondente, determinar a matéria tributável, calcular o montante do tributo devido, identificar o sujeito passivo e, sendo o caso, propor a aplicação da penalidade cabível.

Para Aurélio Pitanga Seixas Filho,[3] a função do lançamento tributário é a de representar o fato gerador como ocorrido, aplicar a norma jurídica tributária enquadrável ao mesmo e liquidar o valor do tributo em uma escritura oficial que documentará o dever tributário que será exigido do contribuinte ou, eventualmente, do responsável tributário.

Segundo lecionava Alfredo Augusto Becker a respeito do procedimento de lançamento, a fim de se constatar a efetiva realização da hipótese de incidência, é imprescindível a investigação e análise (quantitativa e qualitativa) dos fatos que aconteceram. Assim, havendo ocorrido a incidência de regra jurídica tributária, é ainda necessário proceder à transfiguração da base de cálculo (núcleo da hipótese de incidência) em uma cifra aritmética e sobre esta calcular a alíquota do tributo.[4]

O tributarista argentino Héctor Villegas[5] afirma que a lei tributária estabelece o fato imponível, de cuja produção depende o nascimento da obrigação tributária. A lei, no entanto, só pode anunciar certa circunstância fática, de forma abstrata. Esta enumeração abstrata traz necessariamente, como consequência, uma operação posterior, mediante a qual a norma se amolda, adaptando-se, cada vez, à situação de cada pessoa que se considere incluída na hipótese legal condicionante tributária (fato imponível). Chamamos, então, de lançamento, ao procedimento integrado por um ato ou por um conjunto de atos, dirigidos a verificar, em cada caso particular, se existe uma dívida tributária ("*an debeatur*") e, em caso positivo, quem é o obrigado a pagar o tributo ao Fisco (*sujeito passivo*) e qual é o montante da dívida ("*quantum debeatur*").

Por sua vez, na doutrina italiana, Giannini[6] conceitua o lançamento tributário (*accertamento*, em italiano) como o "ato ou série de atos necessários à constatação e avaliação dos vários elementos constitutivos do débito tributário (pressuposto material e pessoal, base imponível), com a consequente aplicação da alíquota e a concreta determinação quantitativa do débito do contribuinte". Gian Antonio Micheli,[7] por outro lado, afirma que, com a expressão *accertamento* tributário, "costuma-se descrever aquele complexo de atos e de posições jurídicas, mediante os quais, o preceito da norma de imposição vem aplicado ao caso concreto e a prestação tributária se concretiza nos seus elementos constitutivos".

A atividade de lançamento tributário, por ser vinculada à lei – um poder-dever estatal –, deverá seguir os princípios fundamentais que regem a função administrativa, dentre eles o princípio da legalidade. Neste sentido, o parágrafo único do art. 142 do CTN ressalta que a atividade administrativa de lançamento é vinculada e obrigatória, sob pena de responsabi-

---

3   SEIXAS FILHO, Aurélio Pitanga. *Princípios fundamentais do direito administrativo tributário*: a função fiscal. 2. ed. Rio de Janeiro: Forense, 1996. p. 98.

4   BECKER, Alfredo Augusto. *Teoria geral do direito tributário*. 3. ed. São Paulo: Lejus, 1998. p. 352.

5   VILLEGAS, Héctor Belisario. *Curso de direito tributário*. Trad. Roque Antonio Carrazza. São Paulo: Revista dos Tribunais, 1980. p. 149.

6   GIANNINI, A. D. *Istituzioni di diritto tributario*. Milano: Giuffrè, 1972. p. 177-178.

7   MICHELI, Gian Antonio. *Curso de direito tributário*. Trad. Marco Aurélio Greco e Pedro Marrey Jr. São Paulo: Revista dos Tribunais, 1978. p. 189.

Parte II · Cap. 9 · CRÉDITO TRIBUTÁRIO **223**

lidade funcional. Com isso, também se frisa o interesse público na arrecadação como fonte de recursos para fazer frente aos gastos estatais, não podendo a cobrança deixar de ser feita, salvo autorização legal.

Pontuava Ruy Barbosa Nogueira que a atividade do Fisco, como agente executor estatal, ao realizar o lançamento para constituir-se o crédito tributário, deverá estar atrelada à legalidade, respeitando tanto o conteúdo quanto a forma.[8]

Sobre a vinculação à lei na atuação da Fazenda Pública, alertava Aurélio Seixas[9] que:

> [...] cabe ao Fisco, órgão da administração fazendária, a função de arrecadar os tributos que a legislação tenha instituído, orientar os contribuintes como proceder corretamente para cumprir os seus deveres legais tributários, bem como todos os atos de administração tributária necessários para cumprir, também, os seus respectivos deveres legais. O administrador fiscal, como todos os administradores públicos, tem o seu campo de ação perfeitamente delimitado pela lei, não podendo agir fora dos parâmetros fixados pelo legislador, porquanto sua função própria é a de aplicador das leis. [...] A Fazenda Pública arrecada tributos em obediência a um imperativo legal, não porque possua interesse subjetivo a defender. Ao aplicar a lei impositiva, a administração fazendária somente tem o interesse objetivo de exercer a sua função constitucional, não possuindo motivo ou conveniência além do que está objetivamente prescrito nas regras jurídicas pertinentes.

Aliás, Alberto Xavier,[10] ao discorrer sobre o tema, chega a caracterizar o Fisco como *órgão de justiça*, uma vez que o procedimento administrativo de lançamento consistiria na realização do interesse substancial de justiça, e não o interesse formal ou financeiro. Age, assim, de forma imparcial, comparando-o, inclusive, à posição do Ministério Público.

Como ponderam Luís Eduardo Schoueri e Gustavo Souza[11] a respeito da verdade material no procedimento de lançamento, "não é dado ao fisco, baseado em qualquer afirmação, informação ou impugnação do contribuinte, exigir tributo que não corresponda à efetiva ocorrência do fato imponível".

Da mesma maneira, é possível (embora dificilmente visível na praxe administrativa) que a Administração Tributária, entendendo que determinada lei tributária contempla qualquer vício de legalidade, sobretudo sendo inconstitucional, adote o procedimento de se negar a efetivar o respectivo lançamento tributário. Segundo a opinião do alemão Klaus Tipke,[12] esta seria a decisão ética a ser tomada por uma Administração que deseje prestigiar a boa-fé e a moralidade no trato com o contribuinte diante da gravidade do vício da inconstitucionalidade, pois o dever de aplicar e dar efetividade à Constituição é também da Administração, e não só do Poder Judiciário ou da Corte Constitucional.

---

[8]   NOGUEIRA, Ruy Barbosa. *Curso de direito tributário*. 14. ed. São Paulo: Saraiva, 1995. p. 223.

[9]   SEIXAS FILHO, Aurélio Pitanga. op. cit. p. 3 e 11.

[10] XAVIER, Alberto. *Do lançamento*: teoria geral do ato, do procedimento e do processo tributário. 2. ed. Rio de Janeiro: Forense, 1998. p. 156.

[11] SCHOUERI, Luís Eduardo; SOUZA, Gustavo Emílio Contruccia. Verdade material no "processo" administrativo tributário. In: ROCHA, Valdir de Oliveira (Coord.). *Processo administrativo fiscal*. vol. 3. São Paulo: Dialética. 1998. p. 149.

[12] TIPKE, Klaus. *Moral tributária do Estado e dos contribuintes*. Trad. Luiz Dória Furquim. Porto Alegre: Sergio Antonio Fabris, 2012. p. 71-72.

Nesses casos, por óbvio, a não realização do lançamento deve ser feita de maneira devidamente motivada e a questão submetida ao titular do Poder Executivo. Nesse sentido é a lição do constitucionalista Alexandre de Moraes:[13]

> O Poder Executivo, assim como os demais Poderes do Estado, está obrigado a pautar sua conduta pela estrita legalidade, observando, primeiramente, como primado do Estado de Direito Democrático, as normas constitucionais. Dessa forma, não há como exigir-se do chefe do Poder Executivo o cumprimento de uma lei ou ato normativo que entenda flagrantemente inconstitucional, podendo e devendo, licitamente, negar-se cumprimento, sem prejuízo do exame posterior pelo Judiciário. [...] Portanto, poderá o Chefe do Poder Executivo determinar aos seus órgãos subordinados que deixem de aplicar administrativamente as leis ou atos normativos que considerar inconstitucionais.

Esta compreensão pode ser concebida, inclusive, dentro do contexto do *controle do lançamento* no âmbito da Administração Tributária, que poderá se dar quer em sede de revisão de ofício ou em sede do contencioso administrativo. Deve ser exercido nos casos previstos na própria legislação administrativa ou tributária que disponha sobre a nulidade de quaisquer atos, termos, despachos, decisões etc., quando estes se encontrem eivados de vícios, erros ou omissões insanáveis que possam prejudicar o sujeito passivo, salvo se este lhes houver dado causa, ou quando não influírem na solução do litígio.[14]

Portanto, na medida em que não há um interesse próprio e individual da Administração na atividade tributária, mas unicamente a aplicação objetiva da lei e a defesa do interesse público, sua atuação será, nesta medida, *imparcial* e *impessoal*.

Sobre ser o lançamento um *ato administrativo* ou um *procedimento administrativo*, Misabel Derzi[15] relata que o lançamento é um ato jurídico administrativo e é assim definido pela maioria dos doutrinadores, mas ressalta que José Souto Maior Borges é quem melhor teceria explicações acerca do sentido legal de lançamento, entendendo que a palavra, no contexto do Código, seria polissêmica, suportando pelo menos duas acepções básicas:

a) de procedimento administrativo, como consignado no art. 142 ou nos §§ 1º e 2º do art. 144, entendido como tal "o caminho juridicamente condicionado por meio do qual certa manifestação jurídica de plano superior — a legislação — produz manifestação jurídica de plano inferior — o ato administrativo do lançamento" [...];

b) a de produto jurídico do procedimento (ou ato): a norma individual e concreta [...], sentido que se depreende do art. 150 ou do *caput* do art. 144.

Como o procedimento do lançamento envolve um conjunto de atos da Administração Pública a serem realizados – tais como conhecer a ocorrência do fato gerador; calcular o valor do tributo devido, identificar o sujeito passivo; verificar a incidência de sanções –, para, ao final, concluir com o ato do lançamento propriamente dito (expresso ou tácito), entende-se que a constituição do crédito tributário decorre deste ato final de natureza constitutiva.

---

[13] MORAES, Alexandre de. *Direito constitucional*. 23. ed. São Paulo: Atlas, 2008. p. 702-703.

[14] MAIA, Mary Elbe Gomes Queiroz. *Do lançamento tributário*: execução e controle. São Paulo: Dialética, 1999. p. 53-58.

[15] DERZI, Misabel Abreu Machado. op. cit. p. 100-101.

No mesmo sentido, Estevão Horvath[16] afirma que duas realidades distintas se ocultam sob um único *nomen iuris* – o lançamento. Parece inequívoco que existe um procedimento – no sentido de uma sequência de atos juridicamente encadeados visando desembocar num ato final – e um ato final, ambos chamados pela legislação e por parte da doutrina de lançamento.

Assim, a primeira etapa do procedimento do lançamento tributário será o *conhecimento do fato*. Caberá não somente à Fazenda Pública buscar o conhecimento do pressuposto fático realizado pelo contribuinte, como também, em certos casos, este deverá prestar as respectivas informações ao Fisco, para que se realize a apuração do tributo devido.

É com base nesta primeira etapa do procedimento que podemos distinguir as diversas **modalidades de lançamento**, de que cuidam os arts. 147 a 150 do nosso CTN, quais sejam: *de ofício, por declaração e por homologação*. No primeiro caso, teremos a atividade exclusiva do Fisco em descobrir o fato gerador e realizar o lançamento, sem qualquer participação do sujeito passivo. No segundo, haveria uma colaboração inicial do contribuinte ou responsável tributário, prestando as devidas informações para a instauração do procedimento pela Fazenda Pública. Já no terceiro caso, o Fisco limitar-se-ia a homologar, expressa ou tacitamente, os atos do contribuinte de prestação de informações e pagamento. Além desses, alguns doutrinadores se referem a hipótese do *lançamento por arbitramento* (art. 148), por meio do procedimento que ocorre quando o Fisco entender que há omissão ou não mereçam fé as declarações, esclarecimentos ou documentos expedidos pelo contribuinte.

Já na segunda etapa do procedimento de lançamento, que pode ser denominada de *subsunção legal*, tem-se a verificação da adequação entre o fato e o direito, vale dizer, entre a realização do fato pelo contribuinte e o seu perfeito encaixe na previsão abstrata da norma tributária, ou seja, na hipótese de incidência. Assim, caberá ao Fisco verificar se o fato realizado pelo contribuinte está dentro da hipótese legal tributária, configurando-se a realização do fato gerador do tributo.

A terceira etapa, por sua vez, consistirá na *liquidação*, ou seja, a apuração da base de cálculo e da alíquota aplicável, a identificação do sujeito passivo, se há incidência de acréscimos como multas, juros etc. Ou seja, nada mais é do que a verificação do valor a ser pago pelo sujeito passivo da obrigação tributária – o *quantum debeatur*.

Por fim, na última etapa deste procedimento, encontramos o *lançamento* propriamente dito: a materialização em um documento (físico ou eletrônico) do registro da dívida tributária apurada. Será por meio deste ato – formalizado e exteriorizado por meio de um auto de infração ou de notificação de lançamento – que o Fisco tornará a obrigação tributária certa, líquida e exigível.

Portanto, a natureza jurídica do lançamento é dúplice: a) *declaratória* da obrigação tributária, por reconhecer e declarar a ocorrência do fato gerador que originou a obrigação tributária; b) *constitutiva* do crédito tributário, ao materializar o ato que tornará tal obrigação líquida, certa e exigível, constituindo, por fim, o crédito tributário.

Concluído o lançamento original ou revisado, e por meio da respectiva *notificação de lançamento* ao sujeito passivo sem que haja impugnação, ou nos casos de inadimplência do lançamento por homologação (autolançamento) ou no caso de inadimplência pelo decurso do tempo para o pagamento (art. 160, CTN), o crédito tributário passa a ser exigível pela Fazenda Pública (amigável ou judicialmente), sendo inscrito na *dívida ativa* tributária (art. 201, CTN), e a respectiva repartição fiscal extrairá a *certidão de dívida ativa* (art. 202, parágrafo único, CTN),

---

[16] HORVATH, Estevão. *Lançamento tributário e "autolançamento"*. São Paulo: Dialética, 1997. p. 33.

CURSO DE DIREITO TRIBUTÁRIO BRASILEIRO – *Marcus Abraham*

formalizando o título executivo extrajudicial, para instrumentar a cobrança judicial – *execução fiscal* do devedor tributário.

A notificação de lançamento ao sujeito passivo é medida preparatória indispensável ao aperfeiçoamento do lançamento[17] e pode ser realizada de maneira pessoal, por via postal (AR), por meio eletrônico e até mesmo por edital (art. 23, Decreto nº 70.235/1972).[18]

Neste sentido, diz Leandro Paulsen[19] que

> [...] a notificação ao sujeito passivo é condição para que o lançamento tenha eficácia. Trata-se de providência que aperfeiçoa o lançamento, demarcando, pois, a constituição do crédito que, assim, passa a ser exigível do contribuinte – que é instado a pagar e, se não o fizer nem apresentar impugnação, poderá sujeitar-se à execução compulsória através de Execução Fiscal – e oponível a ele – que não mais terá direito a certidão negativa de débitos em sentido estrito.

Por fim, cabe registrar o entendimento de Misabel Derzi,[20] no sentido de que o lançamento não se confunde com *auto de infração*, pois este pode reunir atos jurídicos diferentes, que se sujeitam a regimes jurídicos diversos, a saber: o lançamento de tributo, propriamente dito; o ato de aplicação de sanções; o ato de intimação do autuado. Portanto, auto de infração não é lançamento, mas pode conter lançamento de tributo. Não obstante, necessariamente, tal ato procedimental conterá ato de individuação e concreção de norma sancionatória, isoladamente (se o contribuinte descumpriu apenas um dever acessório) ou em conjugação com a aplicação de norma tributária que disciplina a cobrança de tributo (se o obrigado deixou de pagar o tributo devido).

9.3. LEGISLAÇÃO APLICÁVEL AO LANÇAMENTO TRIBUTÁRIO

O CTN dispõe que o lançamento se reporta à **data da ocorrência do fato gerador** da obrigação e rege-se pela lei então vigente, ainda que esta lei seja posteriormente modificada ou revogada (art. 144, *caput*). Em outras palavras, a legislação aplicável ao lançamento não é aquela do momento em que este procedimento é realizado, mas sim aquela que estava em vigor no momento da ocorrência do fato gerador.

Lembramos que o fato gerador é determinante para fixar todos os elementos da obrigação tributária, inclusive quanto à legislação aplicável à hipótese de incidência, à identificação do contribuinte, ao aspecto territorial, à base de cálculo e alíquota etc. Ilustrativamente, é como se o fato gerador estabelecesse um forte campo gravitacional, prendendo a ele todos esses elementos.

---

[17] STJ. Súmula nº 673 do STJ: "A comprovação da regular notificação do executado para o pagamento da dívida de anuidade de conselhos de classe ou, em caso de recurso, o esgotamento das instâncias administrativas são requisitos indispensáveis à constituição e execução do crédito".

[18] STJ. REsp 1.141.300 (recurso repetitivo), Rel. Min. Hamilton Carvalhido, 1ª Seção, julg. 25/08/2010: "1. A entrega de carnês de IPTU pelos municípios, sem a intermediação de terceiros, no seu âmbito territorial, não viola o privilégio da União na manutenção do serviço público postal. 2. A notificação, porque integra o procedimento de constituição do crédito tributário, é ato próprio dos entes federativos no exercício da competência tributária, que a podem delegar ao serviço público postal".

[19] PAULSEN, Leandro. *Curso de direito tributário*: completo. 7. ed. Porto Alegre: Livraria do Advogado, 2015. p. 223.

[20] DERZI, Misabel Abreu Machado. op. cit. p. 111.

Parte II · Cap. 9 · CRÉDITO TRIBUTÁRIO | **227**

Tal regra – da "ultratividade" da legislação da época do lançamento que tenha sido revogada ou alterada – justifica-se pela sua natureza declaratória da obrigação e constitutiva do crédito tributário, exatamente porque o lançamento busca identificar o momento da ocorrência do fato gerador para, então, aplicar a legislação que vigia naquele momento (*tempus regit actum*).

Veremos adiante que o prazo decadencial para a Administração Tributária fazer o lançamento e constituir o crédito é, em regra, de cinco anos. Assim, o lançamento ocorrerá sempre em um momento posterior ao do fato gerador, aplicando-se na constituição do crédito tributário a legislação vigente à época da sua ocorrência, e não a legislação vigente ao momento do lançamento (do contrário, violar-se-ia o princípio da irretroatividade tributária).

Porém, há uma ressalva feita pelo próprio CTN, que informa aplicar-se ao lançamento a legislação que, posteriormente à ocorrência do fato gerador da obrigação, tenha instituído novos critérios de apuração ou processos de fiscalização, ampliado os poderes de investigação das autoridades administrativas,[21] ou outorgado ao crédito maiores garantias ou privilégios, exceto, neste último caso, para o efeito de atribuir responsabilidade tributária a terceiros (art. 144, § 1º).

Esta regra é aplicável apenas para a nova legislação que crie novos meios de apuração e fiscalização, permitindo a identificação de fatos geradores ocorridos e que, com base na legislação de fiscalização anterior, não eram passíveis de conhecimento ou eram cognoscíveis com maior dificuldade. São as chamadas normas procedimentais. Não obstante, esta regra excepcional não atinge a legislação do próprio fato gerador, que continuará sendo aquela do momento da sua ocorrência. Um exemplo concreto desta hipótese decorre da legislação[22] que obrigava as instituições financeiras a encaminharem para a Receita Federal a movimentação financeira dos contribuintes para fins de apuração da CPMF, mesmo em relação a períodos anteriores à vigência da lei, possibilitando à fiscalização tributária a identificação de fatos geradores já ocorridos anteriormente para efeito de cobrança também de outros tributos, tal como o Imposto de Renda.[23]

9.4. PRINCÍPIOS DO LANÇAMENTO TRIBUTÁRIO

A realização do procedimento de lançamento para a constituição do crédito tributário deve seguir alguns parâmetros que se materializam em princípios jurídicos do lançamento.

---

[21]   STF. RE 601.314 (repercussão geral), Rel. Min. Edson Fachin, Pleno, julg. 24/02/2016: "Direito ao sigilo bancário. Dever de pagar impostos. Requisição de informação da Receita Federal às instituições financeiras. Art. 6º da Lei Complementar 105/01. Mecanismos fiscalizatórios. Apuração de créditos relativos a tributos distintos da CPMF. Princípio da irretroatividade da norma tributária. Lei 10.174/01. [...] *Tese*: A Lei 10.174/01 não atrai a aplicação do princípio da irretroatividade das leis tributárias, tendo em vista o caráter instrumental da norma, nos termos do artigo 144, § 1º, do CTN".

[22]   Lei nº 10.174/2001, que alterou o art. 11 da Lei nº 9.311, de 24 de outubro de 1996.

[23]   STJ. REsp 1.134.665 (recurso repetitivo), Rel. Min. Luiz Fux, 1ª Seção, julg. 25/11/2009: "9. O artigo 144, § 1º, do *Codex* Tributário dispõe que se aplica imediatamente ao lançamento tributário a legislação que, após a ocorrência do fato imponível, tenha instituído novos critérios de apuração ou processos de fiscalização, ampliado os poderes de investigação das autoridades administrativas, ou outorgado ao crédito maiores garantias ou privilégios, exceto, neste último caso, para o efeito de atribuir responsabilidade tributária a terceiros. 10. Consequentemente, as leis tributárias procedimentais ou formais, conducentes à constituição do crédito tributário não alcançado pela decadência, são aplicáveis a fatos pretéritos, razão pela qual a Lei 8.021/90 e a Lei Complementar 105/2001, por envergarem essa natureza, legitimam a atuação fiscalizatória/investigativa da Administração Tributária, ainda que os fatos imponíveis a serem apurados lhes sejam anteriores".

228 | CURSO DE DIREITO TRIBUTÁRIO BRASILEIRO – *Marcus Abraham*

Porém, além dos princípios específicos do lançamento tributário, como estamos diante de um ato administrativo típico conduzido pela Administração Tributária, a Fazenda Pública deverá pautar-se, também, pelos **princípios genéricos da atividade administrativa**, que expressam os valores do Estado Democrático de Direito, conforme estabelece o art. 37 da Constituição Federal. São eles: a) *legalidade*: na atividade administrativa só se pode fazer o que estiver permitido em lei; b) *impessoalidade*: a Administração Pública tem o dever de tratar a todos que com ela se relacionam, direta ou indiretamente, da mesma maneira; c) *moralidade*: a Administração Pública e seus agentes devem atuar observando os padrões éticos, de probidade e lealdade com a coisa pública, possibilitando a propositura, inclusive, de ação popular contra atos lesivos à moralidade administrativa (art. 5º, LXXIII, CF/88); d) *publicidade*: é a exigência da ampla divulgação dos atos praticados pela Administração Pública; e) *eficiência*: a Administração Pública deve agir de modo a produzir o melhor resultado com o mínimo de recursos e esforços.

O primeiro princípio específico que parametriza o lançamento é o **princípio da legalidade**, que representa a vinculação dos atos dos agentes públicos à lei. A presença desse princípio direcionado ao lançamento encontra-se no parágrafo único do art. 142 do CTN, ao dispor que a atividade administrativa de lançamento é vinculada e obrigatória, sob pena de responsabilidade funcional.

Mas o princípio da legalidade no lançamento também pode ser extraído do texto do art. 141, ao afirmar que o crédito tributário regularmente constituído somente se modifica ou extingue, ou tem sua exigibilidade suspensa ou excluída, nos casos previstos no CTN, fora dos quais não podem ser dispensadas, sob pena de responsabilidade funcional na forma da lei, a sua efetivação ou as respectivas garantias.

Outro princípio específico que se aplica ao lançamento é o **princípio da irretroatividade** da lei tributária, uma vez que a lei vigente à data do fato gerador, ainda que posteriormente modificada, é aquela utilizada para o lançamento na constituição do tributário e não o inverso (art. 144, *caput*, CTN). A exceção a esta regra refere-se à retroatividade apenas das normas que tratam de critérios de apuração e meios de fiscalização da obrigação tributária, ou que tenham outorgado ao crédito maiores garantias ou privilégios (art. 144, § 1º, CTN), e em nada afetam o princípio que veda a retroação de normas, uma vez que não alteram o fato gerador.

Por sua vez, o **princípio da irreversibilidade** do lançamento impõe que este, em regra, uma vez concluído, não poderá ser revisto, exceto nos casos estabelecidos pelo art. 145 do CTN: a) impugnação do sujeito passivo (que poderá ser administrativa ou judicial); b) recurso de ofício da própria Administração; c) falsidade ou erro nas declarações do contribuinte, dolo, fraude ou simulação do contribuinte ou do agente público (art. 149, CTN).

Por sua vez, o **princípio da inalterabilidade** do lançamento se refere aos critérios jurídicos adotados como fundamento do lançamento, não podendo ser alterados em relação ao mesmo contribuinte para tornar mais gravosa a sua situação, especialmente em caso de consulta. Neste sentido, eventual futura modificação introduzida, de ofício ou em consequência de decisão administrativa ou judicial, nos critérios jurídicos adotados pela autoridade administrativa no exercício do lançamento somente pode ser efetivada, em relação a um mesmo sujeito passivo, quanto a fato gerador ocorrido posteriormente à sua introdução (art. 146).

9.5. MODALIDADES DO LANÇAMENTO TRIBUTÁRIO

De acordo com a participação da Administração Tributária e do Contribuinte neste procedimento, poderemos distinguir as diversas **modalidades de lançamento**, de que cuidam os arts. 147 a 150 do CTN, quais sejam: *de ofício, por declaração* e *por homologação*. No **lançamento**

por declaração (art. 147, CTN), temos a participação do sujeito passivo em conjunto com a autoridade tributária (daí também ser chamado *lançamento misto*). Ocorre quando o contribuinte declara ao Fisco a ocorrência do fato gerador e lhe fornece as informações necessárias para que a própria autoridade tributária apure o imposto devido. Em seguida, o Fisco encaminha ao contribuinte a notificação do lançamento para o pagamento do tributo.

Exemplo típico de lançamento por declaração ocorre quando o passageiro ingressa no país com mercadoria estrangeira (sujeita à tributação) trazida na bagagem, mostrando-a ao agente alfandegário (Fisco) e este irá apresentar o documento de lançamento e notificação para pagamento do tributo devido.[24] Outro exemplo é o caso de compra e venda de imóvel em que o sujeito passivo informará ao Fisco a ocorrência da transação para que a Administração Tributária municipal calcule o ITBI e lhe forneça a guia para pagamento. O mesmo ocorre com o lançamento do ITR quando depender das informações prestadas pelo contribuinte a respeito do grau de utilização da terra para fins de mensuração e quantificação da incidência do tributo.

Cabe esclarecer que a retificação da declaração por iniciativa do próprio declarante, quando vise reduzir ou excluir tributo, só será admissível mediante comprovação do erro em que se funde, e antes de notificado o lançamento (art. 147, § 1º). E os erros contidos na declaração e apuráveis pelo seu exame serão retificados de ofício pela autoridade administrativa a que competir a revisão daquela (art. 147, § 2º).

A hipótese de **lançamento por arbitramento** (art. 148, CTN) ocorre após uma ação ou omissão do sujeito passivo, em que a autoridade administrativa desconsidera as informações prestadas – ou mesmo o lançamento por ele realizado – e arbitra em lançamento próprio um novo valor a título de tributo devido. São os casos em que o tributo tem por base o valor ou preço dos bens, direitos, serviços, ou atos jurídicos, e o Fisco poderá discordar dos mesmos, realizando novo lançamento através do qual arbitrará o valor que entender correto. Diversos tributaristas[25] não o mencionam como modalidade autônoma de lançamento, e a razão está em que, aqui, o Fisco realiza integralmente o procedimento de lançamento, pois desconsiderará as informações prestadas ou omitidas pelo contribuinte, o que subsumiria esta hipótese de arbitramento ao lançamento de ofício,[26] conforme se verá a seguir.

Para exemplificar a hipótese de lançamento por arbitramento, temos a situação em que o Fisco, diante de mercadorias estrangeiras importadas, poderá atribuir um valor de base de cálculo do imposto quando as Notas Fiscais apresentadas pelo sujeito passivo tiverem valores fraudados, suspeitos ou fora da realidade de mercado. Outro exemplo de arbitramento ocorre no caso de compra e venda de imóvel, em que o sujeito passivo deve informar ao Fisco municipal a ocorrência da transação para que este calcule o imposto devido (ITBI), e este poderá discordar

---

[24] Embora a forma descrita de lançamento na chegada do viajante perante a fiscalização alfandegária continue possível e em vigor, hoje em dia a declaração pelo viajante que ingressará no país com produtos importados poderá ser feita de forma *on-line* por meio da Declaração Eletrônica de Bens do Viajante (e-DBV), sendo possível o pagamento antecipado do imposto devido (Fonte: Secretaria da Receita Federal do Brasil). Nessa hipótese de pagamento antecipado, estaremos diante de um lançamento por homologação, nos termos do art. 150, CTN.

[25] Por exemplo, sequer mencionam esta modalidade de lançamento: HARADA, Kiyoshi. *Direito financeiro e tributário*. 25. ed. São Paulo: Atlas, 2016; SCHOUERI, Luís Eduardo. *Direito tributário*. 3. ed. São Paulo: Saraiva, 2013; MACHADO, Hugo de Brito. *Curso de direito tributário*. 34. ed. São Paulo: Malheiros, 2013; NOGUEIRA, Ruy Barbosa. *Curso de direito tributário*. 14. ed. São Paulo: Saraiva, 1995.

[26] COÊLHO, Sacha Calmon Navarro. *Curso de direito tributário brasileiro*. 15. ed. Rio de Janeiro: Forense, 2016. p. 684-685.

do valor atribuído ao negócio jurídico (escritura pública de compra e venda), o qual serviria de base de cálculo, utilizando-se, então, o novo valor arbitrado (muitas vezes previsto em pauta de valores de mercado por localização).

No **lançamento de ofício** ou *direto* (art. 149, CTN) a autoridade administrativa realiza todo o procedimento de lançamento do tributo sem a participação do sujeito passivo sempre que assim a lei determinar, ou quando ocorrer uma das hipóteses previstas no art. 149 do CTN, as quais, em regra, representam situações de irregularidade.

Exemplo comum da hipótese de lançamento de ofício prevista em lei é o caso do IPTU, em que a Administração Pública envia ao contribuinte anualmente o carnê para pagamento do imposto, já com todos os dados relativos ao contribuinte, imóvel, base de cálculo e alíquota, restando apenas o dever de pagamento (em cota única ou em parcelas).[27] O mesmo ocorre com o IPVA, cuja guia de pagamento é integralmente elaborada pela Fazenda Estadual, cabendo ao contribuinte apenas a função de pagamento. Na mesma linha, temos a COSIP, em que a cobrança do tributo pode ser realizada na própria conta de luz.[28]

Já quanto à previsão do art. 149 do CTN, o lançamento será efetuado e revisto de ofício pela autoridade administrativa nos seguintes casos: I – quando a lei assim o determine; II – quando a declaração não seja prestada, por quem de direito, no prazo e na forma da legislação tributária; III – quando a pessoa legalmente obrigada, embora tenha prestado declaração nos termos do anterior, deixe de atender, no prazo e na forma da legislação tributária, a pedido de esclarecimento formulado pela autoridade administrativa, recuse-se a prestá-lo ou não o preste satisfatoriamente, a juízo daquela autoridade; IV – quando se comprove falsidade, erro ou omissão quanto a qualquer elemento definido na legislação tributária como sendo de declaração obrigatória; V – quando se comprove omissão ou inexatidão, por parte da pessoa legalmente obrigada, no exercício da atividade a que se refere o artigo seguinte [art. 150 – lançamento por homologação]; VI – quando se comprove ação ou omissão do sujeito passivo, ou de terceiro legalmente obrigado, que dê lugar à aplicação de penalidade pecuniária; VII – quando se comprove que o sujeito passivo, ou terceiro em benefício daquele, agiu com dolo, fraude ou simulação; VIII – quando deva ser apreciado fato não conhecido ou não provado por ocasião do lançamento anterior; IX – quando se comprove que, no lançamento anterior, ocorreu fraude ou falta funcional da autoridade que o efetuou, ou omissão, pela mesma autoridade, de ato ou formalidade especial.

O **lançamento por homologação** (art. 150, CTN), também conhecido como *autolançamento*, ocorre nos casos em que o sujeito passivo, ao verificar a ocorrência do fato gerador, presta à Administração Tributária todas as informações e declarações, apura o valor devido e, ato contínuo, procede ao recolhimento do tributo dentro do prazo de vencimento, e o Fisco apenas homologará o lançamento/pagamento feito, em certos casos, de maneira expressa e, em outros, de maneira tácita (pelo decurso do lapso decadencial).

Neste sentido, há tributos em que a legislação atribui expressamente ao sujeito passivo o dever de antecipar as informações e o recolhimento do tributo sem prévio exame da Fazenda, e

---

[27] Na primeira comunicação de aquisição da propriedade ao Município, o lançamento do IPTU se dará na modalidade *lançamento por declaração*, por ter sido necessária a participação do sujeito passivo informando ao ente tributante a existência da relação jurídica de propriedade. Nos anos subsequentes, contudo, o contribuinte não necessitará mais informar ao Fisco a sua propriedade, passando a ser o IPTU lançado de ofício. O mesmo ocorre com o lançamento do IPVA.

[28] CF/88, art. 149-A, parágrafo único: É facultada a cobrança da contribuição a que se refere o *caput*, na fatura de consumo de energia elétrica.

Parte II · Cap. 9 · CRÉDITO TRIBUTÁRIO | 231

apenas posteriormente essa procederá à sua homologação expressa, ou será considerado tacitamente homologado após decorridos cinco anos a contar do fato gerador. É o caso, atualmente, do Imposto de Renda (antigamente este tributo era lançado por declaração[29]) e de impostos indiretos como o ICMS, IPI e ISS, assim como de contribuições sociais, tais como PIS, COFINS, CSLL, entre outras.

Recorda Leandro Paulsen[30] que o simples decurso do prazo de cinco anos contados da ocorrência do fato gerador tem efeito homologatório, impedindo que a Administração Tributária proceda a lançamento de ofício de eventual diferença ainda devida e não paga nem declarada. Na verdade, o prazo de cinco anos existe para que seja efetuado o lançamento de ofício (suplementar) de qualquer diferença que não tenha sido declarada e que venha a ser apurada.

Os típicos instrumentos de informação fiscal prestados pelo contribuinte ao Fisco no lançamento por homologação são: a) Declaração de Débitos e Créditos Tributários Federais (DCTF); b) Guia de Recolhimento do FGTS e de Informações à Previdência Social (GFIP); c) Guia de Informação e Apuração do ICMS (GIA); d) Declaração de Ajuste do IR.

Assim, o CTN estabelece que, no lançamento por homologação, o sujeito passivo tem o dever de antecipar as informações e o pagamento do tributo sem prévio exame da autoridade administrativa, que posteriormente homologará os atos do contribuinte. O pagamento antecipado extingue o crédito sob a condição resolutória da ulterior homologação ao lançamento. E, se a lei não fixar prazo para a homologação, este será de cinco anos, a contar da ocorrência do fato gerador. Expirado esse prazo sem que a Fazenda Pública se tenha pronunciado, considera-se homologado o lançamento e definitivamente extinto o crédito, salvo se comprovada a ocorrência de dolo, fraude ou simulação.

Importante esclarecer que a expressão "pagamento antecipado" refere-se àquele pagamento feito pelo contribuinte antes de qualquer análise ou exame da autoridade administrativa, uma vez que inexiste pagamento temporário, sem produção de seus efeitos, ou seja, o ato do pagamento extingue o crédito tributário desde o momento de sua realização. A referida condição resolutória, se vier a ocorrer, ensejaria um novo lançamento de ofício da diferença entre o valor lançado e pago e o efetivamente devido (com os acréscimos legais). Neste sentido, Eurico Marcos Diniz de Santi[31] afirma que "o pagamento antecipado não significa pagamento provisório à espera de seus efeitos, mas pagamento efetivo, realizado antes e independentemente de ato de lançamento".

Por fim, em relação ao lançamento por homologação, subsiste a polêmica acerca de sua realização pelo Fisco ou pelo contribuinte. O CTN expressamente prevê que "compete privativamente à autoridade administrativa constituir o crédito tributário pelo lançamento" (art. 142).

---

[29]   A chamada "declaração do Imposto de Renda" (ou qualquer outro tipo de declaração de tributo) constitui documento preenchido pelo contribuinte e enviado ao Fisco. Não se deve confundir o nome desse documento com a modalidade de lançamento por declaração. No Imposto de Renda, ao entregar o documento denominado "declaração de ajuste anual do Imposto sobre a Renda", o contribuinte não somente declara a ocorrência do fato gerador, mas também apura o imposto devido, efetuando seu recolhimento sem necessidade de qualquer participação da autoridade tributária. Assim, este lançamento ocorre por homologação, apesar de o documento de envio das informações à Administração Tributária ser chamado genericamente de "declaração".

[30]   PAULSEN, Leandro. *Curso de direito tributário*: completo. 7. ed. Porto Alegre: Livraria do Advogado, 2015. p. 222.

[31]   SANTI, Eurico Marcos Diniz de. *Decadência e prescrição no direito tributário*. São Paulo: Max Limonad, 2000. p. 266-270.

CURSO DE DIREITO TRIBUTÁRIO BRASILEIRO – *Marcus Abraham*

Por isso, José Souto Maior Borges[32] destaca que o Fisco é o sujeito do dever administrativo que consiste em praticar o lançamento e o contribuinte ou responsável é sujeito do dever jurídico estabelecido pelo lançamento, ou seja, a obrigação tributária.

Assim, de acordo com a literalidade do art. 142 do CTN, mesmo nas situações em que o contribuinte irá formalizar o crédito tributário ao entregar declarações, apurar o montante devido de tributo e pagá-lo, o lançamento propriamente dito somente se tornaria perfeito após a homologação, tácita ou expressa, a ser feita pela Administração Tributária, a demonstrar que, de fato, o lançamento seria ato privativo desta, mesmo na modalidade *por homologação*. Esta é a posição doutrinária tradicional que reserva apenas ao Fisco a prerrogativa (poder-dever) de realizar o lançamento.[33]

Mitigando o rigor da dicção do art. 142 do CTN, parte da doutrina, como Leandro Paulsen,[34] leciona que a materialização do crédito, além de poder ser feita pelo Fisco, mediante lavratura de auto de lançamento, auto de infração ou notificação fiscal de lançamento de débito tributário, pode também ser realizada pelo *contribuinte*, ao cumprir com suas obrigações acessórias de declarar os tributos devidos e apurar o valor a ser pago (por exemplo, declaração de rendimentos, DCTF, GFIP).

Para esta corrente, nos casos em que o próprio contribuinte declara o tributo e apura o valor devido, inexiste qualquer ação do Fisco, pois a chamada *homologação tácita* nada mais seria que o escoamento do prazo para lançar de ofício qualquer diferença de tributo não declarada. Nestas situações em que ausente qualquer atuação da Administração Tributária, não se poderia dizer que esta realizou o lançamento, mas sim o contribuinte, que efetuou todos os atos necessários à constituição do crédito tributário (daí a nomenclatura *autolançamento*).

Este modo de ver o fenômeno como não privativo da autoridade tributária tem ganhado força. Em primeiro lugar, o STJ tem entendido que, no lançamento por homologação, a mera entrega da declaração é modo de constituição do crédito tributário, dispensando, para isso, qualquer outra providência por parte do Fisco. Dessa forma, o crédito é previamente constituído pelo próprio contribuinte.[35]

Por outro lado, a Emenda Constitucional nº 20/1998 inseriu a possibilidade de que o lançamento ocorra por ato jurisdicional (e não administrativo-tributário) em ações trabalhistas, por meio da própria decisão do magistrado que formaliza o crédito relativo a contribuições previdenciárias (atualmente, prevista no art. 114, VIII, CF/88). Essa norma coloca uma dificuldade para a tese de que somente a autoridade administrativa pode realizar o lançamento:

---

[32]   BORGES, José Souto Maior. Lançamento tributário. In: NOVELLI, Flávio Bauer (Coord.). *Tratado de direito tributário brasileiro*. Rio de Janeiro: Forense, 1981. p. 502.

[33]   Neste sentido, Kiyoshi Harada: "Alguns autores referem-se a *autolançamento*, expressão que convém ser evitada, porque o lançamento, por definição legal, é um procedimento administrativo (art. 142 do CTN). Incompatível, portanto, com a ideia de que um particular possa ultimar o lançamento" (HARADA, Kiyoshi. *Direito financeiro e tributário*. 25. ed. São Paulo: Atlas, 2016. p. 612).

[34]   PAULSEN, Leandro. *Curso de direito tributário*: completo. 7. ed. Porto Alegre: Livraria do Advogado, 2015. p. 218.

[35]   STJ. Súmula nº 436: "A entrega de declaração pelo contribuinte reconhecendo débito fiscal constitui o crédito tributário, dispensada qualquer outra providência por parte do fisco".
STJ. REsp 1.101.728 (recurso repetitivo), Rel. Min. Teori Albino Zavascki, 1ª Seção, julg. 11/03/2009: "a apresentação de Declaração de Débitos e Créditos Tributários Federais – DCTF, de Guia de Informação e Apuração do ICMS – GIA, ou de outra declaração dessa natureza, prevista em lei, é modo de constituição do crédito tributário, dispensando, para isso, qualquer outra providência por parte do Fisco".

isso significaria dizer que a sentença do magistrado trabalhista, na parte em que determina o crédito tributário a ser pago, teria mera natureza administrativa, em uma espécie de provimento jurisdicional híbrido, em parte jurisdicional, em parte administrativo.

A divergência de posições possui relevância prática na contagem dos prazos decadenciais e prescricionais para lançamento e cobrança do crédito tributário, como se verá adiante com mais detalhes, ao estudarmos a prescrição e a decadência tributárias.

Capítulo 10

SUSPENSÃO, EXTINÇÃO
E EXCLUSÃO DO CRÉDITO TRIBUTÁRIO

10.1. ALTERAÇÕES NO CRÉDITO TRIBUTÁRIO

Uma vez regularmente constituído o crédito tributário pelo lançamento, este somente poderá ser modificado, extinto ou ter a sua exigibilidade suspensa ou excluída, nos casos estritos – *numerus clausus* – previstos no próprio CTN (art. 141),[1] tendo em vista que deverá ser interpretada literalmente (isto é, de forma estrita) a legislação tributária que disponha sobre a suspensão, a exclusão do crédito tributário ou a outorga de isenção (art. 111).

A **suspensão da exigibilidade** do crédito tributário significa que, uma vez ocorrendo uma das hipóteses previstas no art. 151 do CTN, estará sustada temporariamente a possibilidade de exigência do crédito tributário, bloqueando o ajuizamento da execução fiscal, suspendendo a contagem do prazo prescricional para a ação (efeito suspensivo ou impeditivo), sem dispensar o cumprimento das obrigações acessórias dependentes da obrigação principal cujo crédito esteja suspenso.

Neste sentido, o art. 151 do CTN estabelece que suspendem a exigibilidade do crédito tributário: I – a moratória; II – o depósito do seu montante integral; III – as reclamações e os recursos, nos termos das leis reguladoras do processo tributário administrativo; IV – a concessão de medida liminar em mandado de segurança; V – a concessão de medida liminar ou de tutela antecipada, em outras espécies de ação judicial; VI – o parcelamento.

A **extinção** do crédito tributário ocorre a partir de uma das hipóteses previstas no art. 156 do CTN, as quais causam o término ou desaparecimento do crédito tributário, juntamente com a obrigação tributária. É a liberação definitiva do devedor do tributo.

Assim, o art. 156 do CTN prescreve que extinguem o crédito tributário: I – o pagamento; II – a compensação; III – a transação; IV – a remissão; V – a prescrição e a decadência; VI – a conversão de depósito em renda; VII – o pagamento antecipado e a homologação do lançamento

---

[1] Contudo, registre-se que este entendimento, previsto no texto legal do art. 141, CTN, foi flexibilizado em 2019 pelo STF (ADI 2.405, Rel. Min. Alexandre de Moraes, Pleno, julg. 20/09/2019). A Suprema Corte, ao interpretar o art. 146, III, *b*, CF/88, decidiu que esta norma constitucional não veicula reserva de lei complementar federal para tratar de novas hipóteses de suspensão e extinção de créditos tributários (à exceção dos temas de prescrição e decadência, esses sim com reserva de lei complementar nos termos do art. 146, III, *b*, CF/88). Assim, os entes federados podem estabelecer, por lei ordinária, novas modalidades de extinção e suspensão de créditos tributários e regras específicas de quitação de seus próprios créditos tributários, ainda que não previstas no CTN. Decidiu também que as modalidades de extinção de crédito tributário estabelecidas pelo CTN (art. 156) não formam um rol exaustivo.

nos termos do disposto no art. 150 e seus §§ 1º e 4º; VIII – a consignação em pagamento, nos termos do disposto no § 2º do art. 164; IX – a decisão administrativa irreformável, assim entendida a definitiva na órbita administrativa, que não mais possa ser objeto de ação anulatória; X – a decisão judicial passada em julgado; XI – a dação em pagamento em bens imóveis, na forma e condições estabelecidas em lei.

A **exclusão** do crédito tributário decorre de uma das hipóteses previstas no art. 175 do CTN, causando a impossibilidade de cobrança do crédito tributário, seja pela dispensa legal do pagamento do tributo, seja por impedir o nascimento do crédito tributário, pela suspensão da eficácia da norma impositiva. Ou seja, segundo o art. 175, excluem o crédito tributário: I – a isenção; II – a anistia. Importante registrar que a exclusão do crédito tributário não dispensa o cumprimento das obrigações acessórias dependentes da obrigação principal cujo crédito seja excluído.

10.2. SUSPENSÃO DA EXIGIBILIDADE DO CRÉDITO TRIBUTÁRIO

A **exigibilidade** é a circunstância que permite ao detentor de um direito demandar de outrem o cumprimento de uma obrigação. Na seara tributária, a exigibilidade se refere à possibilidade de cobrança pela Fazenda Pública do seu crédito tributário. E a **suspensão** da exigibilidade envolve a ocorrência de alguma das taxativas hipóteses previstas no CTN para que tal direito seja temporariamente suspenso.

Segundo Paulo de Barros Carvalho,[2] devemos entender por exigibilidade o direito que o credor tem de postular, efetivamente, o objeto da obrigação, e isso só ocorre depois de tomadas todas as providências necessárias à formalização da dívida, com a lavratura do ato de lançamento tributário. Da mesma forma, ensina Ricardo Lobo Torres[3] que a suspensão do crédito tributário se refere à sua exigibilidade; assim sendo, só se suspende o crédito já constituído pelo lançamento, eis que a partir daí é que se torna exigível.

Não obstante, Luciano Amaro[4] faz a ressalva de que há causa de suspensão do crédito tributário que pode ser posta mesmo antes do lançamento e, portanto, neste caso, não pressupõe a existência de crédito tributário, fato exemplificado por ele na hipótese de o prazo para o pagamento de um tributo ser prorrogado por moratória, sem que sequer tenha havido lançamento.

Outrossim, não é demais lembrar que a suspensão da exigibilidade do crédito tributário será sempre uma situação temporária que implica a abstenção da cobrança pela Fazenda Pública, e que provavelmente será acompanhada em paralelo pela discussão nas esferas administrativa ou judicial acerca da validade do crédito tributário. Neste sentido, Kiyoshi Harada[5] recorda que "a suspensão não importa na desconstituição do crédito tributário, que continua intacto desde sua constituição definitiva pelo lançamento, notificado ao sujeito passivo".

Ainda, na linha do firmado pelo STJ,[6] a suspensão da exigibilidade do crédito tributário na via judicial impede o Fisco de praticar qualquer ato contra o contribuinte visando à cobrança de seu

---

2 CARVALHO, Paulo de Barros. *Curso de direito tributário*. 27. ed. São Paulo: Saraiva, 2016. p. 413.

3 TORRES, Ricardo Lobo. *Curso de direito financeiro e tributário*. 19. ed. Rio de Janeiro: Renovar, 2013. p. 286.

4 AMARO, Luciano. *Direito tributário brasileiro*. 18. ed. São Paulo: Saraiva, 2012. p. 403.

5 HARADA, Kiyoshi. *Direito financeiro e tributário*. 25. ed. São Paulo: Atlas, 2016. p. 615.

6 STJ. EDIv REsp 572.603/PR, Rel. Min. Castro Meira, 1ª Seção, julg. 08/06/2005.STJ. REsp 1.137.497 (recurso repetitivo), Rel. Min. Luiz Fux, 1ª Seção, julg. 14/04/2010: "1. A mera existência de demanda judicial não autoriza, por si só, a suspensão do registro do devedor no CADIN, haja vista a exigência do art. 7º da Lei 10.522/02, que condiciona essa eficácia suspensiva a dois requisitos comprováveis pelo devedor, a

Parte II · Cap. 10 · SUSPENSÃO, EXTINÇÃO E EXCLUSÃO DO CRÉDITO TRIBUTÁRIO | 237

crédito, tais como inscrição em dívida ativa, execução e penhora, mas não impossibilita a Fazenda de proceder à regular constituição de crédito tributário para prevenir a decadência do direito de lançar.[7] Na esfera federal, a Lei nº 9.430/1996 autoriza expressamente esta hipótese ao estabelecer, no art. 63, que, "na constituição de crédito tributário destinada a prevenir a decadência, relativo a tributo de competência da União, cuja exigibilidade houver sido suspensa na forma dos incisos IV e V do art. 151 da Lei nº 5.172/1966, não caberá lançamento de multa de ofício".

Importante destacar que, uma vez cessada a eficácia da causa suspensiva, será restabelecida a exigibilidade do crédito tributário, dando ensejo ao seguimento da cobrança judicial pela Fazenda Pública, ou poderá ocorrer a extinção da obrigação tributária, seja pelo pagamento do crédito tributário pelo sujeito passivo (depois da moratória ou do parcelamento), seja pela decisão administrativa ou judicial reconhecendo definitivamente a inexigibilidade do crédito cobrado.

10.2.1. Moratória

A primeira hipótese de suspensão da exigibilidade do crédito tributário é a **moratória**, que significa o alargamento dos prazos (adiamento ou parcelamento), nos casos previstos em lei (calamidades, catástrofes, conjunturas econômicas desfavoráveis etc.), que pode ser concedida em caráter geral ou individual (arts. 152 a 155-A, CTN).

Na simples e certeira lição de Kiyoshi Harada,[8] "a moratória outra coisa não é senão a dilação do prazo de pagamento de tributo com base na lei".

A regra comum é a de que a moratória concedida em *caráter geral* só poderá ser outorgada pela pessoa jurídica de direito público competente para instituir o tributo a que se refira. Porém, permite-se que a União conceda moratória de tributos estaduais e municipais quando, simultaneamente, concedida não só quanto aos tributos de competência federal, como também às obrigações de direito privado.

Esta hipótese excepcional, autorizada pelo art. 152, I, *b* do CTN, de concessão de moratória de tributos dos três entes federados pela União, por se tratar de moratória, e não de isenção, não é atingida pela proibição de concessão de isenção heterônoma presente no art. 151, III da Constituição. Apesar disso, pode-se questionar a constitucionalidade desta exceção, por violar a autonomia de Estados e Municípios.[9]

---

saber: I – tenha ajuizado ação, com o objetivo de discutir a natureza da obrigação ou o seu valor, com o oferecimento de garantia idônea e suficiente ao Juízo, na forma da lei; II – esteja suspensa a exigibilidade do crédito objeto do registro, nos termos da lei. [...] 2. Destarte, a mera discussão judicial da dívida, sem garantia idônea ou suspensão da exigibilidade do crédito, nos termos do art. 151 do CTN, não obsta a inclusão do nome do devedor no CADIN".

[7] A ausência de suspensão de exigibilidade do crédito tributário também impede o sujeito passivo de aderir ao regime de tributação pelo SIMPLES, cf. STF. RE 627.543 (repercussão geral), Rel. Min. Dias Toffoli, Pleno, julg. 30/10/2013: "2. Ausência de afronta ao princípio da isonomia tributária. O regime foi criado para diferenciar, em iguais condições, os empreendedores com menor capacidade contributiva e menor poder econômico, sendo desarrazoado que, nesse universo de contribuintes, se favoreçam aqueles em débito com os fiscos pertinentes, os quais participariam do mercado com uma vantagem competitiva em relação àqueles que cumprem pontualmente com suas obrigações [...] Não se trata, na espécie, de forma de cobrança indireta de tributo, mas de requisito para fins de fruição a regime tributário diferenciado e facultativo".

[8] HARADA, Kiyoshi. op. cit. p. 616.

[9] PAULSEN, Leandro. *Direito tributário*: Constituição e Código Tributário à luz da doutrina e da jurisprudência. 16. ed. Porto Alegre: Livraria do Advogado, 2014. p. 1.210.

238 | CURSO DE DIREITO TRIBUTÁRIO BRASILEIRO – *Marcus Abraham*

Entretanto, a moratória também pode ser concedida em *caráter individual*, por despacho da autoridade administrativa, desde que autorizada por lei.

A moratória poderá ser restringida para determinada região do território do ente outorgante, ou concedida para determinado grupo de contribuintes, desde que devidamente motivada pelo interesse público e em respeito ao princípio da isonomia e impessoalidade.

A lei que conceder a moratória em qualquer caráter (geral ou individual) deverá especificar: o prazo de duração; as condições da sua concessão; os tributos a que se aplica; o número de prestações e seus vencimentos, dentro do prazo a que foi concedida; as garantias que devem ser fornecidas pelo beneficiário no caso de concessão em caráter individual.

É de se registrar que o CTN limita a moratória aos créditos já definitivamente constituídos, ou seja, já lançados na data da lei da moratória, mas excepciona outras situações, desde que autorizadas em lei. Esta hipótese, decorrente da expressão *"salvo disposição em contrário"* contida na norma tributária, é explicada por Luciano Amaro:[10]

> É mais do que evidente que, nos casos de tributos sujeitos a lançamento por homologação, a disposição em contrário decorre da própria natureza da hipótese. Se se fosse circunscrever a moratória aos tributos já lançados (por homologação), seria impossível aplicá-la em tais casos, pois, neles, os tributos são pagos antes do lançamento.

Cabe anotar, tal como o CTN expressamente o fixa, que a moratória não aproveita aos casos de dolo, fraude ou simulação do sujeito passivo ou do terceiro em benefício daquele; e a concessão da moratória em caráter individual não gera direito adquirido, sendo revogada de ofício sempre que se apure que o beneficiário não satisfazia ou deixou de satisfazer as condições ou não cumprira ou deixou de cumprir os requisitos para a concessão do favor, cobrando-se o crédito com os acréscimos devidos.

Por fim, não se pode confundir o parcelamento de um débito tributário com a moratória. O parcelamento do débito tributário é admitido como uma dilatação do prazo de pagamento de dívida vencida em que se incluem os encargos devidos (juros, multas etc.), enquanto na moratória não ocorre o vencimento, porque esta prorroga ou adia o vencimento da dívida.

10.2.2. Depósito em dinheiro

A segunda hipótese de suspensão da exigibilidade do crédito tributário é o **depósito em dinheiro** do valor integral que está em situação de cobrança, tal como estabelece a Súmula nº 112 do STJ.[11] Por ser um ato voluntário[12], sua principal função, além de suspender a exigibili-

---

[10] AMARO, Luciano. op. cit. p. 407.

[11] STJ. Súmula nº 112: "O depósito somente suspende a exigibilidade do crédito tributário se for integral e em dinheiro". No mesmo sentido: STJ. REsp 1.156.668 (recurso repetitivo), Rel. Min. Luiz Fux, 1ª Seção, julg. 24/11/2010: "1. A fiança bancária não é equiparável ao depósito integral do débito exequendo para fins de suspensão da exigibilidade do crédito tributário, ante a taxatividade do art. 151 do CTN e o teor do Enunciado Sumular n. 112 desta Corte [...]. 3. Deveras, a suspensão da exigibilidade do crédito tributário (que implica óbice à prática de quaisquer atos executivos) encontra-se taxativamente prevista no art. 151 do CTN, sendo certo que a prestação de caução, mediante o oferecimento de fiança bancária, ainda que no montante integral do valor devido, não ostenta o efeito de suspender a exigibilidade do crédito tributário, mas apenas de garantir o débito exequendo, em equiparação ou antecipação à penhora, com o escopo precípuo de viabilizar a expedição de Certidão Positiva com Efeitos de Negativa e a oposição de embargos".

[12] STF. ADI 1.933, Rel. Min. Eros Grau, Pleno, julg. 14/04/2010: "Esta Corte afirmou anteriormente que o ato normativo que dispõe sobre depósitos judiciais e extrajudiciais de tributos não caracteriza confisco ou

dade, é evitar a imputação dos encargos monetários durante a tramitação de processo em que se questiona o lançamento tributário (procedimento administrativo ou judicial). A ausência do depósito implica a possibilidade de a Fazenda Pública prosseguir na cobrança do crédito tributário.

Neste sentido, assevera Kiyoshi Harada[13] que se trata de depósito voluntário para aparelhar a ação anulatória de lançamento tributário, com o fim de impedir o ajuizamento da execução fiscal. Contudo, além de suspender a exigibilidade do crédito, não permitindo o ajuizamento da execução fiscal pela Fazenda Pública, o depósito integral do débito pelo contribuinte também cessa a fluência dos juros e da correção monetária. Já o depósito na via administrativa tem por objeto somente impedir a atualização monetária do débito.

Este depósito não se confunde nem com o pagamento do crédito tributário nem com a consignação em pagamento, modalidades de extinção do crédito tributário previstas nos incisos I e VIII do art. 156 do CTN. Trata-se, pois, de uma modalidade de garantia conferida pelo contribuinte devedor ao credor – que ficará à sua disposição – enquanto pendente de julgamento a impugnação judicial ou administrativa, pois se esta for procedente e extinto o crédito tributário, o depósito deverá ser devolvido ao contribuinte; ao passo que, se julgada definitivamente improcedente e mantido o crédito tributário, o depósito será convertido em renda da Fazenda Pública credora.

Por fim, este depósito não constitui um pressuposto para a discussão administrativa ou judicial do débito. Neste sentido, a Súmula Vinculante nº 21 do STF estabelece a inconstitucionalidade de depósito prévio para a admissibilidade de recurso administrativo; e a Súmula Vinculante nº 28 do STF entende ser "inconstitucional a exigência de depósito prévio como requisito de admissibilidade de ação judicial na qual se pretenda discutir a exigibilidade de crédito tributário".

10.2.3. Reclamações e recursos administrativos

A terceira hipótese de suspensão da exigibilidade do crédito tributário decorre das **reclamações e recursos administrativos**, que nada mais são do que impugnações ou recursos que visam desconstituir a exigibilidade do crédito tributário.

Isto porque, pelo art. 5º, XXXIV, da Constituição Federal, todo cidadão contribuinte tem o direito de petição em defesa de seus interesses ou contra ilegalidade ou abuso de poder dos Poderes Públicos, o que inclui, na seara tributária, as impugnações e recursos para questionar a exigência tributária que considere indevida.

Como consequência, caso a autoridade administrativa reconheça como indevida a cobrança – impugnação julgada favoravelmente ao contribuinte –, será extinto o crédito tributário na forma do art. 156, IX, do CTN.[14] Por outro lado, se a decisão for desfavorável ao contribuinte, será imediatamente restabelecida a exigibilidade do crédito tributário, com a possibilidade de ajuizamento da execução fiscal caso não haja o pagamento espontâneo no prazo legal. Nessa

---

empréstimo compulsório. ADI/MC 2.214. O depósito judicial consubstancia faculdade do contribuinte. Não se confunde com empréstimo compulsório".

[13] HARADA, Kiyoshi. op. cit. p. 618.

[14] Código Tributário Nacional. Art. 156. Extinguem o crédito tributário: IX – a decisão administrativa irreformável, assim entendida a definitiva na órbita administrativa, que não mais possa ser objeto de ação anulatória [...].

240 | CURSO DE DIREITO TRIBUTÁRIO BRASILEIRO – *Marcus Abraham*

última hipótese, ainda restará ao contribuinte a possibilidade de questionar novamente o débito na esfera judicial (não sendo possível o inverso, isto é, se a Administração Tributária der razão ao sujeito passivo, não poderá tornar a discutir a questão em sede judicial, pois isto constituiria um *venire contra factum proprium* violador da boa-fé objetiva no trato com o cidadão).

10.2.4. Liminar em mandado de segurança

A quarta modalidade de suspensão da exigibilidade do crédito tributário decorre da concessão judicial de **liminar em mandado de segurança**, demandada para assegurar direito líquido e certo violado ou ameaçado por ilegalidade ou abuso de poder. Registre-se que não será a existência de ação judicial – mandado de segurança ou de qualquer outra ação – que será suficiente para conferir o efeito suspensivo à exigibilidade do crédito tributário, mas sim as respectivas decisões liminares, medidas cautelares ou antecipações de tutela.

A propósito, Leandro Paulsen[15] assinala que tal medida é buscada diante de "lançamento considerado abusivo ou ilegal", bem como atua "preventivamente, como instrumento para a proteção do contribuinte contra possível lançamento, contra não homologação de compensação e contra a falta de apreciação administrativa de seus pleitos, dentre outras hipóteses".

Cabe lembrar que o mandado de segurança é o remédio constitucional[16] que visa à proteção de direito líquido e certo em face de ilegalidade ou de abuso de poder do Poder Público. E a Lei nº 12.016/2009, que regula o mandado de segurança, estatui que será deferida a concessão de medida liminar se houver fundamento relevante e do ato impugnado puder resultar a ineficácia da medida (art. 7º, III[17]). Por sua vez, o § 2º[18] do mesmo artigo impedia a concessão da medida liminar nos casos de compensação de créditos tributários, de entrega de mercadoria e bens provenientes do exterior e outros, mas foi declarado inconstitucional pelo STF no julgamento da ADI 4.296.

Assim, impetrado o mandado de segurança contra uma exigência tributária com pedido de concessão de liminar, e presentes o *fumus boni iuris* e o *periculum in mora*, o magistrado concederá a liminar suspendendo a exigibilidade do crédito tributário, podendo, também, autorizar a suspensão da fluência dos juros de mora e da correção monetária.

10.2.5. Medida liminar ou tutela antecipada

A quinta hipótese de suspensão da exigibilidade do crédito tributário, que é a **medida liminar ou tutela antecipada em outras espécies de ações judiciais**, foi incluída pela Lei Complementar nº 104/2001, tanto para adequar o CTN às tutelas de urgência que advieram com

---

[15] PAULSEN, Leandro. op. cit. p. 1.205.

[16] Constituição. Art. 5º, LXIX – conceder-se-á mandado de segurança para proteger direito líquido e certo, não amparado por *habeas corpus ou habeas data*, quando o responsável pela ilegalidade ou abuso de poder for autoridade pública ou agente de pessoa jurídica no exercício de atribuições do Poder Público; [...].

[17] Lei 12.016/2009. Art. 7º Ao despachar a inicial, o juiz ordenará: [...] III – que se suspenda o ato que deu motivo ao pedido, quando houver fundamento relevante e do ato impugnado puder resultar a ineficácia da medida, caso seja finalmente deferida, sendo facultado exigir do impetrante caução, fiança ou depósito, com o objetivo de assegurar o ressarcimento à pessoa jurídica.

[18] Lei 12.016/2009. Art. 7º, § 2º – Não será concedida medida liminar que tenha por objeto a compensação de créditos tributários, a entrega de mercadorias e bens provenientes do exterior, a reclassificação ou equiparação de servidores públicos e a concessão de aumento ou a extensão de vantagens ou pagamento de qualquer natureza.

Parte II • Cap. 10 • SUSPENSÃO, EXTINÇÃO E EXCLUSÃO DO CRÉDITO TRIBUTÁRIO | **241**

a evolução e o desenvolvimento do nosso modelo processual civil, como para abarcar aquelas situações em que, seja pela ausência dos pressupostos da ação mandamental (liquidez e certeza do direito), seja pela decadência do prazo de 120 dias para impetração, o sujeito passivo se encontrava impedido de utilizar a via do mandado de segurança.

Aliás, qualquer decisão judicial dispondo que o Fisco não possa atuar contra o contribuinte em determinada hipótese tem o efeito de suspender a exigibilidade do crédito tributário; afinal, se uma sentença pode julgar inexistente um crédito tributário anulando o lançamento (o mais), pode também suspender a sua exigibilidade enquanto não houver decisão final (o menos).

O Código de Processo Civil de 2015, em seu art. 294, prevê que a tutela provisória pode fundamentar-se em urgência ou evidência, e o seu parágrafo único diz que a tutela provisória de urgência, cautelar ou antecipada, pode ser concedida em caráter antecedente ou incidental.

10.2.6. Parcelamento

Por fim, a sexta e última hipótese de suspensão da exigibilidade do crédito tributário é o pedido administrativo de **parcelamento**, também incluído pela Lei Complementar nº 104/2001. Trata-se de uma espécie de fracionamento do débito em número de parcelas que facilite a possibilidade de pagamento pelo contribuinte, dando-lhe a oportunidade de regularização e quitação de sua dívida tributária.[19]

Para Luciano Amaro,[20] "o parcelamento nada mais é do que uma modalidade de moratória". Na mesma linha, Leandro Paulsen[21] afirma que "o parcelamento é espécie de moratória através da qual se permite o pagamento do débito tributário em diversas prestações, de modo que, a cada mês, só seja exigível uma parcela, e não o todo".

Entretanto, devemos esclarecer que a moratória é concedida antes do vencimento do tributo e, portanto, sem a incidência dos acréscimos da mora, ao passo que, no parcelamento, a dívida já está vencida, e serão acrescidos os encargos conforme dispuser a lei[22] específica do parcelamento (juros, multa etc.). Neste sentido é que Kiyoshi Harada[23] afirma que o parcelamento de créditos tributários é uma espécie de moratória consistente na consolidação da dívida tribu-tária, abarcando o principal, juros, multas e outros acréscimos, seguida de divisão do montante encontrado em várias parcelas a serem pagas de maneira periódica, em geral mensalmente.

Nos termos do art. 155-A, CTN, o "parcelamento será concedido na forma e condição estabelecidas em *lei específica*". Assim, já decidiu o STF que a lei instituidora do parcelamento não pode apresentar alto grau de indeterminação, meramente autorizando o Poder Executivo a conceder o parcelamento. A remessa a ato infralegal não pode resultar em desapoderamen-to do legislador no trato de elementos essenciais da obrigação tributária. Para respeitar-se o princípio da legalidade, seria essencial que a lei, além de prescrever o tributo a que se aplica e a categoria de contribuintes afetados pela medida legislativa (inadimplentes), também defina o

---

19 STJ. Súmula nº 653: "O pedido de parcelamento fiscal, ainda que indeferido, interrompe o prazo prescri-cional, pois caracteriza confissão extrajudicial do débito".

20 AMARO, Luciano. op. cit. p. 407.

21 PAULSEN, Leandro. *Curso de direito tributário*: completo. 7. ed. Porto Alegre: Livraria do Advogado, 2015. p. 228.

22 A lei que instituir o parcelamento estabelecerá o número de parcelas a serem pagas, as condições para adesão e poderá conceder descontos no valor da dívida tributária.

23 HARADA, Kiyoshi. op. cit. p. 619.

CURSO DE DIREITO TRIBUTÁRIO BRASILEIRO – *Marcus Abraham*

prazo de duração da medida, com indicação do número de prestações, com seus vencimentos, e as garantias que o contribuinte deva oferecer, conforme o art. 153, CTN.[24]

Ao longo das últimas décadas, os entes federativos, especialmente a União Federal, vêm instituindo diversos programas de parcelamento para fins de recuperação do crédito tributário, sobretudo em momentos de crise financeira. Tais programas vêm sendo genericamente alcunhados de "Refis", sigla originária do primeiro Programa de Recuperação Fiscal federal, feito na modalidade de parcelamento amplo e geral, instituído pela Lei nº 9.964/2000. No decorrer dos anos, tais programas vêm recebendo os mais diversos nomes, sendo comum sua renovação frequente como forma de estimular o pagamento das dívidas tributárias e regularização fiscal dos contribuintes.[25]

10.3. EXTINÇÃO DO CRÉDITO TRIBUTÁRIO

A palavra extinção deriva do latim *extinctio,* significando terminação ou desaparecimento. Assim, a **extinção do crédito tributário** é o desaparecimento definitivo do direito creditício que a Fazenda Pública detinha em face do contribuinte originário da obrigação tributária surgida a partir do fato gerador. É o fim do vínculo jurídico de natureza tributária entre Fisco e contribuinte decorrente de uma obrigação específica.

Yoshiaki Ichihara[26] afirma que a extinção do crédito tributário é qualquer ato ou fato que liberte o devedor da sujeição em que se encontra ao poder jurídico do credor, equivalendo à satisfação da prestação e consequente desaparecimento da obrigação respectiva.

Já Regina Helena Costa[27] prefere a expressão "extinção da obrigação tributária", pois entende que a extinção do crédito tributário importa a extinção da própria obrigação tributária, ou seja, sendo extinta a obrigação tributária principal, extintos estarão os respectivos crédito e débito.

O rol previsto no art. 156 do CTN das hipóteses de extinção do crédito tributário era considerado *taxativo* por boa parte da doutrina, na medida em que o próprio Código prescreve (art. 141) que o crédito tributário regularmente constituído somente se modifica ou extingue, ou tem sua exigibilidade suspensa ou excluída, nos casos previstos no CTN, fora dos quais não podem ser dispensadas, sob pena de responsabilidade funcional na forma da lei, a sua efetivação ou as respectivas garantias. Não obstante, há quem lembre, como faz, por exemplo, Luciano Amaro,[28] das possibilidades previstas no Direito Privado (Código Civil de 2002) de *confusão* (art. 381, CC) e da *novação* (art. 360, CC). Outrossim, se poderia ainda levantar a hipótese de mera impossibilidade do cumprimento da obrigação por ausência de bens, mas, nesse caso, o simples decurso do tempo sem que seja possível recuperar o crédito ensejará a prescrição, que já é uma das hipóteses extintivas previstas no CTN.

Apesar da discussão em sede doutrinária, o STF, na ADI 2.405 (20/09/2019),[29] assentou de forma vinculante que o rol das hipóteses de extinção do crédito tributário *não* é taxativo, ao

---

[24] STF. ADI 2.304, Rel. Min. Dias Toffoli, Tribunal Pleno, julg. 12/04/2018.

[25] A Lei Complementar nº 193/2022, por exemplo, instituiu o Programa de Reescalonamento do Pagamento de Débitos no Âmbito do Simples Nacional, chamado "Relp".

[26] ICHIHARA, Yoshiaki. *Direito tributário.* Atualizado até EC 85/15 e LC 149/15. 19. ed. São Paulo: Atlas, 2015. p. 157.

[27] COSTA, Regina Helena. *Curso de direito tributário:* Constituição e Código Tributário Nacional. 4. ed. São Paulo: Saraiva, 2014. p. 264.

[28] AMARO, Luciano. op. cit. p. 416-417.

[29] STF. ADI 2.405, Rel. Min. Alexandre de Moraes, Pleno, julg. 20/09/2019.

interpretar que o art. 146, III, *b*, CF/88, não veicula reserva de lei complementar federal para tratar de novas hipóteses de suspensão e extinção de créditos tributários (à exceção dos temas de prescrição e decadência, esses sim com reserva de lei complementar nos termos da referida norma constitucional). Assim, os entes federados podem estabelecer, por lei ordinária, novas modalidades de extinção e suspensão de créditos tributários e regras específicas de quitação de seus próprios créditos tributários, ainda que não previstas no CTN.

Interessante sistematização faz Leandro Paulsen[30] sobre os modos de extinção do crédito tributário, ao dizer que estes podem ser agrupados em quatro categorias, a saber: a) *satisfeito* mediante pagamento, pagamento seguido de homologação no caso dos tributos sujeitos a lançamento por homologação, compensação, conversão em renda de valores depositados ou consignados ou dação em pagamento de bens imóveis na forma e condições estabelecidas por lei (incisos I, II, VI, VII, VIII e XI), ainda que mediante transação (inciso III); b) *desconstituído* por decisão administrativa ou judicial (incisos IX e X); c) *perdoado* (inciso IV: remissão); d) *precluso* o direito do Fisco de lançar ou de cobrar o crédito judicialmente (inciso V: decadência e prescrição).

10.3.1. Pagamento

A primeira e principal hipótese de extinção do crédito tributário é o **pagamento**, que deve ser feito de forma integral (incluindo acréscimos legais se for o caso) para que ocorra a extinção total da dívida tributária. Afinal, se existe a obrigação tributária, o que se espera é que ela seja cumprida de maneira espontânea, tempestiva e de forma regular pelo contribuinte mediante pagamento, cumprindo-se, ao final, a razão de ser da tributação.

As *regras do pagamento* como modalidade extintiva do crédito tributário encontram-se nos arts. 157 a 164 do CTN e podem ser sintetizadas da seguinte forma: a consideração do pagamento integral do crédito tributário deve incluir acumuladamente as penalidades, se aplicadas, bem como todas as prestações pendentes; a regra geral é que o pagamento seja feito em dinheiro e na repartição fiscal do domicílio do contribuinte devedor e o prazo de vencimento ocorre 30 dias depois da data da notificação, salvo disposição diversa na legislação; não pago no vencimento, o crédito será acrescido de juros de mora (1% ao mês, se não houver disposição diversa[31]), independente de outras penalidades[32] cabíveis e de medidas de garantias; na pendência de resposta à consulta fiscal interposta dentro do prazo do pagamento, suspende-se o vencimento e incidência de juros e demais acréscimos; havendo dois ou mais débitos para com a mesma Administração Tributária, a sua imputação será feita na seguinte ordem: 1) em primeiro lugar, aos débitos por obrigação própria, e em segundo lugar aos decorrentes de responsabilidade tributária; 2) primeiramente, às contribuições de melhoria, depois às taxas e, por fim, aos impostos; 3) na ordem crescente dos prazos de prescrição; 4) na ordem decrescente dos

---

[30] PAULSEN, Leandro. *Curso de direito tributário*: completo. 7. ed. Porto Alegre: Livraria do Advogado, 2015. p. 241.

[31] STF. ARE 1.216.078 (repercussão geral), Rel. Min. Dias Toffoli, Pleno, julg. 30/08/2019: "*Tese*: Os estados-membros e o Distrito Federal podem legislar sobre índices de correção monetária e taxas de juros de mora incidentes sobre seus créditos fiscais, limitando-se, porém, aos percentuais estabelecidos pela União para os mesmos fins".

[32] Quanto às multas incidentes no pagamento de tributo, temos: i) multa moratória, limitada em até 20% do tributo devido (STF, RE 582.461 – repercussão geral); ii) multa punitiva, limitada em até 100% do tributo devido (STF, AI 851.038, sem repercussão geral. A definição final da possibilidade de multa punitiva acima de 100% ainda está pendente de julgamento em repercussão geral no RE 1.335.293).

244 | CURSO DE DIREITO TRIBUTÁRIO BRASILEIRO – *Marcus Abraham*

montantes; havendo dificuldades para o pagamento de forma regular e correta, este poderá ser consignado judicialmente, e se julgada procedente, a importância será convertida em renda, do contrário, será cobrado o crédito com os acréscimos cabíveis.

10.3.1.1. Pagamento indevido e restituição

Ao se tratar de pagamento, não se pode deixar de fazer uma pequena digressão para abordar as hipóteses de restituição do indébito tributário tratadas no CTN (arts. 165 a 169), considerada um direito potestativo do contribuinte, uma vez que é afastada a necessidade de prévio protesto e independe da causa ou modalidade de pagamento, devendo o pleito ser realizado no prazo de cinco anos contados da data da extinção do crédito tributário.

O vocábulo *repetere* tem sua matriz no latim, significando o ato ou efeito de repetir, devolver o que foi pago a mais, por erro ou boa-fé. O contribuinte que paga um tributo sem que devesse tê-lo feito estará, de alguma forma, carreando recursos para os cofres públicos sem que tenha efetivamente esta obrigação; por outro lado, o Fisco estará recebendo uma receita sem que tenha realmente o direito sobre ela, tendo a obrigação de restituí-la.[33]

Os fundamentos da restituição do indébito tributário são diversos. O primeiro e principal fundamento seria a violação ao direito de propriedade, expresso no art. 5º, XXII, da Constituição Federal. Outro fundamento constitucional estaria no princípio da legalidade tributária, estabelecido no art. 150, I, da Constituição, que vincula a atividade fiscal à previsão em lei e a sua violação determinaria a necessária restituição da exação. Se todo tributo nasce por lei, o pagamento de tributo indevido configuraria um ato desprovido de causa. Ainda em nível constitucional, temos o princípio da moralidade, previsto no art. 37 da Carta constitucional, cuja essência e valor impõem ao Estado o dever de realizar a sua atividade de maneira justa, pautada na ética e na boa-fé. O Estado somente poderia se opor à restituição do tributo indevidamente recolhido se a sua manifestação de oposição fosse devidamente fundamentada em lei, não podendo impor ao contribuinte procedimentos impeditivos, restritivos, limitadores ou meramente procrastinatórios à realização do seu direito de restituição. Nesse sentido, afirma Edmar Oliveira Andrade Filho[34] que "a retenção, pelo Estado, de valores recebidos a maior ou indevidamente, ofende os princípios da legalidade, vulnera a proteção constitucional à propriedade e faz escárnio do princípio da moralidade administrativa".

Na esfera infraconstitucional, o fundamento normativo para a restituição do indébito está previsto nos três incisos do art. 165 do CTN. O primeiro trata da *cobrança ou pagamento de tributo indevido ou a maior em face da legislação aplicável, ou da natureza ou circunstâncias materiais do fato gerador*. Na primeira parte desta regra, temos o "erro de direito" por ilegalidade ou inconstitucionalidade do dispositivo aplicado pelo Fisco. Na segunda parte, temos o "erro de fato" que se refere à situação material configurada na lei, reputada erroneamente pelo contribuinte ou agente público como ensejadora de uma obrigação fiscal concreta.

O segundo inciso versa sobre *erro na identificação do sujeito passivo, na determinação da alíquota aplicável, no cálculo do montante devido ou na análise de qualquer documento relativo*

---

[33] STF. RE 299.605 AgR-ED-EDv, Rel. Min. Edson Fachin, Pleno, julg. 06/04/2016: "*Tese*: A mora injustificada ou irrazoável do fisco em restituir o valor devido ao contribuinte caracteriza a resistência ilegítima autorizadora da incidência da correção monetária".

[34] ANDRADE FILHO, Edmar Oliveira. Repetição do indébito tributário – um enfoque constitucional. In: ROCHA, Valdir de Oliveira (Coord.). *Problemas de processo judicial tributário*. São Paulo: Dialética, 2002. p. 120.

ao pagamento. Neste caso, estamos também diante do "erro material" do contribuinte ou do agente público. O terceiro inciso cuida da *reforma, anulação, revogação ou rescisão de decisão condenatória*. Nesta hipótese, trata-se de uma decisão administrativa ou judicial que, após ser alterada e vindo a ser favorável ao contribuinte, enseja a restituição. Enquanto nos dois primeiros casos vislumbramos o pagamento espontâneo do contribuinte, no terceiro este seria inicialmente compelido ao pagamento por uma decisão administrativa ou judicial que tenha sido posteriormente alterada, dando lugar à restituição.

Podemos considerar também, como modalidade alternativa de restituição do indébito tributário, a *compensação* prevista no art. 170 do CTN. Importante registrar que, para o exercício do direito à compensação, tal como no direito de restituição, deverá ser previamente declarado e reconhecido o indébito, seja nas vias administrativas ou judiciais. Neste sentido, Vittorio Cassone[35] afirma que se pode falar em "uma restituição em sentido amplo".

Importante e controvertida ressalva encontra-se no art. 166 do CTN, o qual prescreve que a restituição de tributos que comportem, por sua natureza, transferência do respectivo encargo financeiro somente será feita a quem prove haver assumido o referido encargo ou, no caso de tê-lo transferido a terceiro, estar por este expressamente autorizado a recebê-la.

Para compreender esta norma, deve-se distinguir, como já o fizemos no capítulo dedicado aos sujeitos na tributação, aquele contribuinte previsto na norma tributária e aquele que, em certos casos, arca efetivamente com o ônus tributário sem estar descrito na previsão legal. Nas situações em que ocorre a denominada "repercussão financeira do ônus tributário", encontraremos a figura do *contribuinte de direito*, que realiza o fato gerador e tem a obrigação legal de recolher o tributo, e a do *contribuinte de fato*, que arca com o custo financeiro que lhe é repassado na relação econômica, por ser incluído no preço da mercadoria ou do serviço.

A relevância prática desta distinção revela-se sobretudo diante dos chamados *tributos indiretos*, isto é, aqueles em que existe uma *previsão legal* de transferência do respectivo encargo financeiro do tributo a um terceiro, não bastando a mera transferência *econômica* de seu valor ao preço final da mercadoria ou serviço. Todo e qualquer tributo é, em geral, repassado ao preço final do produto. Mas, para os fins de aplicação da regra prevista no art. 166 do CTN, somente serão relevantes aqueles tributos em que haja *autorização legal* para a transferência ou repercussão do encargo financeiro, tratando-se de conceito jurídico e não econômico de repercussão.[36] São exemplos clássicos destes tributos o ICMS, ISS e o IPI.

Assim, pela aplicação do art. 166 do CTN aos tributos indiretos com previsão legal de repercussão financeira do encargo, somente aquele contribuinte que efetivamente suportou o valor do encargo teria direito de pedir a restituição do tributo indevidamente pago. Se o *contribuinte de direito* houver transferido o valor do tributo pago ao *contribuinte de fato* (o que geralmente ocorre), o *contribuinte de direito*, por não ter sido efetivamente quem suportou o custo daquele tributo, não poderá pedir sua restituição sem a expressa autorização do *contribuinte de fato*, isto é, o terceiro a quem transferiu o encargo financeiro.

---

[35] CASSONE, Vittorio. *Processo tributário*. 2. ed. São Paulo: Atlas, 2000. p. 259.

[36] STJ. REsp 755.490, Rel. Min. Denise Arruda, 1ª Turma, julg. 04/11/2008: "1. A restituição de tributos na forma do art. 166 do CTN implica, inicialmente, verificar se o tributo comporta ou não transferência do encargo financeiro para terceiro. Em regra, todos os tributos trazem em si uma repercussão econômica nos preços finais dos produtos, mas esta se mostra irrelevante se não há previsão legal específica de que o ônus será suportado por terceiro. Desse modo, a repercussão meramente econômica não leva o tributo a ser classificado como indireto, sendo imprescindível, para que o tributo comporte essa natureza, a expressa previsão legal. Apenas em tais casos aplica-se a norma contida no referido dispositivo."

246 | CURSO DE DIREITO TRIBUTÁRIO BRASILEIRO – *Marcus Abraham*

Contrario sensu, se o contribuinte de direito não houver transferido o encargo, poderá diretamente requerer a restituição do tributo indevidamente pago, como salientado pela Súmula nº 546 do STF: "Cabe a restituição do tributo pago indevidamente, quando reconhecido por decisão, que o contribuinte *de jure* não recuperou do contribuinte *de facto* o *quantum* respectivo".

A polêmica, contudo, surge quando aquele que efetivamente suportou a repercussão financeira do tributo (o *contribuinte de fato*) resolve demandar ele mesmo a repetição do indébito. Nesta hipótese, ainda que a literalidade do art. 166 do CTN desse a entender que o contribuinte de fato, ao suportar a transferência do encargo financeiro, estaria autorizado a pedir a restituição, a jurisprudência dos Tribunais Superiores é restritiva: como o contribuinte de fato não é parte da relação jurídico-tributária que se instaura entre o Fisco e o contribuinte de direito (verdadeiro sujeito passivo da obrigação tributária), não está legitimado a demandar a repetição do indébito tributário,[37] ainda que o contribuinte de fato seja ente imune.[38]

O STJ, contudo, admite exceção: a de que o consumidor final de energia elétrica possa diretamente demandar a repetição do indébito tributário de ICMS incidente sobre o fornecimento de energia. No REsp nº 1.299.303 (recurso repetitivo),[39] a Corte entendeu que, na concessão de serviço público, a concessionária se encontra em posição de submissão, sujeita à pena de rescisão do contrato de concessão na hipótese de desrespeito a alguma diretriz ou norma imposta pelo Estado-concedente. Por isso, a concessionária sempre buscaria evitar embates com o ente estatal. Ademais, como é possível o reequilíbrio econômico-financeiro do contrato, a majoração de tributos não afetaria a concessionária, que teria direito à revisão da tarifa, restando assim protegida.

Assim, no tema da tributação, Estado e concessionária estariam lado a lado, não havendo conflito de interesses. Somente o consumidor final da energia restaria desprotegido nessa relação, de modo que a concessionária assumiria o papel de contribuinte de direito apenas "formalmente", e o consumidor assumiria a posição de contribuinte de fato em caráter meramente "formal", razão pela qual sua legitimidade seria admitida para este caso específico. Por fim, o art. 7º, II,

---

[37]   STJ. REsp 903.394 (recurso repetitivo), Rel. Min. Luiz Fux, 1ª Seção, julg. 24/03/2010: "1. O 'contribuinte de fato' (*in casu*, distribuidora de bebida) não detém legitimidade ativa ad causam para pleitear a restituição do indébito relativo ao IPI incidente sobre os descontos incondicionais, recolhido pelo 'contribuinte de direito' (fabricante de bebida), por não integrar a relação jurídica tributária pertinente. [...] 4. Em se tratando dos denominados 'tributos indiretos' (aqueles que comportam, por sua natureza, transferência do respectivo encargo financeiro), a norma tributária (art. 166, do CTN) impõe que a restituição do indébito somente se faça ao contribuinte que comprovar haver arcado com o referido encargo ou, caso contrário, que tenha sido autorizado expressamente pelo terceiro a quem o ônus foi transferido. 5. [...] No entanto, note-se que o contribuinte de fato não poderá acionar diretamente o Estado, por não ter com este nenhuma relação jurídica. Em suma: o direito subjetivo à repetição do indébito pertence exclusivamente ao denominado contribuinte de direito. Porém, uma vez recuperado o indébito por este junto ao Fisco, pode o contribuinte de fato, com base em norma de direito privado, pleitear junto ao contribuinte tributário a restituição daqueles valores. A norma veiculada pelo art. 166 não pode ser aplicada de maneira isolada, há de ser confrontada com todas as regras do sistema, sobretudo com as veiculadas pelos arts. 165, 121 e 123, do CTN. Em nenhuma delas está consignado que o terceiro que arque com o encargo financeiro do tributo possa ser contribuinte. Portanto, só o contribuinte tributário tem direito à repetição do indébito. 6. Deveras, o condicionamento do exercício do direito subjetivo do contribuinte que pagou tributo indevido (contribuinte de direito) à comprovação de que não procedera à repercussão econômica do tributo ou à apresentação de autorização do 'contribuinte de fato' (pessoa que sofreu a incidência econômica do tributo), à luz do disposto no art. 166, do CTN, não possui o condão de transformar sujeito alheio à relação jurídica tributária em parte legítima na ação de restituição de indébito. [...]".

[38]   STF. RE 608.872 (repercussão geral), Rel. Min. Dias Toffoli, Pleno, julg. 23/02/2017.

[39]   STJ. REsp 1.299.303 (recurso repetitivo), Rel. Min. Cesar Asfor Rocha, 1ª Seção, julg. 08/08/2012.

da Lei nº 8.987/1995 (Lei das concessões) garante ao usuário do serviço público o direito de defender os seus interesses diante do Estado-concedente e da concessionária, configurando norma especial que reforçaria a legitimidade do consumidor de energia elétrica.

Por fim, o STJ também decidiu, no REsp 2.034.975 (recurso repetitivo – Tema 1191),[40] que, na sistemática da substituição tributária para frente, em que o contribuinte substituído revende a mercadoria por preço menor do que a base de cálculo presumida para o recolhimento do tributo, é inaplicável a condição prevista no art. 166 do CTN.

10.3.2. Compensação

A segunda hipótese de extinção do crédito tributário é a **compensação**, que somente pode ser feita com créditos entre pessoas que se devam mutuamente, e desde que devidamente autorizada por lei. Nas palavras de José Eduardo Soares de Melo,[41] com a compensação ocorre a "extinção de obrigações recíprocas entre as mesmas pessoas que se reputam pagas (totalmente ou parcialmente)". Segundo ele, trata-se de modalidade indireta de extinção do crédito tributário, por meio do confronto entre créditos e débitos, evitando-se a desnecessária "multiplicação de providências administrativas e demandas judiciais".

O procedimento de compensação trata da situação de duas pessoas – no caso, Fisco e contribuinte – que são, ao mesmo tempo, credora e devedora, reciprocamente, devendo ser efetuado entre dívidas líquidas, vencidas e coisas fungíveis.[42] Poderíamos, em breve síntese, relacionar os requisitos do procedimento da compensação no direito tributário:

a) *reciprocidade*: ambas as partes devem ser, ao mesmo tempo, credora e devedora uma da outra. Assim sendo, os créditos e dívidas tributárias municipais, estaduais e federais somente se compensam entre si;

b) *liquidez*: deverá existir a certeza da existência da dívida e do crédito (comprováveis de plano) e a determinação de sua quantia, contendo critérios previamente definidos para o cálculo (tais como a base de cálculo, a alíquota, a atualização monetária, a incidência de juros etc.);

c) *exigibilidade*: ao menos um dos créditos (do Fisco ou do sujeito passivo) deve encontrar-se vencido, mas não é necessário que ambos estejam vencidos, pois o art. 170 do CTN permite também a compensação com obrigações vincendas;

d) *fungibilidade*: substituição de uma dívida pela outra;

e) *lei*: a compensação, como procedimento fiscal, deverá estar autorizada e regulada por lei, conforme prevê o próprio Código Tributário Nacional.

---

[40] STJ. REsp 2.034.975 (recurso repetitivo – Tema 1191), Rel. Min. Herman Benjamin, 1ª Seção, julg. 14/8/2024.

[41] MELO, José Eduardo Soares de. *Curso de direito tributário*. 8. ed. São Paulo: Dialética, 2008. p. 375.

[42] STJ. REsp 1.715.294 (recurso repetitivo), Rel. Min. Napoleão Nunes Maia Filho, 1ª Seção, julg. 13/03/2019: "*Tese*: (a) tratando-se de Mandado de Segurança impetrado com vistas a declarar o direito à compensação tributária, em virtude do reconhecimento da ilegalidade ou inconstitucionalidade da exigência da exação, independentemente da apuração dos respectivos valores, é suficiente, para esse efeito, a comprovação de que o impetrante ocupa a posição de credor tributário, visto que os comprovantes de recolhimento indevido serão exigidos posteriormente, na esfera administrativa, quando o procedimento de compensação for submetido à verificação pelo Fisco; e (b) tratando-se de Mandado de Segurança com vistas a obter juízo específico sobre as parcelas a serem compensadas, com efetiva investigação da liquidez e certeza dos créditos, ou, ainda, na hipótese em que os efeitos da sentença supõem a efetiva homologação da compensação a ser realizada, o crédito do contribuinte depende de quantificação, de modo que a inexistência de comprovação cabal dos valores indevidamente recolhidos representa a ausência de prova pré-constituída indispensável à propositura da ação".

Na esfera federal, a compensação é regulada no art. 74 da Lei nº 9.430/1996,[43] extinguindo o crédito tributário sob condição resolutória de sua ulterior homologação pela Secretaria da Receita Federal.[44] O art. 73 da mesma lei veicula uma modalidade de compensação *de ofício*, em que, existindo débitos do contribuinte exigíveis pelo Fisco federal (inclusive inscritos em Dívida Ativa da União), os créditos do contribuinte perante a União serão utilizados *de ofício* para quitação desses débitos.[45]

Finalmente, é vedada a compensação mediante o aproveitamento de tributo objeto de contestação judicial pelo sujeito passivo, antes do trânsito em julgado da respectiva decisão judicial (art. 170-A, CTN).[46]

10.3.3. Transação

A terceira hipótese de extinção do crédito tributário é a **transação** (art. 171, CTN), que se dá mediante concessões mútuas entre as partes, desde que haja lei facultando este tipo de acordo e estabelecendo as condições e limites para sua celebração, tendo em vista a indisponibilidade do crédito tributário e as limitações impostas pelo princípio da legalidade à relação tributária.

Precisamente em razão da indisponibilidade do crédito tributário, há ainda quem entenda pela impossibilidade da transação tributária, tal como afirma Eduardo Marcial Ferreira Jardim,[47] que sustenta a revogação ou a inconstitucionalidade do art. 171 do CTN, sobretudo pela necessária discricionariedade que preside à transação e a vinculabilidade que permeia toda a função administrativa relativa aos tributos.

---

[43]   STF. ADI 4.905, Rel. Min. Gilmar Mender, Pleno, julg. 18/03/2023: "É inconstitucional a aplicação de multa isolada em razão da mera não homologação de declaração de compensação, sem que esteja caracterizada a má-fé, falsidade, dolo ou fraude, por violar o direito fundamental de petição e o princípio da proporcionalidade. 5. Ação direta de inconstitucionalidade parcialmente conhecida e, nessa parte, julgada procedente para declarar a inconstitucionalidade do § 17 do art. 74 da Lei 9.430/1996 [...]". No mesmo sentido: STF. RE 796.939 (repercussão geral – Tema 736), julg. 20/03/2023.

[44]   STJ. REsp 1.157.847 (recurso repetitivo), Rel. Min. Castro Meira, 1ª Seção, julg. 24/03/2010: "a simples declaração de compensação relativa ao crédito-prêmio de IPI não suspende a exigibilidade do crédito tributário...".

[45]   A esse respeito, o STF decidiu no RE 917.285 (repercussão geral, Rel. Min. Dias Toffoli, Pleno, julg. 18/08/2020) ser inconstitucional a realização da compensação de ofício pela Receita Federal quando o débito seja objeto de parcelamento, conforme estava previsto no art. 73 da Lei nº 9.430/1996 ("Existindo débitos, não parcelados ou *parcelados sem garantia*, inclusive inscritos em Dívida Ativa da União, os créditos serão utilizados para quitação desses débitos"). A razão reside no fato de que o parcelamento é uma hipótese de suspensão de exigibilidade do crédito tributário (art. 151, VI, CTN), tornando o crédito ainda inexigível (o pressuposto para a compensação de ofício é a exigibilidade do crédito pelo Fisco federal). Logo, somente uma lei complementar poderia alterar a eficácia de suspensão da exigibilidade do parcelamento prevista no CTN (recepcionado pela CF/88 como lei complementar), e não o art. 73 da mera lei ordinária nº 9.430/1996.

[46]   STJ. REsp 1.167.039 (recurso repetitivo), Rel. Min. Teori Albino Zavascki, 1ª Seção, julgado em 25/08/2010: "1. Nos termos do art. 170-A do CTN, 'é vedada a compensação mediante o aproveitamento de tributo, objeto de contestação judicial pelo sujeito passivo, antes do trânsito em julgado da respectiva decisão judicial', vedação que se aplica inclusive às hipóteses de reconhecida inconstitucionalidade do tributo indevidamente recolhido".

[47]   JARDIM, Eduardo Marcial Ferreira. Comentário ao art. 171, CTN. In: MARTINS, Ives Gandra da Silva (Coord.). *Comentários ao Código Tributário Nacional*. São Paulo: Saraiva, 1998. vol. 2. p. 402.

Já entre seus defensores, encontra-se Heleno Torres,[48] para quem

> [...] nenhuma razão assiste aqueles que querem ver no ato decisional do procedimento uma espécie de "contrato" entre o contribuinte e a Administração. Nada mais descabido. O que se verifica é tão só a ponência no sistema jurídico de uma norma individual e concreta, típico ato administrativo, por meio do qual o contribuinte chega a um entendimento prévio com a Administração, participando do procedimento. Mais não será que espécie de ato preparatório ou de revisão de lançamento tributário previamente praticado. O modo lógico de alcançar a decisão, por aproximação consensual e bilateral, mediante concurso de vontade das partes, com mútuo sacrifício de expectativas, não desnatura o resultado, qualificando-o como espécie de ato negocial. [...] Materialmente, uma transação somente pode prosperar naqueles casos em que se reconheça efetiva incerteza, geradora de litígio, nos quais a Administração, por si própria, reste impedida de alcançar, satisfatoriamente, um resultado mais compatível com o princípio inquisitório e da verdade material. [...] A transação, *per se*, não extingue o crédito; é simples mecanismo de resolução de conflitos que se presta para pôr fim ao litígio, mediante composição das partes. Nos termos do acordo a que cheguem as partes, o processo será decidido. Com base na decisão, a autoridade responsável pelo lançamento emitirá novo ato administrativo, para que o contribuinte efetue o pagamento dentro do vencimento. O pagamento, sim, extinguirá o crédito, não a transação, pura e simplesmente.

Segundo Ricardo Lobo Torres,[49] a transação implica o encerramento do litígio por meio de ato do sujeito passivo que reconhece a legitimidade do crédito tributário, mediante concessão recíproca da Fazenda Pública. O objetivo primordial da transação é, por conseguinte, encerrar o litígio, tornando seguras as relações jurídicas. Para que se caracterize a transação, torna-se necessária a reciprocidade de concessões, com vistas ao término da controvérsia.

Importante ressalvar que a transação tributária não pode ser confundida com o parcelamento. A este respeito, o STJ[50] já se manifestou afirmando que

> [...] a figura do parcelamento não se confunde com a transação extintiva do crédito. A autocomposição bilateral ou transação é forma de extinção do crédito tributário, consoante determina o art. 156, III do CTN, implicando no término do direito da Fazenda Pública de cobrar a obrigação tributária. Considerando que a transação é a forma pela qual as partes previnem ou terminam litígios mediante concessões mútuas, enquanto o parcelamento é a mera dilação de prazo para o devedor honrar sua dívida, não há que falar em naturezas semelhantes. Ao revés, no parcelamento, a dívida ativa não se desnatura pelo fato de ser objeto de acordo de parcelamento, posto que não honrado o compromisso, retoma ela os seus privilégios, incidindo a multa e demais encargos na cobrança via execução fiscal. É novel regra assente no Código Tributário Nacional que o parcelamento do débito é meramente suspensivo.

Por décadas, o dispositivo do art. 171, CTN não foi regulamentado na esfera federal. Foi apenas com o advento da Lei nº 13.988/2020[51] (resultado da conversão da Medida Provisória 899/2019) que esse cenário mudou, estabelecendo tal lei, de forma detalhada, os requisitos e as

---

[48] TORRES, Heleno Taveira. Transação, arbitragem e conciliação judicial como medidas alternativas para resolução de conflitos entre administração e contribuintes: simplificação e eficiência administrativa. *Revista Fórum de Direito Tributário*, Belo Horizonte, ano 1, n. 2, mar./abr. 2003.

[49] TORRES, Ricardo Lobo. op. cit. p. 300.

[50] STJ. REsp 514.351, Rel. Min. Luiz Fux, 1ª Turma, julg. 20/11/2003.

[51] A referida lei foi objeto de alteração pela Lei nº 14.375/2022 e Lei nº 14.689/2023.

condições para que a União, as suas autarquias e fundações, e os devedores ou as partes adversas realizem transação resolutiva de litígio relativo à cobrança de créditos da Fazenda Pública federal, de natureza tributária ou não tributária (art. 1º). Aqui, veremos sucintamente apenas suas disposições mais gerais.

Para fins desta lei, são modalidades de transação as realizadas (art. 2º): I – por proposta individual ou por adesão, na cobrança de créditos inscritos na dívida ativa da União, de suas autarquias e fundações públicas, na cobrança de créditos que seja da competência da Procuradoria-Geral da União, ou em contencioso administrativo fiscal; II – por adesão, nos demais casos de contencioso judicial ou administrativo tributário; e III – por adesão, no contencioso tributário de pequeno valor (a transação por adesão implica aceitação pelo devedor de todas as condições fixadas no edital que a propõe).

A proposta de transação deverá expor os meios para a extinção dos créditos nela contemplados e estará condicionada, no mínimo, à assunção pelo devedor dos compromissos de (art. 3º): I – não utilizar a transação de forma abusiva, com a finalidade de limitar, de falsear ou de prejudicar, de qualquer forma, a livre concorrência ou a livre iniciativa econômica; II – não utilizar pessoa natural ou jurídica interposta para ocultar ou dissimular a origem ou a destinação de bens, de direitos e de valores, os seus reais interesses ou a identidade dos beneficiários de seus atos, em prejuízo da Fazenda Pública federal; III – não alienar nem onerar bens ou direitos sem a devida comunicação ao órgão da Fazenda Pública competente, quando exigido em lei; IV – desistir das impugnações ou dos recursos administrativos que tenham por objeto os créditos incluídos na transação e renunciar a quaisquer alegações de direito sobre as quais se fundem as referidas impugnações ou recursos; e V – renunciar a quaisquer alegações de direito, atuais ou futuras, sobre as quais se fundem ações judiciais, inclusive as coletivas, ou recursos que tenham por objeto os créditos incluídos na transação, por meio de requerimento de extinção do respectivo processo com resolução de mérito.

De acordo com o art. 4º, implica a rescisão da transação: I – o descumprimento das condições, das cláusulas ou dos compromissos assumidos; II – a constatação, pelo credor, de ato tendente ao esvaziamento patrimonial do devedor como forma de fraudar o cumprimento da transação, ainda que realizado anteriormente à sua celebração; III – a decretação de falência ou de extinção, pela liquidação, da pessoa jurídica transigente; IV – a comprovação de prevaricação, de concussão ou de corrupção passiva na sua formação; V – a ocorrência de dolo, de fraude, de simulação ou de erro essencial quanto à pessoa ou quanto ao objeto do conflito; VI – a ocorrência de alguma das hipóteses rescisórias adicionalmente previstas no respectivo termo de transação; ou VII – a inobservância de quaisquer disposições da Lei nº 13.988/2020 ou do edital.

É vedada a transação que (art. 5º): I – reduza multas de natureza penal; II – conceda descontos a créditos relativos ao: a) Regime Especial Unificado de Arrecadação de Tributos e Contribuições devidos pelas Microempresas e Empresas de Pequeno Porte (Simples Nacional), enquanto não editada lei complementar autorizativa; b) Fundo de Garantia do Tempo de Serviço (FGTS), enquanto não autorizado pelo seu Conselho Curador; III – envolva devedor contumaz, conforme definido em lei específica.

Por sua vez, a Lei Complementar nº 174/2020 autorizou também a extinção de créditos tributários apurados na forma do Simples Nacional mediante celebração de transação resolutiva de litígio, seguindo-se as normas da Lei nº 13.988/2020. Além disso, a LC 174/2020 estatui que a transação resolutiva de litígio relativo à cobrança de créditos da Fazenda Pública não caracteriza renúncia de receita para fins do disposto no art. 14 da LC nº 101/2000 (Lei de Responsabilidade Fiscal), excepcionando-a neste particular.

Parte II · Cap. 10 · SUSPENSÃO, EXTINÇÃO E EXCLUSÃO DO CRÉDITO TRIBUTÁRIO | **251**

Já a Lei nº 14.112/2020 inseriu o art. 10-C na Lei 10.522/2002 prevendo que, alternativamente ao pedido de parcelamento das dívidas tributárias como condição essencial para o deferimento da recuperação judicial, é possível ao empresário ou a sociedade empresária que tiver o processamento da recuperação judicial deferido submeter à Procuradoria-Geral da Fazenda Nacional proposta de transação relativa a créditos inscritos em dívida ativa da União, nos termos da Lei nº 13.988/2020.

Com a edição da Lei nº 13.988/2020, o Fisco passou a ter em suas mãos mais um mecanismo de recuperação de créditos tributários, facilitando o recebimento de tributos devidos por meio de concessões recíprocas entre a Administração tributária e o contribuinte.

10.3.4. Remissão

A quarta hipótese de extinção do crédito tributário é a **remissão**, ou seja, o perdão (total ou parcial) da dívida tributária, desde que autorizado por lei, por despacho fundamentado da autoridade administrativa, atendendo à situação econômica do sujeito passivo; ao erro ou ignorância escusáveis do sujeito passivo, quanto a matéria de fato; à diminuta importância do crédito tributário; a considerações de equidade, em relação às características pessoais ou materiais do caso; ou às condições peculiares a determinada região do território da entidade tributante. Assim, nos casos previstos em lei, poderá ser *remitido* (perdoado) o crédito tributário já constituído, nos termos do art. 172 do CTN.[52]

Cabe lembrar que a *remição* é instituto diverso da remissão ora tratada, pois, ao contrário do perdão da dívida, a *remição* é o seu resgate, ou seja, o pagamento da obrigação. Outra distinção que se deve fazer é entre a remissão, que se refere ao tributo e todos os seus acréscimos, e a *anistia*, que se limita às infrações tributárias.

A remissão concedida por despacho (desde que autorizada por lei) não gera direito adquirido ao beneficiário, aplicando-se, quando cabível, o disposto no art. 155 do CTN, ou seja, poderá ser revogada de ofício, sempre que se apure que o beneficiário não satisfazia ou deixou de satisfazer as condições ou não cumprira ou deixou de cumprir os requisitos para a concessão do favor, cobrando-se o crédito acrescido de juros de mora: I – com imposição da penalidade cabível, nos casos de dolo ou simulação do beneficiado, ou de terceiro em benefício daquele; II – sem imposição de penalidade, nos demais casos.

10.3.5. Prescrição e decadência

A quinta modalidade de extinção do crédito tributário decorre da *preclusão* do direito de a Administração Tributária cobrar o seu crédito, que se materializa na ocorrência de dois fenômenos: a **prescrição** ou a **decadência** tributária.

Seguindo-se a literalidade dos arts. 173 e 174, CTN, diz-se que a *prescrição* é a perda da possibilidade de propositura de uma ação para a cobrança do crédito tributário no prazo de cinco anos, contados a partir da data em que se constituir definitivamente o crédito pelo sujeito ativo, ao passo que a *decadência* é a perda do direito de a Fazenda constituir o crédito tributário pelo lançamento, no prazo de cinco anos contados do primeiro dia do exercício seguinte àquele em

---

[52] Por exemplo, a remissão do valor de multas tributárias já aplicadas por atraso na entrega da Guia de Recolhimento do FGTS e Informações à Previdência Social (GFIP), nos casos em que tenha sido apresentada a GFIP com informações e sem fato gerador de recolhimento do FGTS, referente a fatos geradores ocorridos até a data de publicação da Lei nº 14.397/2022.

que o lançamento poderia ter sido efetuado, da data da decisão definitiva que houver anulado, por vício formal, o lançamento anteriormente efetuado ou da notificação ao sujeito passivo de qualquer medida preparatória indispensável ao lançamento.

De modo mais preciso, segundo as palavras de José Carlos Moreira Alves[53] sobre prescrição e decadência:

> Prazo de prescrição ocorre toda vez que há violação de um direito subjetivo, e há necessidade, portanto, de se levar aquela pretensão ao Poder Judiciário para que dirima o conflito. Então, toda vez que houver violação de direito subjetivo, nós temos um prazo de prescrição para que a nossa pretensão possa ser levada ao Estado mediante uma ação judicial. Já prazo de decadência ocorre quando se trata dos chamados "direitos potestativos", na nossa linguagem neolatina. Os alemães usam geralmente a expressão "direitos formativos". Nós é que empregamos, seguindo Chiovenda, que pela primeira vez se utilizou dessa expressão "direito potestativo", ou seja, os direitos em que o titular deles não tenha a necessidade da colaboração da parte contrária, como ocorre com relação aos direitos subjetivos. Se eu sou credor de alguém, tenho a necessidade da colaboração do devedor para que o meu direito seja satisfeito. Já os chamados direitos potestativos ou direitos formativos são direitos em que não há um poder em face de um dever, mas há um poder em face de uma sujeição: o titular do poder, por ato unilateral, sujeita a outra parte.

Merece também menção trecho do festejado texto de Agnelo Amorim Filho[54] sobre a distinção entre a prescrição e a decadência a partir de uma perspectiva processual:

> 1ª) Estão sujeitas a prescrição (indiretamente, isto é, em virtude da prescrição da pretensão a que correspondem): – todas as ações condenatórias, e somente elas;
>
> 2ª) Estão sujeitas a decadência (indiretamente, isto é, em virtude da decadência do direito potestativo a que correspondem): – as ações constitutivas que têm prazo especial de exercício fixado em lei;
>
> 3ª) São perpétuas (imprescritíveis): – a) as ações constitutivas que não têm prazo especial de exercício fixado em lei; e b) todas as ações declaratórias.

Importante registrar que, no Direito Tributário, segundo a Constituição, ambas – prescrição e decadência – estão sujeitas à reserva de lei complementar para o seu estabelecimento e modificação (art. 146, III, *b*, CF/88), por se enquadrarem dentro das chamadas "normas gerais do direito tributário", sendo inconstitucional a tentativa de versar sobre esses temas por mera lei ordinária.[55] Por essa razão, quanto às dívidas tributárias, é ineficaz o art. 2º, § 3º, da Lei de

---

[53] ALVES, José Carlos Moreira. Conferência inaugural – XXIV Simpósio Nacional de Direito Tributário. In: MARTINS, Ives Gandra da Silva (Coord.). *Direitos fundamentais do contribuinte*. São Paulo: Revista dos Tribunais/Centro de Extensão Universitária, 2000. p. 20-21.

[54] AMORIM FILHO, Agnelo. Critério científico para distinguir a prescrição da decadência e para identificar as ações imprescritíveis. *Revista de Direito Processual Civil*, São Paulo, v. 3, p. 95-132, jan./jun. 1961.

[55] STF. Súmula Vinculante nº 8: "São inconstitucionais o parágrafo único do artigo 5º do Decreto-Lei 1.569/1977 e os artigos 45 e 46 da Lei 8.212/1991, que tratam da prescrição e decadência do crédito tributário"; STF. RE 559.943 (repercussão geral), Rel. Min. Cármen Lúcia, Pleno, julg. 12/06/2008: "1. A Constituição da República de 1988 reserva à lei complementar o estabelecimento de normas gerais em matéria de legislação tributária, especialmente sobre prescrição e decadência, nos termos do art. 146, inciso III, alínea *b, in fine*, da Constituição da República. [...]. 2. Declaração de inconstitucionalidade dos artigos 45 e 46 da Lei n. 8.212/1991, por disporem sobre matéria reservada à lei complementar. 3. Recepcionados pela Constituição da República de 1988 como disposições de lei complementar, subsistem os prazos prescricional e

Parte II · Cap. 10 · SUSPENSÃO, EXTINÇÃO E EXCLUSÃO DO CRÉDITO TRIBUTÁRIO | **253**

Execuções Fiscais (Lei nº 6.830/1980), justamente por pretender criar, por mera lei ordinária (e não complementar) uma nova hipótese de suspensão da prescrição que também atingisse as obrigações tributárias.[56]

10.3.5.1. Prescrição tributária

A **prescrição** representa, no âmbito tributário, a extinção, pelo decurso do tempo, do próprio direito de crédito tributário da Fazenda Pública, refletindo-se processualmente na possibilidade de reconhecimento da prescrição caso ocorra cobrança judicial por ação de execução fiscal. Afinal, como ressalta Luciano Amaro,[57] "o direito positivo não socorre a quem permanece inerte, durante largo espaço de tempo, sem exercitar seus direitos", circunstância que se proclama na conhecida expressão latina *dormientibus non succurrit ius* (o direito não socorre aos que dormem).

Isso porque, em matéria tributária, não tem lugar a simples ação de cobrança, já que o CTN reconhece ao Fisco a prerrogativa de inscrever o débito do contribuinte em dívida ativa, da qual se extrai certidão que constitui título executivo (a Certidão de Dívida Ativa – CDA), sendo a cobrança judicial da dívida ativa da União, Estados, Distrito Federal e Municípios, bem como de suas autarquias, regida pela chamada Lei de Execuções Fiscais (Lei 6.830/1980). Segundo ensina Leandro Paulsen,[58] sendo a prescrição a perda do direito de pleitear judicialmente o reconhecimento ou a satisfação de um direito, a prescrição da cobrança do crédito tributário implica impossibilidade de prosseguir com a execução fiscal.

Como a prescrição tributária é uma das formas de extinção do crédito tributário, pode ser reconhecida de ofício pelo juiz. O prazo prescricional para a Fazenda Pública ajuizar a ação de cobrança de crédito tributário definitivamente constituído é de cinco anos, nos termos do art. 174 do CTN.

Advirta-se que o art. 156, V, do CTN, elenca tanto a prescrição como a decadência como causas de extinção do crédito tributário, ou seja, filia-se à tese de que ambas fulminam o próprio direito de crédito a ser cobrado. Não há, assim, direito da Fazenda Pública a receber qualquer valor relativo àquela obrigação, fato que caracterizaria um indébito tributário. Portanto, na esfera tributária, não é possível aplicar a norma típica de direito privado (art. 882 do Código Civil[59]) de que não cabe restituição do pagamento de dívida prescrita. Enquanto no direito privado entende-se que o pagamento da dívida prescrita é devido, pois ainda subsiste o direito de crédito, no direito tributário, o crédito se extingue.

---

    decadencial previstos nos artigos 173 e 174 do Código Tributário Nacional". No mesmo sentido: STF. RE 560.626 (repercussão geral), julg. 12/06/2008.

[56] STJ. AI no Ag 1.037.765, Rel. Min. Teori Albino Zavascki, Corte Especial, julg. 02/03/2011: "1. Tanto no regime constitucional atual (CF/88, art. 146, III, b), quanto no regime constitucional anterior (art. 18, § 1º, da EC 01/69), as normas sobre prescrição e decadência de crédito tributário estão sob reserva de lei complementar. [...] 2. Assim, são ilegítimas, em relação aos créditos tributários, as normas estabelecidas no § 2º, do art. 8º e do § 3º do art. 2º da Lei 6.830/80, que, por decorrerem de lei ordinária, não podiam dispor em contrário às disposições anteriores, previstas em lei complementar."

[57] AMARO, Luciano. op. cit. p. 422.

[58] PAULSEN, Leandro. *Direito tributário*: Constituição e Código Tributário à luz da doutrina e da jurisprudência. 16. ed. Porto Alegre: Livraria do Advogado, 2014. p. 1.316.

[59] Código Civil, art. 882. Não se pode repetir o que se pagou para solver dívida prescrita, ou cumprir obrigação judicialmente inexigível.

Neste sentido, afirma Sacha Calmon Navarro Coêlho[60] que "no Direito Tributário pátrio, a teor do CTN, tanto a decadência quanto a prescrição extinguem o crédito tributário. Quem paga dívida fiscal em relação à qual já estava a ação prescrita tem direito à restituição, sem mais nem menos". Como já pacificado na jurisprudência do STJ, sendo extinta a dívida tributária prescrita, pode o contribuinte requerer a repetição do indébito, por não ser sequer possível reconhecer uma dívida que já não existe.[61]

A partir do lançamento definitivo em que se constitui o crédito tributário, passa-se a contar o prazo prescricional estabelecido no art. 174 do CTN, segundo o qual a ação para a cobrança do crédito tributário prescreve em cinco anos, contados da data da sua constituição definitiva, sendo certo que a prescrição se interrompe: a) pelo despacho do juiz que ordenar a citação em execução fiscal; b) pelo protesto judicial; c) por qualquer ato judicial que constitua em mora o devedor; d) por qualquer ato inequívoco, ainda que extrajudicial, que importe reconhecimento do débito pelo devedor.[62]

A esse respeito, o STJ assentou (Súmula nº 653) que o "pedido de parcelamento fiscal, ainda que indeferido, interrompe o prazo prescricional, pois caracteriza confissão extrajudicial do débito". Contudo, somente pode ser interrompido o prazo prescricional que ainda estiver em curso. Se o prazo já tiver sido consumado, o crédito tributário estará extinto, não sendo correto falar em interrupção de prescrição de dívida inexistente.[63]

Considerando que o prazo prescricional somente começa a ser contado da constituição definitiva do crédito tributário, durante o prazo de 30 dias[64] (regra geral) que o contribuinte possui, após a notificação do lançamento, para pagar ou impugnar o débito, a contagem do prazo prescricional não se inicia.[65] Não havendo pagamento (causa extintiva) e não havendo

---

[60]   COÊLHO, Sacha Calmon Navarro. *Curso de direito tributário brasileiro*. 15. ed. Rio de Janeiro: Forense, 2016. p. 755.

[61]   STJ. REsp 1.335.609, Rel. Min. Mauro Campbell Marques, 2ª Turma, julg. 16/08/2012: "[...] a prescrição civil pode ser renunciada, após sua consumação, visto que ela apenas extingue a pretensão para o exercício do direito de ação, nos termos dos arts. 189 e 191 do Código Civil de 2002, diferentemente do que ocorre na prescrição tributária, a qual, em razão do comando normativo do art. 156, V, do CTN, extingue o próprio crédito tributário, e não apenas a pretensão para a busca de tutela jurisdicional". No mesmo sentido: STJ. AgInt no AREsp 312.384; AgRg no REsp 1.297.954; AgRg no AREsp 51.538; REsp 1.223.420; REsp 1.210.340.

[62]   STJ. REsp 1.658.51 (repercussão geral), Rel. Min. Napoleão Nunes Maia Filho, 1ª Seção, julg. 14/11/2018: "2. O parcelamento de ofício da dívida tributária não configura causa interruptiva da contagem da prescrição, uma vez que o contribuinte não anuiu. 3. A liberalidade do Fisco em conceder ao contribuinte a opção de pagamento à vista (cota única) ou parcelado (10 cotas), independente de sua anuência prévia, não configura as hipóteses de suspensão da exigibilidade do crédito tributário previstas no art. 151, I e VI do CTN (moratória ou parcelamento), tampouco causa de interrupção da prescrição, a qual exige o reconhecimento da dívida por parte do contribuinte (art. 174, parág. único, IV do CTN)".

[63]   STJ. AgRg no AREsp 743.252, Rel. Min. Assusete Magalhães, 2ª Turma, julg. 08/03/2016: "o parcelamento postulado depois de transcorrido o prazo prescricional não restabelece a exigibilidade do crédito tributário. Isso porque: a) não é possível interromper a prescrição de crédito tributário já prescrito; e b) a prescrição tributária não está sujeita à renúncia, uma vez que ela não é causa de extinção, apenas, do direito de ação, mas, sim, do próprio direito ao crédito tributário (art. 156, V, do CTN)".

[64]   Código Tributário Nacional. Art. 160. Quando a legislação tributária não fixar o tempo do pagamento, o vencimento do crédito ocorre trinta dias depois da data em que se considera o sujeito passivo notificado do lançamento.

[65]   STJ. REsp 1.641.011 (recurso repetitivo), Rel. Min. Napoleão Nunes Maia Filho, 1ª Seção, julg. 14/11/2018: "1. Tratando-se de lançamento de ofício, o prazo prescricional de cinco anos para que a Fazenda Pública

Parte II · Cap. 10 · SUSPENSÃO, EXTINÇÃO E EXCLUSÃO DO CRÉDITO TRIBUTÁRIO | 255

impugnação administrativa e nem judicial (causa suspensiva, em que não corre o prazo), tem-se o *dies a quo* da contagem do prazo prescricional, que é o dia seguinte à data do vencimento.[66]

Porém, nos casos de tributos sujeitos ao lançamento por homologação, a entrega da declaração (DCTF, GIA ou outra dessa natureza) já constitui o crédito tributário, sem a necessidade de qualquer outro tipo de providência por parte do Fisco e, em se tratando de tributo sujeito a lançamento por homologação declarado e não pago, o Fisco dispõe do prazo prescricional de cinco anos para a cobrança do crédito, contados do dia seguinte ao vencimento da exação ou da entrega da declaração pelo contribuinte, o que for posterior. Só a partir desse momento, o crédito torna-se constituído e exigível pela Fazenda Pública.

Noutras palavras, nos casos de tributos sujeitos a lançamento por homologação, o prazo prescricional de cinco anos para o Fisco exercer a pretensão de cobrança judicial do crédito tributário conta-se do dia seguinte ao vencimento da obrigação tributária declarada, quando, não obstante cumprido o dever de declaração da exação devida, não foi adimplida a obrigação principal (pagamento antecipado), nem sobrevieram quaisquer das causas suspensivas da exigibilidade do crédito ou interruptivas do prazo prescricional. Assim, o *dies a quo* do prazo prescricional para o Fisco exercer a pretensão de cobrança judicial do crédito tributário declarado, mas não pago, é o dia seguinte ao da constituição definitiva do crédito tributário,[67] a saber, neste caso, o dia seguinte à data do vencimento da obrigação tributária expressamente reconhecida.[68]

Decidiu o STJ[69] que a perda da pretensão executiva tributária pelo decurso do tempo é consequência da inércia do credor, mas esta não se verifica quando a demora na citação do executado decorre unicamente do aparelho judiciário, como definido pela Súmula nº 106 do STJ. Portanto, paralisado o processo por culpa do Judiciário, não se opera a prescrição.

---

realize a cobrança judicial de seu crédito tributário (art. 174, *caput* do CTN) referente ao IPTU, começa a fluir somente após o transcurso do prazo estabelecido pela lei local para o vencimento da exação (pagamento voluntário pelo contribuinte), não dispondo o Fisco, até o vencimento estipulado, de pretensão executória legítima para ajuizar execução fiscal objetivando a cobrança judicial, embora já constituído o crédito desde o momento no qual houve o envio do carnê para o endereço do contribuinte (Súmula 397/STJ)".

[66] STJ. Súmula nº 622: "A notificação do auto de infração faz cessar a contagem da decadência para a constituição do crédito tributário; exaurida a instância administrativa com o decurso do prazo para a impugnação ou com a notificação de seu julgamento definitivo e esgotado o prazo concedido pela Administração para o pagamento voluntário, inicia-se o prazo prescricional para a cobrança judicial".

[67] STJ. REsp 1.320.825 (recurso repetitivo), Rel. Min. Gurgel de Faria, 1ª Seção, julg. 10/08/2016: "1. O IPVA é lançado de ofício no início de cada exercício (art. 142 do CTN) e constituído definitivamente com a cientificação do contribuinte para o recolhimento da exação, a qual pode ser realizada por qualquer meio idôneo, como o envio de carnê ou a publicação de calendário de pagamento, com instruções para a sua efetivação. 2. Reconhecida a regular constituição do crédito tributário, não há mais que falar em prazo decadencial, mas sim em prescricional, cuja contagem deve se iniciar no dia seguinte à data do vencimento para o pagamento da exação, porquanto antes desse momento o crédito não é exigível do contribuinte. [...] Tese: 'A notificação do contribuinte para o recolhimento do IPVA perfectibiliza a constituição definitiva do crédito tributário, iniciando-se o prazo prescricional para a execução fiscal no dia seguinte à data estipulada para o vencimento da exação'".

[68] STJ. REsp 1.120.295 (recurso repetitivo), Rel. Min. Luiz Fux, 1ª Seção, julg. 12/05/2010. No mesmo sentido: REsp nº 1.597.015, julg. 06/12/2017: "Tributário. Agravo interno no recurso especial. Execução fiscal. Prescrição. Termo a quo. Dia seguinte ao do vencimento da obrigação ou da entrega da declaração, o que for posterior".

[69] STJ. REsp 1.102.554 (recurso repetitivo), Rel. Min. Castro Meira, 1ª Seção, julg. 27/05/2009.

256 | CURSO DE DIREITO TRIBUTÁRIO BRASILEIRO – *Marcus Abraham*

Outrossim, em execução fiscal, a prescrição que tenha ocorrido antes da propositura da ação executiva pode ser declarada *ex officio* pelo juízo, independentemente da prévia oitiva da Fazenda Pública, nos termos da Súmula nº 409 do STJ e dos precedentes que a originaram.[70]

Apesar dessa orientação de que a prescrição poderia ser declarada de ofício sem oitiva da Fazenda Pública, firmada ainda com base no art. 219, § 5º, do CPC de 1973, o CPC de 2015 estabelece que "ressalvada a hipótese do § 1º do art. 332, a prescrição e a decadência não serão reconhecidas sem que antes seja dada às partes oportunidade de manifestar-se" (art. 487, parágrafo único, CPC/2015).

Assim, ainda que a prescrição seja matéria cognoscível de ofício pelo juiz (art. 487, II, CPC/2015), deve este abrir oportunidade para as partes se manifestarem sobre o tema antes de decretar a prescrição, salvo no caso do art. 332, § 1º, ou seja, não é necessária a oitiva das partes apenas quando o juiz julgar liminarmente improcedente o pedido ao verificar, desde logo, a ocorrência de decadência ou de prescrição. Com isso, garante-se que as partes não sejam surpreendidas por uma decisão judicial com base em fundamento a respeito do qual não se tenha dado oportunidade de se manifestarem, ainda que se trate de matéria sobre a qual o juiz deva decidir de ofício (art. 10, CPC/2015).

Portanto, é possível que, no futuro, o alcance da Súmula nº 409 do STJ e de seus precedentes de origem (que dispensam a oitiva da Fazenda Pública) seja limitado ao indeferimento liminar da petição inicial por reconhecimento da prescrição (art. 332, § 1º, CPC/2015). Nas demais hipóteses que não envolvam tal indeferimento liminar, será imperiosa a convocação das partes (Fazenda Pública e contribuinte) para se manifestarem.

Por fim, devemos registrar que a *prescrição intercorrente* é instituto previsto no art. 40 da Lei de Execuções Fiscais (Lei nº 6.830/1980),[71] também produzindo efeitos extintivos do crédito tributário, mas que ocorre somente se o processo de execução fiscal restar paralisado por mais de cinco anos a contar da decisão judicial que determina o seu arquivamento. Esta decisão de arquivamento ocorre quando, já suspenso o curso da execução fiscal, decorre o prazo de 1 (um) ano sem que seja localizado o devedor ou encontrados bens penhoráveis.[72] A previsão contida no § 4º do

---

[70]   STJ. Súmula nº 409: "Em execução fiscal, a prescrição ocorrida antes da propositura da ação pode ser decretada de ofício (art. 219, § 5º, do CPC)".

[71]   STF. RE 636.562 (repercussão geral – Tema 390), Rel. Roberto Barroso, Pleno, julg. 22/02/2023. "*Tese*: É constitucional o art. 40 da Lei nº 6.830/1980 (Lei de Execuções Fiscais – LEF), tendo natureza processual o prazo de 1 (um) ano de suspensão da execução fiscal. Após o decurso desse prazo, inicia-se automaticamente a contagem do prazo prescricional tributário de 5 (cinco) anos". Assim, o STF decidiu que a suspensão da execução fiscal tributária, para cômputo da prescrição intercorrente, por se tratar de contagem processual, não exige previsão em lei complementar, não violando o art. 146, III, "b", CF/1988: "Art. 146. Cabe à lei complementar: [...] III – estabelecer normas gerais em matéria de legislação tributária, especialmente sobre: [...] b) obrigação, lançamento, crédito, prescrição e decadência tributários".

[72]   STJ. REsp 1.340.553 (recurso repetitivo), Rel. Min. Mauro Campbell Marques, 1ª Seção, julg. 12/09/2018: "4.1.) O prazo de 1 (um) ano de suspensão do processo e do respectivo prazo prescricional previsto no art. 40, §§ 1º e 2º da Lei n. 6.830/80 – LEF tem início automaticamente na data da ciência da Fazenda Pública a respeito da não localização do devedor ou da inexistência de bens penhoráveis no endereço fornecido, havendo, sem prejuízo dessa contagem automática, o dever de o magistrado declarar ter ocorrido a suspensão da execução; 4.1.1.) Sem prejuízo do disposto no item 4.1., nos casos de execução fiscal para cobrança de dívida ativa de natureza tributária (cujo despacho ordenador da citação tenha sido proferido antes da vigência da Lei Complementar n. 118/2005), depois da citação válida, ainda que editalícia, logo após a primeira tentativa infrutífera de localização de bens penhoráveis, o Juiz declarará suspensa a execução. 4.1.2.) Sem prejuízo do disposto no item 4.1., em se tratando de execução fiscal para cobrança de dívida

Parte II • Cap. 10 • SUSPENSÃO, EXTINÇÃO E EXCLUSÃO DO CRÉDITO TRIBUTÁRIO | **257**

art. 40 da Lei nº 6.830/1980 (oitiva prévia da Fazenda Pública antes de ser declarada a prescrição intercorrente pelo juiz[73]) somente se aplica às hipóteses de prescrição intercorrente nele indicadas, isto é, a prescrição intercorrente contra a Fazenda Pública na execução fiscal arquivada com base no § 2º do mesmo artigo, quando não localizado o devedor ou não encontrados bens penhoráveis.

10.3.5.2. Decadência

Como vimos anteriormente, enquanto a prescrição atinge o crédito tributário já constituído (com reflexo processual na pretensão executória), a **decadência** se refere ao prazo para constituição do crédito tributário. Assim, enquanto o fato gerador é o elemento constitutivo da obrigação tributária e o lançamento é o instituto procedimental constitutivo do crédito tributário, o lançamento também tem uma outra função, qual seja, o marco distintivo entre a decadência e a prescrição, na medida em que – numa linha temporal –, antes do lançamento, estaremos diante do decurso do prazo decadencial, ao passo que, após o lançamento definitivo, estaremos diante do decurso do prazo prescricional.

Daí se depreender, como adverte Humberto Ávila,[74] que a classificação da decadência, pelo art. 156 do CTN, como "causa de extinção do crédito tributário" não é tecnicamente exata, pois não se pode extinguir um crédito tributário que ainda não existe, uma vez que ainda não ocorreu o lançamento. Na verdade, de forma mais correta, a decadência extingue a obrigação tributária, esta sim existente antes mesmo do lançamento, desde a ocorrência do fato gerador.

---

ativa de natureza tributária (cujo despacho ordenador da citação tenha sido proferido na vigência da Lei Complementar n. 118/2005) e de qualquer dívida ativa de natureza não tributária, logo após a primeira tentativa frustrada de citação do devedor ou de localização de bens penhoráveis, o Juiz declarará suspensa a execução. 4.2.) Havendo ou não petição da Fazenda Pública e havendo ou não pronunciamento judicial nesse sentido, findo o prazo de 1 (um) ano de suspensão inicia-se automaticamente o prazo prescricional aplicável (de acordo com a natureza do crédito exequendo) durante o qual o processo deveria estar arquivado sem baixa na distribuição, na forma do art. 40, §§ 2º, 3º e 4º da Lei n. 6.830/80 – LEF, findo o qual o Juiz, depois de ouvida a Fazenda Pública, poderá, de ofício, reconhecer a prescrição intercorrente e decretá-la de imediato. 4.3.) A efetiva constrição patrimonial e a efetiva citação (ainda que por edital) são aptas a interromper o curso da prescrição intercorrente, não bastando para tal o mero peticionamento em juízo, requerendo, *v.g.*, a feitura da penhora sobre ativos financeiros ou sobre outros bens. Os requerimentos feitos pelo exequente, dentro da soma do prazo máximo de 1 (um) ano de suspensão mais o prazo de prescrição aplicável (de acordo com a natureza do crédito exequendo) deverão ser processados, ainda que para além da soma desses dois prazos, pois, citados (ainda que por edital) os devedores e penhorados os bens, a qualquer tempo – mesmo depois de escoados os referidos prazos –, considera-se interrompida a prescrição intercorrente, retroativamente, na data do protocolo da petição que requereu a providência frutífera. 4.4.) A Fazenda Pública, em sua primeira oportunidade de falar nos autos (art. 245 do CPC/73, correspondente ao art. 278 do CPC/2015), ao alegar nulidade pela falta de qualquer intimação dentro do procedimento do art. 40 da LEF, deverá demonstrar o prejuízo que sofreu (exceto a falta da intimação que constitui o termo inicial – 4.1., onde o prejuízo é presumido), por exemplo, deverá demonstrar a ocorrência de qualquer causa interruptiva ou suspensiva da prescrição. 4.5.) O magistrado, ao reconhecer a prescrição intercorrente, deverá fundamentar o ato judicial por meio da delimitação dos marcos legais que foram aplicados na contagem do respectivo prazo, inclusive quanto ao período em que a execução ficou suspensa".

73 STJ. REsp 1.100.156 (recurso repetitivo), Rel. Min. Teori Albino Zavascki, 1ª Seção, julg. 10/06/2009. Contudo, como explicado acima, com o advento do CPC de 2015, que exige a prévia oitiva das partes para a declaração da prescrição, a previsão do art. 40, § 4º, da Lei 6.830/80 passou também a ser a regra no sistema do CPC, aplicável subsidiariamente aos processos de execução fiscal por força do art. 1º da Lei 6.830/80.

74 ÁVILA, Humberto Bergmann. *Segurança jurídica*: entre permanência, mudança e realização no direito tributário. São Paulo: Malheiros, 2011. p. 347.

Nas palavras de Ricardo Lobo Torres, a decadência tributária é a "perda do direito de constituir o crédito tributário pelo lançamento".[75] Na lição de Humberto Ávila,[76] "a decadência [...] marca a prevalência incondicional da segurança jurídica sobre a justiça: mesmo que o contribuinte deva, e saiba que deve, o transcurso do prazo opera a perda do direito da Fazenda de constituir o crédito tributário". Para Paulo de Barros Carvalho,[77] a decadência ou caducidade é tida como o fato jurídico que faz perecer um direito pelo seu não exercício durante certo lapso de tempo. Para que as relações jurídicas não permaneçam indefinidamente, o sistema positivo estipula certo período a fim de que os titulares de direitos realizem os atos necessários à sua preservação e, perante a inércia manifestada pelo interessado, deixando fluir o tempo, fulmina a existência do direito, decretando-lhe a extinção.

O CTN fixa no seu art. 173 que o direito de a Fazenda Pública constituir o crédito tributário extingue-se após cinco anos, contados: do primeiro dia do exercício seguinte àquele em que o lançamento poderia ter sido efetuado; da data em que se tornar definitiva a decisão que houver anulado, por vício formal, o lançamento anteriormente efetuado; da data em que tenha sido iniciada a constituição do crédito tributário pela notificação, ao sujeito passivo, de qualquer medida preparatória indispensável ao lançamento.

O início da contagem dos prazos decadenciais varia de acordo com o tipo de lançamento.

Para *tributos lançados de ofício*, o prazo decadencial começa a correr do primeiro dia do exercício seguinte ao da ocorrência do fato gerador, por aplicação do art. 173, I, do CTN.

Já para *tributos sujeitos ao regime de lançamento por declaração*, o prazo decadencial se inicia do primeiro dia do exercício seguinte àquele em que o contribuinte deveria apresentar a declaração, também por aplicação do art. 173, I, do CTN.

Por sua vez, para os *tributos submetidos ao lançamento por homologação*, três hipóteses distintas devem ser consideradas para a contagem do prazo decadencial:

a) quando, por ausência total de declaração e respectiva falta de pagamento, não haja o que homologar, conta-se o prazo a partir do primeiro dia do exercício seguinte ao do vencimento do tributo (art. 173, I, do CTN), pois, na verdade, deverá ser feito um lançamento de ofício;

b) quando houver declaração parcial do tributo devido com respectivo pagamento parcial (declaração e pagamento a menor do que seria o valor correto), aplica-se o art. 150, § 4º, do CTN, e a contagem do prazo decadencial para o lançamento suplementar da parte não declarada e não paga inicia-se na data do fato gerador (interpretação consagrada no REsp 973.733,[78] sob regime dos recursos repetitivos, e na Súmula nº 555 do STJ)[79];

---

[75]   TORRES, Ricardo Lobo. op. cit. p. 303.

[76]   ÁVILA, Humberto Bergmann. op. cit. p. 346-347.

[77]   CARVALHO, Paulo de Barros. op. cit. p. 436.

[78]   STJ. REsp 973.733 (recurso repetitivo), Rel. Min. Luiz Fux, 1ª Seção, julg. 12/08/2009. No mesmo sentido: STJ. AgRg nos EREsp 1.199.262, Rel. Min. Benedito Gonçalves, 1ª Seção, julg. 26/10/2011: "A 1ª Seção do STJ, no julgamento do REsp 973.733/SC [...], sedimentou o entendimento de que o art. 173, I, do CTN se aplica aos casos em que a lei não prevê o pagamento antecipado da exação ou, quando, a despeito da previsão legal, não há o pagamento, salvo nos casos de dolo, fraude ou simulação. 3. '[...] ocorrendo o pagamento antecipado por parte do contribuinte, o prazo decadencial para o lançamento de eventuais diferenças é de cinco anos a contar do fato gerador, conforme estabelece o § 4º do art. 150 do CTN' [...] houve pagamento a menor de débito tributário em decorrência de creditamento indevido. Dessa forma, deve-se observar o disposto no art. 150, § 4º, do CTN".

[79]   STJ. Súmula nº 555: "Quando não houver declaração do débito, o prazo decadencial quinquenal para o Fisco constituir o crédito tributário conta-se exclusivamente na forma do art. 173, I, do CTN, nos casos em que

c) quando tenha sido apresentada declaração correta, mas sem o respectivo pagamento, reputa-se já constituído definitivamente o crédito a partir da data da entrega da declaração, não sendo possível ao Fisco lançar de novo um crédito que já estava constituído pelo contribuinte, nos termos da Súmula nº 436 do STJ[80] (sendo a constituição do crédito o marco temporal que separa o prazo decadencial do prazo prescricional).

Nessa última hipótese "c", não se poderia mais contar um prazo decadencial de cinco anos para que o Fisco, pelo lançamento, constituísse o crédito, pois este já estava constituído pela mera entrega da declaração, sem qualquer providência do Fisco. Nesse caso, deve-se simplesmente considerar o *prazo prescricional* de cinco anos, a contar do dia seguinte ao vencimento do débito ou da entrega da declaração pelo contribuinte, o que for posterior.[81]

Sobre a interrupção ou suspensão do prazo decadencial, entende-se não haver qualquer possibilidade interruptiva ou sustativa, nem mesmo na hipótese do inciso II do art. 173, quando ocorre a declaração de nulidade do lançamento por vício formal (incompetência do agente fiscal, cerceamento de defesa no procedimento de impugnação etc.). Ao ser reconhecido o vício formal do lançamento, na verdade, a lei concede um novo prazo de cinco anos para lançamento (começando a contagem do "zero", por se tratar de novo prazo), e não uma mera continuidade do prazo anterior.

Nesse sentido, Hugo de Brito Machado[82] afirma que, a rigor, na hipótese prevista no art. 173, II, do CTN não se deve falar de interrupção do prazo de decadência, mas sim de um novo prazo para que a Fazenda Pública proceda ao mesmo lançamento tributário, sem incorrer no vício formal que ensejou a nulidade de seu procedimento anterior. O lançamento será outro apenas formalmente, mas há de albergar os mesmos elementos substanciais que se encontravam no anterior. O valor do crédito correspondente, portanto, não poderá ser maior, a não ser que no procedimento anterior tenha havido algum erro de cálculo. Elemento substancial novo não pode ser incluído.

Quanto à previsão do parágrafo único do art. 173 (contagem do prazo decadencial a partir da notificação, ao sujeito passivo, de qualquer medida preparatória indispensável ao lançamento), deve-se interpretá-la de modo a não alargar demasiadamente o prazo decadencial em favor da Fazenda Pública. Nesse caso, a notificação (por exemplo, no bojo de uma fiscalização) torna inequívoco que a Administração Tributária já tenha ciência de uma situação que pode configurar um fato gerador de tributo, razão pela qual deve ser a partir daí que se deva contar o prazo para que ela constitua o crédito tributário.

---

a legislação atribui ao sujeito passivo o dever de antecipar o pagamento sem prévio exame da autoridade administrativa".

[80] STJ. Súmula nº 436: "A entrega de declaração pelo contribuinte reconhecendo débito fiscal constitui o crédito tributário, dispensada qualquer outra providência por parte do fisco". Por óbvio, se a declaração foi a menor (declaração parcialmente incorreta), não abrangendo todos os valores devidos, o Fisco deverá tomar providências para realizar um lançamento suplementar quanto aos valores não declarados.

[81] STJ. REsp 1.120.295 (recurso repetitivo), Rel. Min. Luiz Fux, 1ª Seção, julg. 12/05/2010: "6. [...] o *dies a quo* do prazo prescricional para o Fisco exercer a pretensão de cobrança judicial do crédito tributário declarado, mas não pago, é a data do vencimento da obrigação tributária expressamente reconhecida"; STJ. AgInt no REsp 1.596.436, Rel. Min. Og Fernandes, 2ª Turma, julg. 09/04/2019: "2. Nos termos da jurisprudência do Superior Tribunal de Justiça, em se tratando de tributo sujeito a lançamento por homologação, o termo *a quo* do prazo prescricional para o ajuizamento da ação executiva tem início com a constituição definitiva do crédito tributário, que ocorre com a entrega da respectiva declaração pelo contribuinte, declarando o valor a ser recolhido, ou do vencimento do tributo, o que for posterior".

[82] MACHADO, Hugo de Brito. *Curso de direito tributário.* 31. ed. São Paulo: Malheiros, 2010. p. 232.

CURSO DE DIREITO TRIBUTÁRIO BRASILEIRO – *Marcus Abraham*

Todavia, se já estiver em curso o prazo decadencial pelo fato de já ter transcorrido o primeiro dia do exercício seguinte, a norma que vincula a contagem do prazo à notificação da medida preparatória ao lançamento perde razão de ser. Assim não fosse, bastaria ao Fisco notificar o sujeito passivo a qualquer tempo, dentro do prazo decadencial de cinco anos a contar do primeiro dia do exercício seguinte, para obter um novo prazo de cinco anos por aplicação do parágrafo único do art. 173 do CTN. A norma, assim interpretada, ganharia verdadeira eficácia interruptiva do curso do prazo decadencial.

Em verdade, a norma do parágrafo único do art. 173 protege o contribuinte, fazendo com o que o lapso do prazo decadencial comece a correr imediatamente a partir do momento em que o Fisco sai de sua inércia para constituir o crédito. Se a Fazenda Pública se antecipou e iniciou uma medida preparatória ao lançamento antes mesmo de transcorrido o primeiro dia do exercício seguinte, é da data da efetiva notificação que deve se iniciar o prazo, não devendo se aguardar o dia 1º de janeiro do ano seguinte. Com isso, o prazo decadencial inicia sua contagem mais cedo, encerrando-se também mais cedo.

É que a norma do art. 173, I, do CTN (exercício financeiro seguinte) existe justamente para oferecer ao Fisco um maior prazo para sair de sua inércia, presumindo que a atividade fiscalizatória, por vezes, é bastante difícil de ser realizada. Contudo, quando não há mais inércia, pois a própria Fazenda Pública já notificou o sujeito passivo antes do dia 1º de janeiro do ano posterior, não há necessidade de se aguardar o primeiro dia do exercício financeiro seguinte.

Cabe lembrar também que o prazo decadencial estabelecido pela Lei nº 8.212/1991 era de 10 anos para o lançamento das contribuições que financiam a seguridade social, ou seja, havia um prazo decadencial dobrado (bem como estabelecia um prazo prescricional também dobrado, de 10 anos), fato que era questionado por se tratar de matéria reservada à lei complementar, nos termos do art. 146, III, *b*, CF/88. O STF, por meio da edição da Súmula Vinculante nº 8,[83] pacificou a questão, declarando formalmente inconstitucionais os artigos que, por mera lei ordinária, dobravam o prazo decadencial e prescricional para tais contribuições, tendo sido tais artigos posteriormente revogados pela Lei Complementar nº 128/2008.

Por fim, o STJ[84] já se pronunciou no sentido de ser vedada a constituição de crédito tributário por meio de confissão de dívida, para efeito de parcelamento, apresentada após o prazo decadencial previsto no art. 173 do CTN, dado que a decadência é também forma de extinção do crédito tributário, o qual não pode ser reavivado.

10.3.6. Conversão do depósito em renda

A **conversão do depósito em renda** da Fazenda Pública após uma decisão definitiva confirmando a exigibilidade do crédito tributário, quer administrativa ou judicial, é a sexta modalidade de extinção do crédito tributário.

Assim, aquele valor inicialmente depositado pelo contribuinte com a função de suspender a exigibilidade do crédito tributário e discutir a existência total ou parcial do lançamento tributário, e que equivale a uma espécie de lançamento por homologação, transforma-se em modalidade extintiva do crédito quando a decisão administrativa ou judicial se torna definitiva em favor do Fisco, operando-se a sua conversão em receita pública da Fazenda.

---

[83] STF. Súmula Vinculante nº 8: "São inconstitucionais o parágrafo único do art. 5º do Decreto-lei nº 1.599/1977 e os arts. 45 e 46 da Lei nº 8.212/1991."

[84] STJ. REsp 1.355.947 (recurso repetitivo), Rel. Min. Mauro Campbell Marques, 1ª Seção, julg. 12/06/2013.

Segundo leciona Yoshiaki Ichihara,[85] poderá ocorrer a conversão do depósito em renda em duas hipóteses: a) quando o contribuinte, a qualquer tempo, desiste da ação ou do recurso e pede a sua conversão; b) quando a decisão é desfavorável ao contribuinte, depois de transitada em julgado, pedindo a Administração Pública a conversão do depósito em renda e assim extinguindo-se o crédito tributário.

Conforme Sacha Calmon Navarro Coêlho,[86]

> [...] na hipótese de a Fazenda lograr sair vencedora, o depósito se converte em renda (art. 156, VI do CTN), extinguindo-se o crédito tributário pertinente, sem que tenha havido lançamento, evidentemente desnecessário, porquanto a juridicidade do crédito foi declarada pelo Poder Judiciário, revisor da lei fiscal e dos atos tributários da Administração.

Neste sentido, entende o STJ (EREsp 898.992/PR) que, com o depósito do montante integral, tem-se verdadeiro lançamento por homologação. O contribuinte calcula o valor do tributo e substitui o pagamento antecipado pelo depósito, por entender indevida a cobrança. Se a Fazenda aceita como integral o depósito, para fins de suspensão da exigibilidade do crédito, aquiesceu expressa ou tacitamente com o valor indicado pelo contribuinte, o que equivale à homologação fiscal prevista no art. 150, § 4º, do CTN. Uma vez ocorrido o lançamento tácito, encontra-se constituído o crédito tributário, razão pela qual não há mais falar no transcurso do prazo decadencial nem na necessidade de lançamento de ofício das importâncias depositadas.

Em outro julgado (REsp 757.311), de relatoria do Ministro Luiz Fux, ficou assentado que o depósito efetuado por ocasião do questionamento judicial do tributo suspende a exigibilidade do mesmo, enquanto perdurar a contenda, *ex vi* do art. 151, II, do CTN e, por força do seu desígnio, implica lançamento tácito no montante exato do *quantum* depositado, afastando eventual alegação de decadência do direito de constituir o crédito tributário. Julgado improcedente o pedido do contribuinte e em havendo depósito, torna-se desnecessária a constituição do crédito tributário no quinquênio legal, não restando consumada a prescrição ou a decadência. A sucumbência acarreta, consectariamente, a conversão dos depósitos outrora efetivados em renda da Fazenda, extinguindo o crédito tributário consoante o ditame do art. 156, VI, do CTN, restando desnecessário o lançamento por conta do próprio provimento judicial.

Por fim, lembra Leandro Paulsen[87] que

> [...] o depósito não impede o lançamento, mas este só se fará necessário se o montante depositado for inferior ao devido. O prazo para lançamento da diferença depende de o depósito ter sido realizado no vencimento ou posteriormente. No primeiro caso, aplica-se o art. 150, § 4º, do CTN, contando-se cinco anos da ocorrência do fato gerador. No segundo caso, aplica-se o art. 173, I, do CTN, contando-se os cinco anos do primeiro dia do exercício seguinte àquele em que vencido o débito. Note-se que o depósito equipara-se ao pagamento porque, com ele, resta garantida a satisfação do crédito em dinheiro, dependente, tão somente, do resultado da demanda. Embora tratado pelo CTN como causa suspensiva da exigibilidade (art. 151, II), a legislação federal atribuiu ao depósito regime que gera a transferência dos valores ao Fisco, implicando, pois, inclusive

---

[85]   ICHIHARA, Yoshiaki. op. cit. p. 171.

[86]   COÊLHO, Sacha Calmon Navarro. *Liminares e depósitos antes do lançamento por homologação* – decadência e prescrição. 2. ed. São Paulo: Dialética, 2002. p. 85.

[87]   PAULSEN, Leandro. *Direito tributário*: Constituição e Código Tributário à luz da doutrina e da jurisprudência. 16. ed. Porto Alegre: Livraria do Advogado, 2014. p. 1.308.

CURSO DE DIREITO TRIBUTÁRIO BRASILEIRO – *Marcus Abraham*

a disponibilidade dos valores pelo credor, sujeitos à posterior devolução, no caso de procedência da demanda. O depósito, assim, no regime legal atual, equivale à declaração acompanhada de pagamento sujeito a condição resolutória.

10.3.7. Pagamento antecipado e a homologação do lançamento

A sétima modalidade de extinção do crédito tributário decorre do **pagamento antecipado e homologação do lançamento** nos casos de tributos sujeitos a esta modalidade de lançamento. Ou seja, nos casos previstos em lei, o contribuinte deverá efetivar o pagamento antecipado do tributo na forma do lançamento por homologação (também chamado *autolançamento*), cuja homologação extinguirá a obrigação de forma expressa ou tácita, após decorridos cinco anos.

Assim, nos termos do art. 150 do CTN, o pagamento antecipado pelo obrigado – quanto aos tributos cuja legislação atribua ao sujeito passivo o dever de antecipar o pagamento sem prévio exame da autoridade administrativa – extingue o crédito sob condição resolutória da ulterior homologação ao lançamento, no prazo de cinco anos (se lei não fixar outro prazo), a contar da ocorrência do fato gerador, sendo certo que, expirado esse prazo sem que a Fazenda Pública se tenha pronunciado, considera-se homologado tacitamente o lançamento e definitivamente extinto o crédito, salvo se comprovada a ocorrência de dolo, fraude ou simulação.

Importante lembrar, tal como faz Leandro Paulsen,[88] que, após a edição da LC nº 118/2005,

> [...] para efeitos de contagem do prazo para repetição e compensação de indébito, considera-se extinto o crédito tributário relativo aos tributos sujeitos a lançamento por homologação no momento do pagamento [...] Anteriormente ao advento da LC 118/05, o fato de a extinção definitiva do crédito tributário ocorrer apenas quando da homologação expressa ou tácita, por força do § 4º do art. 150 e do inciso VII do art. 156 [...] vinha tendo reflexos importantes no prazo para a repetição de eventual indébito tributário, pois se contava justamente da extinção do crédito e não, necessariamente, do pagamento.

10.3.8. Consignação em pagamento

A oitava modalidade de extinção do crédito tributário decorre da decisão favorável ao contribuinte em que se confirma o pagamento consignado em uma **ação de consignação em pagamento** proposta quando a Fazenda Pública, por algum motivo, se recusar a receber o tributo, subordinando-o à alguma exigência.

Neste sentido, o art. 164 do CTN estabelece que a importância de crédito tributário pode ser consignada judicialmente pelo sujeito passivo, nos casos: I – de recusa de recebimento, ou subordinação deste ao pagamento de outro tributo ou de penalidade, ou ao cumprimento de obrigação acessória; II – de subordinação do recebimento ao cumprimento de exigências administrativas sem fundamento legal; III – de exigência, por mais de uma pessoa jurídica de direito público, de tributo idêntico sobre um mesmo fato gerador.

Assim, julgada procedente a consignação, o pagamento se reputa efetuado e a importância consignada é convertida em renda (extinguindo o crédito tributário); julgada improcedente a consignação no todo ou em parte, cobra-se o crédito acrescido de juros de mora, sem prejuízo das penalidades cabíveis.

---

[88] Ibidem. p. 1.228.

Segundo o STJ (REsp 659.779), o depósito em consignação é modo de extinção da obrigação, com força de pagamento, e a correspondente ação consignatória tem por finalidade ver atendido o direito – material – do devedor de liberar-se da obrigação e de obter quitação. Trata-se de ação eminentemente declaratória: declara-se que o depósito oferecido liberou o autor da respectiva obrigação. Com a atual configuração do rito, a ação de consignação pode ter natureza dúplice, já que se presta, em certos casos, a outorgar tutela jurisdicional em favor do réu, a quem assegura não apenas a faculdade de levantar, em caso de insuficiência do depósito, a quantia oferecida, prosseguindo o processo pelas diferenças controvertidas, como também a de obter, em seu favor, título executivo pelo valor das referidas diferenças que vierem a ser reconhecidas na sentença. Como em qualquer outro procedimento, também na ação consignatória o juiz está habilitado a exercer o seu poder-dever jurisdicional de investigar os fatos e aplicar o direito na medida necessária a fazer juízo sobre a existência ou o modo de ser da relação jurídica que lhe é submetida a decisão. Não há empecilho algum, muito pelo contrário, ao exercício, na ação de consignação, do controle de constitucionalidade das normas. Não há qualquer vedação legal a que o contribuinte lance mão da ação consignatória para ver satisfeito o seu direito de pagar corretamente o tributo quando entende que o fisco está exigindo prestação maior que a devida. É possibilidade prevista no art. 164 do Código Tributário Nacional. Ao mencionar que "a consignação só pode versar sobre o crédito que o consignante se propõe a pagar", o § 1º daquele artigo deixa evidenciada a possibilidade de ação consignatória nos casos em que o contribuinte se propõe a pagar valor inferior ao exigido pelo Fisco. Com efeito, exigir valor maior equivale a recusar o recebimento do tributo por valor menor.

Por fim, em realidade, a extinção do crédito tributário objeto da consignação decorrerá, efetivamente, da sua conversão em renda, no bojo da medida judicial consignatória.

10.3.9. Decisão administrativa irreformável

A nona modalidade de extinção do crédito tributário decorre da **decisão administrativa irreformável** proferida pela própria Administração Tributária em procedimento de impugnação ao lançamento proposto pelo contribuinte, cujo resultado, ao reconhecer a inexistência da relação jurídico-tributária e o vício no lançamento, revoga-o, extinguindo o crédito tributário dele decorrente.

A possibilidade de impugnação administrativa é prevista tanto na Constituição Federal, no seu art. 5º, XXXIV, ao estatuir que é a todos assegurado, independentemente do pagamento de taxas, o direito de petição aos Poderes Públicos em defesa de direitos ou contra ilegalidade ou abuso de poder, como especificamente no CTN, em seu art. 145, ao estabelecer que o lançamento regularmente notificado ao sujeito passivo pode ser alterado em virtude de impugnação promovida pelo sujeito passivo.

A decisão administrativa irreformável que anula o lançamento pode advir não apenas da provocação do contribuinte, mas também de iniciativa da própria Administração Tributária, em procedimento de revisão de ofício do lançamento, em que se reconhece algum vício formal no ato, tal como prevê o inciso IX do art. 149, que não ignora a possibilidade de fraude ou falta funcional da autoridade que efetuou o lançamento, ou omissão, pela mesma autoridade, de ato ou formalidade especial.

10.3.10. Decisão judicial transitada em julgado

A décima hipótese de extinção do crédito tributário decorre da **decisão judicial transitada em julgado** favorável ao contribuinte, em que se reconhece a inexigibilidade do crédito tributário que estava sendo cobrado pela Fazenda Pública.

CURSO DE DIREITO TRIBUTÁRIO BRASILEIRO – *Marcus Abraham*

Uma sentença definitiva que desconstitui um lançamento tributário proferida em uma ação judicial (ação anulatória, mandado de segurança ou em embargos à execução) tem como efeito a extinção do crédito tributário.

Como ensinava Ruy Barbosa Nogueira,[89]

> [...] esta modalidade de extinção foi naturalmente incluída por mera questão de método da codificação. É evidente: a coisa julgada é de efeito absoluto. Nem mesmo a lei poderá prejudicar a coisa julgada, proclama o item XXXVI do art. 5º da Constituição Federal.

Contudo, o STF, no RE 955.227 (repercussão geral – Tema 885)[90] entendeu que as decisões proferidas pelo STF em ação direta ou em sede de repercussão geral interrompem automaticamente os efeitos temporais das decisões transitadas em julgado nas relações jurídicas tributárias de trato sucessivo, respeitadas a irretroatividade, a anterioridade anual e a noventena ou a anterioridade nonagesimal, conforme a natureza do tributo.[91]

Apenas as decisões do STF em controle incidental de constitucionalidade, anteriores à instituição do regime de repercussão geral, não impactam automaticamente a coisa julgada que se tenha formado, mesmo nas relações jurídicas tributárias de trato sucessivo.

10.3.11. Dação em pagamento

A **dação em pagamento** incluída pela LC nº 104/2001 no CTN é a décima primeira hipótese de extinção do crédito tributário, e deve ser feita por meio de bens imóveis, na forma e nas condições estabelecidas em lei.

Como sabemos, a regra geral é o pagamento de tributo em dinheiro, mas o CTN excepciona esta hipótese para facilitar a recuperação do crédito tributário. No âmbito federal, a Lei nº 13.259/2016, entre outros assuntos, trata da dação em pagamento de bens imóveis. Assim, no seu art. 4º, a lei estipula que o crédito tributário inscrito em dívida ativa da União poderá ser extinto, mediante dação em pagamento de bens imóveis, a critério do credor, desde que atendidas as seguintes condições: I – a dação seja precedida de avaliação do bem ou dos bens ofertados, que devem estar livres e desembaraçados de quaisquer ônus, nos termos de ato do Ministério da Fazenda; e II – a dação abranja a totalidade do crédito ou créditos que se pretende liquidar com atualização, juros, multa e encargos legais, sem desconto de qualquer natureza, assegurando-se ao devedor a possibilidade de complementação em dinheiro de eventual diferença entre os valores da totalidade da dívida e o valor do bem ou dos bens ofertados em dação.

Por interpretação jurisprudencial, o STF[92] admite também a dação em pagamento por meio de *bens móveis* como forma de extinção do crédito tributário (embora não presente no CTN). Segundo

---

[89]　NOGUEIRA, Ruy Barbosa. *Curso de direito tributário*. 14. ed. São Paulo: Saraiva, 1995. p. 320.

[90]　STF. RE 955.227 (repercussão geral – Tema 885), Rel. Roberto Barroso, Pleno, julg. 08/02/2023. No mesmo sentido: RE 949.297 (repercussão geral – Tema 881), julg. 08/02/2023.

[91]　A situação efetivamente julgada envolvia o seguinte caso: em 1992, o contribuinte obteve decisão judicial que o exonerava do pagamento da CSLL. O acórdão do TRF-1 considerou que a lei instituidora da CSLL possuía vício de inconstitucionalidade formal, por se tratar de lei ordinária em matéria que exigiria lei complementar. A decisão transitou em julgado. Em 2007, o STF, em ADI, declarou a constitucionalidade da lei ordinária instituidora da CSLL (ADI 15). A partir daí, houve modificação substantiva na situação jurídica subjacente à decisão anterior transitada em julgado em favor do contribuinte. Para o STF, tratando-se de relação de trato sucessivo, sujeita-se, prospectivamente, à incidência da nova norma jurídica produto da decisão do STF em ADI.

[92]　STF. ADI 2.405, Rel. Min. Alexandre de Moraes, Pleno, julg. 20/09/2019.

o STF, não há reserva de lei complementar nacional para tratar de novas hipóteses de suspensão e extinção de créditos tributários (à exceção dos temas de prescrição e decadência, esses, sim, com reserva de lei complementar nos termos do art. 146, III, *b*, CF/88), sendo possível ao ente federado, inclusive por lei ordinária local, estabelecer regras específicas de quitação de seus próprios créditos tributários.

Aplicou-se a teoria dos poderes implícitos, segundo a qual "quem pode o mais, pode o menos". Dessa forma, se o ente federado pode até remir um valor a que teria direito, com maior razão pode estabelecer a forma de recebimento do crédito tributário devido pelo contribuinte. A partir dessa ideia, e considerando também que as modalidades de extinção de crédito tributário, estabelecidas pelo CTN (art. 156), não formam um rol exaustivo, tem-se a possibilidade de previsão em lei ordinária local de extinção de crédito por dação em pagamento de bens móveis.[93]

10.4. EXCLUSÃO DO CRÉDITO TRIBUTÁRIO

As hipóteses de **exclusão do crédito tributário** previstas no CTN (art. 175) – *isenção* e *anistia* – afastam o dever do contribuinte de cumprir a obrigação tributária surgida, excluindo o poder da Administração Tributária de realizar o lançamento e constituir o crédito tributário para fins de cobrança, não obstante seja mantido o dever de cumprimento das obrigações acessórias dependentes da obrigação principal cujo crédito seja excluído, ou dela consequente.

A exclusão do crédito tributário somente pode advir por previsão expressa em lei específica,[94] tal como dispõe o art. 150, § 6º, da Constituição Federal, ao estabelecer que qualquer subsídio ou isenção, redução de base de cálculo, concessão de crédito presumido, anistia ou remissão, relativos a impostos, taxas ou contribuições, só poderá ser concedido mediante lei específica, federal, estadual ou municipal, que regule exclusivamente as matérias anteriormente enumeradas ou o correspondente tributo ou contribuição.[95] Segundo Misabel Derzi,[96]

---

[93]   Deve-se ter uma única cautela quanto à aceitação da dação em pagamento de bens móveis para quitação de dívida tributária: na ADI 1.917 (Rel. Min. Ricardo Lewandowski, Pleno, julg. 26/04/2007), o STF entendeu que a dação em pagamento não pode se transformar em mecanismo de burla à licitação. Pense-se no exemplo de uma empresa que forneceria mercadorias em grande quantidade para quitar dívida tributária em detrimento de outros fornecedores que, caso vencedores em procedimento de licitação, poderiam também contratar com a Administração Pública. Só o caso concreto pode revelar se, pelos moldes da dação efetiva, se estaria a substituir ilicitamente um contrato administrativo para fornecimento de bens.

[94]   Além de atender as regras orçamentárias, sobretudo a necessidade de estimativa de impacto orçamentário e financeiro do art. 113 do ADCT e as exigências do art. 14 da Lei de Responsabilidade Fiscal.

[95]   Registre-se que o caso de isenções e benefícios fiscais de ICMS autorizados por convênio do CONFAZ (art. 155, § 2.º, XII, *g*, CF /88) não são propriamente exceções à regra da necessidade de lei específica estabelecida pelo art. 150, § 6º, CF/88, uma vez que, após a autorização do CONFAZ, ainda será necessário aprovar lei estadual ou distrital concedendo efetivamente o benefício, cf. STF. ADI 5.929, Rel. Min. Edson Fachin, Pleno, julg. 14/02/2020: "1. O poder de isentar submete-se às idênticas balizar do poder de tributar com destaque para o princípio da legalidade tributária que a partir da EC 03/1993 adquiriu destaque ao prever lei específica para veiculação de quaisquer desonerações tributárias (art. 150, § 6º, *in fine*). 2. Os convênios CONFAZ têm natureza meramente autorizativa ao que imprescindível a submissão do ato normativo que veicule quaisquer benefícios e incentivos fiscais à apreciação da Casa Legislativa. 3. A exigência de submissão do convênio à Câmara Legislativa do Distrito Federal evidencia observância não apenas ao princípio da legalidade tributária, quando é exigida lei específica, mas também à transparência fiscal que, por sua vez, é pressuposto para o exercício de controle fiscal-orçamentário dos incentivos fiscais de ICMS".

[96]   DERZI, Misabel Abreu Machado. Crédito tributário e lançamento. In: LEITE, Geilson Salomão (Coord.). *Extinção do crédito tributário*: homenagem ao Professor José Souto Maior Borges. Belo Horizonte: Fórum, 2013. p. 99-100.

266 CURSO DE DIREITO TRIBUTÁRIO BRASILEIRO – *Marcus Abraham*

Em relação a subsídios ou benefícios fiscais em geral, que sejam causas de redução ou extinção do crédito tributário – isenção, redução de base de cálculo, concessão de crédito presumido, anistia ou remissão –, [a Constituição] impõe a edição de lei própria e exclusiva, da pessoa política competente. Ou a lei concessiva do favor disciplina o correspondente tributo a ser reduzido, ou trata exclusivamente do subsídio ou da causa extintiva ou excludente. Exige-se, portanto, não apenas que a lei discipline a matéria mediante conceitos determinados e específicos, mas ainda que formalmente verse somente sobre a questão tributária diretamente envolvida. Especificidade e exclusividade da lei tributária é o que ordena o art. 150, § 6º, da CF/88 [...].

Outrossim, a lei específica que outorgar uma isenção ou uma anistia deve ser interpretada literalmente (estritamente), nos termos do art. 111 do CTN. Caso se trate de obrigação tributária originária de matéria reservada a lei complementar, o mesmo instrumento de lei complementar deverá ser utilizado para estabelecer a isenção.

10.4.1. Isenção

O vocábulo **isenção** (arts. 176 a 179, CTN), do latim *eximire*, pressupõe eximir-se o sujeito passivo do pagamento do tributo. O fenômeno da isenção encontra-se no campo da incidência, presumindo a ocorrência do fato gerador da obrigação tributária, em que o tributo é devido; porém, a lei específica dispensa o seu pagamento, tendo como fundamento interesse social ou econômico. Tal lei deverá especificar as condições e requisitos exigidos para a sua concessão, os tributos a que se aplica e, sendo caso, o prazo de sua duração, inclusive podendo ser restrita a determinada região do território da entidade tributante, em função de condições a ela peculiares. Outrossim, a isenção, salvo se concedida por prazo certo e em função de determinadas condições, pode ser revogada ou modificada por lei, a qualquer tempo.

As isenções fiscais, nas lições de Paulo de Barros Carvalho,[97] representam instrumento de extrafiscalidade para que o poder legislativo enfrente situações práticas agudas em que problemas econômicos ou sociais levem à redução drástica da capacidade contributiva de certo segmento social. Em outro sentido, as isenções podem ser utilizadas também como instrumento de fomento, devendo se submeter às noções de supremacia do interesse público.

Por sua vez, Aliomar Baleeiro[98] afirmava que a isenção "não é privilégio de classe ou de pessoas, mas uma política de aplicação da regra da capacidade contributiva ou de incentivos de determinadas atividades que o Estado visa a incrementar pela conveniência pública".

A distinção da imunidade para a isenção se dá, em primeiro lugar, por um critério topográfico: as imunidades (sejam próprias ou impróprias, nos termos explicados no capítulo que tratou de imunidades) encontram-se na Constituição, enquanto as isenções são sempre veiculadas pela legislação infraconstitucional.[99] Embora em alguns de seus dispositivos a Constituição denomine "isenção" situações que contemplam imunidades – *e.g.*, o art. 195, § 7º, CF/88, que estabelece serem "isentas [leia-se: imunes] de contribuição para a seguridade social as entidades

---

[97] CARVALHO, Paulo de Barros. op. cit. p. 461.

[98] BALEEIRO, Aliomar. *Direito tributário brasileiro*. 12. ed. Atualizada por Misabel Derzi. Rio de Janeiro: Forense, 2013. p. 1.355.

[99] STF. ADI 2.006 MC, Rel. Min. Maurício Corrêa, Pleno, julg. 01/07/1999: "A criação de imunidade tributária é matéria típica do texto constitucional, enquanto a de isenção é versada na lei ordinária; não há, pois, invasão da área reservada à emenda constitucional quando a lei ordinária cria isenção. O poder público tem legitimidade para isentar contribuições por ele instituídas, nos limites das suas atribuições".

Parte II · Cap. 10 · SUSPENSÃO, EXTINÇÃO E EXCLUSÃO DO CRÉDITO TRIBUTÁRIO | **267**

beneficentes de assistência social" –, este uso é considerado pouco técnico, por não se exigir do constituinte originário que domine com precisão a terminologia jurídica.

Em segundo lugar, no fenômeno da imunidade, a obrigação tributária principal sequer chega a nascer, havendo impossibilidade absoluta de instituição do tributo em razão da limitação ao exercício da competência tributária. Assim, ainda que o legislador infraconstitucional desejasse tributar a situação abrangida pela imunidade, não poderia fazê-lo (e, no caso das imunidades propriamente ditas, nem mesmo o constituinte derivado). Já na isenção, haveria uma obrigação tributária originária de uma norma impositiva genérica, mas há outra norma tributária específica que dispensa o pagamento do tributo em certos casos, excepcionando a norma genérica de incidência.

Outros autores afirmam que a norma de isenção "neutraliza" a definição do tributo, excluindo sua incidência e não permitindo sequer que a obrigação tributária nasça.[100] Sacha Calmon Navarro Coêlho[101] é um dos que entende ser um "erro rotundo considerar a isenção dispensa legal do pagamento de tributo devido", ao afirmar que a isenção é fator impeditivo do nascimento da obrigação tributária ao subtrair fato, ato ou pessoa da hipótese de incidência da norma impositiva. E, quanto à anistia, esta seria hipótese de remissão do crédito tributário das multas, espécie de extinção do crédito tributário. No mesmo sentido, Luís Eduardo Schoueri[102] afirma "não ser óbvia a categoria da 'exclusão': a isenção impossibilita o próprio surgimento da obrigação (e, portanto, de seu crédito), enquanto a anistia melhor se enquadraria entre os casos de extinção do vínculo obrigacional". Seja como for, é inegável que, no fenômeno isencional, a possibilidade de tributação encontra-se dentro da competência tributária: o legislador, se assim o desejasse, poderia tributar, mas prefere não o fazer.

Esta diferença de posicionamento doutrinário não é apenas de cunho acadêmico, pois, dependendo da corrente que se adotar, haverá reflexos distintos na aplicação do princípio da anterioridade. Neste sentido, o STF já decidiu (RE 204.062/ES) que "revogada a isenção, o tributo torna-se imediatamente exigível. Em caso assim, não há que se observar o princípio da anterioridade, dado que o tributo já é existente", nos termos do que prevê o próprio art. 178 do CTN para isenções não concedidas por prazo certo nem em função de determinadas condições. Essa posição encara a isenção como mera dispensa do cumprimento de uma obrigação tributária que já era existente. Cessada a isenção que é causa da dispensa, a obrigação outrora existente torna a ter eficácia.

Não obstante, a Corte Suprema em 2014 entendeu (RE 564.225 AgR) que o aumento indireto do ICMS promovido em razão da revogação de benefício fiscal deve observância ao princípio da anterioridade, pois as hipóteses de redução ou de supressão de benefícios ou de incentivos fiscais configuram, na verdade, majoração indireta de tributos.

Por sua vez, distingue-se a isenção da *alíquota zero*, pois esta última é a previsão da incidência de percentual zero sobre determinada base de cálculo, cujo resultado financeiro do tributo devido será igualmente zero, embora tenha ocorrido o fato gerador e a obrigação tributária, não obstante não haja valores devidos. Naqueles tributos em que a própria Constituição excepciona o princípio da legalidade para admitir a alteração da alíquota por ato infralegal, o

---

[100] SOUSA, Rubens Gomes de. Isenções fiscais – Substituição de tributos – Emenda constitucional nº 18 – Ato complementar nº 27 – Impôsto de vendas e consignações – Impôsto sôbre circulação de mercadorias. *Revista de Direito Administrativo*, v. 88, 1967. p. 255-256.

[101] COÊLHO, Sacha Calmon Navarro. op. cit. p. 765.

[102] SCHOUERI, Luís Eduardo. *Direito tributário*. 3. ed. São Paulo: Saraiva, 2013. p. 648.

CURSO DE DIREITO TRIBUTÁRIO BRASILEIRO – *Marcus Abraham*

Poder Executivo poderá reduzir a alíquota a zero, assemelhando-se aos efeitos de uma isenção, mas sem a necessidade de veiculação por lei em sentido estrito. Estas alterações de alíquota atendem a um uso extrafiscal da tributação, como, por exemplo, o estímulo ao consumo pela redução da alíquota do IPI a zero em certos produtos.

As isenções podem ser classificadas como *gratuitas* ou *onerosas* e *subjetivas* ou *objetivas*. As isenções gratuitas são aquelas concedidas sem contraprestação do contribuinte e outorgadas em caráter geral, atingindo a generalidade de contribuintes independente de qualquer condição particular subjetiva, e podem ser revogadas ou modificadas por lei a qualquer tempo (art. 178, CTN). Por sua vez, as isenções onerosas têm caráter individual e advêm de acordos ou contratos e são concedidas por prazo determinado, demandando uma contraprestação do contribuinte, não podendo, por isso, serem revogadas unilateralmente (art. 179, CTN). Ainda, as isenções subjetivas são aquelas que excluem a incidência sobre pessoas específicas indicadas na lei e em geral se referem a impostos pessoais e diretos. Já as isenções objetivas incidem sobre coisas ou mercadorias, aplicando-se principalmente aos impostos reais ou indiretos.[103]

Nesse sentido, as isenções tributárias concedidas sob condição onerosa não podem ser livremente suprimidas (Súmula nº 544 do STF), e cumpridos os requisitos para o gozo da isenção condicionada, tem o contribuinte direito adquirido ao benefício fiscal. Na ADI nº 4.976, julgada em 2014, constou do trecho do voto do Ministro Teori Zavascki a seguinte passagem:

> [...] esses artigos 23 e 53, que tratam de isenção de emolumentos e custas e tratam de assunção de efeitos de responsabilidade, são cláusulas legais que traduzem compromisso de natureza sinalagmática e contratual ou, pelo menos, equiparáveis a essa natureza para os efeitos jurídicos. É uma contrapartida assumida pelo país pelo compromisso assumido pela FIFA de sediar no Brasil a disputa da Copa das Confederações e do Campeonato Mundial de Futebol de 2014. Penso que o tema deve ser examinado sob essa perspectiva também, de ser uma contrapartida. Portanto, a isenção de custas e emolumentos deve ser vista como aquela isenção de caráter oneroso, ou concedida sob condição onerosa, que se refere a Súmula n.º 544 do Supremo e que os artigos 176 e 178 do Código Tributário Nacional disciplinam. Também tem que ser prevista em lei, mesmo quando estabelecidas sob natureza contratual, é o que diz o Código Tributário Nacional.[104]

Por fim, temos a distinção entre as *isenções autônomas*, relativas a tributos do próprio ente outorgante, das *isenções heterônomas*, que se referem a tributos de outros entes. Para proteger o pacto federativo e a distribuição de competência tributária, as isenções heterônomas são vedadas pela Constituição Federal, que dispõe no seu art. 151, III, ser defeso à União instituir isenções de tributos da competência dos Estados, do Distrito Federal ou dos Municípios. Afinal, apenas pode-se isentar aquilo que se pode tributar. Entretanto, o STF[105] entende que a vedação às isenções heterônomas se aplica apenas no plano interno, não impedindo que a União, na qualidade de representante da República em suas relações externas, celebre tratados internacionais que veiculem cláusulas de exoneração tributária em matéria de tributos locais (como o ISS, por exemplo), pois a República Federativa do Brasil, ao exercer o seu *treaty-making power* (poder de celebrar tratados), estará praticando ato legítimo que se inclui na esfera de suas prerrogati-

---

[103] TORRES, Ricardo Lobo. op. cit. p. 309.

[104] STF. ADI 4.976, Trecho do voto do Min. Teori Zavascki, Pleno, julg. 07/05/2014.

[105] STF. RE 543.943 AgR, Rel. Min. Celso de Mello, 2ª Turma, julg. 30/11/2010; RE 229.096, Rel. p/ Acórdão: Min. Cármen Lúcia, Pleno, julg. 16/08/2007.

Parte II · Cap. 10 · SUSPENSÃO, EXTINÇÃO E EXCLUSÃO DO CRÉDITO TRIBUTÁRIO 269

vas como pessoa jurídica de direito internacional público, que detém – em face das unidades meramente federadas – o monopólio da soberania e da personalidade internacional.

10.4.2. Anistia

Enquanto a isenção refere-se à dispensa do pagamento de tributos, a **anistia** (arts. 180 a 182, CTN) diz respeito às *infrações cometidas* (multas etc.). É o perdão da infração cometida e respectiva multa ainda não aplicada, desobrigando o sujeito passivo do pagamento de penalidades.

Cabe ressaltar que a anistia abrange exclusivamente as infrações cometidas anteriormente à vigência da lei que a concede,[106] não se aplicando aos atos qualificados em lei como crimes ou contravenções e aos que, mesmo sem essa qualificação, sejam praticados com dolo, fraude ou simulação pelo sujeito passivo ou por terceiro em benefício daquele, e nem às infrações resultantes de conluio entre duas ou mais pessoas naturais ou jurídicas.

Outrossim, a anistia pode ser concedida em caráter geral ou limitadamente (por despacho da autoridade administrativa e sem gerar direito adquirido).

---

[106] Por exemplo, a anistia das infrações e multas ainda não aplicadas por atraso na entrega da Guia de Recolhimento do FGTS e Informações à Previdência Social (GFIP), nos casos em que tenha sido apresentada a GFIP com informações e sem fato gerador de recolhimento do FGTS, referente a fatos geradores ocorridos até a data de publicação da Lei nº 14.397/2022.

Capítulo 11
PROTEÇÃO E RECUPERAÇÃO DO CRÉDITO TRIBUTÁRIO

11.1. GARANTIAS E PRIVILÉGIOS DO CRÉDITO TRIBUTÁRIO

A partir do art. 183, o Código Tributário Nacional apresenta um conjunto de regras intituladas "Garantias e Privilégios do Crédito Tributário", que se destinam a possibilitar a eficiente proteção e recuperação do crédito pela Fazenda Pública.

Trata-se de prerrogativas inerentes ao crédito público, em razão de sua indisponibilidade e interesse público, por constituírem valores reputados "de toda a coletividade". É possível que leis esparsas estabeleçam outras espécies de garantias ou prerrogativas para o crédito tributário. Neste sentido, o próprio CTN (art. 183) não exclui outras garantias que sejam expressamente previstas em lei, em função da natureza ou das características do tributo a que se refiram, ressalvando que a natureza das garantias atribuídas ao crédito tributário não altera a natureza deste nem a da obrigação tributária a que corresponda.

Segundo Misabel Derzi,[1] *privilégios* e *preferências* são garantias em sentido amplo, porém nem toda garantia é um privilégio ou uma preferência. *Garantia* seria

> [...] toda e qualquer medida que se destinar a atribuir maior efetividade e segurança ao crédito tributário, quer existam bens ou não do devedor, quer tenha a medida caráter preventivo ou não, como a exigência da prova de quitação de todos os tributos devidos à Fazenda, como condição para que o juiz profira sentença de julgamento de partilha ou adjudicação, ou nos casos de celebração de contratos públicos ou participação em processo de licitação.[2]

Por sua vez, os privilégios seriam a prevalência na ordem dos pagamentos num eventual concurso de credores, significando que a Fazenda tem preferência no recebimento do seu crédito com relação a certos credores do contribuinte-devedor.[3]

Para Paulo de Barros Carvalho,[4] por *garantias* devemos entender os meios jurídicos asseguratórios que cercam o direito subjetivo do Estado de receber a prestação do tributo. E, por *privilégios*, a posição de superioridade de que desfruta o crédito tributário, com relação aos demais, excetuando-se os derivados da legislação trabalhista (limitados a 150 salários mínimos por credor), os decorrentes de acidentes de trabalho e os créditos gravados com direito real de garantia até o limite do valor do bem gravado.

---

[1] DERZI, Misabel Abreu Machado. Nota de atualização do comentário ao art. 183 do CTN. In: BALEEIRO, Aliomar. *Direito tributário brasileiro*. 12. ed. Atualizada por Misabel Derzi. Rio de Janeiro: Forense, 2013. p. 1.389.

[2] Ibidem. p. 1.390.

[3] Ibidem. p. 1.391.

[4] CARVALHO, Paulo de Barros. *Curso de direito tributário*. 27. ed. São Paulo: Saraiva, 2016. p. 517.

Gustavo Casanova[5] define as garantias do crédito tributário, em sentido amplo, como "todas aquelas medidas normativas com as quais se custodia e protege a obrigação tributária substantiva, assegurando sua efetividade". Destaca o autor ainda que "as obrigações tributárias substantivas se vinculam estritamente com o sustento econômico da atividade estatal, e daí ser justificável que o ordenamento jurídico as rodeie de uma série de prerrogativas e garantias que, em termos gerais, exorbitam o direto comum".

O **princípio da universalidade patrimonial** do contribuinte-devedor é a regra geral em Direito Tributário, na medida em que responde pelo pagamento do crédito tributário a totalidade dos bens e das rendas, de qualquer origem ou natureza, do sujeito passivo, seu espólio ou sua massa falida, inclusive os gravados por ônus real ou cláusula de inalienabilidade ou impenhorabilidade, seja qual for a data da constituição do ônus ou da cláusula, excetuados unicamente os bens e rendas que a lei declare absolutamente impenhoráveis (art. 184).

A impenhorabilidade absoluta de outros bens é sempre prevista em lei própria, tal como ocorre com a Lei nº 8.009/1990,[6] que dispõe sobre a impenhorabilidade do imóvel residencial do casal ou entidade familiar, ou a impenhorabilidade de bens de hospitais filantrópicos e Santas Casas de Misericórdia mantidos por entidades beneficentes certificadas (Lei nº 14.334/2022).

Também no CPC, o seu art. 832 estatui que "não estão sujeitos à execução os bens que a lei considera impenhoráveis ou inalienáveis". A propósito, Hugo de Brito Machado[7] nos lembra que a impenhorabilidade é a qualidade daquilo que não pode ser penhorado, podendo resultar da lei ou da vontade do proprietário do bem. Contudo, perante a Fazenda Pública, esta última hipótese não tem cabimento, já que a impenhorabilidade que resulte da vontade não é oponível contra o crédito detido pela Fazenda Pública, mas apenas a impenhorabilidade legal.

Meramente para exemplificar alguns dos bens impenhoráveis segundo o art. 833 do CPC, temos: os móveis, os pertences e as utilidades domésticas que guarnecem a residência do executado, salvo os de elevado valor ou os que ultrapassem as necessidades comuns correspondentes a um médio padrão de vida; os vestuários, bem como os pertences de uso pessoal do executado, salvo se de elevado valor; os vencimentos, os subsídios, os soldos, os salários, as remunerações, os proventos de aposentadoria, as pensões, os pecúlios e os montepios, bem como as quantias recebidas por liberalidade de terceiro e destinadas ao sustento do devedor e de sua família, os ganhos de trabalhador autônomo e os honorários de profissional liberal, até o limite de cinquenta salários mínimos; os livros, as máquinas, as ferramentas, os utensílios, os instrumentos ou outros bens móveis necessários ou úteis ao exercício da profissão do executado; a pequena propriedade rural, assim definida em lei, desde que trabalhada pela família; a quantia depositada em caderneta de poupança, até o limite de quarenta salários mínimos etc.

A não ser que tenham sido previamente reservados pelo devedor bens ou rendas suficientes ao total pagamento da dívida tributária inscrita, haverá **presunção de fraude** na alienação ou oneração de bens ou rendas, ou seu começo, por sujeito passivo em débito para com a Fazenda Pública, por crédito tributário regularmente inscrito como dívida ativa (art. 185). Existe diver-

---

[5]   CASANOVA, Gustavo J. Naveira de. *Guía de estudio derecho tributario*: programa desarollado de la materia. 2. ed. Buenos Aires: Estudio, 2015. p. 124.

[6]   Exceções à impenhorabilidade do bem de família da Lei nº 8.009/1990: (i) crédito decorrente do financiamento destinado à construção ou à aquisição do imóvel, (ii) obrigação decorrente de fiança concedida em contrato de locação, e (iii) crédito de pensão alimentícia. Com relação ao crédito tributário, o art. 3º traz importante exceção à impenhorabilidade no caso de crédito oriundo de IPTU, taxas e contribuições devidas em função do imóvel familiar.

[7]   MACHADO, Hugo de Brito. *Curso de direito tributário*. 34. ed. São Paulo: Malheiros, 2013. p. 242.

gência doutrinária quanto à natureza desta presunção. Algumas vozes sustentam que se trata de presunção legal absoluta (*iuris et de iure*) de que o contribuinte objetivou frustrar a execução do crédito (e de que não seria possível prova em contrário),[8] enquanto outras admitem que a presunção seja relativa (*iuris tantum*), isto é, admitindo-se prova em sentido contrário.[9]

Contudo, o STJ, no julgamento do REsp nº 1.141.990/PR (recurso repetitivo),[10] decidiu que tal presunção tem natureza absoluta (*iuris et de iure*). Nesse mesmo acórdão, a Corte debelou outra dúvida: aquela referente ao momento em que se considera ocorrida à fraude à execução fiscal. Isso em razão de que a Lei Complementar nº 118/2005 alterou a redação original do art. 185 do CTN para excluir a expressão "em fase de execução", pretendendo expurgar a controvérsia sobre o momento da ocorrência da fraude fiscal – se já depois da inscrição em dívida ativa ou se somente após a citação do devedor em processo de execução fiscal. Ficou assentado que, antes da entrada em vigor da LC nº 118/2005 (09/06/2005), presumia-se que a alienação tivesse sido realizada em fraude à execução se o negócio jurídico sucedesse a citação válida do devedor. Após a entrada em vigor da LC nº 118/2005 (ou seja, a partir de 09/06/2005), reputam-se fraudulentas as alienações efetuadas pelo devedor após a mera inscrição do crédito tributário na dívida ativa. Atualmente, qualquer alienação de bens capaz de reduzir o contribuinte à insolvência será considerada ineficaz, caso haja débito inscrito em dívida ativa, sendo certo que, hoje, o mero ajuizamento de execução fiscal se mostra irrelevante à caracterização da fraude à execução fiscal.[11]

Em matéria de falência e recuperação judicial, a Lei nº 14.112/2020 inseriu o inciso V no art. 73 da Lei nº 11.101/2005 conferindo às Fazendas Públicas a possibilidade de requerer a falência durante o processo de recuperação judicial caso o devedor descumpra os parcelamentos de dívida tributária ou a transação com o Fisco celebrados em sede de recuperação judicial. Também inseriu o inciso VI, que prevê a decretação de falência quando identificado o esvaziamento patrimonial da devedora que implique liquidação substancial da empresa, em prejuízo de credores não sujeitos à recuperação judicial, inclusive as Fazendas Públicas. Não obstante, cabe o registro de que a referida norma não trouxe qualquer modificação ao texto do CTN no que se refere ao tema falimentar, já que o CTN, por ter sido recepcionado como lei complementar que veicula as normas gerais em matéria de legislação tributária (art. 146, III, CF/88), não poderia ser modificado por aquela lei ordinária. A razão de o CTN não poder ser modificado por lei ordinária está no fato de ser ele a norma geral tributária reservada pela CF/88 a uma lei complementar.

11.2. PENHORA *ON-LINE* (SISBAJUD)

Uma das modalidades de garantia para a recuperação do crédito tributário encontra-se no art. 185-A do CTN, que prevê a **penhora *on-line***, também conhecida outrora como "**BacenJud**" (atualmente, substituído pelo SISBAJUD), segundo a qual, na hipótese de o devedor tributário, devidamente citado, não pagar nem apresentar bens à penhora no prazo legal e não

---

8   MACHADO, Hugo de Brito. *Curso de direito tributário*. 34. ed. São Paulo: Malheiros, 2013. p. 244; TORRES, Ricardo Lobo. *Curso de direito financeiro e tributário*. 19. ed. Rio de Janeiro: Renovar, 2013. p. 320.

9   CARVALHO, Paulo de Barros. op. cit. p. 525. No mesmo sentido: COÊLHO, Sacha Calmon Navarro. *Curso de direito tributário brasileiro*. 15. ed. Rio de Janeiro: Forense, 2016. p. 779; COSTA, Regina Helena. *Curso de direito tributário*: Constituição e Código Tributário Nacional. 4. ed. São Paulo: Saraiva, 2014. p. 319; HARADA, Kiyoshi. *Direito financeiro e tributário*. 25. ed. São Paulo: Atlas, 2016. p. 645.

10   STJ. REsp 1.141.990 (recurso repetitivo), Rel. Min. Luiz Fux, 1ª Seção, julg. 10/11/2010.

11   LOPES, Mauro Luís Rocha. *Direito tributário brasileiro*. Niterói: Impetus, 2009. p. 278.

forem encontrados bens penhoráveis, o juiz determinará a indisponibilidade de seus bens e direitos, comunicando a decisão, preferencialmente por meio eletrônico, aos órgãos e entidades que promovem registros de transferência de bens, especialmente ao registro público de imóveis e às autoridades supervisoras do mercado bancário e do mercado de capitais, a fim de que, no âmbito de suas atribuições, façam cumprir a ordem judicial. Tal indisponibilidade limitar-se-á ao valor total exigível, devendo o juiz determinar o imediato levantamento da indisponibilidade dos bens ou valores que excederem esse limite, sendo certo que os órgãos e entidades aos quais se fizer a comunicação enviarão imediatamente ao juízo a relação discriminada dos bens e direitos cuja indisponibilidade houver sido promovida.

A este respeito, o STJ[12] entende que a utilização do Sistema **BacenJud** (atualmente, SISBAJUD) prescinde do exaurimento de diligências extrajudiciais por parte do exequente a fim de se autorizar o bloqueio eletrônico de depósitos ou aplicações financeiras.

Já quanto ao bloqueio de ativos financeiros do executado via SISBAJUD, em caso de concessão de parcelamento fiscal, segue-se a seguinte orientação do STJ: (i) será levantado o bloqueio se a concessão do parcelamento é anterior à constrição; e (ii) fica mantido o bloqueio se a concessão do parcelamento ocorre em momento posterior à constrição, ressalvada, nessa hipótese, a possibilidade excepcional de substituição da penhora *on-line* por fiança bancária ou seguro garantia, diante das peculiaridades do caso concreto, mediante comprovação irrefutável, a cargo do executado, da necessidade de aplicação do princípio da menor onerosidade.[13]

Aliás, assevera Mauro Luís Rocha Lopes,[14] com propriedade e experiência, que a penhora deve recair, preferencialmente, em *dinheiro* por razões óbvias, principalmente em razão da praticidade da posterior conversão em renda.

11.3. PREFERÊNCIAS DO CRÉDITO TRIBUTÁRIO

Dentro do quadro de **preferências do crédito tributário** (art. 186, CTN), este prefere a qualquer outro, seja qual for sua natureza ou o tempo de sua constituição. Entretanto, são ressalvados desta preferência os créditos decorrentes da *legislação trabalhista* (limitados a 150 salários mínimos por credor), ou do *acidente de trabalho* e, na *falência*, o crédito tributário não prefere aos créditos extraconcursais (art. 84, Lei nº 11.101/2005) ou às importâncias passíveis de restituição nos termos da lei falimentar (art. 85, Lei nº 11.101/2005), nem aos créditos com garantia real (hipoteca, no caso de bem imóvel; penhor, no caso de bem móvel; alienação fiduciária etc.), no limite do valor do bem gravado, e a lei poderá estabelecer limites e condições para a preferência dos créditos decorrentes da legislação do trabalho, ressalvando-se, ainda, que a multa tributária prefere apenas aos créditos subordinados.

Outrossim, o CTN (art. 187) estabelece que a cobrança judicial do crédito tributário não é sujeita a concurso de credores ou habilitação em falência, recuperação judicial, concordata, inventário ou arrolamento.[15] Na redação original do art. 187, parágrafo único, CTN, o concurso

---

12 STJ. REsp 1.184.765 (recurso repetitivo), Rel. Min. Luiz Fux, 1ª Seção, julg. 24/11/2010.

13 STJ. REsp 1.696.270 (recurso repetitivo), Rel. Min. Mauro Campbell Marques, 1ª Seção, julg. 08/06/2022.

14 LOPES, Mauro Luís Rocha. op. cit. p. 281.

15 Ressalte-se que, nos termos do art. 6º, § 7º-B, Lei nº 11.101/2005 (incluído pela Lei nº 14.112/2020), as execuções de natureza fiscal não são suspensas pelo deferimento da recuperação judicial, mas se estabelece a competência do juízo da recuperação judicial para determinar a substituição dos atos de constrição que recaiam sobre bens de capital essenciais à manutenção da atividade empresarial até o encerramento da recuperação judicial.

de preferência somente se verifica entre pessoas jurídicas de direito público, na seguinte ordem: I – União; II – Estados, Distrito Federal e Territórios, conjuntamente e pró-rata; III – Municípios, conjuntamente e pró-rata. Contudo, o STF declarou que este concurso de preferências previsto no parágrafo único não foi recepcionado pela Constituição de 1988, por criar indevida hierarquia e quebra de isonomia entre os entes federados, não havendo mais preferência do crédito tributário da União sobre os créditos tributários de Estados, Distrito Federal e Municípios, ou preferência dos créditos tributários dos Estados e do Distrito Federal sobre os créditos tributários dos Municípios.[16]

Ademais, são extraconcursais os créditos tributários decorrentes de fatos geradores ocorridos no curso do processo de falência (bem como nos processos de recuperação judicial). Contestado o crédito tributário, o juiz remeterá as partes ao processo competente, mandando reservar bens suficientes à extinção total do crédito e seus acrescidos, se a massa não puder efetuar a garantia da instância por outra forma, ouvido, quanto à natureza e valor dos bens reservados, o representante da Fazenda Pública interessada. São pagos preferencialmente a quaisquer créditos habilitados em inventário ou arrolamento, ou a outros encargos do monte, os créditos tributários vencidos ou vincendos, a cargo do *de cujus* ou de seu espólio, exigíveis no decurso do processo de inventário ou arrolamento. E são pagos preferencialmente a quaisquer outros os créditos tributários vencidos ou vincendos, a cargo de pessoas jurídicas de direito privado em liquidação judicial ou voluntária, exigíveis no decurso da liquidação.

Como mecanismo de garantia da recuperação do crédito tributário, o CTN estabelece que a extinção das obrigações do falido, a concessão de recuperação judicial e a sentença de julgamento de partilha ou adjudicação requerem *prova de quitação de todos os tributos*, ressalvados os casos de suspensão da exigibilidade do crédito tributário.[17] Da mesma maneira, salvo quando expressamente autorizado por lei, nenhum departamento da Administração Pública da União, dos Estados, do Distrito Federal, ou dos Municípios, ou sua autarquia, celebrará contrato ou aceitará proposta em concorrência pública sem que o contratante ou proponente faça prova da quitação de todos os tributos devidos à Fazenda Pública interessada, relativos à atividade em cujo exercício contrata ou concorre.

11.4. ADMINISTRAÇÃO TRIBUTÁRIA

Os poderes das autoridades administrativas em matéria de fiscalização serão estabelecidos pela *legislação tributária* (lei em sentido amplo, incluindo-se atos normativos infralegais e não sendo aplicável o princípio da legalidade estrita), conforme a natureza do tributo de que se tra-

---

[16] STF. ADPF 357, Rel. Min. Cármen Lúcia, Pleno, julg. 24/06/2021. Em razão da decisão, foi também declarado não recepcionado o parágrafo único do art. 29 da Lei nº 6.830/1980 (Lei de Execuções Fiscais), bem como foi cancelada a Súmula nº. 563 do STF: "O concurso de preferência a que se refere o parágrafo único do art. 187 do Código Tributário Nacional é compatível com o disposto no art. 9º, I, da Constituição Federal [de 1967]".

[17] Nos termos do art. 10-A, inciso V, da Lei nº 10.522/2002 (incluído pela Lei nº 14.112/2020), o empresário ou a sociedade empresária que pleitear ou tiver deferido o processamento da recuperação judicial poderá liquidar os seus débitos para com a Fazenda Nacional existentes, ainda que não vencidos até a data do protocolo da petição inicial da recuperação judicial, de natureza tributária ou não tributária, constituídos ou não, inscritos ou não em dívida ativa, mediante a opção pelo parcelamento da dívida consolidada em até 120 (cento e vinte) prestações mensais e sucessivas. Já o art. 10-C da mesma lei (também incluído pela Lei nº 14.112/2020) prevê que, alternativamente ao parcelamento acima descrito e às demais modalidades de parcelamento instituídas por lei federal porventura aplicáveis, o empresário ou sociedade empresária que tiver o processamento da recuperação judicial deferido poderá submeter à Procuradoria-Geral da Fazenda Nacional proposta de transação relativa a créditos inscritos em dívida ativa da União.

tar, aplicável às pessoas naturais ou jurídicas, contribuintes ou não, inclusive às que gozem de imunidade tributária ou de isenção de caráter pessoal. Não são cabíveis quaisquer disposições legais excludentes ou limitativas do direito de examinar mercadorias, livros, arquivos, documentos, papéis e efeitos comerciais ou fiscais, dos comerciantes industriais ou produtores, ou da obrigação destes de exibi-los, até que ocorra a prescrição dos créditos tributários decorrentes das operações a que se refiram. Inclusive, as autoridades tributárias federais poderão requisitar o auxílio da força pública federal, estadual ou municipal, e reciprocamente, quando vítimas de embaraço ou desacato no exercício de suas funções, ou quando necessário à efetivação de medida prevista na legislação tributária, ainda que não se configure fato definido em lei como crime ou contravenção.

Importante esclarecer que o direito da Administração Tributária se limita a examinar os livros e demais documentos de natureza fiscal (hoje materializados em registros e sistemas eletrônicos), não lhe sendo permitida a apreensão ou confisco dos mesmos. Nesse sentido, Gustavo da Rocha Schmidt[18] assevera:

> Observe-se, em primeiro lugar, que o comando do art. 195 do CTN é norma restritiva de direitos fundamentais, em especial os direitos à privacidade e à intimidade. Sendo norma restritiva de direito, não pode ter o seu alcance estendido a normas não previstas em sua literalidade.
>
> Não por outra razão que o Supremo Tribunal Federal restringiu o exame dos livros àqueles pontos objeto de investigação; e nada a mais do que isso. Admitir a apreensão dos livros seria, por via transversa, autorizar uma ampla devassa na documentação contábil da empresa, contrariando a orientação sedimentada no enunciado nº 439 do STF.

Por sua vez, Luciano Amaro[19] faz uma importante advertência quanto ao prazo de conservação dos livros obrigatórios de escrituração fiscal e dos demais documentos de interesse da Fazenda Pública para comprovação por parte do contribuinte quanto ao cumprimento de suas obrigações. Segundo ele, embora o parágrafo único do art. 195 expressamente fixe a obrigatoriedade de conservação "até que ocorra a prescrição dos créditos tributários", o prazo não deveria ser o prescricional, mas sim *decadencial*, pois "extinto o eventual direito de lançar que o Fisco pudesse ter, não haverá mais interesse fiscal na conservação dos documentos".

Para segurança do contribuinte e controle da autoridade fazendária, os **procedimentos de fiscalização** e respectivas diligências serão sempre lavrados em termos para que se documente o início do procedimento administrativo, na forma da legislação aplicável, que fixará prazo máximo para a conclusão. Mediante intimação escrita, são obrigados a prestar à autoridade administrativa todas as informações de que disponham com relação aos bens, negócios ou atividades de terceiros: os tabeliães, escrivães e demais serventuários de ofício; os bancos, casas bancárias, Caixas Econômicas e demais instituições financeiras; as empresas de administração de bens; os corretores, leiloeiros e despachantes oficiais; os inventariantes; os síndicos, comissários[20] e liquidatários; quaisquer outras entidades ou pessoas que a lei designe, em razão de seu cargo, ofício, função, ministério, atividade ou profissão. Fica ressalvada a prestação de informações

---

[18] SCHMIDT, Gustavo da Rocha. *Administração tributária*. In: ANTONELLI, Leonardo Pietro; GOMES, Marcus Lívio (Coord.). *Curso de direito tributário brasileiro*. Vol. IV. São Paulo: Almedina, 2016. p. 104.

[19] AMARO, Luciano. *Direito tributário brasileiro*. 18. ed. São Paulo: Saraiva, 2012. p. 509.

[20] A figura do síndico na falência e do comissário na concordata (agora, denominada recuperação judicial) foi substituída pela figura do administrador judicial, nos termos da Lei nº 11.101/2005 (Lei de Falências).

Parte II · Cap. 11 · PROTEÇÃO E RECUPERAÇÃO DO CRÉDITO TRIBUTÁRIO 277

quanto a fatos sobre os quais o informante esteja legalmente obrigado a observar segredo em razão de cargo, ofício, função, ministério, atividade ou profissão.

11.5. INFORMAÇÕES FISCAIS E SIGILO

Sobre as **informações fiscais** do contribuinte (art. 198, CTN), sem prejuízo do disposto na legislação criminal, é *vedada a divulgação*, por parte da Fazenda Pública ou de seus servidores, de informação obtida em razão do ofício sobre a situação econômica ou financeira do sujeito passivo ou de terceiros e sobre a natureza e o estado de seus negócios ou atividades, excetuando-se: a) a prestação mútua de informações sigilosas entre as Fazendas Públicas da União, dos Estados, do Distrito Federal e dos Municípios, bem como com Estados estrangeiros no interesse da arrecadação e da fiscalização de tributos, sempre mediante devido processo administrativo; b) a requisição de informações fiscais por autoridade judiciária no interesse da justiça; c) as solicitações de autoridade administrativa no interesse da Administração Pública, desde que seja comprovada a instauração regular de processo administrativo, no órgão ou na entidade respectiva, com o objetivo de investigar o sujeito passivo a que se refere a informação, por prática de infração administrativa.[21]

Por sua vez, *não é vedada a divulgação* de informações relativas a: I – representações fiscais para fins penais; II – inscrições na Dívida Ativa da Fazenda Pública; III – parcelamento ou moratória; IV – incentivo, renúncia, benefício ou imunidade de natureza tributária cujo beneficiário seja pessoa jurídica.

Importante mencionar que, no ano de 2016, o STF revisou seu entendimento acerca do acesso direto das autoridades fiscais aos dados bancários dos contribuintes guardados pelas instituições financeiras, ao julgar conjuntamente as Ações Diretas de Inconstitucionalidade nº 2.390, 2.386, 2.397 e o Recurso Extraordinário nº 601.314 (com repercussão geral), que versavam sobre a constitucionalidade de certos dispositivos da Lei Complementar nº 105/2001. Restou assentando não ser inconstitucional o acesso direto do Fisco (mas não de outras autoridades) às informações bancárias dos contribuintes nas hipóteses previstas em lei, uma vez que não haveria quebra de sigilo bancário pelas autoridades tributárias, mas mera "transferência de sigilo" dos bancos ao Fisco.[22] Assim, a informação originalmente protegida pelo sigilo bancário agora estaria salvaguardada pelo sigilo fiscal.

O art. 5º da LC nº 105/2001 afirma que o Poder Executivo disciplinará (realizou-o no âmbito federal pelo Decreto nº 4.489/2002) os critérios para que as instituições financeiras informem as operações efetuadas pelos seus clientes à Administração Tributária da União. Entretanto, estas

---

[21] STF. RE 1.055.941 (repercussão geral), Rel. Dias Toffoli, Pleno, julg. 04/12/2019: "Teses: 1. É constitucional o compartilhamento dos relatórios de inteligência financeira da UIF e da íntegra do procedimento fiscalizatório da Receita Federal do Brasil – em que se define o lançamento do tributo – com os órgãos de persecução penal para fins criminais sem prévia autorização judicial, devendo ser resguardado o sigilo das informações em procedimentos formalmente instaurados e sujeitos a posterior controle jurisdicional; 2. O compartilhamento pela UIF e pela RFB referido no item anterior deve ser feito unicamente por meio de comunicações formais, com garantia de sigilo, certificação do destinatário e estabelecimento de instrumentos efetivos de apuração e correção de eventuais desvios".

[22] No mesmo sentido: STF. ADI 7.276. Rel. Cármen Lúcia, Pleno, julg. 20/09/2024: "As normas impugnadas do Convênio ICMS n. 134/2016, do Confaz, não ofendem o direito à intimidade, à privacidade e ao sigilo de dados pessoais. Não se caracteriza quebra de sigilo bancário o acesso, pelas autoridades fiscais, a dados de caráter sigiloso fornecidos por instituições financeiras e de pagamento, no interesse da arrecadação e fiscalização tributária".

278 | CURSO DE DIREITO TRIBUTÁRIO BRASILEIRO – *Marcus Abraham*

informações restringem-se à identificação dos titulares das operações e os montantes globais mensalmente movimentados, não sendo possível inserir elementos que identifiquem sua origem ou a natureza dos gastos a partir deles efetuados (art. 5º, § 2º). Apenas se detectados indícios de falhas ou de cometimento de ilícito fiscal, a autoridade fiscal poderá requisitar as informações e documentos de que necessitar, bem como realizar fiscalização ou auditoria para a adequada apuração dos fatos (art. 5º, § 3º), devendo tais informações assim obtidas pela autoridade fiscal serem conservadas sob sigilo fiscal (art. 5º, § 4º). Já o seu art. 6º (regulamentado pelo Decreto nº 3.724/2001) faculta às autoridades fiscais de todos os entes federados a possibilidade de examinar documentos, livros e registros de instituições financeiras, inclusive referentes a contas de depósitos e aplicações financeiras, quando houver *processo administrativo instaurado* ou *procedimento fiscal em curso* e tais exames sejam considerados indispensáveis pela autoridade administrativa. O resultado dos exames, as informações e os documentos serão conservados em sigilo nos termos da legislação tributária (art. 6º, parágrafo único).

11.6. DÍVIDA ATIVA TRIBUTÁRIA

Após a notificação do lançamento ao contribuinte, este tem, em regra, o prazo de 30 dias para pagar o débito ou impugnar. Não sendo pago o tributo no vencimento e estando concluído definitivamente o lançamento tributário com a consequente constituição do crédito tributário, a Fazenda Pública deve proceder à inscrição deste crédito tributário na repartição administrativa competente para que o crédito se transforme em **dívida ativa tributária**. E, assim, com a inscrição em livro próprio (hoje em dia em sistemas eletrônicos), extrai-se a respectiva certidão – que é dotada de presunção de liquidez, certeza e efeito de prova pré-constituída –, a qual irá constituir o título apropriado para que o Fisco inicie a cobrança por meio da respectiva Ação de Execução Fiscal.

Sob a ótica do Direito Financeiro, a inscrição em dívida ativa é a forma de reconhecimento de receitas públicas ainda não efetivamente pagas ao ente estatal, mas que, diante da sua liquidez e da certeza da sua existência, e atendendo aos requisitos legais previstos, já podem ser contabilizadas como créditos a receber, gerando um acréscimo patrimonial para aquele ente público.[23] A Dívida Ativa integra o grupamento de Contas a Receber e constitui uma parcela do Ativo de grande destaque na estrutura patrimonial de qualquer órgão ou entidade pública.[24]

Nos termos do CTN (art. 201), constitui **dívida ativa tributária** a proveniente de crédito dessa natureza, regularmente inscrita na repartição administrativa competente, depois de esgotado o prazo fixado, para pagamento, pela lei ou por decisão final proferida em processo regular.

Por sua vez, a Lei de Execuções Fiscais (art. 2º, Lei nº 6.830/1980) prevê que constitui Dívida Ativa da Fazenda Pública aquela definida como tributária ou não tributária (nos termos da Lei nº 4.320/1964), sendo que, qualquer valor cuja cobrança seja atribuída por lei ao Fisco será considerado Dívida Ativa da Fazenda Pública, que abrange atualização monetária, juros e multa de mora e demais encargos previstos em lei ou contrato. E a **inscrição**, que se constitui

---

[23] STJ. REsp 1.350.804 (recurso repetitivo), Rel. Min. Mauro Campbell Marques, 1ª Seção, julg. 12/06/2013: "2. À mingua de lei expressa, a inscrição em dívida ativa não é a forma de cobrança adequada para os valores indevidamente recebidos a título de benefício previdenciário previstos no art. 115, II, da Lei n. 8.213/91 que devem submeter-se a ação de cobrança por enriquecimento ilícito para apuração da responsabilidade civil".

[24] ABRAHAM, Marcus. *Curso de direito financeiro brasileiro*. 6. ed. Rio de Janeiro: Forense, 2020. p. 153.

Parte II · Cap. 11 · PROTEÇÃO E RECUPERAÇÃO DO CRÉDITO TRIBUTÁRIO | **279**

no **ato de controle administrativo da legalidade,** será feita pelo órgão competente para apurar a liquidez e certeza do crédito.

Neste sentido, afirma Paulo de Barros Carvalho[25] que

> [...] esgotados os trâmites administrativos, pela inexistência de recursos procedimentais que possam atender a novas iniciativas do sujeito passivo, e não havendo medida judicial que suspenda a exigibilidade do crédito tributário, chegou a hora de a Fazenda Pública praticar quem sabe o mais importante ato de controle de legalidade sobre a constituição de seu crédito: o ato de apuração e de inscrição do débito no livro de registro da dívida pública.

Importante ressalva faz Hugo de Brito Machado[26] ao dizer que a inscrição não é ato de constituição do crédito tributário e não se confunde com o lançamento, pressupondo que o crédito se encontre regular e definitivamente constituído e que tenha se exaurido o prazo para pagamento.

Outro esclarecimento importante, agora sobre a prescrição para a cobrança da dívida tributária, é feito por Sacha Calmon Navarro Coêlho,[27] ao recordar que a prescrição da ação não se conta da inscrição, mas do momento em que o crédito se tornou definitivo, pois esta qualidade é que permite a sua inscrição, a qual configura um *posterius*. A exigibilidade é requisito comum a todos os títulos judiciais e extrajudiciais e vincula-se à ação de execução, sendo indevido pretender postergar o *dies a quo* da prescrição sob a alegação de que o Fisco, ao inscrever o seu crédito, exerce "controle de legalidade".

O **termo de inscrição** da dívida ativa, autenticado pela autoridade competente, indicará obrigatoriamente: o nome do devedor e, sendo caso, o dos corresponsáveis, bem como, sempre que possível, o domicílio ou a residência de um e de outros; a quantia devida e a maneira de calcular os juros de mora acrescidos; a origem e natureza do crédito, mencionada especificamente a disposição da lei em que seja fundado; a data em que foi inscrita; sendo o caso, o número do processo administrativo de que se originar o crédito.

A omissão de quaisquer destes requisitos ou o erro a eles relativo são causas de nulidade da inscrição e do processo de cobrança dela decorrente, mas a nulidade poderá ser sanada até a decisão de primeira instância, mediante substituição da certidão nula, devolvido ao sujeito passivo, acusado ou interessado o prazo para defesa, que somente poderá versar sobre a parte modificada.

A **certidão da dívida ativa** (CDA) a ser extraída para fins de instrumentalizar a ação de cobrança conterá, além dos requisitos citados para o termo de inscrição, a indicação do livro e da folha da inscrição (no caso de sistema eletrônico, o número indicativo), configurando título executivo extrajudicial gerado pelo próprio credor e que aparelhará a ação de execução fiscal para cobrança do crédito tributário. Cabe ressalvar que a presunção de liquidez e certeza da CDA é relativa e pode ser ilidida por prova inequívoca, a cargo do sujeito passivo ou do terceiro a que aproveite.

Sobre a CDA, Sacha Calmon Navarro Coêlho[28] esclarece que a certidão de dívida ativa é título abstrato e assegura ao crédito tributário grau eficacial máximo, ensejando a imediata

---

25   CARVALHO, Paulo de Barros. op. cit. p. 540.
26   MACHADO, Hugo de Brito. op. cit. p. 262.
27   COÊLHO, Sacha Calmon Navarro. op. cit. p. 804-805.
28   Ibidem. p. 805.

280 | CURSO DE DIREITO TRIBUTÁRIO BRASILEIRO – *Marcus Abraham*

constrição dos bens do devedor (contribuinte ou responsável) em prol da Fazenda Pública, gozando da presunção *juris tantum* de certeza, liquidez e exigibilidade. A certeza é do direito do credor (*accipiens*). A liquidez é do *quantum* devido. A exigibilidade é condição para o exercício do direito de ação de execução.

Aliomar Baleeiro[29] destaca que, diferentemente do direito privado, uma das peculiaridades do Direito Fiscal consiste no privilégio que tem o Fisco de criar seus próprios títulos e instrumentos de crédito. Nas palavras de Misabel Derzi,[30] atualizadora da obra de Baleeiro:

> Na emissão de uma nota promissória ou de uma cambial, credor e devedor realizam um acertamento prévio, que afasta a incerteza e possibilita a atuação estatal, por meio do Poder Judiciário. Ao aceitar a lei a figura do título executivo extrajudicial, a ordem jurídica pressupôs e admitiu o acertamento do conteúdo do crédito feito pelos interessados, inclusive da sanção, acertamento esse controlado *a posteriori* pelo Judiciário, mas suficiente para fundamentar o processo de execução. Ora, algo *sui generis* se passa na formação do título executivo da Fazenda Pública, que reside no fato de o acertamento ser unilateral, e não consensual. [...]
>
> Portanto, inscrição em Dívida Ativa sem prévio direito à impugnação é nula de pleno direito. Movida ação com base em título nulo, pode o sujeito passivo opor exceção de pré-executividade em juízo, pois a impugnação ao lançamento ou auto de infração em sede administrativa é suporte básico na formação do título executivo extrajudicial, uma vez que substitui o consenso inexistente entre as partes.

Portanto, o que fundamenta a CDA possuir os atributos de liquidez e certeza não decorre do aspecto subjetivo de ser um ato realizado pela Administração Pública, mas, sim, o fato de a dívida ativa só ser inscrita depois do devido e regular procedimento administrativo, em que a Fazenda Pública confirma a higidez do crédito tributário, conferindo ao contribuinte a possibilidade de questioná-lo com ampla defesa e contraditório, após a notificação do lançamento.

Em síntese de tudo que foi dito até o momento, recorremos às palavras de Ricardo Lobo Torres:[31]

> A execução fiscal é proposta com base na certidão extraída dos livros de inscrição da dívida ativa. A inscrição é o ato administrativo que cria a presunção de liquidez e certeza do crédito tributário, que, sendo *juris tantum*, pode ser elidida perante o Judiciário. A inscrição só se efetua depois de constituído definitivamente o crédito tributário na esfera administrativa, o que ocorre com o transcurso do prazo fixado no lançamento para o pagamento ou com a decisão final das instâncias julgadoras. Com a inscrição, conseguintemente, o crédito, que era simplesmente exigível, torna-se exequível. A criação do título executivo é um privilégio da Fazenda credora, eis que em direito os títulos de crédito são constituídos sempre pelo devedor (nota promissória, duplicata etc.).
>
> A dívida ativa cobrável por execução fiscal compreende, além da tributária (impostos, taxas, contribuições, empréstimos compulsórios, multas tributárias, juros e correção monetária), a dívida não tributária (multas administrativas, renda de imóveis, custas processuais, preços públicos e

---

[29] BALEEIRO, Aliomar. op. cit. p. 1.480.

[30] DERZI, Misabel Abreu Machado. Nota de atualização do comentário ao art. 202 do CTN. In: BALEEIRO, Aliomar. *Direito tributário brasileiro*. 12. ed. Atualizada por Misabel Derzi. 12. ed. Rio de Janeiro: Forense, 2013. p. 1.483-1.484.

[31] TORRES, Ricardo Lobo. *Curso de direito financeiro e tributário*. 19. ed. Rio de Janeiro: Renovar, 2013. p. 357.

alcances). Os ingressos não tributários também devem ser inscritos nos livros da dívida ativa, salvo o alcance, em que basta a conta expedida pelo Tribunal de Contas.

Por fim, devemos registrar que a dívida ativa pode ser também não tributária, a qual terá natureza de **dívida ativa financeira**. Neste sentido, a Lei nº 4.320/1964 estabelece no seu art. 39 que os créditos da Fazenda Pública, de natureza tributária ou não tributária, serão escriturados como receita do exercício em que forem arrecadados, nas respectivas rubricas orçamentárias. Por sua vez, o § 2º do dispositivo nos esclarece que podem ser inscritos em dívida ativa tanto os créditos tributários quanto os *não tributários*, estes últimos considerados os provenientes de multas de qualquer origem ou natureza, exceto as tributárias, foros, laudêmios, aluguéis ou taxas de ocupação, custas processuais, preços de serviços prestados por estabelecimentos públicos, indenizações, reposições, restituições, bem assim os créditos decorrentes de obrigações em moeda estrangeira, de sub-rogação de hipoteca, fiança, aval ou outra garantia, de contratos em geral ou de outras obrigações legais.[32]

11.7. CERTIDÕES NEGATIVAS, POSITIVAS E CEPEN

Sempre que desejar, o contribuinte interessado poderá requerer à Administração Pública fazendária a expedição de uma certidão de sua situação fiscal, a fim de comprovar sua condição de adimplente ou de devedor. Trata-se, pois, de mais uma espécie de garantia da Administração Pública em relação ao crédito tributário, assim como um direito do cidadão contribuinte assegurado no art. 5º, XXXIV, *b*, da Constituição Federal de 1988.

A certidão fiscal costuma ser exigida do contribuinte pessoa física para participação em concursos públicos, na compra e venda de imóveis e em processos sucessórios, e é demandada do contribuinte pessoa jurídica para participar de licitações, operações de crédito e financiamento com instituições públicas etc.

Ademais, o Código Tributário Nacional dispõe sobre a exigência de apresentação da certidão de quitação de tributos em quatro hipóteses: a) no art. 191, como condição para declaração de extinção das obrigações do falido; b) no art. 191-A (inserido pela LC nº 118/2005), como condição para a concessão de recuperação judicial; c) no art. 192, como condição para o julgamento da sentença de partilha ou de adjudicação; d) no art. 193, que explicita a exigência da certidão de quitação de tributos no caso da celebração de contrato com entidade pública ou participação em licitação.

Neste sentido, segundo Rodrigo Jacobina Botelho,[33] a certidão de regularidade fiscal é um atestado administrativo de adimplência fiscal e "esta garantia (revestida como privilégio) do crédito tributário, enquanto certidão (numa visão material), pode ser conceituada como o documento administrativo que atesta a adimplência do interessado perante a Administração Pública que a expede".

Segundo Regina Helena Costa,[34] a certidão negativa é o documento comprobatório da regularidade de situação fiscal, requisito exigido para a participação em licitações e operação

---

[32] ABRAHAM, Marcus. op. cit. p. 152.

[33] BOTELHO, Rodrigo Jacobina. Certidão negativa de débitos tributários – aspectos relevantes. In: ANTONELLI, Leonardo Pietro; GOMES, Marcus Lívio (Coord.). *Curso de direito tributário brasileiro*. Vol. IV. São Paulo: Almedina, 2016. p. 131-132.

[34] COSTA, Regina Helena. *Curso de direito tributário*: Constituição e Código Tributário Nacional. 4. ed. São Paulo: Saraiva, 2014. p. 343.

282 | CURSO DE DIREITO TRIBUTÁRIO BRASILEIRO – *Marcus Abraham*

de empréstimo e de financiamento junto à instituição financeira. Lembre-se ainda que, nos termos do art. 195, § 3º, da Constituição, a pessoa jurídica em débito com o sistema da seguridade social, como estabelecido em lei, não poderá contratar com o Poder Público nem dele receber benefícios ou incentivos fiscais ou creditícios.

Assim, estabelece o CTN (art. 205) que a lei poderá exigir que a prova da quitação de determinado tributo, quando exigível, seja feita por certidão negativa, expedida à vista de requerimento do interessado, que contenha todas as informações necessárias à identificação de sua pessoa, domicílio fiscal e ramo de negócio ou atividade e indique o período a que se refere o pedido, devendo ser fornecida dentro de 10 dias da data da entrada do requerimento na repartição. E terá os mesmos efeitos a certidão de que conste a existência de créditos não vencidos, em curso de cobrança executiva em que tenha sido efetivada a penhora, ou cuja exigibilidade esteja suspensa (art. 206, CTN).

Portanto, será emitida uma **certidão negativa** de débito (CND) caso o contribuinte esteja em dia com a respectiva Fazenda Pública. Por sua vez, será expedida uma **certidão positiva** (CP) caso exista débito tributário.[35] Porém, será emitida uma **certidão positiva com efeitos de negativa** (Cepen) caso conste débito ainda não vencido (isto é, crédito tributário já existente, mas ainda dentro do prazo de pagamento), ou que esteja em curso de cobrança executiva com penhora efetivada ou cuja exigibilidade esteja suspensa. Embora a certidão seja positiva (indique a existência de débito), nesses três casos, terá os mesmos efeitos de uma certidão negativa.[36]

Sobre as três condições para a emissão da Certidão Positiva com Efeitos de Negativa (Cepen), explica Rodrigo Jacobina Botelho[37] que:

> Temos, portanto, três situações distintas. A primeira trata de tributos cujo fato imponível fora praticado, o lançamento efetivado – surgindo o crédito tributário –, mas ainda não se deu o termo final para a entrega da prestação, ou seja, pagamento. A segunda relaciona-se com o processo executivo tributário – a execução fiscal – protegendo o sujeito passivo que já se encontra em vias de execução forçada de seu patrimônio, tendo, no entanto, nomeado, na forma da lei adjetiva civil e da lei de execuções fiscais, bens suficientes para a garantia do juízo. Por fim, cuida, também, o CTN de proteger o sujeito passivo que se valei do permissivo constante do art. 151 do mesmo código, suspendendo a exigibilidade do crédito tributário.

Outrossim, ensina Kyoshi Harada[38] que, enquanto não proposta a execução fiscal, nada impede que o sujeito passivo ajuíze medida cautelar para garantir o débito e obter a certidão positiva com efeito de negativa.

Neste sentido, o STJ[39] assentou ser possível que o contribuinte garanta o juízo, após o vencimento de sua obrigação e antes que se promova a execução, para que possa obter certidão

---

[35] A certidão também será positiva caso haja obrigações acessórias descumpridas (STJ. REsp 1.042.585 [recurso repetitivo], Rel. Min. Luiz Fux, 1ª Seção, julg. 12/05/2010) ou pagamento a menor (STJ. REsp 1.143.094 [recurso repetitivo], Rel. Min. Luiz Fux, 1ª Seção, julg. 09/12/2009).

[36] STF. RE 770.149 (repercussão geral), Rel. Min. Marco Aurélio, Rel. p/ Acórdão: Min. Edson Fachin, Pleno, julg. 05/08/2020: "*Tese*: É possível ao Município obter certidão positiva de débitos com efeito de negativa quando a Câmara Municipal do mesmo ente possui débitos com a Fazenda Nacional, tendo em conta o princípio da intranscendência subjetiva das sanções financeiras".

[37] BOTELHO, Rodrigo Jacobina. op. cit. p. 133-134.

[38] HARADA, Kiyoshi. *Direito financeiro e tributário*. 25. ed. São Paulo: Atlas, 2016. p. 665.

[39] STJ. REsp 1.123.669 (recurso repetitivo), Rel. Min. Luiz Fux, 1ª Seção, julg. 09/12/2009.

positiva com efeitos de negativa. Para o tribunal, deve-se aplicar analogicamente a tais casos o art. 206 do CTN, de acordo com o qual a penhora antecipada viabiliza a emissão da certidão em questão, desde que prestada em valor que garanta suficientemente o juízo. Segundo aquela Corte, se isso não fosse possível, seria atribuído ao contribuinte solvente – aquele que pode garantir a dívida – prejuízo pela demora do ente público em ajuizar a execução fiscal e, pior ainda, o contribuinte contra o qual fosse promovida execução fiscal estaria em posição mais favorável que aquele contra quem o Fisco ainda não ajuizou ação.

Em outra situação, o STJ[40] manifestou-se no sentido de que a Administração Fazendária Nacional não poderia se recusar a expedir Certidão Positiva com Efeitos de Negativa havendo fluído prazo superior a 30 dias sem que fosse analisado pedido de revisão administrativa do contribuinte baseado em alegação de que a totalidade do débito fiscal fora pago anteriormente à sua inscrição em dívida ativa.

Por fim, o STJ[41] julgou ser legítima a recusa de expedição de Cepen por consequência de tributo declarado e não pago. O tribunal tomou a decisão na análise de caso acerca de tributo sujeito a lançamento por homologação em que valores declarados não foram pagos. No julgamento, explicou-se que o crédito tributário referente a tributos sujeitos a lançamento por homologação é exigível a partir da declaração do contribuinte, não dependendo de ato prévio da autoridade fazendária. Assim, o não pagamento do tributo que fora declarado torna legítima a recusa de expedição da Cepen. Destacou-se que a recusa seria ilegítima nos casos de (i) declaração e pagamento menores que o montante a ser recolhido, hipótese em que o valor remanescente deve ser objeto de lançamento supletivo de ofício; (ii) suspensão da exigibilidade do crédito tributário em razão de pendência de recurso administrativo em que sejam contestados os débitos lançados, já que apenas o esgotamento da instância administrativa leva à constituição definitiva do crédito fiscal.

11.8. PROTESTO DE DÍVIDA ATIVA TRIBUTÁRIA

O **protesto** de uma certidão de dívida ativa (CDA) é um procedimento extrajudicial que a Fazenda Pública pode adotar como medida alternativa de recuperação do crédito tributário, sobretudo diante da morosidade e onerosidade que as ações de execução fiscal apresentam.[42]

Nesse procedimento, o contribuinte é notificado para pagar a dívida tributária e, caso continue inadimplente, o seu nome poderá ser incluído em cadastros de inadimplentes geridos por instituições de serviços de proteção ao crédito, como SPC e Serasa. Diante da possibilidade de ter o seu nome "sujo" nos cadastros de créditos, é comum que o contribuinte devedor se sinta compelido a pagar antes de findo o prazo. Em qualquer momento em que este quitar a dívida, o seu nome será "limpo", ou seja, retirado do cadastro negativo.

---

[40] STJ. REsp 1.122.959 (recurso repetitivo), Rel. Min. Luiz Fux, 1ª Seção, julg. 09/08/2010.

[41] STJ, REsp 1.123.557 (recurso repetitivo), Rel. Min. Luiz Fux, 1ª Seção, julg. 25/11/2009.

[42] STF. RE 1.355.208 (repercussão geral – Tema 1184), Rel. Min. Cármen Lúcia, Pleno, julg. 19/12/2023: "*Tese:* 1. É legítima a extinção de execução fiscal de baixo valor pela ausência de interesse de agir tendo em vista o princípio constitucional da eficiência administrativa, respeitada a competência constitucional de cada ente federado. 2. O ajuizamento da execução fiscal dependerá da prévia adoção das seguintes providências: a) tentativa de conciliação ou adoção de solução administrativa; e b) protesto do título, salvo por motivo de eficiência administrativa, comprovando-se a inadequação da medida. 3. O trâmite de ações de execução fiscal não impede os entes federados de pedirem a suspensão do processo para a adoção das medidas previstas no item 2, devendo, nesse caso, o juiz ser comunicado do prazo para as providências cabíveis".

284 | CURSO DE DIREITO TRIBUTÁRIO BRASILEIRO – *Marcus Abraham*

Essa medida é regulada pela Lei nº 9.492/1997, estabelecendo que o protesto é ato formal e solene pelo qual se provam a inadimplência e o descumprimento de obrigação originada em títulos e outros documentos de dívida (art. 1º). Mas a sua utilização plena pelas Fazendas Públicas só se deu com o advento da Lei nº 12.767/2012, por meio da qual se acrescentou o parágrafo único ao art. 1º, para incluir entre os títulos sujeitos a protesto as certidões de dívida ativa da União, dos Estados, do Distrito Federal, dos Municípios e das respectivas autarquias e fundações públicas.

Tal providência já foi considerada injusta por caracterizar um constrangimento abusivo com natureza de sanção. Não obstante, hoje os tribunais entendem ser válido esse meio de cobrança tributária. O STF, ao julgar a ADI nº 5.135[43] em 2016, declarou ser o protesto de CDA constitucional e não se tratar de uma sanção política.

Por sua vez, o STJ[44] decidiu que União, Estados e Municípios podem efetuar o protesto da Certidão de Dívida Ativa (CDA) para cobrar débitos de contribuintes inadimplentes, bem como entendeu que tal protesto poderia ser feito desde a entrada em vigor da Lei nº 9.492/1997 (a alteração inserida pela Lei nº 12.767/2012 apenas teria explicitado o protesto de CDA que já era possível anteriormente).[45]

Em 09/12/2020, foram julgadas conjuntamente diversas ADIs (ADI 5.881, 5.886, 5.890, 5.925, 5.931 e 5.932) em que o STF vedou a possibilidade de a Fazenda Nacional tornar indisponíveis, administrativamente, bens dos contribuintes devedores para garantir o pagamento dos débitos fiscais a serem executados. Contudo, afirmou ser constitucional a averbação, inclusive por meio eletrônico, da CDA nos órgãos de registro de bens e direitos sujeitos a arresto ou penhora, relativamente aos créditos inscritos em dívida ativa da União. Ademais, reputou constitucional a comunicação da inscrição em dívida ativa aos órgãos que operam bancos de dados e cadastros relativos a consumidores e aos serviços de proteção ao crédito e congêneres (tais como SPC e SERASA).[46]

---

43 STF. ADI 5.135. Rel. Min. Roberto Barroso, Pleno, julg. 09/11/2016: "1. O parágrafo único do art. 1º da Lei nº 9.492/1997, inserido pela Lei nº 12.767/2012, que inclui as Certidões de Dívida Ativa – CDA no rol dos títulos sujeitos a protesto, é compatível com a Constituição Federal, tanto do ponto de vista formal quanto material. [...] Fixação da seguinte tese: 'O protesto das Certidões de Dívida Ativa constitui mecanismo constitucional e legítimo, por não restringir de forma desproporcional quaisquer direitos fundamentais garantidos aos contribuintes e, assim, não constituir sanção política'".

44 STJ. REsp 1.686.659 (recurso repetitivo), Rel. Min. Herman Benjamin, 1ª Seção, julg. 28/11/2018.

45 STJ. EREsp 1.109.579, Rel. Min. Mauro Campbell Marques, 1ª Seção, julg. 27/10/2021.

46 STF. ADIs 5.881, 5.886, 5.890, 5.925, 5.931 e 5.932, Rel. Min. Marco Aurélio, Rel. p/ Acórdão: Min. Roberto Barroso, Pleno, julg. 09/12/2020.

Capítulo 12

INFRAÇÕES, CRIMES E SANÇÕES EM MATÉRIA TRIBUTÁRIA

12.1. DIREITO TRIBUTÁRIO PENAL E DIREITO PENAL TRIBUTÁRIO

Inicialmente, para melhor compreensão da temática, deve-se distinguir as expressões "Direito Tributário Penal" e "Direito Penal Tributário". Saliente-se que esta diferenciação, contudo, não é qualitativa ou ontológica, mas sim didática, para identificação de procedimentos e penas diferentes a serem aplicados, sendo comum falar-se hoje em um *conceito unitário de injusto*. O ilícito, seja de natureza penal, civil, administrativa ou tributária, configura **infração à ordem jurídica** como um todo, variando apenas sua forma de persecução e punição de acordo com a classificação conforme este ou aquele ramo do Direito.

A expressão "Direito Tributário Penal" refere-se às normas de direito tributário propriamente dito (e não de direito penal) que punem **na seara administrativo-tributária** as condutas reputadas como ilícitas, isto é, a punição das chamadas infrações administrativo-tributárias de descumprimento de obrigações tributárias, desprovidas de caráter criminal em sentido estrito. Obviamente, tais condutas apresentam caráter de ilicitude e são objeto de sanção, porém sem alcançar a reprimenda propriamente criminal, dentro da lógica de que o Direito Penal em sentido estrito deve atuar como *ultima ratio* (princípio penal da *ultima ratio* ou da intervenção penal mínima).

Aplicam-se aqui apenas punições administrativo-tributárias pelo descumprimento de obrigações tributárias principais ou acessórias (instrumentais), com destaque para a principal delas, a saber, a aplicação da **multa tributária** (sanção pecuniária), mas podendo-se também identificar outros atos sancionatórios como a **apreensão de bens e mercadorias**, a **cassação ou suspensão de regime especial de tributação** e mesmo a **restrição a direitos,** tal como a cassação de registro especial para fabricantes de cigarros quando reiteradamente inadimplentes.[1]

Já a expressão "Direito Penal Tributário" refere-se às normas de direito penal (criminal) propriamente dito que preveem as condutas reputadas como ilícitas e sua punição **na seara criminal** (e não na administrativo-tributária), isto é, a tipificação e punição de condutas qua-

---

[1] O STF, na ADI 3.952, Rel. Min. Joaquim Barbosa, Rel. p/ Acórdão: Min. Cármen Lúcia, Pleno, julg. 29/11/2023, decidiu que o cancelamento, pela autoridade fiscal, do registro especial de funcionamento de empresa dedicada à fabricação de cigarros – decorrente do "não cumprimento de obrigação tributária principal ou acessória, relativa a tributo ou contribuição administrado pela Secretaria da Receita Federal" (Lei 9.822/1999, art. 1º, na parte que deu nova redação ao Decreto-Lei 1.593/1977, art. 2º, II) – é medida excepcional e deve atender aos critérios da razoabilidade e da proporcionalidade, precedido: (i) da análise da relevância (montante) dos débitos tributários não quitados; (ii) da observância do devido processo legal na aferição da exigibilidade das obrigações tributárias; e (iii) do exame do cumprimento do devido processo legal para a aplicação da sanção.

286 | CURSO DE DIREITO TRIBUTÁRIO BRASILEIRO – *Marcus Abraham*

lificadas como delituosas, que apresentam caráter criminal em sentido estrito. Utiliza-se aqui a expressão "Direito Penal Tributário" para enfatizar que os tipos penais previstos envolvem condutas de violação de normas tributárias consideradas graves o suficiente para receber a reprimenda criminal, inclusive com possibilidade de aplicação de pena privativa de liberdade (pena essa que jamais pode ser aplicada nas punições de meras infrações administrativo-tributárias). Entretanto, como recorda Misabel Derzi,

> [...] nos delitos de fundo tributário, as normas que valoram, que são efetivamente lesadas, *são aquelas tributárias*. O comportamento descrito na lei penal – de sonegação fiscal, de infringência à ordem tributária – se concretizado, realizará a lei penal. Mas a *antijuridicidade* (vale dizer, o injusto ou a ilicitude da ação) só se compreende por meio da interpretação e integração das leis tributárias, que definirão os deveres e direitos que devem ser observados.[2]

Isso não significa que uma mesma conduta não possa ser, ao mesmo tempo, valorada negativamente tanto no âmbito administrativo-tributário como no penal. De uma única conduta podem ser gerados efeitos punitivos tanto no âmbito tributário (sanção administrativa) como no criminal (sanção penal).

Há, contudo, uma autonomia e independência relativa das esferas. Como a esfera penal é considerada mais gravosa, se nela for negada a materialidade (existência) ou autoria do delito, essa decisão necessariamente repercutirá na seara administrativo-tributária. Da mesma forma, caso se considere que o ilícito administrativo-tributário não ocorreu, tampouco haverá crime, por ausente qualquer violação da ordem tributária a tutelar com a norma penal. Contudo, é plenamente possível que o contrário ocorra: a existência de um ilícito tributário que não configure delito, como é usualmente o caso do mero inadimplemento de um tributo ou de uma obrigação acessória.

Quanto à questão da responsabilidade pela conduta ilícita, também existe diferença entre Direito Tributário Penal e Direito Penal Tributário.

No Direito Tributário Penal, a responsabilidade é, em regra, **objetiva**, fazendo-se abstração da real intenção do agente, nos termos do art. 136 do CTN: "Art. 136. Salvo disposição de lei em contrário, a responsabilidade por infrações da legislação tributária *independe da intenção do agente ou do responsável* e da efetividade, natureza e extensão dos efeitos do ato".

Por sua vez, no Direito Penal Tributário, segue-se a regra geral do Direito Penal de que a responsabilidade do agente delituoso é **subjetiva**, isto é, exige-se a existência do elemento subjetivo da culpa em sentido amplo (dolo ou culpa *stricto sensu*) do agente.

12.2. MULTAS TRIBUTÁRIAS

Passemos agora à análise das **espécies de multas tributárias**, a saber: 1. multas moratórias; 2. multas punitivas; 3. multas qualificadas; 4. multas isoladas.

As **multas moratórias** são aquelas aplicadas pela simples ausência de pagamento do tributo no prazo devido estabelecido na legislação tributária (vencimento), como forma de ressarcir o erário pelas perdas advindas da não disponibilidade do recurso oriundo do tributo no prazo adequado. Por se vincular à mora no pagamento, somente pode ser aplicada àqueles que deram causa a tal atraso. Assim, por exemplo, se houve mora por parte do contribuinte, a multa moratória não pode ser aplicada ao responsável tributário a quem não cabia o pagamento no prazo ordinário.

---

[2] DERZI, Misabel Abreu Machado. Alguns aspectos ainda controvertidos relativos aos delitos contra a ordem tributária. In: MARTINS, Ives Gandra da Silva; BRITO, Edvaldo Pereira de (Org.). *Direito tributário*: direito penal tributário (Coleção Doutrinas Essenciais). v. VIII. São Paulo: RT, 2011. p. 359.

No âmbito da União, atualmente, a multa moratória é de 0,33% por dia de atraso, até chegar a um limite de 20%, de acordo com o art. 61 da Lei nº 9.430/1996.

Interessante discussão que chegou aos Tribunais[3] diz respeito à tentativa do contribuinte de que fosse aplicada à multa moratória a limitação de 2% ao mês do Código de Defesa do Consumidor. Contudo, a pretensão foi rechaçada, por se tratar de relação jurídica tributária entre a Administração e o contribuinte, regida por normas de direito público e não por normas voltadas a disciplinar as relações de consumo.

As **multas punitivas em sentido amplo** abarcam aquelas espécies de multa cujo objetivo é apenar o sujeito passivo por conduta ilícita praticada. Podem ser divididas em multa punitiva em sentido estrito (também chamada de multa de ofício), multa qualificada e multa isolada.

As **multas punitivas em sentido estrito** são aquelas destinadas a punir a conduta ilícita de descumprimento da obrigação principal, sendo também chamadas de *multas de ofício* por serem aplicadas *ex officio* pela autoridade tributária por meio de auto de infração. Trata-se de hipóteses em que o tributo devido não foi pago – total ou parcialmente – pelo sujeito passivo, ou em que este tributo não foi pago pois ausente a declaração ou apresentada uma declaração inexata.

Na esfera da União, a multa punitiva é, em regra, fixada em 75% do valor inadimplido, nos termos do art. 44, *caput*, I, da Lei nº 9.430/1996.[4]

As **multas qualificadas ou agravadas** são aquelas multas punitivas em que, verificada uma infração mais grave (tal como sonegação, fraude ou conluio), pune-se a violação da norma com aplicação de um percentual superior ao usual, para salientar o desvalor e gravidade da conduta praticada e exacerbar a penalidade.

Na esfera da União, o valor da multa qualificada[5] corresponde a 100% sobre a totalidade ou a diferença de imposto ou de contribuição objeto do lançamento de ofício (e não mais o percentual usual de 75%, nos termos do art. 44, § 1º, VI, da Lei nº 9.430/1996 (incluído pela Lei nº 14.689/2023), para os casos de sonegação,[6] fraude[7] e conluio[8] (previstos nos arts. 71, 72 e 73 da Lei nº 4.502/1964).

---

[3] STJ. AgRg no Ag 1.318.384, Rel. Min. Mauro Campbell Marques, 2ª Turma, julg. 26/10/2010: "[...] 7. O art. 52, § 1º, do CDC somente se aplica às relações de direito privado, não alcançando as relações tributárias, pelo que incabível a redução da multa para o percentual máximo de 2% (dois por cento)."

[4] Art. 44. Nos casos de lançamento de ofício, serão aplicadas as seguintes multas: I – de 75% (setenta e cinco por cento) sobre a totalidade ou diferença de imposto ou contribuição nos casos de falta de pagamento ou recolhimento, de falta de declaração e nos de declaração inexata.

[5] Quanto aos limites da multa tributária punitiva *qualificada* em razão de sonegação, fraude ou conluio, tendo em vista a vedação constitucional ao efeito confiscatório, o STF, no RE 736.090 (repercussão geral – Tema 863), Rel. Min. Dias Toffoli, Pleno, julg. 03/10/2024, decidiu: "*Tese*: Até que seja editada lei complementar federal sobre a matéria, a multa tributária qualificada em razão de sonegação, fraude ou conluio limita-se a 100% (cem por cento) do débito tributário, podendo ser de até 150% (cento e cinquenta por cento) do débito tributário, caso se verifique a reincidência definida no art. 44, § 1º-A, da Lei nº 9.430/96, incluído pela Lei nº 14.689/23, observando-se, ainda, o disposto no § 1º-C do citado artigo".

[6] Art. 71. Sonegação é toda ação ou omissão dolosa tendente a impedir ou retardar, total ou parcialmente, o conhecimento por parte da autoridade fazendária: I – da ocorrência do fato gerador da obrigação tributária principal, sua natureza ou circunstâncias materiais; II – das condições pessoais de contribuinte, suscetíveis de afetar a obrigação tributária principal ou o crédito tributário correspondente.

[7] Art. 72. Fraude é toda ação ou omissão dolosa tendente a impedir ou retardar, total ou parcialmente, a ocorrência do fato gerador da obrigação tributária principal, ou a excluir ou modificar as suas características essenciais, de modo a reduzir o montante do imposto devido a evitar ou diferir o seu pagamento.

[8] Art. 73. Conluio é o ajuste doloso entre duas ou mais pessoas naturais ou jurídicas, visando qualquer dos efeitos referidos nos arts. 71 e 72.

Nos casos em que verificada a reincidência do sujeito passivo, o valor da multa qualificada corresponderá a 150% sobre a totalidade ou a diferença de imposto ou de contribuição objeto do lançamento de ofício, conforme art. 44, § 1º, VII, Lei nº 9.430/1996 (incluído pela Lei nº 14.689/2023). Verifica-se a reincidência quando, no prazo de dois anos, contado do ato de lançamento em que tiver sido imputada a ação ou omissão por sonegação, fraude ou conluio, ficar comprovado que o sujeito passivo incorreu novamente em qualquer uma dessas ações ou omissões (art. 44, § 1º-A, Lei nº 9.430/1996 – incluído pela Lei nº 14.689/2023).

Além disso, tais percentuais de 75%, 100% e 150% ainda podem ser aumentados de metade (ou seja, um total de 112,5%, 150% e 225%, respectivamente) quando o sujeito passivo, intimado para esclarecer fatos e apresentar documentos sobre as possíveis infrações cometidas, não o faz. Nos termos do art. 44, § 2º, da Lei nº 9.430/1996, haverá essa majoração sempre que o sujeito passivo não atender, no prazo marcado, a intimação para: I – prestar esclarecimentos; II – apresentar os arquivos ou sistemas de pessoas jurídicas que utilizarem sistemas de processamento eletrônico de dados para registrar negócios e atividades econômicas ou financeiras, escriturar livros ou elaborar documentos de natureza contábil ou fiscal; III – apresentar a documentação técnica referente ao sistema de processamento de dados.

Contudo, a qualificação da multa não se aplica quando: I – não restar configurada, individualizada e comprovada a conduta dolosa de sonegação, fraude ou conluio; II – houver sentença penal de absolvição com apreciação de mérito em processo do qual decorra imputação criminal do sujeito passivo (art. 44, § 1º-C, Lei nº 9.430/1996 – incluído pela Lei nº 14.689/2023).

As **multas isoladas** são aquelas aplicadas isoladamente pelo descumprimento de obrigação acessória (instrumental) ou, ainda, a própria multa moratória isoladamente aplicada quando o tributo foi pago em sua integralidade, mas após seu prazo de vencimento. Recebem este nome pois, neste caso, há o lançamento e cobrança tão somente da multa isolada, diferentemente de quando ocorre o descumprimento da obrigação principal, em que deverá haver conjuntamente tanto o lançamento de ofício da obrigação principal como o da multa.

As multas isoladas por descumprimento de obrigação acessória apenam a violação de uma obrigação de fazer. Por sua vez, a multa punitiva em sentido estrito pune o descumprimento da obrigação principal, que é precisamente uma obrigação de dar.

A seguir estão alguns exemplos de multas previstas no art. 7º da Lei nº 10.426/2002 por descumprimento de obrigações acessórias referentes a não entrega de declarações:

1. *deixar de apresentar, no prazo fixado, Declaração de Informações Econômico-Fiscais da Pessoa Jurídica – DIPJ*: multa de dois por cento ao mês-calendário ou fração, incidente sobre o montante do imposto de renda da pessoa jurídica informado na DIPJ, ainda que integralmente pago, no caso de falta de entrega desta Declaração ou entrega após o prazo, limitada a vinte por cento;

2. *deixar de apresentar, no prazo fixado, Declaração de Débitos e Créditos Tributários Federais – DCTF, Declaração Simplificada da Pessoa Jurídica, Declaração de Imposto de Renda Retido na Fonte – DIRF*: de dois por cento ao mês-calendário ou fração, incidente sobre o montante dos tributos e contribuições informados na DCTF, na Declaração Simplificada da Pessoa Jurídica ou na Dirf, ainda que integralmente pago, no caso de falta de entrega destas Declarações ou entrega após o prazo, limitada a vinte por cento;

3. *deixar de apresentar, no prazo fixado, Demonstrativo de Apuração de Contribuições Sociais – Dacon*: de 2% (dois por cento) ao mês-calendário ou fração, incidente sobre o montante da Cofins, ou, na sua falta, da contribuição para o PIS/Pasep, informado no Dacon, ainda que integralmente pago, no caso de falta de entrega desta Declaração ou entrega após o prazo, limitada a 20% (vinte por cento);

Outra discussão importante quanto à aplicação das multas tributárias diz respeito à tensão existente entre o **caráter punitivo e repressivo da multa** e a razoabilidade na aplicação da mesma, para se evitar um efeito confiscatório caso o percentual da multa seja reputado excessivo e desproporcional.

Há autores, como Guilherme Cezaroti,[9] a sustentar que os percentuais de multas tributárias previstos na legislação, tais como os de 75% e 150% (para tributos federais) sobre o valor não recolhido, não devem ser aplicados de forma fixa, mas sim graduados de acordo com a gravidade da conduta.

Assim, tais percentuais funcionariam apenas como teto ou máximo, sem prejuízo de que a Administração Tributária, sopesando os fatos concretos, aplique percentuais menores proporcionais à gravidade da conduta, tal como se faz no Direito Penal. O objetivo de tal formulação é justamente evitar o excesso de punição que se assemelharia a um confisco com prejuízo da atividade econômica do sujeito passivo. Para os que sustentam tal posição, os princípios da individualização e da proporcionalidade (razoabilidade) da pena, presentes na esfera penal, devem ser aplicados também ao direito sancionatório administrativo-tributário, por se tratarem de princípios reitores de todo o direito punitivo estatal, independentemente se na seara criminal, administrativa ou tributária.

Contudo, tal tese pode sofrer a crítica de que, no modo como estruturado o Código Penal, são enunciados um máximo e mínimo de pena, a indicar claramente a possibilidade de graduação, o que não costuma ocorrer nas multas previstas nas normas tributárias, que são apresentadas em percentual fixo e único. Além disso, é comum que o Fisco alegue não se poder falar em vedação ao confisco em referência às multas, em razão de que o texto da Constituição somente vedaria o uso confiscatório dos tributos (art. 150, IV, CF/88), mas não de penas tributárias. Estas últimas devem apresentar um caráter gravoso, que por vezes supera o próprio valor a ser pago a título de tributo, para cumprir sua função punitiva e repressiva, isto é, a vantagem obtida com o não pagamento do tributo deve ser anulada pela exacerbação da pena. Por isso, a Administração Tributária, na prática, não realiza qualquer gradação, simplesmente aplicando o percentual fixo previsto em lei.

Todavia, o próprio Supremo Tribunal Federal já teve a oportunidade de, analisando a constitucionalidade de normas que veiculavam multas tributárias, reputá-las inconstitucionais por apresentarem percentuais excessivos e confiscatórios. É que a Suprema Corte, ao interpretar o art. 150, IV[10] da Constituição (que veda utilizar tributo com efeito de confisco), já entendeu que tal vedação se aplica também às multas tributárias, e não somente à cobrança de tributos propriamente ditos.

A esse respeito, pode-se exemplificar com o elucidativo caso de uma multa fiscal de 300% reputada pelo Plenário do STF como confiscatória, em sede cautelar, à luz do art. 150, IV da Constituição.[11] Também o Pleno do STF teve a oportunidade de declarar inconstitucional, por

---

[9]   CEZAROTI, Guilherme. Individualização das penalidades e aplicação do art. 49 do Código Penal: novos limites para a imposição de multas tributárias. *Revista Dialética de Direito Tributário*, nº 208, jan. 2013.

[10]   Constituição Federal – Art. 150. Sem prejuízo de outras garantias asseguradas ao contribuinte, é vedado à União, aos Estados, ao Distrito Federal e aos Municípios: IV – utilizar tributo com efeito de confisco [...].

[11]   STF. ADI 1.075 MC, Rel. Min. Celso de Mello, Pleno, julg. 17/06/1998: "Hipótese que versa o exame de diploma legislativo (Lei 8.846/94, art. 3º e seu parágrafo único) que instituiu multa fiscal de 300% (trezentos por cento). – A proibição constitucional do confisco em matéria tributária – ainda que se trate de multa fiscal resultante do inadimplemento, pelo contribuinte, de suas obrigações tributárias – nada mais representa senão a interdição, pela Carta Política, de qualquer pretensão governamental que possa conduzir, no

290 CURSO DE DIREITO TRIBUTÁRIO BRASILEIRO – *Marcus Abraham*

seu caráter confiscatório, o art. 57, § 3º, do Ato das Disposições Constitucionais Transitórias da Constituição do Estado do Rio de Janeiro, que criava multa tributária de, no mínimo, cinco vezes o valor do imposto ou da taxa estaduais sonegados.[12] A Primeira Turma do STF[13] decidiu ser confiscatória uma multa moratória de 30% sobre o valor devido, reduzindo-a para 20%, por força do art. 150, IV, da Constituição.[14] Entendeu-se que o desvalor da conduta no caso de mora no pagamento do tributo é bastante inferior à situação de seu não pagamento, o que não justificaria reprimenda elevada.

Verifica-se assim que, para a mais alta Corte da Nação, o critério de razoabilidade no estabelecimento das penalidades tributárias deve estar presente na confecção das leis tributárias punitivas, justamente para evitar o efeito tributário confiscatório, que é estendido também às multas fiscais. A dificuldade está justamente em estabelecer a linha divisória a partir da qual fica marcado o confisco, o que deverá ser feito diante das circunstâncias do caso concreto e do grau de afetação das atividades, patrimônio e renda do sujeito passivo em exame. Como leciona Humberto Ávila, o STF chega à conclusão de que medidas estatais não podem restringir excessivamente um direito fundamental, inviabilizando seu gozo substancialmente, nem cercear sobremaneira o livre exercício da atividade econômica. E remata afirmando que "independentemente da justificativa da imposição do tributo ou da multa, há um limite para a imposição, que é justamente aquele que, mediante construção jurisprudencial, oferece os contornos do núcleo essencial do princípio que está sendo restringido".[15]

12.3. DENÚNCIA ESPONTÂNEA

A **denúncia espontânea** consiste no fato de o infrator espontaneamente confessar sua infração tributária antes do início de qualquer procedimento administrativo ou medida de fiscalização relacionados com a infração. Tal confissão, desde que acompanhada do pagamento do tributo devido e dos juros de mora, ou do depósito da importância arbitrada pela autoridade administrativa, quando o montante do tributo dependa de apuração, tem o efeito de excluir a responsabilidade por infração (art. 138, CTN).

Nas palavras de Heleno Taveira Torres,[16]

---

campo da fiscalidade, à injusta apropriação estatal, no todo ou em parte, do patrimônio ou dos rendimentos dos contribuintes, comprometendo-lhes, pela insuportabilidade da carga tributária, o exercício do direito a uma existência digna, ou a prática de atividade profissional lícita ou, ainda, a regular satisfação de suas necessidades vitais básicas. [...]".

[12] STF. ADI 551, Rel. Min. Ilmar Galvão, Pleno, julg. 24/10/2002: "A desproporção entre o desrespeito à norma tributária e sua consequência jurídica, a multa, evidencia o caráter confiscatório desta, atentando contra o patrimônio do contribuinte, em contrariedade ao mencionado dispositivo do texto constitucional federal. Ação julgada procedente."

[13] STF. AI 727.872 AgR, Rel. Min. Roberto Barroso, 1ª Turma, julg 28/04/2015: "1. É possível realizar uma dosimetria do conteúdo da vedação ao confisco à luz da espécie de multa aplicada no caso concreto. 2. Considerando que as multas moratórias constituem um mero desestímulo ao adimplemento tardio da obrigação tributária, nos termos da jurisprudência da Corte, é razoável a fixação do patamar de 20% do valor da obrigação principal".

[14] O Pleno do STF, no RE 582.461 (repercussão geral), também reputou razoável uma multa moratória de 20%.

[15] ÁVILA, Humberto Bergmann. *Sistema constitucional tributário*. 4. ed. São Paulo: Saraiva, 2010. p. 408.

[16] TORRES, Heleno Taveira. Transação, arbitragem e conciliação judicial como medidas alternativas para resolução de conflitos entre administração e contribuintes: simplificação e eficiência administrativa. *Revista Fórum de Direito Tributário*, Belo Horizonte, ano 1, n. 2, mar./abr. 2003.

Parte II · Cap. 12 · INFRAÇÕES, CRIMES E SANÇÕES EM MATÉRIA TRIBUTÁRIA | 291

[...] pela denúncia espontânea, o contribuinte pode evitar a aplicação de multas decorrentes do descumprimento de obrigação tributária patrimonial, admitindo-se apenas incidência dos juros moratórios e atualização monetária, ambos despidos de natureza sancionatória. [...] O regime de denúncia espontânea, contudo, somente aperfeiçoa-se quando praticado antes de qualquer *procedimento administrativo* ou *medida de fiscalização*.

O objetivo do instituto é estimular o sujeito passivo ao cumprimento espontâneo de suas obrigações tributárias, dispensando-o do pagamento de multa se assim o fizer (espécie de *sanção positiva* ou *premial*), ao mesmo tempo que simplifica o trabalho de fiscalização e arrecadação ao evitar que seja o Fisco a ter de identificar a infração para realizar um lançamento de ofício (infração esta que talvez sequer viesse a ser descoberta pela Administração Tributária).

Como se trata de modalidade que impede a aplicação da sanção de multa tributária, é aqui referida de modo sumário, sendo explicada de forma mais detalhada no capítulo referente ao processo tributário, ao qual remetemos.

12.4. INFRAÇÃO E CRIMES CONTRA A ORDEM TRIBUTÁRIA

Como mencionado anteriormente, as infrações administrativo-tributárias são aquelas condutas de descumprimento de obrigações tributárias (ilícitos tributários) cuja punição se dará na seara administrativo-tributária, sendo tais punições desprovidas de caráter criminal em sentido estrito. Obviamente, tais condutas apresentam caráter de ilicitude e são objeto de sanção, porém sem alcançar a reprimenda propriamente criminal, dentro da lógica de que o Direito Penal em sentido estrito deve atuar como *ultima ratio* (princípio penal da *ultima ratio* ou da intervenção penal mínima).

Por sua vez, como também já visto, algumas condutas que violam a ordem tributária são reputadas tão graves que merecem a reprimenda penal, constituindo delitos tipificados pelas normas de direito penal (criminal) propriamente dito e com punição na seara criminal (e não meramente administrativo-tributária), inclusive com possibilidade de aplicação de pena privativa de liberdade (pena essa que jamais pode ser aplicada nas punições de meras infrações administrativo-tributárias).

Os **crimes contra a ordem tributária** estão definidos em legislação penal especial, a saber, a Lei nº 8.137/1990, em seus arts. 1º, 2º e 3º.[17] As condutas previstas nos arts. 1º e 2º, cometidas por particulares, são chamadas tradicionalmente de *crimes de sonegação fiscal* (com exceção do art. 2º, II, chamado de *crime de apropriação indébita tributária*). Já as condutas previstas no art. 3º recebem o nome de *crimes funcionais contra a ordem tributária*, por serem cometidos por funcionários públicos.

A doutrina penal indica que, nos crimes contra a ordem tributária (espécie do gênero *crimes econômicos*), **o bem jurídico tutelado é a ordem tributária**, compreendida como o interesse arrecadatório do Estado, em razão da necessidade de recursos para atender às

---

[17] Na verdade, existem também outros crimes previstos em outros diplomas legislativos que podem ser considerados contra a ordem tributária, embora não sejam aqui tratados. São eles: 1. descaminho (art. 334, segunda parte, Código Penal), que tem por objeto o pagamento de tributos relacionados à exportação ou importação; 2. sonegação de contribuição previdenciária (art. 337-A, Código Penal); 3. apropriação indébita previdenciária (art. 168-A, Código Penal); 4. excesso de exação – crime funcional (art. 316, § 1º, Código Penal); 5. facilitação de contrabando ou descaminho – crime funcional (art. 318, Código Penal); 6. falsificação de papéis públicos em matéria tributária (art. 293, inc. I e V, Código Penal).

demandas coletivas e realizar políticas públicas em favor da população. Indicam-se também outros bens jurídicos indiretamente tutelados, como a livre-concorrência (pois o não pagamento do tributo devido gera uma concorrência desleal) e a própria Administração Pública, que restaria desacreditada em seu mister de cobrar tributos isonomicamente e de acordo com a capacidade contributiva.

Trata-se de **crime comum**, não sendo exigível a qualidade de sujeito passivo tributário (contribuinte ou responsável) para se cometer o delito. Por exemplo, embora a pessoa jurídica seja a contribuinte de um tributo, e não seus administradores, estes últimos é que poderão responder penalmente pelos delitos contra a ordem tributária cometidos valendo-se da pessoa jurídica, uma vez que, diferentemente dos delitos ambientais, não existe no direito brasileiro responsabilização penal de pessoa jurídica por crimes tributários.

Como a responsabilidade penal é em regra subjetiva, caso a conduta delituosa seja praticada no âmbito de pessoa jurídica, serão os seus gestores os penalmente responsáveis. Nesse caso, contudo, deve ser demonstrada a culpa do agente delituoso, comprovando-se sua efetiva participação nas decisões que levaram ao delito. Não é a mera condição de sócio ou administrador que levará à criminalização da pessoa, para se evitar a responsabilidade penal objetiva.

Interessante discussão existe na seara dos crimes contra a ordem tributária em relação à figura do autor do delito. Em regra, o autor é aquele que realiza a conduta descrita no verbo-núcleo do tipo (por exemplo, a conduta de "suprimir ou reduzir" o tributo). Contudo, materialmente, esta conduta pode ser executada por alguém que não é o gestor da empresa, mas sim um empregado, o que tornaria o gestor um mero partícipe.

Todavia, nessas espécies de crime, entra em cena a **teoria do domínio do fato ou da organização**, isto é, a de que a pessoa que efetivamente detinha o domínio da conduta, ou que efetivamente decidiu se a conduta ocorrerá ou não, é de fato o autor da conduta delituosa, ainda que não tenha sido ele materialmente a realizar a conduta (por exemplo, falsificar uma nota fiscal).

Além disso, o art. 16, parágrafo único, da Lei nº 8.137/1990 estabelece uma *causa de diminuição de pena* aplicável a todos os delitos contra a ordem tributária, a saber, quando forem cometidos em quadrilha ou coautoria, o coautor ou partícipe que mediante confissão espontânea revelar à autoridade policial ou judicial toda a trama delituosa terá a sua pena reduzida de um a dois terços, de acordo com a contribuição para a revelação da trama. Trata-se de um benefício penal que premia a delação do *modus operandi* da quadrilha ou do coautor.

O elemento objetivo do tipo revolve em torno das condutas básicas de *suprimir* ou *reduzir* o tributo, previstas no *caput* do art. 1º da Lei nº 8.137/1990, combinadas com expedientes enganosos ou fraudulentos previstos nos incisos dos arts. 1º ou 2º. Por óbvio, o mero inadimplemento de tributo, sem a presença de ardil ou fraude, não constitui crime, tampouco o planejamento tributário lícito. Como afirma Misabel Derzi, "a desonestidade passível de incriminação não se apresenta pelo não pagamento do tributo, mas pelo engodo, embuste, pelo ludíbrio a que a Fazenda Pública é conduzida por meio dessas ações".[18]

Supressão do tributo significa não pagamento integral do tributo devido. *Redução do tributo* significa pagar apenas parcialmente o tributo devido. A menção existente a contribuições se dá em razão de que, em 1990, quando da promulgação da lei, ainda era bastante discutida a questão da natureza tributária das contribuições.

---

[18] DERZI, Misabel Abreu Machado. op. cit. p. 364.

Parte II · Cap. 12 · INFRAÇÕES, CRIMES E SANÇÕES EM MATÉRIA TRIBUTÁRIA | **293**

Para alcançar essas finalidades criminosas, pode-se lançar mão de uma série de condutas fraudulentas detalhadas nos incisos dos arts. 1º e 2º da Lei nº 8.137/1990 como formas concretas de realizar os verbos-núcleo previstos no *caput*, a saber:

Art. 1º Constitui crime contra a ordem tributária suprimir ou reduzir tributo, ou contribuição social e qualquer acessório, mediante as seguintes condutas:

I – omitir informação, ou prestar declaração falsa às autoridades fazendárias;

II – fraudar a fiscalização tributária, inserindo elementos inexatos, ou omitindo operação de qualquer natureza, em documento ou livro exigido pela lei fiscal;

III – falsificar ou alterar nota fiscal, fatura, duplicata, nota de venda, ou qualquer outro documento relativo à operação tributável;

IV – elaborar, distribuir, fornecer, emitir ou utilizar documento que saiba ou deva saber falso ou inexato;

V – negar ou deixar de fornecer, quando obrigatório, nota fiscal ou documento equivalente, relativa a venda de mercadoria ou prestação de serviço, efetivamente realizada, ou fornecê-la em desacordo com a legislação.

Parágrafo único. A falta de atendimento da exigência da autoridade, no prazo de 10 (dez) dias, que poderá ser convertido em horas em razão da maior ou menor complexidade da matéria ou da dificuldade quanto ao atendimento da exigência, caracteriza a infração prevista no inciso V.

Art. 2º Constitui crime da mesma natureza:

I – fazer declaração falsa ou omitir declaração sobre rendas, bens ou fatos, ou empregar outra fraude, para eximir-se, total ou parcialmente, de pagamento de tributo;

II – deixar de recolher, no prazo legal, valor de tributo ou de contribuição social, descontado ou cobrado, na qualidade de sujeito passivo de obrigação e que deveria recolher aos cofres públicos;

III – exigir, pagar ou receber, para si ou para o contribuinte beneficiário, qualquer percentagem sobre a parcela dedutível ou deduzida de imposto ou de contribuição como incentivo fiscal;

IV – deixar de aplicar, ou aplicar em desacordo com o estatuído, incentivo fiscal ou parcelas de imposto liberadas por órgão ou entidade de desenvolvimento;

V – utilizar ou divulgar programa de processamento de dados que permita ao sujeito passivo da obrigação tributária possuir informação contábil diversa daquela que é, por lei, fornecida à Fazenda Pública.

As penas aplicadas são de reclusão de dois a cinco anos, e multa, nos delitos previstos no art. 1º da Lei nº 8.137/1990, e de detenção, de seis meses a dois anos, e multa, nos delitos previstos no art. 2º da Lei nº 8.137/1990.

Os delitos previstos no art. 1º são considerados **crimes materiais**[19] ou de **resultado**, sendo necessário não apenas que o agente pratique a conduta, mas que também se produza o resultado efetivo de suprimir ou reduzir o tributo, causando efetiva lesão ao erário. A exceção é o parágrafo único do art. 1º, que veicula um crime formal de não atender a exigência de autoridade fiscal.

Por sua vez, os delitos tipificados no art. 2º são considerados **crimes formais,** bastando que o agente pratique a conduta prevista no tipo penal, independentemente da produção do

---

[19] Esta também a posição do STF, ao editar a Súmula Vinculante nº 24 e qualificar como *delitos materiais* aqueles previstos no art. 1º da Lei nº 8.137/1990: "Não se tipifica *crime material* contra a ordem tributária, previsto no art. 1º, incisos I a IV, da Lei nº 8.137/90, antes do lançamento definitivo do tributo."

294 | CURSO DE DIREITO TRIBUTÁRIO BRASILEIRO – *Marcus Abraham*

resultado. Não à toa, por ser menor o desvalor da ação, a pena aplicada é menor que aquela aplicável aos delitos previstos no art. 1º. Por se tratar de infrações de menor potencial ofensivo, submete-se à Lei nº 9.099/1995, sendo cabível a suspensão condicional do processo.

12.5. LANÇAMENTO TRIBUTÁRIO E CONDIÇÃO OBJETIVA DE PUNIBILIDADE

Obviamente, é pressuposto para a ocorrência do delito o fato de que o tributo seja devido segundo as normas de direito tributário. Se o tributo não for devido, não há crime.

Nesta espécie de delito, para a posição majoritária em doutrina, **o lançamento definitivo seria condição objetiva de punibilidade**, entendida tal condição como algo exterior à conduta típica, mas que a lei estabelece como indispensável para a punibilidade, não existindo crime antes que a condição objetiva de punibilidade se verifique.[20] Posicionamento aparentado com este é aquele de que a existência de lançamento definitivo configurando o tributo devido seria elementar do tipo, e sua ausência torna o próprio fato atípico (antes do lançamento, a conduta estaria desprovida de tipicidade penal), sendo esta a razão para a inexistência do crime.[21] A Súmula Vinculante nº 24 do STF, por sua redação, parece ter encampado essa última posição: "Não se tipifica crime material contra a ordem tributária, previsto no art. 1º, incisos I a IV, da Lei nº 8.137/90, antes do lançamento definitivo do tributo". Contudo, em julgados da Suprema Corte posteriores à edição da Súmula Vinculante nº 24, em que esta inclusive é citada, fala-se em "ausência de condição objetiva de punibilidade", a demonstrar que o próprio STF não deixa clara a posição doutrinária a que se filia.[22]

Para outra corrente, a necessidade do lançamento definitivo constitui condição objetiva de procedibilidade (portanto, atuante no campo do processo penal) para que seja oferecida a denúncia por crime de sonegação fiscal. Estando ainda pendente de decisão definitiva o pro-

---

[20] "[...] uma terceira corrente (majoritária) sustenta que a decisão final do procedimento administrativo de lançamento funciona como condição objetiva de punibilidade nos crimes materiais contra a ordem tributária. Ou seja, cuida-se de evento futuro e incerto, cujo implemento é condição *sine qua non* para a deflagração da persecução penal. A propósito da natureza e do conteúdo da norma inscrita no art. 83 da Lei nº 9.430/96, o STJ já afirmou por várias vezes que a condição ali existente é condição objetiva de punibilidade. Consequentemente, a ação penal pressupõe haja decisão final sobre a exigência do crédito tributário correspondente" (LIMA, Renato Brasileiro de. *Curso de processo penal*. Niterói: Impetus, 2013. p. 182).

[21] "O crime do art. 1º da Lei nº 8.137/1990, como crime material que é, exige que haja supressão ou redução de tributo. Só se pode suprimir e reduzir o que existe e tem valor certo. O 'tributo', suprimido ou reduzido como resultado das condutas fraudulentas descritas no tipo penal (decorrente do curso causal, portanto), deve ser existente e ter valor determinado. Se não há tributo ou se não se sabe o seu valor, falta à consumação do tipo penal em questão um dos elementos de sua definição legal, o 'tributo' suprimido ou reduzido. Claramente, portanto, 'tributo' é elemento normativo desse tipo penal, se afastando da condição objetiva de punibilidade que, como visto, é uma circunstância extrínseca ao crime" (AVELINE, Paulo Vieira. Crimes materiais contra a ordem tributária (Lei nº 8.137/1990, art. 1º): lançamento definitivo como condição para a sua consumação: crítica aos fundamentos da decisão proferida no julgamento do *habeas corpus* nº 81.611-8/DF. *Revista AJUFERGS*, Porto Alegre, n. 4, nov. 2007, p. 259).

[22] STF. Rcl 10.131 AgR, Rel. Min. Gilmar Mendes, Pleno, julg. 22/05/2014: "A denúncia foi recebida antes da constituição definitiva do crédito tributário. Peculiaridade do caso. A ação penal ficou suspensa até a finalização do procedimento administrativo em virtude de concessão de ordem em *habeas corpus* impetrado pelo reclamante. Sentença penal condenatória proferida após a constituição definitiva do crédito tributário. Condição objetiva de punibilidade atendida".

cesso administrativo, não é possível ofertar a denúncia, sob pena de *ausência de justa causa* para prosseguimento da demanda penal.[23]

Independentemente da fundamentação doutrinária a ser seguida, o resultado prático será o de que a demanda penal não poderá prosperar até que sobrevenha o lançamento definitivo (seja por ausência de tipicidade, de condição objetiva de punibilidade ou de condição objetiva de procedibilidade).

A Súmula Vinculante nº 24 não impede que a denúncia seja ofertada caso pendente demanda tributária (de natureza cível) que discute o débito tributário, exigindo-se apenas o término do processo administrativo com a constituição definitiva do crédito tributário pelo lançamento. Isto não impede que o juiz, facultativamente, decida pela suspensão do processo penal (art. 93, CPP[24]) para aguardar a solução da questão cível.[25]

Ademais, o mero descumprimento de obrigação acessória não é penalmente punível, apenas administrativamente. Esta situação não pode se confundir com o descumprimento de uma obrigação acessória (por exemplo, não entregar uma declaração) que seja veículo para a supressão ou redução ilícitas de tributo.

Neste caso, o delito estará no não recolhimento (total ou parcial) do tributo, e não no descumprimento da obrigação acessória. Seguindo o exemplo dado, deixar de apresentar a declaração do tributo a ser recolhido não é fato delituoso, mas o resultado de não se apresentar a declaração será o não pagamento do tributo, fato este que pode sim configurar crime.

Já quanto ao elemento subjetivo do tipo, a legislação penal não prevê a modalidade culposa para estes delitos, mas apenas sua realização na modalidade dolosa, entendido o dolo como vontade livre e consciente de realizar a conduta descrita no tipo penal. Contudo, existe discussão se é exigido um **elemento subjetivo especial do tipo** ou **dolo específico**, a saber, o ânimo ou fim especial voltado para a supressão ou redução do tributo, ou se bastaria o dolo genérico. Em

---

[23] "Ainda que o Ministro Pertence afirme que seu voto não contrariava a posição do Supremo Tribunal, no que diz respeito a não se constituir o esgotamento da instância administrativa em condição de procedibilidade da ação penal, o fato é que a decisão pela *ausência de justa causa* tem, inegavelmente, a mesma consequência prática: o não exercido da ação enquanto não solucionada a questão na via administrativa" (OLIVEIRA, Eugênio Pacelli de. *Curso de processo penal*. 11. ed. Rio de Janeiro: Lumen Juris, 2009. p. 104).

[24] Art. 93. Se o reconhecimento da existência da infração penal depender de decisão sobre questão diversa da prevista no art. anterior, da competência do juízo cível, e se neste houver sido proposta ação para resolvê-la, o juiz criminal poderá, desde que essa questão seja de difícil solução e não verse sobre direito cuja prova a lei civil limite, suspender o curso do processo, após a inquirição das testemunhas e realização das outras provas de natureza urgente.

[25] STJ. RHC 57.238, Rel. Min. Felix Fischer, 5ª Turma, julg. 02/08/2016: "'A existência de ação cível anulatória do crédito tributário não impede a persecução penal dos agentes em juízo, em respeito à independência das esferas cível e criminal. Precedentes. Ainda que obtido êxito no pedido de antecipação de tutela na seara cível, a fim de impedir a inscrição dos agentes em dívida ativa, condição de procedibilidade da execução fiscal, inadmissível o trancamento da ação penal, notadamente quando a decisão a eles favorável não afetou diretamente o lançamento do tributo devido, que, até decisão definitiva em contrário, não pode ser considerado nulo ou por qualquer outro modo maculado'" (RHC n. 21.929/PR, Quinta Turma, Rel. Min. Jane Silva – Desembargadora Convocada do TJ/MG –, *DJU* de 10/12/2007). II – Não se pode, na hipótese, tomar o fato de existir ação anulatória de débito fiscal, ainda que como questão prejudicial heterogênea facultativa (art. 93 do Código de Processo Penal) da questão penal, porquanto, até aqui, o lançamento do tributo não foi atingido".

296 CURSO DE DIREITO TRIBUTÁRIO BRASILEIRO – *Marcus Abraham*

precedentes mais recentes do STF[26] e do STJ,[27] não se exige dolo específico, o qual é visto como necessário apenas em acórdãos mais antigos.[28]

Em relação à aplicação do princípio da insignificância ou da bagatela a tais delitos, o STF assentou que isto é possível, e deve-se tomar como limite para aplicação da bagatela o valor previsto no art. 20 da Lei nº 10.522/2002 como valor máximo para que os autos da execução fiscal possam ser arquivados em razão de ser considerada a dívida de baixo valor (cujo custo de cobrança, por vezes, supera o próprio valor do débito). Nesta situação, o fato será considerado materialmente atípico, não havendo crime. Com a atualização das Portarias 75 e 130/2012 do Ministério da Fazenda, esse valor é atualmente de R$ 20.000,00 (vinte mil reais), aceito tanto na jurisprudência do STF,[29] como na do STJ.[30]

A regularização fiscal do sujeito passivo, seja pelo pagamento integral do débito ou pelo seu parcelamento, apresenta alguns efeitos na seara penal.

O pagamento integral do tributo ou contribuição social, inclusive acessórios, promovido pelo agente delituoso a qualquer tempo é **causa de extinção de punibilidade** dos crimes contra a ordem tributária (art. 9º, § 2º, Lei nº 10.684/2003),[31] dotado da eficácia de extinguir superve-nientemente a punibilidade do delito.

---

[26] STF. HC 113.418, Rel. Min. Luiz Fux, 1ª Turma, julg. 24/09/2013: "1. O crime de apropriação indébita previdenciária exige apenas 'a demonstração do dolo genérico, sendo dispensável um especial fim de agir, conhecido como animus *rem sibi habendi* (a intenção de ter a coisa para si). Assim como ocorre quanto ao delito de apropriação indébita previdenciária, o elemento subjetivo animador da conduta típica do crime de sonegação de contribuição previdenciária é o dolo genérico, consistente na intenção de concretizar a evasão tributária'".

[27] STJ. AgRg no REsp 1.477.691, Rel. Min. Nefi Cordeiro, 6ª Turma, julg. 11/10/2016: "[...] 3. Em crimes de sonegação fiscal e de apropriação indébita de contribuição previdenciária, este Superior Tribunal de Justiça pacificou a orientação no sentido de que sua comprovação prescinde de dolo específico sendo suficiente, para a sua caracterização, a presença do dolo genérico consistente na omissão voluntária do recolhimento, no prazo legal, dos valores devidos".

[28] STJ. RHC 11.816, Rel. Min. Vicente Leal, 6ª Turma, julg. 26/02/2002: "[...] – Para a caracterização do crime em tela, é necessária a presença do dolo específico, ou seja, o ânimo de furtar-se ao cumprimento da obrigação tributária, inexistente na hipótese em que o contribuinte celebra com a Administração acordo de pagamento parcelado da dívida, resultando atípica a conduta imputada".

[29] STF. HC 121.717, Rel. Min. Rosa Weber, 1ª Turma, julg. 03/06/2014: "3. Para crimes de descaminho, considera-se, para a avaliação da insignificância, o patamar previsto no art. 20 da Lei 10.522/2002, com a atualização das Portarias 75 e 130/2012 do Ministério da Fazenda. Precedentes. 4. Descaminho envolvendo elisão de tributos federais em quantia pouco superior a R$ 10.000,00 (dez mil reais) enseja o reconhecimento da atipicidade material do delito dada a aplicação do princípio da insignificância".

[30] STJ. REsp 1.688.878 (recurso repetitivo), Rel. Min. Sebastião Reis Júnior, 3ª Seção, julg. 28/02/2018: "*Tese*: Incide o princípio da insignificância aos crimes tributários federais e de descaminho quando o débito tributário verificado não ultrapassar o limite de R$ 20.000,00 (vinte mil reais), a teor do disposto no art. 20 da Lei n. 10.522/2002, com as atualizações efetivadas pelas Portarias 75 e 130, ambas do Ministério da Fazenda". No mesmo sentido: STJ. REsp 1.709.029, Rel. Min. Sebastião Reis Júnior, 3ª Seção, julg. 28/02/2018.

[31] STF. ADI 4.273, Rel. Nunes Marques, Pleno, julg. 15/08/2023: "A suspensão da pretensão punitiva e do prazo da prescrição penal, decorrente do parcelamento dos débitos tributários, e a extinção da punibilidade, ante o pagamento integral desses mesmos débitos, mostram-se providências adequadas à proteção do bem jurídico tutelado pelas normas penais incriminadoras, porquanto estimulam e perseguem a reparação do dano causado ao erário em virtude da sonegação. Essas medidas afastam o excesso caracterizado pela restrição ao direito fundamental à liberdade, derivado da imposição da sanção penal, quando os débitos estiverem sendo regularmente pagos ou já tenham sido integralmente quitados, o que revela, nesse caso, a suficiência das normas tributárias para a proteção do patrimônio público".

Por sua vez, o art. 83 da Lei nº 9.430/1996 (redação dada pela Lei nº 12.350/2010) estabelece que a representação fiscal para fins penais relativa aos crimes contra a ordem tributária será encaminhada ao Ministério Público apenas após proferida a decisão final, na esfera administrativa, sobre a exigência fiscal do crédito tributário correspondente.[32]

Contudo, havendo concessão de parcelamento do débito tributário, a representação fiscal para fins penais somente poderá ser encaminhada ao Ministério Público após a exclusão da pessoa física ou jurídica do parcelamento (art. 83, § 1º).

Ademais, embora não seja extinta (só o será com o pagamento integral), a pretensão punitiva do Estado referente aos crimes contra a ordem tributária fica suspensa durante o período em que a pessoa física ou a pessoa jurídica relacionada com o agente dos aludidos crimes estiver incluída no parcelamento, desde que o pedido de parcelamento tenha sido formalizado antes do recebimento da denúncia criminal (art. 83, § 2º). Nesse caso, a prescrição criminal não corre durante o período de suspensão da pretensão punitiva (art. 83, § 3º).[33]

Assim, enquanto o pagamento integral do débito constitui **causa de extinção da punibilidade**, o parcelamento configura mera **causa de suspensão da pretensão punitiva** do Estado. Se o parcelamento for adimplido até o final (com o pagamento do principal e acessórios), naturalmente dará lugar à extinção da punibilidade pelo pagamento integral (art. 83, § 4º).

Por fim, o art. 83, § 6º, da Lei nº 9.430/1996 (combinado com o art. 9º, § 2º, Lei nº 10.684/2003) explicita que a causa de extinção de punibilidade do pagamento integral do débito tributário (com acessórios) aplica-se aos processos administrativos e aos inquéritos e processos em curso.

12.6. APROPRIAÇÃO INDÉBITA E CRIMES FUNCIONAIS

A **apropriação indébita tributária** configura-se quando o agente deixar de recolher, no prazo legal, valor de tributo ou de contribuição social, descontado ou cobrado, na qualidade de sujeito passivo de obrigação e que deveria recolher aos cofres públicos, nos termos do art. 2º, II da Lei nº 8.137/1990.

Quanto ao elemento objetivo do tipo, distingue-se da sonegação por não exigir que haja fraude. A conduta típica é deixar de recolher aos cofres públicos o valor do tributo que estava obrigado legalmente a recolher ao Fisco no lugar do contribuinte, uma vez que se trata de responsável tributário em sentido amplo (substituto ou responsável em sentido estrito).

O exemplo clássico deste delito é o do empregador que desconta na folha de pagamento de seu empregado o Imposto de Renda devido por este último, sem, contudo, repassar o valor retido ao erário.

Já quanto ao elemento subjetivo do tipo, é prevista apenas a modalidade dolosa, mas sem necessidade do elemento subjetivo específico do tipo do ânimo de apropriação (*animus rem sibi habendi*), como já visto anteriormente, ao analisar a atual jurisprudência do STF e do STJ sobre o tema.

---

[32] STF. ADI 4.980, Rel. Min. Nunes Marques, Pleno, julg. 10/03/2022: "A exigência do exaurimento do processo administrativo para efeito de encaminhamento da representação fiscal ao Ministério Público é disciplina que, em vez de afrontar, privilegia os princípios da ordem constitucional brasileira e se mostra alinhada com a finalidade do direito penal enquanto *ultima ratio*".

[33] STF. ADI 4.273, Rel. Nunes Marques, Pleno, julg. 15/08/2023: "Rescindido o parcelamento tributário em razão do inadimplemento, caso subsista a lesão ao erário, a persecução penal se restabelecerá, podendo resultar na imposição de sanção privativa da liberdade ao autor do crime".

Aqui não se exige o lançamento definitivo nem a conclusão do processo administrativo tributário para que a denúncia possa ser ofertada. O delito se consuma com o vencimento do prazo para recolher o tributo. Assim como nos delitos de sonegação, aplicam-se a este delito as causas de extinção da punibilidade e de suspensão da pretensão punitiva do Estado acima já estudadas.

Por fim, o art. 3º da Lei nº 8.137/1990 veicula os chamados crimes funcionais contra a ordem tributária, isto é, aqueles praticados por funcionário público. Diferentemente dos crimes análogos contra a Administração Pública presentes no Código Penal, estes visam tutelar um setor específico da Administração, a saber, o Fisco.

A discussão é se o sujeito ativo, ou seja, o agente delituoso nesses crimes necessita ou não ser um servidor lotado na Administração Fazendária, ou se poderia ser um servidor lotado em qualquer outra repartição. Não é impossível imaginar que um servidor de outra repartição, valendo-se de seus contatos pessoais na Administração Fazendária, possa cometer tais delitos, ainda que não sendo um servidor fazendário.

Trata-se de **crime próprio**, que exige para sua configuração uma condição pessoal especial do agente, a de ser funcionário público, condição esta que constitui elemento normativo do tipo penal (somente pode ser praticado por funcionário público).

As condutas previstas como delituosas são: I – extraviar livro oficial, processo fiscal ou qualquer documento, de que tenha a guarda em razão da função; sonegá-lo, ou inutilizá-lo, total ou parcialmente, acarretando pagamento indevido ou inexato de tributo ou contribuição social; II – exigir, solicitar ou receber, para si ou para outrem, direta ou indiretamente, ainda que fora da função ou antes de iniciar seu exercício, mas em razão dela, vantagem indevida; ou aceitar promessa de tal vantagem, para deixar de lançar ou cobrar tributo ou contribuição social, ou cobrá-los parcialmente; III – patrocinar, direta ou indiretamente, interesse privado perante a administração fazendária, valendo-se da qualidade de funcionário público. Em relação aos incisos I e II, a pena estabelecida é a de reclusão, de três a oito anos, e multa. Quanto ao inciso III, a pena será de reclusão, de um a quatro anos, e multa.

Capítulo 13
TRIBUTAÇÃO INTERNACIONAL

13.1. DIREITO TRIBUTÁRIO INTERNACIONAL

O **Direito Tributário Internacional** apresenta como seu objeto situações internacionais (*crossborders situations*) sob a ótica da tributação, isto é, fatos ou situações tributáveis que envolvem *elementos de conexão* com mais de uma ordem jurídica nacional capaz de exercer o poder de tributar. Portanto, seu conteúdo é constituído pelo conjunto de normas, internas e externas, relativas a tais situações tributáveis internacionais.[1]

Dessa forma, é a marca da *internacionalidade* que funda a diferença específica deste setor do Direito Tributário. Nessas situações, podem ser aplicadas normas tributárias de cada Estado envolvido, além de normas tributárias internacionais, pactuadas mediante Tratados Internacionais de que sejam signatários os Estados envolvidos na situação tributável.

Segundo Gustavo Casanova,[2] o Direito Tributário Internacional pode ser definido como

> [...] o conjunto de normas que regulam e modulam o exercício das competências tributárias de um Estado frente às relações jurídicas que também acabam subsumidas a normas tributárias de outro Estado, principalmente a fim de evitar ou mitigar os efeitos da dupla imposição, bem como evitar a evasão fiscal.

É justamente em razão da distinção da origem das normas aplicáveis (se interna ou internacional) que se costuma fazer uma diferenciação meramente didática e não ontológica entre as expressões "Direito Internacional Tributário" e "Direito Tributário Internacional".[3]

O **Direito Internacional Tributário** se ocuparia tão somente daquelas normas acerca da tributação pactuadas em âmbito internacional (genericamente chamadas de Tratados) entre os Estados soberanos, em obediência às normas de Direito Internacional Público. Já o **Direito Tributário Internacional** versaria sobre as normas tributárias internas de cada país a serem aplicadas quando da presença de algum elemento de conexão estrangeiro na situação a ser tributada (tributação de rendimentos transnacionais), mas com conexão simultânea com o ordenamento interno. Heleno Torres[4] assim se expressa sobre a diferença:

---

[1]   XAVIER, Alberto. *Direito tributário internacional do Brasil*. 7. ed. Rio de Janeiro: Forense, 2010. p. 3; 37.

[2]   CASANOVA, Gustavo J. Naveira de. *Guía de estudio derecho tributario*: programa desarollado de la materia. 2. ed. Buenos Aires: Estudio, 2015. p. 403.

[3]   Por exemplo, Heleno Taveira Torres (*Pluritributação internacional sobre as rendas de empresas*. São Paulo: Revista dos Tribunais, 2001. p. 52-54), o qual, contudo, deixa bem clara a sua posição de que opera tal divisão entre "Direito Internacional Tributário" e "Direito Tributário Internacional" com fins didáticos.

[4]   Ibidem. p. 47-48.

Todo e qualquer estudo que se pretenda empreender a respeito do âmbito internacionalístico do Direito Tributário deve prestigiar, de algum modo, a diferença dos elementos normativos em análise, caso considere o dualismo entre "normas de direito interno" e "normas de Direito Internacional", isolando, com isso, o respectivo objeto de estudo. Seguindo esse postulado, temos que há normas exclusivamente de *Direito Internacional*, dirigidas precipuamente a regular a atuação dos vários Estados no âmbito da comunidade internacional, com específicas diferenças de tratamento em face das normas de *direito interno* destinadas à tributação de rendimentos transnacionais, por conterem nas respectivas hipóteses de incidência, ou consequentes, a descrição de fatos com *elementos de estraneidade*, identificados por: i) regras de qualificação, que tipificam as categorias redituais e os sujeitos envolvidos: "residentes" e "não residentes"; e ii) regras de *localização*, que possibilitam o virtual alcance ultraterritorial da regra-matriz de incidência, pela definição do local de produção dos rendimentos ("dentro" ou "fora" do território).

Quanto à sua natureza e fontes, Alberto Xavier[5] assevera que o Direito Tributário Internacional apresenta normas indiretas ou de conflitos (*normas de conexão* – característica típica de normas do Direito Internacional) e normas de regulação direta ou material.

As **normas de conflitos** seriam, para este autor, aquelas "que definem o âmbito de incidência das leis tributárias internas dos Estados, delimitando-o unilateral ou bilateralmente, mas sem que determinem, por si sós, o modo como a situação da vida em causa será tributada". Como exemplo de normas de conflitos do ordenamento interno, este autor apresenta a situação da pessoa física residente no Brasil que será tributada pela integralidade de seus rendimentos, tanto aqueles produzidos no Brasil como no estrangeiro. Já normas de conflitos internacionais seriam, por exemplo, aquelas presentes em tratados de dupla tributação a determinar, para fins tributários, a prevalência da residência em que tem habitação permanente o contribuinte, quando este for residente em dois Estados.[6]

Por sua vez, as **normas de regulação direta** ou material pressupõem resolvido o problema do seu âmbito de incidência e ditam diretamente a disciplina substancial de uma situação da vida com elementos de estraneidade. Como exemplo de normas materiais internas, apresentam-se aquelas que estabelecem a alíquota de 15% retido na fonte e calculado sobre o rendimento bruto em relação a rendimentos e ganhos de capital pagos a residentes no exterior. Por outro lado, é exemplo de **norma material internacional** aquela que, por meio de tratado contra dupla tributação, estatui limite ao poder tributário do Estado da fonte, fixando uma alíquota máxima aplicável.[7]

O **costume internacional**, embora de grande relevância histórica na formação do Direito Internacional Público, não é atualmente a principal fonte de normas de Direito Internacional Tributário. Como indica Alberto Xavier,[8] em matéria tributária, apenas um costume parece ter alcançado dimensão universal: aquele que impede a cobrança de impostos diretos dos representantes diplomáticos por parte dos países estrangeiros em que exercem suas funções (por exemplo, a não cobrança de IPVA dos veículos de propriedade de representantes diplomáticos).

Contudo, duas regras estariam se apresentando com pretensão de constituir costume internacional: 1) a de tributação de empresas de navegação aérea e marítima exclusivamente no lugar de residência da sociedade; 2) a de que o cidadão de um Estado só poderia ser submetido a

---

5   XAVIER, Alberto. op. cit. p. 37.
6   Ibidem. p. 37-38.
7   Ibidem. p. 38.
8   Ibidem. p. 163.

imposto em outro Estado em que realizasse atividade empresarial quando aí tivesse constituído um estabelecimento estável. Todavia, indica Alberto Xavier[9] que ambas as normas são duramente criticadas pelos países em desenvolvimento, inequivocamente mais prejudicados em sua arrecadação por tais regras. Desta forma, não gozariam da estabilidade e aceitação uniformes necessárias ao reconhecimento como costumes propriamente ditos.

Por fim, os **Tratados Internacionais** são uma relevantíssima fonte do Direito Tributário Internacional, e sua aplicação na relação com o direito brasileiro guarda algumas peculiaridades, razão pela qual merecem uma atenção mais detida a ser feita em seção específica a seguir.

13.2. TRATADOS INTERNACIONAIS

Abstraindo-se aqui de tecer comentários sobre os procedimentos para a aprovação e internalização de Tratados no ordenamento pátrio (por se tratar de matéria afeta ao Direito Internacional Público e Direito Constitucional), cumpre analisar, em primeiro lugar, a discussão acerca da hierarquia e eficácia dos Tratados em matéria tributária no direito nacional.

Embora não seja usual, caso existam tratados que versem sobre *direitos humanos na área tributária*, poderão estar dotados da mesma hierarquia de uma emenda constitucional, nos termos do art. 5º, § 3º, da Constituição, ou seja, desde que aprovados pelo mesmo procedimento das emendas constitucionais, a saber, aprovação em dois turnos por cada uma das Casas Legislativas do Congresso Nacional (Câmara dos Deputados e Senado), com quórum de três quintos dos votos dos respectivos membros. Pode-se imaginar, por exemplo, um Tratado que verse sobre certos aspectos do mínimo existencial como áreas não passíveis de tributação ou mesmo acerca do reconhecimento de imunidades em sentido estrito.

Entretanto, para a maior parte dos Tratados Internacionais em matéria tributária, os quais não chegam a lidar de modo tão direto e imediato com questões afetas a direitos humanos (sem esquecer que toda e qualquer tributação não pode violar direitos fundamentais do contribuinte), a norma principal a ser invocada para a discussão sobre sua posição na hierarquia das normas e respectiva aplicação é o art. 98 do CTN, o qual estatui que "os tratados e as convenções internacionais revogam ou modificam a legislação tributária interna, e serão observados pela que lhes sobrevenha".

Acerca da **hierarquia dos Tratados** que não versem sobre direitos humanos, é tendência majoritária entre os internacionalistas situá-los acima da legislação infraconstitucional nacional, imediatamente abaixo da própria Constituição, face à responsabilidade do Estado brasileiro no plano internacional. Teriam, portanto, *status* supralegal. Esta também a forma de alguns tributaristas interpretarem o art. 98 do CTN, como é o caso de Alberto Xavier,[10] ao argumentar que, se o procedimento de celebração do tratado se faz com o concurso de dois Poderes (o Executivo na negociação e ratificação, e o Legislativo, referendando-o), não poderia o Legislativo, posteriormente e sozinho, por mera lei ordinária, revogar o Tratado, devendo ser seguidos os mecanismos próprios de Direito Internacional Público, como a denúncia ou renegociação do Tratado.

Outra parte dos tributaristas afirma que, na verdade, o Tratado constituiria lei especial face à lei geral, sendo de se aplicar meramente o critério hermenêutico de especialidade, não havendo falar em qualquer revogação da norma interna. Dessa forma, seria irrelevante o fato

---

[9] Loc. cit.

[10] XAVIER, Alberto. op. cit. p. 90-91.

de que lei ordinária fosse posterior ao Tratado, já que a regra de interpretação pela lei especial não leva em consideração o critério cronológico, e sim a especialidade da matéria.[11]

O Tratado tributário, portanto, meramente *suspenderia a eficácia*[12] da legislação interna naquela matéria versada pelo pacto internacional, mas sem revogá-la. A norma interna continua a produzir efeitos em todas as situações não abrangidas pelo Tratado. Por exemplo, se houver um Tratado de bitributação que conceda isenções de imposto de renda em determinadas relações jurídicas entre residentes no Brasil e Alemanha, a norma impositiva do imposto de renda continua a produzir efeitos em todos os casos não abrangidos pelo Tratado entre ambos os países. Ademais, no caso de haver denúncia do Tratado, a lei interna volta a produzir seus efeitos, visto que jamais foi suprimida do ordenamento.

O Superior Tribunal de Justiça, a esse respeito, possui entendimento consolidado de que se deve interpretar o art. 98 do CTN à luz do critério da especialidade.[13] Já o STF, com exceção dos tratados de direitos humanos, consolidou a posição de que os tratados situam-se, "no sistema jurídico brasileiro, nos mesmos planos de validade, de eficácia e de autoridade em que se posicionam as leis ordinárias" (ADI nº 1.480 MC).[14] Portanto, em regra, não haveria óbice a que fossem alterados por lei ordinária superveniente. Contudo, a leitura atenta do inteiro teor da ADI nº 1.480 indica, no voto vencedor, a admissão da tese de que os tratados poderiam ter precedência sobre a lei nacional em função do critério de especialidade,[15] não se afastando, nesse ponto, da posição do STJ.

Discute-se também se, em virtude da regra prevista no art. 151, III da Constituição ("art. 151. É vedado à União: [...] III – instituir isenções de tributos da competência dos Estados, do Distrito Federal ou dos Municípios"), um Tratado firmado pela União pode conceder uma isenção heterônoma, isto é, isenção de tributos compreendidos na competência tributária de outros entes federados (Estados, Distrito Federal e Municípios).

Parte da doutrina, atendo-se à literalidade da norma prevista no art. 151, III, da Constituição, sustenta que a isenção heterônoma concedida pela União é inconstitucional, por violar a autonomia, em sua vertente financeira e tributária, dos demais entes federados. Não havendo hierarquia entre os entes, não pode o ente central diminuir a arrecadação dos demais concedendo unilateralmente uma isenção.

Por outro lado, deve-se fazer uma distinção importante: a União, ao mesmo tempo que constitui um ente federado, é, no plano internacional, responsável pela representação da República Federativa do Brasil (art. 21, I, CF/88: "Compete à União: I – manter relações com Estados estrangeiros e participar de organizações internacionais").

---

[11]   AMARO, Luciano. *Direito tributário brasileiro*. 18. ed. São Paulo: Saraiva, 2012. p. 203-208.

[12]   TORRES, Ricardo Lobo. *Curso de direito financeiro e tributário*. 19. ed. Rio de Janeiro: Renovar, 2013. p. 141: "Só o tratado internacional, desde que aprovado pelo Congresso Nacional, passa a produzir efeitos internos, suspendendo, inclusive, a eficácia da lei tributária nacional (CTN – art. 98)."

[13]   STJ. REsp 1.272.897, Rel. Min. Napoleão Nunes Maia Filho, 1ª. Turma, julg. 19/11/2015: "[...] as disposições dos Tratados Internacionais Tributários prevalecem sobre as normas jurídicas de Direito Interno, em razão da sua especificidade, ressalvada a supremacia da Carta Magna. Inteligência do art. 98 do CTN".

[14]   STF. ADI 1.480 MC, Rel. Min. Celso de Mello, Pleno, julg. 04/09/1997.

[15]   "A eventual precedência dos atos internacionais sobre as normas infraconstitucionais de direito interno somente ocorrerá – presente o contexto de eventual situação de antinomia com o ordenamento doméstico –, não em virtude de uma inexistente primazia hierárquica, mas, sempre, em face da aplicação do critério cronológico (*lex posterior derogat priori*) ou, quando cabível, do critério da especialidade". Trecho do voto vencedor do Relator Min. Celso de Mello na ADI 1.480 MC.

A atuação, por meio do Presidente da República, nas relações com Estados estrangeiros (art. 84, VII, CF/88), inclusive na assinatura de Tratados, é feita pelo chefe do Poder Executivo da União enquanto chefe de Estado e órgão da República, a qual é formada pela união indissolúvel dos Estados e Municípios e do Distrito Federal (art. 1º, *caput*, CF/88). Posteriormente, será outro órgão da União, o Congresso Nacional, a quem competirá exclusivamente ratificar tratados, acordos ou atos internacionais que acarretem encargos ou compromissos gravosos ao patrimônio nacional para que produzam efeitos na ordem interna (art. 49, I, CF/88).

Assim, a vedação constitucional de concessão de isenção heterônoma presente no art. 151, III, da Constituição não diz respeito à própria República em seus compromissos internacionais, mas tão somente à União enquanto ente federado no plano interno. A este propósito, tanto o STF como o STJ já tiveram a oportunidade de sumular entendimentos acerca da possibilidade de isenção de ICMS (imposto estadual) por meio de Tratado firmado pela República Federativa do Brasil.[16]

Os Tratados Internacionais em matéria tributária, embora de forma imediata tratem de realidades econômicas tributáveis, não escapam ao influxo dos Direitos Humanos ocorrido após a Segunda Guerra Mundial. Como reação à barbárie ocorrida durante esta conflagração mundial, iniciou-se um movimento de forte preocupação com a retomada dos valores no mundo jurídico, tendo como chave do sistema a consagração dos direitos humanos como irradiações concretas da dignidade da pessoa humana. Até o presente momento, podemos qualificar nosso tempo, desde o ponto de vista político, institucional e jurídico, como uma "era dos direitos humanos".

Em 1948, a Organização das Nações Unidas proclama a Declaração Universal dos Direitos Humanos,[17] com pretensão universalista de reconhecimento de um catálogo ou rol mínimo de direitos a serem assegurados a todos os seres humanos, consistindo no principal marco fundacional da era dos direitos humanos. Portanto, se no plano interno se fala de uma constitucionalização dos ramos do Direito, no plano internacional pode-se invocar a filtragem dos ordenamentos jurídicos nacionais pelos direitos humanos.

Desta forma, princípios presentes no Direito Internacional dos Direitos Humanos também se encontrarão nos Tratados de matéria tributária. Pode-se exemplificar com o princípio da isonomia ou igualdade no tratamento das pessoas que, em sua vertente tributária, apresenta-se buscando evitar que contribuintes em situações similares sejam tributados de forma distinta, ou que entre contribuintes nacionais e estrangeiros haja discriminações indevidas.

Também os tratados de *intercâmbio de informações* entre as Administrações tributárias dos países procuram evitar que alguns contribuintes se evadam da carga tributária devida, consagrando não apenas o dever fundamental de pagar o tributo de acordo com sua real capacidade contributiva, mas também a solidariedade social no suportar as cargas da vida em sociedade. Por outro lado, com o compartilhamento das informações fiscais do contribuinte, é comum também que os Tratados que instituem tais intercâmbios entre Administrações apresentem

---

[16] STF. Súmula nº 575: "À mercadoria importada de país signatário do GATT, ou membro da ALALC, estende-se a isenção do imposto de circulação de mercadorias concedida a similar nacional".

STJ. Súmula nº 20: "A mercadoria importada de país signatário do GATT é isenta do ICM, quando contemplado com esse favor o similar nacional".

STJ. Súmula nº 71: "O bacalhau importado de país signatário do GATT é isento do ICM".

[17] Por meio da Resolução 217 A (III) da Assembleia-Geral.

cláusulas de manutenção do sigilo fiscal dos dados trocados contra a intromissão de terceiros, como forma de proteger o direito humano à intimidade e vida privada.[18]

Em certo sentido, pode-se dizer também que os *tratados para evitar bitributação*, ao pactuar que um dos Estados signatários não tributará determinada renda, ou a tributará a uma alíquota menor, atuam para evitar um efeito confiscatório da propriedade dos contribuintes, dando espaço para o gozo da propriedade como direito fundamental, bem como de certos corolários seus, como a liberdade de iniciativa. Também é possível imaginar um tratado que não tribute as remessas ao exterior de recursos por parte de entidades sem fins lucrativos ou religiosas que realizem atividades ou tenham sede fora do país, sendo veículo para liberdade de associação e religiosa, ou seja, situações que, na ordem constitucional interna, são previstas como imunidades podem também ser objeto de pacto internacional para garantir as mesmas liberdades afiançadas pela imunidade internamente.[19]

13.3. PRINCÍPIOS DA TRIBUTAÇÃO INTERNACIONAL

A par dos princípios jurídicos gerais aplicáveis ao Direito Tributário como ramo do Direito, existem dois princípios jurídicos específicos de Direito Tributário Internacional capazes de estabelecer elementos de conexão entre o Estado e o contribuinte e servir de diretriz para a tributação em âmbito internacional: o **princípio da territorialidade** e o **princípio da universalidade**.

O **princípio da territorialidade** (*source principle, source income taxation* ou *base territorial*) indica que o Estado pode tributar aquelas atividades econômicas e geração de renda ocorridas no território de seu país, até como decorrência de sua própria soberania. De fato, seria mesmo impensável que se impedisse o Estado de fazê-lo, uma vez que a renda é gerada em seu território. Esse Estado pode ser denominado *país da fonte* ou *Estado da fonte* de onde provém a renda, sendo relevante aqui a determinação do local onde ocorreu o fato gerador da obrigação tributária.

Já o **princípio da universalidade** (*base global, princípio da pessoalidade, princípio da renda mundial* ou *worldwide income taxation*) consiste na tributação da totalidade dos ganhos ou rendimentos auferidos por uma pessoa (física ou jurídica) independentemente do local onde tenham sido produzidos, seja internamente, no país de residência do titular da renda, ou externamente, nos países em que a riqueza foi produzida. Por este motivo é também chamado de princípio da pessoalidade, por imputar a tributação sobre a pessoa que obtém a renda, levando-se em consideração o elemento subjetivo. Como o Estado de residência também ostenta poder de tributar os rendimentos transferidos e obtidos por seus residentes (vinculando o seu poder de tributar não ao território em que a renda foi produzida, mas sim ao território em que reside a pessoa beneficiária da renda), tampouco se pode dizer que não possua legitimidade para realizar tal tributação.

Um dos conflitos fundamentais no Direito Tributário Internacional consiste precisamente naquele acerca da tributação pelo Estado da fonte de produção da renda ou pelo Estado da residência do sujeito passivo. Assim, em razão do fluxo de capitais, distingue-se de um lado a nação em que se localiza a fonte que gera a renda – o Estado da fonte – e, do outro, a nação de residência da pessoa que tituliza a renda – o Estado da residência.

---

[18] GEORGOPOULOS, Theodore. *Tax treaties and human/constitutional rights*: bridging the gap? Tax relief in a cosmopolitan context. Global Fellows Forum. p. 1-2. Disponível em: http://www.law.nyu.edu/sites/default/files/upload_documents/gffgeorgopoulospaper.pdf. Acesso em: 01/12/2023.

[19] Ibidem. p. 10-11.

A esse respeito, Alberto Xavier[20] indica cinco razões pelas quais não só o Estado da fonte, mas também o Estado da residência, possuiria legitimidade para tributar a renda de seus residentes obtida e transferida a partir do Estado da fonte.

A primeira razão repousa no princípio da igualdade: os países mais desenvolvidos e exportadores de capitais são os locais onde em geral residem (Estado da residência) os principais detentores de rendas transferidas a partir dos Estados da fonte. As nações mais desenvolvidas usualmente possuem alíquotas progressivas no imposto sobre a renda. Caso não tributassem os seus residentes pela totalidade de seus rendimentos obtidos em qualquer parte do mundo, os residentes com ganhos obtidos apenas no território interno do Estado de residência seriam tributados de modo mais gravoso, violando a isonomia tributária entre os contribuintes.

A segunda razão estaria no fato de que, enquanto o Estado da fonte alega que oferece proteção à atividade econômica para se desenvolver em seu território, o Estado da residência pode sustentar que oferece proteção e estabilidade aos residentes (inclusive pessoas jurídicas que têm suas sedes nesses países) para que possam auferir suas rendas de forma segura, bem como realizar a direção internacional de seus negócios realizados nos Estados da fonte.

A terceira razão consistiria em que o país da fonte concederia uma série de benefícios fiscais como forma de atrair investimentos, de modo que, se o país da residência não tributasse tais rendas, seriam facilitados mecanismos de evasão fiscal. A quarta razão seria a de que a não tributação pelo Estado da residência implicaria uma forte perda de receitas para esse país, enquanto a quinta estaria em que haveria um estímulo à exportação de capitais para locais onde a tributação fosse menor.

Heleno Torres[21] também indica que há uma tendência atual dos Estados, sobretudo dos que são considerados exportadores de capitais,

> [...] de implantar o princípio da universalidade como princípio de conexão para os rendimentos de residentes dotados de elementos de estraneidade, ante i) a constante e crescente movimentação de capitais no mercado mundial, ii) a necessária *progressividade* dos impostos incidentes sobre as categorias redituais, e, principalmente, para iii) controlar os casos de *elusão* e *evasão fiscal internacional*, proporcionados pelos benefícios fiscais promovidos pelos "países com tributação favorecida".

Nessas situações, instaura-se um conflito entre a tributação na fonte e no local de residência que poderá sim desembocar numa pluritributação, caso ambos os Estados envolvidos desejem tributar tal renda (um, por ser o território em que a riqueza foi gerada; outro, por ser o território em que reside o detentor da renda).

Da perspectiva política e econômica, o fenômeno da globalização, que se intensificou ao longo do século XX, tem provocado o aumento do fluxo transnacional de capitais, alterando o modo de se vivenciar a soberania por parte das nações. A crescente relevância que cobram os fatores externos na configuração econômica de cada país conduz a uma relativização da soberania classicamente entendida, como o indica Zygmunt Bauman:[22]

---

[20] XAVIER, Alberto. op. cit. p. 190-191.
[21] TORRES, Heleno Taveira. op. cit. p. 86.
[22] BAUMAN, Zygmunt. *Globalização*: as consequências humanas. Trad. Marcus Penchel. Rio de Janeiro: Zahar, 1999. p. 73.

CURSO DE DIREITO TRIBUTÁRIO BRASILEIRO – *Marcus Abraham*

Com efeito, não se espera mais que os novos Estados, exatamente como os mais antigos na sua condição atual, exerçam muitas das funções outrora consideradas a razão de ser das burocracias da nação-estado. A função mais notória abandonada pelo Estado ortodoxo ou arrancada de suas mãos foi a manutenção do "equilíbrio dinâmico" que Castoriadis descreve como uma "igualdade aproximada entre os ritmos de crescimento do consumo e de elevação da produtividade" – tarefa que levou os Estados soberanos em diversas épocas a impor intermitentes proibições de importação ou exportação, barreiras alfandegárias ou estimulação estatal keynesiana da demanda interna. Qualquer controle desse "equilíbrio dinâmico" está hoje além do alcance e mesmo das ambições da imensa maioria dos Estados de outro modo soberanos (estritamente no sentido de policiamento da ordem). A própria distinção entre o mercado interno e o global ou, mais genericamente, entre o "interior" e o "exterior" do Estado, é extremamente difícil de manter senão no sentido mais estreito, de "policiamento do território e da população".

A soberania, em seu aspecto fiscal, tampouco passou incólume. O capital transnacional possui hoje um forte poder de pressão econômica sobre a tributação, podendo rapidamente migrar de um Estado para outro em busca de condições mais favoráveis. Por esse motivo, os Estados nacionais, por vezes, têm de flexibilizar as formas clássicas de exercício da soberania na tributação para evitar a fuga de capitais.

Assim, quando ocorre um conflito positivo de tributação entre *fonte* e *residência* (ou seja, ambos os Estados desejam tributar, o que, em inglês, se denomina *overlapping tax jurisdictions*), a limitação voluntária do exercício da soberania na faceta tributária poderá se dar por meio de medidas bilaterais ou unilaterais por parte dos Estados envolvidos.

Entre as medidas bilaterais ou pactuadas, os Estados podem firmar **tratados internacionais para evitar a bitributação**. Entre as medidas unilaterais, encontram-se aquelas normas da própria legislação interna dos países que busquem evitar a bitributação (por exemplo, a concessão de isenções, creditamento tributário dos tributos pagos no exterior ou deduções dos tributos pagos no exterior como despesas).[23] Todas têm por objetivo evitar o excesso da carga tributária sobre o contribuinte. Sobre o tema, lecionam Misabel Derzi e André Moreira:[24]

> A bitributação, *verbi gratia*, ocorre quando dois Estados soberanos pretendem tributar a mesma renda. As discussões que surgem do conflito entre o princípio da territorialidade na tributação e do princípio da renda mundial na tributação fazem aparecer tais questões, as quais são frequentemente solucionadas por tratados contra a bitributação internacional ou por soluções unilaterais eventualmente adotadas pelos Estados (tais como as isenções e as concessões de créditos presumidos).

Aqui ganham destaque as chamadas Convenções-Modelo[25] contra a Dupla Tributação da Organização das Nações Unidas (ONU), de 1980, e da Organização para a Cooperação e Desenvolvimento Econômico (OCDE), de 1977, que oferecem critérios interpretativos para os

---

[23] FRANCA FILHO, Marcílio Toscano. Princípios da tributação internacional sobre a renda. *Revista de Informação Legislativa*, v. 35, n. 137, jan./mar. 1998. p. 86-87.

[24] DERZI, Misabel Abreu Machado; MOREIRA, André Mendes. Tax reform and international tax norm transmission. Case study of Brazil: value-added taxes. In: DERZI, Misabel Abreu Machado (Coord.). *Separação de poderes e efetividade do sistema tributário*. Belo Horizonte: Del Rey, 2010. Tradução livre.

[25] Entenda-se aqui a expressão *Convenção internacional* como um tipo específico de Tratado (sendo *Tratado* o nome genérico para qualquer acordo internacional) caracterizado por atos multilaterais, em geral proveniente de conferências internacionais de países, dispondo sobre matérias de interesse geral, como, por exemplo, a questão da bitributação entre os países em geral, e não apenas entre duas nações específicas.

Parte II · Cap. 13 · TRIBUTAÇÃO INTERNACIONAL | **307**

tratados de bitributação, mas também modelos de tratados que podem (opcionalmente) ser usados como base para os países que desejam firmar entre si tratados contra a bitributação. De fato, nas negociações diplomáticas para a assinatura de tratados contra a bitributação, essas duas Convenções funcionam geralmente como base para as discussões, quando não são copiadas diretamente (em parte ou integralmente).

A estrutura básica da **Convenção-Modelo da OCDE** é a que se passa a expor. O Capítulo I (arts. 1º e 2º) versa sobre o âmbito de aplicação da Convenção, determinando se esta se aplicará às pessoas residentes de um ou de ambos os Estados, bem como sobre quais tributos incidirá (sendo mais corriqueira a incidência sobre o imposto de renda). O Capítulo II (arts. 3º a 5º) trata de definições essenciais para os efeitos do Tratado, como as do termo "pessoa", "sociedade", "empresa", "tráfego internacional", "autoridade competente", "nacional", "residente" e "estabelecimento estável".

É de especial relevância a norma interpretativa inserida no art. 3º, 2 da Convenção da OCDE, de que qualquer termo ou expressão não definido de modo específico no tratado de bitributação terá, a não ser que o contexto exija interpretação diferente, o significado que lhe for atribuído nesse momento pela legislação do Estado contratante que regula os tributos a que o tratado se aplica, prevalecendo a interpretação resultante da legislação fiscal sobre a que decorre de outra legislação desse Estado. Esmiuçando o significado da norma vista anteriormente, deve-se iniciar o caminho interpretativo buscando no próprio tratado de bitributação se este definiu de uma forma especial e expressa determinado conceito jurídico. Caso não o tenha feito, e o contexto não indique algo diferente, então passa-se a uma segunda etapa: verificar como a legislação interna do Estado contratante conceitua aquela situação envolvendo o tributo. Neste passo, as delimitações conferidas pela legislação *tributária* interna possuem preeminência em relação àquelas dos demais ramos do direito interno.

Em relação ao residente previsto no art. 4º, a Convenção-Modelo prevê regras para a situação em que a pessoa física for residente de ambos os Estados contratantes (as denominadas *tie-break rules* ou *regras de desempate*). Assim, em primeiro lugar, para a determinação, para fins do Tratado, da residência do contribuinte pessoa física, deve-se levar em consideração o local em que possui a sua habitação permanente. Se tiver uma habitação permanente à sua disposição em ambos os Estados, será reputado residente apenas do Estado com o qual sejam mais estreitas as suas relações pessoais e econômicas (centro de interesses vitais).

Se o Estado em que tem o centro de interesses vitais não puder ser determinado ou se não tiver habitação permanente à sua disposição em nenhum dos Estados, será considerado residente apenas do Estado em que permanece habitualmente. Ainda assim, se permanecer habitualmente em ambos os Estados ou se não permanecer habitualmente em nenhum deles, será considerado residente apenas do Estado de que for nacional. Por fim, se for nacional de ambos os Estados ou não for nacional de nenhum deles, as autoridades competentes dos Estados contratantes buscarão resolver o caso de comum acordo.

O seu Capítulo III (arts. 6º a 21º) apresenta as normas de distribuição entre os Estados contratantes das diversas espécies de rendimentos, chamadas de *distributive rules* ou *regras de distribuição*. Assim, organiza tais regras distributivas de acordo com os seguintes tipos de rendimentos: rendimentos dos bens imobiliários; lucros das empresas; navegação marítima, interior e aérea; empresas associadas entre si; dividendos; juros; *royalties*; mais-valias; rendimentos do emprego; percentagens de membros de conselhos; artistas e desportistas; pensões; remunerações públicas, estudantes e outros rendimentos. Já o seu Capítulo IV (art. 22º) trata exclusivamente da tributação do patrimônio imobiliário e mobiliário (incluindo aeronaves e embarcações). E o Capítulo V (arts. 23º-A a 23º-B) enumera métodos de eliminação da dupla tributação, a saber, o método de isenção, em que o Estado de residência isenta o contribuinte do pagamento do tributo, havendo tributação apenas no Estado da fonte; e o método de imputação (deduções), em que o Estado de residência concede ao contribuinte a possibilidade de deduzir o tributo pago no Estado da fonte.

Por sua vez, o Capítulo VI (arts. 24º a 29º) traz disposições especiais sobre os temas de não discriminação tributária entre nacionais e estrangeiros; procedimento amigável de solução de violação do tratado de bitributação; troca de informações entre as Administrações Tributárias dos Estados contratantes para cumprimento do Tratado; assistência mútua em matéria de cobrança de créditos fiscais; manutenção de privilégios especiais das missões diplomáticas e postos consulares e extensão territorial de aplicação do Tratado. Por fim, o Capítulo VII (arts. 30º a 31º) apresenta as disposições finais sobre entrada em vigor e denúncia do Tratado.

Ressalte-se, contudo, que tais soluções para o tema da bitributação nem sempre ocorrem e sua implementação não é juridicamente obrigatória caso um Estado não deseje adotá-las, embora possa trazer consequências econômicas relevantes, pois a tributação internacional elevada pode conduzir à busca de *paraísos fiscais* ou à configuração de complexos esquemas de planejamento tributário, nem sempre lícitos. Os Estados nacionais, especialmente aqueles de países em desenvolvimento, vivem a constante tensão entre a arrecadação de recursos por meio da tributação e a diminuição da carga tributária (por legislação interna ou por pactuação internacional) como forma de atrair investimentos externos, tensão esta típica da globalização atual na vertente financeira.

13.4. PARAÍSO FISCAL

Por **paraíso fiscal** (tradução de *tax haven*, em inglês) pode-se entender aqueles Estados que oferecem benefícios fiscais sobremaneira vantajosos em relação a outros países, objetivando captar recursos para seus próprios territórios a partir de uma política fiscal atrativa aos investidores estrangeiros. A existência dos paraísos fiscais se dá sobretudo em razão do aumento dos impostos nos países desenvolvidos sobre a renda das empresas e das pessoas físicas detentoras de alto poder aquisitivo.

Alguns dos elementos dessa política fiscal atraente são uma tributação mínima ou inexistente sobre certas atividades, a proteção excessiva de sigilo de dados pessoais e bancários do contribuinte, a facilidade para constituição e encerramento de empresas e para o ingresso e saída de capitais, ausência de controle cambial, entre outros.

Relatório da Organização para a Cooperação e Desenvolvimento Econômico (OCDE) de abril de 1998 denominado *Harmful Tax Competition*[26] (Concorrência fiscal prejudicial) lista os seguintes fatores como determinantes para identificação de um paraíso fiscal: 1) ausente ou mínima tributação da renda; 2) ausência de intercâmbio efetivo de informações tributárias; 3) pouca transparência; 4) ausência de atividades econômicas efetivas e substanciais.

No direito brasileiro, os arts. 24 e 24-A da Lei nº 9.430/1996 definem os países ou dependências com tributação favorecida e regimes fiscais privilegiados (nomenclatura legal usada para a expressão informal *paraísos fiscais*).

---

[26]   ORGANISATION FOR ECONOMIC CO-OPERATION AND DEVELOPMENT. *Harmful tax competition*: an emerging global issue. Paris: OECD, 1998. p. 23. Disponível em: https://www.oecd-ilibrary.org/taxation/harmful-tax-competition_9789264162945-en. Acesso em: 19/08/2022.

Assim, são países com tributação favorecida aqueles que não tributam a renda ou que a tributam à alíquota inferior a 20% (vinte por cento) ou, ainda, cuja legislação interna não permita acesso a informações relativas à composição societária de pessoas jurídicas, à sua titularidade ou à identificação do beneficiário efetivo de rendimentos atribuídos a não residentes.

Por sua vez, os países que ostentam regime fiscal privilegiado são aqueles que apresentam uma ou mais das seguintes características: I – não tributam a renda ou a tributam à alíquota máxima inferior a 20% (vinte por cento); II – concedam vantagem de natureza fiscal a pessoa física ou jurídica não residente: a) sem exigência de realização de atividade econômica substantiva no país ou dependência; b) condicionada ao não exercício de atividade econômica substantiva no país ou dependência; III – não tributem, ou o façam em alíquota máxima inferior a 20% (vinte por cento), os rendimentos auferidos fora de seu território; IV – não permitam o acesso a informações relativas à composição societária, titularidade de bens ou direitos ou às operações econômicas realizadas.

Na identificação destes países, o Brasil opta por um método de listar, na Instrução Normativa RFB nº 1.037/2010, quais são os considerados com tributação favorecida. São eles, atualmente: Andorra; Anguilla; Antígua e Barbuda; Aruba; Ilhas Ascensão; Comunidade das Bahamas; Bahrein; Barbados; Belize; Ilhas Bermudas; Brunei; Campione D'Italia; Ilhas do Canal (Alderney, Guernsey, Jersey e Sark); Ilhas Cayman; Chipre; Ilhas Cook; Djibouti; Dominica; Emirados Árabes Unidos; Gibraltar; Granada; Hong Kong; Kiribati; Lebuan; Líbano; Libéria; Liechtenstein; Macau; Maldivas; Ilha de Man; Ilhas Marshall; Ilhas Maurício; Mônaco; Ilhas Montserrat; Nauru; Ilha Niue; Ilha Norfolk; Panamá; Ilha Pitcairn; Polinésia Francesa; Ilha Queshm; Samoa Americana; Samoa Ocidental; Ilhas de Santa Helena; Santa Lúcia; Federação de São Cristóvão e Nevis; Ilha de São Pedro e Miguelão; São Vicente e Granadinas; Seychelles; Ilhas Solomon; Suazilândia; Sultanato de Omã; Tonga; Tristão da Cunha; Ilhas Turks e Caicos; Vanuatu; Ilhas Virgens Americanas; Ilhas Virgens Britânicas; Curaçao; São Martinho; Irlanda.

A passada de olhos na lista demonstra (com raras exceções) a tese apresentada anteriormente, ao falarmos da soberania fiscal e globalização: a de que Estados nacionais ditos "fracos", embora da perspectiva jurídico-formal estejam em pé de igualdade com as demais nações (*e.g.*, possuem igual direito de voto na ONU), ostentam pequeno poder de barganha no cenário econômico mundial, razão pela qual, muitas vezes, optam por tributar o menos possível como forma de atrair investimentos para seu território. Também Zygmunt Bauman[27] diagnostica o fenômeno:

> Ao contrário de opiniões sempre repetidas (embora não mais verdadeiras por isso), não há contradição lógica nem pragmática entre a nova extraterritorialidade do capital (absoluta no caso das finanças, quase total no caso do comércio e bem avançada no da produção industrial) e a nova proliferação de Estados soberanos frágeis e impotentes. A corrida para criar novas e cada vez mais fracas entidades territoriais "politicamente independentes" não vai contra a natureza das tendências econômicas globalizantes; a fragmentação política não é uma "trava na roda" da "sociedade mundial" emergente, unida pela livre circulação de informação.

Por sua vez, também nos termos da Instrução Normativa RFB nº 1.037/2010, os países com regime fiscal privilegiado são aqueles em que apenas alguns regimes jurídicos específicos inspiram uma atenção especial em razão da baixa tributação, como, por exemplo: a) com referência à legislação do Uruguai, o regime aplicável às pessoas jurídicas constituídas sob a forma de "Sociedades Financeiras de Inversão (Safis)" até 31 de dezembro de 2010; b) com referência

---

27   BAUMAN, Zygmunt. op. cit. p. 75.

à legislação da Dinamarca, o regime aplicável às pessoas jurídicas constituídas sob a forma de *holding company* que não exerçam atividade econômica substantiva; c) com referência à legislação dos Estados Unidos da América, o regime aplicável às pessoas jurídicas constituídas sob a forma de *Limited Liability Company* (LLC) estaduais, cuja participação seja composta de não residentes, não sujeitas ao imposto de renda federal etc.

Como se pode ver dos exemplos, trata-se de nações que não são vistas como paraísos fiscais tradicionais. Contudo, determinados regimes jurídicos nelas presentes ostentam sim uma baixa tributação, o que faz com que não o país como um todo, mas apenas certos regimes nele vigentes sejam qualificados como especiais. Nesses casos, a identificação com um paraíso fiscal ocorre somente em relação ao regime expressamente indicado na Instrução Normativa RFB nº 1.037/2010.

Uma vez identificado um país, local ou regime como sendo paraíso fiscal, o direito brasileiro veiculará algumas consequências jurídicas mais gravosas nas transações envolvendo países de tributação favorecida ou com regime fiscal privilegiado.[28] Assim, embora a aplicação das regras de preços de transferência (*transfer pricing*) se dê, usualmente, apenas entre pessoas jurídicas vinculadas no Brasil e no exterior, caso ocorram transações efetuadas por pessoa física ou jurídica residente ou domiciliada no Brasil com qualquer entidade residente ou domiciliada no exterior que seja beneficiária de regime fiscal privilegiado (*paraíso fiscal*), inclusive na hipótese de parte não relacionada, aplicar-se-ão as regras de preços de transferência mesmo que as pessoas não sejam vinculadas entre si (art. 24-A, Lei nº 9.430/1996), o que demonstra um agravamento do regime tributário justamente pela presença de operação em paraíso fiscal.

Além disso, aplica-se um regime mais rigoroso, para fins de determinação do lucro real e da base de cálculo da CSLL, à dedução de juros pagos ou creditados por fonte situada no Brasil a entidade domiciliada ou constituída no exterior em paraísos fiscais. Por este regime, esta dedução somente pode ocorrer quando se verifique constituírem despesa necessária à atividade, no período de apuração, atendendo cumulativamente ao requisito de que o valor total do somatório dos endividamentos com todas as entidades situadas em país com tributação favorecida ou sob regime fiscal privilegiado não seja superior a 30% do valor do patrimônio líquido da pessoa jurídica residente no Brasil (art. 25, Lei nº 12.249/2010).

Da mesma forma, não são dedutíveis, na determinação do lucro real e da base de cálculo da CSLL, as importâncias transferidas a qualquer título, direta ou indiretamente, a pessoas físicas ou jurídicas situadas em país com tributação favorecida ou sob regime fiscal privilegiado, salvo se houver, cumulativamente: I – a identificação do efetivo beneficiário da entidade no exterior, destinatário dessas importâncias; II – a comprovação da capacidade operacional da pessoa física ou entidade no exterior de realizar a operação; e III – a comprovação documental do pagamento do preço respectivo e do recebimento dos bens e direitos ou da utilização de serviço (art. 26, Lei nº 12.249/2010).

Por fim, aplica-se também um regime especial mais rigoroso de transferência e perda de domicílio tributário no Brasil para os casos em que pessoa física aqui domiciliada se transfere para paraísos fiscais. A transferência do domicílio fiscal da pessoa física residente e domiciliada no Brasil para país com tributação favorecida ou regime fiscal privilegiado somente terá seus efeitos reconhecidos a partir da data em que o contribuinte comprove: I – ser residente de fato naquele país; ou II – sujeitar-se a imposto sobre a totalidade dos rendimentos do trabalho e do capital, bem como o efetivo pagamento desse imposto (art. 27, Lei nº 12.249/2010).

---

[28] O Decreto nº 12.226/2024 trata de critérios para qualificação de país ou dependência com tributação favorecida ou de regime fiscal privilegiado, afastando da qualificação países que fomentem, de forma relevante, o desenvolvimento nacional por meio de investimentos significativos no Brasil.

13.5. TRIBUTAÇÃO DAS CONTROLADAS E COLIGADAS

Para adentrar o tema da tributação internacional das **sociedades coligadas e controladas**, é necessário antes definir tais conceitos perante o direito brasileiro. Segundo o art. 1.097 do Código Civil, consideram-se coligadas em sentido amplo as sociedades que, em suas relações de capital, são controladas, filiadas, ou de simples participação uma na outra. Portanto, o fenômeno aqui chamado de *coligação de empresas em sentido amplo* (ou de *ligação societária*) é um gênero que admite três espécies: 1) as sociedades empresárias controladas; 2) as sociedades empresárias filiadas (ou *coligadas em sentido estrito*); 3) as sociedades empresárias de simples participação.

Assim, é controlada aquela sociedade de cujo capital outra sociedade possua a maioria dos votos nas deliberações dos quotistas ou da assembleia-geral e o poder de eleger a maioria dos administradores; ou a sociedade cujo controle esteja em poder de outra, mediante ações ou quotas possuídas por sociedades ou sociedades por esta já controladas (art. 1.098, Código Civil). Veja-se que, nesta conceituação legal, encontra-se também o conceito da própria sociedade controladora.

A sociedade empresária controladora ou matriz é comumente referida, em inglês, como *holding* (do verbo *to hold*, "segurar, manter, controlar"), podendo ser tanto uma *holding* pura (isto é, aquela que tem por objeto social meramente a participação no capital de outra sociedade) ou mista (aquela que, a par do desenvolvimento de atividades econômicas, também possui em seu objeto social a participação no capital de outra sociedade).

O art. 1.099 do Código Civil define a filiada ou coligada em sentido estrito como a sociedade de cujo capital outra sociedade participa com dez por cento ou mais, do capital da outra, sem controlá-la, enquanto o art. 1.100 define como sendo de simples participação a sociedade de cujo capital outra sociedade possua menos de dez por cento do capital com direito de voto.

Em razão de um maior fechamento da economia brasileira à atuação internacional que ocorreu até princípios da década de 1990, até o ano de 1995, estava em vigor no Brasil, para tributação de sociedades coligadas (em sentido amplo) no exterior, o princípio da territorialidade. Desta forma, a renda gerada no exterior pela sociedade coligada *lato sensu* não sofria tributação pelo Fisco brasileiro, de acordo com o art. 63 da Lei nº 4.506/1964[29] (Lei do Imposto de Renda) e o hoje revogado art. 337 do Decreto nº 1.041/1994[30] (antigo Regulamento do Imposto de Renda). Esta forma de encarar a tributação, na visão de Luís Eduardo Schoueri, favorecia a prática, pelas empresas domiciliadas no país e que atuavam no exterior, de alocação de seus lucros em empresas controladas situadas em paraísos fiscais.[31]

Contudo, a Lei nº 9.249/1995 inaugurou uma nova sistemática que consagrou a aplicação do princípio da universalidade para a tributação das sociedades coligadas *lato sensu* no exterior, de modo que agora também a renda externa auferida por pessoa jurídica domiciliada no Brasil, através de suas coligadas *lato sensu*, será tributada pelo Fisco nacional. Como lecionam Misabel Derzi e Sacha Calmon, esta lei, que

---

[29] Art. 63. No caso de empresas cujos resultados provenham de atividades exercidas parte no País e parte no exterior, somente integrarão o lucro operacional os resultados produzidos no País.

[30] Art. 337. O lucro proveniente de atividades exercidas parte no País e parte no exterior somente será tributado na parte produzida no País.

[31] SCHOUERI, Luís Eduardo. Direito tributário internacional. Acordos de bitributação. Imposto de renda: lucros auferidos por controladas e coligadas no exterior. Disponibilidade. Efeitos do art. 74 da Medida Provisória 2158-35. Parecer. *Direito Tributário Atual*. São Paulo: Dialética, 2001.

CURSO DE DIREITO TRIBUTÁRIO BRASILEIRO – *Marcus Abraham*

[...] introduziu a tributação segundo a renda mundial, teve como meta impor a transparência fiscal, harmonizar a tributação e evitar a evasão de recursos, por meio da qual sociedades residentes desviavam seus lucros para suas sucursais ou filiais, sediadas em paraísos fiscais.[32]

O art. 25 da Lei nº 9.249/1995 determina que "os lucros, rendimentos e ganhos de capital auferidos no exterior serão computados na determinação do lucro real das pessoas jurídicas correspondente ao balanço levantado em 31 de dezembro de cada ano".

Ademais, o § 2º do art. 25 da referida Lei veicula a sistemática de apuração do lucro das sociedades controladoras com domicílio no Brasil em relação a suas controladas no exterior. Assim, as filiais, sucursais e controladas deverão demonstrar a apuração dos lucros que auferirem em cada um de seus exercícios fiscais segundo as normas da legislação brasileira; seus lucros serão adicionados ao lucro líquido da matriz ou controladora, na proporção de sua participação acionária, para apuração do lucro real; se a pessoa jurídica se extinguir no curso do exercício, deverá adicionar ao seu lucro líquido os lucros auferidos por filiais, sucursais ou controladas, até a data do balanço de encerramento.

Já quanto aos lucros realizados pela coligada *stricto sensu* (art. 25, § 3º), serão adicionados ao lucro líquido da pessoa jurídica domiciliada no Brasil, na proporção da participação da pessoa jurídica no capital da coligada; os lucros a serem computados na apuração do lucro real são os apurados no balanço ou balanços levantados pela coligada no curso do período-base da pessoa jurídica; se a pessoa jurídica se extinguir no curso do exercício, deverá adicionar ao seu lucro líquido, para apuração do lucro real, sua participação nos lucros da coligada apurados por esta em balanços levantados até a data do balanço de encerramento da pessoa jurídica.

Tais lucros serão convertidos em reais pela taxa de câmbio, para venda, do dia das demonstrações financeiras em que tenham sido apurados os lucros da filial, sucursal, controlada ou coligada e os prejuízos e perdas decorrentes das operações referidas no art. 25 não serão compensados com lucros auferidos no Brasil (art. 25, §§ 4º e 5º). Por fim, tais lucros serão apurados segundo as normas da legislação comercial do país de domicílio, ou seja, o lucro das coligadas *lato sensu* domiciliadas no exterior será apurado segundo as normas do país estrangeiro, enquanto o lucro da controladora domiciliada no Brasil será regido pelas normas brasileiras.

Registre-se, por fim, o debate travado perante o Supremo Tribunal Federal acerca do aspecto temporal do imposto de renda e da contribuição social sobre o lucro líquido em relação à tributação das coligadas e controladas no exterior (ADI nº 2.588)[33]. Requeria-se nesta ADI a declaração de inconstitucionalidade do art. 43, § 2º, do CTN, na redação dada pela Lei Complementar nº 104/2001, que conferia à lei ordinária a possibilidade de fixar as condições e momento em que se daria a disponibilidade econômica de receitas ou de rendimentos oriundos do exterior para fins de incidência do imposto de renda (o que violaria a exigência de lei complementar prevista no art. 146, III, *a*, da Constituição). Ademais, alegava a inconstitucionalidade do art. 74, *caput* e parágrafo único, da Medida Provisória nº 2.158-35/2001, então vigente, que, com o objetivo de determinar a base de cálculo do IRPJ e da CSLL, considerava disponibilizados, para a controladora ou coligada no Brasil, os lucros auferidos por controlada ou coligada no exterior, na data do balanço no qual tiverem sido apurados.

---

[32] COÊLHO, Sacha Calmon Navarro; DERZI, Misabel Abreu Machado. Tributação pelo IRPJ e pela CSLL de lucros auferidos por empresas controladas ou coligadas no exterior. Inconstitucionalidade do art. 74 da Medida Provisória n. 2.158-35/01. *Revista Dialética de Direito Tributário*, São Paulo, n. 130, jul. 2006.

[33] STF. ADI 2.588, Rel. Min. Ellen Gracie, Rel. p/ Acórdão: Min. Joaquim Barbosa, Pleno, julg. 10/04/2013. No mesmo sentido, RE 611.586 (repercussão geral), julg. 10/04/2013.

Parte II · Cap. 13 · TRIBUTAÇÃO INTERNACIONAL | **313**

A discussão revolveu sobre o momento em que o fato gerador do IR ocorreria, isto é, quando se poderia considerar ocorrida a disponibilidade econômica.[34] Contudo, os Ministros não chegaram a um acordo sobre todos os pontos suscitados, delimitando ao final apenas que deveria ser dada interpretação conforme a Constituição a tais dispositivos, de modo a limitar a sua aplicação à tributação das pessoas jurídicas sediadas no Brasil cujas coligadas ou controladas no exterior estivessem localizadas em *paraísos fiscais*, por haver presunção de evasão fiscal (não existindo tal presunção quando as coligadas ou controladas não estivessem localizadas em tais países).

13.6. EROSÃO DE BASE E TRANSFERÊNCIA DE LUCROS (BEPS)

Questão relevante nos dias atuais dentro da temática da tributação internacional, sobretudo em um mundo globalizado e de economias integradas, é a preocupação com a adoção de planejamentos fiscais agressivos por parte de grupos econômicos ou empresas multinacionais (*Multinational Enterprises* ou MNE), que se valem de lacunas normativas ou de tratados internacionais para evitar dupla tributação, visando reduzir a carga fiscal incidente sobre suas operações por meio da transferência de lucros – por vezes artificialmente – para jurisdições de menor tributação.

A circulação de capitais por meio de intricadas operações em escala global implica a criação de fatos geradores que os Estados nacionais, por meio de sua legislação doméstica ou mesmo de acordos multilaterais de tributação em nível internacional, são incapazes de tributar eficazmente. Esse fenômeno, bastante comum na realidade do direito tributário internacional, acaba por reduzir as bases tributárias dos países envolvidos, com a consequente perda de arrecadação.

A sigla **BEPS**[35] (*Base Erosion and Profit Shifting*) pode ser traduzida como *erosão da base e transferência de lucros*, e decorre de um plano de ação publicado pela Organização para a Cooperação e Desenvolvimento Econômico – OCDE em 2013, denominado *"Chamando atenção para a erosão da base tributável e a transferência artificial de lucros"* (*Addressing base erosion and profit shifting*). Este plano dimensionou as perdas enfrentadas pelos países diante da erosão fiscal e transferência de lucros para jurisdição de baixa tributação, expondo a preocupação com a redução das bases tributárias dos países-membros e a necessidade de adotar medidas para harmonização da legislação tributária internacional.

---

[34] A este respeito, Humberto Ávila considera inconstitucional a sistemática introduzida pelo art. 74, *caput* e parágrafo único, da Medida Provisória 2.158-35/2001, o qual instituiria verdadeira ficção de uma disponibilidade econômica ainda não existente: "O que a Medida Provisória fez foi – do mesmo modo que a Lei 7.713/88 – instituir a *ficção* de que todo lucro auferido no exterior considera –se automaticamente disponibilizado no Brasil, independente da efetiva remessa ou do efetivo poder de a sociedade no Brasil dispor do lucro auferido no exterior [...] Se esses lucros são efetivamente disponibilizados, econômica ou juridicamente, pouco importa. Tendo sido auferidos no exterior, são 'considerados disponibilizados'. Trata--se de autêntica ficção" (ÁVILA, Humberto Bergmann. O imposto de renda, a contribuição social sobre o lucro e os lucros auferidos no exterior In: ROCHA, Valdir de Oliveira (Org.). *Grandes questões atuais do direito tributário*. São Paulo: Dialética, 2003. v. 7. p. 226.)

[35] Luís Eduardo Schoueri explica que o acrônimo BEPS procura indicar, de um lado, a redução dos recursos sujeitos à tributação e, de outro, a translação de lucros de grupos multinacionais para jurisdições cuja tributação seja mais favorável ao detentor da riqueza (SCHOUERI, Luís Eduardo. O projeto Beps: ainda uma estratégia militar. In: GOMES, Marcus Lívio; SCHOUERI, Luís Eduardo (Coord.). *A tributação internacional na era pós Beps*: soluções globais e peculiaridades de países em desenvolvimento. vol. 1. Rio de Janeiro: Lumen Juris, 2016. p. 22).

Segundo leciona Marcus Lívio Gomes,[36] "o projeto BEPS visa atacar as formas de planejamento tributário agressivo, em desconexão com as atividades econômicas correlatas, e tem por objetivo combate ao agravamento da erosão da base tributável e atingir uma maior moralidade tributária".

Tal estudo deu origem a **15 planos de ação**[37] traçados e desenvolvidos no âmbito da própria OCDE e do G-20, com o fito de atacar as distintas formas de erosão da base tributável, que são: 1) Identificar as principais dificuldades que a economia digital apresenta na aplicação das normas internacionais vigentes de tributação tanto direta como indireta; 2) Desenvolver modelos de acordos e recomendações acerca da elaboração de normas nacionais voltadas a neutralizar os efeitos dos instrumentos e entidades híbridos (*e.g.* dupla ausência de tributação, dupla dedução, diferimento de longo prazo); 3) Estabelecer recomendações para fortalecer as normas de tributação sobre as empresas estrangeiras controladas; 4) Estabelecer melhores práticas para prevenir a erosão de bases tributáveis gerada pelo pagamento de juros ou outros gastos financeiros excessivos; 5) Combater de maneira mais efetiva as práticas de concorrência fiscal lesiva, tomando em conta a transparência e substância; 6) Desenvolver modelos de acordos e recomendações de elaboração de normas nacionais para impedir a utilização abusiva de Tratados Internacionais; 7) Modificar a definição de estabelecimento permanente para impedir manipulações do conceito que visem evitar, artificialmente, a configuração do *status* de estabelecimento permanente a uma empresa localizada em determinado país; 8, 9 e 10) Assegurar que os resultados dos preços de transferência estejam alinhados com a criação de valor; 11) Estabelecer metodologias de coleta e análise de dados sobre erosão da base tributável e a transferência de lucros, bem como ações para tratar do tema; 12) Estabelecer normas de revelação (*disclosure rules*) de esquemas de planejamento tributário agressivos; 13) Revisão das regras sobre documentos relativos a preços de transferência, de modo a fomentar a transparência; 14) Tornar mais efetivos os mecanismos de resolução de conflitos; 15) Desenvolver instrumento multilateral que facilite a implantação das medidas contra a *erosão da base tributável e a transferência artificial de lucros* pelos países signatários.

Por fim, ao Brasil, país que embora ainda não seja membro oficial da OCDE, esteve envolvido na elaboração do plano BEPS como integrante do G-20, e cujo sistema tributário tem bases e premissas de política fiscal própria,[38] cabe ainda internalizar as diretrizes BEPS de modo a não prejudicar os interesses arrecadatórios nacionais.

---

[36] GOMES, Marcus Lívio. Relatório do projeto de pesquisa coletiva "Base Erosion and Profit Shifting (BEPS)." In: GOMES, Marcus Livio; SCHOUERI, Luís Eduardo (Coord.). op. cit. p. 5.

[37] Disponível em: http://www.oecd.org/tax/beps/beps-actions.htm. Acesso em: 01/12/2023.

[38] Marcus Lívio Gomes, referindo-se ao Brasil como país em desenvolvimento que busca atrair investimentos estrangeiros, menciona as cláusulas de *matching credit* e *tax sparing* como verdadeiros benefícios fiscais adotados pela política brasileira como forma de incentivar o investimento internacional no Brasil (GOMES, Marcus Lívio. Relatório do Projeto de Pesquisa Coletiva "Base Erosion and Profit Shifting (BEPS)". In: GOMES, Marcus Livio; SCHOUERI, Luís Eduardo (Coord.). op. cit. p. 1-27).

PARTE III
Tributos em Espécie

Capítulo 14
IMPOSTOS

14.1. IMPOSTOS: CARACTERÍSTICAS GERAIS

Os impostos são tributos *não vinculados*, ou seja, seu fato gerador independe de uma atuação estatal específica para com o respectivo contribuinte. Essa característica faz com que o produto da arrecadação dos impostos ingresse nos cofres públicos sem que haja uma contraprestação estatal correlacionada com sua cobrança, podendo o Estado aplicar os recursos – após as transferências tributárias[1] – em qualquer das suas despesas gerais, seja na educação, na segurança, na limpeza pública, nos hospitais, entre outros, tudo conforme sua programação orçamentária.

Sem deixar de aduzir que o imposto é "tributo típico, que melhor representa o gênero a tal ponto de com ele por vezes se confundir," Héctor Villegas, destacando seu aspecto não vinculado, define o imposto como o "tributo exigido pelo Estado àqueles que se acham em situações consideradas por lei como geradoras da obrigação de tributar, situações estas alheias a qualquer ação governamental concreta vinculada aos contribuintes".[2]

Assim, os impostos geram uma arrecadação "não afetada", não estando atrelados à ideia de custo/benefício específico ou de finalidade específica que os tributos vinculados possuem (taxas e contribuições). Por decorrência, este tributo terá na capacidade contributiva o principal parâmetro para a sua instituição e cobrança.

Como o próprio Superior Tribunal de Justiça afirmou no acórdão do Recurso Especial nº 478.958,[3] o "Estado não pode ser coagido à realização de serviços públicos, como contraprestação ao pagamento de impostos". Isso não quer dizer, entretanto, que o Estado está desobrigado a oferecer bens e serviços para a coletividade com o produto dos recursos arrecadados pelos impostos. Muito pelo contrário, os recursos financeiros originários dos impostos devem financiar as despesas públicas do Estado. O que não se pode é exigir deste uma atividade específica em

---

[1] A Constituição Federal de 1988 determina a repartição das receitas tributárias, nos arts. 157 a 162.

[2] Nas palavras do autor: "[...] tributo exigido por el Estado a quienes se hallan en las situaciones consideradas por la ley como generadoras de la obligación de tributar, situaciones éstas ajenas a toda concreta acción gubernamental vinculada a los pagadores" (VILLEGAS, Héctor Belisario. *Curso de finanzas, derecho financiero y tributario*. 9. ed. Buenos Aires: Astrea, 2007. p. 157).

[3] STJ. REsp 478.958, Rel. Min. Luiz Fux, 1ª Turma, julg. 24/06/2003: "Os impostos, diversamente das taxas, têm como nota característica sua desvinculação a qualquer atividade estatal específica em benefício do contribuinte. 2. Consectariamente, o Estado não pode ser coagido à realização de serviços públicos, como contraprestação ao pagamento de impostos, quer em virtude da natureza desta espécie tributária, quer em função da autonomia municipal, constitucionalmente outorgada, no que se refere à destinação das verbas públicas".

318 | CURSO DE DIREITO TRIBUTÁRIO BRASILEIRO – *Marcus Abraham*

decorrência do pagamento de imposto, nem mesmo demandar uma atividade estatal relacionada com o respectivo fato gerador.[4]

Aspecto importante a ser identificado nos impostos para efeito de considerá-los como importante fonte de receita pública é a sua natureza: se fiscal ou extrafiscal. Isso porque a primeira se relaciona com a sua função arrecadatória, ao passo que a segunda se refere a uma função regulatória. Não existe tributo neutro, sendo certo que todos eles contemplam uma função primária e outra secundária, cumulativamente. Assim, existem os tributos concebidos essencialmente para arrecadar (mas que, indiretamente, causarão um efeito extrafiscal) e existem os tributos destinados a regular (mas que, da mesma forma, causarão um efeito arrecadatório). Como fonte de receita pública, importa analisarmos aqueles que possuem uma função primária arrecadatória, sem deixar de identificar aqueles outros que são extrafiscais, e que geram, por consequência e efeito indireto, uma arrecadação para os cofres públicos, ainda que de menor relevância orçamentária.

Por sua vez, a respeito da *competência tributária* para fins de instituição de impostos pelos entes federativos (sistemática que se estende aos demais tributos), esclarece Hugo de Brito Machado[5] que

> [...] o *princípio da competência* é aquele pelo qual a entidade tributante há de restringir sua atividade de tributação àquela matéria que lhe foi constitucionalmente destinada. Já sabemos que a *competência tributária* é o poder impositivo juridicamente delimitado e, sendo o caso, dividido. O princípio da competência obriga a que cada entidade tributante se comporte nos limites da parcela de poder impositivo que lhe foi atribuída. Temos um sistema tributário rígido, no qual as entidades dotadas de competência tributária têm, definido pela Constituição, o âmbito de cada tributo, vale dizer, a matéria de fato que pode ser tributada.

Se, por um lado, não se pode ir além da competência tributária atribuída pela Constituição, por outro, é comum assistir a alguns entes federativos não instituírem e cobrarem seus impostos, sobretudo no caso de alguns Municípios, que passam a se apoiar, exclusivamente, no financiamento originário dos recursos advindos da repartição constitucional das receitas tributárias. Aliás, a doutrina clássica sempre caracterizou como facultativa a competência.[6] O Código Tributário Nacional reconhece essa característica no seu art. 8º, ao estabelecer que "o não exercício da competência tributária não a defere a pessoa jurídica de direito público diversa daquela a que a Constituição a tenha atribuído". Concretamente, vemos essa facultatividade

---

[4] É comum e recorrente – porém incorreto da perspectiva da técnica tributária – nos depararmos com o argumento, por exemplo, de que, ao se pagar o IPTU, por decorrência se garantiria o direito a que as calçadas e ruas no entorno do imóvel deveriam ser bem mais bem cuidadas e conservadas, como se os impostos fossem espécies tributárias contraprestacionais.

[5] MACHADO, Hugo de Brito. *Curso de direito tributário.* 34. ed. São Paulo: Malheiros, 2013. p. 39.

[6] Nesse sentido, Paulo de Barros Carvalho afirma: "A boa doutrina costuma examinar a competência tributária no que diz com suas características, isto é, quanto aos aspectos que, de algum modo, poderiam conotar sua presença em face de outras categorias. Assim, o faz o ilustre professor Roque A. Carraza, salientando seis qualidades, quais sejam, privatividade (i), indelegabilidade (ii), incaducibilidade (iii), inalterabilidade (iv), irrenunciabilidade (v) e, por fim, facultatividade do exercício (vi)". Mas o mestre paulista excetua da facultatividade o ICMS, pois este, "Por sua índole eminentemente nacional, não é dado a qualquer Estado-membro ou ao Distrito Federal operar por omissão, deixando de legislar sobre esse gravame". (CARVALHO, Paulo de Barros. *Curso de direito tributário.* 27. ed. São Paulo: Saraiva, 2016, p. 224 e 226).

Parte III · Cap. 14 · IMPOSTOS | **319**

ocorrer com a União, já que ela mesma ainda não instituiu o Imposto sobre Grandes Fortunas (IGF)[7] previsto no art. 153, VII, da Constituição Federal.

Dentro desse contexto, o sistema tributário nacional atualmente possui ordinariamente **12 impostos,** distribuídos privativamente entre a União, os Estados, o Distrito Federal e os Municípios. A **União** possui seis deles:[8] o Imposto de Importação (II), o Imposto de Exportação (IE), o Imposto de Renda (IR), o Imposto sobre Produtos Industrializados (IPI), o Imposto sobre a Propriedade Territorial Rural (ITR) e o Imposto sobre Operações Financeiras (IOF). Os **Estados** possuem três deles:[9] o Imposto sobre a Transmissão *Causa Mortis* e Doação de Quaisquer Bens ou Direitos (ITCMD), o Imposto sobre a Circulação de Mercadorias e Serviços (ICMS) e o Imposto sobre a Propriedade de Veículos Automotores (IPVA). Os **Municípios** possuem três deles:[10] o Imposto sobre a Transmissão de Bens Imóveis (ITBI), o Imposto sobre Serviços (ISS) e o Imposto sobre a Propriedade Predial e Territorial Urbana (IPTU).

Com o advento da Reforma Tributária da EC nº 132/2023 e sua regulamentação pela Lei Complementar nº 214/2025, foram criados também o Imposto Seletivo sobre produção, extração, comercialização ou importação de bens e serviços prejudiciais à saúde ou ao meio ambiente (art. 153, VIII, CF/88) e o Imposto sobre Bens e Serviços (IBS), a substituir futuramente o ICMS e o ISS, de competência compartilhada entre Estados, Distrito Federal e Municípios (art. 156-A, CF/88).

Além desses, ainda é possível identificarmos a *competência residual* da União para criar, mediante lei complementar, *outros impostos* além dos previstos no art. 153, desde que sejam não cumulativos e não tenham fato gerador ou base de cálculo similar aos demais impostos previstos na Constituição.[11] Outrossim, a União poderá instituir os chamados *impostos extraordinários* quando da iminência ou no caso de guerra externa.[12]

Finalmente, como já mencionado, poderá ainda ser criado pela União o Imposto sobre Grandes Fortunas, mediante lei complementar.[13]

14.2. IMPOSTOS FEDERAIS

Conforme estabelece o art. 153 da Constituição Federal, é de competência privativa da União a instituição dos seguintes impostos: Imposto de Importação (II); Imposto de Exportação (IE); Imposto de Renda (IR); Imposto sobre Produtos Industrializados (IPI); Imposto sobre a Propriedade Territorial Rural (ITR); Imposto sobre Operações Financeiras (IOF); Imposto sobre Grandes Fortunas (IGF); Imposto Seletivo (IS).

Além destes, o art. 154 prevê duas categorias de impostos que a União pode ainda instituir: os *impostos residuais,* desde que sejam não cumulativos e não tenham fato gerador ou base de cálculo similar aos demais impostos (inciso I); os *impostos extraordinários* quando da iminência ou no caso de guerra externa (inciso II).

---

7   A criação deste imposto vem sendo discutida em nosso Congresso Nacional desde 1989, quando o então Senador Fernando Henrique Cardoso apresentou o Projeto PLP nº 202/1989 (atualmente, o projeto de lei que trata do tema é o PLP nº 277/2008).

8   Constituição Federal de 1988 – art. 153.

9   Constituição Federal de 1988 – art. 155.

10 Constituição Federal de 1988 – art. 156.

11 Constituição Federal de 1988 – art. 154, I.

12 Constituição Federal de 1988 – art. 154, II.

13 Constituição Federal de 1988 – art. 153, VII.

14.2.1. Imposto de Importação

O **Imposto de Importação (II)** é um tributo de competência privativa da União, previsto no art. 153, I da Constituição, que tem como fato gerador a entrada de produtos estrangeiros no território nacional (art. 19, CTN), tendo como uma de suas principais normas regulamentadoras o Decreto-lei nº 37/1966 e, em âmbito infralegal, sendo atualmente regulado pelo Decreto nº 6.759/2009 (Regulamento Aduaneiro).

Sua **evolução histórica** inicia-se na Antiguidade, quando os mercadores pagavam esse imposto na forma de "licença de passagem" para garantir o trânsito livre e seguro de suas caravanas. Posteriormente, na Idade Média, especialmente em Veneza e Gênova, adquire a função extrafiscal de proteger a indústria local da concorrência dos produtos estrangeiros. No Brasil do Império, esse imposto era a principal fonte de receita. Instituída inicialmente a sua alíquota entre nós em 24% (1808), passou para 15% (1828), sem distinção para o país de procedência, para todos os produtos transportados por navios. Entretanto, desde 1550 já funcionava em Santos uma Alfândega, assim como na Bahia e em São Vicente, por determinação de D. João III, que não tinha como cobrar regularmente as rendas das Capitanias Hereditárias por falta de estrutura. Em 1934, pelo Decreto nº 24.343, regulamentou-se a reforma Oswaldo Aranha, extinguindo-se a taxa-ouro e criando tarifas específicas por produto, inclusive com caráter protecionista, instrumento cambial que foi consolidado em 1966, com o Decreto-Lei nº 37. Os efeitos do protecionismo excessivo acarretaram a formação de monopólios e oligopólios, falta de concorrência e a circulação de produtos de baixa qualidade e alto preço, além do incremento de práticas de contrabando e descaminho. Esta defasagem obrigou-nos a uma nova "abertura dos portos" e à adesão a acordos internacionais, como o GATT (OMC)[14] e o Mercosul,[15] estimulado pela Constituição através do seu art. 4º, I e IX, na cooperação entre os povos para o progresso da humanidade ao lado da independência nacional.

Sua principal característica é a **extrafiscalidade**. A função regulatória de determinados impostos autoriza a utilização de sua carga fiscal como instrumento de intervenção na sociedade. A Constituição excepciona os princípios da legalidade (art. 153, § 1º) e da anterioridade (art. 150, § 1º) para eles a fim de possibilitar a sua política interventiva de forma dinâmica. A esse respeito, afirmam Klaus Tipke e Joachim Lang[16] que o imposto aduaneiro (*Zoll*) constitui "o exemplo clássico para um tributo de finalidade social com fim principal dirigista e fim acessório fiscal [*tributo dirigista (Lenkugsteuer)*]. [...] Ele não serve mais hoje ao estrangulamento do fluxo de mercadorias, mas à regulagem do mesmo".

Suas **características** principais são as seguintes: a) *imposto real*: incide sobre as mercadorias e não leva em consideração elementos e condições pessoais do contribuinte; b) *imposto indireto*:

---

[14] O GATT tem por objetivo facilitar e regular a circulação das mercadorias no comércio internacional. Suas disposições foram integradas ao nosso ordenamento jurídico pelo Decreto Legislativo nº 30/1994, com base nas disposições da Rodada Uruguai, que criou a OMC.

[15] O Mercosul representa a integração da América do Sul, pelo Tratado de Assunção, firmado entre o Brasil, Argentina, Uruguai, Paraguai (e Chile), com o compromisso de formar um mercado comum para garantir a livre concorrência e a derrubada das barreiras alfandegárias, além da instituição de privilégios entre os integrantes e a adoção de uma tarifa comum. No Brasil, o Tratado de Assunção foi ratificado pelo Congresso por meio do Decreto Legislativo nº 197, de 25/09/1991 e promulgado pelo Decreto nº 350, de 21/11/1991. Já o Protocolo de Ouro Preto, sobre a estrutura institucional do Mercosul, foi assinado em 17/12/1994 (Decreto nº 1.901, de 09/05/1996).

[16] TIPKE, Klaus; LANG, Joachim. *Direito tributário*. Trad. 18. ed. alemã por Luiz Dória Furquim. Porto Alegre: Sérgio Antonio Fabris, 2008. v. I. p. 135.

Parte III • Cap. 14 • IMPOSTOS | **321**

comporta o fenômeno da repercussão econômica, ao permitir o repasse da carga fiscal ao consumidor final; c) *incidência monofásica*: incide em um único momento, ou seja, na entrada da mercadoria no território nacional; d) *natureza ordinária*: por integrar de forma permanente o sistema tributário nacional.

O seu **fato gerador** é a operação de importação, ou seja, a entrada no território nacional de produto estrangeiro. Porém, para se configurar o fato gerador deste imposto, é necessário verificar a realização de uma importação, destinando-se o produto estrangeiro a integrar definitivamente a economia nacional. Não é a mera entrada física da mercadoria, nem o regular trânsito de produtos estrangeiros destinados a outros países a hipótese de incidência deste tributo. Neste sentido, firmou-se o entendimento da nossa Suprema Corte,[17] ao afirmar que o **registro da declaração de importação** constitui o aspecto temporal da hipótese de incidência.

Podemos, assim, desdobrar o fato gerador deste imposto nos seguintes elementos: a) *entrada*: importação de bem, a partir do desembaraço aduaneiro, que se incorporará à economia nacional e será consumido no país. Não incide sobre trânsito momentâneo (entrada para saída) de mercadorias, ou para simples exibição em feiras, ou ainda sobre as embalagens e acondicionantes de mero transporte (que retornarão à origem); b) *território nacional*: adota-se o conceito administrativo, sendo o local onde a Aduana possui jurisdição (alfândega); c) *produto estrangeiro*: a mercadoria de origem e procedência estrangeira para integrar o processo industrial (tanto a matéria-prima quanto o ativo fixo) ou aquela destinada ao consumo final.

O seu **aspecto quantitativo** (valor) terá uma base de cálculo sobre a qual incidirá uma alíquota. A **base de cálculo** poderá ser: a) *preço da importação*: aquele que consta na fatura e declaração de importação;[18] b) *pauta fiscal*: preço de referência arbitrado a partir do valor praticado no mercado internacional, em caso de subfaturamento (*dumping*); c) *preço da arrematação*, quando se trate de produto apreendido ou abandonado, levado a leilão pelo Fisco. A **alíquota** poderá ser: a) *alíquota específica*: aplica-se determinada quantia em dinheiro, multiplicada por uma base de cálculo representada por uma certa unidade, seja peso, quantidade, extensão ou volume (por exemplo: dez centavos por quilo ou um real por centímetro cúbico); b) *ad valorem*: utiliza-se o conceito de proporcionalidade, aplicando-se um percentual pelo valor do bem (por exemplo: 5%, 10%, 30% sobre o preço de mercado do produto); c) *mista*: utiliza-se o conceito de ambas (específica e *ad valorem*). Outrossim, a alíquota poderá ter as seguintes funções: a) *alíquota fiscal*: visa somente à arrecadação; b) *alíquota proibitiva*: tem por finalidade impedir ou dificultar a importação de determinado produto; c) *alíquota protecionista*: desempenha papel regulatório.

Quanto ao seu **aspecto subjetivo**, vale dizer, o **contribuinte** do imposto, este poderá ser: a) *importador*: aquele que exerce esta atividade de forma e natureza profissional; b) *equiparado*: comerciante, industrial, pessoa física, passageiro ou destinatário de remessa postal; c) *arrematante*: pessoa física ou jurídica que adquire as mercadorias abandonadas ou que sofreram pena de perdimento. Já o **responsável** tributário poderá ser definido por lei pertinente,[19] podendo

---

[17] STF. AI 420.993 AgR, Rel. Min. Carlos Velloso, 2ª Turma, julg. 31/05/2005.

[18] STJ. REsp 1.799.306, 1.799.308 e 1.799.309 (recursos repetitivos), Rel. Min. Gurgel de Faria, Rel. p/ Acórdão: Min. Francisco Falcão, 1ª Seção, julg. 11/03/2020: "*Tese*: Os serviços de capatazia estão incluídos na composição do valor aduaneiro e integram a base de cálculo do imposto de importação".

[19] STJ. REsp 1.129.430 (recurso repetitivo), Rel. Min. Luiz Fux, 1ª Seção, julg. 24/11/2010: "1. O agente marítimo, no exercício exclusivo de atribuições próprias, no período anterior à vigência do Decreto-Lei 2.472/88 (que alterou o artigo 32, do Decreto-Lei 37/66), não ostentava a condição de responsável tributário,

CURSO DE DIREITO TRIBUTÁRIO BRASILEIRO – *Marcus Abraham*

atribuir a responsabilidade solidária com o importador ao transportador,[20] depositário ou qualquer outro que tenha vinculação com a operação.

Quanto ao **aspecto temporal** (momento), o fato gerador do imposto de importação realiza-se no momento do desembaraço aduaneiro, assim considerado o trâmite administrativo (conjunto de atos) de nacionalização das mercadorias importadas, feito na Aduana (zona alfandegária), e não a mera celebração do contrato ou o embarque/desembarque das mercadorias.[21]

Por sua vez, o **aspecto territorial** do imposto é a zona alfandegária, a qual pode ser assim subdividida: a) *Zona Primária* – compreende os portos, aeroportos e pontos de fronteira alfandegados; b) *Zona Secundária* – compreende a parte restante do território aduaneiro, nela incluídas as águas territoriais e o espaço aéreo; c) *Unidade da Secretaria da Receita Federal (SRF) de Despacho* – aquela que jurisdiciona o local de conferência e desembaraço da mercadoria a ser exportada (Zona Primária ou Secundária).

O **Siscomex** é o Sistema Integrado de Comércio Exterior, criado pelo Decreto nº 660/1992, que gerencia todas as operações referentes à Importação e Exportação. No ambiente de importação, o Siscomex controla a emissão da Declaração de Importação (DI) e a solicitação dos Licenciamentos de Importação (LI). No ambiente de exportação, controla a emissão do Registro de Exportação (RE) e das Declarações de Despacho de Exportação (DDE).

As informações da **Declaração de Importação** ou de Exportação são inseridas no sistema pelo próprio importador/exportador ou por seu representante legal. Os dados coletados são processados pelos computadores do Serpro. Efetivado o registro da DI ou da DDE, será emitido o extrato da Declaração de Importação ou Exportação, que deverá ser entregue à Aduana, juntamente com os demais documentos necessários para instrução do despacho. Concluído o

---

nem se equiparava ao transportador, para fins de recolhimento do imposto sobre importação, porquanto inexistente previsão legal para tanto".

[20] STF. ADI 5.431. Rel. Min. Gilmar Mendes, Pleno, julg. 02/12/2024: "A questão em discussão consiste em saber se a norma que estabelece a responsabilidade solidária de representante, no país, de transportador estrangeiro, pelo recolhimento do Imposto de Importação viola (i) a regra do art. 146, inciso III, da Constituição Federal, que exige lei complementar para dispor sobre normas gerais em matéria de legislação tributária, e (ii) os arts. 5º, XIII, 145, § 1º, 150, IV, e 170 da Lei Maior, que tratam dos princípios constitucionais da vedação ao confisco, da capacidade contributiva e da livre iniciativa. III. Razões de decidir 3. O dispositivo impugnado não afastou afrontou a regra insculpida no art. 146, inciso III, do texto constitucional, eis que não dispôs sobre normas gerais em matéria de legislação tributária, mas apenas instituiu nova hipótese de responsabilidade solidária em harmonia com as disposições gerais previstas pelo Código Tributário Nacional (CTN). 4. A norma impugnada não afronta os princípios constitucionais da vedação ao confisco, da capacidade contributiva e da livre iniciativa, porque o representante do transportador estrangeiro, na condição de terceira pessoa vinculada ao fato gerador da obrigação tributária relacionada à atividade de importação, possui responsabilidade pelo crédito tributário. Desse modo, conforme o art. 128 do CTN, não há falar em efeito confiscatório dessa eventual cobrança ou de violação à capacidade contributiva ou à livre iniciativa, eis que há, efetivamente, uma vinculação do representante ao cumprimento da obrigação tributária".

[21] STJ. REsp 1.220.979, Rel. Min. Humberto Martins, 2ª Turma, julg. 05/04/2011: "1. Não há incompatibilidade entre o art. 19 do Código Tributário Nacional e o art. 23 do Decreto-Lei n. 37/66, porquanto o desembaraço aduaneiro completa a importação e, consequentemente, representa, para efeitos fiscais, a entrada de mercadoria no território nacional. 2. A jurisprudência desta Corte é no sentido de que, no caso de importação de mercadoria despachada para consumo, o fato gerador do imposto de importação ocorre na data do registro da declaração de importação. Desse modo, deve ser aplicada para o cálculo do imposto a alíquota vigente nessa data".

Parte III · Cap. 14 · IMPOSTOS | **323**

desembaraço, a Receita Federal registrará as informações no Sistema, possibilitando a emissão do Comprovante de Importação (C.I.) ou Exportação (C.E.) e a liberação das mercadorias.

Após a recepção dos documentos, a declaração será selecionada para um dos seguintes **canais** de conferência aduaneira: I – *verde*: desembaraço automático da mercadoria, dispensados o exame documental da declaração, a verificação da mercadoria e a análise preliminar do valor aduaneiro; II – *amarelo*: a declaração é submetida a exame documental, e, não sendo constatada irregularidade, autoriza o desembaraço e a entrega da mercadoria, dispensadas a verificação da mercadoria e a análise preliminar do valor aduaneiro; III – *vermelho*: realização do exame documental, da verificação da mercadoria e da análise preliminar do valor aduaneiro; IV – *cinza*: exame documental, a verificação da mercadoria e a aplicação de procedimento especial de controle aduaneiro, para verificar elementos indiciários de fraude.

Os chamados **Incoterms** (*International Commercial Terms*), ou seja, Termos Internacionais de Comércio, servem para definir, dentro da estrutura de um contrato de compra e venda internacional, os direitos e obrigações recíprocos do exportador e do importador, estabelecendo um conjunto-padrão de definições e determinando regras e práticas neutras, como, por exemplo: onde o exportador deve entregar a mercadoria, quem paga o frete, quem é o responsável pela contratação do seguro etc. Representados por siglas de três letras (CIF, FOB, EXW etc.), os termos internacionais de comércio simplificam os contratos de compra e venda internacional ao contemplarem os direitos e obrigações mínimas do vendedor e do comprador quanto às tarefas adicionais ao processo de elaboração do produto. Por isso, são também denominados "Cláusulas de Preço", pelo fato de cada termo determinar os elementos que compõem o preço da mercadoria, adicionais aos custos de produção.

O Regime de ***Drawback***, criado pelo Decreto-Lei nº 37/1966, é a desoneração de impostos na importação vinculada a um compromisso de exportação.[22] Trata-se de um incentivo à exportação que compreende a suspensão, isenção ou restituição dos tributos incidentes na importação de mercadoria utilizada na industrialização de produto exportado ou a exportar. Este benefício fiscal poderá ser concedido a: a) mercadoria importada para beneficiamento no país e posterior exportação; b) matéria-prima, produto semielaborado ou acabado, utilizados na fabricação de mercadoria exportada, ou a exportar; c) peça, parte, aparelho e máquina complementar de aparelho, de máquina, de veículo ou equipamento exportado ou a exportar; d) mercadoria destinada a embalagem, acondicionamento ou apresentação de produto exportado ou a exportar, desde que propicie comprovadamente uma agregação de valor ao produto final; e) animais destinados ao abate e posterior exportação.

Alguns outros conceitos relacionados ao imposto de importação são: a) *encomenda postal*: é processo simplificado em que se dispensa o despachante aduaneiro, feito via serviços de correio, com tributação fixa; b) *franquia temporária*: objetos de procedência estrangeira que ingressam no país de forma temporária (com prazos certos e locais determinados), com suspensão dos tributos, para exposições, turismo, feiras etc.; c) *trânsito aduaneiro*: mero ingresso físico de mercadorias, sem a sua destinação final local, com suspensão de impostos.

Quanto à **modalidade de lançamento**, o imposto de importação está sujeito, em regra, a *lançamento por homologação* (art. 150, CTN), porque a declaração, apuração do débito e pos-

---

[22] STJ. Súmula nº 569: "Na importação, é indevida a exigência de nova certidão negativa de débito no desembaraço aduaneiro, se já apresentada a comprovação da quitação de tributos federais quando da concessão do benefício relativo ao regime de *drawback*". No mesmo sentido: STJ. REsp 1.041.237 (recurso repetitivo), Rel. Min. Luiz Fux, 1ª Seção, julg. 28/10/2009.

324 | CURSO DE DIREITO TRIBUTÁRIO BRASILEIRO – *Marcus Abraham*

terior pagamento, feitos em geral pelo Siscomex, independem de qualquer atuação prévia do Fisco. Em hipóteses menos usuais, ocorrerá lançamento por declaração, como, por exemplo, quando o passageiro ingressa no país com mercadoria estrangeira (sujeita à tributação) trazida na bagagem, mostrando-a ao agente alfandegário (Fisco) para que este apresente a papeleta de lançamento e notificação para pagamento do tributo devido.

Entretanto, havendo fiscalização documental e/ou física e constatada divergência, o valor poderá ser **arbitrado** pela aduana,[23] com lançamento de ofício. Poderá ser aplicada alíquota especial em caso de prática de **dumping** ou **subsídios**, em investigação feita pelo Decon, constatando-se: a) introdução de produto importado em valor abaixo do normal praticado no mercado local (do exportador) ou internacional (para outros países); b) dano à indústria doméstica.

A legislação aduaneira estabelece a aplicação da **pena de perdimento** para mercadorias cuja importação seja proibida, mercadorias falsas, desacompanhadas de documentação ou sem indicação de origem, ou que seja feita de forma irregular, após processo administrativo fiscal[24] (CF/88, art. 5º, LIV: "ninguém será privado [...] de seus bens sem o devido processo legal").[25] Quando não houver dolo e for possível a regularização do procedimento (divergência na identificação ou classificação fiscal), não caberá a aplicação da pena de perdimento.[26]

14.2.2. Imposto de Exportação

O **Imposto de Exportação (IE)** é um tributo de competência privativa da União (art. 153, II, CF/88), e tem como fato gerador a saída de produtos nacionais ou nacionalizados do território brasileiro (art. 23, CTN), sendo também regulado pelo Decreto nº 6.759/2009 (Regulamento Aduaneiro).

Toda a sistemática discorrida anteriormente sobre o imposto de importação se aplica ao imposto de exportação com uma espécie de "sinal invertido", já que ambos são considerados impostos aduaneiros.

Este imposto é de baixa relevância financeira, já que em poucos casos está estabelecida sua incidência, uma vez que sua cobrança tornaria os produtos brasileiros ainda mais caros no

---

[23] STF. RE 1.090.591 (repercussão geral), Rel. Min. Marco Aurélio, Pleno, julg. 16/09/2020: "*Tese*: É constitucional vincular o despacho aduaneiro ao recolhimento de diferença tributária apurada mediante arbitramento da autoridade fiscal".

[24] A Lei nº 14.651/2023 trouxe novos procedimentos para a aplicação e o julgamento da pena de perdimento.

[25] STJ. REsp 908.394, Rel. Min. Castro Meira, 2ª Turma, julg. 27/03/2007: "1. A pena de perdimento prevista no art. 514 do Regulamento Aduaneiro deve ser aplicada somente sobre as mercadorias não declaradas regularmente na guia de importação. 2. A legislação tributária deve ser interpretada da forma mais favorável ao acusado quando houver dúvida quanto à natureza da penalidade aplicável ou a sua graduação (art. 112 do CTN)".

[26] STJ. REsp 658.218, Rel. Min. Luiz Fux, 1ª Turma, julg. 22/03/2005: "1. A aquisição, no mercado interno, de mercadoria importada, mediante nota fiscal, gera a presunção de boa-fé do adquirente, cabendo ao Fisco a prova em contrário. 2. A pena de perdimento não pode desconsiderar a boa-fé do adquirente, assentada pela instância a quo com ampla cognição probatória, máxime, quando o veículo fora adquirido, originariamente, em estabelecimento comercial sujeito a fiscalização, desobrigando-se o comprador a investigar o ingresso da mercadoria no país. [...] 4. Aplicar-se ao comprador a perda de perdimento da mercadoria, em razão de a vendedora não ter comprovado o pagamento dos tributos devidos pela importação, revela solução deveras drástica para quem não importou e nem é responsável tributário, quiçá inconstitucional, à luz da cláusula pétrea de que a sanção não deve passar a pessoa do infrator (CF, art. 5º, XLV)".

Parte III · Cap. 14 · IMPOSTOS | **325**

mercado internacional, prejudicando ainda mais a competitividade dos produtos nacionais devido ao "custo Brasil" (elevada carga tributária, encargos trabalhistas, previdenciários etc.).

Esta exação também possui uma função **extrafiscal**, inclusive excepcionando os princípios da legalidade e da anterioridade a fim de possibilitar a sua política interventiva de forma dinâmica e instrumentalizar a proteção do mercado local. Assim, ensina Hugo de Brito Machado[27] que o Imposto de Exportação

> [...] deve ser utilizado para inibir as exportações, quando isto seja necessário para evitar o desabastecimento do mercado interno. É incomparavelmente melhor que a proibição pura e simples da exportação do produto, pois permite, com o ajustamento das alíquotas, que o preço do produto, no mercado nacional, não seja aviltado. O adquirente no território nacional terá apenas o diferencial de preço que o imposto representa, pois ao produtor restará sempre a opção de exportar.

Importante desde já ressalvar que o Código Tributário Nacional especificou, em seu art. 28, que a receita líquida do IE se destinaria à formação de reservas monetárias. Entretanto, esse dispositivo é considerado como não recepcionado pela Constituição Federal de 1988, diante do teor do inciso IV do seu art. 167, que veda a vinculação de receita de impostos a órgão, fundo ou despesa, ressalvada a repartição do produto da arrecadação dos impostos a que se referem os arts. 158 e 159.

O **fato gerador** deste imposto é a operação de exportação, assim entendida a saída do território nacional de produto nacional, desdobrando os seus elementos da seguinte forma: a) *saída:* exportação de bem que se incorporará à economia nacional de outro país, de forma definitiva, não importando o título do negócio (venda, doação etc.); b) *território nacional:* adota-se o conceito administrativo, sendo o local onde a Aduana possui jurisdição (alfândega); c) *produto nacional:* a mercadoria (insumos, matéria-prima, produtos industrializados etc.) de origem e procedência nacional (ou nacionalizada) para integrar o processo comercial ou industrial externo ou aquela destinada ao consumo final no exterior.

No seu **aspecto quantitativo**, temos: a) **base de cálculo**: é o preço normal que a mercadoria, ou sua similar, alcançaria, ao tempo da exportação, em uma venda em condições de livre concorrência no mercado internacional, observadas as normas expedidas pela Câmara de Comércio Exterior (Camex), que é o órgão responsável pela edição de normas relativas às mercadorias sujeitas ao imposto de exportação; b) **alíquota**: em regra é de 30% (trinta por cento) sobre o valor da mercadoria, sendo que a Camex poderá reduzir ou aumentar a alíquota do imposto, elevando-a até o máximo de cento e cinquenta por cento.[28]

No **aspecto subjetivo**, o **contribuinte** será o exportador, assim considerada qualquer pessoa que promova a saída do produto do território nacional, ou quem a lei a ele equiparar.

---

[27] MACHADO, Hugo de Brito. *Comentários ao Código Tributário Nacional*. Carlos Valder do Nascimento (Coord.). Rio de Janeiro: Forense, 1997. p. 74.

[28] STF. RE 570.680 (repercussão geral), Rel. Min. Ricardo Lewandowski, Pleno, julg. 28/10/2009: "I – É compatível com a Carta Magna a norma infraconstitucional que atribui a órgão integrante do Poder Executivo da União a faculdade de estabelecer as alíquotas do Imposto de Exportação. II – Competência que não é privativa do Presidente da República. III – Inocorrência de ofensa aos arts. 84, *caput*, IV e parágrafo único, e 153, § 1º, da Constituição Federal ou ao princípio de reserva legal. Precedentes. IV – Faculdade discricionária atribuída à Câmara de Comércio Exterior – CAMEX, que se circunscreve ao disposto no Decreto-Lei 1.578/1977 e às demais normas regulamentares".

326 | CURSO DE DIREITO TRIBUTÁRIO BRASILEIRO – *Marcus Abraham*

Por fim, o **aspecto temporal**, ou seja, o momento em que o fato gerador se realiza, ocorre com a saída da mercadoria do território aduaneiro, sendo assim considerada a data de registro do registro de exportação (RE) no Sistema Integrado de Comércio Exterior – Siscomex.[29]

14.2.3. Imposto de Renda

O **Imposto de Renda (IR)** é um tributo de competência privativa da União (art. 153, III, CF/88), e tem como fato gerador a aquisição da disponibilidade econômica ou jurídica de rendas e proventos de qualquer natureza (art. 43 do CTN). Caracteriza-se como um tributo de função eminentemente arrecadatória, apesar de possuir subsidiariamente a função de redistribuição de rendas.

Na sua **evolução histórica**, o berço deste imposto foi a Inglaterra do século XVIII, incidindo sobre a propriedade de carruagens, cavalos, casas etc., para subsidiar a Guerra contra a França. Nos EUA, foi criado em 1862 para financiar a guerra civil. Por sua vez, no Brasil, a Constituição de 1891 não dispunha sobre a sua cobrança, ficando a cargo da competência residual dos Estados-membros. O imposto de renda foi instituído no Brasil por força do art. 31 da Lei nº 4.625, de 31 de dezembro de 1922. Entretanto, em se tratando de um tributo novo, complexo e que exigia uma nova estrutura, não foi implementado de imediato, conforme previsto na própria lei. O governo iniciou o estudo para elaborar o regulamento e organizar o sistema arrecadador, sob o comando de Francisco Tito de Souza Reis, que deu origem ao denominado "Regulamento Souza Reis". A partir do exercício de 1926, foi adotado um sistema misto, inspirado no modelo francês: taxas proporcionais sobre o rendimento líquido cedular "A – H" (categorias de rendimento e formas de tributação) e taxas complementares (progressivas) sobre a renda global. O CTN de 1966 deu a forma atual, prevista na Constituição de 1988.

Destacamos os **princípios tributários específicos do Imposto de Renda** que regem a incidência deste tributo: a) *generalidade*: deve alcançar a todos sem distinção entre pessoas ou profissões; b) *capacidade contributiva*: deve levar em consideração aspectos subjetivos de natureza econômica e a exteriorização de riqueza disponível do contribuinte, tributando de acordo com as suas possibilidades econômicas e financeiras (princípio da igualdade)[30]; c) *progressividade*: sistema em que a alíquota aumenta à medida que aumenta a base de cálculo, fixada em percentual variável, como expressão da capacidade contributiva e do princípio da igualdade; d)

---

[29] STF. AI 578.372 AgR, Rel. Min. Ellen Gracie, 2ª Turma, julg. 09/02/2010: "2. Não é qualquer registro no SISCOMEX que corresponde à expedição do documento equivalente à guia de exportação prevista no § 1º, *in fine*, do art. 1º do Decreto-Lei 1.578/77, como determinante da ocorrência do fato gerador do tributo. Somente o Registro de Exportação corresponde e se equipara à Guia de Exportação. 3. Editada a Resolução 2.112/94 do Banco Central do Brasil depois dos registros de venda, mas antes dos registros de exportação, submetem-se as operações respectivas às alíquotas nelas fixadas, visto que tal fixação se dera antes da ocorrência do fato gerador".

[30] STF. ARE 1.327.491 (repercussão geral – Tema 1174), Rel. Dias Toffoli, Pleno, julg. 21/10/2024: "Imposto de renda na fonte. Alíquota de 25%. Aposentadoria e pensão. Pessoa física residente ou domiciliada no exterior. Inconstitucionalidade. Desarmonia com a progressividade, a vedação do confisco, a isonomia, a proporcionalidade e a capacidade contributiva. [...] 3. Não apresentou o Fisco justificativa razoável para o tratamento tributário em questão aos residentes e domiciliados no exterior, o qual é, em termos gerais e abstratos, muitíssimo mais gravoso do que aquele conferido aos residentes e domiciliados no Brasil em situações similares. *Tese*: É inconstitucional a sujeição, na forma do art. 7º da Lei nº 9.779/99, com a redação conferida pela Lei nº 13.315/16, dos rendimentos de aposentadoria e de pensão pagos, creditados, entregues, empregados ou remetidos a residentes ou domiciliados no exterior à incidência do imposto de renda na fonte à alíquota de 25% (vinte e cinco por cento)".

Parte III · Cap. 14 · IMPOSTOS | **327**

legalidade e anterioridade: as alíquotas somente podem ser alteradas por lei ordinária, a vigorar a partir do exercício financeiro seguinte (embora não se submeta à anterioridade nonagesimal); e) *irretroatividade*: não pode incidir sobre fato geradores anteriores à lei que o instituiu (o fato gerador do IR é em 31/12).

O **fato gerador** do Imposto de Renda é o **acréscimo patrimonial de qualquer natureza** (riqueza nova) disponível (faculdade de usar), independente da sua origem ou titularidade,[31] desdobrando-se nos seguintes elementos: a) **renda:** acréscimo patrimonial, de caráter pessoal, graduada segundo a capacidade contributiva. Trata-se dos ganhos derivados do capital, do trabalho ou de ambos combinados. Importâncias recebidas por pessoa física ou jurídica, durante certo período, como remuneração de trabalho, lucro ou de investimento de capital; b) **proventos:** são os rendimentos derivados de aposentadoria, pensão e benefícios de natureza previdenciária, ou prêmios de loteria, recompensas, doações, e até ganhos ilícitos, entre outros.

A **aquisição de disponibilidade** pode ser: a) *econômica*: é a obtenção da faculdade de usar, gozar e dispor de dinheiro ou de coisas nele conversíveis, ingressado no patrimônio do contribuinte; b) *jurídica:* é a obtenção de direitos de crédito, não sujeitos à condição suspensiva, representados por títulos ou documentos, que podem ser convertidos em dinheiro a qualquer momento, sem qualquer impedimento ou condição.

A **renda** pode derivar: a) *do capital*: rendimentos de aluguel, de aplicações financeiras,[32] juros,[33] lucros, bonificações etc.; b) *do trabalho*: salários,[34] honorários, pró-labore, comissões etc.; c) *combinação de ambos*: lucros e dividendos etc. Já os **proventos** decorrem do recebimento de: a) *de natureza previdenciária*: pensões, aposentadoria etc.; b) *outros*: ganhos ilícitos, doações, prêmios etc.

---

[31]   STF. RE 1.224.696 (repercussão geral – Tema 185), Rel. Min. Marco Aurélio, Pleno, julg. 08/06/2021: "Havendo aquisição de riqueza ante a operação de swap, incide o imposto na fonte, não importando a destinação dada aos valores. Mesmo se direcionados a neutralizar o aumento da dívida decorrente do contrato principal, em razão da valorização da moeda estrangeira, cumpre tributar os rendimentos. [...] *Tese*: É constitucional o artigo 5º da Lei 9.779/1999, no que autorizada a cobrança de Imposto de Renda sobre resultados financeiros verificados na liquidação de contratos de *swap* para fins de *hedge*".

[32]   STJ. REsp 1.986.304 (Tema Repetitivo 1160), Rel. Min. Mauro Campbell Marques, 1ª Seção, julg. 08/03/2023: "O IR e a CSLL incidem sobre a correção monetária das aplicações financeiras, porquanto estas se caracterizam legal e contabilmente como Receita Bruta, na condição de Receitas Financeiras componentes do Lucro Operacional".

[33]   STF. RE 1.063.187 (repercussão geral – Tema 962), Rel. Min. Dias Toffoli, Pleno, julg. 27/09/2021: "*Tese*: É inconstitucional a incidência do IRPJ e da CSLL sobre os valores atinentes à taxa Selic recebidos em razão de repetição de indébito tributário. [...] 1. A materialidade do imposto de renda e a da CSLL estão relacionadas com a existência de acréscimo patrimonial. Precedentes. 2. A palavra indenização abrange os valores relativos a danos emergentes e os concernentes a lucros cessantes. Os primeiros, que correspondem ao que efetivamente se perdeu, não incrementam o patrimônio de quem os recebe e, assim, não se amoldam ao conteúdo mínimo da materialidade do imposto de renda prevista no art. 153, III, da Constituição Federal. Os segundos, desde que caracterizado o acréscimo patrimonial, podem, em tese, ser tributados pelo imposto de renda. 3. Os valores atinentes à taxa Selic recebidos em razão de repetição de indébito tributário visam, precipuamente, a recompor efetivas perdas (danos emergentes). A demora na restituição do indébito tributário faz com que o credor busque meios alternativos ou mesmo heterodoxos para atender a suas necessidades, os quais atraem juros, multas, outros passivos, outras despesas ou mesmo preços mais elevados".

[34]   STF. RE 855.091 (repercussão geral – Tema 808), Rel. Min. Dias Toffoli, Pleno, julg. 15/03/2021: "*Tese*: Não incide imposto de renda sobre os juros de mora devidos pelo atraso no pagamento de remuneração por exercício de emprego, cargo ou função". No mesmo sentido, cf. STJ. REsp 1.470.443 (recurso repetitivo), Rel. Min. Mauro Campbell Marques, 1ª. Seção, julg. 25/08/2021.

328 | CURSO DE DIREITO TRIBUTÁRIO BRASILEIRO – *Marcus Abraham*

Importante destacar que, segundo o § 1º do art. 43 do CTN, a incidência do imposto de renda independe da denominação da receita ou do rendimento, da localização, condição jurídica ou nacionalidade da fonte, da origem e da forma de percepção. Esta regra nada mais é do que uma ***norma antielisiva*** específica do IR, com o objetivo de permitir à autoridade fiscal desconsiderar planejamento fiscal feito pelo contribuinte (de forma abusiva ou com falta de propósito negocial), em que se "camuflam" pagamentos e rendimentos que são tipicamente tributáveis.[35]

Quanto ao **aspecto subjetivo** desse imposto, o **contribuinte** é o titular da disponibilidade econômica ou jurídica, seja ***pessoa física*** ou ***pessoa jurídica***,[36] domiciliada e residente no Brasil ou não, maior ou menor de idade, capaz ou não e, sendo pessoa jurídica, registrada em junta comercial ou cartório de registro civil de pessoas jurídicas (regular) ou não (irregular). Por sua vez, será **responsável tributário** o empregador pela retenção do imposto de renda do empregado,[37] o procurador do residente no exterior, os administradores de pessoa jurídica, os representantes ou tutores dos menores ou incapazes, ou a quem a lei atribuir tal função.

Outrossim, respondem pelo imposto de renda devido pelas pessoas jurídicas transformadas, extintas ou cindidas: a) a pessoa jurídica resultante da transformação de outra; b) a pessoa jurídica constituída pela fusão de outras, ou em decorrência de cisão de sociedade; c) a pessoa

---

[35] STF. RE 855.649 (repercussão geral – Tema 842), Rel. Min. Marco Aurélio, Rel. p/ Acórdão: Min. Alexandre de Moraes, Pleno, julg. 13/05/2021: "[...] 2. O artigo 42 da Lei 9.430/1996 estabelece que caracterizam-se também omissão de receita ou de rendimento os valores creditados em conta de depósito ou de investimento mantida junto a instituição financeira, em relação aos quais o titular, pessoa física ou jurídica, regularmente intimado, não comprove, mediante documentação hábil e idônea, a origem dos recursos utilizados nessas operações. 3. Consoante o art. 43 do CTN, o aspecto material da regra matriz de incidência do Imposto de Renda é a aquisição ou disponibilidade de renda ou acréscimos patrimoniais. 4. Diversamente do apontado pelo recorrente, o artigo 42 da Lei 9.430/1996 não ampliou o fato gerador do tributo; ao contrário, trouxe apenas a possibilidade de se impor a exação quando o contribuinte, embora intimado, não conseguir comprovar a origem de seus rendimentos. 5. Para se furtar da obrigação de pagar o tributo e impedir que o Fisco procedesse ao lançamento tributário, bastaria que o contribuinte fizesse mera alegação de que os depósitos efetuados em sua conta corrente pertencem a terceiros, sem se desincumbir do ônus de comprovar a veracidade de sua declaração. Isso impediria a tributação de rendas auferidas, cuja origem não foi comprovada, na contramão de todo o sistema tributário nacional, em violação, ainda, aos princípios da igualdade e da isonomia. 6. A omissão de receita resulta na dificuldade de o Fisco auferir a origem dos depósitos efetuados na conta corrente do contribuinte, bem como o valor exato das receitas/rendimentos tributáveis, o que também justifica atribuir o ônus da prova ao correntista omisso. Dessa forma, é constitucional a tributação de todas as receitas depositadas em conta, cuja origem não foi comprovada pelo titular".

[36] As pessoas jurídicas e as empresas individuais são contribuintes do imposto de renda. Da mesma forma: a) serão tributadas todas as sociedades (inclusive as sociedades em conta de participação) e firmas individuais, registradas ou não (sociedades em comum), domiciliadas no Brasil (ou representantes de empresas estrangeiras); b) as empresas em regimes de liquidação extrajudicial e processo de falência sujeitam-se também às normas de incidência do IRPJ (em relação às operações para a realização de seu ativo e o pagamento do passivo); c) as sociedades civis de prestação de serviços profissionais são também tributadas pelo imposto de renda (independente do objeto); d) as empresas públicas e as sociedades de economia mista, bem como suas subsidiárias, e os Fundos de Investimento Imobiliário, são também contribuintes do IRPJ (salvo as empresas públicas e sociedades de economia mista que atuem em regime de monopólio ou prestem serviços públicos, sem intuito principal de aumentar seu próprio patrimônio, por serem imunes, nos termos da jurisprudência do STF).

[37] STF. ADI 3.141, Rel. Min. Roberto Barroso, Pleno, julg. 13/12/2018: "2. A disciplina da retenção de valores pela fonte pagadora não necessita de lei complementar, não se enquadrando no conceito de fato gerador, base de cálculo, contribuinte de tributos (CF, art. 146, *a*), ou mesmo obrigação, lançamento, crédito, prescrição e decadência tributários (CF, art. 146, *b*)".

Parte III · Cap. 14 · IMPOSTOS | **329**

jurídica que incorporar outra ou parcela do patrimônio de sociedade cindida; d) a pessoa física sócia da pessoa jurídica extinta mediante liquidação, ou seu espólio, que continuar a exploração da atividade social, sob a mesma ou outra razão social, ou sob firma individual; e) os sócios, com poderes de administração, da pessoa jurídica que deixar de funcionar sem proceder à liquidação, ou sem apresentar a declaração de rendimentos no encerramento da liquidação.

Apesar de ser um tributo federal, é importante ressaltar que o Imposto de Renda retido na fonte pelos Estados-membros, Distrito Federal e Municípios devido por servidores públicos estaduais, distritais e municipais é repassado ao próprio Estado, DF ou Município, constituindo receita destes (art. 157, I e art. 158, I, CF/88), razão pela qual devem ser os entes beneficiários (Estado-membro, DF ou Município), e não a União, os legitimados passivos para ações acerca do imposto de renda por eles retidos tendo a si próprios como beneficiários.[38]

Já quanto ao seu **aspecto temporal,** embora seja um imposto considerado **complexivo** (apurável ao longo de certo período, seja mensalmente, trimestralmente ou mesmo anualmente, considerando-se os acréscimos e deduções), o fato gerador do Imposto de Renda (PF ou PJ), como regra, ocorrerá sempre no dia **31 de dezembro** de cada ano (fixado pela legislação aplicável).

Nas palavras de Leandro Paulsen:[39]

> No IRPF, considera-se ocorrido o fato gerador em 31 de dezembro do ano-calendário. Até 30 de abril do subsequente, verifica-se o imposto sobre a renda e proventos efetivamente devido, compensando-se o montante que já foi objeto de adiantamentos mensais (carnê-leão ou retenção), apurando-se, então, o saldo a restituir (em caso de pagamento antecipado a maior) ou a pagar (em caso de pagamento antecipado a menor), efetuando-se o recolhimento, se for o caso, à vista ou parceladamente. O prazo para pagamento é o mesmo daquele para o cumprimento da obrigação acessória consistente na apresentação da declaração de ajuste e de bens.
>
> No IRPJ, tem-se período de apuração trimestral, podendo, a pessoa jurídica que pagar com base no lucro real, optar pelo período anual, com antecipações mensais. No imposto trimestral, considera-se ocorrido o fato gerador ao final de cada trimestre civil; no anual, em 31 de dezembro do ano-calendário.

Cabe registrar que o STF cancelou a Súmula nº 584, editada em 15/12/1976, e que era aplicada até 2020 com o seguinte teor: "Ao imposto de renda calculado sobre os rendimentos do ano-base, aplica-se a lei vigente no exercício financeiro em que deve ser apresentada a declaração". Assim, na visão clássica de nossa Suprema Corte, até o final do dia 31 de dezembro, o fato gerador do IR para aquele período de apuração não estaria completo, mas sim pendente. Portanto, a publicação de uma nova lei sobre o fato gerador do IR (por exemplo, aumentando uma alíquota), ainda que no final de dezembro, poderia alcançar todo o ano que estava para se encerrar, pois o fato gerador ainda estaria incompleto.[40] Contudo, o Pleno do STF, no RE

---

[38] STF. RE 684.169 (repercussão geral – Tema 572), Rel. Min. Luiz Fux, Pleno, julg. 30/08/2012. Da mesma forma, é de competência da Justiça Estadual julgar controvérsia quanto ao imposto de renda retido na fonte incidente sobre os rendimentos pagos, a qualquer título, pelos Estados e Municípios, suas autarquias e pelas fundações que instituírem e mantiverem, a teor do disposto no art. 157, I, e 158, I, da CF/88.

[39] PAULSEN, Leandro; MELO, José Eduardo Soares. *Impostos federais, estaduais e municipais.* 9. ed. rev. e atual. Porto Alegre: Livraria do Advogado, 2015. p. 72-73.

[40] Sobre a discussão doutrinária acerca da aplicação da Súmula nº 584 do STF e à violação ao princípio da irretroatividade tributária, remetemos aos comentários já feitos na seção 6.1 do Capítulo 6 desta obra, ao tratarmos do fato gerador pendente.

159.180 (22/06/2020), mudou seu posicionamento cancelando a Súmula nº 584, por entender que ela consagrava uma violação ao princípio constitucional da irretroatividade tributária. A partir deste julgado, leis que alterem as alíquotas do IR durante o ano-base só terão eficácia no exercício financeiro seguinte (por exemplo, uma alteração de alíquota de IRPF no ano de 2021 só poderá ser aplicada a fatos geradores ocorridos a partir de 2022, cuja declaração somente será feita em 2023).

Sobre o **aspecto quantitativo** do imposto de renda, temos: 1) a **base de cálculo** será o valor sobre o qual incidirá o imposto de renda, e será calculada da seguinte forma: a) *montante real*: em que se leva em consideração os valores efetivamente auferidos, seja por rendas ou proventos (pessoa física), por atividades empresariais operacionais ou não (pessoa jurídica);[41] b) *montante presumido*: toma-se por base fatos prováveis, e o contribuinte poderá adotar esta metodologia facultativamente (pessoa física: declaração simplificada; pessoa jurídica: conforme renda bruta e atividade); c) *montante arbitrado*: apuração por parte do Fisco com base em elementos indicativos concretos, pela desclassificação da escrita ou por sua ausência (pessoa jurídica) ou pela identificação de sinais exteriores de riqueza;[42] 2) a **alíquota**, que representa um percentual que se aplica sobre a base de cálculo, sendo de: a) para *pessoa física*: alíquota progressiva com as seguintes faixas: isento; 7,5%; 15%; 22,5% e 27,5%;[43] b) para pessoa jurídica: 15% sobre o lucro real, presumido ou arbitrado, bem como 10% de adicional incidente sobre a parcela do lucro que exceder ao resultado da multiplicação de 20 mil reais pelo número de meses do respectivo período de apuração.

As pessoas físicas podem deduzir da sua base de cálculo do Imposto de Renda: a) contribuições previdenciárias (pública e privada); b) despesas escrituradas no livro-caixa (salários de terceiros, despesas para manutenção da fonte produtora etc.), para contribuinte que exerça atividade laboral não assalariada; c) dependentes, assim considerados: cônjuges ou companheiros, filhos ou enteados (até 21 anos), irmão, neto ou bisneto (até 21 anos) de que tenha guarda, ou em qualquer idade se incapacitado física ou mentalmente;[44] pais, avós ou bisavós, desde que

---

[41] STF. RE 582.525 (repercussão geral), Rel. Min. Joaquim Barbosa, Pleno, julg. 09/05/2013: "1. O valor pago a título de contribuição social sobre o lucro líquido – CSLL não perde a característica de corresponder a parte dos lucros ou da renda do contribuinte pela circunstância de ser utilizado para solver obrigação tributária. 2. É constitucional o art. 1º e par. ún. da Lei 9.316/1996, que proíbe a dedução do valor da CSLL para fins de apuração do lucro real, base de cálculo do Imposto sobre a Renda das Pessoas Jurídicas – IRPJ".

[42] STJ. REsp 1.113.159 (recurso repetitivo), Rel. Min. Luiz Fux, 1ª Seção, julg. 11/11/2009: "3. A Lei 9.316, de 22 de novembro de 1996, vedou a dedução do valor da contribuição social sobre o lucro líquido (exação instituída pela Lei 7.689/88) para efeito de apuração do lucro real, bem como para a identificação de sua própria base de cálculo [...] 5. A interpretação sistemática dos dispositivos legais supracitados conduz à conclusão de que inexiste qualquer ilegalidade/inconstitucionalidade da determinação de indedutibilidade da CSSL na apuração do lucro real. 6. É que o legislador ordinário, no exercício de sua competência legislativa, tão somente estipulou limites à dedução de despesas do lucro auferido pelas pessoas jurídicas, sendo certo, outrossim, que o valor pago a título de CSSL não caracteriza despesa operacional da empresa, mas, sim, parcela do lucro destinada ao custeio da Seguridade Social, o que, certamente, encontra-se inserido no conceito de renda estabelecido no artigo 43, do CTN (produto do capital, do trabalho ou da combinação de ambos) [...]".

[43] STF. RE 614.406 (repercussão geral), Rel. Min. Rosa Weber, Rel. p/ Acórdão: Min. Marco Aurélio, Pleno, julg. 23/10/2014: "*Tese*: O Imposto de Renda incidente sobre verbas recebidas acumuladamente deve observar o regime de competência, aplicável a alíquota correspondente ao valor recebido mês a mês, e não a relativa ao total satisfeito de uma única vez".

[44] STF. ADI 5.583, Rel. Min. Marco Aurélio, Rel. p/ Acórdão: Min. Roberto Barroso, Pleno, julg. 17/05/2021: "*Tese*: Na apuração do imposto sobre a renda de pessoa física, a pessoa com deficiência que supere o limite

não auferiam rendimento superior ao limite de isenção; tutelado ou curatelado, absolutamente incapaz; d) pagamentos a título de pensão alimentícia;[45] e) despesas médicas (médicos, exames etc.) próprias ou de dependentes, ilimitadamente; f) despesas com educação, limitadas a determinado valor; g) contribuições para o Fundo de Aposentadoria Programada Individual.

Os **lucros ou dividendos** calculados com base nos resultados apurados a partir do mês de janeiro de 1996, pagos ou creditados pelas pessoas jurídicas tributadas com base no lucro real, não estão "sujeitos à incidência do imposto de renda na fonte, nem integrarão a base de cálculo do imposto de renda do beneficiário, pessoa física ou jurídica, domiciliado no país ou no exterior" (art. 10, *caput*, Lei nº 9.249/1995).

O imposto sobre o **ganho de capital** (em regra, de 15%)[46] é calculado sobre a diferença entre o valor de aquisição de um bem e o valor de sua alienação.[47] Fica isento do imposto de renda o ganho de capital auferido na alienação de bens e direitos de pequeno valor, cujo preço unitário de alienação, no mês em que esta se realizar, seja igual ou inferior a: I – R$ 20.000,00, no caso de alienação de ações negociadas no mercado de balcão; II – R$ 35.000,00, nos demais casos. Já o ganho de capital auferido na alienação do único imóvel que o titular possua, cujo valor de alienação seja de até R$ 440.000,00, desde que não tenha sido realizada qualquer outra alienação nos últimos cinco anos, também se beneficia da isenção. Também fica isento o ganho auferido na venda de imóveis residenciais, desde que o alienante, no prazo de 180 dias, contado da data de celebração do contrato, aplique o produto da venda (valor igual ou superior ao da venda) na aquisição de imóveis residenciais localizados no país.

Por sua vez, segundo o Regulamento do Imposto de Renda (art. 35, Dec. Nº 9.580/2018), alguns dos **rendimentos isentos e não tributáveis**[48] da pessoa física são: a alimentação, o transporte e os uniformes ou as vestimentas especiais de trabalho, fornecidos gratuitamente

---

etário e seja capacitada para o trabalho pode ser considerada como dependente quando a sua remuneração não exceder as deduções autorizadas por lei".

[45] O STF, na ADI 5.422, Rel. Min. Dias Toffoli, Pleno, julg. 06/06/2022, decidiu que não incide imposto de renda sobre valores decorrentes do direito de família percebidos pelos alimentados a título de alimentos ou de pensões alimentícias.

[46] A partir de 1º de janeiro de 2017 entrou em vigor uma nova tabela do Imposto de Renda na modalidade de ganho de capital, estabelecendo uma taxa progressiva no lugar de uma taxa única: 15% sobre a parcela dos ganhos que não ultrapassar R$ 5 milhões; 17,5% sobre a parcela dos ganhos que exceder R$ 5 milhões e não ultrapassar R$ 10 milhões; 20% sobre a parcela dos ganhos que exceder R$ 10 milhões e não ultrapassar R$ 30 milhões; e 22,5% sobre a parcela dos ganhos que ultrapassar R$ 30 milhões.

[47] STJ. REsp 2.069.644 (recurso repetitivo – Tema 1226), Rel. Min. Sérgio Kukina, 1ª Seção, julg. 11/09/2024: "2. Em linhas gerais, o denominado *Stock Option Plan* (SOP) consiste na oferta, pela Sociedade Anônima, de opção de compra de ações em favor de seus executivos, empregados ou prestadores de serviços, sob determinadas condições e com preço preestabelecido (art. 168, § 3º, da Lei n. 6.404/1976). O interessado, então, poderá aderir à opção e, a tempo e modo, efetivar a compra das respectivas ações, por elas pagando o preço outrora definido pela companhia. Posteriormente, já titular das ações, poderá o adquirente realizar a sua venda no mercado financeiro). [...] No regime do *Stock Option Plan* (art. 168, § 3º, da Lei n. 6.404/1976), porque revestido de natureza mercantil, não incide o imposto de renda pessoa física/IRPF quando da efetiva aquisição de ações, junto à companhia outorgante da opção de compra, dada a inexistência de acréscimo patrimonial em prol do optante adquirente. b) Incidirá o imposto de renda pessoa física/IRPF, porém, quando o adquirente de ações no Stock Option Plan vier a revendê-las com apurado ganho de capital".

[48] Meramente consolidando diversas isenções ou não incidências já previstas em inúmeras leis esparsas, uma vez que se faz necessária a previsão em lei para a concessão de benefícios fiscais tais como isenções, nos termos do art. 150, § 6º, CF/88.

332 | CURSO DE DIREITO TRIBUTÁRIO BRASILEIRO – *Marcus Abraham*

pelo empregador a seus empregados; o valor do salário-família; as contribuições pagas pelos empregadores relativas a programas de previdência privada em favor de seus empregados e de seus dirigentes; o montante dos depósitos, dos juros, da correção monetária e das quotas-partes creditados em contas individuais pelo Programa de Integração Social – PIS e pelo Programa de Formação do Patrimônio do Servidor Público – Pasep; o valor dos serviços médicos, hospitalares e dentários mantidos, ressarcidos ou pagos pelo empregador em benefício de seus empregados; os proventos de aposentadoria ou reforma motivadas por acidente em serviço e aqueles percebidos pelos portadores de moléstia profissional e outras enfermidades graves;[49] os rendimentos percebidos pelas pessoas físicas decorrentes de seguro-desemprego, auxílio-natalidade, auxílio-doença, auxílio-funeral e auxílio-acidente, pagos pela previdência oficial da União, dos Estados, do Distrito Federal e dos Municípios e pelas entidades de previdência privada; os seguros recebidos de entidades de previdência privada decorrentes de morte ou de invalidez permanente do participante; a indenização por acidente de trabalho; a indenização em decorrência de desapropriação para fins de reforma agrária, quando auferida pelo desapropriado; os rendimentos auferidos em contas de depósitos de poupança; os ganhos líquidos auferidos por pessoa física em operações no mercado à vista de ações nas bolsas de valores e em operações com ouro, ativo financeiro, cujo valor das alienações realizadas em cada mês seja igual ou inferior a R$ 20.000,00 (vinte mil reais) para o conjunto de ações e para o ouro, ativo financeiro, respectivamente; o ganho auferido por pessoa física residente no país na venda de imóveis residenciais, desde que o alienante, no prazo de cento e oitenta dias, contado da data de celebração do contrato, aplique o produto da venda na aquisição de imóveis residenciais localizados no país; o valor dos bens adquiridos por doação ou herança; o capital das apólices de seguro ou de pecúlio pago por morte do segurado, e os prêmios de seguro restituídos em qualquer hipótese, inclusive de renúncia do contrato; o valor decorrente de liquidação de sinistro, furto ou roubo relativo ao objeto segurado.[50]

---

[49] STJ. Súmula n° 627: "O contribuinte faz jus à concessão ou à manutenção da isenção do imposto de renda, não se lhe exigindo a demonstração da contemporaneidade dos sintomas da doença nem da recidiva da enfermidade".

STF. ADI 6.025, Rel. Min. Alexandre de Moraes, Pleno, julg. 20/04/2020: "[...] o Poder Judiciário não pode atuar como legislador positivo estabelecendo isenções tributárias, redução de impostos ou deduções não previstas em lei, ainda que sob o fundamento da isonomia. [...] não vislumbro ofensa ao princípio da isonomia no caso em tela, uma vez que considero que a isenção do imposto de renda prevista no inciso XIV do artigo 6° da Lei 7.713/98 busca proteger a situação da pessoa física que, por estar acometida com uma das doenças graves listadas na legislação, perde (ou já não possuía) a sua capacidade laboral. Não se trata, assim, de isenção fiscal que busca proteger o doente grave, mas sim o doente grave que não trabalha. Dessa forma, a situação albergada pela isenção fiscal (doente grave inativo) e a situação que a PGR pretende alcançar com a presente ADI (doente grave em atividade) são distintas, sendo, no meu entender, razoável e justificável o fator de *discrímen* utilizado pela legislação".

No mesmo sentido: STJ. REsp 1.836.091 e 1.814.919 (recursos repetitivos), Rel. Min. Og Fernandes, 1ª Seção, julg. 24/06/2020: "*Tese*: Não se aplica a isenção do imposto de renda prevista no inciso XIV do artigo 6° da Lei n° 7.713/1988 (seja na redação da Lei n° 11.052/2004 ou nas versões anteriores) aos rendimentos de portador de moléstia grave que se encontre no exercício de atividade laboral".

[50] STJ. Súmula n° 184: "A microempresa de representação comercial é isenta do imposto de renda"; STJ. Súmula n° 136: "O pagamento de licença-prêmio não gozada por necessidade do serviço não está sujeito ao imposto de renda"; STJ. Súmula n° 215: "A indenização recebida pela adesão a programa de incentivo à demissão voluntária não está sujeita à incidência do imposto de renda"; STJ. Súmula n° 386: "São isentas de imposto de renda as indenizações de férias proporcionais e o respectivo adicional"; STJ. Súmula n° 498: "Não incide imposto de renda sobre a indenização por danos morais".

Parte III · Cap. 14 · IMPOSTOS | **333**

Nos termos do art. 150, VI, CF/88, são **imunes** à incidência do imposto de renda os entes federados e as entidades religiosas. Também o são os partidos políticos e entidades sindicais dos trabalhadores e as instituições de educação e de assistência social, mas estes desde que: I – não distribuam qualquer parcela de seu patrimônio ou de suas rendas, a título de lucro ou de participação no resultado; II – apliquem seus recursos integralmente no país, na manutenção de seus objetivos institucionais; III – mantenham escrituração de suas receitas e despesas em livros revestidos de formalidades capazes de assegurar sua exatidão (art. 14, CTN). Entretanto, a imunidade, isenção ou não incidência concedida às pessoas jurídicas não aproveita aos que delas percebam rendimentos sob qualquer título e forma.

Alguns conceitos importantes sobre o imposto de renda da pessoa jurídica: a) *lucro real*: é o lucro líquido do período de apuração ajustado pelas adições, exclusões ou compensações prescritas ou autorizadas por lei. A determinação do lucro real será precedida da apuração do lucro líquido de cada período de apuração com observância das disposições das leis comerciais; b) *lucro líquido*: é a soma algébrica do lucro operacional, dos resultados não operacionais e das participações, e deverá ser determinado com observância dos preceitos da lei comercial; c) *Lalur*: é o livro de apuração do lucro real e tem a finalidade de demonstrar os ajustes do resultado no período de apuração, por meio de adições, exclusões ou compensações autorizadas por lei,[51] formando a base de cálculo do imposto de renda sobre a qual incidirá a alíquota do IRPJ; d) *lucro operacional*: é o resultado das atividades, principais ou acessórias, que constituam objeto da pessoa jurídica; e) *lucro bruto*: é o resultado da atividade de venda de bens ou serviços que constitua objeto da pessoa jurídica, relativo à diferença entre a receita líquida das vendas e serviços e o custo dos bens e serviços vendidos; f) *receita bruta*: compreende o produto da venda de bens nas operações de conta própria, o preço dos serviços prestados e o resultado auferido nas operações de conta alheia, não se incluindo os impostos não cumulativos cobrados, destacadamente, do comprador ou contratante, dos quais o vendedor dos bens ou o prestador dos serviços seja mero depositário; g) *receita líquida*: é a receita bruta diminuída das vendas canceladas, dos descontos concedidos incondicionalmente e dos impostos incidentes sobre vendas; h) *lucro arbitrado*: é uma forma de apuração da base de cálculo do imposto de renda utilizada pela autoridade tributária ou pelo contribuinte, aplicada quando a pessoa jurídica deixar de cumprir as obrigações acessórias relativas à determinação do lucro real ou presumido, conforme o caso.

14.2.4. Imposto sobre Produtos Industrializados

O **Imposto sobre Produtos Industrializados (IPI)**, também de competência privativa da União (art. 153, IV), tem seu fato gerador decorrente não somente da saída do produto industrializado do estabelecimento industrial, mas também dos casos de desembaraço aduaneiro e da arrematação de produtos apreendidos e levados a leilão (art. 46, CTN). É regulamentado pelo Decreto nº 7.212/2010.

Este imposto possui uma relevante **função fiscal**, na medida em que detém papel relevante no orçamento da União (e, respectivamente, nos dos Estados, Municípios e do Distrito Federal, após a sua redistribuição). Porém, é também dotado de **função extrafiscal** por duas razões. Pri-

---

51   STF. RE 591.340 (repercussão geral), Rel. p/ Acórdão: Min. Alexandre de Moraes, Pleno, julg. 27/06/2019: "A técnica fiscal de compensação gradual de prejuízos, prevista em nosso ordenamento [...], relativamente ao Imposto de Renda de Pessoa Jurídica e à Contribuição Social sobre o Lucro Líquido, não ofende nenhum princípio constitucional regente do Sistema Tributário Nacional. *Tese*: É constitucional a limitação do direito de compensação de prejuízos fiscais do IRPJ e da base de cálculo negativa da CSLL".

334 | CURSO DE DIREITO TRIBUTÁRIO BRASILEIRO – *Marcus Abraham*

meiro, permite estimular ou restringir a produção e o consumo de bens industrializados, uma vez que a Constituição o excepciona dos princípios da legalidade e da anterioridade, conferindo à União, por meio da manipulação da carga fiscal desse imposto, a agilidade e a flexibilidade necessárias para interferir no mercado de consumo. Segundo, constitui um tributo seletivo, cuja carga fiscal variará em função da essencialidade do produto.

Para Ricardo Lobo Torres,

> [...] a finalidade extrafiscal do IPI às vezes pode justificar as discriminações, já para combater consumos nocivos, já para incentivar o crescimento das atividades de produção de certas mercadorias. Nos Estados Unidos, tornou-se célebre o debate sobre a discriminação entre a manteiga e a margarina, que culminou com as decisões da Suprema Corte favoráveis à tributação mais elevada da margarina.[52]

Em sua **evolução histórica,** inicialmente esse imposto, na Colônia e no Império, incidia apenas sobre algumas mercadorias nacionais e importadas. O primeiro fato gerador deste imposto foi a produção e comércio de bebidas alcoólicas (Alvará de 30/05/1820), colocando-se um selo ou estampilha sobre a tampa das garrafas. Em 1886, pelo Decreto nº 746, passou a incidir sobre o fumo. Depois sobre velas, fósforos, especialidades farmacêuticas etc. Foi previsto na Lei nº 25/1891 (implicitamente previsto na CF/1891 pela competência residual dos Estados e da União), e era na época chamado de **Imposto sobre o Consumo,** incidente sobre bebidas, alimentos, fósforos, calçados, vestuário etc. Noutros países, este imposto levava o nome de "imposto de fabricação" ou "imposto de produção". Em 1900, com o Decreto nº 3.622, foi expedido um regulamento único do **Imposto sobre o Consumo,** pois, até então, havia um imposto para cada produto. E assim foi denominado até a Emenda Constitucional nº 18/1965 e o Código Tributário Nacional, quando este imposto ganhou o nome atual de IPI (originário da fusão do Imposto sobre o Consumo e do Imposto de Indústria e Profissões, de competência dos municípios – antigo ISS). Com o CTN foi, então, regulado pelo Decreto-Lei nº 34/1966.

Podemos destacar alguns **princípios tributários** específicos do IPI: a) **princípio da seletividade**: é dirigido ao legislador ordinário, criador da norma do IPI, para que este obrigatoriamente dimensione a carga fiscal obedecendo ao critério da seletividade em função da essencialidade do produto (art. 153, § 3º, I, CF/88);[53] b) **princípio da não cumulatividade**: o imposto incidirá,

---

[52] TORRES, Ricardo Lobo. O IPI e o princípio da seletividade. *Revista Dialética de Direito Tributário*, São Paulo, nº 18, 1998. p. 101.

[53] STF. RE 606.314 (repercussão geral), Rel. Min. Roberto Barroso, Pleno, julg. 12/05/2021: "[...] IPI. Seletividade em função da essencialidade. Garrafões, garrafas e tampas plásticas. Possibilidade de tributação. 1. Recurso extraordinário em face de acórdão que entendeu que os garrafões, garrafas e tampas plásticas produzidos pela recorrida deveriam se submeter à alíquota zero de IPI pelo fato de que eram utilizados para acondicionar água mineral, bem essencial. 2. A observância à seletividade e a atribuição de alíquota zero a produtos essenciais são fenômenos que não se confundem. O princípio da seletividade não implica imunidade ou completa desoneração de determinado bem, ainda que seja essencial. Desse modo, os produtos em análise podem ser tributados a alíquota a zero, sem que isso configure desrespeito ao preceito constitucional. Precedentes. 3. Não há ofensa à vedação ao confisco, uma vez que as alíquotas pretendidas pelo Poder Executivo, de 10% e 15%, não geram expropriação patrimonial dos consumidores. Os produtos destinados ao acondicionamento de bens essenciais não devem necessariamente ter as mesmas alíquotas desses últimos, sob pena de se desconsiderarem as características técnicas que os distinguem e as políticas fiscais que os Poderes Legislativo e Executivo pretendem implementar. [...] Fixação da seguinte tese: "É constitucional a fixação de alíquotas de IPI superiores a zero sobre garrafões, garrafas e tampas plásticas, ainda que utilizados para o acondicionamento de produtos essenciais".

Parte III · Cap. 14 · IMPOSTOS | **335**

em cada etapa da operação econômica, sobre o valor total dos produtos, deduzindo-se o montante do imposto destacado (cobrado/pago) nas etapas anteriores (art. 153, § 3º, II, CF/88); c) **princípio da legalidade excepcionada**: por ser um tributo extrafiscal, suas alíquotas podem ser alteradas por decreto (art. 153, § 1º, CF/88); d) **princípio da anterioridade excepcionada**: pode ter as alíquotas alteradas a qualquer momento, a partir da data da publicação, desde que respeitados os 90 dias[54] (art. 150, § 1º, CF/88); e) **não incidência na exportação:** o imposto não incide sobre produtos destinados ao exterior (art. 153, § 3º, III, CF/88).

O núcleo **do fato gerador** do IPI é o **produto industrializado** e não o próprio *ato de industrialização*, considerando-se a sua ocorrência nas seguintes hipóteses (art. 46, CTN): a) *saída* destes produtos do estabelecimento industrial; b) *importação* de produtos (desembaraço aduaneiro);[55] c) *arrematação* de produtos industrializados.

Por sua vez, para que se tenha um **produto industrializado** que seja objeto de incidência do IPI – o produto resultante que tenha sido submetido a qualquer operação, mesmo que incompleta, parcial ou intermediária, que lhe modifique a natureza ou a finalidade, ou o aperfeiçoe para o consumo – consideram-se as seguintes operações como espécies de industrialização: a) **transformação:** exercida sobre a matéria-prima ou produto para obtenção de espécie nova, ganhando nova classificação; b) **beneficiamento:** altera a forma (aperfeiçoando) ou a utilização do produto, mantendo-se na mesma classificação originária; c) **montagem:** reunião de partes para resultar em um novo produto, com classificação autônoma em relação às partes; d) **acondicionamento:** alteração da apresentação pela embalagem, não considerada a embalagem para transporte; e) **recondicionamento:** exercido sobre produto usado, restaurando-o para utilização, destinado à revenda.

Tais hipóteses de processo de **industrialização** pressupõem atividade realizada em determinadas matérias ou substâncias, quais sejam: a) **matéria-prima:** toda substância com que se fabrica algo e é parte integrante (exemplo: borracha para pneus); b) **produto intermediário:** aquele que integra estrutura do novo produto sem sofrer alteração (exemplo: pneus para automóvel); c) **produto secundário:** utilizado e consumido no processo de industrialização sem se integrar ao produto (exemplos: gás para fogo de caldeiras, lixas, feltros etc.); d) **insumo:** tudo que entra no processo de industrialização (*input*); e) **material de embalagem:** qualquer material que importe alterar a apresentação do produto (exemplo: garrafa de álcool vendido no varejo), mas não a mera embalagem para transporte.

É importante distinguir a incidência do IPI da incidência do ISS em determinados casos, uma vez que em certas ocasiões pode haver coincidência em elemento fático da hipótese de incidência (por exemplo, os casos dos itens 10.04 e 14.05 da lista de serviços do ISS "Recauchutagem ou regeneração de pneus" e, respectivamente, "Restauração, recondicionamento, acondicionamento [...]", atividades que também podem ser espécies de atos de industrialização para fins de incidência do IPI). Portanto, o que estabelece a distinção para determinar a incidência de um ou de outro imposto é a **propriedade do bem/produto** e sua respectiva destinação.[56] Assim, incidirá o IPI se a propriedade do bem objeto da atividade for do industrial, que

---

[54] STF. ADI 4.661 MC, Rel. Min. Marco Aurélio, Pleno, julg. 20/10/2011: "A majoração da alíquota do IPI, passível de ocorrer mediante ato do Poder Executivo – artigo 153, § 1º –, submete-se ao princípio da anterioridade nonagesimal previsto no artigo 150, inciso III, alínea 'c', da Constituição Federal".

[55] STF. RE 946.648 (repercussão geral), Rel. Min. Marco Aurélio, Pleno, julg. 28/08/2020: "*Tese*: É constitucional a incidência do IPI no desembaraço aduaneiro de bem industrializado e na saída do estabelecimento importador para comercialização no mercado interno".

[56] Exemplo concreto é a atividade de recauchutagem de pneus (item 14.04 da lista de ISS). Se o dono de um automóvel solicitar a recauchutagem dos pneus do seu carro a uma empresa especializada neste serviço,

336 | CURSO DE DIREITO TRIBUTÁRIO BRASILEIRO – *Marcus Abraham*

promoverá o ato de industrialização e, posteriormente, o comercializará. Por sua vez, incidirá o ISS se a propriedade do bem/produto for de terceiro, que contratará o prestador de serviço para realizar a atividade sem que haja transferência de propriedade, prevalecendo o caráter de "atividade sob encomenda".

Outrossim, passamos a relacionar alguns exemplos de atividades que não se consideram processo de industrialização para fins de **não incidência** do IPI, conforme estabelece o Regulamento de IPI (Decreto nº 7.212/2010): I – o preparo de produtos alimentares, não acondicionados em embalagem de apresentação: a) na residência do preparador ou em restaurantes, bares, sorveterias, confeitarias, padarias, quitandas e semelhantes, desde que os produtos se destinem a venda direta a consumidor; ou b) em cozinhas industriais, quando destinados a venda direta a corporações, empresas e outras entidades, para consumo de seus funcionários, empregados ou dirigentes; II – o preparo de refrigerantes, à base de extrato concentrado, por meio de máquinas, automáticas ou não, em restaurantes, bares e estabelecimentos similares, para venda direta a consumidor; III – a confecção ou preparo de produto de artesanato; IV – a confecção de vestuário, por encomenda direta do consumidor ou usuário, em oficina ou na residência do confeccionador; V – o preparo de produto, por encomenda direta do consumidor ou usuário, na residência do preparador ou em oficina, desde que, em qualquer caso, seja preponderante o trabalho profissional; VI – a manipulação em farmácia, para venda direta a consumidor, de medicamentos, mediante receita médica.

Por sua vez, são **imunes** à incidência do IPI por previsão constitucional: I – os livros, jornais, periódicos e o papel destinado à sua impressão (art. 150, VI, *d*, CF/88); II – fonogramas e videofonogramas musicais produzidos no Brasil contendo obras musicais ou literomusicais de autores brasileiros e/ou obras em geral interpretadas por artistas brasileiros, bem como os suportes materiais ou arquivos digitais que os contenham, salvo na etapa de replicação industrial de mídias ópticas de leitura a laser (art. 150, VI, *e*, CF/88); III – os produtos industrializados destinados ao exterior (art. 153, § 3º, III, CF/88); IV – o ouro, quando definido em lei como ativo financeiro ou instrumento cambial (art. 153, § 5º, CF/88); V – a energia elétrica, serviços de telecomunicações, derivados de petróleo, combustíveis e minerais do país (art. 155, § 3º, CF/88).

Outrossim, não constituem fato gerador (art. 38, Decreto nº 7.212/2010): I – o desembaraço aduaneiro de produto nacional que retorne ao Brasil, nos seguintes casos: a) quando enviado em consignação para o exterior e não vendido nos prazos autorizados; b) por defeito técnico que exija sua devolução, para reparo ou substituição; c) em virtude de modificações na sistemática de importação do país importador; d) por motivo de guerra ou calamidade pública; e e) por quaisquer outros fatores alheios à vontade do exportador; II – as saídas de produtos subsequentes à primeira: a) nos casos de locação ou arrendamento, salvo se o produto tiver sido submetido a nova industrialização; ou b) quando se tratar de bens do ativo permanente, industrializados ou importados pelo próprio estabelecimento industrial ou equiparado a industrial, destinados à execução de serviços pela própria firma remetente;[57] III – a saída de produtos incorporados ao ativo permanente, após cinco anos de sua incorporação, pelo estabelecimento industrial, ou

---

haverá a incidência do ISS (pneus de propriedade de terceiros e não do empresário). Por sua vez, se esta mesma empresa adquirir pneus usados no mercado, realizar a recauchutagem (beneficiamento) dos mesmos para posterior comercialização, haverá incidência do IPI, pois neste caso houve um processo de industrialização.

[57] STJ. Súmula nº 495: "A aquisição de bens integrantes do ativo permanente da empresa não gera direito a creditamento de IPI".

Parte III · Cap. 14 · IMPOSTOS | **337**

equiparado a industrial, que os tenha industrializado ou importado; ou IV – a saída de produtos por motivo de mudança de endereço do estabelecimento.

Já para citar alguns casos de saída de produto industrializado com a **suspensão do IPI** (art. 43, Decreto nº 7.212/2010), temos: I – os produtos remetidos pelo estabelecimento industrial, ou equiparado a industrial, diretamente a exposição em feiras de amostras e promoções; II – os produtos remetidos pelo estabelecimento industrial, ou equiparado a industrial, a depósitos fechados ou armazéns-gerais; III – os produtos industrializados, que contiverem matérias-primas (MP), produtos intermediários (PI) e material de embalagem (ME) importados submetidos a regime aduaneiro especial (*drawback* – suspensão, isenção), remetidos diretamente a empresas industriais exportadoras para emprego na produção de mercadorias destinadas à exportação direta ou por intermédio de empresa comercial exportadora, atendidas as condições estabelecidas pela SRF; IV – os produtos, destinados à exportação, que saiam do estabelecimento industrial para: a) empresas comerciais exportadoras, com o fim específico de exportação; b) recintos alfandegados; c) outros locais onde se processe o despacho aduaneiro de exportação; V – o veículo, aeronave ou embarcação que deixar o estabelecimento industrial exclusivamente para emprego em provas de engenharia pelo próprio fabricante, desde que a ele tenha de voltar, não excedido o prazo de permanência fora da fábrica, que será de 30 dias, salvo motivos de ordem técnica; VI – os bens do ativo permanente (máquinas e equipamentos, aparelhos, instrumentos, utensílios, ferramentas, gabaritos, moldes, matrizes e semelhantes), remetidos pelo estabelecimento industrial a outro estabelecimento da mesma firma, para serem utilizados no processo industrial do recebedor; VII – os bens do ativo permanente remetidos pelo estabelecimento industrial a outro estabelecimento, para serem utilizados no processo industrial de produtos encomendados pelo remetente, desde que devam retornar ao estabelecimento encomendante, após o prazo fixado para a fabricação dos produtos; VIII – as partes e peças destinadas ao reparo de produtos com defeito de fabricação, quando a operação for executada gratuitamente por concessionários ou representantes, em virtude de garantia dada pelo fabricante; etc.

Sobre a temática da **transferência entre estabelecimentos** da mesma empresa (matriz e filial) de produtos industrializados, o próprio Regulamento do IPI prevê, em algumas hipóteses, a não incidência do imposto (saída com suspensão), como é o caso dos produtos remetidos para industrialização ou comércio, de um estabelecimento industrial ou equiparado a industrial para outro da mesma empresa, assim como dos bens do ativo permanente (máquinas e equipamentos, aparelhos, instrumentos, utensílios, ferramentas, gabaritos, moldes, matrizes e semelhantes) remetidos pelo estabelecimento industrial a outro estabelecimento da mesma firma, para serem utilizados no processo industrial do recebedor (incisos X e XI, art. 43).

Tais dispositivos se justificam, já que as meras saídas físicas, sem ocorrer uma transferência de propriedade para outra pessoa jurídica distinta, não devem ser tributadas pelo IPI, pois: a) a expressão "operação" é sinônima de negócio jurídico bilateral; b) tem que haver um aspecto econômico e não o aspecto meramente físico (saída para outra unidade), inexistindo a exteriorização de riqueza no deslocamento; c) entende-se que o IPI, sendo sucessor do Imposto sobre Consumo, depende do deslocamento do bem para o consumo.[58] Entretanto, tal regra de saída com suspensão do imposto se aplica apenas às transferências realizadas entre estabelecimentos "contribuintes do IPI". Já nas transferências de um estabelecimento industrial ou equiparado,

---

[58]   Da mesma forma, entende o STJ, em sua Súmula nº 671, que "Não incide o IPI quando sobrevém furto ou roubo do produto industrializado após sua saída do estabelecimento industrial ou equiparado e antes de sua entrega ao adquirente."

CURSO DE DIREITO TRIBUTÁRIO BRASILEIRO – *Marcus Abraham*

com destino a estabelecimentos que não sejam contribuintes do IPI, as respectivas saídas deverão ser realizadas obrigatoriamente com incidência e destaque do imposto.

A propósito, quanto ao **aspecto subjetivo** do Imposto sobre Produtos Industrializados, o **contribuinte** do imposto é: I – o importador ou quem a lei a ele equiparar;[59] II – o industrial ou quem a lei a ele equiparar; III – o comerciante de produtos sujeitos ao imposto, que os forneça aos contribuintes definidos no item anterior; IV – o arrematante de produtos apreendidos ou abandonados, levados a leilão. Por sua vez, o **responsável** tributário no IPI é: I – o transportador, em relação aos produtos tributados que transportar, desacompanhados da documentação comprobatória de sua procedência; II – o possuidor ou detentor, em relação aos produtos tributados que possuir ou mantiver para fins de venda ou industrialização, nas mesmas condições do inciso I; III – o estabelecimento adquirente de produtos usados cuja origem não possa ser provada etc.

Quanto ao seu **aspecto temporal**, considera-se ocorrido o fato gerador no momento do desembaraço aduaneiro de produto industrializado de procedência estrangeira (importação ou arrematação) ou no momento da saída de produto industrializado do estabelecimento industrial, ou equiparado a industrial.

Sobre o **aspecto quantitativo** do IPI, temos: a) a **base de cálculo**[60] na importação será o valor que servir aos tributos aduaneiros, acrescido destes tributos e demais encargos (imposto de importação, taxas aduaneiras e encargos cambiais), e na saída do estabelecimento industrial ou equiparado, o preço efetivo da operação (valor de mercado ou pauta fiscal[61]); b) a **alíquota**

---

[59] STF. RE 723.651 (repercussão geral), Rel. Min. Marco Aurélio, Pleno, julg. 04/02/2016: "*Tese*: Incide o imposto de produtos industrializados na importação de veículo automotor por pessoa natural, ainda que não desempenhe atividade empresarial e o faça para uso próprio". No mesmo sentido: STJ. REsp 1.396.488 (recurso repetitivo), Rel. Min. Francisco Falcão, 1ª Seção, julg. 25/09/2019.

[60] Segundo o Regulamento do IPI (Decreto nº 7.212/2010, art. 190, § 3º, e Lei nº 4.502/1964, art. 14, § 2º), os descontos, diferenças ou abatimentos, concedidos a qualquer título, ainda que incondicionalmente, não podem ser excluídos da base de cálculo do IPI. Também não poderá ser excluído da base de cálculo o valor de frete (art. 190, § 1º, RIPI). Contudo, a inclusão dos descontos incondicionais na base de cálculo do IPI foi reputada inconstitucional pelo STF, por violação da reserva de lei complementar: STF. RE 567.935 (repercussão geral), Rel. Min. Marco Aurélio, Pleno, julg. 04/09/2014: "Viola o artigo 146, inciso III, alínea 'a', da Carta Federal norma ordinária segundo a qual hão de ser incluídos, na base de cálculo do Imposto sobre Produtos Industrializados – IPI, os valores relativos a descontos incondicionais concedidos quando das operações de saída de produtos, prevalecendo o disposto na alínea 'a' do inciso II do artigo 47 do Código Tributário Nacional".

[61] A cobrança de IPI por pautas fiscais (ou seja, por prefixação do valor da operação pelo Fisco federal, independentemente do valor praticado e presente na nota fiscal) foi reputada constitucional por apertada maioria (6 a 5) no STF, no RE 602.917 (repercussão geral), Rel. Min. Rosa Weber, Rel. p/ Acórdão: Min. Alexandre de Moraes, Pleno, julg. 29/06/2020. O argumento do voto vencedor foi o de que a previsão de incidência do tributo sobre o custo médio das operações relacionadas à compra e venda do produto é uma forma de viabilizar a arrecadação do tributo. Caso o recolhimento tomasse como base de cálculo o valor constante da nota fiscal declarado pelo contribuinte, poderia haver grave distorção de preços de venda com a finalidade de frustrar a tributação do IPI (sonegação fiscal), levando a recolhimento a menor do tributo. Ademais, não haveria ofensa ao art. 146, III, *a*, CF/88, que confere à lei complementar competência para definir a base de cálculo de impostos, tampouco ao art. 47 do CTN, que estabelece a base de cálculo do IPI como sendo "o valor da operação de que decorrer a saída da mercadoria". De acordo com o Ministro Alexandre de Moraes, a Lei 7.798/1989 (que estabelece os valores prefixados) tratou apenas de regulamentar o que já estava disposto no CTN, conceituando o que seria "valor da operação" para fins de definição da base de cálculo do tributo. Assim, não teria havido qualquer alteração da base de cálculo; apenas se instituiu uma técnica de tributação que leva em consideração o próprio valor da operação comumente verificada no mercado.

Parte III • Cap. 14 • IMPOSTOS | **339**

é aquela constante da TIPI (Tabela de IPI), fixada atendendo ao princípio da seletividade, e que poderá sofrer alterações por decretos expedidos pelo Poder Executivo, após 90 dias (exceção aos princípios da legalidade e anterioridade do exercício seguinte apenas).

Pelo *princípio da não cumulatividade*, será possível ao industrial realizar o **crédito de IPI de insumos**, ou seja, utilizar os valores pagos a título de IPI nas operações anteriores (debitados na Nota Fiscal) relativos aos *insumos* empregados na produção, e deduzi-los do montante devido do imposto na saída da mercadoria tributada (incidindo o IPI apenas sobre o valor agregado). Neste caso, trata-se de *insumos que sofreram a incidência dos tributos*, diferentemente dos que foram isentos, ou com alíquota zero ou não tributados, uma vez que o STF possui jurisprudência consolidada quanto à inexistência de créditos do IPI relativo a insumos isentos, não tributados ou sujeitos à alíquota zero em razão da ausência de recolhimento do imposto, donde a incapacidade de gerar o crédito.[62] Segundo a Corte Suprema, "se nada foi pago, nada haverá a ser compensado".[63]

Assim, o contribuinte deve, nos prazos legais, registrar em seus livros (hoje, sistemas eletrônicos) todas as entradas e saídas de produtos industrializados, o valor dos créditos decorrentes dos insumos no estabelecimento, bem como o valor do imposto originário das saídas, face ao princípio da não cumulatividade. Poderá transferir para períodos seguintes caso não aproveite todo o crédito durante o exercício em apuração.

Quanto às **obrigações acessórias**, para o IPI, o industrial deverá ter todos os livros de registros de seus créditos e débitos (hoje em dia eletrônicos), além de selagem, rotulagem, marcação e numeração dos produtos industrializados (e inclusive nas embalagens, incluindo a expressão "indústria brasileira"), assim como a descrição detalhada das características e componentes.

Para o IPI, a modalidade de constituição do crédito tributário é de **lançamento por homologação**, e o **período de apuração** do imposto incidente nas saídas dos produtos do estabelecimento industrial ou equiparado a industrial é **mensal**, exceto nos casos de importação ou arrematação.

14.2.5. Imposto sobre Operações Financeiras

O **Imposto sobre Operações Financeiras (IOF)**, de competência privativa da União (art. 153, V, CF/88), tem seu fato gerador incidente nas operações de crédito, câmbio, seguro e sobre operações relativas a títulos e valores[64] (art. 63, CTN), bem como nas operações com ouro

---

[62] STF. Súmula Vinculante nº 58: "Inexiste direito a crédito presumido de IPI relativamente à entrada de insumos isentos, sujeitos à alíquota zero ou não tributáveis, o que não contraria o princípio da não cumulatividade".

[63] STF. RE 398.365 (repercussão geral), Rel. Min. Gilmar Mendes, Pleno, julg. 27/08/2015; STF. RE 562.980 (repercussão geral), Rel. Min. Ricardo Lewandowski, Rel. p/ Acórdão: Min. Marco Aurélio, Pleno, julg. 06/05/2009: "*Tese*: O direito do contribuinte de utilizar-se de crédito relativo a valores pagos a título de IPI, oriundo da aquisição de matéria-prima a ser empregada em produto final beneficiado pela isenção ou tributado à alíquota zero, somente surgiu com a Lei nº 9.779/1999, não se mostrando possível a aplicação retroativa da norma".

[64] STF. Súmula nº 664: "É inconstitucional o inciso V do art. 1º da Lei 8.033/1990, que instituiu a incidência do imposto nas operações de crédito, câmbio e seguros (IOF) sobre saques efetuados em caderneta de poupança".
STF. RE 232.467, Rel. Min. Ilmar Galvão, Pleno, julg. 29/09/1999: "O saque em conta de poupança, por não conter promessa de prestação futura e, ainda, porque não se reveste de propriedade circulatória, tampouco configurando título destinado a assegurar a disponibilidade de valores mobiliários, não pode ser tido por

340 | CURSO DE DIREITO TRIBUTÁRIO BRASILEIRO – *Marcus Abraham*

quando este tratar-se de ativo financeiro ou instrumento cambial (§ 5º, art. 153, CF/88), sendo regulamentado pelo Decreto nº 6.306/2007. Não obstante ter sua importância na arrecadação, na medida em que o Brasil detém uma movimentação considerável de operações financeiras, trata-se de um tributo eminentemente extrafiscal, dotado de mecanismos reguladores relacionados com a política financeira e monetária.

Importante que se registre, desde já, que apesar de o art. 67 do Código Tributário Nacional prever que "a receita líquida do imposto destina-se a formação de reservas monetárias, na forma da lei", este dispositivo é considerado como não recepcionado pela Constituição Federal de 1988, diante do teor do inciso IV do seu art. 167, que veda a vinculação de receita de impostos a órgão, fundo ou despesa, ressalvadas a repartição do produto da arrecadação dos impostos a que se referem os arts. 158 e 159.

Sua **evolução histórica** no Brasil se originou com o selo documental, que surgiu pelos Alvarás de 10/03/1797 e de 24/04/1801. Em 1843, a Lei nº 317 estabeleceu uma tabela de imposto proporcional para todos os papéis de contratos de dinheiro (letras de câmbio, escrituras, doações, apólices de seguro etc.). Configurava-se, então, o **Imposto do Selo**, tributo sobre documentos e papéis que provavam a celebração de atos ou negócios jurídicos. Era considerado uma "taxa" em contraprestação pela segurança jurídica conferida pelas autoridades cartoriais. O CTN e, posteriormente, a EC nº 01/1969 foram mais casuístas, enumerando os fatos geradores do imposto, tornando-o mais restrito do que era antes, ao incidir sobre todas as operações financeiras.

Portanto, nos termos do CTN (art. 63), o IOF incidente sobre operações de crédito, câmbio e seguro, e sobre operações relativas a títulos e valores mobiliários tem como **fato gerador**: I – **quanto às operações de crédito**, a sua efetivação pela entrega total ou parcial do montante ou do valor que constitua o objeto da obrigação, ou sua colocação à disposição do interessado; II – **quanto às operações de câmbio**, a sua efetivação pela entrega de moeda nacional ou estrangeira, ou de documento que a represente, ou sua colocação à disposição do interessado em montante equivalente à moeda estrangeira ou nacional entregue ou posta à disposição por este; III – **quanto às operações de seguro**, a sua efetivação pela emissão da apólice ou do documento equivalente, ou recebimento do prêmio, na forma da lei aplicável; IV – **quanto às operações relativas a títulos e valores mobiliários**, a emissão, transmissão, pagamento ou resgate destes, na forma da lei aplicável.[65] Acresça-se, nos termos do § 5º do art. 153 da Constituição, a incidência deste imposto na operação de origem com **ouro como ativo financeiro** ou instrumento cambial.

Tais operações se materializam por negociações realizadas através de contratos de crédito, câmbio, seguro, ouro e títulos e valores mobiliários (art. 2º, Decreto nº 6.306/2007), e podem ser assim definidas: a) **créditos:** entrega ou colocação à disposição do interessado de importância em dinheiro, feita por instituições financeiras, por pessoas jurídicas entre si[66] ou mesmo por

---

compreendido no conceito de operação de crédito ou de operação relativa a títulos ou valores mobiliários, não se prestando, por isso, para ser definido como hipótese de incidência do IOF, previsto no art. 153, V, da Carta Magna".

[65] STF. RE 583.712 (repercussão geral), Rel. Min. Edson Fachin, Pleno, julg. 04/02/2016: "É constitucional o art. 1º, IV, da Lei nº 8.033/90, uma vez que a incidência de IOF sobre o negócio jurídico de transmissão de títulos e valores mobiliários, tais como ações de companhias abertas e respectivas bonificações, encontra respaldo no art. 153, V, da Constituição Federal, sem ofender os princípios tributários da anterioridade e da irretroatividade, nem demandar a reserva de lei complementar".

[66] STF. ADI 1.763, Rel. Min. Dias Toffoli, Pleno, julg. 16/06/2020: "[...] nada há na Constituição Federal, ou no próprio Código Tributário Nacional, que restrinja a incidência do IOF sobre as operações de crédito realizadas por instituições financeiras. [...] A alienação de direitos creditórios a empresa de *factoring* envolve,

Parte III • Cap. 14 • IMPOSTOS | **341**

pessoa jurídica a pessoa física;[67] b) **câmbio:** entrega de moeda nacional ou estrangeira, ou de documento que as represente; c) **seguro:** emissão da apólice de seguro ou documento equivalente ou recebimento do prêmio; d) **títulos e valores mobiliários:** emissão, transmissão, pagamento ou resgate de títulos de crédito (TDAs, CDBs, LTNs, NPs, Ações, Debêntures etc.); e) **ouro:** negociações financeiras com ouro como ativo financeiro ou instrumento cambial.

Quanto ao aspecto temporal, entende-se como o momento de ocorrência do fato gerador, tornando devido o IOF (arts. 3º, 11, 18, 25 e 36 – Decreto nº 6.306/2007): a) **operação de crédito:** na data da efetiva entrega, total ou parcial, do valor que constitua o objeto da obrigação ou sua colocação à disposição do interessado ou no momento da liberação de cada uma das parcelas, nas hipóteses de crédito sujeito, contratualmente, a liberação parcelada; b) **operação de câmbio:** no ato da liquidação da operação de câmbio; c) **operações de seguro:** no ato do recebimento total ou parcial do prêmio; d) **operações com títulos e ouro:** no ato da realização das operações de aquisição, cessão, resgate, repactuação ou pagamento.

Por sua vez, no que se refere ao **aspecto subjetivo**, o contribuinte do IOF é a pessoa física ou jurídica tomadora de crédito, inclusive o alienante-endossante (*factoring*), o tomador do câmbio, o segurado, os adquirentes no caso de aquisição de títulos ou valores mobiliários e o titular de aplicações financeiras e ouro. Por outro lado, são **responsáveis** pela cobrança do IOF e pelo seu recolhimento ao Tesouro Nacional na modalidade de retenção na fonte: a) as instituições financeiras que efetuarem operações de crédito e câmbio; b) as empresas de *factoring* adquirentes do direito creditório; c) as companhias seguradoras; d) as instituições autorizadas a negociar com valores mobiliários e ouro.

Finalmente, quanto ao **aspecto quantitativo**, temos: a) a **base de cálculo** será o valor do contrato de crédito, do câmbio (valor da moeda), do prêmio no seguro, do título negociado (inclusive do ouro) ou aplicação financeira; b) a **alíquota** variará conforme a operação, prazo e valor, sendo certo que, por se tratar de um imposto extrafiscal, esta poderá ser alterada a qualquer momento por ato do Poder Executivo (excetuando-se os princípios da legalidade e da anterioridade).

14.2.6. Imposto Territorial Rural

O **Imposto sobre a Propriedade Territorial Rural (ITR)**, de competência privativa da União (art. 153, VI, CF/88), tem como fato gerador a propriedade, o domínio útil ou a posse de imóvel localizado fora da zona urbana do Município (art. 29, CTN). Sua finalidade é eminentemente extrafiscal, voltada *à política agrária*, objetivando desestimular a propriedade rural improdutiva.

Entretanto, desde já devemos fazer a ressalva de que, apesar de se tratar imposto de competência tributária privativa da União, esta é, em certos casos, uma modalidade de *competência legislativa*, dada a possibilidade de delegação da capacidade tributária ativa para os Municípios

---

sempre, uma operação de crédito ou uma operação relativa a títulos ou valores mobiliários. É, aliás, própria do IOF a possibilidade de ocorrência de superposição da tributação das operações de crédito e daquelas relativas a títulos e valores mobiliários, motivo pelo qual o Código Tributário Nacional, no parágrafo único do seu art. 63, traz uma regra de tributação alternativa, de sorte a evitar o *bis in idem*".

67   STF. RE 590.186 (repercussão geral – Tema 104), Rel. Min. Cristiano Zanin, Pleno, julg. 09/10/2023: "*Tese:* É constitucional a incidência do IOF sobre operações de crédito correspondentes a mútuo de recursos financeiros entre pessoas jurídicas ou entre pessoa jurídica e pessoa física, não se restringindo às operações realizadas por instituições financeiras".

342 | CURSO DE DIREITO TRIBUTÁRIO BRASILEIRO – *Marcus Abraham*

fiscalizarem e cobrarem este imposto. Nesse sentido, hoje, 50% da sua arrecadação é automaticamente destinada aos Municípios (art. 158, II, CF/88), sendo certo que aquele Município que optar por fiscalizar e cobrar o imposto no lugar da União ficará com 100% do seu produto (art. 153, § 4º, III, CF/88), conforme regulamentam a Lei nº 11.250/2005, o Decreto nº 6.433/2008, que instituiu o Comitê Gestor do Imposto sobre a Propriedade Territorial Rural – CGITR, dispondo sobre a celebração de convênios entre a União e os Municípios e o DF.

A sua **função extrafiscal** decorre deste contexto, já que ao celebrar convênios com Municípios e DF, a União abre mão do produto total da arrecadação do ITR visando a que o exercício desta função por outros entes (de maneira mais "capilarizada" pelo território nacional), a partir de um sistema de alíquotas progressivas, possa desestimular a propriedade improdutiva. Nesse sentido, o § 4º do art. 153 da Constituição Federal vigente menciona que esse imposto terá alíquotas fixadas de forma a desestimular a manutenção de propriedades improdutivas e não incidirá sobre pequenas glebas rurais, definidas em lei, quando as explore, só ou com sua família, o proprietário que não possua outro imóvel.

No mesmo sentido, temos o parágrafo único do art. 185 da Constituição Federal, que garante tratamento especial à propriedade produtiva, buscando o cumprimento da sua *função social*. Atendendo aos supracitados dispositivos, a Lei nº 9.393/1996 estabelece uma **tributação progressiva** em relação à área e sua respectiva utilização. Quanto maior for a área e menor for sua utilização produtiva, maior será o imposto, cujas alíquotas podem variar entre 0,03% e 20%.

Em termos de **evolução histórica** deste imposto, sabemos que a terra foi a primeira fonte de riquezas do homem e a tributação desde as suas origens já incidia nas suas repercussões econômicas. O imposto surgiu em Roma à época das grandes conquistas. Em Portugal, incidia sobre os produtos da terra, chamados de "dízimos". Na Revolução Francesa (1789), surgiu o imposto territorial, também baseado na renda líquida da terra. O Imposto Fundiário era o principal tributo, enfraquecendo-se com o desenvolvimento das riquezas mobiliárias. No Brasil, surgiu em 1891, de competência dos Estados-membros, incidindo sobre imóveis rurais e urbanos. Com a EC nº 5/1961, a competência foi transferida para os Municípios. Já com a EC nº 10/1964, passou a ser exclusivamente rural, com a competência transferida para a União, devido à política agrária, prevista no Estatuto da Terra (Lei nº 4.504/1964), sendo mantido pelas Emendas Constitucionais nº 18/1965 e nº 01/1969.

O **fato gerador** do ITR é a propriedade, o domínio útil ou a posse de imóvel em zona rural, cujo conceito deve extraído por exclusão do conceito de zona urbana, tal como aquela caracterizada no art. 32 do CTN sobre o IPTU. Embora estas outras hipóteses de incidência previstas no CTN – o domínio útil ou a posse – não sejam expressamente previstas pela atual Constituição (já que ela se refere apenas à *propriedade* como objeto de incidência do ITR), a jurisprudência tem aceitado o domínio útil e a posse como fatos geradores do ITR, de modo que tais previsões do CTN teriam sido recepcionadas pela Lei Maior de 1988.[68]

O tributo incide sobre a terra localizada fora do perímetro da cidade, ou seja, de natureza rústica, destituída de melhoramentos urbanos, como luz, água, escolas, estradas, telefones, rede de esgoto etc. Segundo a Lei nº 9.393/1996 (que regulamenta este imposto), considera-se imóvel

---

[68] STJ. REsp 354.176, Rel. Min. Eliana Calmon, 2ª Turma, julg. 17/12/2002: "1. O fato gerador do ITR é a propriedade, o domínio útil ou a posse de bem localizado fora da zona urbana do Município (art. 29). 2. Se o contribuinte é o proprietário, o titular do domínio útil ou o possuidor a qualquer título, desnecessário o registro da escritura comprovando a alienação do imóvel como condição para executar-se o novo proprietário."

Parte III · Cap. 14 · IMPOSTOS | **343**

rural a área contínua, formada de uma ou mais parcelas de terra, localizada na zona rural do município (art. 1º, § 2º). O imóvel que pertencer a mais de um município deverá ser enquadrado no município onde fique sua sede e, se esta não existir, será enquadrado no município onde se localize a sua maior parte (art. 1º, § 3º).

Porém, para fins de incidência do ITR, o STJ entendeu que se deve estar atento não apenas ao critério de localização, mas também ao *critério de destinação*: caso o imóvel esteja destinado à exploração agrícola, pecuária, extrativa vegetal ou agroindustrial, ainda que localizado em área urbana, sobre ele incidirá o ITR.[69] Tal interpretação decorre do fato de que o Decreto-lei nº 57/1966 (recepcionado pela CF/88 como lei complementar, tal como o CTN), em seu art. 15, afirma que o disposto no art. 32 do CTN (ou seja, o conceito de *zona urbana* para fins de incidência do IPTU) não abrange o imóvel que, comprovadamente, seja utilizado em exploração extrativa vegetal, agrícola, pecuária ou agroindustrial, incidindo assim, sobre o mesmo, o ITR.

Outrossim, a Constituição Federal estabelece uma **imunidade** ao ITR, prevendo que este imposto não incidirá sobre pequenas glebas rurais, definidas em lei, quando as explore o proprietário que não possua outro imóvel. Para regulamentar os efeitos desta norma constitucional, nos termos da Lei nº 9.393/1996, pequenas glebas rurais são os imóveis com área igual ou inferior a: I – 100 ha, se localizado em município compreendido na Amazônia Ocidental ou no Pantanal mato-grossense e sul-mato-grossense; II – 50 ha, se localizado em município compreendido no Polígono das Secas ou na Amazônia Oriental; III – 30 ha, se localizado em qualquer outro município.

Por sua vez, são **isentos** do imposto (arts. 3º e 3º-A, Lei nº 9.393/1996): I – o imóvel rural compreendido em programa oficial de reforma agrária, caracterizado pelas autoridades competentes como assentamento, que, cumulativamente, atenda aos seguintes requisitos: a) seja explorado por associação ou cooperativa de produção; b) a fração ideal por família assentada não ultrapasse os limites da pequena gleba rural; c) o assentado não possua outro imóvel; II – o conjunto de imóveis rurais de um mesmo proprietário, cuja área total em cada região observe o respectivo limite da pequena gleba, desde que, cumulativamente, o proprietário: a) o explore só ou com sua família, admitida ajuda eventual de terceiros; b) não possua imóvel urbano; III – os imóveis rurais oficialmente reconhecidos como áreas ocupadas por remanescentes de comunidades de quilombos que estejam sob a ocupação direta e sejam explorados, individual ou coletivamente, pelos membros destas comunidades.

Já quanto ao **aspecto temporal** do fato gerador, este decorre da propriedade, domínio útil ou posse em 1º de janeiro de cada ano, sendo certo que o aspecto subjetivo tem o **contribuinte** como aquele que é o proprietário, titular do domínio útil ou possuidor na data do fato gerador, e o **responsável** tributário o sucessor a qualquer título. O **domicílio tributário** do contribuinte/responsável será o município de localização do imóvel, vedada a eleição de qualquer outro (art. 4º, parágrafo único, Lei nº 9.393/1996).

Nos termos da jurisprudência pacífica do STJ, para que o possuidor seja reputado contribuinte de ITR, é necessária a posse *ad usucapionem*, com *animus domini*, e não a mera posse sem *animus domini* decorrente de contratos como locação e comodato.[70]

---

[69]   STJ. REsp 1.112.646 (recurso repetitivo), Rel. Min. Herman Benjamin, 1ª Seção, julg. 26/08/2009: "1. Não incide IPTU, mas ITR, sobre imóvel localizado na área urbana do Município, desde que comprovadamente utilizado em exploração extrativa, vegetal, agrícola, pecuária ou agroindustrial (art. 15 do DL 57/1966)."

[70]   Saliente-se que, tanto para o ITR como para o IPTU, no entendimento pacífico do STJ, somente a posse com *animus domini* (de pessoa que já é ou pode ser proprietária da coisa) é fato gerador do

344 | CURSO DE DIREITO TRIBUTÁRIO BRASILEIRO – *Marcus Abraham*

Assim como ocorre no IPTU, o possuidor com *animus domini* é contribuinte tanto quanto o proprietário ou o enfiteuta, não havendo qualquer ordem de preferência entre eles. Assim, o Fisco não está obrigado a primeiro cobrar o ITR do proprietário ou do enfiteuta para só depois buscar a cobrança do possuidor. Todos os contribuintes do ITR, seja a que título for, estão solidariamente obrigados ao pagamento do tributo.[71]

Quanto ao **aspecto quantitativo** do ITR, temos: a) **base de cálculo**: é o valor da terra nua tributável; b) **alíquota**: será progressiva, considerando o grau de utilização da terra, que poderá variar entre 0,03% (até 50 hectares e alto grau de utilização) e 20% (acima de 5.000 hectares e baixo grau de utilização). Assim, o valor do imposto será apurado aplicando-se sobre o Valor da Terra Nua Tributável – VTNt a alíquota correspondente, prevista na Lei nº 9.393/1996, considerados a área total do imóvel e o Grau de Utilização – GU.

A apuração e o pagamento do ITR serão efetuados pelo contribuinte na modalidade de **lançamento por homologação**. Para os efeitos de apuração do ITR, considerar-se-á: I – VTN, o valor do imóvel, excluídos os valores relativos a: a) construções, instalações e benfeitorias; b) culturas permanentes e temporárias; c) pastagens cultivadas e melhoradas; d) florestas plantadas; II – área tributável, a área total do imóvel.

Como **obrigações acessórias** do ITR, o contribuinte deverá comunicar à autoridade tributária (Secretaria da Receita Federal), por meio do Documento de Informação e Atualização Cadastral do ITR – DIAC, as informações cadastrais correspondentes a cada imóvel, bem como qualquer alteração ocorrida, tais como: I – desmembramento; II – anexação; III – transmissão, por alienação da propriedade ou dos direitos a ela inerentes, a qualquer título; IV – sucessão *causa mortis*; V – cessão de direitos; VI – constituição de reservas ou usufruto. Por sua vez, o contribuinte do ITR entregará, obrigatoriamente, em cada ano, o Documento de Informação e Apuração do ITR – DIAT, correspondente a cada imóvel, observadas data e condições fixadas pela Secretaria da Receita Federal. No DIAT, constará o Valor da Terra Nua – VTN correspondente ao imóvel, que refletirá o preço de mercado de terras, apurado em 1º de janeiro do ano a que se referir o DIAT, e será considerada a autoavaliação da terra nua a preço de mercado.

---

tributo, e não a posse desdobrada típica de figuras como o locatário, o comodatário, o arrendatário, o administrador de bem de terceiro, o usuário ou habitador (uso e habitação) ou o possuidor clandestino ou precário (posse nova etc.). Por todos: STJ. REsp 1.327.539, Rel. Min. Humberto Martins, 2ª Turma, julg. 14/08/2012.

Contudo, excepcionalmente, segundo entendimento do STF, a posse sem *animus domini* por força de arrendamento de imóvel pertencente a ente imune permite a cobrança do possuidor que dê destinação comercial ao imóvel. Todavia, é outro o fundamento: a proteção à livre concorrência. O objetivo é evitar que o locador comercial de imóvel de ente imune seja exonerado de um custo que seus concorrentes são obrigados a suportar por arrendarem imóveis de pessoas não imunes, uma vez que, na prática, o valor do pagamento do IPTU é quase sempre repassado ao locatário, cf. STF. RE 594.015 (repercussão geral), Rel. Min. Marco Aurélio, Pleno, julg. 06/04/2017; STF. RE 601.720 (repercussão geral), Rel. Min. Edson Fachin, Rel. p/ Acórdão: Min. Marco Aurélio, Pleno, julg. 19/04/2017.

71   STJ. REsp 1.073.846 (recurso repetitivo), Rel. Min. Luiz Fux, 1ª Seção, julg. 25/11/2009: "6. O promitente comprador (possuidor a qualquer título) do imóvel, bem como seu proprietário/promitente vendedor (aquele que tem a propriedade registrada no Registro de Imóveis) [...] são contribuintes responsáveis pelo pagamento do IPTU [...]. 7. É que, nas hipóteses em que verificada a 'contemporaneidade' do exercício da posse direta e da propriedade (e não a efetiva sucessão do direito real de propriedade, tendo em vista a inexistência de registro do compromisso de compra e venda no cartório competente), o imposto sobre o patrimônio poderá ser exigido de qualquer um dos sujeitos passivos 'coexistentes'".

Parte III · Cap. 14 · IMPOSTOS **345**

14.2.7. Imposto sobre Grandes Fortunas

O Imposto sobre Grandes Fortunas (IGF), de competência privativa da União, está previsto no art. 153, VII, da Constituição Federal de 1988.

Trata-se de um imposto que depende de lei complementar para a sua instituição. Entretanto, esta competência tributária federal ainda não foi exercida, não tendo sido até o momento instituído no ordenamento jurídico brasileiro.[72]

14.2.8. Imposto Seletivo

O **Imposto Seletivo (IS)** foi introduzido na Constituição Federal de 1988 por meio da Emenda Constitucional nº 132/2023, que incluiu o inciso VIII ao artigo 153, conferindo competência privativa à União para instituir, através de lei complementar, imposto sobre a produção, extração, comercialização ou importação de bens e serviços prejudiciais à saúde ou ao meio ambiente.

A sua nomenclatura de "Imposto Seletivo"[73] foi adotada durante a tramitação da PEC nº 45/2019 que deu origem à EC nº 132/2023 (Reforma Tributária sobre o Consumo), para referir-se aos objetos de incidência sobre os quais será cobrado: bens e serviços prejudiciais à saúde ou ao meio ambiente.

Sua finalidade é extrafiscal, voltado a desestimular atividades e consumo de produtos que sejam nocivos à saúde ou que tragam danos ecológicos, tais como cigarros e bebidas alcoólicas.

Este imposto terá as seguintes características (§ 6º, art. 153, CF/88): a) não incidirá sobre as exportações nem sobre as operações com energia elétrica e com telecomunicações; b) será monofásico, incidindo uma única vez sobre o bem ou serviço; c) calculado "por fora", não integrando a sua própria base de cálculo, mas integrará a base de cálculo do ICMS, ISS, IBS e CBS; d) poderá ter o mesmo fato gerador e base de cálculo de outros tributos; e) terá suas alíquotas fixadas em lei ordinária, podendo ser específicas, por unidade de medida adotada, ou *ad valorem*; f) na extração, o imposto será cobrado independentemente da destinação (inclusive exportação), caso em que a alíquota máxima corresponderá a 1% (um por cento) do valor de mercado do produto.

A sua efetiva exigência se dará a partir de 2027, como estabelecido pela EC nº 132/2023, seguindo as previsões constantes da Lei Complementar nº 214/2025.[74]

14.3. IMPOSTOS ESTADUAIS

Conforme estabelece o art. 155 da Constituição Federal, é de competência privativa dos Estados a instituição dos seguintes impostos: I – transmissão *causa mortis* e doação, de quaisquer bens ou direitos (ITCMD); II – operações relativas à circulação de mercadorias e sobre prestações de serviços de transporte interestadual e intermunicipal e de comunicação, ainda que as operações e as prestações se iniciem no exterior (ICMS); III – propriedade de veículos automotores (IPVA).

---

[72] Para a sua criação, tramita atualmente no Congresso Nacional o PLP nº 277/2008, que conta com diversos outros projetos de lei sobre o tema apensados.

[73] Também foi referido como "*Sin Tax*" (imposto do pecado) por se relacionar à tributação sobre cigarros e bebidas alcoólicas.

[74] A Lei Complementar nº 214/2025 traz a instituição e a regulamentação do Imposto Seletivo em seus artigos 409 a 438.

14.3.1. Imposto sobre a Transmissão *Causa Mortis* e Doação

O **Imposto sobre a Transmissão *Causa Mortis* e Doação de quaisquer bens ou direitos (ITCMD)**, de competência dos Estados e do Distrito Federal (art. 155, I, CF/88), possui como fato gerador a transmissão da propriedade de bens e direitos através da sucessão *causa mortis* e das doações. Sua natureza é basicamente fiscal, porém não representa uma fonte de arrecadação relevante para os Estados e o Distrito Federal.

Este imposto é popularmente conhecido por *"Imposto de Herança e de Doação"*, incidindo em duas hipóteses: a) transmissão de bens ou direitos em razão de morte (*causa mortis*);[75] b) transmissão de bens ou direitos *inter vivos*, por liberalidade e generosidade, mediante doação ou cessão de direitos a título gratuito.

A **evolução histórica** do Imposto sobre a transmissão de bens e direitos no Brasil foi repleta de vicissitudes. Em 1834, era repartido entre a *"décima de heranças e legados"* (*causa mortis*) e *"sisa"* (*inter vivos*), para as províncias e para o governo central, respectivamente. Em 1891, a Constituição Federal da época atribuiu a cobrança destes impostos aos Estados, com a denominação de *"imposto sobre a transmissão de propriedade"*. Com a Emenda Constitucional nº 05/1961, a repartição foi novamente feita entre os Municípios (*inter vivos*) e os Estados (*causa mortis*). Mas a Emenda Constitucional nº 18/65 agrupou os dois impostos novamente e transferiu a competência fiscal para os Estados. Finalmente, a atual Constituição Federal de 1988 repartiu novamente entre Estados e Municípios a competência tributária destes impostos.

Este contexto histórico nos faz realizar hodiernamente a leitura do art. 35 do CTN de acordo com o texto da Constituição Federal que repartiu a competência estadual com os municípios,[76] não devendo ser lido conforme a sua literalidade (redigido dentro de outro contexto constitucional), a partir das seguintes ressalvas: a) o *caput* e os incisos I, II e III do art. 35 do CTN se referem atualmente à *competência municipal* do ITBI (e não à estadual do ITCMD), nos termos do art. 156, inciso II, CF/88, desde que as transferências sejam *inter vivos* e a **título oneroso** de bens imóveis e de direitos a eles relativos; b) o *caput* e os incisos I, II e III do art. 35 do CTN se referem atualmente à *competência estadual* do ITCMD (e não à municipal do ITBI), nos termos do art. 155, inciso I, CF/88, desde que as transferências sejam *inter vivos* e a **título gratuito** de bens imóveis e de direitos a eles relativos; c) aos Estados cabe a competência tributária nas sucessões, prevista no parágrafo único do art. 35, ao estabelecer que, nas "transmissões *causa mortis*, ocorrem tantos fatos geradores distintos quantos sejam os herdeiros ou legatários";[77] d) a hipótese de incidência do ITCMD nas doações de bens móveis ou transmissões gratuitas *inter vivos* de direitos não relativos a imóveis não está prevista no CTN, mas origina-se da previsão constitucional e, por decorrência, da legislação estadual específica, conforme dispõe o § 3º do art. 24 da Constituição ao prever que, inexistindo lei federal sobre normas gerais, os Estados exercerão a competência legislativa plena, para atender a suas peculiaridades.

---

[75] STF. Súmula nº 331: "É legítima a incidência do Imposto de Transmissão *Causa Mortis* no inventário por morte presumida".

[76] Para sanar esta desatualização do texto do CTN, o Projeto de Lei Complementar PLP 108/2024 veicula, em seu art. 190, nova redação para o art. 35 do CTN (de acordo com o texto atual da Constituição Federal), bem como inserirá os artigos 35-A e 38-A no CTN.

[77] Legatário: é o beneficiário de um legado, ou seja, de uma disposição testamentária a título singular pela qual o testador deixa, a pessoa estranha ou não à sucessão legítima, um ou mais objetos individualizados ou uma quantia em dinheiro.

O **fato gerador** do ITCMD é a *transmissão de forma não onerosa* por **sucessão *causa mortis*** ou por **doação** – de bens imóveis, móveis, títulos de crédito e qualquer outro direito. Portanto, envolve sempre uma transferência ou cessão de bens ou direitos a **título gratuito**, sem que haja contraprestação por parte daquele que os recebe.

Considera-se *sucessão*[78] o ato – determinado por lei ou por vontade – pelo qual a herança se transmite aos herdeiros legítimos e testamentários (art. 1.784, Código Civil). Já a *doação* é o contrato em que uma pessoa, por liberalidade, transfere do seu patrimônio bens ou vantagens para o de outra (art. 538, Código Civil). Outrossim, a partir desses conceitos previstos no Código Civil, temos também as seguintes hipóteses específicas de incidência do ITCMD: a) partilha não onerosa feita pelos pais por ato *entre vivos* em favor de descendente; b) excesso não oneroso na divisão de patrimônio comum ou partilhado em virtude de dissolução da sociedade conjugal por separação judicial ou divórcio ou da extinção de condomínio ou de sociedade de fato e de sucessão legítima ou testamentária.

Por força da EC nº 126/2022, o ITCMD **não incidirá** sobre as doações destinadas, no âmbito do Poder Executivo da União, a projetos socioambientais ou destinados a mitigar os efeitos das mudanças climáticas e às instituições federais de ensino (art. 155, § 1º, V, CF/88).

Também **não incidirá** sobre as transmissões e as doações para as instituições sem fins lucrativos com finalidade de relevância pública e social, inclusive as organizações assistenciais e beneficentes de entidades religiosas e institutos científicos e tecnológicos, e por elas realizadas na consecução dos seus objetivos sociais, observadas as condições estabelecidas em lei complementar (art. 155, § 1º, VII, CF/88 – incluído pela EC nº 132/2023).

Quanto ao **aspecto temporal**, ou seja, o momento da ocorrência do fato gerador, se dá nos seguintes eventos: 1) na **sucessão** *causa mortis*: a) na abertura da sucessão legítima ou testamentária, mesmo no caso de sucessão provisória ou decorrente de morte presumida; b) na morte do fiduciário na substituição do fideicomisso;[79] e c) na abertura da sucessão na instituição testamentária de fideicomisso e de direito real; 2) na **doação**: a) quanto aos bens imóveis, na efetiva transcrição da propriedade realizada no registro de imóveis (art. 1.245 do Código Civil); b) quanto aos bens móveis ou direitos, na transmissão da titularidade, que se dará por tradição (art. 1.267 do Código Civil), eventualmente objeto de registro administrativo;[80] c) na renúncia não onerosa à herança ou ao legado em favor de pessoa determinada; c) na partilha, que beneficiar uma das partes, em relação ao excedente de: quinhão ou de meação decorrente de processo de inventário ou por escritura pública; meação decorrente de dissolução de sociedade conjugal ou união estável por sentença ou escritura pública; da instituição convencional de direito real.

Já o **aspecto territorial** da incidência do imposto é: a) *para imóveis e respectivos direitos sobre eles*: compete ao Estado ou Distrito Federal da sua localização (art. 155, § 1º, I, CF/88); b) *para bens móveis, títulos e créditos*: compete ao Estado onde era domiciliado o *de cujus*, ou tiver

---

[78] A sucessão pode ser legítima, que resulta de lei, e ocorre quando o falecido transmitente não deixa testamento ou este é nulo, anulável ou caduco; e a sucessão pode ser testamentária, em que se opera a transmissão hereditária por ato de última vontade, revestido de solenidade requerida por lei.

[79] Fideicomisso é a estipulação de última vontade (testamentária), em virtude da qual o testador, constituindo uma pessoa como herdeiro ou legatário, impõe-lhe a obrigação de, por sua morte ou sob certa condição, transmitir a outra pessoa, por ele indicada, a herança ou o legado. O fideicomisso implica a indicação de dois herdeiros ou legatários sucessivos, mostrando uma forma de substituição de herdeiros ou legatários.

[80] Os itens a) e b) acima foram definidos como momento de ocorrência do fato gerador na doação de imóveis e de móveis e direitos pelo STJ nos REsp 1.841.771 e REsp 1.841.798 (recursos repetitivos), Rel. Min. Benedito Gonçalves, 1ª Seção, julg. 07/05/2021.

domicílio o doador, ou ao Distrito Federal (art. 155, § 1º, II, CF/88). A EC nº 132/2023 alterou a redação do art. 155, § 1º, II, CF/88 – que mencionava competir o ITCMD ao Estado onde se processasse o inventário ou arrolamento – e estabeleceu que, quanto a bens móveis, títulos e créditos, esse imposto passa a competir ao Estado onde era **domiciliado** o *de cujus*, ou tiver domicílio o doador, ou ao Distrito Federal.

Quanto às hipóteses em que o doador tiver **domicílio ou residência no exterior** e em que o *de cujus* possuía **bens no exterior**, era residente ou domiciliado ou teve o seu inventário processado no exterior, o art. 155, § 1º, III, CF/88 exige que sua instituição seja regulada por lei complementar de caráter nacional. Contudo, como tal lei complementar ainda não foi editada, a EC nº 132/2023 veiculou uma regra transitória que já permitirá a cobrança do ITCMD nessas situações.

O art. 16 da EC nº 132/2023 estabeleceu que, nos casos em que o doador tenha domicílio ou residência no exterior, o ITCMD será devido ao Estado onde tiver domicílio o donatário ou ao Distrito Federal. Já se o donatário tiver domicílio ou residir no exterior, o imposto será devido ao Estado em que se encontrar o bem ou ao Distrito Federal. Relativamente aos bens do *de cujus*, ainda que situados no exterior, será devido ao Estado onde era domiciliado, ou, se domiciliado ou residente no exterior, onde tiver domicílio o sucessor ou legatário, ou ao Distrito Federal. Quanto aos bens imóveis e respectivos direitos, ainda que haja elementos de conexão com o exterior, o ITCMD será sempre devido ao Estado da situação do bem, ou ao Distrito Federal.[81]

O **aspecto subjetivo** do ITCMD, ou seja, o *contribuinte*, é o herdeiro, legatário ou donatário[82], ao passo que poderão ser incluídos como *responsáveis*, conforme a legislação estadual estipular, o inventariante ou o doador. Noutras palavras, será contribuinte do imposto a pessoa em favor da qual se opera a transmissão, seja *causa mortis* ou por doação. E, em regra, nas transmissões *causa mortis* ou por doação que se efetuarem sem o pagamento do imposto devido, serão solidariamente responsáveis por esse pagamento o inventariante ou o doador, conforme o caso.

Já em relação ao **aspecto quantitativo** do ITCMD, temos: a) **base de cálculo**: valor venal do bem (valor corrente de mercado); b) **alíquota**: será aquela fixada conforme a legislação de cada Estado, sendo que a alíquota máxima deve ser fixada pelo Senado Federal nos termos do art. 155, § 1º, IV, CF/88 (a Resolução nº 99/1981 fixava a alíquota máxima em 4% para as transmissões não onerosas – *causa mortis* e doações –, porém a Resolução nº 09/1992, hoje em vigor, fixou a alíquota máxima em 8%).

---

[81] Esta regra do art. 16 da EC nº 132/2023 é transitória e vigorará até que uma lei complementar regule aquelas hipóteses do art. 155, § 1º, III, "a" e "b", pois, embora a Constituição atribua aos Estados a competência para instituição do ITCMD, esta não lhes faculta o uso de leis estaduais para regular a competência em relação ao caso em que o doador tiver domicílio ou residência no exterior e no caso em que o *de cujus* possuía bens, era residente ou domiciliado ou teve o seu inventário processado no exterior. O STF, no RE 851.108 (repercussão geral), já se manifestara no sentido de não se admitir que incidisse a tal ITCMD até que sobreviesse a lei complementar de caráter nacional requerida pela Constituição, bem como, na ADO 67, declarou a omissão inconstitucional do Congresso Nacional em aprovar dita lei complementar. Contudo, com a nova regra transitória, tal imposto já poderá começar a ser cobrado pelos Estados e Distrito Federal, desde que criem tais novas hipóteses de incidência, com base direta no art. 16 da EC nº 132/2023, em suas leis estaduais e distrital de ITCMD.

[82] Com exceção do Estado do Rio Grande do Sul, em que, nos termos do art. 8º da Lei Estadual nº 8.821/1989, o contribuinte usual nas doações é o doador. Nos demais Estados, a regra geral é a de que o contribuinte será o donatário.

Parte III · Cap. 14 · IMPOSTOS | **349**

A EC nº 132/2023 alterou a redação do § 1º do artigo 155 da CF/88, introduzindo um novo inciso VI, para estabelecer expressamente que o ITCMD será **progressivo** em razão do valor do quinhão, legado ou doação (com alíquotas máximas fixadas por resolução do Senado Federal). Na realidade, essa alteração constitucional nada mais fez do que alinhar o texto constitucional ao entendimento que o STF já manifestava de ser possível a progressividade deste imposto.

Nesse sentido, o Plenário do STF (RE 562.045 – repercussão geral) já havia se posicionado em reconhecer como válida a progressividade, tal como a lei estadual que fixava **alíquotas progressivas** ao ITCMD (de 1% a 8%, prevista no art. 18 da Lei nº 8.821/1989 do Estado do Rio Grande do Sul) conforme o valor do montante de bens sobre os quais incidiria. Segundo entendimento da maioria dos Ministros da Suprema Corte, a progressividade é medida da capacidade contributiva, sendo que todos os impostos, independentemente de sua classificação como de caráter real ou pessoal, devem guardar relação com a capacidade econômica do sujeito passivo. Ademais, ainda que se seguisse a classificação tradicional de impostos reais e pessoais, o ITCMD apresentaria características peculiares que o aproximariam da sistemática de tributação progressiva típica dos impostos ditos pessoais.[83]

Cabe registrar que o ITCMD sempre foi considerado, tradicionalmente, um imposto sujeito à modalidade de **lançamento por declaração**, em que a autoridade administrativa estadual toma conhecimento do fato gerador depois que o contribuinte declara a sua ocorrência e de todos os seus elementos, para que o Fisco emita a guia para pagamento pelo contribuinte. Entretanto, hoje em dia, as legislações estaduais vêm estabelecendo, em muitos casos, a modalidade de **lançamento por homologação**, sobretudo por meio da emissão de guias de pagamento por meio das páginas da Internet da Fazenda Estadual, com o preenchimento de todos os dados dos bens a serem transmitidos pelo contribuinte, gerando-se automaticamente uma guia para pagamento, cuja homologação poderá se dar posteriormente.

Diante deste cenário, devemos tecer alguns esclarecimentos diante das duas hipóteses de incidência deste imposto – transmissão por sucessão (*causa mortis*) ou por doação –, uma vez que cada legislação estadual poderá fixar um procedimento distinto para o lançamento deste imposto.

---

[83] STF. RE 562.045 (repercussão geral), Rel. Min. Ricardo Lewandowski, Rel. p/ Acórdão: Min. Cármen Lúcia, Pleno, julg. 06/02/2013: "O ITCMD permite mais do que uma simples presunção indireta da capacidade contributiva do contribuinte. Isso porque não se trata de um tributo que incida sobre a propriedade de um bem, por exemplo, de característica estática e dissociada da situação do contribuinte ou que tome qualquer outra realidade econômica de modo isolado. O imposto sobre a transmissão 'causa mortis' é devido pelo 'beneficiário ou recebedor do bem ou direito transmitido' por ocasião do direto e necessário acréscimo patrimonial que a transmissão implica. Aliás, trata-se de um acréscimo patrimonial a título gratuito, que revela, por si mesmo, evidente e clara capacidade contributiva. É que o imposto simplesmente implicará a redução do acréscimo patrimonial líquido. De modo algum, terá o contribuinte que dispor senão de parte do acréscimo percebido. 7. Diferencia-se o ITCMD, assim, do próprio ITBI, que é objeto da Súmula 656 ('É inconstitucional a lei que estabelece alíquotas progressivas para o imposto de transmissão *inter vivos* de bens imóveis – ITBI com base no valor venal do imóvel'), porquanto o ITBI diz respeito à transmissão onerosa, em que há a aquisição da propriedade numa operação sinalagmática na qual o adquirente assume o ônus da contrapartida. No ITBI, a simples operação de transferência não permite que se saiba sobre a real disponibilidade do adquirente para pagamento do imposto. [...] Por revelar efetiva e atual capacidade contributiva inerente ao acréscimo patrimonial, o imposto sobre transmissão 'causa mortis', também conhecido como imposto sobre heranças ou sobre a sucessão, é um imposto que bem se vocaciona à tributação progressiva."

No caso de *sucessão por inventário*, antes de o juiz homologar a partilha, a regra é a de que os autos sejam enviados para a Fazenda Pública se manifestar sobre a declaração de bens do falecido, a fim de que esta apure e, em certos casos, calcule o valor do tributo devido para a sucessão, razão pela qual, neste caso, estaremos diante da modalidade de **lançamento por declaração** (salvo se a lei estadual determinar o lançamento por homologação). Por outro lado, há que se considerar como **lançamento por homologação** as hipóteses de partilha extrajudicial (art. 610, § 1º, CPC), em que caberá o pagamento antecipado do imposto e posterior homologação, sem que haja manifestação prévia da Fazenda Pública. Já no arrolamento sumário, por decisão do STJ (REsp 1.896.526 - recurso repetitivo), a homologação da partilha ou da adjudicação, bem como a expedição do formal de partilha e da carta de adjudicação, não se condicionam ao prévio recolhimento do ITCMD, devendo ser comprovado, todavia, o pagamento dos tributos relativos aos bens do espólio e às suas rendas, a teor dos arts. 659, § 2º, do CPC/2015 e 192 do CTN.[84]

Já nos casos de *doação de bens*, sejam móveis ou imóveis, assiste-se, na prática, à exigência do pagamento do ITCMD antes da efetiva ocorrência do fato gerador quando da lavratura da escritura de doação,[85] em razão de os tabeliães, escrivães e demais serventuários serem responsáveis pelos tributos devidos sobre os atos praticados por eles ou perante eles. Nestes casos, exige-se que o contribuinte busque junto à Secretaria de Fazenda Estadual a emissão da guia do ITCMD e respectivo pagamento, na modalidade de lançamento por declaração. Há, entretanto, unidades da federação que disponibilizam em suas páginas da Internet um sistema de preenchimento e emissão de guia para pagamento, modalidade de lançamento por homologação.

É certo, todavia, que não tendo sido feita a declaração e respectivo recolhimento do tributo, nasce para a Fazenda Pública o direito de realizar o lançamento de ofício, em que se aplica o prazo decadencial de cinco anos contado a partir do primeiro dia do exercício seguinte àquele em que o lançamento poderia ter sido efetuado (art. 173, I, do CTN), conforme sedimentado pelo STJ no REsp 1.841.771 e 1.841.798 (recursos repetitivos).[86]

14.3.2. Imposto sobre a Circulação de Mercadorias e Serviços

No âmbito de competência estadual e do Distrito Federal, temos como mais relevante tributo em termos arrecadatórios o **Imposto sobre Circulação de Mercadorias e Serviços (ICMS)**, que possui como fato gerador a circulação de mercadorias e a prestação de serviços de transporte interestadual e intermunicipal e de comunicação (art. 155, II da Constituição Federal), possuindo suas normas gerais dispostas na Lei Complementar nº 87/1996 e não mais no CTN.

---

[84] STJ. REsp 1.896.526 (recurso repetitivo – Tema 1074), Rel. Min. Regina Helena Costa, 1ª Seção, julg. 26/10/2022.

[85] Contudo, recorde-se que, nos REsp 1.841.771 e REsp 1.841.798 (recursos repetitivos), Rel. Min. Benedito Gonçalves, 1ª Seção, julg. 07/05/2021, o STJ fixou que o momento do fato gerador, na doação de bens *imóveis*, não pode ser a lavratura da escritura pública, mas sim a efetiva transcrição da propriedade realizada junto ao Registro de Imóveis, tal como estabelecido no art. 1.245 do Código Civil. É que, no direito brasileiro, a transferência da propriedade imobiliária, em regra, somente ocorre com o registro (e não na mera celebração do negócio jurídico de alienação).

[86] STJ. REsp 1.841.771 e REsp 1.841.798 (recursos repetitivos), Rel. Min. Benedito Gonçalves, 1ª Seção, julg. 07/05/2021: "*Tese*: No Imposto de Transmissão Causa Mortis e Doação – ITCDM, referente a doação não oportunamente declarada pelo contribuinte ao fisco estadual, a contagem do prazo decadencial tem início no primeiro dia do exercício seguinte àquele em que o lançamento poderia ter sido efetuado, observado o fato gerador, em conformidade com os arts. 144 e 173, I, ambos do CTN".

Parte III · Cap. 14 · IMPOSTOS | **351**

Constitui um imposto eminentemente fiscal, sendo uma das principais fontes de receita para os Estados e para o Distrito Federal. Não obstante sua função arrecadatória, contempla secundariamente uma natureza extrafiscal, face à previsão constitucional da seletividade das alíquotas em função da essencialidade dos produtos (inciso III do § 2º do art. 155, CF/88).

A **evolução histórica** do ICMS no Brasil se inicia com a instituição, pela Lei nº 4.625/1922, do "Imposto sobre Vendas Mercantis (IVM)". Com a Constituição de 1934, é criado o antigo "Imposto Sobre Vendas e Consignações (IVC)", tributo de modelo cumulativo que incidia sobre as vendas de mercadorias em geral, sendo posteriormente substituído pelo Imposto sobre Circulação de Mercadorias (ICM), o qual vinha à época (década de 1960) para incorporar as novas propostas de adoção do método do valor adicionado a fim de eliminar os efeitos negativos da cumulatividade sobre a economia brasileira. No CTN, o ICM detinha um capítulo próprio para as Operações Estaduais Relativas à Circulação de Mercadorias (arts. 52 a 58) e para as Operações Municipais Relativas à Circulação de Mercadorias (art. 59 a 62), porém tais dispositivos acabaram sendo revogados pelo Decreto-lei nº 406/1968 que lhe deu novos contornos. Entretanto, com a promulgação da Constituição Federal de 1988, em que se ampliou a base de incidência do antigo ICM, incorporando a produção de petróleo e derivados, de energia elétrica e os serviços de telecomunicações e de transporte interestadual, até então objetos de um regime tributário próprio, ganhou a sua configuração atual de ICMS, sendo regido, a partir de 1996, pela Lei Complementar nº 87.

Dentre suas principais *características*, podemos destacar que o ICMS se trata de um **imposto indireto**, uma vez que quem paga ao Fisco (contribuinte de direito) pode regularmente transmitir o respectivo ônus da carga fiscal – repercussão econômica do fato gerador – para um terceiro, que é consumidor final (contribuinte de fato). Na perspectiva jurídica, o imposto indireto compreende uma dualidade de sujeitos, quer dizer, seu fato gerador é uma operação e o contribuinte a pessoa que impulsiona o ciclo econômico, podendo transferir o encargo para outro partícipe do mesmo fato gerador. Essa qualidade sobressai somente nos tributos a respeito dos quais a própria lei prevê tal translação jurídica, como é o caso da LC nº 87/1996 (art. 13, § 1º, I) ao estabelecer expressamente que o valor do ICMS é incluído em sua base de cálculo.[87] Outrossim, trata-se de um **imposto proporcional**, no que tange às suas alíquotas, não lhe cabendo a progressividade, já que nos impostos proporcionais as alíquotas aplicáveis independem da importância tributável e são estabelecidas em percentagem constante, invariável, de sorte que o valor do imposto final devido cresce em proporção exata, não obstante poder o legislador fixar distintas porcentagens conforme a essencialidade das mercadorias e serviços, face ao princípio

---

[87] STF.RE 582.461 (repercussão geral), Rel. Min. Gilmar Mendes, Pleno, julg. 18/05/2011: "A base de cálculo do ICMS, definida como o valor da operação da circulação de mercadorias (art. 155, II, da CF/1988, c/c arts. 2º, I, e 8º, I, da LC 87/1996), inclui o próprio montante do ICMS incidente, pois ele faz parte da importância paga pelo comprador e recebida pelo vendedor na operação. A Emenda Constitucional nº 33, de 2001, inseriu a alínea 'i' no inciso XII do § 2º do art. 155 da Constituição Federal, para fazer constar que cabe à lei complementar 'fixar a base de cálculo, de modo que o montante do imposto a integre, também na importação do exterior de bem, mercadoria ou serviço'. Ora, se o texto dispõe que o ICMS deve ser calculado com o montante do imposto inserido em sua própria base de cálculo também na importação de bens, naturalmente a interpretação que há de ser feita é que o imposto já era calculado dessa forma em relação às operações internas. Com a alteração constitucional a Lei Complementar ficou autorizada a dar tratamento isonômico na determinação da base de cálculo entre as operações ou prestações internas com as importações do exterior, de modo que o ICMS será calculado 'por dentro' em ambos os casos".

da seletividade. E, por fim, é um **imposto real**, já que incide sobre as mercadorias e serviços, não levando em consideração especificidades ou condições pessoais do contribuinte.[88]

O **fato gerador** do ICMS pode ser simplificadamente dividido em três grupos: a) circulação de mercadorias; b) prestação de serviços de transporte interestaduais e intermunicipais; c) prestação de serviços de comunicação.

Em relação às operações de **circulação de mercadoria**, podemos dizer que se referem à saída física ou jurídica de mercadorias do estabelecimento que envolvam uma efetiva *transferência da propriedade* da mercadoria. Não incide o ICMS, por exemplo, na mera saída física da mercadoria, sem translação da propriedade,[89] tal como nos casos de locação, comodato,[90] *leasing*,[91] consignação etc. Tampouco incide ICMS na saída de mercadoria de um para outro estabelecimento do mesmo contribuinte, ainda que os estabelecimentos estejam localizados em estados distintos,[92] como estabelece o art. 12, § 4º da LC nº 87/1996 (redação dada pela LC nº 204/2023).

Por sua vez, consideram-se **mercadorias** as coisas móveis objeto de comércio, *adquiridas para revenda* até o consumidor final,[93] realizada de forma habitual e com fins comerciais. Para

---

[88] OLIVEIRA, José Jayme de Macêdo. Impostos estaduais: ICMS. In: ANTONELLI, Leonardo Pietro; GOMES, Marcus Lívio (Coord.). *Curso de direito tributário brasileiro.* 2. ed. São Paulo: Quartier Latin, 2010. Vol. 2. p. 48-49.

[89] STF. ADI 5.481, Rel. Min. Dias Toffoli, Pleno, julg. 29/03/2021: "2. As leis impugnadas incidiram em inconstitucionalidade, pois os fatos geradores do ICMS por elas descritos não retratam a existência de ato ou de negócio jurídico que transfira a titularidade de uma mercadoria. 3. Seja no regime de concessão (Lei nº 9.478/97), seja no regime de partilha (Lei nº 12.351/10), a legislação estipula que o concessionário ou contratado adquire, de modo originário, a propriedade do petróleo extraído ou de parcela dele. 4. Ainda que se considerasse que a União efetivamente transfere a propriedade do petróleo para o concessionário ou para o contratado por meio de um negócio ou de um ato de natureza mercantil, o tributo continuaria a ser indevido, em razão da imunidade tributária recíproca".

[90] STF. Súmula nº 573: "Não constitui fato gerador do imposto de circulação de mercadorias a saída física de máquinas, utensílios e implementos a título de comodato".

[91] STF RE 540.829 (repercussão geral), Rel. Min. Gilmar Mendes, Rel. p/ Acórdão: Min. Luiz Fux, Pleno, julg. 11/09/2014: "2. A alínea 'a' do inciso IX do § 2º do art. 155 da Constituição Federal, na redação da EC 33/2001, faz incidir o ICMS na entrada de bem ou mercadoria importados do exterior, somente se de fato houver circulação de mercadoria, caracterizada pela transferência do domínio (compra e venda). [...] restou assentado que o imposto não é sobre a entrada de bem ou mercadoria importada, senão sobre essas entradas desde que elas sejam atinentes a operações relativas à circulação desses mesmos bens ou mercadorias. 4. Deveras, não incide o ICMS na operação de arrendamento mercantil internacional, salvo na hipótese de antecipação da opção de compra, quando configurada a transferência da titularidade do bem. Consectariamente, se não houver aquisição de mercadoria, mas mera posse decorrente do arrendamento, não se pode cogitar de circulação econômica".

[92] STF. ARE 1.255.885 (repercussão geral), Rel. Min. Dias Toffoli, Pleno, julg. 14/08/2020: "*Tese*: Não incide ICMS no deslocamento de bens de um estabelecimento para outro do mesmo contribuinte localizados em estados distintos, visto não haver a transferência da titularidade ou a realização de ato de mercancia".
No mesmo sentido: STF. ADC 49, Rel. Min. Edson Fachin, Pleno, julg. 19/04/2021.
STJ. Súmula nº 166: "Não constitui fato gerador do ICMS o simples deslocamento de mercadoria de um para outro estabelecimento do mesmo contribuinte".

[93] STF. Súmula nº 662: "É legítima a incidência do ICMS na comercialização de exemplares de obras cinematográficas, gravados em fitas de videocassete".
STF. RE 1.025.986 (repercussão geral), Rel. Min. Marco Aurélio, Rel. p/ Acórdão: Min. Alexandre de Moraes, Pleno, julg. 05/08/2020 "2. É legítima a incidência do ICMS sobre a operação de venda, realizada por locadora de veículos, de automóvel com menos de 12 (doze) meses de aquisição da montadora, uma vez

Parte III · Cap. 14 · IMPOSTOS | **353**

que seja qualificada como mercadoria, esta deve ter *destinação comercial*, isto é, objetivo de venda ou revenda efetuada por comerciante, ou seja, alguém que, com habitualidade, dedica--se ao comércio.[94]

Nesse sentido, sobre o objeto de incidência do imposto, afirma Ricardo Lobo Torres que este "pode ser qualquer bem suscetível de circulação econômica, pois inexiste um conceito unívoco de mercadoria; o ICMS incide sobre a mercadoria em seu sentido lato".[95] Por sua vez, para Paulo de Barros Carvalho, a "natureza mercantil do produto não está, absolutamente, entre os requisitos que lhe são intrínsecos, mas na destinação que se lhe dê".[96]

Merece registro que está incluída no conceito de mercadoria para fins de incidência de ICMS a *energia elétrica*.[97] Já *os bens de uso e consumo* próprios não são considerados mercadoria, pois, ainda que adquiridos por empresário, destinam-se a seu uso como consumidor final, e não para venda ou revenda (por exemplo: impressos ou material de escritório para uso do empresário como consumidor final não são mercadoria; automóvel de uso próprio vendido por proprietário não comerciante de automóveis não é mercadoria, pois ausente finalidade comercial). Por sua vez, o *ativo-fixo* da empresa – equipamento incorporado ao processo produtivo – não é mercadoria, pois não se destina a venda comercial, mas a uso da própria empresa. E, em caso de venda de ativo-fixo usado (por exemplo, para renovação do parque industrial), não incide ICMS, pois a venda de bens usados não é atividade daquele empresário. Mas se for feita por comerciante cuja atividade é a negociação de bens usados, estará sujeita ao imposto.[98]

Quanto aos **serviços de transporte interestadual e intermunicipal** de pessoas e bens – locomoção por qualquer via ou meio, inclusive por dutos ou assemelhados –, para ocorrer a incidência do ICMS, o transporte deve ultrapassar fronteira territorial (seja fronteira entre municípios ou entre Estados, mas também na entrada do território nacional).[99] Já para o serviço intramunicipal (dentro do mesmo município), este será fato gerador do ISS e não de ICMS. Se o transporte for de pessoas, tal como transporte terrestre, o imposto incidirá sobre o preço do serviço; se o transporte for de bens, mercadorias ou valores, o imposto incidirá sobre o valor

---

que, nessa hipótese, os bens perdem a característica de ativo imobilizado, passando a assumir o caráter de mercadoria [...]".

[94] STF. RE 607.056 (repercussão geral), Rel. Min. Dias Toffoli, Pleno, julg. 10/04/2013: "1. O fornecimento de água potável por empresas concessionárias desse serviço público não é tributável por meio do ICMS. 2. As águas em estado natural são bens públicos e só podem ser exploradas por particulares mediante concessão, permissão ou autorização. 3. O fornecimento de água tratada à população por empresas concessionárias, permissionárias ou autorizadas não caracteriza uma operação de circulação de mercadoria".

[95] TORRES, Ricardo Lobo. *Curso de direito financeiro e tributário.* 19. ed. Rio de Janeiro: Renovar, 2013. p. 388.

[96] CARVALHO, Paulo Barros de. *Direito tributário, linguagem e método.* 5. ed. São Paulo: Noeses, 2013. p. 737.

[97] STJ. Súmula nº 391: "O ICMS incide sobre o valor da tarifa de energia elétrica correspondente à demanda de potência efetivamente utilizada".

[98] Da mesma forma, "o ICMS não incide sobre alienação de salvados de sinistro pelas seguradoras" (STF. Súmula Vinculante nº 32), uma vez que tais vendas se integram à própria operação de seguro, constituindo recuperação de receitas e não atividade mercantil, pois as seguradoras não se dedicam profissionalmente à venda de sucata de automóveis (STF. RE 588.149 [repercussão geral], Rel. Min. Gilmar Mendes, Pleno, julg. 16/02/2011).

[99] STF. ADI 2.669, Rel. Min. Nelson Jobim, Rel. p/ Acórdão: Min. Marco Aurélio, Pleno, julg. 05/02/2014: "Mostra-se harmônica com a Constituição Federal a incidência do ICMS sobre a prestação de serviço de transporte terrestre".

354 | CURSO DE DIREITO TRIBUTÁRIO BRASILEIRO – *Marcus Abraham*

do frete cobrado. Todavia, o imposto não incide no caso de transporte de carga própria, pois configura-se uma venda *FOB* (*Free on board*), isto é, sem pagamento de frete a terceiros ou sobre o serviço de transporte interestadual de mercadorias destinadas ao exterior (Súmula 649, STJ).

Sobre os **serviços de comunicação** para fins de incidência do ICMS, devemos considerar comunicação o transporte de mensagem, por qualquer meio (inclusive eletrônica), sempre de forma onerosa, entre o emissor e o receptor. Inclui-se no conceito a geração, emissão, recepção, transmissão, retransmissão, repetição e a ampliação. Se, todavia, a transmissão de sinais de televisão ou radiodifusão sonora for gratuita, como ocorre com a televisão e rádio abertas, não incidirá o imposto (art. 155, § 2º, X, *d*, CF/88). Para os canais pagos, do tipo TV a Cabo (NET, SKY etc.), incidirá o imposto. Já para os serviços de disponibilização de conteúdo de áudio e vídeo que envolvam *streaming* de dados de Internet, como Netflix, Spotify etc., a incidência é de ISS (item 1.09 da lista de serviços de ISS, LC nº 116/2003). Outrossim, o ICMS não deve incidir sobre a habilitação de linha de aparelho celular (etapa anterior ao serviço de comunicação), mas tão somente sobre o serviço de comunicação de telefonia fixa ou móvel.[100] Assim, no entendimento do STJ, o ICMS somente incide sobre o serviço de telecomunicação propriamente dito, e não sobre as atividades-meio e serviços suplementares.[101]

Ainda sobre o seu fato gerador, conforme estabelece a **Lei Complementar nº 87/1996** (art. 1º), compete aos Estados e ao Distrito Federal instituir o imposto sobre operações relativas à circulação de mercadorias e sobre prestações de serviços de transporte interestadual e intermunicipal e de comunicação, ainda que as operações e as prestações se iniciem no exterior, incidindo sobre (art. 2º): I – operações relativas à circulação de mercadorias inclusive o fornecimento de alimentação e bebidas em bares, restaurantes e estabelecimentos similares; II – prestações de serviços de transporte interestadual e intermunicipal, por qualquer via, de pessoas, bens, mercadorias ou valores; III – prestações onerosas de serviços de comunicação, por qualquer meio, inclusive a geração, a emissão, a recepção, a transmissão, a retransmissão, a repetição e a ampliação de comunicação de qualquer natureza; IV – fornecimento de mercadorias com prestação de serviços não compreendidos na competência tributária dos Municípios;[102] V – fornecimento de mercadorias com prestação de serviços sujeitos ao im-

---

[100] STF. RE 912.888 (repercussão geral), Rel. Min. Teori Zavascki, Pleno, julg. 13/10/2016: "[...] o ICMS não incide sobre serviços preparatórios aos de comunicação, tais quais o de habilitação, instalação, disponibilidade, assinatura (= contratação do serviço), cadastro de usuário e equipamento, etc., já que tais serviços são suplementares ou configuram atividade-meio. 2. A tarifa de assinatura básica mensal não é serviço (muito menos serviço preparatório), mas sim a contraprestação pelo serviço de comunicação propriamente dito prestado pelas concessionárias de telefonia, consistente no fornecimento, em caráter continuado, das condições materiais para que ocorra a comunicação entre o usuário e terceiro, o que atrai a incidência do ICMS. [...] *Tese*: 'O Imposto de Circulação de Mercadorias e Serviços (ICMS) incide sobre a tarifa de assinatura básica mensal cobrada pelas prestadoras de serviço de telefonia, independentemente da franquia de minutos conferida ou não ao usuário.'"

STJ. Súmula nº 334: "O ICMS não incide no serviço dos provedores de acesso à Internet."

[101] STJ. REsp 816.512 (recurso repetitivo), Rel. Min. Luiz Fux, 1ª Seção, julg. 08/09/2010.

[102] STJ. Súmula nº 350: "O ICMS não incide sobre o serviço de habilitação de telefone celular."

STF. ADI 5.576. Rel. Min. Roberto Barroso, Pleno, julg. 03/08/2021: "*Tese*: É inconstitucional a incidência do ICMS sobre o licenciamento ou cessão do direito de uso de programas de computador". No mesmo sentido: STF. ADI 1.945 julg. 24/02/2021; STF. RE 688.223 (repercussão geral), Rel. Min. Dias Toffoli, Pleno, julg. 06/12/2021: "*Tese*: É constitucional a incidência do ISS no licenciamento ou na cessão de direito de uso de programas de computação desenvolvidos para clientes de forma personalizada, nos termos do subitem 1.05 da lista anexa à LC nº 116/03".

Parte III · Cap. 14 · IMPOSTOS | **355**

posto sobre serviços, de competência dos Municípios, quando a lei complementar aplicável expressamente o sujeitar à incidência do imposto estadual. O imposto incide também (§ 1º): I – sobre a entrada de mercadoria ou bem importados do exterior, por pessoa física ou jurídica, ainda que não seja contribuinte habitual do imposto, qualquer que seja a sua finalidade;[103] II – sobre o serviço prestado no exterior ou cuja prestação se tenha iniciado no exterior; III – sobre a entrada, no território do Estado destinatário, de petróleo, inclusive lubrificantes e combustíveis líquidos e gasosos dele derivados, e de energia elétrica, quando não destinados à comercialização ou à industrialização, decorrentes de operações interestaduais, cabendo o imposto ao Estado onde estiver localizado o adquirente.

Por sua vez, o § 2º do art. 155 da Constituição prevê que o ICMS atenderá aos seguintes **princípios**: a) **não cumulatividade**:[104] compensando-se o que for devido em cada operação relativa à circulação de mercadorias ou prestação de serviços com o montante cobrado nas an-

---

STF. ADI 5.659, Rel. Min. Dias Toffoli, Pleno, julg. 24/02/2021: "1. A tradicional distinção entre software de prateleira (padronizado) e por encomenda (personalizado) não é mais suficiente para a definição da competência para a tributação dos negócios jurídicos que envolvam programas de computador em suas diversas modalidades. Diversos precedentes da Corte têm superado a velha dicotomia entre obrigação de fazer e obrigação de dar, notadamente nos contratos tidos por complexos (*v.g. leasing* financeiro, contratos de franquia). 2. A Corte tem tradicionalmente resolvido as indefinições entre ISS e do ICMS com base em critério objetivo: incide apenas o primeiro se o serviço está definido por lei complementar como tributável por tal imposto, ainda que sua prestação envolva a utilização ou o fornecimento de bens, ressalvadas as exceções previstas na lei; ou incide apenas o segundo se a operação de circulação de mercadorias envolver serviço não definido por aquela lei complementar. 3. O legislador complementar, amparado especialmente nos arts. 146, I, e 156, III, da Constituição Federal, buscou dirimir conflitos de competência em matéria tributária envolvendo softwares. E o fez não se valendo daquele critério que a Corte vinha adotando. Ele elencou, no subitem 1.05 da lista de serviços tributáveis pelo ISS anexa à LC nº 116/03, o licenciamento e a cessão de direito de uso de programas de computação. É certo, ademais, que, conforme a Lei nº 9.609/98, o uso de programa de computador no País é objeto de contrato de licença. 4. Associa-se a esse critério objetivo a noção de que software é produto do engenho humano, é criação intelectual. Ou seja, faz-se imprescindível a existência de esforço humano direcionado para a construção de um programa de computador (obrigação de fazer), não podendo isso ser desconsiderado em qualquer tipo de software. A obrigação de fazer também se encontra presente nos demais serviços prestados ao usuário, como, *v.g.*, o *help desk* e a disponibilização de manuais, atualizações e outras funcionalidades previstas no contrato de licenciamento. 5. Igualmente há prestação de serviço no modelo denominado *Software-as-a-Service* (SaaS), o qual se caracteriza pelo acesso do consumidor a aplicativos disponibilizados pelo fornecedor na rede mundial de computadores, ou seja, o aplicativo utilizado pelo consumidor não é armazenado no disco rígido do computador do usuário, permanecendo online em tempo integral, daí por que se diz que o aplicativo está localizado na nuvem, circunstância atrativa da incidência do ISS. [...] interpretação conforme à Constituição Federal, excluindo-se das hipóteses de incidência do ICMS o licenciamento ou a cessão de direito de uso de programas de computador, tal como previsto no subitem 1.05 da lista de serviços anexa à Lei Complementar nº 116/03".

[103] STF. RE 439.796 (repercussão geral), Rel. Min. Joaquim Barbosa, Pleno, julg. 06/11/2013: "*Tese:* Após a Emenda Constitucional 33/2001, é constitucional a incidência de ICMS sobre operações de importação efetuadas por pessoa, física ou jurídica, que não se dedica habitualmente ao comércio ou à prestação de serviços".

[104] STF. RE 601.967 (repercussão geral), Rel. Min. Marco Aurélio, Rel. p/ Acórdão: Min. Alexandre de Moraes, Pleno, julg. 18/08/2020: "*Tese*: (i) Não viola o princípio da não cumulatividade (art. 155, § 2º, incisos I e XII, alínea c, da CF/1988) lei complementar que prorroga a compensação de créditos de ICMS relativos a bens adquiridos para uso e consumo no próprio estabelecimento do contribuinte; (ii) Conforme o artigo 150, III, *c*, da CF/1988, o princípio da anterioridade nonagesimal aplica-se somente para leis que instituem ou majoram tributos, não incidindo relativamente às normas que prorrogam a data de início da compensação de crédito tributário".

teriores pelo mesmo ou outro Estado ou pelo Distrito Federal,[105] e a *isenção* ou *não incidência*, salvo determinação em contrário da legislação, não implicará crédito para compensação com o montante devido nas operações ou prestações seguintes, acarretando a anulação do crédito relativo às operações anteriores; b) **seletividade**: em que a lei poderá fixar alíquotas diferenciadas para certos produtos ou serviços em função da sua essencialidade;[106] c) **imunidades**:[107] sobre operações que destinem mercadorias para o exterior, bem como sobre serviços prestados a destinatários no exterior; sobre operações que destinem a outros Estados petróleo, inclusive lubrificantes, combustíveis líquidos e gasosos dele derivados, e energia elétrica; sobre o ouro como ativo financeiro; e sobre as prestações de serviço de comunicação nas modalidades de radiodifusão sonora e de sons e imagens de recepção livre e gratuita; sobre as operações com livros, jornais, periódicos e o papel destinado a sua impressão; sobre as operações com fonogramas e videofonogramas musicais produzidos no Brasil contendo obras musicais ou literomusicais.

As **alíquotas** do ICMS estão divididas entre operações com mercadorias e prestações de serviços de transporte e comunicação realizadas dentro do mesmo Estado (**alíquotas internas**, fixadas pela legislação estadual) e as realizadas para fora do Estado (**alíquotas interestaduais**, fixadas por Resolução do Senado Federal),[108] bem como existe o **diferencial de alíquota (DIFAL)**[109] nas operações e prestações interestaduais destinadas a consumidor final (inserido pela EC nº 87/2015 e regulamentado pela Lei Complementar nº 190/2022 quanto a consumidor final não contribuinte do imposto).[110] Assim, nas operações e prestações que destinem bens e

---

[105] STF. RE 1.141.756 (repercussão geral), Rel. Min. Marco Aurélio, Pleno, julg. 28/09/2020: "*Tese*: Observadas as balizas da Lei Complementar nº 87/1996, é constitucional o creditamento de Imposto sobre Operações relativas à Circulação de Mercadorias – ICMS cobrado na entrada, por prestadora de serviço de telefonia móvel, considerado aparelho celular posteriormente cedido, mediante comodato".

[106] O STF, no RE 714.139 (repercussão geral) decidiu que, adotada pelo legislador estadual a técnica da seletividade em relação ao ICMS, destoam do figurino constitucional as alíquotas sobre as operações de energia elétrica e serviços de telecomunicação em patamar superior ao das operações em geral, considerada a essencialidade dos bens e serviços. Na esteira desse entendimento do STF, a LC nº 194/2022 inseriu o art. 18-A no Código Tributário Nacional, determinando que, para fins de incidência do ICMS, os combustíveis, o gás natural, a energia elétrica, as comunicações e o transporte coletivo são considerados bens e serviços essenciais e indispensáveis, que não podem ser tratados como supérfluos (art. 18-A, caput, CTN). Por essa razão, fica vedada a fixação de alíquotas sobre essas operações em patamar superior ao das operações em geral, considerada a essencialidade dos bens e serviços (art. 18-A, parágrafo único, I, CTN).

[107] Ressalvamos que, segundo o nosso entendimento já manifestado, nem todas essas hipóteses tratam de imunidades tributárias propriamente ditas, mas sim de meras desonerações constitucionais de natureza e finalidade econômica.

[108] STF. ADI 4.565 MC, Rel. Min. Joaquim Barbosa, Pleno, julg. 07/04/2011: "[...] o texto impugnado viola a reserva de resolução senatorial para fixação das alíquotas interestaduais do ICMS, ao determinar que a carga tributária líquida será equivalente a 4,5% e 10% do valor constante no documento fiscal que acompanha a mercadoria (art. 155, § 2º, IV, da Constituição). Atualmente, a Resolução SF 22/1989 estabelece que a alíquota do ICMS será de 7%, incidente nas operações interestaduais originadas nas Regiões Sul e Sudeste, e destinadas às Regiões Norte, Nordeste e Centro-Oeste, bem como ao Estado do Espírito Santo".

[109] Antes da EC nº 87/2015, nos casos envolvendo consumidores finais não contribuintes, o ICMS era devido integralmente ao Estado de origem. A esse respeito, cf. STF. ADI 4.705, Rel. Min. Roberto Barroso, Pleno, julg. 03/10/2019: "É inconstitucional lei estadual anterior à EC 87/2015 que estabeleça a cobrança de ICMS pelo Estado de destino nas operações interestaduais de venda de mercadoria ou bem realizadas de forma não presencial a consumidor final não contribuinte do imposto". No mesmo sentido: STF. ADI 4.565, julg. 24/02/2021.

[110] STF. ADI 5.469, Rel. Min. Dias Toffoli, Pleno, julg. 24/02/2021: "4. A EC nº 87/15 criou uma nova relação jurídico-tributária entre o remetente do bem ou serviço (contribuinte) e o estado de destino nas opera-

Parte III • Cap. 14 • IMPOSTOS | **357**

serviços a consumidor final, contribuinte ou não do imposto, localizado em outro Estado,[111] adotar-se-á a alíquota interestadual e caberá ao Estado de localização do destinatário o imposto correspondente à diferença entre a alíquota interna do Estado destinatário e a alíquota interestadual.[112] A responsabilidade pelo recolhimento do imposto correspondente à diferença entre a alíquota interna e a interestadual será atribuída: a) ao destinatário, quando este for contribuinte do imposto; b) ao remetente, quando o destinatário não for contribuinte do imposto.[113]

As alíquotas para operações e prestações interestaduais fixadas pelas Resoluções do Senado Federal nº 22/1989, 95/1996 e 13/2012, são: a) 7% quando o destinatário estiver localizado

---

ções com bens e serviços destinados a consumidor final não contribuinte do ICMS. Houve, portanto, substancial alteração na sujeição ativa da obrigação tributária. O ICMS incidente nessas operações e prestações, que antes era devido totalmente ao estado de origem, passou a ser dividido entre dois sujeitos ativos, cabendo ao estado de origem o ICMS calculado com base na alíquota interestadual e ao estado de destino, o diferencial entre a alíquota interestadual e sua alíquota interna. 5. Convênio interestadual não pode suprir a ausência de lei complementar dispondo sobre obrigação tributária, contribuintes, bases de cálculo/alíquotas e créditos de ICMS nas operações ou prestações interestaduais com consumidor final não contribuinte do imposto, como fizeram as cláusulas primeira, segunda, terceira e sexta do Convênio ICMS nº 93/2015. 6. A Constituição também dispõe caber a lei complementar – e não a convênio interestadual – estabelecer normas gerais em matéria de legislação tributária, especialmente sobre definição de tratamento diferenciado e favorecido para as microempresas e as empresas de pequeno porte, o que inclui regimes especiais ou simplificados de certos tributos, como o ICMS (art. 146, III, *d*, da CF/88, incluído pela EC nº 42/03)". No mesmo sentido: STF. ADI 7.158, Rel. Min. Roberto Barroso, Pleno, julg. 07/02/2023: "Tese: É constitucional o critério previsto no § 7º do art. 11 da Lei Complementar nº 87/1996, na redação dada pela Lei Complementar nº 190/2022, que considera como Estado destinatário, para efeito do recolhimento do diferencial de alíquota do ICMS, aquele em que efetivamente ocorrer a entrada física da mercadoria ou o fim da prestação do serviço, uma vez que conforme a Emenda Constitucional nº 87/2015".

[111] STF. RE 970.821, Rel. Min. Edson Fachin (repercussão geral – Tema 517), Pleno, julg. 14/05/2021: "*Tese*: É constitucional a imposição tributária de diferencial de alíquota do ICMS pelo Estado de destino na entrada de mercadoria em seu território devido por sociedade empresária aderente ao Simples Nacional, independentemente da posição desta na cadeia produtiva ou da possibilidade de compensação dos créditos." No mesmo sentido: ADI 6.030, julg. 19/08/2024.

STF. ARE 1.460.254 (repercussão geral – Tema 1284, Rel. Min. Roberto Barroso, Pleno, julg. 20/11/2023: "*Tese*: A cobrança do ICMS-DIFAL de empresas optantes do Simples Nacional deve ter fundamento em lei estadual em sentido estrito".

[112] Um exemplo concreto do diferencial de alíquota: um consumidor da Bahia adquire mercadoria em loja de São Paulo para uso próprio em sua residência. A alíquota interna daquele produto no Estado da Bahia é 17%. Por sua vez, a alíquota interestadual para destinatário no Nordeste é 7% (Resolução Senado 22/89). Assim, recolhe-se 7% (alíquota interestadual) para o Estado de origem da mercadoria (SP) e o diferencial de alíquota (10%), que é a diferença entre a alíquota interna do Estado destinatário e a alíquota interestadual, deve ser recolhido para o Estado de destino da mercadoria (BA).

STF. ADI 4.623, Rel. Min. Cármen Lúcia, Pleno, julg. 16/06/2020: "Nos termos do inc. VII do § 2º do art. 155 da Constituição da República, em operações interestaduais nas quais se destinem bens a consumidor final, incide a alíquota interestadual em favor do Estado de origem, apurando-se o valor do imposto, que seguirá destacado na nota fiscal, cabendo ao Estado de destino calcular a diferença entre a alíquota interna e a alíquota cobrada pelo Estado de origem, incidindo esse diferencial de alíquota sobre o valor da operação, calculando-se assim o montante do imposto a ser recolhido para o Estado de destino".

[113] O STF, nas ADIs 7.066, 7.070 e 7.078, Rel. Min. Alexandre de Moraes, Pleno, julg. 29/11/2023, decidiu que a aplicação da LC 190/2022, que regulamentou a cobrança do Difal, não precisa observar os prazos constitucionais de anterioridade anual e nonagesimal, porque não houve instituição ou majoração de tributo. No entanto, o legislador complementar pode determinar prazo de 90 dias para a cobrança do Difal/ICMS de forma a garantir maior previsibilidade para os contribuintes.

nos Estados das regiões Norte, Nordeste e Centro-Oeste e no Estado do Espírito Santo; b) 12% quando o destinatário estiver localizado nos Estados das regiões Sul e Sudeste; c) 4% para transporte aéreo interestadual de carga (mas esse ICMS sobre transporte aéreo de pessoas foi declarado inconstitucional: STF – ADI nº 1.600); d) 4% nas operações interestaduais com bens e mercadorias importados do exterior.

Já a **base de cálculo** do ICMS, em regra, será o *valor da operação*, acrescido de seguros, juros, embalagem e demais despesas inerentes ao negócio, inclusive o frete (se efetuado pelo próprio remetente ou por sua conta e ordem).[114] Entretanto, a base de cálculo poderá ser arbitrada quando não houver valor da operação ou esta for inferior ao valor de mercado e, neste caso, a base de cálculo será considerada como o preço corrente da mercadoria ou similar no mercado (pautas fiscais).[115]

Por sua vez, na *importação*, a base de cálculo será o valor da mercadoria constante da Declaração de Importação (DI), acrescido do Imposto de Importação, IPI, IOF e demais despesas aduaneiras, e ao leiloar bens apreendidos irregularmente, os Estados deverão cobrar do arrematante o ICMS acrescido de todas as despesas. Já na *prestação de serviço de transporte e comunicação*, a base de cálculo será o valor do serviço. No *fornecimento de alimentação*, todos os serviços integrarão a base de cálculo (somados com as mercadorias).[116] A base de cálculo poderá ser *reduzida* em caso de determinados bens e mercadorias, conforme a legislação e convênios determinarem, como é o caso de equipamentos usados, em que se reduz em 95%.

Por fim, o mero inadimplemento, por parte do consumidor, do preço da mercadoria vendida ou do serviço prestado, não impede a incidência do ICMS, pois o fato gerador ocorreu, devendo o sujeito passivo tributário recolher o ICMS tomando como base de cálculo os valores de operação e prestação de serviço pactuados mas não pagos.[117] Posteriormente, na via civil (não tributária), poderá o credor privado buscar a cobrança do valor inadimplido referente ao negócio jurídico celebrado entre as partes privadas.

Registre-se que o IPI integra a base de cálculo do ICMS, exceto quando estiverem *cumulativamente* presentes os seguintes requisitos: a) a operação for realizada entre contribuintes; b) produto destinado à industrialização ou à comercialização; c) configurar fato gerador dos dois impostos (art. 155, § 2º, XI, CF/88).[118] Assim, o valor do IPI fará parte da base de cálculo do ICMS sempre que o produto for vendido diretamente ao consumidor final.

---

[114] STJ. Súmula nº 237: "Nas operações com cartão de crédito, os encargos relativos ao financiamento não são considerados no cálculo do ICMS".

STJ. Súmula nº 457: "Os descontos incondicionais nas operações mercantis não se incluem na base de cálculo do ICMS".

[115] STJ. Súmula nº 654: "A tabela de preços máximos ao consumidor (PMC) publicada pela ABCFarma, adotada pelo Fisco para a fixação da base de cálculo do ICMS na sistemática da substituição tributária, não se aplica aos medicamentos destinados exclusivamente para uso de hospitais e clínicas".

[116] STJ. Súmula nº 163: "O fornecimento de mercadorias com a simultânea prestação de serviços em bares, restaurantes e estabelecimentos similares constitui fato gerador do ICMS a incidir sobre o valor total da operação".

[117] STF. RE 1.003.758 (repercussão geral), Rel. Min. Marco Aurélio, Rel. p/ Acórdão: Min. Alexandre de Moraes, Pleno, julg. 17/05/2021: "*Tese*: A inadimplência do usuário não afasta a incidência ou a exigibilidade do ICMS sobre serviços de telecomunicações".

[118] Por exemplo: Indústria de medicamentos que vende para farmácia. Caso se trate de venda para o consumidor final, o IPI integrará a base de cálculo do ICMS.

No RE 574.706,[119] o STF, em repercussão geral,[120] entendeu que o ICMS não integra o conceito de receita ou faturamento para fins da sua inclusão na base de cálculo das contribuições para o Programa de Integração Social (PIS) e da Contribuição para o Financiamento da Seguridade Social (Cofins).[121] O valor do ICMS, no caso, representaria apenas "ingresso de caixa ou trânsito contábil a ser totalmente repassado ao fisco estadual", sendo reputado um *"valor estranho ao conceito de faturamento ou receita"*, de modo que o ICMS destacado na nota fiscal deve ser excluído da base de cálculo da PIS/COFINS. Neste sentido, passou-se a entender que o conceito de faturamento ou receita previsto na Constituição para a base de cálculo de tais contribuições configura tão somente os ingressos financeiros que realmente produzam riqueza e de forma definitiva representem um incremento patrimonial à empresa.[122]

Contudo, o mesmo STF decidiu que é constitucional a inclusão do ICMS na base de cálculo da Contribuição Previdenciária sobre a Receita Bruta – CPRB,[123] bem como o STJ entende que o ICMS (e o ISS) compõe a base de cálculo do IRPJ e da CSLL quando apurados na sistemática do lucro presumido.[124] Também a Tarifa de Uso do Sistema de Transmissão (TUST) e/ou a Tarifa de Uso de Distribuição (TUSD), quando lançadas na fatura de energia elétrica, como encargo a ser suportado diretamente pelo consumidor final, integra, para os fins do art. 13, § 1º, II, 'a', da LC 87/1996, a base de cálculo do ICMS.[125]

Quanto ao **aspecto temporal**,[126] o momento da ocorrência do fato gerador do ICMS será:[127] a) saída da mercadoria do estabelecimento do contribuinte; b) fornecimento da alimentação e/ou

---

[119] STF. RE 574.706 (repercussão geral – Tema 69), Rel. Min. Cármen Lúcia, Pleno, julg. 15/03/2017.

[120] STF. Embargos de declaração no RE 574.706 (repercussão geral), Rel. Min. Cármen Lúcia, Pleno, julg. 13/05/2021. Nestes embargos declaratórios, o STF também modulou os efeitos de sua decisão de exclusão do ICMS da base de cálculo da PIS/COFINS, cuja produção de efeitos haverá de se dar após 15/03/2017 – data em que foi julgado o RE nº 574.706 e fixada a tese com repercussão geral, ressalvadas as ações judiciais e administrativas protocoladas até a data da sessão em que foi proferido o julgamento.

[121] STF. RE 1.489.562 (repercussão geral – Tema 1.338), Rel. Min. Roberto Barroso, Pleno, julg. 19/10/2024: *"Tese*: Cabe ação rescisória para adequação de julgado à modulação temporal dos efeitos da tese de repercussão geral fixada no julgamento do RE 574.706 (Tema 69/RG)".

[122] STJ. REsp 1.896.678 (recurso repetitivo – Tema 1125), Rel. Min. Gurgel de Faria, 1ª Seção, julg. 13/12/2023: *"Tese*: O ICMS-ST não compõe a base de cálculo da Contribuição ao PIS e da COFINS, devidas pelo contribuinte substituído no regime de substituição tributária progressiva".

[123] STF. RE 1.187.264 (repercussão geral), Rel. Min. Marco Aurélio, Rel. p/ Acórdão: Min. Alexandre de Moraes, Pleno, julg. 24/02/2021.

[124] STJ. REsp 1.767.264 (recurso repetitivo – Tema 1008), Rel. Min. Regina Helena Costa, Rel. p/ Acórdão: Min. Gurgel de Faria, 1ª Seção, julg. 10/05/2023; STJ. REsp 2.089.298 (recurso repetitivo – Tema 1240), Rel. Min. Gurgel de Faria, 1ª Seção, julg. 11/09/2024.

[125] STJ. REsp 1.692.023 (recurso repetitivo – Tema 985 e 986), Rel. Min. Herman Benjamin, 1ª Seção, julg. 13/03/2024.

[126] STF. RE 632.265 (repercussão geral), Rel. Min. Marco Aurélio, Pleno, julg. 18/06/2015: "Tributo. Princípio da legalidade. A exigibilidade de tributo pressupõe lei que o estabeleça – artigo 150 da Constituição Federal. ICMS. Regime de apuração. Estimativa. Decreto. Impropriedade. A criação de nova maneira de recolhimento do tributo, partindo-se de estimativa considerado o mês anterior, deve ocorrer mediante lei no sentido formal e material, descabendo, para tal fim, a edição de decreto, a revelar o extravasamento do poder regulamentador do Executivo".

[127] STF. Súmula Vinculante nº 48 (antiga Súmula 661 do STF): "Na entrada de mercadoria importada do exterior, é legítima a cobrança do ICMS por ocasião do desembaraço aduaneiro".

STJ. Súmula nº 166: "Não constitui fato gerador do ICMS o simples deslocamento de mercadoria de um para outro estabelecimento do mesmo contribuinte."

360 | CURSO DE DIREITO TRIBUTÁRIO BRASILEIRO – *Marcus Abraham*

bebidas; c) transmissão a terceiros de mercadoria depositada d) transmissão da propriedade da mercadoria quando não circular fisicamente (por exemplo: opção de compra em *leasing*); e) início da prestação dos serviços de transporte; f) ato final do transporte iniciado no exterior; g) desembaraço aduaneiro das mercadorias importadas; h) ato da prestação de serviços de comunicação.

O **aspecto subjetivo** do ICMS contempla o *contribuinte*, que é qualquer pessoa, física ou jurídica, que realize, com habitualidade ou em volume que caracterize intuito comercial, operações de circulação de mercadoria ou prestações de serviços de transporte interestadual e intermunicipal e de comunicação, ainda que as operações e as prestações se iniciem no exterior. Também é contribuinte a pessoa física ou jurídica que, mesmo sem habitualidade ou intuito comercial: I – importe mercadorias ou bens do exterior, qualquer que seja a sua finalidade;[128] II – seja destinatária de serviço prestado no exterior ou cuja prestação se tenha iniciado no exterior; III – adquira em licitação mercadorias ou bens apreendidos ou abandonados; IV – adquira lubrificantes e combustíveis líquidos e gasosos derivados de petróleo e energia elétrica oriundos de outro Estado, quando não destinados à comercialização ou à industrialização. Mas a lei poderá atribuir a terceiros a *responsabilidade tributária* pelo pagamento do imposto e acréscimos devidos pelo contribuinte, quando os atos ou omissões daqueles concorrerem para o não recolhimento do tributo. O mecanismo da *substituição tributária* é comumente adotado para o ICMS, conforme explicado na seção sobre sujeição passiva desta obra.

O ICMS é um imposto que tem como modalidade de constituição do crédito tributário o **lançamento por homologação**, em que o contribuinte (ou substituto tributário) realizará a apuração dos créditos e débitos do período, de acordo com o princípio da não cumulatividade, compensando-se o que for devido em cada operação relativa à circulação de mercadorias ou prestação de serviços com o montante cobrado nas operações anteriores pelo mesmo ou outro Estado ou pelo Distrito Federal e, ao final, prestará as informações fiscais pertinentes ao tributo devido, antecipando o pagamento para ulterior homologação. Assim, Hugo de Brito Machado ensina que cada contribuinte "registra suas operações, escritura seus livros de entradas e de saídas e de apuração do imposto, recolhendo o montante respectivo em cada mês, independentemente de exame de seus cálculos pela autoridade administrativa".[129]

14.3.3. Imposto sobre a Propriedade de Veículos Automotores

O **Imposto sobre a Propriedade de Veículos Automotores (IPVA)**, também de competência dos Estados e do Distrito Federal (art. 155, III da Constituição Federal), tem como fato gerador a *propriedade* de veículo automotor.

Trata-se de um imposto caracterizado por sua natureza preponderantemente fiscal, apesar de sua arrecadação não representar valores expressivos para muitas unidades federativas. No

---

STJ. Súmula nº 198: "Na importação de veículo por pessoa física, destinado a uso próprio, incide o ICMS."

STJ. Súmula nº 395: "O ICMS incide sobre o valor da venda a prazo constante da nota fiscal."

[128] STF. RE 1.221.330 (repercussão geral), Rel. Min. Luiz Fux, Rel. p/ Acórdão: Min. Alexandre de Moraes, julg. 16/06/2020: "*Tese*: I - Após a Emenda Constitucional 33/2001, é constitucional a incidência de ICMS sobre operações de importação efetuadas por pessoa, física ou jurídica, que não se dedica habitualmente ao comércio ou à prestação de serviços, devendo tal tributação estar prevista em lei complementar federal. II - As leis estaduais editadas após a EC 33/2001 e antes da entrada em vigor da Lei Complementar 114/2002, com o propósito de impor o ICMS sobre a referida operação, são válidas, mas produzem efeitos somente a partir da vigência da LC 114/2002".

[129] MACHADO, Hugo de Brito. *Curso de direito tributário*. 34. ed. São Paulo: Malheiros, 2013. p. 390.

Parte III · Cap. 14 · IMPOSTOS | **361**

entanto, a partir da EC nº 132/2023, que incluiu como hipótese de diferenciação de alíquota do IPVA o seu *impacto ambiental*, este imposto ganha função extrafiscal no combate ao uso de veículos automotores poluentes, em linha com o princípio da proteção ao meio ambiente.

A **evolução histórica** do IPVA é relativamente recente, sendo considerada uma derivação tributária da antiga Taxa Rodoviária Única, instituída pelo Decreto-lei nº 999/1969, incidente sobre o registro e licenciamento de veículos, e devida pelos proprietários de veículos automotores registrados e licenciados em todo território nacional, cuja arrecadação destinava-se ao sistema de transportes para fins de desenvolvimento da malha viária brasileira. Não foi previsto no texto do Código Tributário Nacional, surgindo pela primeira vez com a Emenda Constitucional nº 27/1985, que alterou o art. 23 da Constituição de 1967, inserindo o então novo inciso III, que estabelecia competir aos Estados e ao Distrito Federal instituir o imposto sobre a propriedade de veículos automotores e vedando a cobrança de impostos ou taxas incidentes sobre a utilização de veículo. Mas é na Constituição Federal de 1988 que o IPVA ganha os seus atuais contornos.

Por não estar disposto no CTN, o IPVA é previsto nas leis estaduais de cada ente federativo, a partir da competência normativa suplementar do art. 24, § 3º, CF/88, ao prever que, inexistindo lei federal sobre normas gerais, os Estados exercerão a competência legislativa plena, para atender a suas peculiaridades, até que sobrevenha uma lei federal dispondo sobre suas normas gerais, a qual suspenderá a eficácia da lei estadual, no que lhe for contrária (§ 4º).

Apenas a título exemplificativo, citamos a Lei nº 2.877/1997 do Estado do Rio de Janeiro, a qual dispõe que o Imposto sobre a Propriedade de Veículos Automotores Terrestres, devido anualmente, tem como fato gerador a propriedade de veículo automotor terrestre por proprietário domiciliado ou residente no Estado do Rio de Janeiro (art. 1º). Segundo ela, considera-se ocorrido o fato gerador em 1º de janeiro de cada exercício, na data de sua primeira aquisição por consumidor final, no caso de veículo novo, ou na data do desembaraço aduaneiro, em se tratando de veículo novo ou usado importado do exterior pelo consumidor final. O contribuinte do imposto é a pessoa física ou jurídica proprietária do veículo automotor (art. 2º), sendo responsáveis tributários (art. 3º): I – o adquirente do veículo, pelo imposto e acréscimos legais anteriormente devidos e não pagos; II – o alienante de veículo automotor que não comunicar a alienação do veículo ao órgão executivo de trânsito no prazo e condições estabelecidos na legislação específica, em relação ao imposto cujo fato gerador ocorrer entre a data da alienação e a da comunicação ao órgão executivo de trânsito; III – o leiloeiro ou a empresa contratada pela realização do leilão público, se houver, em relação ao veículo adquirido ou arrematado em leilão público e entregue sem comprovação do pagamento do imposto devido e acréscimos legais sobre o mesmo até a data da realização do leilão; IV – o arrendatário, em relação ao veículo objeto de arrendamento mercantil. A base de cálculo do imposto é o valor venal do veículo automotor (art. 6º), cuja tabela de valores, para veículos usados, será anualmente fixada pelo Secretaria de Estado de Fazenda (art. 7º), mas em caso de perda total por sinistro, roubo ou furto, o imposto será devido por duodécimo ou fração, contado até a data da ocorrência. Algumas das alíquotas do imposto serão de: 4% para automóveis de passeio e camionetas, inclusive à gasolina ou à diesel, exceto utilitários; 3% para utilitários; 2% para ônibus e micro-ônibus; 1% caminhões, caminhões-tratores, tratores não agrícolas, veículos de transporte de passageiros a taxímetro e aos de serviços de transporte acessível exclusivo legalmente habilitados pertencentes a pessoas jurídicas; 2% para automóveis que utilizem motor especificado de fábrica para funcionar, exclusivamente, com álcool; 1,5% para veículos que utilizem gás natural ou veículos híbridos que possuem mais de um motor de propulsão, usando cada um seu tipo de energia para funcionamento sendo que a fonte energética de um dos motores seja a energia elétrica; 0,5% para veículos que utilizem motor de propulsão especificado de fábrica para funcionar, exclusivamente, com energia elétrica; 0,5% para automóveis com até 3 anos de fabricação de propriedade de pessoa jurídica constituída sob a forma de sociedade empresarial

CURSO DE DIREITO TRIBUTÁRIO BRASILEIRO – *Marcus Abraham*

que desempenhem a atividade de locação e que sejam destinados exclusivamente para a referida atividade excluindo ônibus e caminhões nos contratos de locação com condutor, devidamente comprovada nos termos da legislação aplicável, ou na sua posse em virtude de contrato formal de arrendamento mercantil ou propriedade fiduciária.

O **fato gerador** do IPVA, imposto devido anualmente, é a propriedade de **veículos automotores** terrestres (automóveis, motocicletas e congêneres), aquáticos e aéreos.

Segundo o Código Brasileiro de Trânsito (Lei nº 9.503/1997), veículo automotor "é todo veículo a motor de propulsão que circule por seus próprios meios, e que serve normalmente para o transporte viário de pessoas e coisas, ou para a tração viária de veículos utilizados para transporte de pessoas e coisas".

Até a promulgação da EC nº 132/2023, que ampliou o campo de incidência do IPVA para **veículos automotores aquáticos e aéreos**, o entendimento então pacificado do STF era o de que este imposto *não incidia sobre aeronaves e embarcações* (RE 525.382; AgR; RE 379.572; RE 255.111; RE 322.779; RE 134.509). Tal entendimento resta agora superado pela superveniência desta emenda constitucional.

O IPVA não incide, devido à **imunidade tributária**, sobre os veículos de propriedade: I – da União, dos Estados, do Distrito Federal e dos Municípios, estendendo-se aos veículos de propriedade das autarquias e das fundações instituídas e mantidas pelo Poder Público, utilizados na consecução de suas finalidades essenciais ou delas decorrentes; II – das entidades religiosas de qualquer culto; III – dos partidos políticos e suas fundações; IV – das entidades sindicais dos trabalhadores; V – das instituições de educação e de assistência social sem fins lucrativos.

Outrossim, dentre algumas hipóteses de **isenções** legalmente[130] previstas para o pagamento do imposto, temos: I – os veículos automotores de propriedade das pessoas jurídicas de direito público externo, quando destinados ao uso de sua missão diplomática ou consulado; II – veículos terrestres de propriedade de pessoa com deficiência ou de seu representante legal, desde que únicos em cada espécie e categoria;[131] III – veículos automotores terrestres com mais de 15 anos de fabricação; IV – táxis de propriedade de profissionais autônomos etc.

Já como campo de **não incidência**, o inciso III do § 6º do art. 155 da CF/88 (alterado pela EC nº. 132/2023) estabelece a impossibilidade da cobrança do IPVA sobre: a) aeronaves agrícolas e de operador certificado para prestar serviços aéreos a terceiros; b) embarcações de pessoa jurídica que detenha outorga para prestar serviços de transporte aquaviário ou de pessoa física ou jurídica que pratique pesca industrial, artesanal, científica ou de subsistência; c) plataformas suscetíveis de se locomoverem na água por meios próprios, inclusive aquelas cuja finalidade principal seja a exploração de atividades econômicas em águas territoriais e na zona econômica exclusiva e embarcações que tenham essa mesma finalidade principal; d) tratores e máquinas agrícolas.

Sobre as bicicletas elétricas, entendemos que ocorre a **não incidência** do IPVA. A Lei nº 14.071/2020 inseriu no Código de Trânsito Brasileiro (CTB) o art. 134-A, atribuindo ao Conselho Nacional de Trânsito (Contran) a regulamentação de tais veículos. Este, por meio da

---

[130]   Conforme legislação do Estado do Rio de Janeiro – Lei nº 2.877/1997.

[131]   STF. ADI 6.074, Rel. Min. Rosa Weber, Pleno, julg. 21/12/2020: "Isenção do IPVA para pessoas portadoras de doenças graves. Alegação de ofensa aos artigos 150, II, da Constituição Federal, e 113 do Ato das Disposições Constitucionais Transitórias – ADCT. O artigo 113 do ADCT dirige-se a todos os entes federativos. Renúncia de receita sem estimativa de impacto orçamentário e financeiro da lei impugnada. Inconstitucionalidade formal reconhecida. Ausência de violação do artigo 150, II, da Carta Magna: caráter extrafiscal da isenção como concretização da igualdade material".

Resolução nº 947/2022, considera a bicicleta elétrica como equiparada às bicicletas comuns e dispensa das formalidades de veículos automotores (registro, licenciamento, placa etc.), desde que a velocidade máxima seja limitada a 25 km/h, tenha potência máxima de 350W e, principalmente, desde que a propulsão seja mista, ou seja, propulsão humana por pedal auxiliada por motor elétrico. Portanto, sendo a propulsão mista, a bicicleta elétrica não se enquadra na hipótese de incidência do IPVA, que é a propriedade de veículo automotor, considerado como tal pelo CTB apenas aquele que possui motor de propulsão que circule por seus próprios meios.

Quanto ao seu **aspecto temporal**, considera-se ocorrido o fato gerador do imposto em *1º de janeiro* de cada exercício. Em se tratando de veículo novo, o fato gerador considera-se ocorrido na data da sua primeira aquisição. Em se tratando de veículo de procedência estrangeira, considera-se ocorrido o fato gerador na data do seu desembaraço aduaneiro.

Por sua vez, sobre o **aspecto territorial** do IPVA, este tributo é devido no local onde o veículo está registrado e licenciado perante as autoridades de trânsito. Não estando o veículo sujeito a registro e licenciamento, o imposto é devido no local de domicílio do seu proprietário. Cabe lembrar que pertence ao Município 50% do produto da arrecadação do IPVA de veículos automotores licenciados em seus territórios e, em relação a veículos aquáticos e aéreos, cujos proprietários sejam domiciliados em seus territórios (art. 158, III, CF/88, com redação dada pela EC nº 132/2023).

Sobre o **aspecto quantitativo** do IPVA, temos: a) *alíquotas*: podem ser diferenciadas em função do tipo, do valor, da utilização e do impacto ambiental;[132] b) *base de cálculo*: será o valor venal do veículo, fixado a partir dos preços médios de mercado vigentes, em regra identificados no mês de setembro do ano anterior, pesquisados nas publicações especializadas e nas revendedoras autorizadas (atualmente, muitos Estados utilizam a Tabela de Automóveis da Fundação Instituto de Pesquisas Econômicas – FIPE). Havendo veículo cujo modelo não tenha sido comercializado nesse mês, adota-se o valor de outro de mesmo padrão. Em se tratando de veículo novo, a base de cálculo será o valor total constante da Nota Fiscal ou do documento de transmissão da propriedade. Já se for um veículo de procedência estrangeira, o valor venal, para efeito do primeiro lançamento, será o constante do documento relativo ao desembaraço aduaneiro, acrescido dos tributos e demais gravames, ainda que não recolhidos pelo importador. A parte final do art. 150, § 1º, CF/88 permite que a base de cálculo seja alterada sem obedecer à anterioridade nonagesimal (art. 150, III, *c*, CF/88).

O **aspecto subjetivo** deste imposto apresenta como: a) *contribuinte*: a pessoa física ou jurídica proprietária do veículo automotor; b) *responsável*: o adquirente do veículo, pelo imposto e acréscimos legais anteriormente devidos e não pagos; o alienante de veículo automotor que não comunicar a alienação do veículo ao órgão executivo de trânsito no prazo e condições estabelecidos na legislação específica;[133] o leiloeiro ou a empresa contratada pela realização do leilão público; o arrendatário, em relação ao veículo objeto de arrendamento mercantil.

---

[132] A EC nº 132/2023 incluiu como hipóteses de diferenciação das alíquotas o valor e o impacto ambiental (até então era apenas possível a diferenciação em função do tipo e utilização).

[133] STJ. REsp 1.881.788 (recurso repetitivo – Tema 1118), Rel. Min. Regina Helena Costa, 1ª. Seção, julg. 23/11/2022: "*Tese*: Somente mediante lei estadual/distrital específica poderá ser atribuída ao alienante responsabilidade solidária pelo pagamento do Imposto sobre a Propriedade de Veículos Automotores – IPVA do veículo alienado, na hipótese de ausência de comunicação da venda do bem ao órgão de trânsito competente".

O IPVA está sujeito à modalidade de **lançamento de ofício**, pois a Fazenda Estadual é que, unilateralmente, estabelece a base de cálculo do veículo e disponibiliza a guia para pagamento a ser feito pelo contribuinte, sem que este participe do procedimento de lançamento.[134]

14.4. IMPOSTOS MUNICIPAIS

Conforme estabelece o art. 156 da Constituição Federal, é de competência privativa dos Municípios (e do Distrito Federal) a instituição dos seguintes impostos: I – propriedade predial e territorial urbana (IPTU); II – transmissão *inter vivos*, a qualquer título, por ato oneroso, de bens imóveis, por natureza ou acessão física, e de direitos reais sobre imóveis, exceto os de garantia, bem como cessão de direitos a sua aquisição (ITBI); III – serviços de qualquer natureza (ISS), não compreendidos no art. 155, II (ICMS), definidos em lei complementar.

14.4.1. Imposto sobre a Propriedade Predial e Territorial Urbana

Na esfera de competência municipal (art. 156, I da Constituição Federal), temos o **Imposto sobre a Propriedade Predial e Territorial Urbana (IPTU)**, cujo fato gerador é a propriedade, o domínio útil, ou a posse de bem imóvel (terreno e edificações), situado em área urbana do respectivo Município.[135] Este imposto é dotado de função fiscal e extrafiscal, na medida em que a Constituição Federal de 1988 (após a Emenda Constitucional nº 29/2000) passou a contemplar a sua progressividade não apenas no tempo, em razão da função social da propriedade, mas também em função do valor do imóvel, podendo, inclusive, ter alíquotas diferentes de acordo com a localização e o uso.

A **evolução histórica** do IPTU tem sua origem no Brasil com o Alvará 27/06/1808, sob a denominação "Décima Urbana", recaindo sob prédios localizados na Corte, nas cidades, vilas e povoações da orla marítima, com alíquota de 10%, incidindo sobre as rendas líquidas (locações) ou sobre a renda presumida (se de uso dos próprios proprietários) e de competência do governo central. Posteriormente, em 1833, foi transferida a competência para as Províncias, passando a se chamar, após 1873, "imposto sobre prédios" e, em 1881, "imposto predial". Em 1934, a Constituição Federal atribuiu-o aos Municípios, ganhando o nome de "imposto predial e territorial urbano". No CTN, foram previstas as suas bases atuais, complementadas pelas normas constitucionais de 1988 sobre a sua função social.

Neste sentido, o art. 32 do CTN fixa que o IPTU, de competência dos Municípios, tem como fato gerador a propriedade, o domínio útil ou a posse de bem imóvel por natureza ou por acessão física, como definido na lei civil, localizado na zona urbana do Município. E a Constituição Federal, no § 1º do art. 156, dispõe que o imposto sobre a propriedade predial e territorial urbana, sem prejuízo da progressividade no tempo a que se refere o art. 182, § 4º, II,

---

[134] Contudo, na primeira comunicação de aquisição da propriedade do veículo ao Estado, o lançamento do IPVA se dará na modalidade *lançamento por declaração*, por ter sido necessária a participação do sujeito passivo informando ao ente tributante a existência da relação jurídica de propriedade. Nos anos subsequentes, contudo, o contribuinte não necessitará mais informar ao Fisco a sua propriedade, passando a ser o IPVA lançado de ofício.

[135] STF. RE 1.171.699 (repercussão geral), Rel. Min. Cármen Lúcia, Pleno, julg. 29/11/2019: "*Tese*: A exigência da realização de plebiscito, como se determina no § 4º do art. 18 da Constituição da República, não foi afastada pelo art. 96 do ato das disposições constitucionais transitórias, introduzido pela emenda constitucional 57/2008, sendo ilegítimo o município ocupante para cobrar o IPTU nos territórios indevidamente incorporados". No mesmo sentido: STF. RE 614.384 (repercussão geral – Tema 559), julg. 02/05/2022.

Parte III · Cap. 14 · IMPOSTOS | **365**

poderá ser progressivo em razão do valor do imóvel e ter alíquotas diferentes de acordo com a localização e o uso do imóvel.

Sobre o **fato gerador** do IPTU temos como elementos a propriedade, domínio útil ou a posse de imóvel por natureza ou acessão física. A *propriedade* envolve a titularidade registrada e poderes plenos inerentes ao domínio (uso, gozo e disposição); o *domínio útil* é a outorga a terceiro (enfiteuta) dos poderes de uso, gozo e disposição, guardando o proprietário o domínio direto (recebendo o foro e o laudêmio); a *posse* pressupõe haver um possuidor com o uso e gozo do imóvel, mas sem transferência de propriedade; *bem imóvel por natureza ou acessão* significa o solo com a sua superfície, acessórios, inclusive subsolo e tudo o mais que puder ser incorporado ao solo, assim como as sementes e as construções e tudo que se une ou adere como a formação de ilhas, aluvião e edificações. Registre-se que se excluem da consideração os bens móveis mantidos, permanente ou temporariamente, no imóvel, para efeito de sua utilização, exploração, aformoseamento ou comodidade.

A **zona urbana** para fins de incidência do IPTU (§ 1º, art. 32, CTN) é aquela definida em lei municipal, observado o requisito mínimo da existência de melhoramentos indicados em pelo menos dois dos requisitos seguintes, construídos ou mantidos pelo Poder Público: I – meio-fio ou calçamento, com canalização de águas pluviais; II – abastecimento de água; III – sistema de esgotos sanitários; IV – rede de iluminação pública, com ou sem posteamento para distribuição domiciliar; V – escola primária ou posto de saúde a uma distância máxima de três quilômetros do imóvel considerado. Outrossim, a lei municipal pode considerar urbanas as áreas urbanizáveis, ou de expansão urbana, constantes de loteamentos aprovados pelos órgãos competentes, destinados à habitação, à indústria ou ao comércio, mesmo que localizadas fora das zonas definidas nos termos do § 1º do art. 32 do CTN.[136]

O IPTU **não incide**, em razão da imunidade tributária, sobre os imóveis de propriedade: a) dos entes federados, autarquias e fundações públicas instituídas e mantidas pelo poder público, bem como empresas estatais a eles equiparados para fins de imunidade tributária pela jurisprudência do STF (art. 150, VI, "a", CF/88); b) das entidades religiosas e templos de qualquer culto, inclusive suas organizações assistenciais e beneficentes (art. 150, VI, "b", CF/88); c) dos partidos políticos, inclusive suas fundações, das entidades sindicais dos trabalhadores, das instituições de educação e de assistência social, sem fins lucrativos, atendidos os requisitos da lei (art. 150, VI, "c", CF/88).

Em relação às entidades da administração indireta e às entidades previstas no art. 150, VI, "b" e "c", CF/88, faz-se necessário, para se reconhecer a imunidade de IPTU, que os imóveis estejam relacionados com as finalidades essenciais das entidades nelas mencionadas, ou que ao menos, se alugados ou arrendados, tenham suas rendas de aluguéis e arrendamentos revertidas para as suas finalidades essenciais, nos termos da Súmula Vinculante nº 52 (competindo ao Fisco municipal o ônus da prova do desvio da finalidade das rendas para negar o reconhecimento da imunidade, cf. jurisprudência do STF).[137]

---

[136] STJ. Súmula nº 626: "A incidência do IPTU sobre imóvel situado em área considerada pela lei local como urbanizável ou de expansão urbana não está condicionada à existência dos melhoramentos elencados no art. 32, § 1º, do CTN".

[137] STF. RE 773.992 (repercussão geral – Tema 644), Rel. Min. Dias Toffoli, Pleno, julg. 15/10/2014: "5. As presunções sobre o enquadramento originariamente conferido devem militar a favor do contribuinte. Caso já lhe tenha sido deferido o status de imune, o afastamento dessa imunidade só pode ocorrer mediante a constituição de prova em contrário produzida pela Administração Tributária". No mesmo sentido: STF. ARE 1.037.290 AgR; STF. ARE 800.395.

Por fim, a Emenda Constitucional nº 116/2022 também inseriu o art. 156, § 1º-A no texto constitucional, prevendo que o IPTU não incide sobre templos de qualquer culto, ainda que as entidades religiosas abrangidas pela imunidade do art. 150, VI, "b", CF/88 sejam apenas locatárias do bem imóvel.

Sobre o **aspecto subjetivo** do IPTU, temos como possíveis contribuintes, previstos no art. 34 do CTN, o proprietário do imóvel e o enfiteuta (devendo tais titularidades encontrarem-se registradas) ou o possuidor a qualquer título (ainda que a propriedade não lhe tenha sido transferida).

Contudo, será a lei ordinária de cada município a responsável por delimitar quais desses três sujeitos abstratamente previstos no CTN serão efetivamente contribuintes no território municipal (por exemplo, um município poderia eleger como contribuintes apenas o proprietário e o enfiteuta, mas excluindo o possuidor).[138]

Nos termos da jurisprudência pacífica do STJ, para que o possuidor seja reputado contribuinte, é necessária a posse *ad usucapionem*, com *animus domini*, e não a mera posse sem *animus domini* decorrente de contratos como locação e comodato.[139]

Advirta-se que o possuidor com *animus domini*, caso eleito por lei municipal como contribuinte, será sujeito passivo tanto quanto o proprietário ou o enfiteuta, não havendo qualquer ordem de preferência entre eles. Assim, o Município não está obrigado a primeiro cobrar o IPTU do proprietário ou do enfiteuta para só depois buscar a cobrança do possuidor. Todos os contribuintes do IPTU, seja a que título for, estão solidariamente obrigados ao pagamento do tributo.[140]

É importante lembrar que, segundo o art. 123 do CTN, salvo disposições de lei em contrário, as **convenções particulares** relativas à responsabilidade pelo pagamento de tributos não podem ser opostas à Fazenda Pública para modificar a definição legal do sujeito passivo das obrigações

---

[138] STJ. REsp 1.110.551 (recurso repetitivo), Rel. Min. Mauro Campbell Marques, 1ª Seção, julg. 10/06/2009: "1. Segundo o art. 34 do CTN, consideram-se contribuintes do IPTU o proprietário do imóvel, o titular do seu domínio útil ou o seu possuidor a qualquer título. [...] 3. 'Ao legislador municipal cabe eleger o sujeito passivo do tributo, contemplando qualquer das situações previstas no CTN. Definindo a lei como contribuinte o proprietário, o titular do domínio útil, ou o possuidor a qualquer título, pode a autoridade administrativa optar por um ou por outro visando a facilitar o procedimento de arrecadação'".

[139] Saliente-se que, tanto para o ITR como para o IPTU, no entendimento pacífico do STJ, somente a posse com *animus domini* (de pessoa que já é ou pode ser proprietária da coisa) é fato gerador do tributo, e não a posse desdobrada típica de figuras como o locatário, o comodatário, o arrendatário, o administrador de bem de terceiro, o usuário ou habitador (uso e habitação) ou o possuidor clandestino ou precário (posse nova etc.). Por todos: STJ. REsp 1.327.539, Rel. Min. Humberto Martins, 2ª Turma, julg. 14/08/2012.

Contudo, excepcionalmente, segundo entendimento do STF, a posse sem *animus domini* por força de arrendamento de imóvel pertencente a ente imune permite a cobrança do possuidor que dê destinação comercial ao imóvel. Todavia, é outro o fundamento: a proteção à livre concorrência. O objetivo é evitar que o locador comercial de imóvel de ente imune seja exonerado de um custo que seus concorrentes são obrigados a suportar por arrendarem imóveis de pessoas não imunes, uma vez que, na prática, o valor do pagamento do IPTU é quase sempre repassado ao locatário, cf. STF. RE 594.015 (repercussão geral), Rel. Min. Marco Aurélio, Pleno, julg. 06/04/2017; STF. RE 601.720 (repercussão geral), Rel. Min. Edson Fachin, Rel. p/ Acórdão: Min. Marco Aurélio, Pleno, julg. 19/04/2017.

[140] STJ. REsp 1.073.846 (recurso repetitivo), Rel. Min. Luiz Fux, 1ª Seção, julg. 25/11/2009: "6. O promitente comprador (possuidor a qualquer título) do imóvel, bem como seu proprietário/promitente vendedor (aquele que tem a propriedade registrada no Registro de Imóveis) [...] são contribuintes responsáveis pelo pagamento do IPTU [...]. 7. É que, nas hipóteses em que verificada a 'contemporaneidade' do exercício da posse direta e da propriedade (e não a efetiva sucessão do direito real de propriedade, tendo em vista a inexistência de registro do compromisso de compra e venda no cartório competente), o imposto sobre o patrimônio poderá ser exigido de qualquer um dos sujeitos passivos 'coexistentes'".

Parte III · Cap. 14 · IMPOSTOS | **367**

tributárias correspondentes. Portanto, a título exemplificativo, ainda que haja previsão expressa em contrato de locação transferindo ao locatário a obrigação de pagar anualmente o IPTU, perante a Fazenda Pública o locador-proprietário continuará a ser o contribuinte do imposto[141] (sem prejuízo da validade entre as partes do contrato, podendo o locador, em demanda cível, reaver do locatário o valor do IPTU pago ao Fisco).[142]

O **aspecto temporal** do fato gerador do IPTU ocorre sempre em *1º de janeiro* de cada ano. Não se trata de fato gerador complexivo (apurável continuamente durante o ano), mas sim instantâneo. Ainda que haja modificação superveniente do estado do imóvel, como a demolição ou a construção, deverá ser verificada (e calculada) a ocorrência do fato gerador sempre no primeiro dia do ano. A propriedade é uma só, não se desenvolve. O imposto, assim, não se reduz nem se agrava pelas alterações durante o ano.

O **aspecto quantitativo** do IPTU considera: a) *base de cálculo*: o valor venal da unidade imobiliária,[143] assim entendido o valor que esta alcançaria para compra e venda à vista, segundo as condições do mercado. A EC nº 132/2023 incluiu o inciso III ao § 1º do art. 156 da CF/88, para autorizar que a base de cálculo do IPTU seja atualizada pelo Poder Executivo (em geral, Decreto do Prefeito), conforme critérios estabelecidos em lei municipal. Para efeito de cálculo do valor venal, considera-se unidade imobiliária a edificação mais a área ou fração ideal do terreno a ela vinculada, apurados de acordo com os seguintes indicadores: localização, área, característica e destinação da construção; preços correntes das alienações de imóveis no mercado imobiliário; situação do imóvel em relação aos equipamentos urbanos existentes no logradouro; e outros dados tecnicamente reconhecidos; b) *alíquota*: pode ser progressiva em função do tempo para fins de cumprimento da função social do imóvel, majorando-a conforme a metragem e grau de subutilização; após a EC nº 29/2000, pode ser progressiva em razão do valor do imóvel;[144] e pode ser diferenciada conforme a localização e destinação.[145]

---

[141]   Registre-se que a Emenda Constitucional nº 116/2022 inseriu o § 1º-A no art. 156 da Constituição Federal, prevendo que o IPTU não incide sobre templos de qualquer culto, ainda que as entidades religiosas sejam apenas locatárias do bem imóvel. Nesse caso, o proprietário que aluga seu imóvel para um templo não precisará recolher o IPTU enquanto durar tal locação com finalidade religiosa.

[142]   Súmula nº 614 do STJ: "O locatário não possui legitimidade ativa para discutir a relação jurídico-tributária de IPTU e de taxas referentes ao imóvel alugado nem para repetir indébito desses tributos".

[143]   STF. RE 648.245 (repercussão geral), Rel. Min. Gilmar Mendes, Pleno, julg. 01/08/2013: "*Tese*: A majoração do valor venal dos imóveis para efeito da cobrança de IPTU não prescinde da edição de lei em sentido formal, exigência que somente se pode afastar quando a atualização não excede os índices inflacionários anuais de correção monetária".

[144]   STF. RE 586.693 (repercussão geral), Rel. Min. Marco Aurélio, Pleno, julg. 25/05/2011: "É constitucional a Emenda Constitucional nº 29, de 2000, no que estabeleceu a possibilidade de previsão legal de alíquotas progressivas para o IPTU de acordo com o valor do imóvel"; STF. AI 712.743 QO-RG (repercussão geral), Rel. Min. Ellen Gracie, julg. 12/03/2009: "*Tese*: É inconstitucional a lei municipal que tenha estabelecido, antes da Emenda Constitucional 29/2000, alíquotas progressivas para o IPTU, salvo se destinada a assegurar o cumprimento da função social da propriedade urbana". Contudo, o STF decidiu que, declarada inconstitucional a progressividade de alíquota tributária veiculada em lei municipal anterior à EC nº 29/2000, é ao menos devido o tributo calculado pela alíquota mínima correspondente, de acordo com a destinação do imóvel, para evitar a total ausência de tributação (STF. RE 602.347 [repercussão geral], Rel. Min. Edson Fachin, Pleno, julg. 04/11/2015).

[145]   STF. RE 666.156 (repercussão geral), Rel. Min. Roberto Barroso, Pleno, julg. 11/05/2020: "Esta Corte, em diversos precedentes de ambas as Turmas, manifestou-se pela possibilidade da instituição de alíquotas diferenciadas de IPTU com base na destinação e situação do imóvel (residencial ou comercial, edificado ou não edificado), em período anterior à edição da Emenda Constitucional 29/2000. Entendeu-se que tal prática não se confunde com o estabelecimento de alíquotas progressivas, cuja constitucionalidade, em

Neste sentido, a *política de desenvolvimento urbano* do Poder Público Municipal, objetivando que a propriedade urbana cumpra sua **função social** para atender às exigências fundamentais de ordenação da cidade expressas no plano diretor, poderá, mediante lei específica para área incluída no plano diretor, exigir, nos termos da lei federal, do proprietário do solo urbano não edificado, subutilizado ou não utilizado, que promova seu adequado aproveitamento, sob pena, sucessivamente, de: I – parcelamento ou edificação compulsórios; II – imposto sobre a propriedade predial e territorial urbana **progressivo no tempo**; III – desapropriação com pagamento mediante títulos da dívida pública de emissão previamente aprovada pelo Senado Federal, com prazo de resgate de até 10 anos, em parcelas anuais, iguais e sucessivas, assegurados o valor real da indenização e os juros legais (art. 182, § 4º, CF/88).

Regulamentando este art. 182, § 4º, da CF/88, o Estatuto da Cidade (Lei nº 10.257/2001) estabelece em seu art. 7º que, caso o contribuinte descumpra a determinação municipal para o parcelamento, a edificação ou a utilização compulsórias do solo urbano não edificado, subutilizado ou não utilizado, o Município poderá lançar mão do IPTU progressivo no tempo, mediante a majoração da alíquota pelo prazo de cinco anos consecutivos. O valor da alíquota a ser aplicado a cada ano será fixado em lei específica municipal e não excederá a duas vezes o valor referente ao ano anterior, respeitada a alíquota máxima de quinze por cento. É vedada a concessão de isenções ou de anistia relativas a esta tributação progressiva e, caso a obrigação de parcelar, edificar ou utilizar não seja atendida em cinco anos, o Município manterá a cobrança pela alíquota máxima, até que se cumpra a referida obrigação, garantida a prerrogativa de proceder à desapropriação do imóvel, com pagamento em títulos da dívida pública.

O IPTU está sujeito à modalidade de **lançamento de ofício**[146] pela autoridade administrativa, que apura e calcula o tributo devido com base na planta de valores da cidade[147] e encaminha anualmente ao contribuinte a guia de pagamento.

14.4.2. Imposto sobre a Transmissão *Inter Vivos* de Bens Imóveis e Direitos

O **Imposto sobre a Transmissão *Inter Vivos* de Bens Imóveis e Direitos a eles relativos (ITBI)**, de competência do Município da situação do bem (art. 156, II da Constituição Federal), possui como fato gerador a transmissão onerosa entre pessoas vivas de bens imóveis, por natureza ou acessão física, e respectivos direitos reais (exceto os de garantia), bem como cessão onerosa de direitos a sua aquisição.

Em sua **evolução histórica**, o Imposto sobre a transmissão de bens e direitos no Brasil era, em 1834, repartido entre a "*décima de heranças e legados*" (*causa mortis*) e "*sisa*" (*inter vivos*), para as províncias e para o governo central, respectivamente. Em 1891, a Constituição atribuiu a cobrança destes impostos aos Estados, com a denominação de "*imposto sobre a transmissão de propriedade*".

---

momento anterior à emenda constitucional, foi reconhecida apenas para assegurar o cumprimento da função social da propriedade".

[146] Contudo, na primeira comunicação de aquisição da propriedade ao Município, o lançamento do IPTU se dará na modalidade *lançamento por declaração*, por ter sido necessária a participação do contribuinte declarando ao ente tributante a existência da relação jurídica de propriedade. Nos anos subsequentes, contudo, o contribuinte não necessitará mais informar ao Fisco a sua propriedade, passando a ser o IPTU lançado de ofício.

[147] STF. ARE 1.245.097 (repercussão geral – Tema 1084, Rel. Roberto Barroso, Pleno, julg. 05/06/2023: "*Tese*: É constitucional a lei municipal que delega ao Poder Executivo a avaliação individualizada, para fins de cobrança do IPTU, de imóvel novo não previsto na Planta Genérica de Valores, desde que fixados em lei os critérios para a avaliação técnica e assegurado ao contribuinte o direito ao contraditório".

Apenas com a EC nº 05/1961 a repartição foi novamente feita entre os Municípios (*inter vivos*) e os Estados (*causa mortis*). Mas a EC nº 18/1965 agrupou os dois impostos novamente e transferiu a competência fiscal para os Estados, origem da redação do art. 35 do CTN. Finalmente, a CF/88 repartiu novamente entre Estados e Municípios a competência tributária destes impostos.

Assim, para o ITBI, da mesma forma que ressaltamos em relação ao ITCMD, a leitura do art. 35 do CTN deve ser feita à luz da Constituição Federal, considerando a divisão de competências entre Estados e Municípios. Portanto, atualmente, o imposto sobre a transmissão de bens imóveis e de direitos a eles relativos de competência municipal tem como fato gerador: I – a transmissão *inter vivos*, onerosa, da propriedade ou do domínio útil de bens imóveis por natureza ou por acessão física, como definidos na lei civil; II – a transmissão *inter vivos*, onerosa, de direitos reais sobre imóveis, exceto os direitos reais de garantia; III – a cessão, *inter vivos*, onerosa, de direitos relativos às transmissões referidas nos incisos I e II.

Entretanto, o ITBI **não incide** sobre a transmissão de bens ou direitos incorporados ao patrimônio de pessoa jurídica em realização de capital,[148] nem sobre a transmissão de bens ou direitos decorrente de fusão, incorporação, cisão ou extinção de pessoa jurídica, salvo se, nesses casos, a atividade preponderante do adquirente for a compra e venda desses bens ou direitos, locação de bens imóveis ou arrendamento mercantil (art. 156, § 2º, I, CF/88).

Por estar prevista no texto constitucional, esta não incidência é qualificada por vários doutrinadores como *imunidade*.[149] Aliás, é o que afirma Sacha Calmon Navarro Coêlho:[150]

> A imunidade em tela é antiga. Agora encartou-se a cisão de empresas no discurso. Assim já pensava a jurisprudência. A cisão só não constava da CF de 1967, porque a Lei das Sociedades Anônimas, que a consagrou minudentemente, era posterior à Carta de 1967. A regra colima facilitar a movimentação dos bens de raiz e a sua posterior desmobilização, de modo a facilitar a formação, a transformação, a fusão, a cisão e a extinção de sociedades civis e comerciais, não embaraçando com o Imposto de Transmissão de Bens Imóveis *Inter vivos* a movimentação dos imóveis, quando comprometidos com tais situações.

A regra constitucional atual tem origem na norma do art. 36, CTN, o qual também afirma, em seu parágrafo único, que o ITBI não incide sobre a transmissão, aos mesmos alienantes, dos bens e direitos adquiridos pela pessoa jurídica quando efetuada transmissão em integralização de capital social, em decorrência da sua desincorporação do patrimônio da pessoa jurídica a que foram conferidos.

O **fato gerador** do ITBI é a transmissão onerosa (alienação), cessão onerosa de direitos reais (usufruto, servidão etc.) ou a cessão onerosa de direitos de aquisição de bens imóveis, por pessoa física ou jurídica (*entre vivos*), exceto os de garantia (penhor, hipoteca etc.). Mas não incide na integralização do capital social com bens e direitos, nem incide na transferência patrimonial entre pessoas jurídicas em procedimento societário, tais como incorporação, fusão, transformação e cisão. Igualmente não incide na transferência por desapropriação.

---

[148] STF. RE 796.376 (repercussão geral – Tema 796), Rel. Min. Marco Aurélio, Rel. p/ Acórdão: Min. Alexandre de Moraes, Pleno, julg. 05/08/2020: "[...] sobre a diferença do valor dos bens imóveis que superar o capital subscrito a ser integralizado, incidirá a tributação pelo ITBI. [...] *Tese*: 'A imunidade em relação ao ITBI, prevista no inciso I do § 2º do art. 156 da Constituição Federal, não alcança o valor dos bens que exceder o limite do capital social a ser integralizado'".

[149] Contudo, em nossa classificação, seguida nesta obra, trata-se apenas de uma *imunidade tributária imprópria*.

[150] COÊLHO, Sacha Calmon Navarro. *Curso de direito tributário brasileiro*. 15. ed. Rio de Janeiro: Forense, 2016. p. 342.

O **aspecto territorial** da incidência do ITBI indica a competência do Município da localização do imóvel objeto do negócio jurídico. Entretanto, é possível que este imposto seja devido e cobrado por dois entes federativos diversos. Neste sentido, afirma Ricardo Lobo Torres[151] que "o ITBI toca ao Município onde está situado o imóvel. No caso de o imóvel se situar em dois municípios, como acontece com fazendas e glebas rurais, a tributação deve ser proporcional à área e às benfeitorias em cada qual situadas".

Já o **aspecto temporal** da ocorrência do fato gerador é a data da transferência ou constituição efetiva do direito real, a qual ocorre apenas no momento do registro junto ao cartório de registro de imóveis competente. Segundo a jurisprudência pacífica do STF,[152] a cobrança de ITBI é devida no momento do registro da compra e venda na matrícula do imóvel, sendo inconstitucionais as leis municipais que situam o fato gerador do ITBI (e seu respectivo recolhimento) em momento anterior ao registro do título de transferência da propriedade, entendendo-se indevida, por exemplo, a incidência do tributo em promessa de compra e venda[153] ou no momento da mera lavratura de escritura pública de compra e venda do imóvel.

Conforme leciona Kiyoshi Harada,[154] "o registro imobiliário é indispensável para a exigência do ITBI, seja ele elemento integrante do aspecto nuclear do fato gerador, seja ele elemento exteriorizador do aspecto temporal do fato gerador".

Sobre o **aspecto quantitativo**, temos: a) *base de cálculo*: será o valor venal do bem, considerado o preço de mercado ao tempo do negócio;[155] b) *alíquota*: será fixada pelo Senado Federal, sendo que a Resolução nº 99/1981 fixava em 2% para as transmissões onerosas entre vivos e 4% para as não onerosas *causa mortis* e doações. Atualmente, na nova ordem constitucional, o Senado Federal já não estabelece alíquotas máximas para o ITBI.

Considerando tratar-se de um imposto caracterizado por ser de natureza real, ou seja, que incide sobre coisas, é importante registrar que o STF, com a Súmula nº 656, ainda em vi-

---

[151]   TORRES, Ricardo Lobo. *Tratado de direito constitucional financeiro e tributário*: os tributos na Constituição. Rio de Janeiro: Renovar, 2007. Vol. IV. p. 349.

[152]   STF. ARE 1.294.969 (repercussão geral), Rel. Min. Luiz Fux, Pleno, jul. 11/02/2021: "ITBI. Fato gerador. [...]. Exigência da transferência efetiva da propriedade imobiliária mediante registro em cartório". Registre-se que o STF, em agosto de 2022, resolveu reanalisar a solução dada nessa repercussão geral, mas não para alterar sua decisão quanto à compra e venda (ou promessa de compra e venda) de imóveis, já consolidada há anos em sua jurisprudência. O art. 156, II, CF/88 veicula três hipóteses de incidência do ITBI por ato *inter vivos* e *oneroso*: 1) transmissão de bens imóveis, por natureza ou acessão física; 2) transmissão de direitos reais sobre imóveis, exceto os de garantia; 3) cessão de direitos à aquisição de imóvel ou direito real sobre imóvel. A revisão terá por objeto apenas a discussão sobre a *cessão de direitos à aquisição de imóvel* (art. 156, II, *in fine*, CF/88), em razão de seu possível caráter obrigacional e não de transferência de direito real.

[153]   STF. ARE 805.859 AgR, Rel. Min. Roberto Barroso, 1ª Turma, julg. 10/02/2015: "Nos termos da legislação civil, a transferência do domínio sobre o bem torna-se eficaz a partir do registro. Assim, pretender a cobrança do ITBI sobre a celebração de contrato de promessa de compra e venda implica considerar constituído o crédito antes da ocorrência do fato imponível".

[154]   HARADA, Kiyoshi. *ITBI*: doutrina e prática. São Paulo: Atlas, 2010. p. 127.

[155]   STJ. REsp 1.937.821, Rel. Min. Gurgel de Faria, 1ª Seção, julg. 24/02/2022: "1) A base de cálculo do ITBI é o valor do imóvel transmitido em condições normais de mercado, não estando vinculada à base de cálculo do IPTU, que nem sequer pode ser utilizada como piso de tributação; 2) O valor da transação declarado pelo contribuinte goza da presunção de que é condizente com o valor de mercado, que somente pode ser afastada pelo fisco mediante a regular instauração de processo administrativo próprio (artigo 148 do Código Tributário Nacional – CTN); 3) O município não pode arbitrar previamente a base de cálculo do ITBI com respaldo em valor de referência por ele estabelecido de forma unilateral".

Parte III · Cap. 14 · IMPOSTOS | **371**

gor, entende ser inconstitucional a lei que estabelece alíquotas progressivas para o imposto de transmissão *inter vivos* de bens imóveis com base no valor venal do imóvel. A *ratio decidendi* dos precedentes que geraram tal Súmula é a de que, em regra, os tributos reais (que recaem sobre coisas) não consideram as características e qualidades particulares do contribuinte para efeito de tributação, não se aplicando a eles o princípio da capacidade contributiva. Os tributos reais somente admitiriam caráter progressivo quando houvesse expressa previsão na Constituição, como ocorre com o IPTU progressivo com o fim de cumprir a função social da propriedade (art. 182, § 4º, II, CF/88), o que não acontece com o ITBI.[156]

Quanto ao **aspecto subjetivo** do ITBI, cabe registrar que, segundo o art. 42 do CTN, a lei municipal é livre para fixar o *contribuinte*, podendo ser este tanto o alienante quanto o adquirente. Contudo, em regra, o contribuinte eleito pela lei municipal costuma ser o **adquirente** do imóvel, conforme estabelece o Código Civil (art. 490) ao impor ao comprador as despesas da escritura (salvo cláusula contratual em contrário). Porém, a legislação municipal poderá instituir como *responsável solidário* pelo pagamento do imposto devido, nas transmissões que se efetuarem sem esse pagamento, o adquirente e o transmitente, o cessionário e o cedente, conforme o caso.

O lançamento do ITBI, na **modalidade por declaração**, é realizado pela Fazenda Pública a pedido por uma das partes negociantes, que informa o valor de venda constante da escritura. Pode ser arbitrado sempre que o Fisco não concordar com o valor declarado pelo contribuinte, conforme pauta de valores de uma base de dados da Secretaria de Fazenda Municipal que faz uma média dos valores venais de guias já pagas de unidades com a mesma tipologia, características, endereço etc. Importante ressaltar que, embora o STF entenda que o fato gerador só ocorre após o registro da propriedade, na prática, o imposto acaba sendo pago antes da realização do negócio jurídico pela lavratura do instrumento público, de modo a prevenir a responsabilidade tributária do tabelião (art. 134, VI, CTN), que se recusa a lavrar a escritura de compra e venda sem prova de pagamento do ITBI. Com o avanço dos sistemas eletrônicos pela Internet, alguns Municípios (por exemplo, Município do Rio de Janeiro) já adotam em suas legislações municipais o lançamento por homologação, em que o contribuinte declara a transmissão *inter vivos* pelo sistema eletrônico, o qual apura o montante devido e gera a guia de pagamento, sem necessidade de qualquer atuação do Fisco.

14.4.3. Imposto sobre Serviços

O **Imposto sobre Serviços (ISS)**, cuja competência é atribuída aos Municípios (art. 156, III, da Constituição Federal), tem como fato gerador a prestação dos serviços taxativamente relacionados na lista de serviços constantes do anexo da Lei Complementar nº 116/2003. Contudo, sua efetiva instituição se dá por meio de lei ordinária municipal ou distrital, a qual poderá

---

[156] Contudo, como já dito anteriormente, o mesmo STF, ao julgar em repercussão geral a aplicação da progressividade ao ITCMD, um tributo tradicionalmente classificado como *real*, entendeu que esta era admissível, pois o princípio da capacidade contributiva (art. 145, § 1º, CF/88) deve ser aplicado, sempre que possível, a todos os impostos, sejam eles pessoais ou reais, como forma de garantir a igualdade material tributária (STF. RE 562.045, Rel. Min. Ricardo Lewandowski, Rel. p/ Acórdão: Min. Cármen Lúcia, Pleno, julg. 06/02/2013). Veja-se que também não havia previsão constitucional para a progressividade do ITCMD, assim como no ITBI. Todavia, em relação ao ITCMD, entendeu o STF que existia uma peculiaridade que o diferencia do ITBI: o ITCMD tem como fato gerador um acréscimo patrimonial a título gratuito, revelador de evidente capacidade contributiva, aproximando-o dos impostos pessoais como o IR. Isso autorizaria que seguisse sistemática similar quanto à progressividade, o que não ocorre no ITBI, em que não haveria um aumento de patrimônio, mas uma mera sub-rogação ou substituição do dinheiro usado para adquirir o imóvel pela propriedade do imóvel. Portanto, esta seria a razão de o STF dar solução distinta a cada um desses tributos.

372 | CURSO DE DIREITO TRIBUTÁRIO BRASILEIRO – *Marcus Abraham*

escolher, dentre os serviços previstos na LC nº 116/2003,[157] aqueles que decidirá tributar (poderá selecionar todos ou apenas alguns deles). Diversamente do que se possa compreender a partir da sua nomenclatura, que contempla a expressão "serviços de qualquer natureza", o ISS não incide sobre todo e qualquer serviço, mas, sim, apenas sobre aqueles tipos de serviços previstos na legislação própria, conforme interpretação literal e restritiva.

É um imposto eminentemente fiscal e de representatividade financeira, sobretudo para os cofres das grandes municipalidades. Porém, o seu viés extrafiscal se demonstra quando ocorre a redução nas alíquotas visando atrair empresas prestadoras de serviços para o território municipal (alíquota mínima de 2%, conforme estabelece o art. 8º-A, *caput*, da LC nº 116/2003, e alíquota máxima de 5%, conforme estabelece o art. 8º, II, da LC nº 116/2003).

A **evolução histórica** do ISS tem, na sua origem,[158] a "*taxe sur les prestations de services*", instituída na França em meados do século XX. No Brasil, surge com a Emenda Constitucional nº 18 de 1965, que em seu art. 15 estabelecia competir aos Municípios o imposto sobre serviços de qualquer natureza, não compreendidos na competência tributária da União e dos Estados, conforme lei complementar. Em 1966, o CTN disciplinou o ISS nos seus arts. 71 a 73, tendo como núcleo do fato gerador as seguintes atividades: o fornecimento de trabalho, com ou sem utilização de máquinas, ferramentas ou veículos, a usuários ou consumidores finais; a locação de bens móveis; a locação de espaço em bens imóveis, a título de hospedagem ou para guarda de bens de qualquer natureza. Posteriormente, em 1967, a então promulgada Constituição manteve o ISS na competência municipal. Porém, foi com a edição do Decreto-lei nº 406/1968 (recepcionado materialmente como lei complementar) que o ISS foi consolidado e detalhado, e suas normas acabaram sendo revogadas do CTN, juntamente com as disposições relativas ao antigo ICM. O referido decreto-lei dispunha inicialmente de uma lista de apenas 29 tipos de serviços, a qual aos poucos foi sendo ampliada, até chegar a 101 tipos diversos de serviços (LC nº 101/1999). Atualmente, o ISS tem a sua matriz na Constituição Federal de 1988 e suas normas gerais estão disciplinadas na Lei Complementar nº 116/2003, com mais de 200 tipos distintos de serviços.

Sintetizando os termos da LC nº 116/2003, esta estabelece que o Imposto Sobre Serviços de Qualquer Natureza, de competência dos Municípios e do Distrito Federal, tem como fato gerador a prestação de serviços constantes de sua lista anexa, ainda que esses não se constituam como atividade preponderante do prestador. Porém, o imposto não incide sobre as exportações de serviços para o exterior do país, na prestação de serviços em relação de emprego e sobre o valor intermediado no mercado de títulos e valores mobiliários e operações de crédito realizadas por instituições financeiras.

Considera-se prestado o serviço e o respectivo imposto devido **no local do estabelecimento prestador** – onde o contribuinte desenvolva a atividade de prestar serviços, de modo permanente ou temporário, e que configure unidade econômica ou profissional – ou, **na falta do estabelecimento, no local do domicílio do prestador**, exceto em algumas das hipóteses previstas na lei. O contribuinte é o prestador do serviço e a responsabilidade pelo crédito tributário poderá ser atribuída por lei municipal a terceira pessoa, vinculada ao fato gerador da respectiva obrigação, de maneira solidária, subsidiária ou por substituição tributária. A base de cálculo do imposto é o preço do serviço e a alíquota mínima do ISS é de 2% e a máxima é de 5%.

---

[157] STF. RE 940.769 (repercussão geral), Rel. Min. Edson Fachin, Pleno, julg. 24/04/2019: "*Tese*: É inconstitucional lei municipal que estabelece impeditivos à submissão de sociedades profissionais de advogados ao regime de tributação fixa em bases anuais na forma estabelecida por lei nacional".

[158] MARTINS, Sergio Pinto. *Manual do imposto sobre serviços*. 9. ed. São Paulo: Atlas, 2013. p. 2.

O **fato gerador** do ISS é a prestação de algum dos tipos de serviços expressamente elencados na lista anexa à LC nº 116/2003 e previstos na lei ordinária municipal ou distrital instituidora do tributo. Entre o rol de serviços constantes da lista da LC nº 116/2003 (e suas sucessivas atualizações), apenas para citar alguns exemplos, temos serviços de programação e desenvolvimento de sistemas de informática, inclusive para *tablets* e *smartphones*; licenciamento ou cessão de direito de uso de programas de computação;[159] disponibilização, sem a cessão definitiva, de conteúdo de áudio, vídeo, imagem e texto por meio da internet (*streaming* de áudio e vídeo como Netflix, Spotify etc.);[160] serviços bancários; serviços de registros públicos, cartorários e notariais;[161] serviços prestados por operadoras de planos de saúde;[162] serviços de exploração de atividade de

---

[159] STF. ADI 5.659, Rel. Min. Dias Toffoli, Pleno, julg. 24/02/2021: "1. A tradicional distinção entre software de prateleira (padronizado) e por encomenda (personalizado) não é mais suficiente para a definição da competência para a tributação dos negócios jurídicos que envolvam programas de computador em suas diversas modalidades. Diversos precedentes da Corte têm superado a velha dicotomia entre obrigação de fazer e obrigação de dar, notadamente nos contratos tidos por complexos (*v.g. leasing* financeiro, contratos de franquia). 2. A Corte tem tradicionalmente resolvido as indefinições entre ISS e do ICMS com base em critério objetivo: incide apenas o primeiro se o serviço está definido por lei complementar como tributável por tal imposto, ainda que sua prestação envolva a utilização ou o fornecimento de bens, ressalvadas as exceções previstas na lei; ou incide apenas o segundo se a operação de circulação de mercadorias envolver serviço não definido por aquela lei complementar. 3. O legislador complementar, amparado especialmente nos arts. 146, I, e 156, III, da Constituição Federal, buscou dirimir conflitos de competência em matéria tributária envolvendo softwares. E o fez não se valendo daquele critério que a Corte vinha adotando. Ele elencou, no subitem 1.05 da lista de serviços tributáveis pelo ISS anexa à LC nº 116/03, o licenciamento e a cessão de direito de uso de programas de computação. É certo, ademais, que, conforme a Lei nº 9.609/98, o uso de programa de computador no País é objeto de contrato de licença. 4. Associa-se a esse critério objetivo a noção de que software é produto do engenho humano, é criação intelectual. Ou seja, faz-se imprescindível a existência de esforço humano direcionado para a construção de um programa de computador (obrigação de fazer), não podendo isso ser desconsiderado em qualquer tipo de software. A obrigação de fazer também se encontra presente nos demais serviços prestados ao usuário, como, *v.g.*, o *help desk* e a disponibilização de manuais, atualizações e outras funcionalidades previstas no contrato de licenciamento. 5. Igualmente há prestação de serviço no modelo denominado *Software-as-a-Service* (SaaS), o qual se caracteriza pelo acesso do consumidor a aplicativos disponibilizados pelo fornecedor na rede mundial de computadores, ou seja, o aplicativo utilizado pelo consumidor não é armazenado no disco rígido do computador do usuário, permanecendo online em tempo integral, daí por que se diz que o aplicativo está localizado na nuvem, circunstância atrativa da incidência do ISS. 6. Ação direta julgada parcialmente prejudicada, nos termos da fundamentação, e, quanto à parte subsistente, julgada procedente, dando-se ao art. 5º da Lei nº 6.763/75 e ao art. 1º, I e II, do Decreto nº 43.080/02, ambos do Estado de Minas Gerais, bem como ao art. 2º da Lei Complementar Federal nº 87/96, interpretação conforme à Constituição Federal, excluindo-se das hipóteses de incidência do ICMS o licenciamento ou a cessão de direito de uso de programas de computador, tal como previsto no subitem 1.05 da lista de serviços anexa à Lei Complementar nº 116/03". No mesmo sentido: STF. ADI 5.576, julg. 03/08/2021; ADI 1.945, julg. 24/02/2021.

[160] Exceto a distribuição de conteúdo pelas prestadoras de Serviço de Acesso Condicionado, de que trata a Lei nº 12.485, de 12 de setembro de 2011, sujeita ao ICMS.

[161] STF. RE 756.915 (repercussão geral), Rel. Min. Gilmar Mendes, julg. 17/10/2013: "*Tese*: É constitucional a incidência do ISS sobre a prestação de serviços de registros públicos, cartorários e notariais, devidamente previstos em legislação tributária municipal". No mesmo sentido: STF. ADI 3.089, julg. 13/02/2008.

[162] STF. RE 651.703 (repercussão geral), Rel. Min. Luiz Fux, Pleno, julg. 29/09/2016, com tese ajustada pelo julgamento de embargos de declaração em 28/02/2019: "*Tese*: As operadoras de planos de saúde realizam prestação de serviço sujeita ao Imposto Sobre Serviços de Qualquer Natureza – ISSQN, previsto no art. 156, III, da CRFB/88".

apostas;[163] serviços farmacêuticos;[164] franquias;[165] biomedicina; estética; hospedagem; vigilância; serviços de monitoramento e rastreamento a distância;[166] assistência técnica; inserção de textos, desenhos e outros materiais de propaganda e publicidade, em qualquer meio (exceto em livros, jornais, periódicos e nas modalidades de serviços de radiodifusão sonora e de sons e imagens de recepção livre e gratuita);[167] jardinagem etc.

Cabe registrar que foi excluído (veto do item 3.01) da lista de ISS da LC nº 116/2003 o item "Locação de Bens Móveis", conforme estabelece a Súmula Vinculante nº 31 do STF, que declara a inconstitucionalidade da incidência do ISS sobre locação de bens móveis, por se tratar a locação de obrigação de dar e não de fazer.[168] Contudo, embora as operações de *leasing* operacional não configurem prestações de serviço para efeito de incidência de ISS (e sim mera locação), no *leasing* financeiro, o núcleo da operação é o financiamento (um serviço), e não uma prestação de dar, devendo incidir o ISS sobre essa modalidade de arrendamento mercantil.[169]

A jurisprudência do STF tem admitido que, quando não se trata de locação/cessão pura de bens, mas unida à prestação de serviços, o ISS é devido, como ocorre com o item 25.05 da lista de ISS da LC nº 116/2003 (a cessão de uso de espaço de cemitérios, por ser atividade que engloba também a prestação de serviço de custódia e conservação de restos mortais).[170]

O mesmo ocorre com a prestação de serviços de hotelaria e disponibilização de quartos para hospedagem, sobre os quais incide o ISS, não devendo se confundir a relação negocial de hotelaria com contrato puro de locação de imóvel. Para o STF, a hospedagem não configura simples obrigação de dar, porquanto não se depreende dela, para fins tributários, unicamente uma locação da unidade habitacional pelo preço vertido na diária.[171]

É importante lembrar que o STF, já há muito tempo (desde a época do então Ministro Aliomar Baleeiro), afirma que a lista de serviços de ISS deve ser interpretada "taxativamente na

---

[163] STF. RE 634.764 (repercussão geral), Rel. Min. Gilmar Mendes, Pleno, julg. 08/06/2020: "*Tese*: É constitucional a incidência de ISS sobre serviços de distribuição e venda de bilhetes e demais produtos de loteria, bingos, cartões, pules ou cupons de apostas, sorteios e prêmios (item 19 da Lista de Serviços Anexa à Lei Complementar 116/2003). Nesta situação, a base de cálculo do ISS é o valor a ser remunerado pela prestação do serviço, independentemente da cobrança de ingresso, não podendo corresponder ao valor total da aposta".

[164] STF. RE 605.552 (repercussão geral), Rel. Min. Dias Toffoli, Pleno, julg. 05/08/2020: "*Tese*: No tocante às farmácias de manipulação, incide o ISS sobre as operações envolvendo o preparo e o fornecimento de medicamentos encomendados para posterior entrega aos fregueses, em caráter pessoal, para consumo; incide o ICMS sobre os medicamentos de prateleira por elas produzidos, ofertados ao público consumidor".

[165] STF. RE 603.136 (repercussão geral), Rel. Min. Gilmar Mendes, Pleno, julg. 29/05/2020: "Imposto Sobre Serviços de Qualquer Natureza. Incidência sobre contrato de franquia. Possibilidade. Natureza híbrida do contrato de franquia".

[166] Inserido pela Lei Complementar nº 183/2021.

[167] STF. ADI 6.034, Rel. Min. Dias Toffoli, Pleno, julg. 09/03/2022: "*Tese*: É constitucional o subitem 17.25 da lista anexa à LC nº 116/03, incluído pela LC nº 157/16, no que propicia a incidência do ISS, afastando a do ICMS, sobre a prestação de serviço de 'inserção de textos, desenhos e outros materiais de propaganda e publicidade, em qualquer meio (exceto em livros, jornais, periódicos e nas modalidades de serviços de radiodifusão sonora e de sons e imagens de recepção livre e gratuita)'".

[168] STF. RE 626.706 (repercussão geral), Rel. Min. Gilmar Mendes, Pleno, julg. 08/09/2010: "*Tese*: É inconstitucional a incidência do Imposto sobre Serviços de Qualquer Natureza – ISS sobre operações de locação de bens móveis, dissociada da prestação de serviço".

[169] STF. RE 592.905 (repercussão geral), Rel. Min. Eros Grau, Pleno, julg. 02/12/2009.

[170] STF. ADI 5.869, Rel. Min. Gilmar Mendes, Pleno, julg. 22/02/2023.

[171] STF. ADI 5.764, Rel. Min. André Mendonça, Pleno, julg. 02/10/2023.

Parte III · Cap. 14 · IMPOSTOS | **375**

vertical e exemplificativamente na horizontal",[172] sobretudo em respeito ao princípio da legalidade e da tipicidade tributária. Aliás, tal compreensão de Baleeiro foi concebida a partir das críticas e ponderações de Flavio Bauer Novelli, sendo acolhida e repetida em diversos acórdãos do Supremo Tribunal Federal.[173] Isto significa que, embora somente possam ser tributados os tipos de serviços previstos na lista, dentro de cada item específico de serviço é possível abarcar pela tributação os serviços assemelhados ou congêneres.[174]

A propósito, lembra Ricardo Lobo Torres que

> [...] o ISS é um imposto residual. Incide sobre os serviços que não estejam essencial e indissoluvelmente ligados à circulação de mercadorias, à produção industrial, à circulação de crédito, moeda estrangeira e títulos mobiliários, pois em todos esses fatos econômicos há parcela de trabalho humano. Em outras palavras, incide sobre os fatos geradores não incluídos na órbita dos outros impostos sobre a produção e circulação de riquezas (IPI, ICMS, IOF) e por essa extrema complexidade carece de enumeração taxativa na lei complementar.[175]

Sobre o **aspecto quantitativo** do ISS, temos: a) *base de cálculo*: será o preço total do serviço, não se podendo excluir as despesas ou o custo dos insumos,[176] exceto no caso de obras de construção civil (itens 7.02 e 7.05).[177] Por outro lado, não cabe a inclusão na base de cálculo do ISS de importâncias decorrentes de reembolso de despesas de terceiros[178], nem o ISS compõe a

---

[172]　STF. RE 75.952, Rel. Min. Thompson Flores, 2ª Turma, julg. 29/10/1973: "A lista [do ISS] é taxativa, embora cada item da relação comporte interpretação ampla e analógica."

[173]　OLIVEIRA, Yonne Dolácio de. *A tipicidade no direito tributário brasileiro*. São Paulo: Saraiva, 1980. p. 151.

[174]　É precisamente isso que foi decidido pelo STF ao admitir uma interpretação ampliativa ou extensiva da lista de serviços do ISS prevista na LC nº 116/2003, que frequentemente se vale da técnica de uso de expressões como "de qualquer natureza", "de qualquer espécie" e "entre outros" ao definir os serviços tributáveis pelo ISS. Com essa técnica se busca abarcar serviços congêneres e assemelhados àqueles expressamente citados no texto da lei, cf. STF. RE 784.439 (repercussão geral), Rel. Min. Rosa Weber, Pleno, julg. 29/06/2020.

[175]　TORRES, Ricardo Lobo. *Curso de direito financeiro e tributário*. 19. ed. Rio de Janeiro: Renovar, 2013. p. 403-404.

[176]　STF. ADPF 189 AgR, Rel. Min. Marco Aurélio, Rel. p/ Acórdão: Min. Edson Fachin, Pleno, julg. 31/08/2020: "5. Reveste-se de inconstitucionalidade formal a lei municipal na qual se define base de cálculo em que se excluem os tributos federais relativos à prestação de serviços tributáveis e o valor do bem envolvido em contratos de arrendamento mercantil, por se tratar de matéria com reserva de lei complementar, nos termos do art. 146, III, "a", da Constituição da República. 6. No âmbito da inconstitucionalidade material, viola o art. 88, I e II, do Ato das Disposições Constitucionais Transitórias do Texto Constitucional, incluído pela Emenda Constitucional 37/2002, o qual fixou alíquota mínima para os fatos geradores do ISSQN, assim como vedou a concessão de isenções, incentivos e benefícios fiscais, que resultasse, direta ou indiretamente, na redução da alíquota mínima estabelecida. Assim, reduz-se a carga tributária incidente sobre a prestação de serviço a um patamar vedado pelo Poder Constituinte". No mesmo sentido: STF. ADPF 190, julg. 29/09/2016.

[177]　STF. ADPF 189 AgR-ED, Rel. Min. Edson Fachin, Pleno, julg. 03/07/2023: "o § 4º do art. 41 da LC [municipal] 118/2002 reproduziu a exclusão prevista no § 2º, inciso I, art. 7º da LC 116/2003, ou seja, previu a possibilidade de exclusão da base de cálculo do ISSQN do valor dos materiais fornecidos pelo prestador e o valor das subempreitadas vinculadas à prestação dos serviços de construção civil. Desse modo, verifica-se que o referido dispositivo da lei municipal subtraiu da base de cálculo do ISSQN aquilo que já havia sido expressamente autorizado pela lei complementar nacional".

[178]　A jurisprudência do STJ afirma ser indevida a inclusão na base de cálculo para fins de incidência do ISS de quantias que não serão repassadas ao prestador, mas tão somente repassadas diretamente para terceiros. Neste sentido: "A base de cálculo do ISS é o preço do serviço, não sendo possível incluir nesse valor im-

376 | CURSO DE DIREITO TRIBUTÁRIO BRASILEIRO – *Marcus Abraham*

base de cálculo do IRPJ e da CSLL quando apurados na sistemática do lucro presumido[179]; b) *alíquotas*: a alíquota mínima de ISS é de 2% e a máxima é de 5%, e cada tipo de serviço poderá ter uma alíquota específica, conforme estabelecer a legislação local.

Já quanto ao **aspecto subjetivo**, temos: a) *contribuinte*: é o prestador do serviço, ainda que a atividade não seja preponderante no seu objeto social, tal como prescreve a LC nº 116/2003; b) *responsável*: é aquele que a legislação municipal determinar como obrigado pela retenção do imposto (o tomador do serviço), ratificando e oficializando a prática dos municípios.[180]

O **aspecto territorial** do ISS é um tema controvertido de longa data e nem a LC nº 116/2003 conseguiu solucioná-lo. A regra geral é a de que o ISS seja devido ao município onde estiver o *estabelecimento do prestador*[181] e, sob a égide da legislação anterior (Decreto-lei nº 406/1968), as únicas exceções legais eram a construção civil e de exploração de rodovias, devendo, nesses casos excepcionais, ser pago no local da realização da obra ou da exploração da rodovia. Na nova lei (art. 3º), o ISS é devido no estabelecimento do prestador ou, na falta do estabelecimento, no local do domicílio do prestador, sendo que as exceções de pagamento no local de prestação do serviço foram ampliadas atualmente para 23 hipóteses, gerando grande controvérsia. Assim, enquadram-se nessas hipóteses excepcionais os serviços de instalação de estruturas, varrição, coleta de lixo, vigilância, segurança, fornecimento de mão de obra, jardinagem dentre outros. Entretanto, a LC nº 116 estabelece o conceito de *unidade econômica* para efeitos da definição de estabelecimento prestador, esvaziando a ideia de mero registro de sede no contrato social, através do qual se modificava o domicílio artificialmente, ao prever expressamente serem "irrelevantes para caracterizá-lo as denominações de sede, filial, agência, posto de atendimento, sucursal, escritório de representação ou contato ou quaisquer outras que venham a ser utilizadas".[182]

---

portâncias que não serão revertidas para o prestador, mas simplesmente repassadas a terceiros, mediante posterior reembolso" (STJ. REsp 618.772, Rel. Min. Francisco Falcão, 1ª Turma, julg. 08/11/2005).

[179] STJ. REsp 2.089.298 (recurso repetitivo – Tema 1240), Rel. Min. Gurgel de Faria, 1ª Seção, julg. 11/09/2024.

[180] STF. RE 446.530 AgR, Rel. Min. Ricardo Lewandowski, 2ª Turma, julg. 29/05/2012: "A imunidade recíproca aplicada aos serviços públicos imanentes ao Estado, quando prestados por empresas públicas, não impede a qualificação dessas entidades como substitutas tributárias em relação ao ISS devido em decorrência de serviços prestados por terceiros não abrangidos por norma de desoneração".

[181] STF. RE 1.167.509 (repercussão geral), Rel. Min. Marco Aurélio, Pleno, julg. 01/03/2021: "*Tese*: É incompatível com a Constituição Federal disposição normativa a prever a obrigatoriedade de cadastro, em órgão da administração municipal, de prestador de serviços não estabelecido no território do município e imposição ao tomador da retenção do Imposto Sobre Serviços – ISS quando descumprida a obrigação acessória".

[182] STJ. REsp 1.060.210 (recurso repetitivo), Rel. Min. Napoleão Nunes Maia, 1ª Seção, julgado em 28/11/2012: "6. Após a vigência da LC 116/2003 é que se pode afirmar que, existindo unidade econômica ou profissional do estabelecimento prestador no Município onde o serviço é perfectibilizado, ou seja, onde ocorrido o fato gerador tributário, ali deverá ser recolhido o tributo. [...] 8. As grandes empresas de crédito do País estão sediadas ordinariamente em grandes centros financeiros de notável dinamismo, onde centralizam os poderes decisórios e estipulam as cláusulas contratuais e operacionais para todas suas agências e dependências. Fazem a análise do crédito e elaboram o contrato, além de providenciarem a aprovação do financiamento e a consequente liberação do valor financeiro para a aquisição do objeto arrendado, núcleo da operação. Pode-se afirmar que é no local onde se toma essa decisão que se realiza, se completa, que se perfectibiliza o negócio. Após a vigência da LC 116.2003, assim, é neste local que ocorre a efetiva prestação do serviço para fins de delimitação do sujeito ativo apto a exigir ISS sobre operações de arrendamento mercantil. [...] 12. Recurso Especial parcialmente provido para definir que: [...] (c) a partir da LC 116/03, é aquele onde o serviço é efetivamente prestado, onde a relação é perfectibilizada, assim entendido o local onde se comprove haver unidade econômica ou profissional da instituição financeira com poderes decisórios

Parte III · Cap. 14 · IMPOSTOS | **377**

A respeito do local da prestação dos serviços para a incidência do ISS, utilizamos as lições de Leandro Paulsen,[183] que, didaticamente, afirma:

> A existência efetiva do estabelecimento pode ser indicada pela conjugação, parcial ou total, de diversos elementos, tais como (I) manutenção de pessoal, material, máquinas, instrumentos e equipamentos próprios ou de terceiros necessários à execução dos serviços; (II) estrutura organizacional ou administrativa; (III) inscrição nos órgãos previdenciários; (IV) indicação como domicílio fiscal para efeito de outros tributos; e (V) permanência no local, para a execução dos serviços, exteriorizada por meio de site na Internet, propaganda, publicidade, contas de telefone, de fornecimento de energia elétrica, água ou gás, em nome do prestador, seu representante ou preposto.

O ISS se submete à modalidade de **lançamento por homologação**, calculado no respectivo período de apuração, sendo certo que a este imposto não se aplica o princípio da não cumulatividade, não havendo que se falar em creditamento dos insumos utilizados na prestação do serviço.

Por fim, a Lei Complementar nº 175, de 23/09/2020, intentou instituir um padrão nacional de obrigações acessórias do ISS, incidente sobre os serviços dos subitens 4.22[184], 4.23[185], 5.09[186], 15.01[187] e 15.09[188] da lista de serviços anexa à LC 116/2003. O ISS devido em razão desses serviços seria apurado pelo contribuinte e declarado por meio de sistema eletrônico de padrão unificado em todo o território nacional. Para gerir e coordenar este novo padrão, tentou-se instituir o Comitê Gestor das Obrigações Acessórias do ISSQN (CGOA), ao qual competiria regular sua aplicação.

A LC nº 175/2020 também inseriu uma série de modificações na LC nº 116/2003, sobretudo para tratar do local de prestação dos serviços específicos acima listados e, consequentemente, a que Município será devido o tributo. A lei determinava que, nesses serviços, o ISS seria devido no local do domicílio do tomador dos serviços (contratante). O objetivo era o de descentralizar a arrecadação desses recursos, em geral concentrada nos grandes centros urbanos, onde se localizam as sedes de tais empresas, para que possam também ser beneficiados os Municípios onde efetivamente se encontram os clientes de tais serviços.

Assim, por exemplo, no caso dos serviços de planos de saúde ou de medicina e congêneres, o tomador do serviço seria identificado como a pessoa física beneficiária vinculada à operadora por meio de convênio ou contrato de plano de saúde individual, familiar, coletivo empresarial ou coletivo por adesão (sendo considerado apenas o domicílio do titular quando houver de-

---

suficientes à concessão e aprovação do financiamento – núcleo da operação de leasing financeiro e fato gerador do tributo".

[183] PAULSEN, Leandro; MELO, José Eduardo Soares de. *Impostos federais, estaduais e municipais*. 9. ed. Porto Alegre: Livraria do Advogado, 2015. p. 385-386.

[184] 4.22. Planos de medicina de grupo ou individual e convênios para prestação de assistência médica, hospitalar, odontológica e congêneres.

[185] 4.23. Outros planos de saúde que se cumpram através de serviços de terceiros contratados, credenciados, cooperados ou apenas pagos pelo operador do plano mediante indicação do beneficiário.

[186] 5.09. Planos de atendimento e assistência médico-veterinária.

[187] 15.01. Administração de fundos quaisquer, de consórcio, de cartão de crédito ou débito e congêneres, de carteira de clientes, de cheques pré-datados e congêneres.

[188] 15.09. Arrendamento mercantil (*leasing*) de quaisquer bens, inclusive cessão de direitos e obrigações, substituição de garantia, alteração, cancelamento e registro de contrato, e demais serviços relacionados ao arrendamento mercantil (*leasing*).

pendentes vinculados ao titular do plano). No caso dos serviços de administração de cartão de crédito ou débito e congêneres, prestados diretamente aos portadores de cartões de crédito ou débito e congêneres, o tomador seria o primeiro titular do cartão.

Contudo, o STF, na ADI 5.835[189], estabeleceu que era inconstitucional esta nova sistemática implantada pela LC nº 175/2020 envolvendo tais serviços e a criação de um Comitê Gestor. Para a Corte Suprema, havia sérias inconsistências na nova definição legal de quem era o tomador destes serviços para fins de incidência do ISS.

No caso dos planos de saúde, a lei estabelecia como tomador a pessoa física beneficiária vinculada à operadora, permanecendo, contudo, a dúvida se o seu domicílio é o do cadastro do cliente, o domicílio civil ou o domicílio fiscal. No caso da administração de consórcios e fundos de investimento, estabeleceu-se que o tomador seria o cotista, mas não teriam sido solucionadas questões sobre a hipótese de ser o cotista domiciliado no exterior, de ter mais de um domicílio, de qual espécie de domicílio está-se a tratar (civil, fiscal ou o declarado), das modificações de domicílio em um mesmo exercício financeiro. No que se refere à administração de cartões e ao arrendamento mercantil, também persistiriam dúvidas sobre o efetivo local do domicílio do tomador, havendo espaço para mais de um sujeito ativo estar legitimado, o que poderia gerar bitributação.

Por fim, embora tenha sido considerável louvável a iniciativa da adoção de um sistema padrão nacional de obrigações acessórias do ISS referente a tais serviços por meio de Comitê Gestor, a sua instituição no caso concreto relacionou-se aos serviços objeto da declaração de inconstitucionalidade, havendo evidente relação de dependência para com os demais dispositivos impugnados, acarretando sua inconstitucionalidade por arrastamento.

14.5. IMPOSTO SOBRE BENS E SERVIÇOS – IBS

O novo **Imposto sobre Bens e Serviços (IBS)**, criado pela Emenda Constitucional nº 132/2023, é de *competência compartilhada* dos Estados, Distrito Federal e Municípios (art. 156-A).

O IBS substituirá futuramente o Imposto sobre a Circulação de Mercadorias e Serviços (ICMS) e o Imposto sobre Serviços (ISS), que serão extintos no fim do período de transição.

Nos termos da EC nº 132/2023, a sua instituição e vigência dependia, primeiramente, da edição de uma **lei complementar** para a sua disciplina e regulamentação, o que foi feito pela Lei Complementar nº 214/2025. A exigência deste imposto contará com um **período de transição**, tendo início sua cobrança somente a partir do ano de 2026, sendo gradualmente majorado até o ano de 2033, quando passará a adotar a alíquota plena.

A instituição do IBS tem como objetivo e características principais a *simplificação* da estrutura tributária pela unificação de dois impostos incidentes sobre o consumo de bens e serviços (ICMS e ISS), que adota uma base de incidência ampla sobre importações e operações internas com bens e serviços materiais ou imateriais, inclusive direitos, a sua cobrança no destino (onde o consumidor estiver), a possibilidade de pleno creditamento do IBS pago em cada etapa da cadeia econômica através do princípio da não cumulatividade tributária, a fim de reduzir o "efeito cascata" da tributação, tendo como estrutura o modelo do "IVA Dual", uma vez que incidirá simultaneamente com a Contribuição sobre Bens e Serviços (CBS), tributo federal.

A grande característica do IBS é a de possuir o **modelo IVA-Dual** (Imposto sobre Valor Agregado compartilhado), uma vez que incidirá simultaneamente com a CBS (Contribuição

---

[189] STF. ADI 5.835, Rel. Min. Alexandre de Moraes, Pleno, julg. 05/06/2023.

Parte III · Cap. 14 · IMPOSTOS | **379**

sobre Bens e Serviços) nas mesmas operações econômicas – consumo de bens ou serviços –, ambos possuindo o mesmo fato gerador e todos os demais elementos tributários, inclusive a hipótese de incidência, o sujeito passivo, os aspectos temporais e territoriais, hipóteses de não incidência e imunidades, regimes específicos, diferenciados ou favorecidos, regras de não cumulatividade e creditamento, bem como a base de cálculo e alíquota única (repartida entre os três entes), regulamentados pela mesma lei complementar (art. 149-B, CF/88), sendo que a única distinção significativa entre eles é que o IBS é um **imposto** e a CBS é uma **contribuição da seguridade social**.

O IBS será informado pelo *princípio da neutralidade*,[190] atendendo às seguintes regras[191]:

a) **base de incidência ampla**: este imposto terá como objeto de incidência o consumo de bens ou serviços, ou seja, o seu fato gerador envolve as operações com bens materiais ou imateriais, inclusive direitos, ou com serviços, sobre a importação destes realizada por pessoa física ou jurídica, ainda que não seja sujeito passivo habitual do imposto, qualquer que seja a sua finalidade, mas não incidirá sobre as exportações;

b) **legislação única**: terá legislação única e uniforme em todo o território nacional, exceto para as alíquotas individuais de cada ente;

c) **cobrado no destino**: adota o modelo de *tributação no destino* para a cobrança do IBS (juntamente com a CBS), por meio do somatório das alíquotas do Estado e do Município de destino da operação, ou seja, onde o consumidor dos bens ou serviços estiver localizado, deslocando a cobrança dos tributos da origem produtiva para o local do consumo (favorece a redistribuição de receitas e redução da guerra fiscal). A lei complementar estabelece os critérios para a definição do destino da operação, que poderá ser, inclusive, o local da entrega, da disponibilização ou da localização do bem, o da prestação ou da disponibilização do serviço ou o do domicílio ou da localização do adquirente ou destinatário do bem ou serviço, admitidas diferenciações em razão das características da operação;

d) **alíquotas individuais**: cada ente federativo fixará sua alíquota própria por lei específica (estadual e municipal),[192] mas esta deverá ser a mesma para todas as operações com bens materiais ou imateriais, inclusive direitos, ou com serviços, ressalvadas as hipóteses previstas na Constituição;

e) **alíquota "cheia"**: será cobrado pelo somatório das alíquotas do Estado e do Município de destino da operação;

f) **alíquota de referência**: se a alíquota não houver sido estabelecida pelo próprio ente federativo, uma resolução do Senado Federal fixará alíquota de referência do imposto para cada esfera federativa, nos termos de lei complementar;

g) **não cumulatividade plena**: será possível a compensação do imposto devido pelo contribuinte com o montante cobrado sobre todas as operações nas quais seja adquirente de bem material ou imaterial, inclusive direito, ou de serviço, excetuadas exclusivamente as consideradas de uso ou consumo pessoal especificadas em lei complementar e as hipóteses previstas na Constituição;

h) **não incidência na exportação**: não incidirá sobre operações ao exterior, ficando assegurado ao exportador a manutenção e o aproveitamento dos créditos relativos às operações nas quais seja adquirente de bem material ou imaterial, inclusive direitos, ou serviço, sendo que

---

[190] O princípio da neutralidade indica que a tributação não gerará aumento da carga fiscal nem interferirá no livre mercado ou nas escolhas do contribuinte para seus investimentos.

[191] A lei complementar que regulamenta o IBS é a LC nº 214/2025.

[192] O Distrito Federal exercerá as competências estadual e municipal na fixação de suas alíquotas.

380 | CURSO DE DIREITO TRIBUTÁRIO BRASILEIRO – *Marcus Abraham*

lei complementar irá definir a forma e o prazo para ressarcimento de créditos acumulados pelo contribuinte;

i) **não incidência nas comunicações**: não incidirá nas prestações de serviço de comunicação nas modalidades de radiodifusão sonora e de sons e imagens de recepção livre e gratuita;

j) **cobrado por fora**: este imposto não integrará sua própria base de cálculo e nem a do Imposto Seletivo (IS), PIS, COFINS e COFINS-Importação, porém irá compor as bases do IPI, ISS e ICMS enquanto não forem extintos, devendo ter o seu valor informado, de forma específica, no respectivo documento fiscal;

k) **vedação a incentivos fiscais**: não será objeto de concessão de incentivos e benefícios financeiros ou fiscais relativos ao imposto ou de regimes específicos, diferenciados ou favorecidos de tributação, excetuadas as hipóteses previstas na Constituição;[193]

l) **sujeito passivo**: a lei complementar define como sujeito passivo do imposto a pessoa que concorrer para a realização, a execução ou o pagamento da operação, ainda que residente ou domiciliada no exterior;

m) **ressarcimento de créditos tributários acumulados**: o saldo dos créditos homologados de ICMS poderá ser compensado com o IBS em até 240 parcelas (modalidade de pagamento), com correção monetária, a partir de 2033, conforme lei complementar dispuser, sendo que também será assegurada a possibilidade de transferência dos saldos credores a terceiros e ressarcimento caso não seja possível a compensação com o IBS;

n) **regime de compensação**: a lei complementar define o regime de compensação, estabelecendo as hipóteses em que o aproveitamento do crédito ficará condicionado à verificação do efetivo recolhimento do imposto incidente sobre a operação com bens materiais ou imateriais, inclusive direitos, ou com serviços, desde que: a) o adquirente possa efetuar o recolhimento do tributo incidente nas suas aquisições de bens ou serviços; ou b) o recolhimento do tributo ocorra na liquidação financeira da operação;

o) **ressarcimento de créditos acumulados**: a lei complementar define a forma e o prazo para ressarcimento de créditos acumulados pelo contribuinte;

p) **desoneração de bens e capital**: a lei complementar fixa a forma de desoneração da aquisição de bens de capital pelos contribuintes, que poderá ser implementada por meio de: a) crédito integral e imediato do imposto; b) diferimento; ou c) redução em 100% (cem por cento) das alíquotas do imposto. As hipóteses de diferimento e desoneração do imposto aplicáveis aos regimes aduaneiros especiais e às zonas de processamento de exportação também são definidas por lei complementar;

q) **obrigações acessórias**: a lei complementar dispõe sobre os critérios para as obrigações tributárias acessórias, visando à sua simplificação.

A administração e distribuição dos recursos arrecadados pelo IBS será realizada pelo **Comitê Gestor do Imposto sobre Bens e Serviços**[194] (art. 156-B, CF/88) entidade pública sob regime especial, dotado de independência técnica, administrativa, orçamentária e financeira,

---

[193] É criado o Fundo de Compensação de Benefícios Fiscais ou Financeiros-Fiscais do ICMS, visando compensar ao longo de 2029 a 2032 as pessoas jurídicas beneficiárias de isenções, incentivos ou benefícios fiscais concedidos por prazo certo e sob condição. Os recursos do Fundo serão utilizados para compensar a redução do nível de benefícios onerosos do ICMS suportada pelas pessoas jurídicas em razão da substituição do ICMS pelo IBS. Esta compensação somente se aplica aos titulares de benefícios onerosos do ICMS regularmente concedidos até 31 de maio de 2023, que tenham sido registrados e depositados conforme regras da Lei Complementar nº 160/2017 e que tenham cumprido tempestivamente as condições exigidas pela norma concessiva do benefício. Entretanto, a referida compensação não se aplica aos titulares de benefícios decorrentes do disposto no art. 3º, § 2º-A, da Lei Complementar nº 160/2017.

[194] O PLP 108/2024 visa a regulamentar o Comitê Gestor do IBS.

composto por 27 (vinte e sete) representantes dos Estados e Distrito Federal e 27 (vinte e sete) representantes dos Municípios, cujas deliberações serão aprovadas de maneira majoritária.

O Comitê Gestor do IBS terá funções administrativas de natureza tributária, dentre as quais regulamentar e uniformizar a interpretação e aplicação da legislação, arrecadar o imposto, efetuar as compensações e distribuir o produto da arrecadação entre Estados, Distrito Federal e Municípios, e também decidir o contencioso administrativo.

Já a fiscalização, o lançamento, a cobrança, a representação administrativa e a representação judicial relativos ao IBS serão realizados, no âmbito de suas respectivas competências, pelas administrações tributárias e procuradorias dos Estados, do Distrito Federal e dos Municípios. Este comitê, a administração tributária da União e a Procuradoria-Geral da Fazenda Nacional compartilharão informações fiscais relacionadas ao IBS e CBS, e atuarão com vistas a harmonizar normas, interpretações, obrigações acessórias e procedimentos a eles relativos.

O IBS incidirá com alíquota zero nos produtos destinados a alimentação humana que comporão a **Cesta Básica Nacional de Alimentos**, considerando a diversidade regional e cultural de alimentação no país, definidos por lei complementar (art. 9º da EC nº 132/2023). A Lei Complementar nº 214/2025 traz em seu "Anexo I" a lista de itens que compõem a cesta básica.

O IBS pago poderá ser devolvido para as pessoas físicas de baixa renda através do sistema de *cashback*, com o objetivo de reduzir as desigualdades de renda, sendo que os limites e os beneficiários da restituição definidos em lei complementar (inciso VIII, § 5º, art. 156-A, CF/88). Os artigos 112 e seguintes da Lei Complementar disciplinam este novo mecanismo de devolução tributária.

O IBS terá **tratamento favorecido** para: i) pequenas e microempresas que se enquadram no **SIMPLES Nacional** e terão a opção de apurar e recolher o imposto pelas regras do SIMPLES, caso em que poderão transferir créditos correspondentes ao que foi recolhido neste regime ou apurar e recolher IBS pelo regime normal de apuração, podendo apropriar e transferir créditos integralmente, mantendo-se no SIMPLES em relação aos demais tributos; ii) **empresas da Zona Franca de Manaus**, no que se refere aos bens produzidos na região, que poderá ser implementado através de alteração das alíquotas e das regras de creditamento.

A Lei Complementar nº 214/2025 disciplina as hipóteses de bens e serviços que terão **regime mais benéfico** de redução nas alíquotas ou isenção do IBS:

i) **redução de 60% das alíquotas**: desde que observadas as definições e demais disposições do Capítulo da LC nº 214/2025 sobre a redução em 60% das alíquotas do IBS e da CBS, ficam reduzidas em 60% as alíquotas do IBS incidentes sobre operações com: I - serviços de educação; II - serviços de saúde; III - dispositivos médicos; IV - dispositivos de acessibilidade próprios para pessoas com deficiência; V - medicamentos; VI - alimentos destinados ao consumo humano; VII - produtos de higiene pessoal e limpeza majoritariamente consumidos por famílias de baixa renda; VIII - produtos agropecuários, aquícolas, pesqueiros, florestais e extrativistas vegetais *in natura*; IX - insumos agropecuários e aquícolas; X - produções nacionais artísticas, culturais, de eventos, jornalísticas e audiovisuais; XI - comunicação institucional; XII - atividades desportivas; e XIII - bens e serviços relacionados à soberania e à segurança nacional, à segurança da informação e à segurança cibernética (art. 128). Também as operações relacionadas a projetos de reabilitação urbana de zonas históricas e de áreas críticas de recuperação e reconversão urbanística dos Municípios ou do Distrito Federal, a serem delimitadas por lei municipal ou distrital, têm redução de 60% da alíquota, sendo de 80% a redução na hipótese de locação de imóveis situados nas zonas reabilitadas, pelo prazo de 5 anos (art. 158). Por sua vez, as alíquotas de IBS no regime específico de planos de assistência à saúde são nacionalmente uniformes e correspondem às alíquotas de referência de cada esfera federativa, reduzidas em 60% (art. 237).

382 CURSO DE DIREITO TRIBUTÁRIO BRASILEIRO – *Marcus Abraham*

ii) **redução de 30% das alíquotas**: prestação de serviços pelos seguintes profissionais, que exercerem atividades intelectuais de natureza científica, literária ou artística, submetidas à fiscalização por conselho profissional: I - administradores; II - advogados; III - arquitetos e urbanistas; IV - assistentes sociais; V - bibliotecários; VI - biólogos; VII - contabilistas; VIII - economistas; IX - economistas domésticos; X - profissionais de educação física; XI - engenheiros e agrônomos; XII - estatísticos; XIII - médicos veterinários e zootecnistas; XIV - museólogos; XV - químicos; XVI - profissionais de relações públicas; XVII - técnicos industriais; e XVIII - técnicos agrícolas (art. 127). Também os planos de assistência à saúde de animais domésticos terão alíquotas nacionalmente uniformes e corresponderão à soma das alíquotas de referência de cada esfera federativa, reduzidas em 30% (art. 243).

iii) **redução em 100% das alíquotas (alíquota zero)**: desde que observadas as definições e demais disposições do Capítulo da LC nº 214/2025 sobre a redução a zero das alíquotas do IBS e da CBS, ficam reduzidas a zero as alíquotas do IBS incidentes sobre operações com os seguintes bens e serviços: I - dispositivos médicos; II - dispositivos de acessibilidade próprios para pessoas com deficiência; III - medicamentos; IV - produtos de cuidados básicos à saúde menstrual; V - produtos hortícolas, frutas e ovos; VI - automóveis de passageiros adquiridos por pessoas com deficiência ou com transtorno do espectro autista; VII - automóveis de passageiros adquiridos por motoristas profissionais que destinem o automóvel à utilização na categoria de aluguel (táxi); e VIII - serviços prestados por Instituição Científica, Tecnológica e de Inovação (ICT) sem fins lucrativos (art. 143).

iv) **isenção**: fica isento do IBS o fornecimento de serviços de transporte público coletivo de passageiros rodoviário e metroviário de caráter urbano, semiurbano e metropolitano, sob regime de autorização, permissão ou concessão pública (art. 157, *caput*).

Por sua vez, para os casos de **regimes específicos de tributação** (modelo de apuração diferente da regra geral, não significando necessariamente regime mais benéfico), a Lei Complementar nº 214/2025 disciplina as seguintes hipóteses: combustíveis e lubrificantes que terão regime monofásico de tributação; serviços financeiros; operações com bens imóveis; planos de assistência à saúde; concursos de prognósticos; sociedades cooperativas; serviços de hotelaria; parques de diversão e parques temáticos; agências de viagens e turismo; bares e restaurantes; atividade esportiva desenvolvida por Sociedade Anônima do Futebol; aviação regional; operações alcançadas por tratados ou convenções internacionais, a exemplo de missões diplomáticas, organismos internacionais e funcionários acreditados; serviços de transporte coletivo de passageiros rodoviário intermunicipal e interestadual, ferroviário e hidroviário (LC nº 214/2025 - Título V: dos regimes específicos do IBS e da CBS).

Capítulo 15
TAXAS

15.1. CONCEITO E CARACTERÍSTICAS DA TAXA

A **taxa**, devidamente conceituada tanto no art. 145, II, CF/88 como no art. 77 do CTN, pode ser cobrada pela União, pelos Estados, pelo Distrito Federal ou pelos Municípios, no âmbito de suas respectivas atribuições, e tem como fato gerador o exercício regular do poder de polícia, ou a utilização, efetiva ou potencial, de serviço público específico e divisível, prestado ao contribuinte ou posto à sua disposição.

A partir destes dispositivos, percebemos a natureza jurídica de tributo de **competência comum** aos três entes, e que a taxa concentra a razão de sua cobrança em duas hipóteses de incidência: a) no exercício do poder de polícia; e b) na prestação de serviços públicos.

Assim, a taxa pode ser considerada um **tributo vinculado e contraprestacional**,[1] de competência comum aos entes federativos, instituída por lei e arrecadada pelo Poder Público, relativa ao desempenho efetivo ou potencial de uma atividade estatal específica, assim considerada a realização de uma das suas duas hipóteses de incidência que gerariam a **Taxa de Serviço** ou a **Taxa de Polícia**, contemplando os seguintes caracteres: a) haver exercício do poder de polícia ou um serviço público de natureza essencial e indelegável; b) ocorrer uma utilização efetiva ou a sua colocação à disposição do contribuinte; c) ser a atividade específica e divisível, ou seja, individualizada em relação ao contribuinte, que poderá identificar e mensurar o seu benefício.

Na doutrina estrangeira, Ferreiro Lapatza[2] afirma que as taxas se referem a tributos devidos ao Estado quando este, atuando como ente público, trata de satisfazer uma necessidade coletiva por meio de uma atividade que se concretiza em prestações individualizadas a sujeitos determinados de maneira direta e imediata, ou seja, "tributos cujo fato imponível consiste na realização de uma atividade, pela Administração, que se refere, afeta ou beneficia o sujeito passivo". Já Giannini[3] define a taxa como "a prestação pecuniária devida a um ente público, com

---

[1]   STF. ADI 5.564, Rel. Min. Rosa Weber, Pleno, julg. 21/06/2022: "Alegação de que os dispositivos impugnados, ao autorizarem o repasse, à Conta Única do Poder Executivo, dos recursos arrecadados por meio de taxas cobradas pelo DETRAN/MT, permitem o desvio de finalidade, uma vez que os valores obtidos não se prestam a custear o exercício do poder de polícia do Estado quanto à segurança do trânsito. [...] Aplicação de até 30% das receitas vinculadas diretamente arrecadadas pelos órgãos e entidades do Poder Executivo no pagamento da Dívida Pública do Estado. [...] Quebra do elo entre a receita e a sua prévia destinação. Inconstitucionalidade".

[2]   LAPATZA, José Juan Ferreiro. *Curso de derecho financiero español*: instituciones. 25. ed. Madrid: Marcial Pons, 2006. p. 347.

[3]   GIANNINI, A. D. *Istituzioni di diritto tributario*. Milano: Giuffrè, 1972. p. 60.

base em uma norma legal, e por esta estabelecida, para o desenvolvimento de uma atividade pelo próprio ente que concerne, de modo particular, ao sujeito passivo".

Por sua vez, Klaus Tipke e Joachim Lang[4] asseveram que

> [...] diferencia-se a taxa do imposto pela *conexão com uma contraprestação individual do ente público*. O princípio sistemático das taxas é o *princípio da equivalência*; ele permite o *cálculo* da taxa segundo os *princípios* da *cobertura dos custos* (a taxa repercute os custos equivalentes) e da *compensação da vantagem* (a taxa antecipa a vantagem equivalente).

Sendo a sua instituição de **competência comum** à União, Estados, Distrito Federal e Municípios, qualquer ente federativo, desde que tenha a respectiva *atribuição*[5] para realizar a atividade estatal que originará a taxa, poderá instituí-la. Isso se dá porque o art. 80 do CTN estabelece que,

> [...] para efeito de instituição e cobrança de taxas, consideram-se compreendidas no âmbito das atribuições da União, dos Estados, do Distrito Federal ou dos Municípios, aquelas que, segundo a Constituição Federal, as Constituições dos Estados, as Leis Orgânicas do Distrito Federal e dos Municípios e a legislação com elas compatível, competem a cada uma dessas pessoas de direito público.

Por esse motivo, o STF, em repercussão geral (RE 643.247),[6] decidiu que municípios não poderiam instituir taxa de incêndio, por ser esta atividade de atribuição estadual (Corpo de Bombeiros Estadual). O voto vencedor (seis votos a quatro) do Ministro Marco Aurélio Mello assentou que a Constituição, em seu art. 144, atribuiu aos Estados, por meio dos Corpos de Bombeiros Militares, a execução de atividades de defesa civil, incluindo a prevenção e o combate a incêndios. Assim, tais funções seriam próprias do Estado-membro, não podendo o Município substituir-se ao ente competente e com atribuição para o combate a incêndio por meio de criação de taxa municipal de incêndio, a qual foi reputada inconstitucional.

O mesmo STF (ADIs 4.785 e 4.787) decidiu que, em relação à mineração, não há competência fiscalizatória privativa da União. Assim, é possível ao ente estadual desempenhar atividade fiscalizatória, remunerada mediante taxa, sobre a exploração de recursos hídricos e minerais, nos termos do art. 23, IX, CF/88, desde que informada pelo princípio da subsidiariedade emanado de uma concepção própria do federalismo cooperativo brasileiro.

---

[4]   TIPKE, Klaus; LANG, Joachim. *Direito tributário*. Trad. 18. ed. alemã por Luiz Dória Furquim. Porto Alegre: Sérgio Antonio Fabris, 2008. v. I. p. 139.

[5]   STF. ADI 3.281, Rel. Min. Marco Aurélio, Pleno, julg. 24/02/2021: "Conflita com a Constituição Federal a criação, pelo Estado, de taxa a ser satisfeita por sociedade seguradora, tendo em conta atendimento, no âmbito do SUS, de vítima de sinistro coberto pelo DPVAT. [...] As seguradoras não ficam sujeitas ao exercício do poder de polícia estadual, mas ao federal. Não são passíveis de serem enquadradas como destinatárias do serviço público de saúde. [...] O Estado de Minas Gerais, passando por desequilíbrio de receita e despesas, adentrou o campo sensível do seguro, das consequências de ter-se situação jurídica a ensejar responsabilidade das seguradoras. Criou verdadeiro imposto, travestido de taxa, sem a ocorrência do poder de polícia ou a colocação de serviço à disposição do contribuinte, no caso as seguradoras".

[6]   STF. RE 643.247 (repercussão geral), Rel. Min. Marco Aurélio, Pleno, julg. 24/05/2017. Este voto também afirmou que as atividades de prevenção e combate a incêndio não poderiam ser custeadas pela espécie tributária "taxa" (nem mesmo por uma taxa estadual), pois não estão dotadas dos atributos de especificidade e divisibilidade, devendo ser custeadas por impostos.

Por sua vez, o STF decidiu que "a instituição de taxa de fiscalização do funcionamento de torres e antenas de transmissão e recepção de dados e voz é de competência privativa da União, nos termos do art. 22, IV, da Constituição Federal, não competindo aos municípios instituir referida taxa".[7]

Outrossim, segundo o art. 145, § 2º, da Constituição, a taxa não pode ter base de cálculo própria de impostos. O art. 77, parágrafo único, do CTN repete essa vedação, a ela adicionando a proibição de que a taxa seja calculada em função do capital das empresas. A lógica desta norma está em que, sendo a taxa um tributo vinculado e contraprestacional,[8] o valor cobrado deve guardar, com certa razoabilidade, uma proporção com a atividade estatal prestada e em conformidade com o benefício obtido pelo contribuinte pelo que lhe é fornecido, sem, contudo, demandar-se exatidão no seu cálculo.[9] Caso contrário, este valor aproximar-se-á da base de cálculo dos impostos (tributos não vinculados e não contraprestacionais), sem um parâmetro de determinação objetivo, deixando, assim, de ter uma base de cálculo própria à sua natureza.

Neste sentido, havendo identidade entre as bases de cálculo de imposto e taxa, a da taxa estará eivada de vício de constitucionalidade, como tem se pronunciado o STF em diversos julgados,[10] entre eles o Recurso Extraordinário nº 99.492, que entendeu inconstitucional a Taxa de Conservação de Estradas de Rodagens instituída pela Lei Municipal de Mococa (SP), por ter a mesma base de cálculo do Imposto Territorial Rural.[11]

Contudo, a jurisprudência do STF mitigou o entendimento mais rigoroso do tema, ao admitir, por meio da Súmula Vinculante nº 29, ser constitucional a adoção, no cálculo do valor

---

[7] STF. RE 776.594 (repercussão geral – Tema 919), Rel. Min. Dias Toffoli, Pleno, julg. 05/12/2022. No mesmo sentido, foi declarada inconstitucional taxa municipal de fiscalização do funcionamento de postes de transmissão de energia, por se tratar de competência legislativa privativa da União sobre energia, bem como para fiscalizar os serviços de energia e editar suas normas gerais, cf. STF. ADPF 512, Rel. Min. Edson Fachin, Pleno, julg. 22/05/2023.

[8] Contudo, registre-se que o STF admite que parcela da arrecadação das taxas seja destinada a finalidades meramente análogas aos serviços prestados que constituem o fato gerador. É assim que o STF tem jurisprudência consolidada permitindo que parte do valor recolhido com custas e emolumentos extrajudiciais (serviços de tabelionato e registros) – os quais ostentam natureza de taxas – possa ser destinada ao custeio do Judiciário, Ministério Público, Defensoria Pública e Procuradoria do Estado, todos estes órgãos diretamente ligados a funções essenciais à administração da Justiça. A respeito, veja-se: STF. ADI 3.704, Rel. Min. Marco Aurélio, Rel. p/ Acórdão: Min. Gilmar Mendes, Pleno, julg. 27/04/2021. No mesmo sentido: ADI 2.129; ADI 3.643; ADI 3.028; ADI 3419.

[9] STF. ADI 5.374, Rel. Min. Roberto Barroso, Pleno, julg. 24/02/2021: "*Tese*: Viola o princípio da capacidade contributiva, na dimensão do custo/benefício, a instituição de taxa de polícia ambiental que exceda flagrante e desproporcionalmente os custos da atividade estatal de fiscalização". No mesmo sentido: ADI 5.489, julg. 24/02/2021; ADI 7.400 julg. 19/12/2023.

[10] STF. RE 167.992, Rel. Min. Ilmar Galvão, Pleno, julg. 23/11/1994: "Tributo cuja base de cálculo coincide com a que corresponde ao imposto de importação, ou seja, o valor da mercadoria importada". STF. RE 120.954, Rel. Min. Octavio Gallotti, Pleno, julg. 14/03/1996: "Taxa de Segurança contra Incêndio do Estado. Sua inconstitucionalidade, por identidade de base de cálculo (valor unitário do metro quadrado) com a do Imposto Predial e Território Urbano (art. 18, § 2º, da Constituição de 1967 – Emenda nº 1-69)". No mesmo sentido, o STJ: "Súmula nº 551 do STJ: É inconstitucional a taxa de urbanização da lei 2320, de 20/12/1961, instituída pelo Município de Porto Alegre, porque seu fato gerador é o mesmo da transmissão imobiliária".

[11] Este entendimento foi inclusive sumulado: "Súmula nº 595 do STF: É inconstitucional a taxa municipal de conservação de estradas de rodagem cuja base de cálculo seja idêntica à do imposto territorial rural".

de taxa, de um ou mais elementos da base de cálculo própria de determinado imposto, desde que não haja integral identidade entre uma base e outra.[12]

Assim, nossa Suprema Corte reputou constitucional que a taxa de coleta de lixo de imóveis urbanos seja instituída com base na metragem da área construída do imóvel, por não haver integral coincidência com a base de cálculo do IPTU e por adequar-se à capacidade contributiva, uma vez que imóveis maiores tendem a gerar maior quantidade de lixo a ser recolhida.[13]

15.2. ESPÉCIES DE TAXAS

A **taxa de serviço** é a remuneração estatal de natureza tributária decorrente da realização de um serviço público que representa todo conjunto de atos prestados pela Administração, segundo o regime de Direito Público, para atender às necessidades essenciais da sociedade ou por uma conveniência do Estado, a fim de satisfazer o interesse público.

Quanto ao serviço público como hipótese de incidência, a norma do art. 77 condiciona a sua validade a três requisitos, assim descritos no art. 79 do CTN: a) **ter efetiva ou potencial utilização**, quando usufruído a qualquer título ou, se de utilização compulsória, posto à sua disposição, mediante atividade estatal em pleno funcionamento; b) **ser específico**, podendo assim ser destacado em unidades autônomas plenamente caracterizáveis; c) **ser divisível**, permitindo a sua utilização separadamente, por parte de cada um dos seus usuários.

A condição de o serviço público ter uma **utilização efetiva ou potencial** relaciona-se com o fato de o contribuinte poder usufruí-lo de maneira imediata e definitiva ou encontrá-lo à sua disposição para a utilização a qualquer tempo que desejar, desde que esta tenha natureza compulsória.

Assim, na utilização efetiva do serviço a ensejar a cobrança do tributo, temos como exemplo a Taxa Judiciária[14] e a Taxa de Serviços Notariais e Registrais.[15] Já a utilização potencial do

---

[12] STF. Súmula Vinculante nº 29: "É constitucional a adoção, no cálculo do valor de taxa, de um ou mais elementos da base de cálculo própria de determinado imposto, desde que não haja integral identidade entre uma base e outra." *Precedente que gerou a Súm. Vinculante n. 29*: "Além disso, no que diz respeito ao argumento da utilização de base de cálculo própria de impostos, o Tribunal reconhece a constitucionalidade de taxas que, na apuração do montante devido, adote um ou mais dos elementos que compõem a base de cálculo própria de determinado imposto, desde que não se verifique identidade integral entre uma base e a outra. [...] O que a Constituição reclama é a ausência de completa identidade com a base de cálculo própria dos impostos e que, em seu cálculo, se verifique uma equivalência razoável entre o valor pago pelo contribuinte e o custo individual do serviço que lhe é prestado" (RE 576.321 RG-QO, Rel. Min. Ricardo Lewandowski, Pleno, julg. 04/12/2008).

[13] Este entendimento foi chancelado pelo STF em repercussão geral: RE 576.321 QO-RG, Rel. Min. Ricardo Lewandowski, julg. 04/12/2008.

[14] STF. ADI 5.612, Rel. Min. Edson Fachin, Pleno, julg. 29/05/2020: "A custa forense possui como fato gerador a prestação de serviço público adjudicatório, sendo que seu regime jurídico corresponde ao da taxa tributária. Ademais, compõe receita pública de dedicação exclusiva ao custeio do aparelho do sistema de Justiça, de onde se extrai a relevância fiscal desse tributo para a autonomia financeira do Judiciário. [...] Os serviços públicos adjudicatórios são bens comuns que a comunidade política brasileira decidiu tornar acessíveis a todos, independente da disposição de pagamento. Contudo, a tentativa de responsabilizar unicamente o ente federativo pela mantença da Justiça e, por efeito, toda a população, mediante impostos, sem o devido repasse dos custos aos particulares, levaria necessariamente a um problema de seleção adversa entre os litigantes, com sobreutilização do aparato judicial pelos usuários recorrentes do serviço. Portanto, não incorre em inconstitucionalidade a legislação estadual que acresce a alíquota máxima das custas judiciais àqueles litigantes com causas de maior vulto econômico e provavelmente complexidade técnica".

[15] O STF reputa que os emolumentos concernentes a todos os serviços notariais e registrais possuem natureza tributária de taxa, cf. ADI 1.378 MC, Rel. Min. Celso de Mello, Pleno, julg. 30/11/1995: "A jurisprudência do STF firmou orientação no sentido de que as custas judiciais e os emolumentos concernentes aos serviços

Parte III · Cap. 15 · TAXAS **387**

serviço independe de qualquer benefício efetivo do contribuinte, já que o serviço a que se refere a taxa estará sempre à sua disposição, tal como temos com a Taxa de Coleta de Lixo Domiciliar (devida independentemente de o imóvel produzir lixo a ser recolhido ou não). O que apenas as diferencia, portanto, é a necessidade de uso efetivo do contribuinte como base para a cobrança, porém, em ambos os casos, a estrutura estatal para a prestação do serviço estará montada e em funcionamento. Nesse sentido também a lição de Heleno Taveira Torres:[16]

> Destarte, a exceção da exigência de taxas para serviços apenas "postos à disposição", independente do uso, implica assumir que o efetivo funcionamento é exigido para todo e qualquer serviço público, mas que se pode justificar a cobrança da taxa nos casos de serviços públicos de aproveitamento obrigatório [...], quando o contribuinte encontre-se sujeito à disponibilidade do serviço, mesmo que não seja usuário. Neste caso, estará presente a compulsoriedade da utilização, o que não ocorre com serviços facultativos, como transportes públicos e outros. Portanto, somente nos casos de serviços obrigatórios, quando disponíveis, pode ocorrer cobrança de taxas sem o uso efetivo pelo contribuinte.

Por sua vez, a característica de o serviço público ser **específico** e **divisível** referente à taxa ora em estudo relaciona-se com o fato de o benefício ser fruído em caráter genérico (*uti universi*) ou individual (*uti singuli*).

No serviço público genérico, há um benefício geral para toda a coletividade, não havendo a identificação do destinatário e, por consequência, não possui a necessária individualização em elementos independentes. Já no serviço público específico e divisível – objeto de cobrança por taxa –, é possível identificar o fornecedor e o contribuinte beneficiado,[17] já que o serviço se caracteriza por individualizar-se em unidades autônomas, o que permite sua exclusiva destinação àquela pessoa. Nesse sentido, leciona Humberto Ávila:[18]

> Sendo as taxas, ao contrário dos impostos, tributos cobrados *em razão* de uma atividade estatal relativa ao contribuinte, elas só podem ser instituídas se essa atividade e os seus custos puderem ser *atribuídos* ao contribuinte. Se isso não puder ocorrer, o custeio da atividade estatal deverá ser feito por meio da cobrança de impostos, destinados precisamente a custear despesas *gerais* que não tenham sido causadas por um contribuinte em *particular*. A necessidade de vinculação entre a atuação estatal e o contribuinte faz surgir outro critério de validação das taxas: *o critério da imputabilidade individual (individuelle Zurechenbarkeit)* da atividade administrativa relativamente ao contribuinte. Somente uma atividade administrativa *individualmente relacionada* ao contribuinte

---

notariais e registrais possuem natureza tributária, qualificando-se como taxas remuneratórias de serviços públicos, sujeitando-se, em consequência, quer no que concerne à sua instituição e majoração, quer no que se refere à sua exigibilidade, ao regime jurídico-constitucional pertinente a essa especial modalidade de tributo vinculado, notadamente aos princípios fundamentais que proclamam, entre outras, as garantias essenciais (a) da reserva de competência impositiva, (b) da legalidade, (c) da isonomia e (d) da anterioridade".

[16] TORRES, Heleno Taveira. *Direito constitucional financeiro*: teoria da Constituição financeira. São Paulo: Revista dos Tribunais, 2014. p. 225-226.

[17] Se o benefício não for do contribuinte, mas da própria Administração, não é possível a cobrança de taxa, cf. STF. RE 789.218 (repercussão geral), Rel. Min. Dias Toffoli, julg. 17/04/2014: "1. A emissão de guia de recolhimento de tributos é de interesse exclusivo da Administração, sendo mero instrumento de arrecadação, não envolvendo a prestação de um serviço público ao contribuinte. [...] Ratifica-se, no caso, a jurisprudência da Corte consolidada no sentido de ser inconstitucional a instituição e a cobrança de taxas por emissão ou remessa de carnês/guias de recolhimento de tributos".

[18] ÁVILA, Humberto Bergmann. As taxas e sua mensuração. *Revista Dialética de Direito Tributário*, São Paulo, n. 204, set. 2012. p. 40.

388 | CURSO DE DIREITO TRIBUTÁRIO BRASILEIRO – *Marcus Abraham*

e cujos custos possam ser-lhe imputáveis é que pode legitimar a cobrança de uma taxa. Não sendo esse o caso, o custo, por ser geral, deverá ser coberto por meio da cobrança de impostos.

Por isso, as Taxas de Limpeza Urbana (ruas e logradouros públicos), de Iluminação Pública e de Combate a Incêndio são consideradas inconstitucionais justamente por ausência de especificidade e divisibilidade, já que as mesmas beneficiam toda a coletividade sem que se possa identificar o benefício individualizado do contribuinte e, por isso, deveriam ser custeadas através dos impostos.

Tanto é assim que a Emenda Constitucional nº 39/2002 acabou por instituir a Contribuição de Iluminação Pública em favor dos Municípios e do Distrito Federal (art. 149-A, CF/88), precisamente para substituir a taxa de iluminação pública reputada inconstitucional pelo STF, chegando a ser editada a Súmula Vinculante nº 41.[19]

Por sua vez, foi considerada constitucional a taxa de limpeza urbana e coleta de lixo cobrada exclusivamente em razão dos serviços públicos de coleta, remoção e tratamento ou destinação de lixo ou resíduos provenientes de imóveis individualmente considerados, sendo tal posição consagrada na Súmula Vinculante nº 19.[20]

Como indicado anteriormente, o STF, em repercussão geral (RE 643.247),[21] além de decidir que municípios não podem instituir taxa de incêndio, por ser essa atividade de atribuição estadual (Corpo de Bombeiros Estadual), também afirmou que as atividades de prevenção e combate a incêndio não poderiam ser custeadas pela espécie tributária "taxa" (nem mesmo por uma taxa estadual), pois não estão dotadas dos atributos de especificidade e divisibilidade, devendo ser custeadas por impostos. Esta orientação foi consolidada no STF no julgamento da ADI 2.908,[22] sendo reputadas inconstitucionais as taxas de combate a incêndio estabelecidas por leis estaduais.[23]

---

[19] STF. Súmula Vinculante nº 41: "O serviço de iluminação pública não pode ser remunerado mediante taxa." Precedentes que geraram a Súm. Vinculante nº 41: "É assente nesta colenda Corte que as taxas de iluminação pública e de limpeza pública se referem a atividades estatais que se traduzem em prestação de utilidades inespecíficas, indivisíveis e insuscetíveis de serem vinculadas a determinado contribuinte, não podendo ser custeadas senão por meio do produto da arrecadação dos impostos gerais." (AI 463910 AgR, Rel. Min. Carlos Britto, 1ª Turma, julg. 20/06/2006). Súmula nº 670 do STF: "O serviço de iluminação pública não pode ser remunerado mediante taxa" (convertida na Súmula Vinculante nº 41).

[20] STF. Súmula Vinculante nº 19: "A taxa cobrada exclusivamente em razão dos serviços públicos de coleta, remoção e tratamento ou destinação de lixo ou resíduos provenientes de imóveis, não viola o artigo 145, II, da Constituição Federal." Precedente que gerou a Súm. Vinculante nº 19: "[...] o STF fixou balizas quanto à interpretação dada ao art. 145, II, da CF, no que concerne à cobrança de taxas pelos serviços públicos de limpeza prestados à sociedade. [...] a Corte entende como específicos e divisíveis os serviços públicos de coleta, remoção e tratamento ou destinação de lixo ou resíduos provenientes de imóveis, desde que essas atividades sejam completamente dissociadas de outros serviços públicos de limpeza realizados em benefício da população em geral (*uti universi*) e de forma indivisível, tais como os de conservação e limpeza de logradouros e bens públicos (praças, calçadas, vias, ruas, bueiros)" (RE 576.321 RG-QO, Rel. Min. Ricardo Lewandowski, Pleno, julg. 04/12/2008).

[21] STF. RE 643.247 (repercussão geral), Rel. Min. Marco Aurélio, Pleno, julg. 24/05/2017.

[22] STF. ADI 2.908, Rel. Min. Cármen Lúcia, Pleno, julg. 11/10/2019: "A taxa anual de segurança contra incêndio tem como fato gerador a prestação de atividade essencial geral e indivisível pelo corpo de bombeiros, sendo de utilidade genérica, devendo ser custeada pela receita dos impostos". No mesmo sentido: STF. ADI 4.411, julg. 18/08/2020.

[23] Registre-se que a chamada "taxa de aprovação de projetos de construção", que tem como fato gerador o serviço público prestado pelo Corpo de Bombeiros de análise de projetos de sistemas de prevenção contra

Parte III · Cap. 15 · TAXAS | **389**

A **taxa de polícia**[24] é a outra espécie de remuneração de natureza tributária decorrente de uma atividade estatal específica, descrita no próprio CTN, no seu art. 78, ao afirmar que se considera poder de polícia a atividade da Administração Pública que, limitando ou disciplinando direito, interesse ou liberdade, regula a prática de ato ou a abstenção de fato, em razão de interesse público concernente à segurança, à higiene, à ordem, aos costumes, à disciplina da produção[25] e do mercado,[26] ao exercício de atividades econômicas dependentes de concessão ou autorização[27] do Poder Público,[28] à tranquilidade pública ou ao respeito à propriedade e aos direitos individuais ou coletivos.

Uma questão relevante encontra-se no debate acerca do grau de efetivo exercício do poder de polícia exigido para que se possa instituir uma taxa de polícia. O Supremo Tribunal Federal, em sua jurisprudência mais recente, estabeleceu não ser necessário que cada um dos contribuintes seja efetivamente fiscalizado, sendo exigível apenas a existência de órgão competente instituído, estruturado e em efetivo funcionamento para exercício do poder de polícia.[29]

---

incêndio e pânico foi reputada constitucional, cf. STF. ADI 2.908, Rel. Min. Cármen lúcia, Pleno, julg. 11/10/2019: "4. Taxa de aprovação de projetos de construção pelo exercício de poder de polícia. A análise de projetos de sistemas de prevenção contra incêndio e pânico é serviço público antecedente e preparatório de prática do ato de polícia, concretizado na aprovação ou não do projeto e, consequentemente, na autorização ou não de se obterem licenças e alvarás de construção. Serviços preparatórios específicos e divisíveis, voltados diretamente ao contribuinte que pretende edificar em Sergipe, podendo ser custeados por taxas".

[24] STF. ADI 3.770, Rel. Min. Alexandre de Moraes, Pleno, julg. 13/09/2019: "Os Estados possuem competência para dispor sobre instituição de taxas de polícia cobradas em função de atividades tais como: fiscalização e vistoria em estabelecimentos comerciais abertos ao público (casas noturnas, restaurantes, cinemas, shows); expedição de alvarás para o funcionamento de estabelecimentos de que fabriquem, transportem ou comercializem armas de fogo, munição, explosivos, inflamáveis ou produtos químicos; expedição de atestados de idoneidade para porte de arma de fogo, tráfego de explosivos, trânsito de armas em hipóteses determinadas; e atividades diversas com impacto na ordem social, no intuito de verificar o atendimento de condições de segurança e emitir as correspondentes autorizações essenciais ao funcionamento de tais estabelecimentos".

[25] STF. ADI 2.658, Rel. Min. Dias Toffoli, Pleno, julg. 18/12/2019: "[...] compete à ANVISA 'autorizar o funcionamento de empresas de fabricação, distribuição e importação dos produtos mencionados no art. 8º desta Lei e de comercialização de medicamento' (art. 7º, VII, da Lei 9.782/99). Para tanto, encontra-se entre suas fontes de receitas o produto da arrecadação da taxa de fiscalização de vigilância sanitária (art. 22, I, da Lei 9.782/99), resultante do regular exercício de seu poder de polícia sanitária, inclusive em face das atividades de comercialização de medicamentos por farmácias e drogarias, exercício esse perfeitamente constitucional e apto a justificar a cobrança da taxa respectiva".

[26] STF. Súmula nº 665: "É constitucional a taxa de fiscalização dos mercados de títulos e valores mobiliários instituída pela Lei 7.940/1989".

[27] STF. ADI 4.039, Rel. Min. Rosa Weber, Pleno, julg. 27/06/2022: "5. Regularidade da instituição das Taxas de Fiscalização de Instalação e de Fiscalização de Funcionamento (§§ 1º e 2º do art. 6º da Lei nº 5.070/66) devidas pelas concessionárias, permissionárias e autorizadas de serviços de telecomunicações e de uso de radiofrequência. 6. Aplicação, pela ANATEL, do montante do FISTEL nas atividades prescritas legalmente, como as referentes à fiscalização dos serviços de radiodifusão (art. 211 da Lei nº 9.472/1997). Taxas estabelecidas em função do exercício regular do poder de polícia que lhe foi conferido".

[28] STF. ADI 3.151, Rel. Min. Ayres Britto, Pleno, julg. 08/06/2005: "Taxa em razão do poder de polícia: a Lei mato-grossense 8.033/2003 instituiu taxa em razão do exercício do poder de polícia. Poder que assiste aos órgãos diretivos do Judiciário, notadamente no plano da vigilância, orientação e correição da atividade em causa, a teor do § 1º do art. 236 da Carta Cidadã. É constitucional a destinação do produto da arrecadação da taxa de fiscalização da atividade notarial e de registro a órgão público e ao próprio Poder Judiciário".

[29] STF. RE 588.322 (repercussão geral), Rel. Min. Gilmar Mendes, Pleno, julg. 16/06/2010: "5. A regularidade do exercício do poder de polícia é imprescindível para a cobrança da taxa de localização e fiscalização.

15.3. PRINCÍPIOS INCIDENTES NAS TAXAS

Por ser uma modalidade de tributo, se sujeita, entre outros, aos princípios da legalidade, do não confisco e da capacidade contributiva.

O **princípio da legalidade** está presente na medida em que a criação das taxas deve ser feita por lei em sentido estrito, não podendo ser instituída por outro instrumento normativo infralegal, como ocorreu com a Taxa de Cadastro do IBAMA instituída pela Portaria nº 113/1997,[30] com a Taxa de Fiscalização Pesqueira do mesmo órgão instituída pela Portaria nº 62/2000,[31] bem como com taxas de serviços notariais e de registros instituídos por atos infralegais de Corregedoria Geral de Tribunal de Justiça Estadual,[32] todas reputadas inconstitucionais por violarem a legalidade ao serem instituídas. Além disso, é inconstitucional, por exemplo, o aumento de valores de cobrança da Taxa de Anotação de Responsabilidade Técnica por atos normativos infralegais do CREA, sem qualquer previsão em lei.[33]

Contudo, flexibilizando a visão mais rígida do princípio da legalidade tributária, o STF vem admitindo que, tanto em taxas quanto em contribuições de natureza tributária (anuidades) a Conselhos Profissionais, bem como em contribuições PIS/COFINS com finalidade extrafiscal, a lei apenas fixe o valor máximo (teto) do tributo a ser cobrado, podendo o valor efetivo da cobrança, desde que não ultrapasse o teto legal, ser fixado por ato normativo infralegal.[34]

O **princípio do não confisco** reflete-se no momento da determinação do valor da taxa, considerando que este deve estar razoavelmente de acordo com a atividade estatal realizada e com o benefício do contribuinte, razão pela qual a aleatoriedade na sua fixação, por si só, já a aproximaria da base de cálculo do imposto, em direta violação ao parágrafo único do art. 77 do CTN e § 2º do art. 145 da CF/88, mormente se o valor for considerado exorbitante. Por mais de uma vez, o STF já teve a oportunidade de declarar indevidas taxas reputadas de valor confiscatório.[35]

---

6. À luz da jurisprudência deste Supremo Tribunal Federal, a existência do órgão administrativo não é condição para o reconhecimento da constitucionalidade da cobrança da taxa de localização e fiscalização, mas constitui um dos elementos admitidos para se inferir o efetivo exercício do poder de polícia, exigido constitucionalmente. [...]. 9. É constitucional taxa de renovação de funcionamento e localização municipal, desde que efetivo o exercício do poder de polícia, demonstrado pela existência de órgão e estrutura competentes para o respectivo exercício, tal como verificado na espécie quanto ao Município de Porto Velho/RO".

[30] STF. ADI 1.823 MC, Rel. Min. Ilmar Galvão, Pleno, julg. 30/04/1998.

[31] STF. ADI 2.247 MC, Rel. Min. Ilmar Galvão, Pleno, julg. 13/09/2000.

[32] STF. ADI 1.709, Rel. Min. Maurício Côrrea, Pleno, julg. 10/02/2000: "A instituição dos emolumentos cartorários pelo Tribunal de Justiça afronta o princípio da reserva legal. Somente a lei pode criar, majorar ou reduzir os valores das taxas judiciárias".

[33] STF. ARE 748.445 (repercussão geral), Rel. Min. Ricardo Lewandowski, Pleno, julg. 31/10/2013: "A Anotação de Responsabilidade Técnica, instituída pela Lei 6.496/1977, cobrada pelos Conselhos Regionais de Engenharia, Arquitetura e Agronomia, tem *natureza jurídica de taxa*, sendo, portanto, necessária a observância do *princípio da legalidade* tributária previsto no art. 150, I, da Constituição".

[34] STF. 838.284 (repercussão geral), Rel. Min. Dias Toffoli, Pleno, julg. 19/10/2016: "*Tese*: Não viola a legalidade tributária a lei que, prescrevendo o teto, possibilita o ato normativo infralegal fixar o valor de taxa em proporção razoável com os custos da atuação estatal, valor esse que não pode ser atualizado por ato do próprio conselho de fiscalização em percentual superior aos índices de correção monetária legalmente previstos". Por outro lado, decidiu o STF que "a inconstitucionalidade de majoração excessiva de taxa tributária fixada em ato infralegal a partir de delegação legislativa defeituosa não conduz à invalidade do tributo nem impede que o Poder Executivo atualize os valores previamente fixados em lei de acordo com percentual não superior aos índices oficiais de correção monetária" (STF. RE 1.258.934, repercussão geral, Rel. Min. Dias Toffoli, Pleno, julg. 09/04/2020).

[35] STF. Súmula nº 667: "Viola a garantia constitucional de acesso à jurisdição a taxa judiciária calculada sem limite sobre o valor da causa".

Já o **princípio da capacidade contributiva** igualmente se lhe aplica, não obstante o § 1º do art. 145 mencionar o seu emprego somente aos impostos, pois na medida em que a taxa reflete uma atividade estatal relativa ao contribuinte, torna-se pessoal o seu caráter, núcleo do princípio em comento. Temos, como exemplo, a isenção de taxa judiciária para aqueles que se demonstrarem titulares da gratuidade de justiça.[36]

Por fim, registre-se novamente que, apesar de vozes doutrinárias em sentido contrário,[37] o Supremo Tribunal Federal, em matéria de imunidades, ostenta uma interpretação restritiva da palavra "impostos" presente no *caput* do art. 150, VI da Constituição. Assim, para a Suprema Corte brasileira (como já explicado na seção relativa às imunidades da presente obra), outras espécies tributárias distintas do imposto não estão acobertadas pela imunidade prevista no art. 150, VI, o que não impede que sejam previstas em leis *isenções específicas* referentes às taxas.

Tampouco se nega com isso a existência de imunidades específicas em relação a taxas presentes em outras normas constitucionais, tal como aquela estabelecida para o exercício do direito de petição e obtenção de certidões em repartições públicas para defesa de direitos e esclarecimento de situações de interesse pessoal sem pagamento de taxas (art. 5º, XXXIV, da Constituição);[38] a imunidade do pagamento da taxa judiciária na propositura, de boa-fé, de ação popular que vise anular ato lesivo ao patrimônio público ou de entidade de que o Estado participe, à moralidade administrativa, ao meio ambiente e ao patrimônio histórico e cultural, como forma processual de tutelar todos esses valores (art. 5º, LXXIII, CF/88); a prestação de assistência jurídica integral e gratuita aos que comprovarem insuficiência de recursos, o que

---

STF. ADI 2.551 MC-QO, Rel. Min. Celso de Mello, Pleno, julg. 02/04/2003: "Se o valor da taxa, no entanto, ultrapassar o custo do serviço prestado ou posto à disposição do contribuinte, dando causa, assim, a uma situação de onerosidade excessiva, que descaracterize essa relação de equivalência entre os fatores referidos (o custo real do serviço, de um lado, e o valor exigido do contribuinte, de outro), configurar-se-á, então, quanto a essa modalidade de tributo, hipótese de ofensa à cláusula vedatória inscrita no art. 150, IV, da Constituição da República".

STF. ADI 5.688, Rel. Min. Edson Fachin, Rel. p/ Acórdão: Dias Toffoli, Pleno, julg. 25/10/2021: "Consoante a jurisprudência da Corte, taxas judiciárias e custas judiciais, embora pertençam à espécie tributária taxa, possuem características distintas, não havendo que se falar em bis in idem na cobrança de ambos os tributos. [...] 2. Fixados valores máximos e mínimos, é legítima utilização do valor da causa como critério para a estipulação dos valores das custas judiciais e das taxas judiciárias. [...] 3. Os aumentos nos tributos em alusão provocados pelas leis questionadas foram proporcionais e razoáveis, não havendo que se falar em inconstitucionalidade".

STF. ADI 4.785, Rel. Min. Edson Fachin, Pleno, julg. 01/08/2022: "De acordo com as balizas jurisprudenciais, não é desproporcional a base de cálculo referente à Taxa de Fiscalização de Recursos Minerários imposta pela lei impugnada, uma vez que traduz liame razoável entre a quantidade de minério extraído e o dispêndio de recursos públicos com a fiscalização dos contribuintes".

[36] STF. RE 249.003 ED, Rel. Min. Edson Fachin, Pleno, julg. 09/12/2015: "Em relação à taxa judiciária, firma-se convicção no sentido da recepção material e formal do art. 12 da Lei 1.060/50, porquanto o Poder Legislativo em sua relativa liberdade de conformação normativa apenas explicitou uma correlação fundamental entre as imunidades e o princípio da capacidade contributiva no Sistema Tributário brasileiro, visto que a finalidade da tributação é justamente a realização da igualdade."

[37] CARVALHO, Paulo de Barros. *Curso de direito tributário*. 27. ed. São Paulo: Saraiva, 2016. p. 190-191.

[38] STF. ADI 3.278, Rel. Min. Edson Fachin, Pleno, julg. 03/03/2016: "1. Viola o direito de petição previsto no art. 5º, XXXIV, 'b', da Constituição Federal, a exigência de recolhimento de taxa para emissão de certidão em repartições públicas, para defesa de direitos e esclarecimento de situações de interesse pessoal, porquanto essa atividade estatal está abarcada por regra imunizante de natureza objetiva e política". No mesmo sentido: STF. ADI 7.035, julg. 21/06/2022.

engloba a imunidade de pagamento de taxa judiciária como forma de garantir o acesso à justiça (art. 5º, LXXIV, CF/88);[39] a gratuidade (imunidade do pagamento de taxa) para os reconhecidamente pobres do registro civil de nascimento e da certidão de óbito, como forma de tutelar o direito de o cidadão ter uma identificação civil mínima[40] e exercer sua cidadania (art. 5º, LXXVI, CF/88);[41] a gratuidade (imunidade do pagamento de taxa judiciária) das ações de *habeas corpus* e *habeas data*, como forma de tutelar a liberdade de ir e vir da pessoa e o acesso a informações pessoais constantes de registros ou bancos de dados de entidades governamentais ou de caráter público (art. 5º, LXXVII, CF/88); a gratuidade do ensino público em estabelecimentos oficiais, que engloba a imunidade do pagamento de taxas relacionadas à vida estudantil, como taxa de matrícula,[42] de expedição de diploma[43] e de inscrição em processo seletivo seriado,[44] como forma de facilitar o acesso à educação (art. 206, IV e art. 208, § 1º, CF/88); a gratuidade (imunidade do pagamento de taxa) da celebração do casamento civil (art. 226, § 1º, CF/88).[45]

15.4. TEORIA DOS PREÇOS PÚBLICOS E TAXAS

Existem atividades estatais que são remuneradas por receitas públicas específicas a elas diretamente destinadas, como uma contrapartida do seu oferecimento. Dependendo da natureza

---

[39] STF. RE 249.003 ED, Rel. Min. Edson Fachin, Pleno, julg. 09/12/2015: "Em relação à taxa judiciária, firma-se convicção no sentido da recepção material e formal do artigo 12 da Lei 1.060/50, porquanto o Poder Legislativo em sua relativa liberdade de conformação normativa apenas explicitou uma correlação fundamental entre as imunidades e o princípio da capacidade contributiva no Sistema Tributário brasileiro, visto que a finalidade da tributação é justamente a realização da igualdade".

[40] STF. RE 1.018.911 (repercussão geral), Rel. Min. Luiz Fux, Pleno, julg. 11/11/2021: "*Tese*: É imune ao pagamento de taxas para registro da regularização migratória o estrangeiro que demonstre sua condição de hipossuficiente, nos termos da legislação de regência".

[41] STF. ADC 5 MC, Rel. Min. Nelson Jobim, Pleno, julg. 17/11/1999: "Declaração de constitucionalidade de arts. da Lei nº 9.534/97. Registros públicos. Nascimento. Óbito. Assento. Certidões. Competência da União para legislar sobre a matéria. Arts. 22, XXV e 236, § 2º. Direito intrínseco ao exercício da cidadania. Gratuidade constitucionalmente garantida. [...]". Não confundir essa imunidade constitucional aos reconhecidamente pobres (cláusula pétrea) com a isenção concedida por lei ordinária a todos (mesmo aos não hipossuficientes) referente à gratuidade dos assentos do registro civil de nascimento e o de óbito, bem como à gratuidade da primeira certidão respectiva (art. 45, Lei nº 8.935/1994).

[42] STF. Súmula Vinculante nº 12: "A cobrança de taxa de matrícula nas universidades públicas viola o disposto no art. 206, IV, da Constituição Federal"; STF. RE 500.171 (repercussão geral), Rel. Min. Ricardo Lewandowski, Pleno, julg. 13/08/2008: "I – A cobrança de matrícula como requisito para que o estudante possa cursar universidade federal viola o art. 206, IV, da Constituição. II – Embora configure ato burocrático, a matrícula constitui formalidade essencial para que o aluno tenha acesso à educação superior".

[43] STF. RE 597.872 AgR, Rel. Min. Marco Aurélio, 1ª Turma, julg. 03/06/2014: "O mesmo raciocínio utilizado na elaboração do Verbete Vinculante nº 12 deve ser observado nas hipóteses de cobrança de taxa para expedição de diploma em Universidade Pública, considerada a gratuidade do ensino público em estabelecimentos oficiais".

[44] STF. AI 748.944 AgR, Rel. Min. Marco Aurélio, 1ª Turma, julg. 05/08/2014: "O mesmo raciocínio utilizado na elaboração do Verbete Vinculante nº 12 deve ser observado nas hipóteses de cobrança de taxa para inscrição de processo seletivo seriado em Universidade Pública, considerada a gratuidade do ensino público em estabelecimentos oficiais".

[45] Advirta-se que, na prática do Registro Civil de Pessoas Naturais, a interpretação que se dá ao art. 226, § 1º da Constituição ("O casamento é civil e gratuita a celebração") é estrita, ou seja, apenas a celebração pelo juiz de paz que atua perante o cartório é gratuita, mas os emolumentos (espécie de taxa) pelo procedimento de habilitação ao casamento e posterior registro do mesmo são cobrados, não estando abarcados pela imunidade tributária.

Parte III • Cap. 15 • TAXAS | 393

dessas atividades, de quem as oferece e do regime jurídico a que se submetem, teremos formas distintas para a sua remuneração e, por consequência, haverá diferentes destinos ao produto da sua arrecadação. Em alguns casos estaremos diante de típicas receitas públicas, sejam elas originárias ou derivadas. Noutros casos, entretanto, ocorrerá mera remuneração a empresas privadas, sem que haja qualquer ingresso efetivo aos cofres públicos. São elas as taxas, os preços públicos ou tarifas e os preços quase privados.

Quando o Estado realiza ou coloca à disposição do cidadão um serviço público essencial e indelegável, específico e divisível, essa atividade será remunerada por **taxa**. Trata-se, como vimos, de um tributo *contraprestacional* cujo fato gerador será uma atividade estatal específica e divisível, realizada em favor do contribuinte ou colocada à sua disposição. O que caracteriza esse serviço estatal como sendo a espécie remunerada por taxa é o seu objeto: uma atividade estatal de interesse público primário, ou seja, uma atividade essencial e indelegável, realizada exclusivamente pelo Estado, como, por exemplo, os serviços judiciários, a emissão de passaporte, a fiscalização de instalação de empresas e as atividades do corpo de bombeiros. Por consequência, o regime jurídico será o do Direito Público (Direito Tributário) e o pagamento da taxa será compulsório,[46] sendo o produto da arrecadação das taxas dirigido diretamente aos cofres públicos.

Já quando são oferecidos à coletividade determinados serviços de interesse público de natureza inessencial e delegável, estes serão remunerados por **preços públicos**, comumente denominados de tarifa. Trata-se de atividades em que apenas há um interesse estatal de regulá--las e fiscalizá-las, visando garantir o bom atendimento da sociedade; porém, estes serviços não requerem que sejam executados direta e exclusivamente pelo Estado, podendo as atividades ser oferecidas por empresas públicas, sociedades de economia mista ou mesmo por empresas privadas, na qualidade de concessionárias ou permissionárias.[47] É o que ocorre, por exemplo, com a distribuição de gás ou de energia elétrica[48] e o transporte coletivo.

Esses serviços enquadram-se na regra prevista no art. 175 da Constituição Federal de 1988, que afirma incumbir ao Poder Público, diretamente ou sob regime de concessão ou permissão, sempre mediante licitação, a prestação de serviços públicos, incumbindo à lei dispor sobre o regime das empresas concessionárias e permissionárias de serviços públicos, os direitos dos usuários, a política tarifária e a obrigação de manter serviço adequado.

---

[46] STF. Súmula nº 545: "Preços de serviços públicos e taxas não se confundem, porque estas, diferentemente daqueles, são compulsórias [...]".

[47] Contudo, na ADI 3.863, o STF entendeu ser possível que o serviço público de análise de pleito de registro de marcas e patentes, cuja prestação somente pode ser realizada pela autarquia federal INPI (serviço público indelegável), seja remunerado por tarifa e não por taxa. A razão dada pelo STF para tal decisão está no fato de que tal serviço, embora indelegável, não está voltado a um interesse geral, mas sim de particulares (os interessados na proteção de marcas e patentes), cf. STF. ADI 3.863, Rel. Min. Edson Fachin, Pleno, julg. 20/09/2018. Essa ADI 3.863 invoca, por analogia, a ADI 800, que fixou a natureza jurídica de tarifa para a cobrança do pedágio. A analogia, porém, não nos parece feliz: a exploração de rodovias é delegável, enquanto o serviço público de análise de pleito de registro de marcas e patentes não o é (ao menos não na configuração legal atual).

[48] STF. RE 576.189 (repercussão geral), Rel. Min. Ricardo Lewandowski, Pleno, julg. 22/04/2009: "I – Os encargos de capacidade emergencial e de aquisição de energia elétrica emergencial, instituídos pela Lei 10.438/02, não possuem natureza tributária. II – Encargos destituídos de compulsoriedade, razão pela qual correspondem a tarifas ou preços públicos. III – Verbas que constituem receita originária e privada, destinada a remunerar concessionárias, permissionárias e autorizadas pelos custos do serviço, incluindo sua manutenção, melhora e expansão, e medidas para prevenir momentos de escassez. IV – O art. 175, III, da CF autoriza a subordinação dos referidos encargos à política tarifária governamental".

CURSO DE DIREITO TRIBUTÁRIO BRASILEIRO – *Marcus Abraham*

Misabel Derzi[49] também traça um competente resumo das diferenças entre taxas e preços públicos:

> A realidade está em que os serviços públicos de utilidade, específicos e divisíveis, podem ser remunerados por preços (regime contratual) ou por taxas (regime de Direito Público). O dilema resolve-se pela opção do legislador. Se escolher o regime tributário das taxas, ganha a compulsoriedade do tributo, inclusive pela mera disponibilidade do serviço, se prevista a sua utilização compulsória (CTN, art. 79, I, *b*), mas fica manietado pelas regras de contenção do poder de tributar. A fixação e o aumento da taxa só podem ser feitos por lei e só têm eficácia para o ano seguinte. Se escolher o regime contratual, perde a compulsoriedade da paga pela mera disponibilidade do serviço, mas ganha elasticidade e imediatez na fixação das tarifas, liberando, assim, o controle congressual e a incidência das regras constitucionais de contenção ao poder de tributar. Ao jurista, cujo objeto primordial é o Direito posto, cabe distinguir a taxa do preço exatamente pelo regime jurídico de cada qual. O preço é contratualmente acordado. A taxa é unilateralmente imposta pela lei. O primeiro parte da autonomia da vontade. A segunda é heterônoma. O contrato de prestação de serviço público de utilidades mediante a contraprestação em pecúnia pode ser rescindido, e só o fornecimento efetivo dá lugar ao pagamento. A prestação de serviços públicos pelo pagamento de taxas inadmite rescisão, e a só disponibilidade do serviço, quando legalmente compulsória a sua utilização, se específico e divisível, autoriza a tributação. Os regimes são diversos. O nome pouco importa na espécie e tampouco as parvoíces extrajurídicas. Ao jurista cabe apenas indagar qual o regime jurídico que o legislador adotou. Se for o regime jurídico-tributário, temos taxas. Se for o regime contratual, temos preço público (contrato entre o Estado, suas instrumentalidades, e os usuários do serviço). Aqui cabem os macrosserviços de interesse público, específicos e divisíveis, como os serviços de fornecimento de energia, telefonia, transportes coletivos, fornecimento de água e esgotamento sanitário.

Como se disse, esses serviços, por serem inessenciais, podem ser oferecidos tanto por empresas públicas ou sociedades de economia mista como por empresas privadas, na qualidade de concessionárias ou permissionárias do serviço público, e até mesmo prestados por indivíduos (por exemplo, os taxistas, na qualidade de permissionários).

Assim, a regra geral é que o produto arrecadado dos preços públicos não ingressa nos cofres públicos. Ou estes recursos irão integrar o patrimônio das empresas públicas estatais[50] ou irão diretamente para o patrimônio das empresas privadas concessionárias ou permissionárias, que realizam, no lugar do Estado, esses serviços públicos.

Poder-se-ia até mesmo diferenciar as denominações entre o preço público e a tarifa, a se considerar como sendo o primeiro quando o valor fosse pago a alguma empresa estatal pública, e a segunda quando o prestador fosse uma empresa privada concessionária.[51] Em qualquer dos casos, entretanto, o produto da arrecadação não ingressaria nos cofres públicos – e não seria,

---

[49] COÊLHO, Sacha Calmon Navarro; DERZI, Misabel Abreu Machado. A diferença jurídica entre taxa (tributos) e tarifa (preços), seja pública, privada ou política. *Revista Dialética de Direito Tributário*, n. 194, 2011.

[50] STF. RE 594.116 (repercussão geral), Rel. Min. Edson Fachin, Pleno, julg. 03/12/2015: "1. A despesa com porte de remessa e retorno não se enquadra no conceito de taxa judiciária [...]. 2. O porte de remessa e retorno é típica despesa de um serviço postal, prestado por empresa pública monopolística e, assim, remunerado mediante tarifas ou preço público".

[51] Ressalvo que essa classificação não é adotada pela doutrina tradicional, mas vem expressa em nosso livro *Curso de direito financeiro brasileiro*, publicado pela editora Forense.

portanto, considerado receita pública, já que esses serviços são oferecidos por empresas, sejam elas estatais ou privadas, que possuem um patrimônio autônomo em relação ao patrimônio do Estado. Ressalve-se que esses recursos apenas ingressarão no patrimônio público de maneira indireta se forem arrecadados por empresas públicas ou sociedades de economia mista, já que o Estado delas participa como sócio.

Por outro lado, quando a atividade realizada em favor da sociedade não detém natureza ou interesse público, mas ainda assim é prestada pelo Estado, este estará agindo como se particular fosse, e será remunerado pelo denominado **preço quase privado**. A receita originária do preço quase privado ingressará nos cofres públicos direta ou indiretamente, dependendo do fato de o serviço ser realizado pela Administração Pública direta ou por alguma entidade estatal indireta (autarquia, fundação pública, empresa pública e sociedade de economia mista). Porém, se a atividade for oferecida por particular e a sua natureza não contiver qualquer interesse público, estaremos diante do **preço privado**, que nada tem que ver com receitas públicas.

Cabe, por fim, trazer a ilustrativa discussão acerca da natureza jurídica do pedágio, conectada a este tema e sumariada por Paulo Caliendo:[52]

> A doutrina se divide claramente sobre a natureza dos pedágios como taxas, preços públicos ou prestação coativa de direito público que pode assumir a forma de taxa ou pedágio, conforme a situação e elementos caracterizadores. Assim defendem que o pedágio possui a natureza de: i) *taxa*: para os defensores deste ponto de vista o pedágio deve ser considerado como taxa pelo fato de que existe um serviço de manutenção ou conservação sendo prestado, esse serviço possui o caráter essencial de um serviço *stricto sensu* e não há possibilidade de escolha por parte do usuário, especialmente, no caso de ausência de via alternativa. Defendem este ponto de vista José Eduardo Soares de Melo e Roque Volkweiss; ii) *preço público*: para aqueles que defendem a natureza contratual do pedágio argumenta-se que a prestação realiza-se no entorno à utilização de um bem público e nunca na utilização de um serviço. Assim, caberia ao viajante escolher qual o meio de transporte a utilizar e se faria uso deste bem (estrada) ou não, independentemente da presença de uma via alternativa. Partilham deste entendimento Bernardo Ribeiro de Moraes e Ricardo Lobo Torres; iii) *instituto autônomo*: para Luciano Amaro a natureza jurídica do pedágio é irredutível às figuras dos preços público e da taxa, devendo ser caracterizado como um instituto autônomo e dotado de características próprias: o pedágio; iv) *prestação coativa de direito público*: para Sacha Calmon Navarro Coêlho, em opinião que concordamos, o pedágio pode assumir tanto a forma de taxa, quanto de preço público.

Atualmente, prevalece a orientação de que o pedágio não constitui um tributo (taxa), e sim um *preço público* ou *tarifa*, como ensina Regis Fernandes de Oliveira:[53]

> [...] o que se cobra em razão do denominado pedágio é preço; isso porque se cuida de disponibilidade patrimonial do Poder Público em relação aos particulares e, sendo o fato gerador o uso do bem público, cabe cobrar o preço daqueles que se utilizam da estrada; os serviços de auxílio ao usuário, de telefones para chamadas de veículos de apoio, fazem parte do valor que se paga pelo uso do imóvel.

---

[52] CALIENDO, Paulo. Comentários ao art. 150, V. In: CANOTILHO, J. J. Gomes [et al.] (Org.). *Comentários à Constituição do Brasil*. São Paulo: Saraiva/Almedina, 2013.

[53] OLIVEIRA, Regis Fernandes. *Curso de direito financeiro*. 7. ed. São Paulo: Revista dos Tribunais, 2015. p. 362.

Observe-se que o pedágio pode constituir *receita patrimonial estatal* de duas formas distintas. A primeira, quando é o próprio ente público que explora o pedágio, diretamente ou por meio de empresas estatais, cobrando o valor do pedágio dos usuários. A segunda, quando a Administração Pública concede a terceiro (empresa privada) esta exploração do bem público (a rodovia), hipótese em que a receita patrimonial não advém do pagamento pelos usuários, mas sim da contraprestação paga pelo concessionário privado ao ente público por meio do contrato de concessão (neste caso, não é o usuário, mas sim o concessionário que remunera a Administração pelo uso do bem público *rodovia*).

Como bem advertiu o STF no julgamento da ADI nº 800,[54] não se deve confundir a figura do antigo "selo-pedágio"[55] (uma taxa que era exigida em valor fixo, independentemente do número de vezes que o contribuinte fazia uso das estradas durante o mês) com o pedágio cobrado nos moldes atuais, que configura preço público, não sendo cobrado compulsoriamente de quem não utilizar a rodovia (uma retribuição facultativa paga apenas mediante o uso voluntário do serviço).[56]

---

[54] STF. ADI 800, Rel. Min. Teori Zavascki, Pleno, julg. 11/06/2014: "O pedágio cobrado pela efetiva utilização de rodovias conservadas pelo Poder Público, cuja cobrança está autorizada pelo inciso V, parte final, do art. 150 da Constituição de 1988, não tem natureza jurídica de taxa, mas sim de preço público, não estando a sua instituição, consequentemente, sujeita ao princípio da legalidade estrita".

[55] STF. RE 181.475, Rel. Min. Carlos Velloso, 2ª Turma, julg. 04/05/1999: "Constitucional. Tributário. Pedágio. Lei 7.712, de 22.12.88. I. Pedágio: natureza jurídica: taxa: C.F., art. 145, II, art. 150, V. II. Legitimidade constitucional do pedágio instituído pela Lei 7.712, de 1988".

[56] Deste modo, a posição do STF presente no RE nº 181.475 contemplava outra realidade jurídica: aí se estava a tratar exatamente do hoje extinto "selo-pedágio", essa exação compulsória (na modalidade *taxa*) a todos os usuários de rodovias federais, por meio de um pagamento renovável mensalmente (art. 3º do Decreto nº 97.532/1989 – revogado pelo Decreto S/N de 25/04/1991), independentemente da frequência de uso das rodovias, as quais eram conservadas pelo próprio Poder Público. Era cobrada antecipadamente, como contrapartida a um serviço específico ou divisível, prestado ao contribuinte ou posto à sua disposição.

Capítulo 16
EMPRÉSTIMOS COMPULSÓRIOS

16.1. EMPRÉSTIMO COMPULSÓRIO: CONCEITO E GENERALIDADES

O **empréstimo compulsório** é um tributo classificado como extraordinário, de competência privativa da União, criado apenas por lei complementar, e de arrecadação vinculada a uma destinação específica relacionada com a sua causa ou pressuposto de criação, conforme determinação da Constituição Federal (parágrafo único do art. 148), a qual prescreve que a aplicação dos recursos provenientes de empréstimo compulsório será vinculada à despesa que fundamentou sua instituição. Esta modalidade tributária não vem sendo utilizada há mais de três décadas.[1]

Sua criação pode ocorrer em duas hipóteses: a) para atender a **despesas extraordinárias**, decorrentes de calamidade pública, de guerra externa ou sua iminência; b) no caso de **investimento público** de caráter urgente e de relevante interesse nacional, com observância ao princípio da anterioridade.

Cabe ressaltar que, não obstante a previsão de ocorrência de tais hipóteses para a sua criação, não foi estabelecido um fato gerador específico, atribuindo-se à legislação de sua instituição a liberdade para estipulá-lo (por exemplo, podem ser fatos geradores do empréstimo compulsório: aquisição de automóveis; de combustíveis; de passagens aéreas; de energia elétrica etc.), já que as condições referidas na Constituição – calamidade, guerra e investimento relevante – são apenas os pressupostos para sua criação, não devendo se confundir com os fatos geradores do empréstimo compulsório.

A primeira circunstância que enseja a instituição do empréstimo compulsório é a **calamidade pública**, entendida como sendo uma situação de catástrofe de qualquer ordem (epidemias, guerra civil, fatores naturais etc.) que prejudique a vida normal de determinada coletividade e que requeira ajuda financeira governamental.

Recentemente, alguns Estados da federação declararam "estado de calamidade pública financeira" em razão da grave situação fiscal por eles vivida, buscando estender o conceito

---

[1] Já na vigência da Constituição de 1988, o então Presidente Fernando Collor de Mello, por meio da Medida Provisória n° 168/1990 (depois convertida na Lei n° 8.024/1990), determinou, no art. 6°, § 1°, um empréstimo compulsório que ficou conhecido como o "confisco" das cadernetas de poupança, com o fim de "enxugar" a liquidez da economia. Tal instituição por Medida Provisória, contudo, violava a reserva de lei complementar exigida pelo art. 148, *caput*, CF/88, bem como se baseava no art. 15, III, CTN, o qual estabelecia a possibilidade de instituir empréstimos compulsórios em conjuntura que exija a absorção temporária de poder aquisitivo. Este inciso III, porém, não foi recepcionado pela nossa atual Lei Maior, que não veicula mais esta hipótese de instituição de empréstimo compulsório no art. 148, CF/88.

de calamidade pública a questões econômicas. Embora esta hipótese ainda não tenha sido objeto de pronunciamento pelo STF, em doutrina, há quem sustente a calamidade pública de escopo econômico para fins de instituição do empréstimo compulsório, como Paulo de Barros Carvalho:[2]

> Daí admitirmos que, por calamidade pública, se deva entender não somente as catástrofes provocadas por agentes da natureza circundante, mas também outros eventos, de caráter socioeconômico, que ponham em perigo o equilíbrio do organismo social, considerado na sua totalidade. [...] o conceito de "calamidade pública" é mais abrangente do que aquele acolhido pela tradição do Direito Civil, já porque os especialistas nos dão conta de que a hiperinflação provoca, realmente, crises sociais agudas e insustentáveis.

A segunda circunstância é a **guerra externa**, podendo ser definida como a luta armada entre nações, a qual possibilita a instituição do empréstimo compulsório, seja por participação direta do Brasil (por envolver despesas bélicas em elevado nível), seja por um reflexo indireto da guerra, como o aumento dos preços de petróleo, inflação, desvalorização cambial etc. A mera guerra interna (guerra civil) não está coberta pelo pressuposto da guerra externa. Contudo, dependendo da gravidade do conflito interno, a situação poderia se amoldar ao pressuposto da calamidade pública, o qual também autoriza a instituição do empréstimo compulsório.

Em ambas as hipóteses descritas (calamidade pública e guerra externa), a Constituição exige que seja instituído o empréstimo compulsório para atender a **despesas extraordinárias** que decorram dessas situações fáticas. A expressão "despesas extraordinárias" veicula conceito indeterminado. Sacha Calmon Navarro Coêlho confere-lhe interpretação restritiva, ao sustentar que deve haver um verdadeiro esgotamento dos fundos do Tesouro para fazer frente a tais gastos, de modo a evitar que o empréstimo compulsório nessas situações se torne algo corriqueiro.[3] Contudo, esta consideração de direito financeiro de exaurimento dos recursos públicos, embora louvável na tentativa de evitar o uso do empréstimo compulsório como só mais uma fonte ordinária de receitas, não decorre expressamente da norma, de modo que não seria exigível da Fazenda Pública tal demonstração de inanição financeira.

Por último, encontra-se a hipótese de **investimento público** de caráter urgente e de relevante interesse nacional, que permite o desenvolvimento de determinado setor, como, por exemplo, o elétrico, a construção de rodovias, de aeroportos, de hidroelétricas (esta última com a instituição, no passado, do empréstimo compulsório para o Fundo de Eletrificação Federal, em favor das Centrais Elétricas Brasileiras S/A – Eletrobras).

Devemos advertir que a hipótese prevista no inciso III do art. 15 do CTN, que fala expressamente em *"conjuntura que exija a absorção temporária de poder aquisitivo"* para autorizar a instituição de empréstimo compulsório não está mais em vigor, pois esta circunstância não foi

---

[2]   CARVALHO, Paulo de Barros. *Curso de direito tributário*. 27. ed. São Paulo: Saraiva, 2016. p. 57-58. No mesmo sentido, Luís Eduardo Schoueri: "[...] uma calamidade pública não surge apenas de fenômenos físicos. A história econômica recente revela os desatinos que podem surgir em virtude de grave crise econômica. Não parece despropositado, daí, afirmar que, se a conjuntura tomar as feições de vera calamidade pública, será possível o empréstimo compulsório. Entretanto, este não servirá para mera absorção temporária de recursos, mas sim para prover o governo federal de recursos para socorrer a situação calamitosa" (SCHOUERI, Luís Eduardo. *Direito tributário*. 3. ed. São Paulo: Saraiva, 2013. p. 207).

[3]   COÊLHO, Sacha Calmon Navarro. *Comentários à Constituição de 1988*: sistema tributário. 6. ed. Rio de Janeiro: Forense, 1996. p. 147.

Parte III · Cap. 16 · EMPRÉSTIMOS COMPULSÓRIOS | **399**

prevista pela Constituição Federal de 1988, razão pela qual entende-se que este item não foi recepcionado pelo ordenamento jurídico.

Ademais, como a Constituição Federal exige o instrumento de lei complementar para a instituição de empréstimo compulsório (art. 148, *caput*), a norma constitucional constante do art. 62, § 1º, III, veda a sua instituição por Medida Provisória, ainda que se esteja diante de uma real situação de grande urgência e relevância. Da mesma forma, é vedada sua instituição por lei delegada (art. 68, § 1º, CF/88).

16.2. NATUREZA JURÍDICA DO EMPRÉSTIMO COMPULSÓRIO

Muitas controvérsias surgiram a respeito da sua **natureza jurídica**, e ainda hoje existem vozes questionadoras sobre o tema, especialmente devido a sua nomenclatura de "empréstimo compulsório", que impõe a obrigação para o Estado de, em um dado momento, devolver o recurso arrecadado, fato que macularia a sua natureza tributária (de receita financeira definitiva).[4] Ao mesmo tempo, não configuraria um contrato de empréstimo típico, por advir de uma cobrança cogente, ou seja, um ato desprovido de voluntariedade.

Tais questões acabaram gerando o surgimento de diversas correntes a respeito de sua natureza jurídica: a) que se trataria de um contrato de empréstimo coativo de natureza pública; b) que se trataria de uma requisição forçada de dinheiro pelo Estado, fundado no seu poder de soberania, com a respectiva indenização; c) que seria efetivamente um tributo, já que a sua cobrança seguiria as normas do direito tributário e a sua devolução seria apenas uma etapa posterior, relativa à destinação dos recursos, regrada pelo direito financeiro (ingresso temporário).

Não à toa, nos idos da década de 1960, quando o sistema tributário brasileiro contemplava apenas impostos e taxas, prevalecia o entendimento de que o empréstimo compulsório não tinha natureza tributária. Inclusive o verbete 418 da Súmula do STF prescrevia: "O empréstimo compulsório não é tributo, e sua arrecadação não está sujeita a exigência constitucional da prévia autorização orçamentária". Por sua vez, a Emenda Constitucional nº 18/1965, alterou a Constituição de 1946 e introduziu um capítulo específico sobre o Sistema Tributário Nacional, estabelecendo a divisão tripartite das espécies tributárias, tratando, inclusive do empréstimo compulsório (arts. 1º e 4º, EC nº 18/1965). A Constituição de 1967, com a redação da EC nº 01/1969, novamente previa expressamente o empréstimo compulsório como tributo. Posteriormente, em 1988, no julgamento do Recurso Extraordinário 111.954,[5] entendeu-se que a referida Súmula perdeu validade.

---

[4] Hugo de Brito Machado é contra a natureza tributária do empréstimo compulsório por este motivo: "[...] do ponto de vista de uma Teoria Geral do Direito, e tendo-se em vista o conceito universal de tributo como receita, no sentido não apenas financeiro, mas econômico, o empréstimo compulsório não é tributo, pois não transfere riqueza do setor privado para o Estado. No Direito brasileiro, tributo é receita, no sentido econômico e não apenas no sentido financeiro (Lei n. 4.320, de 17.3.1964, arts. 9º e 11, §§ 1º e 2º). Por isto não devemos colocar o empréstimo compulsório como espécie de tributo" (MACHADO, Hugo de Brito. *Curso de direito tributário*. 34. ed. São Paulo: Malheiros, 2013. p. 68).

[5] STF. RE 111.954, Rel. Min. Oscar Corrêa, Pleno, julg. 01/06/1988: "A Súmula 418 perdeu validade em face do art. 21, parágrafo 2º, II, da Constituição Federal (redação da Emenda Constitucional 1/69). Não há distinguir, quanto à natureza, o empréstimo compulsório excepcional do art. 18, parágrafo 3º, da Constituição Federal, do empréstimo compulsório especial, do art. 21, parágrafo 2º, II, da mesma Constituição Federal. Os casos serão sempre os da lei complementar (CTN, art. 15) ou outra regularmente votada (art. 50 da Constituição Federal). O empréstimo sujeita-se às imposições da legalidade e igualdade, mas, por sua natureza, não à anterioridade, nos termos do art. 153, parágrafo 29, 'in fine', da Constituição Federal (demais casos previstos na

Nesta trilha, a atual doutrina e jurisprudência, sobretudo após a Constituição de 1988, pacificaram o entendimento no sentido de tratar-se efetivamente de tributo restituível. Leandro Paulsen[6] diz que o empréstimo compulsório constitui uma **espécie autônoma tributária**, tal como as contribuições especiais, não configurando, nem mesmo impropriamente, nenhuma das outras espécies, quais sejam: impostos, taxas ou contribuições.

Já segundo as lições de Ricardo Lobo Torres,[7] o empréstimo compulsório representa

> [...] o dever fundamental consistente em prestação pecuniária que, vinculada pelas liberdades fundamentais, sob a diretiva do princípio constitucional da capacidade contributiva, com a finalidade de obtenção de receita para as necessidades públicas e sob promessa de restituição, é exigida de quem tenha realizado o fato descrito em lei elaborada de acordo com a competência especificamente outorgada pela Constituição. O aspecto estrutural mais significativo é o de consistir em uma prestação pecuniária restituível.

O primeiro argumento em favor de sua natureza tributária advém de estar previsto no capítulo constitucional do Sistema Tributário Nacional (art. 148), bem como expresso no Código Tributário Nacional (art. 15). Assim, não apenas sob a ótica topográfica o empréstimo compulsório seria um tributo, mas também pelo regime jurídico que lhe é imposto por estas normas de direito público que lhe conferem típica juridicidade tributária.

Outrossim, por ser uma cobrança compulsória,[8] estaria de acordo com a natureza coativa dos tributos prevista no art. 3º do CTN, o qual afirma que "Tributo é toda prestação pecuniária compulsória [...]". Além disso, no art. 4º do CTN encontramos a ideia de que as nomenclaturas (no caso, "empréstimo") não afetam a natureza do instituto, ao estabelecer que "A natureza jurídica específica do tributo é determinada pelo fato gerador [...] sendo irrelevantes para qualificá-la: [...] II – a destinação legal do produto da sua arrecadação".

Ainda sob a égide da Constituição anterior (Constituição de 1967/1969), o STF determinou a aplicação do regime tributário ao empréstimo compulsório (RE 111.954-PR[9]). Tal tese foi igualmente fixada no RE 146.615-PE, julgado em 1995, em que o STF entendeu pela natureza tributária do empréstimo compulsório instituído pela Lei nº 4.156/1962 em favor da Eletrobras.[10]

Constituição). O Dec.-Lei 2.047/83, contudo, sofre de vício incurável: a retroação a ganhos, rendas – ainda que não tributáveis – de exercício anterior, já encerrado. Essa retroatividade é inaceitável (art. 153, parágrafo 3º, da Constituição Federal), fundamento diverso do em que se apoiou o acórdão recorrido. Recurso extraordinário não conhecido, declarada a inconstitucionalidade do Decreto-Lei 2.047, de 20.7.83".

6 PAULSEN, Leandro. *Curso de direito tributário*: completo. 7. ed. Porto Alegre: Livraria do Advogado, 2015. p. 48.

7 TORRES, Ricardo Lobo. *Curso de direito financeiro e tributário*. 19. ed. Rio de Janeiro: Renovar. 2013. p. 427-428.

8 STF. ADI 1.933, Rel. Min. Eros Grau, Pleno, julg. 14/04/2010: "Esta Corte afirmou anteriormente que o ato normativo que dispõe sobre depósitos judiciais e extrajudiciais de tributos não caracteriza confisco ou empréstimo compulsório. ADI/MC 2.214. O depósito judicial consubstancia faculdade do contribuinte. Não se confunde com empréstimo compulsório".

9 STF. RE 111.954, Rel. Min. Oscar Corrêa, Pleno, julg. 01/06/1988.

10 STF. RE 146.615, Rel. Min. Ilmar Galvão, Rel. p/ Acórdão: Min. Maurício Corrêa, Pleno, julg. 06/04/1995, *DJ* 30/06/1995.

Parte III · Cap. 16 · EMPRÉSTIMOS COMPULSÓRIOS | 401

Neste último julgado referido, o Ministro do STF Moreira Alves manifestou-se pela adoção da teoria "quinquipartida"[11] dos tributos, incluindo o empréstimo compulsório como espécie autônoma entre os demais, conforme as seguintes palavras:

> De fato, a par das três modalidades de tributos (os impostos as taxas e as contribuições de melhorias), a que se refere o art. 145, para declarar que são competentes para instituí-los a União, os Estados, o Distrito Federal e os Municípios, os arts. 148 e 149, aludem as duas outras modalidades tributárias, para cuja instituição só a União é competente: os empréstimos compulsórios e as Contribuições Sociais, inclusive as de intervenção no domínio econômico e de interesse das categorias profissionais ou econômicas.

Ademais, a própria Constituição Federal lhe impõe a observância do *princípio da anterioridade*, condicionante existente somente para os tributos em geral, ainda que incidente apenas para o inciso II do art. 148. Em relação às circunstâncias previstas no art. 148, I (guerra e calamidade pública), sua gravidade e urgência demandam eficácia imediata da lei instituidora do empréstimo compulsório, sendo tal hipótese de exceção da anterioridade prevista no § 1º do art. 150, CF/88. Perceba-se que a própria redação do art. 150, § 1º expressamente indica que está a excepcionar *tributos*, dentre os quais inclui a modalidade de empréstimo compulsório prevista no art. 148, I: "A vedação do inciso III, *b*, não se aplica aos *tributos* previstos nos arts. 148, I, [...]; e a vedação do inciso III, *c*, não se aplica aos *tributos* previstos nos arts. 148, I [...]".

Ainda sobre a *anterioridade*, o art. 148, II da Constituição (empréstimo compulsório decorrente de investimento público) apenas menciona exceção ao art. 150, III, *b* (a chamada *anterioridade anual*), para este tipo de empréstimo compulsório, nada estabelecendo sobre a anterioridade nonagesimal prevista no art. 150, III, *c*.[12] Assim, ficaria a pergunta: ao empréstimo compulsório decorrente de investimento público somente se aplica a anterioridade anual, mas não a nonagesimal?

A interpretação histórica da Constituição nos indica a razão dessa omissão: o art. 150, III, *c* (anterioridade nonagesimal), não existia no texto original da Lei Maior, tendo sido inserido pela EC nº 42/2003. Já o art. 148, II, é obra do constituinte originário, motivo pelo qual não poderia mencionar uma espécie de anterioridade (a nonagesimal) que só passou a compor o texto da Constituição em 2003.

Contudo, a leitura do art. 150, § 1º, da Constituição debela qualquer dúvida: este parágrafo, em sua segunda parte, enumera todos os tributos excepcionados da anterioridade nonagesimal, dentre os quais não se encontra o empréstimo compulsório decorrente de investimentos públicos do art. 148, II (apenas o art. 148, I, é expressamente excepcionado no art. 150, § 1º, tanto quanto à anterioridade anual como à nonagesimal).

Em suma: ao empréstimo compulsório decorrente de investimento público (art. 148, I) aplica-se a anterioridade plena (anual e nonagesimal), e ao empréstimo compulsório decorrente de guerra externa ou calamidade pública não se aplica seja a anterioridade anual, seja a nonagesimal.

---

[11] Ressalvamos o nosso entendimento da classificação quadripartida dos tributos (Impostos, Taxas, Empréstimos Compulsórios e Contribuições).

[12] Art. 148. A União, mediante lei complementar, poderá instituir empréstimos compulsórios:
I – para atender a despesas extraordinárias, decorrentes de calamidade pública, de guerra externa ou sua iminência;
II – no caso de investimento público de caráter urgente e de relevante interesse nacional, observado o disposto no art. 150, III, *b*.

402 | CURSO DE DIREITO TRIBUTÁRIO BRASILEIRO – *Marcus Abraham*

Luiz Felipe Difini[13] indica uma aparente contradição no texto do art. 148, II, da Constituição, o qual discorre sobre a instituição de empréstimo compulsório para atender a investimento de interesse público de caráter urgente e de relevante interesse nacional. Se o investimento tem realmente caráter urgente, em regra, o empréstimo compulsório para viabilizá-lo não poderia estar submetido ao princípio da anterioridade, mas, como visto anteriormente, a Constituição não o excepciona da aplicação de tal princípio.

Parece-nos que a melhor forma de interpretar harmonicamente tal dispositivo reside no fato de que, aqui, o empréstimo compulsório atua como *antecipação de receita* para a realização de um investimento vultoso sem a necessidade de canalizar outros recursos tributários para esse objetivo (por vezes, já comprometidos com outras finalidades).

Desse modo, o Estado teria a possibilidade de arrecadar desde já os recursos para o investimento (obedecendo apenas à anterioridade), mas se comprometendo a restituir tais fundos (a restituição é da natureza do empréstimo compulsório) em prazo mais longo, de acordo com sua disponibilidade financeira futura. A urgência não é aqui sinônimo de necessidade emergencial e imediata de executar o investimento;[14] ao revés, deve ser entendida como possibilidade de viabilizar tal investimento com maior celeridade do que aquela que seria possível contando-se apenas com outras receitas tributárias.[15]

16.3. RESTITUIÇÃO DO EMPRÉSTIMO COMPULSÓRIO

A respeito da obrigação de **restituição** dos valores arrecadados pelo empréstimo compulsório, o art. 15 do CTN contempla, em seu parágrafo único, a regra de que a lei que o instituir deverá fixar o prazo do empréstimo e as condições de seu resgate. Caso a lei instituidora não o faça, restaria maculado o próprio empréstimo compulsório.

Nesta linha, entende-se que, como tributo, o empréstimo compulsório é a cobrança coercitiva de dinheiro, sendo que a sua restituição deverá ser da mesma espécie, qualidade e quantidade, ou seja, deverá ser restituído em dinheiro, na mesma metodologia estabelecida pelo Direito Civil, ao considerar que todo mútuo de coisas fungíveis deverá ter na sua devolução a mesma espécie emprestada.

Assim, no Recurso Extraordinário nº 121.336-CE, restou decidido que o Decreto-lei nº 2.288/1986, que instituiu o empréstimo compulsório sobre a aquisição de automóveis para enxugar o poder aquisitivo, era inconstitucional por estabelecer que a restituição seria feita

---

[13] DIFINI, Luiz Felipe Silveira. *Manual de direito tributário*. 4. ed. São Paulo: Saraiva, 2008. p. 66.

[14] COÊLHO, Sacha Calmon Navarro. *Curso de direito tributário brasileiro*. 15. ed. Rio de Janeiro: Forense, 2016. p. 104: "Aqui a urgência do investimento, por não ter o caráter de emergência, observa a anterioridade, em benefício dos contribuintes."

[15] "Parece incoerente que, em se tratando de investimento público de caráter urgente, tenha de ser observado o princípio da anterioridade. Não há, todavia, tal incoerência. O investimento público de relevante interesse nacional pode exigir recursos que somente em vários anos seria possível atender com os tributos existentes. Por isso, é possível a instituição de um empréstimo compulsório, que funcionará como simples antecipação de arrecadação. Assim, o que será arrecadado em dez anos, por exemplo, pode ser arrecadado em um, ou dois, a título de empréstimo, e devolvido nos anos seguintes, com recursos decorrentes da arrecadação de tributos. Dessa forma poderá ser antecipado o investimento público, sem prejuízo do princípio da anterioridade" (MACHADO, Hugo de Brito. op. cit. p. 67-68).

Parte III · Cap. 16 · EMPRÉSTIMOS COMPULSÓRIOS | **403**

através de quotas do Fundo Nacional do Desenvolvimento e não em dinheiro, por desnaturar o próprio conceito de empréstimo como algo destinado a ser restituído na mesma espécie.[16]

16.4. O EMPRÉSTIMO COMPULSÓRIO NOS TRIBUNAIS SUPERIORES

Em termos de exemplos concretos, primeiro citamos o empréstimo compulsório instituído pela Lei nº 4.156/1962 (e prorrogado diversas vezes), incidindo sobre o consumo de energia elétrica e destinado em favor da Eletrobras, para fins de expansão do setor elétrico.

O Supremo Tribunal Federal, no julgamento do RE 146.615,[17] reconheceu que o empréstimo compulsório cobrado dos consumidores de energia elétrica foi recepcionado pela nova Constituição Federal, na forma do art. 34, § 12, do ADCT.[18] A Corte concluiu que, se a referida disposição transitória da Constituição preservou a exigibilidade do empréstimo compulsório com toda a legislação que o regia, no momento da entrada em vigor da Carta Federal, evidentemente também acolheu a forma de devolução relativa a esse empréstimo compulsório imposta pela legislação, a saber, a devolução não em dinheiro, mas em obrigações da Eletrobras.

Por sua vez, o STJ, em diversos recursos repetitivos, cuidou de variados temas envolvendo este empréstimo compulsório sobre consumo de energia elétrica. Assim, ficou decidido que é possível a cessão a terceiros dos créditos decorrentes da obrigação de devolução do empréstimo compulsório incidente sobre o consumo de energia elétrica, mormente por se tratar a Eletrobras de uma sociedade de economia mista, sendo-lhe aplicáveis as regras de direito privado sobre cessão de crédito (REsp 1.119.558);[19] a União responde solidariamente pelo valor nominal dos títulos relativos ao empréstimo compulsório instituído sobre energia elétrica, e sua efetiva participação no processo atrai a competência da Justiça Federal (REsp 1.145.146);[20] cabível a conversão dos créditos em ações pelo valor patrimonial e não pelo valor de mercado, bem como há direito dos contribuintes à: a) diferença de correção monetária sobre o principal e os juros remuneratórios dela decorrentes; b) correção monetária sobre os juros remuneratórios; c) sobre o valor final apurado, incidem os encargos próprios dos débitos judiciais, a saber, correção monetária desde a data do vencimento e juros de mora desde a data da citação (REsp 1.028.592);[21] a prescrição para cobrança das obrigações da Eletrobras é de cinco anos, nos termos do Decreto nº 20.910/1932, e o direito ao resgate configura-se direito potestativo e, portanto, a regra do art. 4º, § 11, da Lei nº 4.156/1962, que estabelece o prazo de cinco anos, tanto para o consumidor efetuar a troca das contas de energia por Obrigações ao Portador, quanto para, posteriormente, efetuar o resgate, fixa prazo decadencial e não prescricional (REsp 1.050.199);[22] não é cabível

---

[16] STF. RE 121.336, Rel. Min. Sepúlveda Pertence, Pleno, julg. 11/10/1990: "O empréstimo compulsório alusivo a aquisição de combustíveis – Decreto-Lei n. 2.288/86 mostra-se inconstitucional tendo em conta a forma de devolução – quotas do Fundo Nacional de Desenvolvimento – ao invés de operar-se na mesma espécie em que recolhido".

[17] STF. RE 146.615, Rel. Min. Ilmar Galvão, Rel. p/ Acórdão: Min. Maurício Corrêa, Pleno, julg. 06/04/1995.

[18] Art. 34. § 12. A urgência prevista no art. 148, II, não prejudica a cobrança do empréstimo compulsório instituído, em benefício das Centrais Elétricas Brasileiras S.A. (Eletrobrás), pela Lei nº 4.156, de 28 de novembro de 1962, com as alterações posteriores.

[19] STJ. REsp 1.119.558 (recurso repetitivo), Rel. Min. Luiz Fux, Rel. p/ Acórdão: Min. Arnaldo Esteves Lima, 1ª Seção, julg. 09/05/2012.

[20] STJ. REsp 1.145.146 (recurso repetitivo), Rel. Min. Luiz Fux, 1ª Seção, julg. 09/12/2009.

[21] STJ. REsp 1.028.592 (recurso repetitivo), Rel. Min. Eliana Calmon, 1ª Seção, julg. 12/08/2009.

[22] STJ. REsp 1.050.199 (recurso repetitivo), Rel. Min. Eliana Calmon, 1ª Seção, julg. 10/12/2008.

a execução regressiva proposta pela Eletrobras contra a União em razão da condenação das mesmas ao pagamento das diferenças na devolução do empréstimo compulsório sobre o consumo de energia elétrica ao particular contribuinte da exação (REsp 1.576.254 e 1.583.323).[23]

O segundo exemplo decorre do Decreto-Lei nº 2.047/1983, que instituiu um empréstimo compulsório para atender a ocorrência de calamidade pública, incidindo sobre a renda de pessoa física, e vigeu no ano de 1983 (ano base do Imposto de Renda de 1982). O Supremo Tribunal Federal declarou inconstitucional este empréstimo compulsório decorrente do Decreto-lei nº 2.047/1983, quando da apreciação do RE 111.954-PR,[24] por violar o princípio da irretroatividade ao pretender tributar exercício financeiro anterior à sua instituição.

O terceiro exemplo de empréstimo compulsório, que vigeu entre os meses de julho de 1986 e dezembro de 1989, foi aquele instituído pelo Decreto-Lei nº 2.288/1986, diploma legal que criou o Fundo Nacional de Desenvolvimento e instituiu o empréstimo compulsório exigido dos consumidores de gasolina ou álcool para veículos automotores, bem como dos adquirentes de automóveis de passeio e utilitários, para fins de absorção temporária de excesso de poder aquisitivo, com o objetivo de fornecer recursos para realização de investimentos necessários à dinamização do desenvolvimento nacional e apoio à iniciativa privada na organização e ampliação de suas atividades econômicas.

O STF, no RE nº 121.336,[25] entendeu que este empréstimo compulsório (art. 10), com incidência na aquisição de automóveis de passeio, e com resgate em quotas do Fundo Nacional de Desenvolvimento, era inconstitucional. Segundo a Corte Suprema:

> "Empréstimo compulsório, ainda que compulsório, continua empréstimo" (Victor Nunes Leal): utilizando-se, para definir o instituto de Direito Público, do termo empréstimo, posto que compulsório – obrigação *ex lege* e não contratual –, a Constituição vinculou o legislador à essencialidade da restituição na mesma espécie, seja por força do princípio explícito do art. 110 Código Tributário Nacional, seja porque a identidade do objeto das prestações recíprocas é indissociável da significação jurídica e vulgar do vocábulo empregado.

---

[23] STJ. REsp 1.576.254 e 1.583.323 (recursos repetitivos), Rel. Min. Mauro Campbell Marques, 1ª Seção, julg. 26/06/2019.

[24] STF. RE 111.954, Rel. Min. Oscar Corrêa, Pleno, julg. 01/06/1988.

[25] STF. RE 121.336, Rel. Min. Sepúlveda Pertence, Pleno, julg. 11/10/1990.

Capítulo 17
CONTRIBUIÇÕES

17.1. CONTRIBUIÇÕES: CONCEITO, CARACTERÍSTICAS E GENERALIDADES

O gênero de tributo **contribuições** engloba diversas espécies tributárias distintas, que destinam o produto de sua arrecadação ao financiamento de gastos públicos específicos. Possuem, portanto, *finalidade específica* vinculada ao fato gerador, que integra sua estrutura, justifica sua existência, legitima sua cobrança e qualifica juridicamente este tributo.

Assim, o que caracteriza esta espécie tributária é a destinação vinculada do produto da sua arrecadação. Nesse sentido, Werther Botelho[1] afirma que "os ingressos são a medida dos gastos" e, especificamente em relação às contribuições, a arrecadação "não integra livremente o orçamento fiscal da União, estando diretamente vinculada a orçamento autônomo ou ainda a fundos ou despesas específicas".

Incluem-se nesta espécie de tributo a *contribuição de melhoria*, as *contribuições de intervenção no domínio econômico*, as *contribuições de interesse de categorias profissionais e econômicas*, as *contribuições sociais* e a *contribuição de iluminação pública*.

Muito comum, entretanto, encontrarmos na doutrina a distinção entre a contribuição de melhoria e as demais contribuições (comumente denominadas contribuições especiais ou parafiscais), como o faz, por exemplo, Humberto Ávila:[2]

> [...] o que existe no regime jurídico-constitucional das mesmas [contribuições] e que lhes confere identidade específica é a circunstância de serem instrumento para a promoção de finalidades constitucionalmente postas em caráter permanente. [...] o que as diferencia é a sua vinculação a uma finalidade ideal, com grau de abstração maior, em determinada área (social, econômica ou profissional). [...] As contribuições, apesar da parcial identidade de denominação, não se confundem com as contribuições de melhoria: enquanto a hipótese de incidência das contribuições de melhoria constitui a conjugação de um fato do Estado (obra pública) com um efeito relativo ao contribuinte (valorização imobiliária decorrente da obra), vinculando-se a esses fatos passados (art. 145, III), o caráter comum das contribuições (exceto as de melhoria) reside unicamente nas finalidades a serem objeto de promoção por meio de ações custeadas pela sua cobrança.

---

[1] BOTELHO, Werther. *Da tributação e sua destinação*. Belo Horizonte: Del Rey, 1994. p. 85-88. apud O desvio de finalidade das contribuições e o seu controle tributário e orçamentário no direito brasileiro. In: OLIVEIRA, José Marcos Domingues de (Coord.). *Direito tributário e políticas públicas*. São Paulo: MP, 2008. p. 304.

[2] ÁVILA, Humberto Bergmann. Contribuições na Constituição Federal de 1988. In: MACHADO, Hugo de Brito (Coord.). *As contribuições no sistema tributário brasileiro*. São Paulo: Dialética, 2003. p. 317-319.

406 | CURSO DE DIREITO TRIBUTÁRIO BRASILEIRO – *Marcus Abraham*

E, a partir da Emenda Constitucional nº 39/2002, teríamos nesta classificação analítica mais uma espécie autônoma, que seria a contribuição de iluminação pública, inserida no art. 149-A da Constituição.

As contribuições, em suas diversas espécies, têm suas competências tributárias distribuídas entre os diversos entes federativos, sendo certo que a União detém, atualmente, a maior parte dessa competência tributária. Assim, à exceção da *contribuição de melhoria*, que é de competência tributária comum à União, aos Estados, ao Distrito Federal e aos Municípios (art. 145, III, CF/88), da *contribuição de iluminação pública*, que é de competência tributária exclusiva dos Municípios e do Distrito Federal (art. 149-A, CF/88), e das *contribuições previdenciárias dos servidores públicos* dos Estados, do Distrito Federal e dos Municípios (art. 149, § 1º, CF/88), as demais contribuições são todas de competência exclusiva da União, representando uma relevante fonte de receitas públicas.

Ademais, são todas elas efetivamente instituídas por meio de lei ordinária, com exceção das *contribuições sociais residuais de seguridade social* (art. 195, § 4º, CF/88), que devem ser instituídas por lei complementar. Tampouco é necessário que a definição dos fatos geradores, bases de cálculo e sujeitos passivos das contribuições estejam estabelecidos em lei complementar.[3]

Importante reflexão, ao tratarmos das contribuições de competência da União, refere-se à integralidade do *pacto federativo*, pois a realidade constitucional em que nos encontramos hoje não é a mesma que se idealizou originariamente na Assembleia Constituinte, já que há um nítido movimento de concentração nas mãos do Governo Central das receitas públicas, especialmente estas originárias das contribuições.[4]

Não se pode negar que nos encontramos em um verdadeiro processo de "flexibilização" do pacto federativo originário que a Constituição Federal de 1988 pretendeu constituir, pois cada vez mais a União – através das diversas emendas constitucionais tributárias que vêm sendo promulgadas – obtém mecanismos de concentração de receitas e, por decorrência, de poder em suas mãos. Espera-se que não ocorra, pelo uso excessivo ou abusivo de emendas constitucionais tributárias, um resultado ilegítimo e apartado da proposta com que a Carta Maior de 1988 firmou compromisso.

---

[3] STF. RE 1.053.574 (repercussão geral), Rel. Min. Gilmar Mendes, Pleno, julg. 25/10/2019: "4. Não há reserva de lei complementar para a definição de fatos geradores, bases de cálculo e sujeitos passivos das contribuições previstas no art. 149 da CF/1988. [...] não se exige lei complementar para a instituição das contribuições (ressalvada a criação de nova fonte de custeio prevista no art. 195, § 4º), nem se exige que essa espécie normativa defina os seus fatos geradores, bases de cálculo ou sujeitos passivos".

[4] Nesse sentido, explica José Marcos Domingues de Oliveira que "A Constituição de 1988, acusada de inviabilizar as finanças federais em função da descentralização do chamado 'bolo tributário', em favor dos Estados e, sobretudo dos Municípios, teve a preocupação exatamente de, através desse processo político-financeiro, democratizar a Federação brasileira". Como bem constata o citado autor: "Ocorre, e este parece ser o 'punctum saliens' do problema, que à descentralização de meios não correspondeu a necessária desconcentração de poder político-administrativa ou a efetiva racionalização de tarefas objeto de competências comuns, as quais se transformaram numa kafkiana superposição de gastos em prejuízo de todos [...]". E finaliza seu estudo com a seguinte crítica: "Vive-se no Brasil um verdadeiro teatro do absurdo em matéria financeira e tributária. Em vez de descentralizar tarefas (o que reduziria o seu poder político-administrativo), a União obteve emendas que represaram recursos de fundos estaduais e municipais (FSE, FEF, DRU) e procurou mais recursos não compartilháveis (aumentando a carga tributária nacional, sobretudo através de contribuições)". (OLIVEIRA, José Marcos Domingues de. Federalismo fiscal brasileiro. *Revista Nomos*, Fortaleza, Universidade Federal do Ceará, v. 26, jan./jun. 2007. p. 137-143).

Parte III · Cap. 17 · CONTRIBUIÇÕES | **407**

Refira-se também a uma divisão clássica que, em face da Constituição de 1988 – a qual qualificou como tributárias todas as contribuições especiais –, perdeu sua razão de ser: a diferença entre contribuições fiscais (fiscalidade) e parafiscais (parafiscalidade). Em breve síntese, busca-se, pelas receitas fiscais, financiar as atividades do Estado perante a coletividade, tendo como destino dos ingressos financeiros duas espécies de cofres: a) os cofres da Fazenda Pública, também chamados de Fisco, quando se denomina **arrecadação fiscal**; b) os cofres dos órgãos paraestatais, ou seja, aqueles que não fazem parte da Administração Pública direta, mas estão ao seu lado no exercício de funções em favor da coletividade (em paralelo), quando então se denomina de **arrecadação parafiscal**.

Na arrecadação fiscal encontramos o destino da maior parte dos tributos, dos empréstimos públicos, das rendas das empresas públicas etc. Na arrecadação parafiscal, temos as contribuições especiais destinadas às entidades públicas descentralizadas da Administração Pública indireta, como no caso das autarquias públicas federais que cobram o tributo conhecido por Contribuição de Interesse de Categorias Profissionais e Econômicas (por exemplo: contribuições ao CRM, Crea, Crefito etc.), ou, ainda, o que ocorria com as contribuições previdenciárias, que eram arrecadadas pelo INSS,[5] passando, a partir de 2007, a serem arrecadadas pela Receita Federal do Brasil. Também existem contribuições destinadas a pessoas jurídicas de direito privado conhecidas como "serviços sociais autônomos"[6] (ex.: Sesc, Sesi, Senai etc.) que auxiliam na promoção de finalidades coletivas e sociais relevantes, bem como a hoje extinta contribuição tributária em favor dos sindicatos. Em qualquer dos casos, todavia, os valores arrecadados se destinam a financiar atividade estatal ou de interesse social.[7] E todas estas contribuições, seja quem for seu destinatário, ostentam natureza tributária, de modo que a fiscalidade, ao menos no direito tributário nacional, acabou por englobar também a parafiscalidade, sendo irrelevante para a configuração da natureza jurídica tributária a destinação dos valores arrecadados (art. 4º, II, CTN).

Outra discussão importante diz respeito à destinação dos recursos arrecadados com a cobrança de contribuições. Alguns doutrinadores sustentam que, por se tratar de tributo com finalidade específica, o desvio de recursos para outros fins tornaria o tributo desprovido de razão de ser, tornando-se ilegítima sua cobrança.[8] Contudo, como bem adverte Humberto Ávila,

---

5   Até a promulgação da Lei nº 11.457 de 16 de março de 2007.

6   Ressalte-se que o STJ atualmente qualifica as entidades do sistema S como meras destinatárias das contribuições em seu favor, de modo que, nas demandas judiciais em que o contribuinte questiona as cobranças de contribuições do sistema S, será a União (responsável pela fiscalização e arrecadação dessas contribuições) a figurar no polo passivo da ação, e não a entidade do sistema S meramente beneficiária dos recursos arrecadados: "STJ. Súmula 666: A legitimidade passiva, em demandas que visam à restituição de contribuições de terceiros, está vinculada à capacidade tributária ativa; assim, nas hipóteses em que as entidades terceiras são meras destinatárias das contribuições, não possuem elas legitimidade *ad causam* para figurar no polo passivo, juntamente com a União".

7   O STF (ADI 5.736, Rel. Min. Marco Aurélio, Pleno, julg. 19/04/2021) entendeu inconstitucional a criação, por lei estadual, de "contribuição tributária" para a manutenção de fundo de previdência que atende a interesses privados dos advogados (Carteira de Previdência dos Advogados do Estado de São Paulo), não relacionados a custeio de atividade estatal ou de interesse social. O fato gerador da contribuição era a outorga de procuração a advogado.

8   A questão já foi levada também ao STF, que afastou a inconstitucionalidade apontada por parte da doutrina, cf. STF. RE 566.007 (repercussão geral), Rel. Min. Cármen Lúcia, Pleno, julg. 13/11/2014: "*Tese*: I – A eventual inconstitucionalidade de desvinculação de receita de contribuições sociais não acarreta a devolução ao contribuinte do montante correspondente ao percentual desvinculado, pois a tributação

408 CURSO DE DIREITO TRIBUTÁRIO BRASILEIRO – *Marcus Abraham*

o problema da alocação dos recursos das contribuições em finalidade diversa é posterior ao direito tributário, uma vez que a gestão dos recursos arrecadados não pertence a esse ramo do direito, mas sim ao direito administrativo e financeiro, podendo gerar a responsabilização pela má administração do tributo, mas em nada afetando sua validade.[9]

17.2. CONTRIBUIÇÃO DE MELHORIA

A **contribuição de melhoria** pode ser considerada uma modalidade de contribuição em sentido amplo, uma vez que detém a característica de ser um tributo contraprestacional, pois é devida pela valorização do imóvel beneficiado por obra pública. Assim, o proprietário obtém, sem qualquer ônus, em um primeiro momento, uma valorização do seu imóvel e, a partir deste fato, em um segundo momento, o ente federativo poderá lhe cobrar este tributo.[10]

Héctor Villegas[11] conceitua as contribuições de melhoria como "contribuições especiais em que o benefício do obrigado provém de uma obra pública que presumivelmente o beneficia ao incrementar o valor de seu imóvel ou imóveis".

Na lição de Misabel Derzi,[12] diferencia-se da taxa justamente pelo fato de que a atuação estatal que dá origem à cobrança de uma taxa é o exercício do poder de polícia e prestação de serviços públicos, enquanto na contribuição de melhoria apenas a realização de obras públicas (e que tenham acarretado valorização do imóvel do contribuinte) dá ensejo à cobrança.

Com a promulgação do Decreto-lei nº 195, de 24 de fevereiro de 1967, foram estabelecidas as normas específicas sobre a contribuição de melhoria, muitas das quais haviam sido previstas anteriormente na Lei nº 854/1949, mas que foi revogada expressamente. Entretanto, muito se discutiu a respeito da sua recepção pela Constituição de 1988, o que hoje resta pacificado, conforme restou afirmado no RE nº 116.148-5.

A contribuição de melhoria foi idealizada por lei em 1605 na Inglaterra, para fazer face às despesas de tornar o Rio Tâmisa mais navegável. O termo "Contribuição de Melhoria" foi lançado em 1896 pelo italiano Roncali em artigo publicado na revista "*Riforma Sociale*".

---

    não seria inconstitucional ou ilegal, única hipótese autorizadora da repetição do indébito tributário; II – Não é inconstitucional a desvinculação, ainda que parcial, do produto da arrecadação das contribuições sociais instituídas pelo art. 76 do ADCT, seja em sua redação original, seja naquela resultante das Emendas Constitucionais 27/2000, 42/2003, 56/2007, 59/2009 e 68/2011".

[9]   ÁVILA, Humberto Bergmann. op. cit. p. 325.

[10]   STJ. REsp 647.134, Rel. Min. Luiz Fux, 1ª Turma, julg. 10/10/2006: "3. A base de cálculo da contribuição de melhoria é a diferença entre o valor do imóvel antes da obra ser iniciada e após a sua conclusão [...]. 4. Isto porque a hipótese de incidência da contribuição de melhoria pressupõe o binômio valorização do imóvel e realização da obra pública sendo indispensável o nexo de causalidade entre os dois para sua instituição e cobrança. 5. Consectariamente, o fato gerador de contribuição de melhoria se perfaz somente após a conclusão a obra que lhe deu origem e quando for possível aferir a valorização do bem imóvel beneficia-do pelo empreendimento estatal. [...] 7. Revela-se, portanto, evidente o direito de a empresa que pagou indevidamente a contribuição de melhoria, uma vez que incontroversa a não efetivação da valorização do imóvel, haja vista que a obra pública que deu origem à exação não foi concluída, obter, nos termos do art. 165, do CTN, a repetição do indébito tributário."

[11]   VILLEGAS, Héctor Belisario. *Curso de finanzas, derecho financiero y tributario*. 9. ed. Buenos Aires: Astrea, 2007. p. 197.

[12]   DERZI, Misabel. Contribuições. *Revista de Direito Tributário*, São Paulo, Revista dos Tribunais, a. 13, n. 48, abr./jun. 1989. p. 224-225.

Parte III · Cap. 17 · CONTRIBUIÇÕES | **409**

No Brasil, a contribuição de melhoria vê-se inserida na Constituição Federal pela primeira vez em 1946, no art. 30, I, e parágrafos. Em 1949, a União, por meio da Lei nº 854, de 10/10/49, legislou sobre a mesma, complementando o disposto na Constituição vigente. No art. 19 da EC nº 18/1965, a contribuição de melhoria é definitivamente elencada como espécie tributária distinta de impostos e taxas. Com esta emenda, delimitou-se a imposição estatal, criando o *limite total* e o *limite individual*. Em 1966, ocorre a promulgação da Lei nº 5.172 (Código Tributário Nacional), que tem em seu texto, nos arts. 81 e 82, a instituição da contribuição de melhoria. A Constituição 1967 não alterou o panorama anterior. O Decreto-lei nº 195/1967 revogou a Lei nº 854/1949 e detalhou a contribuição de melhoria, complementando o CTN. Finalmente, a Constituição de 1988 traz a contribuição de melhoria como espécie tributária autônoma (art. 145, III, CF/88).

A Constituição Federal de 1988 prevê a competência para os três entes federativos instituírem a contribuição de melhoria, tendo como condição ser decorrente de obras públicas. A mesma ideia traz o art. 81 do Código Tributário Nacional, ao dispor que a contribuição de melhoria cobrada pela União, pelos Estados, pelo Distrito Federal ou pelos Municípios, no âmbito de suas respectivas atribuições, é instituída para fazer face ao custo de obras públicas de que decorra valorização imobiliária, tendo como limite total a despesa realizada e como limite individual o acréscimo de valor que da obra resultar para cada imóvel beneficiado. Em igual sentido, temos no art. 1º do Decreto-lei regulador deste tributo que a *"Contribuição de Melhoria, prevista na Constituição Federal, tem como fato gerador o acréscimo do valor do imóvel localizado nas áreas beneficiadas direta ou indiretamente por obras públicas"*.

Podemos extrair as seguintes *condições* para a cobrança da contribuição de melhoria: a) sua criação deve estar relacionada com as atribuições do respectivo ente federativo; b) ter destinação vinculada ao custo de obras públicas; c) haver uma valorização imobiliária decorrente da obra pública; d) ter como limite individual de cobrança o acréscimo ao valor do imóvel beneficiado; e) ter como limite total referente ao somatório da cobrança da contribuição de melhoria o valor total da obra.

Para cobrança da contribuição de melhoria será publicado edital prévio, contendo, entre outros, os seguintes elementos: I – memorial descritivo do projeto; II – orçamento do custo da obra; III – determinação da parcela do custo da obra a ser ressarcida pela contribuição de melhoria; IV – delimitação da zona beneficiada; V – plano de rateio entre os imóveis beneficiados; VI – identificação do órgão responsável pela obra.

O referido Decreto-lei nº 195/1967 estabelece que a contribuição de melhoria somente será devida no caso de valorização de imóveis de propriedade privada, em virtude das seguintes obras públicas: I – abertura, alargamento, pavimentação, iluminação, arborização, esgotos pluviais e outros melhoramentos de praças e vias públicas; II – construção e ampliação de parques, campos de desportos, pontes, túneis e viadutos; III – construção ou ampliação de sistemas de trânsito rápido, inclusive todas as obras e edificações necessárias ao funcionamento do sistema; IV – serviços e obras de abastecimento de água potável, esgotos, instalações de redes elétricas, telefônicas, transportes e comunicações em geral ou de suprimento de gás, funiculares, assessores e instalações de comodidade pública; V – proteção contra secas, inundações, erosão, ressacas, e de saneamento de drenagem em geral, diques, cais, desobstrução de barras, portos e canais, retificação e regularização de cursos d'água e irrigação; VI – construção de estradas de ferro e construção, pavimentação e melhoramento de estradas de rodagem; VII – construção de aeródromos e aeroportos e seus acessos; VIII – aterros e realizações de embelezamento em geral, inclusive desapropriações em desenvolvimento de plano de aspecto paisagístico.

17.3. CONTRIBUIÇÃO DE INTERVENÇÃO NO DOMÍNIO ECONÔMICO

As **contribuições de intervenção no domínio econômico (CIDE)** são contribuições de caráter eminentemente contraprestacional e que, dada a sua natureza, têm função extrafiscal, destinadas a serem cobradas de determinados grupos que se beneficiam de atividade estatal indivisível (entre os integrantes do grupo), relativas à intervenção (regulação e fomento) na respectiva área econômica de seu interesse. Trata-se, assim, de um instrumento de atuação do Estado para solucionar problemas, estimular o desenvolvimento ou superar dificuldades de determinado setor da economia nacional, que se expressa nas hipóteses previstas no art. 174 da CF/88: fiscalizar, incentivar, planejar, regular e normatizar determinado setor.

Sua matriz encontra-se no art. 149 da Constituição Federal, que atribui competência exclusiva à União para instituir a CIDE por lei ordinária.[13] Já o § 2º do citado artigo exclui a sua incidência sobre receitas decorrentes de exportação, mas inclui a sua incidência sobre a importação de produtos ou serviços estrangeiros.

Com nítida atuação interventiva, a sua função regulatória pode se dar de duas maneiras: a) *CIDE-destinação*, cuja atuação ocorre por meio da aplicação financeira na respectiva área desejada; b) *CIDE-incidência*, que intervém através da própria tributação. Nesta linha, a destinação da sua arrecadação irá proporcionar meios materiais para realizar a intervenção pretendida e, por consequência, atingirá positivamente as empresas públicas ou privadas daquele determinado setor. Já a sua arrecadação irá trazer, pela própria incidência e respectiva carga tributária, um desincentivo para determinada conduta não desejada.

O fato gerador da CIDE deve guardar, necessariamente, pertinência com a intervenção pretendida e realizada. Como exemplo, tomemos a CIDE-Petróleo (Lei nº 10.336/2001),[14] que incide sobre a importação e a comercialização de petróleo e seus derivados, gás natural e seus derivados, e álcool etílico combustível, e terá o produto da arrecadação destinado ao: I – pagamento de subsídios a preços ou transporte de álcool combustível, de gás natural e seus derivados e de derivados de petróleo; II – financiamento de projetos ambientais relacionados com a indústria do petróleo e do gás; III – financiamento de programas de infraestrutura de transportes; IV – financiamento do auxílio destinado a mitigar o efeito do preço do gás liquefeito de petróleo sobre o orçamento das famílias de baixa renda. Esta contribuição tem como contribuintes o produtor, o formulador e o importador, pessoa física ou jurídica, de combustíveis líquidos previstos na

---

[13]   STF. RE 635.682 (repercussão geral), Rel. Min. Gilmar Mendes, Pleno, julg. 25/04/2013: "4. Contribuição para o SEBRAE. Tributo destinado a viabilizar a promoção do desenvolvimento das micro e pequenas empresas. Natureza jurídica: contribuição de intervenção no domínio econômico. 5. Desnecessidade de instituição por lei complementar. Inexistência de vício formal na instituição da contribuição para o SEBRAE mediante lei ordinária".

[14]   No Recurso Extraordinário 603.624 (repercussão geral), Rel. Min. Rosa Weber, Rel. p/ Acórdão: Min. Alexandre de Moraes, julg. 23/09/2020, ficou decidido que a taxatividade pretendida por uma interpretação meramente literal do art. 149, § 2º, III, "a", aplica-se tão somente nos termos da EC 33/2001 e em conjunto com o art. 177, § 4º, da CF, em relação às contribuições incidentes sobre a indústria do petróleo e seus derivados, tal como a CIDE-Petróleo. Fora dessas hipóteses, a previsão do art. 149, § 2º, III, "a", CF/88 (inserida pela EC 33/2001) de que as contribuições sociais e de intervenção no domínio econômico de que trata o *caput* do art. 149 "poderão ter alíquotas: a) *ad valorem*, tendo por base o faturamento, a receita bruta ou o valor da operação e, no caso de importação, o valor aduaneiro" é meramente exemplificativa, e não taxativa (*numerus clausus*), sendo possível que a lei estabeleça outras bases de cálculo para instituição de contribuições sociais e CIDEs do *caput* do art. 149, tais como a folha de salários. (Informativo STF nº 992 – 21 a 25 de setembro de 2020).

referida lei (tais como gasolina, diesel, querosene de aviação e álcool etílico combustível). Do mesmo modo temos o Funttel (Lei nº 10.052/2000), que tem por objetivo estimular o processo de inovação tecnológica, incentivar a capacitação de recursos humanos, fomentar a geração de empregos e promover o acesso de pequenas e médias empresas a recursos de capital, de modo a ampliar a competitividade da indústria brasileira de telecomunicações, constituindo-se em uma contribuição de meio por cento sobre a receita bruta das empresas prestadoras de serviços de telecomunicações.

São inúmeras as **espécies de CIDEs**, com destaque para: a) AFRMM – Adicional ao Frete para Renovação da Marinha Mercante (Lei nº 10.893/2004); b) IAA – Contribuição para o Instituto do Açúcar e do Álcool (Decreto-lei nº 1.712/1979); c) IBC – Contribuição para o Instituto Brasileiro do Café (Decreto-lei nº 2.295/1986); d) ATP – Adicional de Tarifa Portuária (Lei nº 7.700/1988 – revogada pela Lei nº 9.309/1996); e) FUST – Contribuição para o Fundo de Universalização dos Serviços de Telecomunicações (Lei nº 9.998/2000); f) Funttel – Contribuição para o Fundo de Desenvolvimento Tecnológico das Telecomunicações (Lei nº 10.052/2000); g) CIDE-Petróleo (Lei nº 10.336/2001); h) CIDE-Tecnologia (Lei nº 10.168/2000); i) Condecine – Contribuição para o Desenvolvimento da Indústria Cinematográfica (Lei nº 10.454/2002); j) CIDE-Incra (Decretos-lei nº 1.110/1970 e nº 1.146/1970).

17.3.1. AFRMM – Adicional ao Frete para Renovação da Marinha Mercante

A denominação *Adicional ao Frete* surgiu com o Decreto-Lei nº 1.142, de 30 de dezembro de 1970, e foi mantida nos posteriores Decretos-Lei nº 2.404, de 23 de dezembro de 1987, e nº 2.414, de 12 de fevereiro de 1988, que permaneceram em vigor com a Constituição de 1988. A partir de julho de 2004, a Lei nº 10.893/2004, revogando parte da legislação anterior, passa a ser o instrumento legal que dispõe sobre a incidência e arrecadação do Adicional ao Frete.

O AFRMM destina-se a atender aos encargos da intervenção da União no desenvolvimento da Marinha mercante e da indústria de construção e reparação naval brasileiras (construção e modernização de estaleiros, construção de embarcações, pesquisa científica naval, formação de recursos humanos, Marinha do Brasil etc.).

Este tributo, que inicialmente era confundido com taxa, foi considerado pela Constituição de 1988 uma contribuição destinada à intervenção da União no domínio econômico, prevista no art. 149, *caput*, da Carta Federal, assim o entendendo o STF em 1995, no RE nº 177.137/RS. Na condição de contribuição *interventiva*, destina-se a financiar determinada atividade do Estado, relacionada ao objeto da intervenção (atividade material a ser realizada pela União Federal com os recursos arrecadados).

O fato gerador do AFRMM é o início efetivo da operação de descarregamento da embarcação em porto brasileiro (art. 4º). Mas o AFRMM não incide sobre o frete relativo ao transporte de mercadoria submetida à pena de perdimento e, no caso da navegação fluvial e lacustre, incidirá somente sobre as cargas de granéis líquidos transportadas no âmbito das Regiões Norte e Nordeste. Deve ser paga antes da autorização de entrega da mercadoria correspondente pela Secretaria da RFB (art. 11).

O AFRMM incide sobre o frete, que é a remuneração do transporte aquaviário da carga de qualquer natureza descarregada em porto brasileiro, e é calculado sobre a remuneração do transporte aplicando-se as seguintes alíquotas (art. 6º): I – 8% na navegação de longo curso; II – 8% na navegação de cabotagem; e III – 40% na navegação fluvial e lacustre, por ocasião do transporte de granéis líquidos nas regiões Norte e Nordeste; IV – 8% na navegação fluvial e lacustre, por ocasião do transporte de granéis sólidos e outras cargas nas Regiões Norte e Nordeste.

O contribuinte do AFRMM é o consignatário constante do conhecimento de embarque (art. 10) e o proprietário da carga transportada é solidariamente responsável pelo pagamento do AFRMM.

O produto da arrecadação do AFRMM será destinado (art. 17): I – ao Fundo da Marinha Mercante – FMM; II – a empresa brasileira de navegação, operando embarcação própria, afretada com registro brasileiro, ou afretada por tempo, de subsidiária integral da empresa brasileira de navegação; III – a uma conta especial, 9% do AFRMM gerado na navegação de longo curso.

17.3.2. IAA – Contribuição para o Instituto do Açúcar e do Álcool

Inicialmente, a Lei nº 4.870/1965 estipulava no seu art. 20 que a receita do I.A.A. seria constituída, principalmente, pela taxa de 10% sobre o preço oficial do saco de açúcar de 60 quilos, de qualquer tipo. Posteriormente, o Decreto-Lei nº 308/1967 instituiu, no seu art. 3º, contribuições para custeio da intervenção da União, por meio do Instituto do Açúcar e do Álcool, na economia canavieira nacional, na forma prevista no art. 157, § 9º da Constituição Federal de 1967. E o Decreto-lei nº 1.712/1979 veio a alterar as disposições sobre a arrecadação das contribuições para o Instituto do Açúcar e do Álcool.

Segundo este, a contribuição sobre o álcool incidia sobre o álcool obtido de qualquer tipo de matéria-prima, excluído o álcool anidro para fins carburantes, e o fato gerador era a saída do açúcar e do álcool da unidade produtora, equiparada à saída a destinação, para qualquer fim, do açúcar e de álcool dentro da unidade produtora. A receita proveniente da arrecadação da contribuição era destinada ao Fundo Especial de Exportação, para garantir ao produtor os preços oficiais do açúcar e do álcool e para atender ao custeio dos programas desenvolvidos pelo Instituto do Açúcar e do Álcool (a Lei nº 8.029/1990 extinguiu o IAA).

17.3.3. IBC – Contribuição para o Instituto Brasileiro do Café

A Lei nº 1.779/1952 criou o Instituto Brasileiro do Café (IBC) – e sua respectiva contribuição –, entidade autárquica destinada a realizar a política econômica do café brasileiro no país e no estrangeiro, tendo entre suas atribuições: a) promoção de pesquisas e experimentações no campo da agronomia e de tecnologia do café, com o fim de baratear o seu custo, aumentar a produção e melhorar a qualidade do produto; b) desenvolver o cultivo cafeeiro nas zonas ecológica e economicamente mais favoráveis à produção; c) defender um preço justo para o produtor, condicionado à concorrência da produção alienígena e dos artigos congêneres, bem assim à indispensável expansão do consumo; d) aperfeiçoamento do comércio e dos meios de distribuição ao consumo, inclusive transportes; e) organização e identificação da propaganda, objetivando o aumento do consumo nos mercados interno e externo etc.

A contribuição para o IBC foi alterada pelo Decreto-lei nº 2.295/1986, sendo devida contribuição na base de 5% sobre cada saca de 60 kg do café vendido ao exterior. Teve a sua constitucionalidade questionada, tendo em vista a delegação ao Presidente do IBC para alteração de sua alíquota (violando o art. 97 do CTN – legalidade para alíquota e base de cálculo). Foi suspensa sua previsão legal pela Resolução do Senado Federal nº 28/2005, em virtude de declaração de inconstitucionalidade em decisão do STF, nos autos do Recurso Extraordinário nº 408.830-4 (a Lei nº 8.029/1990 extinguiu o IBC).

17.3.4. ATP – Adicional de Tarifas Portuárias

A Lei nº 7.700/1988 criou o Adicional de Tarifa Portuária – ATP, incidente sobre as tabelas das Tarifas Portuárias. O Adicional era fixado em 50% e incidia sobre as operações realizadas com mercadorias importadas ou exportadas, objeto do comércio na navegação de longo curso, mas eram isentas do pagamento do Adicional de Tarifa Portuária as mercadorias movimentadas no comércio interno, objeto de transporte fluvial, lacustre e de cabotagem. O produto da arrecadação do Adicional de Tarifa Portuária destinava-se à aplicação em investimentos para melhoramento, reaparelhamento, reforma e expansão de instalações portuárias. Foi reduzida sua alíquota originária de 50%, pela Lei nº 8.630/1993, para 40% naquele ano, 30% e 20% nos anos subsequentes. A Lei nº 9.309/1996 revogou a lei anterior e extinguiu esta contribuição.

17.3.5. FUST – Contribuição para o Fundo de Universalização dos Serviços de Telecomunicações

Em meados dos anos 1990, quando se deu a privatização do monopólio estatal dos serviços de telefonia fixa, um dos principais objetivos estampados era a universalização desses serviços. Entre os princípios dessa universalização estavam o de possibilitar o acesso de qualquer pessoa ou instituição de interesse público ao serviço de telecomunicações, independentemente de sua localização e condição socioeconômica.

Para tanto, foi criado o Fundo de Universalização dos Serviços de Telecomunicações – Fust, tendo por finalidade proporcionar recursos destinados a cobrir a parcela de custo exclusivamente atribuível ao cumprimento das obrigações de universalização de serviços de telecomunicações, que não possa ser recuperada com a exploração eficiente do serviço.

Atualmente, o Fust tem as finalidades de estimular a expansão, o uso e a melhoria da qualidade das redes e dos serviços de telecomunicações, reduzir as desigualdades regionais e estimular o uso e o desenvolvimento de novas tecnologias de conectividade para promoção do desenvolvimento econômico e social (art. 1º, *caput*, Lei nº 9.998/2000, com redação dada pela Lei nº 14.109/2020). É administrado por um Conselho Gestor, vinculado ao Ministério das Comunicações, responsável por determinar em que programas, projetos, planos, atividades, iniciativas e ações serão aplicados seus recursos.

Para auxiliar no custeio de tal Fundo, foi criada a **contribuição ao Fust** pela Lei nº 9.998/2000 (amplamente alterada pela Lei nº 14.109/2020 e pela Lei nº 14.173/2021), atualmente regulamentada pelo Decreto Federal nº 11.004/2022.

A receita do Fust é formada primordialmente por 50% das receitas da Anatel, referentes a concessões de serviços públicos, exploração de serviços privados e direito de uso de radiofrequência, e pela contribuição do Fust. A contribuição devida pelas prestadoras ao Fundo foi fixada em percentual equivalente a 1% da receita mensal operacional bruta de cada prestadora, deduzidos, apenas, importes de ICMS, PIS e Cofins, sendo devida a contribuição a partir de 02/01/2001, para recolhimento a ser feito até o décimo dia do mês seguinte ao de apuração da receita mensal.

Além destas contribuições mensais, o Fust ainda receberá repasses de 50% de parcelas que compõem receitas que a Anatel percebe com o Fistel (Fundo de Fiscalização das Telecomunicações), e todo o produto arrecadado com a cobrança do preço público, pela Agência, com transferências de concessão, permissão ou autorização de serviços de telecomunicações ou radiofrequência.

17.3.6. CIDE – Combustíveis/Petróleo

A Lei nº 10.336/2001 instituiu a contribuição de intervenção no domínio econômico (CIDE) incidente sobre a importação e a comercialização de petróleo e seus derivados, gás natural e

414 | CURSO DE DIREITO TRIBUTÁRIO BRASILEIRO – *Marcus Abraham*

seus derivados, e álcool etílico combustível, a que se referem os arts. 149 e 177 da Constituição Federal, com a redação dada pela Emenda Constitucional nº 33/2001.

O produto da arrecadação desta CIDE será destinado (art. 177, § 4º, II, CF/88): I – ao pagamento de subsídios a preços ou transporte de álcool combustível, de gás natural e seus derivados e de derivados de petróleo; II – ao financiamento de projetos ambientais relacionados com a indústria do petróleo e do gás; III – ao financiamento de programas de infraestrutura de transportes; IV – ao pagamento de subsídios a tarifas de transporte público coletivo de passageiros.

Ressalve-se que parcela do produto arrecadado será distribuída aos Estados, Distrito Federal e aos Municípios (arts. 1º-A e 1º-B, Lei nº 10.336/2001), mas que o art. 1º-A, parte final, da referida lei (com a redação dada pela Lei nº 10.866/2004) foi julgado inconstitucional pelo STF por afronta ao art. 159, III, da CF/88, uma vez que restringia a parcela da arrecadação da Cide-Combustível destinada aos Estados.[15]

São contribuintes da CIDE (art. 2º) o produtor, o formulador e o importador dos combustíveis líquidos, assim entendidos: I – gasolinas e suas correntes; II – diesel e suas correntes; III – querosene de aviação e outros querosenes; IV – óleos combustíveis; V – gás liquefeito de petróleo, inclusive o derivado de gás natural e de nafta; e VI – álcool etílico combustível.

A CIDE-Combustíveis não incide sobre as receitas de exportação (art. 3º, § 2º).

Esta contribuição possui alíquotas específicas para cada espécie combustível, conforme previsão legal (art. 5º – valores em reais sobre m^3 na importação e na comercialização no mercado interno): I – gasolina, R$ 860,00 por m^3; II – diesel, R$ 390,00 por m^3; III – querosene de aviação, R$ 92,10 por m^3; IV – outros querosenes, R$ 92,10 por m^3; V – óleos combustíveis com alto teor de enxofre, R$ 40,90 por t; VI – óleos combustíveis com baixo teor de enxofre, R$ 40,90 por t; VII – gás liquefeito de petróleo, inclusive o derivado de gás natural e da nafta, R$ 250,00 por t; VIII – álcool etílico combustível, R$ 37,20 por m^3. O Poder Executivo poderá reduzir as alíquotas específicas de cada produto, bem assim restabelecê-las até o valor fixado na lei (arts. 9º e 177, § 4º, I, *b*, CF/88).

Como previsto no art. 177, § 4º, I, *b*, CF/1988 (reproduzido no art. 9º da Lei nº 10.336/2001), tais alíquotas podem ser reduzidas[16] e restabelecidas até o limite máximo estabelecido no art. 5º da Lei nº 10.336/2001 por ato do Poder Executivo, não se lhe aplicando, no caso de restabelecimento, o princípio da anterioridade do exercício financeiro seguinte previsto no art. 150, III, *b*, CF/1988.

É um tributo não cumulativo, pois do valor da CIDE incidente na comercialização, no mercado interno, dos produtos referidos no art. 5º poderá ser deduzido o valor da CIDE (arts. 7º e 8º): I – pago na importação daqueles produtos; II – incidente quando da aquisição daqueles produtos de outro contribuinte; III – valores da contribuição para o PIS/Pasep e da Cofins devidos na comercialização, no mercado interno até o limite especificado no art. 8º da lei.

17.3.7. CIDE – Tecnologia/*Royalties*

A CIDE-Tecnologia foi instituída pela Lei nº 10.168/2000, devido ao Programa de Estímulo à Interação Universidade-Empresa para o Apoio à Inovação, cujo objetivo principal é estimular o

---

[15]   STF. ADI 5.628, Rel. Min. Alexandre de Moraes, Pleno, julg. 24/08/2020.

[16]   De fato, o Decreto nº 4.066/2001 reduziu as alíquotas específicas dessa CIDE para: I – R$ 21,40 por m^3, no caso de querosene de aviação; II – R$ 104,60 por tonelada, no caso de gás liquefeito de petróleo, inclusive o derivado de gás natural e de nafta; III – R$ 22,54 por m^3, no caso de álcool etílico combustível.

Parte III · Cap. 17 · CONTRIBUIÇÕES | **415**

desenvolvimento tecnológico brasileiro, mediante programas de pesquisa científica e tecnológica cooperativa entre universidades, centros de pesquisa e o setor produtivo.

Esta CIDE é devida pela pessoa jurídica detentora de licença de uso ou adquirente de conhecimentos tecnológicos, bem como aquela signatária de contratos que impliquem transferência de tecnologia, firmados com residentes ou domiciliados no exterior (pelas pessoas jurídicas que pagarem, creditarem, entregarem, empregarem ou remeterem *royalties*, a qualquer título, a beneficiários residentes ou domiciliados no exterior) – art. 2º.

Consideram-se, para fins da Lei nº 10.168/2000, contratos de transferência de tecnologia os relativos à exploração de patentes ou de uso de marcas e os de fornecimento de tecnologia e prestação de assistência técnica. Mas não incide sobre a remuneração pela licença de uso ou de direitos de comercialização ou distribuição de programa de computador (acrescentado pela Lei nº 11.452/2007, com vigência a partir de 01/01/2006).

A alíquota da contribuição será de 10% e é destinada ao Fundo Nacional de Desenvolvimento Científico e Tecnológico – FNDCT.

Segundo o Decreto nº 4.195/2002, que regulamenta a Lei nº 10.168/2000, incidirá sobre as importâncias pagas, creditadas ou remetidas, a cada mês, a residentes ou domiciliados no exterior, a título de *royalties* ou remuneração, previstos nos respectivos contratos, que tenham por objeto: I – fornecimento de tecnologia; II – prestação de assistência técnica: a) serviços de assistência técnica; b) serviços técnicos especializados; III – serviços técnicos e de assistência administrativa e semelhantes; IV – cessão e licença de uso de marcas; e V – cessão e licença de exploração de patentes.

O Programa de Estímulo à Interação Universidade-Empresa para o Apoio à Inovação compreenderá as seguintes atividades: I – projetos de pesquisa científica e tecnológica; II – desenvolvimento de tecnologia industrial básica; III – implantação de infraestrutura para atividades de pesquisa e inovação; IV – capacitação de recursos humanos para a pesquisa e inovação; V – promoção da inovação tecnológica nas micro e pequenas empresas; VI – apoio ao surgimento e consolidação de incubadoras e parques tecnológicos etc.

17.3.8. CONDECINE – Contribuição para o Desenvolvimento da Indústria Cinematográfica Nacional

Criada pela Medida Provisória nº 2.228-1 de 2001, a Contribuição para o Desenvolvimento da Indústria Cinematográfica Nacional – Condecine terá por fato gerador: I – a veiculação, a produção, o licenciamento e a distribuição de obras cinematográficas e videofonográficas com fins comerciais, por segmento de mercado a que forem destinadas; II – a prestação de serviços que se utilizem de meios que possam, efetiva ou potencialmente, distribuir conteúdos audiovisuais nos termos da lei que dispõe sobre a comunicação audiovisual de acesso condicionado, listados no Anexo I da Medida Provisória nº 2.228-1; III – a veiculação ou distribuição de obra audiovisual publicitária incluída em programação internacional, nos termos do inciso XIV do art. 1º da Medida Provisória, nos casos em que existir participação direta de agência de publicidade nacional, sendo tributada nos mesmos valores atribuídos quando da veiculação incluída em programação nacional.

A Condecine também incidirá sobre o pagamento, o crédito, o emprego, a remessa ou a entrega, aos produtores, distribuidores ou intermediários no exterior, de importâncias relativas a rendimento decorrente da exploração de obras cinematográficas e videofonográficas ou por sua aquisição ou importação, a preço fixo.

416 | CURSO DE DIREITO TRIBUTÁRIO BRASILEIRO – *Marcus Abraham*

A Condecine será devida na seguinte periodicidade (art. 33, § 3º, I, II e III): 1) uma única vez a cada cinco anos por: I – título ou capítulo de obra cinematográfica ou videofonográfica destinada aos seguintes segmentos de mercado: a) salas de exibição; b) vídeo doméstico, em qualquer suporte; c) serviço de radiodifusão de sons e imagens; d) serviços de comunicação eletrônica de massa por assinatura; e) outros mercados, conforme anexo (não se incluindo no conceito de outros mercados a oferta de vídeo por demanda, cf. art. 33-A); 2) a cada 12 meses por: II – título de obra publicitária cinematográfica ou videofonográfica, para cada segmento dos mercados previstos nas alíneas *a* a *e* do inciso I a que se destinar; 3) a cada ano, para prestadores dos serviços constantes do Anexo I da Med. Prov. nº 2.228-1/2001.

A Condecine deverá ser recolhida à Ancine, em regra, na data do registro do título para os mercados de salas de exibição e de vídeo doméstico em qualquer suporte. O produto da arrecadação da Condecine será destinado ao Fundo Nacional da Cultura – FNC e alocado em categoria de programação específica denominada Fundo Setorial do Audiovisual, para aplicação nas atividades de fomento relativas aos Programas de Apoio e Fomento do Cinema e Audiovisual.

A Condecine será devida pelos seguintes sujeitos passivos (art. 35): I – detentor dos direitos de exploração comercial ou de licenciamento no país; II – empresa produtora, no caso de obra nacional, ou detentor do licenciamento para exibição, no caso de obra estrangeira; III – o responsável pelo pagamento, crédito, emprego, remessa ou entrega aos produtores, distribuidores ou intermediários no exterior, de importâncias relativas a rendimento decorrente da exploração de obras cinematográficas e videofonográficas ou por sua aquisição ou importação, a preço fixo; IV – as concessionárias, permissionárias e autorizadas de serviços de telecomunicações; V – o representante legal e obrigatório da programadora estrangeira no país.

Alguns valores médios referentes a Condecine são: I – Mercado de salas de exibição (exceto obra publicitária): a) Obra cinematográfica ou videofonográfica de até 15 minutos – R$ 300,00; b) Obra cinematográfica ou videofonográfica de duração superior a 15 minutos e até 50 minutos – R$ 700,00; c) Obra cinematográfica ou videofonográfica de duração superior a 50 minutos – R$ 3.000,00; II – Mercado de serviços de radiodifusão de sons e imagens (exceto obra publicitária): a) Obra cinematográfica ou videofonográfica de até 15 minutos – R$ 300,00; b) Obra cinematográfica ou videofonográfica de duração superior a 15 minutos e até 50 minutos – R$ 700,00; c) Obra cinematográfica ou videofonográfica de duração superior a 50 minutos – R$ 3.000,00; d) Obra cinematográfica ou videofonográfica seriada (por capítulo ou episódio) – R$ 750,00.

17.3.9. CIDE-Incra – Contribuição ao Instituto Nacional de Colonização e Reforma Agrária

O Instituto Nacional de Colonização e Reforma Agrária (INCRA), criado pelo Decreto-lei nº 1.110/1970, trata-se de uma autarquia federal cuja missão é executar a política de reforma agrária e realizar o ordenamento fundiário nacional, contribuindo para o desenvolvimento rural sustentável.

Para tanto, tem como fonte de custeio a contribuição instituída pela Lei nº 2.163/1955. Por sua vez, o Decreto-lei nº 1.146/1970 definiu que seria destinada metade da contribuição criada pelo § 4º do art. 6º da Lei nº 2.613/1955 para a CIDE-Incra, ou seja, 0,2% sobre a folha salarial paga pelas empresas de todos os segmentos da economia – abrangendo, portanto, empresas rurais e urbanas.

Assim, podemos dizer que a Contribuição de Intervenção no Domínio Econômico destinada ao Incra, devida por empregadores rurais e urbanos, foi instituída pelo Decreto-lei nº

Parte III • Cap. 17 • CONTRIBUIÇÕES | **417**

1146/1970 e recai sobre a soma da folha mensal dos salários de contribuição previdenciária dos seus empregados pelas pessoas naturais e jurídicas, inclusive cooperativa, que exerçam as seguintes atividades: Indústria de cana-de-açúcar; Indústria de laticínios; Indústria de beneficiamento de chá e de mate; Indústria da uva; Indústria de extração e beneficiamento de fibras vegetais e de descaroçamento de algodão; Indústria de beneficiamento de cereais; Indústria de beneficiamento de café; Indústria de extração de madeira para serraria, de resina, lenha e carvão vegetal; Matadouros ou abatedouros de animais de quaisquer espécies e charqueadas.

É importante registrar que a Primeira Seção do STJ, ao julgar o REsp 977.058[17] (recurso repetitivo), decidiu considerar inequívoca a higidez da contribuição adicional de 0,2% destinada ao Incra, uma vez que não foi extinta pelas Leis nº 7.787/1989 e nº 8.213/1991, tal como anteriormente entendia a jurisprudência deste Superior Tribunal, mormente pela aplicação do art. 150, I, da CF/88 c/c o art. 97 do CTN. Da mesma forma, o STF, no RE 630.898[18] (repercussão geral), decidiu que "é constitucional a contribuição de intervenção no domínio econômico destinada ao INCRA devida pelas empresas urbanas e rurais, inclusive após o advento da EC nº 33/2001".

17.4. CONTRIBUIÇÕES DE INTERESSE DE CATEGORIAS PROFISSIONAIS E ECONÔMICAS

As **contribuições de interesse de categorias profissionais e econômicas** são devidas em função do benefício auferido por determinadas categorias: as profissionais e as econômicas.

As **categorias profissionais** referem-se àquelas de profissões regulamentadas, tais como advogados, médicos, engenheiros, dentistas, entre outras, e as respectivas contribuições destinam--se a proporcionar uma estrutura para fins de defesa dos seus próprios interesses, especialmente o livre exercício da profissão. A instituição de tais contribuições[19] é de competência exclusiva

---

[17] STJ. REsp 977.058 (recurso repetitivo), Rel. Min. Luiz Fux, 1ª Seção, julg. 22/10/2008.

[18] STF. RE 630.898 (repercussão geral), Rel. Min. Dias Toffoli, Pleno, julg. 08/04/2021: "2. A contribuição ao INCRA tem contornos próprios de contribuição de intervenção no domínio econômico (CIDE). Trata--se de tributo especialmente destinado a concretizar objetivos de atuação positiva do Estado consistentes na promoção da reforma agrária e da colonização, com vistas a assegurar o exercício da função social da propriedade e a diminuir as desigualdades regionais e sociais (arts. 170, III e VII; e 184 da CF/88). 3. Não descaracteriza a exação o fato de o sujeito passivo não se beneficiar diretamente da arrecadação, pois a Corte considera que a inexistência de referibilidade direta não desnatura as CIDE, estando, sua instituição 'jungida aos princípios gerais da atividade econômica'. 4. O § 2º, III, a, do art. 149, da Constituição, introduzido pela EC nº 33/2001, ao especificar que as contribuições sociais e de intervenção no domínio econômico 'poderão ter alíquotas' que incidam sobre o faturamento, a receita bruta (ou o valor da operação) ou o valor aduaneiro, não impede que o legislador adote outras bases econômicas para os referidos tributos, como a folha de salários, pois esse rol é meramente exemplificativo ou enunciativo. 5. É constitucional, assim, a CIDE destinada ao INCRA devida pelas empresas urbanas e rurais, inclusive, após o advento da EC nº 33/01".

[19] Por serem tributos, tais contribuições devem obediência ao princípio da legalidade, mas o STF vem admitindo que a lei apenas fixe o valor máximo (teto) das contribuições anuais, podendo o valor efetivo da cobrança, desde que não ultrapasse o teto legal, ser fixado por ato normativo infralegal, cf. STF. RE 704.292 (repercussão geral), Rel. Min. Dias Toffoli, Pleno, julg. 19/10/2016: "*Tese*: É inconstitucional, por ofensa ao princípio da legalidade tributária, lei que delega aos conselhos de fiscalização de profissões regulamentadas a competência de fixar ou majorar, sem parâmetro legal, o valor das contribuições de interesse das categorias profissionais e econômicas, usualmente cobradas sob o título de anuidades, vedada, ademais, a atualização desse valor pelos conselhos em percentual superior aos índices legalmente previstos". No mesmo sentido: STF. ADI 4.697, julg. 06/10/2016.

da União, porém, os recursos obtidos revertem-se às respectivas autarquias federais daquelas categorias (CRM, Crea, Creci etc.), as quais irão regulamentar e fiscalizar as respectivas atividades profissionais, bem como cobrar tais contribuições administrativa ou judicialmente.[20]

Já nas **categorias econômicas**, temos aquelas atividades que não são profissionalizadas e nem regulamentadas, porém, são essenciais e de natureza econômica (comercial, industrial, rural etc.). São, em essência, aquelas contribuições destinadas ao fortalecimento do denominado "Sistema S", assim entendidas as contribuições ao Serviço Social do Comércio – Sesc, ao Serviço Nacional de Aprendizagem Industrial – Senai, ao Serviço Nacional do Comércio – Senac, ao Serviço Social da Indústria – Sesi etc. Ressalve-se, contudo, que o STF classifica as contribuições ao Sistema S não como contribuições de interesse de categoria econômica, mas sim como *contribuições sociais gerais*.[21]

Cabe aqui registrar outra espécie de contribuição de interesse de categoria profissional e econômica (art. 149, *caput*, CF/88) existente apenas até novembro de 2017 – quando deixa de possuir obrigatoriedade e natureza tributária para se tornar uma contribuição voluntária – chamada de **contribuição sindical**,[22] que era prevista na redação original dos arts. 578 e 579 da Consolidação das Leis do Trabalho, mas extinta como tributo por força da Lei nº 13.467/2017 (Reforma Trabalhista).

A referida contribuição tratava-se de tributo devido por todos aqueles que participavam de determinada categoria econômica ou profissional, ou de uma profissão liberal, em favor do sindicato representativo da mesma categoria ou profissão, destinado a propiciar a organização dessa categoria, fornecendo recursos financeiros para a manutenção de entidade associativa. Para sua cobrança, realizava-se desconto, geralmente no mês de março, na folha de pagamento do trabalhador (sindicalizado ou não), de um dia de trabalho por ano (equivalente a 3,33% do salário mensal).

Essa contribuição sindical de natureza tributária (portanto, de cobrança compulsória) não se confundia com outra contribuição, denominada à época de *contribuição confederativa*, prevista no art. 8º, IV, da Constituição Federal de 1988, que não possui natureza tributária (mas sim *natureza volitiva*), já que é fixada em assembleia-geral e só é exigível dos filiados do respectivo

---

[20] STJ. Súmula nº 673 do STJ: "A comprovação da regular notificação do executado para o pagamento da dívida de anuidade de conselhos de classe ou, em caso de recurso, o esgotamento das instâncias administrativas são requisitos indispensáveis à constituição e execução do crédito".

[21] STF. RE 816.830 (repercussão geral - Tema 801), Rel. Dias Toffoli, Pleno, julg. 17/12/2022: "1. A contribuição ao SENAR, embora tenha pontos de conexão com os interesses da categoria econômica respectiva e com a seguridade social, em especial com a assistência social, está intrinsecamente voltada para uma contribuição social geral"; STF. RE 452.493 AgR, Rel. Min. Eros Grau, 2ª Turma, julg. 01/04/2008: "2. A contribuição do SEBRAE é contribuição de intervenção no domínio econômico, não obstante a lei a ela se referir como adicional às alíquotas das contribuições sociais gerais pertinentes ao SESI, SENAI, SESC e SENAC"; STF. RE 138.284, Rel. Min. Carlos Velloso, Pleno, julg. 01/07/1992: "[...] c) as contribuições, que podem ser assim classificadas: [...] c.2.1.3. sociais gerais (o FGTS [*sic*], o salário-educação, CF, art. 212, § 5º, contribuições para o Sesi, Senai, Senac, CF, art. 240)".

O STJ, no REsp 1.898.532 (recurso repetitivo – Tema 1079), Rel. Min. Regina Helena Costa, 1ª Seção, julg. 13/03/2024, decidiu que o recolhimento das contribuições destinadas ao SESI, SENAI, SESC e SENAC, a partir da entrada em vigor do art. 1º do Decreto-lei 2.318/1986, não se submete ao limite máximo de 20 salários mínimos.

[22] A redação original da CLT (arts. 578 e 579) chamava-a de "imposto sindical", mas o CTN (art. 217, inciso I) conferiu-lhe o nome de "contribuição sindical", por estar mais de acordo com sua natureza de contribuição em favor de entidade associativa de categoria profissional.

Parte III • Cap. 17 • CONTRIBUIÇÕES | 419

sindicato, nos termos da Súmula Vinculante n° 40 do STF: "A contribuição confederativa de que trata o art. 8°, IV, da Constituição Federal, só é exigível dos filiados ao sindicato respectivo".

Portanto, com o advento da Lei n° 13.467/2017, que veiculou a chamada "Reforma Trabalhista" implementada no ano de 2017, foi alterada a redação dos arts. 578 e 579 da CLT (posteriormente alterada pela Medida Provisória n° 873/2019, que já teve seu prazo de vigência encerrado sem conversão em lei), os quais passaram a denominar "contribuição sindical" as contribuições devidas aos sindicatos pelos participantes das categorias econômicas ou profissionais representadas pelas referidas entidades desde que prévia e expressamente autorizadas por aqueles que participarem de determinada categoria econômica ou profissional.[23] Com isso, retirou-se sua natureza tributária, pois nos tributos não é necessário prévio e expresso assentimento do contribuinte para haver a cobrança.[24]

Existe também um terceiro tipo de contribuição sindical não tributária, a contribuição sindical assistencial, destinada a remunerar atividades que o sindicato pratica em assistência ao empregado e que custeia, por exemplo, negociações coletivas. Ela não possui natureza tributária e tem fundamento legal na previsão genérica do art. 513, "e", da CLT: "Art. 513. São prerrogativas dos sindicatos: e) impor contribuições a todos aqueles que participam das categorias econômicas ou profissionais ou das profissões liberais representadas".

No caso da contribuição sindical assistencial, o STF decidiu que "é constitucional a instituição, por acordo ou convenção coletivos, de contribuições assistenciais a serem impostas a todos os empregados da categoria, ainda que não sindicalizados, desde que assegurado o direito de oposição".[25] Assim, a contribuição assistencial só poderá ser cobrada dos empregados da categoria não sindicalizados: 1) se pactuada em acordo ou convenção coletiva; 2) caso os empregados não sindicalizados deixem de exercer seu direito à oposição.

Sobre a contribuição (anuidade) para a OAB, o STJ (EREsp 463.258)[26] pacificou o entendimento de que não ostenta natureza tributária. Apenas as demais instituições de representação de categorias profissionais (CREA, CRM, CRP etc.) instituem contribuições de natureza tributária, mas a OAB não.[27] Segundo atual entendimento, a OAB, à luz da Lei n° 8.906/1994, não mais

---

[23] A *contribuição confederativa* prevista no art. 8°, IV, CF/88, existente para custeio do sistema confederativo sindical como um todo (isto é, sindicatos, federações e confederações sindicais de cada categoria) e estabelecida em assembleia geral da categoria, continua podendo ser cobrada apenas dos empregados filiados a sindicato, diferentemente da contribuição sindical, que também pode ser cobrada dos não sindicalizados. Contudo, em ambos os casos, é necessária prévia e expressa autorização dos empregados para que haja a cobrança, nos termos do art. 545, c/c arts. 578 e 579, todos da CLT. A antiga diferença de a contribuição sindical ser um tributo já não mais subsiste, sendo hoje ambas de caráter voluntário.

[24] STF. ADI 5.794, Rel. Min. Edson Fachin, Rel. p/ Acórdão: Min. Luiz Fux, Pleno, julg. 29/06/2018: "Reforma Trabalhista. Facultatividade da Contribuição Sindical. Constitucionalidade. Inexigência de Lei Complementar. Desnecessidade de lei específica. Inexistência de ofensa à isonomia tributária (Art. 150, II, da CRFB). Compulsoriedade da contribuição sindical não prevista na Constituição (artigos 8°, IV, e 149 da CRFB)".

[25] STF. ARE 1.018.459 ED (repercussão geral), Rel. Min. Gilmar Mendes, Pleno, julg. 12/09/2023.

[26] STJ. EREsp 463.258, Rel. Min. Eliana Calmon, 1ª Seção, julg. 10/12/2003: "1. A OAB é classificada como autarquia *sui generis* e, como tal, diferencia-se das demais entidades que fiscalizam as profissões. 2. A Lei 6.830/80 é o veículo de execução da dívida tributária e da não tributária da Fazenda Pública, estando ambas atreladas às regras da Lei 4.320, de 17/3/64, que disciplina a elaboração e o controle dos orçamentos de todos entes públicos do país. 3. As contribuições cobradas pela OAB, como não têm natureza tributária, não seguem o rito estabelecido pela Lei 6.830/80".

[27] Apesar de suas anuidades não configurarem tributos, a OAB não pode suspender o advogado do exercício profissional em razão do inadimplemento de anuidades, mas apenas impedi-lo de votar e ser votado nas eleições

420 CURSO DE DIREITO TRIBUTÁRIO BRASILEIRO – *Marcus Abraham*

se caracteriza como autarquia de natureza especial, como era considerada quando ainda em vigor a Lei nº 4.215/1963. Segundo se infere da dicção do art. 44 da Lei nº 8.906/1994, é a OAB serviço público federal atípico, por força de seus fins institucionais, mas sem qualquer vínculo funcional ou hierárquico com órgãos da Administração Pública (§ 1º).

Não se caracterizando como autarquia, a cobrança das contribuições ou multas da OAB não deverá seguir o procedimento previsto na Lei nº 6.830/1980, que rege a execução judicial para a cobrança da dívida ativa da União, dos Estados, do Distrito Federal, dos Municípios e respectivas autarquias. Na cobrança de seus créditos, a OAB expede apenas certidão passada pela Diretoria do Conselho competente e promove a execução na forma do CPC. Portanto, suas anuidades não têm natureza tributária.[28]

Para exemplificar algumas das contribuições destinadas às categorias econômicas ("Sistema S"), passamos a destacar aquelas relativas ao Sesi, Sesc e Senai.[29]

Em favor do **Serviço Social da Indústria – Sesi**, o Decreto-Lei nº 9.403/1946 estabelece que fica atribuído à Confederação Nacional da Indústria o encargo de criar o Serviço Social da Indústria (Sesi), com a finalidade de estudar, planejar e executar, direta ou indiretamente, medidas que contribuam para o bem-estar social dos trabalhadores na indústria e nas atividades assemelhadas, concorrendo para a melhoria do padrão geral de vida no país e, bem assim, para o aperfeiçoamento moral e cívico e o desenvolvimento do espírito de solidariedade entre as classes. Na execução dessas finalidades, o Serviço Social da Indústria terá em vista, especialmente, providências no sentido da defesa dos salários reais do trabalhador (melhoria das condições de habitação, nutrição e higiene), a assistência em relação aos problemas domésticos decorrentes da dificuldade de vida, as pesquisas social-econômicas e atividades educacionais e culturais, visando à valorização do homem e os incentivos à atividade produtora. Ademais, os estabelecimentos industriais enquadrados na Confederação Nacional da Indústria, bem como aqueles referentes aos transportes, às comunicações e à pesca, serão obrigados ao pagamento de uma contribuição mensal ao Serviço Social da Indústria para a realização de seus fins.

Já em relação ao **Serviço Social do Comércio – Sesc**, o Decreto-lei nº 9.853/1946 estabelece que fica atribuído à Confederação Nacional do Comércio o encargo de criar o Serviço Social

---

da entidade por sua inadimplência, cf. STF. ADI 7.020. Rel. Min. Edson Fachin, Pleno, julg. 17/12/2022. Nesse ponto, o STF aplica à OAB e aos demais Conselhos Profissionais a mesma sistemática, a despeito da diferença de natureza jurídica das anuidades da OAB. Veja-se: STF. RE 647.885 (repercussão geral), Rel. Min. Edson Fachin, Pleno, julg. 27/04/2020: *"Tese:* É inconstitucional a suspensão realizada por conselho de fiscalização profissional do exercício laboral de seus inscritos por inadimplência de anuidades, pois a medida consiste em sanção política em matéria tributária". No mesmo sentido: ADI 7.423, julg. 18/12/2023.

[28] STJ. EREsp 527.077, Rel. Min. Francisco Peçanha Martins, 1ª Seção, julg. 11/05/2005: "Consoante entendimento firmado pela eg. 1ª Seção, as contribuições pagas à OAB não tem natureza tributária, devendo ser exigidas em execuções disciplinadas pelo CPC, e não pelo rito estabelecido pela Lei 6.830/80. – Embargos de divergência conhecidos e providos".

STJ. EREsp 503.252, Rel. Min. Castro Meira, 1ª Seção, julg 18/10/2004: "1. Embora definida como *autarquia profissional de regime especial ou sui generis*, a OAB não se confunde com as demais corporações incumbidas do exercício profissional. 2. As contribuições pagas pelos filiados à OAB não têm natureza tributária. 3. O título executivo extrajudicial, referido no art. 46, parágrafo único, da Lei n.º 8.906/94, deve ser exigido em execução disciplinada pelo Código de Processo Civil, não sendo possível a execução fiscal regida pela Lei n.º 6.830/80".

[29] Desde o advento da Lei nº 11.457/2007, a União (por intermédio da Receita Federal do Brasil para fiscalização e cobrança administrativa; e da Procuradoria-Geral da Fazenda Nacional, para cobrança judicial) possui atribuição para fiscalização e arrecadação das contribuições ao sistema S.

do Comércio (Sesc), com a finalidade de planejar e executar, direta ou indiretamente, medidas que contribuam para o bem-estar social e a melhoria do padrão de vida dos comerciários e suas famílias e, bem assim, para o aperfeiçoamento moral e cívico da coletividade. Na execução dessas finalidades, o Serviço Social do Comércio terá em vista especialmente: a assistência em relação aos problemas domésticos (nutrição, habitação, vestuário, saúde, educação e transporte); providências no sentido da defesa do salário real dos comerciários; incentivo à atividade produtora; realizações educativas e culturais, visando à valorização do homem; pesquisas sociais e econômicas. E os estabelecimentos comerciais enquadrados nas entidades sindicais subordinadas à Confederação Nacional do Comércio (art. 577 da Consolidação das Leis do Trabalho) serão obrigados ao pagamento de uma contribuição mensal ao Serviço Social do Comércio, para custeio dos seus encargos.[30]

Para o **Serviço Nacional de Aprendizagem dos Industriários – Senai**, o Decreto-lei nº 4.048/1942 determinou competir ao Serviço Nacional de Aprendizagem dos Industriários organizar e administrar, em todo o país, escolas de aprendizagem para industriários. Serão os estabelecimentos industriais das modalidades de indústrias enquadradas na Confederação Nacional da Indústria obrigados ao pagamento de uma contribuição mensal para montagem e custeio das escolas de aprendizagem. O produto da arrecadação da contribuição é posto à disposição do Serviço Nacional de Aprendizagem dos Industriários. Estarão isentos da contribuição os estabelecimentos que, por sua própria conta, mantiverem aprendizagem considerada, pelo Serviço Nacional de Aprendizagem dos Industriários, sob o ponto de vista da montagem, da contribuição do corpo docente e do regime escolar, adequada aos seus fins.

Finalmente, a Lei nº 8.029/1990 instituiu a Contribuição ao **Sebrae**, com o objetivo exclusivo de atender à execução da política governamental de apoio às micro e às pequenas empresas, sendo exigida como tributo complementar às Contribuições para o Serviço Nacional de Aprendizagem Industrial – Senai, para o Serviço Nacional de Aprendizagem Comercial – Senac, para o Serviço Social da Indústria – Sesi e para o Serviço Social do Comércio – Sesc. Assim, para atender à execução da política de apoio às micro e às pequenas empresas, é instituído adicional às alíquotas das contribuições sociais relativas às entidades de que trata o art. 1º do Decreto-Lei nº 2.318, de 30 de dezembro de 1986, de: a) 0,1% no exercício de 1991; b) 0,2% em 1992; e c) 0,3% a partir de 1993. Registre-se que o STF classifica a contribuição ao Sebrae como uma CIDE, diferentemente das demais contribuições ao sistema "S".[31]

---

[30]   STJ. REsp 1.255.433 (recurso repetitivo), Rel. Min. Mauro Campbell Marques, 1ª Seção, julg. 23/05/2012: "4. A lógica em que assentados os precedentes é a de que os empregados das empresas prestadoras de serviços não podem ser excluídos dos benefícios sociais das entidades em questão (SESC e SENAC) quando inexistente entidade específica a amparar a categoria profissional a que pertencem. Na falta de entidade específica que forneça os mesmos benefícios sociais e para a qual sejam vertidas contribuições de mesma natureza e, em se tratando de empresa prestadora de serviços, há que se fazer o enquadramento correspondente à Confederação Nacional do Comércio – CNC, ainda que submetida a atividade respectiva a outra Confederação, incidindo as contribuições ao SESC e SENAC que se encarregarão de fornecer os benefícios sociais correspondentes".

[31]   STF. RE 635.682 (repercussão geral), Rel. Min. Gilmar Mendes, Pleno, julg. 25/04/2013: "4. Contribuição para o SEBRAE. Tributo destinado a viabilizar a promoção do desenvolvimento das micro e pequenas empresas. Natureza jurídica: contribuição de intervenção no domínio econômico. 5. Desnecessidade de instituição por lei complementar. Inexistência de vício formal na instituição da contribuição para o SEBRAE mediante lei ordinária. 6. Intervenção no domínio econômico. É válida a cobrança do tributo independentemente de contraprestação direta em favor do contribuinte".

17.5. CONTRIBUIÇÃO DE ILUMINAÇÃO PÚBLICA

A **Contribuição de Iluminação Pública – COSIP (ou Contribuição de Serviço de Iluminação Pública**), prevista no art. 149-A da Constituição Federal de 1988, é destinada a custear expansão e melhoria do serviço de iluminação pública e de sistemas de monitoramento para segurança e preservação de logradouros públicos dos Municípios e do Distrito Federal.

A instituição dessa contribuição deverá observar os princípios da legalidade, irretroatividade e anterioridade plena dispostos no art. 150, I e III, da CF/88.[32]

Até que a possibilidade de sua instituição fosse prevista pela Emenda Constitucional nº 39/2002, o custeio desta atividade estatal se fazia por meio de Taxas de Iluminação Pública. Entretanto, após a pacificação nos tribunais quanto à inconstitucionalidade das referidas taxas (RE 233.332 e 231.764), por serem tais serviços caracterizados como indivisíveis e inespecíficos e, portanto, não preenchendo os requisitos do art. 145, II, CF/88 e do art. 79 do Código Tributário Nacional, a saída encontrada foi a criação desta contribuição.

De fato, não se há de refutar a conclusão de que o serviço de iluminação pública é serviço eminentemente *uti universi*, ou seja, prestado de forma abstrata e difusa à coletividade, insuscetível de ser a sua utilização mensurável e individualizada por contribuinte e muito menos possível identificar quem se beneficia diretamente da atividade, de modo que pudesse ser responsabilizado pelo seu custeio.

O STF já vinha se manifestando de forma pacífica pela inconstitucionalidade das taxas de iluminação pública instituídas pelas municipalidades. Até mesmo o extinto Tribunal de Alçada Cível do Estado do Rio de Janeiro chegou a editar a Súmula nº 12, que assim dizia: "É ilegítima a cobrança de Taxa de Iluminação Pública Municipal, porque ausentes as características da especificidade e divisibilidade". Em uma das decisões paradigmáticas sobre o tema, do Plenário da Corte Suprema (Recurso Extraordinário nº 233.332-RJ), o Ministro Ilmar Galvão, em 10 de março de 1999, assim se pronunciou:

> Tributo de exação inviável, posto ter por fato gerador serviço inespecífico, não mensurável, indivisível e insuscetível de ser referido a determinado contribuinte, a ser custeado por meio do produto da arrecadação dos impostos gerais. Recurso não conhecido, com declaração de inconstitucionalidade dos dispositivos sob epígrafe, que instituíram a taxa no município.

A posição da Corte se consolidou com a edição da Súmula nº 670, de 24/09/2003, atualmente convertida em Súmula Vinculante nº 41, que assim dispõe: "O serviço de iluminação pública não pode ser remunerado mediante taxa".

Inúmeros municípios pelo Brasil já a instituíram. Havia, todavia, questionamentos quanto à constitucionalidade desta contribuição, já que, pela sua natureza, deveria beneficiar o grupo a que está vinculada. Tendo em vista que a iluminação pública pode ser fruída por qualquer cidadão, inclusive aqueles que não são contribuintes desta contribuição, isto lhe aproximaria de um imposto (espécie distinta de tributo) não previsto na Constituição Federal. Não obstante, o STF se posicionou favoravelmente à constitucionalidade da Contribuição de Iluminação Pública, inclusive quanto ao princípio da progressividade de sua alíquota.[33]

---

[32]   A EC nº 132/2023 ampliou o escopo da COSIP para poder passar a custear não apenas o serviço de iluminação pública, mas também a sua expansão e melhoria, bem como também custear os sistemas de monitoramento para segurança e preservação de logradouros públicos.

[33]   STF. RE 573.675 (repercussão geral), Rel. Min. Ricardo Lewandowski, Pleno, julg. 25/03/2009: "I – Lei que restringe os contribuintes da Cosip aos consumidores de energia elétrica do município não ofende o

No Município do Rio de Janeiro, por exemplo, a Contribuição para Custeio do Serviço de Iluminação Pública foi instituída pela Lei nº 5.132 de 17 de dezembro 2009. O **contribuinte** é todo aquele que possua ligação de energia elétrica, cadastrado junto à concessionária de serviço público de distribuição de energia elétrica do Município. O valor mensal da Contribuição para Custeio do Serviço de Iluminação Pública será aquele que corresponder à faixa de consumo de energia elétrica indicado na fatura emitida pela empresa concessionária de distribuição de energia elétrica do Município. A sua cobrança é incluída na fatura mensal emitida pela empresa concessionária de distribuição de energia elétrica do Município, observando-se o mesmo vencimento da fatura de energia elétrica de cada unidade consumidora.

Já no Município de São Paulo, a Cosip foi instituída pela Lei nº 13.479, de 30 de dezembro de 2002, com a finalidade de custear a iluminação de vias, logradouros e demais bens públicos, e a instalação, manutenção, melhoramento e expansão da rede de iluminação pública, além de outras atividades a estas correlatas.[34] O valor da contribuição na cidade de São Paulo será incluído no montante total da fatura mensal de energia elétrica emitida pela concessionária desse serviço.

17.6. CONTRIBUIÇÕES SOCIAIS

As **contribuições sociais**, também de competência exclusiva da União, são hoje uma de suas principais fontes de receitas públicas. Trata-se de tributo contraprestacional, de finalidade afetada e destinada à atuação do Estado no campo social, para financiar a seguridade social, os programas de alimentação e assistência à saúde, o seguro-desemprego, a educação básica etc. Incidem sobre a folha de salários e demais rendimentos do trabalho, sobre a receita, o faturamento e o lucro das empresas, sobre a receita de concursos de prognósticos, sobre as importações etc.

Com a propriedade que lhe é peculiar, Marco Aurélio Greco explica que

> [...] a assunção pelo Estado de um papel intervencionista, nitidamente identificado neste século XX, fez surgir a figura das contribuições, cuja preocupação não é tanto com as causas (fatos geradores), mas predominantemente com as finalidades buscadas (de caráter social, de intervenção no domínio econômico etc.) próprias do Estado Social.[35]

Podemos classificar as contribuições sociais em **duas espécies**. A primeira espécie é a das *contribuições sociais de seguridade social*, que financiam a seguridade social,[36] o que inclui, segundo o art. 194 da Constituição Federal de 1988, a saúde, a previdência e a assistência social. Elas se

---

    princípio da isonomia, ante a impossibilidade de se identificar e tributar todos os beneficiários do serviço de iluminação pública. II – A progressividade da alíquota, que resulta do rateio do custo da iluminação pública entre os consumidores de energia elétrica, não afronta o princípio da capacidade contributiva. III – Tributo de caráter 'sui generis', que não se confunde com um imposto, porque sua receita se destina a finalidade específica, nem com uma taxa, por não exigir a contraprestação individualizada de um serviço ao contribuinte. IV – Exação que, ademais, se amolda aos princípios da razoabilidade e da proporcionalidade."

34 STF. RE 666.404 (repercussão geral), Rel. Min. Marco Aurélio, Rel. p/ Acórdão: Min. Alexandre de Moraes, Pleno, julg. 18/08/2020: "*Tese*: É constitucional a aplicação dos recursos arrecadados por meio de contribuição para o custeio da iluminação pública na expansão e aprimoramento da rede".

35 GRECO, Marco Aurélio. *Contribuições*: uma figura *sui generis*. São Paulo: Dialética, 2000. p. 101.

36 STF. ADC 8 MC, Rel. Min. Celso de Mello, Pleno, julg. 13/10/1999. "A contribuição de seguridade social possui destinação constitucional específica. A contribuição de seguridade social não só se qualifica como modalidade autônoma de tributo, como também representa espécie tributária essencialmente vinculada ao financiamento da Seguridade Social, em função de específica destinação constitucional".

424 | CURSO DE DIREITO TRIBUTÁRIO BRASILEIRO – *Marcus Abraham*

subdividem em dois tipos: a) *contribuições sociais típicas de seguridade social* (art. 195, incisos I a IV, CF/88); b) *contribuições sociais residuais de seguridade social* (art. 195, § 4º, CF/88). A segunda espécie são as *contribuições sociais gerais*, que financiam outras áreas sociais, tais como a educação básica (salário-educação), os programas de alimentação e assistência à saúde, o seguro-desemprego etc.

As **contribuições sociais típicas de seguridade social** são aquelas destinadas a financiar a seguridade social, conforme prevê o art. 195 da Constituição Federal de 1988, e presentes nos incisos I a IV desse mesmo artigo.[37] No conceito de seguridade social estão incluídas a previdência social, a saúde e a assistência social. Assim, para o financiamento das atividades estatais nessas áreas, encontramos as contribuições que incidem na importação de bens e serviços (PIS-Importação e Cofins-Importação)[38], as contribuições que incidem sobre a receita de loterias, a contribuição social previdenciária recolhida pelo trabalhador incidente sobre o seu salário-contribuição[39] e as contribuições sociais do empregador ou da empresa, que podem ser assim relacionadas: a) a contribuição social patronal sobre a folha de pagamentos, que custeia o Regime Geral de Previdência Social, incidindo na folha de salários e demais rendimentos pagos à pessoa física pelo empregador, empresa ou equiparado;[40] b) a contribuição ao Programa de Integração Social e ao Programa de

---

[37] Esclarece José Marcos Domingues de Oliveira que "[...] a vigente Constituição brasileira preocupa-se especialmente com a saúde financeira da Seguridade Social. Prescreve-lhe obediência a um regime contributivo (arts. 40 e 201), vedando os tempos de serviços contados ficticiamente (§ 10 do art. 40 e § 7º do art. 201) e determinando que nenhum 'benefício' pode existir sem a correspondente fonte de custeio (§ 5º do art. 195). Mais, no art. 195 impõe o seu financiamento universal ('por toda a sociedade'), por meio de 'recursos orçamentários' (forma indireta) e de 'contribuições sociais' (forma direta)". (OLIVEIRA, José Marcos Domingues de. Contribuições Sociais, desvio de finalidade e a dita reforma da previdência social brasileira. *Revista Dialética de Direito Tributário*, São Paulo, nº 108, set. 2004. p. 123).

[38] STF. RE 559.937 (repercussão geral), Rel. Min. Ellen Gracie, Rel. p/ Acórdão: Min. Dias Toffoli, Pleno, julg. 20/03/2013: "6. A Lei 10.865/04, ao instituir o PIS/PASEP-Importação e a COFINS-Importação, não alargou propriamente o conceito de valor aduaneiro, de modo que passasse a abranger, para fins de apuração de tais contribuições, outras grandezas nele não contidas. O que fez foi desconsiderar a imposição constitucional de que as contribuições sociais sobre a importação que tenham alíquota *ad valorem* sejam calculadas com base no valor aduaneiro, extrapolando a norma do art. 149, § 2º, III, *a*, da Constituição Federal. 7. Não há como equiparar, de modo absoluto, a tributação da importação com a tributação das operações internas. O PIS/PASEP-Importação e a COFINS-Importação incidem sobre operação na qual o contribuinte efetuou despesas com a aquisição do produto importado, enquanto a PIS e a COFINS internas incidem sobre o faturamento ou a receita, conforme o regime. São tributos distintos. 8. O gravame das operações de importação se dá não como concretização do princípio da isonomia, mas como medida de política tributária tendente a evitar que a entrada de produtos desonerados tenha efeitos predatórios relativamente às empresas sediadas no País, visando, assim, ao equilíbrio da balança comercial. 9. Inconstitucionalidade da seguinte parte do art. 7º, inciso I, da Lei 10.865/04: 'acrescido do valor do ICMS incidente no desembaraço aduaneiro e do valor das próprias contribuições, por violação do art. 149, § 2º, III, *a*, da CF, acrescido pela EC 33/01'".

[39] STF. RE 593.068 (repercussão geral), Rel. Min. Roberto Barroso, julg. 11/10/2018: "*Tese*: Não incide contribuição previdenciária sobre verba não incorporável aos proventos de aposentadoria do servidor público, tais como 'terço de férias', 'serviços extraordinários', 'adicional noturno' e 'adicional de insalubridade'." Trechos do Informativo STF 919: "No mérito, o Tribunal concluiu que o disposto nos §§ 3º e 12 do art. 40 da Constituição Federal (CF), combinado com o § 11 do art. 201 da CF, deixa evidente que somente podem figurar como base de cálculo da contribuição previdenciária os ganhos habituais com repercussão nos benefícios, excluindo, assim, as verbas que não se incorporam à aposentadoria. A dimensão contributiva do sistema mostra-se incompatível com a cobrança de qualquer verba previdenciária que não garanta ao segurado algum benefício efetivo ou potencial".

[40] STF. RE 565.160 (repercussão geral), Rel. Min. Marco Aurélio, Pleno, julg. 29/03/2017: "*Tese*: A contribuição social a cargo do empregador incide sobre ganhos habituais do empregado, quer anteriores ou posteriores à Emenda Constitucional nº 20/1998".

Formação do Patrimônio do Servidor Público (PIS/Pasep), que financia atualmente o programa do seguro-desemprego e o abono salarial, incidindo sobre a receita bruta das pessoas jurídicas; c) a contribuição para o financiamento da seguridade social (Cofins), que é cobrada das pessoas jurídicas de direito privado, incidindo sobre o faturamento destas empresas; d) a contribuição social sobre o lucro líquido (CSLL), que incide sobre o lucro líquido das pessoas jurídicas.

Importante registrar que, para o financiamento da previdência social dos servidores públicos dos Estados, do Distrito Federal e dos Municípios, a Constituição Federal de 1988, no § 1º do art. 149 (redação dada pela EC 103/2019), estabelece que estes entes federativos instituirão sua própria contribuição previdenciária para o custeio de regime próprio de previdência social de seus servidores ativos, aposentados e pensionistas, como exceção constitucional à regra do art. 149, *caput*, CF/88, que reserva a instituição de tais contribuições à União.[41]

Há, ainda, a categoria das **contribuições sociais residuais de seguridade social**, uma vez que a Constituição Federal de 1988 autoriza a instituição – por lei complementar e não cumulativa – de outras fontes destinadas a garantir a manutenção ou expansão da seguridade social (art. 195, § 4º, CF/88), distintas daquelas contribuições típicas previstas no art. 195, incisos I a IV, CF/88 de que acima falamos.

As **contribuições sociais gerais**, que derivam genericamente do art. 149 da Constituição Federal e de outros dispositivos constitucionais específicos, não possuem como destinação o financiamento da seguridade social, mas sim outras atividades sociais estatais. São elas as contribuições sociais incidentes sobre os depósitos do FGTS em caso de despedida sem justa causa e sobre a remuneração devida (Lei Complementar nº 110/2001), que se incorporam ao Fundo de Garantia por Tempo de Serviço (para financiar o pagamento dos expurgos inflacionários); a contribuição ao salário-educação (art. 221, § 5º, CF/88) que é devida pelas empresas e destinada a financiar adicionalmente a educação básica pública;[42] e as contribuições ao Sistema "S" (art. 240, CF/88), que, embora sejam tradicionalmente classificadas pela doutrina como contribuições de interesse de categorias profissionais e econômicas, vêm sendo consideradas contribuições sociais gerais pelo STF.[43]

---

[41]   STF. RE 573.540 (repercussão geral – Tema 55), Rel. Min. Gilmar Mendes, Pleno, julg. 14/04/2010: "*Tese*: I – Os Estados-membros possuem competência apenas para a instituição de contribuição voltada ao custeio do regime de previdência de seus servidores. Falece-lhes, portanto, competência para a criação de contribuição ou qualquer outra espécie tributária destinada ao custeio de serviços médicos, hospitalares, farmacêuticos e odontológicos prestados aos seus servidores". No mesmo sentido: STF. ADI 3.106, julg. 14/04/2010. ADI 5.368, julg. 03/11/2022.
STF. ADI 6.534. Rel. Min. Flávio Dino, Pleno, julg. 05/06/2024: "É constitucional a majoração da alíquota de contribuição dos servidores públicos estaduais mediante lei ordinária (CF, art. 149, § 1º), inexistindo reserva de lei complementar na matéria, cabendo, inclusive, para esse efeito, a edição de medida provisória, sempre que presentes os pressupostos constitucionais autorizadores".

[42]   STF. Súmula nº 732: "É constitucional a cobrança da contribuição do salário-educação, seja sob a Carta de 1969, seja sob a Constituição Federal de 1988, e no regime da Lei 9.424/96". No mesmo sentido: STF. RE 660.933 (repercussão geral), Rel. Min. Joaquim Barbosa, julg. 02/02/2012; STJ. REsp 1.162.307 (recurso repetitivo), Rel. Min. Luiz Fux, 1ª Seção, julg. 24/11/2010: "A legislação do salário-educação inclui em sua sujeição passiva todas as entidades (privadas ou públicas, ainda que sem fins lucrativos ou beneficentes) que admitam trabalhadores como empregados ou que simplesmente sejam vinculadas à Previdência Social, ainda que não se classifiquem como empresas em sentido estrito (comercial, industrial, agropecuária ou de serviços). A exação é calculada sobre a folha do salário de contribuição (art. 1º, *caput* e § 5º, do DL 1.422/75)".

[43]   Além da tendência de classificar as contribuições ao sistema "S" como contribuições sociais gerais, o STF já decidiu que suas bases de cálculo não precisam estar restritas à folha de salários como expresso no art. 240, CF/88, podendo ser criadas por lei outras bases de cálculo, tal como a receita bruta, cf. STF. RE 816.830 (repercussão geral – Tema 801), Rel. Dias Toffoli, Pleno, julg. 17/12/2022: "1. A contribuição ao SENAR,

426 | CURSO DE DIREITO TRIBUTÁRIO BRASILEIRO – *Marcus Abraham*

Para todas as modalidades de contribuições sociais devem ser observados os dispostos nos arts. 146, III (recolhimento unificado e distribuição imediata aos entes federativos), 150, I (princípio da legalidade), e 195, § 6º (princípio da anterioridade nonagesimal, mas constituem exceção à anterioridade ordinária), todos da Constituição de 1988. Não requerem para sua instituição lei complementar, senão as previstas no § 4º do art. 195 da CF/88,[44] tendo em vista a sua instituição por competência residual (art. 154, I, CF/88), mas estas últimas requerem também o respeito à anterioridade ordinária (art. 150, III, *b*, CF/88).

Segundo o art. 195 da CF/88, a seguridade social será financiada pelos recursos dos orçamentos ou provenientes das seguintes contribuições sociais: I – do empregador, da empresa e da entidade a ela equiparada na forma da lei, incidentes sobre: a) a folha de salários e demais rendimentos do trabalho pagos ou creditados, a qualquer título, à pessoa física que lhe preste serviço, mesmo sem vínculo empregatício[45] (Contribuições Previdenciárias:[46] INSS, Funrural); b) a receita

---

embora tenha pontos de conexão com os interesses da categoria econômica respectiva e com a seguridade social, em especial com a assistência social, está intrinsecamente voltada para uma contribuição social geral. [...] 2. O art. 240 da Constituição Federal não implica proibição de mudança das regras matrizes dos tributos destinados às entidades privadas de serviço social e de formação profissional vinculadas ao sistema sindical. Preservada a destinação (Sistema S), fica plenamente atendido um dos aspectos do peculiar critério de controle de constitucionalidade dessas contribuições, que é a pertinência entre o destino efetivo do produto arrecadado e a finalidade da tributação. 3. [...] Tema nº 801: "'É constitucional a contribuição destinada ao SENAR incidente sobre a receita bruta da comercialização da produção rural [...]'". No mesmo sentido: RE 700.922 (repercussão geral – Tema 651), julg. 15/03/2023: "*Tese*: III - É constitucional a contribuição social destinada ao Serviço Nacional de Aprendizagem Rural (SENAR), de que trata o art. 25, § 1º, da Lei nº 8.870/1994, inclusive na redação conferida pela Lei nº 10.256/2001".

[44] STF. ADI 1.103, Rel. Min. Néri da Silveira, Rel. p/ Acórdão: Min. Maurício Corrêa, Pleno, julg. 18/12/1996: "O § 4º do art. 195 da Constituição prevê que a lei complementar pode instituir outras fontes de receita para a seguridade social; desta forma, quando a Lei 8.870/1994 serve-se de outras fontes, criando contribuição nova, além das expressamente previstas, é ela inconstitucional, porque é lei ordinária, insuscetível de veicular tal matéria".

[45] STF. ADI 4.673, Rel. Min. Alexandre de Moraes, Pleno, julg. 15/04/2020: "A contribuição social a cargo da empresa, prevista no art. 22, caput, III e § 1º, da Lei 8.212/1991, com a redação conferida pela Lei 9.876/1999, incidente sobre as remunerações pagas ou creditadas a qualquer título aos segurados contribuintes individuais que lhe prestem serviços, tem apoio nas hipóteses dos incisos I a IV do art. 195 da Constituição Federal, razão pela qual pode ser veiculada por legislação ordinária, sendo inexigível a edição de lei complementar (CF, art. 195, § 4º). É possível concluir, sem extrapolar as possibilidades semânticas, que o legislador constitucional, ao eleger como grandeza tributável os rendimentos do trabalho da pessoa física (CF, art. 195, I, a), permitiu a incidência da referida contribuição sobre a comissão paga pelas seguradoras aos corretores de seguro".

STF. RE 626.837 (repercussão geral), Rel. Min. Dias Toffoli, Pleno, julg. 25/05/2017: "Incide contribuição previdenciária sobre os rendimentos pagos aos exercentes de mandato eletivo decorrentes da prestação de serviços à União, a estados e ao Distrito Federal ou a municípios após o advento da Lei nᶜ 10.887/2004, desde que não vinculados a regime próprio de previdência".

STF. RE 1.072.485 (repercussão geral), Rel. Min. Marco Aurélio, Pleno, julg. 31/08/2020: "Atentem para a natureza do terço constitucional de férias, cuja previsão está no artigo 7º, inciso XVII, da Constituição Federal. Trata-se de verba auferida, periodicamente, como complemento à remuneração. Adquire-se o direito, conforme o decurso do ciclo de trabalho, sendo um adiantamento em reforço ao que pago, ordinariamente, ao empregado, quando do descanso. Surge irrelevante a ausência de prestação de serviço no período de férias. Configura afastamento temporário. O vínculo permanece e o pagamento é indissociável do trabalho realizado durante o ano. [...] Ante a habitualidade e o caráter remuneratório da totalidade do que percebido no mês de gozo das férias, é devida a contribuição. [...] Tese: 'É legítima a incidência de contribuição social sobre o valor satisfeito a título de terço constitucional de férias'".

[46] STF. Súmula nº 688: "É legítima a incidência da contribuição previdenciária sobre o 13º salário".

ou o faturamento (PIS e Cofins); c) o lucro (CSLL); II – do trabalhador e dos demais segurados da previdência social[47] (Contribuição Previdenciária – INSS); III – sobre a receita de concursos de prognósticos; IV – do importador de bens ou serviços do exterior, ou de quem a lei a ele equiparar (Cofins-Importação); V – qualquer outra contribuição social que a lei poderá instituir, destinada a garantir a manutenção ou expansão da seguridade social, obedecido o disposto no art. 154, I (exemplo: a extinta CPMF). Temos também a previsão no art. 212, § 5º da Constituição Federal, que se refere à Contribuição do Salário-Educação; no art. 239, que se refere ao PIS e, no art. 240, que trata das Contribuições do "Sistema S" (Senai, Sesi, Senac etc.), destinadas às entidades privadas de serviço social e de formação profissional vinculadas ao sistema sindical.

A lei que trata das **Contribuições da Seguridade Social** é a **Lei nº 8.212/1991**. Segundo ela, a Seguridade Social compreende um conjunto integrado de ações de iniciativa dos poderes públicos e da sociedade, destinado a assegurar o direito relativo à saúde, à previdência e à assistência social. A **Saúde** é direito de todos e dever do Estado, garantido mediante políticas sociais e econômicas que visem à redução do risco de doença e de outros agravos e ao acesso universal e igualitário às ações e serviços para sua promoção, proteção e recuperação. A **Previdência Social** tem por fim assegurar aos seus beneficiários meios indispensáveis de manutenção, por motivo de incapacidade, idade avançada, tempo de serviço, desemprego involuntário, encargos de família e reclusão ou morte daqueles de quem dependiam economicamente. E a **Assistência Social** é a política social que provê o atendimento das necessidades básicas, traduzidas em proteção à família, à maternidade, à infância, à adolescência, à velhice e à pessoa portadora de deficiência, independentemente de contribuição à Seguridade Social.[48]

A Seguridade Social será financiada por toda sociedade, de forma direta e indireta, mediante recursos provenientes da União, dos Estados, do Distrito Federal, dos Municípios e de contribuições sociais. No âmbito federal, o orçamento da Seguridade Social é composto das seguintes receitas: I – receitas da União; II – receitas das contribuições sociais; III – receitas de outras fontes.

As **contribuições sobre a folha de salário**[49] se dividem em: a) a *contribuição do empregado*, inclusive o doméstico, e a do trabalhador avulso, sendo calculadas mediante a aplicação da correspondente alíquota (8%, 9% ou 11%) sobre o seu salário de contribuição mensal, de forma não cumulativa; b) a contribuição dos segurados *contribuinte individual* e facultativo, com alíquota de 20% sobre o respectivo salário de contribuição;[50] c) a contribuição a cargo da

---

[47] STF. ARE 1.224.327 (repercussão geral), Rel. Min. Dias Toffoli, Pleno, julg. 26/09/2019: "É constitucional a contribuição previdenciária devida por aposentado pelo Regime Geral de Previdência Social (RGPS) que permaneça em atividade ou a essa retorne".

[48] "Através de uma política social que visa a elevar a condição da dignidade humana às condições mínimas de existência de vida, a assistência social distingue-se fundamentalmente do seguro social obrigatório na concepção tradicional e clássica [...] porque a assistência social ampara qualquer ser humano dependente, carente, seja velho, seja criança, idoso ou deficiente, que se encontre numa situação de necessidade básica". (DERZI, Misabel. op. cit. p. 228).

[49] Registre-se a existência também de contribuição previdenciária sobre a folha de remunerações, proventos de aposentadoria e pensões pagos pelos entes federados e suas pessoas jurídicas de direito público a seus servidores públicos estatutários ativos, aposentados ou pensionistas. Contudo, estas contribuições para custeio do Regime Próprio de Previdência Social não estão previstas no capítulo da Constituição reservado à Seguridade Social (arts. 194 e ss.), mas sim no art. 149, § 1º, CF/88.

[50] Existe redução da alíquota de contribuição previdenciária, de 20% sobre a remuneração mensal do trabalho para 11% do salário mínimo, no caso dos contribuintes facultativos e daqueles classificados como contribuintes individuais de baixa renda, que contribuem apenas sobre o salário mínimo.

428 | CURSO DE DIREITO TRIBUTÁRIO BRASILEIRO – *Marcus Abraham*

empresa,[51] de: I – 20% sobre o total das remunerações pagas, devidas ou creditadas a qualquer título, durante o mês, aos segurados empregados e trabalhadores avulsos que lhe prestem serviços, destinadas a retribuir o trabalho, qualquer que seja a sua forma;[52] II – para o financiamento do benefício previsto nos arts. 57 e 58 da Lei nº 8.213/1991, e daqueles concedidos em razão do grau de incidência de incapacidade laborativa decorrente dos riscos ambientais do trabalho, sobre o total das remunerações pagas ou creditadas, no decorrer do mês, aos segurados empregados e trabalhadores avulsos: a) 1% para as empresas em cuja atividade preponderante o risco de acidentes do trabalho seja considerado leve; b) 2% para as empresas em cuja atividade preponderante esse risco seja considerado médio; c) 3% para as empresas em cuja atividade preponderante esse risco seja considerado grave; III – 20% sobre o total das remunerações pagas ou creditadas a qualquer título, no decorrer do mês, aos segurados contribuintes individuais que lhe prestem serviços; IV –15% sobre o valor bruto da nota fiscal ou fatura de prestação de serviços, relativamente a serviços que lhe são prestados por cooperados por intermédio de cooperativas de trabalho (inciso declarado inconstitucional pelo Plenário do STF no RE 595.838, com repercussão geral, e suspenso pela Resolução nº 10, de 2016 do Senado Federal).[53]

---

[51] STF. RE 598.572 (repercussão geral), Rel. Min. Edson Fachin, Pleno, julg. 30/03/2016: "[...] a escolha legislativa em onerar as instituições financeiras e entidades equiparáveis com a alíquota diferenciada, para fins de custeio da seguridade social, revela-se compatível com a Constituição".

[52] STJ. REsp 1.358.281 (recurso repetitivo), Rel. Min. Herman Benjamin, 1ª Seção, julg. 23/04/2014: "*Tese*: As horas extras e seu respectivo adicional constituem verbas de natureza remuneratória, razão pela qual se sujeitam à incidência de contribuição previdenciária. O adicional noturno constitui verba de natureza remuneratória, razão pela qual se sujeita à incidência de contribuição previdenciária. O adicional de periculosidade constitui verba de natureza remuneratória, razão pela qual se sujeita à incidência de contribuição previdenciária".

O STJ, no REsp 1.230.957 (recurso repetitivo), Rel. Min. Mauro Campbell Marques, 1ª Seção, julg. 26/02/2014, definiu que não incide contribuição previdenciária sobre parcelas de natureza indenizatória/compensatória pagas pela empresa ao empregado, tais como terço constitucional de férias (indenizadas ou gozadas) e aviso prévio indenizado. Ademais, a importância paga pelo empregador ao empregado durante os primeiros quinze dias de afastamento por motivo de doença (15 dias que antecedem o auxílio-doença) não sofre incidência de contribuição previdenciária, por não se enquadrar na hipótese de incidência da exação, que exige verba de natureza remuneratória. Por outro lado, há incidência de contribuição sobre o salário-maternidade e o salário-paternidade, pois ambos têm natureza salarial (remuneratória). Do mesmo modo, no REsp 1.146.772 (recurso repetitivo), Rel. Min. Benedito Gonçalves, 1ª Seção, julg. 24/02/2010, o STJ decidiu que o auxílio-creche funciona como indenização, não integrando, portanto, o salário de contribuição para a Previdência. Já o auxílio-alimentação pago em dinheiro também se inclui na base de cálculo dessa contribuição (STJ. REsp 1.995.437, Tema Repetitivo 1164, julg. 26/4/2023).

Contudo, o STF, no julgamento do RE 1.072.485 (repercussão geral), Rel. Min. Marco Aurélio, Pleno, julg. 31/08/2020, firmou a tese de que é legítima a incidência de contribuição social sobre o valor pago a título de terço constitucional de férias gozadas, superando a jurisprudência do STJ neste ponto. O mesmo STF, no RE 576.967 (repercussão geral), Rel. Min. Roberto Barroso, Pleno, julg. 05/08/2020, também suplantou a jurisprudência do STJ, ao assentar ser "inconstitucional a incidência da contribuição previdenciária a cargo do empregador sobre o salário maternidade", por reputar que o salário-maternidade não é um auxílio habitual à mulher, mas um suporte à gestante durante o período de inatividade, não tendo natureza remuneratória.

[53] STF. RE 595.838 (repercussão geral), Rel. Min. Dias Toffoli, Pleno, julg. 23/04/2014: "1. O fato gerador que origina a obrigação de recolher a contribuição previdenciária, na forma do art. 22, inciso IV da Lei nº 8.212/91, na redação da Lei 9.876/99, não se origina nas remunerações pagas ou creditadas ao cooperado, mas na relação contratual estabelecida entre a pessoa jurídica da cooperativa e a do contratante de seus serviços. 2. A empresa tomadora dos serviços não opera como fonte somente para fins de retenção. A empresa ou entidade a ela equiparada é o próprio sujeito passivo da relação tributária, logo, típico 'contribuinte' da

Parte III · Cap. 17 · CONTRIBUIÇÕES | **429**

Já as contribuições a cargo da empresa, provenientes do **faturamento e do lucro**, destinadas à Seguridade Social, são calculadas mediante a aplicação das seguintes alíquotas: I – 2% sobre sua receita bruta; II – 10% sobre o lucro líquido do período-base, antes da provisão para o Imposto de Renda.

A **contribuição do empregador doméstico** é de: I – 8%; e II – 0,8% para o financiamento do seguro contra acidentes de trabalho.

A **contribuição do empregador rural pessoa física**, é de: I – 1,2% da receita bruta proveniente da comercialização da sua produção; II – 0,1% da receita bruta proveniente da comercialização da sua produção para financiamento das prestações por acidente do trabalho.[54]

Outrossim, segundo o art. 212, § 5º, da Constituição, a educação básica pública terá como fonte adicional de financiamento a **contribuição social do salário-educação**, recolhida pelas empresas, calculada com base na alíquota de 2,5% sobre o total de remunerações pagas ou creditadas, a qualquer título, aos segurados empregados.

A **contribuição social sobre o lucro líquido** (CSLL)[55] é uma obrigação tributária devida pelas pessoas jurídicas, e sua apuração depende do tipo de tributação perante o Imposto de Renda. A CSSL foi instituída pela Lei nº 7.689/1988, mas hoje é regulada por inúmeras outras leis. A base de cálculo é o resultado (lucro líquido) obtido, conforme a forma de apuração (lucro real ou presumido). A partir de 01/09/2003, por força do art. 22 da Lei nº 10.684/2003, a base de cálculo da CSLL, devida pelas pessoas jurídicas optantes pelo *lucro presumido* corresponderá a: 1) 12% da receita bruta nas atividades comerciais, industriais, serviços hospitalares e de transporte; 2) 32% para: a) prestação de serviços em geral, exceto a de serviços hospitalares e transporte; b) intermediação de negócios; c) administração, locação ou cessão de bens imóveis, móveis e direitos de qualquer natureza. Para as pessoas jurídicas optantes pelo *lucro real,* a base de cálculo é o lucro contábil, ajustado pelas adições e exclusões previstas na legislação. Hoje, a CSLL apresenta, em regra, a alíquota de 9% (Lei nº 7.689/1988, art. 3º, III, incluído pela Lei nº

---

contribuição. 3. Os pagamentos efetuados por terceiros às cooperativas de trabalho, em face de serviços prestados por seus cooperados, não se confundem com os valores efetivamente pagos ou creditados aos cooperados. 4. O art. 22, IV da Lei nº 8.212/91, com a redação da Lei nº 9.876/99, ao instituir contribuição previdenciária incidente sobre o valor bruto da nota fiscal ou fatura, extrapolou a norma do art. 195, inciso I, *a*, da Constituição, descaracterizando a contribuição hipoteticamente incidente sobre os rendimentos do trabalho dos cooperados, tributando o faturamento da cooperativa, com evidente *bis in idem*. Representa, assim, nova fonte de custeio, a qual somente poderia ser instituída por lei complementar, com base no art. 195, § 4º – com a remissão feita ao art. 154, I, da Constituição".

54 STF. RE 596.177 (repercussão geral), Rel. Min. Ricardo Lewandowski, Pleno, julg. 01/08/2011: "I – Ofensa ao art. 150, II, da CF em virtude da exigência de dupla contribuição caso o produtor rural seja empregador. II – Necessidade de lei complementar para a instituição de nova fonte de custeio para a seguridade social". STF. RE 718.874 (repercussão geral), Rel. Min. Edson Fachin, Rel. p/ Acórdão: Min. Alexandre de Moraes, Pleno, julg. 30/03/2017: "2. A Lei 10.256, de 9 de julho de 2001 alterou o artigo 25 da Lei 8.212/91, reintroduziu o empregador rural como sujeito passivo da contribuição, com a alíquota de 2% da receita bruta proveniente da comercialização da sua produção; espécie da base de cálculo receita, autorizada pelo novo texto da EC 20/98. [...] *Tese*: 'É constitucional formal e materialmente a contribuição social do empregador rural pessoa física, instituída pela Lei 10.256/01, incidente sobre a receita bruta obtida com a comercialização de sua produção'".

55 STF. RE 564.413 (repercussão geral), Rel. Min. Marco Aurélio, Pleno, julg. 12/08/2010: "*Tese*: A Contribuição Social sobre o Lucro Líquido – CSLL incide sobre o lucro decorrente das exportações. A imunidade prevista no artigo 149, § 2º, inciso I, da Constituição Federal, com a redação dada pela Emenda Constitucional nº 33/2001, não o alcança".

430 CURSO DE DIREITO TRIBUTÁRIO BRASILEIRO – *Marcus Abraham*

13.169/2015). Bancos contam com alíquota de 20% a partir de 01/01/2022 (art. 3º, II-A, incluído pela Lei nº 14.183/2021). No caso das pessoas jurídicas de seguros privados, das de capitalização e de uma série de outras instituições financeiras,[56] a alíquota será de 15% a partir de 01/01/2022 (art. 3º, I, redação dada pela Lei nº 14.183/2021). A base de cálculo da CSLL, quando negativa, poderá ser compensada até o limite de 30% dos resultados apurados em períodos subsequentes, ajustados pelas adições e exclusões previstas na legislação (arts. 42 e 58, Lei nº 8.981/1995).[57]

A **contribuição ao Programa de Integração Social (PIS)** foi criada pela Lei Complementar nº 07/1970, destinado originalmente a promover a integração do empregado na vida e no desenvolvimento das empresas. Mas com a promulgação da Constituição Federal em 1988, estes objetivos foram modificados pelo art. 239, vinculando-se a arrecadação do PIS-Pasep ao custeio do **seguro-desemprego e do abono aos empregados** com média de até dois salários mínimos de remuneração mensal. São contribuintes do PIS as pessoas jurídicas de direito privado e as que lhe são equiparadas pela legislação do Imposto de Renda,[58] inclusive empresas prestadoras de serviços, empresas públicas e sociedades de economia mista e suas subsidiárias,[59] excluídas as microempresas e as empresas de pequeno porte submetidas ao regime do Simples Nacional (Lei Complementar nº 123/2007, que revogou a Lei nº 9.317/1996). A partir de 01/02/1999, com a edição da Lei nº 9.718/1998, a base de cálculo da contribuição é a totalidade das receitas auferidas pela pessoa jurídica,[60] sendo irrelevante o tipo de atividade por ela exercida e a

---

[56] STF. ADI 4.101, Rel. Min. Luiz Fux, Pleno, julg. 16/06/2020: "A Lei 11.727/2008, que elevou de 9% para 15% a alíquota da CSLL das instituições financeiras, e, posteriormente, pela Lei 13.169/15 de 15% para 17 e 20%, consideraram a atividade econômica dos contribuintes e não a sua lucratividade. O art. 195, § 9º, da Constituição prevê que as contribuições sociais de seguridade social poderão ter alíquotas ou bases de cálculo diferenciadas, em razão da atividade econômica, da utilização intensiva de mão de obra, do porte da empresa ou da condição estrutural do mercado de trabalho". No mesmo sentido: STF. RE 656.089 (repercussão geral), julg. 06/06/2018; STF. ADI 5.485, julg. 16/06/2020.

[57] STF. RE 591.340 (repercussão geral), Rel. Min. Marco Aurélio, Rel. p/ Acórdão: Min. Alexandre de Moraes, Pleno, julg. 27/06/2019: "*Tese*: É constitucional a limitação do direito de compensação de prejuízos fiscais do IRPJ e da base de cálculo negativa da CSLL".

[58] STF. RE 599.362 (repercussão geral), Rel. Min. Dias Toffoli, Pleno, julg. 06/11/2014: "6. Cooperativa é pessoa jurídica que, nas suas relações com terceiros, tem faturamento, constituindo seus resultados positivos receita tributável. 7. Não se pode inferir, no que tange ao financiamento da seguridade social, que tinha o constituinte a intenção de conferir às cooperativas de trabalho tratamento tributário privilegiado, uma vez que está expressamente consignado na Constituição que a seguridade social 'será financiada por toda a sociedade, de forma direta e indireta, nos termos da lei' (art. 195, *caput*, da CF/88). [...] Tese: A receita auferida pelas cooperativas de trabalho decorrentes dos atos (negócios jurídicos) firmados com terceiros se insere na materialidade da contribuição ao PIS/PASEP".

[59] STF. RE 577.494 (repercussão geral), Rel. Min. Edson Fachin, Pleno, julg. 13/12/2018: "*Tese*: Não ofende o art. 173, § 1º, II, da Constituição Federal, a escolha legislativa de reputar não equivalentes a situação das empresas privadas com relação a das sociedades de economia mista, das empresas públicas e respectivas subsidiárias que exploram atividade econômica, para fins de submissão ao regime tributário das contribuições para o PIS e para o PASEP, à luz dos princípios da igualdade tributária e da seletividade no financiamento da Seguridade Social".

[60] STF. RE 1.049.811 (repercussão geral), Rel. Min. Marco Aurélio, Rel. p/ Acórdão: Min. Alexandre de Moraes, Pleno, julg. 21/03/2022: "*Tese*: É constitucional a inclusão dos valores retidos pelas administradoras de cartões na base de cálculo das contribuições ao PIS e da COFINS devidas por empresa que recebe pagamentos por meio de cartões de crédito e débito".
STF. RE 599.658 (repercussão geral – Tema 630), Rel. Min. Luiz Fux, Rel. p/ Acórdão: Min. Alexandre de Moraes, Pleno, julg. 11/04/2024: "*Tese*: É constitucional a incidência da contribuição para o PIS e da COFINS sobre as receitas auferidas com a locação de bens móveis ou imóveis, quando constituir atividade

Parte III · Cap. 17 · CONTRIBUIÇÕES | **431**

classificação contábil adotada para as receitas.[61] A alíquota do PIS é de 0,65% (**cumulativa** – tributação pelo lucro presumido) ou 1,65% (**não cumulativa** – tributação pelo lucro real)[62] sobre a receita bruta ou 1% sobre a folha de salários, nos casos de entidades sem fins lucrativos. O diploma legal da Contribuição para o PIS/Pasep não cumulativa é a Lei nº 10.637/2002. As pessoas jurídicas de direito privado e as que lhe são equiparadas pela legislação do imposto de renda que apuram o IRPJ com base no lucro presumido ou arbitrado estão sujeitas à incidência cumulativa. E as que apuram o IRPJ com base no lucro real estão sujeitas à incidência não cumulativa, em que se permite o desconto de créditos apurados com base em custos, despesas e encargos da pessoa jurídica.[63]

A **contribuição para o Financiamento da Seguridade Social (COFINS)** foi instituída pela Lei Complementar nº 70/1991, devida pelas pessoas jurídicas e por aquelas a elas equiparadas pela legislação do imposto de renda,[64] destinadas exclusivamente às despesas com atividades-fim das áreas de saúde, previdência e assistência social. A base de cálculo da contribuição é a totalidade das receitas auferidas pela pessoa jurídica, sendo irrelevante o tipo de atividade por ela exercida e a classificação contábil adotada para as receitas.[65] Antes, sob a égide da LC nº 70/1991, sua base de cálculo era apenas o faturamento. Assim como ocorre com a contribuição ao PIS, admite um regime cumulativo e outro não-cumulativo.[66] A alíquota no regime cumulativo (tributação pelo lucro presumido) é de 3% e, no regime não-cumulativo (tributação pelo lucro

---

empresarial do contribuinte, considerando que o resultado econômico dessa operação coincide com o conceito de faturamento ou receita bruta, tomados como a soma das receitas oriundas do exercício das atividades empresariais, pressuposto desde a redação original do art. 195, I, da Constituição Federal".

[61] STF. RE 586.482 (repercussão geral), Rel. Min. Dias Toffoli, Pleno, julg. 23/11/2011: "*Tese*: As vendas inadimplidas não podem ser excluídas da base de cálculo da contribuição ao PIS e da COFINS, visto que integram a receita da pessoa jurídica".

[62] STF. RE 587.108 (repercussão geral), Rel. Min. Edson Fachin, Pleno, julg. 29/06/2020: "*Tese*: Em relação às contribuições ao PIS/COFINS, não viola o princípio da não-cumulatividade a impossibilidade de creditamento de despesas ocorridas no sistema cumulativo, pois os créditos são presumidos e o direito ao desconto somente surge com as despesas incorridas em momento posterior ao início da vigência do regime não cumulativo".

[63] STF. RE 698.531 (repercussão geral), Rel. Min. Marco Aurélio, Pleno, julg. 29/06/2020: "*Tese*: Revela-se constitucional o artigo 3º, § 3º, incisos I e II, da Lei nº 10.637/2003, no que veda o creditamento da contribuição para o PIS, no regime não cumulativo, em relação às operações com pessoas jurídicas domiciliadas no exterior. [...] a contratação de empresas estrangeiras é uma opção do contribuinte, o qual tem ciência de que, nessa hipótese, não terá direito ao creditamento. Não há qualquer discrímen ilegal na opção legislativa – pelo contrário, a norma garantiu o tratamento isonômico dos sujeitos em iguais condições. Haveria, isto sim, privilégio caso se permitisse o crédito de despesas oriundas de negócios efetivados com pessoas jurídicas domiciliadas no exterior, quando, em verdade, apenas os contribuintes que realizam operações com empresas domiciliadas no país recolheram o tributo anteriormente".

[64] STF. RE 598.085 (repercussão geral), Rel. Min. Luiz Fux, Pleno, julg. 06/11/2014: "[declara-se] a incidência da COFINS sobre os atos (negócios jurídicos) praticados pela recorrida [cooperativa] com terceiros tomadores de serviço, resguardadas as exclusões e deduções legalmente previstas".

[65] STF. RE 609.096 (repercussão geral – Tema 372), Rel. Ricardo Lewandowski, Rel. p/ Acórdão: Dias Toffoli, Pleno, julg. 13/06/2023: "*Tese*: As receitas brutas operacionais decorrentes da atividade empresarial típica das instituições financeiras integram a base de cálculo PIS/COFINS cobrado em face daquelas ante a Lei nº 9.718/98, mesmo em sua redação original, ressalvadas as exclusões e deduções legalmente prescritas".

[66] STF. RE 570.122 (repercussão geral), Rel. Min. Marco Aurélio, Rel. p/ Acórdão: Min. Edson Fachin, julg. 02/09/2020: "*Tese*: É constitucional a previsão em lei ordinária que introduz a sistemática da não cumulatividade à COFINS dado que observa os princípios da legalidade, isonomia, capacidade contributiva global e não confisco".

432 | CURSO DE DIREITO TRIBUTÁRIO BRASILEIRO – *Marcus Abraham*

real), é de 7,6%, incidindo sobre o faturamento mensal, assim considerado a receita bruta das vendas de mercadorias, de mercadorias e serviços e de serviço de qualquer natureza.

Quanto ao **Fundo de Garantia por Tempo de Serviço (FGTS)**, o STF, no Recurso Extraordinário 100.249, entendeu pela sua natureza não tributária. Cuida-se de um direito do trabalhador assegurado pelo art. 7º, III, CF/88. A contribuição pelo empregador deflui do fato de ser ele o sujeito passivo da obrigação, de natureza trabalhista e social, que encontra na regra constitucional aludida sua fonte. A atuação do Estado, ou de órgão da Administração Pública, em prol do recolhimento da contribuição do FGTS não implica torná-lo titular do direito à contribuição, mas apenas decorre do cumprimento, pelo Poder Público, de obrigação de fiscalizar e tutelar a garantia assegurada ao empregado optante pelo FGTS. Não exige o Estado, quando cobra o empregador, valores a serem recolhidos ao Erário, como receita pública. Não há, aí, contribuição de natureza fiscal ou parafiscal.[67] Os depósitos do FGTS pressupõem vínculo jurídico, com disciplina do Direito do Trabalho. Não se aplica às contribuições do FGTS o disposto nos arts. 173 e 174 do CTN, justamente por ausência de natureza tributária.

Os argumentos que confirmam a ausência de natureza tributária da contribuição para o FGTS são: a) a Dívida Ativa do FGTS não se confunde com a Dívida Ativa da União (são dois cadastros distintos, sem comunicação jurídica ou operacional); b) a fiscalização do cumprimento das obrigações para com o FGTS era realizada originalmente pelos agentes do Ministério do Trabalho (art. 23, *caput* da Lei nº 8.036, de 1990, e art. 1º da Lei nº 8.844, de 1994), e não pelos servidores da Secretaria da Receita Federal do Ministério da Fazenda; c) a atuação da Procuradoria-Geral da Fazenda Nacional na cobrança institucional dos valores não depositados decorre de previsão legal explícita (art. 2º da Lei nº 8.844, de 1994, com redação dada pela Lei nº 9.467, de 1997); d) a jurisprudência entendia pacificamente o prazo prescricional como sendo de 30 anos, constante no art. 23, § 5º, da Lei nº 8.036/1990, afastando a aplicação dos arts. 173 e 174 do Código Tributário Nacional (Súmula nº 210 do STJ: "A ação de cobrança das contribuições para o FGTS prescreve em 30 anos"). Contudo, o STF, no ARE 709.212 (repercussão geral),[68] superando seu próprio entendimento, fixou que o prazo prescricional é de cinco anos, mas com fundamento direto na Constituição, na parte atinente aos direitos trabalhistas (art. 7º, XXIX, CF/88), e não no CTN.

Diferentemente do FGTS, a Lei Complementar nº 110/2001 instituiu as seguintes **Contribuições Sociais sobre Depósito de FGTS**[69] (art. 195, § 4º, CF/88): a) devida pelos empregadores em caso de despedida de empregado sem justa causa, à alíquota de 10% sobre o montante de todos os depósitos devidos, referentes ao Fundo de Garantia do Tempo de Serviço – FGTS, durante a vigência do contrato de trabalho, acrescido das remunerações aplicáveis às contas vinculadas[70] (art. 1º – extinta a partir de 01/01/2020, cf. art. 12 da Lei nº 13.932/2019); b) devida

---

[67] STF. ADI 613, Rel. Min. Celso de Mello, Pleno, julg. 29/04/1993: "A norma legal que vedou o saque do FGTS, no caso de conversão de regime, não instituiu modalidade de empréstimo compulsório, pois – além de haver mantido as hipóteses legais de disponibilidade dos depósitos existentes – não importou em transferência coativa, para o poder público, do saldo das contas titularizadas por aqueles cujo emprego foi transformado em cargo público".

[68] STF. ARE 709.212, Rel. Min. Gilmar Mendes, Pleno, julg. 13/11/2014.

[69] STF. RE 878.313, Rel. Marco Aurélio, Rel. p/ Acórdão: Min. Alexandre de Moraes, Pleno, julg. 18/08/2020: "*Tese*: É constitucional a contribuição social prevista no artigo 1º da Lei Complementar nº 110, de 29 de junho de 2001, tendo em vista a persistência do objeto para a qual foi instituída".

[70] No RE 1.317.786 (repercussão geral), Rel. Min. Luiz Fux, Pleno, julg. 03/02/2022, o STF reafirmou sua jurisprudência de que a lista de quatro bases de cálculos (1. faturamento; 2. receita bruta; 3. valor da ope-

pelos empregadores, à alíquota de 0,5% sobre a remuneração devida, no mês anterior, a cada trabalhador, incluídas as parcelas de que trata o art. 15 da Lei nº 8.036, de 11 de maio de 1990 (art. 2º).

17.7. CONTRIBUIÇÃO SOBRE BENS E SERVIÇOS

A Emenda Constitucional nº 132/2023 instituiu a **Contribuição sobre Bens e Serviços (CBS)** de competência da União (art. 195, V), tributo que possui natureza de contribuição da seguridade social.[71]

A CBS substituirá as contribuições sociais PIS e COFINS, que serão extintas ao final do período de transição, e provocará um remodelamento do Imposto sobre Produtos Industrializados (IPI), que passará a ter alíquota zero a partir de 2027, exceto em relação aos produtos que tenham industrialização incentivada na Zona Franca de Manaus.[72]

A sua vigência dependia, tal como o IBS, primeiramente da edição de uma **lei complementar** para a sua disciplina e regulamentação, o que foi feito com a edição da Lei Complementar nº 214/2025, tendo um **período de transição**, iniciando a sua cobrança somente a partir do ano de 2026, sendo gradualmente majorada até o ano de 2033, quando passará a adotar a alíquota plena.

A instituição da CBS tem os mesmos objetivos e características principais do IBS, ou seja, a *simplificação* da estrutura tributária pela unificação de três tributos federais incidentes sobre o consumo de bens e serviços (IPI, PIS e COFINS), adotando uma base de incidência ampla sobre importações e operações internas com bens e serviços materiais ou imateriais, inclusive direitos, a sua cobrança no destino (onde o consumidor estiver), a possibilidade de pleno creditamento da CBS paga em cada etapa da cadeia econômica por meio do princípio da não cumulatividade tributária, a fim de reduzir o "efeito cascata" da tributação, tendo como estrutura o modelo do "IVA Dual", uma vez que incidirá simultaneamente com o Imposto sobre Bens e Serviços (IBS), tributo compartilhado entre Estados, Distrito Federal e Municípios.

A grande característica da CBS é a de possuir o **modelo IVA-Dual** (Imposto sobre Valor Agregado compartilhado), uma vez que incidirá simultaneamente com o IBS (Imposto sobre Bens e Serviços) nas mesmas operações econômicas – consumo de bens ou serviços –, ambos possuindo o mesmo fato gerador e todos os demais elementos tributários, inclusive a hipótese de incidência, o sujeito passivo, os aspectos temporais e territoriais, hipóteses de não incidência e imunidades, regimes específicos, diferenciados ou favorecidos, regras de não cumulatividade e creditamento, bem como a base de cálculo e alíquota única (parcela da União), regulamentados

---

ração; 4. no caso de importação, o valor aduaneiro) prevista no artigo 149, § 2º, III, "a", da Constituição Federal (incluído pela Emenda Constitucional 33/2001) é meramente exemplificativa, e não taxativa. Assim, a lei pode estabelecer outras bases de cálculo para instituição de contribuições sociais, como é o caso da contribuição social prevista no art. 1º da LC nº110/2001, incidente sobre o montante de todos os depósitos devidos referentes ao FGTS. Foi fixada a seguinte tese de repercussão geral: "A contribuição prevista no artigo 1º da Lei Complementar 110/2001 foi recepcionada pela Emenda Constitucional 33/2001".

[71] Apesar de a CBS ter natureza jurídica de contribuição social, na espécie contribuição da seguridade social, por força das suas características peculiares, por questões didáticas optamos por tratar dela em capítulo próprio.

[72] Atualmente, existem cerca de 800 produtos produzidos na Zona Franca de Manaus (ZFM), segundo lista da Superintendência da Zona Franca de Manaus apresentada para atendimento à Liminar na ADI 7.153 MC/DF. Sobre tais produtos não haverá fixação do IPI em alíquota zero fora da ZFM (ou seja, o IPI não será extinto pela Reforma Tributária, mas continuará a incidir sobre estes produtos industrializados quando produzidos fora da ZFM).

pela mesma lei complementar (art. 149-B, CF/88), sendo que a única distinção significativa entre eles é que o IBS é um **imposto** e a CBS é uma **contribuição da seguridade social**.

A CBS poderá ter a sua alíquota fixada em *lei ordinária*, e não integrará a sua própria base de cálculo e nem do Imposto Seletivo (IS), IBS, PIS e COFINS.

Por ter sido instituída conjuntamente com o IBS e ter a sua incidência simultânea com este imposto, possuindo praticamente todas as mesmas regras, o § 16 do artigo 195 da Constituição, que disciplina a CBS, faz expressa remissão às disposições daquele imposto no que se refere às previsões constantes dos § 1º, I a VI, VIII, X a XIII, § 3º, § 5º, II a VI e IX, e §§ 6º a 11 e 13, todos do art. 156-A da Constituição Federal.

Assim, como estas regras e características da CBS se aplicam de maneira idêntica às do IBS, imposto que já foi detalhadamente tratado anteriormente, remetemos o leitor ao **Capítulo 14, seção 14.5**, deste livro.

PARTE IV
Processo Tributário

Capítulo 18
PROCESSO TRIBUTÁRIO

18.1. DIREITO PROCESSUAL TRIBUTÁRIO: ADMINISTRATIVO E JUDICIAL

A partir da promulgação da Constituição Federal de 1988, os avanços em matéria de cidadania fiscal e da efetividade dos direitos e das garantias do contribuinte, aliados às inúmeras balizas para uma correta atuação da Administração Tributária no exercício de sua função, são nítidos e revelam o evidente amadurecimento da democracia brasileira, com a inquestionável conscientização da sociedade dos seus direitos e deveres na seara tributária.

Esta nova ordem constitucional, forjada dentro dos valores e princípios de um Estado Democrático de Direito, introduziu significativa evolução em diversos campos jurídicos, impondo maiores limitações ao poder de tributar estatal, estendendo à esfera fiscal os valores de segurança jurídica, de liberdade e de igualdade, tão necessários para a efetiva realização da almejada justiça fiscal e social, além de assegurar no campo processual, seja na esfera judicial ou administrativa, o devido processo legal, a inafastabilidade da função jurisdicional e, mais recentemente, consagrando a duração razoável do processo e a celeridade em sua tramitação.

Por outro lado, o perfil social da Constituição impôs ao Estado brasileiro a obrigação de assumir cada vez mais a realização de políticas públicas que atendam às necessidades coletivas, acarretando, por decorrência, maior necessidade e premência de recursos financeiros para fazer frente a estes gastos. Como o Estado contemporâneo tem nos tributos a sua principal fonte de receitas, a Administração Tributária passou a sofisticar não só seu sistema tributário para angariar mais recursos, inclusive a partir da criação de novas espécies tributárias ou majoração das já existentes, como também aprimorou os meios de execução do crédito fiscal. A este respeito, a lição do Ministro do STF Marco Aurélio Mello:[1]

> [...] o Estado não prescinde dos recursos tributários, obtidos de pessoas naturais e jurídicas, para satisfazer as necessidades públicas assim como alcançar fins sociopolíticos. Segundo Aliomar Baleeiro, revela-se "o traço da economia coativa" – os tributos são "meios ordinários e normais de manutenção do Estado e de seu sistema de serviços públicos" e podem servir de "instrumento de intervenção ou regulação pública". A tributação, além de mostrar-se inerente ao funcionamento estatal típico, custeando atividades básicas, é mecanismo de transformação social e econômica voltada à redistribuição de bens e oportunidades. O tributo se faz onipresente.

---

[1] MELLO, Marco Aurélio. Interpretação constitucional e controvérsias tributárias. In: GRUPENMACHER, Betina Treiger (Coord.). *Tributação:* democracia e liberdade (em homenagem à Ministra Denise Martins Arruda). São Paulo: Noeses, 2014. p. 1.135.

Ocorre que, com um sistema tributário cada vez mais complexo e pujante como o brasileiro, repleto de normas jurídicas – constitucionais, legais e infralegais – que sofrem constante mutação, aliado a políticas governamentais que buscam uma arrecadação crescente, cria-se um ambiente de antagonismo e de conflito entre o contribuinte e a Fazenda Pública, sendo necessária uma atuação constante e dinâmica de ambas as partes para harmonizar e solucionar os conflitos de interesse de natureza tributária, tudo feito com base em um conjunto normativo próprio e específico.

E o volume de conflitos entre Fisco e Contribuinte no campo tributário é avassalador, dada a própria natureza do poder de tributar. Sendo este uma emanação direta da soberania estatal, consagram-se relações jurídicas tributárias fundadas no direito público e de caráter *compulsório*. Todas as pessoas presentes no território nacional (sejam físicas ou jurídicas) estão submetidas a esse incontrastável poder como forma de contribuir para a vida em sociedade (o dever fundamental de pagar tributos). Logo, o número de pessoas submetidas *obrigatoriamente* a estas relações jurídicas é maciço.[2]

Ademais, diferentemente das relações patrimoniais de direito privado, em que o contratante, caso insatisfeito, pode simplesmente recusar-se a contratar ou manter-se em uma relação jurídica, não há autonomia da vontade do sujeito passivo tributário que o permita não se submeter à incidência tributária uma vez ocorrido o fato gerador. Essa realidade demonstra o potencial multiplicador de demandas em razão justamente do milionário número de contribuintes ou responsáveis tributários, recordando-se que, a cada fato gerador, nasce uma obrigação tributária nova, de modo que um mesmo sujeito passivo possui, em verdade, várias relações tributárias com o Fisco, aumentando exponencialmente o número de relações tributárias que potencialmente podem ser questionadas administrativamente e também levadas até os tribunais.[3]

Exatamente para que se possa garantir a realização de uma tributação justa e baseada nos parâmetros constitucionais e legais, assegurando-se os direitos e garantias dos contribuintes, ao mesmo tempo que se permite o cumprimento das funções da Administração Tributária, sobretudo na recuperação do tributo devido, é que, para além das normas de *direito tributário material* já estudadas (temática dos capítulos anteriores), temos um amplo conjunto de normas de *direito tributário processual* (ou procedimental) que regulam as relações entre o contribuinte e a Fazenda Pública, sobretudo na solução de conflitos de interesses.

O conjunto normativo processual tributário contempla normas para as duas esferas procedimentais – administrativa e judicial –, estando em ambos os casos submetidas aos princípios constitucionais de natureza processual, além da imparcialidade, da publicidade, do dever de motivação e, especialmente, do devido processo legal, assegurando-se em sua plenitude o contraditório e a ampla defesa, tal como prescreve o art. 5º, LV, da Constituição ao dispor que "aos litigantes, em processo judicial ou administrativo, e aos acusados em geral são assegurados o contraditório e ampla defesa, com os meios e recursos a ela inerentes", assim como o LXXVIII do mesmo art. 5º ("a todos, no âmbito judicial e administrativo, são assegurados a razoável duração do processo e os meios que garantam a celeridade de sua tramitação").

Na esfera da Administração Pública Tributária, temos o denominado **Processo Administrativo Fiscal**[4] a contemplar os procedimentos requeridos pelo contribuinte que tramitam

---

[2] ABRAHAM, Marcus; PEREIRA, Vítor Pimentel. *Jurisprudência tributária vinculante*: teoria e precedentes. São Paulo: Quartier Latin, 2015. p. 83.

[3] Loc. cit.

[4] Alguns denominam também de Processo Administrativo Tributário (PAT).

Parte IV · Cap. 18 · PROCESSO TRIBUTÁRIO | **439**

nos órgãos da própria Fazenda Pública, tais como: as impugnações e recursos em face de lançamentos tributários e autos de infração; pedidos de restituição ou de compensação tributária; requerimentos de regime especial para obrigações acessórias, consultas fiscais, parcelamentos, emissão de certidões e denúncia espontânea.

Na esfera judicial, temos o denominado **Processo Judicial Tributário**, o qual contempla medidas judiciais que podem ser promovidas tanto pelo contribuinte como pela Fazenda Pública, tais como: ação declaratória; ação anulatória; ação consignatória; mandado de segurança; ação de execução fiscal e medida cautelar fiscal.

Finalmente, registramos que, apesar de reconhecer a existência de inúmeras linhas doutrinárias que defendem, a partir de um tecnicismo exacerbado de origem processualista, a distinção formal entre as expressões "processo" e "procedimento", sobretudo para indicar que o procedimento seria natural da seara administrativa, ao passo que o processo seria pertinente apenas na esfera judicial, temos para nós como superada a dicotomia da questão terminológica. Isso porque, no âmbito tributário, ambos representam um conjunto de atos que tramitam, cada qual em um campo – administrativo ou judicial –, tendo em conta uma única finalidade: a de solucionar uma pretensão ou conflito de interesses entre o Fisco e o contribuinte. Ademais, para aqueles que afirmam que a expressão "processo tributário" envolveria necessariamente uma situação litigiosa, também na esfera administrativa, além dos procedimentos não contenciosos, como a consulta fiscal ou o pedido de regime especial, há também procedimentos contenciosos de natureza litigiosa, como é o caso da impugnação a um auto de infração.

Nesse sentido, James Marins[5] denomina "núcleo de processualidade administrativa" o dualismo dos conceitos da atividade administrativa tributária, realizando o seguinte esclarecimento:

> No Direito Tributário, deve-se enfrentar o dualismo procedimento/processo em três diferentes regimes jurídicos: 1º procedimento enquanto caminho para consecução do ato de lançamento (inclusive fiscalização tributária e imposição de penalidades); 2º processo como meio de solução administrativa dos conflitos fiscais e; 3º processo como meio de solução judicial dos conflitos fiscais.

Na mesma linha, Ronaldo Redenschi,[6] ao reconhecer a utilização por muitos dos termos "processo" ou "procedimento" indistintamente para caracterizar as atividades administrativas, conclui "que a atividade administrativa tributária comporta atos de natureza meramente procedimental, bem como atos de natureza processual, descabendo, então, a contrariedade de parte da doutrina quanto à expressão 'processo administrativo tributário'".

Portanto, a nosso ver, não há óbice para se utilizar a denominação "processo administrativo fiscal" em todas as situações de natureza tributária, litigiosa ou não, que envolvam o contribuinte e a Fazenda Pública.

18.2. PROCESSO ADMINISTRATIVO FISCAL

O **processo administrativo fiscal (PAF)** contempla os procedimentos – litigiosos ou não – de natureza tributária que o contribuinte pode promover diretamente perante a própria Fazenda

---

5   MARINS, James. *Direito processual tributário brasileiro* (administrativo e judicial). São Paulo: Dialética, 2001. p. 155-158.

6   REDENSCHI, Ronaldo. Processo administrativo tributário I, II e III. In: ANTONELLI, Leonardo Pietro; GOMES, Marcus Lívio (Coord.). *Curso de direito tributário brasileiro.* Vol. IV. São Paulo: Almedina, 2016. p. 196-200.

440 | CURSO DE DIREITO TRIBUTÁRIO BRASILEIRO – *Marcus Abraham*

Pública, a fim de buscar a solução de sua pretensão. Tais procedimentos podem ser requeridos em quaisquer das três esferas federativas: no âmbito da União, na Secretaria da Receita Federal; na esfera dos Estados, o PAF será promovido na respectiva Secretaria de Fazenda Estadual; e, igualmente, caso se trate de questão tributária de competência municipal, será tramitado perante a Secretaria de Fazenda Municipal.

No âmbito federal, o processo administrativo fiscal é regido pelo Decreto nº 70.235/1972,[7] ao passo que, nos Estados, Municípios e Distrito Federal, cada ente federativo deverá possuir a sua própria legislação disciplinando o respectivo procedimento perante os seus órgãos fazendários.

O processo administrativo fiscal caracteriza-se por ser "bilateral" e, embora não possua a figura do "juiz" e os requerimentos e impugnações do contribuinte sejam apreciados pela própria Administração Tributária, esta atuará de maneira vinculada à lei e pautada pelos princípios da Administração Pública (art. 37, CF/88), razão pela qual seus atos e decisões são considerados imparciais e impessoais. Neste sentido, afirmava Aurélio Pitanga Seixas Filho:[8]

> Obedecendo ao princípio da legalidade objetiva, a autoridade fiscal, por dever de ofício, aplica a lei tributária desinteressadamente por não possuir qualquer direito subjetivo a defender, nem interesse próprio a resguardar, agindo, portanto, imparcialmente ou impessoalmente.

Além dos princípios genéricos administrativos, podemos sintetizar os seguintes **princípios do processo administrativo fiscal**: a) *princípio da legalidade*: indica que a atividade administrativa tributária é sempre vinculada à lei, tal como prescreve o art. 142 do CTN; b) *princípio da oficialidade*: revela o poder-dever da Administração em dar o devido andamento ao processo administrativo e reconhecer os fatos e aplicar o direito de maneira impessoal, imparcial e desinteressada, obrigando-se a rever seus atos que contiverem irregularidades ou ilegalidades, mesmo que não seja provocada pelo contribuinte; c) *princípio da verdade material*: a autoridade administrativa não está limitada apenas às informações e documentos constantes do PAF, admitindo-se qualquer outra prova idônea a identificar e confirmar os fatos; d) *princípio da informalidade*: o PAF é desprovido da liturgia, rigidez e formalismo que o processo judicial possui, inclusive sendo desnecessário ao contribuinte a constituição de advogado; e) *princípio da confiança legítima*: a manifestação proferida pela Administração Tributária em PAF gera para o contribuinte direito subjetivo e respeito aos termos postos, com base nos fatos e direito analisados, até que sobrevenham novos fatos ou normas; f) *princípio do devido processo legal*: o contribuinte terá todos os direitos e garantias processuais durante a tramitação do PAF para que seu pleito seja analisado, inclusive com ampla defesa e contraditório (art. 5º, LIV e LV, CF/88); g) *princípio do duplo grau administrativo*: das decisões da administração tributária caberá sempre recurso para instância administrativa superior; h) *princípio da coisa julgada administrativa*: a qualquer momento do PAF (antes, durante ou depois) o contribuinte poderá ir ao Poder Judiciário para questionar o seu objeto.

Para cada tipo de pretensão de natureza tributária, o contribuinte poderá demandar uma **espécie de procedimento** próprio, desde impugnar um lançamento tributário que entenda irregular ou ilegal, recorrer de uma decisão administrativa desfavorável, até realizar pedidos

---

[7] Sendo aplicável subsidiariamente, na esfera federal, a Lei Geral do Processo Administrativo Federal (Lei nº 9.784/1999). Também são aplicáveis a todos os entes federados os artigos da Lei de Introdução às Normas do Direito Brasileiro (LINDB) que se referem à Administração Pública (arts. 20 a 30 da LINDB).

[8] SEIXAS FILHO, Aurélio Pitanga. *Estudos de procedimento administrativo fiscal*. Rio de Janeiro: Freitas Bastos, 2000. p. 79.

Parte IV • Cap. 18 • PROCESSO TRIBUTÁRIO | **441**

desprovidos de litigiosidade como a restituição ou compensação, o parcelamento, a adoção de um regime especial para suas obrigações acessórias, fazer consultas fiscais e até mesmo uma denúncia espontânea. Ressalve-se, entretanto, que dentro do conceito "amplo" de procedimento administrativo se pode incluir também a própria atividade de fiscalização, lançamento tributário e aplicação de sanções fiscais por parte da Administração Tributária.

É importante esclarecer que, devido ao princípio do livre acesso ao Poder Judiciário, materializado na **inafastabilidade jurisdicional** prevista no art. 5º, XXXV da Constituição, as decisões na esfera administrativa não fazem coisa julgada, podendo ser, a qualquer momento, contestadas na esfera judicial, não sendo necessário sequer iniciar ou mesmo esgotar o pleito na instância administrativa. Entretanto, uma vez transitada em julgado no âmbito judicial, aquela mesma questão tributária não poderá ser novamente suscitada administrativamente. Aliás, cabe lembrar que, conforme estabelece o parágrafo único do art. 38 da Lei nº 6.830/1980 (Lei de Execuções Fiscais – LEF), a propositura pelo contribuinte da ação judicial (mandado de segurança, ação de repetição do indébito ou ação anulatória) importa renúncia ao poder de recorrer na esfera administrativa e desistência do recurso acaso interposto.[9]

18.2.1. Impugnação fiscal e recurso administrativo

A partir de um ato formal, de natureza tributária, proferido pela Administração Tributária – tal como um auto de infração, a apreensão de mercadorias ou a notificação de um lançamento tributário – e considerado ilegal ou irregular pelo contribuinte, este poderá impugná-lo na via administrativa, requerendo a sua revisão total ou parcial.

A **impugnação** é prevista no próprio CTN, ao prescrever no art. 145, I que: "o lançamento regularmente notificado ao sujeito passivo só pode ser alterado em virtude de: I – impugnação do sujeito passivo". Por sua vez, no âmbito federal, o Decreto nº 70.235/1972 prescreve no seu art. 15 que "a impugnação, formalizada por escrito e instruída com os documentos em que se fundamentar, será apresentada ao órgão preparador no prazo de trinta dias, contados da data em que for feita a intimação da exigência".

Caracteriza-se por se tratar de um procedimento de **natureza contenciosa**, que visa contestar um ato administrativo tido por irregular ou ilegal pelo contribuinte, instaurando-se um litígio a ser dirimido na esfera administrativa.

A impugnação administrativa será materializada em um processo administrativo fiscal, que deverá ser protocolizado perante o órgão fazendário responsável, instruído com uma petição inicial do contribuinte contendo todos os argumentos de fato e de direito necessários e suficientes para fundamentar o requerido, bem como com todos os elementos comprobatórios pertinentes.

A propósito, como leciona Leandro Paulsen,[10] "o processo administrativo se rege pelo **princípio da verdade material**, cabendo ao Fisco reconhecer eventual nulidade ou excesso, inclusive para evitar que tal se dê mediante ação judicial com encargos sucumbenciais".

---

[9] STJ. REsp 1.294.946, Rel. Min. Mauro Campbell Marques, 2ª Turma, julg. 28/08/2012: "A propositura, pelo contribuinte, de mandado de segurança, ação de repetição do indébito, ação anulatória ou declaratória da nulidade do crédito da Fazenda Nacional importa em renúncia ao direito de recorrer na esfera administrativa e desistência do recurso interposto (art. 1º, § 2º, do Decreto-Lei n. 1.737/59 e parágrafo único do art. 38 da Lei n. 6.830/80)".

[10] PAULSEN, Leandro. *Curso de direito tributário*: completo. 7. ed. Porto Alegre: Livraria do Advogado, 2015. p. 426-427.

442 | CURSO DE DIREITO TRIBUTÁRIO BRASILEIRO – *Marcus Abraham*

A impugnação mencionará: I – a autoridade julgadora a quem é dirigida; II – a qualificação do impugnante; III – os motivos de fato e de direito em que se fundamenta, os pontos de discordância e as razões e provas que possuir; IV – as diligências, ou perícias que o impugnante pretenda sejam efetuadas, expostos os motivos que as justifiquem, com a formulação dos quesitos referentes aos exames desejados, assim como, no caso de perícia, o nome, o endereço e a qualificação profissional do seu perito; V – se a matéria impugnada foi submetida à apreciação judicial, devendo ser juntada cópia da petição.[11]

Um dos efeitos da impugnação administrativa é a **suspensão da exigibilidade do crédito tributário** até o seu julgamento final. Nesse sentido, prescreve o art. 151, III do CTN que suspendem a exigibilidade do crédito tributário as reclamações e os recursos, nos termos das leis reguladoras do processo tributário administrativo.

Analisado o processo administrativo fiscal, e proferida uma decisão pela Administração Tributária (decisão colegiada, mesmo em primeira instância), caso a impugnação do contribuinte seja julgada procedente, anula-se o ato administrativo fiscal impugnado, como, por exemplo, cancelando o lançamento tributário ou restituindo a mercadoria apreendida.

Por outro lado, caso seja julgada total ou parcialmente improcedente, caberá recurso à instância administrativa superior. No âmbito federal, trata-se do CARF – Conselho Administrativo de Recursos Fiscais (Lei nº 11.941/2009). No âmbito estadual e municipal, em regra, o órgão de segunda instância administrativa tributária chama-se "Conselho de Contribuintes".

Outrossim, descabe a exigência pela Fazenda Pública de garantia prévia a ser oferecida pelo contribuinte, como condição de admissibilidade do recurso voluntário em PAF, seja o arrolamento de bens ou o depósito de 30% do montante da dívida (inseridos no art. 33 do Decreto nº 70.235/1972 pela Lei 10.522/02[12]), tal como firmado na Súmula Vinculante nº 21 do STF, que estabeleceu ser "inconstitucional a exigência de depósito ou arrolamento prévios de dinheiro ou bens para admissibilidade de recurso administrativo".

Sobre a definitividade do pronunciamento da Fazenda Pública quando reconhece os argumentos e pleito do contribuinte, esclarece Antonio Roberto Sampaio Dória[13] que

> [...] a administração pública, após proferir decisão regular e favorável ao contribuinte, no sentido da não incidência de um tributo, está impedida de revogá-la ao seu alvedrio, fundada exclusivamente em alteração dos critérios interpretativos da legislação.

---

[11] Denomina-se "manifestação de inconformidade" uma modalidade específica de impugnação promovida pelo sujeito passivo que tem por objeto contestar decisões das autoridades competentes em processos relativos a restituição, compensação, ressarcimento, reembolso, imunidade, suspensão, isenção e redução de alíquotas de tributos, Pedido de Revisão de Ordem de Incentivos Fiscais (PERC), indeferimento de opção pelo Sistema Integrado de Pagamento de Impostos e Contribuições das Microempresas e das Empresas de Pequeno Porte (Simples) e de opção pelo Regime Especial Unificado de Arrecadação de Tributos e Contribuições devidos pelas Microempresas e Empresas de Pequeno Porte (Simples Nacional), exclusão do Simples e do Simples Nacional. As manifestações de inconformidade são julgadas pelas Delegacias de Julgamento da Receita Federal do Brasil (DRJ), órgãos colegiados de julgamento da Receita Federal do Brasil.

[12] Julgado inconstitucional nas ADIs nº 1922-9 e nº 1976-7.

[13] DÓRIA, Antônio Roberto Sampaio. Decisão administrativa, efeitos e revogabilidade. In: BRITO, Edvaldo Pereira de; MARTINS, Ives Gandra da Silva (Org.). *Direito tributário*: direito processual administrativo e judicial. Coleção doutrinas essenciais. Volume VII. São Paulo: Revista dos Tribunais, 2011. p. 50.

Por fim, registramos novamente que a decisão administrativa fiscal produz apenas a denominada "coisa julgada administrativa", significando a possibilidade de questionamento pelo contribuinte na esfera judicial quando for de seu interesse,[14] ou seja, uma impugnação julgada improcedente, no todo ou em parte.

18.2.2. Consulta fiscal

A **consulta fiscal** é um procedimento administrativo de natureza voluntária, preventiva e não litigiosa, em que o contribuinte apresenta uma indagação perante a Administração Tributária responsável pela obrigação fiscal, a respeito de uma situação de fato ou de direito, de entendimento controvertido ou duvidoso, que possa ensejar a criação de uma obrigação tributária, seja principal ou acessória.

A sua finalidade, portanto, é retirar a incerteza e conferir segurança jurídica ao contribuinte que seja diligente e esteja de boa-fé para o fiel e regular cumprimento de suas obrigações tributárias, uma vez que, a partir da resposta e com base nela, o contribuinte terá um parâmetro de como agir em relação àquela dada situação fiscal, vinculando a Fazenda Pública aos seus termos, de acordo com os fatos e o direito analisados.

Segundo esclarece Luís Eduardo Schoueri,[15] "a resposta da autoridade à consulta é verdadeiro ato administrativo, material e formal, posto que oriundo da Administração Tributária e gerador de direitos ao contribuinte".

Assim, o sujeito passivo de uma obrigação tributária poderá formular consulta sobre dispositivos da legislação tributária aplicáveis a fato determinado, apresentada por escrito no domicílio tributário do consulente, ao órgão local da entidade fiscal incumbida de administrar o tributo sobre que versa.

Entretanto, não será possível a formulação de consulta quando já houver um auto de infração a respeito dos fatos objetos do procedimento, e nem quando já for objeto de processo administrativo em processamento. Assim, não produzirá efeito a consulta formulada: I – por quem tiver sido intimado a cumprir obrigação relativa ao fato objeto da consulta; II – por quem estiver sob procedimento fiscal iniciado para apurar fatos que se relacionem com a matéria consultada; III – quando o fato já houver sido objeto de decisão anterior, ainda não modificada, proferida em consulta ou litígio em que tenha sido parte o consulente; IV – quando o fato estiver disciplinado em ato normativo, publicado antes de sua apresentação; V – quando o fato estiver definido ou declarado em disposição literal de lei; VI – quando o fato for definido como crime ou contravenção penal; VII – quando não descrever, completa ou exatamente, a hipótese a que se referir, ou não contiver os elementos necessários à sua solução salvo se a inexatidão ou omissão for escusável, a critério da autoridade julgadora.

Segundo o art. 161 do CTN, a pendência de consulta formulada impede: a) cobrança de juros moratórios; b) imposição de penalidade; c) aplicação de medidas de garantia. Não obstante, a consulta não suspende o prazo para recolhimento de tributo, retido na fonte ou autolançado antes ou depois de sua apresentação, nem o prazo para apresentação de declaração de rendimentos.

---

[14] Inclusive poderá ajuizar a ação judicial mesmo antes de questionar administrativamente (abrindo mão desta via).

[15] SCHOUERI, Luís Eduardo. Algumas reflexões sobre a consulta em matéria fiscal. In: BRITO, Edvaldo Pereira de; MARTINS, Ives Gandra da Silva (Org.). *Direito tributário*: direito processual administrativo e judicial. Coleção doutrinas essenciais. Volume VII. São Paulo: Revista dos Tribunais, 2011. p. 84.

CURSO DE DIREITO TRIBUTÁRIO BRASILEIRO – *Marcus Abraham*

Por se tratar de um procedimento preventivo, não cabe recurso em face de resposta proferida pela Administração Tributária que não atenda aos interesses do contribuinte, mormente por não se tratar de procedimento revisional de lançamento. Não obstante, é possível o contribuinte solicitar esclarecimentos da manifestação exarada pela Fazenda, sobretudo se houver divergência entre a resposta proferida e outros casos análogos que sejam de seu conhecimento.[16]

18.2.3. Requerimento de regime especial

O **requerimento de regime especial** é um procedimento administrativo fiscal de natureza voluntária, preventiva e não litigiosa, em que o contribuinte visa obter da Administração Tributária autorização para o cumprimento de **obrigações acessórias** de forma diversa da prevista na legislação vigente.

É importante destacar que um pedido de regime especial não pode ter por objeto obrigação tributária principal, uma vez que esta é estabelecida somente por lei, conforme o princípio da legalidade. Por outro lado, como as obrigações acessórias são, em regra, estabelecidas por atos normativos infralegais da própria Administração Tributária e em seu interesse de fiscalização e controle, são passíveis de modificação por outro ato do próprio Fisco.

Portanto, a concessão do regime especial é ato discricionário da Administração Tributária, a ser deliberado por meio de despacho que deve esclarecer as normas especiais a serem observadas pelo contribuinte e o período de sua vigência, sendo que o regime especial poderá ser, a qualquer tempo e a critério da Fazenda, alterado ou suspenso.

Assim, um regime especial pode ser autorizado pela Fazenda Pública responsável pela respectiva obrigação tributária acessória, permitindo ao contribuinte, por exemplo, que a forma de recolhimento de um tributo, a emissão de documentos fiscais ou a escrituração tributária sejam realizados de forma diversa da prevista na legislação de regência.

18.2.4. Requerimento da denúncia espontânea

A **denúncia espontânea** é o procedimento preventivo, voluntário e não litigioso, por meio do qual o contribuinte paga o tributo devido atrasado (já em mora), porém antes do início de qualquer procedimento administrativo, fiscalização ou autuação, tendo como objetivo a exclusão da infração (multa ou crime fiscal).

Trata-se, portanto, de uma espécie de **sanção premial**, ou seja, um estímulo visando ao cumprimento da lei e, no Direito Tributário, dirigindo-se para a regularização da situação fiscal do contribuinte. Conforme ensina Hugo de Brito Machado,[17] a "expressão sofisticada sanção premial tem sido utilizada no âmbito do Direito Tributário para designar uma forma de estímulo às condutas desejáveis". Este fenômeno também é conhecido como função promocional do direito ou, na dicção do jusfilósofo italiano Norberto Bobbio,[18] *sanção positiva*, sendo denominado de *sanção premial* por Miguel Reale visando à realização voluntária de alguma conduta:

---

[16] CASTRO, Alexandre Barros. *Processo tributário*: teoria e prática. 3. ed. São Paulo: Saraiva, 2007. p. 36.

[17] MACHADO, Hugo de Brito. A denominada sanção premial no âmbito do direito tributário. *Interesse Público*, Belo Horizonte, Fórum, a. 12, n. 64, 2010.

[18] BOBBIO, Norberto. *Da estrutura à função*: novos estudos de teoria do direito. Trad. Daniela Beccaria Versiani. Barueri: Manole, 2007. p. 24.

Podemos dizer que, atualmente, excogitam-se técnicas mais aperfeiçoadas para obter-se o cumprimento das normas jurídicas, através não de sanções intimidativas, mas sim através de processos que possam influir no sentido da adesão espontânea dos obrigados, como os que propiciam incentivos e vantagens. Assim, ao lado das *sanções penais,* temos as *sanções premiais* que oferecem um benefício ao destinatário, como, por exemplo, um desconto ao contribuinte que paga o tributo antes da data do vencimento.[19]

Tal procedimento, como envolve a obrigação tributária principal, vem previsto no CTN no seu art. 138, ao dispor expressamente que a responsabilidade do contribuinte é excluída pela denúncia espontânea da infração, acompanhada, se for o caso, do pagamento do tributo devido e dos juros de mora, ou do depósito da importância arbitrada pela autoridade administrativa, quando o montante do tributo dependa de apuração. Não se considera espontânea a denúncia apresentada após o início de qualquer procedimento administrativo ou medida de fiscalização relacionados com a infração.

Assim, a denúncia espontânea, que tem para Marcus de Freitas Gouvêa[20] efeito equivalente ao da anistia, "extingue a obrigação decorrente do ato ilícito". Segundo ele,

> [...] o objetivo do instituto é estimular o infrator arrependido a revelar a falta cometida, antes que o Estado movimente a máquina administrativa em ações que podem levar à descoberta do ato ilícito. Para isso, o legislador exime o contribuinte confesso da responsabilidade pela multa decorrente da infração cometida.

Em síntese, para que se caracterize a denúncia espontânea como modo de exclusão da responsabilidade tributária por infração, é necessário o preenchimento das seguintes condições (a ausência de qualquer uma delas desnatura a denúncia como espontânea): 1) a confissão espontânea deve ser anterior a qualquer procedimento administrativo ou medida de fiscalização relacionados com a infração; 2) deve haver pagamento do tributo devido; 3) deve haver pagamento dos juros de mora; 4) quando o montante do tributo dependa de apuração, deve haver o depósito da importância arbitrada pela autoridade administrativa.

Como dito, a denúncia espontânea somente se configura diante da presença de todos os requisitos previstos no art. 138, CTN. Assim, o mero parcelamento do débito (como já decidiu o STJ em recurso repetitivo[21]) ou pagamento parcial não configura denúncia espontânea, sendo necessário o pagamento integral do tributo devido acompanhado de juros de mora para que se dê a eficácia de exclusão da responsabilidade por infração.

A Súmula nº 360 do STJ também estabelece que "O benefício da denúncia espontânea não se aplica aos tributos sujeitos a lançamento por homologação regularmente declarados, mas pagos a destempo", pois, para aquela Corte, no lançamento por homologação, a própria entrega da declaração é modo de constituição do crédito tributário, dispensando, para isso, qualquer

---

[19] REALE, Miguel. *Lições preliminares de direito.* 27. ed. São Paulo: Saraiva, 2004. p. 75-76.

[20] GOUVÊA, Marcus de Freitas. Denúncia espontânea em direito tributário. In: BRITO, Edvaldo Pereira de; MARTINS, Ives Gandra da Silva (Org.). *Direito tributário*: direito processual administrativo e judicial. Coleção doutrinas essenciais. Volume VII. São Paulo: Revista dos Tribunais, 2011. p. 1.037 e 1.060.

[21] STJ. REsp 1.102.577 (recurso repetitivo), Rel. Min. Herman Benjamin, 1ª Seção, julg. 22/04/2009: "O instituto da denúncia espontânea (art. 138 do CTN) não se aplica nos casos de parcelamento de débito tributário."

446 | CURSO DE DIREITO TRIBUTÁRIO BRASILEIRO – *Marcus Abraham*

outra providência por parte do Fisco.[22] Para o STJ, é pressuposto essencial da denúncia espontânea o total desconhecimento do Fisco quanto à existência do tributo denunciado, nos termos do art. 138, parágrafo único, do CTN, o que não ocorreria nos tributos sujeitos a lançamento por homologação, nos quais se reputa que a Administração Tributária toma conhecimento da existência do crédito tributário desde a entrega da declaração, independentemente de qualquer atuação sua. Consequentemente, não haveria possibilidade lógica de haver denúncia espontânea de créditos tributários cuja existência já esteja formalizada (créditos tributários já constituídos) e, portanto, líquidos, certos e exigíveis, como ocorre no lançamento por homologação.

Contudo, o mesmo STJ reputa que, mesmo nos tributos sujeitos a lançamento por homologação, caso seja apresentada uma declaração parcial com devido pagamento da parte declarada e, posteriormente, uma declaração retificadora com pagamento da parte não declarada, antes mesmo de o Fisco ter de constituir o crédito tributário atinente à parte não declarada, é cabível a denúncia espontânea, uma vez que a parte não declarada teria de ser lançada de ofício pela Administração Tributária, que não precisou fazê-lo precisamente por conta da denúncia espontânea.[23]

Ressalte-se que, em relação aos tributos federais, o art. 47 da Lei nº 9.430/1996[24] prevê uma situação mais benéfica para o contribuinte, a saber, a de que, mesmo já iniciado o procedimento de fiscalização pela Receita Federal, o sujeito passivo disporá de até 20 dias após a notificação do termo de início de fiscalização para realizar o pagamento sem aplicação de penalidade, desde que com os mesmos acréscimos legais aplicáveis à denúncia espontânea. Trata-se, portanto, no âmbito federal, da extensão do regime da denúncia espontânea do art. 138 do CTN a uma situação em que a espontaneidade não está mais presente, por questões de fomento à arrecadação e diminuição de conflitos na seara tributária.

Majoritariamente, entende-se que a denúncia espontânea afasta a aplicação não apenas da multa punitiva em sentido estrito, mas também da multa moratória, uma vez que o art. 138 do CTN não faz distinção entre ambas, devendo-se, em matéria punitiva, adotar a posição mais favorável ao sujeito passivo. Essa também é a posição do STJ.[25]

---

[22] STJ. REsp 962.379 (recurso repetitivo), Rel. Min. Teori Zavascki, 1ª Seção, julg. 22/10/2008: "1. Nos termos da Súmula 360/STJ, 'O benefício da denúncia espontânea não se aplica aos tributos sujeitos a lançamento por homologação regularmente declarados, mas pagos a destempo'. É que a apresentação de Declaração de Débitos e Créditos Tributários Federais – DCTF, de Guia de Informação e Apuração do ICMS – GIA, ou de outra declaração dessa natureza, prevista em lei, é modo de constituição do crédito tributário, dispensando, para isso, qualquer outra providência por parte do Fisco. Se o crédito foi assim previamente declarado e constituído pelo contribuinte, não se configura denúncia espontânea (art. 138 do CTN) o seu posterior recolhimento fora do prazo estabelecido".

[23] STJ. REsp 1.149.022 (recurso repetitivo), Rel. Min. Luiz Fux, 1ª Seção, julg. 09/06/2010: "1. A denúncia espontânea resta configurada na hipótese em que o contribuinte, após efetuar a declaração parcial do débito tributário (sujeito a lançamento por homologação) acompanhado do respectivo pagamento integral, retifica-a (antes de qualquer procedimento da Administração Tributária), noticiando a existência de diferença a maior, cuja quitação se dá concomitantemente. [...] 4. Destarte, quando o contribuinte procede à retificação do valor declarado a menor (integralmente recolhido), elide a necessidade de o Fisco constituir o crédito tributário atinente à parte não declarada (e quitada à época da retificação), razão pela qual aplicável o benefício previsto no art. 138, do CTN."

[24] Art. 47. A pessoa física ou jurídica submetida a ação fiscal por parte da Secretaria da Receita Federal poderá pagar, até o vigésimo dia subsequente à data de recebimento do termo de início de fiscalização, os tributos e contribuições já declarados, de que for sujeito passivo como contribuinte ou responsável, com os acréscimos legais aplicáveis nos casos de procedimento espontâneo.

[25] STJ. REsp 1.149.022 (recurso repetitivo), Rel. Min. Luiz Fux, 1ª Seção, julg. 09/06/2010: "[...] forçoso consignar que a sanção premial contida no instituto da denúncia espontânea exclui as penalidades pecu-

Parte IV · Cap. 18 · PROCESSO TRIBUTÁRIO | **447**

Quanto à aplicação da denúncia espontânea às obrigações acessórias, existe posicionamento,[26] baseando-se na literalidade do texto do art. 138, *caput*, do CTN, que sustenta ser isso possível, em razão de a norma estabelecer que "A responsabilidade é excluída pela denúncia espontânea da infração, acompanhada, se for o caso, do pagamento do tributo devido e dos juros de mora [...]". O uso da expressão "se for o caso" deixaria entrever que nem sempre o descumprimento da obrigação tributária se dá pelo não pagamento do tributo (obrigação de dar), mas por vezes pelo descumprimento de obrigação tributária acessória (obrigação de fazer).

Todavia, pode-se igualmente interpretar a expressão "se for o caso" como aplicável a situações excepcionais em que a denúncia espontânea, em vez de resultar no pagamento de tributo, meramente *diminui* o valor a ser restituído ou compensado com outros tributos, como no caso de declarações retificadoras de imposto de renda de pessoa física com valor a ser restituído. Assim, a expressão não se vincularia a obrigações acessórias, mas sim a hipóteses em que não haverá pagamento de tributo, mas apenas restituição ou compensação menores. O STJ filia-se a essa segunda corrente, entendendo que o instituto da denúncia espontânea não se aplica às obrigações acessórias por veicularem responsabilidades acessórias autônomas, sem nenhum vínculo direto com a existência do fato gerador do tributo, não estando alcançadas pelo art. 138 do CTN.[27] Ademais, em algumas decisões, o STJ salienta que estender o instituto da denúncia espontânea, por exemplo, à obrigação acessória de entregar declaração seria um estímulo ao não pagamento de tributos no vencimento, pois se não houve declaração no prazo adequado, tampouco haverá pagamento no prazo devido.[28]

18.2.5. Restituição e compensação tributária

O procedimento administrativo de **restituição de tributo** pago indevidamente enquadra-se também dentro da modalidade voluntária e não litigiosa de solução de uma pretensão tributária do contribuinte perante a Administração Tributária.

---

niárias, ou seja, as multas de caráter eminentemente punitivo, nas quais se incluem as multas moratórias, decorrentes da impontualidade do contribuinte."

[26] MACHADO, Hugo de Brito. *Curso de direito tributário.* 34. ed. São Paulo: Malheiros, 2013. p. 169: "Como a lei diz que a denúncia há de ser acompanhada, *se for o caso*, do pagamento do tributo devido, resta induvidoso que a exclusão da responsabilidade tanto se refere a infrações das quais decorra o não pagamento do tributo como a infrações meramente formais, vale dizer, infrações das quais não decorra o não pagamento do tributo. Inadimplemento de obrigações tributárias meramente acessórias. O cumprimento de uma obrigação acessória fora do prazo legal configura nitidamente uma forma de denúncia espontânea da infração, e afasta, portanto, a responsabilidade do sujeito passivo. Assim, se alguém faz a sua declaração de rendimentos fora do prazo legal, mas o faz espontaneamente, porque antes de qualquer procedimento fiscal, nenhuma penalidade é cabível." No mesmo sentido, PAULSEN, Leandro. *Direito tributário:* Constituição e Código Tributário à luz da doutrina e da jurisprudência. 16. ed. São Paulo: Livraria do Advogado, 2014. p. 1.136.

[27] STJ. REsp 1.618.348, Rel. Min. Herman Benjamin, 2ª Turma, julg. 20/09/2016: "2. O STJ possui entendimento de que a denúncia espontânea não tem o condão de afastar multa administrativa pela apreensão de equipamento não autorizado, pois os efeitos do art. 138 do CTN não se estendem às obrigações acessórias autônomas."

[28] STJ. AgRg no REsp 884.939, Rel. Min. Luiz Fux, 1ª Turma, julg. 05/02/09: "1 – A entrega das declarações de operações imobiliárias fora do prazo previsto em lei constitui infração formal, não podendo ser considerada como infração de natureza tributária, apta a atrair o instituto da denúncia espontânea previsto no art. 138 do Código Tributário Nacional. Do contrário, estar-se-ia admitindo e incentivando o não pagamento de tributos no prazo determinado, já que ausente qualquer punição pecuniária para o contribuinte faltoso. 2 – A entrega extemporânea das referidas declarações é ato puramente formal, sem qualquer vínculo com o fato gerador do tributo e, como obrigação acessória autônoma, não é alcançada pelo art. 138 do CTN, estando o contribuinte sujeito ao pagamento da multa moratória devida."

448 | CURSO DE DIREITO TRIBUTÁRIO BRASILEIRO – *Marcus Abraham*

As hipóteses de restituição do indébito tributário encontram-se previstas no CTN (arts. 165 a 169), sendo considerado este pedido realizado na via administrativa como um direito potestativo do contribuinte, podendo ser realizado no prazo de cinco anos contados da data do pagamento indevido (extinção do crédito).[29]

Assim, devem ser restituídas pela Administração Tributária competente as quantias recolhidas pelo contribuinte a título de tributo sob sua administração, nas seguintes hipóteses: I – cobrança ou pagamento espontâneo, indevido ou em valor maior que o devido; II – erro na identificação do sujeito passivo, na determinação da alíquota aplicável, no cálculo do montante do débito ou na elaboração ou conferência de qualquer documento relativo ao pagamento; ou III – reforma, anulação, revogação ou rescisão de decisão condenatória.

No requerimento administrativo o contribuinte deverá identificar a origem e o valor do crédito solicitado, o motivo do pedido e a demonstração do cálculo do ressarcimento pretendido, juntando todas as guias de pagamento e demais documentos comprobatórios, por se tratar de um indébito tributário.

É importante lembrar que o pedido de restituição de quantia recolhida a título de tributo que comporte, por sua natureza, transferência do respectivo encargo financeiro somente poderá ser efetuada por quem provar haver assumido referido encargo, ou, no caso de tê-lo transferido a terceiro, estar por este expressamente autorizado a recebê-la (art. 166, CTN).

Como modalidade alternativa de restituição do indébito tributário temos o pedido administrativo de **compensação tributária**, instituto previsto no art. 170 do CTN. Importante registrar que, para o exercício do direito à compensação, tal como no direito de restituição, deverá ser previamente declarado e reconhecido o indébito, seja na via administrativa ou judicial.

Havendo reconhecimento do indébito tributário e manifestação favorável da Administração Tributária, serão restituídas ou compensadas as quantias indevidas, acrescidas de atualização monetária e de juros de 1% no mês em que a quantia for disponibilizada ou utilizada na compensação de débitos do sujeito passivo.[30]

---

[29] Esta temática já se encontra devidamente abordada em capítulo próprio nesta obra.

[30] STJ. REsp 1.137.738 (recurso repetitivo), Rel. Min. Luiz Fux, 1ª Seção, julg. 09/12/2009: "1. A compensação, posto modalidade extintiva do crédito tributário (artigo 156, do CTN), exsurge quando o sujeito passivo da obrigação tributária é, ao mesmo tempo, credor e devedor do erário público, sendo mister, para sua concretização, autorização por lei específica e créditos líquidos e certos, vencidos e vincendos, do contribuinte para com a Fazenda Pública (artigo 170, do CTN). [...] 6. A Lei 10.637, de 30 de dezembro de 2002 (regime jurídico atualmente em vigor) sedimentou a desnecessidade de equivalência da espécie dos tributos compensáveis, na esteira da Lei 9.430/96, a qual não mais albergava esta limitação. 7. Em consequência, após o advento do referido diploma legal, tratando-se de tributos arrecadados e administrados pela Secretaria da Receita Federal, tornou-se possível a compensação tributária, independentemente do destino de suas respectivas arrecadações, mediante a entrega, pelo contribuinte, de declaração na qual constem informações acerca dos créditos utilizados e respectivos débitos compensados, termo a quo a partir do qual se considera extinto o crédito tributário, sob condição resolutória de sua ulterior homologação, que se deve operar no prazo de 5 (cinco) anos. 8. Deveras, com o advento da Lei Complementar 104, de 10 de janeiro de 2001, que acrescentou o artigo 170-A ao Código Tributário Nacional, agregou-se mais um requisito à compensação tributária a saber: 'Art. 170-A. É vedada a compensação mediante o aproveitamento de tributo, objeto de contestação judicial pelo sujeito passivo, antes do trânsito em julgado da respectiva decisão judicial.' 9. Entrementes, a Primeira Seção desta Corte consolidou o entendimento de que, em se tratando de compensação tributária, deve ser considerado o regime jurídico vigente à época do ajuizamento da demanda, não podendo ser a causa julgada à luz do direito superveniente, tendo em vista o inarredável requisito do prequestionamento, viabilizador do conhecimento do apelo extremo, ressalvando-se o direito

18.3. PROCESSO JUDICIAL TRIBUTÁRIO

O **processo judicial tributário (PJT)** envolve todas as medidas judiciais dispostas no ordenamento jurídico para a solução de um conflito de interesses entre o contribuinte e a Fazenda Pública.

Na verdade, não existe um "Código de Processo Tributário" no ordenamento jurídico brasileiro e, com exceção da Ação de Execução Fiscal, que possui lei específica (Lei nº 6.830/1980), as demais ações judiciais são as mesmas utilizadas em todas as outras áreas do Direito, encontrando-se previstas no Código de Processo Civil (Lei nº 13.105/2015) e na Lei de Mandado de Segurança (Lei nº 12.016/2009). O direito processual tributário brasileiro, segundo James Marins,[31] constitui uma disciplina híbrida, nascida do encontro de três vertentes do Direito Público: Tributário, Administrativo e Processual Civil.

A propósito, ao comentar a entrada em vigor do Código de Processo Civil de 2015 e os seus efeitos na seara tributária, o Ministro do STF Marco Aurélio Mello[32] assim pontificou:

> Um dos campos que receberão maiores influxos da nova ordem processual é o da cobrança dos tributos. Como se sabe, no Brasil, não existe um código próprio a versar o processo tributário. As ações declaratória, constitutiva e condenatória em matéria tributária são aquelas disciplinadas pelo Código de Processo Civil de 1973. Da mesma forma, as cautelares, que não a fiscal. O mandado de segurança é aquele da Lei nº 12.016, de 2009, assim como era o da Lei nº 1.533, de 1951. A Lei instrumental tem repercussão até nas chamadas "ações tributárias próprias", ante a aplicação subsidiária. É o caso da ação de execução fiscal. Embora prevista em disciplina particular – a Lei nº 6.830, de 1980 –, diversos aspectos da execução fiscal são definidos no Código em razão da existência de lacunas na lei ordinária.

Assim, da mesma forma que se pode ajuizar uma ação ordinária declaratória para ver reconhecida a nulidade de uma cláusula contratual, se pode utilizá-la para declarar a existência ou inexistência de uma relação jurídico-tributária; ou que é possível impetrar um mandado de segurança para invalidar um ato arbitrário que impediu a inscrição de um candidato em um concurso público, se pode utilizá-lo para a liberação de mercadorias importadas retidas na alfândega por questões tributárias; ou, ainda, pode-se ajuizar uma ação consignatória para depositar alugueres devidos, tanto quanto utilizá-la para a quitação de tributos.

Sobre a **natureza** do processo judicial tributário, Ricardo Lobo Torres[33] nos ensina que:

> O processo tributário judicial tem natureza: *declaratória*, no que pertine à ação declaratória de existência ou inexistência de relação jurídica tributária; *constitutiva negativa*, quanto à ação anulatória de débito fiscal; *condenatória*, na ação de repetição de indébito; *mandamental*, no mandado de segurança. Mas não tem natureza constitutiva. A sentença judicial não constitui nem a obrigação nem o crédito tributário. Anulado o lançamento por erro de forma, denegada a segurança ou de-

---

de o contribuinte proceder à compensação dos créditos pela via administrativa, em conformidade com as normas posteriores, desde que atendidos os requisitos próprios".

31 MARINS, James. op. cit. p. 12.

32 MELLO, Marco Aurélio. Efeito suspensivo dos embargos à execução fiscal e o novo Código de Processo Civil. In: BOMFIM, Gilson; DUARTE, Fernanda; MURAYAMA, Janssen (Org.). *A LEF e o novo CPC*: reflexões e tendências. Rio de Janeiro: Lumen Juris, 2016. p. 279.

33 TORRES, Ricardo Lobo. *Curso de direito financeiro e tributário*. 19. ed. Rio de Janeiro: Renovar, 2013. p. 351-352.

450 | CURSO DE DIREITO TRIBUTÁRIO BRASILEIRO – *Marcus Abraham*

clarada a existência da relação jurídica tributária deverá a Administração proceder à constituição do crédito mediante o lançamento, que é atividade exclusivamente administrativa (art. 142, CTN); por isso mesmo nem a medida liminar nem o depósito, que suspendem a exigibilidade do crédito (art. 151, CTN), inibem o lançamento que o constitui.

As **medidas judiciais** que o *contribuinte* pode mover em face da Fazenda Pública para defender os seus interesses de natureza tributária são: a) mandado de segurança; b) ação declaratória; c) ação anulatória; d) ação consignatória; e) ação de repetição de indébito. Por sua vez, as que a *Fazenda Pública* pode mover em face do contribuinte para recuperar o crédito tributário são: a) ação de execução fiscal; b) medida cautelar fiscal.

Como registro, devemos destacar a importância da **jurisprudência tributária** que se forma e se consolida a partir da conclusão destes processos judiciais, como fonte do Direito Tributário e como parâmetro para atuação do contribuinte e da Fazenda Pública, tendo em vista a particular vocação desse ramo do direito para a aplicação da *Teoria dos Precedentes Vinculantes*, modelo típico da tradição do *Common Law*, bem como para o seu enquadramento no que se denomina hoje de demandas processuais repetitivas, sobretudo a partir da vigência do Código de Processo Civil de 2015 (Lei nº 13.105/2015). O CPC 2015 não apenas deu continuidade ao processo de potencialização da *força vinculante da jurisprudência*, fato que já vinha ocorrendo nos últimos anos na esteira da sua ascensão à categoria de fonte primária do Direito, como aperfeiçoou este fenômeno através de mecanismos de uniformização e de estabilização.[34]

18.3.1. Mandado de segurança

O **Mandado de Segurança (MS)**, previsto na Constituição Federal de 1988 (art. 5º, LXIX) e regido pela Lei nº 12.016/2009, pode ser considerado o instrumento judicial de rito especial e mandamental de defesa do contribuinte, para proteger o seu direito líquido e certo em face de ato comissivo ou omissivo ilegal ou abusivo, de natureza tributária, cometido ou na iminência de ser realizado por uma autoridade pública.

Nas palavras de Mauro Luís Rocha Lopes,[35] "trata-se de ação de **natureza mandamental**, pois a pretensão do impetrante resume-se em uma ordem (um enunciado mandamental), dirigida a uma autoridade pública para que cesse a ofensa ao bem jurídico protegido". Segundo o autor, as lides tributárias revelam em sua ampla maioria questões puramente de direito, resultando ser o mandado de segurança remédio largamente utilizado pelos contribuintes.[36] Cita como atos passíveis de ataque na via mandamental: o lançamento; a autuação fiscal com aplicação de penalidades; decisão rejeitando a impugnação oferecida na via administrativa; decisão negando provimento ao recurso administrativo fiscal; inscrição em dívida ativa; decisão negando o direito a benefícios fiscais como isenção, imunidade, remissão, anistia etc.; negativa de expedição de certidão negativa de débitos fiscais.

---

[34] Conforme obra de Marcus Abraham e Vítor Pimentel Pereira, intitulada *Jurisprudência tributária vinculante*: teoria e precedentes. São Paulo: Quartier Latin, 2015.

[35] LOPES, Mauro Luís Rocha. *Processo judicial tributário*: execução fiscal e ações tributárias. 8. ed. Niterói: Impetus, 2012. p. 275 e 278.

[36] Ademais, o mandado de segurança tem a vantagem de que não são devidos honorários sucumbenciais caso o contribuinte seja derrotado (STF. Súmula nº 512: "Não cabe condenação em honorários de advogado na ação de mandado de segurança").

Diante de um conflito de interesses em matéria tributária, o mandado de segurança pode ser interposto de duas formas: a) **repressiva (suspensiva)**: quando o ato coator já estiver produzindo efeitos, como no caso de recusa pela autoridade tributária de expedição de certidão negativa em favor de contribuinte, diante de inscrição em dívida ativa baseada em exigência de tributos considerados indevidos; b) **preventiva**: quando o ato coator estiver na iminência de ocorrer, como para que seja impedida a autoridade tributária que está em vias de apreender mercadorias do contribuinte com o propósito de coibi-lo a recolher tributo supostamente devido.

A definição da **competência** para a impetração do mandado de segurança é de natureza absoluta, delimitada pela natureza da autoridade coatora e sua sede funcional – *ratione muneris* –, sendo a autoridade coatora entendida como aquela apta a desfazer o ato ilegal ou abusivo.

Como **pressupostos para a impetração** do mandado de segurança, temos: a) *ato de autoridade pública*: a autoridade coatora é aquela dotada de competência para corrigir a ilegalidade, por ação ou omissão; b) *ato arbitrário*: é o ato que viola direito do contribuinte, e deve estar eivado de vício de legitimidade, legalidade ou inconstitucionalidade; c) *ato operante ou iminente*: como não cabe a utilização da medida em face de lei em tese (Súmula nº 266 STF), deve haver um fato concreto de natureza tributária – fato gerador – ocorrido, em andamento ou prestes a ocorrer; d) *contribuinte titular do direito*: o contribuinte deve ser aquele que sofre ou que está na iminência de sofrer a violação do seu direito; e) *direito líquido e certo*: o contribuinte deverá comprovar inequivocamente, de plano e documentalmente, ser o seu direito incontroverso, pois não cabe dilação probatória no rito do *writ*; f) *prazo decadencial de 120 dias*: para sua impetração, o prazo é de 120 dias da ciência, pelo interessado, do ato impugnado.[37]

Havendo verossimilhança na alegação do contribuinte e se, do ato impugnado, puder resultar a ineficácia da medida, poderá o magistrado, por ato jurisdicional de cognição sumária, conceder **medida liminar**. Um dos efeitos da concessão de medida liminar em mandado de segurança é a **suspensão da exigibilidade do crédito tributário**, tal como estabelece o art. 151, IV do CTN. Ocorre que, sendo concedida liminar para suspender a exigibilidade de crédito tributário antes de este ter sido constituído, entende-se que pode a Fazenda Pública lançá-lo com a única finalidade de evitar a ocorrência da decadência, cujo prazo não se interrompe (art. 63,[38] Lei nº 9.430/1996).

O texto original do art. 7º, § 2º, da Lei do Mandado de Segurança prevê não caber a concessão de medida liminar que tenha por objeto a compensação de créditos tributários ou a entrega de mercadorias e bens provenientes do exterior. Contudo, o STF, no julgamento da ADI 4.296 (09/06/2021), declarou inconstitucional tal dispositivo, afirmando não ser possível a edição de lei ou ato normativo que vede a concessão de medida liminar na via mandamental, sob pena de violação à garantia de pleno acesso à jurisdição e à própria defesa do direito líquido e certo protegida pela Constituição. Assim, o mandado de segurança constitui ação adequada para a declaração do direito à compensação tributária[39] (Súmula 213, STJ), sendo também possível que o impetrante

---

[37] Contudo, a jurisprudência do STJ consolidou-se no sentido de que é inaplicável o prazo decadencial de 120 dias ao se tratar de mandado de segurança preventivo com o objetivo de se discutir a sistemática de recolhimento de tributos (STJ. AgInt no REsp 1.200.535, Rel. Min. Napoleão Nunes Maia Filho, 1ª Turma, julg. 28/03/2017).

[38] Art. 63. Na constituição de crédito tributário destinada a prevenir a decadência, relativo a tributo de competência da União, cuja exigibilidade houver sido suspensa na forma dos incisos IV e V do art. 151 da Lei nº 5.172, de 25 de outubro de 1966, não caberá lançamento de multa de ofício.

[39] STJ. EREsp 1.770.495, Rel. Min. Gurgel de Faria, 1ª Seção, julg. 10/11/2021: "A pretensão em mandado de segurança que visa exclusivamente a declaração do direito à compensação de eventuais indébitos re-

452 CURSO DE DIREITO TRIBUTÁRIO BRASILEIRO – *Marcus Abraham*

obtenha liminar apenas para a declaração do direito à compensação (por exemplo, para conseguir uma suspensão de exigibilidade do crédito tributário), sem qualquer pretensão quanto à obtenção em liminar de provimento definitivo e irreversível pela extinção de crédito tributário.

Todavia, entendemos que permanece incabível o mandado de segurança para convalidar aquela compensação tributária realizada pelo próprio contribuinte (Súmula 460, STJ), sem prévia análise e encontro de contas promovido pelo Fisco, o que se justifica pela impossibilidade de dilação probatória na via mandamental e para evitar que o Judiciário assuma o papel da Administração tributária. Ademais, é também incabível a utilização do mandado de segurança para repetição do indébito tributário (Súmulas 269 e 271, STF), dada a ausência de efeito condenatório patrimonial desta medida.

A **sentença** transitada em julgado em mandado de segurança produz efeito de coisa julgada, atingindo apenas o fato e o direito objetos do *mandamus*, sendo certo que novo ato coator da autoridade tributária, ainda que idêntico àquele anterior atacado e afastado pela ação mandamental, deverá ser objeto de outro mandado de segurança, salvo se tratar-se de uma relação tributária de natureza continuativa, como no caso de tributos cujos fatos geradores ocorrem repetindo-se mensalmente em uma relação tributária de trato sucessivo (por exemplo: Cofins, CSLL etc.).

18.3.2. Ação declaratória tributária

Trata-se a **ação declaratória tributária** de uma medida judicial destinada a afastar um **estado de incerteza ou controvérsia** sobre a existência ou inexistência de relação jurídica de natureza tributária. Encontra-se fundada no art. 19 do CPC de 2015, ao estabelecer que o interesse do autor pode limitar-se à declaração: I – da existência, da inexistência ou do modo de ser de uma relação jurídica; II – da autenticidade ou da falsidade de documento. Tal dispositivo é complementado pelo art. 20, que diz ser admissível a ação meramente declaratória, ainda que tenha ocorrido a violação do direito.

Desde já, cabe registrar que, não sendo o Poder Judiciário um órgão de natureza consultiva, mas sim destinado a solucionar os casos litigiosos em concreto, o autor-contribuinte da ação deverá demonstrar a sua legitimidade e respectivo interesse naquela demanda, por meio de um fato gerador ocorrido ou que esteja em vias de se realizar, não cabendo a mera interpretação de "lei em tese".[40]

Nesse sentido, restou assentado no julgamento do Recurso Especial nº 72.417 (15/12/1998), de relatoria do Ministro Peçanha Martins, que "a ação declaratória exige, para sua propositura, que haja incerteza objetiva e jurídica, isto é, relativa a direitos e obrigações já existentes e atuais e não apenas possíveis, impondo-se ainda, haja dano para o autor". E, especificamente para a seara tributária, no Recurso Especial nº 83.180, de relatoria do Ministro José Delgado (04/03/1996), assim constou ementado:

> A ação declaratória é cabível para declarar a existência ou a inexistência de uma obrigação tributária acessória ou principal. É o meio processual adequado para que o contribuinte obtenha a seu favor uma decisão judicial que estabilize, caracterize e individualize os limites da obrigação tributária em casos concretos.

---

colhidos anteriormente à impetração, ainda não atingidos pela prescrição, não importa em produção de efeito patrimonial pretérito, aproveitando apenas o valor referente a indébitos recolhidos nos cinco anos anteriores ao manejo da ação mandamental".

[40] HARADA, Kiyoshi. *Direito financeiro e tributário*. 25. ed. São Paulo: Atlas, 2016. p. 718.

Esta medida judicial adotará como regra o **rito ordinário**. Todavia, deixando de existir no CPC de 2015 (Lei nº 13.105/2015) a previsão do antigo "rito sumário" para causas de valor igual ou inferior a 60 salários mínimos, estas causas devem tramitar no **rito sumaríssimo** dos Juizados Especiais Cíveis (estaduais ou federais), conforme a Lei nº 9.099/1995,[41] a Lei nº 10.259/2001[42] e a Lei nº 12.153/2009.[43]

O **legitimado** (autor) da ação declaratória tributária será o *sujeito passivo da obrigação tributária*, seja ele o contribuinte ou responsável, uma vez que será ele o beneficiário da declaração judicial a respeito da existência ou não da obrigação tributária, principal ou acessória, tendo no sujeito ativo da obrigação tributária a figura do réu desta ação.

Assim, a ação declaratória tributária poderá ser: a) *positiva*: quando visa confirmar a existência de uma relação jurídica de natureza tributária; b) *negativa*: quando se busca declarar a inexistência de uma relação jurídica de natureza tributária.

Conforme leciona Mauro Rocha Lopes[44],

> [...] a ação declaratória, no seio tributário, é normalmente utilizada em período anterior ao lançamento, exatamente para que este seja realizado de acordo com os limites da relação obrigacional que se pretende sejam declarados pelo julgador, ou mesmo a fim de que aquele procedimento não seja efetuado, por inexistência do vínculo, reconhecido judicialmente (declaratória negativa).

Diferentemente do Mandado de Segurança, que não contempla dilação probatória, a ação declaratória é medida judicial de amplo conhecimento, cabendo todas as formas de prova para ambas as partes, inclusive perícia.

Podemos relacionar algumas aplicações da ação declaratória em matéria tributária: a) para declarar existente ou inexistente uma obrigação tributária principal ou acessória em face de uma situação jurídica (inconstitucionalidade ou ilegalidade) ou situação de fato (realização do fato gerador); b) para que se reconheça a prescrição de uma obrigação tributária; c) para que se interprete uma norma legal aplicável a uma situação de fato; d) para que se interprete uma cláusula contratual em face de preceito legal tributário; e) para que se declare a aplicação de atualização monetária, juros e demais encargos incidentes; f) para que se declare a validade de determinado documento.

Na ação declaratória tributária podemos encontrar **pedidos cumulativos**, incluindo, por exemplo, a declaração da inexistência de determinada relação jurídico-tributária daquele contribuinte (não ocorrência do fato gerador em um período), juntamente com o pedido de restituição dos tributos pagos e que foram declarados indevidos, dentro do respectivo prazo prescricional, ou a sua compensação com tributos vincendos, além, é claro, do pedido de declaração da forma de atualização do indébito e incidência de juros.

18.3.3. Ação anulatória tributária

A **ação anulatória tributária**, dada a sua *natureza desconstitutiva*, tem como objeto um ato administrativo de natureza tributária, ou seja, um *lançamento tributário* tido por ilegal ou irregular pelo contribuinte, ou uma *decisão administrativa fiscal*.

---

[41] Dispõe sobre os Juizados Especiais Cíveis e Criminais e dá outras providências.

[42] Dispõe sobre a instituição dos Juizados Especiais Cíveis e Criminais no âmbito da Justiça Federal.

[43] Dispõe sobre os Juizados Especiais da Fazenda Pública no âmbito dos Estados, do Distrito Federal, dos Territórios e dos Municípios.

[44] LOPES, Mauro Luís Rocha. op. cit. p. 248.

454 | CURSO DE DIREITO TRIBUTÁRIO BRASILEIRO – *Marcus Abraham*

Diferentemente da ação declaratória, que é proposta antes da constituição do crédito tributário, a ação anulatória será proposta após o ato administrativo de lançamento, visando invalidá-lo. Assim, pode ser promovida em momento seguinte ao lançamento tributário (notificação), durante o processo administrativo fiscal em que impugna aquele ato (renunciando com sua propositura à esfera administrativa), ou ainda mesmo após a inscrição em dívida ativa.

O art. 38 da Lei nº 6.830/1980 (LEF) faz menção expressa a esta medida judicial ao afirmar que a discussão judicial da Dívida Ativa da Fazenda Pública só é admissível em execução, "salvo as hipóteses de mandado de segurança, ação de repetição do indébito ou *ação anulatória* do ato declarativo da dívida". Por sua vez, o CTN faz referência a esta mesma ação no seu art. 169, ao estabelecer que prescreve em dois anos a ação anulatória da decisão administrativa que denegar a restituição do indébito tributário.

A ação anulatória seguirá o rito ordinário do CPC com amplo espectro probatório e se, em valor igual ou inferior a 60 salários mínimos na esfera federal, e 40 salários mínimos na estadual, estas causas devem tramitar no **rito sumaríssimo** dos Juizados Especiais Cíveis (estaduais ou federais).

Esta ação, assim como qualquer outra, prescinde do depósito do valor integral como pressuposto de admissibilidade, ainda que a parte final do referido art. 38 da LEF mencione a necessidade de ser "precedida do depósito preparatório do valor do débito, monetariamente corrigido e acrescido dos juros e multa de mora e demais encargos". A Súmula Vinculante nº 28 do STF estabelece que é "inconstitucional a exigência de depósito prévio como requisito de admissibilidade de ação judicial na qual se pretenda discutir a exigibilidade de crédito tributário". Não obstante, a eventual realização do depósito integral terá como função a suspensão da exigibilidade do crédito tributário (art. 151, II, CTN); do contrário, mesmo que ajuizada a ação anulatória, a Fazenda Pública poderá propor a ação de execução fiscal do mesmo débito inscrito em dívida ativa.

Nesta última situação, surgem as controvérsias em relação à **conexão** entre a ação anulatória e a ação de execução fiscal. Isto porque, embora possa haver "conexão por prejudicialidade" entre a ação anulatória e a ação de execução fiscal relativas ao mesmo débito tributário – e a razoabilidade e a segurança jurídica imporiam a reunião dos feitos para julgamento conjunto diante da possibilidade de sentenças conflitantes[45] –, pode ocorrer de se estar na presença de uma hipótese de competência absoluta a impedir a providência de reunião dos processos.[46]

Ademais, há quem entenda que tecnicamente não haveria conexão entre a ação anulatória e a ação de execução fiscal, pois estas ações contemplam objetos da lide distintos: a execução fiscal apenas realiza a cobrança do título judicial materializado na Certidão da Dívida Ativa, prescindindo da discussão da origem, ao passo que a ação anulatória tem como objeto da causa a discussão da validade do ato de constituição do crédito e a existência da dívida tributária. Todavia, no momento em que o executado oferece regularmente os Embargos à Execução (art. 16, LEF), por meio do qual deverá alegar toda matéria útil à defesa, requerer provas e juntar aos autos os documentos e rol de testemunhas, instaura-se a mesma discussão objeto da ação anulatória, podendo, então, ocorrer conexão entre as ações e a imposição da reunião entre elas.

---

[45]   STJ. AgRg no AREsp 129.803, Rel. Min. Ari Pargendler, 1ª Turma, julg. 06/08/2013: "Havendo conexão entre execução fiscal e ação anulatória de débito fiscal, impõe-se a reunião dos processos, de modo a evitar decisões conflitantes; espécie em que, ajuizada primeiro a execução fiscal, o respectivo juízo deve processar e julgar ambas as ações."

[46]   STJ. AgInt no AREsp 928.045, Rel. Min. Herman Benjamin, 2ª Turma, julg. 18/10/2016: "1. A reunião de ações, em razão de reconhecimento de conexão, não se mostra possível quando implicar alteração de competência absoluta."

Por outro lado, hipótese diversa é aquela em que a execução fiscal já fora proposta antes da ação anulatória, quando então faleceria o interesse de agir do autor-contribuinte na propositura desta medida anulatória, porquanto os embargos do devedor cumpririam com amplas condições tal função (STJ, CC 31.963, Min. Luiz Fux, *DJ* 05/08/2002).

18.3.4. Ação consignatória tributária

A **ação consignatória tributária** é uma medida judicial promovida pelo contribuinte contra a Administração Pública, visando extinguir regularmente a sua obrigação tributária, diante de uma recusa no recebimento do tributo ou da sua subordinação ao pagamento de penalidade ou cumprimento de exigências administrativas, assim como cabível quando houver mais de uma entidade tributante exigindo o respectivo pagamento. Portanto, o seu objetivo é alcançar a **extinção** da obrigação (art. 156, VIII, do CTN), pois com a procedência da ação o valor será convertido em renda da Fazenda Pública e, enquanto estiver sendo discutida a ação, o crédito tributário estará **suspenso** (art. 151, II, CTN).

Neste sentido, o art. 164 do CTN estabelece que a importância de crédito tributário pode ser consignada judicialmente pelo sujeito passivo, nos casos: I – de recusa de recebimento, ou subordinação deste ao pagamento de outro tributo ou de penalidade, ou ao cumprimento de obrigação acessória; II – de subordinação do recebimento ao cumprimento de exigências administrativas sem fundamento legal; III – de exigência, por mais de uma pessoa jurídica de direito público, de tributo idêntico sobre um mesmo fato gerador". A consignação só pode versar sobre o crédito que o consignante se propõe pagar (§ 1º). Julgada procedente a consignação, o pagamento se reputa efetuado e a importância consignada é convertida em renda; julgada improcedente a consignação no todo ou em parte, cobra-se o crédito acrescido de juros de mora, sem prejuízo das penalidades cabíveis (§ 2º).

Seguirá o **rito ordinário** estabelecido no CPC, o qual prevê, em seu art. 539, que "nos casos previstos em lei, poderá o devedor ou terceiro requerer, com efeito de pagamento, a consignação da quantia ou da coisa devida", e o art. 540 estabelece que "requerer-se-á a consignação no lugar do pagamento, cessando para o devedor, à data do depósito, os juros e os riscos, salvo se a demanda for julgada improcedente". Por sua vez, em se tratando de obrigações tributárias de natureza continuativa (fatos geradores que se repetem mensalmente), o art. 541 do CPC especificamente dispõe que "tratando-se de prestações sucessivas, consignada uma delas, pode o devedor continuar a depositar, no mesmo processo e sem mais formalidades, as que se forem vencendo, desde que o faça em até cinco dias contados da data do respectivo vencimento".

Cabe registrar que o **conteúdo** da ação estará limitado àquela obrigação tributária decorrente do crédito consignado, abrangendo questões de fato e de direito que podem ser amplamente apresentadas e comprovadas, e o **valor** a ser depositado na ação deverá incluir não somente a totalidade da dívida tributária, mas também eventuais acréscimos de mora (multa, juros e correção), quando cabíveis.

Outrossim, sobre a **legitimidade** ativa processual, esta ação poderá ser proposta tanto pelo sujeito passivo da obrigação tributária (contribuinte ou responsável), quanto por terceiro interessado em quitar a dívida em favor do devedor tributário. E o réu na ação de consignação de tributo será aquela pessoa jurídica dotada do poder de exigir o cumprimento da obrigação objeto da ação, sendo certo que, quando o contribuinte estiver diante de duas pessoas jurídicas distintas exigindo o tributo sobre o mesmo fato gerador, restarão aplicáveis as normas de competência e foro processual (hierarquia e/ou local do pagamento ou domicílio do credor).

456 | CURSO DE DIREITO TRIBUTÁRIO BRASILEIRO – *Marcus Abraham*

Sendo julgada **procedente a ação,** o valor depositado, se integral e correto, será convertido em renda do ente e extinta a obrigação tributária. Se for julgada **improcedente,** o ente tributante poderá cobrar o respectivo crédito, acrescido de juros de mora e demais acréscimos legais, sem prejuízo das penalidades cabíveis.

Um exemplo concreto que pode ser mencionado é o caso de uma ação de consignação que, ao final, foi julgada procedente, proposta por contribuinte em face de dois Municípios diante da existência de dúvida sobre o credor do ISS devido, sob a alegação de que, embora tenha sua sede em um município, executou os serviços em outro, razão pela qual pretendeu, com o depósito objeto da ação, cumprir a obrigação fiscal e evitar autuação por qualquer dos dois entes.[47]

18.3.5. Ação de repetição de indébito tributário

A **ação de repetição de indébito tributário** é a medida judicial utilizada pelo contribuinte que busca judicialmente o ressarcimento da Administração Pública pelo tributo indevidamente pago por ele. Nesta ação, em regra, haverá um pedido de reconhecimento judicial do pagamento indevido, cumulado com a condenação à restituição.

Caso houvesse concordância prévia da Fazenda Pública com a alegação do contribuinte de pagamento indevido, a recuperação dos valores pagos indevidamente em sede administrativa seria o caminho mais célere e simples, já que, judicialmente, o seu recebimento ocorre por meio de requisição de pequeno valor (RPV) ou precatório, nos termos do art. 100 da Constituição.

O autor da ação, após requerer a declaração de existência parcial ou de inexistência total da relação jurídico-tributária que ensejou o pagamento tido como indevido, demanda ao juízo a condenação da Fazenda Pública à sua devolução (ou compensação) do que fora pago indevidamente ou a maior.

O CTN reconhece o direito à restituição do tributo pago indevidamente no seu art. 165, ao estabelecer que o sujeito passivo tem direito, independentemente de prévio protesto, à restituição total ou parcial do tributo, seja qual for a modalidade do seu pagamento, nos seguintes casos: I – cobrança ou pagamento espontâneo de tributo indevido ou maior que o devido em face da legislação tributária aplicável, ou da natureza ou circunstâncias materiais do fato gerador efetivamente ocorrido; II – erro na identificação do sujeito passivo, na determinação da alíquota aplicável, no cálculo do montante do débito ou na elaboração ou conferência de qualquer documento relativo ao pagamento; III – reforma, anulação, revogação ou rescisão de decisão condenatória.

Será passível de restituição todo o montante que tiver sido pago indevidamente, somando-se ao valor principal do tributo os acréscimos que eventualmente tenham sido também recolhidos, inclusive os juros de mora e as penalidades pecuniárias incidentes, de acordo com o previsto no art. 167 do Código Tributário Nacional.

Conforme estabelece a Súmula n° 162 do STJ, "na repetição de indébito tributário, a correção monetária incide a partir do pagamento indevido". Por sua vez, a Súmula n° 188 da mesma Corte fixa que "os juros moratórios, na repetição do indébito tributário, são devidos a partir do trânsito em julgado da sentença".[48]

---

[47]   STJ. AgRg no AREsp 466.825, Rel. Min. Olindo Menezes, 1ª Turma, julg. 17/12/2015.

[48]   STJ. REsp 1.495.146 (recurso repetitivo), Rel. Mauro Campbell Marques, 1ª Seção, julg. 22/02/2018: "3.3 Condenações judiciais de natureza tributária. A correção monetária e a taxa de juros de mora incidentes na repetição de indébitos tributários devem corresponder às utilizadas na cobrança de tributo pago em atraso. Não havendo disposição legal específica, os juros de mora são calculados à taxa de 1% ao mês (art.

Portanto, o direito à devolução do indébito tributário nasce com a ocorrência do evento do pagamento indevido e caberá ao legitimado, além de fundamentar as razões do indébito, juntar ao processo judicial os documentos comprobatórios do recolhimento do tributo, na forma dos arts. 320 e 434 do CPC. Não obstante, cabe registrar que, no julgamento do Recurso Especial nº 1.111.003[49] (recurso repetitivo), o STJ concluiu pela desnecessidade de juntada de todos os comprovantes de recolhimento do tributo à petição inicial em ação de repetição de indébito. A Corte entendeu que os documentos indispensáveis à propositura da demanda são aqueles hábeis a comprovar a legitimidade ativa *ad causam* do contribuinte que arcou com o pagamento indevido da exação. E, uma vez comprovada a sua legitimidade, cumprirá ao contribuinte apresentar a totalidade dos comprovantes de recolhimento do tributo apenas em sede de liquidação do título executivo judicial que vier a se formar.

Entretanto, no caso de **repetição de tributos indiretos**, além de comprovar o pagamento do tributo indevido, conforme estabelece o art. 166 do CTN, caso se trate de exação que comporte a transferência do ônus financeiro para terceiros, o autor da ação deverá comprovar também que assumiu o encargo do pagamento ou, no caso de tê-lo transferido a terceiro, estar por este expressamente autorizado a recebê-la.

Exemplo da aplicação desta regra legal encontra-se no julgamento do Recurso Especial 1.110.550[50] (recurso repetitivo) pelo STJ, em que se estabeleceu que o contribuinte de direito não tem legitimidade para pleitear a repetição de indébito do ICMS ou sua compensação, quando não restar elidida a presunção de repasse do encargo financeiro ao contribuinte de fato, com base no art. 166 do CTN.

Por outro lado, o STJ no Recurso Especial 903.394[51] (recurso repetitivo) assentou que o contribuinte de fato (distribuidoras de bebida ou consumidor final) não detém legitimidade ativa *ad causam* para pleitear a restituição do indébito relativo ao IPI incidente sobre os descontos incondicionais, recolhido pelo contribuinte de direito (fabricante de bebida), por não integrar a relação jurídico-tributária pertinente. Na perspectiva da Corte, o terceiro que arca com o encargo financeiro do tributo não pode ser considerado contribuinte,[52] sendo que o direito subjetivo à repetição do indébito pertence exclusivamente ao denominado contribuinte de direito – ressalvada a hipótese de prova capaz de ilidir a presunção da repercussão econômica do IPI. Segundo o STJ, a caracterização do chamado contribuinte de fato presta-se unicamente a impor uma condição à repetição de indébito pleiteada pelo contribuinte de direito (art. 166 do CTN), mas não confere legitimidade àqueles terceiros para ingressarem em juízo com o intuito de discutir uma relação da qual não fazem parte. E, uma vez recuperado o indébito pelo contribuinte de direito junto ao Fisco, pode o contribuinte de fato, com base em norma de direito privado, pleitear junto ao contribuinte tributário a restituição daqueles valores.

O **prazo** para propor a ação de repetição de indébito tributário é de **cinco anos**[53] contados da data da extinção do crédito tributário – que ocorre geralmente com o pagamento do indébito –,

---

161, § 1º, do CTN). Observada a regra isonômica e havendo previsão na legislação da entidade tributante, é legítima a utilização da taxa Selic, sendo vedada sua cumulação com quaisquer outros índices".

[49] STJ. REsp 1.111.003 (recurso repetitivo), Rel. Min. Humberto Martins, 1ª Seção, julg. 13/05/2009.

[50] STJ. REsp 1.110.550 (recurso repetitivo), Rel. Min. Teori Albino Zavascki, 1ª Seção, julg. 22/04/2009.

[51] STJ. REsp 903.394 (recurso repetitivo), Rel. Min. Luiz Fux, 1ª Seção, julg. 24/03/2010.

[52] No mesmo sentido, o STF, no RE 608.872 (repercussão geral), Rel. Min. Dias Toffoli, Pleno, julg. 23/02/2017.

[53] A tese comumente denominada de "cinco + cinco anos" para a repetição do indébito tributário, que permitia a dilação do prazo prescricional em até 10 anos (decorrente da aplicação combinada dos arts. 150, §§ 1º e 4º, 156, VII, e 168, I, do CTN), restou superada com a edição da Lei Complementar nº 118/2005. Porém,

458 | CURSO DE DIREITO TRIBUTÁRIO BRASILEIRO – *Marcus Abraham*

sendo certo que, no caso de tributo sujeito a lançamento por homologação, considera-se o momento do pagamento antecipado (art. 168, CTN).[54] O mesmo prazo já estabelecia o art. 1º do Decreto nº 20.910/1932, ainda em vigor, que assim prescreve:

> As dívidas passivas da União, dos Estados e dos Municípios, bem assim todo e qualquer direito ou ação contra a Fazenda federal, estadual ou municipal, seja qual for a sua natureza, prescrevem em 5 (cinco) anos, contados da data do ato ou fato do qual se originarem.

Por fim, cabe registrar, novamente, que é comumente utilizada e se considera modalidade alternativa de restituição a *compensação tributária* (art. 170 do CTN), sendo certo que, para o exercício do direito à compensação, assim como na restituição, deverá ser previamente declarado e reconhecido o indébito.

A propósito, o STJ, no Recurso Especial nº 1.114.404[55] (recurso repetitivo), estabeleceu que cabe ao contribuinte credor pelo indébito tributário a opção entre a compensação do crédito e o seu recebimento por precatório ou requisição de pequeno valor. Na perspectiva da Corte, a sentença que certifica o direito de crédito do contribuinte contém juízo de certeza e, como tal, é título executivo para a ação visando à satisfação, em dinheiro, do valor devido. Sendo assim, cabe ao contribuinte fazer a opção entre a compensação e o recebimento do crédito por precatório ou a requisição de pequeno valor, uma vez que todas as modalidades constituem formas de execução do julgado colocadas à disposição da parte quando procedente o pedido de repetição do indébito tributário.

Do mesmo modo, o STF afirma que é inadmissível a restituição administrativa do indébito tributário reconhecido na via judicial, sendo indispensável a observância do regime constitucional de precatórios.[56]

18.3.6. Ação de execução fiscal

A **ação de execução fiscal** é a medida judicial utilizada pela Fazenda Pública para cobrar a dívida ativa (tributária ou não tributária), ação que adota um rito de natureza especial estabelecido na Lei nº 6.830/1980, diploma conhecido por Lei de Execuções Fiscais (LEF), aplicando-se de maneira subsidiária o Código de Processo Civil de 2015.

---

o Plenário do STF, em sede de repercussão geral, no julgamento do RE 566.621 (11/10/2011), firmou entendimento no sentido de que o prazo prescricional de cinco anos, para as ações de repetição de indébito ou de compensação dos tributos sujeitos a lançamento por homologação, previsto na LC nº 118/2005, é aplicável tão somente às ações ajuizadas após o decurso da *vacatio legis* de 120 dias, ou seja, a partir de 9 de junho de 2005. Relativamente aos pagamentos e ações judiciais anteriores, a prescrição obedece ao regime previsto no sistema anterior (cinco + cinco).

[54] STJ. REsp 1.269.570 (recurso repetitivo), Rel. Min. Mauro Campbell Marques, 1ª Seção, julg. 23/05/2012: "Desse modo, para as ações ajuizadas a partir de 9.6.2005, aplica-se o art. 3º, da Lei Complementar n. 118/2005, contando-se o prazo prescricional dos tributos sujeitos a lançamento por homologação em cinco anos a partir do pagamento antecipado de que trata o art. 150, § 1º, do CTN".
STJ. Súmula nº 625: "O pedido administrativo de compensação ou de restituição não interrompe o prazo prescricional para a ação de repetição de indébito tributário de que trata o art. 168 do CTN nem o da execução de título judicial contra a Fazenda Pública".

[55] STJ. REsp 1.114.404 (recurso repetitivo), Rel. Min. Mauro Campbell Marques, 1ª Seção, julg. 10/02/2010.

[56] STF. RE 1.420.691 (repercussão geral – Tema 1262), Rel. Min. Rosa Weber, Pleno, julg. 21/08/2023.

Parte IV · Cap. 18 · PROCESSO TRIBUTÁRIO | 459

A Execução Fiscal não se trata de um processo de execução comum, mas é considerada uma medida de natureza especial devido ao seu objeto – o crédito tributário materializado na **Certidão da Dívida Ativa (CDA)** –, o qual possui, segundo o Código Tributário Nacional e as demais leis de regência, uma série de privilégios e preferências que facilitam a sua recuperação, devido à sua natureza e interesse público. Assim, após tornar-se definitivo o lançamento do tributo e não sendo pago espontaneamente pelo contribuinte, o crédito tributário é inscrito na dívida ativa e dela é extraída a Certidão da Dívida Ativa,[57] que será o **título executivo extra-judicial** objeto da ação de cobrança judicial promovida pela Fazenda Pública contra o contribuinte devedor.[58] Dada a sua natureza, este título é dotado de *presunção de liquidez e certeza iuris tantum* (relativa e não absoluta, admitindo-se prova em contrário),[59] fazendo com que o executado tenha o ônus da prova para demonstrar, de forma inequívoca, o que alegar contra o título objeto da cobrança (art. 3º, LEF).

Todavia, se porventura a Fazenda Pública não dispuser do título executivo próprio, deverá mover uma ação ordinária de conhecimento em face do devedor para constituir o seu direito de cobrança. Neste sentido, ensina Rodolfo Kronemberg Hartmann[60] que:

> O meio adequado para que a Fazenda Pública possa receber suas dívidas tributárias ou não, é a promoção da execução fiscal, nos moldes da LEF, caso já disponha de título executivo. Do contrário, deverá promover a ação de conhecimento com esta finalidade.

O **valor executado** na ação, ou seja, o crédito tributário ou as demais receitas financeiras de natureza não tributária passíveis de inscrição em dívida ativa e cobrança através da execução fiscal, incluem atualização monetária, juros e multa de mora e demais encargos legais (art. 2º, § 5º, III, LEF), integrando também a CDA de tributos federais da Fazenda Nacional o denominado

---

[57] STJ. REsp 1.045.472 (recurso repetitivo), Rel. Min. Luiz Fux, 1ª Seção, julg. 25/11/2009: "1. A Fazenda Pública pode substituir a certidão de dívida ativa (CDA) até a prolação da sentença de embargos, quando se tratar de correção de erro material ou formal, vedada a modificação do sujeito passivo da execução (Súmula 392/STJ). 2. É que: 'Quando haja equívocos no próprio lançamento ou na inscrição em dívida, fazendo-se necessária alteração de fundamento legal ou do sujeito passivo, nova apuração do tributo com aferição de base de cálculo por outros critérios, imputação de pagamento anterior à inscrição etc., será indispensável que o próprio lançamento seja revisado, se ainda viável em face do prazo decadencial, oportunizando-se ao contribuinte o direito à impugnação, e que seja revisada a inscrição, de modo que não se viabilizará a correção do vício apenas na certidão de dívida. A certidão é um espelho da inscrição que, por sua vez, reproduz os termos do lançamento. Não é possível corrigir, na certidão, vícios do lançamento e/ou da inscrição. Nestes casos, será inviável simplesmente substituir-se a CDA'".

[58] STF. ADI 5.135, Rel. Min. Roberto Barroso, Pleno, julg. 09/11/2016: "*Tese*: "O protesto das Certidões de Dívida Ativa constitui mecanismo constitucional e legítimo, por não restringir de forma desproporcional quaisquer direitos fundamentais garantidos aos contribuintes e, assim, não constituir sanção política".

[59] STJ. REsp 1.138.202 (recurso repetitivo), Rel. Min. Luiz Fux, 1ª Seção, julg. 09/12/2009: "[...] é desnecessária a apresentação do demonstrativo de cálculo, em execução fiscal, uma vez que a Lei nº 6.830/80 dispõe, expressamente, sobre os requisitos essenciais para a instrução da petição inicial e não elenca o demonstrativo de débito entre eles. 4. A própria Certidão da Dívida Ativa, que embasa a execução, já discrimina a composição do débito, porquanto todos os elementos que compõem a dívida estão arrolados no título executivo – que goza de presunção de liquidez e certeza –, consoante dessume-se das normas emanadas dos §§ 5º e 6º, do art. 2º, da Lei nº 6.830/80 [...]".

[60] HARTMANN, Rodolfo Kronemberg. Execução fiscal. In: ANTONELLI, Leonardo Pietro; GOMES, Marcus Lívio (Coord.). *Curso de direito tributário brasileiro*. Vol. IV. São Paulo: Almedina, 2016. p. 395.

460 | CURSO DE DIREITO TRIBUTÁRIO BRASILEIRO – *Marcus Abraham*

"encargo legal" de 20% previsto no Decreto-lei nº 1.025/1969,[61] que substitui, nos embargos do devedor julgados improcedentes, a condenação do devedor em honorários advocatícios.[62]

O polo ativo da Execução Fiscal será ocupado pelo **exequente** (credor), na pessoa da respectiva Fazenda Pública, que representa e cobra os créditos tributários da União, dos Estados, do Distrito Federal, dos Municípios[63] e suas autarquias. No polo passivo estará o **executado** (devedor), seja ele o contribuinte, responsável ou substituto, ou, ainda, garantidores e sucessores, sendo possível em certos casos, durante a ação, o seu redirecionamento para terceiros que possam legalmente responder pela dívida.

Em regra, a execução será proposta no domicílio do executado,[64] em uma **Vara de Fazenda Pública** (onde houver),[65] sendo certo que a competência para processar e julgar a execução da Dívida Ativa da Fazenda Pública exclui a de qualquer outro Juízo, inclusive o da falência, da concordata (recuperação judicial), da liquidação, da insolvência ou do inventário (art. 5º, LEF), não sendo paralisada a execução fiscal (art. 6º, § 7º-B, Lei nº 11.101/2005). Portanto, a execução não se sujeita aos chamados "juízos universais".

Contudo, no entendimento do STJ, o produto arrecadado com a alienação de bem penhorado em execução fiscal, antes da decretação da falência, deverá ser entregue ao juízo universal da falência.[66] Os atos concretos de constrição patrimonial em favor da Fazenda Pública na execução de crédito tributário poderão ser ordenados pelo juízo da execução fiscal, cabendo ao juízo da

---

[61] Embora haja vozes atualmente que defendam a sua revogação (tácita) pelo Código de Processo Civil de 2015, assim como pela Lei nº 13.327/2016, a qual dispõe sobre a destinação dos honorários de sucumbência aos advogados públicos federais.

[62] STJ. REsp 1.110.924 (recurso repetitivo), Rel. Min. Benedito Gonçalves, 1ª Seção, julg. 10/06/2009: "[...] 1. Hipótese em que se discute a exigibilidade do encargo de 20% previsto no Decreto-Lei 1.025/69 nas execuções fiscais propostas contra massa falida, tendo em vista o disposto no artigo 208, § 2º, da antiga Lei de Falências, segundo o qual 'A massa não pagará custas a advogados dos credores e do falido'. 2. A Primeira Seção consolidou entendimento no sentido de que o encargo de 20%, imposto pelo artigo 1º do Decreto-Lei 1.025/69 pode ser exigido da massa falida".

[63] STF. RE 591.033 (repercussão geral), Rel. Min. Ellen Gracie, Pleno, julg 17/11/2010: "3. A Lei nº 4.468/84 do Estado de São Paulo – que autoriza a não inscrição em dívida ativa e o não ajuizamento de débitos de pequeno valor – não pode ser aplicada a Município, não servindo de fundamento para a extinção das execuções fiscais que promova, sob pena de violação à sua competência tributária. [...] 5. Negar ao Município a possibilidade de executar seus créditos de pequeno valor sob o fundamento da falta de interesse econômico viola o direito de acesso à justiça".

[64] STJ. REsp 1.120.276 (recurso repetitivo), Rel. Min. Luiz Fux, 1ª Seção, julg. 09/12/2009: "A Fazenda Pública tem a faculdade de optar por propor a execução fiscal (art. 578, *caput* e p. u., CPC): (i) no foro de qualquer dos domicílios do réu ou, se não o tiver, no de sua residência ou no do lugar onde for encontrado; (ii) havendo mais de um devedor, no foro de qualquer deles; (iii) no foro do lugar em que se praticou o ato ou ocorreu o fato que deu origem à dívida, ainda que nele não mais resida o réu; (iv) no foro da situação dos bens, quando a dívida deles se originar".

[65] A Lei nº 13.043/2014 acabou com a "competência delegada da justiça estadual" (art. 15, I, da Lei nº 5.010/1966) em execução fiscal de tributo federal. A partir dessa lei, as novas execuções fiscais devem ser propostas perante o juízo federal, ou seja, na vara federal com competência sobre a cidade domicílio do devedor (mantidas no juízo estadual as execuções anteriormente ajuizadas).

[66] STJ. REsp 1.013.252, Rel. Min. Luiz Fux, 1ª Turma, julg. 19/11/2009: "1. O produto arrecadado com a alienação de bem penhorado em Execução Fiscal, antes da decretação da quebra, deve ser entregue ao juízo universal da falência. [...] 2. A falência superveniente do devedor não tem o condão de paralisar o processo de execução fiscal, nem de desconstituir a penhora realizada anteriormente à quebra. Outrossim, o produto da alienação judicial dos bens penhorados deve ser repassado ao juízo universal da falência para apuração das preferências."

Parte IV · Cap. 18 · PROCESSO TRIBUTÁRIO | **461**

recuperação judicial determinar a substituição dos atos de constrição que recaiam sobre bens de capital essenciais à manutenção da atividade empresarial (art. 6º, § 7º-B, Lei nº 11.101/2005).[67]

A execução fiscal devidamente instruída e ajuizada, em que se requer a citação do devedor para pagar a dívida em cinco dias,[68] sob pena de penhora de bens no limite do valor devido, **interrompe a prescrição** a partir do despacho do juiz que, ao deferir a inicial, *ordenar a citação* (art. 174, parágrafo único, I, CTN e art. 7º, I, LEF), retroagindo à data da proposição da ação.[69] Se o devedor citado pagar totalmente a dívida, extingue-se a execução; se este pagar parcialmente a dívida (parcela incontroversa), a execução seguirá pela parcela não quitada.

Sob pena de penhora ou arresto, o devedor citado e que não pagar a dívida deverá **garantir a execução** por uma das seguintes modalidades (art. 9º, LEF): I – depósito em dinheiro; II – fiança bancária ou seguro garantia;[70] III – nomear bens à penhora; IV – indicar à penhora bens oferecidos por terceiros para serem aceitos pela Fazenda Pública.

Não ocorrendo o pagamento, nem a garantia da execução, a penhora poderá recair em qualquer bem do executado, exceto os que a lei declare absolutamente impenhoráveis (art. 10, LEF).[71] Caso a **penhora** ou **arresto** de bens do devedor venham a ocorrer, obedecerá à seguinte *ordem de preferência*:[72] dinheiro; título da dívida pública, bem como título de crédito, que tenham

---

[67] STJ. CC 181.190, Rel. Min. Marco Aurélio Bellizze, 2ª Seção, julg. 30/11/2021: "A caracterização de conflito de competência perante o Superior Tribunal de Justiça pressupõe a materialização da oposição concreta do Juízo da execução fiscal à efetiva deliberação do Juízo da recuperação judicial a respeito do ato constritivo".

[68] STJ. REsp 1.103.050 (recurso repetitivo), Rel. Min. Teori Albino Zavascki, 1ª Seção, julg. 25/03/2009: "1. Segundo o art. 8º da Lei 6.830/30, a citação por edital, na execução fiscal, somente é cabível quando não exitosas as outras modalidades de citação ali previstas: a citação por correio e a citação por Oficial de Justiça".

[69] STJ. REsp 1.120.295 (recurso repetitivo), Rel. Min. Luiz Fux, 1ª Seção, julg. 12/05/2010: "14. O *Codex* Processual, no § 1º, do artigo 219, estabelece que a interrupção da prescrição, pela citação, retroage à data da proposição da ação, o que, na seara tributária, após as alterações promovidas pela Lei Complementar 118/2005, conduz ao entendimento de que o marco interruptivo atinente à prolação do despacho que ordena a citação do executado retroage à data do ajuizamento do feito executivo, a qual deve ser empreendida no prazo prescricional".
STJ. REsp 1.102.431 (recurso repetitivo), Rel. Min. Luiz Fux, 1ª Seção, julg. 09/12/2009: "2. A perda da pretensão executiva tributária pelo decurso de tempo é consequência da inércia do credor, que não se verifica quando a demora na citação do executado decorre unicamente do aparelho judiciário. Inteligência da Súmula 106/STJ".

[70] STJ. AgInt no REsp 1.924.099-MG, Rel. Min. Benedito Gonçalves, 1ª Turma, julg. 24/05/2022: "A apólice de seguro-garantia com prazo de vigência determinado é inidônea para fins de garantia da execução fiscal".

[71] STJ. REsp 1.114.767 (recurso repetitivo), Rel. Min. Luiz Fux, Corte Especial, julg. 02/12/2009: "A penhora de imóvel no qual se localiza o estabelecimento da empresa é, excepcionalmente, permitida, quando inexistentes outros bens passíveis de penhora e desde que não seja servil à residência da família".
STJ. REsp 2.029.970 (recurso repetitivo – Tema 1193), Rel. Min. Mauro Campbell Marques, 1ª Seção, julg. 28/08/2024: "O arquivamento das execuções fiscais cujo valor seja inferior ao novo piso fixado no caput do art. 8º da Lei 12.514/2011, previsto no § 2º do artigo referido (acrescentado pela Lei 14.195/2021), o qual constitui norma de natureza processual, que deve ser aplicada de imediato, alcança os executivos fiscais em curso, ressalvados os casos em que concretizada a penhora".

[72] STJ. REsp 1.337.790 (recurso repetitivo), Rel. Min. Herman Benjamin, 1ª Seção, julg. 12/06/2013: "4. A Primeira Seção do STJ, em julgamento de recurso repetitivo, concluiu pela possibilidade de a Fazenda Pública recusar a substituição do bem penhorado por precatório (REsp 1.090.898/SP, Rel. Min. Castro Meira, *DJe* 31.8.2009). No mencionado precedente, encontra-se como fundamento decisório a necessidade de preservar a ordem legal conforme instituído nos arts. 11 da Lei 6.830/1980 e 655 do CPC. 5. A mesma *ratio decidendi* tem lugar *in casu*, em que se discute a preservação da ordem legal no instante da nomeação à penhora.

462 | CURSO DE DIREITO TRIBUTÁRIO BRASILEIRO – *Marcus Abraham*

cotação em bolsa; pedras e metais preciosos; imóveis; navios e aeronaves; veículos; móveis ou semoventes; e, por último, direitos e ações (art. 11, LEF). É certo, porém, que em qualquer momento do processo, poderá ser deferida pelo Juiz a substituição da penhora[73] por depósito em dinheiro, fiança bancária ou seguro garantia a pedido do executado, ou a substituição dos bens penhorados por outros ou o reforço da penhora insuficiente, a pedido da Fazenda (art. 15, LEF).[74]

Ocorre que, na hipótese de o devedor tributário, devidamente citado, não pagar nem apresentar bens à penhora no prazo legal e não forem encontrados bens penhoráveis, será possível a realização da penhora *on-line*, originalmente por meio do "Sistema SISBAJUD" (que substituiu o antigo "BacenJud" em 08/09/2020), através do qual o juiz determinará a indisponibilidade de seus bens e direitos, comunicando a decisão, preferencialmente por meio eletrônico, aos órgãos e entidades que promovem registros de transferência de bens, especialmente ao registro público de imóveis e às autoridades supervisoras do mercado bancário e do mercado de capitais, a fim de que, no âmbito de suas atribuições, façam cumprir a ordem judicial (art. 185-A, CTN).

Para a realização desta providência, o STJ entende ser desnecessário o exaurimento de todas as diligências extrajudiciais cabíveis por parte do exequente a fim de se autorizar o bloqueio eletrônico de depósitos ou aplicações financeiras. Contudo, se tal bloqueio recair sobre valores considerados como absolutamente impenhoráveis, tais como salários, proventos de aposentadoria e pensão (verbas alimentares – art. 833, IV, CPC/2015), a constrição dos valores será revogada pelo juízo após a demonstração, pelo executado, da natureza impenhorável dos valores.[75]

Quanto à penhora do faturamento de empresa, o STJ, no REsp 1.666.542 (recurso repetitivo – Tema 769)[76], definiu que a necessidade de esgotamento das diligências como requisito

---

6. Na esteira da Súmula 406/STJ ('A Fazenda Pública pode recusar a substituição do bem penhorado por precatório'), a Fazenda Pública pode apresentar recusa ao oferecimento de precatório à penhora, além de afirmar a inexistência de preponderância, em abstrato, do princípio da menor onerosidade para o devedor sobre o da efetividade da tutela executiva. Exige-se, para a superação da ordem legal prevista no art. 655 do CPC, firme argumentação baseada em elementos do caso concreto. [...] 7. Em suma: em princípio, nos termos do art. 9º, III, da Lei 6.830/1980, cumpre ao executado nomear bens à penhora, observada a ordem legal. É dele o ônus de comprovar a imperiosa necessidade de afastá-la, e, para que essa providência seja adotada, mostra-se insuficiente a mera invocação genérica do art. 620 do CPC".

[73] STJ. REsp 1.090.898 (recurso repetitivo), Rel. Min. Castro Meira, 1ª Seção, julg. 12/08/2009: "2. A penhora de precatório equivale à penhora de crédito, e não de dinheiro. 3. Nos termos do art. 15, I, da Lei 6.830/80, é autorizada ao executado, em qualquer fase do processo e independentemente da aquiescência da Fazenda Pública, tão somente a substituição dos bens penhorados por depósito em dinheiro ou fiança bancária. 4. Não se equiparando o precatório a dinheiro ou fiança bancária, mas a direito de crédito, pode o Fazenda Pública recusar a substituição por quaisquer das causas previstas no art. 656 do CPC ou nos arts. 11 e 15 da LEF".

[74] Contudo, o juiz da execução não pode determinar de ofício o reforço da penhora quando esta for insuficiente, devendo ser provocado pela Fazenda Pública credora, nos termos do art. 15, II da LEF (STJ. REsp 1.127.815 (recurso repetitivo), Rel. Min. Luiz Fux, 1ª Seção, julg. 24/11/2010).

[75] STJ. REsp 1.184.765 (recurso repetitivo), Rel. Min. Luiz Fux, 1ª Seção, julg. 24/11/2010: "A utilização do Sistema Bacen-JUD, no período posterior à *vacatio legis* da Lei 11.382/2006 (21.01.2007), prescinde do exaurimento de diligências extrajudiciais, por parte do exequente, a fim de se autorizar o bloqueio eletrônico de depósitos ou aplicações financeiras [...] Contudo, impende ressalvar que a penhora eletrônica dos valores depositados nas contas bancárias não pode descurar-se da norma inserta no artigo 649, IV, do CPC (com a redação dada pela Lei 11.382/2006), segundo a qual são absolutamente impenhoráveis 'os vencimentos, subsídios, soldos, salários, remunerações, proventos de aposentadoria, pensões, pecúlios e montepios; as quantias recebidas por liberalidade de terceiro e destinadas ao sustento do devedor e sua família, os ganhos de trabalhador autônomo e os honorários de profissional liberal'".

[76] STJ. REsp 1.666.542 (recurso repetitivo – Tema 769), Rel. Min. Herman Benjamin, 1ª Seção, julg. 18/04/2024.

Parte IV · Cap. 18 · PROCESSO TRIBUTÁRIO | **463**

para a penhora de faturamento foi afastada após a reforma do Código de Processo Civil (CPC) de 1973 pela Lei 11.382/2006. Além disso, no regime do CPC de 2015, a penhora de faturamento, listada em décimo lugar na ordem preferencial de bens passíveis de constrição judicial, poderá ser deferida após a demonstração da inexistência dos bens classificados em posição superior, ou, alternativamente, se houver constatação, pelo juiz, de que tais bens são de difícil alienação; finalmente, a constrição judicial sobre o faturamento empresarial poderá ocorrer sem a observância da ordem de classificação estabelecida em lei, se a autoridade judicial, conforme as circunstâncias do caso concreto, assim o entender (artigo 835, parágrafo 1º, do CPC), justificando-a por decisão devidamente fundamentada.

Na mesma ocasião, o STJ também decidiu que a penhora de faturamento não pode ser equiparada à constrição sobre dinheiro e que, na aplicação do princípio da menor onerosidade (art. 805, parágrafo único, do CPC/2015; art. 620 do CPC/1973): *a)* autoridade judicial deverá estabelecer percentual que não inviabilize o prosseguimento das atividades empresariais; e *b)* a decisão deve se reportar aos elementos probatórios concretos trazidos pelo devedor, não sendo lícito à autoridade judicial empregar o referido princípio em abstrato ou com base em simples alegações genéricas do executado.

A defesa do executado na execução fiscal, espécie de contestação, mas com natureza de ação incidental, é feita através dos **embargos à execução** (ou embargos do devedor), tal como permite o art. 16 da LEF, desde que *garantida a execução,*[77] no prazo de 30 dias, contados: I – do depósito; II – da juntada da prova da fiança bancária ou do seguro garantia;[78] III – da intimação da penhora.[79] Nos embargos, o executado deverá alegar toda matéria útil à defesa, requerer provas e juntar aos autos os documentos e rol de testemunhas.

Os típicos fundamentos da defesa nos embargos do devedor são: a) falta de notificação do lançamento ou nulidade de citação no processo administrativo; b) inexigibilidade do título

---

[77] STJ. REsp 1.123.306 (recurso repetitivo), Rel. Min. Luiz Fux, 1ª Seção, julg. 09/12/2009: "2. A Fazenda Pública, quer em ação anulatória, quer em execução embargada, faz jus à expedição da certidão positiva de débito com efeitos negativos, independentemente de penhora, posto inexpropriáveis os seus bens. [...] 3. Proposta ação anulatória pela Fazenda Municipal, está o crédito tributário com a sua exigibilidade suspensa, porquanto as garantias que cercam o crédito devido pelo ente público são de ordem tal que prescindem de atos assecuratórios da eficácia do provimento futuro, sobressaindo o direito de ser obtida certidão positiva com efeitos de negativa".

[78] STJ. REsp 1.156.668 (recurso repetitivo), Rel. Min. Luiz Fux, 1ª Seção, julg. 24/11/2010: "1. A fiança bancária não é equiparável ao depósito integral do débito exequendo para fins de suspensão da exigibilidade do crédito tributário, ante a taxatividade do art. 151 do CTN e o teor do Enunciado Sumular n. 112 desta Corte [...] 2. Dispõe o artigo 206 do CTN que: 'tem os mesmos efeitos previstos no artigo anterior a certidão de que conste a existência de créditos não vencidos, em curso de cobrança executiva em que tenha sido efetivada a penhora, ou cuja exigibilidade esteja suspensa.' A caução oferecida pelo contribuinte, antes da propositura da execução fiscal é equiparável à penhora antecipada e viabiliza a certidão pretendida, desde que prestada em valor suficiente à garantia do juízo. [...] 3. Deveras, a suspensão da exigibilidade do crédito tributário (que implica óbice à prática de quaisquer atos executivos) encontra-se taxativamente prevista no art. 151 do CTN, sendo certo que a prestação de caução, mediante o oferecimento de fiança bancária, ainda que no montante integral do valor devido, não ostenta o efeito de suspender a exigibilidade do crédito tributário, mas apenas de garantir o débito exequendo, em equiparação ou antecipação à penhora, com o escopo precípuo de viabilizar a expedição de Certidão Positiva com Efeitos de Negativa e a oposição de embargos".

[79] STJ. REsp 1.112.416 (recurso repetitivo), Rel. Min. Herman Benjamin, 1ª Seção, julg. 27/05/2009: "3. O termo inicial para a oposição dos Embargos à Execução Fiscal é a data da efetiva intimação da penhora, e não a da juntada aos autos do mandado cumprido".

CURSO DE DIREITO TRIBUTÁRIO BRASILEIRO – *Marcus Abraham*

por matéria de fato ou de direito; c) ilegitimidade das partes; d) excesso da execução; e) causas impeditivas, modificativas ou extintivas da obrigação, tais como o pagamento, a novação, a compensação,[80] a prescrição etc.; f) incompetência do juízo da execução.

Especificamente em relação ao uso de compensação tributária como matéria de defesa em sede de embargos à execução, o art. 16, § 3º, da Lei de Execução Fiscal já expressamente contemplava a sua vedação. Entretanto, em 2009, o STJ, no julgamento no Resp nº 1.008.343 (Tema 294) esclareceu que a compensação vedada naquela sede é a que não tiver sido homologada pela administração tributária ou a que não for reconhecida e validada judicialmente. Neste precedente, foram apresentadas as seguintes condicionantes para o uso da compensação: (i) a existência de crédito tributário, como produto do ato administrativo do lançamento ou do ato-norma do contribuinte que constitui o crédito tributário; (ii) a existência de débito do fisco, como resultado: (a) de ato administrativo de invalidação do lançamento tributário, (b) de decisão administrativa, (c) de decisão judicial, ou (d) de ato do próprio administrado, quando autorizado em lei, cabendo à Administração Tributária a fiscalização e ulterior homologação do débito do fisco apurado pelo contribuinte; e (iii) a existência de lei específica, editada pelo ente competente, que autorize a compensação, *ex vi* do art. 170, do CTN. Apesar deste precedente vinculante, a controvérsia sobre a possibilidade ou não da compensação tributária como matéria de defesa em embargos à execução persistiu (por mais de dez anos) até o julgamento do EREsp nº 1.795.347-RJ[81] em 2021, em que se reafirmou que "não pode ser deduzida em embargos à execução fiscal, à luz do art. 16, § 3º, da Lei n. 6.830/1980, a compensação indeferida na esfera administrativa". O que o STJ quis dizer em ambos os julgados é que o crédito tributário a ser compensado deve preexistir, seja por ter sido homologado administrativamente, seja por ter sido reconhecido judicialmente.

Quanto à problemática da necessidade de prestação de garantia por hipossuficiente como obstáculo ao acesso à justiça, e identificando alguns precedentes do STJ[82] em que a Corte vem,

---

[80] STJ. REsp 1.008.343 (recurso repetitivo), Rel. Min. Luiz Fux, 1ª Seção, julg. 09/12/2009: "1. A compensação tributária adquire a natureza de direito subjetivo do contribuinte (oponível em sede de embargos à execução fiscal), em havendo a concomitância de três elementos essenciais: (i) a existência de crédito tributário, como produto do ato administrativo do lançamento ou do ato-norma do contribuinte que constitui o crédito tributário; (ii) a existência de débito do fisco, como resultado: (a) de ato administrativo de invalidação do lançamento tributário, (b) de decisão administrativa, (c) de decisão judicial, ou (d) de ato do próprio administrado, quando autorizado em lei, cabendo à Administração Tributária a fiscalização e ulterior homologação do débito do fisco apurado pelo contribuinte; e (iii) a existência de lei específica, editada pelo ente competente, que autorize a compensação, *ex vi* do artigo 170, do CTN. [...] 6. Consequentemente, a compensação efetuada pelo contribuinte, antes do ajuizamento do feito executivo, pode figurar como fundamento de defesa dos embargos à execução fiscal, a fim de ilidir a presunção de liquidez e certeza da CDA, máxime quando, à época da compensação, restaram atendidos os requisitos da existência de crédito tributário compensável, da configuração do indébito tributário, e da existência de lei específica autorizativa da citada modalidade extintiva do crédito tributário". Cabe registrar que o próprio STJ vem interpretando esse acórdão no sentido de somente aceitar em sede de embargos à execução aquela compensação que for previamente reconhecida em sede administrativa ou judicial (AgInt no AREsp 1.327.944-SP).

[81] STJ. EREsp 1.795.347-RJ, Rel. Min. Gurgel de Faria, 1ª Seção, julg. 27/10/2021: "1. Ambas as Turmas que compõem a Primeira Seção do Superior Tribunal de Justiça entendem que não pode ser deduzida em embargos à execução fiscal, à luz do art. 16, § 3º, da Lei n. 6.830/1980, a compensação indeferida na esfera administrativa, não havendo mais que se falar em divergência atual a ser solucionada".

[82] STJ. EREsp 80.723, Rel. Min. Milton Luiz Pereira, 1ª Seção, julg. 10/04/2002: "Consideradas as circunstâncias factuais do caso concreto, inexistindo ou insuficientes os bens do executado para cobrir ou para servir de garantia total do valor da dívida exequenda, efetivada a constrição parcial e estando previsto o reforço da penhora, a lei de regência não impede o prosseguimento da execução, pelo menos, para o resgate parcial

Parte IV · Cap. 18 · PROCESSO TRIBUTÁRIO | **465**

de maneira pontual e excepcional, mitigando a exigência do depósito integral diante da insuficiência de bens do executado para cobrir ou para servir de garantia total do valor da dívida exequenda, Janssen Murayama[83] apresenta as seguintes ponderações:

> [...] em determinados casos, a referida garantia poderá constituir verdadeiro obstáculo ao Acesso à Justiça no processo executivo fiscal, tendo em vista que a sua não apresentação acarretará na inadmissibilidade dos embargos à execução fiscal no caso da adoção da interpretação literal deste dispositivo pelo magistrado. [...]

> A conclusão a que chegamos é a de que a regra é a possibilidade de oposição de embargos à execução somente após a garantia do juízo. Todavia, em casos excepcionais em que demonstrada de forma manifesta a inexistência de bens em nome do executado, devem ser admitidos embargos oferecidos sem a necessidade de garantir previamente o juízo da execução de forma a assegurar a garantia constitucional do Acesso à Justiça.

Por serem os embargos do executado um incidente processual dentro da execução fiscal que, nas palavras de Rodolfo Kronemberg Hartmann,[84] é tido "como nova relação processual, em que o embargante/executado passa a deduzir uma pretensão de natureza constitutiva negativa", dúvidas surgem sobre o **efeito suspensivo dos embargos**. Diante do silêncio da LEF, o autor entende aplicável o disposto no § 1º do art. 919 do CPC de 2015, o qual estipula que o juiz poderá, a requerimento do embargante, atribuir efeito suspensivo aos embargos quando verificados os requisitos para a concessão da tutela provisória e desde que a execução já esteja garantida por penhora, depósito ou caução suficientes.

Em igual posição, analisando os reflexos do CPC de 2015 nos embargos à execução fiscal, afirma Luciano Gomes Filippo[85] que:

> Como se nota, o art. 919, *caput*, manteve a regra de não concessão do efeito suspensivo aos embargos à execução fiscal. O parágrafo primeiro inovou um pouco ao afirmar que o juiz poderá, a requerimento da parte, atribuir efeito suspensivo aos embargos quando verificados os requisitos para concessão da *tutela provisória*, desde que a execução esteja garantida por penhora, depósito ou caução.

Nesta linha, aliás, já vinha entendendo o STJ,[86] ainda sob a égide do CPC anterior (art. 739-A, § 1º), ao dispor que

> [...] a atribuição de efeito suspensivo aos embargos do devedor em sede de execução fiscal depende da observância dos três requisitos previstos no mencionado dispositivo do CPC: apresentação de

---

do título executivo. Ficaria desajustado o equilíbrio entre as partes litigantes e constituiria injusto favorecimento ao exequente a continuação da constrição parcial, se impedido o devedor de oferecer embargos para a defesa do seu patrimônio constrito. Se há penhora, viabilizam-se os embargos, decorrentes da garantia parcial efetivada com a penhora".

[83] MURAYAMA, Janssen. Defesa sem garantia pelo hipossuficiente na execução fiscal e no novo CPC. In: BOMFIM, Gilson; DUARTE, Fernanda; MURAYAMA, Janssen (Org.). *A LEF e o novo CPC*: reflexões e tendências. Rio de Janeiro: Lumen Juris, 2016. p. 264-274.

[84] HARTMANN, Rodolfo Kronemberg. op. cit. p. 401.

[85] FILIPPO, Luciano Gomes. Os reflexos do novo Código de Processo Civil nos embargos à execução fiscal. In: BOMFIM, Gilson; DUARTE, Fernanda; MURAYAMA, Janssen (Org.). *A LEF e o novo CPC*: reflexões e tendências. Rio de Janeiro: Lumen Juris, 2016. p. 303.

[86] STJ. REsp 1.272.827 (recurso repetitivo), Rel. Min. Mauro Campbell Marques, 1ª Seção, julg 22/05/2013.

466 | CURSO DE DIREITO TRIBUTÁRIO BRASILEIRO – *Marcus Abraham*

garantia, verificação pelo juiz da relevância da fundamentação (*fumus boni juris*) e perigo de dano irreparável ou de difícil reparação (*periculum in mora*).

Outra forma de defesa do devedor é por mera petição apresentando uma **exceção de pré-executividade**, que não contempla a necessidade de garantia da execução como ocorre nos embargos, através da qual o executado apresenta matérias e vícios cognoscíveis de ofício pelo juiz que sejam aptos e suficientes a pôr fim à execução fiscal. Não se encontra expressamente prevista na LEF nem no CPC. Trata-se de defesa de origem em cobrança privada, de criação doutrinário-jurisprudencial no Brasil capitaneada por Pontes de Miranda no seu parecer nº 95, de 30/06/1966, em que o jurista aduzia que a falsidade dos documentos poderia ser arguida por exceção de pré-executividade, sem necessidade de penhora de bens da executada, podendo ser reconhecida de ofício. Esta defesa, com as restrições pertinentes ao instituto, é hoje acolhida pela doutrina e jurisprudência, encontrando também respaldo em interpretação do art. 803 do CPC de 2015, embora, como já dito, não contando com expressa e literal previsão legal.

É, portanto, admissível a exceção de pré-executividade na execução fiscal relativamente às matérias conhecíveis de ofício que não demandem dilação probatória (Súmula 393, STJ), sobretudo aquelas atinentes à liquidez do título executivo, os pressupostos processuais e as condições da ação executiva. O acolhimento da exceção, portanto, depende de que as alegações formuladas pela parte sejam averiguáveis de plano, completamente provadas, praticamente inquestionáveis. Qualquer consideração ou análise mais aprofundada impede o manejo desse incidente. Alguns fundamentos tipicamente apresentados em sede de exceção de pré-executividade em execução fiscal são: a) pressupostos processuais ou condições da ação; b) pagamento do crédito tributário ou remissão da dívida; c) prescrição[87] ou decadência; d) declaração da inconstitucionalidade definitivamente julgada e com efeito vinculante da lei que fundamenta a CDA.

O STJ, no julgamento do REsp 1.110.925,[88] assentou que a exceção de pré-executividade é cabível quando atendidos simultaneamente dois requisitos, um de ordem material e outro de ordem formal: a) é indispensável que a matéria invocada seja suscetível de conhecimento de ofício pelo juiz; b) é indispensável que a decisão possa ser tomada sem necessidade de dilação probatória. No caso concreto, entendeu-se que não cabe exceção de pré-executividade em execução fiscal promovida contra sócio que figura como responsável na CDA, pois a presunção de legitimidade assegurada à CDA impõe ao executado que figura no título executivo o ônus

---

[87] STJ. REsp 1.136.144 (recurso repetitivo), Rel. Min. Luiz Fux, 1ª Seção, julg. 09/12/2009: "1. A exceção de pré-executividade é servil à suscitação de questões que devam ser conhecidas de ofício pelo juiz, como as atinentes à liquidez do título executivo, aos pressupostos processuais e às condições da ação executiva, desde que não demandem dilação probatória (exceção *secundum eventus probationis*) [...] 2. O espectro das matérias suscitáveis através da exceção tem sido ampliado por força da exegese jurisprudencial mais recente, admitindo-se a arguição de prescrição e de ilegitimidade passiva do executado, que prescindam de dilação probatória. 3. A prescrição, causa extintiva do crédito tributário, é passível de ser veiculada em exceção de pré-executividade, máxime quando fundada na inconstitucionalidade do artigo 46, da Lei 8.212/91, reconhecida, com efeitos *ex tunc*, pelo Supremo Tribunal Federal, para as demandas ajuizadas até 11.6.2008 [...], e que culminou na edição da Súmula Vinculante 8/STF".
STJ. REsp 2.046.269 (recurso repetitivo – Tema 1229), Rel. Min. Gurgel de Faria, 1ª Seção, julgado em 09/10/2024: "À luz do princípio da causalidade, não cabe fixação de honorários advocatícios na exceção de pré-executividade acolhida para extinguir a execução fiscal em razão do reconhecimento da prescrição intercorrente, prevista no art. 40 da Lei n. 6.830/1980".

[88] STJ. REsp 1.110.925 (recurso repetitivo), Rel. Min. Teori Albino Zavascki, 1ª Seção, julg. 22/04/2009.

Parte IV · Cap. 18 · PROCESSO TRIBUTÁRIO | **467**

de demonstrar a inexistência de sua responsabilidade tributária, demonstração essa que, por demandar prova, deve ser promovida no âmbito dos embargos à execução.

Sendo julgados procedentes os embargos à execução ou acolhidos os fundamentos da exceção de pré-executividade, a execução fiscal será julgada extinta. Do contrário, julgados improcedentes, a mesma seguirá o seu curso regular, com a alienação dos bens penhorados (arts. 23 e 24, LEF). Havendo depósitos judiciais em dinheiro nos autos da execução fiscal, estes serão obrigatoriamente feitos na Caixa Econômica Federal (CEF) ou no banco oficial da unidade federativa (art. 32, LEF).

Penhorados os bens do devedor e levados a leilão público, arrematados por terceiros ou adjudicados pela Fazenda Pública, sendo suficiente o valor ou montante arrecadado para satisfação do exequente e quitação da dívida, encerra-se o processo com **sentença extintiva**. Ato contínuo, será expedido pelo juízo mandado de levantamento da quantia correspondente ao valor do débito em favor do exequente e o remanescente, se houver, em favor do executado.

Todavia, se for o caso de uma execução fiscal em que não houver sido localizado o devedor ou não encontrados bens sobre os quais possa recair a penhora, o juiz suspenderá o curso da execução e, nesses casos, não correrá o prazo de prescrição (art. 40, *caput*, LEF).[89] Suspenso o curso da execução, será aberta vista dos autos ao representante judicial da Fazenda Pública (art. 40, § 1º, LEF), para requerer as providências que reputar cabíveis (*e.g.*, requerer expedição de ofício a órgãos públicos e concessionárias de serviços públicos para descobrir endereço e/ou bens executáveis). Decorrido o prazo de 1 ano sem que seja localizado o devedor ou encontrados bens penhoráveis, o Juiz ordenará o arquivamento dos autos (art. 40, § 2º, LEF). Encontrados que sejam, a qualquer tempo, o devedor ou os bens, serão desarquivados os autos para prosseguimento da execução (art. 40, § 3º, LEF). Entretanto, se da decisão que ordenar o arquivamento tiver decorrido o prazo prescricional de cinco anos, o juiz, depois de ouvida a Fazenda Pública, poderá, de ofício, reconhecer a **prescrição intercorrente** e decretá-la de imediato (art. 40, § 4º, LEF).[90]

---

[89] STJ. Súmula nº 314: "Em execução fiscal, não localizados bens penhoráveis, suspende-se o processo por um ano, findo o qual se inicia o prazo da prescrição quinquenal intercorrente."

[90] STJ. REsp 1.340.553 (recurso repetitivo), Rel. Min. Mauro Campbell Marques, 1ª Seção, julg. 12/09/2018: "4. Teses julgadas para efeito dos arts. 1.036 e seguintes do CPC/2015 (art. 543-C, do CPC/1973): 4.1.) O prazo de 1 (um) ano de suspensão do processo e do respectivo prazo prescricional previsto no art. 40, §§ 1º e 2º da Lei n. 6.830/80 – LEF tem início automaticamente na data da ciência da Fazenda Pública a respeito da não localização do devedor ou da inexistência de bens penhoráveis no endereço fornecido, havendo, sem prejuízo dessa contagem automática, o dever de o magistrado declarar ter ocorrido a suspensão da execução; 4.1.1.) Sem prejuízo do disposto no item 4.1., nos casos de execução fiscal para cobrança de dívida ativa de natureza tributária (cujo despacho ordenador da citação tenha sido proferido antes da vigência da Lei Complementar n. 118/2005), depois da citação válida, ainda que editalícia, logo após a primeira tentativa infrutífera de localização de bens penhoráveis, o Juiz declarará suspensa a execução. 4.1.2.) Sem prejuízo do disposto no item 4.1., em se tratando de execução fiscal para cobrança de dívida ativa de natureza tributária (cujo despacho ordenador da citação tenha sido proferido na vigência da Lei Complementar n. 118/2005) e de qualquer dívida ativa de natureza não tributária, logo após a primeira tentativa frustrada de citação do devedor ou de localização de bens penhoráveis, o Juiz declarará suspensa a execução. 4.2.) Havendo ou não petição da Fazenda Pública e havendo ou não pronunciamento judicial nesse sentido, findo o prazo de 1 (um) ano de suspensão inicia-se automaticamente o prazo prescricional aplicável (de acordo com a natureza do crédito exequendo) durante o qual o processo deveria estar arquivado sem baixa na distribuição, na forma do art. 40, §§ 2º, 3º e 4º da Lei n. 6.830/80 – LEF, findo o qual o Juiz, depois de ouvida a Fazenda Pública, poderá, de ofício, reconhecer a prescrição intercorrente e decretá-la de imediato. 4.3.) A efetiva constrição patrimonial e a efetiva citação (ainda que por edital)

468 | CURSO DE DIREITO TRIBUTÁRIO BRASILEIRO – *Marcus Abraham*

Incidente bastante comum em sede de ação de execução fiscal movida contra empresa é o pedido da Fazenda Pública de **redirecionamento da execução fiscal** para o seu sócio-administrador, com fundamento no art. 135, III do CTN, dispositivo que trata da responsabilidade de terceiros que atuam de modo irregular ou ilícito, através de atos praticados com excesso de poderes ou infração de lei, contrato social ou estatutos.

Ao analisar o instituto do redirecionamento da execução fiscal à luz no Código de Processo Civil de 2015, Gilson Bomfim[91] assim pontuou:

> De início, é importante destacar que o Novo Código de Processo Civil, em disciplina muito parecida com a do Código de 1973, também permite que a execução seja redirecionada ou proposta diretamente contra o responsável tributário, nos termos da lei, mesmo que esse não conste do título executivo (art. 779 do Novo Código de Processo Civil). Tal dispositivo, conjugado com os artigos 4º, V, da Lei 6830/80 e 135, III, do CTN, passará a fundamentar os pedidos de redirecionamento dos executivos fiscais em face dos administradores das pessoas jurídicas, a partir da entrada em vigor do Novo Código de Processo Civil.

Não obstante, mesmo sob a égide do CPC de 1973, já se encontrava pacificado nos tribunais o entendimento de que a mera inadimplência fiscal não enseja, por si só, a responsabilidade do sócio-administrador.[92]

Assim, para exercer o pedido de redirecionamento da execução fiscal para o sócio-administrador, o exequente deverá provar as irregularidades.[93] Não obstante, a Primeira Seção do

---

são aptas a interromper o curso da prescrição intercorrente, não bastando para tal o mero peticionamento em juízo, requerendo, *v.g.*, a feitura da penhora sobre ativos financeiros ou sobre outros bens. Os requerimentos feitos pelo exequente, dentro da soma do prazo máximo de 1 (um) ano de suspensão mais o prazo de prescrição aplicável (de acordo com a natureza do crédito exequendo) deverão ser processados, ainda que para além da soma desses dois prazos, pois, citados (ainda que por edital) os devedores e penhorados os bens, a qualquer tempo – mesmo depois de escoados os referidos prazos –, considera-se interrompida a prescrição intercorrente, retroativamente, na data do protocolo da petição que requereu a providência frutífera. 4.4.) A Fazenda Pública, em sua primeira oportunidade de falar nos autos (art. 245 do CPC/73, correspondente ao art. 278 do CPC/2015), ao alegar nulidade pela falta de qualquer intimação dentro do procedimento do art. 40 da LEF, deverá demonstrar o prejuízo que sofreu (exceto a falta da intimação que constitui o termo inicial – 4.1., onde o prejuízo é presumido), por exemplo, deverá demonstrar a ocorrência de qualquer causa interruptiva ou suspensiva da prescrição. 4.5.) O magistrado, ao reconhecer a prescrição intercorrente, deverá fundamentar o ato judicial por meio da delimitação dos marcos legais que foram aplicados na contagem do respectivo prazo, inclusive quanto ao período em que a execução ficou suspensa".

[91] BOMFIM, Gilson. O redirecionamento da execução fiscal e o incidente de desconsideração da personalidade jurídica previsto pelo Novo Código de Processo Civil. In: BOMFIM, Gilson; DUARTE, Fernanda; MURAYAMA, Janssen (Org.). *A LEF e o novo CPC*: reflexões e tendências. Rio de Janeiro: Lumen Juris, 2016. p. 134.

[92] STJ. Súmula nº 430: "O inadimplemento da obrigação tributária pela sociedade não gera, por si só, a responsabilidade solidária do sócio-gerente."

[93] Registre-se que, a partir da edição do Código de Processo Civil de 2015, que traz em seu artigo 133 e seguintes o "incidente de desconsideração da personalidade jurídica – IDPJ", o argumento de que o redirecionamento da execução fiscal deveria ser precedido por este procedimento também passou a ser apresentado. Entretanto, o entendimento que prevalece, inclusive nos Tribunais Superiores, é o de que, além de a Lei de Execuções Fiscais (Lei nº 6.830/1980) ser lei específica e, por isso, inaplicável à ela o incidente previsto no CPC, o próprio regramento do CTN já autorizaria o redirecionamento, sendo, portanto, desnecessária a instauração do IDPJ. A esse respeito, cf. STJ. AREsp 1.173.201, Rel. Min Gurgel de Faria, julg. 21/02/2019: "2. A atribuição, por lei, de responsabilidade tributária pessoal a terceiros, como no caso

Parte IV · Cap. 18 · PROCESSO TRIBUTÁRIO | **469**

STJ firmou orientação de que, caso o nome do sócio administrador já conste da CDA, em razão da presunção relativa de certeza e liquidez desta, será do sócio o ônus de provar que não ficou caracterizada nenhuma das circunstâncias previstas no art. 135 do CTN, ou seja, não houve a prática de atos "com excesso de poderes ou infração de lei, contrato social ou estatutos".[94]

Além disso, o STJ também assentou, no REsp 1.848.993 e REsp 1.856.403 (repetitivos),[95] que a execução fiscal pode ser redirecionada em desfavor da empresa sucessora para cobrança de crédito tributário relativo a fato gerador ocorrido posteriormente à incorporação empresarial e ainda lançado em nome da sucedida, sem a necessidade de modificação da CDA, quando verificado que esse negócio jurídico não foi informado oportunamente ao Fisco. A razão disso está em que, de acordo com o art. 123 do CTN, o negócio jurídico privado que culmina na extinção na pessoa jurídica por incorporação empresarial somente surte seus efeitos perante a Administração tributária depois de essa operação ser pessoalmente comunicada ao Fisco, pois somente a partir de então é que este saberá da modificação do sujeito passivo e poderá realizar os novos lançamentos em nome da empresa incorporadora (art. 121 do CTN) e cobrar dela, na condição de sucessora, os créditos já constituídos (art. 132 do CTN).

O prazo prescricional para o pedido de redirecionamento da execução fiscal em caso de dissolução irregular da sociedade empresária foi fixado pelo STJ no REsp 1.201.993[96] (recurso repetitivo) nos seguintes termos:

(i) o prazo de redirecionamento da execução fiscal, fixado em cinco anos, contado da diligência de citação da pessoa jurídica, é aplicável quando o referido ato ilícito, previsto no art. 135, III, do CTN, for precedente à citação;

(ii) a citação positiva do sujeito passivo devedor original da obrigação tributária, por si só, não provoca o início do prazo prescricional quando o ato de dissolução irregular for a ela subsequente, uma vez que, em tal circunstância, inexistirá, na data da citação, pretensão contra os sócios-gerentes (o mero inadimplemento da exação não configura ilícito). O termo inicial do prazo prescricional para a cobrança do crédito dos sócios-gerentes infratores, nesse contexto, é a data da prática de ato inequívoco indicador do intuito de inviabilizar a satisfação do crédito tributário já em curso de cobrança executiva promovida contra a empresa contribuinte, a ser demonstrado pelo Fisco, nos termos do art. 593 do CPC/1973 (art. 792 do novo CPC – fraude à execução), combinado com o art. 185 do CTN (presunção de fraude contra a Fazenda Pública);

(iii) em qualquer hipótese, a decretação da prescrição para o redirecionamento impõe seja demonstrada a inércia da Fazenda Pública, no lustro que se seguiu à citação da empresa originalmente devedora (REsp 1.222.444/RS) ou ao ato inequívoco mencionado no item anterior (respectivamente, nos casos de dissolução irregular precedente ou superveniente à citação da empresa), cabendo às instâncias ordinárias o exame dos fatos e provas atinentes à demonstração da prática de atos concretos na direção da cobrança do crédito tributário no decurso do prazo prescricional.

---

dos sócios-gerentes, autoriza o pedido de redirecionamento de execução fiscal ajuizada contra a sociedade empresária inadimplente, sendo desnecessário o incidente de desconsideração da personalidade jurídica estabelecido pelo art. 134 do CPC/2015".

[94] STJ. REsp 1.104.900 (recurso repetitivo), Rel. Min. Denise Arruda, 1ª Seção, julg. 25/03/2009: "1. A orientação da Primeira Seção desta Corte firmou-se no sentido de que, se a execução foi ajuizada apenas contra a pessoa jurídica, mas o nome do sócio consta da CDA, a ele incumbe o ônus da prova de que não ficou caracterizada nenhuma das circunstâncias previstas no art. 135 do CTN, ou seja, não houve a prática de atos 'com excesso de poderes ou infração de lei, contrato social ou estatutos'".

[95] STJ. REsp 1.848.993 e 1.856.403 (recursos repetitivos), Rel. Min. Gurgel de Faria, 1ª Seção, julg. 26/08/2020.

[96] STJ. REsp 1.201.993 (recurso repetitivo), Rel. Min. Herman Benjamin, 1ª Seção, julg. 08/05/2019.

CURSO DE DIREITO TRIBUTÁRIO BRASILEIRO – *Marcus Abraham*

Por fim, quanto à discussão sobre a possibilidade de redirecionamento da execução fiscal contra o sócio que, apesar de exercer a gerência da empresa devedora à época do fato tributário, dela regularmente se afastou, sem dar causa, portanto, à posterior dissolução irregular da sociedade empresária, o STJ firmou o seguinte entendimento no julgamento do REsp 1.377.019-SP (Tema 962):[97] "O redirecionamento da execução fiscal, quando fundado na dissolução irregular da pessoa jurídica executada ou na presunção de sua ocorrência, não pode ser autorizado contra o sócio ou o terceiro não sócio que, embora exercesse poderes de gerência ao tempo do fato gerador, sem incorrer em prática de atos com excesso de poderes ou infração à lei, ao contrato social ou aos estatutos, dela regularmente se retirou e não deu causa à sua posterior dissolução irregular, conforme art. 135, III, do CTN". Noutras palavras, o sócio que responde em caso de redirecionamento da execução fiscal é aquele da época da dissolução irregular, fato este que representa a infração à lei prevista no art. 135, III do CTN, e não o mero inadimplemento do tributo.[98]

18.3.7. Medida cautelar fiscal

A **medida cautelar fiscal** é uma ação de manejo da Fazenda Pública, fundada na Lei nº 8.397/1992, que tem por objetivo assegurar a recuperação do crédito tributário e a efetividade da ação de execução fiscal, diante de situações em que o devedor tributário, de maneira dolosa e com ardil, realiza atos de "esvaziamento patrimonial" ou de "blindagem" de seus bens e direitos.

Portanto, trata-se de uma medida judicial de **natureza assecuratória**, de rito especial, destinada a garantir o resultado final pretendido da ação tida como "principal", que é a execução fiscal.

Esta ação poderá ser ajuizada logo após a constituição do crédito, antes ou depois da sua inscrição em Dívida Ativa e, inclusive, ao longo do curso do processo de execução fiscal. Todavia, é mais comum que seja proposta pouco antes do ajuizamento da ação de execução fiscal, momento em que a Fazenda Pública realiza todos os atos preparatórios para a cobrança, sobretudo a identificação de bens que serão objeto de constrição.

Cabe lembrar que, segundo o art. 185 do CTN, *presume-se fraudulenta* a alienação ou oneração de bens ou rendas, ou seu começo, por sujeito passivo em débito para com a Fazenda Pública, por crédito tributário regularmente inscrito como dívida ativa, salvo na hipótese de terem sido reservados, pelo devedor, bens ou rendas suficientes ao total pagamento da dívida inscrita.

O **juízo competente** para apreciar a medida cautelar fiscal é o mesmo onde será ajuizada a competente ação de execução fiscal. Entretanto, se o executivo fiscal estiver em segunda instância, o relator no Tribunal será o competente.

A legislação de regência, em seu art. 2º, especifica que a medida cautelar fiscal poderá ser requerida quando o devedor tributário: I – sem domicílio certo, intenta ausentar-se ou alienar bens que possui ou deixa de pagar a obrigação no prazo fixado; II – tendo domicílio certo, ausenta-se ou tenta se ausentar, visando a elidir o adimplemento da obrigação; III – caindo em insolvência, aliena ou tenta alienar bens; IV – contrai ou tenta contrair dívidas que compro-

---

[97] STJ. REsp 1.377.019 (recurso repetitivo), Rel. Min Assusete Magalhães, 1ª Seção, julg. 24/11/2021.

[98] STJ. REsp 1.645.333 (recurso repetitivo), Rel. Min. Assusete Magalhães, 1ª Seção, julg. 25/05/2022: "*Tese*: O redirecionamento da execução fiscal, quando fundado na dissolução irregular da pessoa jurídica executada ou na presunção de sua ocorrência, pode ser autorizado contra os sócios ou terceiro não sócio com poderes de administração na data em que configurada ou presumida a dissolução irregular, ainda que não tenha exercido poderes de gerência quando ocorrido o fato gerador do tributo não adimplido, conforme art. 135, III, do Código Tributário Nacional (CTN)".

Parte IV · Cap. 18 · PROCESSO TRIBUTÁRIO | **471**

metam a liquidez do seu patrimônio; V – notificado pela Fazenda Pública para que proceda ao recolhimento do crédito fiscal: a) deixa de pagá-lo no prazo legal, salvo se suspensa sua exigibilidade; b) põe ou tenta por seus bens em nome de terceiros; VI – possui débitos, inscritos ou não em Dívida Ativa, que somados ultrapassem trinta por cento do seu patrimônio conhecido; VII – aliena bens ou direitos sem proceder à devida comunicação ao órgão da Fazenda Pública competente, quando exigível em virtude de lei; VIII – tem sua inscrição no cadastro de contribuintes declarada inapta, pelo órgão fazendário; IX – pratica outros atos que dificultem ou impeçam a satisfação do crédito.

Sendo o objetivo da medida cautelar fiscal a **indisponibilidade dos bens do devedor** dentro do limite de valores que sejam suficientes e necessários para a satisfação da obrigação tributária devida, a sua concessão judicial deverá exigir da Fazenda Pública: a) a prova literal da constituição do crédito fiscal; b) prova documental de algum dos casos anteriormente citados que colocam em risco a recuperação do crédito tributário.

PARTE V
Reforma Tributária

Capítulo 19

REFORMA TRIBUTÁRIA SOBRE O CONSUMO (EC Nº 132/2023)

A Emenda Constitucional nº 132 de 2023, originária da PEC nº 45/2019, introduziu significativas alterações ao sistema constitucional tributário brasileiro, tendo sido intitulada de "Reforma Tributária sobre o Consumo" e regulamentada pela Lei Complementar 214/2025.

O foco central das alterações introduzidas por esta emenda constitucional e sua regulamentação foi a tributação incidente sobre o **consumo de bens e serviços**, deixando-se para uma etapa futura a reforma tributária sobre renda e patrimônio.

Identificava-se como cenário fiscal a justificar a realização desta reforma tributária: i) a complexidade excessiva; ii) a falta de transparência; iii) a ocorrência de conflitos de competência; iv) as constantes tensões federativas; v) o elevado grau de litígio e insegurança jurídica; vi) as desigualdades regionais e sociais; vii) aumento do custo dos investimentos; viii) prejuízo à competitividade dos produtos brasileiros; ix) ineficiências alocativas; x) a deterioração do ambiente de negócios.

Por meio das mudanças tributárias, pretende-se fazer a economia brasileira crescer de forma sustentável, gerando emprego e renda; tornar o sistema tributário mais justo, reduzindo as desigualdades sociais e regionais; e reduzir a complexidade da tributação, assegurando transparência e provendo mais cidadania fiscal.

19.1. ASPECTOS GERAIS DA REFORMA TRIBUTÁRIA

Entre as principais inovações introduzidas pela reforma tributária da EC nº 132/2023, destaca-se a criação de dois novos tributos: o **Imposto sobre Bens e Serviços (IBS)**, de competência compartilhada dos Estados, Distrito Federal e Municípios; e a **Contribuição sobre Bens e Serviços (CBS)**, de competência federal, em substituição ao IPI, PIS, COFINS, ICMS e ISS, com uma legislação única para todo o território nacional (salvo as alíquotas), adotando-se o modelo de padrão internacional de IVA Dual com base ampla incidente no consumo de bens ou de serviço, ambos com o mesmo fato gerador e cobrados no local do destino, dotados de não cumulatividade plena, com pouca variação de alíquotas, renúncias fiscais e exceções. Para tanto, é instituído um **Comitê Gestor** composto por representantes de Estados, Distrito Federal e Municípios, com a finalidade de gerir e redistribuir o produto da arrecadação entre os entes federativos.

Criou-se, também, um novo tributo federal intitulado **Imposto Seletivo**, apelidado de "imposto do pecado", de natureza extrafiscal, que incidirá sobre consumo de bens e serviços prejudiciais à saúde e ao meio ambiente, tais como cigarros e bebidas alcoólicas.

Ademais, alterações pontuais foram feitas em relação a alguns tributos já existentes: estendeu-se o âmbito de custeio da **COSIP** dos municípios e Distrito Federal para também financiar

476 | CURSO DE DIREITO TRIBUTÁRIO BRASILEIRO – *Marcus Abraham*

a ampliação do sistema de iluminação pública, bem como o monitoramento de segurança e a preservação de logradouros; ampliou-se a base de incidência do **IPVA** para alcançar veículos automotores aéreos e aquáticos, e incluíram-se como hipóteses de diferenciação de alíquotas o seu valor e o impacto ambiental; permitiu-se a atualização periódica da base de cálculo do **IPTU** por decreto; e adotou-se a progressividade ao **ITCMD**, além de fixar como devido o ITCMD, no caso de bens móveis, ao Estado onde era domiciliado o *de cujus* ou o doador, e também a permitir a cobrança nos casos de bens no exterior.

Houve, ainda, significativa restrição na concessão de incentivos fiscais; a criação do Fundo de Compensação de Benefícios Fiscais e o Fundo de Desenvolvimento Regional[1]; a definição de regimes específicos e favorecidos para determinados bens e serviços; a instituição da Cesta Básica Nacional, entre outras mudanças.

A vigência de boa parte das alterações desta reforma tributária em nosso sistema tributário não será imediata, dependendo da edição de lei(s) complementar(es) para a sua regulamentação, além de ser prevista uma transição gradual e em etapas, iniciando-se em 2026 e concluindo-se em 2033 (a transição federativo-financeira será de 50 anos).

Em 16 de janeiro de 2025, foi publicada a Lei Complementar nº 214/2025 (oriunda do projeto de lei complementar PLP nº 68/2024), a principal lei regulamentadora da reforma tributária, contando com 544 artigos.

19.2. HISTÓRICO DA REFORMA TRIBUTÁRIA

A reforma tributária aprovada no final do ano de 2023, por meio da Emenda Constitucional nº 132, foi objeto de longos debates, e integra um longo processo evolutivo de mais de cinco décadas de aperfeiçoamento do nosso sistema tributário.

Inicialmente, é importante lembrar que, ainda sob a vigência da Constituição anterior à CF/88, e até a edição da Emenda Constitucional nº 18/1965, que instituiu um sistema tributário integrado, o Brasil possuía um modelo fiscal que contemplava sistemas tributários financeira e politicamente autônomos nos âmbitos federal, estadual e municipal.

Com a promulgação da Constituição Federal de 1988, tivemos o aperfeiçoamento do sistema tributário nacional, com a ampliação dos direitos e garantias do contribuinte, substancial alteração nas competências tributárias dos entes federados, significativa descentralização das receitas, e também a extinção de impostos federais cumulativos.

Entretanto, desde então falava-se na necessidade de uma reforma tributária, especialmente quanto ao consumo, uma vez que a estrutura tributária da CF/88 trouxe mais complexidade e onerosidade ao sistema fiscal brasileiro, sobretudo por ser: a) *regressivo*, onerando mais os contribuintes de menor renda; b) *cumulativo*, permitindo a incidência de tributo sobre tributo (tributação "em cascata"); c) *complexo*, dada a multiplicidade de distintas regras tributárias estabelecidas por cada ente federativo; d) *anti-isonômico*, por privilegiar grupos de contribuintes e setores econômicos específicos com benefícios fiscais; e) *ineficiente*, por incentivar a alocação e de recursos por razões fiscais e não econômicas, estimulando a guerra fiscal; e f) *oneroso*, por

---

[1] Ressalte-se que, em razão das novas restrições trazidas pela EC 132/2023 à concessão de incentivos e benefícios fiscais por Estados e Distrito Federal quanto ao IBS, os entes federativos deixam de contar com mecanismos tradicionais de política fiscal e atração de investimentos. A instituição desses dois fundos visa a contrabalançar esse impacto, permitindo a atração de investimentos ou a manutenção de benefícios já concedidos anteriormente.

aumentar a carga fiscal, juntamente com elevados custos para o cumprimento de inúmeras obrigações acessórias.

Das inúmeras propostas de reforma tributária feitas nas duas décadas subsequentes à promulgação da CF/88, destacaram-se as seguintes: a PEC nº 175/1995, a PEC nº 41/2003, a PEC nº 293/2004 e a PEC nº 233/2008. Em todas, já se falava na extinção do IPI e uma substancial mudança no ICMS pela adoção do modelo do IVA (Imposto sobre Valor Agregado).

Porém, mais recentemente, os dois projetos de emenda constitucional que apresentavam propostas de reforma tributária mais consistentes foram a PEC nº 110/2019, originária do Senado Federal (de iniciativa do Senador Federal Davi Alcolumbre), e a PEC nº 45/2019, originária da Câmara dos Deputados (de iniciativa do Deputado Federal Baleia Rossi), sendo esta última a que se transformou na EC nº 132/2023.

O texto inicial da PEC nº 110/2019, que acabou sendo arquivada em 2023, apresentava a proposta de unificação do ICMS, ISS, IPI, IOF, PIS/PASEP, COFINS, CSLL, CIDE-combustíveis e Salário-educação, sendo estes substituídos pelo Imposto sobre Bens e Serviços (IBS), que seria gerido por um Comitê Gestor Nacional, ao qual caberia, entre outras atribuições, editar o regulamento do imposto, gerir a arrecadação centralizada e a distribuição das receitas arrecadadas com o tributo e estabelecer critérios para a atuação coordenada dos entes da federação na fiscalização do imposto. Previa-se, também, a criação de um "Imposto Seletivo" de natureza extrafiscal, bem como a transferência do ITCMD para a União, com a sua receita destinada aos municípios. Ampliava a incidência do IPVA para embarcações e aeronaves, além dos automóveis, como hoje é cobrado. E o prazo de transição era de apenas cinco anos.

Já a redação original da PEC nº 45/2019 continha a proposta de unificação do IPI, PIS, COFINS, ICMS e ISS no Imposto sobre Bens e Serviços (IBS), juntamente com a criação de um "Imposto Seletivo" de natureza extrafiscal, e igualmente a instituição de um Comitê Gestor, contendo um prazo de transição de 10 anos. Passou por inúmeras reuniões na Comissão Especial da Reforma Tributária e diversas audiências públicas, recebendo, ao longo dos anos de 2019 até 2021, mais de 200 (duzentas) emendas para modificação no seu texto. Em fevereiro de 2023, foi designado como relator o Deputado Federal Aguinaldo Ribeiro, que conduziu a análise e votação das emendas até a aprovação do texto substitutivo em agosto de 2023, remetendo-a, então, ao Senado Federal. Por sua vez, naquela Casa legislativa, sob a relatoria do Senador Eduardo Braga, após apreciação na Comissão de Constituição, Justiça e Cidadania (CCJ) de mais de 800 (oitocentas) emendas, o novo texto substitutivo da PEC foi aprovado no Senado Federal em novembro de 2023 com algumas modificações, tendo, assim, que retornar à Câmara dos Deputados para apreciação destas modificações. Ao final, em 20 de dezembro de 2023, em sessão solene do Congresso Nacional, foi promulgada a Emenda Constitucional nº 132.

Em 25 de abril de 2024 foi apresentado na Câmara de Deputados o Projeto de Lei Complementar nº 68/2024, visando regulamentar a EC nº 132/23, e em especial para o fim de instituir o Imposto sobre Bens e Serviços (IBS), a Contribuição Social sobre Bens e Serviços (CBS) e o Imposto Seletivo (IS) e criar o Comitê Gestor do IBS. Em 16 de janeiro de 2025 foi transformado na Lei Complementar nº 214/2025.

19.3. PRINCÍPIOS BÁSICOS DA REFORMA TRIBUTÁRIA

A reforma tributária possui alguns princípios básicos que se destacam e realçam os seus objetivos, especialmente aplicáveis ao IBS (Imposto sobre Bens e Serviços) e à CBS (Contribuição sobre Bens e Serviços): a simplicidade, a transparência, a não cumulatividade plena, neutralidade fiscal, justiça tributária e proteção ao meio ambiente.

Boa parte desses princípios foi inserida no texto constitucional de forma expressa, conforme redação dos §§ 3º e 4º do art. 145, que estabelecem que "o Sistema Tributário Nacional deve observar os princípios da simplicidade, da transparência, da justiça tributária, da cooperação e da defesa do meio ambiente", e que as "alterações na legislação tributária buscarão atenuar efeitos regressivos". Até mesmo a concessão de incentivos fiscais de tributos federais (isenções, reduções ou diferimento) deverão considerar, sempre que possível, "critérios de sustentabilidade ambiental e redução das emissões de carbono" (§ 34º, art. 43, CF/88).

A **simplicidade** decorre da unificação de cinco tributos (ICMS, ISS, IPI, PIS e COFINS) em apenas dois: IBS (Imposto sobre Bens e Serviços), de competência compartilhada dos Estados, Distrito Federal e Municípios; e a CBS (Contribuição sobre Bens e Serviços), de competência da União, o que reduzirá significativamente a complexidade do sistema fiscal e os custos com o cumprimento de obrigações acessórias. Os dois novos tributos possuirão o mesmo fato gerador e as mesmas regras de incidência e cobrança, disciplinados em uma legislação única para todo o território nacional, uniformizando as normas tributárias e facilitando a sua compreensão e seu cumprimento.[2]

A **transparência** será efetivada a partir da cobrança dos dois novos tributos "por fora" do preço (não integrando a sua própria base de cálculo), sendo o seu montante destacado na nota fiscal, o que permitirá ao contribuinte, assim como ao consumidor, conhecerem o valor exato dos tributos que estão sendo pagos.

A **não cumulatividade plena** permitirá que o tributo pago pelo adquirente (comprador) seja compensado integralmente com o tributo por ele devido na etapa econômica subsequente, e assim por diante, eliminando o efeito "em cascata" da tributação, modelo típico do Imposto sobre Valor Agregado (IVA). Nos termos constitucionais, tanto o IBS quanto a CBS serão não cumulativos, compensando-se o imposto devido pelo contribuinte com o montante cobrado sobre todas as operações nas quais seja adquirente de bem material ou imaterial, inclusive direito, ou de serviço, excetuadas exclusivamente as consideradas de uso ou consumo pessoal, nos termos da legislação.

A **neutralidade fiscal**, que propõe direcionar a tributação para que esta não interfira no mercado econômico e respeite a livre iniciativa, encontra-se na reforma tributária pela unificação da base de incidência e alíquotas e redução das renúncias tributárias, para que se possa promover a plena isonomia tributária entre os agentes econômicos (contribuintes). Ademais, através do período de transição da reforma tributária, pretende-se que não haja aumento da carga fiscal, de maneira que a arrecadação com os novos tributos corresponda ao mesmo valor daqueles que serão extintos. Assim, as alíquotas de referência que serão fixadas pelo Senado Federal deverão ser calculadas de modo a que os montantes arrecadados com o IBS correspondam aos valores de ICMS e ISS, e os valores da CBS e do Imposto Seletivo equivalham aos do IPI, PIS, COFINS e IOF-Seguros.

A **justiça tributária** que se deseja alcançar com a reforma tributária envolve dar efetividade no tratamento isonômico entre contribuintes e o respeito a sua capacidade contributiva, por meio de uma distribuição mais equitativa da carga fiscal, garantia de efetividade da não cumulatividade plena, redução da multiplicidade de benefícios fiscais existentes, e a instituição de um modelo tributário que mitigue a excessiva regressividade presente no sistema tributário

---

[2] Para se ter uma ideia da simplificação, a Lei Complementar nº 214/2025, principal lei complementar regulamentadora da Reforma Tributária, conta com 544 artigos, em contraposição aos 27 regulamentos de ICMS vigentes nos Estados e Distrito Federal e milhares de leis e regulamentos municipais sobre o ISS.

brasileiro. A adoção do modelo de tributação no destino fará com que a arrecadação deixe de se concentrar na origem produtiva (onde as grandes empresas já se encontram) e se desloque para o local do consumo, beneficiando Estados e Municípios menos desenvolvidos, promovendo a redistribuição de receitas e reduzindo as desigualdades regionais. Aliado a tudo isso, o novo mecanismo de devolução de tributos na modalidade "*cashback*" para as famílias de menor renda, juntamente com a isenção da cesta básica nacional, contribuirão com a materialização da justiça fiscal.

A **proteção ao meio ambiente** constante na reforma tributária, que objetiva restringir atividades poluentes e que tragam prejuízos ecológicos, deriva não apenas da determinação constitucional de que o sistema tributário deve observar a defesa do meio ambiente (art. 145, § 3º), mas também se encontra na previsão do novo imposto seletivo federal (inciso VIII, art. 153), que incidirá sobre a produção, a extração, a comercialização ou a importação de bens e serviços prejudiciais à saúde ou ao meio ambiente.

19.4. IBS E CBS – TRIBUTOS SOBRE BENS E SERVIÇOS

A Emenda Constitucional nº 132/2023 instituiu dois novos tributos ao nosso sistema tributário: o **Imposto sobre Bens e Serviços (IBS)**, de competência compartilhada dos Estados, Distrito Federal e Municípios (art. 156-A); e a **Contribuição sobre Bens e Serviços (CBS)**, de competência da União (art. 195, V). O primeiro tem natureza de imposto e o segundo natureza de contribuição da seguridade social.

O IBS substituirá futuramente o Imposto sobre a Circulação sobre Mercadorias e Serviços (ICMS) e o Imposto sobre Serviços (ISS), que serão extintos no fim do período de transição. Já a CBS substituirá as contribuições sociais PIS e COFINS – que serão extintas – e provocará um remodelamento do Imposto sobre Produtos Industrializados (IPI), que passará a ter alíquota zero a partir de 2027, exceto em relação aos produtos que tenham industrialização incentivada na Zona Franca de Manaus.

A instituição desses dois novos tributos teve como objetivos principais a *simplificação* da estrutura tributária, por meio da unificação de tributos incidentes sobre o consumo de bens e serviços (ICMS, ISS, IPI, PIS e COFINS), adotando-se uma *base de incidência ampla* sobre importações e operações internas com bens e serviços materiais ou imateriais, inclusive direitos, e a possibilidade de *pleno creditamento* do tributo pago em cada etapa, conferindo efetividade ao princípio da *não cumulatividade tributária*, mediante a adoção do modelo do "IVA Dual" incidente no destino, padrão já adotado por dezenas de países, a fim de reduzir o "efeito cascata" da tributação, conferir mais *transparência* e *justiça fiscal*, e *reduzir a guerra fiscal* entre os estados e entre os municípios.

Esses novos tributos incidem simultaneamente na mesma operação e possuem o mesmo fato gerador e todos os demais elementos tributários, inclusive a hipótese de incidência, o sujeito passivo, os aspectos temporais e territoriais, hipóteses de não incidência e imunidades, regimes específicos, diferenciados ou favorecidos, regras de não cumulatividade e creditamento, bem como a base de cálculo e alíquota única (repartida entre os entes competentes), regulamentados pela mesma lei complementar (art. 149-B, CF/88).

A única distinção significativa que possuem é a sua qualificação tributária (ou natureza jurídica), sendo um deles um *imposto* e o outro uma *contribuição da seguridade social*.

Algumas características específicas do IBS e da CBS merecem destaque, uma vez que estas os diferenciam dos demais tributos hoje existentes no sistema tributário nacional brasileiro, quais sejam: base ampla de incidência; tributação no destino; IVA Dual e não cumulatividade plena;

480 | CURSO DE DIREITO TRIBUTÁRIO BRASILEIRO – *Marcus Abraham*

legislação uniforme; cobrança "por fora"; alíquota padrão e isenções; aproveitamento dos créditos; desoneração das exportações e dos investimentos; sistema de devolução de tributos por *cashback*.

Tais elementos encontram-se essencialmente expressos na Constituição Federal, no novo artigo 156-A (que trata do IBS) e no inciso V do art. 195 quanto à CBS.[3] Por sua vez, a similitude de regras do IBS e da CBS encontra-se expressamente determinada no artigo 149-B da CF/88.

A **base de incidência é ampla**, recaindo sobre o *consumo de bens e serviços*, o que engloba todas as operações com bens materiais ou imateriais, inclusive direitos, ou com serviços. Incidirá também sobre a importação de bens materiais ou imateriais, inclusive direitos, ou de serviços realizada por pessoa física ou jurídica, ainda que não seja sujeito passivo habitual do imposto, qualquer que seja a sua finalidade, mas não incidirá sobre as exportações (assegurando-se ao exportador o aproveitamento dos créditos), nem sobre as prestações de serviço de comunicação nas modalidades de radiodifusão sonora e de sons e imagens de recepção livre e gratuita.

A estrutura de **IVA Dual** adotada na reforma tributária na instituição do IBS e da CBS segue o modelo internacional de IVA (Imposto sobre Valor Agregado) compartilhado, que já é utilizado em dezenas de países. Nesse modelo, o tributo incidirá para cada contribuinte uma única vez em cada etapa da cadeia econômica de que ele participar (produção, comercialização ou prestação de serviços), de forma não cumulativa, sendo cobrado apenas sob o montante que foi por este agregado ou acrescentado, uma vez que o valor pago na etapa anterior será abatido do que for devido. Outra característica típica do IVA (seja o regular, seja o dual) é que o tributo é *calculado "por fora"*, não integrando a sua própria base de cálculo, sendo possível ao contribuinte e ao consumidor conhecerem imediatamente o valor do tributo no documento fiscal emitido (nota fiscal).

Assim, o IBS e a CBS serão **calculados "por fora"**, não integrando suas próprias bases de cálculo, nem a do Imposto Seletivo (IS), PIS, COFINS e COFINS-Importação, porém comporão as bases do IPI, ISS e ICMS (inc. IX, art. 156-A, CF/88). Essa sistemática permitirá que o valor desses tributos, sempre que possível, possa ser identificado de forma específica pelos contribuintes e consumidores de forma clara no documento ou nota fiscal (inc. XIII, art. 156-A, CF/88).

O sistema de **não cumulatividade plena** do IBS e da CBS decorre do próprio modelo de IVA antes explicado. O inciso VIII do art. 156-A CF/88 (e § 16, art. 195) estabelece expressamente que será não cumulativo, compensando-se o imposto devido pelo contribuinte com o montante cobrado sobre todas as operações nas quais seja adquirente de bem material ou imaterial, inclusive direito, ou de serviço, excetuadas exclusivamente as consideradas de uso ou consumo pessoal especificadas em lei complementar e as hipóteses previstas na Constituição. Assim, o contribuinte poderá compensar o tributo cobrado em todas as aquisições por ele feitas, salvo aquelas que forem consideradas de uso pessoal.

A **desoneração das exportações** prevista no inciso III do art. 156-A da CF/88 estabelece que o IBS e a CBS não incidirão sobre as exportações, ficando assegurados ao exportador a manutenção e o aproveitamento dos créditos relativos às operações nas quais seja adquirente de bem material ou imaterial, inclusive direitos, ou serviço.

O IBS e a CBS possuirão **legislação única** em todo o território nacional, conferindo uniformidade para as suas regras, exceto quanto às alíquotas, as quais serão fixadas por cada ente (Estados, Distrito Federal e Municípios) por meio de lei específica (inc. IV e V, art. 156-A, CF/88).[4]

---

[3] O § 16 do art. 195 da CF/88 faz remissão às regras do IBS para complementação da sua disciplina.

[4] Sobre a unificação da legislação, algumas vozes críticas já se levantaram na doutrina declarando que isto violaria o pacto federativo e a autonomia de Estados, DF e Municípios, já que haveria concentração do poder de definir os demais elementos do tributo IBS nas mãos da União, via Congresso Nacional.

O modelo de **tributação no destino** é adotado para a cobrança do IBS e da CBS, por meio do somatório das alíquotas do Estado e do Município de destino da operação, ou seja, onde o consumidor dos bens ou serviços estiver localizado (inc. VII, art. 156-A, CF/88). Essa metodologia de tributação no destino, ao deslocar a cobrança dos tributos da origem produtiva para o local do consumo, favorece o fim da guerra fiscal entre Estados e entre Municípios e a redução das desigualdades regionais.

A **alíquota "padrão"** do IBS e da CBS, fixada por lei específica pelo ente federativo competente, deverá ser a mesma para todas as operações com bens materiais ou imateriais, inclusive direitos, ou com serviços, ressalvadas as hipóteses previstas na Constituição (inc. VI, art. 156-A, CF/88). Ambos os tributos serão cobrados pela soma das alíquotas[5] da União, do Estado e do Município de destino. E nos casos em que o ente federativo não estabelecer alíquota própria, resolução do Senado Federal fixará a alíquota de referência para cada esfera federativa, nos termos de lei complementar.

Por força da Lei Complementar nº 214/2025, regulamentadora da EC nº 132/2023, haverá **redução de 60% das alíquotas de IBS e CBS** (desde que observadas as definições e demais disposições do Capítulo da LC nº 214/2025 sobre a redução em 60% das alíquotas do IBS e da CBS) incidentes sobre operações com: I - serviços de educação; II - serviços de saúde; III - dispositivos médicos; IV - dispositivos de acessibilidade próprios para pessoas com deficiência; V - medicamentos; VI - alimentos destinados ao consumo humano; VII - produtos de higiene pessoal e limpeza majoritariamente consumidos por famílias de baixa renda; VIII - produtos agropecuários, aquícolas, pesqueiros, florestais e extrativistas vegetais *in natura*; IX - insumos agropecuários e aquícolas; X - produções nacionais artísticas, culturais, de eventos, jornalísticas e audiovisuais; XI - comunicação institucional; XII - atividades desportivas; e XIII - bens e serviços relacionados à soberania e à segurança nacional, à segurança da informação e à segurança cibernética (art. 128).

Também as operações relacionadas a projetos de reabilitação urbana de zonas históricas e de áreas críticas de recuperação e reconversão urbanística dos Municípios ou do Distrito Federal, a serem delimitadas por lei municipal ou distrital, têm redução de 60% da alíquota, sendo de 80% a redução na hipótese de locação de imóveis situados nas zonas reabilitadas, pelo prazo de 5 anos (art. 158). Por sua vez, as alíquotas de IBS e CBS no regime específico de planos de assistência à saúde são nacionalmente uniformes e correspondem às alíquotas de referência de cada esfera federativa, reduzidas em 60% (art. 237).

As atividades de prestação de serviços de profissão intelectual, de natureza científica, literária ou artística, desde que sejam submetidas a fiscalização por conselho profissional, terão as suas operações beneficiadas com **redução de 30% (trinta por cento) das alíquotas do IBS e da CBS** (art. 127, LC nº 214/2025). Também os planos de assistência à saúde de animais domésticos terão alíquotas nacionalmente uniformes e corresponderão à soma das alíquotas de referência de cada esfera federativa, reduzidas em 30% (art. 243, LC nº 214/2025).

Por sua vez, desde que observadas as definições e demais disposições do Capítulo da LC nº 214/2025 sobre a redução a zero das alíquotas do IBS e da CBS, haverá **redução em 100% das alíquotas (alíquota zero)** incidentes sobre operações com os seguintes bens e serviços: I - dispositivos médicos; II - dispositivos de acessibilidade próprios para pessoas com deficiência; III - medicamentos; IV - produtos de cuidados básicos à saúde menstrual; V - produtos hortícolas, frutas e ovos; VI - automóveis de passageiros adquiridos por pessoas com deficiência ou

---

[5]   Segundo cálculos do Ministério da Fazenda, a estimativa de alíquota total deverá ser em torno de 27,5%.

482 | CURSO DE DIREITO TRIBUTÁRIO BRASILEIRO – *Marcus Abraham*

com transtorno do espectro autista; VII - automóveis de passageiros adquiridos por motoristas profissionais que destinem o automóvel à utilização na categoria de aluguel (táxi); e VIII - serviços prestados por Instituição Científica, Tecnológica e de Inovação (ICT) sem fins lucrativos (art. 143), bem como **reduzida a zero** a alíquota da CBS para serviços de educação de ensino superior nos termos do Programa Universidade para Todos –Prouni (art. 308).

Por último, fica **isento do IBS e da CBS** o fornecimento de serviços de transporte público coletivo de passageiros rodoviário e metroviário de caráter urbano, semiurbano e metropolitano, sob regime de autorização, permissão ou concessão pública (art. 157, *caput*).

Serão **reduzidas a zero as alíquotas do IBS e da CBS** dos produtos destinados a alimentação humana que comporão a **Cesta Básica Nacional de Alimentos**, considerando a diversidade regional e cultural de alimentação no país (art. 9º da EC nº 132/2023 e art. 125 da LC nº 214/2025).

Como regra geral, não serão concedidos incentivos, benefícios fiscais ou regimes especiais, exceto aqueles previstos na Constituição Federal de 1988.

A lei complementar que regulamenta a EC nº 132/23 (LC nº 214/25) também dispõe sobre **regimes específicos de tributação** – em que o modelo de apuração difere da regra geral, não significando necessariamente regime mais benéfico – para as seguintes hipóteses: combustíveis e lubrificantes que terão regime monofásico de tributação; serviços financeiros; operações com bens imóveis; planos de assistência à saúde; concursos de prognósticos; sociedades cooperativas; serviços de hotelaria; parques de diversão e parques temáticos; agências de viagens e turismo; bares e restaurantes; atividade esportiva desenvolvida por Sociedade Anônima do Futebol; aviação regional; operações alcançadas por tratados ou convenções internacionais, a exemplo de missões diplomáticas, organismos internacionais e funcionários acreditados; serviços de transporte coletivo de passageiros rodoviário intermunicipal e interestadual, ferroviário e hidroviário (Título V: dos regimes específicos do IBS e da CBS).

Ademais, foi criado o **Fundo de Compensação de Benefícios Fiscais** ou Financeiros--Fiscais do ICMS, visando compensar ao longo de 2029 a 2032 as pessoas jurídicas beneficiárias de isenções, incentivos ou benefícios fiscais concedidos por prazo certo e sob condição. Os recursos do Fundo serão utilizados para compensar a redução do nível de benefícios onerosos do ICMS suportada pelas pessoas jurídicas em razão da substituição do ICMS pelo IBS. Essa compensação somente se aplica aos titulares de benefícios onerosos do ICMS regularmente concedidos até 31 de maio de 2023 que tenham sido registrados e depositados conforme regras da Lei Complementar nº 160/2017 e que tenham cumprido tempestivamente as condições exigidas pela norma concessiva do benefício. Entretanto, a referida compensação não se aplica aos titulares de benefícios decorrentes do disposto no art. 3º, § 2º-A, da Lei Complementar nº 160/2017.

Será possível o **ressarcimento de créditos tributários** acumulados dos tributos que serão extintos. O saldo dos créditos de PIS e COFINS poderá ser compensado com a CBS ou compensado com outros tributos federais ou ressarcido em dinheiro. O saldo dos créditos homologados de ICMS será compensado com o IBS em até 240 parcelas (modalidade de pagamento), com correção monetária, a partir de 2033, conforme lei complementar. Será assegurada também a possibilidade de transferência dos saldos credores a terceiros e ressarcimento caso não seja possível a compensação com o IBS.

É mantido o tratamento especial e favorecido para pequenas e microempresas pelo **SIMPLES Nacional quanto ao IBS e a CBS**. Ou seja, as empresas enquadradas no SIMPLES passam ainda a ter a opção de apurar e recolher IBS e CBS segundo as regras do SIMPLES, caso em que poderão transferir créditos correspondentes ao que foi recolhido neste regime ou apurar

Parte V · Cap. 19 · REFORMA TRIBUTÁRIA SOBRE O CONSUMO (EC Nº 132/2023)

e recolher IBS e CBS pelo regime normal de apuração, podendo apropriar e transferir créditos integralmente, mantendo-se no SIMPLES em relação aos demais tributos.

Igualmente foi mantido o tratamento favorecido à **Zona Franca de Manaus**, no que se refere aos bens produzidos na região, que poderá ser implementado por meio de alteração das alíquotas e das regras de creditamento do IBS e CBS ou ampliação da incidência do Imposto Seletivo para alcançar os bens lá produzidos. Ademais, a Reforma cria o Fundo de Sustentabilidade e Diversificação Econômica do Estado do Amazonas, financiado pela União, para fomentar o desenvolvimento e a diversificação de suas atividades econômicas.

Importante inovação trazida na EC nº 132/2023 (inciso VIII, § 5º, art. 156-A, CF/88) foi a instituição da **devolução do IBS e da CBS** para as pessoas físicas de baixa renda, com o objetivo de reduzir as desigualdades de renda, mecanismo que ficou conhecido como *cashback*. Os limites e os beneficiários da restituição desses tributos serão definidos em lei complementar (a atual Lei Complementar nº 214/2025).[6]

Para a administração e distribuição dos recursos arrecadados do IBS é criado o **Comitê Gestor do Imposto sobre Bens e Serviços**, entidade pública sob regime especial, composto por 27 (vinte e sete) representantes dos Estados e Distrito Federal e 27 (vinte e sete) representantes dos Municípios. Por sua vez, a arrecadação e gestão da CBS ficará a cargo da União, por meio do órgão federal de administração tributária (Secretaria da Receita Federal do Brasil) e respectiva representação judicial (Procuradoria-Geral da Fazenda Nacional).

O Comitê Gestor do IBS terá funções administrativas de natureza tributária, dentre as quais regulamentar e uniformizar a interpretação e aplicação da legislação, arrecadar o imposto, efetuar as compensações e distribuir o produto da arrecadação entre Estados, Distrito Federal e Municípios, e também decidir o contencioso administrativo. Já a fiscalização, o lançamento, a cobrança, a representação administrativa e a representação judicial relativos ao IBS serão realizados, no âmbito de suas respectivas competências, pelas administrações tributárias e procuradorias dos Estados, do Distrito Federal e dos Municípios. Esse comitê, a administração tributária da União e a Procuradoria-Geral da Fazenda Nacional compartilharão informações fiscais relacionadas ao IBS e ao CBS, e atuarão com vistas a harmonizar normas, interpretações, obrigações acessórias e procedimentos a eles relativos.

19.5. IMPOSTO SELETIVO

Outra relevante modificação feita pela Emenda Constitucional nº 132/2023 ao nosso sistema tributário foi a atribuição de competência à União, por meio de lei complementar, para instituir um novo imposto federal (inciso VIII do art. 153) de natureza extrafiscal, conhecido como **Imposto Seletivo (IS)**, que incidirá sobre a produção, extração, comercialização ou importação de bens e serviços prejudiciais à saúde ou ao meio ambiente.[7]

---

6   A Lei Complementar nº 214/2025 estabelece as regras do *cashback* nos arts. 112 a 124. Apenas a título de exemplo, a lei prevê, em seu art. 113, que os beneficiários precisarão observar, cumulativamente, os seguintes requisitos: I – possuir renda familiar mensal *per capita* de até meio salário-mínimo nacional; II – ser residente no território nacional; e III – possuir inscrição em situação regular no CPF.

7   LC nº 214/2025. Art. 409. Fica instituído o Imposto Seletivo, de que trata o inciso VIII do art. 153 da Constituição Federal, incidente sobre a produção, extração, comercialização ou importação de bens e serviços prejudiciais à saúde ou ao meio ambiente. § 1º Para fins de incidência do Imposto Seletivo, consideram-se prejudiciais à saúde ou ao meio ambiente os bens classificados nos códigos da NCM/SH e o carvão mineral, e os serviços listados no Anexo XVII, referentes a: I – veículos; II – embarcações e aeronaves; III – pro-

Sua finalidade extrafiscal é desestimular atividades e consumo de produtos que sejam nocivos à saúde ou que tragam danos ecológicos, tais como cigarros e bebidas alcoólicas.

O Imposto Seletivo terá as seguintes características (§ 6º, art. 153, CF/88): a) não incidirá sobre as exportações nem sobre as operações com energia elétrica e com telecomunicações; b) será monofásico, incidindo uma única vez sobre o bem ou serviço; c) calculado "por fora", não integrando a sua própria base de cálculo, mas integrará a base de cálculo do ICMS, ISS, IBS e CBS; d) poderá ter o mesmo fato gerador e base de cálculo de outros tributos; e) terá suas alíquotas fixadas em lei ordinária, podendo ser específicas, por unidade de medida adotada, ou *ad valorem*; f) na extração, o imposto será cobrado independentemente da destinação (inclusive exportação), caso em que a alíquota máxima corresponderá a 1% (um por cento) do valor de mercado do produto.

19.6. ALTERAÇÕES NO ITCMD, IPVA, IPTU E COSIP

A reforma tributária da EC nº 132/2023, embora tenha tido como objeto principal a tributação sobre o consumo, fez também alterações pontuais em alguns tributos estaduais e municipais.

O **Imposto sobre a Transmissão Causa Mortis e Doação (ITCMD)**, previsto no art. 155, inciso II da CF/88, passa a ser *progressivo* em razão do valor do quinhão, legado ou doação (com alíquotas máximas fixadas por resolução do Senado Federal).

Sobre os bens imóveis e direitos, o ITCMD continua sendo devido ao Estado da situação do bem, ou ao Distrito Federal, porém, quanto a bens móveis, títulos e créditos, esse imposto passa a competir ao Estado onde era domiciliado o *de cujus*, ou tiver domicílio o doador, ou ao Distrito Federal. Passa a ser permitido cobrar imposto sobre heranças e doações nas hipóteses em que o doador tiver domicílio ou residência no exterior e em que o *de cujus* possuía bens, era residente ou domiciliado ou teve o seu inventário processado no exterior (art. 16 da EC nº 132/2023).

Entretanto, o ITCMD não incidirá sobre as transmissões e as doações para as instituições sem fins lucrativos com finalidade de relevância pública e social, inclusive as organizações assistenciais e beneficentes de entidades religiosas e institutos científicos e tecnológicos, e por elas realizadas na consecução dos seus objetivos sociais, observadas as condições estabelecidas em lei complementar.

O **Imposto sobre a Propriedade de Veículos Automotores (IPVA)**, previsto no art. 155, inciso III da CF/88, passa a poder ter alíquotas diferenciadas em função do tipo, do valor, da utilização e do impacto ambiental, bem como poderá incidir sobre a propriedade de veículos automotores terrestres, aquáticos e aéreos, excetuados: a) aeronaves agrícolas e de operador certificado para prestar serviços aéreos a terceiros; b) embarcações de pessoa jurídica que detenha outorga para prestar serviços de transporte aquaviário ou de pessoa física ou jurídica que pratique pesca industrial, artesanal, científica ou de subsistência; c) plataformas suscetíveis de se locomoverem na água por meios próprios, inclusive aquelas cuja finalidade principal seja a exploração de atividades econômicas em águas territoriais e na zona econômica exclusiva e embarcações que tenham essa mesma finalidade principal; d) tratores e máquinas agrícolas.

---

dutos fumígenos; IV – bebidas alcoólicas; V – bebidas açucaradas; VI – bens minerais; VII – concursos de prognósticos e *fantasy sport*. § 2º Os bens a que se referem os incisos III e IV do § 1º estão sujeitos ao Imposto Seletivo quando acondicionados em embalagem primária, assim entendida aquela em contato direto com o produto e destinada ao consumidor final.

Sobre o **Imposto Predial e Territorial Urbano (IPTU)**, previsto no art. 156, inciso III da CF/88, a EC nº 132/2023 autorizou que este tenha a sua base de cálculo *atualizada* por ato do Poder Executivo (em regra, um Decreto do Prefeito), conforme critérios estabelecidos em lei municipal.

Por sua vez, a **Contribuição de Iluminação Pública (COSIP)**, prevista no art. 149-A da CF88, de competência dos Municípios e do Distrito Federal, passa a poder custear não apenas o serviço de iluminação pública, mas também a sua a expansão e melhoria, bem como também custear os sistemas de monitoramento para segurança e preservação de logradouros públicos.

19.7. REGULAMENTAÇÃO DA REFORMA TRIBUTÁRIA POR LEI COMPLEMENTAR

Inúmeros temas da reforma tributária necessitam ser disciplinados por lei complementar para começarem a produzir efeitos, normas a serem criadas antes do início do período de transição estabelecido na EC nº 132/2023, sob pena de inviabilizar as alterações propostas.

A regulamentação por lei complementar (espécie normativa de quórum qualificado) decorre não apenas do próprio texto da reforma tributária, que remete expressamente a essa espécie normativa a regulamentação dos diversos assuntos por ela tratados, mas também em respeito à previsão constante do art. 146, III, da CF/88, que exige lei complementar para dispor sobre normas gerais em matéria tributária.

Nesse sentido, foi estabelecido que o Poder Executivo deveria encaminhar ao Congresso Nacional,[8] em até 180 (cento e oitenta) dias após a promulgação da Emenda Constitucional, os projetos de lei complementar por ela referidos, e o Poder Legislativo precisaria aprová-los até o final do ano de 2025, devendo estar sancionada e publicada até antes do início de 2026, quando ocorrerá a primeira etapa da fase de transição da reforma tributária. Por isso, em 16 de janeiro de 2025, a Lei Complementar nº 214/2025, principal lei complementar regulamentadora da Reforma Tributária, foi publicada.

Entre os assuntos mais relevantes que dependem de lei complementar, destacamos os novos tributos criados (IBS, CBS e Imposto Seletivo), o funcionamento do Comitê Gestor do IBS e as regras de distribuição dos valores arrecadados para os entes federativos, os regimes específicos e favorecidos de tributação, os modos de devolução do IBS e CBS pagos (*cashback*), os novos fundos de desenvolvimento, utilização e compensação dos créditos tributários (inclusive presumido), composição da nova cesta básica, novas regras do ITCMD etc.

19.8. TRANSIÇÃO DA REFORMA TRIBUTÁRIA

Além da dependência de lei complementar, as novas regras introduzidas pela reforma tributária terão de passar por uma **fase de transição tributária** que se dará em algumas etapas, período em que teremos as novas regras vigendo simultaneamente com o atual sistema.

Esse período de transição se faz necessário para a substituição gradual dos tributos e implementação do novo modelo tributário, a calibragem de alíquotas para que se possa manter o

---

[8]   Para além da reforma tributária aprovada, a EC n. 132/2023 também estabeleceu que o Poder Executivo deverá encaminhar ao Legislativo, em até 90 (noventa) dias após a promulgação da Emenda Constitucional, projeto de lei que reforme a tributação da renda, acompanhado das correspondentes estimativas e estudos de impactos orçamentários e financeiros, bem como projeto de lei que reforme a tributação da folha de salários.

mesmo nível de arrecadação, e para que a economia e o mercado adaptem os preços de bens e serviços já com a incidência dos novos tributos, assim como para que se possa garantir a segurança jurídica dos investimentos que levaram em conta incentivos fiscais e regimes diferenciados do sistema tributário atual.

Na realidade, teremos dois tipos de transição: i) *de natureza tributária*: de 7 (sete) anos, que se inicia em 2026 e vai até 2033, que atinge os contribuintes e envolve a implementação do novo modelo de tributação, com a gradual incidência do IBS, CBS e do Imposto Seletivo em substituição ao ICMS, ISS, IPI, PIS e COFINS; ii) *de natureza financeira*: de 50 (cinquenta) anos, que se inicia em 2029 e vai até 2077, que se refere a repartição dos recursos arrecadados e respectiva distribuição aos Estados e Municípios, e que afeta apenas estes entes federativos.

O período de transição encontra-se disciplinado nos novos artigos 125 a 133 do Ato das Disposições Constitucionais Transitórias, que foram inseridos pela EC nº 132/2023.

Os anos de **2024** e **2025** servirão para elaboração das leis complementares que regulamentam o IBS e a CBS, o Comitê Gestor do IBS, o Fundo de Desenvolvimento Regional, o Imposto Seletivo etc. Nesse biênio, também deverá ser desenvolvido o novo sistema de cobrança do IBS e CBS.

Em **2026**, considerado como "ano-teste" para os novos tributos, inicia-se a cobrança do IBS com alíquota de 0,1% (um décimo por cento) e da CBS com alíquota de 0,9% (nove décimos por cento), ambos compensáveis com PIS e COFINS (ou outro tributo federal) ou ressarcidos mediante requerimento. Nesse período, os valores arrecadados de IBS serão utilizados para o financiamento do Comitê Gestor do Imposto sobre Bens e Serviços e para compor o Fundo de Compensação de Benefícios Fiscais ou Financeiro-Fiscais.

A partir de **2027**, passa a ser cobrada o Imposto Seletivo, e o PIS e a COFINS serão extintos, em seus lugares passando a ser cobrado de forma efetiva a CBS, com alíquota cheia, reduzida de 0,1%. O IBS passa a ser cobrada à alíquota estadual de 0,05% (cinco centésimos por cento) e à alíquota municipal de 0,05% (cinco centésimos por cento). Já o IPI terá suas alíquotas reduzidas a zero, exceto em relação aos produtos que tenham industrialização incentivada na Zona Franca de Manaus. Essa fase vai até o fim do ano de 2028.

De **2029** até **2032,** ocorrerá a transição do ICMS e do ISS para o IBS, com a redução gradual das alíquotas do ICMS e do ISS e o aumento gradual da alíquota do IBS, de acordo com os seguintes percentuais: 10% em 2029, 20% em 2030, 30% em 2031, 40% em 2032. Nesse período, os benefícios ou os incentivos fiscais ou financeiros relativos ao ICMS e ISS serão reduzidos na mesma proporção.

No ano de **2033**, o ICMS e o ISS serão extintos e o novo modelo de tributação implementado pela reforma tributária passa a viger de forma plena.

Ao longo do período de transição, resoluções do Senado Federal irão estabelecer as alíquotas de referência dos tributos, que serão adotadas automaticamente pela União, pelos Estados e pelos Municípios. As alíquotas de referência serão fixadas de forma a compensar a redução de receita do PIS e da COFINS, no caso da União, do ICMS, no caso dos Estados, e do ISS, no caso dos Municípios. Na forma definida em lei complementar, as alíquotas de referência serão revisadas anualmente, durante o período de transição, visando à manutenção da carga tributária.

19.9. PACTO FEDERATIVO NA REFORMA TRIBUTÁRIA

Além dos aspectos tributários vistos nos capítulos anteriores, a reforma tributária sobre o consumo introduzida pela EC nº 132/2023 possui outro importante lado, que é o financeiro, que envolve a repartição e destinação dos recursos arrecadados para o cumprimento de suas atribuições e os seus efeitos em nosso pacto federativo, expressão que representa a relação política e financeira entre as diferentes esferas federativas (União, Estados, Distrito Federal e Municípios).

Boa parte do conjunto de regras do modelo fiscal introduzido pela Reforma Tributária é voltada para a redução das desigualdades regionais socioeconômicas e o aperfeiçoamento do equilíbrio político-financeiro entre os entes federativos, desenhadas para enfrentar as tensões decorrentes da multiplicidade de interesses e diferenças regionais de natureza cultural, social e econômica.

O objetivo desta seção é, portanto, destacar algumas dessas regras e suas justificativas, que possuem relação com o pacto federativo quanto à distribuição financeira do produto arrecadado dos tributos para garantir o equilíbrio político-financeiro entre os entes e para a redução das desigualdades sociais.

Em primeiro lugar, vale destacar a escolha na adoção do modelo de "IVA Dual" (Imposto sobre Valor Agregado), por meio da instituição do Imposto sobre Bens e Serviços (IBS) de competência compartilhada dos Estados, Distrito Federal e Municípios (art. 156-A) e da Contribuição sobre Bens e Serviços (CBS) de competência da União (art. 195, V), dois tributos de esferas federativas distintas e com parcelas de arrecadação proporcionalmente distribuídas de forma automática e incondicional para os respectivos entes, mas que incidirão única e simultaneamente sobre o mesmo fato gerador, com regras idênticas, mediante a legislação, uniforme em todo o país.

Esse modelo "dual" (compartilhado), por si só, já revela claramente a preocupação do constituinte derivado com o pacto federativo, almejando o equilíbrio na arrecadação e repartição dos novos tributos e a garantia da autonomia dos entes federativos, ao estabelecer que cada estado e cada município poderá definir sua alíquota padrão do Imposto sobre Bens e Serviços (IBS).

Inclusive, a criação do Comitê Gestor do IBS, entidade responsável, dentre outras funções, pela administração e distribuição do produto do tributo arrecadado aos entes federativos, prevê a sua composição paritária, integrado por representantes dos Estados, Distrito Federal e dos Municípios, de caráter eminentemente técnico, que tomará as decisões por meio de regras preestabelecidas em lei complementar e aprovadas desde que haja maioria absoluta de votos.

O segundo aspecto que merece destaque é a adoção do modelo de tributação de bens e serviços no destino, por meio do qual a arrecadação da tributação deixará de se concentrar na origem (onde as grandes empresas, investidores e contribuintes já se encontram) e passará do local da produção para o local do consumo, beneficiando aqueles Estados e Municípios menos desenvolvidos, promovendo a redistribuição de receitas e reduzindo as desigualdades regionais.

É induvidoso que nosso modelo tributário atual – de tributação na origem – só amplia e agrava ainda mais as nossas desigualdades regionais, por ocasionar a retenção do produto da arrecadação do tributo no próprio local da produção, retroalimentando uma engrenagem já bastante desgastada e disfuncional. Portanto, com a adesão do "princípio do destino" ao sistema de tributação brasileiro, o montante dos tributos pagos deixará de se acumular na origem produtiva e se deslocará para onde o consumidor se encontrar, ocasionando melhor distribuição de renda.

Outro relevante efeito positivo com a mudança do modelo de tributação na origem para o destino é o esperado fim da guerra fiscal e os malefícios causados por este deletério fenômeno, ao reduzir a disputa entre os entes federativos pela atração de novos investimentos e empreendimentos por meio da concessão de benefícios fiscais (desonerações tributárias). Além de se desconhecer quantitativamente se os efeitos da renúncia fiscal foram positivos e se compensaram a abdicação da arrecadação (eficácia econômica do incentivo fiscal), por uma visão una e

488 | CURSO DE DIREITO TRIBUTÁRIO BRASILEIRO – *Marcus Abraham*

global do país, a federação como um todo é que acaba por perder, não apenas pela desarmonia federativa, mas também pela privação dos recursos financeiros que foram renunciados.

Mais um aspecto interessante da reforma tributária é a forma com que ela está tratando a diversidade regional e cultural de alimentação do brasileiro, ao estabelecer que sejam reduzidas a zero as alíquotas do IBS e da CBS dos produtos destinados a alimentação humana que comporão a nova Cesta Básica Nacional de Alimentos, a ser definida em lei complementar, considerando as diferenças e particularidades dos hábitos e costumes alimentares em cada região do Brasil. Assim, o direito fundamental de alimentação saudável e nutricionalmente adequada do cidadão brasileiro será realizado em observância às diferenças regionais do país.

Também não podemos deixar de destacar a criação de dois importantes fundos: i) o *Fundo Nacional de Desenvolvimento Regional*, que terá o objetivo de reduzir as desigualdades regionais e sociais, mediante a entrega de recursos da União aos Estados e ao Distrito Federal para a realização de estudos, projetos e obras de infraestrutura; o fomento a atividades produtivas com elevado potencial de geração de emprego e renda, incluindo a concessão de subvenções econômicas e financeiras; e a promoção de ações com vistas ao desenvolvimento científico e tecnológico e à inovação; ii) o *Fundo de Sustentabilidade e Diversificação Econômica do Estado do Amazonas*, que será constituído com recursos da União e por ela gerido, com a efetiva participação do Estado do Amazonas na definição das políticas públicas, com o objetivo de fomentar o desenvolvimento e a diversificação das atividades econômicas no Estado.

A propósito, essa reforma tributária mantém o tratamento tributário favorecido aos bens produzidos na Zona Franca de Manaus (ZFM), pela utilização de instrumentos fiscais, econômicos ou financeiros, conforme o que dispuser lei complementar, que deverá estabelecer os mecanismos necessários, com ou sem contrapartidas, para manter, em caráter geral, o diferencial competitivo assegurado ao polo industrial amazonense e às áreas de livre comércio (ALCs) criadas para o desenvolvimento das cidades de fronteiras internacionais localizadas na Amazônia Ocidental e em Macapá e Santana (art. 92-B, ADCT).

Nas operações contratadas – compras governamentais – realizadas pela administração pública direta, por autarquias e por fundações públicas, inclusive suas importações, o produto da arrecadação do IBS e da CBS sobre elas incidentes será integralmente destinado ao ente federativo contratante, mediante redução a zero das alíquotas do imposto e da contribuição devidos aos demais entes e equivalente elevação da alíquota do tributo devido ao ente contratante.

Ademais, a reforma tributária mantém as partilhas e vinculações constitucionais existentes em relação a tributos que serão substituídos. Quanto à partilha do produto da arrecadação do IBS distribuído aos Estados, a parcela de receita pertencente aos Municípios será creditada conforme os seguintes critérios: I – 80% na proporção da população; II – 10% com base em indicadores de melhoria nos resultados de aprendizagem e de aumento da equidade, considerado o nível socioeconômico dos educandos, de acordo com o que dispuser lei estadual; III – 5% com base em indicadores de preservação ambiental, de acordo com o que dispuser lei estadual; IV – 5% em montantes iguais para todos os Municípios do Estado.

Por último, além do período de transição para a vigência e incidência dos novos tributos, existe também uma transição de natureza financeiro-federativa de quase 50 anos, que se inicia em 2029 e vai até 2077, referindo-se à repartição dos recursos arrecadados e respectiva distribuição aos Estados e Municípios, e que afeta apenas estes entes federativos (art. 131, ADCT). Criou-se, ainda, um período complementar que vai de 2078 até 2097 a consagrar uma espécie de "seguro-receita" de 5% do IBS (art. 132, ADCT) para compensar os entes com maior queda de participação no total da receita. Esse modelo de transição financeiro-federativa é necessário para suavizar o impacto da reforma tributária sobre a arrecadação dos Estados e Municípios cuja participação no total das receitas venha a ser reduzida em função da unificação do ICMS com o ISS pela criação do IBS e da adoção do princípio de destino.

Portanto, a presente reforma tributária, decorrente da EC nº 132/2023, busca conciliar a necessidade de modificação de nosso sistema tributário incidente sobre o consumo – caracterizado por ser excessivamente regressivo – com a descentralização de nosso modelo federativo, garantindo a manutenção das capacidades institucionais e da autonomia financeira e política dos entes subnacionais, na busca do desenvolvimento socioeconômico e da redução das desigualdades regionais.

BIBLIOGRAFIA

ABRAHAM, Marcus. *Curso de direito financeiro brasileiro*. 6. ed. Rio de Janeiro: Forense, 2020.

ABRAHAM, Marcus. *Common Law* e os precedentes vinculantes na jurisprudência tributária. *Revista Nomos*, v. 34, n. 1, jan./jun. 2014.

ABRAHAM, Marcus. *As emendas constitucionais tributárias e os vinte anos da Constituição Federal de 1988*. São Paulo: Quartier Latin, 2009.

ABRAHAM, Marcus. *O planejamento tributário e o direito privado*. São Paulo: Quartier Latin, 2007.

ABRAHAM, Marcus; PEREIRA, Vítor Pimentel. *Jurisprudência tributária vinculante*: teoria e precedentes. São Paulo: Quartier Latin, 2015.

ADAMS, Charles. *For good and evil*: the impact of taxes in the course of civilization. New York: Madison Books, 1993.

ALBALADEJO, Manuel. *Derecho civil I*: introducción y parte general. 15. ed. Barcelona: Bosch, 2002.

ALEXY, Robert. *Teoría de los derechos fundamentales*. Madrid: Centro de Estudios Políticos y Constitucionales, 2001.

ALEXY, Robert. Sistema Jurídico, Principios Jurídicos y Razón Práctica. *Doxa* – Cuadernos de Filosofía del Derecho, nº 5, 1988.

ALMEIDA, Fernanda Dias Menezes de. Federação. In: CANOTILHO, J. J. Gomes [et al.] (Org.). *Comentários à Constituição do Brasil*. São Paulo: Saraiva/Almedina, 2013.

ALVES, José Carlos Moreira. Conferência inaugural – XXIV Simpósio Nacional de Direito Tributário. In: MARTINS, Ives Gandra da Silva (Coord.). *Direitos fundamentais do contribuinte*. São Paulo: Revista dos Tribunais/Centro de Extensão Universitária, 2000.

AMARO, Luciano. *Direito tributário brasileiro*. 18. ed. São Paulo: Saraiva, 2012.

AMED, Fernando José; NEGREIROS, Plínio José Labriola de Campos. *História dos tributos no Brasil*. São Paulo: Sinafresp, 2000.

AMERICANO, Jorge. *Do abuso de direito no exercício da demanda*. 2. ed. São Paulo: Saraiva, 1932.

AMORIM FILHO, Agnelo. Critério científico para distinguir a prescrição da decadência e para identificar as ações imprescritíveis. *Revista de Direito Processual Civil*, São Paulo, v. 3, p. 95-132, jan./jun. 1961.

ANDRADE FILHO, Edmar Oliveira. Repetição do indébito tributário – um enfoque constitucional. In: ROCHA, Valdir de Oliveira (Coord.). *Problemas de processo judicial tributário*. São Paulo: Dialética, 2002.

ARAGÃO, Alexandre Santos de. *Curso de direito administrativo*. 2. ed. Rio de Janeiro: Forense, 2013.

ARENDT, Hannah. *The origins of totalitarianism*. New York: Harcourt Brace & Company, 1973.

ARISTÓTELES. *Ética a Nicômaco.* São Paulo: Martin Claret, 2002.

ARNAUT, Luiz. *Glossário da Revolução Francesa.* Faculdade de Filosofia e Ciências Humanas da Universidade de Minas Gerais, Depto. de História. Disponível em: http://www.fafich.ufmg.br/~luarnaut/rfglss.pdf. Acesso em: 01/12/2023.

ATALIBA, Geraldo. *Hipótese de incidência tributária.* 6. ed. São Paulo: Malheiros, 2009.

ATALIBA, Geraldo. Anterioridade da lei tributária, segurança do direito e iniciativa privada. *Revista de Direito Mercantil, Industrial, Econômico e Financeiro,* n. 50, 1983.

AVELINE, Paulo Vieira. Crimes materiais contra a ordem tributária (Lei nº 8.137/1990, art. 1º): lançamento definitivo como condição para a sua consumação: crítica aos fundamentos da decisão proferida no julgamento do *habeas corpus* nº 81.611-8/DF. *Revista AJUFERGS,* Porto Alegre, n. 4, nov. 2007.

ÁVILA, Humberto. As taxas e sua mensuração. *Revista Dialética de Direito Tributário,* São Paulo, n. 204, set. 2012.

ÁVILA, Humberto. *Segurança jurídica:* entre permanência, mudança e realização no Direito Tributário. São Paulo: Malheiros, 2011.

ÁVILA, Humberto. *Sistema constitucional tributário.* 4. ed. São Paulo: Saraiva, 2010.

ÁVILA, Humberto. *Teoria da igualdade tributária.* 2. ed. São Paulo: Malheiros, 2009.

ÁVILA, Humberto. Eficácia do novo Código Civil na legislação tributária. In: GRUPENMACHER, Betina (Coord.). *Direito tributário e o novo Código Civil.* São Paulo: Quartier Latin, 2004.

ÁVILA, Humberto. *Teoria dos princípios.* São Paulo: Malheiros, 2003.

ÁVILA, Humberto. O imposto de renda, a contribuição social sobre o lucro e os lucros auferidos no exterior In: ROCHA, Valdir de Oliveira (Org.). *Grandes questões atuais do direito tributário.* São Paulo: Dialética, 2003. v. 7.

ÁVILA, Humberto. Contribuições na Constituição Federal de 1988. In: MACHADO, Hugo de Brito (Coord.). *As contribuições no sistema tributário brasileiro.* São Paulo: Dialética, 2003.

BALEEIRO, Aliomar. *Direito tributário brasileiro.* Atualizada por Misabel Abreu Machado Derzi. 12. ed. Rio de Janeiro: Forense, 2013.

BALEEIRO, Aliomar. *Uma introdução à ciência das finanças.* 17. ed. Rio de Janeiro: Forense, 2010.

BALEEIRO, Aliomar. *Limitações constitucionais ao poder de tributar.* 7. ed. Atualizada por Misabel Derzi. Rio de Janeiro: Forense, 1997.

BARCELLOS, Ana Paula de. *A eficácia jurídica dos princípios constitucionais:* o princípio da dignidade da pessoa humana. Rio de Janeiro: Renovar, 2002.

BARCELLOS, Ana Paula de. O mínimo existencial e algumas fundamentações: John Rawls, Michael Walzer e Robert Alexy. In: TORRES, Ricardo Lobo (Org.). *Legitimação dos direitos humanos.* Rio de Janeiro: Renovar, 2002.

BARROSO, Luís Roberto. *Curso de direito constitucional contemporâneo:* os conceitos fundamentais e a construção do novo modelo. São Paulo: Saraiva, 2009.

BARROSO, Luís Roberto. Fundamentos teóricos e filosóficos do novo direito constitucional brasileiro: pós-modernidade, teoria crítica e pós-positivismo. In: *Temas de direito constitucional.* Tomo II. Renovar: Rio de Janeiro, 2003.

BARROSO, Luís Roberto. *Interpretação e aplicação da Constituição.* São Paulo: Saraiva, 2003.

BARROSO, Luís Roberto. *O direito constitucional e a efetividade de suas normas.* Rio de Janeiro: Renovar, 1990.

BARROSO, Luís Roberto; BARCELLOS, Ana Paula de. O começo da história. A nova interpretação constitucional e o papel dos princípios no direito brasileiro. *Revista Interesse Público*, Porto Alegre, ano 5, nº 19, 2003.

BASTOS, Celso Ribeiro. *Curso de direito financeiro e tributário*. 5. ed. São Paulo: Saraiva, 1997.

BAUDRILLARD, Jean. *Simulacros e simulação*. Lisboa: Relógio D'água. 1991.

BAUMAN, Zygmunt. *Globalização*: as consequências humanas. Trad. Marcus Penchel. Rio de Janeiro: Zahar, 1999.

BECKER, Alfredo Augusto. *Teoria geral do direito tributário*. 3. ed. São Paulo: Lejus, 1998.

BERLIRI, Antonio. *Principios de derecho tributario*. Madrid: Editorial de Derecho Financiero, 1971. v. II.

BERLIRI, Antonio. *Corso istituzionale di diritto tributario* apud FONROUGE, Carlos María Giuliani. *Conceitos de direito tributário*. Tradução da 2. ed. argentina. São Paulo: Lael, 1973.

BINENBOJM, Gustavo. *Uma teoria do direito administrativo*. Rio de Janeiro: Renovar, 2008.

BOBBIO, Norberto. *Da estrutura à função*: novos estudos de teoria do direito. Trad. Daniela Beccaria Versiani. Barueri: Manole, 2007.

BOBBIO, Norberto. *Teoria do ordenamento jurídico*. 9. ed. Brasília: UnB, 1997.

BOMFIM, Gilson. O redirecionamento da execução fiscal e o incidente de desconsideração da personalidade jurídica previsto pelo Novo Código de Processo Civil. In: BOMFIM, Gilson; DUARTE, Fernanda; MURAYAMA, Janssen (Org.). *A LEF e o novo CPC*: reflexões e tendências. Rio de Janeiro: Lumen Juris, 2016.

BONAVIDES, Paulo. *Curso de direito constitucional*. 13. ed. São Paulo: Malheiros, 2003.

BONAVIDES, Paulo. *Ciência política*. 10. ed. São Paulo: Malheiros, 1995.

BONAVIDES, Paulo. *Do Estado Liberal ao Estado Social*. São Paulo: Malheiros, 1996.

BORGES, Arnaldo. *O sujeito passivo da obrigação tributária*. São Paulo: Revista dos Tribunais, 1981.

BORGES, José Souto Maior. *Introdução ao direito financeiro*. São Paulo: Max Limonad, 1998.

BORGES, José Souto Maior. *Isenções tributárias*. 2. ed. São Paulo: Sugestões Literárias, 1980.

BORGES, José Souto Maior. Lançamento tributário. In: NOVELLI, Flávio Bauer (Coord.). *Tratado de direito tributário brasileiro*. Rio de Janeiro: Forense, 1981.

BOTELHO, Rodrigo Jacobina. Certidão negativa de débitos tributários – aspectos relevantes. In: ANTONELLI, Leonardo Pietro; GOMES, Marcus Lívio (Coord.). *Curso de direito tributário brasileiro*. Vol. IV. São Paulo: Almedina, 2016.

BOTELHO, Werther. *Da tributação e sua destinação*. Belo Horizonte: Del Rey, 1994.

BOULANGER, Jean. Principles généraux du droit et droit positif. In: *Le droit privé français au milieu du XXe. siècle*: études offertes à Georges Ripert. t. I. apud BONAVIDES, Paulo. *Curso de direito constitucional*. 13. ed. São Paulo: Malheiros, 2003.

BRASIL. Ministério da Fazenda. Secretaria do Tesouro Nacional. *Receitas públicas*: manual de procedimentos: aplicado à União, Estados, Distrito Federal e Municípios. Brasília: Secretaria do Tesouro Nacional, Coordenação-Geral de Contabilidade, 2004.

BRASIL. *Decretos do Governo Provisório da República dos Estados Unidos do Brazil*. Primeiro fascículo (de 1 a 31 de janeiro de 1891). Decreto nº 1232-H, de 2 de janeiro de 1891. Rio de Janeiro: Imprensa Nacional, 1891.

494 | CURSO DE DIREITO TRIBUTÁRIO BRASILEIRO – *Marcus Abraham*

BRITO, Edvaldo. Interpretação econômica da norma tributária e o planejamento fiscal. In: ROCHA, Valdir de Oliveira (Coord.). *O planejamento tributário e a Lei Complementar 104*. São Paulo: Dialética, 2002.

BRITO, Edvaldo. *Curso de direito tributário*. Belém: Cejup, 1993. v. 2.

BUCHANAN, James M. *The limits of liberty*. Chicago: The University of Chicago Press, 1975.

BUJANDA, Fernando Sainz de. *Hacienda y derecho*. Madrid: Instituto de Estudos Políticos, 1962. v. 1.

CALIENDO, Paulo. Comentários ao art. 150, In: CANOTILHO, J. J. Gomes [et al.] (Org.). *Comentários à Constituição do Brasil*. São Paulo: Saraiva/Almedina, 2013.

CAMPOS, Dejalma de. *Direito financeiro e orçamentário*. 3. ed. São Paulo: Atlas, 2005.

CANOTILHO, José Joaquim Gomes. *Direito constitucional*. 7. ed. Coimbra: Almedina, 2003.

CANTO, Gilberto de Ulhôa. *Causa das obrigações fiscais*. In: SANTOS, J. M. de Carvalho; DIAS, José de Aguiar (Coord.). *Repertório enciclopédico do direito brasileiro*. Rio de Janeiro: Borsoi, s.d. v. 8.

CARBONELL, Miguel; GIL, Rubén Sánchez ¿Qué es la constitucionalización del derecho? *Quid Iuris*, ano 6, v. 15, 2011.

CARPENA, Heloisa. *Abuso de direito nos contratos de consumo*. Rio de Janeiro: Renovar, 2001.

CARVALHO, Paulo de Barros. *Curso de direito tributário*. 27. ed. São Paulo: Saraiva, 2016.

CARVALHO, Paulo de Barros. *Direito tributário, linguagem e método*. 5. ed. São Paulo: Noeses, 2013.

CARVALHO, Paulo de Barros. IPI – Comentários sobre as regras Gerais de Interpretação da Tabela NBH/SH(TIPI/TAB). *Revista Dialética de Direito Tributário*, São Paulo, n. 12, 1996.

CASANOVA, Gustavo J. Naveira de. *Guía de estudio derecho tributario*: programa desarollado de la materia. 2. ed. Buenos Aires: Estudio, 2015.

CASSONE, Vittorio. *Interpretação no direito tributário*: teoria e prática. São Paulo: Atlas, 2004.

CASSONE, Vittorio. *Processo tributário*. 2. ed. São Paulo: Atlas, 2000.

CASTRO, Alexandre Barros. *Processo tributário*: teoria e prática. 3. ed. São Paulo: Saraiva, 2007.

CATARINO, João Ricardo. *Finanças públicas e direito financeiro*. 2. ed. Coimbra: Almedina, 2014.

CEZAROTI, Guilherme. Individualização das penalidades e aplicação do art. 49 do Código Penal: novos limites para a imposição de multas tributárias. *Revista Dialética de Direito Tributário*, nº 208, jan. 2013.

COÊLHO, Sacha Calmon Navarro. *Curso de direito tributário brasileiro*. 15. ed. Rio de Janeiro: Forense, 2016.

COÊLHO, Sacha Calmon Navarro. *Liminares e depósitos antes do lançamento por homologação – decadência e prescrição*. 2. ed. São Paulo: Dialética, 2002.

COÊLHO, Sacha Calmon Navarro. *Comentários à Constituição de 1988*: sistema tributário. 6. ed. Rio de Janeiro: Forense, 1996.

COÊLHO, Sacha Calmon Navarro; DERZI, Misabel Abreu Machado. A diferença jurídica entre taxa (tributos) e tarifa (preços), seja pública, privada ou política. *Revista Dialética de Direito Tributário*, n.194, 2011.

COÊLHO, Sacha Calmon Navarro; DERZI, Misabel Abreu Machado. Tributação pelo IRPJ e pela CSLL de lucros auferidos por empresas controladas ou coligadas no exterior. Inconstitucionalidade do art. 74 da Medida Provisória n. 2.158-35/01. *Revista Dialética de Direito Tributário*, São Paulo, n. 130, jul. 2006.

CONTI, José Mauricio. *Federalismo fiscal e fundos de participação*. São Paulo: Juarez de Oliveira, 2001.

CORREIA, Alexandre; SCIASCIA, Gaetano. *Manual de direito romano*. 5. ed. Estado da Guanabara: Freitas Bastos, 1969.

CORTI, Horacio. La constitucionalización del gasto público. *Lecciones y Ensayos*, n. 64, 1995.

COSTA, Regina Helena. *Curso de direito tributário*: Constituição e Código Tributário Nacional. 4. ed. São Paulo: Saraiva, 2014.

CRETELLA JR., José. *Curso de direito romano*. 20. ed. Rio de Janeiro: Forense, 1997.

CRETTON, Ricardo Aziz. *Os princípios da proporcionalidade e da razoabilidade e sua aplicação no direito tributário*. Rio de Janeiro: Lumen Juris, 2001.

DEL VECCHIO, Giorgio. *Lições de filosofia do direito*. 5. ed. Coimbra: Arménio Amado, 1979.

DEL VECCHIO, Giorgio. *Lições de filosofia do direito*. 4. ed. Coimbra: Arménio Amado, 1972. v. 2.

DEODATO, Alberto. *Manual de ciência das finanças*. 10. ed. São Paulo: Saraiva, 1967.

DERZI, Misabel Abreu Machado. Guerra fiscal, bolsa família e silêncio. *Revista Jurídica da Presidência*, Brasília, v. 16, n. 108, fev./maio 2014.

DERZI, Misabel Abreu Machado. Crédito tributário e lançamento. In: LEITE, Geilson Salomão (Coord.). *Extinção do crédito tributário*: homenagem ao Professor José Souto Maior Borges. Belo Horizonte: Fórum, 2013.

DERZI, Misabel Abreu Machado. Nota de atualização do comentário ao art. 183 do CTN. In: BALEEIRO, Aliomar. *Direito tributário brasileiro*. 12. ed. Atualizada por Misabel Derzi. Rio de Janeiro: Forense, 2013.

DERZI, Misabel Abreu Machado. Nota de atualização do comentário ao art. 202 do CTN. In: BALEEIRO, Aliomar. *Direito tributário brasileiro*. 12. ed. Atualizada por Misabel Derzi. Rio de Janeiro: Forense, 2013.

DERZI, Misabel Abreu Machado. Imunidade, isenção e não incidência. In: MARTINS, Ives Gandra da Silva; MARTINS, Rogério Gandra da Silva; NASCIMENTO, Carlos Valder (Coord.). *Tratado de direito tributário*. v. 2. São Paulo: Saraiva, 2011.

DERZI, Misabel Abreu Machado. Alguns aspectos ainda controvertidos relativos aos delitos contra a ordem tributária. In: MARTINS, Ives Gandra da Silva; BRITO, Edvaldo Pereira de (Org.). *Direito tributário*: direito penal tributário (Coleção Doutrinas Essenciais). v. VIII. São Paulo: RT, 2011.

DERZI, Misabel Abreu Machado. Praticidade. ICMS. Substituição tributária progressiva, "para frente". In: DERZI, Misabel Abreu Machado (Org.). *Construindo o direito tributário na Constituição*: uma análise da obra do Ministro Carlos Mário Velloso. Belo Horizonte: Del Rey, 2004.

DERZI, Misabel Abreu Machado. O conceito de Estado Democrático de Direito. In: BALEEIRO, Aliomar. *Limitações constitucionais ao poder de tributar*. 7. ed. Atualizada por Misabel Derzi. Rio de Janeiro: Forense, 1997.

DERZI, Misabel Abreu Machado. As finalidades extrafiscais do tributo. In: BALEEIRO, Aliomar. *Limitações constitucionais ao poder de tributar*. 7. ed. Atualizada por Misabel Derzi. Rio de Janeiro: Forense, 1997.

DERZI, Misabel Abreu Machado. Contribuições. *Revista de Direito Tributário*, São Paulo, Revista dos Tribunais, a. 13, n. 48, abr./jun. 1989.

DERZI, Misabel Abreu Machado. Tipo ou conceito no direito tributário? *Revista da Faculdade de Direito da UFMG*, Belo Horizonte, v. 31, n. 30-31, 1987/1988.

DERZI, Misabel Abreu Machado; MOREIRA, André Mendes. Tax reform and international tax norm transmission. Case study of Brazil: value-added taxes. In: DERZI, Misabel Abreu Machado (Coord.). *Separação de poderes e efetividade do sistema tributário*. Belo Horizonte: Del Rey, 2010.

DI PIETRO, Maria Sylvia Zanella. *Direito administrativo*. 25. ed. São Paulo: Atlas, 2012.

DIFINI, Luiz Felipe Silveira. *Manual de direito tributário*. 4. ed. São Paulo: Saraiva, 2008.

DIMOULIS, Dimitri. *Manual de introdução ao estudo do direito*. 4. ed. São Paulo: Revista dos Tribunais, 2011.

DINIZ, Maria Helena. *Curso de direito civil brasileiro*. 29. ed. São Paulo: Saraiva, 2012.

DINIZ, Maria Helena. *Compêndio de introdução à ciência do direito*. 5. ed. São Paulo: Saraiva, 1993.

DÓRIA, Antônio Roberto Sampaio. Decisão administrativa, efeitos e revogabilidade. In: BRITO, Edvaldo Pereira de; MARTINS, Ives Gandra da Silva (Org.). *Direito tributário*: direito processual administrativo e judicial. Coleção doutrinas essenciais. Volume VII. São Paulo: Revista dos Tribunais, 2011.

DÓRIA, Antônio Roberto Sampaio. *Direito constitucional tributário e o* due process of law. 2. ed. Rio de Janeiro: Forense, 1986.

DÓRIA, Antônio Roberto Sampaio. *Discriminação de rendas tributárias*. São Paulo: José Bushatsky, 1972.

DUPÂQUIER, Jacques; LACHIVER, Marcel. *Les temps modernes*. 4. ed. Paris: Bordas, 1970.

DWORKIN, Ronald. *Levando os direitos a sério*. Trad. Nelson Boeira. São Paulo: Martins Fontes, 2002.

DWORKIN, Ronald. *Taking rights seriously*. Cambridge: Massachusetts: Harvard University Press, 1978.

DWORKIN, Ronald. *The model of rules. University of Chicago Law Review*, vol. 35, issue 1, 1967.

ESPÍNDOLA, Ruy Samuel. *Conceito de princípios constitucionais*: elementos teóricos para uma formulação dogmática constitucionalmente adequada. 1. ed. 2. tir. São Paulo: Revista dos Tribunais, 1999.

FALCÃO, Amílcar de Araújo. *Fato gerador da obrigação tributária*. 6. ed. Rio de Janeiro: Forense, 1994.

FALCÃO, Amílcar de Araújo. *Introdução ao direito tributário*. 3. ed. Rio de Janeiro: Forense, 1987.

FANUCCHI, Fabio. *Curso de direito tributário*. 4. ed. São Paulo: Resenha Tributária, 1986.

FARIAS, Cristiano Chaves de; ROSENVALD, Nelson. *Curso de direito civil*. 10. ed. Salvador: JusPodivm, 2012. v. 1.

FAVEIRO, Vítor António Duarte. *O Estatuto do Contribuinte*: a pessoa do contribuinte no Estado Social de Direito. Coimbra: Coimbra Editora, 2002.

FAVOREU, Louis Joseph. La constitucionalización del derecho. *Revista de Derecho (Valdivia)*, año 2001, v. XII.

BIBLIOGRAFIA | **497**

FERRAZ JR., Tércio Sampaio. Guerra fiscal, fomento e incentivo na Constituição Federal. In: SCHOUERI, Luís Eduardo (Coord.). *Direito tributário:* estudos em homenagem a Brandão Machado. São Paulo: Dialética, 1998.

FERRAZ JR., Tércio Sampaio. Analogia; aspecto lógico-jurídico: analogia como argumento ou procedimento lógico. *Enciclopédia Saraiva de Direito.* v. 6. São Paulo: Saraiva, 1980.

FERREIRA, Sérgio Guimarães. Guerra fiscal ou corrida ao fundo do tacho? *INFORME – Boletim da Secretaria de Assuntos Fiscais do BNDES,* Rio de Janeiro, nº 4, jan. 2000.

FERREIRA FILHO, Manoel Gonçalves. *Curso de direito constitucional.* 28. ed. São Paulo: Saraiva, 2002.

FERREIRA FILHO, Manoel Gonçalves. *Direitos humanos fundamentais.* 5. ed. São Paulo: Saraiva, 2002.

FILIPPO, Luciano Gomes. Os reflexos do novo Código de Processo Civil nos embargos à execução fiscal. In: BOMFIM, Gilson; DUARTE, Fernanda; MURAYAMA, Janssen (Org.). *A LEF e o novo CPC:* reflexões e tendências. Rio de Janeiro: Lumen Juris, 2016.

FONROUGE, Carlos María Giuliani. *Derecho financiero.* 10. ed. Buenos Aires: La Ley, 2011. Tomo I.

FONROUGE, Carlos María Giuliani. *Derecho financiero.* 10. ed. Buenos Aires: La Ley, 2010. Tomo II.

FRANCA FILHO, Marcílio Toscano. Princípios da tributação internacional sobre a renda. *Revista de Informação Legislativa,* v. 35, n. 137, jan./mar. 1998.

GAGLIANO, Pablo Stolze; PAMPLONA FILHO, Rodolfo. *Novo curso de direito civil.* Vol. I – Parte Geral. 12. ed. São Paulo: Saraiva, 2010.

GALDINO, Flávio. *Introdução à teoria dos custos dos direitos:* direitos não nascem em árvores. Rio de Janeiro: Lumen Juris, 2005.

GAMA, Guilherme Calmon Nogueira da. *Direito civil:* obrigações. São Paulo: Atlas, 2008.

GASPARINI, Diógenes. *Direito administrativo.* 4. ed. São Paulo: Saraiva, 1995.

GEORGOPOULOS, Theodore. *Tax treaties and human/constitutional rights:* bridging the gap? Tax relief in a cosmopolitan context. Global Fellows Forum. Disponível em: http://www.law.nyu.edu/sites/default/files/upload_documents/gffgeorgopoulospaper.pdf. Acesso em: 01/12/2023.

GIANNINI, A. D. *Istituzioni di diritto tributario.* Milano: Giuffrè, 1972.

GODOY, Arnaldo Sampaio de Moraes. *História da tributação no período joanino* (Brasil – 1808-1821). Brasília: Esaf, 2008.

GOMES, Emerson Cesar da Silva. Fundamentos das transferências intergovernamentais. *Direito Público,* v. 1, nº 27, mai./jun. 2009.

GOMES, Marcus Lívio. Relatório do projeto de pesquisa coletiva "Base Erosion and Profit Shifting (BEPS)". In: GOMES, Marcus Lívio; SCHOUERI, Luís Eduardo (Coord). *A tributação internacional na era pós BEPS:* soluções globais e peculiaridades de países em desenvolvimento. v. 1. Rio de Janeiro: Lumen Juris, 2016.

GOMES, Orlando. *Contratos.* 6. ed. Rio de Janeiro: Forense, 1977.

GONÇALVES, Carlos Roberto. *Direito civil brasileiro.* 8. ed. São Paulo: Saraiva, 2010. v. 1.

GOUVÊA, Marcus de Freitas. Denúncia espontânea em direito tributário. In: BRITO, Edvaldo Pereira de; MARTINS, Ives Gandra da Silva (Org.). *Direito tributário:* direito processual administrativo e judicial. Coleção doutrinas essenciais. v. VII. São Paulo: Revista dos Tribunais, 2011.

GRAU, Eros Roberto. *Ensaio e discurso sobre a interpretação/aplicação do direito*. 2. ed. São Paulo: Malheiros, 2003.

GRAU, Eros Roberto. *A ordem econômica na Constituição de 1988*. 4. ed. São Paulo: Malheiros, 1998.

GRECO, Marco Aurélio. Solidariedade social e tributação. In: GRECO, Marco Aurélio; GODOI, Marciano Seabra de (Coord.). *Solidariedade social e tributação*. São Paulo: Dialética, 2005.

GRECO, Marco Aurélio. Solidariedade social e tributação. *Planejamento tributário*. São Paulo: Dialética, 2004.

GRECO, Marco Aurélio. Solidariedade social e tributação. O planejamento tributário e o novo Código Civil. In: BORGES, Eduardo de Carvalho (Coord.). *Impacto tributário do Novo Código Civil*. São Paulo: Quartier Latin, 2004.

GRECO, Marco Aurélio. Solidariedade social e tributação. Elisão tributária e seu contexto. In: Seminário Internacional sobre Elisão Fiscal, 2001, Brasília. *Anais do Seminário Internacional sobre Elisão Fiscal*. Brasília: ESAF, 2002.

GRECO, Marco Aurélio. Solidariedade social e tributação. *Contribuições*: uma figura *sui generis*. São Paulo: Dialética, 2000.

GUASTINI, Riccardo. La "constitucionalización" del ordenamiento jurídico: el caso italiano. In: CARBONELL, Miguel (Ed.). *Estudios de teoría constitucional*. México, D.F.: UNAM, 2001.

HARADA, Kiyoshi. *Direito financeiro e tributário*. 25. ed. São Paulo: Atlas, 2016.

HARADA, Kiyoshi. *ITBI*: doutrina e prática. São Paulo: Atlas, 2010.

HARTMANN, Rodolfo Kronemberg. Execução fiscal. In: ANTONELLI, Leonardo Pietro; GOMES, Marcus Lívio (Coord.). *Curso de direito tributário brasileiro*. Vol. IV. São Paulo: Almedina, 2016.

HENSEL, Albert. *Derecho tributario*. Traducción de Leandro Stok y Francisco M. B. Cejas. Rosario: Nova Tesis, 2004.

HENSEL, Albert. *Diritto tributario*. Trad. italiana da 3. ed. alemã de 1933. Milano: Giuffrè, 1956 apud BECKER, Alfredo Augusto. *Teoria geral do direito tributário*. 3. ed. São Paulo: Lejus, 1998.

HOLMES, Stephen; SUNSTEIN, Cass R. *The cost of rights*: why liberty depends on taxes. New York: W. W. Norton & Company, 1999.

HORVATH, Estevão. Direito financeiro *versus* direito tributário. Uma dicotomia desnecessária e contraproducente. In: HORVATH, Estevão; CONTI, José Maurício; SCAFF, Fernando Facury (Org.). *Direito financeiro, econômico e tributário*: estudos em homenagem a Regis Fernandes de Oliveira. São Paulo: Quartier Latin, 2014.

HORVATH, Estevão. *Lançamento tributário e "autolançamento"*. São Paulo: Dialética, 1997.

HUCK, Hermes Marcelo. *Evasão e elisão*: rotas nacionais e internacionais. São Paulo: Saraiva, 1997.

ICHIHARA, Yoshiaki. *Direito tributário*. Atualizado até EC 85/15 e LC 149/15. 19. ed. São Paulo: Atlas, 2015.

INGROSSO, Gustavo. *Istituzioni di diritto finanziario*, 3 v. 1935 apud DEODATO, Alberto *Manual de ciência das finanças*. 10. ed. São Paulo: Saraiva, 1967.

BIBLIOGRAFIA | **499**

JARACH, Dino. *El hecho imponible*: teoría general del derecho tributario sustantivo. 3. ed. Buenos Aires: Abeledo-Perrot, 2011.

JARACH, Dino. Aspectos da hipótese de incidência tributária. *Revista de Direito Público*, ano IV, n. 17, jul./set. 1971.

JARDIM, Eduardo Marcial Ferreira. Comentário ao art. 171, CTN. In: MARTINS, Ives Gandra da Silva (Coord.). *Comentários ao Código Tributário Nacional*. São Paulo: Saraiva, 1998. v. 2.

JUANO, Manoel de. *Tributación sobre el valor agregado*. Buenos Aires: Victor P. Zavalia, 1975 apud MEIRELLES, José Ricardo. *Impostos indiretos no Mercosul e integração*. São Paulo: LTr, 2000.

JUSTEN FILHO, Marçal. *Curso de direito administrativo*. São Paulo: Saraiva, 2005.

KELSEN, Hans. *Teoria geral do direito e do Estado*. Trad. Luís Carlos Borges. São Paulo: Martins Fontes, 2000.

KELSEN, Hans. *Teoria pura do direito*. 6. ed. São Paulo: Martins Fontes, 1998.

LAPATZA, José Juan Ferreiro. *Curso de derecho financiero español*: instituciones. 25. ed. Madrid: Marcial Pons, 2006.

LIMA, Renato Brasileiro de. *Curso de processo penal*. Niterói: Impetus, 2013.

LOPES, Mauro Luís Rocha. *Processo judicial tributário*: execução fiscal e ações tributárias. 8. ed. Niterói: Impetus, 2012.

LOPES, Mauro Luís Rocha. *Direito tributário brasileiro*. Niterói: Impetus, 2009.

LOSANO, Mario G. *Os grandes sistemas jurídicos*: introdução aos sistemas jurídicos europeus e extra-europeus. São Paulo: Martins Fontes, 2007.

LOTUFO, Renan. *Código Civil comentado*: parte geral. v. 1. São Paulo: Saraiva, 2003.

LUÑO, Antonio-Enrique Perez. *Derechos humanos, Estado de derecho y Constitución*. Madrid: Tecnos, 1999.

MACHADO, Brandão. *Princípios tributários no direito brasileiro e comparado*: estudos em homenagem a Gilberto de Ulhoa Canto. Rio de Janeiro: Forense, 1988.

MACHADO, Hugo de Brito. *Curso de direito tributário*. 34. ed. São Paulo: Malheiros, 2013.

MACHADO, Hugo de Brito. *Curso de direito tributário*. 31. ed. São Paulo: Malheiros, 2010.

MACHADO, Hugo de Brito. A denominada sanção premial no âmbito do direito tributário. *Interesse Público*, Belo Horizonte, Fórum, a. 12, n. 64, 2010.

MACHADO, Hugo de Brito. Planejamento tributário e crime fiscal na atividade do contabilista. In: PEIXOTO, Marcelo Magalhães (Coord.). *Planejamento tributário*. São Paulo: Quartier Latin, 2004.

MACHADO, Hugo de Brito. *Comentários ao Código Tributário Nacional*. São Paulo: Atlas, 2004. v. II.

MACHADO, Hugo de Brito. *Comentários ao Código Tributário Nacional*. Carlos Valder do Nascimento (Coord.). Rio de Janeiro: Forense, 1997.

MACHADO, Hugo de Brito. *Os princípios jurídicos da tributação na Constituição de 1988*. 3. ed. São Paulo: Revista dos Tribunais, 1994.

MACHADO NETO, Antonio Luiz. *Compêndio de introdução à ciência do direito*. 6. ed. São Paulo: Saraiva, 1988.

MAIA, Mary Elbe Gomes Queiroz. *Do lançamento tributário*: execução e controle. São Paulo: Dialética, 1999.

MALUF, Sahid. *Teoria geral do Estado*. 23. ed. São Paulo: Saraiva, 1995.

MARCONDES, Danilo. *Iniciação à história da filosofia*. Rio de Janeiro: Jorge Zahar, 2000.

MARINS, James. *Elisão tributária e sua regulação*. São Paulo: Dialética, 2002.

MARINS, James. *Direito processual tributário brasileiro* (administrativo e judicial). São Paulo: Dialética, 2001.

MARTINS, Ives Gandra da Silva. Teoria da imposição tributária. In: MARTINS, Ives Gandra da Silva (Coord.). *Curso de direito tributário*. 13. ed. São Paulo: Saraiva, 2011.

MARTINS, Ives Gandra da Silva. Norma antielisão é incompatível com o sistema constitucional brasileiro. In: ROCHA, Valdir de Oliveira (Coord.). *O planejamento tributário e a Lei Complementar 104*. São Paulo: Dialética, 2002.

MARTINS, Ives Gandra da Silva. *Teoria da imposição tributária*. 2. ed. São Paulo: LTr, 1998.

MARTINS, Sergio Pinto. *Manual do imposto sobre serviços*. 9. ed. São Paulo: Atlas, 2013.

MAXIMILIANO, Carlos. *Hermenêutica e aplicação do direito*. Rio de Janeiro: Forense, 1996.

MELLO, Celso Antônio Bandeira de Mello. *Curso de direito administrativo*. 26. ed. São Paulo: Malheiros, 2009.

MELLO, Marco Aurélio. Efeito suspensivo dos embargos à execução fiscal e o novo Código de Processo Civil. In: BOMFIM, Gilson; DUARTE, Fernanda; MURAYAMA, Janssen (Org.). *A LEF e o novo CPC*: reflexões e tendências. Rio de Janeiro: Lumen Juris, 2016.

MELLO, Marco Aurélio. Interpretação constitucional e controvérsias tributárias. In: GRUPENMACHER, Betina Treiger (Coord.). *Tributação*: democracia e liberdade (em homenagem à Ministra Denise Martins Arruda). São Paulo: Noeses, 2014.

MELO, José Eduardo Soares de. *Curso de direito tributário*. 8. ed. São Paulo: Dialética, 2008.

MENDES, Gilmar Ferreira; BRANCO, Paulo Gustavo Gonet. *Curso de direito constitucional*. 7. ed. São Paulo: Saraiva, 2012.

MENDONÇA, Eduardo Bastos Furtado de. *A constitucionalização das finanças públicas no Brasil*. Rio de Janeiro: Renovar, 2010.

MICHELI, Gian Antonio. *Curso de direito tributário*. Trad. Marco Aurélio Greco e Pedro Marrey Jr. São Paulo: Revista dos Tribunais, 1978.

MONTEIRO, Washington de Barros. *Curso de direito civil*: direito das sucessões. 28. ed. São Paulo: Saraiva, 1993.

MONTESQUIEU, Charles de Secondat. *O espírito das leis*. Trad. Cristina Murachco. São Paulo: Martins Fontes, 2000.

MORAES, Alexandre de. *Direito constitucional*. 23. ed. São Paulo: Atlas, 2008.

MORAES, Bernardo Ribeiro de. *Curso de direito tributário*: sistema tributário da Constituição de 1969. Vol. 1. São Paulo: Revista dos Tribunais, 1973.

MOREIRA NETO, Diogo de Figueiredo. Princípios da Licitação. *Boletim de Licitações e Contratos*, nº 9, 1995.

MOREIRA NETO, Diogo de Figueiredo. Repartição das receitas tributárias. In: MARTINS, Ives Gandra da Silva (Coord.). *A Constituição brasileira de 1988*: interpretações. Rio de Janeiro: Forense Universitária, 1988.

MOUCHET, Carlos; BECÚ, Ricardo Zorraquín. *Introducción al derecho*. 12. ed. Buenos Aires: Abeledo Perrot, 2000.

MURAYAMA, Janssen. Defesa sem garantia pelo hipossuficiente na execução fiscal e no novo CPC. In: BOMFIM, Gilson; DUARTE, Fernanda; MURAYAMA, Janssen (Org.). *A LEF e o novo CPC*: reflexões e tendências. Rio de Janeiro: Lumen Juris, 2016.

NABAIS, José Casalta. *O dever fundamental de pagar impostos*. Coimbra: Almedina, 2004.

NADER, Paulo. *Introdução ao estudo do direito*. 31. ed. Rio de Janeiro: Forense, 2009.

NADER, Paulo. *Introdução ao estudo do direito*. 17. ed. Rio de Janeiro: Forense, 1999.

NADER, Paulo. *Filosofia do direito*. 5. ed. Rio de Janeiro: Forense, 1996.

NOGUEIRA, Paulo Roberto Cabral. *Do imposto sobre produtos industrializados*. São Paulo: Saraiva, 1981.

NOGUEIRA, Ruy Barbosa. *Curso de direito tributário*. 14. ed. São Paulo: Saraiva, 1995.

OLIVEIRA, Eugênio Pacelli de. *Curso de processo penal*. 11. ed. Rio de Janeiro: Lumen Juris, 2009.

OLIVEIRA, José Jayme de Macêdo. Impostos estaduais: ICMS. In: ANTONELLI, Leonardo Pietro; GOMES, Marcus Lívio (Coord.). *Curso de direito tributário brasileiro*. 2. ed. São Paulo: Quartier Latin, 2010. v. 2.

OLIVEIRA, José Marcos Domingues de. O desvio de finalidade das contribuições e o seu controle tributário e orçamentário no direito brasileiro. In: OLIVEIRA, José Marcos Domingues de (Coord.). *Direito tributário e políticas públicas*. São Paulo: MP, 2008.

OLIVEIRA, José Marcos Domingues de. Federalismo fiscal brasileiro. *Revista Nomos*, Fortaleza, Universidade Federal do Ceará, v. 26, jan./jun. 2007.

OLIVEIRA, José Marcos Domingues de. *Direito tributário e meio ambiente*. 3. ed. Rio de Janeiro: Forense, 2007.

OLIVEIRA, José Marcos Domingues de. Contribuições Sociais, desvio de finalidade e a dita reforma da previdência social brasileira. *Revista Dialética de Direito Tributário*, São Paulo, nº 108, set. 2004.

OLIVEIRA, José Marcos Domingues de. *Capacidade contributiva*: conteúdo e eficácia do princípio. 2. ed. Rio de Janeiro: Renovar, 1998.

OLIVEIRA, Regis Fernandes de. *Curso de direito financeiro*. 7. ed. São Paulo: Revista dos Tribunais, 2015.

OLIVEIRA, Ricardo Mariz de. Reinterpretando a norma antievasão do parágrafo único do art. 116 do Código Tributário Nacional. *Revista Dialética de Direito Tributário*, São Paulo, n. 76, jan. 2002.

OLIVEIRA, Yonne Dolácio de. *A tipicidade no direito tributário brasileiro*. São Paulo: Saraiva, 1980.

ORGANISATION FOR ECONOMIC CO-OPERATION AND DEVELOPMENT. *Harmful tax competition*: an emerging global issue. Paris: OECD, 1998. Disponível em: https://www.oecd-ilibrary.org/taxation/harmful-tax-competition_9789264162945-en. Acesso em: 01/12/2023.

OXFORD LATIN DICTIONARY. Vocábulo *fons, fontis*. Oxford: Clarendon Press, 1968.

PAULSEN, Leandro. *Curso de direito tributário completo*. 7. ed. Porto Alegre: Livraria do Advogado, 2015.

PAULSEN, Leandro. *Direito tributário*: Constituição e Código Tributário à luz da doutrina e da jurisprudência. 16. ed. Porto Alegre: Livraria do Advogado, 2014.

PAULSEN, Leandro; MELO, José Eduardo Soares de. *Impostos federais, estaduais e municipais.* 9. ed. Porto Alegre: Livraria do Advogado, 2015.

PEDREIRA, José Luiz Bulhões. *Imposto sobre a renda.* Rio de Janeiro: JUTEC/ADCOAS, 1979.

PEIXOTO, Marcelo Magalhães. *Considerações sobre planejamento tributário.* In: PEIXOTO, Marcelo Magalhães (Coord.). *Planejamento tributário.* São Paulo: Quartier Latin, 2004.

PEREIRA, Caio Mário da Silva. *Instituições de direito civil.* 24. ed. Rio de Janeiro: Forense, 2011. v. I.

PEREIRA, César A. Guimarães. A elisão tributária e a Lei Complementar 104/2001. In: ROCHA, Valdir de Oliveira (Coord.). *O planejamento tributário e a Lei Complementar 104.* São Paulo: Dialética, 2002.

PEREIRA, César A. Guimarães. *Elisão tributária e função administrativa.* São Paulo: Dialética, 2001.

PEREIRA, Jane Reis Gonçalves. Princípios e valores. In: TORRES, Ricardo Lobo (Org.). *Dicionário de princípios jurídicos.* Rio de Janeiro: Elsevier, 2011.

PEREIRA, Régis Velasco Fichtner. *A fraude à lei.* Rio de Janeiro: Renovar, 1994.

PERELMAN, Chaïm. *Tratado da argumentação:* a nova retórica. São Paulo: Martins Fontes, 1996.

PERELMAN, Chaïm. *La lógica jurídica y la nueva retórica.* Madrid: Civitas, 1979.

PETTER, Lafayete Josué. *Direito financeiro.* 6. ed. Porto Alegre: Verbo Jurídico, 2011.

PLANIOL, Marcel. *Traité élémentaire de droit civil.* V.II. Paris, 1926 apud CARPENA, Heloisa. *Abuso de direito nos contratos de consumo.* Rio de Janeiro: Renovar, 2001.

PLATÃO. *A República.* Trad. de Leonel Vallandro. Porto Alegre: Globo, 1964.

QUERALT, Juan Martín; SERRANO, Carmelo Lozano; BLANCO, Francisco Poveda. *Derecho tributario.* 18. ed. Valencia: Thomson Reuters Aranzadi, 2013.

REALE, Miguel. *Introdução à filosofia.* 4. ed. São Paulo: Saraiva, 2007.

REALE, Miguel. *Lições preliminares de direito.* 27. ed. São Paulo: Saraiva, 2004.

REALE, Miguel. Palestra no Conselho de Economia, Sociologia e Política da Federação do Comércio do Estado de São Paulo em 13/06/2002 apud GRECO, Marco Aurélio. O planejamento tributário e o Novo Código Civil. In: BORGES, Eduardo de Carvalho (Coord.). *Impacto tributário do Novo Código Civil.* São Paulo: Quartier Latin, 2004.

REDENSCHI, Ronaldo. Processo administrativo tributário I, II e III. In: ANTONELLI, Leonardo Pietro; GOMES, Marcus Lívio (Coord.). *Curso de direito tributário brasileiro.* Vol. IV. São Paulo: Almedina, 2016.

RODRIGUES, Horácio Wanderley. *Novo currículo mínimo dos cursos jurídicos.* São Paulo: Revista dos Tribunais, 1995.

ROLIM, João Dácio. *Normas antielisivas tributárias.* São Paulo: Dialética, 2001.

ROSENBUJ, Túlio. *El fraude de la ley y el abuso de las formas en derecho tributario.* Madrid: Marcial Pons, 1994.

SAN TIAGO DANTAS, Francisco Clementino de. *Programa de direito civil:* parte geral. Rio de Janeiro: Editora Rio, 1977.

SANTI, Eurico Marcos Diniz de. *Decadência e prescrição no direito tributário.* São Paulo: Max Limonad, 2000.

SAXOFERRATO, Bartolus de. *Consilia, quæstiones, et tractatus Bartoli a Saxoferrato.* Consilium CXXXV. Taurinus: Augustæ Taurinorum, 1589.

SCAFF, Fernando Facury. Federalismo fiscal patrimonial e fundos de equalização. O rateio dos royalties do petróleo no Brasil. In: HORVATH, Estevão; CONTI, José Maurício; SCAFF, Fernando Facury (Org.). *Direito financeiro, econômico e tributário*: estudos em homenagem a Regis Fernandes de Oliveira. São Paulo: Quartier Latin, 2014.

SCHMIDT, Gustavo da Rocha. *Administração tributária*. In: ANTONELLI, Leonardo Pietro; GOMES, Marcus Lívio (Coord.). *Curso de direito tributário brasileiro*. Vol. IV. São Paulo: Almedina, 2016.

SCHOUERI, Luís Eduardo. O projeto Beps: ainda uma estratégia militar. In: GOMES, Marcus Lívio; SCHOUERI, Luís Eduardo (Coord). *A tributação internacional na era pós Beps*: soluções globais e peculiaridades de países em desenvolvimento. vol. 1. Rio de Janeiro: Lumen Juris, 2016.

SCHOUERI, Luís Eduardo. *Direito tributário*. 3. ed. São Paulo: Saraiva, 2013.

SCHOUERI, Luís Eduardo. Algumas reflexões sobre a consulta em matéria fiscal. In: BRITO, Edvaldo Pereira de; MARTINS, Ives Gandra da Silva (Org.). *Direito tributário*: direito processual administrativo e judicial. Coleção doutrinas essenciais. Vol. VII. São Paulo: Revista dos Tribunais, 2011.

SCHOUERI, Luís Eduardo. Direito tributário internacional. Acordos de bitributação. Imposto de renda: lucros auferidos por controladas e coligadas no exterior. Disponibilidade. Efeitos do art. 74 da Medida Provisória 2158-35. Parecer. *Direito Tributário Atual*. São Paulo: Dialética, 2001.

SCHOUERI, Luís Eduardo; SOUZA, Gustavo Emílio Contruccia. Verdade material no "processo" administrativo tributário. In: ROCHA, Valdir de Oliveira (Coord.). *Processo administrativo fiscal*. v. 3. São Paulo: Dialética. 1998.

SECRETARIA DA RECEITA FEDERAL. *Um perfil da administração tributária*. Resp. Andréa Teixeira Lemgruber. Brasília: Escola da Administração Fazendária, 1995.

SEIXAS FILHO, Aurélio Pitanga. *Estudos de procedimento administrativo fiscal*. Rio de Janeiro: Freitas Bastos, 2000.

SEIXAS FILHO, Aurélio Pitanga. *Princípios fundamentais do direito administrativo tributário*: a função fiscal. 2. ed. Rio de Janeiro: Forense, 1996.

SEIXAS FILHO, Aurélio Pitanga. *Teoria e prática das isenções tributárias*. Rio de Janeiro: Forense, 1989.

SILVA, De Plácido e. *Vocabulário jurídico*. Atualizadores Nagib Slaibi Filho e Glaucia Carvalho. 28. ed. Rio de Janeiro: Forense, 2010.

SILVA, José Afonso da. *Curso de direito constitucional positivo*. 38. ed. São Paulo: Malheiros, 2015.

SILVA, José Afonso da. *Aplicabilidade das normas constitucionais*. 3. ed. São Paulo: Malheiros, 1998.

SOUSA, José Pedro Galvão de. *Direito natural, direito positivo e Estado de Direito*. São Paulo: Revista dos Tribunais, 1977.

SOUSA, Rubens Gomes de. *Compêndio de legislação tributária*. Edição Póstuma. São Paulo: Resenha Tributária, 1975.

SOUSA, Rubens Gomes de. *Interpretação no direito tributário*. São Paulo: Saraiva, 1975.

SOUSA, Rubens Gomes de. Isenções fiscais – Substituição de tributos – Emenda constitucional nº 18 – Ato complementar nº 27 – Impôsto de vendas e consignações – Impôsto sôbre circulação de mercadorias. *Revista de Direito Administrativo*, v. 88, 1967.

SOUZA NETO, Cláudio Pereira de; SARMENTO, Daniel. *Direito constitucional*: teoria, história e métodos de trabalho. Belo Horizonte: Fórum, 2013.

TARTUCE, Flávio. *Direito civil*: Lei de Introdução e parte geral. 6. ed. São Paulo: Método, 2010. v. 1.

TEPEDINO, Gustavo. *A parte geral do Novo Código Civil*: estudos na perspectiva civil-constitucional. 2. ed. Rio de Janeiro: Renovar, 2003.

THEODORO JÚNIOR, Humberto. *Comentários ao Novo Código Civil*. v. 3, t. 1: Livro III – dos Fatos Jurídicos: do Negócio Jurídico. Rio de Janeiro: Forense, 2003.

TIPKE, Klaus. *Moral tributária do Estado e dos contribuintes*. Trad. Luiz Dória Furquim. Porto Alegre: Sergio Antonio Fabris, 2012.

TIPKE, Klaus; LANG, Joachim. *Direito tributário*. Trad. 18. ed. alemã por Luiz Dória Furquim. Porto Alegre: Sérgio Antonio Fabris, 2008. v. I.

TIPKE, Klaus; YAMASHITA, Douglas. *Justiça fiscal e princípio da capacidade contributiva*. São Paulo: Malheiros, 2002.

TORRES, Heleno Taveira. Vigência e aplicação das normas tributárias. In: ANTONELLI, Leonardo Pietro; GOMES, Marcus Lívio (Coord.). *Curso de direito tributário brasileiro*. Vol. 1. São Paulo: Almedina, 2016.

TORRES, Heleno Taveira. *Direito constitucional financeiro*: teoria da constituição financeira. São Paulo: Revista dos Tribunais, 2014.

TORRES, Heleno Taveira. Constituição financeira e o federalismo financeiro cooperativo equilibrado brasileiro. *Revista Fórum de Direito Financeiro e Econômico*, Belo Horizonte, ano 3, n. 5, mar./ago. 2014.

TORRES, Heleno Taveira. Os limites da desconsideração de personalidade jurídica. *Consultor Jurídico*, 26 de abril de 2012. Disponível em: http://www.conjur.com.br/2012-abr-26/consultor-tributario-limites-desconsideracao-personalidade-juridica?pagina=2. Acesso em: 01/12/2023.

TORRES, Heleno Taveira. *Direito constitucional tributário e segurança jurídica*: metódica da segurança jurídica do sistema constitucional tributário. São Paulo: Revista dos Tribunais, 2011.

TORRES, Heleno Taveira. Teoria da norma de imunidade tributária e sua aplicação às instituições de educação. *Revista de Direito do Estado*, ano 1, n. 3, jul./set. 2006.

TORRES, Heleno Taveira. *Direito tributário e direito privado*: autonomia privada, simulação e elusão tributária. São Paulo: Revista dos Tribunais, 2003.

TORRES, Heleno Taveira. Transação, arbitragem e conciliação judicial como medidas alternativas para resolução de conflitos entre administração e contribuintes: simplificação e eficiência administrativa. *Revista Fórum de Direito Tributário*, Belo Horizonte, ano 1, n. 2, mar./abr. 2003.

TORRES, Heleno Taveira. *Pluritributação internacional sobre as rendas de empresas*. São Paulo: Revista dos Tribunais, 2001.

TORRES, Ricardo Lobo. *Curso de direito financeiro e tributário*. 19. ed. Rio de Janeiro: Renovar, 2013.

TORRES, Ricardo Lobo. *Tratado de direito constitucional financeiro e tributário*: os tributos na Constituição. Rio de Janeiro: Renovar, 2007. v. IV.

TORRES, Ricardo Lobo. *Tratado de direito constitucional financeiro e tributário – os direitos humanos e a tributação*: imunidades e isonomia. 3. ed. Rio de Janeiro: Renovar, 2005. v. III.

TORRES, Ricardo Lobo. *Tratado de direito constitucional financeiro e tributário*: valores e princípios constitucionais tributários. Rio de Janeiro: Renovar, 2005. v. II.

TORRES, Ricardo Lobo. *Tratado de direito constitucional financeiro e tributário*: o orçamento na Constituição. 2. ed. Rio de Janeiro: Renovar, 2000. v. V.

TORRES, Ricardo Lobo. O abuso do direito no Código Tributário Nacional e no Novo Código Civil. In: GRUPENMACHER, Betina Treiger (coord.). *Direito tributário e o Novo Código Civil*. São Paulo: Quartier Latin, 2004.

TORRES, Ricardo Lobo. A legitimação da capacidade contributiva e dos direitos fundamentais do contribuinte. In: SCHOUERI, Luís Eduardo (Coord). *Direito tributário* – homenagem a Alcides Jorge Costa. São Paulo: Quartier Latin, 2003.

TORRES, Ricardo Lobo. Normas gerais antielisivas. *Revista Fórum de Direito Tributário*, Belo Horizonte, ano 1, n. 1, jan./fev. 2003.

TORRES, Ricardo Lobo. *Normas de interpretação e integração do direito tributário*. 3. ed. Rio de Janeiro: Renovar, 2000.

TORRES, Ricardo Lobo. Ética e justiça tributária. In: SCHOUERI, Luís Eduardo (Coord.) *Direito tributário*: estudos em homenagem a Brandão Machado. São Paulo: Dialética, 1998.

TORRES, Ricardo Lobo. O IPI e o princípio da seletividade. *Revista Dialética de Direito Tributário*, São Paulo, nº 18, 1998.

TORRES, Ricardo Lobo. *Os direitos humanos e a tributação*: imunidades e isonomia. Rio de Janeiro: Renovar, 1995.

TORRES, Ricardo Lobo. *Normas de interpretação do direito tributário*. 2. ed. Rio de Janeiro: Forense, 1994.

TORRES, Ricardo Lobo. O mínimo existencial e os direitos fundamentais. *Revista de Direito Administrativo*, Rio de Janeiro, n. 177, jul./set. 1989.

TORRES, Ricardo Lobo. Sistemas constitucionais tributários. In: BALEEIRO, Aliomar (Org.). *Tratado de direito tributário brasileiro*. t. II. v. II. Rio de Janeiro: Forense, 1986.

VANONI, Ezio. *Natureza e interpretação das leis tributárias*. Trad. Rubens Gomes de Sousa. Rio de Janeiro: Financeiras, 1932.

VARIAN, Hal. R. *Microeconomia*: princípios básicos. 7. ed. Rio de Janeiro: Elsevier, 2006.

VELJANOVSKI, Cento. *The economics of law*. 2. ed. London: The Institute of Economic Affairs, 2006.

VIEHWEG, Theodor. *Tópica e jurisprudência*. Trad. Tércio Sampaio Ferraz Junior. Brasília: UnB/Ministério da Justiça, 1970.

VILLEGAS, Héctor Belisario. *Curso de finanzas, derecho financiero y tributario*. 9. ed. Buenos Aires: Astrea, 2007.

VILLEGAS, Héctor Belisario. *Curso de direito tributário*. Trad. Roque Antonio Carrazza. São Paulo: Revista dos Tribunais, 1980.

VIOLA, Francesco; ZACCARIA, Giuseppe. *Diritto e interpretazione*: lineamenti di teoria ermeneutica del diritto. 7. ed. Roma: Laterza, 2011.

XAVIER, Alberto. *Direito tributário internacional do Brasil*. 7. ed. Rio de Janeiro: Forense, 2010.

XAVIER, Alberto. *Do lançamento*: teoria geral do ato, do procedimento e do processo tributário. 2. ed. Rio de Janeiro: Forense, 1998.

XAVIER, Alberto. *Manual de direito fiscal*. Lisboa: Faculdade de Direito de Lisboa, 1974.

ZAGREBELSKY, Gustavo. *El derecho dúctil*: ley, derechos, justicia. Madrid: Trotta, 1995.

ZIMMERMANN, Augusto. *Teoria geral do federalismo democrático*. Rio de Janeiro: Lumen Juris, 2005.

ZIPPELIUS, Reinhold. *Teoría general del Estado*. Traducción directa del alemán por Héctor Fix-Fierro. México, D.F.: Universidad Nacional Autónoma de México, 1985.